PRISMA PHYSIK 7–10

Ausgabe A

Marion Barmeier
Joachim Boldt
Heinz Joachim Ciprina
Eycke Fröchtenicht
Gitta Heide
Klaus Hell
Johann Leupold
Michael Maiworm
Anke Méndez
Reinhard Peppmeier
Uwe Pietrzyk
Silva Wallaschek
Charlotte Willmer-Klumpp

Ernst Klett Verlag
Stuttgart · Leipzig

Autoren: Marion Barmeier, Joachim Boldt, Heinz Joachim Ciprina, Eycke Fröchtenicht, Gitta Heide, Klaus Hell, Johann Leupold, Michael Maiworm, Anke Méndez, Reinhard Peppmeier, Uwe Pietrzyk, Silva Wallaschek, Charlotte Willmer-Klumpp

Unter Mitarbeit von: Günter Herzig, Wolfgang Zeiller

1. Auflage 1 18 17 16 15 | 2021 20 19 18

Alle Drucke dieser Auflage sind unverändert und können im Unterricht nebeneinander verwendet werden. Die letzten Zahlen bezeichnen jeweils die Auflage und das Jahr des Druckes.

Internetadresse: www.klett.de

Redaktion: Markus Hanselmann, Ute Schuhmacher

Layoutkonzeption und Gestaltung: Matthias Balonier, Infografik, Lützelbach
Unter Mitarbeit von: Elke Kurz, Kernen i. R.
Mediengestaltung: Christine Guntrum, Horst Andres

Illustrationen: Matthias Balonier, Lützelbach; Joachim Hormann, Stuttgart; Jeanne Kloepfer, Lindenfels; Karin Mall, Berlin; Alfred Marzell, Schwäbisch Gmünd; Tom Menzel, Rohlsdorf; Otto Nehren, Achern; Gerhart Römer, Ihringen
Umschlaggestaltung: KOMA AMOK®, Kunstbüro für Gestaltung, Stuttgart

Reproduktion: Meyle + Müller, Medien-Management, Pforzheim
Druck: Himmer GmbH Druckerei, Augsburg

Printed in Germany
ISBN: 978-3-12-068725-2

9 783120 687252

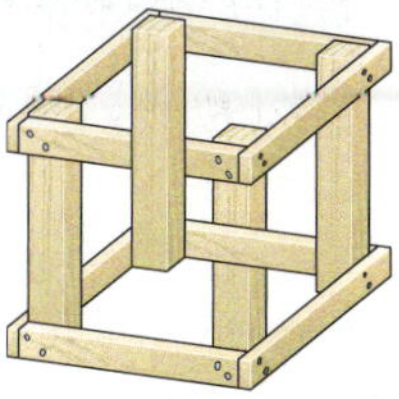

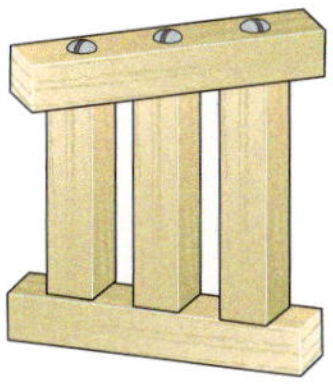

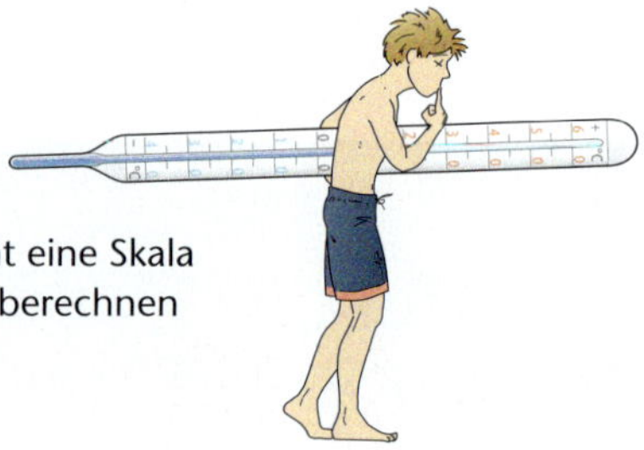

58 Warm oder kalt?

90 Wärme – eine Energieform

124 Kräfte, Arbeit, Leistung und Energie

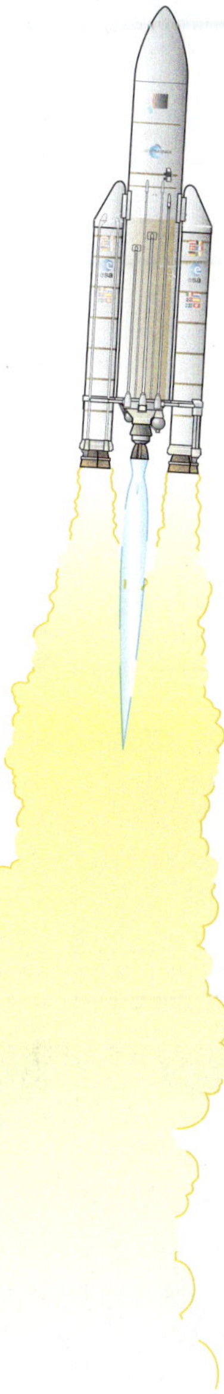

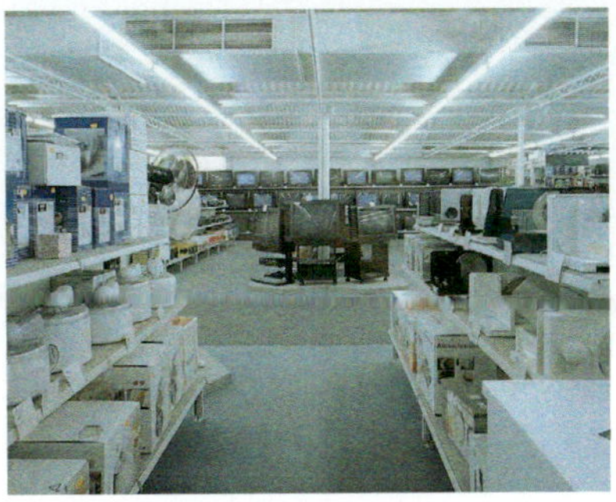

240 Ruhende und fließende elektrische Ladungen

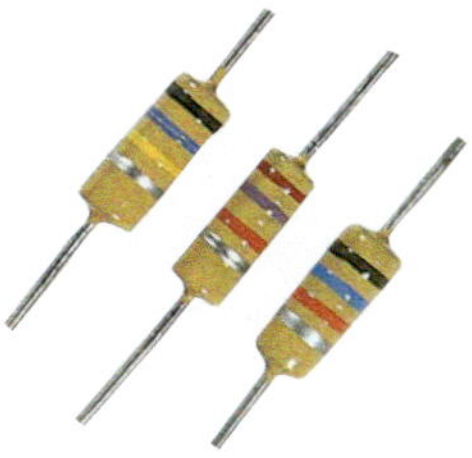

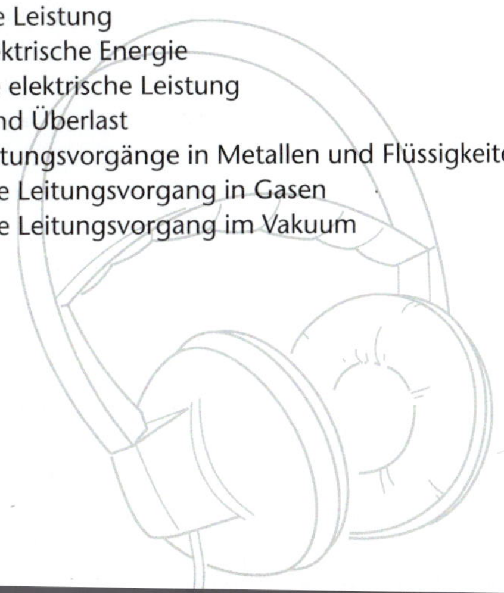

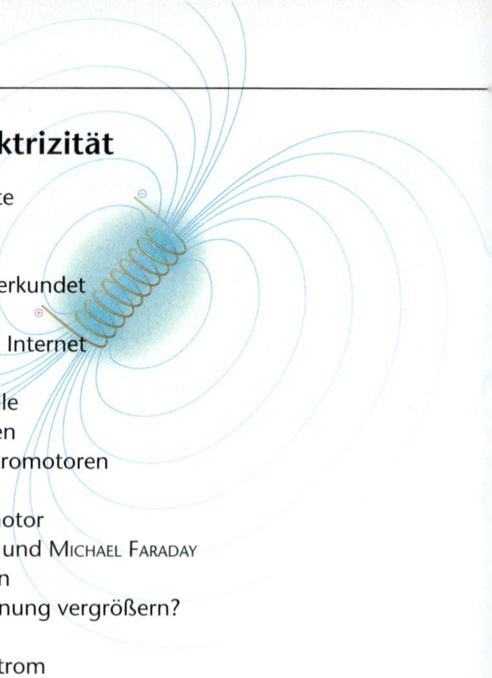

306 Magnetismus und Elektrizität

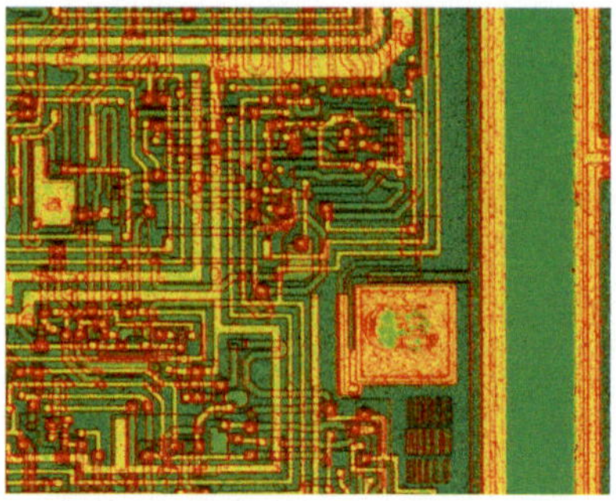

350 Messen, Steuern, Regeln

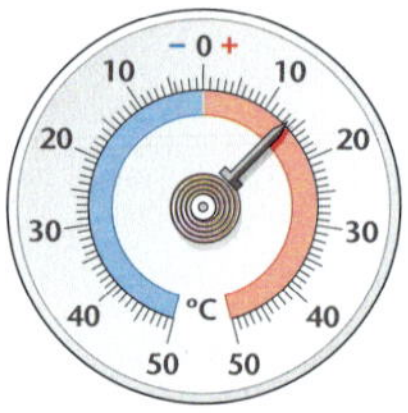

382 Radioaktivität und Kernenergie

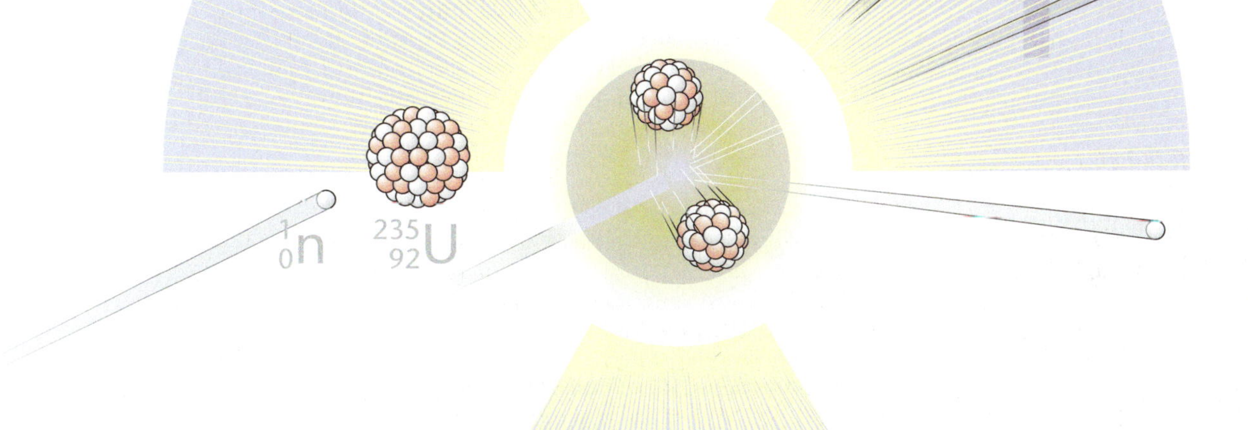

414 Anhang

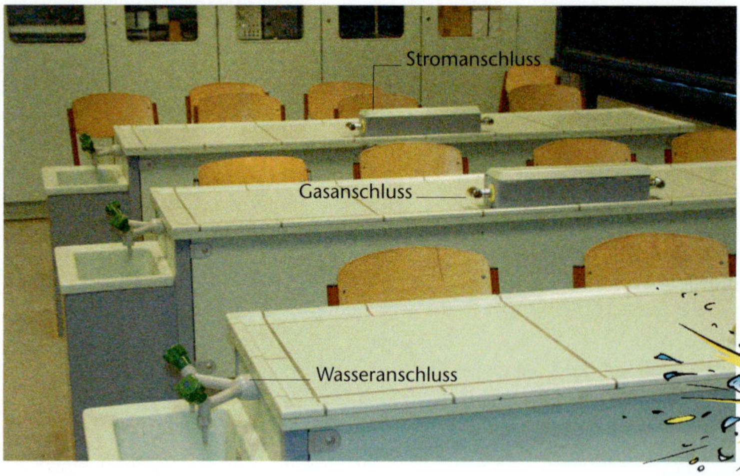

Im Physik-Raum
Sieh dich einmal in deinem Physik-Raum um. Es gibt Anschlüsse für **Strom**, **Gas** und **Wasser** und auch einige Einrichtungen, die deiner Sicherheit dienen. Da du in Zukunft viele Experimente selbst durchführen wirst, musst du unbedingt mit den Sicherheitseinrichtungen vertraut sein.

Neben den Türen und am Lehrerpult findest du **NOT-AUS-Schalter**. Wenn ein solcher Schalter gedrückt ist, sind alle Strom- und Gaszuleitungen unterbrochen. So können bei einem Unfall alle angeschlossenen Geräte gleichzeitig abgestellt werden.

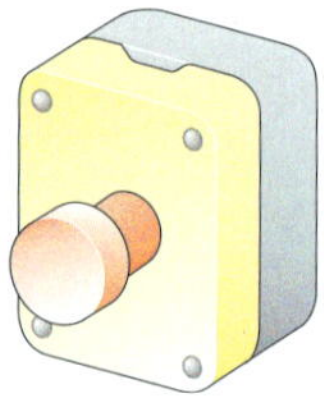

Das grüne Schild zeigt dir den **Fluchtweg** ins Freie an. Du solltest diesen Weg einmal zusammen mit deiner Lehrerin oder deinem Lehrer gegangen sein. Dann kennst du bei einem Unfall diesen Weg bereits und kannst dadurch mehr Ruhe bewahren.

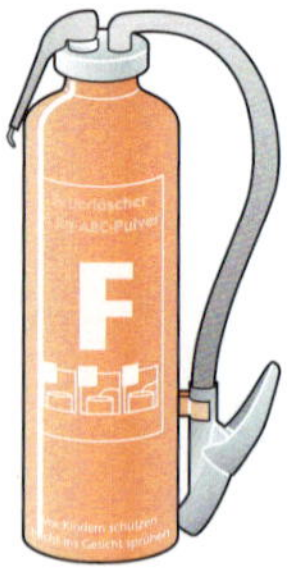

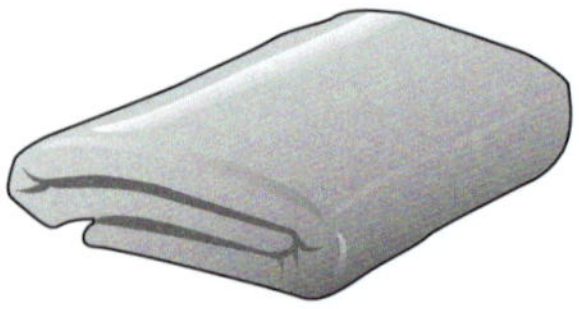

Für den Fall, dass ein Feuer ausbricht, sind ein **Feuerlöscher** und eine **Löschdecke** vorhanden. Sollte dir etwas ins Auge gelangen, kannst du es mithilfe der Augendusche auswaschen.
Spiele nie an diesen Geräten herum! Das gefährdet deine Sicherheit, weil sie im Ernstfall versagen könnten!

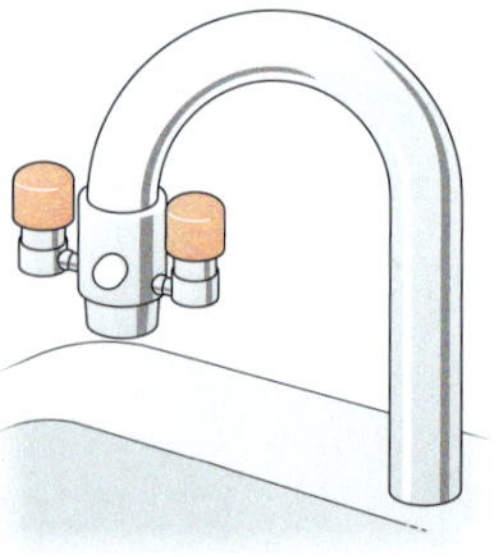

Der **Erste-Hilfe-Kasten** enthält Verbandsmaterial für den Fall, dass du dich beim Experimentieren verletzen solltest.

Grundregeln beim Experimentieren

1. Viele Versuche wirst du in einer Gruppe mit anderen Schülerinnen und Schülern durchführen. Bestimmt eine Person aus eurer Gruppe, die das Material an den Tisch holt (▷B 1).

2. Wenn du Versuche mit elektrischem Strom durchführst, darfst du als Spannungsquelle nur Batterien oder Netzgeräte aus der Schule verwenden (▷B 2). Andere Geräte können gefährlich sein. Versuche mit Strom aus der Steckdose sind lebensgefährlich.

3. Der Gasbrenner erzeugt sehr hohe Temperaturen. Du kannst dich leicht an ihm verbrennen. Achte darauf, dass der Brenner nicht umfallen kann und dass sich in seiner Nähe keine brennbaren Gegenstände befinden.
Heißem Glas siehst du seine Temperatur nicht an! Sei daher vorsichtig im Umgang mit erwärmten Glasgefäßen.
Lange Haare und lose Kleidung müssen vor Versuchsbeginn zusammengebunden werden. Trage außerdem bei jedem Versuch mit dem Gasbrenner eine Schutzbrille (▷B 3).

4. An zerbrochenen Glasgeräten kannst du dich leicht schneiden (▷B 4). Melde deshalb jeden Glasbruch deiner Lehrerin oder deinem Lehrer und benutze das defekte Glasgerät nicht weiter.

5. Nach Durchführung des Versuchs müssen alle Geräte wieder an ihren Platz gebracht werden. Die verwendeten Verbrauchsmaterialien werden nach Anleitung entsorgt, die Geräte gespült und aufgeräumt (▷B 5). Dabei helfen alle mit.

1 Einer holt das Material.

2 Versuche mit elektrischem Strom nur mit Batterie oder Netzgerät

3 Vorsicht bei Versuchen mit dem Gasbrenner

4 Vorsicht bei Glasbruch – Verletzungsgefahr!

Optik
– Licht und Sehen

Ohne Licht ist kein Leben möglich. Pflanzen können nicht wachsen, Tiere können ohne Pflanzen nicht leben.

Die Sonne ist auch heute noch unsere wichtigste Lichtquelle. Zusätzlich haben die Menschen gelernt, auch andere Lichtquellen zu benutzen.
Mithilfe des Lichtes können wir durch optische Geräte kleine Gegenstände vergrößert betrachten oder eine Sehschwäche der Augen ausgleichen.

Aufgaben

1 Liste alle Lichtquellen auf, die du im Laufe eines Tages benutzt.

2 Welche optischen Geräte besitzt euer Haushalt? Wozu verwendest du sie?

3 Eine Lupe kannst du vielseitig benutzen. Beschreibe die Erfahrungen, die du bereits mit einer Lupe gemacht hast.

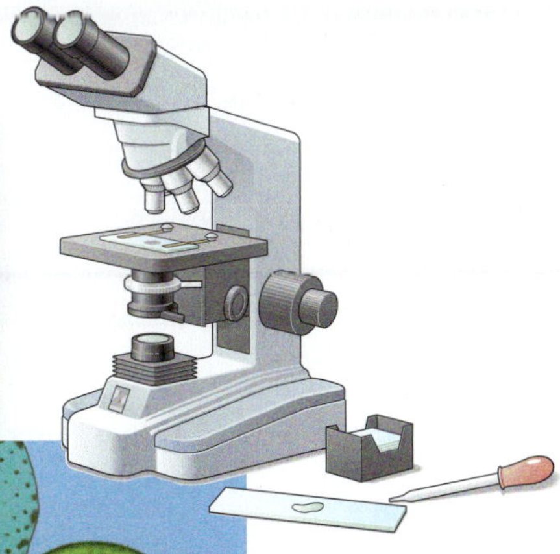

TATE MODERN COLLECTION 2000
LOUISE BOURGEOIS

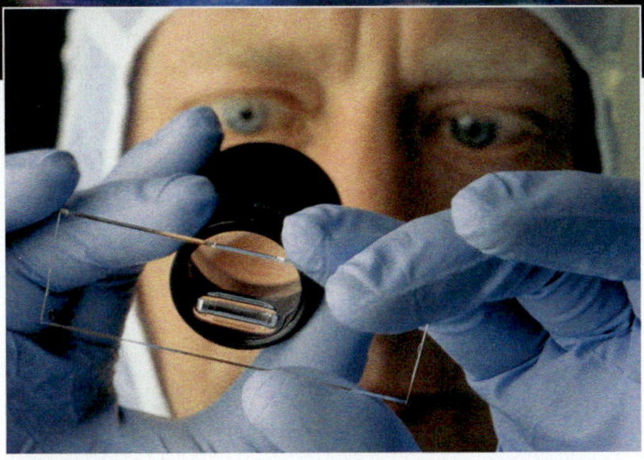

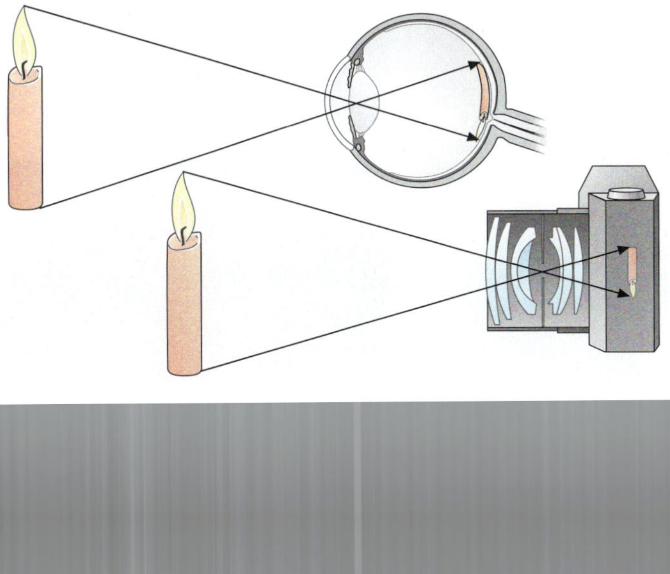

1 Der Mensch nutzt das Feuer schon seit tausenden von Jahren.

Vom Feuer zur Glühlampe

Lange Zeit waren die Sonne und die anderen Sterne die einzigen natürlichen Lichtquellen. Dann lernten unsere Vorfahren, das durch Blitzeinschläge entstandene Feuer aufzubewahren (▷B1). Schließlich erwarben die Menschen die Fähigkeit, mit Feuersteinen selbst Feuer zu entfachen. Bis ins 19. Jahrhundert blieben Kienspan, Fackel, Öllampe und Kerze die vorherrschenden künstlichen Lichtquellen. Mit der Erfindung der Glühlampe begann der Siegeszug der elektrischen Beleuchtung. Die Suche nach sparsamen und hellen Lichtquellen geht jedoch weiter.

Selbstleuchtende und beleuchtete Körper

Tagsüber ist die Sonne die wichtigste Lichtquelle. Sie spendet so viel Helligkeit, dass man meistens keine weitere Lichtquelle benötigt.

Am Abend schaltest du die elektrische Beleuchtung ein, du kannst aber auch eine Kerze oder eine Öllampe entzünden. Diesen Lichtquellen ist gemeinsam, dass sie das Licht selbst erzeugen. Man bezeichnet sie daher als **selbstleuchtende Körper**.

▶ Gegenstände, die selbst Licht erzeugen, nennt man selbstleuchtende Körper.

In klaren Vollmondnächten steht eine leuchtende runde Scheibe am Himmel. Tage später siehst du nur noch einen Teil des Mondes. Würde er, wie die Sonne, das Licht selbst erzeugen, müsste der Mond immer gleich aussehen. Er ist jedoch kein **selbstleuchtender Körper**, sondern wird von der Sonne angestrahlt und wirft ihr Licht zurück.

▶ Gegenstände, die das Licht zurückwerfen, nennt man **beleuchtete Körper.**

Die meisten Gegenstände, die dich umgeben, sind beleuchtete Körper. Du kannst sie nur erkennen, wenn sie das Licht einer Lichtquelle zurückwerfen.

Aufgaben

1 Bild 2 zeigt verschiedene Körper, die Licht abstrahlen. Welche dieser „Lichtquellen" sind beleuchtete Körper, welche sind selbstleuchtende Körper?

2 Finde weitere Beispiele für selbstleuchtende und beleuchtete Körper.

2 Selbstleuchtende und beleuchtete Körper: Lagerfeuer, Wolken, Mond, Plastiklaser und Edelstein

3 Tausende von Glühwürmchen bringen einen Baum zum Leuchten.

4 Glühwürmchen mit Leuchtorgan

5 Ein Tiefsee-Tintenfisch leuchtet in der Dunkelheit.

Kaltes Licht

Es besteht keine Gefahr, sich an einem Glühwürmchen (▷ B 4) die Finger zu verbrennen. Diese Insekten erzeugen genauso wie Lebewesen in der Tiefsee „kaltes" Licht. Ihre **Leuchtorgane** dienen als Lockmittel für die Fortpflanzung, zur Orientierung oder als Köder für Beute.
Auch weiße Leuchtdioden (LEDs), die in modernen Taschenlampen eingesetzt werden, erzeugen kaltes Licht.

Leben in der Tiefsee

Etwa 80 Prozent der Krebse, Nesseltiere, Fische und der anderen Tiefseelebewesen besitzen leuchtende Körperteile (▷ B 5). Bei Tiefseeanglerfischen haben sich Teile der Flossen oder des Körpers zu leuchtenden Angelruten umgebildet. Fische, die von dem leuchtenden „Wurm" angelockt werden, sind leichte Beute. Die im Roten Meer lebenden Taschenlampenfische tragen dagegen **Leuchtbakterien** in Hauttaschen. Indem sie diese Hauttaschen, die unter den Augen sitzen, zuklappen, können die Fische ihr Licht „ausschalten".

Farbiges Licht

Wenn nach einem Gewitter die Sonne wieder scheint und aus den abziehenden Wolken noch Regen fällt, ist oft ein Regenbogen (▷ B 6) zu sehen. Wenn du mit dem Rücken zur Sonne stehst, kannst du diese farbenfrohe Erscheinung gut beobachten.

6 Die [illegible]

Vielseitiges Licht

Lichtquellen früher und heute

Erst wenn die Sonne untergegangen ist, beginnen manche Städte wach zu werden. Die Dunkelheit ist kein Problem, unzählbar viele Lichtquellen machen die Nacht zum Tag.
Wie sah es noch vor 150 Jahren in den Städten und in den einzelnen Häusern aus, wenn die Sonne untergegangen war?

- Informiere dich, welche Lichtquellen die Menschen vor 20 000 Jahren, vor 2 000 Jahren und vor 200 Jahren verwenden konnten.
- Erstelle Plakate, auf denen du die verschiedenen Lichtquellen und die Zeit ihrer Verwendung darstellst.

Das Licht ist schnell

Licht braucht scheinbar überhaupt keine Zeit, um sich auszubreiten. Ist Licht tatsächlich „unendlich" schnell oder hat es eine bestimmte Geschwindigkeit?
Diese Frage wollte schon der italienische Naturforscher GALILEO GALILEI klären. Er und sein Assistent stellten sich mit Laternen auf die Spitzen zweier Hügel. GALILEI deckte seine Laterne auf, und sobald der Assistent das Licht erkannte, deckte dieser seine Laterne auf. Die Zeit, die das Licht von einem zum anderen Hügel benötigte, wollte GALILEI messen.

- GALILEI kam zu keinem brauchbaren Ergebnis. Entwickle verschiedene Vermutungen, woran das gelegen haben könnte.

- Auch nach GALILEI versuchten Forscher, die Geschwindigkeit des Lichtes zu bestimmen. Bildet Arbeitsgruppen, in denen ihr euch über diese Experimente informiert. Stellt die Versuche der einzelnen Forscher auf jeweils einem Plakat dar.
- In der Astronomie (Sternenkunde) gibt man große Entfernungen in „Lichtjahren" an. Finde heraus, was mit dieser Angabe gemeint ist.

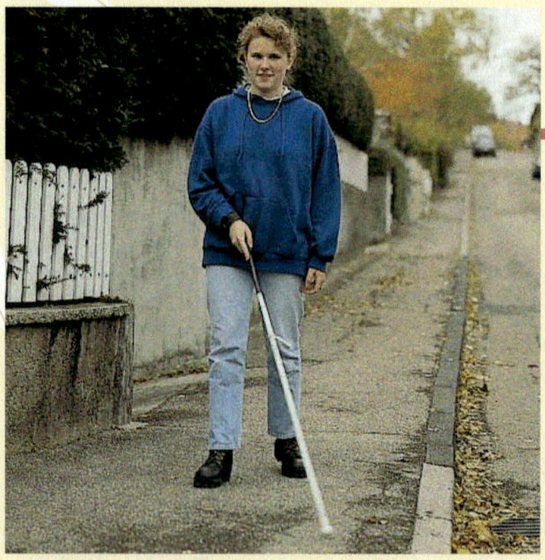

Orientierung ohne Licht

Ständig nimmst du mit den Augen Bilder aus deiner Umwelt auf.
Das ist für dich selbstverständlich. Könntest du dich in deiner Umgebung zurechtfinden, wenn du nicht mehr sehen könntest?

- Geh mit verbundenen Augen den Weg von deinem Fachraum zu deinem Klassenzimmer. Ein Mitschüler oder eine Mitschülerin begleitet dich, gibt dir die Richtung an und sichert dich an gefährlichen Stellen ab. Benutze auf dem Rückweg einen langen Stock zur Orientierung.
- Versuche mit verbundenen Augen den Wert verschiedener Geldstücke zu ertasten. Zähle anschließend einen Betrag von 1,38 EUR mit verbundenen Augen ab.

Tarnung und Warnung durch Farben

Viele Tiere unterscheiden sich durch ihr Aussehen kaum von ihrer Umgebung, damit sie von ihren Gegnern nicht erkannt werden. Zum Beispiel hilft dem Löwen die Farbe seines Fells, sich in der Savanne vor den Blicken anderer zu verbergen.
Andere Tiere tragen grelle Warnfarben. Sie signalisieren damit: „Achtung, ich bin gefährlich!" Allein das Aussehen einer Wespe führt dazu, dass wir ihr nicht nahe kommen wollen.

- Findest du weitere Beispiele für Tiere, die mit Warn- oder Tarnfarben ausgestattet sind? Welchem genauen Zweck dient das Aussehen des jeweiligen Tieres?

- Auch die Menschen verwenden Warn- und Tarnfarben. Beschreibe verschiedene Beispiele.

- Manche Tiere tragen Warnfarben, ohne selbst gefährlich zu sein. Informiere dich unter dem Stichwort „Mimikry" und finde heraus, welchen Sinn diese Nachahmung hat.

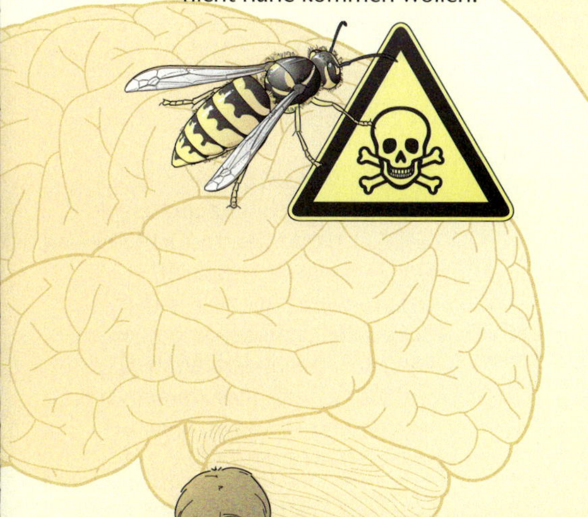

- Schaffst du es, mit verbundenen Augen Wasser von einem Glas in ein anderes Glas zu schütten? Welcher Trick kann dabei helfen?

- Informiere dich, wie sich blinde Menschen in ihrer Umwelt orientieren. Welche Hilfsmittel stehen ihnen zur Verfügung?

Alles Täuschung?

Die Bilder, die deine Augen aufnehmen, werden im Gehirn ausgewertet. Dabei vergleicht das Gehirn die neuen Eindrücke mit früheren Erfahrungen.

Du hast gelernt, dass alle Gegenstände eine räumliche Ausdehnung besitzen. Deshalb versucht das Gehirn, auch gedruckte Bilder räumlich zu sehen. Geschickte Zeichner nutzen das aus, um „unmögliche" Gegenstände auf dem Papier zu konstruieren.

- Versuche einmal, die Gegenstände aus den Bildern nachzubauen.

- Suche weitere Beispiele für „unmögliche" Gegenstände und zeichne sie auf große Plakate.

- Organisiere eine Ausstellung zum Thema „unmögliche Welten" (Plakate und Materialien, aus denen sich diese Gegenstände scheinbar nachbauen lassen).

Versuche mit Licht

In deinem Zimmer kannst du Gegenstände nur dann erkennen, wenn eine Lichtquelle vorhanden ist. Warum kannst du Gegenstände im Schatten auch dann schlechter sehen, wenn die Lampen in deinem Zimmer genügend Licht erzeugen?

1 Licht sichtbar gemacht

Material
Konservendose, Nägel, Hammer, helle Glühlampe (z. B. 6 V, 5 A), Puder oder Kreidestaub

Versuchsanleitung
Schlage mit dem Hammer und den Nägeln unterschiedlich große Löcher in die Konservendose. Schließe die Glühlampe in einen Stromkreis und schalte sie ein. Stülpe die Dose nun über die Glühlampe (▷ B 1).
Zerstäube etwas Puder oder Kreidestaub über der Dose. Beschreibe, was du nun beobachten kannst.

1 Zu Versuch 1

2 Wie breitet sich Licht aus?

Material
Weißes Papier, Optikleuchte, Pappe, Schere

Versuchsanleitung
Stelle die Optikleuchte auf das weiße Papier. Welche Form erzeugt das Licht auf dem Papier?

Schneide aus der Pappe sechs kleine Rechtecke aus. Biege die untere Hälfte so um, dass Pappwinkel entstehen. Stelle zwei Pappwinkel vor die Leuchte, sodass sie einen Spalt bilden. Stelle die anderen Pappwinkel so auf, dass die Spaltöffnung immer kleiner wird (▷ B 2). Wie verändert sich die Form des beleuchteten Bereichs hinter den Spaltöffnungen?

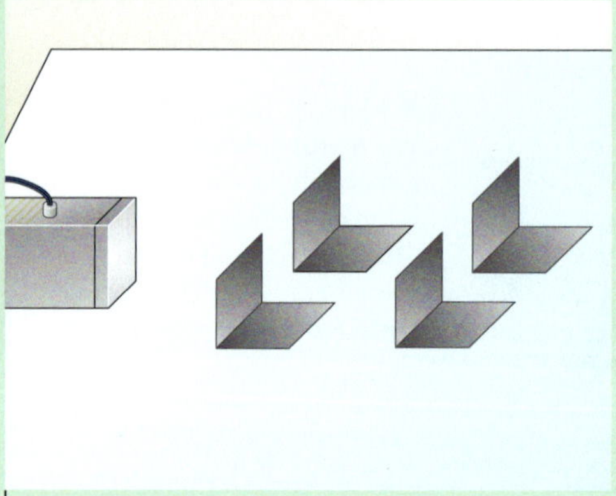

2 Zu Versuch 2

3 Wie entstehen Schatten?

Material
Optikleuchte oder Taschenlampe, verschiedene Gegenstände

Versuchsanleitung
a) Richte den Lichtkegel der Lampe auf eine helle Wand. Halte verschiedene Gegenstände zwischen Wand und Lichtquelle (▷ B 4).

b) Verändere die Abstände zwischen Gegenstand, Lichtquelle und Wand. Wie musst du die Lichtquelle und den Gegenstand anordnen, um einen möglichst großen Schatten zu erzeugen?

4 Zu Versuch 3

c) Stelle dich selbst in den Schatten eines ausreichend großen Gegenstands und sieh zur Lichtquelle. Kannst du sie erkennen?
d) Lass deine Mitschüler verschiedene Gegenstände aus den jeweiligen Schattenbildern erraten. Welche Gegenstände sind einfach, welche sind schwer zu erkennen und warum?

Aufgabe
Überlegt euch gemeinsam eine Geschichte, die ihr als Schattentheaterstück (▷ B 3) aufführen könntet. Was ist bei der Planung und Aufführung eines solchen Stücks zu beachten?

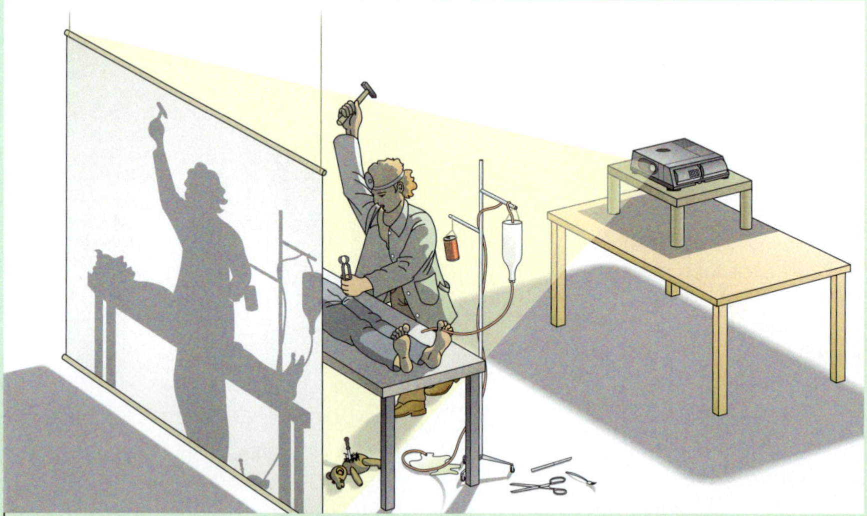

3 Eine nicht ganz alltägliche Notoperation

Die Ausbreitung des Lichts

Unsichtbares Licht

Licht können wir auf seinem Weg durch den Raum nicht sehen. Wir erkennen es erst, wenn es auf einen Gegenstand trifft und die Lichtstrahlen in unsere Augen abgelenkt werden. Dies zeigt dir eine Aufnahme der Erde, die vom Mond aus gemacht wurde (▷ B 1). Die von der Sonne beleuchtete Tagseite der Erde und die Mondoberfläche sind gut zu sehen. Dagegen ist das vom Sonnenlicht durchstrahlte Weltall dunkel.

Stülpe eine durchlöcherte Kugel über eine Glühlampe (▷ B 4). Das Licht, das durch die Löcher der Kugel austritt, ist nicht zu sehen. Erst mit Puder oder Kreidestaub kannst du die Lichtbündel sichtbar machen, weil das Licht von den feinen Staubteilchen in deine Augen abgelenkt wird.

▶ Lichtquellen und Gegenstände sehen wir nur dann, wenn von ihnen Licht in unsere Augen fällt.

Wie breitet sich Licht aus?

An dunstigen Tagen kannst du beobachten, wie das Sonnenlicht zwischen den Bäumen hindurch scheint (▷ B 2). Die kleinen Wassertröpfchen des Nebels lenken das Licht in deine Augen ab. Dadurch kannst du seinen Weg verfolgen. Betrachte den Weg, den das Licht nimmt. Er ist schnurgerade, wie mit dem Lineal gezeichnet.

Vom Bündel zum Strahl

Eine Glühlampe strahlt das Licht in alle Richtungen ab. Wenn du eine durchlöcherte Blechdose oder eine Lochkugel über die Lampe stülpst, entstehen einzelne, begrenzte **Lichtbündel** (▷ B 4).

1 Die Erde vom Mond aus fotografiert

2 Durch die Baumkronen fallen nur einzelne Lichtbündel.

Legst du eine Optikleuchte auf ein weißes Blatt, erzeugt das Lichtbündel darauf eine begrenzte helle Fläche (▷ B 3). Mit zwei Pappwinkeln, die du vor die Lampe stellst, kannst du das Lichtbündel weiter eingrenzen. Die Pappwinkel dienen als **Blende**. Je näher du die Winkel nebeneinander stellst, desto schmäler wird das erzeugte Lichtbündel. Allerdings kannst du den Abstand zwischen den Pappwinkeln nicht beliebig verkleinern. Du kannst die Blende aber in Gedanken so verengen, dass das Licht auf dem Papier nur noch eine Linie erzeugt. Diese gedachte Linie bezeichnet man als **Lichtstrahl**. Strahlen kennst du aus der Geometrie. Es sind gerade Linien, die von einem Punkt ausgehen.

▶ Licht breitet sich geradlinig in alle Richtungen aus. Seine Ausbreitung lässt sich mit Lichtstrahlen darstellen.

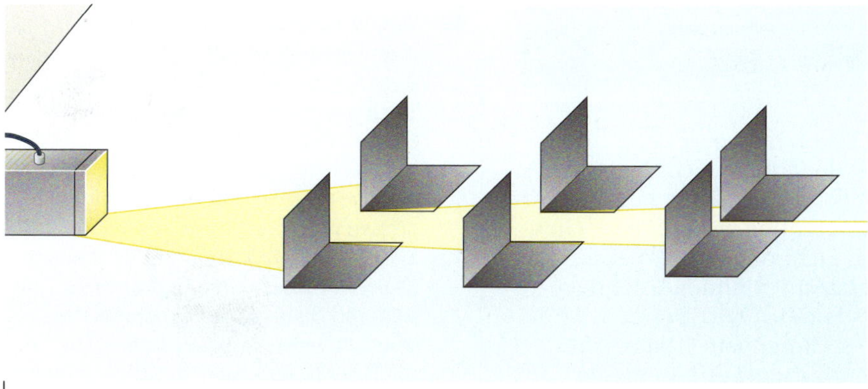
3 Vom Lichtbündel zum Lichtstrahl

4 Kreidestaub macht die Lichtbündel

1 Punktförmige Lichtquellen, wie Scheinwerferlampen, erzeugen Schatten mit scharfen Grenzen.

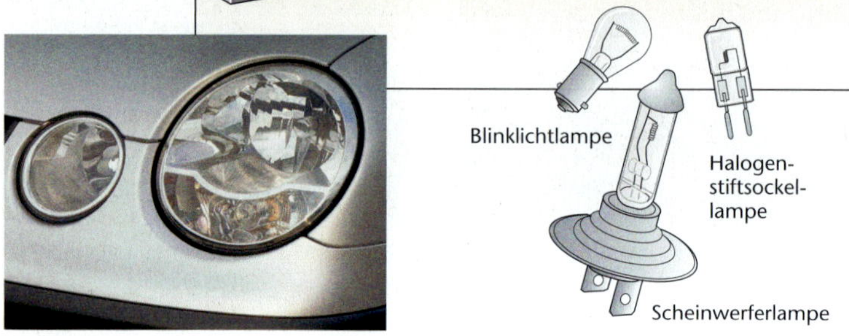

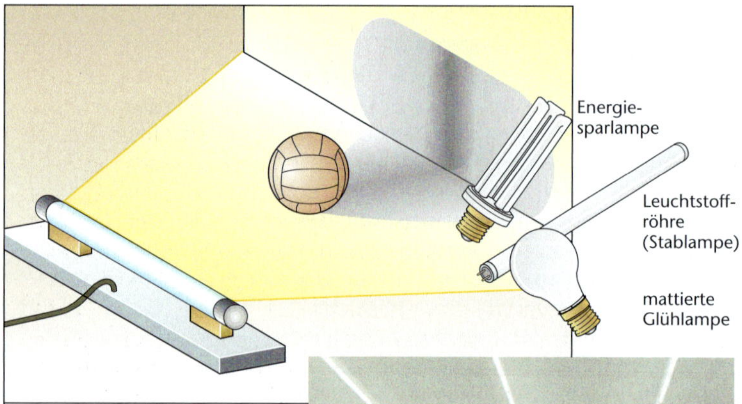

2 Ausgedehnte Lichtquellen, wie Stablampen, erzeugen unscharfe Schattengrenzen.

Körper und ihre Schatten
Wann immer du dich im Licht bewegst, wirst du von deinem Schatten begleitet. In durchsichtigen Stoffen wie Luft oder Glas kann sich das Licht ungehindert ausbreiten. Trifft es auf einen undurchsichtigen Gegenstand, dann kann es diesen nicht durchdringen. Hinter dem Gegenstand entsteht ein **Schattenraum**. In diesen Raum gelangt auf direktem Weg kein Licht von der Lichtquelle (▷B 1). Umgekehrt kannst du die Lichtquelle vom Schattenraum aus nicht sehen.

Wenn eine Lichtquelle einen lichtundurchlässigen Gegenstand beleuchtet, entsteht hinter ihm ein Schattenraum.

Schatten – mal nützlich, mal störend
Zur Zeit Goethes war es in Mode, Scherenschnitte von Personen zu erstellen. Auch du kannst ein solches Bild anfertigen. Der Schatten deines Modells erleichtert dir die Arbeit: Hefte einen Bogen Papier an die Wand und setze dein Modell dicht davor. Wenn du die Person nun mit einer Lichtquelle beleuchtest, kannst du den Umriss einfach nachzeichnen und anschließend ausschneiden. Welche Lichtquelle, glaubst du, eignet sich besonders gut zur Erstellung eines solchen Schattenbilds?

Scharf begrenzte Schatten, wie du sie für das Schattenbild benötigst, werden von punktförmigen Lichtquellen erzeugt (▷B 1). Die Lampen in Autoscheinwerfern oder Tageslichtprojektoren sind solche punktförmigen Lichtquellen. Sie erzeugen das Licht in einem sehr kleinen Bereich.

Häufig stören uns Schatten jedoch. Eine Treppe hinab zu gehen, auf die dein Schatten fällt, kann gefährlich sein, denn du könntest eine Stufe übersehen.
Auch in der Schule oder im Büro möchte man Schatten vermeiden, sie stören beim Schreiben oder Lesen. Deshalb setzt man dort ausgedehnte Lichtquellen wie

Versuche

1 Wie sieht dein Schatten aus, wenn du dich morgens, mittags und abends an der gleichen Stelle in die Sonne stellst?

2 Vergleiche die Schatten, die hinter einem lichtundurchlässigen Körper entstehen, wenn dieser einmal mit einer Taschenlampe und einmal mit einer Leuchtstoffröhre beleuchtet wird.

3 Erzeuge mit zwei Lampen und einem großen Karton an der Wand deines Klassenzimmers Kern- und Halbschatten (▷B 5). Beobachte die Lichtquellen, während du die Schattengebiete durchläufst. In welchem Bereich siehst du keine der Lichtquellen, in welchem nur eine, wo alle beide?

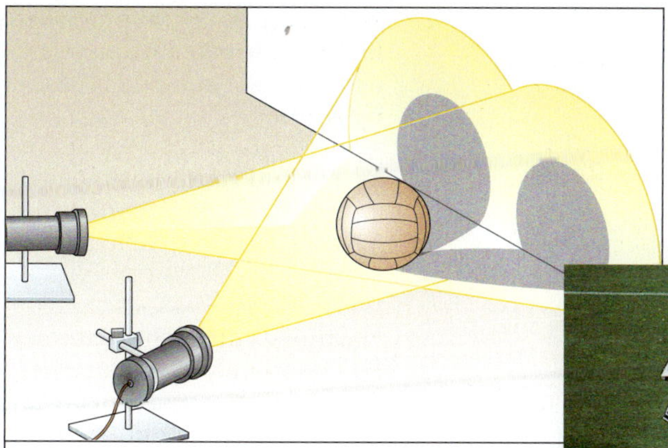

3 Zwei Lichtquellen erzeugen zwei Schatten.

4 Fußballspieler unter Flutlichtbeleuchtung

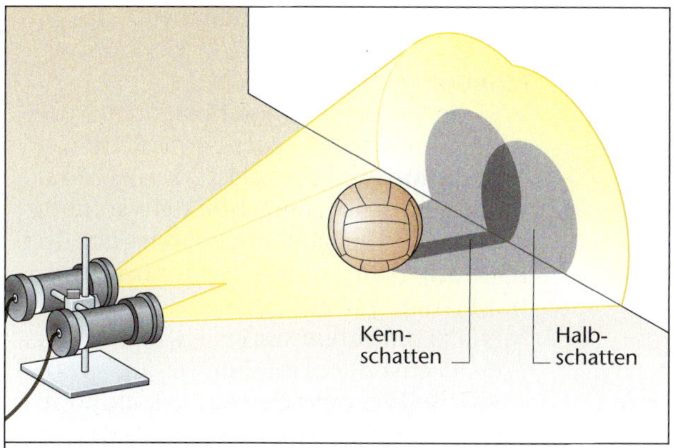

5 Bei zwei Lichtquellen können Kern- und Halbschatten entstehen.

Leuchtstoffröhren ein. Sie leuchten einen Raum gleichmäßiger aus und verringern die Schattenbildung (▷ B 2).

Punktförmige Lichtquellen erzeugen scharf begrenzte Schatten. Flächenförmige Lichtquellen erzeugen Schatten mit unscharfen Grenzen.

Mehr als ein Schatten

Bei einem Fußballspiel unter Flutlicht hat jeder Spieler mehrere Schatten (▷ B 4). Auch jeder Flügel einer Weihnachtspyramide, die von mehreren Kerzen angetrieben wird, erzeugt an der Decke des Zimmers jeweils mehr als einen Schatten.

Wenn du einen Körper mit einer Taschenlampe oder Optikleuchte beleuchtest, dann entsteht auf einem hellen Hintergrund ein scharf begrenzter Schatten. Stellst du neben die erste Lichtquelle eine zweite, siehst du auch zwei Schatten (▷ B 3). Wie viele Lichtquellen erhellen demnach in Bild 4 das Fußballfeld?

Schatten überlagern sich

Stelle deine Lichtquellen etwas näher nebeneinander. Die Schatten nähern sich ebenfalls, bis sie sich überlagern. Du erkennst einen dunkleren und zwei hellere Schattenbereiche (▷ B 5). In den dunklen Bereich gelangen von keiner der beiden Lichtquellen Lichtstrahlen. Dieser Bereich ist der **Kernschatten**. Die helleren Schatten daneben werden als **Halbschatten** bezeichnet. Das sind die Bereiche hinter dem Körper, in die jeweils nur das Licht einer Lichtquelle gelangt.

Wird ein Gegenstand beleuchtet, entsteht ein Schatten. Verwendet man zwei Lichtquellen, dann entstehen Kern- und Halbschatten.

Aufgaben

1 Im Gegensatz zu einer Glühlampe, einem Scheinwerfer oder einem Tageslichtprojektor wirft eine Leuchtstoffröhre keine scharfen Schatten. Erkläre dies.

2 Stell dir vor, du gehst abends eine Straße entlang, die von Straßenlaternen beleuchtet wird.
Beschreibe, wie viele Schatten entstehen und wie diese sich verändern, wenn du den Weg zwischen zwei Laternen zurück

1 Die Tagseite der Erde

2 Die Entstehung von Tag und Nacht im Modell

Tag und Nacht

Warum geht der Tag eigentlich zu Ende? Die Sonne hört doch nicht auf zu scheinen.

Ein Modellversuch (▷ B 2) kann helfen, die Frage zu beantworten. Die Erde ist eine riesige Kugel, die von der Sonne beleuchtet wird. Dabei erhält die Seite der Erde Licht, die der Sonne zugewandt ist. Das ist die **Tagseite** der Erde (▷ B 1). Die von der Sonne abgewandte Seite liegt im Dunklen. Das ist die **Nachtseite** der Erde. Weil die Erde sich in 24 Stunden einmal um ihre eigene Achse dreht, wechseln sich Tag und Nacht ständig ab.

Bei uns ist es Tag, wenn unsere Hälfte der Erde gerade von der Sonne beschienen wird. Auf der anderen Hälfte ist gleichzeitig Nacht.

▶ Tag und Nacht entstehen durch die Drehbewegung der Erde um ihre eigene Achse.

Jahreszeiten

Die unterschiedlichen Jahreszeiten entstehen durch die Wanderung der Erde um die Sonne und die Schrägstellung der Erdachse (▷ B 3). Im Laufe eines Jahres ist zuerst die Südhalbkugel der Erde und dann die Nordhalbkugel zur Sonne hin geneigt. Sommer ist dabei immer auf der Halbkugel, die der Sonne zugeneigt ist.

Mondphasen

Wie die Sonne den Mond beleuchtet und wie du seine verschiedenen Ansichten – die **Mondphasen** – siehst, kannst du dir mit einem Versuch nach Bild 4 verdeutlichen. Setze dich auf einen Drehstuhl und halte einen Tennisball, etwas über Augenhöhe, in den Lichtkegel eines Diaprojektors. Du selbst bist ein Beobachter auf der Erde, drehst dich langsam um die eigene Achse und bewegst den Ball als Mond mit dir. Du siehst einen mehr oder weniger großen Teil der hellen Seite des „Mondes", je nachdem, wo er sich gerade befindet. Der Mond umkreist die Erde in etwas mehr als 27 Tagen. Bei **Vollmond** siehst du die ganze beleuchtete Seite. In den darauffolgenden Tagen nimmt der sichtbare Teil des Mondes ab (**abnehmender Mond**). Nach einer Woche erkennst du nur noch den **Halbmond**.
Im weiteren Verlauf wird er zu einer immer schmaleren Sichel, bis er schließlich nicht mehr zu sehen ist (**Neumond**). Bei

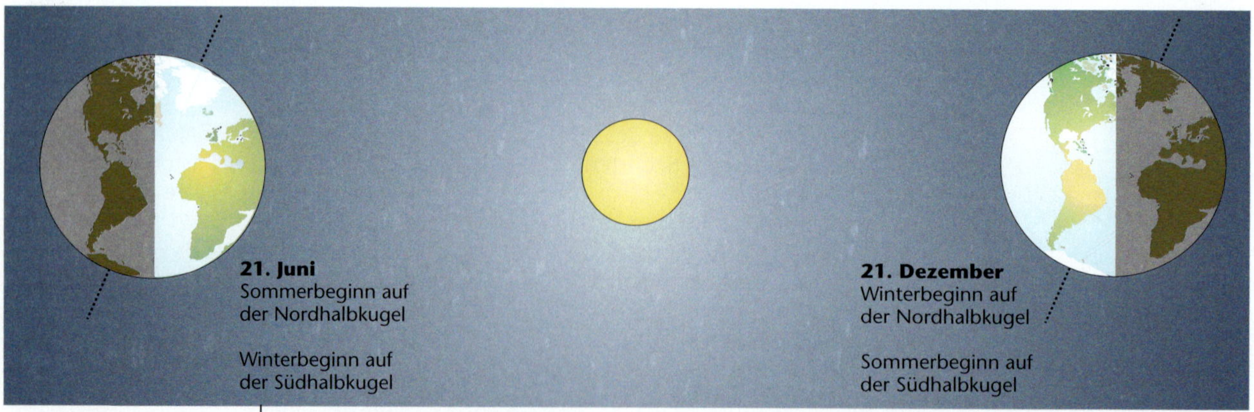

3 Die Entstehung der Jahreszeiten

Neumond schaust du nur auf die unbeleuchtete Seite des Mondes.
Nun kannst du beobachten, wie der Mond wieder zunimmt. Die zunächst schmale Sichel wird wieder breiter (**zunehmender Mond**) und ca. zwei Wochen nach Neumond ist wieder Vollmond.

Mondfinsternisse
Die Erde hat einen viel größeren Durchmesser als der Mond. Deshalb kann der Mond auch vollständig vom Erdschatten bedeckt werden (▷ B 5). Bewegt sich der Mond bei seinem Umlauf durch den Erdschatten, kommt es zu einer **Mondfinsternis**. Eine solche Finsternis dauert etwa zwei Stunden.
Nicht bei jedem Umlauf entsteht eine Finsternis, denn die Ebene der Mondbahn ist etwas gegen die der Erde geneigt. Der Mond bewegt sich daher nicht bei jedem Umlauf durch den Erdschatten.

Bei einer Mondfinsternis befindet sich der Mond im Schatten der Erde.

Sonnenfinsternisse
Eine Sonnenfinsternis ist ein eindrucksvolles Erlebnis. Mitten am Tag herrscht für wenige Minuten vollständige Dunkelheit. In früheren Zeiten hielten die Menschen dieses Ereignis für einen Vorboten des Unglücks. Wie kommt es zu diesem Naturschauspiel?

4 Die Entstehung der Mondphasen im Modell

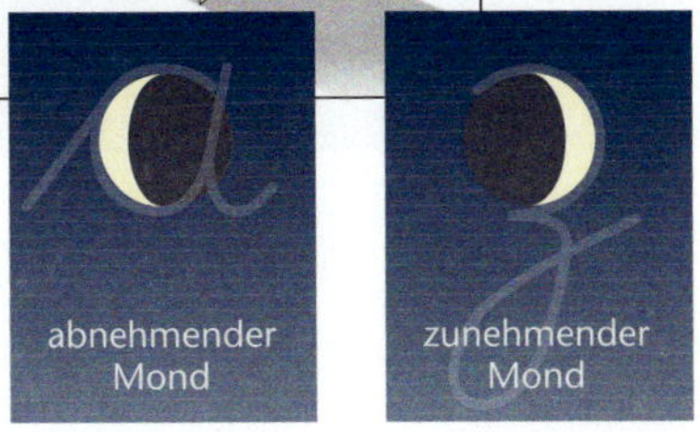

Der Mond bewegt sich um die Erde. Wenn er sich zwischen Erde und Sonne befindet, kann der Mond die Sonne „verdecken" (▷ B 6). Aber nur dort, wo der Kernschatten des Mondes auf die Erdoberfläche trifft, entsteht eine totale Sonnenfinsternis. Außerhalb dieser Zone, im Halbschattenbereich, verfinstert sich die Sonne nur teilweise (partielle Sonnenfinsternis).

Bei einer Sonnenfinsternis befindet sich die Erde im Schatten des Mondes.

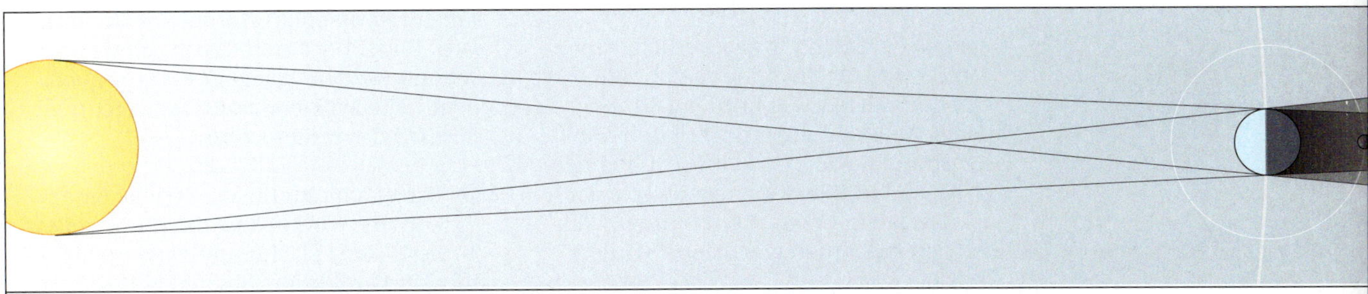

5 Bei einer Mondfinsternis befindet sich der Mond im Schatten der Erde.

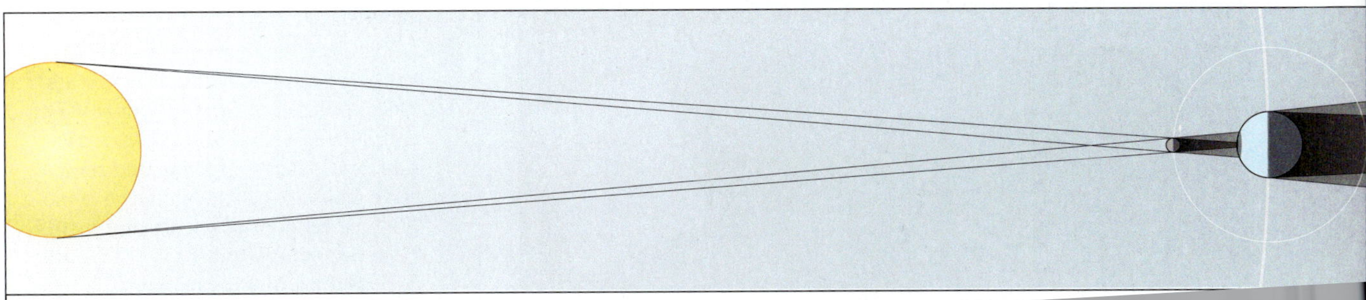

6 Bei einer Sonnenfinsternis befindet sich der Mond zwischen Sonne und Erde.

Reflexion und Absorption

1 Pantomime

2 Schnee reflektiert das Sonnenlicht.

3 Wasserspiegelung

Licht wird reflektiert ...

Wir sehen Körper nur, wenn sie selbst leuchten oder wenn von ihnen Licht in unsere Augen zurückgeworfen wird, wie z. B. von den Denkmälern, Kirchen und Schlössern einer Großstadt, die nachts angestrahlt werden. Wird Licht von einem Gegenstand zurückgeworfen, spricht man von **Reflexion**. Gespenstisch muten die Bewegungen eines Pantomimen an, von dem nur eine weiße Maske und Handschuhe sichtbar sind. Auch wenn du noch so genau hinschaust, seine schwarze Kleidung vor dem dunklen Hintergrund der Bühne verschluckt das gesamte Licht (▷ B 1).

▶ Wir können nur Gegenstände wahrnehmen, die Licht **reflektieren** oder selbst abstrahlen.

Bei einem Ausflug ins winterliche Hochgebirge schützt du deine Augen mit einer dunklen Sonnenbrille. Die von den Schneekristallen reflektierten Sonnenstrahlen würden dich sonst blenden (▷ B 2). Lichtreflexionen kannst du auch an Gewässern beobachten. Ruhige Wasserflächen können wie Spiegel wirken (▷ B 3).

... und absorbiert

Wie viel Licht reflektiert wird, hängt von der Oberfläche eines Materials ab. Glatte und helle Flächen reflektieren die Lichtstrahlen besser als matte und dunkle Oberflächen (▷ V 1). In der Dämmerung erkennst du helle Gegenstände deshalb viel besser als dunkle. Dunkle Flächen nehmen das Licht auf, sie **absorbieren** es. Von der zerknitterten Aluminiumfolie wird das Licht in alle möglichen Richtungen reflektiert. Die Folie kannst du dir aus vielen kleinen Spiegelflächen zusammengesetzt vorstellen. Jeder dieser kleinen Spiegel wirft das Licht in eine andere Richtung zurück. Mit dem Taschenspiegel kannst du einen hellen Lichtfleck an die Wand werfen. Ein solcher ebener Spiegel reflektiert das Licht nur in eine Richtung. Weil Bilder oft durch Glasscheiben geschützt werden, spiegeln sich Lampen oder helle Fenster darin. Diese Lichtreflexe können dann sehr stören.

▶ Trifft Licht auf die Oberfläche eines Körpers, wird es absorbiert und reflektiert. Helle Flächen reflektieren Licht eher, dunkle absorbieren es besser.

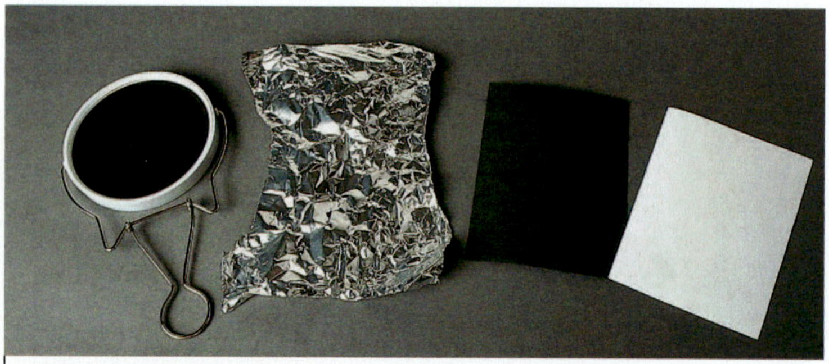

4 Wie gut ein Gegenstand Licht reflektiert, hängt von seiner Oberfläche ab.

Versuch

1 Dunkle den Raum ab und beleuchte verschiedene Gegenstände und Materialien mit deiner Taschenlampe. Verwende z. B. weißes und schwarzes Papier, einen Taschenspiegel und zerknitterte Alufolie (▷ B 4). Vergleiche deine Beobachtungen. Betrachte die Oberflächen der Materialien mit der Lupe und beschreibe ihre Beschaffenheit.

Von der Natur abgeschaut

Bei einer nächtlichen Autofahrt kannst du heftig erschrecken, wenn in der Dunkelheit plötzlich die Augen von Katzen, Hasen oder anderen Wildtieren am Straßenrand auftauchen (▷B 1). Das Scheinwerferlicht wird von einer Schicht mikroskopisch kleiner Kristalle in den Augen dieser Tiere reflektiert.

Diese reflektierenden „Katzenaugen" waren das Vorbild für **Reflektoren** oder Rückstrahler. Du findest sie z. B. an Anhängern und Fahrrädern. Reflektoren bestehen aus vielen kleinen Spiegeln, die so angeordnet sind, dass sie das Licht in die Richtung zurückwerfen, aus der es ursprünglich gekommen ist (▷B 3, B 4). Dadurch kann man Reflektoren in der Dunkelheit auch aus großer Entfernung erkennen.

Sicherheit wird groß geschrieben

An der Kleidung von Feuerwehrleuten, Polizisten, Sanitätern und Straßenbauarbeitern sind häufig **Reflexionsfolien** angebracht. Sie enthalten Kristalle, die das Licht sehr gut reflektieren. Nachts sind diese Personen im Scheinwerferlicht gut zu erkennen und dadurch besser geschützt (▷B 2).

Wie gut du mit deiner Kleidung bei Dunkelheit gesehen wirst, kannst du selbst leicht testen. Eine Blitzlichtaufnahme im Dunkeln zeigt, ob deine Kleidung ausreichend Licht reflektiert.

Reflektoren befinden sich auch an den Leitpfosten längs des Straßenrandes außerhalb von Ortschaften. Für Autofahrer ist der Straßenverlauf dadurch auch bei Dunkelheit gut zu erkennen. Verkehrszeichen müssen auch nachts gut zu sehen sein. Ihre Oberfläche ist daher mit winzig kleinen Glasperlen bedeckt, die das auftreffende Licht reflektieren.

2 Sanitäter tragen Kleidung mit Reflektoren

Aufgaben

1. Nenne die Teile, die zu einem verkehrssicheren Fahrrad gehören.
2. Vor Fahrtantritt musst du dein Fahrrad überprüfen. Beschreibe dein Vorgehen.
3. Beschreibe die Funktion der Speichenreflektoren.
4. An deinem Fahrrad ist der Frontreflektor weiß, die Speichenreflektoren sind gelb und der Rückstrahler ist rot. Warum hat man für die Reflektoren verschiedene Farben gewählt?
5. Wer bei schlechten Sichtverhältnissen unterwegs ist, muss mehr für seine Sicherheit tun. Nenne Maßnahmen.
6. Warum ist es für einen Fußgänger oder Radfahrer nachts viel sicherer, wenn er helle Kleidung trägt?
7. Weshalb haben die Reflektoren auf den Leitpfosten am Straßenrand unterschiedliche Formen?

1 Leuchtende Augen

3 Reflektor

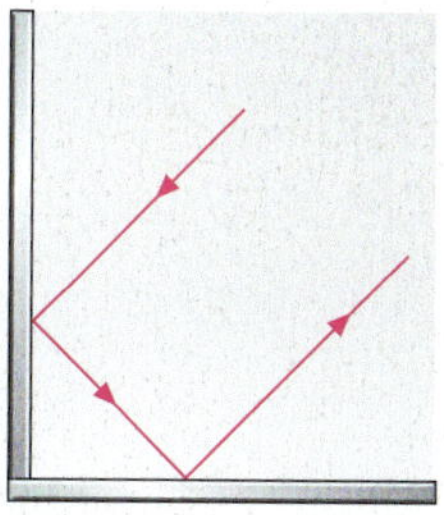

Werkstatt

Bilder mit der Lochkamera

Manche Tiere – wie z. B. der Nautilus – besitzen Blasenaugen, bei denen das Licht durch eine kleine Öffnung auf die Sehzellen fällt. Das Auge des Nautilus ist im Prinzip einer Lochkamera ähnlich. Wie aber funktioniert eine Lochkamera?

1 Material

Material
Zwei ineinander passende Pappröhren (je etwa 30 cm lang), dünne Pappe, Transparentpapier, Schere und Kleber

Bauanleitung
Schneide aus der Pappe eine runde Scheibe aus (der Durchmesser sollte größer sein als der

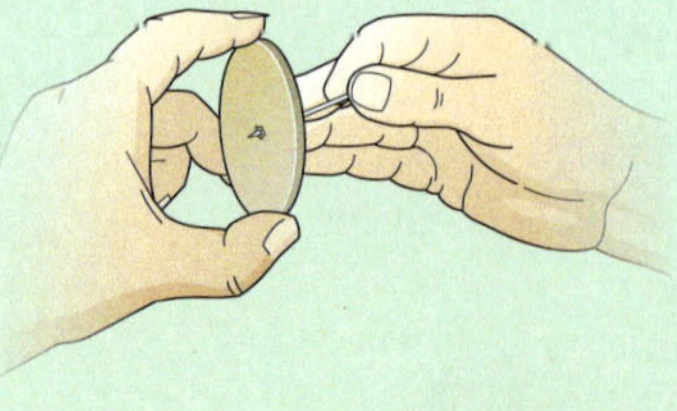

2 Durchstechen der Pappscheibe

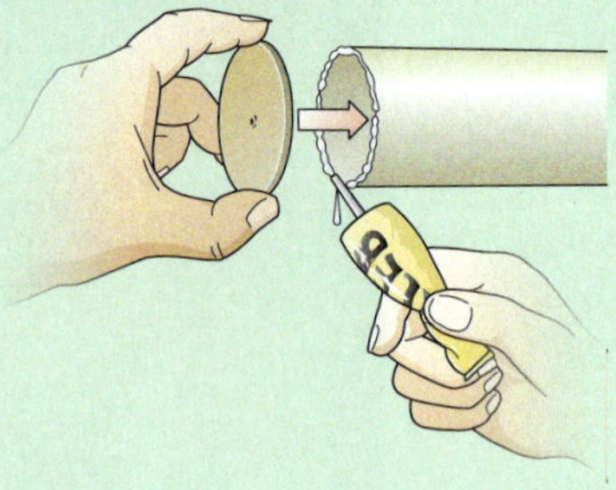

3 Aufkleben der Pappscheibe …

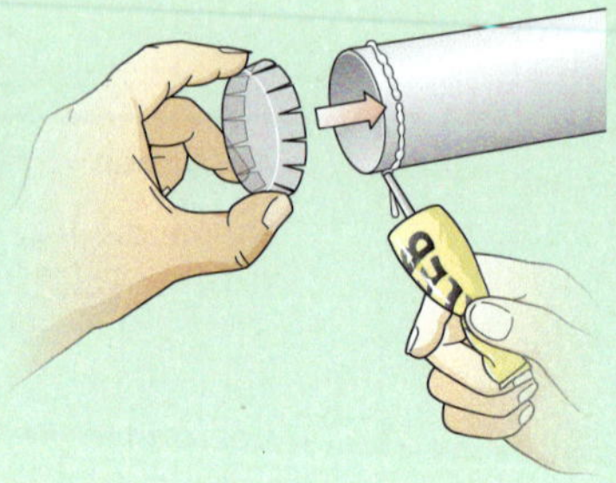

4 … und des Schirms

Durchmesser der Pappröhren). Bohre mit einem dünnen Nagel in die Mitte dieser Scheibe ein Loch mit einem Durchmesser von 1 bis 2 mm (▷ B 2). Klebe die Scheibe auf ein Ende der äußeren Röhre (▷ B 3). Klebe auf ein Ende der inneren Röhre das Transparentpapier (▷ B 4); es dient als Bildschirm. Stecke nun die beiden Röhren ineinander – fertig ist deine Lochkamera.

Versuchsanleitung
a) Betrachte zunächst einen hellen Gegenstand (z. B. eine Kerze) durch deine Lochkamera. Vergleiche den Gegenstand mit dem Bild, das auf dem Schirm erscheint.
Gehe anschließend mit deiner Lochkamera näher an den Gegen-

stand heran. Wie ändert sich das Bild? Was passiert, wenn du dich mit der Lochkamera von dem Gegenstand entfernst?

b) Verschiebe die beiden Pappröhren gegeneinander (▷ B 6). Betrachte den Gegenstand jeweils aus der gleichen Entfernung. Erkennst du zwischen der Länge der Lochkamera und der Bildgröße einen Zusammenhang?

c) Was passiert, wenn du die Größe des Lochs in der Lochkamera veränderst? Stich dazu unterschiedlich große Öffnungen in ein Stück Pappe. Vergrößere das Loch in der Pappscheibe und bringe jede der Blenden einmal davor an (▷ B 5). Wie ändert sich das Bild eines hellen Gegenstands?

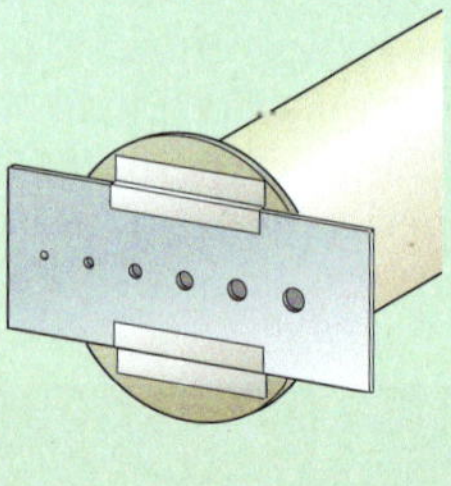

5 Unterschiedliche Blenden

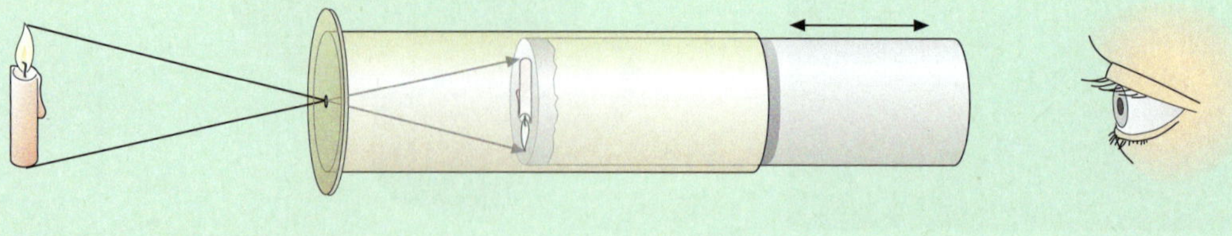

6 Prinzipskizze einer Lochkamera

Wie funktioniert die Lochkamera?

Das Bild der Lochkamera
Auf dem Schirm einer Lochkamera kannst du das Bild eines hellen Gegenstandes gut erkennen. Von allen Punkten des Gegenstandes gehen Lichtstrahlen aus. Nur einige davon gelangen durch die kleine Öffnung in der Lochkamera.
Alle Strahlen verlaufen geradlinig durch das Loch. Daher fallen von oben kommende Strahlen unten auf den Bildschirm und Strahlen, die von unten kommen, treffen oben auf den Schirm (▷B 1). Entsprechend treffen von links kommende Strahlen auf der rechten Seite des Schirms auf und umgekehrt. Auf diese Weise entsteht hinter der Lochblende ein umgekehrtes und seitenvertauschtes Bild.

▶ Eine Lochkamera erzeugt ein umgekehrtes und seitenvertauschtes Bild.

Wie lässt sich das Bild verändern?
Das Bild auf dem Schirm der Lochkamera ist nicht immer gleich groß. Näherst du dich mit deiner Lochkamera dem Gegenstand, wird das Bild größer, entfernst du dich von ihm, wird das Bild kleiner.
Auch die Länge der Lochkamera beeinflusst die Bildgröße. Je größer der Abstand zwischen Blende und Schirm ist, desto größer ist das Bild.

Mithilfe der Blende kannst du die Helligkeit und die Schärfe des Bildes verändern. Auf dem Schirm entsteht ein scharfes, aber dunkles Bild, wenn du eine kleine Lochblende verwendest. Machst du das Loch größer, wird das Bild heller, aber unschärfer. Ein Bild, das gleichzeitig hell und scharf ist, kannst du mit einer Lochkamera nicht erzeugen.

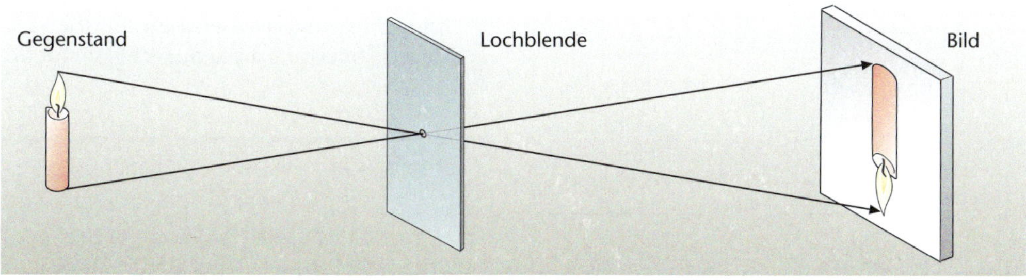

1 Bildentstehung bei einer Lochblende

Zeitpunkt

Lichtbilder

Der berühmte italienische Erfinder, Maler und Konstrukteur Leonardo da Vinci (1452–1519) baute einen Apparat, mit dem er Landschaften naturgetreu abbilden konnte. Die Camera obscura (▷B 2) war ein innen geschwärzter Kasten mit einer transparenten Rückwand. Durch ein kleines Loch „zauberten" Lichtstrahlen ein Bild auf die Mattscheibe.
1824 konnte der französische Offizier Joseph Nicéphore Niépce (1765–1833) diese Bilder erstmals dauerhaft festhalten (▷B 3). Er verwendete eine mit lichtempfindlichen Chemikalien beschichtete Metallplatte. Es dauerte etwa acht Stunden bis ein ziemlich verschwommenes Bild entstanden war.

1 William Talbot

2 Camera obscura

Der Maler Louis Daguerre (1787–1851) verbesserte dieses Verfahren weiter. Aber erst 1839 gelang es dem Engländer William Talbot (1800–1877), von einer Fotoplatte beliebig viele Bilder zu entwickeln. Nach diesem Prinzip werden noch heute Fotografien hergestellt.

3 Eine der

1 Zu Versuch 2

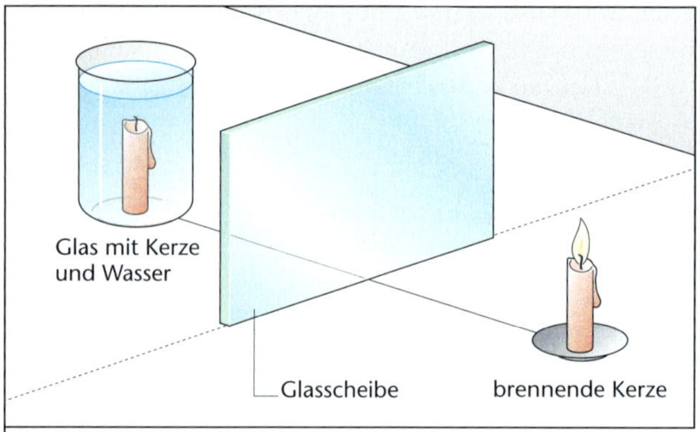

2 Zu Versuch 3

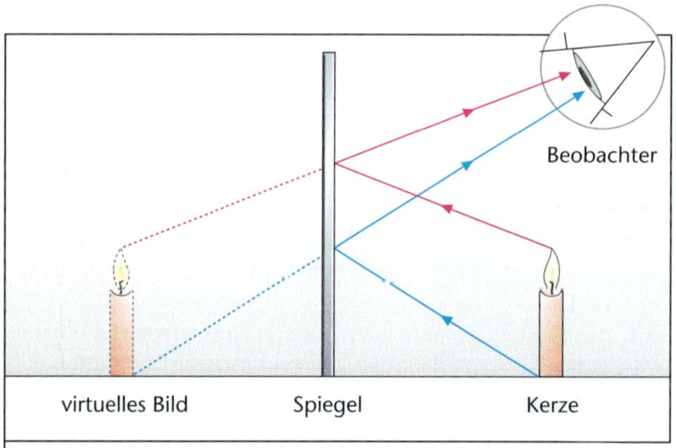

3 Wie ein Spiegelbild entsteht

4 Wölbspiegel in einem Supermarkt

Aufgaben

1 Bestimmte Fahrzeuge tragen vorne einen Schriftzug in Spiegelschrift. Um welche Fahrzeuge handelt es sich? Welchen Sinn hat das?

2 Zauberkünstler lassen manchmal Dinge oder sogar Menschen schweben. Kannst du dir vorstellen, wie dieser Trick funktioniert?

Wie ein Spiegelbild entsteht

Wenn sich ein kleines Kind zum ersten Mal in einem Spiegel sieht, glaubt es, ein anderes Kind vor sich zu haben. Dieses zweite Kind scheint sich hinter dem Spiegel zu befinden. Du weißt, dass dort niemand ist – der Spiegel täuscht uns.

Bild 3 zeigt, wie ein Spiegelbild entsteht: Lichtstrahlen, die von der Kerze ausgehen, werden am Spiegel reflektiert. Wenn sie in unsere Augen fallen, werden wir über den tatsächlichen Ursprung des Lichtes getäuscht. Die Lichtstrahlen scheinen von einer Kerze zu kommen, die hinter dem Spiegel steht. Was wir sehen, ist das scheinbare oder **virtuelle Bild** der Kerze. Was in Bild 3 am Beispiel zweier Lichtstrahlen dargestellt wird, gilt auch für alle anderen Punkte der Kerze, von denen Lichtstrahlen in unser Auge gelangen.

▶ Spiegel erzeugen scheinbare Bilder. Man bezeichnet diese auch als virtuelle Bilder.

Versuche

1 Stelle dich vor den Spiegel und betrachte dein Spiegelbild. Kneife dein rechtes Auge zu. Hebe den linken Arm. Nähere dich dem Spiegel. Wie „reagiert“ das Spiegelbild jeweils?

2 a) Stelle einen Spiegel senkrecht auf dein Buch. Richte ihn einmal parallel zu den Zeilen und einmal im rechten Winkel dazu aus. Versuche, die Schrift im Spiegel zu lesen.

b) Wie musst du den Spiegel halten, um den Satz in Bild 1 lesen zu können?

c) Schreibe deinen Namen in Spiegelschrift. Überprüfe das Ergebnis mithilfe eines Spiegels.

3 Stelle eine Kerze vor eine saubere Glasscheibe. Befestige eine zweite Kerze mit einigen Tropfen Wachs in einem Becherglas, das hinter der Glasscheibe steht. Richte das Becherglas so aus, dass sich die Kerze im Glas und das Spiegelbild der Kerze vor der Scheibe genau decken (▷ B 2). Zünde die erste Kerze an und verdunkle den Raum. Was beobachtest du, wenn du Wasser in das Becherglas füllst?

Licht, das auf einen Spiegel fällt, wird reflektiert. Die Reflexion folgt dabei einer Gesetzmäßigkeit: Der Winkel, in dem ein Lichtstrahl am Spiegel reflektiert wird, ist immer gleich dem Winkel, in dem der Strahl auf den Spiegel trifft (▷B 1). Dabei spielt es keine Rolle, von welcher Seite das Licht kommt. Außerdem liegen einfallender Strahl, Lot und reflektierter Strahl in einer Ebene.

Das Reflexionsgesetz
Diese Gesetzmäßigkeiten gelten allgemein für die Reflexion von Licht an ebenen Flächen und sind im **Reflexionsgesetz** zusammengefasst. Es wurde vereinbart, jeweils die Winkel zwischen dem Lichtstrahl und der Senkrechten zur Spiegelfläche (dem Lot) anzugeben.

Den Winkel zwischen einfallendem Strahl und Lot bezeichnet man als **Einfallswinkel**. Der Winkel zwischen reflektiertem Strahl und Lot heißt **Reflexionswinkel**. Damit lautet das Reflexionsgesetz:

Bei der Reflexion eines Lichtstrahls am ebenen Spiegel sind Einfallswinkel und Reflexionswinkel gleich groß. Außerdem liegen einfallender Strahl, Lot und reflektierter Strahl in einer Ebene. Der Weg des Lichts ist umkehrbar.

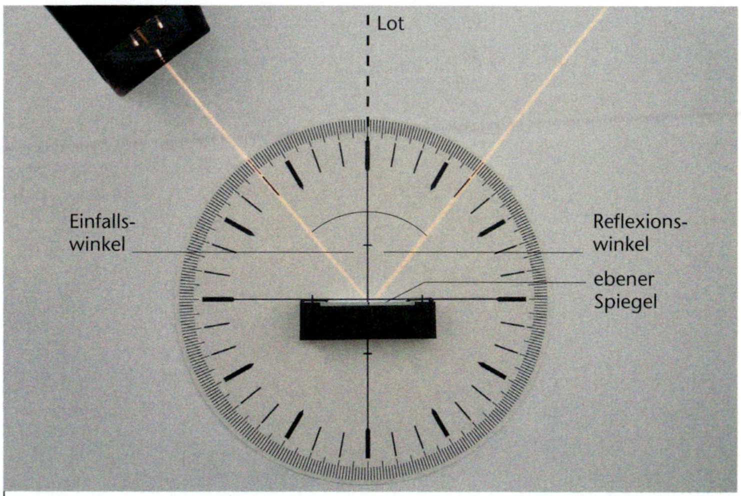

1 Lichtreflexion am ebenen Spiegel

Werkstatt

Die Reflexion am Spiegel

Trifft Licht auf einen Spiegel, dann wird es reflektiert. Wovon hängt es ab, in welche Richtung das auftreffende Licht abgelenkt wird?

Material
Ebener Spiegel, Optikleuchte mit Einspaltblende, Kreisscheibe mit Winkeleinteilung oder Geodreieck, weißes unliniertes Papier, Heft, Stift

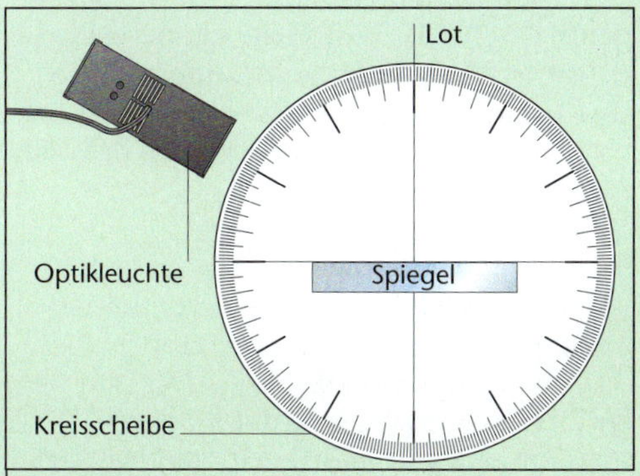

1 Versuchsaufbau

Versuchsanleitung
a) Stelle die Einspaltblende an der Optikleuchte so ein, dass ein Lichtstrahl entsteht. Lege den Spiegel an die Grundlinie der Winkeleinteilung (▷B 1). Richte den Lichtstrahl genau auf den Mittelpunkt der Kreisscheibe.

b) Miss den Winkel α zwischen dem auftreffenden Strahl und dem Lot (▷B 2). Miss anschließend den Winkel β zwischen Lot und reflektiertem Strahl. Notiere die Werte beider Winkel.

c) Verändere den Winkel α. Führe insgesamt sechs Messungen mit unterschiedlichen Winkeln durch. Miss jeweils den zugehörigen Winkel β und notiere die Ergebnisse in der Tabelle. Formuliere ein Ergebnis.

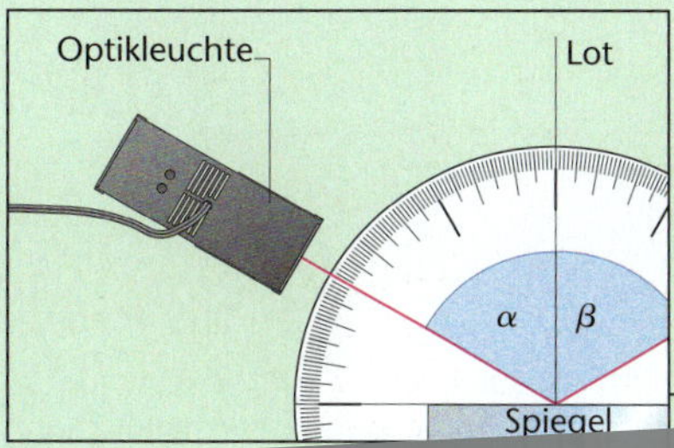

1 Die Wasseroberfläche spiegelt das Schloss.

2 Wölbspiegel in einem Supermarkt

Spiegelbilder
Ein Beispiel, wie auch andere Spiegelbilder entstehen können, zeigt dir Bild 1. Fotografen nutzen solche Motive gern. Das Spiegelbild auf einer Wasseroberfläche erscheint oft durch leichte Wellen verzerrt. Auch die Farben sind etwas dunkler. Das liegt daran, dass vom Wasserspiegel nicht alles Licht reflektiert wird. Ein Teil dringt auch ins Wasser ein.

Gewölbte Spiegel
Auch im Rückspiegel an deinem Fahrrad oder einem Auto, in einer Christbaumkugel und anderen glänzenden Flächen kannst du Spiegelbilder sehen. Sie begegnen dir auch in Supermärkten (▷ B 2), wo sie der Überwachung der Regale dienen oder die Arbeit an der Kasse erleichtern sollen. In solchen Spiegeln, die nach außen gewölbt (konvex) sind, siehst du alles verkleinert. Dafür ist aber ein größerer Bereich einsehbar.
Solche Wölbspiegel sind als Verkehrsspiegel an unübersichtlichen Straßeneinmündungen, Aus- oder Einfahrten sehr wichtig. Mit ihnen kannst du „um die Ecke sehen".

Nach innen gewölbte Spiegel
Wenn sich deine große Schwester schminkt, kann sie in einem Kosmetikspiegel ihr vergrößertes Gesicht sehen. Dieser Spiegel ist nach innen gewölbt (konkav) und wird Hohlspiegel genannt (▷ B 3).

Zerrbilder
Wie kommt es, dass du dich in einem Spiegelkabinett lang und dünn oder klein und gut genährt sehen kannst?
Haben Spiegel keine ebenen Flächen, können gestauchte, gestreckte, größere und kleinere Bilder zustande kommen. Am besten, du probierst das einmal mit einem größeren Bogen Pappe, auf den du Aluminium-Haushaltsfolie glatt aufgezogen hast (▷ B 4). Wölbe die Pappe vorsichtig etwas nach außen oder innen. Halte die Pappe dabei erst so, dass die Wölbung waagerecht verläuft und dann so, dass sie senkrecht verläuft.

▶ Ein nach außen gewölbter Spiegel (Wölbspiegel) erzeugt ein verkleinertes Spiegelbild.

▶ Ein nach innen gewölbter Spiegel (Hohlspiegel) erzeugt ein vergrößertes Spiegelbild.

3 Ein Hohlspiegel vergrößert.

4 Zerrbild mit Alufolie auf Pappe

Versuch

1 Untersuche den Strahlenverlauf an einem Hohlspiegel. Du benötigst dazu Stromquelle, Optikleuchte mit Dreispaltblende, Kabel, Hohlspiegel, Zeichenkarton und Stifte.

a) Zeichne mit Rotstift eine Gerade, die du optische Achse nennst.

b) Richte die Optikleuchte so ein, dass ein paralleles Lichtbündel entsteht und sich die optische Achse anschließend genau in der Mitte dieses Lichtbündels befindet.

c) Lege den Hohlspiegel entsprechend Bild 1 auf den Zeichenkarton.

d) Setze die Dreispaltblende ein. Wie verlaufen die Lichtstrahlen?

Strahlenverlauf am Hohlspiegel

Alle Lichtstrahlen eines Lichtbündels, die parallel zur optischen Achse auf einen Hohlspiegel fallen, verlaufen nach ihrer Reflexion durch einen Punkt, den Brennpunkt (▷ B 2). Je stärker ein Hohlspiegel gekrümmt ist, umso näher liegt der Brennpunkt am Spiegel.
Stellst du eine Tasse mit Milchkaffee in schräg einfallendes Sonnenlicht, werden Lichtstrahlen vom Rand der Tasse wie bei einem Hohlspiegel reflektiert. Du sichst dabei keinen eindeutigen Brennpunkt (▷ B 1). Nur Strahlen nahe der optischen Achse verlaufen nach der Reflexion durch den Brennpunkt (▷ B 3).

1 Lichtreflexion bei einer Kaffeetasse

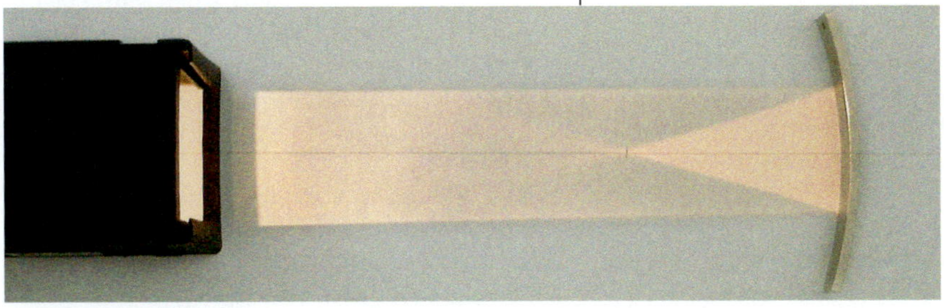

2 Strahlenverlauf am Hohlspiegel

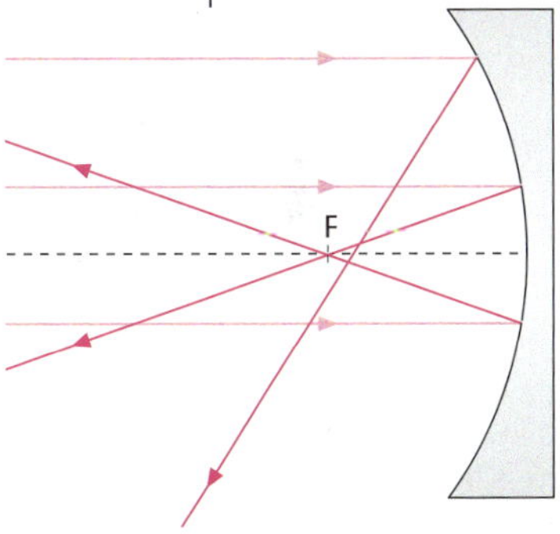

3 Strahlenverlauf mit Einzelstrahlen

Brennpunkt

Anwendungen von Hohlspiegeln

Hohlspiegel in Scheinwerfern

Die Untersuchung der Reflexion von Lichtstrahlen zeigt, dass der Lichtweg umkehrbar ist. Das ist auch am Hohlspiegel so. Bringst du in seinen Brennpunkt eine Lichtquelle, entsteht durch die Reflexion ein paralleles Lichtbündel. Auf der Bühne eines Theaters oder bei Musikveranstaltungen werden die Schauspieler und Akteure so ins „rechte Licht gerückt".
Taschenlampen und Reflektorleuchten erzeugen ebenfalls fast parallele Lichtbündel, genauso wie das Leuchtfeuer eines Leuchtturms.
Manchmal bewegt sich auch der Hohlspiegel um die Lichtquelle. Solche „Rundumleuchten" kennst du als Blaulicht oder Warnleuchte bei Feuerwehren und Schwerlastfahrzeugen.

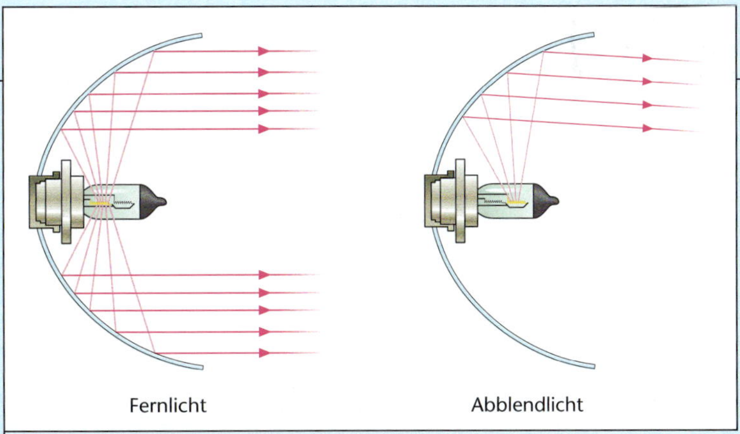

1 Scheinwerfer mit Fernlicht und Abblendlicht

Viele Autoscheinwerfer haben eine Lampe mit zwei getrennt schaltbaren Glühwendeln (Bilux-Lampe – Bild 1). Sie kann einen gleichmäßigen Lichtkegel in die Ferne abstrahlen. Mit einer zweiten Glühwendel, die etwas vor dem Brennpunkt sitzt und nach unten abgeschirmt ist, wird Licht nach oben abgestrahlt. Vom Spiegel wird der Lichtkegel für das Abblendlicht reflektiert.

Werkstatt

Versuche zur Lichtbrechung

Licht breitet sich geradlinig aus. Manchmal machen Lichtstrahlen aber einen „Knick“. In den folgenden Versuchen findest du Beispiele für diese Erscheinung.

1 Gebrochen – und trotzdem ganz?

Material

Bleistift, Glas, Wasser, dicke Glasscheibe

1 Zu Versuch 1

Versuchsanleitung

a) Fülle das Glas mit Wasser und stelle den Bleistift hinein. Betrachte das Glas von der Seite. Was fällt dir auf?

b) Lege anschließend die dicke Glasscheibe auf den Bleistift. Blicke einmal senkrecht von oben und einmal schräg auf die Glasscheibe. Welche Unterschiede kannst du feststellen, wenn du die Blickrichtung wechselst?

2 Münzenstechen

Material

Glaswanne, Röhrchen, dünner Stab (der durch das Röhrchen passt), Stativ, Münze, Wasser

Versuchsanleitung

Lege die Münze auf den Boden der Glaswanne. Spanne das Röhrchen in das Stativ ein und richte es so aus, dass du die Münze durch das Röhrchen sehen kannst (▷ B 2).

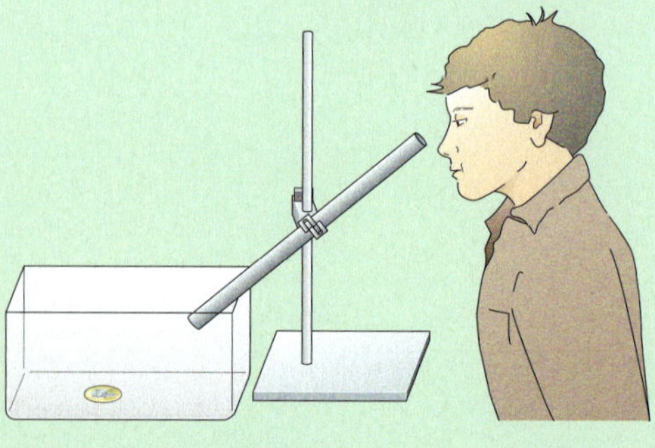

2 Ausrichten des Röhrchens

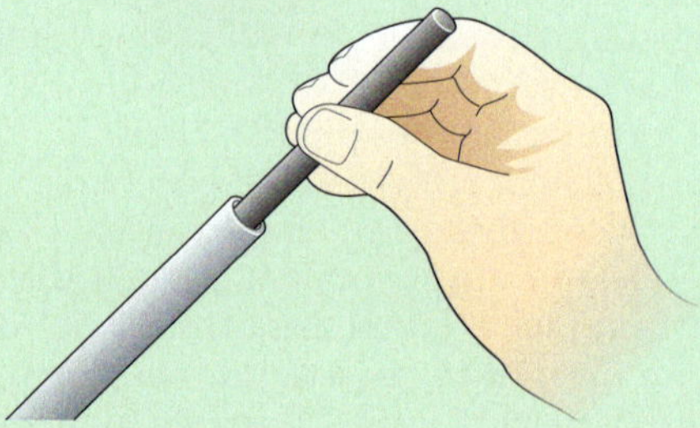

3 Trifft der Stab die Münze?

Stecke den Stab durch das Röhrchen und versuche, die Münze zu treffen (▷ B 3).
Fülle nun Wasser in die Glaswanne und richte das Röhrchen erneut aus (achte darauf, dass das Röhrchen nicht ins Wasser eintaucht).
Was beobachtest du beim erneuten Versuch, die Münze zu treffen? Finde eine Erklärung für deine Beobachtungen.

3 Unter Wasser aufgetaucht

Material

Tasse, Gefäß mit Wasser, Münze

Versuchsanleitung

Lege die Münze auf den Boden der Tasse. Blicke so über den Rand der Tasse, dass die Münze gerade verdeckt wird. Behalte diese Position bei.

Bitte eine Mitschülerin oder einen Mitschüler, vorsichtig Wasser in die Tasse zu gießen. Die Münze darf sich dabei nicht bewegen. Was kannst du beobachten?

4 Übergang von Luft in Glas

Material

Kreisscheibe, Optikleuchte, halbkreisförmiger Glaskörper

Versuchsanleitung

a) Befestige den Glaskörper an der Kreisscheibe. Richte den Lichtstrahl der Optikleuchte so aus, dass er senkrecht auf die ebene Oberfläche des Glaskörpers trifft (▷ B 4, Stellung A). Beschreibe den weiteren Verlauf des Lichtstrahls durch das Glas.

b) Verschiebe die Optikleuchte so, dass der Lichtstrahl schräg auf die ebene Oberfläche des Glaskörpers trifft (▷ B 4, Stellung B). Wie verläuft der Lichtstrahl nun durch das Glas?

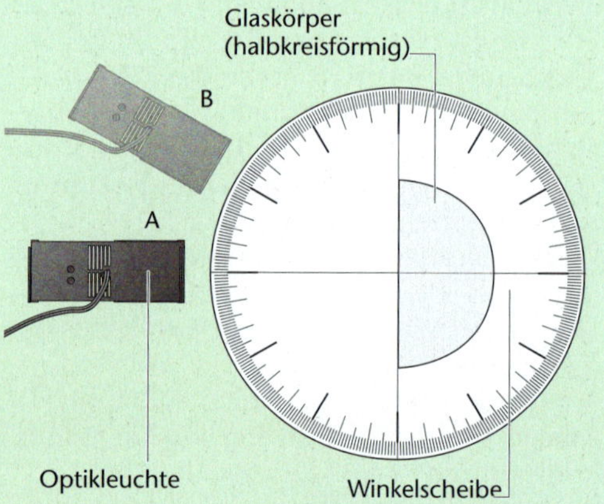

4 Lichtbrechung beim Übergang von Luft in Glas

1 Licht durchdringt Nebel.

Vom Knick in der Optik
Licht kann viele Stoffe durchdringen: Luft, Glas, Wasser, Nebel usw. (▷ B 1). Dabei verlaufen die Lichtstrahlen in jedem Stoff geradlinig. Wie lässt sich nun der Versatz erklären, den du an einem Trinkhalm im Wasserglas (▷ B 4) beobachten kannst?
In diesem Fall musst du berücksichtigen, dass sich das Licht nicht nur in einem Stoff ausbreitet, sondern von Wasser in Glas und dann in Luft übertritt. Beim Übergang von einem Stoff in einen anderen scheinen die Lichtstrahlen „versetzt" zu werden.

Der Übergang von Luft in Glas
Trifft ein Lichtstrahl senkrecht auf eine Glasoberfläche, verläuft er im Glas geradlinig weiter. Er ändert seine Richtung nicht. Trifft er dagegen schräg auf das Glas, so wird er aus seiner ursprünglichen Richtung abgelenkt (▷ B 2). Man sagt, der Lichtstrahl wird **gebrochen**.
Der Lichtstrahl in Bild 2 verläuft zunächst geradlinig durch die Luft, bis er an der Oberfläche des Glaskörpers in das Glas eintritt. An der Glasoberfläche wird der Lichtstrahl so gebrochen, dass er nach der Brechung näher am Lot verläuft (▷ B 3).

Lichtstrahlen werden beim Übergang von Luft in Glas oder Wasser zum Lot hin gebrochen. Senkrecht einfallende Strahlen werden nicht gebrochen.

Der Winkel zwischen dem einfallenden Lichtstrahl und dem Lot (**Einfallswinkel** α) ist also größer als der Winkel zwischen dem gebrochenen Lichtstrahl und dem Lot (**Brechungswinkel** β).

Der Übergang von Glas in Luft
Lichtbrechung beobachtest du auch, wenn das Licht aus einem Stoff wie Wasser oder Glas in Luft übertritt.
In Bild 3 verläuft der Lichtstrahl zunächst weiter durch den Glaskörper. An der ebenen Glasfläche tritt er in die Luft über. Du erkennst, dass der Lichtstrahl nach der Brechung weiter vom Lot entfernt verläuft.

Tritt Licht von Glas oder Wasser in Luft über, werden die Lichtstrahlen vom Lot weg gebrochen.

Aufgaben

1 Erkläre mithilfe der Brechung, warum der Trinkhalm in Bild 4 gespalten erscheint.

2 Wenn wir von der Erde aus Sterne beobachten, sehen wir diese nicht an ihrem tatsächlichen Ort. Überlege, was die Ursache dafür ist und erkläre die Entstehung dieser Erscheinung.

4 Unseren Augen ist nicht immer zu trauen.

2 Schräg auftreffende Lichtstrahlen werden an Grenzflächen gebrochen.

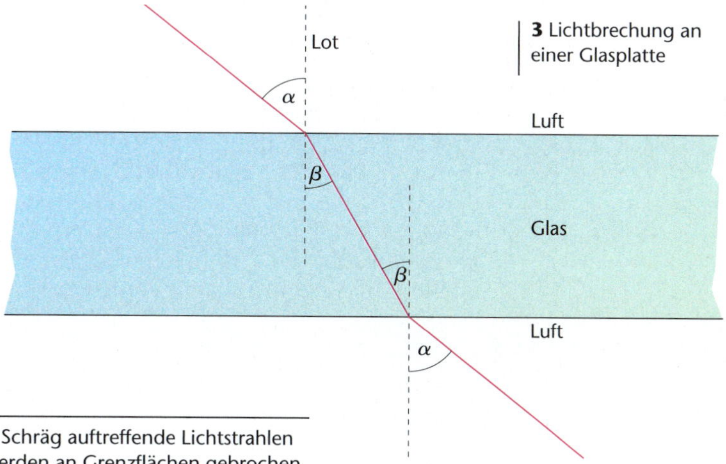

3 Lichtbrechung an einer Glasplatte

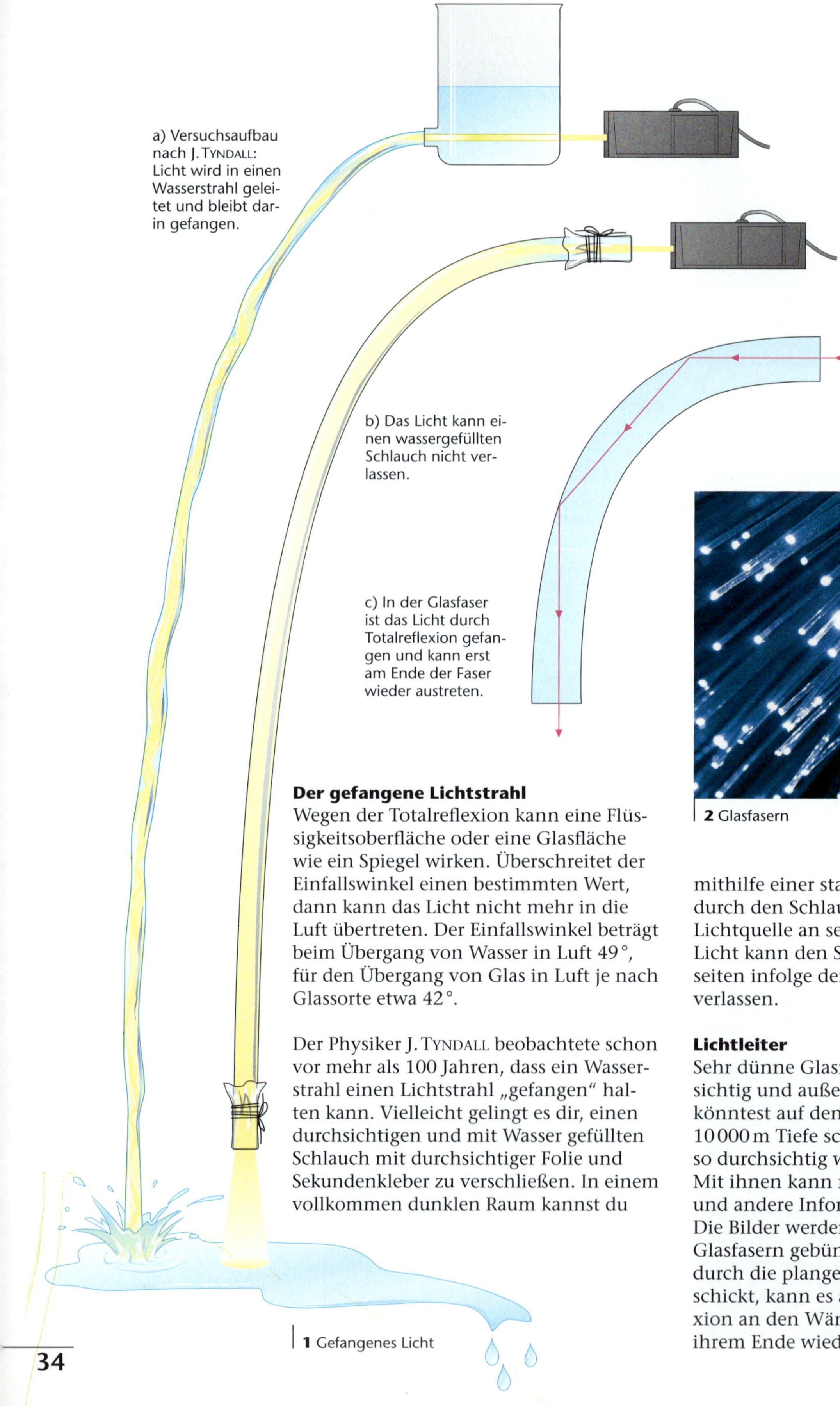

1 Gefangenes Licht

2 Glasfasern

Der gefangene Lichtstrahl

Wegen der Totalreflexion kann eine Flüssigkeitsoberfläche oder eine Glasfläche wie ein Spiegel wirken. Überschreitet der Einfallswinkel einen bestimmten Wert, dann kann das Licht nicht mehr in die Luft übertreten. Der Einfallswinkel beträgt beim Übergang von Wasser in Luft 49°, für den Übergang von Glas in Luft je nach Glassorte etwa 42°.

Der Physiker J. TYNDALL beobachtete schon vor mehr als 100 Jahren, dass ein Wasserstrahl einen Lichtstrahl „gefangen" halten kann. Vielleicht gelingt es dir, einen durchsichtigen und mit Wasser gefüllten Schlauch mit durchsichtiger Folie und Sekundenkleber zu verschließen. In einem vollkommen dunklen Raum kannst du mithilfe einer starken Optikleuchte Licht durch den Schlauch leiten, indem du die Lichtquelle an seine Stirnseite hältst. Das Licht kann den Schlauch an den Längsseiten infolge der Totalreflexion nicht verlassen.

Lichtleiter

Sehr dünne Glasfasern (▷ B 2) sind durchsichtig und außerordentlich biegsam. Du könntest auf den Grund des Ozeans in 10 000 m Tiefe schauen, wenn das Wasser so durchsichtig wäre wie die Glasfasern. Mit ihnen kann man Bilder, Nachrichten und andere Informationen übertragen. Die Bilder werden umso schärfer, je mehr Glasfasern gebündelt werden. Wird Licht durch die plangeschliffene Stirnseite geschickt, kann es aufgrund der Totalreflexion an den Wänden der Glasfaser erst an ihrem Ende wieder austreten.

Eine glasklare Sache

In Glasfasern wendet man die Totalreflexion zur Weiterleitung von Licht an. Bündel solcher Fasern werden bei Lichtleiterkabeln in der Medizin und zur Informationsübertragung eingesetzt. Diese hauchdünnen Fasern haben einen Durchmesser von 6 µm. Ein Bündel mit einem Durchmesser von 1 mm^2 enthält nahezu 27 000 Fasern. Mit ihnen können Bilder übertragen und scharf abgebildet werden.

Ein Endoskop erspart dem Patienten oft aufwändige Operationen (▷ B 1; B 2). Große Bedeutung besitzt heute die Spiegelung des Magens, des Darms, Untersuchungen der Gallenwege, der Bauchspeicheldrüse und des Bronchialsystems. Ein fingerdicker Schlauch, in dem mehrere Glasfaserbündel sind, wird z. B. durch die Speiseröhre in den Magen eingeführt. Durch eines dieser Bündel wird Licht in den Magen geleitet. Das von den Magenwänden reflektierte Licht wird durch ein anderes Bündel aus dem Körperinneren auf eine Videokamera übertragen. So kann der Arzt den Magen untersuchen und operieren, ohne ihn zu öffnen.

Auch in der Nachrichtentechnik nutzt man Glas- oder Plastikfasern. Mit einem einzigen Kabel können riesige Mengen an Daten in kürzester Zeit übertragen werden.

Trugbilder

Für das Entstehen von Trugbildern sind extreme Temperaturunterschiede zwischen verschiedenen Luftschichten erforderlich. Über heißem Asphalt ist eine solche Situation gegeben. Die Luftschicht unmittelbar über dem Asphalt erwärmt sich sehr stark.
Wenn das Sonnenlicht schräg einfällt, wirkt die heiße Luftschicht über der Straße wie ein Spiegel. Du glaubst, in einiger Entfernung durch eine Pfütze fahren zu müssen.
In Wüstengebieten sind solche Luftspiegelungen als Fata Morgana bekannt. Im Laufe eines Tages erwärmt sich zum Beispiel die Luft in einer Senke in der Wüste. An der Grenzfläche zur darüber liegenden kälteren Luftschicht wird bei großen Einfallswinkeln das Licht vom Himmel total reflektiert. Am gegenüberliegenden Rand der Senke scheint deshalb ein Gewässer zu sein (▷ B 3). In Wirklichkeit wird nur ein Teil des Himmels gespiegelt.

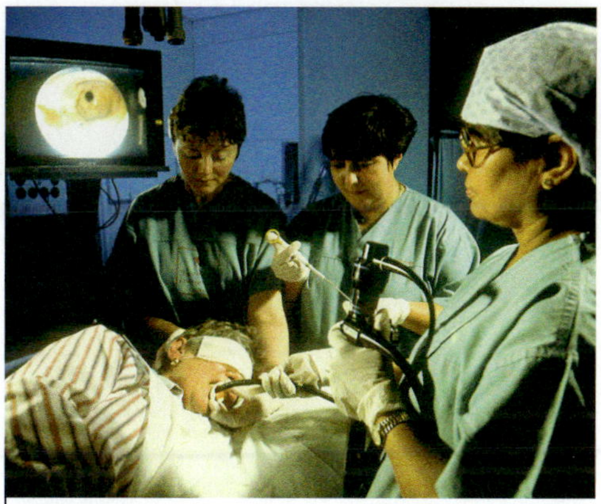

1 Endoskopie

µ steht für „Mikro" und kennzeichnet ein Millionstel einer Einheit.

1 µm = 0,000 001 m
= 0,001 mm

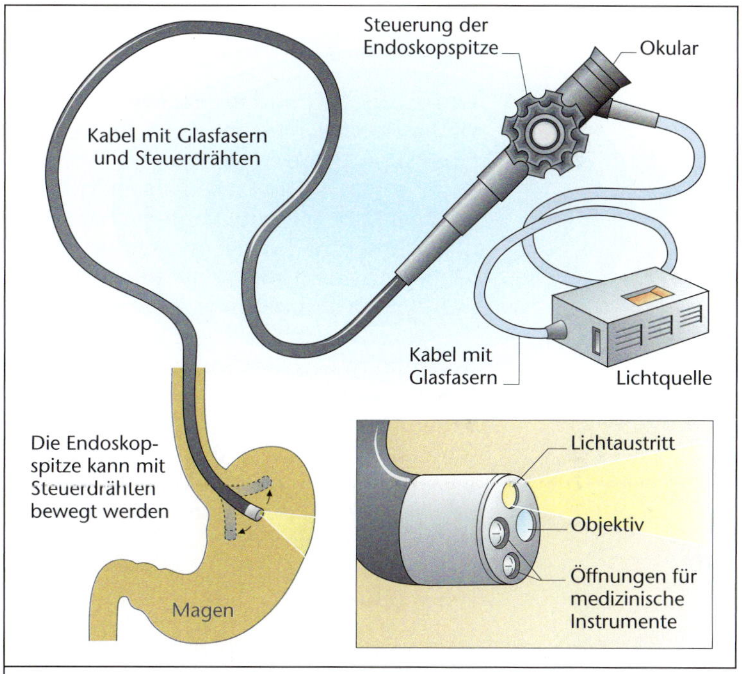

2 Aufbau eines Endoskops

3 Fata Morgana

1 Verschiedene Glaslinsen

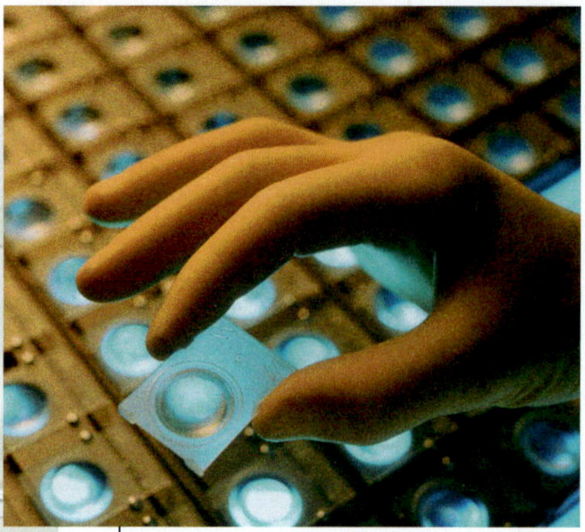
2 Kontaktlinsenproduktion

3 Eine Schusterkugel

4 Linsen

Linsen aus Glas und Kunststoff
Du hast bestimmt schon versucht, mit einer Lupe kleine Gegenstände zu vergrößern. In Bild 4 sind Linsen abgebildet. Das Glas der Lupe hat eine ähnliche Form wie diese Hülsenfrüchte. Daher werden solche Körper aus Glas (▷ B 1) oder Kunststoff (▷ B 2) auch als Linsen bezeichnet.

Herstellung von Glaslinsen
Den Rohstoff für Glas bildet Quarzsand. Unter Zusatz von Soda schmilzt Quarz schon bei 900 °C. Die Ägypter stellten bereits 3000 v. Chr. durchscheinendes Glas her. Im 14./15. Jahrhundert lernte man bei höheren Temperaturen durchsichtiges Glas herzustellen. Hieraus fertigte man die ersten Brillengläser.

Heute werden Glaslinsen aus Glas hoher Reinheit hergestellt. Aus diesem Glas werden zunächst Rohlinge angefertigt. Diese kittet man auf Tragekörper, schleift und poliert sie unter einer Schleifglocke, bis sie die endgültige Form erreicht haben. Linsen aus Kunststoff werden in entsprechenden Formen gepresst und poliert. Sie sind billiger, leichter und bruchsicher, aber auch kratzempfindlicher.

Ein Brennglas
Dass die Sonne Licht- und Wärmestrahlen aussendet, weiß jeder. Mit einer größeren Lupe kannst du im Sonnenlicht Papier entzünden. Du sammelst alle Licht- und Wärmestrahlen, die durch die Linse fallen, in einem Punkt. Den musst du auf dem Papier hinter der Linse finden. Aber Vorsicht, sehr schnell entsteht ein Brand.

Geschichtliches
Von den Griechen und Römern wurden in der Antike wassergefüllte Glaskugeln als Brenngläser verwendet. Vermutlich kamen sie gegen Ende des 13. Jahrhunderts auch nach Europa. In einem Museum hast du vielleicht schon einmal eine solche Schusterkugel gesehen. Sie galt als „Scheinwerfer des Mittelalters" und half, die Lichtverhältnisse am Arbeitsplatz zu verbessern (▷ B 3).

Sammellinsen
Falls du schon Versuche mit Linsen durchgeführt hast, dann hast du wahrscheinlich Linsen benutzt, die in der Mitte dicker als am Rand sind.
Du kannst dir eine solche Linse aus trapezförmigen Glaskörpern zusammengesetzt denken (▷ B 5). Jeder der parallelen Lichtstrahlen in Bild 5 wird beim Ein- und Austritt an den Grenzflächen des Glaskörpers gebrochen. Beim Übergang von Luft in Glas erfolgt die Brechung zum Lot hin, beim Übergang von Glas in Luft vom Lot weg.
In der Linsenmitte ist die Brechung gering. Am Rand der Linse treffen die Lichtstrahlen unter einem großen Einfallswinkel auf die Linse. Deshalb ist die Brechung hier stärker als in der Linsenmitte. Alle Lichtstrahlen durchlaufen auf der anderen Seite der Linse einen Punkt, den **Brennpunkt F**. Solche Linsen heißen Sammellinsen.

Sammellinsen sind in der Mitte dicker als am Rand. Parallel zur optischen Achse einfallende Lichtstrahlen werden in einem Brennpunkt gesammelt.

Versuche

1 So kannst du Glas herstellen: Mische 10 g Quarzsand mit 5,7 g Soda. Erhitze die Mischung in einem Muffelofen etwa 10 min. Fülle die Glasschmelze in einen Nickeltiegel um. Nach dem Abkühlen kannst du das durchscheinende Glas herausnehmen.

2 Mit einer Weihnachtsbaumkugel aus durchsichtigem Glas kannst du dir selbst eine Schusterkugel herstellen. Fülle die Weihnachtsbaumkugel vorsichtig mit Wasser und stelle sie auf einen Ring aus Pappe.
Beobachte im dunklen Zimmer bei einer brennenden Kerze die Lichtverhältnisse in der Nähe der Kugel.

3 Bestimme die Brennweite einer Sammellinse.
a) Baue einen Versuch entsprechend Bild 6 auf. Verwende eine Dreispaltblende. Stelle die Optikleuchte so ein, dass parallele Lichtstrahlen entstehen.
b) Miss die Entfernung von der Linsenebene zum Brennpunkt. Wie groß ist die Brennweite deiner Linse?

Auf der Suche nach dem Brennpunkt
Mit einem Versuch entsprechend Bild 6 kannst du den Brennpunkt F einer Linse bestimmen. Je nach Linse liegt er näher an der Linse oder weiter entfernt.

Der Abstand von der Linsenebene zum Brennpunkt wird als **Brennweite f** bezeichnet.

Verschiedene Brennweiten
Wenn die Krümmung der Linsenoberfläche stärker ist, erfolgt auch eine stärkere Brechung. Dies ist bei Linsen der Fall, die in der Mitte sehr viel dicker sind als am Rand. Bei diesen Linsen ergibt sich eine kürzere Brennweite, ihr Brennpunkt liegt dichter an der Linse (▷B 7).

Stark gekrümmte Linsen haben eine kleine Brennweite, schwach gekrümmte Linsen eine große Brennweite.

Verbrennungsgefahr
Regentropfen, die auf die Blätter von Pflanzen fallen, können bei intensiver Sonneneinstrahlung, ähnlich wie kleine Glaskügelchen, als Sammellinsen wirken.

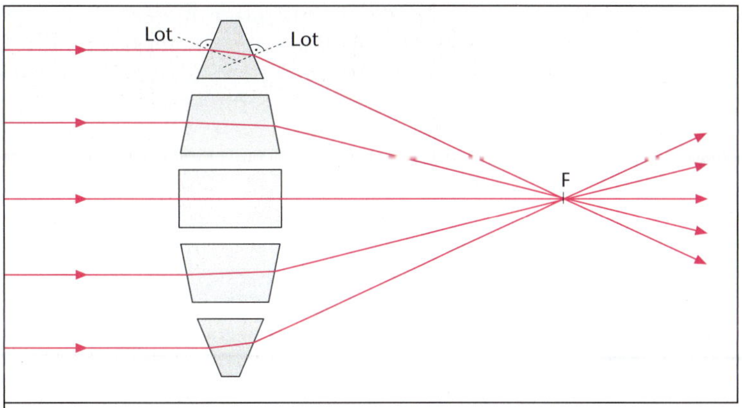

5 Modell für eine Sammellinse

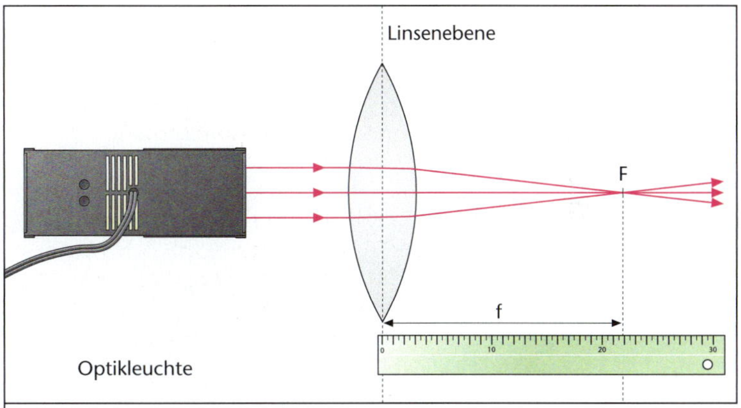

6 Bestimmung der Brennweite

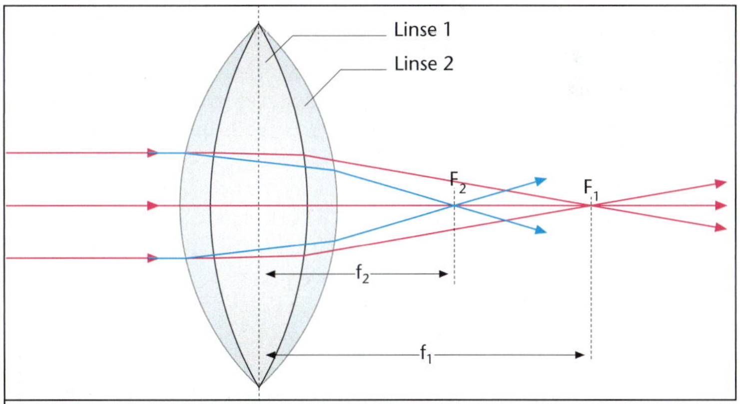

7 Die Brennweite f hängt von der Linsenform ab.

Es kommt bei den Pflanzen zu Verbrennungen. Du solltest deshalb Pflanzen nicht gießen, solange sie in der Sonne stehen.
Nach längeren Trockenperioden hörst du oft, dass sich die Waldbrandgefahr erhöht hat. Welche Vorsichtsmaßnahmen sind angebracht? Kannst du dir vorstellen, wie achtlos weggeworfene Flaschen oder Glasscherben die Brandgefahr im Wald erhöhen können?

Sammellinsen erzeugen Bilder
Sie sind in Fotoapparaten enthalten und weder Fernrohr noch Mikroskop kommen ohne sie aus: Sammellinsen findest du in allen optischen Geräten.

Mit einer Sammellinse kannst du ein Fenster auf einem Blatt Papier abbilden (▷ B 1). Das Bild des Fensters kann unterschiedlich groß und unterschiedlich hell sein. Zwei Gemeinsamkeiten besitzen jedoch alle Bilder: Sie sind seitenverkehrt und stehen auf dem Kopf.

Eine Sammellinse erzeugt Bilder, die seitenverkehrt sind und auf dem Kopf stehen.

1 Zu Versuch 2

Hauptstrahlen
Eine Sammellinse erzeugt von einem Gegenstand ein deutliches Bild. Von jedem Punkt des Gegenstands gehen Lichtstrahlen aus, die hinter der Linse wieder in einem Punkt zusammentreffen.
Willst du das Bild konstruieren, kannst du unmöglich alle Lichtstrahlen zeichnen.

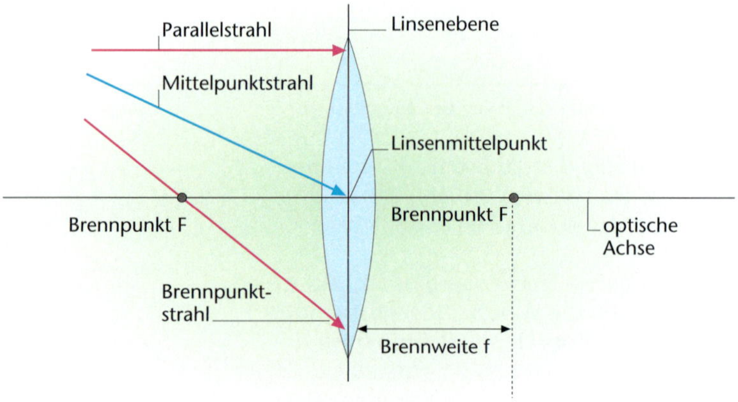

2 Hauptstrahlen bei einer Sammellinse

Deshalb wählt man drei besondere Lichtstrahlen aus, die man als **Hauptstrahlen** bezeichnet (▷ B 2).

- Ein **Parallelstrahl** verläuft parallel zur optischen Achse.
- Ein **Brennpunktstrahl** verläuft durch den Brennpunkt vor der Linse.
- Ein **Mittelpunktstrahl** verläuft durch den Mittelpunkt der Linse.

Für die Konstruktion des Bildes genügt es, nur die Hauptstrahlen zu verwenden, die von den Begrenzungspunkten des Gegenstands ausgehen. Noch einfacher wird es, wenn sich der Fußpunkt des Gegenstandes auf der optischen Achse befindet. Dann kommst du mit nur drei Strahlen aus.

Beim Durchgang durch die Sammellinse werden die Hauptstrahlen gebrochen (▷ V 1, B 3). Durch die Brechung an der Sammellinse werden
- Parallelstrahlen zu Brennpunktstrahlen und
- Brennpunktstrahlen zu Parallelstrahlen.
- Mittelpunktstrahlen behalten ihre Richtung bei.

Konstruktion von Bildern
Um ein scharfes Bild von einem Gegenstand zu erhalten, muss der Schirm in einer bestimmten Entfernung von der Sammellinse aufgestellt werden (▷ V 3). Mithilfe der Hauptstrahlen kannst du diese Entfernung ermitteln.
Zeichne zunächst eine Sammellinse und die optische Achse (▷ B 3). Markiere links und rechts der Linse den Brennpunkt. Sein Abstand von der Linsenmitte ist gleich der Brennweite. Zeichne vor dem Brennpunkt einen Gegenstand, z. B. eine Kerze, ein.

Beim Durchgang durch die Linse werden die Lichtstrahlen sowohl an der Grenzfläche Luft/Glas als auch an der Grenzfläche Glas/Luft gebrochen. Der Einfachheit halber wird nur eine Brechung an der Linsenebene eingezeichnet.

Trage in deine Zeichnung nun die Hauptstrahlen ein, die von der Spitze der Kerzenflamme ausgehen. Beachte: Der Parallelstrahl läuft hinter der Linse durch den Brennpunkt. Der Brennpunktstrahl wird zu einem Parallelstrahl und der Mittelpunktstrahl behält seine Richtung bei. Hinter der Linse schneiden sich die Hauptstrahlen wieder in einem Punkt, den man

Bildpunkt nennt. An dieser Stelle wird die Spitze der Kerzenflamme deutlich abgebildet.
Die anderen Punkte der Kerze erzeugen ebenfalls Bildpunkte. Alle Bildpunkte zusammen ergeben ein vollständiges Bild des Gegenstandes.

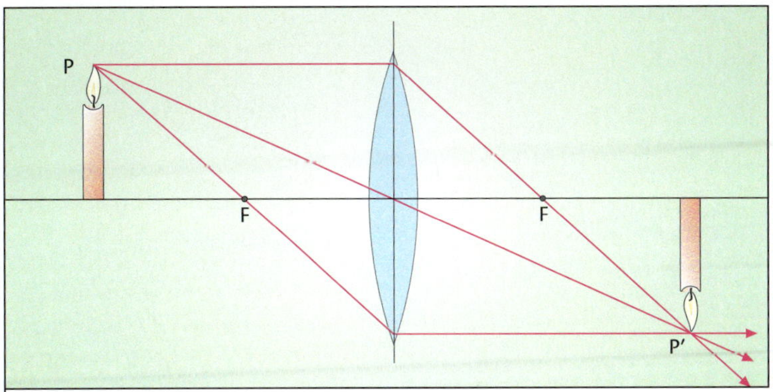

3 Konstruktion des Bildes mit den drei Hauptstrahlen

Große und kleine Bilder

Von einem Gegenstand lassen sich unterschiedlich große Bilder erzeugen (▷B 4). Stelle die Kerze einmal weiter entfernt von der Sammellinse auf und rücke den Schirm so weit an die Linse, bis wieder ein scharfes Bild entsteht. Die Größe des Bildes hat sich verändert.

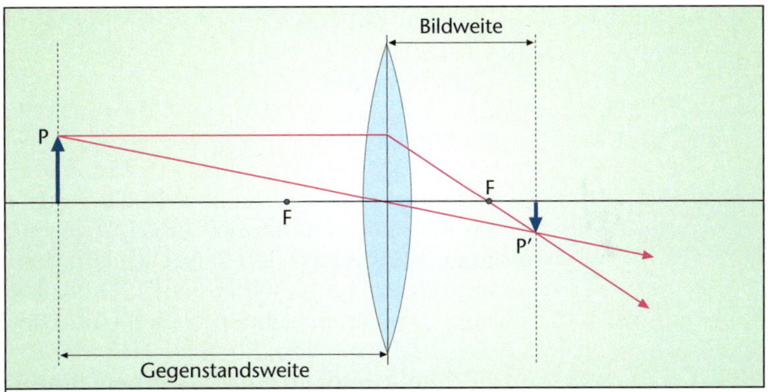

4 Konstruktion eines verkleinerten Bildes

Je größer die Entfernung zwischen dem Gegenstand und der Sammellinse ist, desto kleiner ist das Bild.

Dies nutzt man beim Fotografieren. Die Bilder der fotografierten Gegenstände müssen auf einem Kleinbildfilm oder einem Chip Platz finden. Das ist nur möglich, wenn die Gegenstände weit von der Linse des Fotoapparates entfernt sind.

Was passiert, wenn man den Gegenstand immer näher zur Linse verschiebt? Zunächst wird das Bild größer. Ab einem gewissen Abstand kannst du kein deutliches Bild mehr auffangen. Dann befindet sich der Gegenstand zu nah an der Sammellinse. Nur, wenn sich der Gegenstand außerhalb der Brennweite der Sammellinse befindet, entsteht auf dem Schirm ein deutliches Bild.

Versuche

1 Zeichne auf ein weißes Blatt Papier eine Gerade, die die optische Achse darstellt (▷B 2). Senkrecht zu dieser Geraden bringst du die Sammellinse an. Markiere wie in Bild 2 links und rechts von der Linse ihren Brennpunkt auf der optischen Achse. Erzeuge nun mit einer Optikleuchte einen Strahl, der sich parallel zur optischen Achse ausbreitet.
Wie verläuft er hinter der Linse weiter? Wiederhole den Versuch mit einem Strahl, der durch den Mittelpunkt der Linse geht, und einem Strahl, der durch den Brennpunkt verläuft. Zeichne den Verlauf der Strahlen auf dem Papier ein.

2 a) Stelle dich mit einer Sammellinse und einem Blatt Papier an ein Fenster. Versuche, mithilfe der Sammellinse ein Bild des Fensters auf dem Papier zu erzeugen (▷B 1). Beschreibe das Bild.
b) Verwende für denselben Versuch anschließend eine Sammellinse mit einer anderen Brennweite.
Beschreibe, wie sich das Bild auf dem Schirm verändert.

3 Entzünde eine Kerze und stelle sie vor eine Sammellinse. Stelle hinter der Linse einen Schirm auf und verschiebe ihn so lange, bis darauf ein deutliches Bild der Kerze zu sehen ist.
Vergrößere und verkleinere die Entfernung zwischen der Kerze und der Linse. Wohin musst du den Schirm jeweils verschieben, damit du ein deutliches Bild erhältst? Beschreibe, wie sich dabei das Bild verändert.
Schiebe nun die Kerze sehr nah an die Linse. Kannst du jetzt noch ein Bild erkennen?

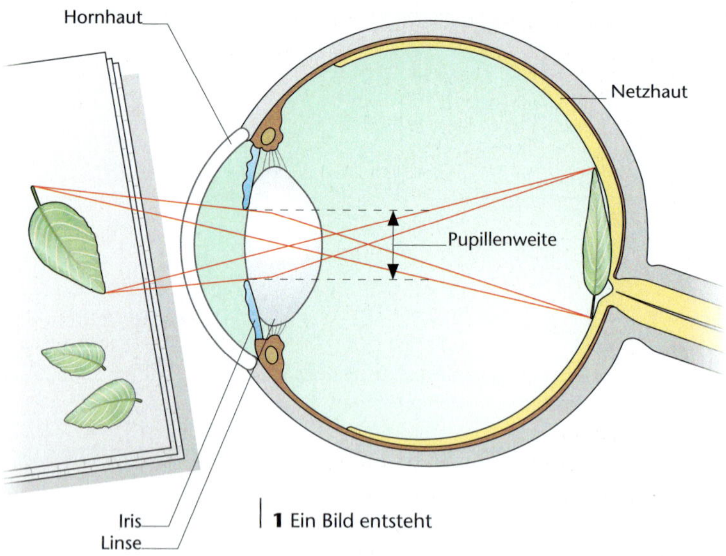

1 Ein Bild entsteht

Ein Bild entsteht

Vor uns auf dem Tisch liegt ein Laubblatt. Wir sehen es nur deshalb, weil Licht auf das Blatt fällt und dann in unser Auge gelangt. Würden wir den Raum vollkommen verdunkeln, sähen wir absolut nichts, obwohl das Blatt an seinem Platz bleibt. Die Lichtstrahlen fallen durch die Hornhaut, die Pupille und die Linse ins Innere des Auges. Die Iris regelt den Lichteinfall: Bei großer Helligkeit verkleinert sie die Pupille, so werden die empfindlichen Sinneszellen vor zu starkem Licht geschützt.

Die Sehschärfe wird eingestellt

Beim Nahsehen wird der Ziliarmuskel angespannt, die Linsenbänder lockern sich und die Linse kann sich krümmen. Siehst du in die Ferne, entspannt sich der Ziliarmuskel und die Linsenbänder spannen die Linse an. Man nennt die Anpassung des Auges an die verschiedenen Entfernungen **Akkomodation** (▷ B 2).
Wie eine Linse aus Glas bricht auch die Linse im Auge die Lichtstrahlen. So wird ein Gegenstand scharf auf der Netzhaut abgebildet. Es entsteht ein seitenverkehrtes, auf dem Kopf stehendes Bild (▷ B 1).

Arbeitsteilung in der Netzhaut

In der Netzhaut befinden sich zwei unterschiedliche Typen von Sehzellen: die **Stäbchen** und die **Zapfen**. Die längeren und schlankeren Stäbchen sind zwar sehr lichtempfindlich, können aber nur hell-dunkel unterscheiden. Die kürzeren und dickeren Zapfen sind für das Sehen von Farben zuständig. Unser Auge hat unvorstellbar viele Sehzellen auf der Netzhaut. Auf einem Quadratmillimeter befinden sich ungefähr 140 000 Sehzellen, die meisten sind Stäbchen. Die Zapfen sind ungleichmäßig auf der Netzhaut verteilt. Es gibt drei unterschiedliche Zapfentypen. Sie reagieren bei Helligkeit entweder auf blauviolettes, grünes oder rotgelbes Licht. Auf dem **Gelben Fleck** befinden sich nur Zapfen.

In einem komplizierten Vorgang lösen lichtempfindliche Farbstoffe in den Sehzellen elektrische Impulse aus. Diese werden über die Sehnerven vom linken bzw. rechten Auge zum Gehirn geleitet. Die Impulse werden dann in der so genannten Sehrinde verarbeitet.

Am **Blinden Fleck** verlässt der Sehnerv durch die Netzhaut das Auge. Hier gibt es keine Sehzellen und man ist an dieser Stelle blind. Da man aber mit zwei Augen schaut, korrigiert sich der Fehler wieder.

2 Akkomodation

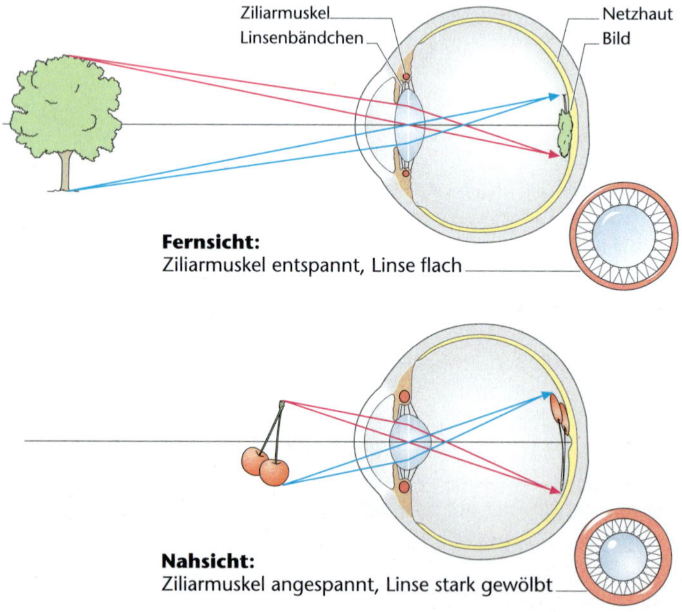

▶ Durch die Linse wird ein scharfes Bild auf die Netzhaut übertragen. Stäbchen und Zapfen nehmen die Lichtsinnesreize auf und leiten sie über die Nerven als Impuls zum Gehirn.

Aufgaben

1 Erkläre das Sprichwort „Nachts sind alle Katzen grau".

2 a) Eulen und Katzen haben auffallend große Augen. Erkläre.
b) Versuche, daraus eine allgemeine Regel abzuleiten.

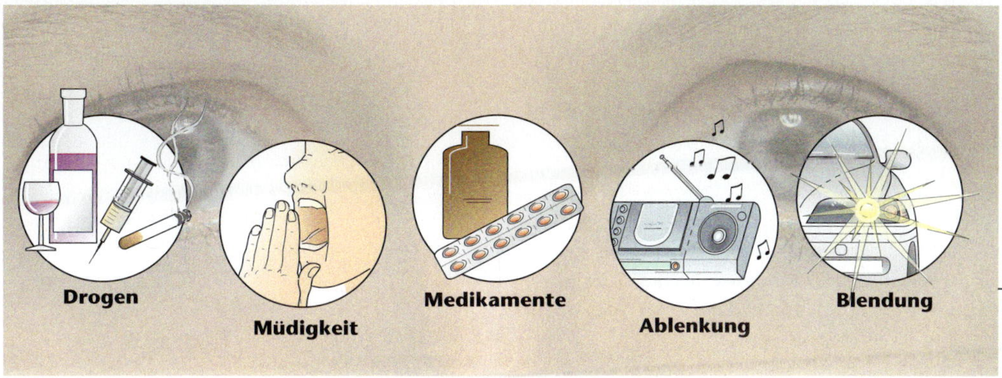

1 Faktoren, die die Sehfähigkeit beeinflussen

Wer braucht eine Brille?
Eine Sehschwäche wird in der Regel mit einer Brille korrigiert. Ursache für eine Sehschwäche können altersbedingte Veränderungen, Krankheit und Geburtsfehler sein. Mehr als die Hälfte der Erwachsenen benötigen Sehhilfen.

Es gibt aber auch andere Faktoren, die sich einschränkend auf das Sehvermögen auswirken und nicht durch eine Brille behoben werden können (▷ B 1).

Weitsichtigkeit
Wer Fernes scharf und Nahes unscharf sieht, ist **weitsichtig**. Bei manchen Menschen ist der Augapfel zu kurz. Ein scharfes Bild würde erst hinter der Netzhaut entstehen (▷ B 3).
Bei vielen älteren Menschen ist aber auch die Linse nicht mehr so elastisch. Sie können nur noch weit entfernte Gegenstände scharf sehen.
Du brauchst dich also nicht zu wundern, wenn dein Großvater die Zeitung mit lang ausgestreckten Armen liest. Wenn sich die Augenlinse mit den Ziliarmuskeln nicht mehr an unterschiedliche Sichtweiten anpassen kann, helfen zusätzliche Linsen. Zur Korrektur der Weitsichtigkeit werden Sammellinsen benutzt.

Aufgaben

1 Erstelle eine Computerpräsentation zu Aufbau und Funktionsweise des Auges.

2 Was passiert im Auge, wenn du in die Ferne oder in die Nähe schaust?

3 Was kannst du tun, damit du lange Zeit gut sehen kannst?

4 Wie kann Kurzsichtigkeit bzw. Weitsichtigkeit korrigiert werden?

Kurzsichtigkeit
Wer Fernes unscharf und Nahes scharf sieht, ist **kurzsichtig**. In diesem Fall ist der Augapfel zu lang. Die Linse des Auges kann sich nicht so verändern, wie es nötig wäre, um auf der Netzhaut ein scharfes Bild zu erzeugen (▷ B 2).
Zur Korrektur der Kurzsichtigkeit werden Zerstreuungslinsen verwendet. Vom Augenarzt oder Optiker bekommst du eine Brille ganz genau an deine Augen angepasst. Es können aber auch Kontaktlinsen sein, die direkt auf die Hornhaut aufgesetzt werden.
Du solltest deine Augen regelmäßig überprüfen lassen, weil Augenfehler im Laufe der Zeit oft unbemerkt größer werden.

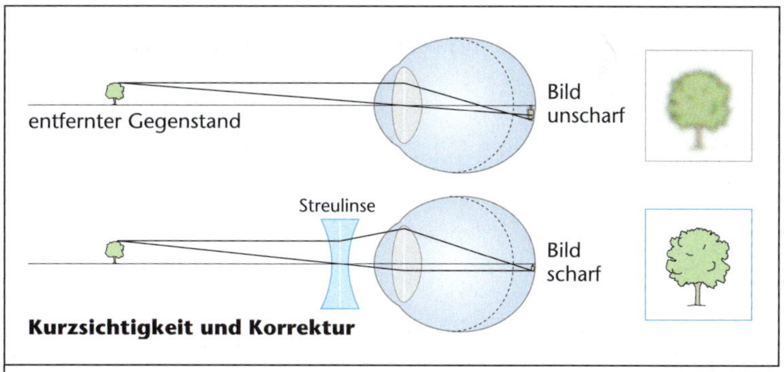

2 Der Augapfel ist etwas zu lang.

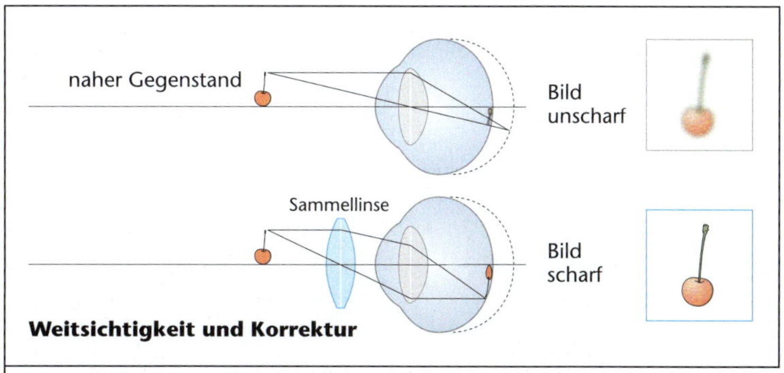

3 Der Augapfel ist etwas zu kurz.

Werkstatt

Versuche mit der Lupe

Briefmarkensammler benutzen sie, Insektenforscher können nicht auf sie verzichten – und sicherlich hast auch du schon kleine Gegenstände mit einer Lupe betrachtet.
In den folgenden Experimenten wirst du untersuchen, wie man selbst einfache Lupen bauen kann und wie man mit ihnen eine starke Vergrößerung erreicht.

1 Ein Wassertropfen als Lupe

Material
Große Sicherheitsnadel, Strohhalm oder Pipette, Klarsichthülle, Zeitungspapier

Versuchsanleitung
a) Lege ein Stück Zeitungspapier in die Klarsichthülle. Tropfe mit der Pipette oder mit dem Strohhalm Wasser auf die Hülle. Versuche dabei, unterschiedlich große Tropfen zu erzeugen.
Betrachte den Zeitungstext unter den verschiedenen Wassertropfen. Was fällt dir dabei auf?

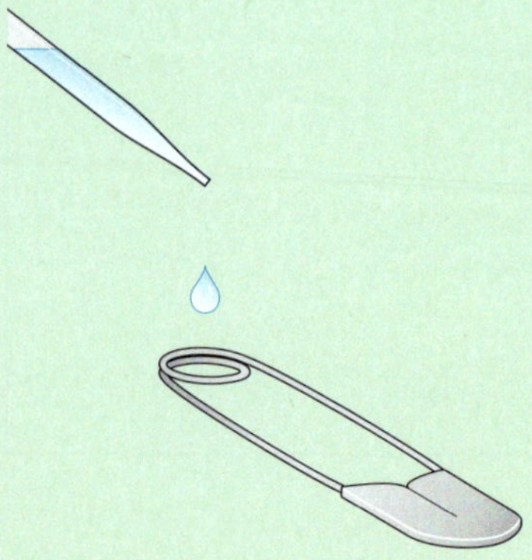

1 Zu Versuch 1b

b) Gib einen Wassertropfen in die Öse einer großen Sicherheitsnadel (▷ B 1). Du kannst das Wasser auftropfen oder mit der Sicherheitsnadel einen Tropfen aus einem Glas Wasser „schöpfen". Welche Form hat der Tropfen in der Öse? Betrachte nun einen Zeitungstext durch den Wassertropfen. Beschreibe deine Beobachtungen.

2 Eine „Wasserlupe"

Material
2 Uhrgläser, Knetmasse, Wasser

Versuchsanleitung
Forme aus der Knetmasse eine lange „Wurst". Lege die so geformte Knetmasse auf den inneren Rand eines Uhrglases. An einer Stelle muss eine kleine Lücke bleiben (▷ B 2).

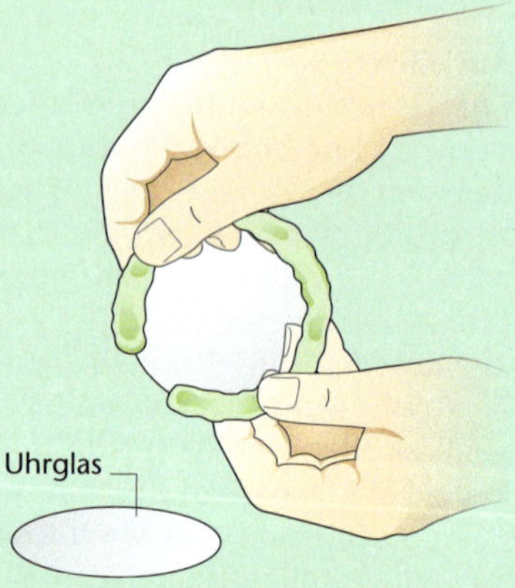

2 Knetmasse zur Abdichtung

Drücke nun das zweite Uhrglas so in die Knetmasse, dass zwischen den Uhrgläsern ein Hohlraum entsteht (▷ B 3). Die Knete muss den Spalt zwischen den Glasrändern vollständig abdichten, es darf keine Undichtigkeit entstehen!

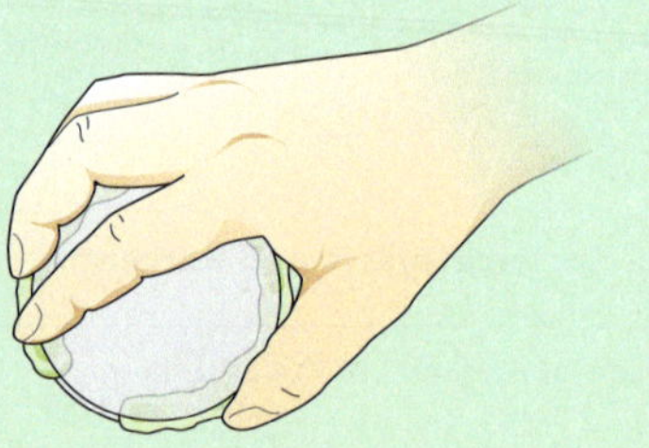

3 Das zweite Uhrglas wird aufgesetzt

Fülle über die verbliebene Lücke Wasser ein (▷ B 4). Achte darauf, dass möglichst wenig Luftblasen entstehen. Wenn die „Wasserlupe" vollständig gefüllt ist, kannst du die Lücke mit einem Stück Knetmasse verschließen.
Betrachte verschiedene kleine Gegenstände mit deiner „Wasserlupe".

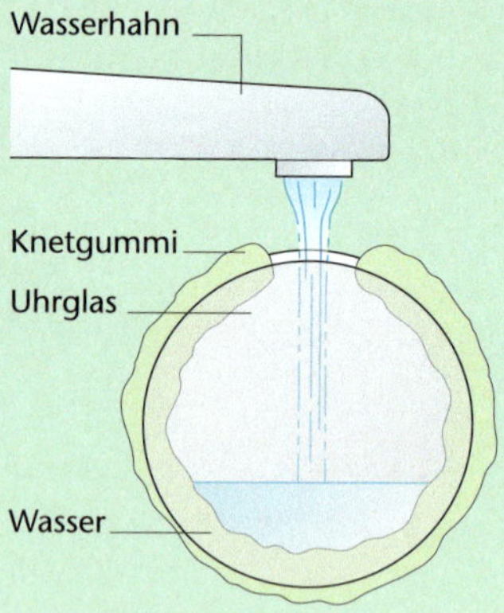

4 Befüllen mit Wasser

3 Lupen mit unterschiedlicher Vergrößerung

Material
Verschiedene Lupen, Millimeterpapier oder kariertes Papier

Versuchsanleitung
Lege zunächst eine Lupe auf das Millimeterpapier und entferne sie dann langsam (▷ B 5). Betrachte dabei das Millimeterpapier durch die Lupe. Kannst du das vergrößerte Millimeterpapier aus allen Entfernungen erkennen? In welchem Abstand ergibt sich die stärkste Vergrößerung?

Wiederhole den Versuch mit den anderen Lupen und vergleiche ihre Vergrößerungen. Welche Form haben die Lupen, die am stärksten vergrößern?

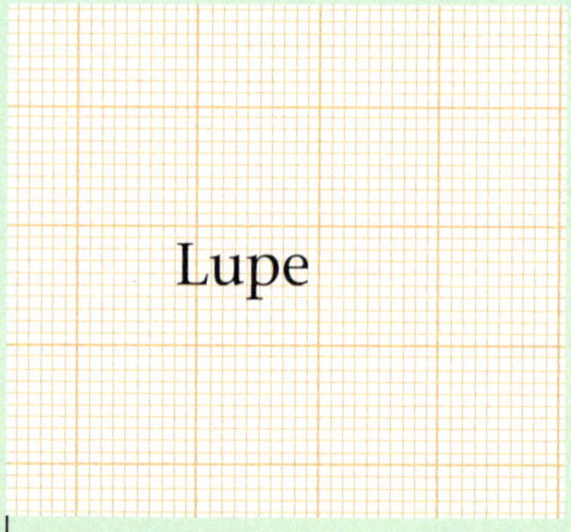

5 Millimeterpapier

Aufgabe
Informiere dich, in welchen Berufen man mit Lupen arbeitet. Welche Vergrößerungen erzielen diese Lupen jeweils?

Die Lupe – eine Sammellinse

Durch einen Wassertropfen betrachtet erscheint die Zeitungsschrift vergrößert (▷B 1). Betrachte die Form des Wassertropfens genauer: Er ist in der Mitte dicker als am Rand und besitzt damit eine ähnliche Form wie eine Sammellinse. Wie durch eine Sammellinse kann man durch den Wassertropfen einen Gegenstand vergrößert sehen.
Baut man eine Sammellinse in eine Fassung ein, erhält man eine Lupe.

▶ Eine Lupe enthält eine Sammellinse. Mit ihr lassen sich Gegenstände vergrößert betrachten.

1 Ein Wassertropfen wirkt wie eine Lupe.

Bildentstehung bei einer Lupe

Legst du eine Lupe direkt auf den Gegenstand, siehst du nur ein schwach vergrößertes Bild. Die maximale Vergrößerung wird erst erreicht, wenn sich der Gegenstand etwa im Abstand der Brennweite befindet.
Das scheint den bisherigen Erfahrungen zu widersprechen. Mit einem Schirm kannst du kein Bild von Gegenständen auffangen, die sich innerhalb der Brennweite befinden. Das Bild, das eine Lupe erzeugt, bezeichnet man als scheinbares oder auch **virtuelles Bild**. Es entsteht durch das Zusammenspiel von Lupe, Auge und Gehirn.

Unser Gehirn geht davon aus, dass sich Lichtstrahlen nur geradlinig ausbreiten. Die von dem Gegenstand ausgehenden Lichtstrahlen werden aber beim Durchgang durch die Lupe gebrochen und dadurch aus ihrer geraden Richtung abgelenkt (▷B 2). In Gedanken verlängern wir die ins Auge fallenden Lichtstrahlen geradlinig, bis sie sich schneiden. Der scheinbare Schnittpunkt ist für das Gehirn der Ursprung des Lichts. Aus diesem Grund siehst du den Gegenstand vergrößert an einer Stelle, an der er sich gar nicht befindet.

Lupen für verschiedene Zwecke

Betrachte einen Gegenstand mit verschiedenen Lupen. Eine Leselupe vergrößert den Gegenstand etwa auf das Dreifache. Benutzt du eine Becherlupe oder eine Einschlaglupe, erscheint das Bild bis zu 8- bzw. 16-mal größer als das Original.

▶ Der Vergrößerungsfaktor gibt an, wie viel Mal größer das Bild im Vergleich zum Gegenstand sein kann.

Verschiedene Lupen enthalten unterschiedlich geformte Sammellinsen. Eine dicke Sammellinse mit kleiner Brennweite besitzt eine starke Vergrößerung. Solche Lupen benutzt man häufig für Untersuchungen im naturwissenschaftlichen Bereich. Eine flache Sammellinse mit großer Brennweite wird z. B. in einer Leselupe verwendet. Die Vergrößerung ist nicht sehr stark, dafür kann man mit solchen Lupen große Textausschnitte betrachten.

Aufgabe

1 Unter welchen Voraussetzungen entstehen virtuelle Bilder?

Becherlupe

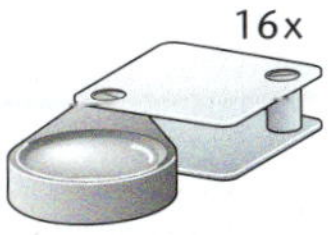

Einschlaglupe

Leselupe

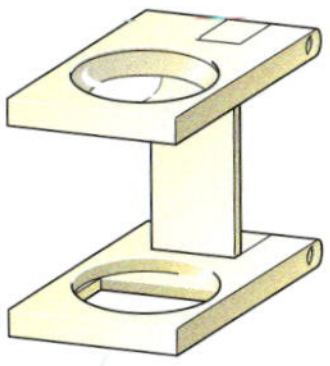

Fadenzähler

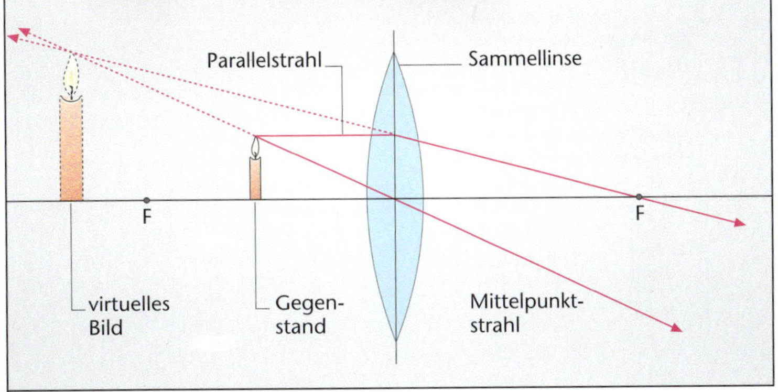

2 Konstruktion des virtuellen Bildes einer Lupe

Optische Geräte – das Mikroskop

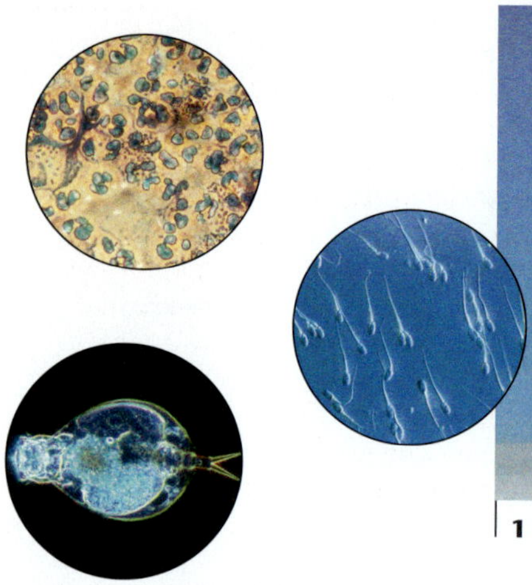

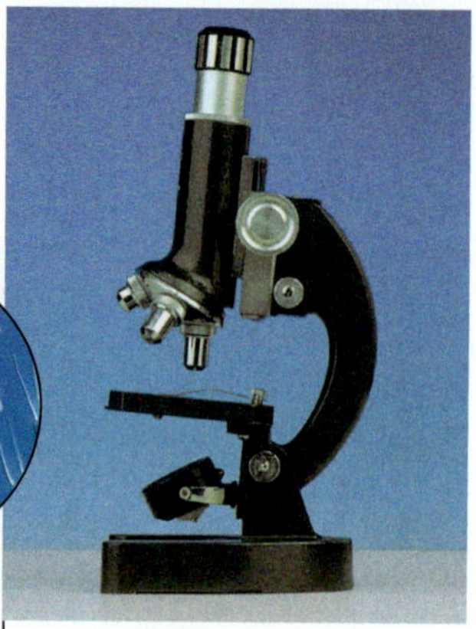

1 Mikroskop

Die ersten Mikroskope
Der Holländer ANTONI VAN LEEUWENHOEK (1632–1723) baute eines der ersten Mikroskope. Es hatte noch sehr viel Ähnlichkeit mit einer Lupe und bestand aus nur einer winzigen Sammellinse von 1,5 mm Durchmesser mit einer Brennweite von 0,9 mm. Sie erreichte eine bis zu 266-fache Vergrößerung. Damit entdeckte er u. a. Bakterien, Schimmelpilze, rote Blutkörperchen und Spermien. Der Engländer ROBERT HOOKE (1635–1703) entwickelte ein Mikroskop, das zwei Linsen enthielt.

2 Ein Modell-Mikroskop

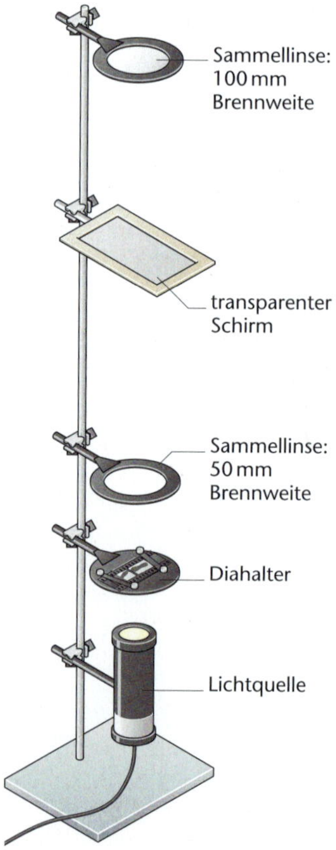

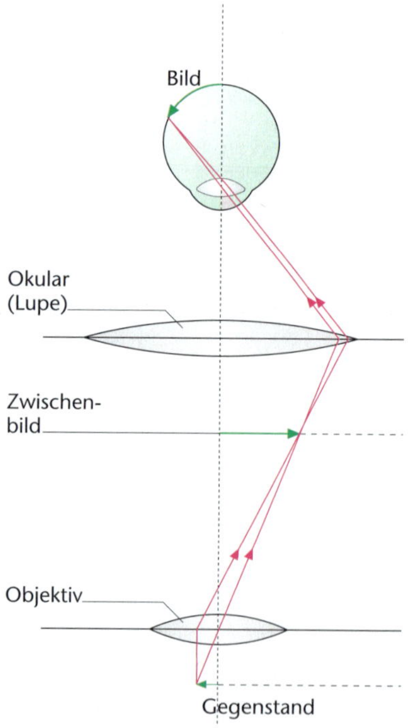

3 Strahlengang im Mikroskop

Eine Sammellinse, das Objektiv, befindet sich direkt über dem zu betrachtenden Gegenstand, eine zweite unmittelbar vor dem Auge. Durch diese zweite Linse, das Okular, betrachtet man das vom Objektiv erzeugte „Zwischenbild“ wie durch eine Lupe. Auf der Netzhaut des Auges entsteht so ein vergrößertes und gegenüber dem „normalen“ Sehvorgang umgekehrtes Bild (▷ B 3). Vergrößert das Objektiv 100-fach und das Okular 5-fach, dann vergrößert das Mikroskop insgesamt 500-fach.

Was moderne Mikroskope leisten
CARL ZEISS (1816–1888), ERNST ABBE (1840–1905) und OTTO SCHOTT (1851–1935) erreichten durch Berechnungen der Linsen und den Einsatz spezieller Glassorten weitere Fortschritte im Bau von Mikroskopen. Moderne Mikroskope erreichen bis zu 1400-fache Vergrößerungen. Allerdings muss das Objekt sehr gut be- oder durchleuchtet werden, denn bei diesen Vergrößerungen gelangt durch das Mikroskop nur noch wenig Licht in unser Auge.

Ein Elektronenmikroskop kann kleinste Gegenstände bis zu 30 000-fach vergrößert abbilden. Dazu verwendet man kein Licht und keine Glaslinsen, sondern Elektronenstrahlen und „magnetische“ Linsen.

Versuch

1 Baue entsprechend Bild 2 aus Einzelteilen ein Mikroskop auf.
a) Durchleuchte ein Dia oder ein Präparat von unten mit einer Optikleuchte.
b) Erzeuge mit einer Sammellinse (Brennweite 50 mm) auf einem Bildschirm darüber ein Zwischenbild.
c) Verwende als Okular eine Sammellinse mit der Brennweite 100 mm und betrachte das Zwischenbild.
d) Versuche die Schärfe mit Okular bzw. Objektiv einzustellen. Womit geht es besser?

Aufgaben

1 Weshalb kannst du mit deinem selbst gebauten Mikroskop nur kleine Vergrößerungen erreichen?

2 In Tageslichtprojektoren werden so genannte Fresnel-Linsen eingebaut. Informiere dich, wie sie aufgebaut sind und welche Vorteile sie besitzen.

Versuch

1 Baue das Modell einer Kamera entsprechend Bild 2 auf.
a) Richte deine Objektivlinse (1) auf helle Gegenstände in deiner Nähe. Stelle die Entfernung durch Verschieben der Linse so ein, dass du ein scharfes Bild auf dem Schirm (3) erhältst. Markiere die Entfernungseinstellung für unterschiedliche Entfernungen auf einem Papierstreifen (4).
b) Beobachte das Bild, wenn du mit der Blende (2) die Lichtmenge änderst.

Fotokamera und Auge

Fotokamera und Auge haben viele Gemeinsamkeiten (▷ B 1). Aufbau und Arbeitsweise sind ähnlich. Der Film in der Kamera entspricht der Netzhaut im Auge. Damit dort ein Bild entstehen kann, muss genügend Licht auftreffen. Die Lichtmenge wird bei der Kamera mit Verschlusszeit und Blende geregelt. Beim Auge schützen die Pupillen vor zu viel Licht, sie verkleinern sich. Wenn die Lichtverhältnisse schlechter werden, weiten sie sich.
Wir können auch noch bei eintretender Dämmerung sehen. Da ein Film nur eine bestimmte Empfindlichkeit hat, musst du bei der Kamera eine große Blende und lange Verschlusszeiten wählen, um auch bei wenig Licht brauchbare Bilder zu erhalten.
Für unterschiedliche Entfernungen des Gegenstands wird beim Auge mithilfe der Krümmung der Linse ein scharfes Bild auf der Netzhaut erzeugt. Bei der Kamera musst du am Objektiv die Entfernung einstellen: Das Scharfstellen des Bildes auf der Filmebene geschieht durch Hinein- oder Herausdrehen des Objektivs.

Aufgaben

1 Vergleiche die wesentlichen Teile deines Fotoapparates mit dem Auge. Fertige dazu eine Tabelle an.

2 Informiere dich anhand von Werbematerial, welche Besonderheiten verschiedene Kameras haben.

Bei den meisten modernen Kameras übernimmt eine eingebaute Elektronik alle notwendigen Einstellungen. Ein eingebauter Belichtungsmesser gibt seine Messwerte an einen Kleinstcomputer weiter. Von ihm gelangen elektrische Signale zu einem Elektromotor, der Objektiv, Blende und Verschluss steuert. Du brauchst dann nur noch zu „knipsen“.

Auf dem Film in deiner Kamera entstehen immer reelle Bilder. Sie sind umgekehrt und seitenvertauscht.

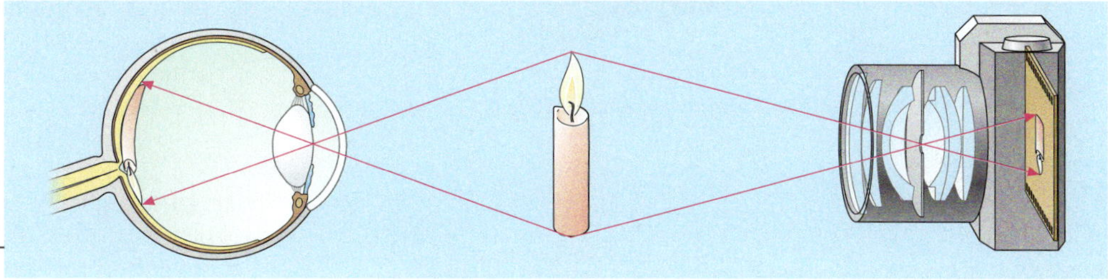

1 Auge und Fotokamera

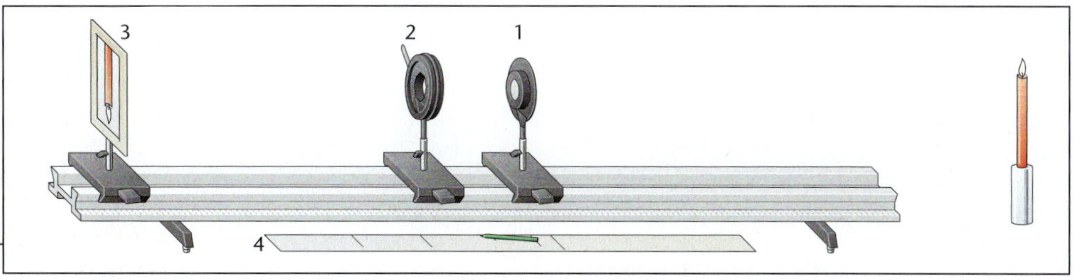

2 Zu Versuch 1

1 Diamanten – schillernde Schmuckstücke

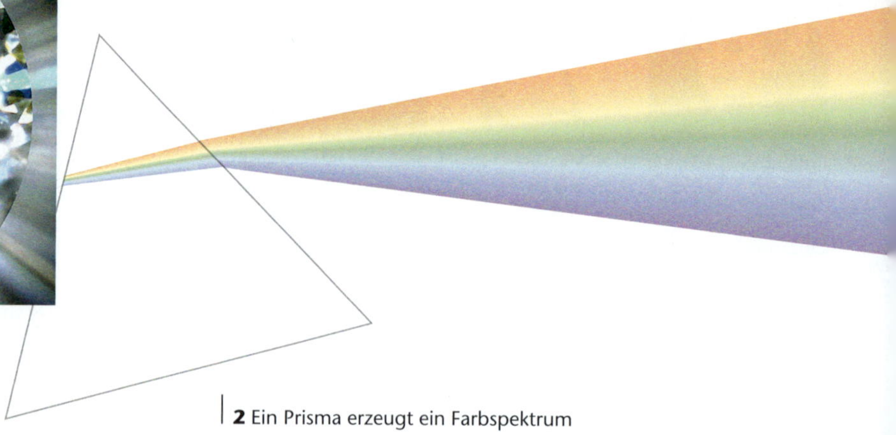

2 Ein Prisma erzeugt ein Farbspektrum

Farben aus dem Licht
Ein Diamantring in der Auslage eines Schmuckgeschäfts schillert in den schönsten Farben. Fachleute bewundern ihr prächtiges Zusammenspiel – das „Feuer" des Diamanten (▷ B 1).
Doch wie entstehen die vielen Farben? Schließlich fällt auf den farblosen Diamanten nur das weiße Licht der Schaufensterbeleuchtung.

3 Auch geschliffene Gläser erzeugen Farbspiele.

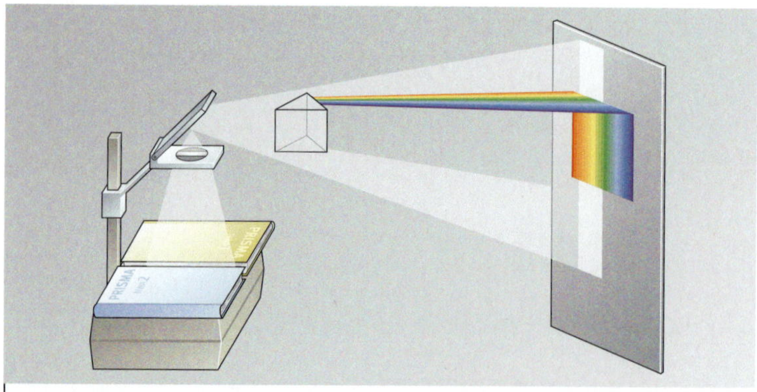

4 Ein Prisma zerlegt das weiße Licht der Glühlampe.

Weißes Licht lässt sich zerlegen
Ein geschliffenes Glas zeigt im Licht eines Diaprojektors ähnliche Farberscheinungen wie der Diamant (▷ V 1). Sind die verschiedenen Farben bereits im weißen Licht enthalten?
Betrachte ein solches Glas einmal genauer. Du wirst feststellen, dass seine Oberfläche eine besondere Form besitzt. Sie besteht aus vielen kleinen, gegeneinander geneigten Flächen (▷ B 3).

Ein **Prisma** (griech.: das Zerschnittene) besitzt ebenfalls geneigte Flächen. Durchläuft weißes Licht ein Prisma (▷ V 2), erscheinen auf dem Schirm die Farben Rot, Orange, Gelb, Grün, Blau und Violett (▷ B 4). Diese Farben werden **Spektralfarben** genannt. Sie sind nebeneinander angeordnet, man spricht auch von einem **Farbspektrum**.

Weißes Licht wird durch ein Prisma in seine Spektralfarben zerlegt. Die Anordnung der Farben nennt man Farbspektrum.

Neben den sechs genannten Spektralfarben kann man im Spektrum viele weitere Farben erkennen. Die Farben des Spektrums gehen fließend ineinander über, die Aufteilung in nur sechs Spektralfarben ist deshalb nicht vollständig.
Fällt Licht einer einzelnen Spektralfarbe (z. B. grünes Licht) auf ein Prisma, erscheint auf dem Schirm die gleiche Farbe (▷ B 5). Reine Spektralfarben werden durch das Prisma nicht verändert.

Spektralfarben lassen sich nicht weiter aufspalten.

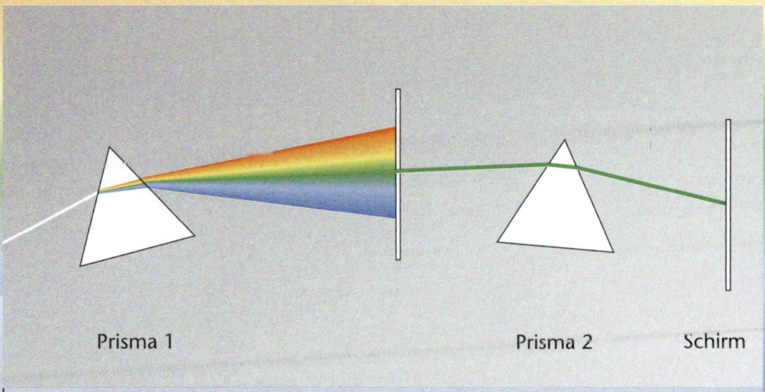

5 Zu Versuch 2b

6 Zu Versuch 3

Was geschieht in einem Prisma?
Beim Durchgang durch ein Prisma wird das Licht zweimal gebrochen: Einmal beim Eintritt in das Glas und ein zweites Mal beim Übergang von Glas in Luft (▷ B 2). Im Gegensatz zu einer Glasscheibe, bei der die beiden Grenzflächen parallel zueinander verlaufen, wird das Licht im Prisma zweimal in dieselbe Richtung gebrochen.
Rotes Licht wird am geringsten gebrochen. Es wird nur wenig aus seiner ursprünglichen Richtung abgelenkt und erscheint deshalb am oberen Ende des Spektrums. Violettes Licht wird am stärksten gebrochen. Es erscheint am unteren Ende des Spektrums.

Die Spektralfarben werden unterschiedlich stark gebrochen. Deshalb kann ein Prisma die verschiedenen Farbanteile des weißen Lichts trennen.

Glasfiguren im Licht
Die Figur in Bild 7 ist nicht nur schön anzusehen, auch sie kann weißes Licht zerlegen. Ihre Oberfläche, die aus kleinen, zueinander geneigten Flächen besteht, kann man sich aus vielen Prismen zusammengesetzt vorstellen. Trifft weißes Licht auf eine solche Figur, entstehen interessante Farbenspiele.
Besonders eindrucksvoll ist diese Erscheinung bei geschliffenen Glastropfen, die in das Fenster gehängt werden. Im Sonnenlicht bilden sich Farbspektren, die an den Wänden des Zimmers zu sehen sind.

Aufgaben

1 Beschreibe, wie ein Prisma weißes Licht in die verschiedenen Farben trennt.

2 Was verstehst du unter einem „Farbspektrum"?

3 Besteht weißes Licht tatsächlich nur aus den sechs Spektralfarben? Begründe deine Antwort.

Versuche

1 Lasse das Licht eines Diaprojektors durch einen Spalt auf ein geschliffenes Weinglas oder eine geschliffene Glaskugel fallen (▷ B 3).
Was stellst du fest?

2 a) Erzeuge mithilfe einer Spaltblende und einer Sammellinse ein schmales Lichtbündel. Bringe ein Prisma in das Lichtbündel und stelle dahinter einen Schirm auf (▷ B 4).
Notiere, welche Farben entstehen und in welcher Reihenfolge sie auftreten.
b) Filtere mit einer Strichblende eine der entstandenen Farben heraus. Lasse das farbige Lichtbündel auf ein zweites Prisma fallen (▷ B 5).
Was kannst du beobachten?

3 Bündele die einzelnen Farben aus Versuch 2a mithilfe einer Sammellinse und lasse sie auf einen Schirm fallen (▷ B 6). Verschiebe den Schirm so lange, bis der Lichtfleck möglichst klein ist.
Welche Farbe hat der Lichtfleck?

7 Glasfiguren

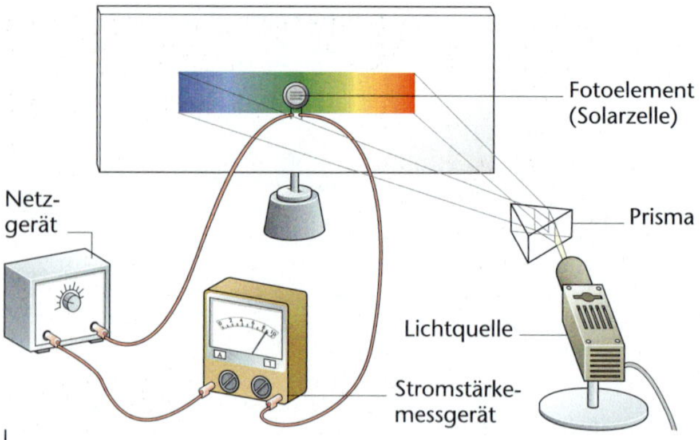

1 Nachweis von infraroter Strahlung mit der Solarzelle

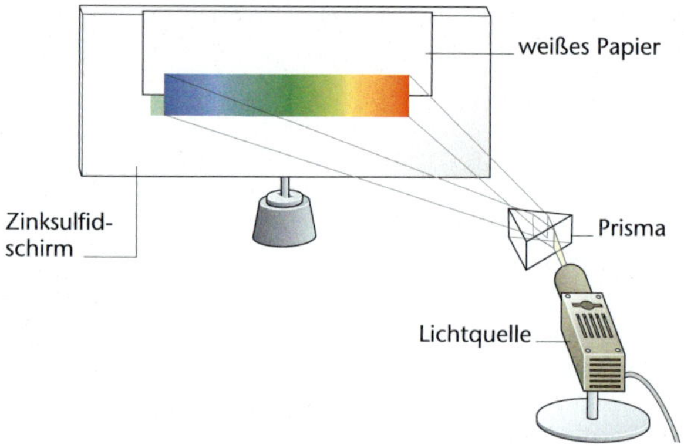

2 Nachweis von ultravioletter Strahlung mit dem Zinksulfidschirm

Unsere Augen erkennen die Farben des Spektrums. Auch eine Solarzelle reagiert darauf: Hält man ein solches Bauteil in ein Spektrum, ändert sich seine elektrische Leitfähigkeit. Dies lässt sich mithilfe eines Stromstärkemessgeräts zeigen (▷ V 1a).

Infrarotes Licht

Bringt man die Solarzelle in den scheinbar unbeleuchteten Bereich neben dem Rot, schlägt das Messgerät ebenfalls aus (▷ V 1b). Es registriert auch dort eine Strahlung, die für das menschliche Auge nicht sichtbar ist. An den roten Bereich des Spektrums schließt sich das **infrarote Licht** an. Dieses infrarote oder auch IR-Licht können wir nur über unseren Temperatursinn wahrnehmen, nämlich als Wärmestrahlung. Alle warmen Gegenstände geben infrarote Strahlung ab. Im Gegensatz zum Menschen besitzen manche Schlangenarten Nervenzellen, die diese Strahlung registrieren (▷ B 3, B 4).

Ultraviolettes Licht

Betrachte das andere Ende des sichtbaren Spektralbereichs. Auf einem weißen Blatt Papier ist neben dem Violett nichts zu erkennen. Ein Zinksulfidschirm leuchtet an dieser Stelle allerdings auf. Er weist die **ultraviolette Strahlung** nach. Ultraviolette oder kurz UV-Strahlung können wir mit keinem unserer Sinnesorgane wahrnehmen. Allerdings hat auch sie ihre Wirkungen. Intensive UV-Strahlung kann Farbstoffe ausbleichen und außerdem die Zellen von Lebewesen schädigen.

Das Spektrum des Lichts umfasst neben der sichtbaren Strahlung noch die infrarote und die ultraviolette Strahlung.

3 Klapperschlange

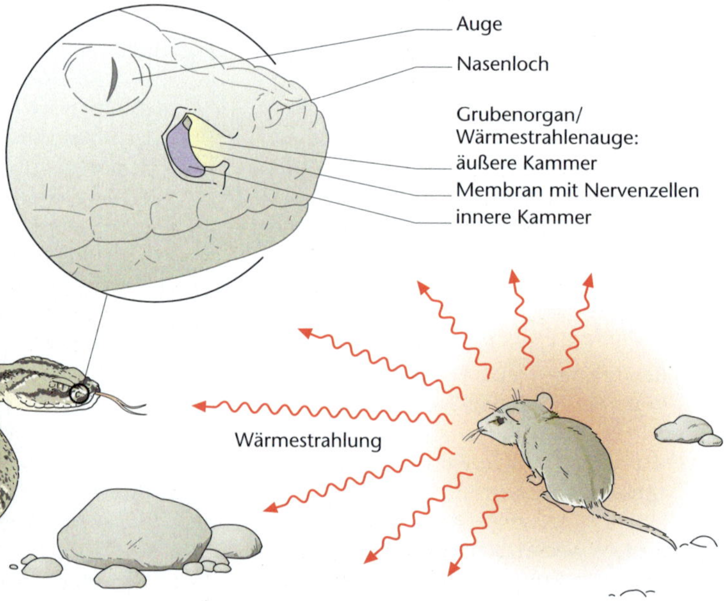

4 Wärmesensor der Klapperschlange

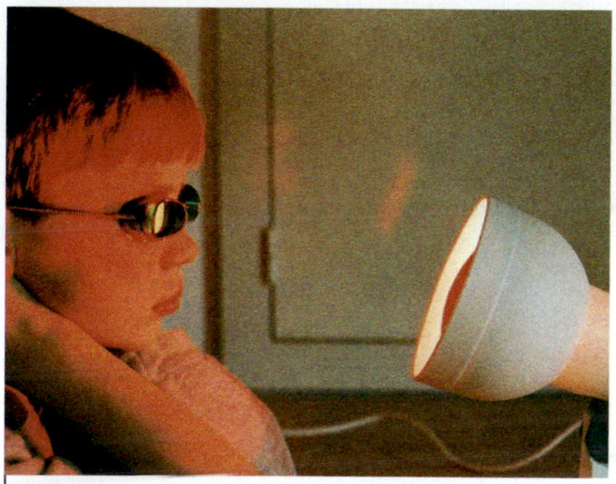

5 Wärmestrahlung einer Infrarotlampe

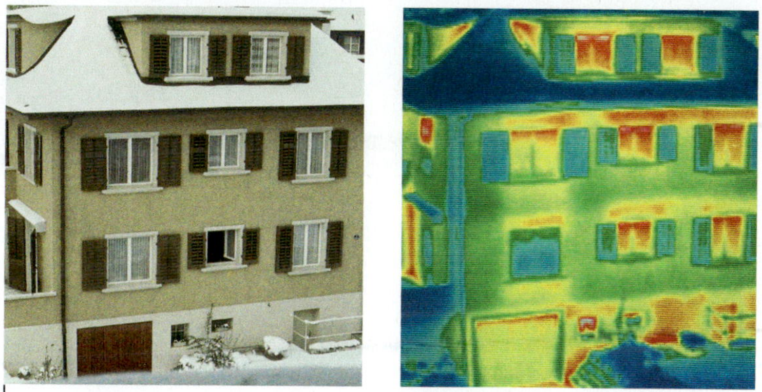

6 Die Wärmebildkamera zeigt an, wo Wärmestrahlung abgegeben wird.

Die Wirkungen der IR-Strahlung
In der Medizin setzt man die heilende Wirkung des infraroten Lichts ein. Die Strahlung einer Infrarotlampe (▷ B 5) dringt in die Haut ein und erwärmt auch tiefer liegende Gewebeschichten. Der Körper reagiert darauf mit einer Erweiterung der Blutgefäße, die Blutzirkulation wird verstärkt und der gesamte Stoffwechsel angeregt. Infrarotlampen setzt man zur Behandlung von Muskelverspannungen und Rheuma sowie bei chronischen Entzündungen ein.

Die Wirkungen der UV-Strahlung
Der Bereich der Ultraviolettstrahlung wird in drei Klassen unterteilt: Der Bereich der **UV-A-Strahlung** schließt sich direkt an das Violett an. Es folgen die Bereiche der **UV-B-** und **UV-C-Strahlung**. Die Energie der Strahlung nimmt in dieser Reihenfolge zu. Unser Körper benötigt UV-Strahlung: Richtig dosiert führt sie zum Aufbau des lebensnotwendigen Vitamin D. Eine zu starke Bestrahlung mit UV-Licht ist jedoch schädlich. Sind die Augen diesem Licht zu lange ungeschützt ausgesetzt, kann es zur **Schneeblindheit** kommen, einer schmerzhaften Verletzung der Hornhaut.
Die bräunende Wirkung der UV-Strahlung ist dir sicherlich bekannt. Zu diesem Zweck werden in Solarien Lampen eingebaut, die einen hohen UV-A-Anteil erzeugen. Die Zellen der Haut werden vor allem durch zu starke Einwirkung von UV-B- und UV-C-Strahlung geschädigt. Ein Sonnenbrand und eine vorzeitige Alterung der Haut sind die Folge. Außerdem kann der gefährliche **Hautkrebs** ausgelöst werden. Bei einem Aufenthalt in der Sonne muss die Haut deshalb durch lichtundurchlässige Kleidung oder durch ein Sonnenschutzmittel mit ausreichend hohem Lichtschutzfaktor geschützt werden.

Versuche

1 a) Schließe ein Fotoelement (eine Solarzelle) an eine Spannungsquelle und an ein Stromstärkemessgerät an. Decke das Fotoelement zunächst ab und halte es anschließend in das Licht einer hellen Lampe.
Was kannst du am Stromstärkemessgerät beobachten?
b) Lasse weißes Licht durch ein Prisma fallen und erzeuge ein Farbspektrum (▷ B 1). Halte das Fotoelement in den Bereich neben dem Rot. Beobachte dabei die Anzeige des Stromstärkemessgeräts. Was kannst du beobachten?

2 Lasse das Spektrum auf einen Zinksulfid-Schirm fallen. Decke dann die obere Hälfte des Schirms mit einem weißen Blatt Papier ab, sodass das Spektrum auf beide Materialien fällt (▷ B 2). Erkennst du Unterschiede?

7 UV-Licht wird zur Desinfektion von Trinkwasser …

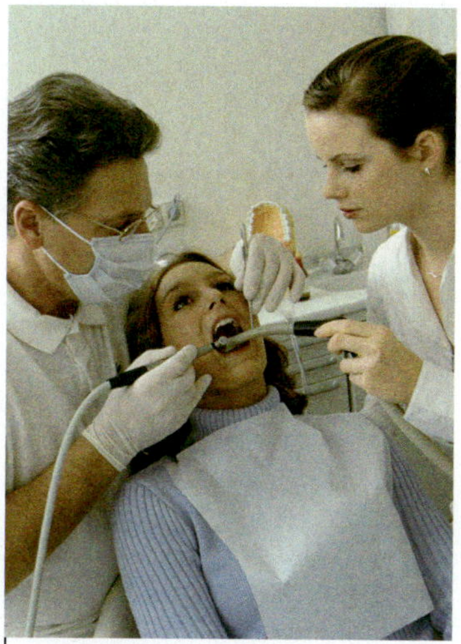

8 … und zur Aushärtung von Kunst- [illegible]

Brennpunkt

Wie entsteht ein Regenbogen?

1 Ein Regenbogen „Marke Eigenbau"

Regenbogen selbst gemacht

Ein Regenbogen ist mit seinen klaren, leuchtenden Farben ein ganz besonderes Naturschauspiel.
An einem sonnigen Tag kannst du selbst einen Regenbogen erzeugen. Setze auf einen Gartenschlauch eine feine Düse. Wenn du die Sonne im Rücken hast, kannst du vor dir im versprühten Wasser einen kleinen Regenbogen erkennen (▷ B 1). Ein Beobachter, der neben dir steht, sieht ebenfalls genau vor sich einen Regenbogen. Jeder Beobachter sieht seinen eigenen Regenbogen, der jeweils an einer anderen Stelle zu liegen scheint.

Woher kommen die Regenbogenfarben?

Einen Regenbogen kannst du nur sehen, wenn es kräftig regnet und gleichzeitig die Sonne auf die Regentropfen scheint. Betrachte die Vorgänge in einem Tropfen genauer (▷ B 2). Weißes Licht, das in einen Tropfen eintritt, wird wie bei einem Prisma gebrochen und dabei in die Spektralfarben zerlegt. An der Rückseite des Tropfens tritt ein Teil des Lichtes aus, ein Teil wird zurück in den Tropfen reflektiert. Der reflektierte Anteil tritt vorne aus dem Tropfen aus und wird dort erneut gebrochen und weiter aufgefächert.
Aus dem ursprünglich weißen Sonnenlicht entsteht ein Lichtbündel, das die Farben des Spektrums enthält. Die austretenden farbigen Lichtbündel erscheinen gegenüber dem einfallenden weißen Sonnenlicht unter Winkeln zwischen 40° (blaues Licht) und 42° (rotes Licht).

Warum ist der Regenbogen rund?

Wie die Form des Regenbogens zustande kommt, soll am Beispiel des roten Lichts erklärt werden: Jeder Wassertropfen lenkt das Sonnenlicht so ab, dass das rote Licht den Tropfen unter einem Winkel von 42° verlässt. Unter dem selben Winkel, bezogen auf die Verbindungslinie zwischen Beobachter und Sonne, sieht der Beobachter diese Lichtstrahlen (▷ B 3). Da wir die roten Lichtstrahlen aller Tropfen sehen können, die mit der Verbindungslinie Sonne-Beobachter einen Winkel von 42° einschließen, erscheint uns der Regenbogen rund. Denn diese Tropfen bilden einen Kreis, dessen Mittelpunkt M auf der verlängerten Verbindungslinie liegt.

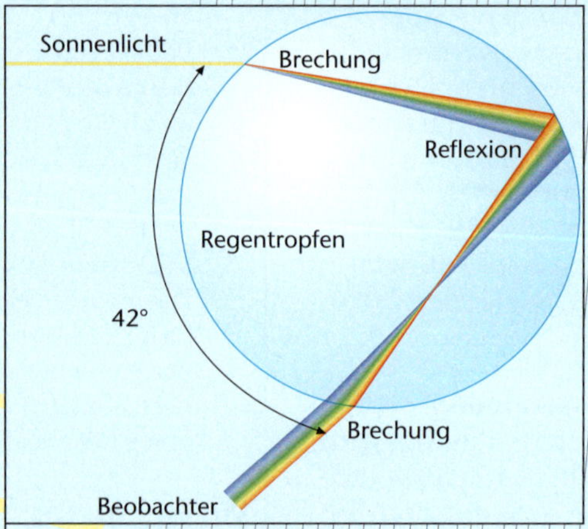

2 Strahlenverlauf im Regentropfen

Aufgaben

1 Was passiert in einem Regentropfen, wenn weißes Sonnenlicht auf ihn fällt?

2 Warum ist der Regenbogen rund?

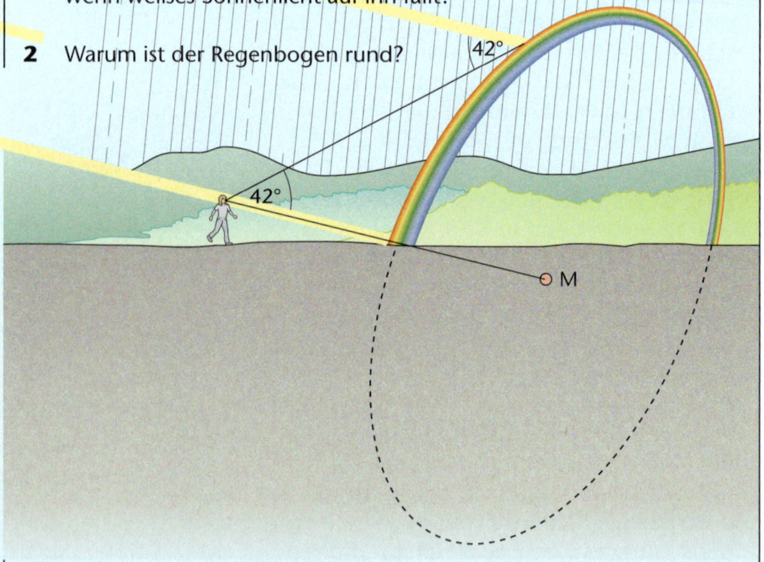

3 Wie die Form des Regenbogens entsteht.

1 Jede dieser Farben entsteht durch die Addition ihrer jeweils benachbarten Spektralfarben.

2 Rotes und grünes Licht ergeben gelbes Licht.

Farben, aus Licht gemischt

Die Schauspieler stehen auf der Bühne des Theaters. Sie werden gleichzeitig von roten und grünen Scheinwerfern beleuchtet (▷ B 2). In der Mitte überlagert sich das Licht der Scheinwerfer, dieser Bereich erscheint gelb. Kann man durch das Mischen von rotem und grünem Licht eine neue Farbe erzeugen?

In Versuch 1a lässt du das Licht einer roten, einer grünen und einer blauen Lichtquelle so auf einen Schirm fallen, dass sich die Lichtflecken zum Teil überschneiden. Dort erscheinen neue Farben:

Rot + Grün → Gelb

Rot + Blau → Purpur (Magenta)

Grün + Blau → Türkis (Cyan)

Rot + Grün + Blau → Weiß

Der Bereich, in dem sich alle drei Lichtflecken überlagern, erscheint weiß (▷ B 3).

Überlagert man verschiedenfarbiges Licht, entstehen neue Farbeindrücke. Man spricht von **Farbaddition**.

Entstehen durch Farbaddition neue Farben, bezeichnet man diese als **Mischfarben** (▷ B 1). Sie lassen sich durch ein Prisma wieder in ihre Spektralfarben zerlegen. Neue Farben entstehen nicht nur beim Mischen verschiedener Spektralfarben. Verändert man zusätzlich die Helligkeit der farbigen Lichtquellen (▷ V 1b), erhält man unterschiedlichste Abstufungen der Mischfarben. Durch die Überlagerung (das Addieren) von farbigen Lichtern entstehen unendlich viele Farbeindrücke. Durch Farbaddition lassen sich auch Farben erzeugen, die nicht im Farbspektrum enthalten sind.

Versuch

1 a) Setze vor drei Experimentierleuchten eine rote, eine grüne und eine blaue Glasscheibe. Richte die Experimentierleuchten so aus, dass sich ihre Lichtkegel auf einem Schirm teilweise überlagern (▷ B 3). Mische auf diese Weise alle Lichter miteinander. Welche Mischfarben erkennst du?
b) Verändere die Helligkeit der einzelnen Lichtquellen, indem du andere Spannungen an die Leuchten anlegst. Wiederhole Versuch 1a mit den unterschiedlich hellen Lichtquellen. Wie ändern sich die Mischfarben?

3 Das Licht verschiedenfarbiger Lichtquellen wird überlagert.

Versuche

1 Erzeuge mithilfe einer hellen, weißen Lichtquelle und eines Prismas ein Farbspektrum. Halte in die untere Hälfte des Spektrums verschiedene farbige Gegenstände (z. B. rotes, grünes oder blaues Papier). Die obere Hälfte des Spektrums fällt auf einen weißen Schirm. Beschreibe die Unterschiede.

2 Beleuchte einen mehrfarbigen Gegenstand mit rotem, grünem und blauem Licht. Wie ändert sich das Aussehen des Gegenstands?

1 Die Farben der Kleidung bei Beleuchtung mit Tageslicht ...

2 ... und bei Beleuchtung mit Kunstlicht.

Warum sehen wir Gegenstände farbig?
Bei Tag beleuchtet die Sonne alle Gegenstände mit weißem Licht. Trotzdem erscheinen uns die Kirschen rot, das Gras grün und die Zitronen gelb. Wie kommt es, dass die Körper unterschiedliche Farben haben?
Halte verschiedene farbige Gegenstände in ein Spektrum (▷ V 1). Du erkennst, dass ein farbiger Gegenstand nur einen Teil der Spektralfarben reflektiert. Ein roter Körper wirft z. B. nur das Rot (und evtl. Orange und Gelb) zurück, die restlichen Farben dagegen absorbiert er (▷ B 3).

Farbige Körper reflektieren nur einen Teil der Spektralfarben.

Die meisten farbigen Körper reflektieren nicht nur eine Spektralfarbe. Ein grüner Körper wirft neben dem Grün häufig auch Gelb und Blau zurück (▷ B 4). Die Mischfarbe aller reflektierten Farben ergibt die Farbe, in der wir den Körper sehen. Man nennt sie **Körperfarbe**.

Die Farbe eines Körpers ist die Mischfarbe aller reflektierten Farben.

Weiße Körper reflektieren alle Farben (▷ B 5), während schwarze Körper alle Farben des Spektrums absorbieren.

Die Sonne bringt es an den Tag
„Komisch, im Geschäft sah der Pullover noch ganz anders aus". Vielleicht hast du das nach dem Kauf eines Kleidungsstückes auch schon einmal gedacht.
Die Farbe, in der wir einen Gegenstand sehen, hängt auch von der Lichtquelle ab, die ihn beleuchtet (▷ V 2). Das Licht einer Leuchtstofflampe z. B. enthält einen hohen Anteil an blau-violettem Licht und einen geringen Anteil an rotem Licht. Durch dieses Licht werden vor allem die blau-violetten Farben eines Körpers betont.

Anders sind die Verhältnisse beim Sonnenlicht: Es enthält mehr orange-gelbes Licht. Dadurch kann man diese Körperfarben besser erkennen.
Beim Kauf eines Kleidungsstückes stellen sich deshalb viele Kunden gern ins Tageslicht, um einen „verfälschten" Farbeindruck durch das künstliche Licht zu vermeiden (▷ B 1, B 2).

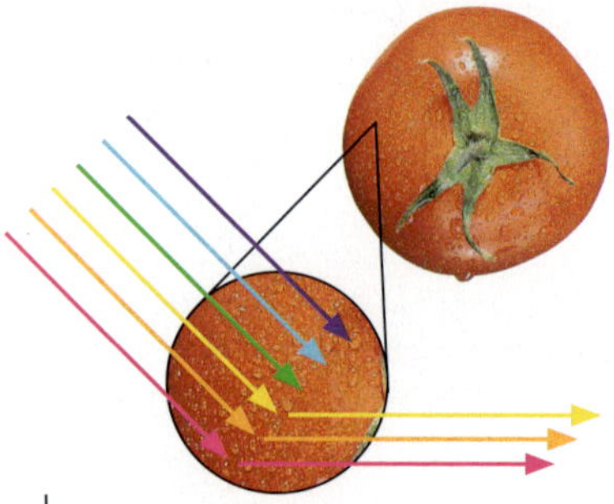

3 Ein roter Körper reflektiert Rot, Gelb und Orange.

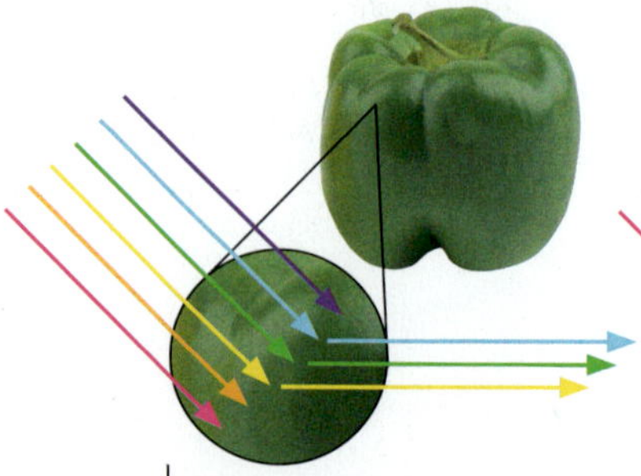

4 Ein grüner Körper reflektiert Gelb, Grün und Blau.

5 Ein weißer Körper reflektiert alle Farben des Spektrums.

Werkstatt

Farben, bunt gemischt

1 Der Farbenkreisel

Material
Holzspieß, weiße Pappe, Filzstifte oder Farbkasten mit den Farben Violett, Dunkelblau, Hellblau, Grün, Gelb, Orange und Rot, Geo-Dreieck, Bleistift, Zirkel, Klebstoff

Versuchsanleitung
Schneide aus der Pappe eine Scheibe mit einem Durchmesser von ca. 8 cm aus. Teile den Kreis in sieben Bereiche ein, wobei jeder Bereich einen Winkel von ca. 52° einschließt (▷ B 1).
Male die Bereiche anschließend mit den verschiedenen Farben aus.

1 Die Bereiche werden ausgemalt.

Stecke den Holzspieß durch die Mitte der Scheibe und klebe ihn fest (▷ B 2). Drehe die Scheibe mit der Hand an und beleuchte sie mit weißem Licht.

Aufgaben
1. Was beobachtest du, wenn du den Kreisel langsam drehst? Was passiert, wenn du den Kreisel möglichst schnell drehst?

2. Stelle einen zweiten Kreisel her, male nun aber nicht alle Bereiche aus. Versetze die Scheibe wieder um in Drehung – erst langsam, dann schnell. Notiere deine Beobachtungen.

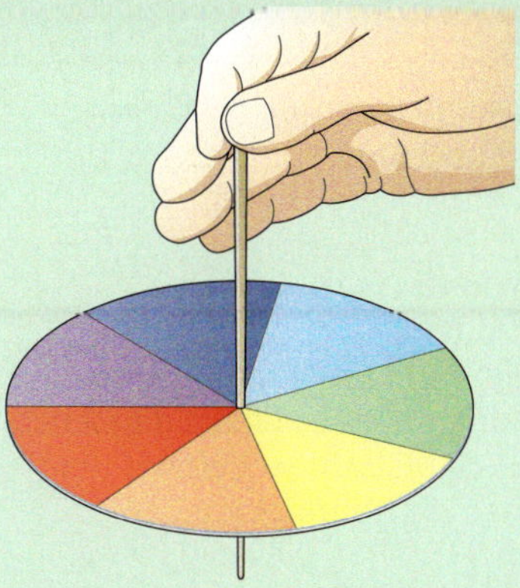

2 Der fertige Farbenkreisel

3. Versuche, eine Erklärung für deine unterschiedlichen Beobachtungen zu finden. Recherchiere dazu im Internet oder schlage in einem Lexikon nach.

2 Das farbige Schachbrett

Material
Verschiedene farbige Kunststofffolien oder farbiges Transparentpapier, Schere, Klebeband, Holzleisten, Nägel, Hammer

Versuchsanleitung
Stelle aus den Holzleisten einen Rahmen in einer Größe von etwa 25 cm × 25 cm her. Schneide die verschiedenen Farbfolien in gleich breite Streifen (ca. 2,5 cm). Lege die Streifen abwechselnd nebeneinander und fixiere sie mit dem Klebeband am Rahmen (▷ B 3). Flechte durch diese Streifen eine zweite Lage von Streifen (▷ B 4). Verbinde alle Streifen am Rand mit dem Klebeband.

Hänge das „farbige Schachbrett" in das Fenster. Welche Farben kannst du erkennen?
Versuche zu erklären, wie die Mischfarben in diesem Versuch zustande kommen.

3 Befestigen der Folienstreifen

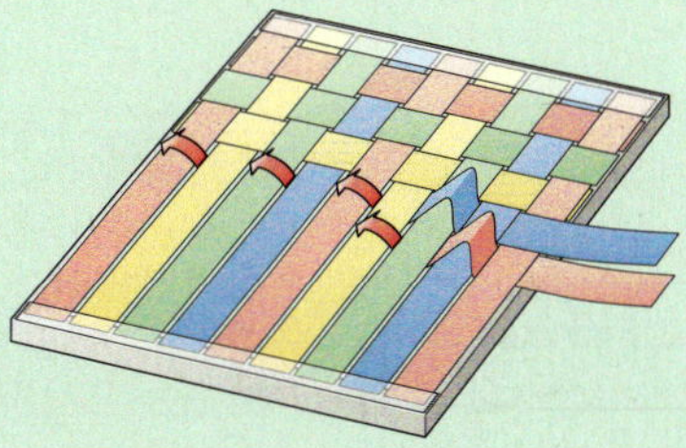

4 Verweben der Streifen

5 Wirkung des Schachbretts im Licht

Aufgaben
1. Wie viele verschiedene Farben kannst du auf dem Schachbrett erkennen? Notiere in einer Tabelle, aus welchen Farben die neuen Mischfarben entstehen.

2. Informiere dich, wie die Mischfarben beim Schachbrett entstehen. Welcher Unterschied besteht zur Mischung farbiger Lichter?

Schlusspunkt

Optik – Licht und Sehen

Lichtquellen
Körper, die Licht erzeugen oder aussenden, sind Lichtquellen. Die Sonne ist unsere natürliche Lichtquelle. Kerzen, Glühlampen usw. sind vom Menschen geschaffene künstliche Lichtquellen.

Die Ausbreitung des Lichts
Licht breitet sich geradlinig aus. Mit Lichtbündeln und Lichtstrahlen kann man die Ausbreitung des Lichts darstellen. Unter einem Lichtstrahl stellen wir uns ein sehr feines Lichtbündel vor.

Licht und Schatten
Hinter einem beleuchteten, lichtundurchlässigen Körper entsteht ein Schatten.
Wird der lichtundurchlässige Körper von zwei Lichtquellen beleuchtet, können Kern- und Halbschatten (▷B 1) entstehen.

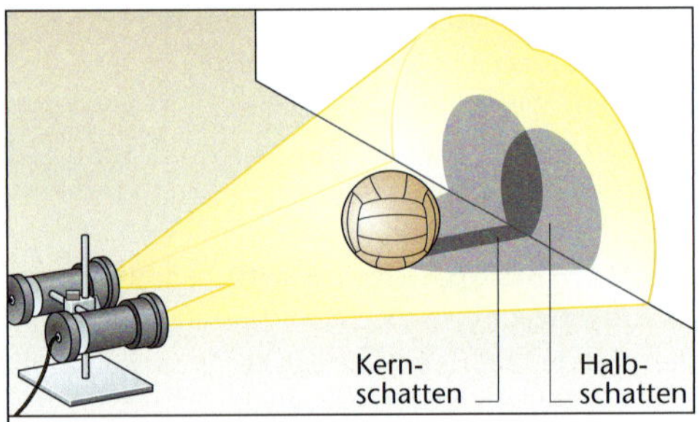

1 Zwei Lichtquellen erzeugen Kern- und Halbschatten.

Vom Sehen
Wir sehen einen Körper nur, wenn Licht von ihm in unsere Augen gelangt. Körper, die von einer Lichtquelle beleuchtet werden, können lichtundurchlässig, durchsichtig oder durchscheinend sein. Von dunklen Flächen wird Licht verschluckt (absorbiert). Von hellen, glänzenden Oberflächen wird besonders viel Licht zurückgeworfen (reflektiert). Manche Oberflächen wirken wie ein Spiegel.

Die Reflexion des Lichts
Fällt Licht auf einen Spiegel, wird es an ihm reflektiert (▷B 2). Hierbei gilt das Reflexionsgesetz:
- Der Einfallswinkel α und der Reflexionswinkel β sind gleich groß ($\alpha = \beta$).
- Einfallender Strahl, reflektierter Strahl und das Lot liegen in einer Ebene.
- Der Lichtweg ist umkehrbar.

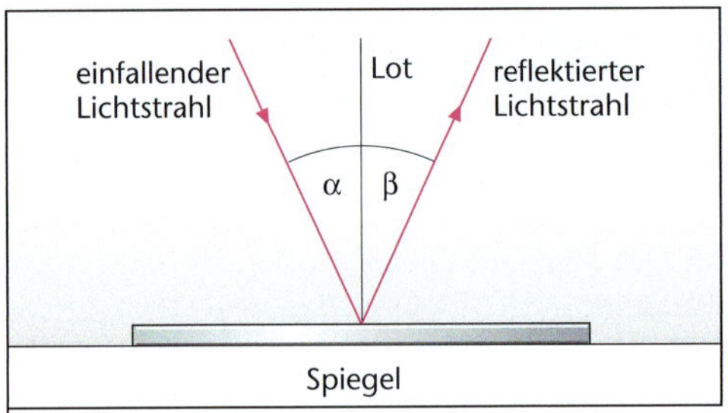

2 Reflexion

Bilder am ebenen Spiegel
Spiegelbilder entstehen, wenn Licht mithilfe eines Spiegels in unsere Augen gelangt.
Gegenstand und Bild sind gleich groß und liegen bezogen auf die Spiegelebene symmetrisch zueinander.

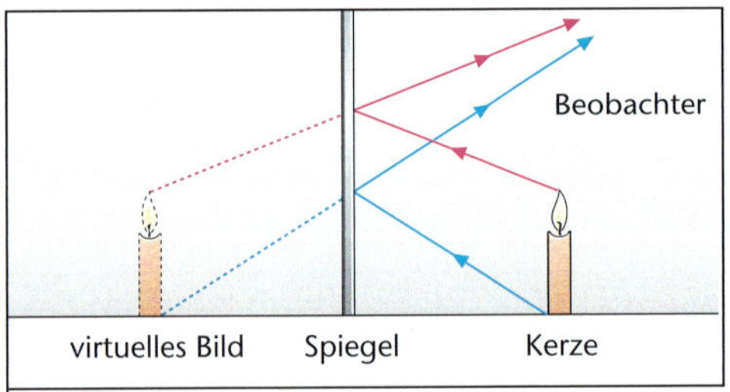

3 Gegenstand und Bild beim ebenen Spiegel

Hohlspiegel
Parallel zur optischen Achse einfallendes Licht wird von einem Hohlspiegel durch den Brennpunkt reflektiert.
Ein Hohlspiegel erzeugt ein vergrößertes Spiegelbild.

Brechung
Beim Übergang des Lichts von einem Stoff in einen anderen ändert es seine Ausbreitungsrichtung. Dieser Vorgang heißt Brechung.
Beim Übergang von Luft in Glas oder Wasser ist der Einfallswinkel größer als der Brechungswinkel.
Beim Übergang von Glas oder Wasser in Luft ist der Einfallswinkel kleiner als der Brechungswinkel. Dieser Vorgang kann nur bis zu einem bestimmten Grenzwinkel erfolgen, dann wird der Lichtstrahl total reflektiert.

Hauptstrahlen bei Sammellinsen
Aus einem Brennpunktstrahl wird ein Parallelstrahl.
Aus einem Parallelstrahl wird ein Brennpunktstrahl.
Ein Mittelpunktstrahl behält seine Richtung bei.

Bildentstehung mit Sammellinsen
Mit Sammellinsen können Bilder erzeugt werden.
Befindet sich ein Gegenstand außerhalb der einfachen Brennweite, entstehen reelle Bilder. Sie sind auf dem Kopf stehend und seitenvertauscht, kleiner oder größer. Gegenstand und Bild befinden sich auf verschiedenen Seiten der Linse.
Befindet sich ein Gegenstand innerhalb der einfachen Brennweite, entsteht ein virtuelles Bild. Es ist aufrecht, seitenrichtig und vergrößert.

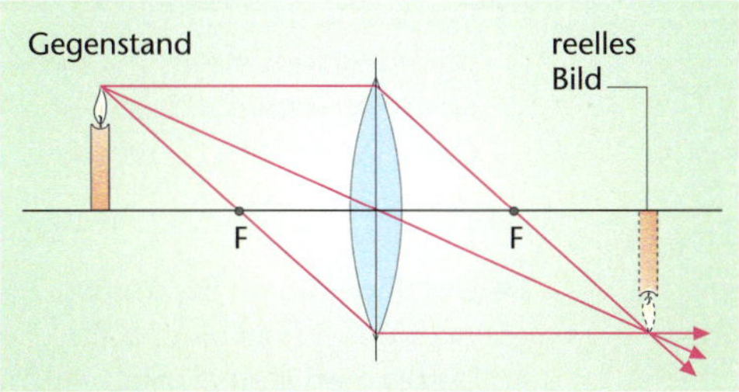

4 Bildentstehung bei der Sammellinse

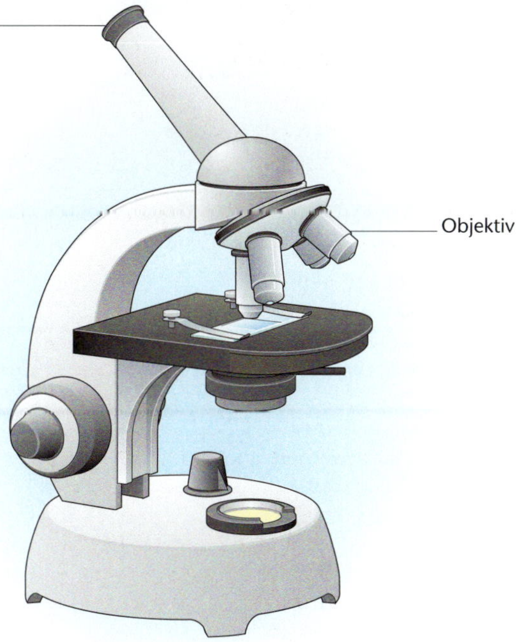

5 Linsensysteme im Mikroskop

Lupe und Mikroskop
Eine Lupe und ein Mikroskop ermöglichen uns die Betrachtung sehr kleiner Gegenstände oder Lebewesen.
Eine Lupe enthält eine Sammellinse, die ein vergrößertes Bild eines Gegenstands erzeugt. Der Vergrößerungsfaktor einer Lupe gibt an, wie viel mal größer das Bild im Vergleich zum Gegenstand sein kann.
Mithilfe eines Mikroskops lassen sich kleine Gegenstände stark vergrößert betrachten.
Jedes Mikroskop enthält ein Objektiv und ein Okular (▷ B 5).

Die Zerlegung des weißen Lichtes
Trifft weißes Licht auf ein Prisma, kann es zweimal gebrochen werden. Dadurch wird es zu einem Farbspektrum aufgefächert (▷ B 6).
Im Spektrum sind die Spektralfarben Rot, Orange, Gelb, Grün, Blau und Violett enthalten.

Infrarot und Ultraviolett
Das Spektrum ist beim Rot bzw. beim Violett nicht zu Ende. An den roten Bereich schließt sich die infrarote Strahlung (IR) an, an den violetten Bereich schließt sich die ultraviolette Strahlung (UV) an. Beide Strahlungen kann man nicht sehen. Infrarot kann als Wärmestrahlung wahrgenommen werden. Ultraviolett kann man nur an den Wirkungen erkennen.

Farbaddition
Fügt man verschiedene farbige Lichter zusammen, entstehen neue Farbeindrücke (▷ B 7).
Durch das Mischen von rotem, grünem und blauem Licht lassen sich für uns unendlich viele Farbeindrücke erzielen.
Die Farbaddition kommt beim Farbbildschirm und beim LCD-Monitor zur Anwendung.

Körperfarben
Farbige Körper reflektieren nur einen Teil der Spektralfarben. Die Farbe eines Körpers ist die Mischfarbe aller reflektierten Farben.

6 Prisma

7 Das Licht verschiedenfarbiger Lichtquellen wird überlagert.

Aufgaben

1 Nenne drei Eigenschaften des Lichtes.

2 a) Erkläre den Unterschied zwischen einem Lichtbündel und einem Lichtstrahl.
b) Wie kannst du aus dem breiten Lichtbündel einer Taschenlampe ein sehr schmales Lichtbündel herstellen?

3 Die Sitzordnung in deiner Klasse soll geändert werden. Würdest du dich so setzen, dass sich die Fenster links von dir oder rechts von dir befinden? Begründe deine Wahl.

4 Beim Erledigen deiner Hausaufgaben beleuchtest du Hefte und Bücher direkt mit einer Schreibtischlampe. In Wohnräumen werden oft Lampen verwendet, deren Licht an die Decke geworfen wird. Warum ist es trotzdem hell?

5 Beschreibe Aufbau und Funktion einer Lochkamera.

6 Ein Zauberer lässt eine Kerze unter Wasser brennen. Welchen Trick hat er angewendet?

7 Welche der Körper in Bild 1 ergeben im Schattenbild ein Quadrat, welche einen Kreis, wenn man sie von der richtigen Seite mit einer punktförmigen Lichtquelle beleuchtet?

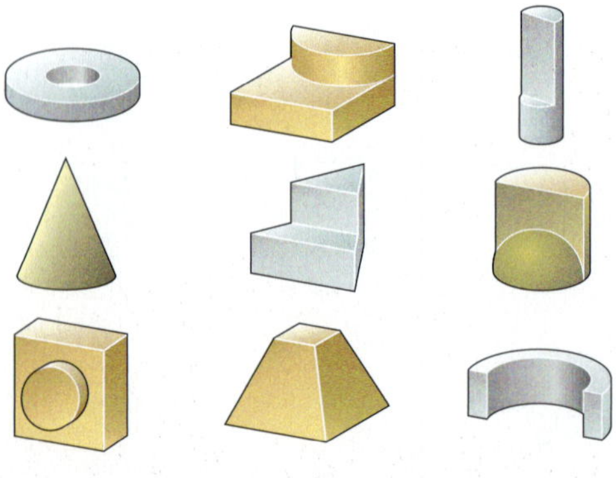

1 Zu Aufgabe 7

8 Setze für die Zahlen in Bild 2 die passenden Begriffe ein.

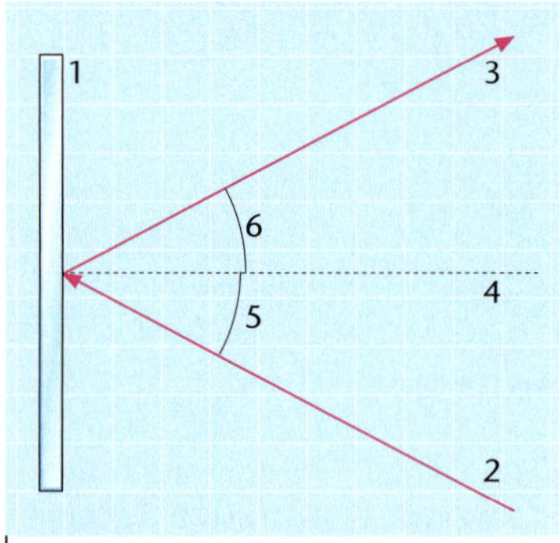

2 Zu Aufgabe 8

9 Drei nicht einsehbare Kisten enthalten Spiegel (▷B 3). Übertrage Bild 3 vergrößert ins Heft und zeichne die Spiegel in der richtigen Lage ein.

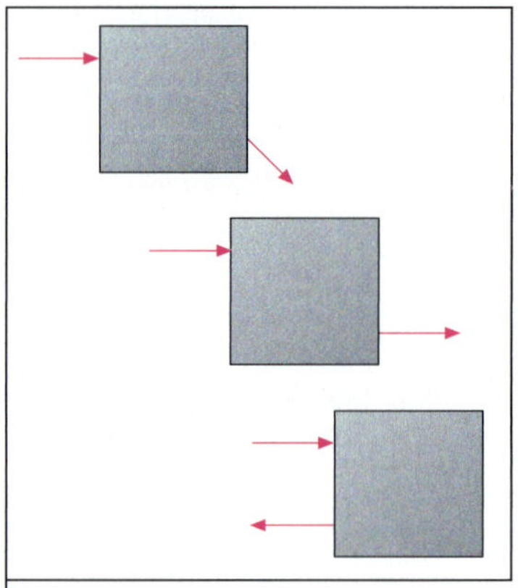

3 Zu Aufgabe 9

10 Welche Arten von Spiegeln kennst du? Nenne je zwei Anwendungsbeispiele.

11 Wie werden Lichtstrahlen beim Übertritt von Luft in Glas bzw. von Glas in Luft gebrochen?

12 Auf dem Boden einer Wanne mit Wasser liegt ein ebener Spiegel. Ein Lichtstrahl fällt schräg auf die Wasseroberfläche. Skizziere den weiteren Verlauf des Lichtstrahls.

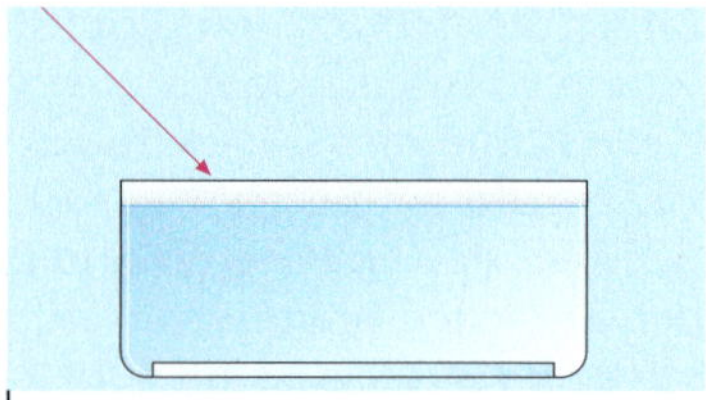

5 Zu Aufgabe 12

13 Vergleiche den Aufbau des menschlichen Auges mit dem einer Fotokamera. Beschreibe Gemeinsamkeiten und Unterschiede (▷B 4).

14 Überlege dir ein Experiment, mit dem du bei einer Brille bestimmen kannst, ob sie für Weitsichtige oder Kurzsichtige ist. Führe das Experiment durch.

15 Wie kommt es, dass beim Auge Gegenstände trotz unterschiedlicher Entfernung scharf auf der Netzhaut abgebildet werden?

16 Benutze verschiedene Sammellinsen unterschiedlicher Wölbung als Lupe. Was kannst du über die Vergrößerung sagen?

17 Beschreibe den Aufbau eines Mikroskops. Wie kommt es zur Vergrößerung?

18 Fülle eine leere, runde Flasche aus klarem Glas vollständig mit Wasser. Verschließe sie wieder und lege sie auf ein Blatt Zeitungspapier. Erkläre deine Beobachtung.

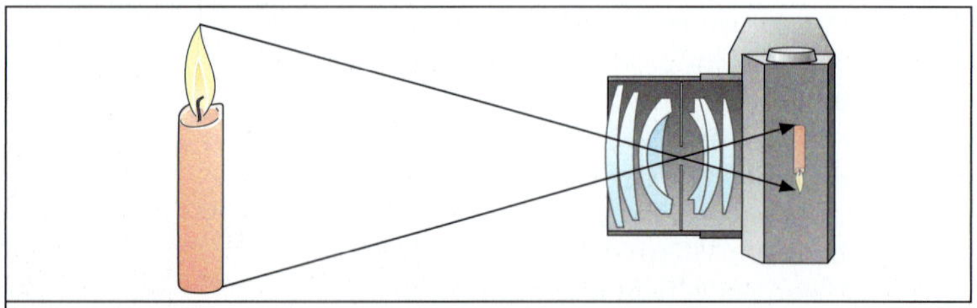

4 Zu Aufgabe 13

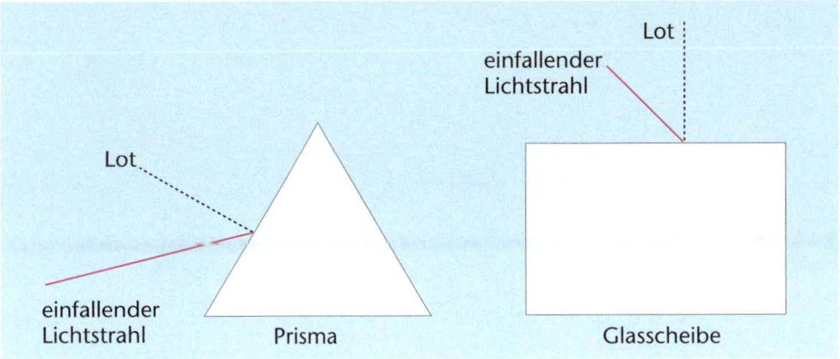

6 Zu Aufgabe 19

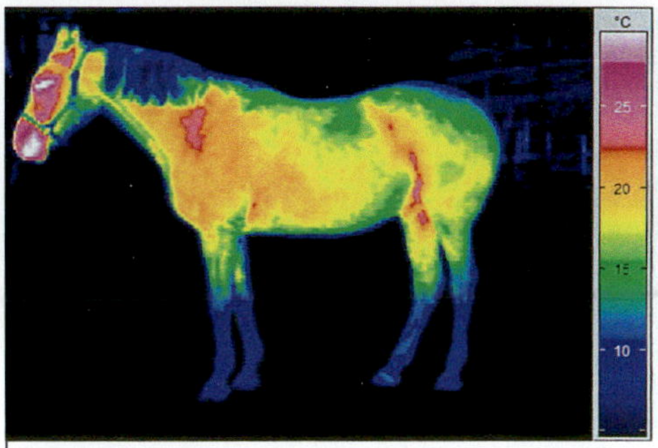

9 Zu Aufgabe 23

19 a) Ein Lichtstrahl fällt auf ein Prisma und auf eine Glasscheibe (▷ B 6). Skizziere den weiteren Verlauf der Lichtstrahlen.
b) Begründe, warum eine Fensterscheibe das weiße Licht nicht zerlegen kann.

20 a) In welcher Reihenfolge erscheinen die Spektralfarben im Farbspektrum?
b) Begründe diese Reihenfolge der Farben.

21 a) Beschreibe, wie ein Regenbogen entsteht.
b) Erkläre, wie seine typische Form zustande kommt.

7 Zu Aufgabe 21

22 In einem Solarium muss man eine rote Schutzbrille aufsetzen. Welchen Grund vermutest du?

23 Mit einer Wärmebildkamera (▷ B 9) lassen sich gut Tiere in der Dunkelheit beobachten. Welche Eigenschaft der Lebewesen wird dabei ausgenutzt?

24 a) Warum wird an vielen Kassen ein Geldschein unter eine UV-Lampe gehalten?
b) Lässt sich die gleiche Beobachtung machen, wenn man einen Geldschein unter eine IR-Lampe hält? Begründe!

25 Halte einen mit Wasser gefüllten Rundkolben ins Sonnenlicht. Beobachte und erkläre deine Beobachtungen.

26 Wie lässt sich der Eindruck von „Weiß" durch Farbaddition herstellen? Beschreibe verschiedene Möglichkeiten.

27 Jedes farbige Licht kann eine reine Spektralfarbe oder eine Mischfarbe sein. Beschreibe einen Versuch, durch den man feststellen kann, um welche Art von Farbe es sich handelt.

28 Das farbige Bild auf dem Monitor des Computers oder dem Bildschirm des Fernsehgeräts (▷ B 8) entsteht durch Farbaddition. Beschreibe, wie die Farben Rot, Gelb, Weiß und Schwarz erzeugt werden.

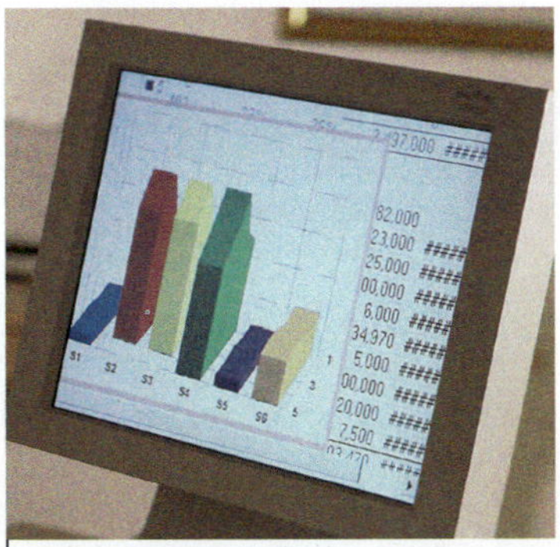

8 Zu Aufgabe 28

29 Erkläre, warum für uns ein Körper grün (weiß, schwarz) erscheint, wenn er mit weißem Licht angestrahlt wird.

30 Warum betrachten viele Käufer in einem Bekleidungsgeschäft die Kleidung gern in der Nähe eines Fensters?

1 Jemand behauptet: „Wenn man durch das Fenster schaut, sieht man die Gegenstände hinter der Scheibe an einer Stelle, an der sie sich gar nicht befinden."
a) Stelle Vermutungen an, die für oder gegen diese Behauptung sprechen.
b) Plane einen Versuch, mit dem du deine Vermutungen untersuchen kannst.
(Tipp: Eine planparallele Platte aus der Sammlung ist bei diesen Versuchen hilfreich).
c) Halte deine Beobachtungen in einer Zeichnung fest.
d) Stimmt die Behauptung? Begründe deine Antwort.

10 Kann ein Fenster Berge versetzen?

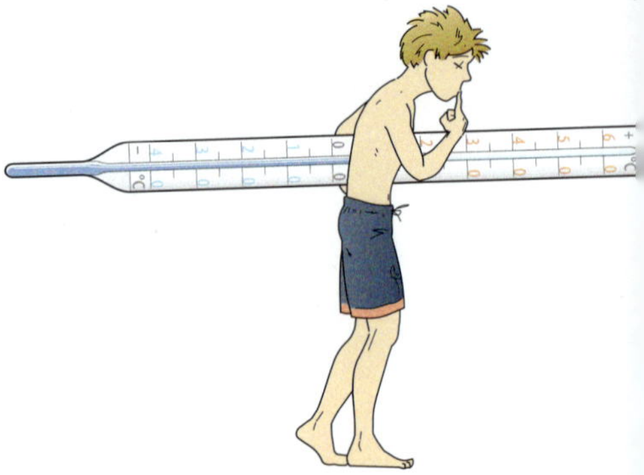

Warm oder kalt?

Sommer, Sonne, Hitzefrei und dann schnell ins Freibad. Klingt das nicht toll?

Aber ist es überhaupt warm genug für Hitzefrei? Darüber kann man sicherlich streiten. Um eine genaue Angabe machen zu können, brauchst du ein Messgerät. Wie dieses heißt, wie es funktioniert und in welchen Einheiten gemessen wird, erfährst du in diesem Kapitel.

Als die Schildbürger beim Bau ihres Rathauses die Fenster vergessen hatten, versuchten sie, das Licht von draußen mit Gefäßen nach innen zu tragen. Dieser Versuch scheiterte. Aber was ist mit Wärme? Kann man Wärme transportieren? Was muss man beachten, damit sie beim Transport nicht verloren geht? Was kann man tun, um im Winter die Wärme im Haus zu halten und sie im Sommer nicht herein zu lassen?

Du weißt, dass Eis schmilzt, wenn es erwärmt wird. Gibt es noch andere Besonderheiten beim Erwärmen und Abkühlen von Körpern?
Das sind nur einige der Fragen, um die es in diesem Kapitel geht.

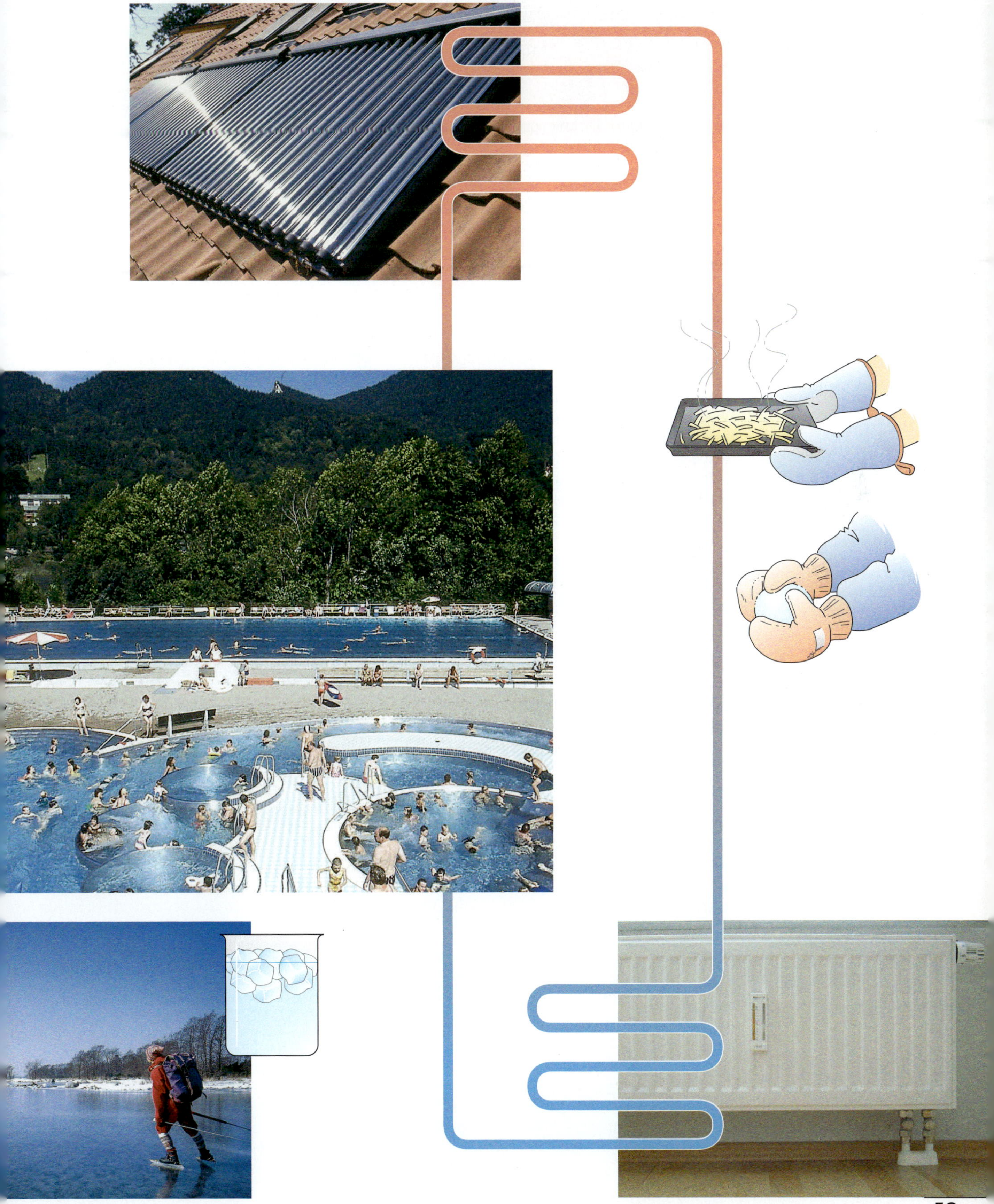

1 Mit der Haut nehmen wir Temperaturen wahr.

Die Haut – das größte menschliche Organ

Die Haut ist das größte menschliche Organ. Es hat bei einem erwachsenen Menschen eine durchschnittliche Oberfläche von rund 2 m^2. Die Haut schirmt einerseits den Körper gegen die Außenwelt ab, andererseits stellt sie den Kontakt zu ihr her. Über die Haut spüren wir Berührung und Druck, wir können Dinge ertasten, Schmerz empfinden und Wärme und Kälte spüren.
In der Haut befinden sich feine „Sensoren". Sie reagieren auf Berührung, Schmerz, Wärme oder Kälte und leiten die entsprechenden Signale über Nervenbahnen an das Gehirn weiter.

Im Freibad

Jochen und Anke gehen an einem heißen Sommertag ins Freibad. Nachdem sie sich umgezogen haben, legen sie ihre Sachen auf die Liegewiese und ab geht's zum Schwimmbecken. Anke duscht sich noch kalt ab, während Jochen gleich die Stufen ins Becken hinab steigt. „Ist das kalt!" ruft Jochen und geht langsam Stufe für Stufe tiefer ins Wasser. Anke springt ins Wasser und taucht wieder auf. „Ist doch ganz warm", sagt sie. „Komm endlich rein, du Frostbeule".

2 Ist das Wasser warm oder kalt?

Warum empfinden die beiden dieselbe Wassertemperatur so unterschiedlich?

Der Temperatursinn

In der Haut liegen „Sensoren", mit denen wir Wärme oder Kälte fühlen. Anke und Jochen empfinden die gleiche Temperatur des Wassers unterschiedlich, weil sie vorher unterschiedlichen Temperaturen ausgesetzt waren. Anke empfindet das Wasser nach der kalten Dusche als warm, während es Jochen im Vergleich zur warmen Luft kalt erscheint.
Der Temperatursinn ist für uns Menschen überlebenswichtig, damit wir unseren Körper entsprechend schützen.

Der Mensch besitzt einen Temperatursinn, der ihn seine Umwelt als warm oder kalt empfinden lässt.

Wärmeübertragung

Zwischen zwei Körpern mit unterschiedlichen Temperaturen findet Wärmeübertragung statt. Eine Heizung z. B. überträgt Wärme an die Zimmerluft. Bei Eiswürfeln in der Hand wird Wärme von der Hand an das Eis übertragen. Wärme ist eine Form von Energie. Wärmeübertragung ist daher Übertragung von Energie.

Ein Körper, der einen anderen erwärmt, überträgt Energie.

3 Energieübertragung beim Flaschenwärmer

1 Richtiges und falsches Ablesen

Temperaturen – richtig gemessen?
Obwohl in Bild 1 alle Schüler die Wassertemperatur fast gleichzeitig messen, stimmen die abgelesenen Werte nicht überein. Bei der Temperaturmessung musst du zwei Regeln beachten:

1. Das Flüssigkeitsgefäß des Thermometers muss vollständig in die Flüssigkeit eintauchen.
2. Du musst beim Ablesen senkrecht auf das Thermometer sehen.

Celsius, Fahrenheit, Kelvin
Thermometer, die bei uns im täglichen Gebrauch sind, haben eine Celsius-Skala, benannt nach ANDERS CELSIUS (1701–1744). Die Celsius-Skala ist nicht die einzige Skala, die man zur Temperaturmessung verwendet. In den USA triffst du auf die Fahrenheit-Skala, in Wissenschaft und Technik verwendet man die Kelvin-Skala (▷B 2).
Auf der Celsius-Skala liegt der **Gefrierpunkt** von Wasser bei 0 °C, der **Siedepunkt** bei 100 °C. Der Siedepunkt ist erreicht, wenn das Wasser kocht. Dazwischen ist die Skala in 100 gleich große Schritte eingeteilt: 1 Schritt = 1 °C. Nach oben und unten verlängert man die Skala mit derselben Schrittlänge. Unterhalb des Gefrierpunktes entstehen so die Minusgrade.
Etwa 30 Jahre vor CELSIUS entwickelte der Deutsche GABRIEL FAHRENHEIT (1686–1736) sein Thermometer. Zur Einteilung seiner Temperaturskala benutzte er seine Körpertemperatur (100 °F) und eine spezielle Kältemischung aus Eis, Wasser und Salmiaksalz (0 °F).

Wie weit lassen sich Körper abkühlen? Die niedrigste Temperatur beträgt ca. –273 °C. LORD KELVIN (1824–1907) wählte diese Temperatur als Nullpunkt seiner Skala. Auf der Kelvin-Skala (K) siedet Wasser also bei 373 K (lies: 373 Kelvin).

Aufgaben

1 Informiere dich über den Astronomen ANDERS CELSIUS. Halte ein Referat über diesen Forscher.

2 Lies aus Bild 2 für 50 °C und –10 °C die ungefähren Temperaturwerte in °F und K ab.

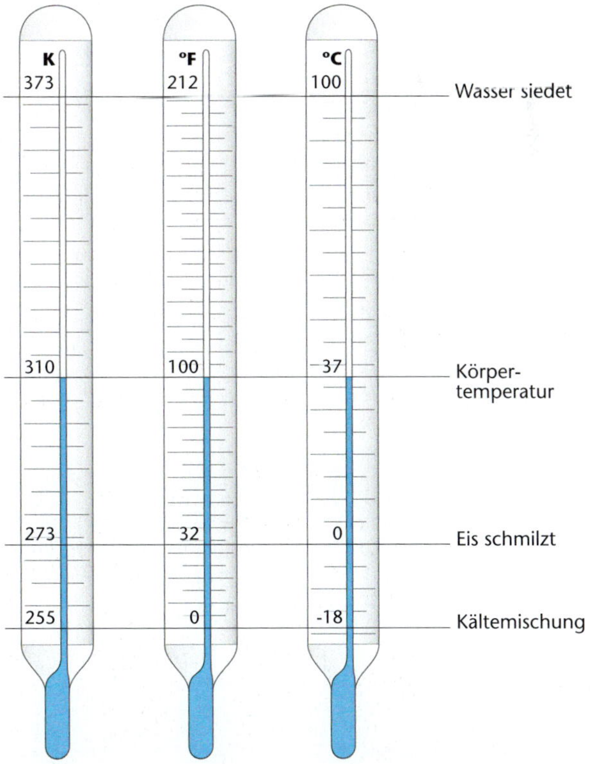

2 Verschiedene Temperaturskalen

Werkstatt

Das Thermometer bekommt eine Skala

Material
2 Bechergläser, Wasser, einige Eiswürfel, Thermometer ohne Skala, wasserfester Stift, Zeichenkarton, Schere, Lineal, Heizplatte oder Gasbrenner mit Gestell

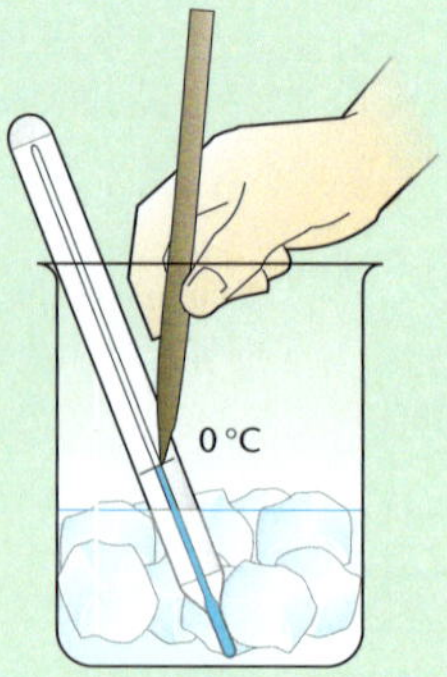

1 Kennzeichnung des Gefrierpunkts

Versuchsanleitung
Lege die Eiswürfel in ein Becherglas und fülle etwas Wasser ein. Warte bis das Eis größtenteils geschmolzen ist. Tauche das Thermometer ohne Skala hinein. Der untere Teil muss von der Eis-Wasser-Mischung bedeckt sein. Bewegt sich die Flüssigkeitssäule nicht mehr, kannst du auf dem Thermometer die Stelle markieren, an der sie endet: 0 °C (▷ B 1).

2 Kennzeichnung des Siedepunkts

Fülle das zweite Becherglas mit Wasser und bringe das Wasser auf der Heizplatte zum Sieden.

Halte das Thermometer in das siedende Wasser. **(Vorsicht! Spritzgefahr!)** Wenn die Flüssigkeitssäule im Thermometer zur Ruhe gekommen ist, markiere auf dem Thermometer die Stelle, an der sie endet: 100 °C (▷ B 2).

Übertrage die Markierungen im richtigen Abstand auf den Zeichenkarton. Verbinde sie mit einem Lineal und teile die Strecke in 10 gleiche Teile.

Beschrifte die Skala (▷ B 3): 0 °C, 10 °C, 20 °C, …, 100 °C. Vielleicht gelingt dir eine noch feinere Unterteilung in 5-°C-Schritte.

Verlängere die Skalen nach oben und unten. Temperaturen unter 0 °C bekommen ein Minuszeichen.

3 Einteilung der Skala

Schneide die Skala zurecht und befestige sie am Thermometer. Achte dabei auf die korrekte Ausrichtung (▷ B 4).

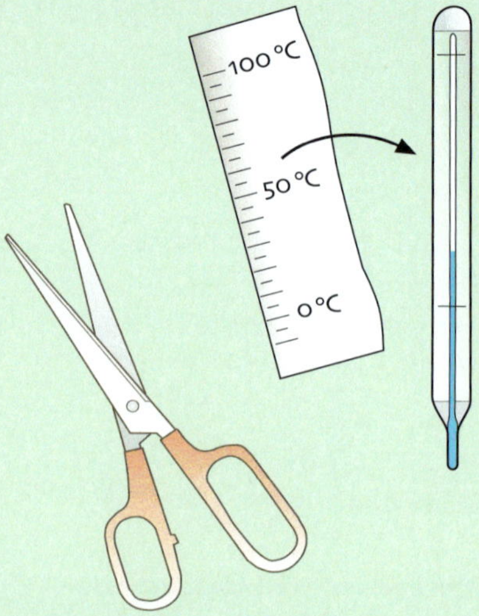

4 Anbringen der Thermometerskala

Teste dein Thermometer!
a) Miss die Temperatur im Klassenraum, einmal mit deinem Thermometer und einmal mit einem bereits vorhandenen Thermometer. Vergleiche die Messwerte.

b) Halte dein Thermometer in den Luftstrom eines Haartrockners. Miss die Temperatur dicht vor dem Haartrockner und dann im Abstand von 20 cm.
Vielleicht hat dein Haartrockner unterschiedliche Leistungsstufen. Dann kannst du die Temperaturwerte der verschiedenen Stufen vergleichen.

Aufgabe
Mit Thermometern misst man in verschiedenen Temperaturbereichen. Es gibt daher verschiedene Thermometer, die teilweise auch unterschiedlich empfindlich sind. Schreibe – soweit möglich – die Temperaturbereiche und die Skaleneinteilung für folgende Thermometer auf:
Fieberthermometer, Innen- bzw. Außenthermometer, Thermometer am Gefrierschrank, Anzeige für Kühlwassertemperatur am Auto.
Du kannst die Liste noch ergänzen!

Werkstatt

Temperaturen messen und berechnen

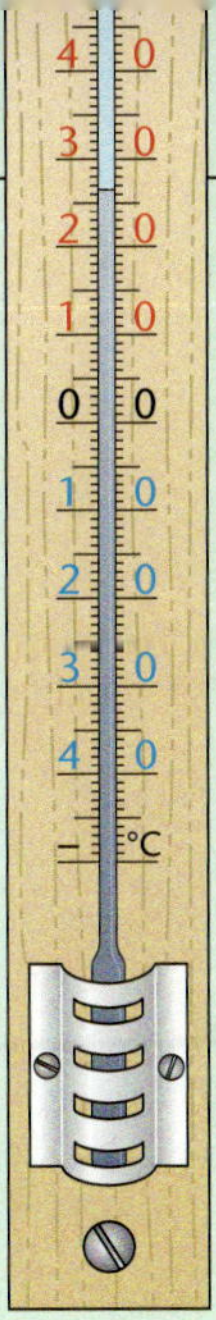

Die Temperatur ist nur eines von mehreren Wetterelementen – allerdings ein sehr wichtiges. Aus dem Verlauf der Temperatur während eines Monats oder Jahres kannst du z. B. ablesen, welche Monate günstig für das Pflanzenwachstum sind. Wie du Temperaturen misst und daraus Monats- und Jahresmittelwerte berechnest, lernst du auf dieser Seite.

Material

Thermometer, Heft, Lineal, Stift

Versuchsanleitung

Zeichne in dein Heft eine Tabelle wie in Bild 1 gezeigt. Hänge das Thermometer im Freien an einem schattigen Platz auf. Lies die Temperatur jeden Tag drei Mal ab. Achte darauf, dass du die Temperatur immer zu den gleichen Zeiten misst (z. B. um 7 Uhr, um 14 Uhr und um 21 Uhr). Trage die Messwerte in die Tabelle ein.

Datum	**7 Uhr**	**14 Uhr**	**21 Uhr**	**Tagesmitteltemperatur**
14. Juli	18 °C	24 °C	19 °C	20 °C

1 Gemessene Temperaturwerte

Wie hoch ist die Tagesmitteltemperatur am 14. Juli?

Gegeben: $T_1 = 18\,°C$ $T_3 = 19\,°C$

$T_2 = 24\,°C$

Gesucht: T_{mittel}

Lösung: $T_{mittel} = \frac{(T_1 + T_2 + T_3 + T_3)}{4}$

$T_{mittel} = \frac{(18\,°C + 24\,°C + 19\,°C + 19\,°C)}{4}$

$T_{mittel} = 20\,°C$

Die Tagesmitteltemperatur vom 14. Juli beträgt 20 °C.

2 Berechnung der Tagesmitteltemperatur

a) Tagesmitteltemperatur

Um die Temperaturen verschiedener Tage vergleichen zu können, musst du die Tagesmitteltemperatur berechnen. Addiere dazu die Temperaturwerte, die du um 7 Uhr, um 14 Uhr und um 21 Uhr gemessen hast. Den Messwert von 21 Uhr musst du doppelt zählen, der zweite Wert dient als Nachttemperaturwert.

Diese Summe durch 4 dividiert ergibt die Tagesmitteltemperatur (▷ B 2). Notiere die Werte in einer Tabelle wie in Bild 3.

Erstelle aus den berechneten Werten ein Diagramm (▷ B 4).

Datum	1.4.	2.4.	3.4.	…
Tagesmitteltemp. in °C	12	14	17	…

3 Tagesmitteltemperaturen

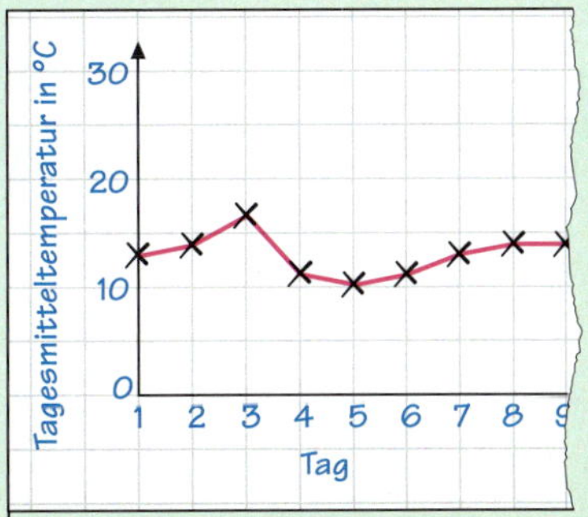

4 Temperaturverlauf eines Monats

b) Monatsmitteltemperatur

Um die Monatsmitteltemperatur zu berechnen, bildest du von allen Tagesmitteltemperaturen eines Monats die Summe. Dividiere diese Summe anschließend durch die Anzahl der Tage.

Wenn du am Ende jeden Monats die berechnete Monatsmitteltemperatur (▷ B 5) deines Wohnorts in ein Temperaturdiagramm einträgst, kannst du erkennen, wie sich die Temperatur im Laufe des Jahres verändert hat (▷ B 6).

Monat	Mai	Juni	Juli	…
Monatsmitteltemp. in °C	14	18	18	…

5 Monatsmitteltemperaturen

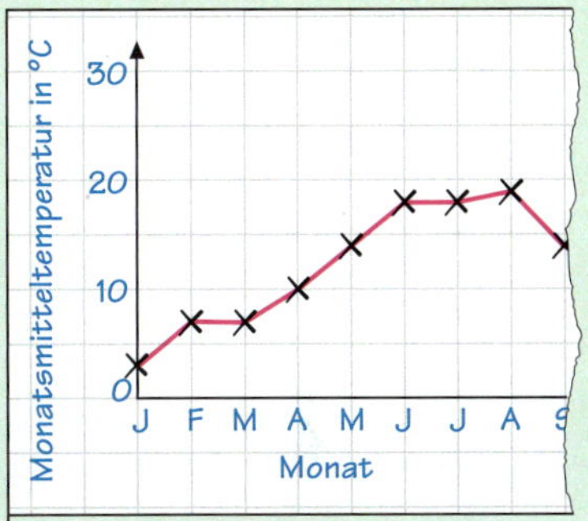

6 Temperaturverlauf eines Jahres

Aufgaben

1. Die Jahresmitteltemperatur berechnet sich ähnlich wie die Monatsmitteltemperatur:
Zähle die durchschnittlichen Temperaturen aller Monate zusammen und teile die Summe durch 12. Berechne auf diese Weise aus den Werten in Bild 7 die Jahresmitteltemperatur von Rom.

2. Erstelle aus den in Bild 7 angegebenen Werten die Temperaturkurven eines Jahres für Oslo, Rom und Frankfurt/M.
Zeichne das Diagramm wie in Bild 6 vorgegeben.

Monat	J	F	M	A	M	J	J	A	S	O	N	D
Oslo	−5	−4	0	5	11	15	17	16	11	6	1	−2
Frankfurt/M.	0	1	5	9	14	17	19	18	15	9	5	1
Rom	7	8	11	14	18	22	25	24	21	16	12	9

7 Monatsmitteltemperaturen (in °C) verschiedener Städte

Wärmeübertragung

Wärmeübertragung – immer und überall
Immer dann, wenn ein warmer und ein kalter Körper miteinander in Berührung kommen, findet Wärmeübertragung statt. Das gilt für feste, flüssige und gasförmige Körper.

- Heißes Wasser wird in eine kalte Flasche geschüttet. Was passiert dabei mit dem Wasser und dem Glas?

- Du trägst im Winter Handschuhe, deine Hände sind warm, deine Ohren aber kalt. Wie könntest du Wärmeübertragung stattfinden lassen, damit dir die Ohren nicht erfrieren?

- Überlege dir weitere Beispiele für Wärmeübertragung aus deinem Alltag. Plane dazu Versuche und führe sie durch.
Wie kannst du deine Ergebnisse am besten dokumentieren?

- Wo findet in der Küche Wärmeübertragung statt?

- Wärmeübertragung erfolgt immer in einer bestimmten „Richtung". Wie ist das bei all deinen Beispielen?

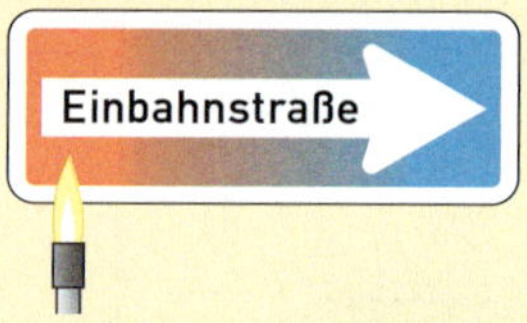

Wärmeübertragung? Nein, danke!
Wärmeübertragung ist z. B. in der Küche notwendig, damit das Essen gekocht werden kann. Es gibt aber auch viele Beispiele aus deinem Alltag, bei denen Wärmeübertragung verhindert werden soll.

- Du möchtest doch sicher nicht, dass an einem kalten Wintertag Wärme von deinem Körper an die kalte Luft übertragen wird. Wie verhinderst du das?

Wetter und Klima
Verschiedene Gebiete der Erde werden von der Sonne unterschiedlich stark erwärmt. Es gibt am Äquator die heißen Tropen und an den Polen Bereiche mit dauerhaft großer Kälte. Zwischen diesen extremen Zonen findet ein ständiger Wärmetransport statt. Dadurch gleichen sich die Temperaturen auf der Erde etwas aus.

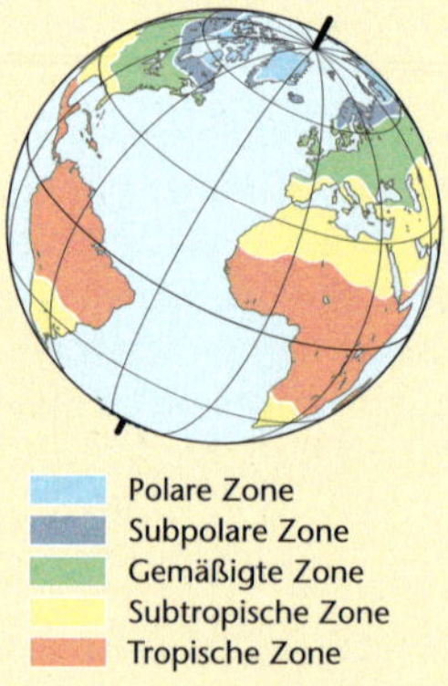

- Wodurch findet der Wärmetransport statt? Was „transportiert" die Wärme?

- Beobachte über einen längeren Zeitraum die Temperaturen in deinem Heimatort. Verfolge dazu auch die Wetterberichte im Fernsehen und in der Tageszeitung.
Woher kommen die Luftmassen, die uns im Sommer große Hitze und im Winter große Kälte bringen?

- Plane einen Versuch, bei dem du einen Gegenstand vor Wärmeübertragung schützt. Schreibe einen kurzen Bericht darüber, wie du vorgegangen bist und was dein Versuch ergeben hat.
- Wenn du bei einem Ausflug im Sommer ein kaltes Getränk von zu Hause mitnimmst, musst du dir etwas einfallen lassen, um es auch noch nach Stunden kalt genießen zu können. Was kannst du tun?

- Besuche eine Baustelle: Durch welche Maßnahmen wird beim Hausbau unerwünschte Wärmeübertragung vermieden?
- Auch in eurer Wohnung findest du „Einrichtungen", die die Übertragung von Wärme verhindern. Notiere sie.

Der Golfstrom – Europas Warmwasserheizung

Es gibt eine warme Meeresströmung, die Golfstrom genannt wird und im Westen und Nordwesten von Europa für mildere Temperaturen sorgt.

- Schlage in einem Atlas nach, woher der Golfstrom kommt und woher er seinen Namen hat.

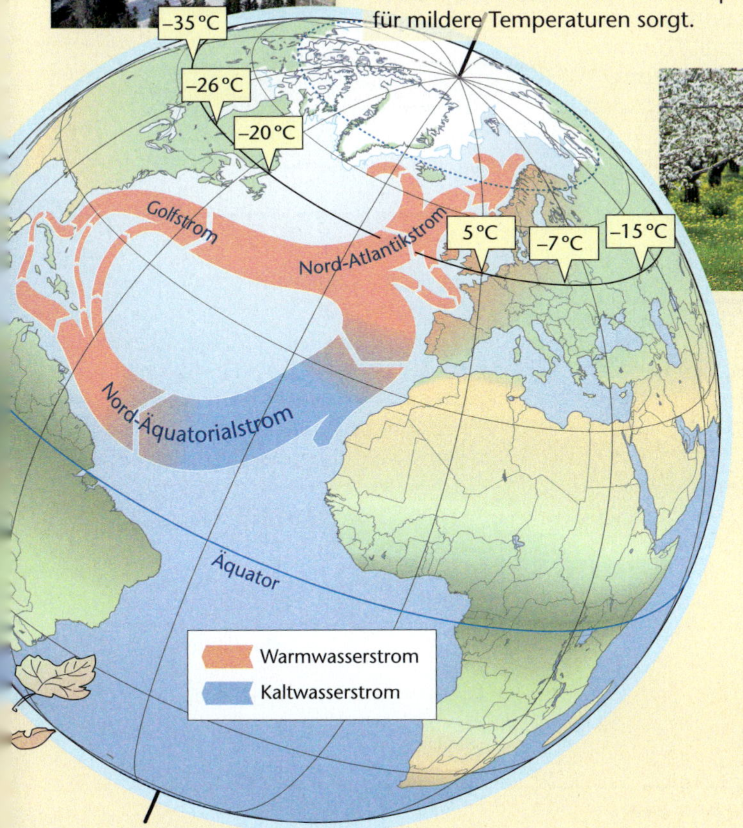

- Wodurch wird der Golfstrom „aufgeheizt"?
- Vergleiche die Durchschnittstemperaturen im Januar auf dem gleichen Breitengrad.
- In welcher Richtung findet beim Golfstrom in Nordeuropa Wärmeübertragung statt?
- Manche Wissenschaftler befürchten, der Golfstrom könne eines Tages nicht mehr existieren. Überlege, was das für die Vegetation in Nord- und Westeuropa und damit für unsere Nahrungsversorgung bedeuten würde.

1 Vogel im Winter

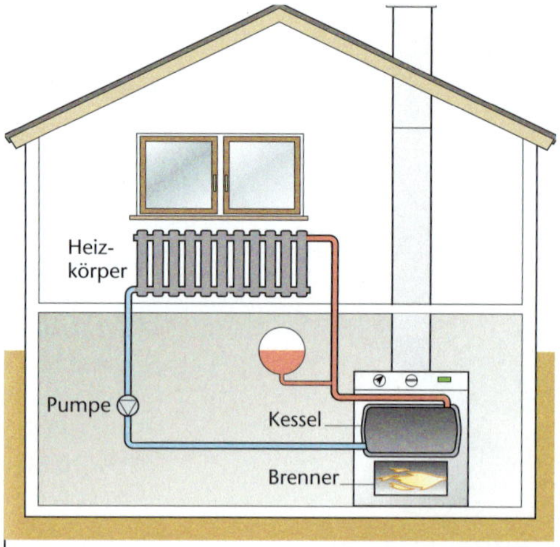

2 Die Warmwasserheizung

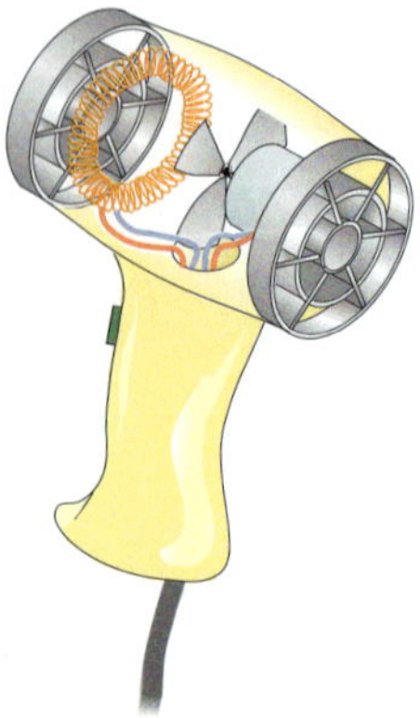

3 Haartrockner

Die Wärmeströmung

Nach dem Haarewaschen hast du sicher schon einen Haartrockner benutzt. Und du empfindest es wahrscheinlich als sehr angenehm, dass der Luftstrom, mit dem du dein Haar trocknest, warm ist.
Im Haartrockner bewegt ein Ventilator kalte Luft an einer Heizspirale vorbei (▷B3). Die Heizspirale gibt Energie in Form von Wärme an die kalte Luft ab. Die dadurch erwärmte Luft wird dann zu deinen Haaren transportiert.
Diese Form des Wärmetransports nennt man **Wärmeströmung**. Wärmeströmung findet auch in der Warmwasserheizung statt (▷B2). Dort ist Wasser das Transportmittel.

▶ Wenn Wärme zusammen mit einem Stoff transportiert wird, spricht man von Wärmeströmung.

Aufgaben

1 Warum schützen sich Vögel im Winter gegen Kälte, wenn sie sich „aufplustern" (▷B1)?

2 Das Eis auf dem Boden des Reagenzglases schmilzt nicht, obwohl das Wasser oben siedet (▷B5). Erkläre.

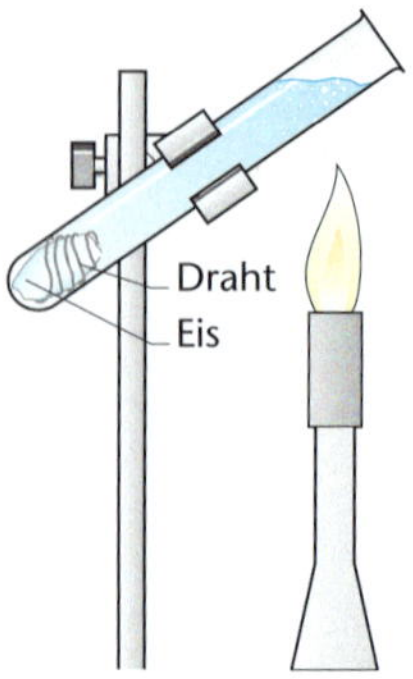

5 Wasser ist ein schlechter Wärmeleiter.

Die Wärmeleitung

Eine weitere Form des Wärmetransports ist die **Wärmeleitung**. Ein Beispiel dafür ist die Suppenkelle aus Metall, die auch oben am Griff heiß wird, wenn du in einer Suppe rührst (▷B4). Die Wärme wird von der heißen Suppe durch den Stiel der Kelle nach oben geleitet und du kannst dich an ihr verbrennen.
Wenn du dir unterschiedliche Kochgeräte anschaust, wirst du feststellen, dass Griffe an Töpfen, Deckeln oder an Rührgeräten fürs Kochen meistens Griffe aus Holz oder Kunststoff haben. Und das hat einen guten Grund. Führe den Versuch 1 durch und sieh dir die Tabelle (▷B6) an. Dann weißt du, warum das so ist.

▶ Wenn Stoffe Wärme weitergeben, ohne dass sie selbst mitwandern, spricht man von Wärmeleitung.

4 Wärme „wandert" in der Suppenkelle nach oben.

Versuch

1 Stecke die Griffe eines Löffels aus Metall, Plastik und Holz durch ein Styroporstück. Fülle heißes Wasser in einen Becher und lege das Stück Styropor so darauf, dass die Löffel sich unten im heißen Wasser befinden und oben aus dem Styropor herausragen. Vergleiche die unterschiedliche Wärmeleitfähigkeit der Materialien.

sehr gut	gut	schlecht	sehr schlecht
Silber	Messing	Eis	Holz
Kupfer	Stahl	Glas	Kunststoff
Aluminium	Blei	Wasser	Luft

6 Verschiedene gute und schlechte Wärmeleiter

Wärme wird geleitet

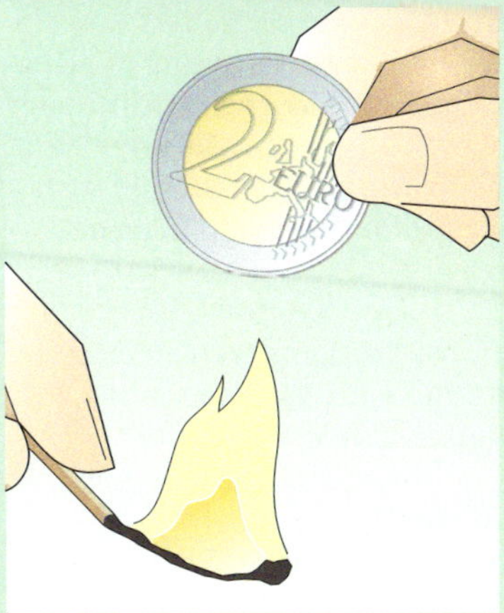

1 Zu Versuch 1

1 Wie lange kannst du die Münze halten?

Material
1 Münze, 1 Streichholz

Versuchsanleitung
Halte die Münze am Rand fest. Dein Partner erwärmt die Münze, indem er eine Streichholzflamme unter die Münze hält (▷ B 1).

2 Kalte Füße

Material
„Bodenbeläge": Holz, Fliesen, Teppich, Zeitung, Metallplatte

Versuchsanleitung
Stelle dich barfuß mit einem Fuß auf Holz, mit einem auf Fliesen. Probiere verschiedene andere Materialienpaare aus. Bei welchem Bodenbelag bleiben deine Füße am wärmsten?
Hast du eine Erklärung dafür?

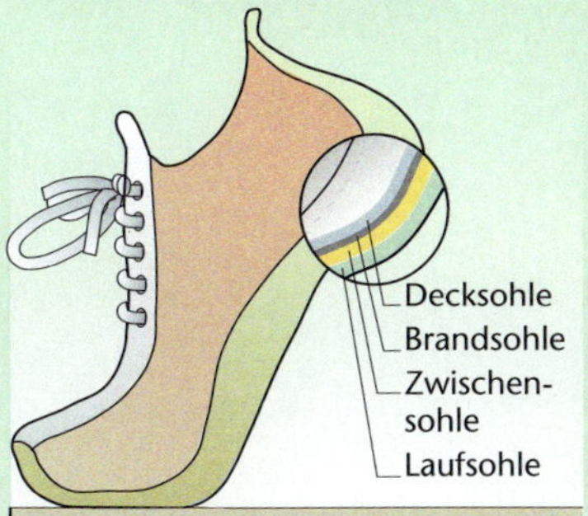

2 Querschnitt eines Schuhs

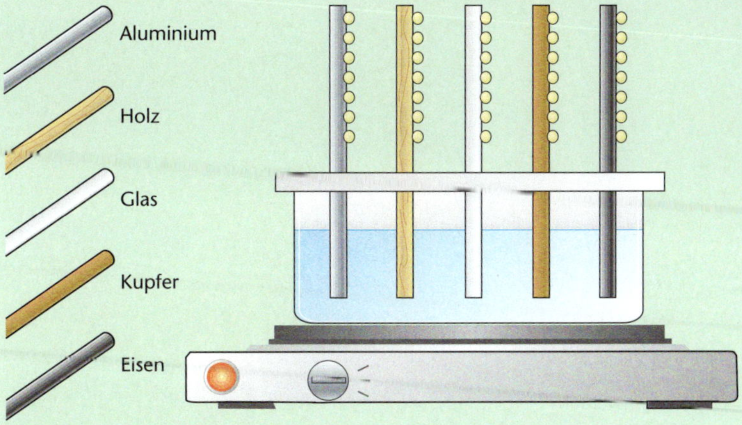

3 Zu Versuch 3

Kannst du die Materialien in eine Reihenfolge bringen?

Aufgabe
Beschreibe den Aufbau eines Schuhs (▷ B 2) und begründe.

3 Schmelzende Kugeln

Material
Mehrere gleich lange und gleich dicke Stäbe aus unterschiedlichen Materialien, Wachskügelchen, 1 Wasserwanne, 1 Styroporplatte, 1 Heizplatte, Wasser

Versuchsanleitung
Befestige die Wachskügelchen in gleichen Abständen an den Stäben (▷ B 3). Stecke die Stäbe durch die Styroporplatte.
Fülle Wasser in die Wanne und lege die Styroporplatte darauf. Erhitze das Wasser.
Notiere, in welcher Reihenfolge die Wachskügelchen abfallen!

4 Wärmeleitung in der Küche

Auf einem Streifzug durch die Küche (▷ B 4) kannst du feststellen, dass Wärmeleitung in manchen Situationen erwünscht ist, in anderen möglichst vermieden wird.

Bei welchen Gegenständen in eurer Küche ist eine gute Wärmeleitung vorhanden, bei welchen möchte man keine Wärmeleitung haben?
Stelle eine Tabelle auf für die Gegenstände mit guter und schlechter Wärmeleitung. Begründe deine Einteilung.

4 In der Küche gibt es gute und schlechte Wärmeleiter.

1 Sonnenschirme schützen.

Wärmetransport per Strahlung
Ein heißer Sommernachmittag. Kerstin und Luka genießen die Wärme (▷B 1). Allerdings bevorzugen beide den Schattenbereich unter dem Sonnenschirm. „Welche Temperatur haben wir denn eigentlich?“, fragt Luka. Kerstin holt ein Thermometer und die beiden messen im Schatten 32 °C und in der Sonne 45 °C. Der Schirm hält die Sonnenwärme gut zurück, aber wie kommt die Wärme eigentlich von der Sonne bis zum Schirm?

Versuche

1 Der T-Shirt-Test: Lege zuerst ein helles, dann ein dunkles T-Shirt in die Sonne oder vor einen Heizstrahler. Miss in beiden Fällen die Temperatur im Innern des T-Shirts.

2 Teste unter hellen und dunklen Sonnenschirmen die Temperatur bei Sonnenschein.

Für den Wärmetransport ist ein Transportmittel nicht immer nötig. Die Sonne schickt uns Wärme, aber das Weltall ist fast leer.

Du lernst hier eine dritte Form des Wärmetransports kennen, die **Wärmestrahlung**.

Wenn sich Wärme ohne einen Stoff ausbreitet, spricht man von Wärmestrahlung.

Glühlampen, Infrarotlampen (▷B 2) und Öfen sind Beispiele für Wärmestrahler. Auch der Mensch gehört dazu.

Schwarz und weiß!
Verschieden helle Gegenstände erwärmen sich durch Wärmestrahlung unterschiedlich. Das zeigt der T-Shirt-Test (▷V 1).

Helle Flächen erwärmen sich weniger als dunkle.

Das hat Folgen: Helle Flächen bleiben bei Sonnenbestrahlung kühler als dunkle. Deshalb zieht man im Sommer lieber helle Kleidung an. Ein Gärtner kalkt die Stämme seiner Apfelbäume (▷B 3). Die Frühjahrssonne erwärmt so die Stämme langsamer und der Knospenaustrieb verzögert sich. Die Knospen sind besser gegen späten Frost geschützt.

Aufgabe

1 a) Was versteht man unter Wärmestrahlung?
b) Nenne zwei weitere Arten von Wärmetransport. Was unterscheidet diese beiden von der Wärmestrahlung?

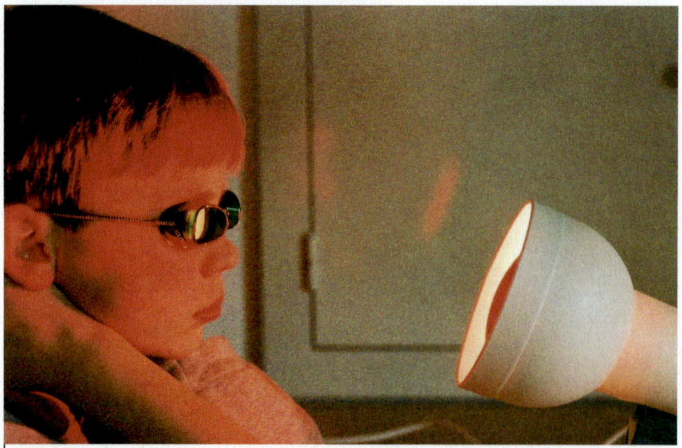

2 Wärmestrahlung bei einer Infrarotlampe

3 Ein gekalkter Baum ist gegen späten Frost geschützt.

Sonnenkollektoren

1 Ein Marmeladenglas als Wärmespeicher

Material

2 Marmeladengläser, schwarze Farbe, Pinsel, Thermometer, Stoppuhr

Versuchsanleitung

Bemale eines der beiden Marmeladengläser mit schwarzer Farbe. Fülle beide Gläser mit Leitungswasser (▷ B 1) und miss die Temperatur. Stelle die Gläser anschließend in die Sonne.

Miss nach 30 Minuten erneut die Wassertemperatur in den beiden Gläsern. Erstelle ein Versuchsprotokoll und vergleiche die Werte.

1 Welches Marmeladenglas wird wärmer?

2 Sonnenkollektoren

2 Bau eines Sonnenkollektors

Material

Fester Karton (ca. 30 cm × 40 cm), Styropor®-Platte (Dicke ca. 2 cm), Plastikschlauch (ca. 3 m lang), Trichter, großer Bogen schwarzes Tonpapier, Klarsichtfolie, Styroporkleber, Klebstoff, Schere, scharfes Messer, schwarze Plakatfarbe

Bauanleitung

Kürze die Höhe des Kartons auf etwa 15 cm. Schneide aus der Styropor®-Platte passende Stücke für den Boden und die Seitenwände und klebe sie in den Karton. Schneide aus dem schwarzen Tonpapier ein passendes Stück für den Boden und die Seitenwände und klebe es auf das Styropor®.

Bohre an zwei gegenüberliegenden Seiten Löcher von der Dicke des Schlauchs in den Karton. Streiche den Schlauch schwarz an. Wickle ihn zu einer langgezogenen Spirale auf und schiebe die beiden Schlauchenden durch die Löcher. Klebe den Schlauch fest. Spanne eine Klarsichtfolie über den Karton und befestige sie mit Klebeband.

Versuchsanleitung

Bringe den Sonnenkollektor in die Sonne. Lagere ihn so, dass eine Seite etwas erhöht liegt (▷ B 4). Stelle am unteren Ende des Schlauchs ein Gefäß auf, in dem du etwa 2 bis 3 Liter Wasser auffangen kannst.

Gieße in das obere Ende des Schlauchs durch einen Trichter Wasser ein (je nach Größe des Kollektors benötigst du 2 bis 3 Liter Wasser). Miss die Temperatur des eingefüllten Wassers und vergleiche sie mit der Temperatur des Wassers, das am unteren Schlauchende ausfließt.

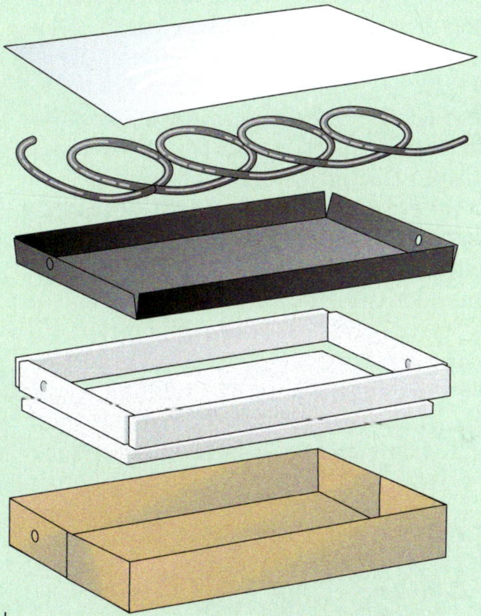

3 So wird der Kollektor zusammengesetzt.

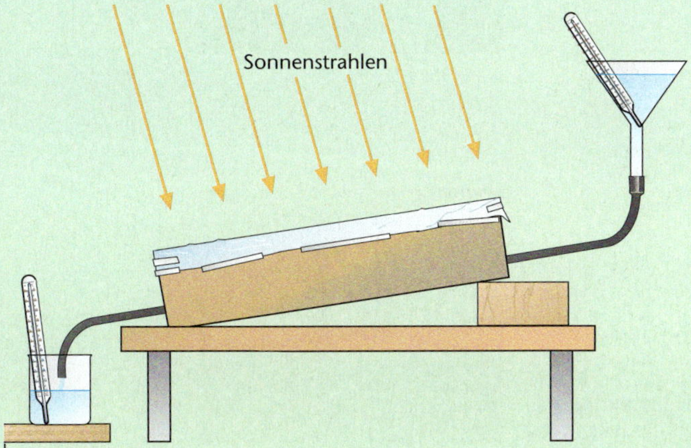

4 Sonnenkollektor im „Versuch"

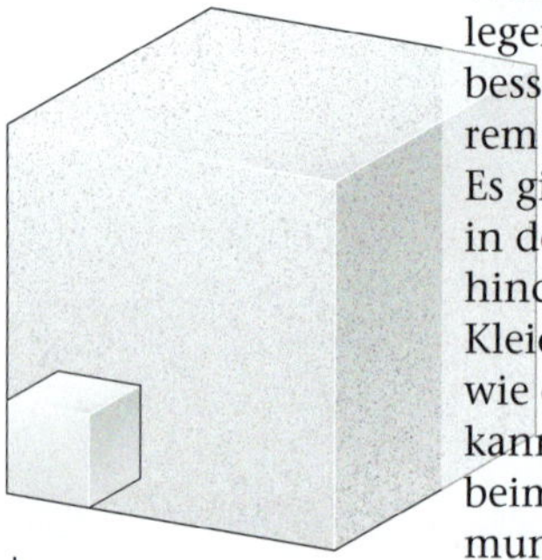

1 Aus 20 Liter Kunststoff werden 1000 Liter Styropor®.

Wärmetransport – erwünscht und unerwünscht

Wenn es uns im Sommer zu warm wird, legen wir Kleidungsstücke ab, damit ein besserer Wärmetransport zwischen unserem Körper und der Luft stattfinden kann. Es gibt aber auch sehr häufig Situationen, in denen wir einen Wärmetransport verhindern wollen. Im Winter tragen wir Kleidung aus mehreren Schichten. Geräte wie der Kühlschrank oder die Thermoskanne sind gut isoliert. Und insbesondere beim Hausbau wird auf gute Wärmedämmung geachtet.

Wärmedämmung beim Hausbau

Die Kosten für das Heizen im Winter steigen von Jahr zu Jahr. Da lohnt es sich bei Häusern, die Wärmedämmung zu verbessern. Das heißt, es werden Baumaßnahmen durchgeführt, die verhindern sollen, dass zu viel Wärme nach außen entweicht (▷ B 3).

Aber auch für den Sommer ist eine gute Isolierung hilfreich. Das kennt jeder, der in einer Dachgeschosswohnung lebt. Wenn die Sonne auf ein nicht isoliertes Dach „knallt“, wird es in der darunter liegenden Wohnung unerträglich heiß.

Eines der Isoliermaterialien beim Hausbau ist Styropor®. Dieses Material besteht aus Kunststoff und Luft, zwei sehr schlechten Wärmeleitern. Bei der Herstellung werden „Kunststoffperlen“ erhitzt. Dabei blähen sie sich auf und verkleben miteinander. Um 1000 Liter von diesem Isoliermaterial herzustellen, benötigt man nur 20 Liter Kunststoff (▷ B 1).

Stoffe, in denen Wärme schlecht fortgeleitet wird und die einen Wärmetransport erschweren, nennt man Wärmedämmstoffe.

Versuch

1 Fülle 4 Reagenzgläser mit heißem Wasser (▷ B 2). „Verpacke“ drei der Reagenzgläser mit unterschiedlichen Materialien. Miss alle 10 Minuten die Temperaturen. Lege eine Tabelle an. Begründe deine Ergebnisse.

Aufgaben

1 Warum sind „mit Luft gefüllte Materialien“ gut zur Wärmedämmung geeignet?

2 Begründe, warum es bei großer Kälte sinnvoller ist, mehrere dünne Kleidungsstücke übereinander anzuziehen als ein dickes.

3 Durch welche baulichen Maßnahmen wird bei der Heizungsanlage in deinem Wohnhaus erreicht, dass die Wärme auf dem Weg von der Heizungsanlage bis zu den Heizkörpern nicht „verloren“ geht?

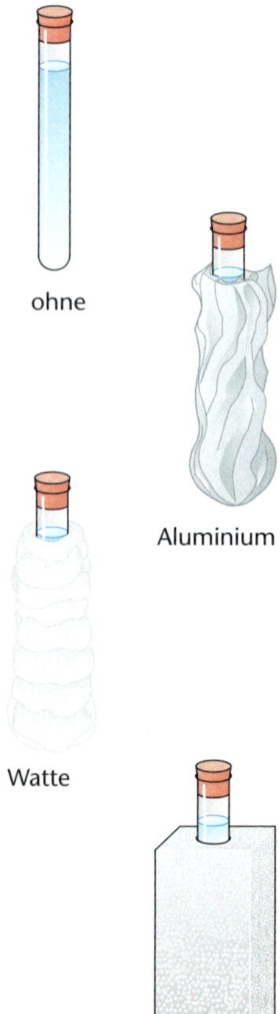

2 Wärmedämmung mit verschiedenen Materialien

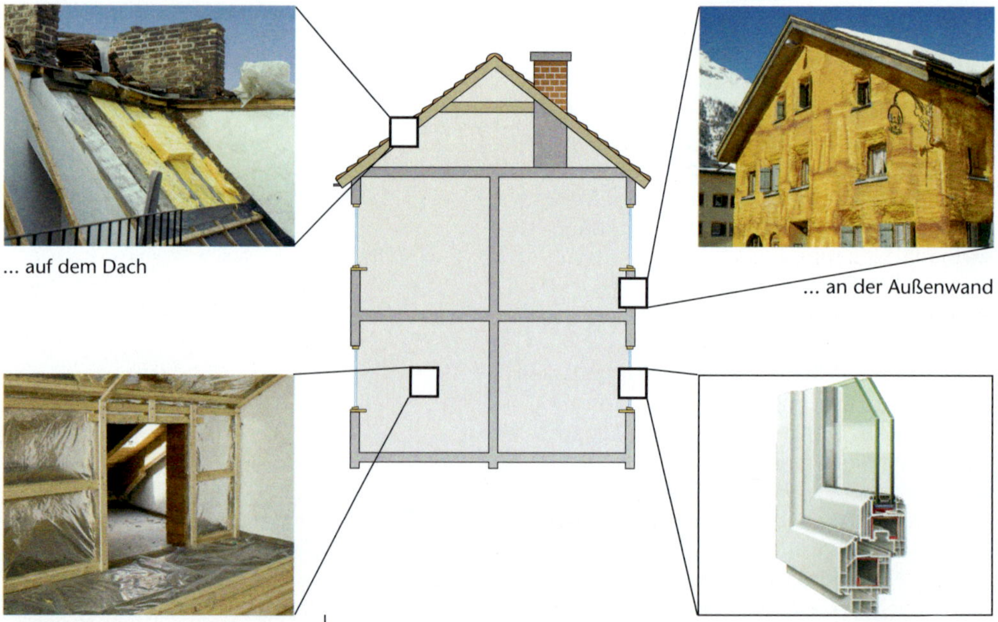

3 Wärmedämmung eines Hauses ...

Werkstatt

Wir bauen ein Modellhaus

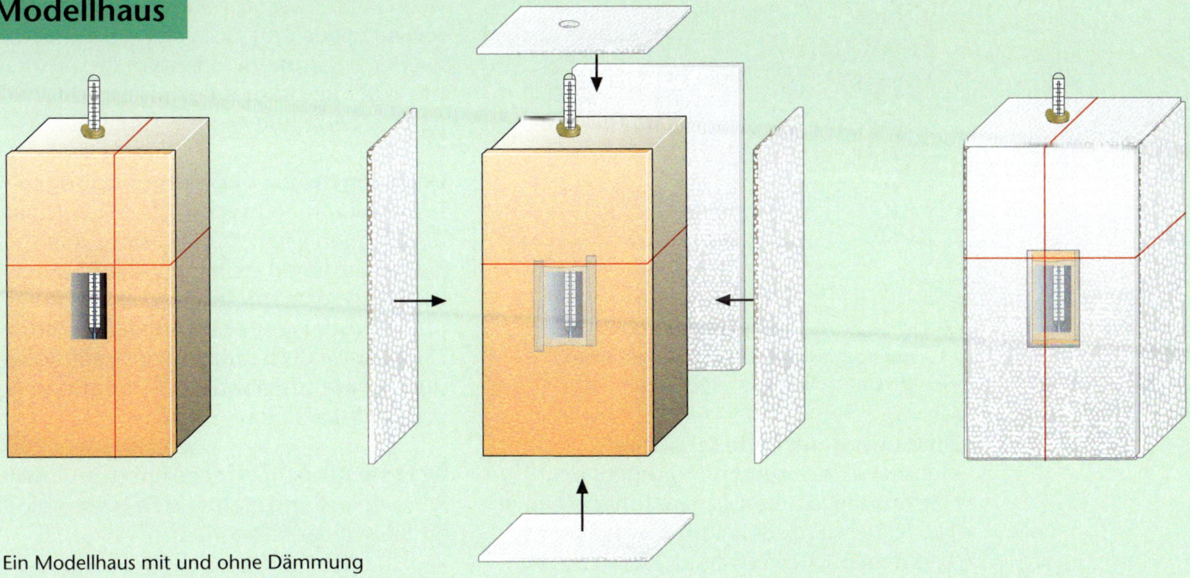

1 Ein Modellhaus mit und ohne Dämmung

Du hast über Hausbau mit besonderer Wärmedämmung bereits einiges gehört. Auf dieser Seite bekommst du nun die Bauanleitung für ein „Modellhaus". So kannst du selbst überprüfen, welchen Einfluss die Wärmedämmung auf die Temperaturen in einem Haus hat.

Material
2 gleich große Schuhkartons, 2 gleich große Steine, 2 Thermometer, 1 scharfes Messer, 1 Schere, Kleber, Knetmasse, Klarsichtfolie, Alufolie, 4 Gummiringe, 2 Platten Styropor® (etwa 1 cm dick)

„Haus" ohne Wärmedämmung
In den Deckel des Schuhkartons schneidest du ein Fenster und klebst als Scheibe ein Stück Frischhaltefolie davor. Oben wird ein kleines Loch in den Karton geschnitten, das Thermometer hineingesteckt, mit Knetmasse abgedichtet und festgehalten.

Das Thermometer sollte so tief in den Karton gesteckt werden, dass durch das Fenster die Skala zum Ablesen sichtbar bleibt. Mit zwei Gummiringen wird der Deckel an dem Karton festgehalten.

„Haus" mit Wärmedämmung
Dieses Haus wird zunächst genau so gebaut wie das erste. Dann kommt die Isolierung dazu. Aus den Styroporplatten werden Stücke geschnitten, die so groß sind wie die vier Seitenwände, der Boden und der Deckel. Zeichne dazu mit einem Stift die Größe der Stücke auf das Styropor® und schneide sie anschließend mit einem scharfen Messer aus. Denke an die Fensteröffnung.

Das Fenster dieses Hauses bekommt eine „Doppelverglasung". Klebe dazu von innen und von außen Klarsichtfolie auf die Öffnung. Als weitere Isolierung kleidest du das Innere des Kartons (auch den Deckel) mit Alufolie aus. Sie muss nicht festgeklebt werden, sondern hält auch, wenn du sie fest andrückst. Die Styroporplatten für die Seiten und den Boden kannst du mit zwei Gummiringen am Karton befestigen.

Wie funktioniert die Heizung?
Heize den Backofen auf 50 °C vor, erwärme darin zwei gleich große Steine etwa eine halbe Stunde lang und lege sie dann in die Kartons. (Vorsicht! Verwende Topflappen!)
Solltest du nur einen Karton und nur ein Thermometer zur Verfügung haben, kannst du die Messungen auch nacheinander ausführen. Falls das Thermometer einen längeren „Stiel" hat, steckst du es – wie beschrieben – in den Deckel und lässt es zum Ablesen der Temperaturen im Haus oben aus dem Deckel herausschauen.

Aufgabe
Übertrage die Tabelle ins Heft, trage die Werte der Messungen ein und bewerte dein Ergebnis.

	Temperatur				
	nach 0 min	**nach 15 min**	**nach 30 min**	**nach 45 min**	**nach 60 min**
ohne Dämmung					
mit Dämmung					

2 Tabelle

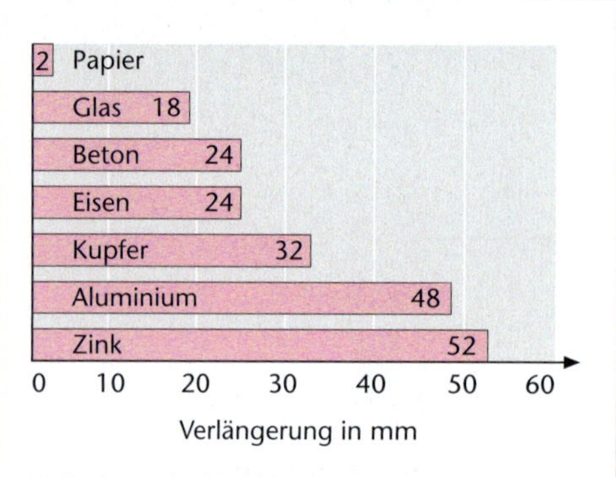

1 Ausdehnung von 100-m-Stäben bei einer Temperaturerhöhung um 20 °C

Ein Radweg mit „Hindernissen"
Mehmet ist mit seinen Freunden am Nachmittag unterwegs. Die Jungen haben ihre Skateboards dabei und wollen auf dem neuen Fahrradweg, der entlang der leicht abschüssigen Straße ins Tal führt, ihre Fahrkünste unter Beweis stellen. Der neue Radweg ist aus Beton gegossen und schön glatt. Aber die Enttäuschung der Jungen ist trotzdem groß. Alle 20 Meter unterbricht ein 2 cm breiter Spalt, der mit Teer ausgegossen wurde, den Radweg. „Das ruckelt ja fürchterlich", sagt Mehmet. „Ist denen da der Beton ausgegangen?"

Nein! Beton haben die Bauarbeiter genug gehabt. Aber sie haben beachtet, dass sich feste Körper beim Erwärmen ausdehnen und beim Abkühlen wieder zusammenziehen. Das kannst du bei den Versuchen mit der Eisenkugel (▷ V 2) und den Metallstäben (▷ V 3) erkennen. Beim Erhitzen wird die Kugel größer (▷ B 3), beim Abkühlen wieder kleiner. Entsprechend dehnt sich auch ein „Betonband" in der Sommerhitze aus und zieht sich im Winter wieder zusammen. Wie stark die Ausdehnung bei Beton und bei anderen Materialien ist, zeigt Bild 1.

Dehnungsfugen und Dehnungsbögen
Bei größeren Bauwerken (Brücken, Gebäuden, langen Mauern usw.) muss man Dehnungsfugen einbauen, damit durch die veränderte Länge zwischen Sommer und Winter keine Risse entstehen. Brücken liegen deshalb zusätzlich auf Rollen und Rohrleitungen haben Dehnungsbögen (▷ B 4).

Feste Körper dehnen sich beim Erwärmen aus und ziehen sich beim Abkühlen wieder zusammen.

Versuche

1 Ein Bolzen aus Eisen wird in eine Halterung eingeklemmt (▷ B 2). Die Halterung wird erhitzt und festgespannt. Beschreibe, was nach einigen Minuten passiert und begründe.

2 Die kalte Eisenkugel passt genau durch die kreisrunde Öffnung (▷ B 3). Warum bleibt sie nach dem Erhitzen darin hängen?

3 Durch unterschiedliche Metallrohre wird heißes Wasser geleitet (▷ B 5). Vergleiche die Beobachtungen am Zeigerausschlag mit den Werten in Bild 1.

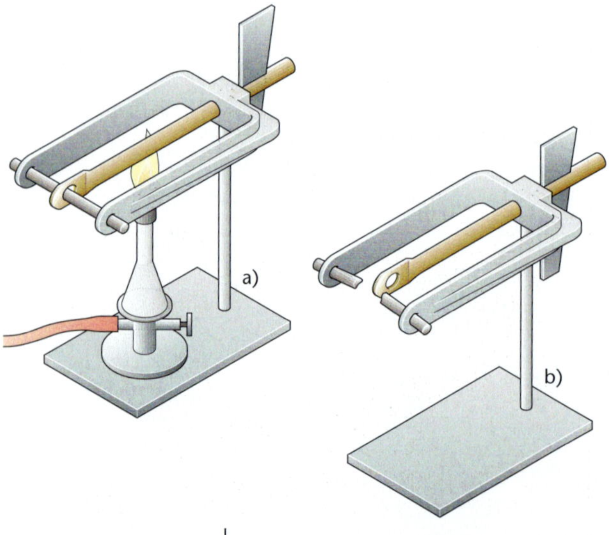

2 Der Bolzen wird gesprengt.

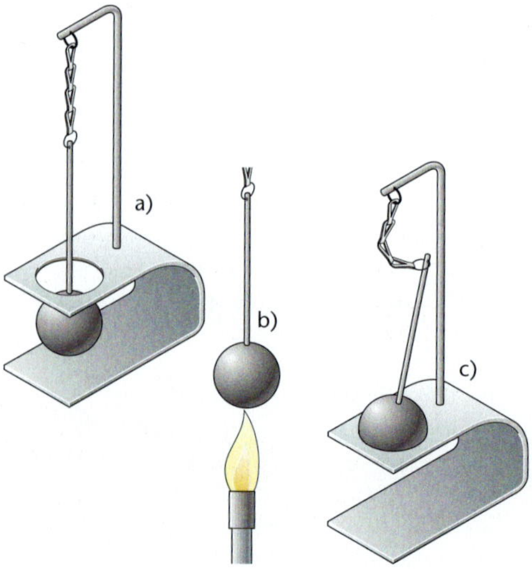

3 Eine Eisenkugel wird dicker.

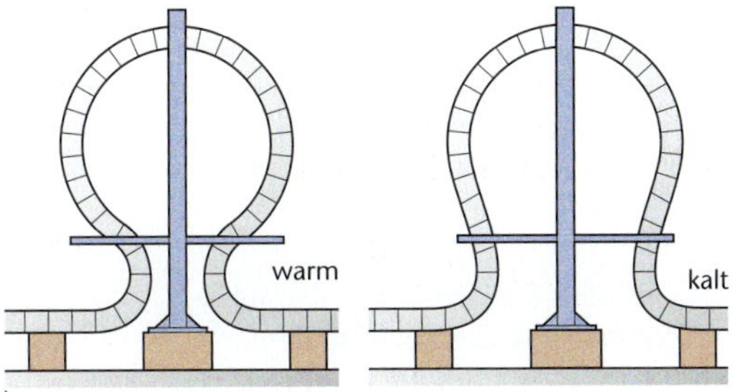

4 Dehnungsbogen bei Rohrleitungen

Aufgaben

1 Wodurch verhindert man die Bildung von Rissen in großen Gebäuden oder Bauwerken?

2 Warum ist es „günstig", dass sich Beton und Eisen bei Erwärmung gleich stark ausdehnen (▷ B 1)?

3 Um wie viel Zentimeter verlängert sich eine im Winter 300 m lange Betonbrücke im Sommer, wenn der Temperaturunterschied 20 °C beträgt?

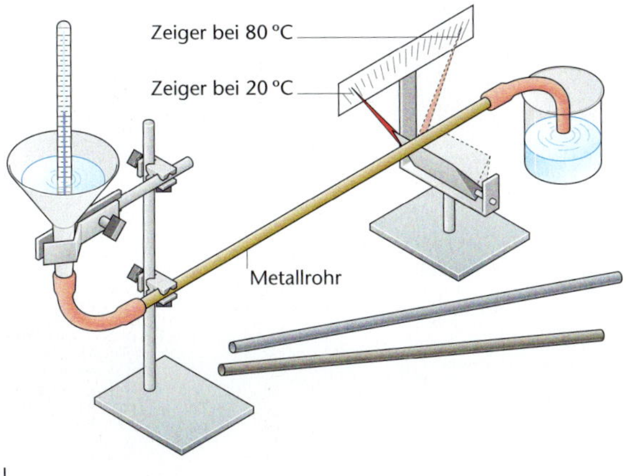

5 Verschiedene Materialien dehnen sich unterschiedlich aus.

Brennpunkt

Das Bimetall

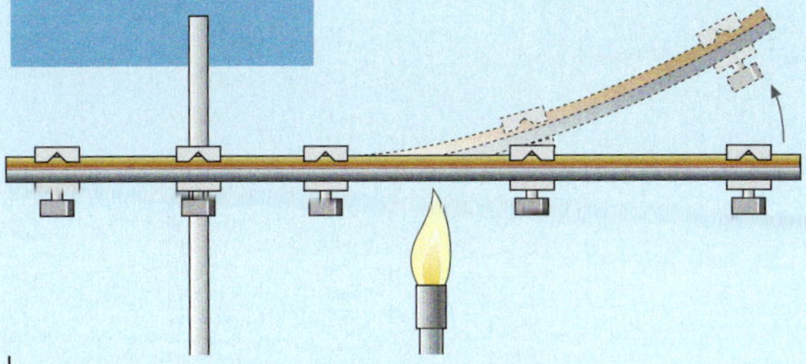

1 Ein Bimetall krümmt sich bei Erwärmung.

Viele Elektrogeräte schalten sich automatisch ein und aus und regeln somit die Temperatur. Das passiert z. B. beim Backofen, der Herdplatte, dem Toaster und dem Bügeleisen. Geregelt werden diese Geräte durch einen Bimetallstreifen. Ein Bimetall ist ein „Zweimetall"; es besteht aus zwei fest miteinander verbundenen Metallstreifen. Da sich beide Metalle bei Erwärmung unterschiedlich stark ausdehnen, krümmt sich der Bimetallstreifen (▷ B 1) und kann auf diese Weise einen Stromkreis öffnen oder schließen.

Versuche

1 Erwärme einen Bimetallstreifen mal von der einen und dann von der anderen Seite. Warum biegt er sich immer in die gleiche Richtung?

2 Schalte ein Bügeleisen ein. Gelegentlich hörst du ein leises Klicken. Was mag das wohl sein?

Aufgaben

1 Was ist ein Bimetall?

2 Beschreibe, wie beim Bügeleisen die Temperatur automatisch geregelt wird (▷ B 2).

3 Wie funktioniert das abgebildete Bimetallthermometer?

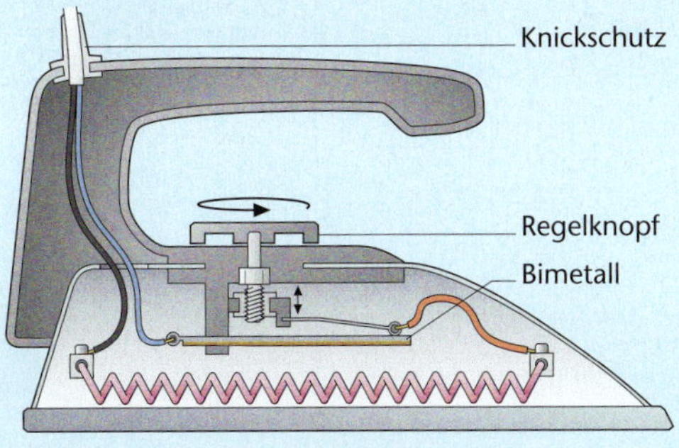

2 Ein Thermostat beim Bügeleisen

Ausdehnung von Körpern

1 Wie man eine Stricknadel verlängert

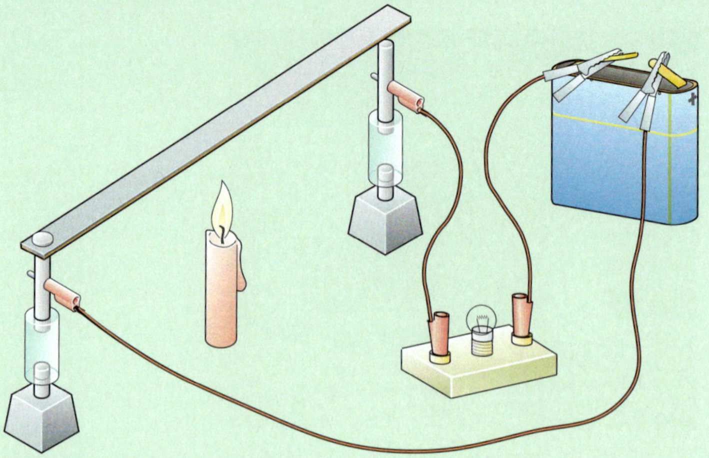

2 Das Modell eines Feuermelders

1 Eine Stricknadel wird länger

Material

2 leere Weinflaschen mit Korken, 1 Stricknadel aus Metall, 1 Stecknadel, 1 Strohhalm, 1 Kerze

Versuchsanleitung

Baue den Versuch wie in Bild 1 auf. Achte darauf, dass die Stricknadel fest auf der Stecknadel aufliegt und diese sich trotzdem noch leicht rollen lässt. Bewege die brennende Kerze unter der Stricknadel langsam hin und her.

2 Ein Draht wird gedehnt

Material

2 Tonnenfüße, 2 Stativstangen, 50 cm Kupferdraht, 50 cm Gummiband, 1 schwere Schraube

Versuchsanleitung

a) Spanne den Kupferdraht zwischen die beiden Stativstangen und beschwere ihn mit einer Schraube in der Mitte.
Erwärme den Draht mit einer brennenden Kerze.
Beschreibe deine Beobachtung.

b) Ersetze den Kupferdraht durch das Gummiband und erwärme es ebenfalls (ohne es dabei zu verbrennen).
Beschreibe deine Beobachtung.

3 Ein biegsamer Streifen

Material

1 „Papierstreifen" von einer Kaugummi- oder Zigarettenverpackung, 1 Streichholz

Versuchsanleitung

Halte den Streifen kurz über die Flamme (▷ B 3b), ohne ihn zu versengen. Biegt sich der Streifen wie in Bild 3a gezeigt?
Erkläre das Verhalten des Streifens.

4 Ein einfacher Feuermelder

Material

2 Isolierstiele, 2 Tonnenfüße, 1 Bimetallstreifen, 1 Glühlampe mit Fassung, 2 Krokodilklemmen, 3 Kabel, 1 Batterie, 1 Kerze

Versuchsanleitung

Baue den Versuch wie in Bild 2 auf. Halte eine Kerze unter den Bimetallstreifen.

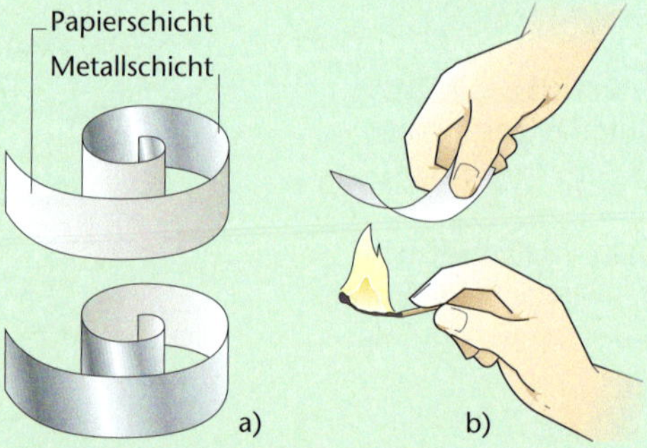

3 zu Versuch 3

4 Zu Versuch 2

Unterschiedliche Wüstenarten

1 Felswüste (Hamada)

2 Kieswüste (Serir)

3 Sandwüste (Erg)

4 Zerborstener Felsblock

Ein zerborstener Felsblock

Wer hat denn diesen riesigen Felsblock zerschlagen (▷B 4)? Menschen haben das wohl kaum geschafft. Das ist durch die großen Temperaturunterschiede in der Wüste passiert.
Am Tag können die Steine in der Wüste bis zu 70 °C warm werden. Nachts dagegen sinken die Temperaturen in den höher gelegenen Gebieten bisweilen unter 0 °C. Durch diese großen Temperaturunterschiede kommt es zu Spannungen im Gestein. Am Tage dehnt es sich aus und in der Nacht zieht es sich wieder zusammen. Schließlich brechen die Steine auseinander.
Wüstenreisende berichten, dass es nach Pistolenschüssen klingt, wenn das Gestein zerspringt.

Die unterschiedlichen Wüstenarten

Die Wüsten der Erde sind etwa nur zu einem Fünftel mit Sand bedeckt. Die Bilder 1 bis 3 zeigen unterschiedliche Wüstenarten, die sich im Laufe von Jahrmillionen gebildet haben. Dabei spielen Wasser und Wind, aber vor allem die großen Temperaturunterschiede zwischen Tag und Nacht eine entscheidende Rolle. Wie aus Felswüste schließlich Sandwüste wird, kannst du dir sicherlich denken. Die Felsen verwittern immer weiter. Der Sand, der dabei entsteht, wird von den Stürmen weggeweht und zu hohen Dünen aufgetürmt. Auch Sandstürme, die wie „Schmirgelpapier" an den Felsen und Steinen arbeiten, tragen zur Zerkleinerung des Materials bei.

Versuch

1 Bei diesem Versuch muss eine Schutzbrille getragen werden!
Erhitze Steine mit einem Bunsenbrenner (▷B 5) und tauche sie anschließend in ein Becherglas mit kaltem Wasser. Wiederhole den Versuch mehrmals. Untersuche den Boden des Becherglases.

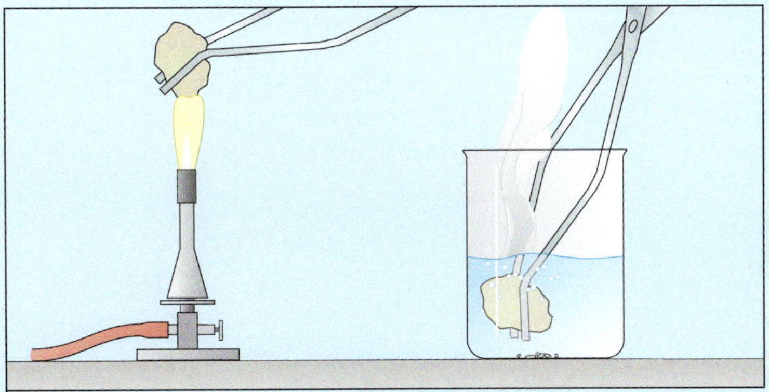

5 Ein Stein wird großen Temperaturschwankungen ausgesetzt.

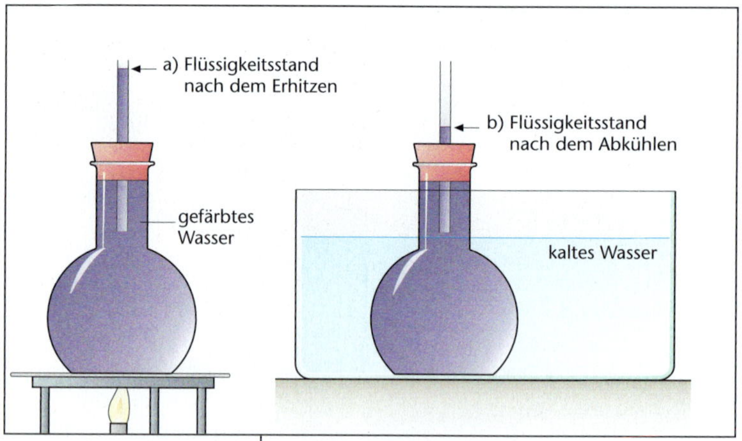

1 Ausdehnung von Wasser

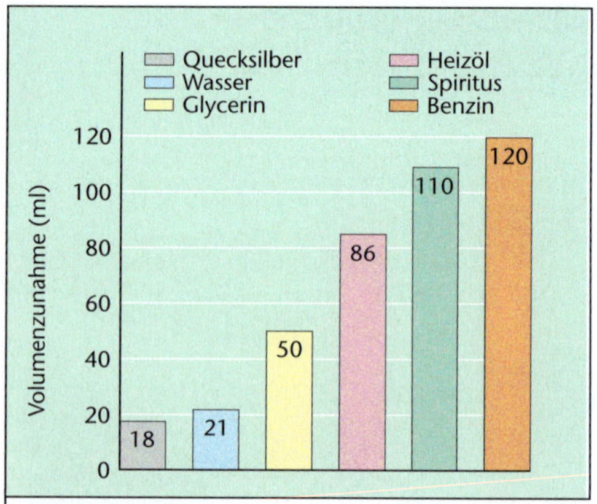

2 Ausdehnung von 10 l Flüssigkeit bei einer Temperaturerhöhung um 10 °C

Versuche

1 Fülle einen Rundkolben mit gefärbtem Wasser und verschließe ihn mit einem Stopfen mit Steigrohr (▷ B 1). Markiere den Wasserstand. Stelle dann den Glaskolben in kaltes Wasser, markiere ebenfalls den Wasserstand und erwärme anschließend den Glaskolben. Beschreibe deine Beobachtung.

2 Fülle Reagenzgläser mit unterschiedlichen Flüssigkeiten und verschließe die Gläser mit Stopfen und Steigrohr. Achte auf die gleiche Füllhöhe und markiere die Flüssigkeitsstände. Tauche die Reagenzgläser in eine Wanne mit heißem Wasser. Vergleiche die Höhe der Flüssigkeitsstände.

Wie ein Thermometer funktioniert

Du hast schon unterschiedliche Arten von Thermometern kennen gelernt. In den Flüssigkeitsthermometern steht eine Flüssigkeit im Steigrohr – je nach Temperatur – höher oder niedriger. Denn auch Flüssigkeiten dehnen sich bei Erwärmung aus und ziehen sich bei Abkühlung wieder zusammen. Wie unterschiedlich die Ausdehnung verschiedener Flüssigkeiten ist, zeigt dir Versuch 2.

Flüssigkeiten wie Heizöl, Spiritus und Benzin dehnen sich bei Erwärmung besonders stark aus (▷ B 2). Daher gibt es z. B. bei Tanks in Autos Vorrichtungen, die das Auslaufen von Benzin bei starker Erwärmung verhindern.

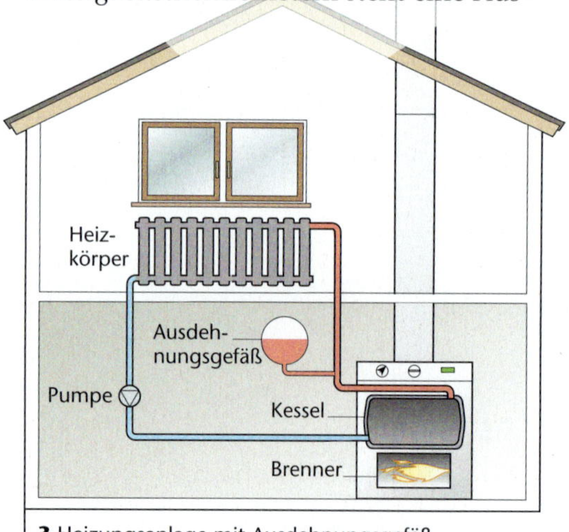

3 Heizungsanlage mit Ausdehnungsgefäß

Die Heizungsanlage

Jede Heizungsanlage hat ein geschlossenes Rohr- und Heizkörpersystem, das mit Wasser gefüllt ist. Bevor die Heizung im Spätherbst eingeschaltet wird, muss die Anlage ganz mit Wasser gefüllt sein, denn Luftblasen stören den reibungslosen Durchfluss des Wassers. Im Winter wird das Wasser stark aufgeheizt und dehnt sich aus. Um das zusätzliche Wasservolumen aufnehmen zu können, besitzt jede Heizungsanlage ein Ausdehnungsgefäß (▷ B 3).

Der tropfende Wasserhahn

In manchen Badezimmern befinden sich Warmwassergeräte. Kaltes Leitungswasser läuft ein und wird darin wie mit einem Tauchsieder erhitzt. Da sich auch in diesen Geräten das Wasser beim Erhitzen ausdehnt, kommt es vor, dass durch den Druck in dem Gefäß der Wasserhahn tropft.

▶ Flüssigkeiten dehnen sich beim Erwärmen aus und ziehen sich beim Abkühlen wieder zusammen. Verschiedene Flüssigkeiten tun dies jedoch unterschiedlich stark.

Sprinkleranlagen – automatische Feuerloscher

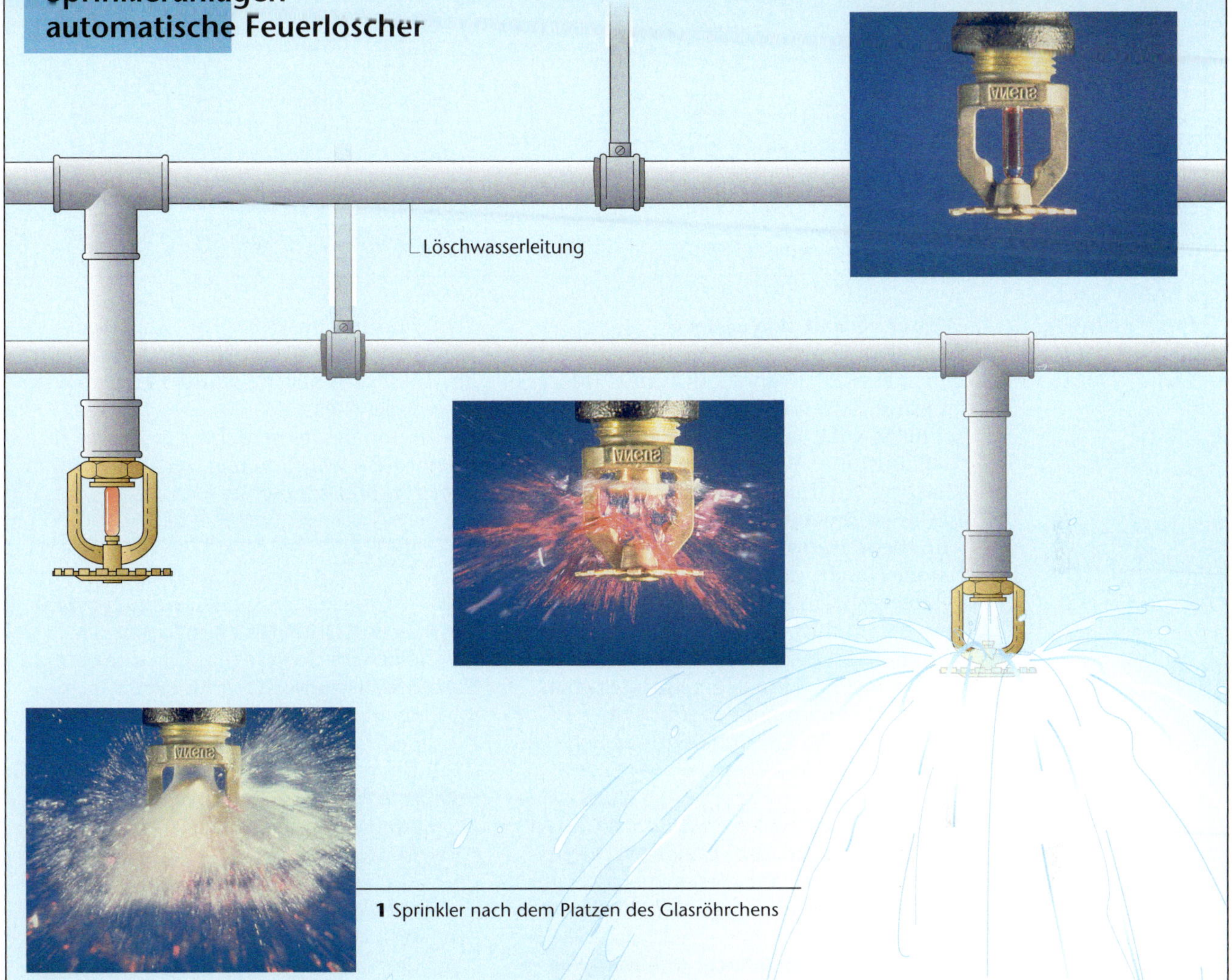

1 Sprinkler nach dem Platzen des Glasröhrchens

Wasser marsch!
Kaufhäuser, Kinos, Theater und Lagerhallen sind sehr häufig mit automatischen Löscheinrichtungen, den **Sprinkleranlagen,** versehen. Unter den Decken verlaufen Löschwasserleitungen. Daran angeschlossen sind die Sprüheinrichtungen, die **Sprinkler** (▷ B 1).
Die Sprinkler sind mit Glasröhrchen verschlossen. In ihnen befindet sich eine Flüssigkeit („Sprengflüssigkeit"), die sich beim Erwärmen stark ausdehnt.
Wenn es nun zu einem Brand kommt, werden die Glasröhrchen stark erwärmt, die Flüssigkeit darin dehnt sich aus und sprengt das Glas. Dadurch wird die Öffnung für das Löschwasser frei gegeben. Der Wasserstrahl trifft auf ein sternförmiges Metallplättchen, sodass er wie Regen fein verteilt wird. So kann ein Feuer automatisch gelöscht werden.

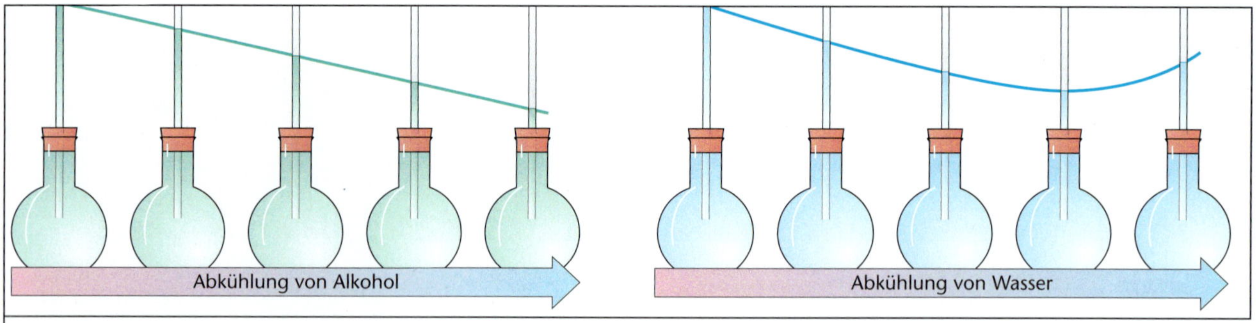

1 Alkohol und Wasser werden abgekühlt.

Wasser verhält sich anders

Ein heißer Sommertag. Peter hat großen Durst, aber die Flasche mit Saft ist ihm zu warm. Damit es mit dem Abkühlen schneller geht, legt er die Flasche in die Tiefkühltruhe. Als seine Freunde dann klingeln, um ihn zum Spielen abzuholen, ist die Saftflasche vergessen.
Am Abend ist der Ärger groß. Seine Mutter hat die Flasche oder das, was von ihr übrig geblieben ist, in der Tiefkühltruhe gefunden: ein Eisklotz und viele Glasscherben.
Wasser bildet bei den Flüssigkeiten eine Ausnahme. Es zieht sich beim Abkühlen zwar auch zusammen, aber nur bis +4°C. Bei stärkerer Abkühlung dehnt es sich wieder aus.

Bei +4 °C hat sich Wasser am stärksten zusammengezogen. Es hat sein kleinstes Volumen. Wenn Wasser stärker abgekühlt wird, dehnt es sich wieder aus.

Temperaturen im Winter in einem See

Im Winter kühlt sich das Wasser in einem See ab, weil ein Wärmetransport vom wärmeren Wasser zur kälteren Luft stattfindet. Da Wasser von +4 °C sich am stärksten zusammengezogen hat, ist es am schwersten. Es sinkt auf den Boden des Sees. Wenn Wasser kälter als +4 °C wird, dehnt es sich wieder aus. Das bedeutet, es wird leichter und sinkt nicht mehr nach unten.

Daher nimmt im Winter in einem See vom Boden her nach oben die Temperatur ab. An der Oberfläche gefriert dann das Wasser bei 0 °C.
Diese „Temperaturschichtung" kannst du überprüfen, wenn du den Versuch machst, wie er in Bild 2 zu sehen ist.

Versuche

1 Fülle ein Reagenzglas zur Hälfte mit Wasser (▷ B 3). Markiere den Wasserstand und stelle das Reagenzglas in eine Kältemischung (Mischung aus zerstoßenem Eis und Salz). Markiere jetzt die Höhe des Eisstandes und vergleiche.

2 Lege folgende Dinge über Nacht in das Frostfach des Kühlschrankes oder in die Tiefkühltruhe:
a) eine verschlossene Coladose,
b) eine mit Wasser gefüllte und gut verschlossene Flasche (wie Peter es getan hat).
Wickle zum Schutz alle Gegenstände in Plastiktüten ein.

3 Eine mit Wasser gefüllte und mit einer Schraube verschlossene Eisenkugel wird mehrere Stunden ins Frostfach des Kühlschrankes gelegt. Beschreibe und begründe das Ergebnis.

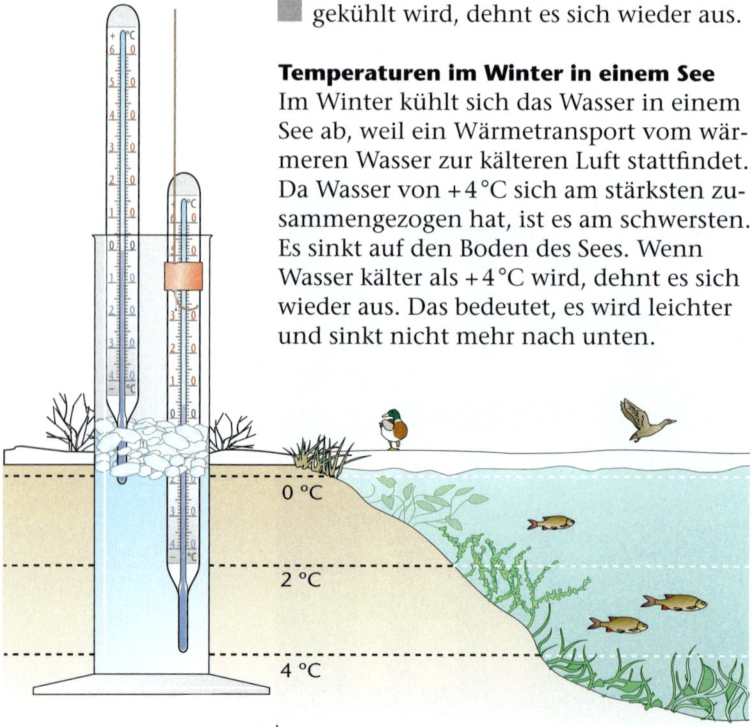

2 Temperaturschichtung im Versuch und im See

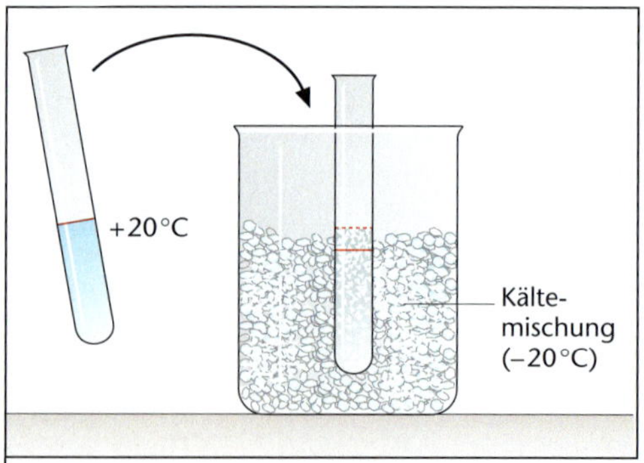

3 Das Volumen von Wasser und Eis

Der Garten im Winter

Schäden durch Frost
Aisha fährt mit ihrem Vater im Winter in den kleinen Garten am Stadtrand, um nachzusehen, ob alles in Ordnung ist. „Warum wackeln denn einige Platten hier im Gartenweg?“, fragt Aisha. „Die stehen ja hoch an den Seiten. Das war doch im letzten Herbst noch nicht.“
„Da hat sich Regenwasser unter den Platten angesammelt und das ist jetzt im Winter gefroren“, erklärt der Vater. „Das Eis hat einige Platten hochgehoben.
Viel schlimmer aber ist, dass ich im letzten Herbst vergessen habe, das Wasser aus der Leitung abzulassen. Der erste Nachtfrost kam sehr früh und überraschend.“
„Aber das taut doch im Frühjahr wieder auf“, sagt Aisha.
„Das ist richtig. Aber schau mal hier“, sagt der Vater und zeigt auf einen Riss in der Leitung. „Das Wasserrohr ist undicht und muss im Frühjahr erneuert werden.“

Bodenlockerung durch Frost
Aisha wundert sich auch darüber, dass der Vater im Herbst in einigen Beeten den Boden zwar umgegraben, aber nicht glatt geharkt hat. Das hat er mit Absicht nicht gemacht. Denn wenn das im feuchten Boden enthaltene Wasser im Winter gefriert, dehnt es sich aus und lockert dabei den Boden auf.

Pflanzen werden abgedeckt
Im Herbst muss der Garten „winterfest“ gemacht werden. Dazu werden z. B. Pflanzen, die nicht viel Frost vertragen können, mit Stroh oder Torf abgedeckt (▷ B 1). Diese Materialien sind gut geeignet zur Wärmedämmung und verhindern ein Austrocknen des Bodens.

Wenn der Boden im Winter von einer Schneeschicht bedeckt ist, bietet diese einen guten Schutz vor eisigem Wind.

In Obstplantagen besprüht man im Frühjahr sogar blühende Bäume mit Wasser, wenn es noch späte Nachtfröste gibt (▷ B 2). Das Wasser überzieht die Bäume mit einem „eisigen“ Schutzpanzer. Dadurch werden die Blüten vor zu kaltem Wind und zu großem Frost geschützt.

Aufgabe

1 Warum können Platten im Winter in einem Gartenweg angehoben werden und warum muss man aus frei liegenden Wasserleitungen im Herbst das Wasser ablassen?

1 Frostschutz für Pflanzen

2 Absichtlich vereiste Obstblüten

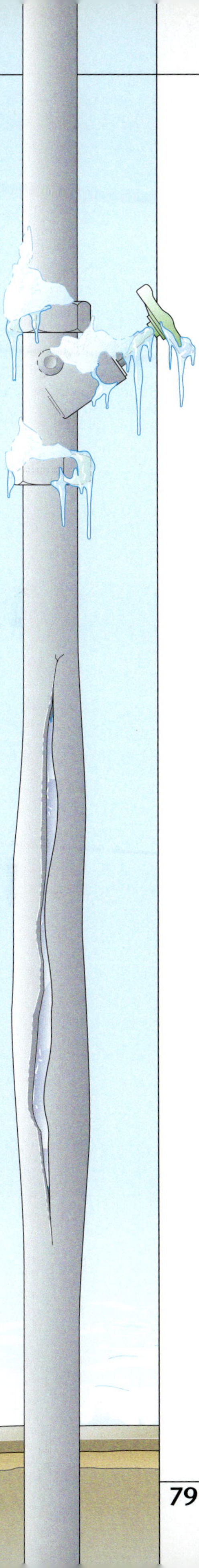

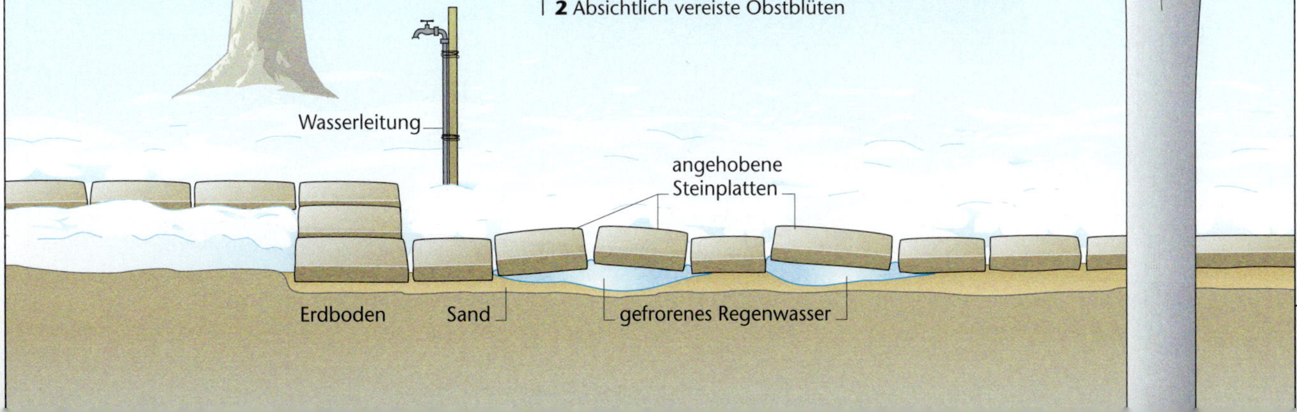

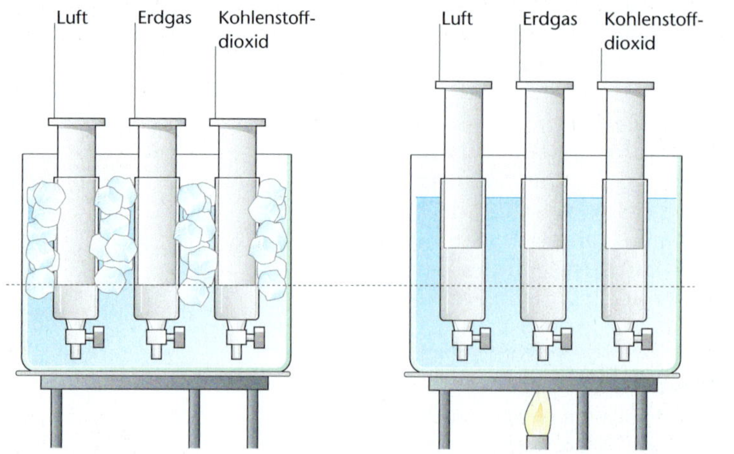

1 Alle Gase dehnen sich bei gleicher Erwärmung gleich stark aus.

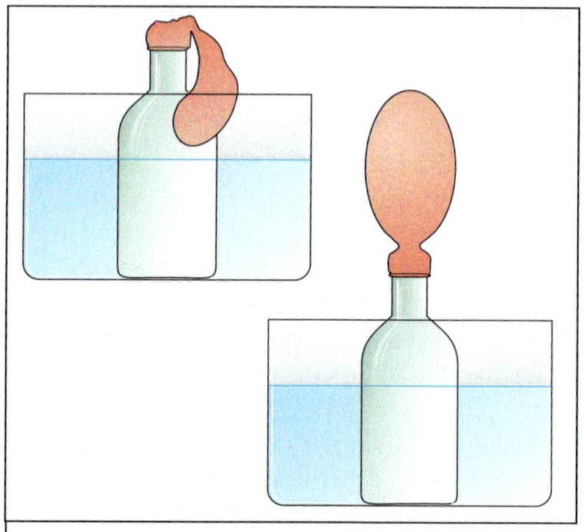

2 Ein Luftballon wird „aufgepumpt".

Eine Geburtstagsüberraschung

Nina hat im Januar Geburtstag. Damit alle, die zu ihrer Geburtstagsfeier kommen, das Haus leichter finden, hat sie in der warmen Wohnung drei bunte Luftballons aufgeblasen und dann draußen in der kalten Luft an der Haustüre befestigt. Als die ersten Gäste eintreffen, wundert sich Nina über die „Größe" ihrer Luftballons.
Gase verhalten sich bei Erwärmung und bei Abkühlung ähnlich wie feste Körper. Sie dehnen sich aus und ziehen sich zusammen. Aber es besteht ein wichtiger Unterschied: Sind Ausgangsvolumen und Temperaturänderung gleich, dann ändert sich bei allen Gasen das Volumen gleich stark (▷ B 1).

▶ Gase dehnen sich beim Erwärmen aus und ziehen sich beim Abkühlen zusammen. Das geschieht bei Gasen stärker als bei festen Körpern.

▶ Alle Gase dehnen sich bei gleicher Erwärmung gleich stark aus.

Wie stark dehnen sich Gase aus?

Der Versuch in Bild 3 zeigt am Beispiel Luft, wie stark sich Gase ausdehnen. Dazu wird ein Glaskolben mit dem Volumen 1 Liter ($1\,l = 1000\,cm^3 = 1000\,ml$) mit einem Stopfen und einem Gasableitungsschlauch versehen. Beim Erwärmen dehnt sich die Luft aus. Die Volumenzunahme wird mit dem Messzylinder bestimmt.

Wenn nun die Luft in dem Glaskolben in einem „Wasserbad" um 20 Grad erwärmt wird, haben sich in dem Messzylinder – je nach Messgenauigkeit – etwa 70 ml Luft angesammelt.

Aufgaben

1 Beschreibe, wie das Gasthermometer funktioniert (▷ B 6).

2 Was passiert, wenn der erwärmte Glaskolben (▷ B 4) in Eiswasser eingetaucht wird?

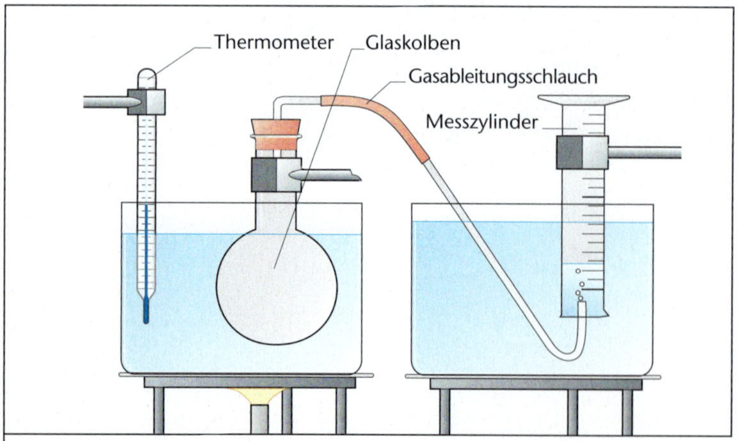

3 Messung der Ausdehnung von Gasen

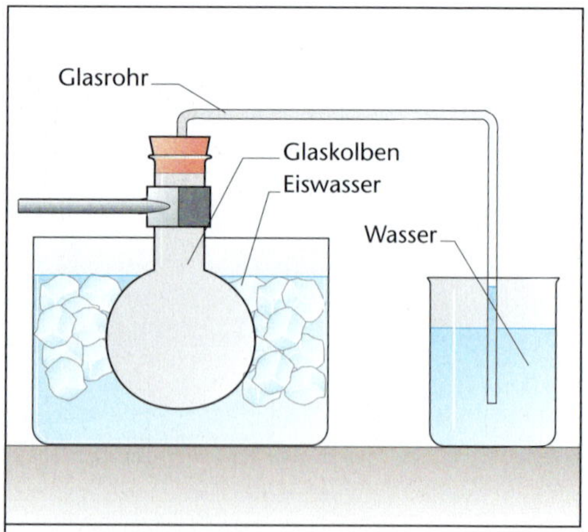

4 Ein Glaskolben wird abgekühlt.

Versuche

1 Spanne einen Luftballon über eine leere, kalte Glasflasche (▷ B 2). Erwärme anschließend die Flasche in einem warmen Wasserbad.

2 Befeuchte die Öffnung einer gekühlten, leeren Glasflasche mit etwas Wasser und lege ein Geldstück darauf. Erwärme die Flasche mit deinen Händen.

3 Fülle einen gekühlten Glaskolben zur Hälfte mit Wasser. Verschließe ihn mit einem durchbohrten Stopfen, durch den ein Glasrohr so tief hineingesteckt wird, dass es bis ins Wasser reicht. Erwärme den oberen Teil des Kolbens mit deinen Händen.

4 Halte zwei unterschiedlich große Glasgefäße, die mit durchbohrten Stopfen und abgewinkelten Glasröhrchen versehen sind, entsprechend Bild 5 in warmes Wasser. Zähle die Luftblasen.

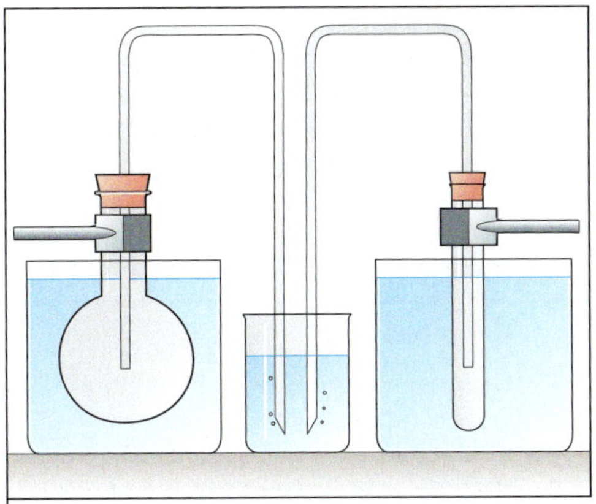

5 Erwärmung unterschiedlicher Gasmengen

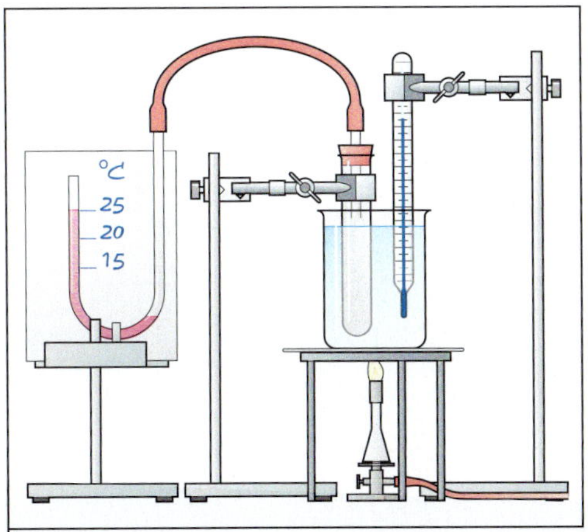

6 Ein Gasthermometer

Zeitpunkt

Otto von Guericke – Physiker und Ratsherr

1 Otto von Guericke

Vor mehr als 350 Jahren lebte in Magdeburg der Ratsherr und Physiker Otto von Guericke. Zur damaligen Zeit tobte in Europa ein 30 Jahre dauernder grausamer Krieg. Guericke half mit seinen naturwissenschaftlichen Kenntnissen, Festungsbauten für seine Heimatstadt zu errichten.
Bekannt wurde er aber durch seine interessanten Versuche mit „Luft“, die er zum Teil im Freien zur Unterhaltung seiner Mitmenschen durchführte. Er ist auch der Erfinder der Luftpumpe.

In seinem Haus hatte er zum Erstaunen seiner Besucher einen Temperaturanzeiger aufgehängt, der vom Boden bis zur Decke reichte. Der obere Teil des Gerätes bestand aus einer großen Hohlkugel. Was sich in dem langen schlanken Teil unterhalb der Kugel befand, blieb dem Betrachter verborgen. Der sah außerhalb einen an einer Schnur hängenden Engel, der mit ausgestrecktem Arm auf verschiedene Temperaturangaben zeigte.

Wenn du dir mal das „Innere“ des „Neuen Magdeburger Thermometers“ anschaust (▷ B 2), kannst du die Funktionsweise des Gerätes sicherlich erklären.

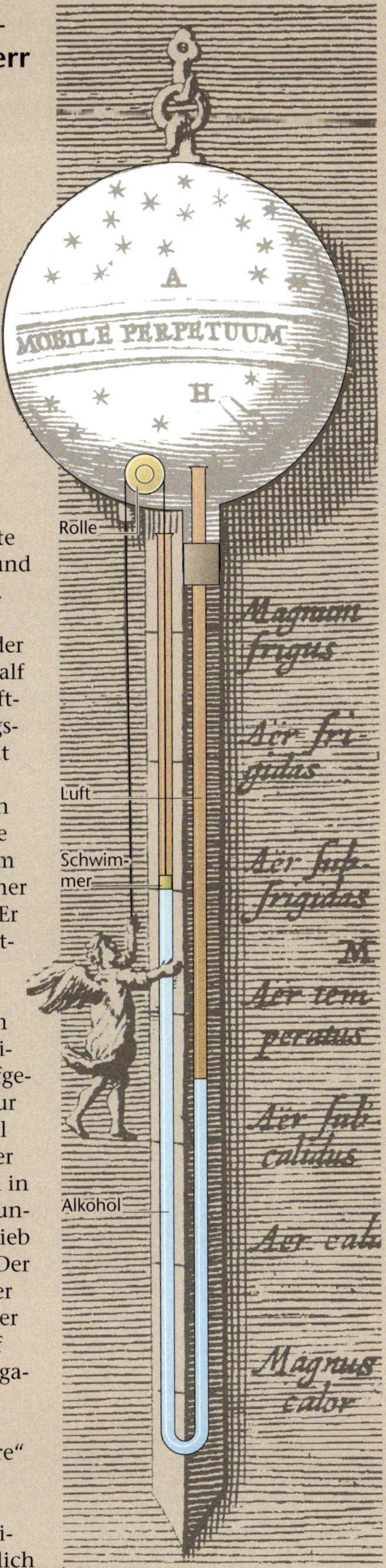

2 Das Magdeburger Thermometer

Warme und kalte Luft

Sicherlich hast du schon beobachtet, dass sich eine Weihnachtspyramide dreht, wenn die Kerzen darunter angezündet werden. Auch Gardinen bewegen sich über einer warmen Heizung im Winter. Die Ursache für die Bewegungen kannst du selbst herausfinden, wenn du die „Flügelscheibe“ (Werkstatt) baust. Solange die Kerze nicht brennt, bleibt die Scheibe in Ruhe. Erst nach dem Entzünden der Kerzenflamme setzt sie sich in Bewegung, denn die Luft wird erwärmt. Und weil warme Luft in kalter Luft aufsteigt, versetzt sie die Scheibe in Drehung.

Ballonfahrer, Segelflieger und Vögel

Auch Ballonfahrer nutzen die aufsteigende warme Luft, um vom Boden abzuheben. Unter dem Ballon befindet sich ein Brenner, der für die notwendige Erwärmung der Luft in der Ballonhülle sorgt. Segelflieger suchen Gebiete mit aufsteigender Luft, wenn sie sich in weiten Bögen immer höher in die Luft „schrauben“. Das kann man an Sommertagen auch bei manchen Vögeln beobachten, die mit weit ausgebreiteten Flügeln durch die Luft gleiten.

▶ Warme Luft ist leichter als kalte Luft und steigt auf. Kalte Luft ist schwerer und sinkt zu Boden.

Versuche

1 Den folgenden Versuch kannst du nur an einem kalten Wintertag machen: Baue dir einen „Heißluftballon“. Nimm dazu einen sehr großen und sehr leichten Plastiksack und fülle ihn in einem warmen Raum mithilfe eines Föhns. Binde ihn unten zu und lass ihn im Freien an einem leichten Bindfaden aufsteigen.

2 Warme und kalte Luft verhalten sich ähnlich wie warmes und kaltes Wasser. Deshalb ein Versuch mit Wasser: Fülle einen Luftballon mit sehr warmem Wasser und einen zweiten mit Eiswasser (Wasser, das mit Eiswürfeln abgekühlt wurde). Achte darauf, dass sich in den Ballons keine Luftblasen befinden. Lege beide Ballons in ein Gefäß mit lauwarmem Wasser. Beobachte und erkläre.

3 Setze in eine Glaswanne eine Trennwand aus Styropor® (▷ B 1). Gieße gleichzeitig warmes (rot gefärbtes) Wasser und kaltes (blau gefärbtes) Wasser in die rechte beziehungsweise linke „Kammer“. Ziehe vorsichtig die Trennwand heraus. Beschreibe die Schichtung des Wassers.

Werkstatt

Bauanleitung für eine „Flügelscheibe“

Material

1 Blatt Papier, Zirkel, Schere, Lineal, 1 Stecknadel, 1 Magnet (auch von der Pinnwand), Kerze

Bauanleitung

Zeichne mit dem Zirkel zwei ineinander liegende Kreise (Radien 1 cm und 5 cm) auf das Papier. Teile mit Lineal und Stift die Kreise in 8 gleiche Teile.

Schneide nun den äußeren Kreis mit der Schere aus. Schneide anschließend an den Linien entlang bis zum inneren Kreis. Knicke die „Flügelteile“ alle in die gleiche Richtung etwas nach oben. Stecke die Stecknadel durch das Einstichloch des Zirkels. Hänge die Stecknadel an den Magneten und halte die „Flügelscheibe“ etwa 15 cm über eine Kerzenflamme.

Aufgaben

1 Erkläre, warum ein Heißluftballon vom Boden abheben kann.

2 Über Heizkörpern sind Zimmerdecken oft schmutziger als anderswo. Begründe.

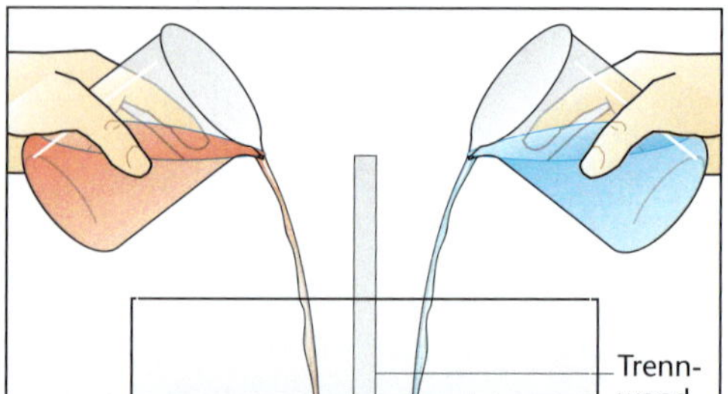

1 Warmes und kaltes Wasser im Versuch

Brennpunkt

Winde, Luft und Wassermassen

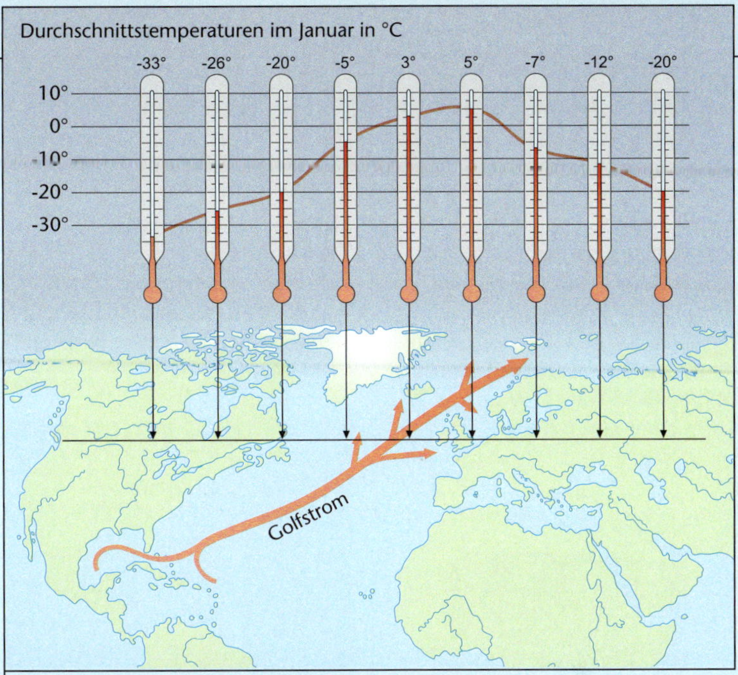

1 Der Golfstrom beeinflusst unser Klima.

Warum weht der Wind?
Wenn sich Luft bewegt, dann nennt man das Wind. Ursache für die Entstehung der Winde ist die unterschiedliche Erwärmung der Erdoberfläche durch die Sonne. Ein heißer Tag am Meer. Die Sonne strahlt von einem wolkenlosen Himmel. Aber vom Meer her weht eine angenehme kühle Brise. Gegen Abend „schläft" der Wind langsam ein; es wird windstill. Nach Sonnenuntergang beginnt der Wind erneut zu wehen, und zwar vom Land in Richtung Meer. Das wiederholt sich an allen heißen Sommertagen. Ist das ein Zufall?
Du hast schon festgestellt, dass der Sand am Strand sehr heiß wird, während das Wasser kühl bleibt. Die Luft über dem Land erwärmt sich also am Tage mehr als über dem Wasser. Sie steigt auf. Über dem kühlen Wasser ist die Luft kälter und sinkt ab. Es entsteht ein „Kreislauf der Luft" (▷ B 2). Am Tag weht der Wind von der See her; wir haben **Seewind**. Nachts ist es umgekehrt, weil sich das Land schneller abkühlt als das Wasser. Dann steigt Luft über dem Meer auf und sinkt über dem Land ab. Es entsteht ein Wind, der vom Land her weht, der **Landwind** (▷ B 3).

Luft und Wasser transportieren Wärme
Auf der Erde ist es sehr unterschiedlich warm. Im Bereich des Äquators sind die Temperaturen sehr hoch (etwa 30 °C), an den Polen sind sie sehr tief (bis – 40 °C). Weil sich die Luft um die Erde herum bewegt, wird Wärme mit ihr transportiert. Dadurch werden die großen Temperaturunterschiede zwischen den Polen und dem Äquator ein wenig ausgeglichen.

Es gibt warme und kalte Meeresströmungen in den Ozeanen der Erde. Auch sie sorgen für einen **Temperaturausgleich**. Zwischen Wasser und der sich darüber befindlichen Luft findet ein Wärmetransport statt. Warmes Wasser gibt Energie an kältere Luft ab und erwärmt diese dadurch. Das Ganze geht auch umgekehrt, warme Luft erwärmt kaltes Wasser.
Nord- und Westeuropa werden von einer warmen Meeresströmung, dem so genannten Golfstrom, beeinflusst. Er transportiert warmes Wasser aus dem Golf von Mexiko bis zu uns nach Europa (▷ B 1). Welchen Einfluss dieser warme Meeresstrom auf die Lufttemperaturen in unseren nördlichen Breiten hat, kannst du an den Thermometern in Bild 1 ablesen. Die Thermometer zeigen die Durchschnittstemperaturen im Januar an.

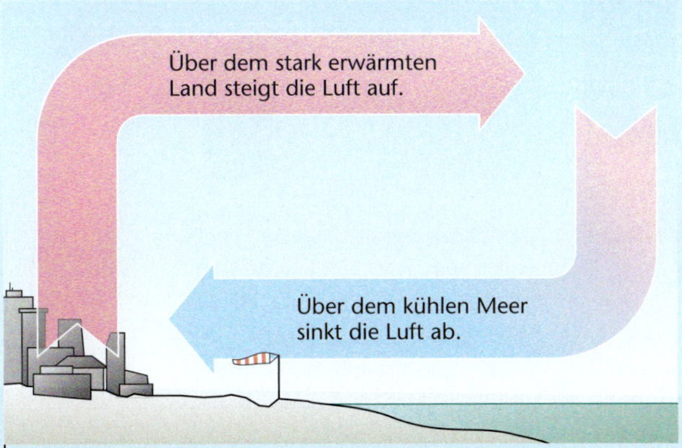

2 Seewind am Tag

3 Landwind bei Nacht

Die Messgeräte der Wetterstation

Barograph
Der Barograph ist ein Gerät, das den Luftdruck aufzeichnet. Auf einer sich drehenden Walze, auf der auch die Zeit mit angegeben wird, zeichnet ein Schreiber die gemessenen Luftdruckwerte in Form einer Kurve auf.

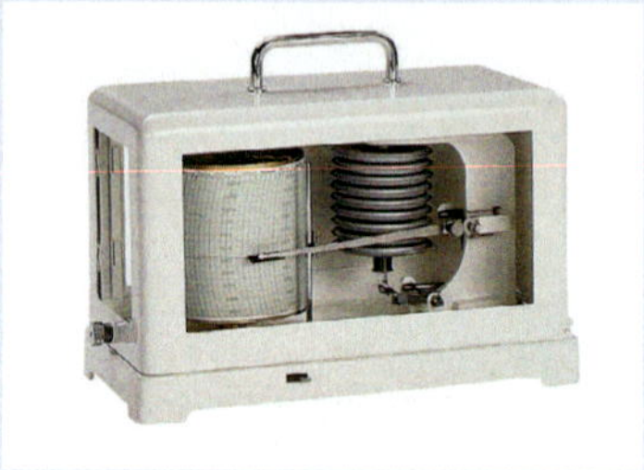

Barometer
Das Barometer misst den Luftdruck in Hektopascal (hPa). In Wetterstationen werden Quecksilberbarometer verwendet, in Haushalten meist Dosenbarometer.

Bodenmessfeld
Im Bodenmessfeld werden mit Thermometern die Temperaturen wenige Zentimeter über dem Boden sowie im Boden in unterschiedlicher Tiefe gemessen.

Hygrometer
Ein Hygrometer ist ein Messgerät zur Bestimmung der Luftfeuchtigkeit. Dabei macht man sich zunutze, dass sich Haare abhängig von der Feuchtigkeit unterschiedlich stark dehnen lassen.
Das Gerät, das die Feuchtigkeitswerte aufzeichnet, heißt Hygrograph.

Minimum-Maximum-Thermometer
Auf diesem Thermometer kann man die tiefsten und die höchsten Temperaturwerte seit der letzten Messung ablesen.

Niederschlagsmesser
Zur Messung der Niederschlagswerte dient der Niederschlagsmesser. Er befindet sich etwa einen Meter über dem Boden an einer windgeschützten Stelle. Die Niederschläge fallen in ein geeichtes trichterförmiges Auffanggefäß.

Thermometer
Mit den Thermometern werden die Temperaturen der Luft in zwei Metern Höhe, unmittelbar über dem Erdboden und die Temperatur des Bodens gemessen.

Wetterhütte
Die Wetterhütte ist ein „Kasten“, der sich in etwa zwei Metern Höhe befindet. Die Wetterhütte hat keine geschlossenen Wände, sondern Lamellenwände, die eine gute Belüftung zulassen. In der Wetterhütte befinden sich die Messgeräte für Temperatur, Luftdruck und Luftfeuchtigkeit.

Windfahne und Windmesser
Diese beiden Messgeräte findet man häufig kombiniert.

Der Windmesser – auch Anemometer genannt – ist in etwa 10 Metern Höhe im freien Gelände an einem Mast angebracht. Mit diesem Gerät wird die Windgeschwindigkeit gemessen.
Die Windfahne zeigt die Windrichtung an.

Wetterbeobachtung und -aufzeichnung

Material
Heft, Stifte, Lineal, Thermometer, Barometer, Niederschlagsmesser, Kompass, Wollfaden

Mit diesem Versuch kannst du dich selbst als Meteorologe versuchen. Miss dazu über einen längeren Zeitraum (zum Beispiel über 4 Wochen) die Werte verschiedener Wetterelemente und zeichne die Daten auf.
Wichtig ist, dass du die Messwerte jeden Tag zur gleichen Uhrzeit abliest.

Versuchsanleitung
Übertrage den Wetterbeobachtungsbogen (▷ B 1) in dein Heft.

a) Temperaturmessung
Hänge das Thermometer draußen an einem schattigen Platz auf. Achte darauf, dass du das Thermometer beim Ablesen der Messwerte immer auf Augenhöhe hältst (▷ B 4).
Lies die Temperatur zu drei verschiedenen Tageszeiten ab (zum Beispiel um 7 Uhr, um 14 Uhr und um 21 Uhr). Trage die Messwerte in die Tabelle ein. Am Ende des Tages kannst du die Tagesmitteltemperatur berechnen.

b) Messung des Luftdrucks
Das Barometer solltest du an einem Platz aufhängen, der vor Sonne und Regen geschützt ist. Lies die Anzeigewerte des Messgeräts einmal täglich ab und trage sie in die Tabelle in deinem Heft ein.

c) Niederschlagsmessung
Stelle den Niederschlagsmesser möglichst frei auf, also nicht in der Nähe einer Hauswand oder anderer Gegenstände. Entleere das Messgerät nach dem Ablesen (sofern es geregnet hat).

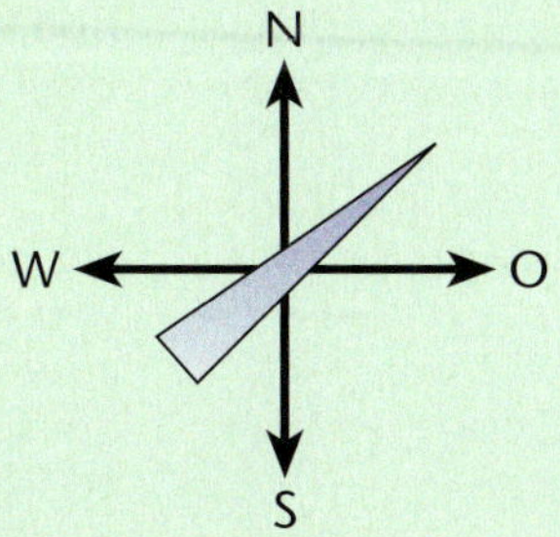

2 Wind aus Südwest

d) Bestimmung der Windrichtung
Bevor du die Windrichtung bestimmen kannst, musst du mit einem Kompass die Himmelsrichtungen zuordnen.

Lasse dann am ausgestreckten Arm einen leichten Wollfaden herunterhängen. Er zeigt an, aus welcher Richtung der Wind weht (▷ B 5). Bestimme die Windrichtung zweimal täglich, einmal am Vormittag und einmal am Nachmittag.

Zeichne in das zugehörige Kästchen einen Pfeil ein, der die Windrichtung angibt.

3 Bewölkung

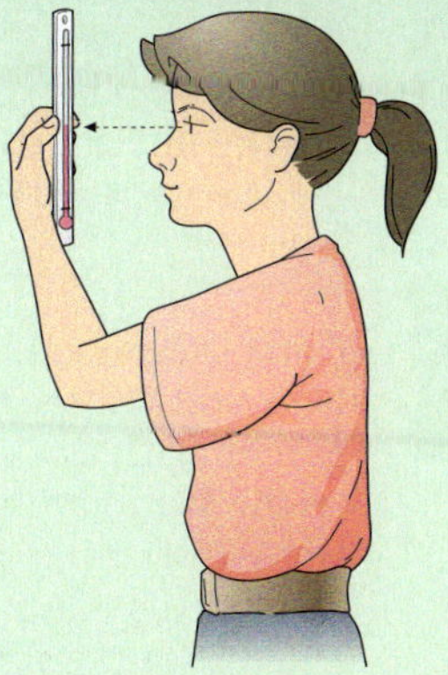

4 Richtiges Ablesen der Temperatur

5 Bestimmung der Windrichtung

e) Aufzeichnung der Bewölkung
Die Bewölkung wird je nach Stärke durch einen teilweise bis vollständig ausgemalten Kreis (▷ B 3) dargestellt.
Bestimme den Grad der Bewölkung ebenfalls am Vor- und Nachmittag.

Aufgabe
Vergleiche nach Abschluss deiner Wetterbeobachtung deine Ergebnisse mit denen deiner Mitschüler. Stimmen eure Werte überein?
Wenn nicht, welche Ursachen könnte das haben?

Tag	**Temperatur (in °C)**				**Niederschlag**	**Luftdruck**	**Windrichtung**		**Bewölkung**	
	7.00	**14.00**	**21.00**	**Tagesmittel-temperatur**	**(in mm)**	**(in hPa)**	**vor-mittags**	**nach-mittags**	**vor-mittags**	**nach-mittags**

1 In den Wetterbeobachtungsbogen werden die Messwerte eingetragen.

1 Wetterballon

2 Wettermessboje

Wetterdaten werden gesammelt
Bevor eine Wettervorhersage gemacht werden kann, muss eine Wetterbeobachtung durchgeführt werden. Dazu sammelt man die Wetterdaten innerhalb eines größeren Gebietes.

Ganz Deutschland ist von einem dichten Netz von Wetterstationen überzogen. Außerdem gibt es über das Land verteilt zahlreiche Wetterämter.
Die Wetterämter sammeln die Messdaten aller Wetterstationen in ihrer Region. Diese Daten werden dann z. B. an die Zentrale des Deutschen Wetterdienstes nach Offenbach übermittelt und dort weiterverarbeitet.

Zusätzlich liefern Wettersatelliten, Wetterballons (▷ B 1) und Messbojen (▷ B 2) im Meer Wetterdaten.

Austausch von Wetterdaten
Zu den Wetterdaten gehören Angaben über Lufttemperatur, Luftdruck, Luftfeuchtigkeit, Bewölkung, Windrichtung und Windstärke. Diese Daten werden zwischen verschiedenen Wetterämtern ausgetauscht.

Der Austausch von Informationen erfolgt weit über die Landesgrenzen hinaus, denn auch die Wetterdaten angrenzender Staaten sind wichtig für die Erstellung von Wetterkarte und Wettervorhersage.

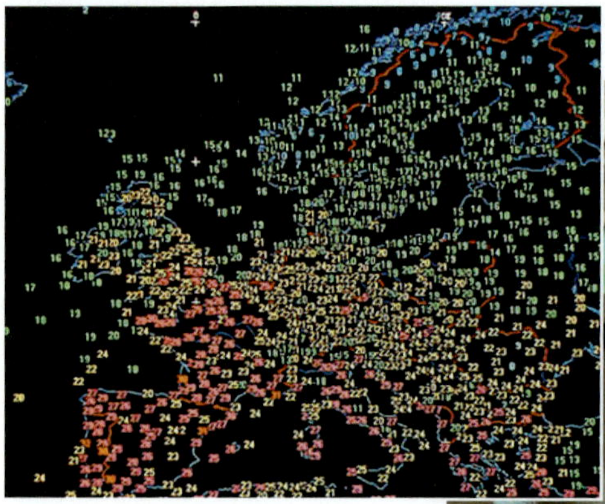

3 Hier wird das Wetter „gemacht".

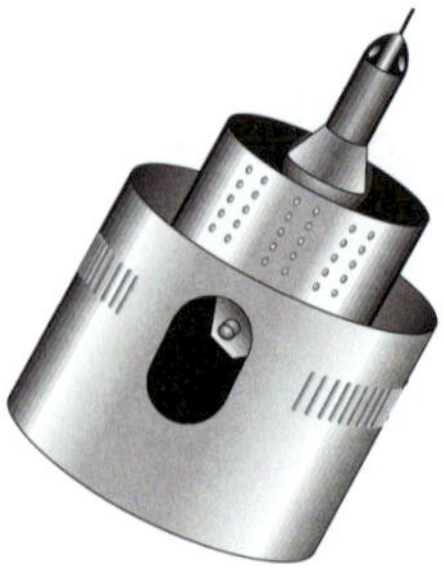

Aufgaben

1 a) Wie werden Wetterdaten gesammelt und gespeichert?
b) Nicht nur die Wetterstationen am Boden liefern Daten zu den Wetterelementen. Welche weiteren Informationsquellen kennst du?
c) Was muss getan werden, bevor der Wetterbericht erstellt wird?

2 Sammle aus unterschiedlichen Zeitungen Wetterberichte.
a) Über welche Wetterelemente werden Aussagen gemacht?
b) Stimmen die Aussagen überein?

3 Vergleiche an mehreren aufeinander folgenden Tagen die Wettervorhersage mit dem tatsächlichen Wettergeschehen. Kannst du Unterschiede feststellen?

4 Die Bilder 4 und 5 zeigen die gleiche Wettersituation, einmal auf einer amtlichen Wetterkarte und einmal als Satellitenaufnahme. Vergleiche die beiden Darstellungen und beantworte folgende Fragen: Wie ist zum angegebenen Zeitpunkt das Wetter in Berlin, München, Oslo, Madrid und London? Mache Aussagen über Luftdruck, Niederschlag, Bewölkung, Windrichtung und Windstärke.

5 a) Versuche anhand von Bild 4 vorherzusagen, wie sich das Wetter in den nächsten Tagen in München entwickeln wird.
b) Welcher Luftdruck herrscht in London und Madrid? „Verfolge" die schwarzen Linien, die Orte gleichen Luftdrucks miteinander verbinden. Diese Linien heißen Isobaren (Zonen gleichen Drucks).

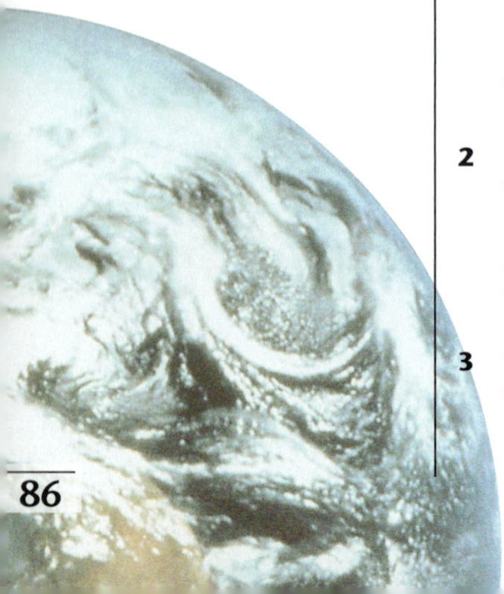

Wetterkarte und Wettervorhersage
Alle drei Stunden erstellt ein Computerprogramm aus den gespeicherten Wetterdaten eine Wetterkarte (▷B4). Sie beschreibt die momentane Wettersituation in einem bestimmten Raum.
Wenn der Meteorologe nun mehrere zeitlich aufeinander folgende Wetterkarten vergleicht, dann kann er aus den Veränderungen des Wetters eine Wettervorhersage treffen.

Genauigkeit der Vorhersage
Das Wetter wird von vielen Faktoren beeinflusst. Daher ist es schwierig, eine genaue Vorhersage zu machen.

Man unterscheidet zwischen kurzfristigen Wettervorhersagen (die für 24 Stunden gültig sind), mittelfristigen (für 3 bis 10 Tage gültigen) und langfristigen Wettervorhersagen (gültig für mehr als 10 Tage).

Dabei wird die Genauigkeit der Vorhersage immer geringer, je länger der Zeitraum ist, für den die Vorhersage gelten soll. Kurzfristige Vorhersagen sind in etwa neun von zehn Fällen richtig. Bei Vorhersagen über Zeiträume von mehr als drei Tagen sinkt die Genauigkeit: Nur noch in der Hälfte aller Fälle entwickelt sich das Wetter so, wie es die Vorhersage beschrieben hat.

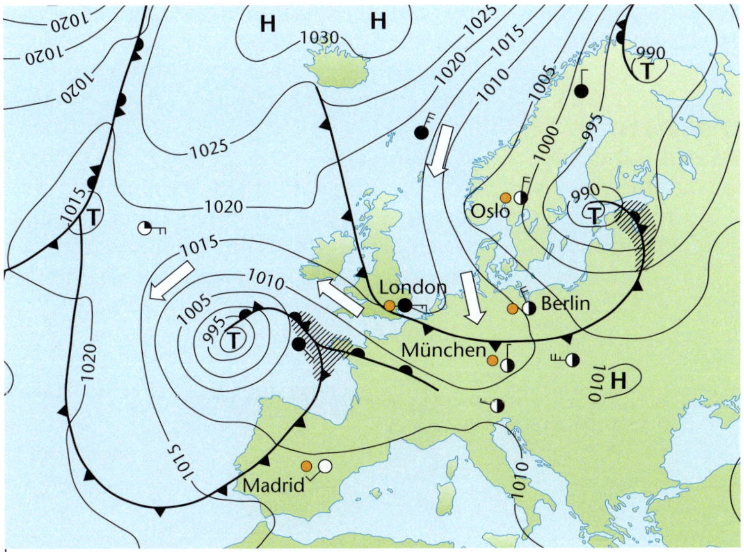

4 Wetterkarte vom 27.08.2005, 12 Uhr

5 Satellitenaufnahme vom 27.08.2005, 12 Uhr

Zeichenerklärung:
- wolkenlos
- heiter
- halb bedeckt
- wolkig
- bedeckt
- Nordwind Stärke 1
- Ostwind Stärke 2
- Südwind Stärke 3
- Westwind Stärke 4
- Nebel
- Regen
- Schnee
- Schauer
- Gewitter
- Niederschlagsgebiet
- Warmfront
- Kaltfront
- Luftströmung warm
- Luftströmung kalt
- H Hochdruckzentrum
- T Tiefdruckzentrum
- Isobaren

Schlusspunkt

Warm oder kalt?

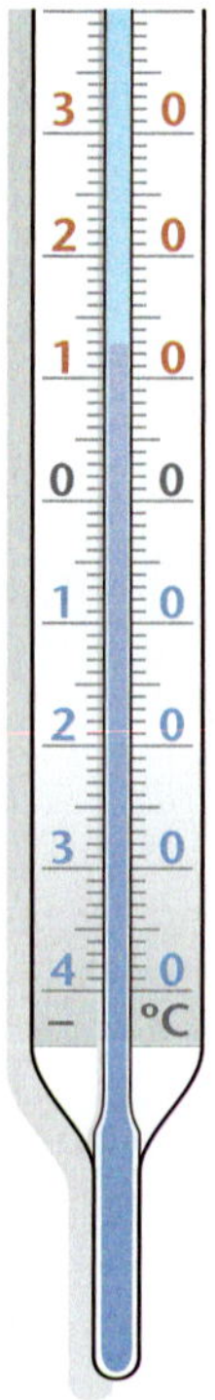

1 Celsius-Thermometer

Das Thermometer
Gemessen werden Temperaturen mit dem Thermometer. Wir benutzen dabei für den täglichen Gebrauch die Skala des Schweden Anders Celsius.
Temperaturen kann man in einer Zeichnung (Grafik) darstellen. Die einzelnen Messwerte können zu einer Temperaturkurve verbunden werden.

Wärmetransport
Wärme ist eine Energieform. Wärmetransport ist daher Energietransport. Beim Erwärmen wird Energie übertragen. Die Einheit für die Energie ist das Joule (J).
1000 J = 1 kJ (Kilojoule)

Arten des Wärmetransports
Wenn Wärme zusammen mit einem Stoff weitergegeben wird, spricht man von Wärmeströmung. Wenn Stoffe Wärme weitergeben, ohne dass sie selbst mitwandern, dann spricht man von Wärmeleitung (▷ B 2). Metalle sind gute Wärmeleiter. Holz, Kunststoffe, Wasser und Luft sind schlechte Wärmeleiter.
Wenn sich Wärme ohne einen Stoff ausbreitet, spricht man von Wärmestrahlung.

Sonnenkollektoren
In Sonnenkollektoren wird durch die auftreffende Sonnenstrahlung Wasser erwärmt. Mit diesem warmen Wasser kann man heizen, waschen oder duschen.

Wärmedämmung
Stoffe, die Wärme schlecht leiten und die deshalb einen Wärmetransport erschweren, nennt man Wärmedämmstoffe. Zu den guten Wärmedämmstoffen gehört z. B. Styropor®.

2 Wärmeleitung kann schmerzhaft sein.

Ausdehnung von Körpern
Feste, flüssige und gasförmige Körper dehnen sich beim Erwärmen aus und ziehen sich beim Abkühlen wieder zusammen.

Anomalie des Wassers
Wasser verhält sich beim Ausdehnen und Zusammenziehen anders als andere Flüssigkeiten. Bei +4 °C hat sich Wasser am stärksten zusammengezogen. Es hat sein kleinstes Volumen.
Wenn Wasser stärker abgekühlt wird, dann dehnt es sich wieder aus.

Bimetall
Das Bimetall ist ein „Zweimetall". Es besteht aus zwei fest miteinander verbundenen Metallschichten. Beim Erwärmen krümmt es sich. In vielen Elektrogeräten befindet sich ein Bimetallstreifen als Schalter (▷ B 3).

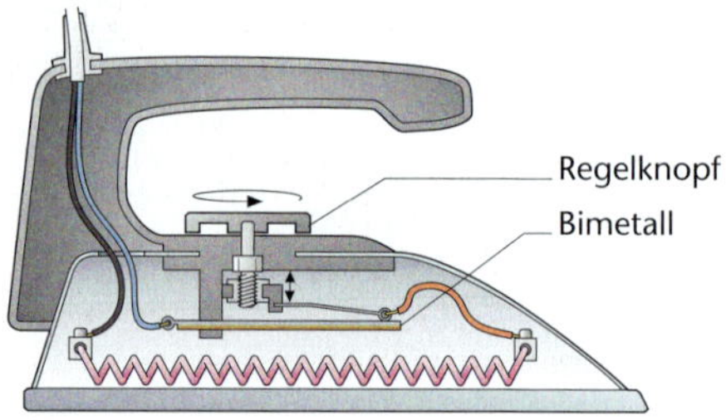

3 Ein Bimetall beim Bügeleisen

Warme und kalte Luft
Warme Luft dehnt sich aus und steigt in kalter Luft auf. Das macht man sich z. B. bei Heißluftballons zunutze.
Kalte Luft sinkt in wärmerer Umgebung zu Boden.

Wetterbericht und Wetterkarte
Um einen Wetterbericht und eine Wetterkarte erstellen zu können, werden Wetterdaten gesammelt und in Computern verarbeitet. Es entstehen die Wetterkarten, die als Grundlage für die Wettervorhersage dienen.
Heute gibt es in weiten Teilen der Erde ein dichtes Netz von Wetterstationen. Auch Satelliten beobachten die Entwicklung des Wetters. Daher sind inzwischen sehr genaue Wettervorhersagen möglich.

Aufgaben

1 Was bedeuten die Buchstaben „C", „F" und „K" auf den Temperaturskalen?

2 Was musst du bei der Temperaturmessung beachten, damit du keine Messfehler machst?

3 Erkläre an mehreren Beispielen, wo und wie Wärme übertragen wird.

4 Damit ein Automotor nicht zu heiß wird, muss er gekühlt werden. Erkläre, wie der Wärmetransport stattfindet.

5 Nenne die drei Arten des Wärmetransports.

6 Welche Transportmittel für Wärme kommen in unserem Alltag bei der Wärmeströmung am häufigsten vor?

7 Erkläre, wie die Warmwasserheizung (▷ B 2) funktioniert.

8 Welche Stoffe gehören zu den guten und welche zu den schlechten Wärmeleitern?

9 Erkläre, was man unter Wärmeleitung versteht.

1 Die Thermoskanne

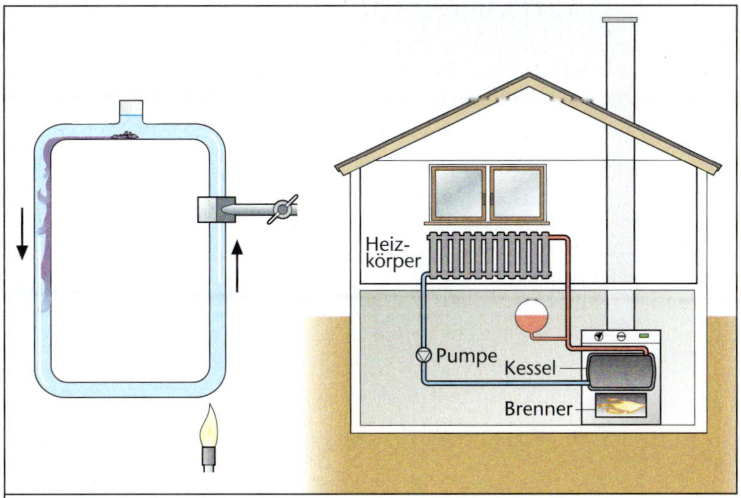

2 Heizungsanlage

10 Warum muss die Energie, die uns von der Sonne erreicht, durch Wärmestrahlung transportiert werden?

11 Beschreibe am Beispiel des Kochens in der Küche, dass man hierbei alle drei Arten des Wärmetransports finden kann.

12 Beschreibe, wie ein Sonnenkollektor funktioniert.

13 Erkläre die Wärmedämmung bei der Thermoskanne (▷ B 1).

14 Vergleiche die Ausdehnung bei festen, flüssigen und gasförmigen Körpern.
a) Welche dehnen sich am stärksten aus, welche am wenigsten?
b) Welche Besonderheit gibt es bei der Ausdehnung von Gasen?

15 Erkläre den Begriff Anomalie des Wassers.

16 Es gibt Restaurants, in denen sich der Gast die Speisen am Tisch selbst gart. Das nennt man Essen auf dem heißen Stein.
Beschreibe die Wärmeübertragungskette.
Beginne mit: „In einem Backofen in der Küche …" und beschreibe weiter bis „… Körpertemperatur des Gastes".

17 Bei einem Urlaub am Meer stellst du fest, dass der Wind tagsüber meist vom Meer in Richtung Land weht (▷ B 3). Erkläre diese Beobachtung.

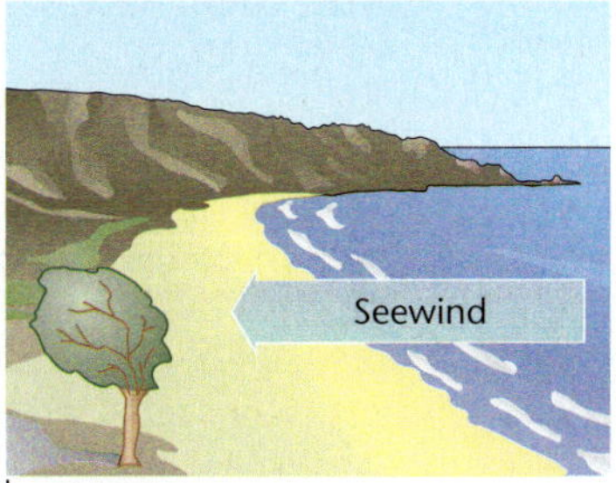

3 Zu Aufgabe 17

---

1 Kira behauptet, dass sie eine Kerzenflamme ohne zu pusten oder die Kerze zu berühren nur mithilfe eines Kupferdrahts löschen kann. Um ihre Behauptung zu beweisen, wickelt sie den Kupferdraht zu einer engen Spirale auf.
a) Überlege, wie Kira wohl weiter vorgeht, um die Flamme zu löschen.
b) Überprüfe deinen Vorschlag, indem du ihn ausprobierst.
c) Beschreibe, wie diese Löscheinrichtung funktioniert. Welche Stoffeigenschaft steckt hinter diesem Effekt?

Wärme –
eine Energieform

Energie ist die Voraussetzung für Leben.
Eine ihrer wichtigsten Formen ist die Wärme.

Ohne die Wärme der Sonne würde es auf der Erde weder Menschen noch Tiere oder Pflanzen geben. Aber auch in vielen technischen Prozessen wurde und wird Wärme genutzt: So gilt die Dampfmaschine als eine der bedeutendsten Erfindungen des Industriezeitalters. Bis heute spielt die Wärme eine große Rolle beim Antrieb von Maschinen oder bei der Erzeugung elektrischer Energie.

Obwohl uns diese Energieform so vertraut ist, lässt sie sich nicht so einfach beschreiben. In diesem Kapitel erfährst du mehr über das Wesen der Wärme und die Möglichkeiten, die sie bietet.

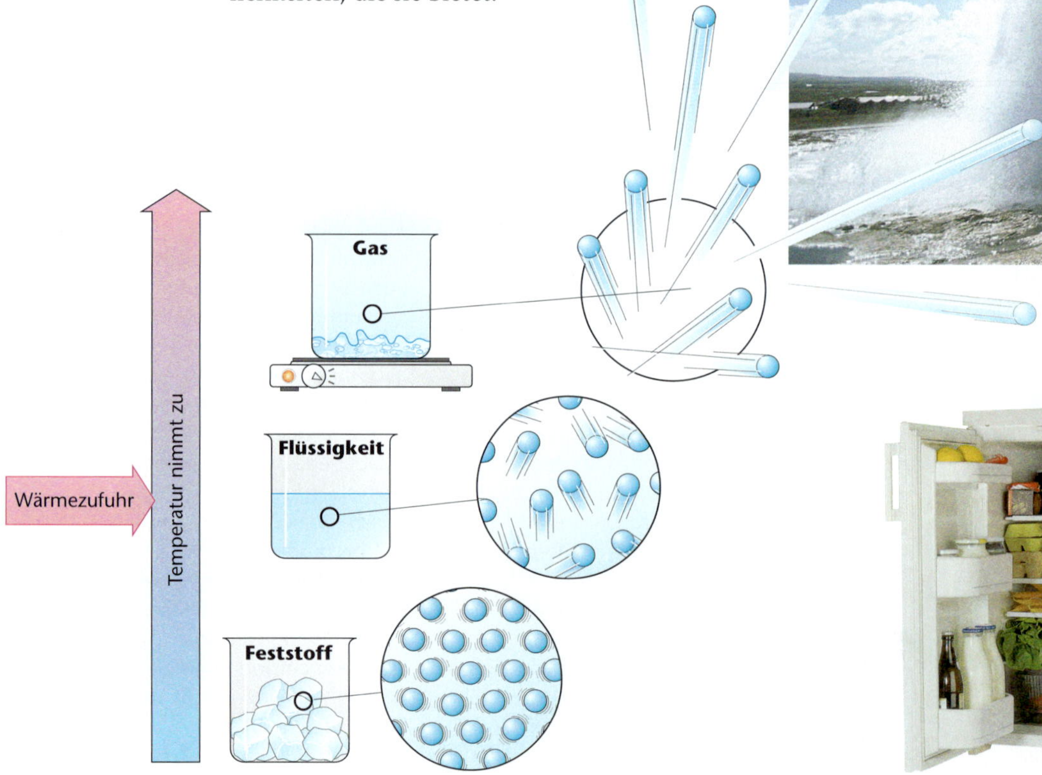

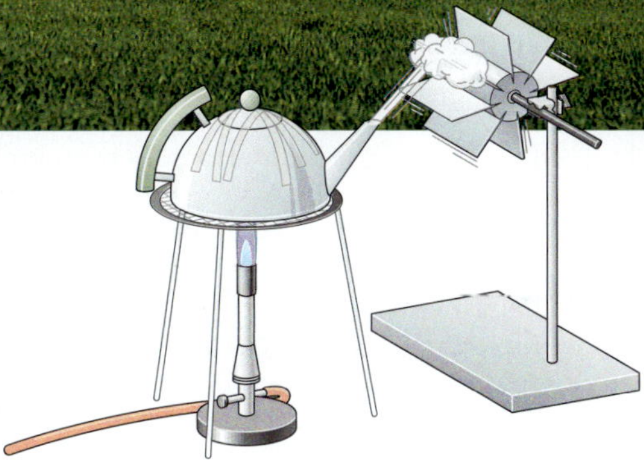

1 Eine mühsame Arbeit – das Feuerbohren

Wärme durch Reibung

Als es den Menschen in der Altsteinzeit gelang, Feuer zu machen, erhöhte sich ihre Lebensqualität ganz enorm. Sie konnten sich wärmen und mussten die Speisen nicht mehr roh essen. Mit der Entdeckung des „Feuerbohrers" konnten sie trockenes Gras und feine Holzspäne entzünden (▷B 1).

Dass Reibung Wärme erzeugt, machst du dir an kalten Wintertagen zunutze, indem du deine Hände kräftig aneinander reibst (▷B 2). Beim Herunterrutschen an einem Seil kannst du dir die Handflächen sogar verbrennen. Bremsscheiben am Auto können so warm werden, dass sie zu glühen beginnen (▷B 3), wenn bei einer Talfahrt die Bremsen zu lange betätigt werden. Auch die Spitze eines Bohrers kann sich beim Bohren sehr stark erwärmen (▷B 5). Was passiert in all diesen Beispielen? Es wird Reibungsarbeit verrichtet und dabei Energie auf die Körper übertragen. Dadurch erhöht sich deren Temperatur.

Wenn an einem Körper Reibungsarbeit verrichtet wird, vergrößert sich seine Energie. Dabei erhöht sich seine Temperatur.

Aufgaben

1 Wodurch kann die Energie eines Körpers verändert werden?

2 Wodurch macht sich die Erhöhung der Energie eines Körpers bemerkbar?

Versuche

1 Reibe deine Hände kräftig aneinander. Achte auf die Temperaturveränderung.

2 Baue einen Feuerbohrer und versuche wie in Bild 1 ein Feuer zu entzünden.

3 Gib einen halben Liter Wasser in eine Schüssel. Halte dann ein elektrisches Rührgerät einige Minuten ins Wasser (▷B 4). Miss vor und nach dem Rühren die Temperatur des Wassers. Vergleiche.

4 Spanne ein etwa 5 cm langes Rundholz in eine elektrische Bohrmaschine und drücke es bei schneller Umdrehung auf eine Holzplatte. Befühle nach etwa 2 Minuten die Holzspitze.

3 Glühende Bremsscheiben

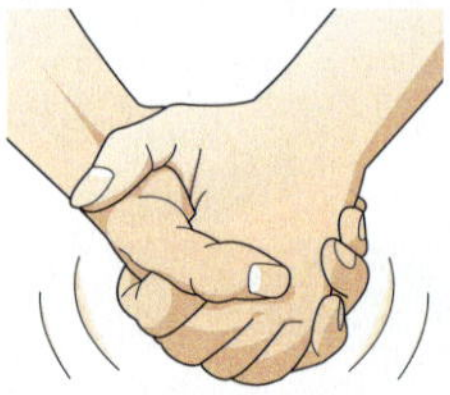

2 Durch Reibung lassen sich die Hände aufwärmen.

4 Auch beim Rühren ...

5 ... und Bohren entsteht Reibungswärme.

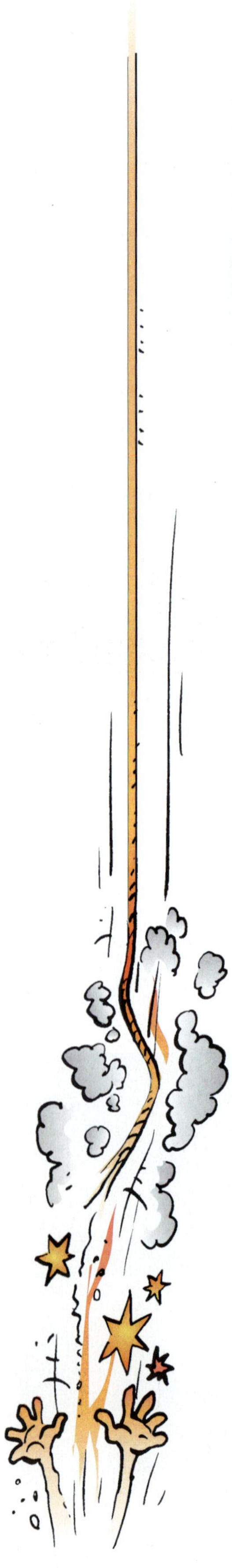

Auf der Suche nach dem „Wärmestoff"

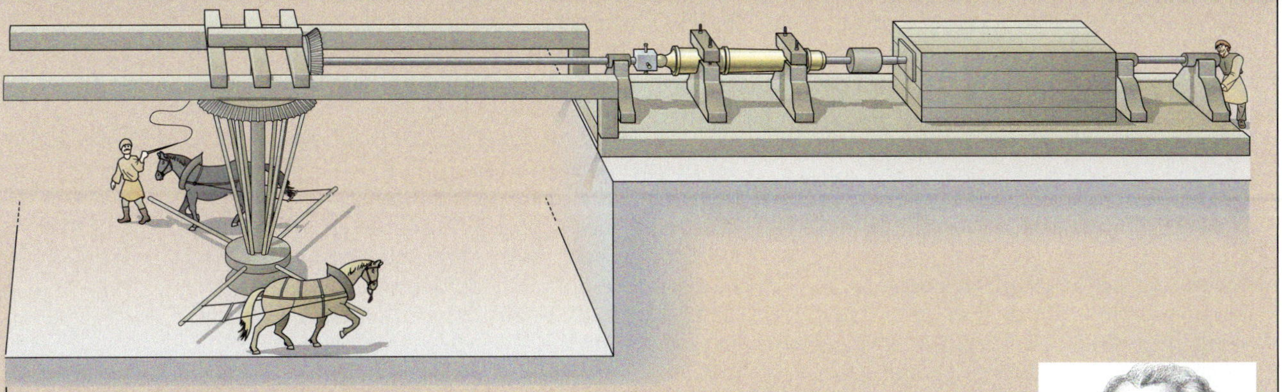

1 Bohrverfahren zur Herstellung von Kanonen

Rumfords Bohrversuche

Die Frage, was Wärme ist, woher sie kommt und wohin sie geht, hat die Forscher Jahrhunderte lang beschäftigt. Es wurden viele falsche Vorstellungen entwickelt, wie z. B. die eines „Wärmestoffes". Noch gegen Ende des 18. Jahrhunderts glaubte man, dass einem Körper beim Erwärmen ein nicht wägbarer Stoff zugeführt würde. Denn die Körper waren im warmen Zustand ja nicht schwerer als im kalten.

Im Jahre 1789 machte der Amerikaner Benjamin Thompson Rumford (1753–1814), der Kriegsminister am bayerischen Königshof war, folgende Beobachtung: Beim Ausbohren der Kanonenrohre wurden diese heiß und auch die Späne, die zu Boden fielen, waren warm (▷ B 1).
Nach der damals geltenden wissenschaftlichen Meinung wurde der Wärmestoff aus dem Kanonenrohr „herausgepresst". Rumford machte es allerdings stutzig, dass der Wärmestoff nicht zu Ende ging. Da er nicht nur am Kriegsgeschehen, sondern auch an der Wissenschaft interessiert war, änderte er in einem Versuch das Ausbohren der Kanonenrohre ab.

Er drückte einen stumpfen Bohrer auf einen Messingklotz und ließ ihn längere Zeit rotieren. Der Messingklotz erwärmte sich und blieb so lange warm, wie sich der Bohrer drehte. Ein Wärmestoff müsste aber doch längst erschöpft sein.
Solche „Rotationsversuche" machte Rumford auch in Wasserbehältern. Dabei stellte er fest, dass das Wasser erwärmt und

Aus seinen Versuchen zog Rumford den Schluss, dass Wärme keine „materielle Substanz" sein konnte, sondern etwas sein musste, das durch Bewegung und Reibung immer wieder erzeugt wurde.

Der Rührversuch von Joule

Im Jahre 1843 machte James Prescott Joule (1818–1889) – nach dem die Einheit für die Energie benannt ist – seinen berühmten Rührversuch: In einem mit Quecksilber gefüllten Behälter drehte sich ein Schaufelrad, das von herabsinkenden Gewichten angetrieben wurde (▷ B 4). Dabei erwärmte sich das Quecksilber.

Joule stellte mit seinen Messungen und Berechnungen als erster einen Zusammenhang zwischen der Erwärmung eines Stoffes und der verrichteten mechanischen Arbeit her. Damit war die Theorie vom Wärmestoff widerlegt.

2 Benjamin Thompson Rumford

3 James Prescott Joule

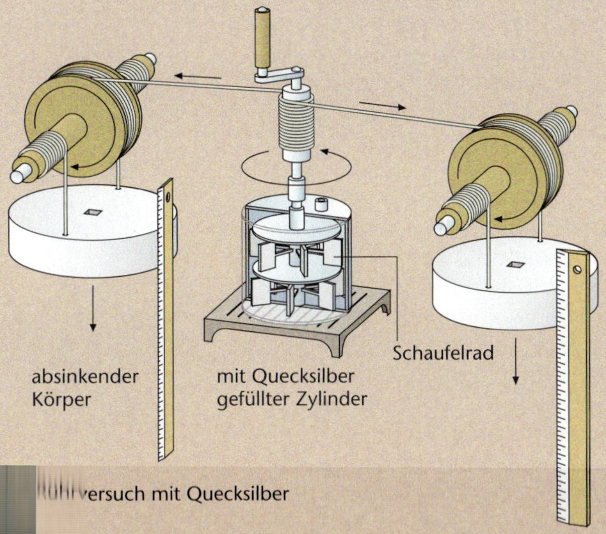

Rührversuch mit Quecksilber

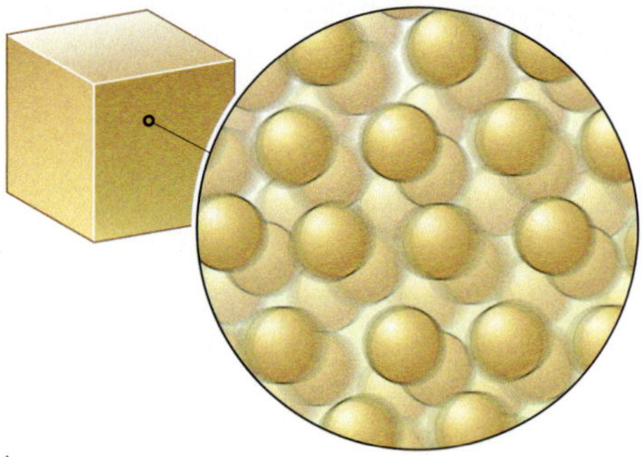

1 Modell des inneren Aufbaus von Körpern

Der innere Aufbau von Körpern
Um zu erklären, was in Körpern passiert, wenn sie erwärmt oder abgekühlt werden, müssen wir in ihr Inneres schauen. Alle Körper sind aus kleinsten Teilchen aufgebaut (Atome oder Moleküle), zwischen denen Anziehungskräfte wirken. Diese Teilchen sind in ständiger Bewegung (▷ B 1).

Temperatur und Teilchenbewegung
Wenn einem Körper Energie zugeführt wird, dann kann sich die Bewegung der Teilchen verstärken (▷ B 2). Das macht sich durch eine Temperaturzunahme bemerkbar. Die Bewegungsenergie aller Teilchen zusammen wird als **innere Energie** des Körpers bezeichnet.

Je höher die Temperatur eines Körpers ist, desto stärker bewegen sich die Teilchen, aus denen er aufgebaut ist, und desto größer ist seine innere Energie.

Die Brown'sche Bewegung
Im Jahre 1827 entdeckte der schottische Botaniker ROBERT BROWN (1773–1858) bei mikroskopischen Beobachtungen des Pollenstaubs, dass sich dieser im Wasser bewegte. Diese Erscheinung, die nach ihrem Entdecker Brown'sche Bewegung heißt, wurde später im Sinne der Teilchenvorstellung der Materie gedeutet. Der sehr leichte Pollenstaub wird von den sich bewegenden kleinsten Wasserteilchen angestoßen.

Der absolute Nullpunkt
Wenn man einen Körper immer weiter abkühlt, dann nimmt die Bewegung seiner Teilchen ab, bis sie schließlich vollkommen zur Ruhe gekommen sind. Die Temperatur, bei der die Teilchen in Ruhe vorliegen, bezeichnet man als absoluten Nullpunkt. Sie liegt bei –273,15 °C. Eine tiefere Temperatur kann es nicht geben. Der Physiker WILLIAM THOMSON KELVIN (1834–1907) wählte den absoluten Nullpunkt als Nullpunkt für seine Temperaturskala, die **Kelvinskala**. Die Temperatur 0 °C entspricht also 273,15 K.

Die Temperatur, bei der die Teilchen eines Körpers in Ruhe sind, bezeichnet man als absoluten Nullpunkt der Temperatur (0 K). Er liegt bei –273,15 °C.

Temperaturdifferenzen
Beim Thema Wärme geht es häufig um Temperaturänderungen. Wird z. B. ein Körper erwärmt, dann steigt seine Temperatur an. Kühlt er sich ab, dann sinkt seine Temperatur. In diesem Zusammenhang ist es manchmal notwendig anzugeben, um welchen Wert sich die Temperatur geändert hat. Solche Temperaturdifferenzen werden immer in Kelvin angegeben. Ändert sich beispielsweise die Temperatur von 20 °C auf 80 °C, dann beträgt die Temperaturdifferenz 60 K.

Temperaturdifferenzen werden in Kelvin angegeben.

Versuch

1 Gib in ein mit Wasser gefülltes Glas einige Tropfen Spülmittel sowie eine Messerspitze Aluminiumpulver. Rühre das Gemisch ein paar Mal um und lasse das Wasser zur Ruhe kommen. Richte eine Lichtquelle auf das Glas. Beobachte und erkläre.

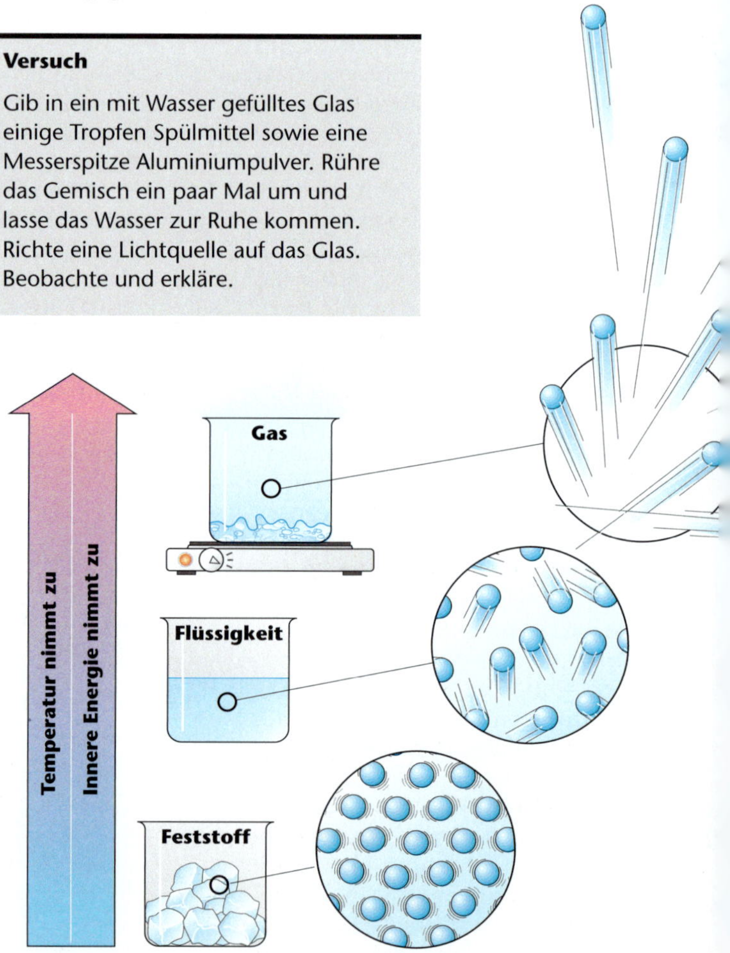

2 Temperatur und Aggregatzustand

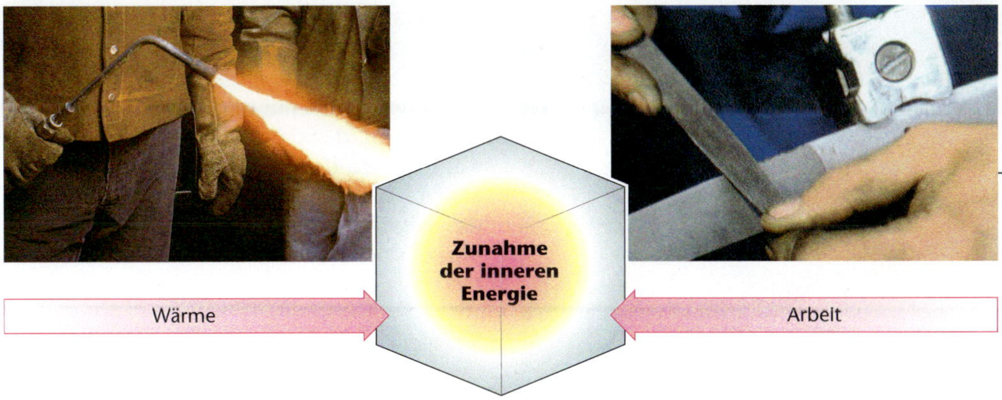

1 Energieübertragung durch Wärme und Arbeit

Energieübertragung durch Wärme
Wenn man Wasser erwärmen will, dann verwendet man eine Wärmequelle, z. B. eine Herdplatte. Von der Platte wird Energie in Form von Wärme an das Wasser übertragen. Diese Art der Energieübertragung ist dir sicherlich bekannt.
Immer dann, wenn sich zwei Körper mit unterschiedlichen Temperaturen berühren oder vermischen, geht Energie vom wärmeren Körper auf den kälteren über, bis die Temperaturdifferenz ausgeglichen ist. Dabei nimmt die innere Energie des wärmeren Körpers ab, die des kälteren Körpers nimmt zu.

Energieübertragung durch Arbeit
Auch ohne Wärmequelle kann man die innere Energie eines Körpers und damit seine Temperatur erhöhen. Wird an einem Körper z. B. Reibungsarbeit verrichtet (▷ B 1), dann nimmt seine innere Energie zu. Eine Bohrerspitze oder die Bremsscheiben eines Autos können z. B. sehr heiß werden.
Ein Eisenstück, das mit einer Feile bearbeitet wird, erwärmt sich ebenso wie ein Eisendraht, der mehrmals hin und her gebogen wird (▷ B 2). Die am Körper verrichtete Arbeit erhöht seine innere Energie.

▶ Die innere Energie eines Körpers kann erhöht werden, indem man ihm Wärme zuführt oder Arbeit an ihm verrichtet.

Warum dehnen sich Körper beim Erwärmen aus?
Du hast schon gelernt, dass sich Körper beim Erwärmen ausdehnen und beim Abkühlen wieder zusammenziehen. Du hast aber noch nicht erfahren, warum das so ist. Mithilfe des Teilchenmodells und der inneren Energie von Körpern lässt sich

Wenn die innere Energie eines Körpers erhöht wird, geraten die Teilchen in stärkere Schwingung. Sie beanspruchen einen größeren Raum, was zu einem größeren Volumen des Körpers führt.

„Energieverluste"?
Ein Fahrzeug wird abgebremst. Was geschieht dabei mit seiner Bewegungsenergie? Unterschiedliche Energieformen (Bewegungsenergie, Lageenergie, Spannenergie, elektrische Energie usw.) lassen sich nicht vollständig ineinander umwandeln. Ein Teil der Energie wird als Wärme abgegeben. Das gilt auch für die Umwandlung der Bewegungsenergie beim Bremsen. Die Bremsscheiben werden heiß.

▶ Bei Energieumwandlungen entsteht immer auch Wärme. Energie geht nicht verloren.

Versuche

1 Biege einen dickeren Draht mehrmals hin und her. Was kannst du „erfühlen" (▷ B 2)?

2 Stelle in ein Gefäß mit kaltem Wasser ein kleineres Gefäß mit heißem Wasser (▷ B 3). Miss jeweils im Abstand von 5 Minuten die Temperaturen, lege eine Tabelle an und trage die Werte ein.

Aufgaben

1 a) In welcher „Richtung" wird in Bild 1 Energie übertragen?
b) Beschreibe den Vorgang, indem du den Begriff innere Energie verwendest.

2 Belege anhand von Beispielen, dass bei

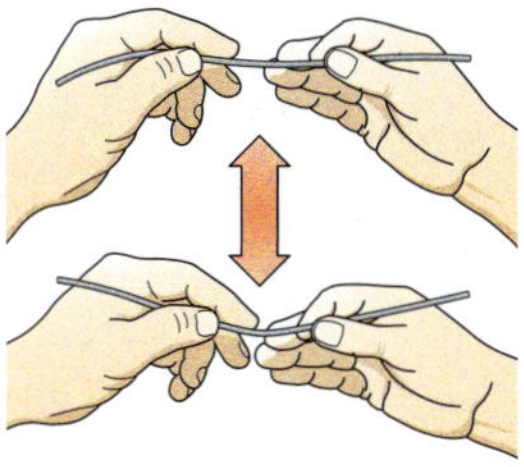

2 Erwärmen eines Drahts

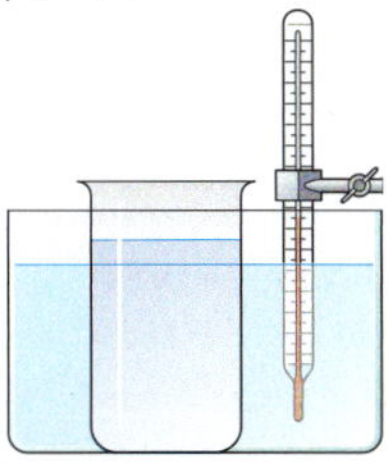

3 Zu Versuch 2

Die spezifische Wärmekapazität

1 Abkühlung an heißen Tagen

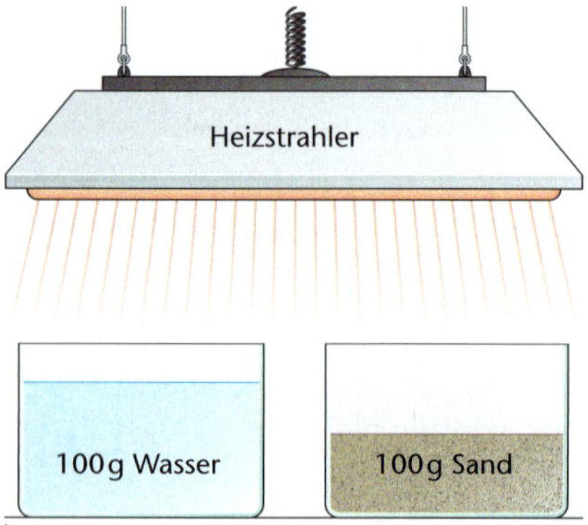

2 Zu Versuch 1

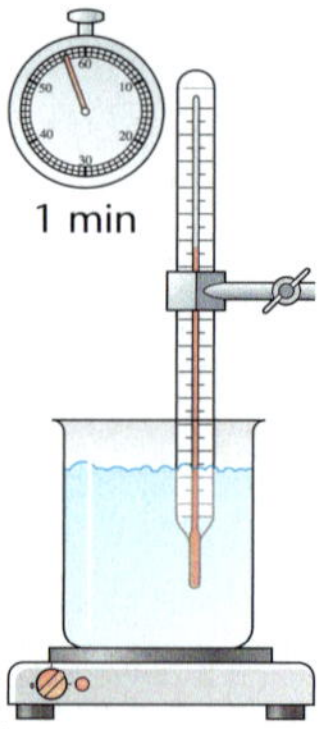

3 Zu Versuch 2

Versuche

1 a) Erwärme die gleiche Menge Wasser und Sand. Achte auf gleiche Anfangstemperatur, gleiche Erwärmungszeit und gleiche Zufuhr von Energie (▷ B 2). Durch gelegentliches Umrühren erreichst du eine gleichmäßige Temperatur in den Stoffen. Miss nach der Erwärmung die Temperatur in beiden Stoffen.
b) Untersuche, ob sich beim anschließenden Abkühlen der Stoffe Unterschiede ergeben.
c) Führe die Versuchsteile a) und b) unter den gleichen Bedingungen mit anderen Stoffen (z. B. Speiseöl und Wasser) durch. Lege eine Tabelle an und vergleiche die Werte.

2 Erwärme einen Liter Wasser eine Minute lang (▷ B 3). Miss die Temperatur vor und nach der Erwärmung und gib die übertragene Wärmemenge an.

Stoff	spezifische Wärmekapazität *c* in kJ/(kg · K)
Aluminium	0,896
Blei	0,129
Eisen	0,452
Glas	0,799
Kupfer	0,385
Silber	0,237
Wasser	4,18
Luft	1,005

4 Spezifische Wärmekapazität ausgewählter Stoffe

Erwärmung von Wasser und Sand

An einem heißen Sommertag hast du bestimmt schon festgestellt, dass im Freibad die Steinplatten auf den Gehwegen sehr warm sind, das Gras auf der Liegewiese kühl ist und das Wasser im Becken eher als kalt empfunden wird (▷ B 1). Wie ist das möglich, wo doch die drei Bereiche von der Sonne die gleiche Energie erhalten?

Versuch 1 zeigt, dass Sand bei gleicher Energiezufuhr eine höhere Temperatur erreicht als Wasser. Auch bei anderen Stoffen zeigt sich, dass bei gleicher Energiezufuhr die erreichten Temperaturen unterschiedlich sind (▷ V 1c).
Ob einem Stoff viel oder wenig Energie zugeführt werden muss, damit er sich um 1 Kelvin erwärmt, hängt von seiner **spezifischen Wärmekapazität** c ab. Dieser Wert ist bei allen Stoffen unterschiedlich.

Berechnung der spezifischen Wärmekapazität von Wasser

Um die Berechnung durchführen zu können, brauchst du eine Wärmequelle, von der du weißt, wie viel Energie sie in einer bestimmten Zeit abgibt. Die Heizplatte in Bild 3 hat eine Aufschrift „600 W". Das bedeutet: In jeder Sekunde gibt sie eine Energie von 600 Joule ab, denn 600 W = 600 J/s.
Wird 1 Liter Wasser wie in Versuch 2 eine Minute lang erwärmt, dann hat sich die Temperatur um etwa 8 K erhöht.
Die zugeführte Energie beträgt
$E = 600\,\text{J/s} \cdot 60\,\text{s} = 36\,000\,\text{J}$. Daraus folgt, dass eine Energie von 4,5 kJ notwendig ist, um 1 Liter Wasser (1 kg) um 1 K zu erwärmen. Die spezifische Wärmekapazität von Wasser ergibt sich daraus zu 4,5 kJ/(kg · K). Vergleicht man den errechneten Wert mit dem in der Tabelle angegebenen (▷ B 4), dann zeigt sich eine geringe Differenz. Teilweise liegt das daran, dass in Versuch 2 auch das Glasgefäß mit erwärmt wurde.

Die spezifische Wärmekapazität c gibt an, wie viel Energie nötig ist, um 1 kg eines Stoffes um 1 K zu erwärmen.
Die Einheit der spezifischen Wärmekapazität ist J/(kg · K).

Berechnung der Wärmemenge

Die Energie, die ein Körper in Form von Wärme aufnimmt bzw. abgibt, kann man berechnen. Sie wird als Wärmemenge bezeichnet und hat das Formelzeichen Q. Bei der spezifischen Wärmekapazität hast

Überlegung	mathematische Übersetzung
Beispielaufgabe: Welche Wärmemenge ist notwendig, um 5 kg Wasser um 40 K zu erwärmen?	Gesucht wird die Wärmemenge Q
Der Tabelle entnehmen wir die spezifische Wärmekapazität von Wasser: Wir wissen nun, dass 4,2 kJ benötigt werden, um 1 kg Wasser um 1 K zu erwärmen.	$c = 4{,}2 \frac{\text{kJ}}{\text{kg} \cdot \text{K}}$ ↓
Wir schlussfolgern, dass für 5 kg Wasser die 5-fache Energiemenge benötigt wird:	$4{,}2 \frac{\text{kJ}}{\text{kg} \cdot \text{K}} \cdot 5\,\text{kg}$ ↓ ↓
Für die Temperaturerhöhung um 40 K ist die 40-fache Energiemenge benötigt:	$4{,}2 \frac{\text{kJ}}{\text{kg} \cdot \text{K}} \cdot 5\,\text{kg} \cdot 40\,\text{K}$
Daraus können wir die Formel für die Berechnung der Wärmemenge ableiten:	Wärmemenge = spezifische Wärmekapazität · Masse · Temperaturdifferenz $Q = c \cdot m \cdot \Delta T$

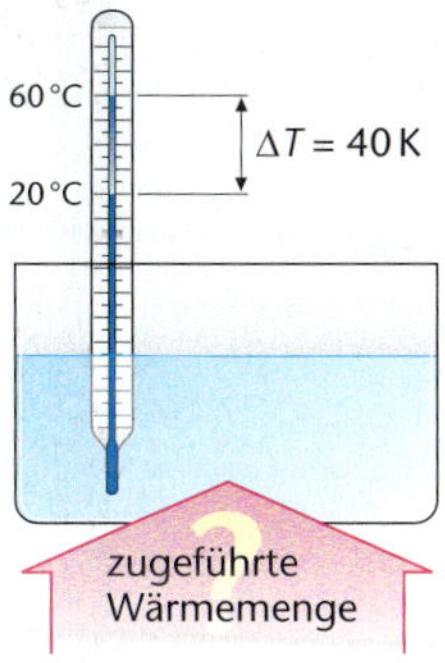

5 Herleitung der Formel zur Berechnung der Wärmemenge

du gelernt, dass man z. B. 1 kg Wasser eine Energie von 4,2 kJ zuführen muss, um es um 1 K zu erwärmen. Dieser und andere Werte sind in der Tabelle (▷ B 4) abzulesen.

Umstellung der Formel

Man kann nicht nur die Wärmemenge berechnen, die einem Körper zugeführt wird oder die ein Körper abgibt. Auch die anderen Größen der Formel können berechnet werden (▷ B 6).

$$Q = c \cdot m \cdot \Delta T \quad \rightarrow \quad c = \frac{Q}{m \cdot \Delta T}$$

$$Q = c \cdot m \cdot \Delta T \quad \rightarrow \quad m = \frac{Q}{c \cdot \Delta T}$$

$$Q = c \cdot m \cdot \Delta T \quad \rightarrow \quad \Delta T = \frac{Q}{m \cdot c}$$

6 Formelumstellung

Eine Bleikugel mit der Masse 1,5 kg wird um 40 K erwärmt. Berechne die zugeführte Wärmemenge.

Gegeben: $c_{(\text{Blei})} = 0{,}13\,\text{kJ}/(\text{kg} \cdot \text{K})$

$m = 1{,}5\,\text{kg}$

$\Delta T = 40\,\text{K}$

Gesucht: Q

Lösung: $Q = c \cdot m \cdot \Delta T$

$Q = 0{,}13 \frac{\text{kJ}}{\text{kg} \cdot \text{K}} \cdot 1{,}5\,\text{kg} \cdot 40\,\text{K}$

$Q = 7{,}8\,\text{kJ}$

Die zugeführte Wärmemenge beträgt 7,8 kJ.

7 Beispielrechung

Aufgaben

1 Erkläre an einem Beispiel, wie man die Tabelle (▷ B 4) liest. Beginne mit: Um 1 g …

2 Welcher der in Bild 4 aufgelisteten Stoffe erwärmt sich am schnellsten? Begründe.

3 Welche Wärmemenge benötigt man,
a) um die Füllung einer Badewanne (250 l Wasser) von 20 °C auf 40 °C zu erwärmen?
b) um 300 g Eisen von 30 °C auf 500 °C zu erwärmen?

4 Um wie viel Grad haben sich 2,3 kg Sand ($c = 0{,}84\,\text{kJ}/(\text{kg} \cdot \text{K})$) erwärmt, wenn die zugeführte Wärmemenge 70 kJ beträgt?

5 Ein Körper hat eine Masse von 30 g und wird bei einer Energiezufuhr von 270 J um 10 K erwärmt. Aus welchem Material besteht der Körper?

Wenn es in der Physik um **Differenzen** geht, benutzt man das „D" aus dem griechischen Alphabet, das Delta (Δ).

Zum Beispiel wird die Temperaturdifferenz mit ΔT bezeichnet.

1 Heizungsanlage

Heizung mit Erdgas oder Heizöl?
Beim Bau eines neuen Hauses überlegt der Bauherr, ob er eine Erdgas- oder eine Ölheizung (▷ B 1) einbauen soll. Was ist langfristig preiswerter für ihn? Neben den Kosten für Installation und Wartung der Heizung muss er auch die Brennstoffkosten in seine Rechnung mit einbeziehen.

Um den Verbrauch an Brennstoff einschätzen zu können, muss der Bauherr wissen, wie gut ein bestimmter Brennstoff heizt. Darüber gibt der **Heizwert** eines Brennstoffes Auskunft. Er gibt an, wie viel Energie bei der Verbrennung von 1 kg des betreffenden Stoffes frei wird.
Die Tabelle in Bild 2 zeigt die Heizwerte verschiedener Brennstoffe. Mithilfe dieser Angaben kann der Bauherr für jeden Brennstoff den jeweiligen Verbrauch abschätzen. Zusammen mit den Kosten für die Brennstoffe erhält er so eine Entscheidungshilfe, welcher Heizungstyp sich langfristig als preiswerter erweisen wird.

Brennstoff	**Heizwert** (in MJ/kg)
Benzin	44
Diesel	38
Heizöl	42
Spiritus	22
Steinkohle	29
Braunkohle	20
Holz	15
Erdgas	44
Propangas	46

2 Heizwerte verschiedener Brennstoffe

Die Berechnung des Heizwertes
Um den Heizwert eines Brennstoffes zu berechnen, wird die Formel zur Berechnung der Wärmemenge Q herangezogen:

$$Q = c \cdot m \cdot \Delta T$$

Aufgaben

1 Vergleiche das Ergebnis der Beispielaufgabe mit den Angaben in der Tabelle (▷ B 2). Überlege, wie die Abweichung entstehen könnte.

2 1 kg Wasser wird mit je 10 g Holz, Braunkohle und Steinkohle erwärmt. Berechne die jeweilige Temperaturerhöhung (▷ B 2).

Beispielaufgabe: Ein halber Liter Wasser (0,5 kg) wird mit einem Spiritusbrenner erwärmt. Nach einer Temperaturerhöhung um 80 K wird der Spiritusverbrauch bestimmt. Er beträgt etwa 8 g. Wie groß ist der Heizwert von Spiritus?

Berechnung des Heizwerts von Spiritus

Gegeben: $m_{Wasser} = 0{,}5\ kg$

$m_{Spiritus} = 0{,}008\ kg$

$\Delta T = 80\ K$

$c_{Wasser} = 4{,}18\ \frac{kJ}{kg \cdot K}$

Gesucht: Heizwert von Spiritus

Lösung: $Q = c_{Wasser} \cdot m_{Wasser} \cdot \Delta T$

$Q = 4{,}18\ \frac{kJ}{kg \cdot K} \cdot 0{,}5\ kg \cdot 80\ K$

$Q = 167{,}2\ kJ$

Dem Wasser wurde eine Wärmemenge von 167,2 kJ zugeführt. Demnach werden bei der Verbrennung von 1 kg Spiritus

$\frac{1\ kg}{0{,}008\ kg} \cdot 167{,}2\ kJ = 20\,900\ kJ = 20{,}9\ MJ$

freigesetzt. Der Heizwert von Spiritus wurde zu 20,9 MJ/kg bestimmt.

▶ Der Heizwert eines Brennstoffs gibt an, wie viel Wärme bei der Verbrennung von 1 kg bzw. 1 m^3 des Stoffes frei wird.

SKE – eine Vergleichseinheit
Um die Energie verschiedener Brennstoffe miteinander vergleichen zu können, verwendet man in Schulbüchern meist die Einheit Joule. In Statistiken findet man dagegen häufig die „Steinkohleeinheit" (1 kg SKE). Das ist eine Vergleichseinheit, die aussagt, wie viel Steinkohle verbrannt werden müsste, um die entsprechende Energie freizusetzen. Es gilt:

1 kg SKE = 29 308 kJ

Versuch

1 Führe den im Text beschriebenen Versuch zur Ermittlung des Heizwertes von Spiritus mit einem anderen Brennstoff durch (z. B. Hartspiritus). Erwärme 100 g Wasser, wiege den Brennstoff und ermittle die Temperaturdifferenz.

Brennpunkt

Energie für den menschlichen Körper

Der Brennwert – Heizwert der Nahrungsmittel
Dem menschlichen Körper muss Energie zugeführt werden. Dies erfolgt über die Nahrung.

Ein gesunder Körper hat eine Temperatur von 36 bis 37 °C. Diese Temperatur wird durch chemische Vorgänge im Körper erreicht, die mit einer Verbrennung zu vergleichen sind.

Wie ein Brennstoff, dessen Heizwert angibt, wie viel Energie bei seiner Verbrennung frei wird, so haben auch Nahrungsmittel einen „Heizwert". Er wird auf den Verpackungen als Brennwert bezeichnet. In der Tabelle (▷ B 2) kannst du ablesen, wie groß der Brennwert unterschiedlicher Nahrungsmittel ist. Die Werte beziehen sich jeweils auf eine Masse von 100 g. Das heißt, wenn z. B. 100 g mageres Schweinefleisch in unserem Körper „verbrannt" werden, wird eine Energie von 750 kJ frei.

Lebensmittel (je 100 g)	Brennwert (in kJ)
Feldsalat	58
Blumenkohl (gekocht)	75
Apfel	218
Speisequark (mager)	300
Kartoffeln (gekocht)	320
Eier	730
Schweinefleisch (mager)	750

Genussmittel (je 100 g)	Brennwert (in kJ)
Schokolade	2340
Salzstangen	1350
Haselnüsse	2800
Raffinadezucker	1750
Kartoffelchips	2300
Eiscreme	850
Butter	3300

2 Energiegehalt verschiedener Lebensmittel

Tätigkeit	benötigte Energie je Stunde (in kJ)
Schlafen	250
Fernsehen	400
Gehen	1200
Nähen	650
Aufräumen	960
Autofahren	480

Sport	benötigte Energie je 30 min (in kJ)
Wandern	1750
Radfahren	1400
Schwimmen	920
Tennis	900
Fußball	1600
Gymnastik	900

…brauch bei verschiedenen Tätigkeiten

Wie viel Nahrung braucht der Mensch?
Natürlich ist der Energiebedarf eines Menschen abhängig von seinem Alter, seiner Größe, seinem Gewicht und auch von seiner Tätigkeit. Da Energie die Fähigkeit ist, Arbeit zu verrichten, muss jemandem, der viel „arbeitet" auch eine größere Energiemenge zugeführt werden. Wie viel Energie bei unterschiedlich schweren körperlichen Tätigkeiten benötigt wird, zeigt Bild 1.

Ein Jugendlicher braucht pro Tag etwa so viel Energie wie ein Erwachsener, der eine leichte Tätigkeit ausübt. Im Durchschnitt liegt der Wert bei ca. 10 000 kJ pro Tag für einen Erwachsenen. Der Wert erhöht sich, wenn man z. B. Sport treibt oder andere körperliche Tätigkeiten verrichtet.

Wird dem Körper zu viel Energie zugeführt, also mehr als er „verbrennt", wird der Überschuss in Fettdepots angelegt. Erhält der Körper zu wenig Energie, werden vorhandene Fettdepots abgebaut.

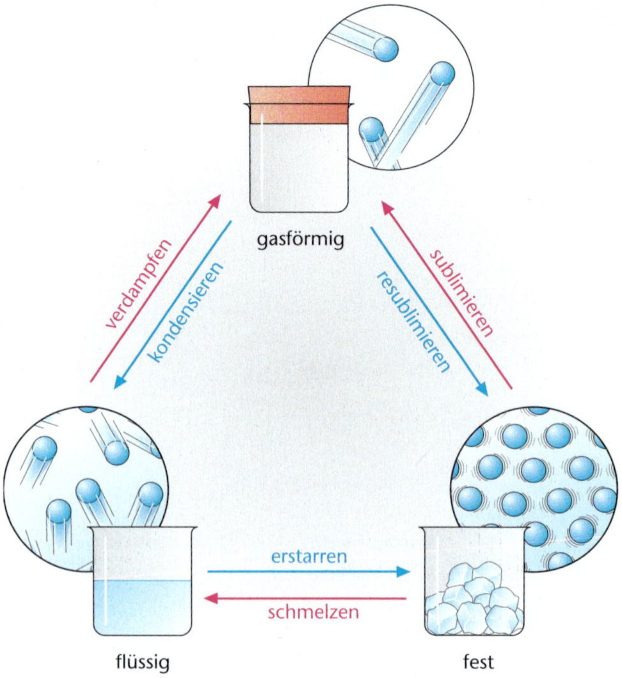

1 Änderung des Aggregatzustandes

Änderung des Aggregatzustandes
Durch Zufuhr von Energie kann sich die Temperatur oder der Aggregatzustand der Stoffe verändern. Feste Körper werden bei ausreichender Energiezufuhr zunächst flüssig und schließlich gasförmig. Wird dem Stoff Energie entzogen, dann laufen die Vorgänge umgekehrt ab.
Die Temperaturen, bei denen eine Zustandsänderung eintritt, sind für jeden Stoff unterschiedlich. Sie heißen Schmelz- bzw. Erstarrungstemperatur und Siede- bzw. Kondensationstemperatur (▷ B 2).

Aufgaben

1 Welche Vorgänge laufen beim Sublimieren und beim Resublimieren ab (▷ B 1)?

2 Erstelle eine Leiste wie in Bild 2 für einen anderen Stoff (siehe Tabelle im Anhang).

3 Was passiert beim Übergang vom flüssigen in den gasförmigen Aggregatzustand? Erkläre den Vorgang mithilfe des Teilchenmodells.

Die Aggregatzustände im Teilchenmodell
In einem festen Körper schwingen die Teilchen (d. h. die Atome bzw. Moleküle) um ihre Plätze, ohne diese zu verlassen. Wird der Körper erwärmt, dann nimmt die Bewegung der Teilchen zu. Dadurch vergrößert sich der Abstand zwischen den Teilchen und die Bindungskräfte untereinander werden schwächer.
Beim Erreichen der Schmelztemperatur sind die Bindungskräfte dann so schwach, dass die Teilchen ihre Plätze verlassen. Der feste Körper geht in den flüssigen Zustand über.

Wird die Flüssigkeit bis zur Siedetemperatur weiter erwärmt, ist der Abstand der Teilchen aufgrund ihrer Bewegung so groß, dass die Bindungskräfte praktisch nicht mehr wirken. Der Körper geht in den gasförmigen Zustand über.
Beim Abkühlen laufen die beschriebenen Vorgänge in umgekehrter Reihenfolge ab.

▶ Durch die Zufuhr von Energie kann sich die Temperatur eines Körpers erhöhen. Beim Erreichen der jeweiligen Schmelz- und Siedetemperatur ändert sich der Aggregatzustand.

▶ Wird einem Körper Energie entzogen, dann kann sich seine Temperatur verringern. Wenn der Körper die jeweilige Kondensations- und Erstarrungstemperatur erreicht, dann ändert sich der Aggregatzustand.

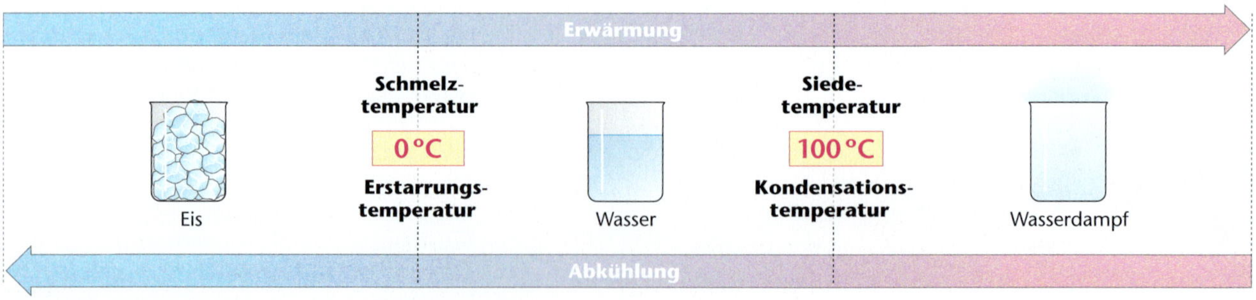

2 Übergangstemperaturen zwischen den Aggregatzuständen von Wasser

Auftauen erfordert Geduld
Peter nimmt tiefgefrorenen Spinat aus der Tiefkühltruhe, legt ihn in einen mit etwas Wasser gefüllten Kochtopf und stellt diesen auf den Herd (▷B 1). Er hat großen Hunger. Doch es dauert sehr lange, bis der Klotz aufgetaut ist. Erst dann wird der Spinat warm.
Die Energie, die dem tiefgefrorenen Spinat zugeführt wird, wird für das Schmelzen benötigt, die Temperatur erhöht sich bei diesem Vorgang nicht (▷V 1). Die Energie wird **Schmelzenergie** genannt. Sie ist bei allen Stoffen unterschiedlich, wie Bild 3 zeigt. Das Erstarren ist der umgekehrte Vorgang des Schmelzens. Dabei wird dem Stoff Energie entzogen. Sie wird **Erstarrungsenergie** genannt (▷B 4). Schmelzenergie und Erstarrungsenergie eines Stoffes sind gleich groß.

Die Energie, die nötig ist, um 1 kg eines Stoffes zum Schmelzen zu bringen, wird spezifische Schmelzenergie genannt. Beim Erstarren wird die gleiche Energiemenge wieder abgegeben.

Aufgaben

1 Besteht ein Unterschied, ob man ein Getränk mit Plastikwürfeln von 0 °C oder mit Eiswürfeln kühl hält? Begründe.

2 Erkläre mithilfe des Teilchenmodells, wozu die Energie beim Schmelzen benötigt wird, wenn sie nicht zu einer Temperaturerhöhung führt.

3 Warum sind Seen im Frühjahr oft noch zugefroren, obwohl die Lufttemperatur schon über 0 °C liegt?

1 Tiefgefrorener Spinat wird aufgetaut.

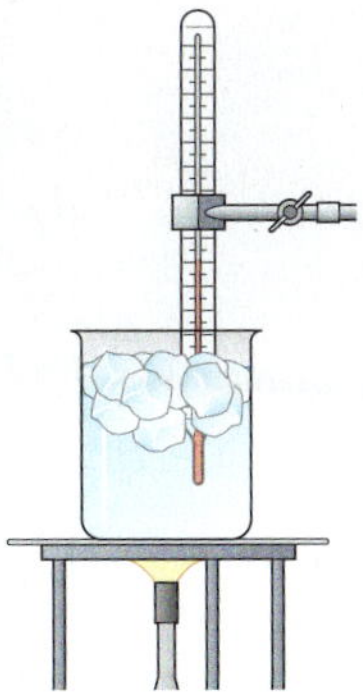
2 Zu Versuch 1

Versuche

1 Gib etwa 200 g zerstoßenes Eis mit wenig Wasser in ein Becherglas und erwärme es bis zur Siedetemperatur (▷B 2). Miss im Abstand von jeweils 2 Minuten die Temperatur und trage die Werte in eine Tabelle ein. Zeichne eine Temperaturkurve.

2 Erwärme 200 g zerstoßenes Eis (0 °C) so lange, bis es geschmolzen ist und die Flüssigkeit siedet. Verändere während des gesamten Versuches die Energiezufuhr nicht. Miss jeweils die Zeit, die du für das Schmelzen und bis zum Erreichen der Siedetemperatur benötigst.
Berechne die Wärmemenge für das Erwärmen von 0 °C auf 100 °C (es gilt: $Q = c \cdot m \cdot \Delta T$). Setzt du diese Wärmemenge und die dafür benötigte Zeit in Beziehung zu der Zeit für das Schmelzen, dann kannst du die Schmelzenergie berechnen. Vergleiche diesen Wert mit dem aus der Tabelle (▷B 3).

Stoff	spez. Schmelzenergie (in kJ/kg)
Blei	24,7
Eisen	270
Silicium	166
Eis	336
Kupfer	205
Gold	64,5

3 Spezifische Schmelzenergie verschiedener Stoffe

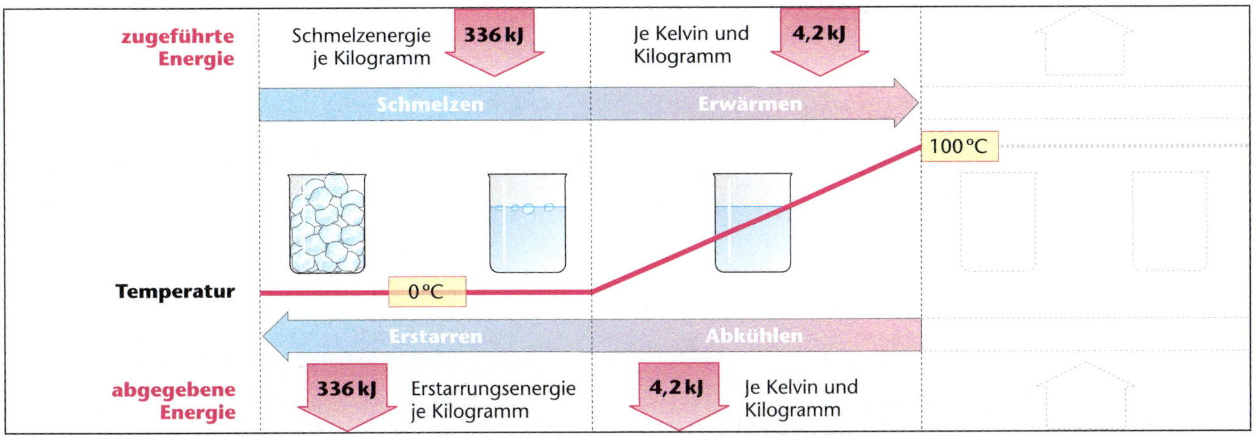

ergie von 1 kg Wasser

1 Erwärmen mit Wasserdampf

Stoff	spez. Verdampfungsenergie (in kJ/kg)
Aceton	519
Benzol	394
Ethanol	854
Ether	356
Quecksilber	285
Wasser	2258

2 Spezifische Verdampfungsenergie verschiedener Stoffe

Versuche

1 Bringe Wasser zum Sieden und führe auch nach Erreichen der Siedetemperatur weiterhin Energie zu. Miss im Abstand von jeweils 2 Minuten die Temperaturen und trage die Werte in eine Tabelle ein. Zeichne eine Temperaturkurve.

2 Führe den Versuch wie in Bild 4 dargestellt durch. Miss über einen längeren Zeitraum die Temperaturen des Wassers im Becherglas und begründe deine Beobachtung.

3 Führe 200 g Eiswasser (0 °C) so lange Energie zu, bis das Wasser verdampft ist. Lasse die Energiezufuhr während des gesamten Versuches unverändert. Miss jeweils die Zeit für das Erwärmen von 0 °C auf 100 °C und für das Verdampfen. Die Wärmemenge für die Temperaturerhöhung von 0 °C auf 100 °C kannst du berechnen ($Q = c \cdot m \cdot \Delta T$). Wenn du diese Wärmemenge und die für die Erwärmung benötigte Zeit in Beziehung zu der Zeit setzt, in der das Wasser verdampft ist, kannst du die Verdampfungsenergie berechnen. Vergleiche deinen Wert mit dem in der Tabelle (▷ B 2).

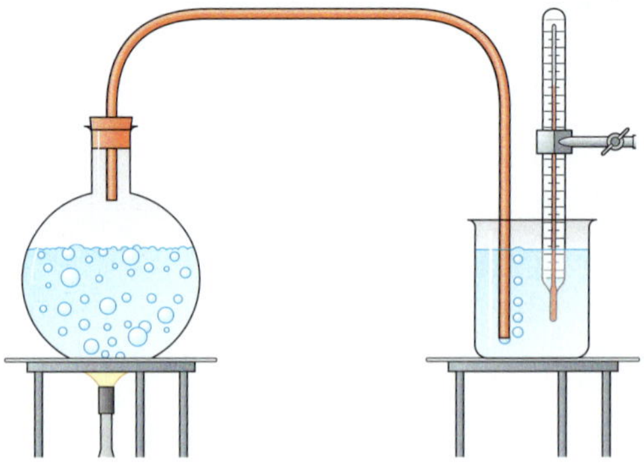

4 Zu Versuch 2

Die Temperatur eines siedenden Stoffes erhöht sich nicht mehr. Die weiter zugeführte Energie wird zum Verdampfen benötigt, daher wird sie **Verdampfungsenergie** genannt.
Wie du die Verdampfungsenergie für Wasser näherungsweise berechnen kannst, zeigt Versuch 3. Sie ist für alle Stoffe unterschiedlich groß (▷ B 4).

Energiesparen beim Kochen

Andreas gibt Kartoffeln in einen Topf mit Wasser und stellt diesen auf die Herdplatte. Als das Wasser siedet, dreht er den Regler zurück. Er hat gelernt, dass flüssiges Wasser nicht wärmer als 100 °C werden kann. Was aber geschieht mit der überschüssigen Energie der Herdplatte?

Erwärmung beim Kondensieren

Wenn in der Küche gekocht wird und viel Wasser in die Luft entweicht, wird der Raum sehr schnell warm. Das liegt nicht nur daran, dass Herd und Töpfe Wärme abstrahlen. Wärme entsteht auch dadurch, dass das gasförmige Wasser in der kühleren Luft **kondensiert** und dabei die Energie wieder abgibt, die es als Verdampfungsenergie aufgenommen hat. Diese Energie heißt **Kondensationsenergie**.

Die Energie, die nötig ist, um 1 kg eines Stoffes zu verdampfen, nennt man spezifische Verdampfungsenergie. Beim Kondensieren wird sie als Kondensationsenergie wieder frei.

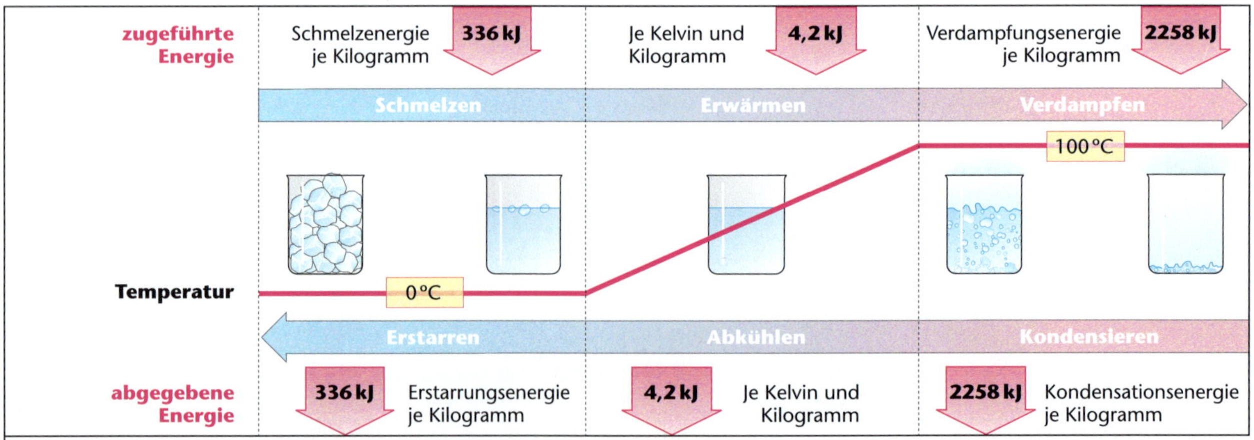

3 Schmelzen, Erwärmen und Verdampfen von 1 kg Wasser

Der Föhn – ein warmer und trockener Fallwind

1 Föhnfische – bei Föhn eine typische Wolkenform

2 Das Biergartenwetter kann nicht jeder genießen.

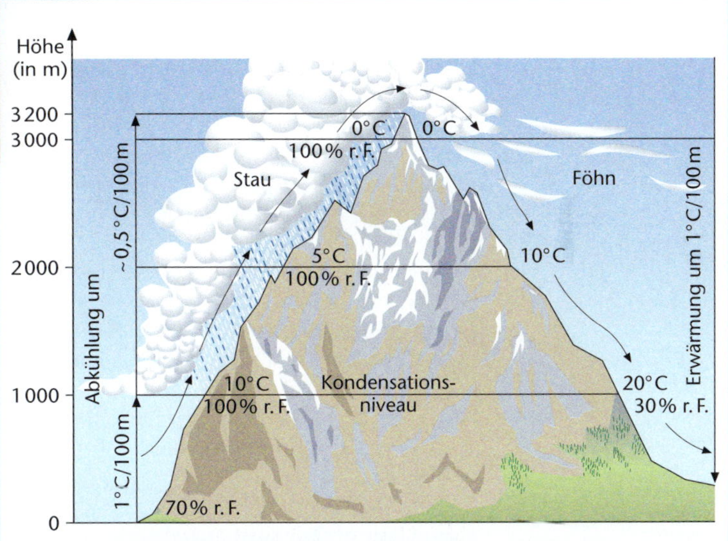

3 Die Entstehung von Föhn

Föhnwetterlage

Über den bayerischen Alpen strahlt der blaue Himmel. Für viele Menschen ist das ein Grund zur Freude, andere wiederum verbinden körperliches Unwohlsein wie Kopfschmerzen damit. Schuld an diesem Phänomen ist der Föhn, ein warmer und trockener Wind, der von Süden nach Norden über die Alpen weht.
Diese Wettererscheinung lässt sich mit Vorgängen aus der Wärmelehre erklären: mit dem Verdunsten, dem Verdampfen und dem Kondensieren von Wasser sowie mit der Verdampfungsenergie und der Kondensationsenergie.

Wie Föhn entsteht

Ein Teil der von der Sonne gelieferten Energie bewirkt, dass Wasser auf der Erdoberfläche verdunstet. Das Verdunsten ist ein dem Verdampfen vergleichbarer Vorgang – er läuft nur langsamer und unterhalb des Siedepunktes ab. Dabei nimmt das Wasser Energie auf, man spricht von der Verdampfungsenergie.
Steigt nun mit Feuchtigkeit beladene Luft an einem Gebirge auf, dann kühlt sie sich mit zunehmender Höhe allmählich ab. Der in der Luft gespeicherte Wasserdampf kondensiert, wodurch sich Wolken bilden und es zu Niederschlägen kommen kann. Bei der Kondensation wird die vorher

Kondensationsenergie wieder frei. Die Luft erwärmt sich.

Wenn trockene Luft aufsteigt, kühlt sie sich jeweils um 1 °C pro 100 m ab. Umgekehrt nimmt ihre Temperatur beim Absinken um 1 °C pro 100 m zu. Luft enthält in der Regel jedoch Feuchtigkeit. Daher wird beim Aufsteigen Kondensationsenergie frei und die Abkühlung beträgt im Durchschnitt nur 0,5 °C pro 100 m. Der genaue Wert hängt vom Feuchtigkeitsgehalt der Luft und der frei werdenden Kondensationsenergie ab.
Die Luft, die am Alpenkamm ankommt, hat durch die Niederschläge ihre Feuchtigkeit abgegeben. Beim Absinken auf der Alpennordseite erwärmt sie sich nochmals. Die in Bayern ankommende Luft ist also trockener und wärmer als sie es bei ihrem „Start" in Norditalien war (▷ B 3).

1 Auf einem Berggipfel siedet das Wasser bereits bei Temperaturen unter 100 °C.

Wasser kochen auf dem Gipfel
Eine Bergsteigergruppe am Montblanc kocht sich unterhalb des Gipfels bei einer Rast einen Tee. Der Montblanc ist mit einer Höhe von 4807 Meter der höchste Berg Europas. Das Wasser siedet dort bereits bei einer Temperatur von etwa 85 °C (▷ B 1). Wie ist das möglich?

Du hast gelernt, dass die Siedetemperatur von Wasser bei 100 °C liegt. Das stimmt allerdings nur mit einer Einschränkung: die Siedetemperatur ist vom Luftdruck abhängig. Beim Normdruck der Luft, der auf der Höhe des Meeresspiegels im Durchschnitt 1013 hPa beträgt, liegt die Siedetemperatur des Wassers bei 100 °C.

Siedetemperatur und Luftdruck
Wenn du die Temperatur von siedendem Wasser misst, zeigt dein Thermometer wahrscheinlich nur 98 °C oder 99 °C an. Das muss nicht an einem ungenauen Thermometer liegen. Erkundige dich einmal, wie hoch dein Wohnort über dem Meeresspiegel liegt.
Die Siedetemperatur verändert sich mit dem Luftdruck. Mit sinkendem Luftdruck nimmt die Siedetemperatur ab (▷ B 2), mit steigendem Luftdruck nimmt sie zu. Da der Luftdruck mit der Höhe abnimmt, siedet das Wasser im Lager der Bergsteiger bereits bei Temperaturen deutlich unter 100 °C.

Dampfblasendruck und Luftdruck
Ist der Luftdruck über der Wasseroberfläche niedrig, können sich beim Sieden leichter Dampfblasen bilden. Denn die Dampfblasen, die am Boden eines Gefäßes entstehen, müssen sich gegen den Druck des Wassers und den Druck der umgebenden Luft ausdehnen und aufsteigen. Das bedeutet, dass der Druck in den Dampfblasen mindestens so groß sein muss wie der äußere Luftdruck.

Je kleiner der äußere Luftdruck ist, desto eher können sich Dampfblasen bilden, also auch schon bei Temperaturen unter 100 °C. Ist der Luftdruck höher als der Normdruck, dann entstehen die Dampfblasen erst bei Temperaturen über 100 °C.

▶ Die Siedetemperatur ist abhängig vom Druck über der Flüssigkeitsoberfläche. Je höher der Druck, desto höher ist die Siedetemperatur und umgekehrt.

Versuch

1 Miss bei dir zu Hause die Siedetemperatur von Wasser. Erkundige dich, wie hoch dein Wohnort über dem Meeresspiegel liegt.

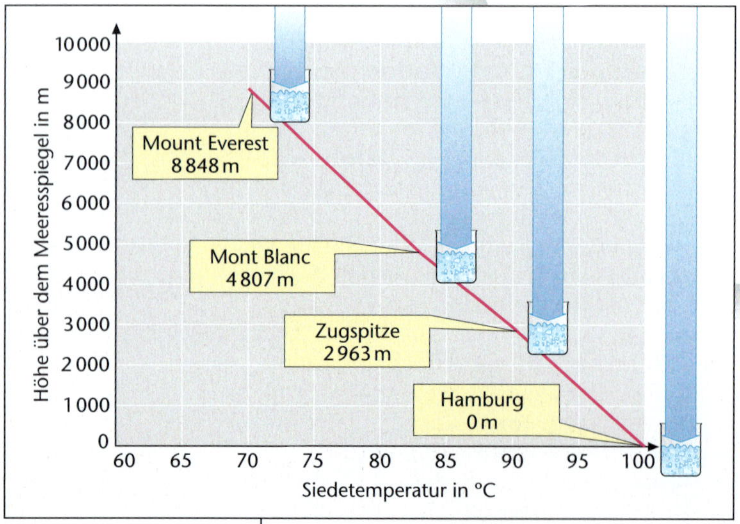

2 Abhängigkeit der Siedetemperatur von der Höhe

3 Siedendes Wasser

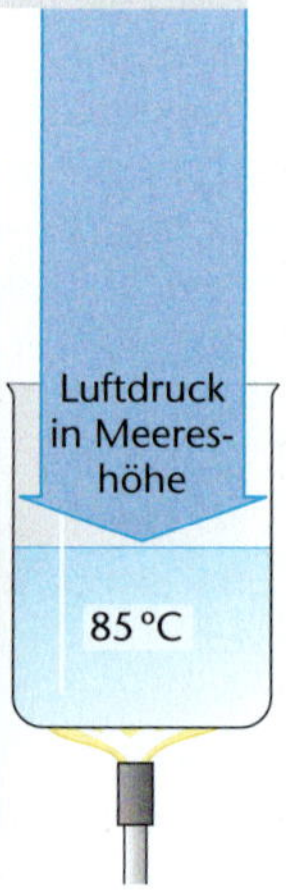

Geysire – „explodierendes“ Wasser aus der Tiefe

1 Eine heiße Quelle – der Geysir

Woher stammt die Energie?
Old Faithful heißt er, der „Zuverlässige“, und befindet sich in den USA im Yellowstone Nationalpark. Mit der Regelmäßigkeit eines Uhrwerks jagt Amerikas berühmtester Geysir fast im Stundentakt 40 000 Liter siedendes Wasser ca. 30 Meter hoch in die Luft. Das Naturschauspiel dauert etwa vier Minuten.
Nirgendwo auf der Welt gibt es auf so engem Raum so viele Geysire wie im Yellowstone Nationalpark. Die Bezeichnung Geysir stammt aus Island und bedeutet „wild strömend“.
Geysire (▷ B 1) sind Grundwasserphänomene. Sie kommen in direkter Nachbarschaft zu Vulkanen vor. Geysire bestehen aus einem unterirdischen Wasserreservoir, von dem ein enger Kanal zur Erdoberfläche führt. Das Wasser wird durch das heiße Gestein, das die Magmakammern umgibt, bis weit über 100 °C erhitzt. Allerdings siedet es nicht, da der Druck der Wassersäule im Kanal auf ihm lastet. Daher liegt der Siedepunkt wesentlich höher. In diesen Tiefen kann das Wasser bis zu 170 °C oder noch heißer werden – es bleibt aber noch flüssig.
Da das heiße Wasser im Kanal eine geringere Dichte hat als das kühlere Wasser nahe der Erdoberfläche, steigt es langsam auf und fließt aus der Kanalöffnung des Geysirs. Dadurch nimmt der Druck der Wassersäule ab und das Wasser unten im Kanal beginnt fast explosionsartig zu sieden. Der Geysir „entlädt“ sich mit einer Eruption aus Wasser und Wasserdampf. Kühleres Wasser fließt von oben wieder in den Trichter und der Vorgang beginnt von Neuem.

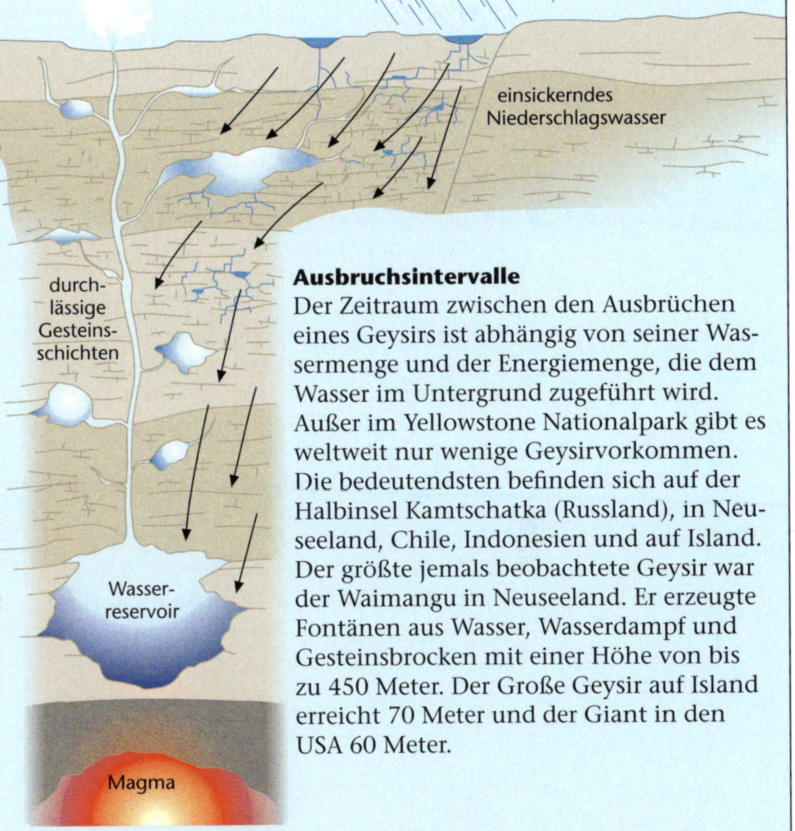

Ausbruchsintervalle
Der Zeitraum zwischen den Ausbrüchen eines Geysirs ist abhängig von seiner Wassermenge und der Energiemenge, die dem Wasser im Untergrund zugeführt wird. Außer im Yellowstone Nationalpark gibt es weltweit nur wenige Geysirvorkommen. Die bedeutendsten befinden sich auf der Halbinsel Kamtschatka (Russland), in Neuseeland, Chile, Indonesien und auf Island. Der größte jemals beobachtete Geysir war der Waimangu in Neuseeland. Er erzeugte Fontänen aus Wasser, Wasserdampf und Gesteinsbrocken mit einer Höhe von bis zu 450 Meter. Der Große Geysir auf Island erreicht 70 Meter und der Giant in den USA 60 Meter.

Kühlen in der Sonne?
Die 10b macht eine Bergwanderung. Morgens werden die Getränke aus dem Kühlschrank geholt, denn es ist sehr heiß. Peter packt seine Flasche tief unten in den Rucksack, damit sie vor der Wärme geschützt ist. Birgit dagegen füllt ihr Getränk in eine Flasche mit Filzüberzug. Dann tränkt sie den Filz mit Wasser und hängt die Flasche außen an den Rucksack. „Willst du dir Teewasser kochen?" fragt Peter.

Wenn Birgit den Filz im Laufe des Tages immer wieder anfeuchtet, hat sie mit Sicherheit auf der Wanderung ein kühleres Getränk als Peter. Wie kommt das?
Im Laufe der Zeit verdunstet das Wasser aus dem Filz. Für die Verdunstung ist Energie nötig. Verdunsten ist nichts anderes als Verdampfen unterhalb des Siedepunktes der Flüssigkeit über einen längeren Zeitraum. Die Energie, die für die Verdunstung benötig wird, wird der Flasche und damit der Flüssigkeit entzogen. Daher wird das Getränk nicht wärmer, sondern sogar kälter. Diesen Vorgang nennt man Verdunstungskühlung.

Kühlende „Erfrischungstücher"
Wie stark die Verdunstungskühlung durch eine Flüssigkeit ist, hängt von ihrem Siedepunkt ab. Je niedriger der Siedepunkt einer Flüssigkeit ist, desto schneller verdunstet sie und desto stärker ist auch die Verdunstungskühlung.
Erfrischungstücher sind mit Alkohol getränkt. Da Alkohol bereits bei 78 °C siedet, verschaffen uns diese Tücher eine stärkere Kühlung als ein mit Wasser getränktes Papiertaschentuch.

Aufgabe

1 a) Erkläre, warum einer der beiden Jungen in Bild 1 schwitzt, der andere friert.
b) Unter welchen Umständen könnten beide über die Lufttemperatur einer Meinung sein?

Versuche

1 Mit folgenden Versuchen findest du heraus, wovon es abhängt, wie schnell eine Flüssigkeit verdunstet. Halte die Ergebnisse in Merksätzen fest:
a) Gib je 50 ml Wasser auf ein flaches Schälchen und in ein Reagenzglas.
b) Gib je 50 ml Wasser in zwei flache Schälchen. Stelle eines an einen warmen, das andere an einen kühlen Ort.
c) Gib je 50 ml Wasser in zwei flache Schälchen. Lass eines offen stehen, stülpe über das andere ein Glas.
d) Feuchte die Tafel auf der gesamten Fläche gleichmäßig (stark) an. Nimm zwei Haartrockner mit gleicher Leistung und blase aus gleichem Abstand (etwa 15 cm) einen kalten und einen warmen Luftstrom auf die Tafel. Vergleiche die Verdunstung ohne Luftstrom mit der Verdunstung bei kaltem und bei warmem Luftstrom.

2 a) Reibe deinen Handrücken mit einem Erfrischungstuch bzw. mit einem angefeuchteten Papiertaschentuch ab. Beschreibe, was du empfindest.
b) Führe den Versuch wie in Bild 2 durch. Um eines der beiden Thermometer wickelst du ein Erfrischungstuch, um das andere ein gleich großes mit Wasser getränktes Papiertaschentuch. Halte beide Thermometer in den Luftstrom eines Haartrockners.

1 Verdunsten kühlt

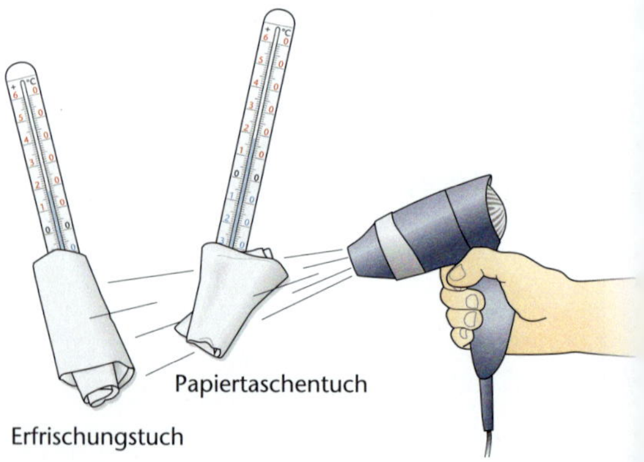

2 Zu Versuch 2b

Brennpunkt

Der Kühlschrank

Das Kühlmittel fließt im Kreis

Der Kühlschrank (▷ B 1) besitzt ein Röhrensystem, in dem sich ein Kühlmittel befindet. Die Siedetemperatur dieses Kühlmittels – heute meist Frigen oder ein Propan-Butan-Gasgemisch – liegt weit unter 0 °C. Dieses Kühlmittel wird durch den Innenraum des Kühlschrankes geleitet. Weil die Temperatur dort mehr als 0 °C beträgt, beginnt die Flüssigkeit zu sieden. Die dazu nötige Energie wird dem Innenraum entzogen. Das bedeutet, dass es im Kühlschrankinnenraum kälter wird. Allerdings muss das Kühlmittel die aufgenommene Energie auch wieder abgeben – und zwar außerhalb des Kühlschranks – und zurück in den Verdampfer gelangen. Dazu sind eine Pumpe (Kompressor) und ein enges Rohr (Kapillarrohr) notwendig.

Überlege und beschreibe, wie der Prozess weiterverläuft. Die Abbildungen 2 und 3 liefern dir einige Hinweise dazu.

1 Der Verflüssiger des Kühlschranks

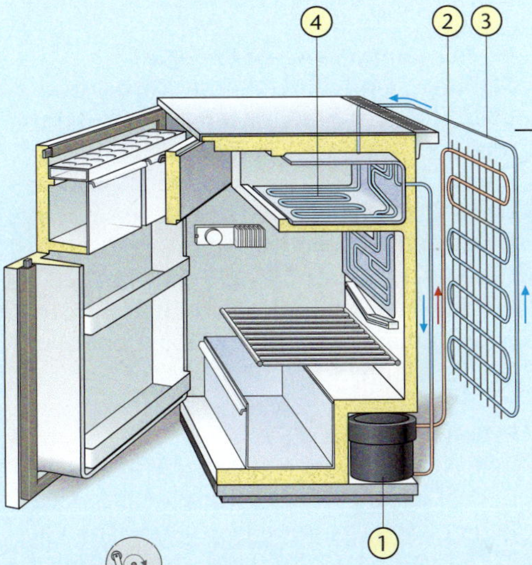

2 Der Kühlkreislauf

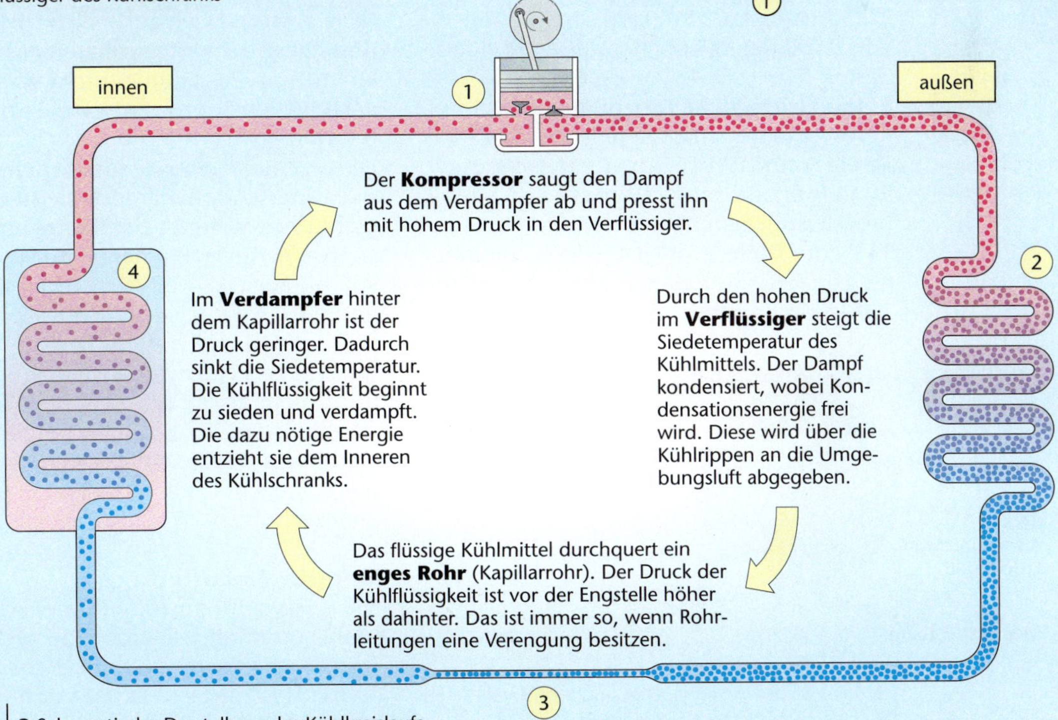

3 Schematische Darstellung des Kühlkreislaufs

1 Erdöl – eine der wichtigsten Energiequellen

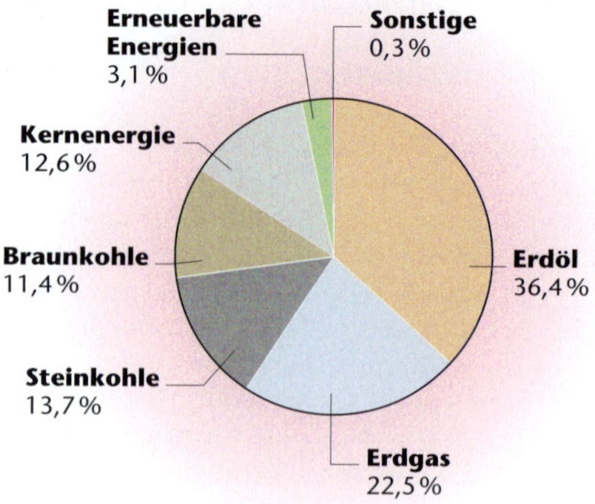

4 Primärenergieverbrauch in Deutschland (2005)

Woher kommt unsere Energie?
Ständige Verfügbarkeit von Wärme und Licht, Erleichterung unserer Arbeit, komfortabler Austausch von Nachrichten, rasche, sichere Fortbewegung, ... – all das sind Wünsche, die sich der Mensch heute erfüllt hat.
Die Maschinen und Geräte, die bei der Erfüllung dieser Wünsche helfen, haben eines gemeinsam: Sie benötigen Energie. Woher nehmen wir diese Energie?

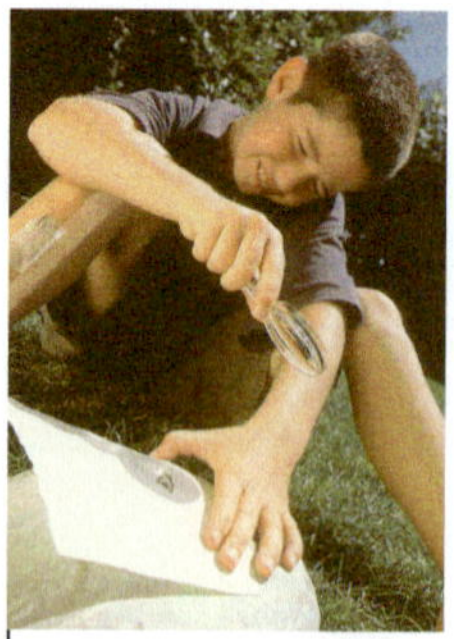

2 Gebündelte Sonnenstrahlen können Papier entzünden.

Primärenergien
Jede Art von Energie hat ihren Ursprung in der Natur. Diese ursprünglichen, natürlichen Energieformen bezeichnet man als Primärenergien. Man kann drei Gruppen von Primärenergiequellen unterscheiden.

1. Unerschöpfliche Energiequellen
Die wichtigste Energiequelle für die Erde ist die Sonne (▷ B 2). An einem wolkenlosen Junitag beträgt die maximale Strahlungsleistung zur Mittagszeit ungefähr 1 kW/m^2. Diese Größe ist jedoch – abhängig von Ort, Wetterlage, Tages- und Jahreszeit – starken Schwankungen unterworfen.

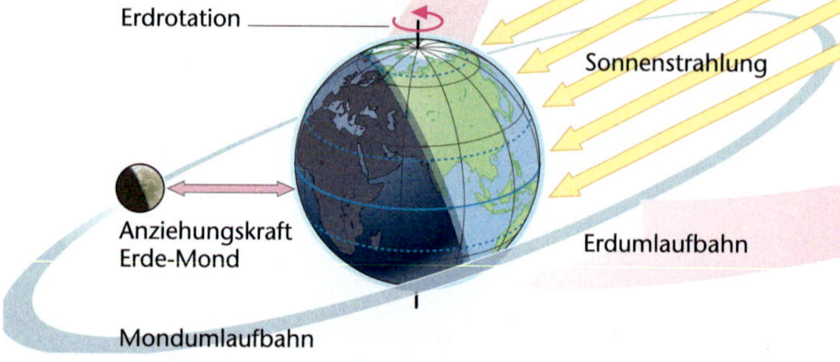

3 Das System aus Sonne, Erde und Mond stellt eine unerschöpfliche Energiequelle dar.

Eine weitere im erdgeschichtlichen Maßstab unerschöpfliche Energiequelle ist die Erdrotation (▷ B 3). In Verbindung mit der Sonne sowie der Anziehungskraft zwischen Erde und anderen Himmelskörpern verursacht die Erdrotation Wellen, Gezeiten und Winde. Schließlich steht uns die geothermische Energie aus dem Erdinneren (Erdwärme) zur Verfügung.

2. Regenerative Energiequellen
Heute werden verstärkt so genannte „regenerative" Energiequellen genutzt, deren Vorräte sich ständig erneuern. Dazu gehören Windenergie, Gezeitenenergie, Biomasse und Wasserkraft (Laufwasser, Meerwasser). Doch auch sie beziehen ihre Energie im Wesentlichen aus den in absehbaren Zeiträumen nicht versiegenden Quellen Sonne, Erdwärme und Erdrotation.
Die regenerativen Energiequellen sind zwar unerschöpflich, doch sie stehen uns nicht ohne weiteres zur Verfügung.
So ist z. B. die Windenergie nur dort sinnvoll nutzbar, wo der Wind regelmäßig und stark weht, also an Meeresküsten und auf den Gipfeln von Bergen. Hohe Anlage- und Nutzungskosten, eine derzeit noch nicht ausgereifte Technik oder Unbeständigkeit in der Erzeugung sind Gründe dafür, dass wir diese Energiequellen heute nur ergänzend zu den fossilen Energiequellen nutzen.

3. Fossile Brennstoffe
Die fossilen Brennstoffe Kohle, Erdöl (▷ B 1) und Erdgas bilden eine wichtige Grundlage unseres hohen Lebensstandards. Aber die begrenzten Vorräte, die in vielen Millionen Jahren entstanden sind,

müssen geschont werden. Deshalb unternimmt man große Anstrengungen, um die Nutzung der regenerativen Energieträger zu verbessern. Dazu sind neue, kostengünstigere Techniken erforderlich. Gleichzeitig müssen wir lernen, mit Energie sparsamer umzugehen. Verbrauchsärmere Motoren, bessere Gebäudeisolierung oder veränderte Lebensgewohnheiten können helfen, die fossilen Energiereserven zu schonen.

Alle Energie von der Sonne
Die chemische Energie, die in den fossilen Energieträgern Kohle, Erdöl, Erdgas, Torf oder Holz gespeichert ist, hat ihren Ursprung in der Energie der Sonne. Diese Brennstoffe entstanden vor Millionen von Jahren aus den Überresten von Pflanzen und Tieren. Diese wiederum waren erst durch die Energie der Sonne lebensfähig, die sie für ihre Wachstumsprozesse benötigten.

Sekundärenergien
Um die Primärenergien für unsere Zwecke nutzbar zu machen, werden sie zum größten Teil in Sekundärenergieformen umgewandelt (▷ B 4). So gewinnt man aus Erdöl die Sekundärenergieträger Heizöl, Dieselkraftstoff oder Benzin und aus Kohle Koks, Briketts oder Brenngase.
Aus Erdwärme oder Biomasse kann Fernwärme gewonnen werden. Und praktisch aus jeder Primärenergieform lässt sich elektrische Energie erzeugen.

Nutzenergie
Bei der Nutzung durch den Menschen erfolgen weitere Umwandlungsprozesse, die Sekundärenergie wird dabei in Nutzenergie umgewandelt. Wichtige Formen der Nutzenergie sind Wärme, Licht oder Bewegungsenergie.

▶ Jede Art von Energie hat ihren Ursprung in der Natur. Man unterscheidet Primärenergie, Sekundärenergie und Nutzenergie.

Aufgaben

1 Mit welchem Brennstoff wird bei dir zu Hause geheizt? Welche Vor- und Nachteile hat die Nutzung dieses Energieträgers gegenüber anderen?

2 Was könntest du gemeinsam mit deiner Familie tun, um Energie zu sparen?

3 Du nutzt täglich elektrische Energie, z. B. beim Trocknen deiner Haare mit einem Haartrockner.
Erkläre, wieso auch diese Energie ihren Ursprung in der Natur hat.

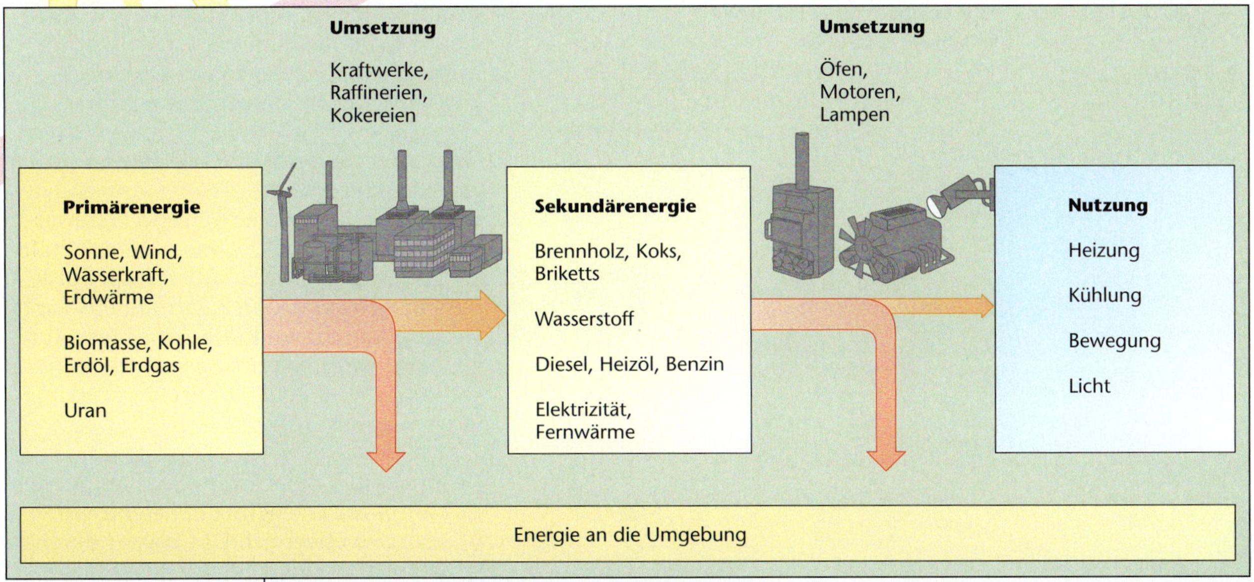

4 Die Umwandlung von Primärenergie in Nutzenergie

1 Ein modernes Wärmekraftwerk

Ein Modellversuch

Aus der Luft betrachtet sieht ein modernes Wärmekraftwerk ziemlich kompliziert aus (▷ B 1). Kühltürme, Schornsteine und viele Gebäude sind über ein großes Gelände verteilt. Doch die Funktionsweise eines solchen Kraftwerks kannst du dir mithilfe eines einfachen Modellversuches verdeutlichen.

In einem Teekessel wird Wasser mit einem Brenner erwärmt (▷ B 2). Das Wasser beginnt zu sieden und geht in den gasförmigen Zustand über. Der Wasserdampf wird auf ein kleines Turbinenrad geleitet und versetzt es in Drehung. Das Turbinenrad ist mit einem Dynamo verbunden, der die gewünschte Elektrizität erzeugt.

Die Funktionsweise eines Wärmekraftwerks

Die im Modellversuch beschriebenen Abläufe findest du auch in einem Wärmekraftwerk wieder – nur in einer ausgereifteren Technik. Als Brennstoff dienen Braunkohle, Steinkohle, Erdöl oder Erdgas. In einem Kernkraftwerk wird Uran als Brennstoff verwendet. Bei der Verbrennung dieser Stoffe bzw. durch die Spaltung des Urans wird sehr viel Wärme frei.

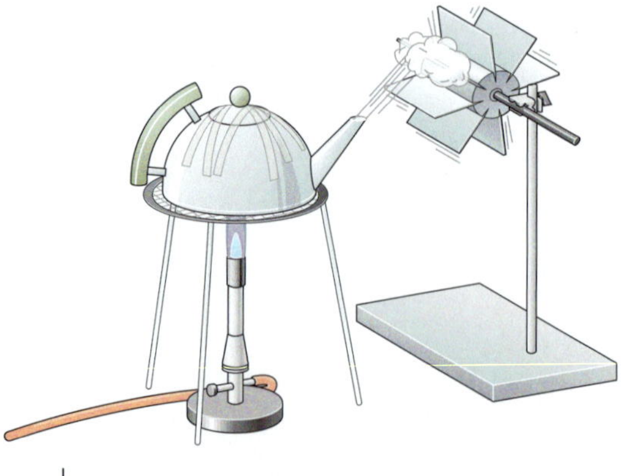

2 Das Modell eines Wärmekraftwerks

Im Dampferzeuger wird dadurch Wasser erwärmt (▷ B 3). Es beginnt unter hohem Druck zu sieden. Der dabei entstehende über 500 °C heiße Wasserdampf wird auf eine Turbine geleitet. Hier erfolgt die Umwandlung der Wärmeenergie des Dampfes in Bewegungsenergie. An die Turbine ist ein Generator angeschlossen, der die Bewegungsenergie in elektrische Energie umwandelt.

Der „abgearbeitete" Dampf aus der Turbine kühlt sich im Kondensator ab. Es entsteht wieder flüssiges Wasser, das zurück in den Dampferzeuger geleitet wird. So entsteht ein geschlossener Kreislauf.

Damit der Wasserdampf kondensiert, wird er von außen gekühlt. Früher verwendete man zur Kühlung überwiegend Flusswasser. Viele ältere Kraftwerke stehen deshalb an den großen Flüssen. Allerdings wurde das Flusswasser dadurch zu stark erwärmt. Heute übernehmen Kühltürme diese Aufgabe. Du kannst sie schon von weitem erkennen, sie sind ein typisches Merkmal eines Wärmekraftwerks (▷ B 1).

In einem Wärmekraftwerk wird Wasserdampf zur Erzeugung der elektrischen Energie verwendet. Das Wasser durchläuft dabei einen geschlossenen Kreislauf.

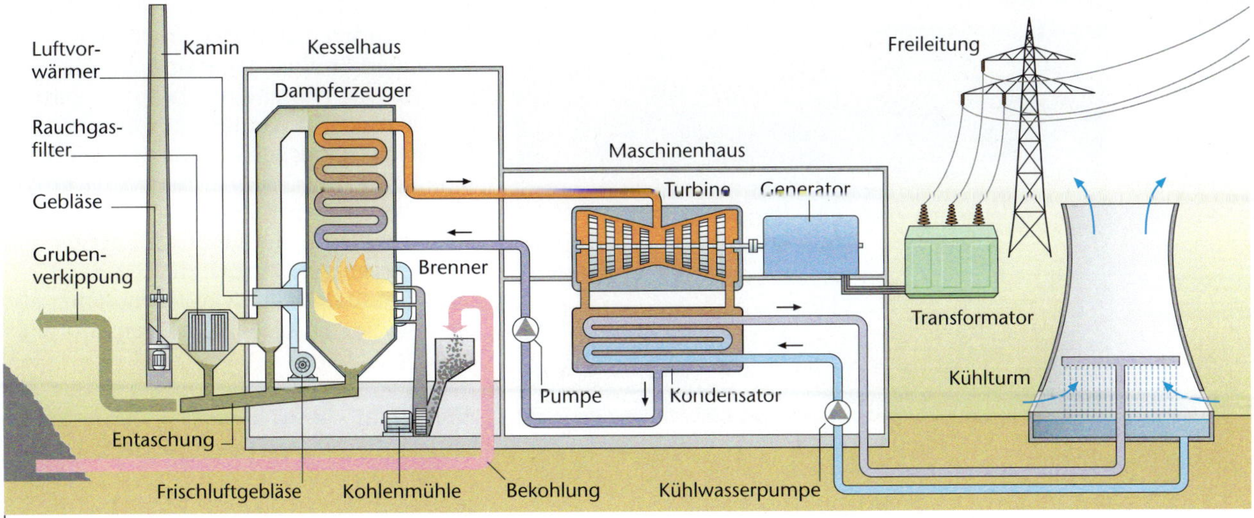

3 Schnitt durch ein Kohlekraftwerk (Wärmekraftwerk)

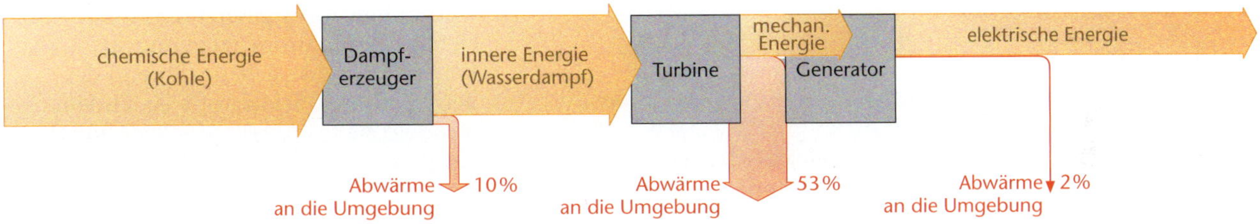

4 Energiefluss in einem Kohlekraftwerk (Wärmekraftwerk)

Erwünschte und unerwünschte Energieumwandlung

Die gewünschte Umwandlung von Wärme in elektrische Energie gelingt in einem Wärmekraftwerk nicht vollständig. Bei jedem Umwandlungsprozess wird Energie in Form von Abwärme frei, die für uns nicht nutzbar ist (▷B 4).

In modernen Kraftwerken werden ca. 40 % der eingesetzten chemischen Energie in elektrische Energie umgewandelt. Die restlichen 60 % werden in Form von Wärme an die Umwelt abgegeben und tragen damit zur Erwärmung der Umgebung des Kraftwerks bei.

Braunkohle- und Steinkohlekraftwerke

Allein diese beiden Kraftwerksarten decken ungefähr die Hälfte des Strombedarfs in Deutschland ab.
In ihnen wird die fein gemahlene Kohle verbrannt und damit Wärme erzeugt. Die Leistung eines Braunkohlekraftwerks ist gewaltig: So erzeugt ein einziges Kraftwerk eine elektrische Leistung von 2700 MW. Das reicht aus, um zwei Großstädte einschließlich der angesiedelten Industrie mit Strom zu versorgen.

Pro Tag werden ca. 70 000 t Braunkohle in einem solchen Kraftwerk verbrannt. Dabei entstehen entsprechend große Mengen an Schadstoffen, vor allem Kohlenstoffdioxid (CO_2), Schwefeldioxid (SO_2), Stickstoffoxide (NO_X) und Aschestaub. Durch aufwändige Filteranlagen lassen sich die drei zuletzt genannten Schadstoffe entfernen oder zumindest reduzieren. Für das Kohlenstoffdioxid gibt es keine Filtermöglichkeit, dieses Gas gelangt ungehindert in die Atmosphäre. Man geht heute davon aus, dass das Kohlenstoffdioxid den Treibhauseffekt verstärkt und sich dadurch die durchschnittliche Temperatur auf der Erde erhöhen wird.

5 Grundlage unserer Stromversorgung

1 Ein Wasserkraftwerk

2 Eine Windkraftanlage

Was sind eigentlich „regenerative Energien"?
Zur Erzeugung elektrischer Energie werden große Mengen an Kohle, Erdöl und Erdgas verbrannt. Diese Energieträger können sich in überschaubarer Zeit nicht neu bilden, sie gehören zu den **erschöpflichen Energiequellen**.

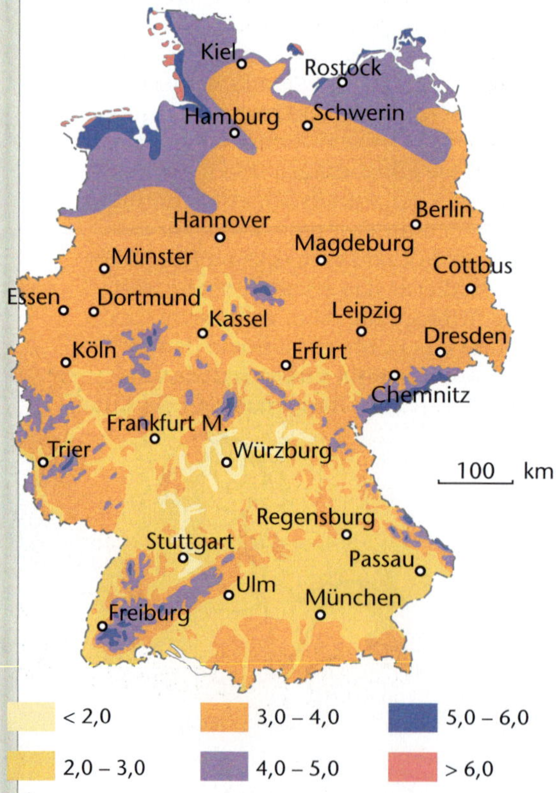

3 Mittlere Windgeschwindigkeiten in Deutschland (in m/s)

Es gibt andere Energieträger, die sich unter dem Einfluss der Sonne ständig erneuern. Das Wasser einer Talsperre wird immer wieder aufgefüllt und kann zur Stromerzeugung genutzt werden. Die Wasserkraft ist eine Quelle erneuerbarer und somit regenerativer Energie.
Bei der Nutzung regenerativer Energie werden weniger Schadstoffe freigesetzt, sie gilt deshalb als umweltfreundlicher als die Energie, die aus fossilen Brennstoffen gewonnen wird.

Alles fließt – Wasserkraft
Das Prinzip eines Wasserkraftwerks ist einfach: Das Wasser eines hochgelegenen Stausees (▷ B 1) oder eines Flusses wird durch Rohrleitungen auf eine in geringerer Höhe angebrachte Turbine geleitet. Diese wird in Bewegung gesetzt und treibt einen Generator zur Stromerzeugung an.
Wasserkraftwerke geben während des Betriebes keine Schadstoffe ab. Zudem wandeln sie bis zu 90 % der Lageenergie des Wassers in elektrische Energie um und erzeugen wenig unerwünschte Abwärme.
Die Wasservorräte in den Stauseen und den Flüssen sind in Deutschland allerdings zu gering, um die Wasserkraft weiter ausbauen zu können. In anderen Ländern wie Norwegen oder der Schweiz hat die Wasserkraft einen höheren Anteil an der Stromerzeugung als in Deutschland.

Die Nase im Wind – Windkraftwerke
Wind gibt es fast überall und die Idee, ihn zu nutzen, ist nicht neu. Seit vielen hundert Jahren treibt die Energie des Windes Mühlen und Segelboote an.
Zunehmend wird die Windenergie auch zur Erzeugung von elektrischer Energie eingesetzt. In modernen Windkraftanlagen treibt der Wind einen Rotor an, der – häufig über ein Getriebe – mit einem Generator verbunden ist (▷ B 2).
Die elektrische Energie, die ein Windkraftwerk erzeugt, ist stark abhängig von der Geschwindigkeit des Windes. Man geht davon aus, dass die mittlere Windgeschwindigkeit ca. 4 m/s betragen muss, damit ein Windkraftwerk wirtschaftlich arbeitet.
An den Küsten ist diese Bedingung erfüllt. Landeinwärts nimmt die durchschnittliche Windgeschwindigkeit generell ab (▷ B 3). Deshalb müssen im Binnenland höher gelegene Standorte gewählt werden, um die erforderlichen Windgeschwindigkeiten zu erreichen.

Auf der Sonnenseite – Solarzellen

Taschenrechner sind standardmäßig damit ausgerüstet. Geräte mit einem geringen Strombedarf werden häufig durch Solarzellen versorgt. Sie erzeugen während des Betriebes keine belastenden Schadstoffe und gelten daher als umweltfreundliche Spannungsquellen.

Eine einzelne Solarzelle liefert nur eine geringe Spannung und eine geringe Stromstärke. Um höhere Leistungen zu erzeugen, schaltet man viele Solarzellen zu einem **Modul** zusammen. Durch mehrere Module kann ein Haushalt mit Elektrizität versorgt werden (▷B 3).

Kein Licht, keine Elektrizität?

Eine Solarzelle wandelt die Energie des Sonnenlichts direkt in elektrische Energie um (▷V 1a). In der Nacht oder an einem bewölkten Tag können Solarzellen keine oder nur sehr wenig Elektrizität erzeugen. Wir verlangen jedoch zu jeder Tages- und Nachtzeit eine zuverlässige Elektrizitätsversorgung.

Gibt es eine Möglichkeit, die in den Sonnenstunden des Tages erzeugte elektrische Energie zu speichern, um sie bei Dunkelheit wieder abzugeben? Batterien sind dazu zu schwer und zu teuer. Man kann aber mithilfe des elektrischen Stromes Wasser in die Gase Wasserstoff und Sauerstoff zerlegen (▷V 1b). Wasserstoff lässt sich für längere Zeiten speichern. Bei Bedarf wird er verbrannt und durch die entstehende Wärme kann wieder elektrische Energie gewonnen werden. Das „Abfallprodukt" dieser Verbrennung ist vor allem Wasser, die Umwelt wird nur wenig belastet. Auch die Verbrennungsmotoren von Autos lassen sich mit dem umweltfreundlicheren Wasserstoff betreiben.

Elektrizität aus Wasserstoff – Brennstoffzellen

Brennstoffzellen erzeugen Elektrizität aus Wasserstoff und Sauerstoff, indem sie die chemische Energie des Wasserstoffs direkt in elektrische Energie umwandeln (▷V 1c). Bei dieser Reaktion entsteht nur reines Wasser. Dabei arbeiten Brennstoffzellen wirkungsvoller, leiser und umweltfreundlicher als konventionelle Kraftwerke.

Brennstoffzellen gibt es für viele Aufgaben und Leistungen: Sie können sowohl Mobiltelefone als auch ganze Häuser mit Elektrizität versorgen.

Die ersten Elektroautos fahren bereits mit Brennstoffzellen. Vielleicht ist die Zeit nicht mehr fern, in der Autos nur noch Wasserdampf ausstoßen und jedes Haus seine eigene Elektrizität durch Brennstoffzellen erzeugt.

3 Montage von Solarmodulen

Versuch

1 a) Schließe an eine Solarzelle einen kleinen Elektromotor an. Stelle eine helle Lichtquelle vor die Solarzelle und beobachte den Elektromotor.
b) Tausche den Elektromotor gegen einen Elektrolyseur aus. (Ein Elektrolyseur ist eine Vorrichtung zur Zerlegung des Wassers in Wasserstoff und Sauerstoff.) Beleuchte die Solarzelle etwa 5 Minuten mit der Lichtquelle und beobachte die Vorgänge im Elektrolyseur (▷B 1).
c) Verbinde die beiden Gastanks des Elektrolyseurs über zwei kleine Schläuchen mit einer Brennstoffzelle. Schließe die Brennstoffzelle an den Elektromotor an.
Was kannst du beobachten, wenn du die Gaszufuhr öffnest (▷B 2)?

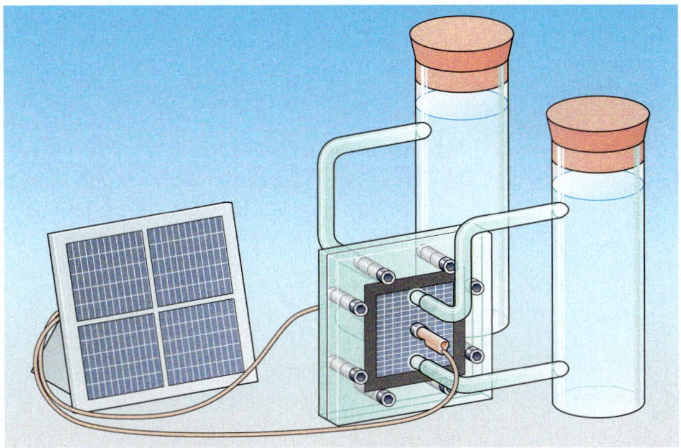

1 Versuchsaufbau zu V1b

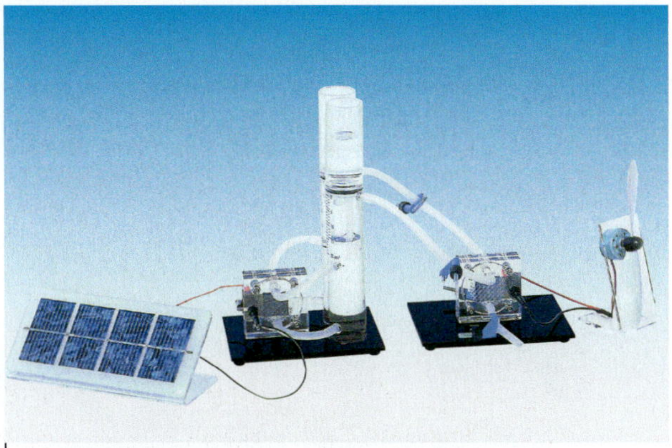

2 Versuchsaufbau zu V1c

Die Geschichte der Wärmekraftmaschine

1 Heißer Wasserdampf erzeugt Bewegung

Im Dampf steckt Kraft

Wasserdampf enthält Energie. Diese Energie kann man nutzen, um Arbeiten zu verrichten.
Schon im 1. Jahrhundert n. Chr. hat der griechische Mathematiker HERON VON ALEXANDRIA ein einfaches Gerät gebaut, das die Dampfkraft nutzte. Er ließ über eine Leitung heißen Wasserdampf in eine drehbar gelagerte Kugel strömen. Durch Düsen, die an der Kugel angebracht waren, konnte der Dampf entweichen. Der dabei erzeugte Rückstoß versetzte die Kugel in Drehung (▷ B1).
Doch wie viele Dinge geriet auch HERONS Entdeckung in Vergessenheit. Erst 1698 baute THOMAS SAVERY (ca. 1650–1715) in Großbritannien eine Dampfpumpe, die Wasser in Bergwerke befördern sollte. Die zum Patent angemeldete Pumpe war die erste Maschine, die Wärmeenergie zur Verrichtung von Arbeit nutzte. Sie funktionierte allerdings nur sehr unbefriedigend und verbrauchte große Mengen an Brennmaterial. THOMAS NEWCOMEN (1663–1729) schuf um 1712 die erste arbeitsfähige Dampfmaschine.

Das industrielle Zeitalter

Bis ins 18. Jahrhundert kannten die Menschen nur Wind- und Wasserräder sowie Räder, die von Tieren oder Menschen bewegt wurden. Nach der Entwicklung der ersten Dampfpumpe durch SAVERY entwickelten mehrere Konstrukteure unterschiedliche Arten von dampfbetriebenen Maschinen.

Doch erst im Jahr 1769 erhielt JAMES WATT (1736–1819) das englische Patent auf seinen Entwurf einer Dampfmaschine.

1781 gelang ihm schließlich der Bau eines weiterentwickelten Modells. Er hatte eine von NEWCOMEN angefertigte Maschine zur Reparatur erhalten. Diese reparierte er nicht nur, sondern er dachte auch über Verbesserungen nach.

Die Dampfmaschine des JAMES WATT

In einer WATT'schen Dampfmaschine (▷ B2) wird der Kolben vom Dampf so lange in eine Richtung gedrückt, bis die Ausströmschlitze des Zylinders freigegeben werden und der Dampf entweichen kann. Nun wird der Zylinder über ein Ventil auf der anderen Seite des Kolbens mit Dampf beschickt, sodass sich der Kolben wieder zurückbewegt. Eine Stange, die am Kolben befestigt ist, setzt diese Hin- und Herbewegung in die Drehung eines Rades um.

Die Geschichte der Dampflokomotive

Im Jahr 1802 baute der Brite RICHARD TREVITHICK (1771–1833) eine kleine Dampfmaschine, die die erste Dampflok antrieb. Diese Lok fuhr noch auf der Straße.
Die erste Lokomotive, die auf Schienen fuhr und als Bergwerksbahn genutzt werden konnte, stammt aus dem Jahr 1804. 1814 stellte GEORGE STEPHENSON in Großbritannien seine erste Dampflokomotive vor. Seine Modelle waren die ersten Fahrzeuge, die eine größere Geschwindigkeit als ein Pferd erreichten.
In Deutschland begann die Geschichte der Eisenbahn 1835 mit der Eröffnung der Strecke zwischen Nürnberg und Fürth.

2 Eine WATT'sche Dampfmaschine

3 Einsatz einer Dampfmaschine in der Landwirtschaft

Die Lokomotive „Adler“ hatte ROBERT STEPHENSON (▷ B4) erbaut, GEORGE STEPHENSONS Sohn.
Längere Strecken, auf denen zuvor Pferdekutschen eingesetzt wurden, ließen sich nun schneller und bequemer zurücklegen. Gleichzeitig waren die Maschinen so stark, dass viele Menschen und Transportgüter gleichzeitig bewegt werden konnten. Die Eisenbahn entwickelte sich zum wichtigsten Transportmittel auf dem Land. Besonders in den Vereinigten Staaten half die Eisenbahn bei der Erschließung des Landes. Dazu trug vor allem die 1869 eröffnete durchgehende Verbindung von der West- zur Ostküste bei.

Bis weit ins 20. Jahrhundert waren Dampflokomotiven ein Teil des täglichen Lebens. Heute findet man sie bei uns nur noch als Antrieb für Museumsbahnen oder als Ausstellungsstücke in Museen.

Der Grund dafür ist einsichtig: Elektro- und Diesellokomotiven benötigen weniger Energie als Dampfloks, können aber noch höhere Geschwindigkeiten erzielen. Die höchste Geschwindigkeit, die jemals von einer Dampflok erreicht wurde, betrug knapp 203 km/h. Der neue ICE erreicht dagegen Geschwindigkeiten von etwa 300 km/h. Darüber hinaus entstehen beim Betrieb von Elektro- und Dieselloks weniger umweltschädigende Abgase.

4 ROBERT STEPHENSON und die von ihm erbaute Lokomotive „Adler“

Die Dampfmaschine einer Lok
Im Heizkessel einer Dampflokomotive wird Kohle verbrannt (▷ B 5). Die heißen Verbrennungsgase erhitzen Wasser in einem Kessel. Es entsteht Wasserdampf, der zu einem Zylinder geleitet wird (▷ B 6). Dort bewegt er einen Kolben hin und her. Der Kolben ist über Wellen und Stangen mit den Antriebsrädern verbunden.
Die Menge des Dampfes, die zum Zylinder geleitet wird, wird über ein Ventil gesteuert. Damit lässt sich die Geschwindigkeit der Lokomotive regeln.

5 Heizkessel einer Dampflok

Die Dampfmaschine

Von James Watts Kolbendampfmaschine hast du schon gehört (▷B 1).
In einem Dampfkessel wird Kohle oder Öl verbrannt. Die Wärme wird genutzt um heißen Wasserdampf zu erzeugen. Dieser Dampf gelangt über ein Ventil in einen Zylinder, in dem sich ein beweglicher Kolben befindet. Der Kolben wird durch den Dampf verschoben und verrichtet dabei Arbeit. Hat sich der Kolben weit genug bewegt, öffnet sich ein zweites Ventil, das den Dampf in die Kammer auf der anderen Seite des Kolbens leitet. Der Kolben bewegt sich wieder zurück.
Bei Dampfmaschinen treten große Energieverluste auf. Ihr Wirkungsgrad beträgt im günstigsten Fall 20 %, d. h., es werden nur 20 % der aus Öl oder Kohle freigesetzten Energie in Nutzenergie verwandelt.
Heute finden Kolbendampfmaschinen nur noch gelegentlich Anwendung in Dampfloks und Schiffen (z. B. bei Eisbrechern).

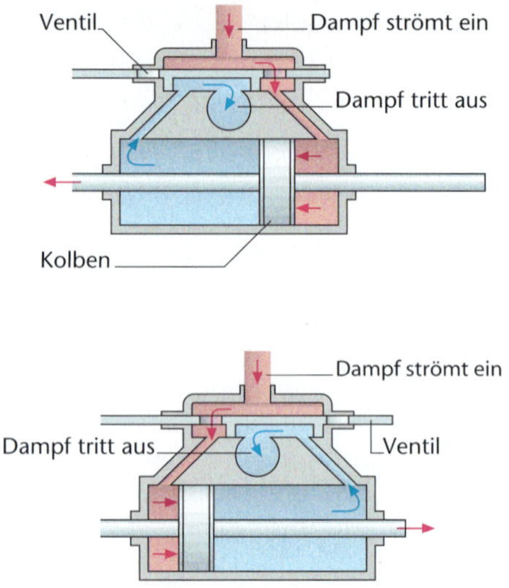

1 Funktionsprinzip der von Watt entwickelten Dampfmaschine

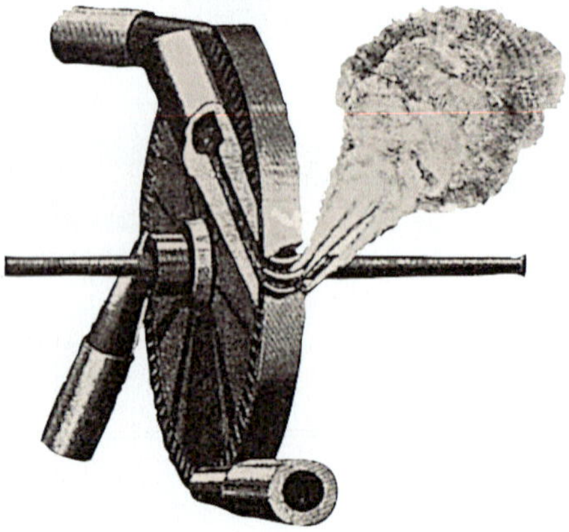

2 Dampfturbine

Dampfturbinen

Eine erste Verbesserung stellte die Dampfturbine dar, die der Ingenieur Carl Gustav Patrik de Laval (1845–1913) entwickelt hatte (▷B 2). Sie erreichte Wirkungsgrade von bis zu 35 %. Bei dieser Turbine strömt der Dampf durch viele enge Düsen mit großer Geschwindigkeit gegen die Schaufeln des Laufrades. Um die Energie besser auszunutzen, kann man den Dampf über ein weiteres, hinter dem ersten angebrachtes Laufrad leiten.
Dampfturbinen laufen ruhiger als Kolbendampfmaschinen. Sie werden z. B. in Elektrizitätswerken oder zum Antrieb großer Schiffe eingesetzt.

3 Ottomotor

Verbrennungsmotoren

Die größte Verbreitung haben die Wärmekraftmaschinen gefunden, die als Verbrennungsmaschinen bezeichnet wurden.
Seit dem 17. Jahrhundert wurden zahlreiche Experimente mit Verbrennungsmaschinen durchgeführt. Um 1876 gelang es dem Kölner Kaufmann und Ingenieur Nikolaus August Otto (1832–1891) eine Verbrennungsmaschine zu entwickeln, deren Prinzip noch heute angewandt wird: den Ottomotor (▷B 3).
In solchen Motoren erfolgt die Verbrennung flüssiger oder gasförmiger Stoffe im Inneren des Zylinders. Durch eine explosionsartige Verbrennung wird der Kolben angetrieben.

Der Viertakt-Ottomotor – ein Verbrennungsmotor

Der Viertakt-Ottomotor
Bild 1 zeigt die wichtigsten Teile eines Viertakt-Ottomotors. Welche Aufgaben sie erfüllen, lässt sich leicht verstehen, wenn man die vier Takte, d.h. die vier Funktionsschritte, betrachtet.

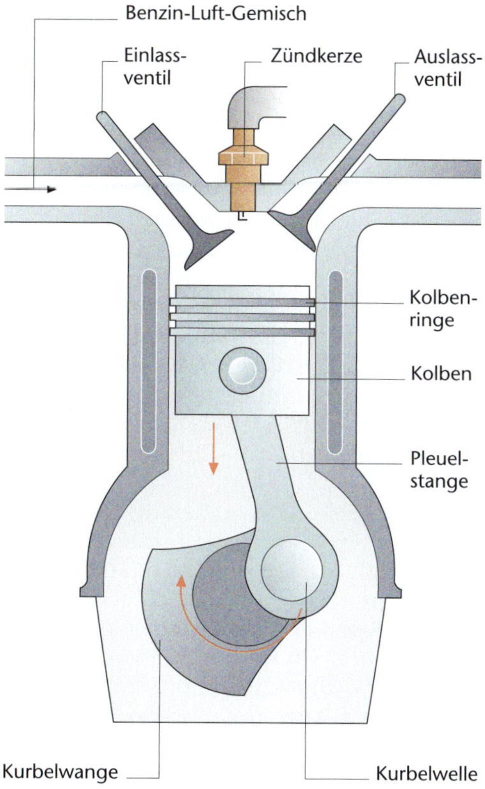

1 Zylinder eines Viertakt-Ottomotors

1. Takt: Ansaugen
Das Einlassventil ist geöffnet. Das Benzin-Luft-Gemisch wird durch den Unterdruck angesaugt, den der sich abwärts bewegende Kolben im Zylinder erzeugt. Hierzu ist Arbeit erforderlich.

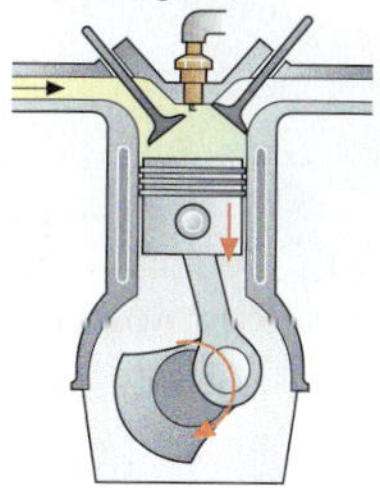

2. Takt: Verdichten
Beide Ventile sind geschlossen. Der Kolben bewegt sich nach oben, verdichtet das Gemisch, sodass die Temperatur und der Druck im Zylinder stark zunehmen.
Auch hier muss Arbeit verrichtet werden.

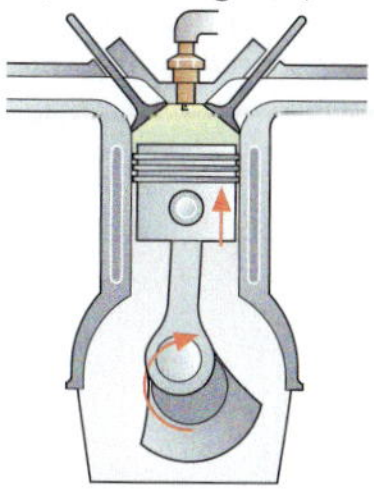

3. Takt: Arbeiten
Der Funke einer Zündkerze entzündet das Gemisch. Es verbrennt explosionsartig. Die Verbrennungsgase dehnen sich aus und treiben den Kolben abwärts. Hier verrichtet der Kolben Arbeit.

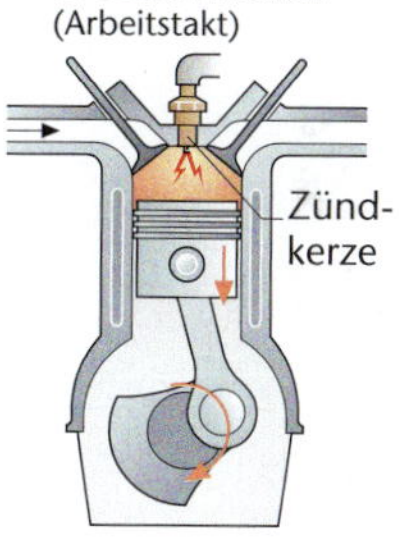

4. Takt: Ausstoßen
Die über die Pleuelstange auf das Schwungrad übertragene Bewegungsenergie sorgt dafür, dass sich der Kolben wieder aufwärts bewegt. Da das Auslassventil geöffnet ist, können die Verbrennungsgase durch den Auspuff ins Freie strömen. In diesem Takt muss wieder Arbeit aufgebracht werden.

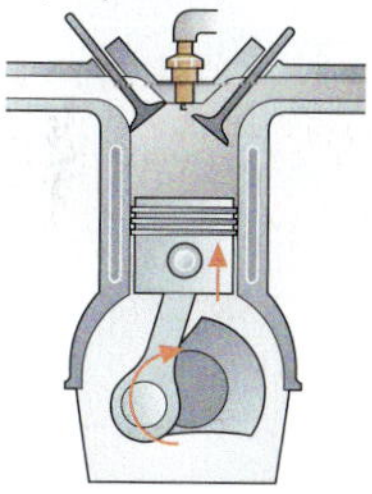

Vier Takte, aber nur ein Arbeitstakt
Viertaktmotoren verrichten nur im 3. Takt Arbeit. In den übrigen Takten muss dem Motor von außen Energie zugeführt werden. Damit solche Motoren beim Antrieb von Fahrzeugen ruhig und gleichmäßig laufen, ordnet man vier Zylinder so an, dass sie zeitlich versetzt laufen und sich immer ein Zylinder im Arbeitstakt befindet.
Das inzwischen über 125 Jahre alte Prinzip des Ottomotors hat sich weiterentwickelt. So finden sich in neuen Motoren (▷ B 2) Zylinder mit mehr als zwei Ventilen, die nicht mehr durch Nocken gesteuert werden. Die Arbeitsabläufe im Motor sind jedoch nach wie vor unverändert.

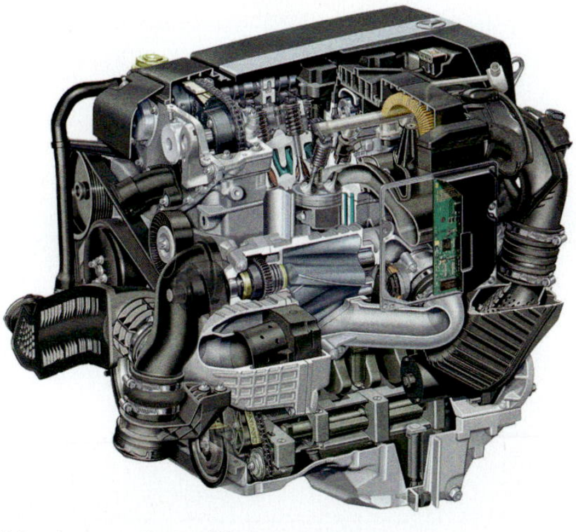

2 Blick in einen modernen Viertakt-Ottomotor

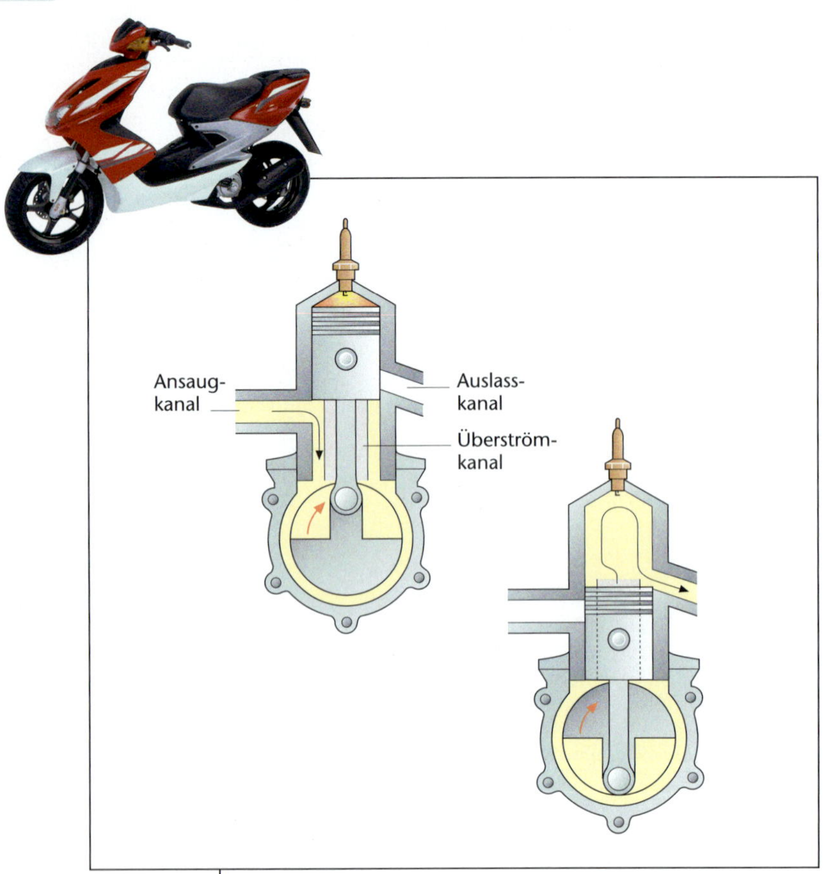

1 Funktionsprinzip eines Zweitakt-Ottomotors

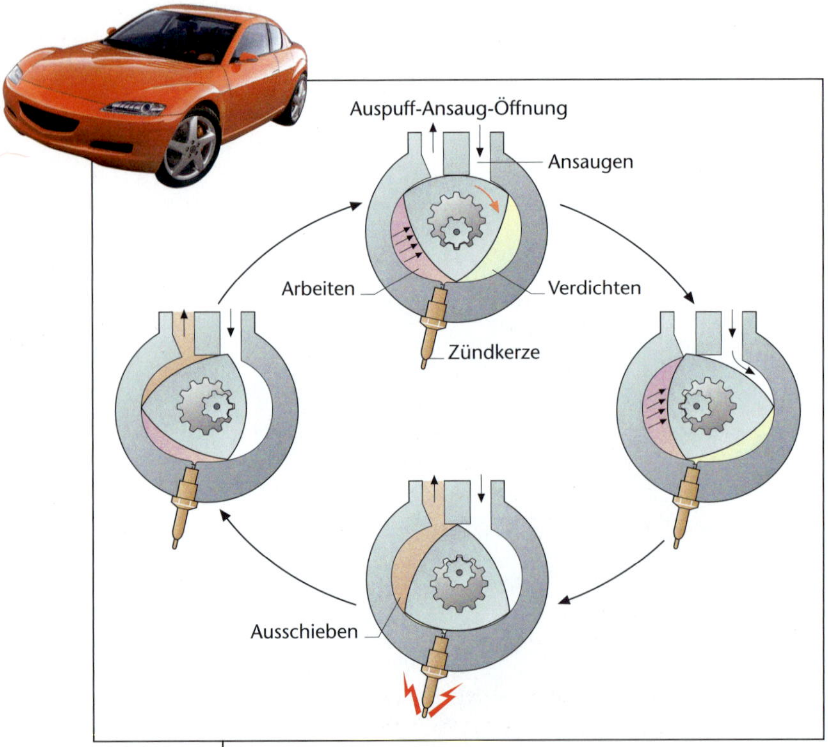

2 Funktionsprinzip eines Wankelmotors

Der Zweitakt-Ottomotor

Den Nachteil, dass nur einer von vier Takten als Arbeitstakt abläuft, vermeidet der Zweitakt-Ottomotor (▷ B 1).

Im 1. Takt bewegt sich der Kolben nach oben und verdichtet das Gemisch im Verbrennungsraum. Gleichzeitig öffnet er den Einlasskanal, durch den das neue Gemisch in das Kurbelgehäuse gesaugt wird (Verdichten und Ansaugen).

Im 2. Takt zündet die Zündkerze das Gemisch oberhalb des Kolbens. Das Verbrennungsgas erhitzt sich dabei auf etwa 1 000 °C, dehnt sich explosionsartig aus und drückt den Kolben nach unten. Durch die Kolbenbewegung öffnen sich die Kanäle für das frische Treibstoff-Luft-Gemisch und für die Verbrennungsgase (Arbeiten und Ausstoßen). Eine Nase auf dem Kolben verhindert, dass das frische Gemisch den Zylinder wieder durch den Auslasskanal verlässt.

Eine Vermischung zwischen dem frischen und dem verbrannten Treibstoff lässt sich jedoch nicht ganz vermeiden. Deshalb haben Zweitaktmotoren einen geringeren Wirkungsgrad als Viertaktmotoren. Zweitaktmotoren weisen aber auch Vorteile auf: Sie sind billiger und einfacher herzustellen. Man findet sie heute z. B. bei Mofas, Rasenmähern oder Motorbooten.

Der Wankelmotor

Beim Ottomotor wird der sich hin- und herbewegende Kolben durch große Kräfte beschleunigt oder gebremst. Dabei treten heftige Erschütterungen auf. Die Teile des Motors sind erheblichen mechanischen Belastungen ausgesetzt.
Im Drehkolbenmotor von Felix Wankel (1902–1988), auch Wankelmotor genannt, bewegt sich der Kolben dagegen im Kreis (▷ B 2). Der Kolben hat einen Querschnitt in der Form eines Bogendreiecks und rotiert auf einer Welle. Kolben und Zylinderwand bilden drei Kammern, deren Größen sich im Wechsel ändern. Bei einer Kolbenumdrehung erfolgen in diesem Motor drei Zündungen. Dadurch erzielt er eine große Leistung bei geringem Gewicht.

Aufgabe

1 In Bild 2 sind verschiedene Kolbenstellungen dargestellt. Erkläre daran die Funktionsweise des Wankelmotors.

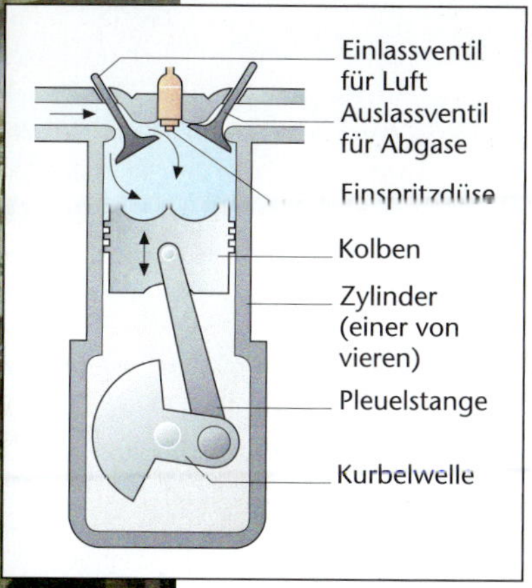

1 Dieselmotor zum Antrieb eines Frachtschiffes

Die Funktionsweise des Dieselmotors

Im Jahre 1897 gelang es dem deutschen Ingenieur RUDOLF DIESEL (1858–1913) einen später nach ihm benannten neuen Motor zu entwickeln (▷ B 1).

Der Dieselmotor benötigt keine Zündvorrichtung. Der Kolben verdichtet kein Kraftstoff-Luft-Gemisch, sondern nur Luft. Das Verdichtungsverhältnis liegt bei etwa 22 : 1, die Luft wird also auf ein 22stel ihres Ausgangsvolumens verdichtet. Bei Otto-Motoren liegt das Verdichtungsverhältnis bei etwa 8 : 1.

Durch die hohe Verdichtung nimmt der Druck stark zu und die Temperatur steigt auf bis zu 800 °C. Kurz bevor der Kolben den oberen Totpunkt erreicht, wird der Treibstoff – in diesem Fall Dieselöl – eingespritzt. Der Treibstoff entzündet sich dabei von selbst.

Vor- und Nachteile des Dieselmotors

Der Dieselmotor hat einen höheren Wirkungsgrad als entsprechende Ottomotoren, er beträgt bis zu 46 %. Wegen des hohen Drucks, der bei der Verdichtung entsteht, und der stärkeren Explosion müssen Dieselmotoren stabiler gebaut sein als Benzinmotoren.

Weil die Dieselmotoren deshalb schwerer sind, werden sie häufig in Fahrzeugen wie Lastkraftwagen, Lokomotiven, Schiffen, Straßen- oder Schienenfahrzeugen eingesetzt. Diese sind selbst groß und schwer, sodass es kaum auf das Gewicht des Motors ankommt.

Ein weiterer Vorteil von Dieselmotoren besteht darin, dass Dieselöl im Vergleich zu Benzin preiswerter ist. Deshalb werden sie auch für PKW genutzt.

Verbrennungsmotoren im Vergleich

Bei allen Verbrennungsmotoren wird chemische Energie in Bewegungsenergie umgewandelt. Die Wirkungsgrade sind unterschiedlich groß: Sie liegen zwischen 20 % und 48 %.

Betrachtet man die Abläufe in den Verbrennungsmotoren, erkennt man schnell, wo diese Energie „verloren geht".

Aufgaben

1 Beschreibe die Energieumwandlungen bei einem Verbrennungsmotor.

2 Welche Vor- bzw. Nachteile hat ein Zweitakt-Ottomotor gegenüber einem Viertakt-Ottomotor?

3 Erkundige dich, welche Fahrzeuge mit einem Wankelmotor angetrieben werden. Versuche eine Aufstellung zu machen, wie viele Autos mit Otto-, Diesel- oder Wankelmotoren betrieben werden. Begründe deine Ergebnisse.

4 Dieselmotoren benötigen keine Zündkerzen. Wie erfolgt die Zündung des Treibstoffes ohne Zündkerzen?

5 Erkundige dich, welchen Nachteil Dieselmotoren im Winter bei niedrigen Temperaturen haben.

Brennpunkt

Auto und Umwelt

Energie und Arbeit am Beispiel Auto

Um Arbeit verrichten zu können, benötigt man Energie. Die Beschleunigungsarbeit an einem Auto lässt sich durch das Freisetzen der im Treibstoff gespeicherten chemischen Energie verrichten.
Aufgabe eines Verbrennungsmotors ist es, das Auto in Bewegung zu setzen. Aber nur 20 bis 48 % der eingesetzten Energie werden tatsächlich dazu genutzt. Der Rest wird in Wärme umgewandelt.

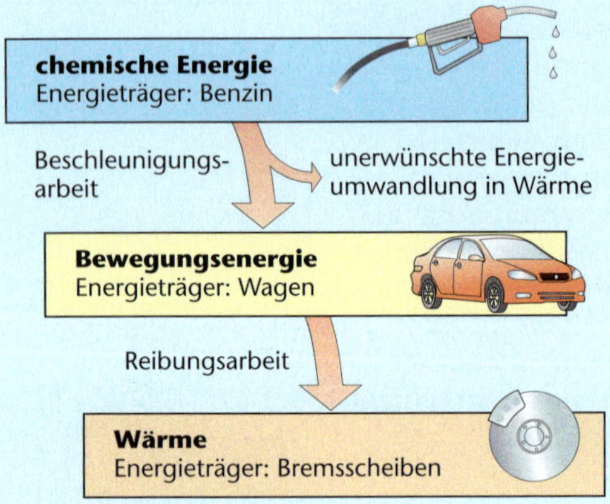

1 Energieumwandlung

Umweltverschmutzer Auto

Bei der Verbrennung im Benzinmotor entstehen schädliche Abgase (Kohlenstoffmonooxid, Stickstoffoxide, Kohlenwasserstoffe). Neue Zündkerzentypen, bessere Vergaser, computergesteuerte Zündanlagen, der Einsatz mehrerer Ventile pro Zylinder und andere Neuentwicklungen haben dazu beigetragen, den Benzinverbrauch zu senken. Das gleiche Ziel verfolgt die Entwicklung neuer leichter Materialien für die Karosserien, die das Gesamtgewicht des Fahrzeugs senken.

2 Unter dichtem Verkehr leidet die Luftqualität.

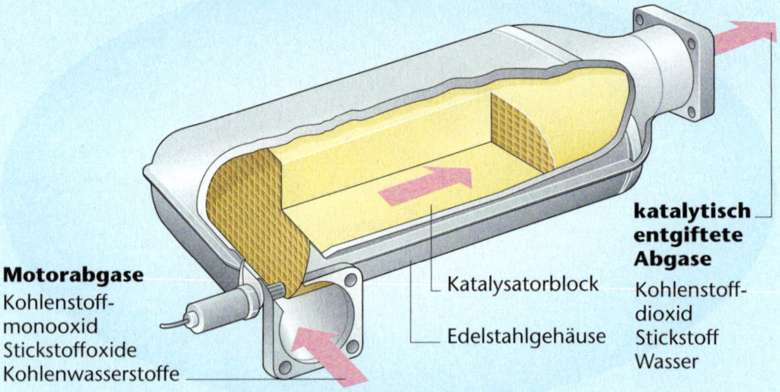

3 Blick in einen Katalysator

Katalysatoren

In einem Katalysator (▷ B 3) werden giftige Bestandteile des Autoabgases in weniger schädliche Stoffe wie Kohlenstoffdioxid, Wasser und Stickstoff umgewandelt.
Der Katalysator besteht aus einem wabenförmig aufgebauten Keramikkörper mit einer Oberfläche, die größer ist als ein Fußballfeld. Der Keramikkörper ist mit Platin oder Palladium beschichtet, dies sind die katalytisch aktiven Stoffe.
Katalysatoren unterstützen oder beschleunigen chemische Prozesse, so z. B. auch die Umwandlung von Kohlenstoffmonooxid in Kohlenstoffdioxid. Dabei verändern sie sich selbst nicht.
Mit einer Lambda-Sonde kann man zusätzlich den Sauerstoffgehalt des Abgases messen, um die schadstoffärmste Mischung von Benzin und Luft einzustellen.

Dieselmotoren stoßen zwar bei richtiger Einstellung weniger schädliche Abgase aus als Benzinmotoren, dafür ist ihr Rußausstoß viel höher. Die Rußteilchen sind wahrscheinlich eine Ursache für Krebserkrankungen beim Menschen. Rußfilter begrenzen den Rußausstoß, im besten Fall verhindern sie ihn ganz.

Umweltgerechtes Fahren

Durch seinen Fahrstil kann ein Autofahrer dazu beitragen, die Umwelt zu schonen. Folgendes sollte immer beachtet werden:
- Auf Kurzstrecken ist der Benzinverbrauch hoch.
- Mit steigender Geschwindigkeit nehmen Kraftstoffverbrauch, Schadstoffausstoß und Lärmbelästigung zu.
- Schlecht eingestellte Motoren verbrauchen mehr Kraftstoff.
- Ein falscher Reifendruck beeinflusst den Kraftstoffverbrauch.

Solarmobile und Wasserstoffantrieb

1 Fahrzeuge mit Solarantrieb

Der Antrieb von Autos mit Sonnenenergie

Bei Solarautos (▷ B 1) wandeln Solarzellen die Sonnenenergie direkt in elektrische Energie um. Damit lassen sich ein Elektromotor betreiben oder Batterien aufladen. Ohne Batterien geht es auch beim Solarmobil nicht. Sie werden dann gebraucht, wenn keine Sonne scheint oder wenn ein höherer Energiebedarf besteht, z. B. bei großen Steigungen oder bei höherer Beladung.
Reine Solarfahrzeuge spielen heute noch keine Rolle im Straßenverkehr. Vor allem Hobby-Bastler und Tüftler widmen sich ihrer Entwicklung.

Wasserstoff – eine saubere Alternative

Eine in Zukunft denkbare Alternative ist ein Antrieb mit Wasserstoff.
Brennstoffzellen-Aggregate (▷ B 2) erzeugen in einer chemischen Reaktion aus Wasserstoff (H_2) und dem in der Luft enthaltenen Sauerstoff (O_2) direkt elektrische Energie. Als einziges „Abgas" entsteht dabei Wasserdampf (H_2O).
Das Hauptproblem heute ist die Speicherung des Wasserstoffs bzw. das Betanken des Autos. Wasserstoff lässt sich nur bei sehr tiefen Temperaturen und unter hohem Druck verflüssigen.

Die Wasserstofftechnik lässt sich gut mit der Solartechnik verbinden, mit deren Hilfe z. B. die Aufspaltung von Wasser in seine Bestandteile Wasserstoff und Sauerstoff erfolgen kann. Der nötige Rohstoff Wasser steht in unbegrenzten Mengen zur Verfügung und der Schadstoffausstoß ist deutlich reduziert.

Eine weitere Technik scheint größere Zukunft zu haben: der Hybridantrieb (lat. hybrida: Mischling). Darunter versteht man einen Antrieb, der eine Kombination aus zwei Energiequellen nutzt, also z. B. einen Elektro- und einen Verbrennungsmotor.

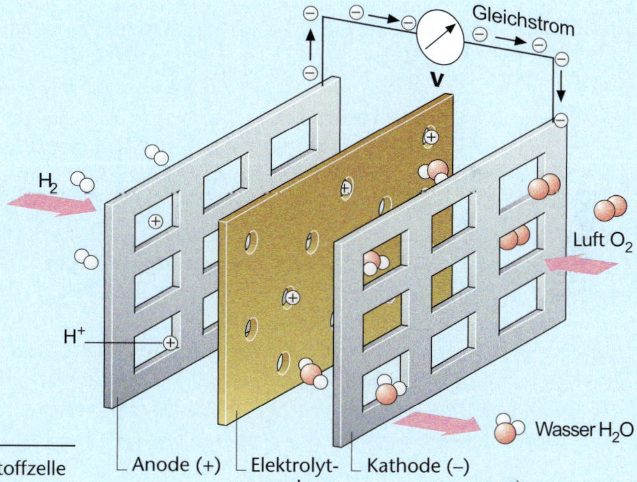

2 Funktionsweise einer Brennstoffzelle

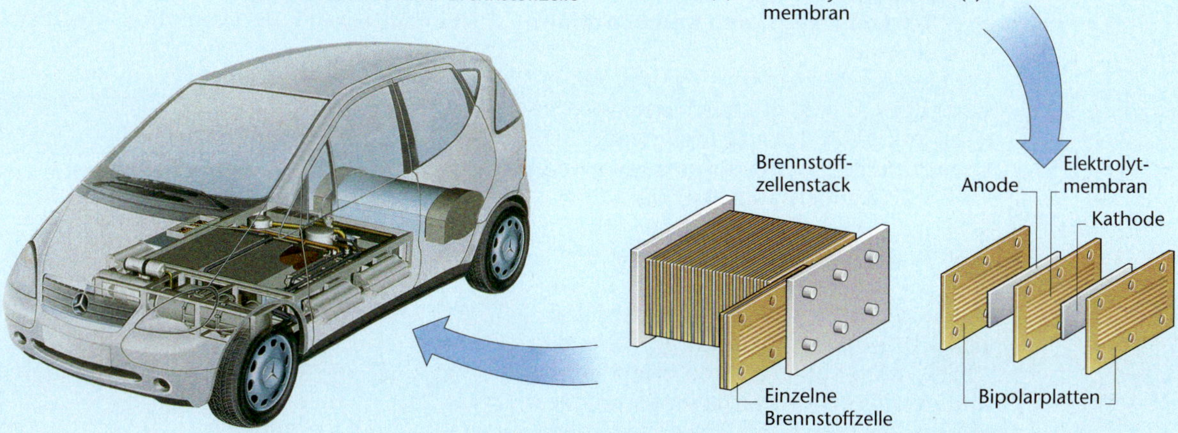

3 Mehrere Brennstoffzellen werden zu einem Stack zusammengefügt.

Schlusspunkt

Wärme – eine Energieform

Wärme durch Reibung
Wenn an einem Körper Reibungsarbeit verrichtet wird, erhöht sich seine innere Energie. Die Temperatur des Körpers steigt an.

Teilchenmodell und Wärme
Alle Körper bestehen aus kleinsten Teilchen (Atome, Moleküle). Je höher die Temperatur des Körpers ist, desto stärker bewegen sich die Teilchen und desto größer ist die innere Energie des Körpers.
Die Temperatur, bei der die Teilchen eines Körpers in Ruhe sind, heißt absoluter Nullpunkt. Er liegt bei –273,15 °C.
Die Energie eines Körpers kann durch Wärmezufuhr oder die Verrichtung von Arbeit erhöht werden. Energie wird immer nur übertragen und geht nicht verloren.

Stoff	spezifische Wärmekapazität *c* in kJ/(kg · K)
Aluminium	0,896
Blei	0,129
Eisen	0,452
Glas	0,799
Kupfer	0,385
Silber	0,237
Wasser	4,18
Luft	1,005

1 Spezifische Wärmekapazität

Die spezifische Wärmekapazität
Die spezifische Wärmekapazität *c* gibt an, wie viel Energie nötig ist, um 1 kg eines Stoffes um 1 K zu erwärmen. Sie wird in der Einheit J/(kg · K) angegeben.

Der Heizwert
Der Heizwert eines Brennstoffes gibt an, wie viel Energie beim Verbrennen von 1 kg bzw. 1 m^3 des Stoffes frei wird.

Schmelz- und Erstarrungsenergie
Die Energie, die nötig ist, um 1 kg eines Stoffes zum Schmelzen zu bringen, bezeichnet man als spezifische Schmelzenergie. Beim Erstarren gibt der Körper diese Energie wieder als Erstarrungsenergie ab.

Verdampfungs- und Kondensationsenergie
Die Energie, die man benötigt, um 1 kg eines Stoffes zu verdampfen, bezeichnet man als spezifische Verdampfungsenergie. Beim Kondensieren gibt der Körper diese Energie wieder als Kondensationsenergie ab.

Siedetemperatur und Druck
Die Temperatur, bei der eine Flüssigkeit siedet, ist vom Druck über der Flüssigkeitsoberfläche abhängig. Je höher der Druck, desto höher die Siedetemperatur und umgekehrt. Die Siedetemperatur des Wassers von 100 °C bezieht sich auf den Normdruck der Luft von 1013 hPa.

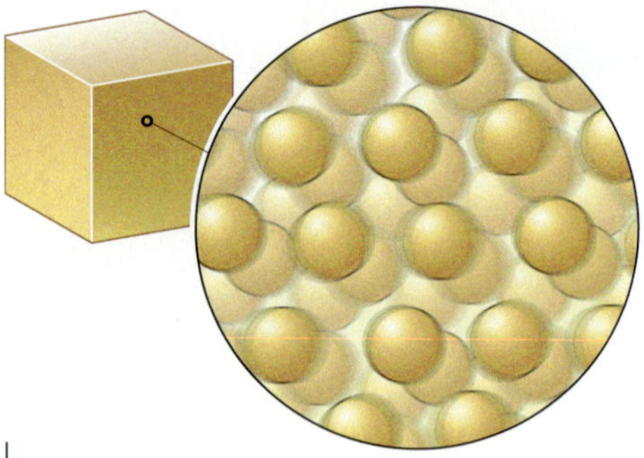

2 Teilchenmodell

Energie
Jede Form von Energie hat ihren Ursprung in der Natur. Man unterscheidet Primär-, Sekundär- und Nutzenergie. Energie kann von einer Form in eine andere umgewandelt werden.

Erzeugung elektrischer Energie
Elektrische Energie ist die wichtigste Sekundärenergieform. Sie kann aus verschiedenen Primärenergieformen gewonnen werden. In Wärmekraftwerken wird durch die Verbrennung von Kohle heißer Wasserdampf erzeugt, der einen Generator zur Stromerzeugung antreibt. Wasser- und Windkraftanlagen nutzen die Lage- und Bewegungsenergie von Wasser und Wind. Diese Energiequellen sind unerschöpflich bzw. sie erneuern sich wieder. Man bezeichnet sie daher als regenerative oder erneuerbare Energiequellen.

Verbrennungsmotoren
Ottomotoren, Diesel- und Wankelmotoren sind Verbrennungsmotoren. Treibstoff wird bei hohem Druck und hohen Temperaturen im Zylinder gezündet. Bei der Verbrennung dehnt sich das entstehende Gas aus und verrichtet Arbeit an einem Kolben.

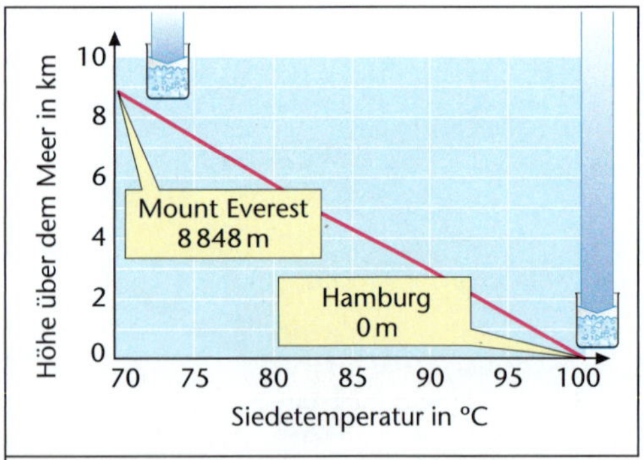

3 Abhängigkeit der Siedetemperatur vom Druck

Aufgaben

1 Beschreibe Vorgänge, bei denen durch Reibung Wärme erzeugt wird.

2 a) Wie lässt sich die innere Energie eines Körpers vergrößern?
b) Wie macht sich die Vergrößerung der inneren Energie nach außen bemerkbar?

3 Um wie viel Kelvin haben sich 3 kg Blei erwärmt, wenn man eine Wärmemenge von 200 kJ zugeführt hat?

4 Was versteht man unter dem Heizwert von Brennstoffen?

5 2 kg Wasser von 25 °C werden mit je 100 g Holz, Braunkohle und Steinkohle erwärmt. Berechne die Endtemperatur.
(jeweiliger Heizwert:
Holz: 15 000 kJ/kg
Braunkohle: 20 000 kJ/kg
Steinkohle: 29 000 kJ/kg)

6 Auf der Verpackung einer Tafel Vollmilchschokolade (100 g) steht der Aufdruck „Brennwert: 1100 kJ". Ein Erwachsener benötigt bei leichter körperlicher Tätigkeit am Tag 10 000 kJ. Ist es sinnvoll, sich am Tag von 10 Tafeln Schokolade zu ernähren? Begründe.

7 Erkläre die beiden Begriffe Schmelzenergie und Erstarrungsenergie.

8 Erläutere das Diagramm in Bild 1.

9 Geysire sind heiße Quellen, die aus unterirdischen Wasserreservoirs gespeist werden.
a) In welchen Gebieten der Erde kommen sie gehäuft vor?
b) Wodurch kommt die „Springbrunnenwirkung" zustande?
c) Wie wird die Energie der Geysire an einigen Orten genutzt?

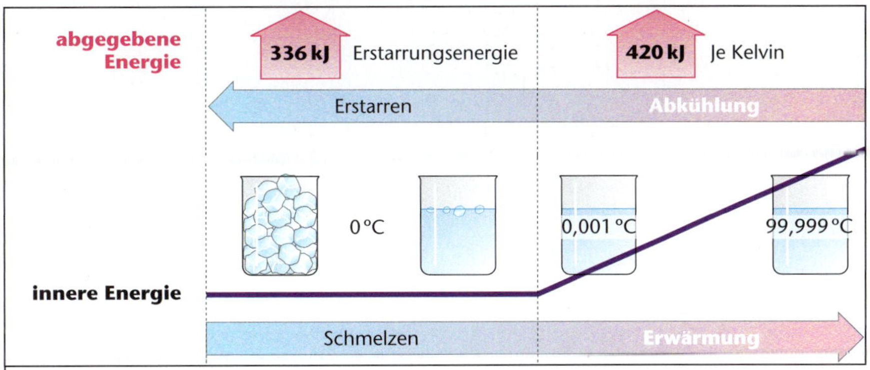

1 Zu Aufgabe 8

Recherchiere in Sachbüchern oder im Internet. Stelle ein Informationsplakat zusammen.

10 a) Erkläre mit eigenen Worten, wie ein Kühlschrank funktioniert.
b) Du möchtest einen Raum, in dem ein Kühlschrank steht, an einem heißen Sommertag kühler haben. Dazu öffnest du die Türe des Kühlschranks eine Stunde lang. Wie verhält sich die Temperatur im Raum? Begründe deine Antwort.

11 Arne schreibt seinem Freund Erwin eine E-Mail. Er hat gerade in der Schule den Zusammenhang zwischen Druck und Siedetemperatur von Wasser kennen gelernt. Arne schreibt: „Bei uns hier siedet Wasser genau bei 100 °C. Wie ist das bei euch?" Erwin antwortet: „Bei uns siedet das Wasser schon bei 91 °C".
a) Ist das überhaupt möglich? Begründe.
b) Was kannst du aus Erwins Angabe über seinen Wohnort schließen?
c) Wo lebt Arne?

12 Man unterscheidet Primärenergien, Sekundärenergien und Nutzenergien. Fertige eine Tabelle an und ordne die Beispiele den drei Kategorien zu: Steinkohle, Benzin, Wasserenergie, elektrischer Strom, Erdöl, Erdwärme, Windenergie, Licht, Holz, Brikett, Bewegung, Braunkohle.

13 Stelle die Vor- bzw. Nachteile eines Zweitakt-Ottomotors gegenüber einem Viertakt-Ottomotor tabellarisch dar.

---

1 Herr Knausrig badet gerne sehr heiß. Eine Badetemperatur von 70 °C ist ihm angenehm. Allerdings möchte Herr Knausrig Energie sparen. Nun hat er die Idee, nicht in Wasser, sondern in Glycerin zu baden!
a) Ist Herrn Knausrigs Idee logisch, kann er damit wirklich Energie sparen?
b) Falls „Ja" die richtige Antwort ist, dann berechne, wie viel Energie eingespart werden kann. Falls „Nein" die Antwort ist, begründe weshalb!

2 a) Beschreibe die beiden Abbildungen in Bild 2.
b) Was ist von Bild a) nach Bild b) passiert? Überlege dir verschiedene Erklärungen.
c) Überprüfe deine Vermutungen durch geeignete Versuche.
d) Erkläre die Ergebnisse mithilfe des Teilchenmodells.

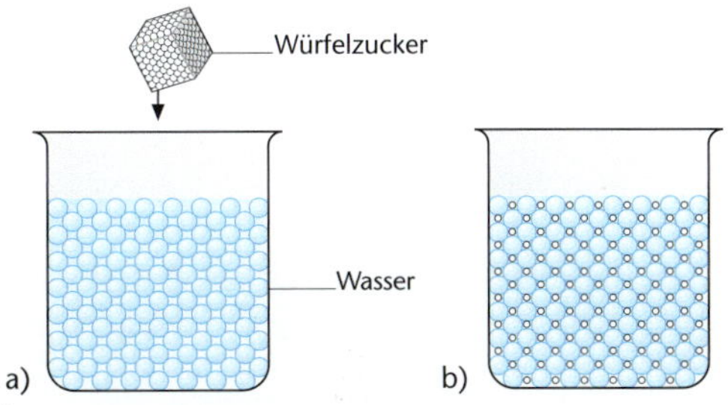

2 Was passiert mit dem Zucker?

Kräfte, Arbeit, Leistung und Energie

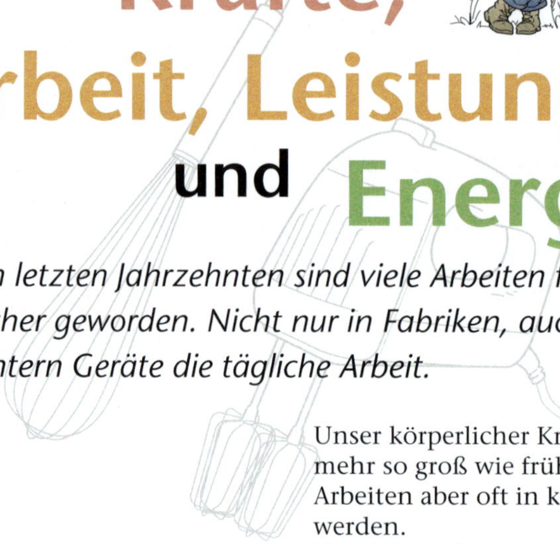

In den letzten Jahrzehnten sind viele Arbeiten für uns Menschen einfacher geworden. Nicht nur in Fabriken, auch im Haushalt erleichtern Geräte die tägliche Arbeit.

Unser körperlicher Kraftaufwand ist nicht mehr so groß wie früher. Dafür müssen die Arbeiten aber oft in kürzerer Zeit erledigt werden.
Damit Maschinen und Geräte betrieben werden können, benötigen sie Energie. Für unsere Zukunft ist es von großer Bedeutung immer genug Energie zur Verfügung zu haben.

Im folgenden Kapitel erfährst du, wie Kräfte wirken und wie wir Menschen die verschiedenen Kräfte für uns nutzen können. Auch die physikalische Bedeutung der Begriffe Arbeit und Leistung werden geklärt. Es wird die Frage beantwortet, was Energie ist, wo sie herkommt und welche verschiedenen Formen es gibt.

108
KUKA

Shnell
1.MB
wegdafarne

1 Markus friert garantiert nicht.

Woran erkennt man Kräfte?
Kräfte kannst du nicht sehen, du kannst sie nur an ihren Wirkungen erkennen. Diese Wirkungen nutzen wir ständig bei alltäglichen Vorgängen. Vielleicht fallen dir dazu ein paar Beispiele ein?

Kräfte verändern Bewegungen
Anja sitzt auf dem Schlitten (▷ B 1). Aber nur, wenn eine Kraft wirkt, bewegt sich der Schlitten auch. Ist der Schlitten schon in Bewegung, kann er durch eine Kraft schneller oder langsamer werden.
Auch beim Fahrradfahren musst du Kraft aufbringen, um deine Geschwindigkeit zu erhöhen: Du trittst kräftig in die Pedale. Möchtest du rasch zum Stillstand kommen, dann betätigst du die Bremsen. Auch dazu ist deine Muskelkraft nötig.

Kräfte ändern die Bewegungsrichtung
Beobachte einmal ein geschicktes Zuspiel beim Fußball aus physikalischer Sicht. Durch die Kraft, die beim Zuspiel auf den Ball einwirkt, wird seine Bewegungsrichtung geändert. Manchmal wird durch den Krafteinsatz des Fußballers die Bewegungsrichtung des Balls sogar ganz umgekehrt (▷ B 2).

2 Änderung der Bewegungsrichtung

Kräfte können Körper verformen
Mit der Kraft deiner Hände kannst du einen Gummiball und eine Kugel aus Knetmasse verformen (▷ B 3). Sobald die Kraft nicht mehr wirkt, nimmt der Gummiball wieder seine ursprüngliche Form an. Er wurde **elastisch** verformt. Die Knetkugel behält dagegen ihre neue Form. Sie wurde **plastisch** verformt.

Kräfte erkennt man an ihren Wirkungen. Sie können Körper beschleunigen, abbremsen, ihre Bewegungsrichtung ändern oder die Körper verformen.

Arten von Kräften
Um Anjas Schlitten in Bewegung zu setzen, kann Markus ihn anschieben oder ziehen. Im ersten Fall wirkt eine **Schubkraft**, im zweiten Fall eine **Zugkraft**.

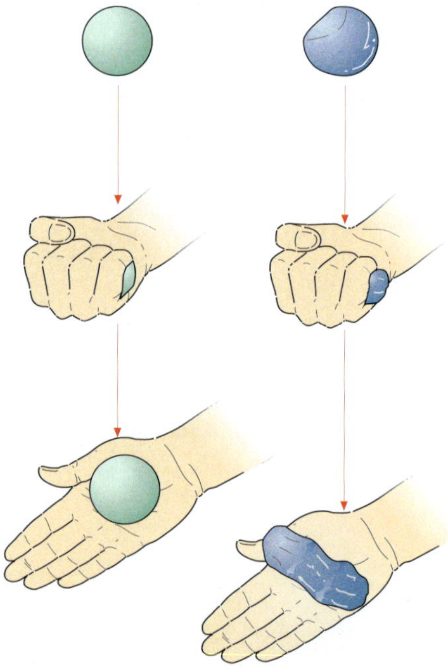

3 Elastische und plastische Verformung

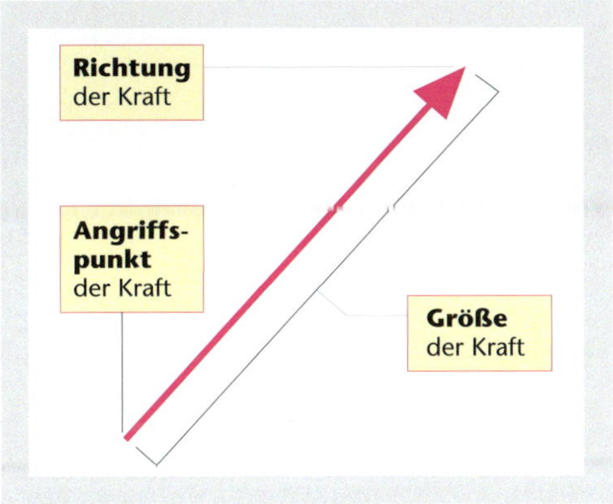

4 Kräfte werden durch einen Kraftpfeil dargestellt.

5 Die Speerwerferin übt auf den Speer eine Kraft aus. Der Pfeil zeigt Angriffspunkt, Richtung und Größe an.

Um den Schlitten anzuheben muss Markus ebenfalls Kraft aufwenden. Diese Kraft wird **Hubkraft** genannt. Weil Anja friert, reibt sie ihre Hände aneinander. Dabei wirkt eine **Reibungskraft** zwischen ihren Händen. Reibungskräfte spielen auch bei Bremsvorgängen eine Rolle. Du bringst dein Fahrrad zum Stehen, indem du die Bremse betätigst. Dabei wird der Bremsbelag gegen die Radfelge gedrückt. Durch den Kontakt zwischen Belag und Felge entsteht eine Reibungskraft, die die Bewegung des Rads verlangsamt.

Darstellung von Kräften

Bei einer Kraft kommt es nicht nur auf die Größe an. Wie du vom Fußballspielen weißt, ist auch die Richtung wichtig, in welche die Kraft wirkt.
Kräfte können gut mithilfe von Pfeilen dargestellt werden (▷ B 4). Der Pfeil beginnt im Angriffspunkt der Kraft. Seine Richtung gibt die Wirkrichtung der Kraft an, seine Länge ist ein Maß für ihre Größe. Um die Größe der Kraft angeben zu können, muss man allerdings jeweils einen Maßstab festlegen.

Ein Kraftpfeil gibt Angriffspunkt, Größe und Richtung einer Kraft an.

Deutung von Kraftpfeilen

Bild 5 zeigt an einem Beispiel, wie ein Kraftpfeil eingezeichnet wird. Die Kraft, die die Speerwerferin auf den Speer ausübt, ist durch einen roten Kraftpfeil dargestellt. Der Pfeil beginnt am Angriffspunkt der Kraft, nämlich an der Hand der Werferin. Der Pfeil zeigt in die Richtung, in die der Speer fliegen soll. Die Größe der Kraft lässt sich im Foto allerdings nicht ablesen, denn es wurde kein Maßstab festgelegt.

Bild 6 zeigt zwei Fußballspieler, die den Ball auf unterschiedliche Weise weiterspielen. Der Kraftpfeil in Bild 6 oben ist kürzer als in Bild 6 unten. Auch Angriffspunkt und Wirkrichtung sind unterschiedlich. Versuche vorauszusagen, wie sich die beiden Bälle bewegen werden.

Aufgaben

1 Beschreibe bei verschiedenen Sportarten die Wirkung der dort auftretenden Kräfte.

2 Suche Wörter, in denen das Wort Kraft vorkommt. Sortiere die aus, die mit physikalischen Kräften nichts zu tun haben.

3 Du möchtest einen Schrank verschieben. Überlege, welchen Einfluss der Angriffspunkt deiner Kraft auf dein Vorhaben hat.

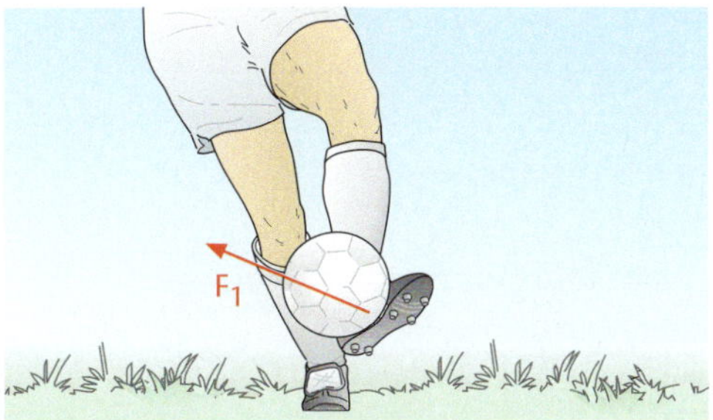

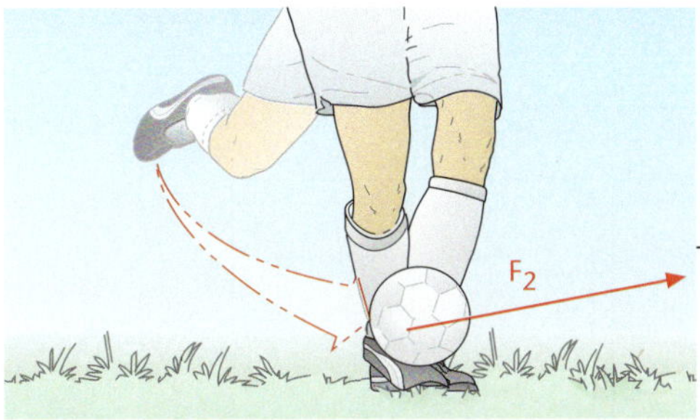

6 Unterschiedlich große Kräfte werden durch unterschiedlich lange Kraftpfeile dargestellt.

Wir bauen einen Kraftmesser

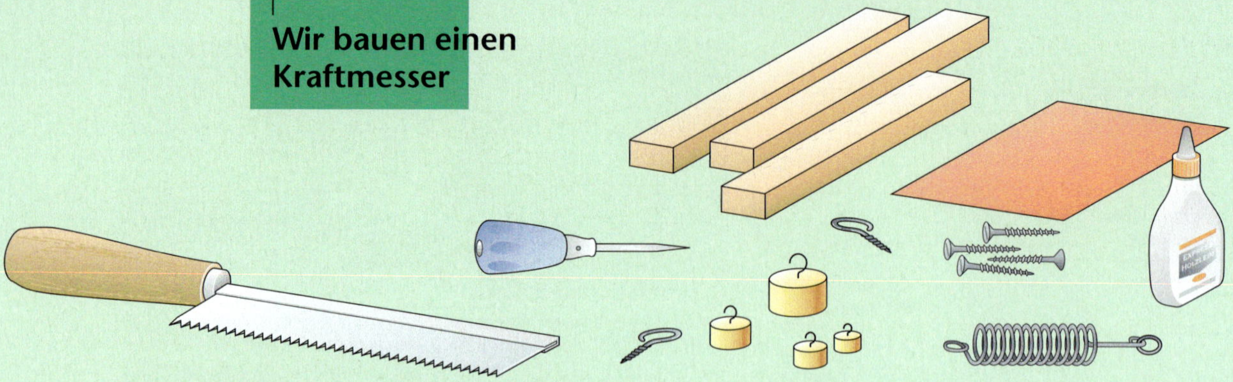

Material
Wägestücke (50 g, 100 g, 150 g, 200 g), Leim, Schraubenfeder, Holzleiste (ca. 70 cm lang), Holzschrauben, 2 Schraubösen, Karton, Säge

Versuchsanleitung
a) Säge die Leiste in zwei 25 cm lange Stücke und ein etwa 10 cm langes Stück. Bohre von oben und unten ein Loch in das kürzere Stück (▷ B 1 oben) und drehe jeweils eine Schrauböse ein (▷ B 1 Mitte). Verbinde die drei Leistenteile mit Leim und verschraube sie (▷ B 1 unten).

1 Bauanleitung für den Kraftmesser

b) Hänge in die Schrauböse die Feder ein. Befestige am unteren Ende der Feder einen Zeiger aus festem Karton. Lass die Feder zunächst unbelastet und kennzeichne den Nullpunkt auf dem Schenkel deines Kraftmessers.
c) Hänge nun das 50-g-Wägestück an die Feder. Durch die Gewichtskraft des Wägestücks wird die Feder gedehnt. Markiere die neue Position des Zeigers auf der Leiste. Miss anschließend den Abstand der Markierung zum Nullpunkt. Wiederhole den Versuch mit den anderen Wägestücken.

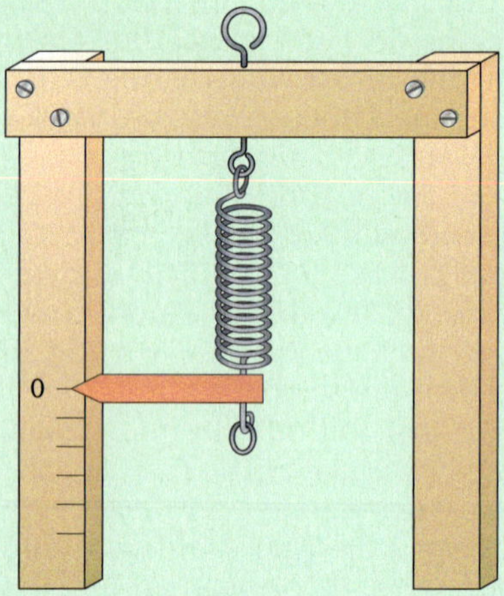

2 Fertiggestellter Kraftmesser

Aufgaben
1. Vergleiche die gemessenen Längenänderungen. Welcher Zusammenhang besteht zwischen der Längenänderung der Feder und der Gewichtskraft des Wägestücks?

2. Sammle unterschiedlich schwere Steine. Schätze mit welcher Kraft sie am Kraftmesser ziehen könnten. Miss nun die Kraft. Vergleiche den geschätzten mit dem gemessenen Wert. Hast du gut geschätzt?

3. Ersetze die Spiralfeder durch einen Gummiring. Belaste den Gummiring mit verschiedenen Wägestücken. Wie hängen hier Längenänderung und Gewichtskraft zusammen?

Federn dehnen sich
Wirkt auf eine Feder eine Kraft, wird die Feder gedehnt. Nimmt die Kraft zu, verlängert sich die Feder in gleicher Weise. Der Engländer ROBERT HOOKE (1635–1703) erkannte diesen Zusammenhang zwischen der Zugkraft an einer Spiralfeder und ihrer Dehnung. Er formulierte dazu das **Hooke'sche Gesetz**:

Wird die Zugkraft an einer Feder verdoppelt, verdreifacht usw. dann vergrößert sich in gleicher Weise auch die Längenänderung der Feder.

Der Kraftmesser
Das Hooke'sche Gesetz wird zur Messung von Kräften genutzt. Das Messgerät für die Kraft ist der Kraftmesser (▷B 2). Er besteht im Wesentlichen aus einer Schraubenfeder, einer Hülse mit Nullpunktschieber und einer Skala.
Hängt man an den Haken des Kraftmessers einen Körper, dehnt sich die Feder. An der Skala kann man die Größe der Kraft ablesen.

Die Einheit der Kraft
Das Formelzeichen für die physikalische Größe Kraft ist *F*. Ihre Einheit ist das Newton (N), benannt nach dem Physiker ISAAC NEWTON. 1 N ist etwa die Kraft, mit der eine 100-g-Tafel Schokolade an der Feder zieht (▷B 3).

Die Einheit der Kraft ist das Newton (N). Die physikalische Größe Kraft hat das Formelzeichen *F*.

Der Umgang mit dem Kraftmesser
Für unterschiedlich große Kräfte gibt es Kraftmesser mit unterschiedlichen Spiralfedern und entsprechenden Skalen (▷B 2, ▷B 3). Damit du die Spiralfeder nicht durch Anhängen einer zu großen Last überdehnst, solltest du vor dem Messen überlegen, wie groß die zu messende Kraft ungefähr sein kann. Wähle dann den Kraftmesser mit dem passenden Messbereich aus.

Bevor du beginnst, musst du die Nullpunkteinstellung überprüfen. Ist der Kraftmesser unbelastet, muss der Schieber an der Skala genau auf null stehen.
Beim Messen ist es wichtig, den Kraftmesser nicht zu verkanten. Achte außerdem darauf, dass sich die Skala beim Ablesen genau auf Augenhöhe befindet.

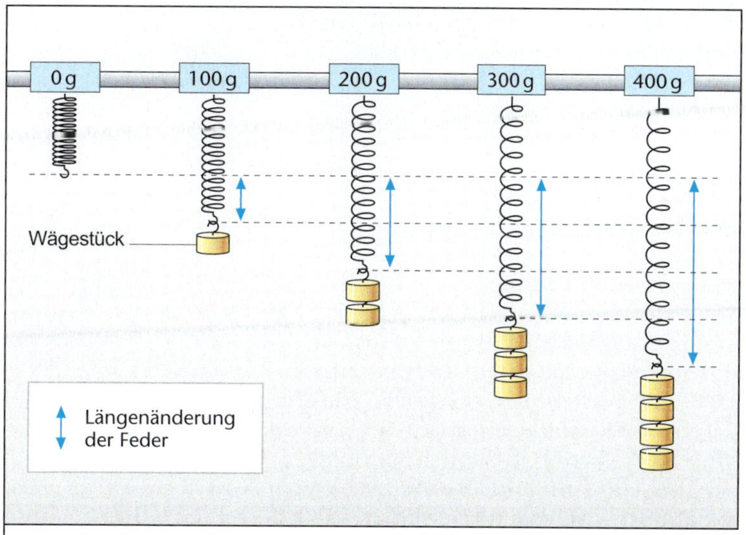

1 Je mehr Wägestücke, desto länger die Feder.

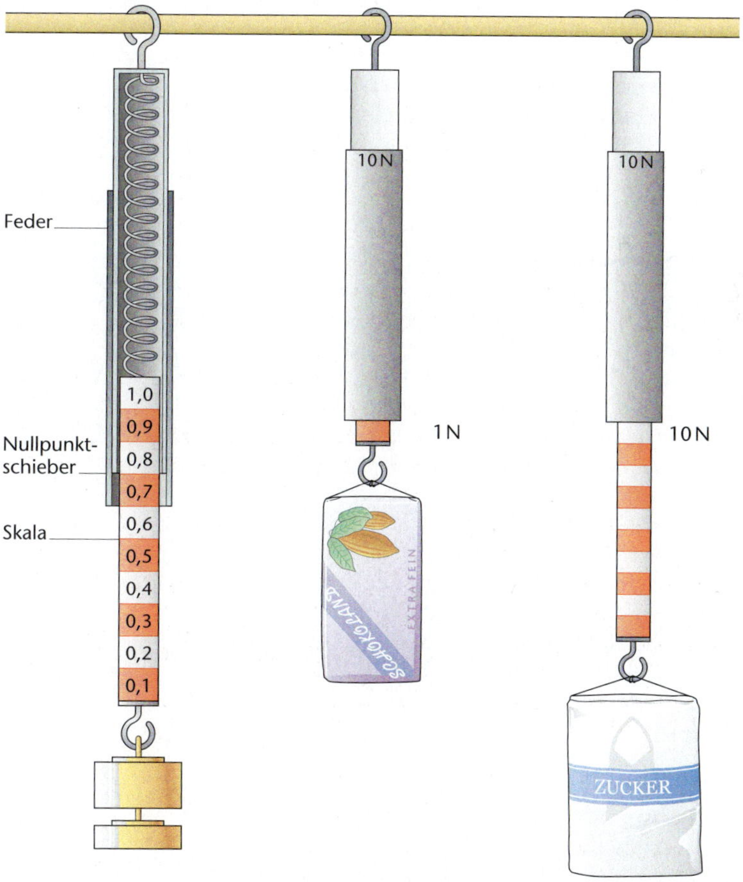

2 Aufbau eines Kraftmessers

3 So kann man sich leicht merken, was die Kraft 1 N bzw. 10 N bedeutet.

Mehr als eine Kraft

Wirkt auf einen Körper eine Kraft, so ändert der Körper seine Bewegung oder er wird verformt.
Wie verhält sich ein Körper, wenn zwei Kräfte auf ihn einwirken? Beide Kräfte können unterschiedliche Angriffspunkte haben, unterschiedlich groß sein und auch in verschiedene Richtungen wirken.

Mit vereinten Kräften

Stelle dir vor, zwei gleich große Kräfte wirken in die gleiche Richtung. Das ist z. B. der Fall, wenn bei einem Wettbewerb ein LKW gezogen werden soll (▷ B 1). Die Zugkraft einer Person reicht nicht aus, es wird eine zweite benötigt. Beide zusammen schaffen es, denn die Gesamtkraft ist jetzt so groß wie die beiden Einzelkräfte zusammen: $F = F_1 + F_2$
Das nennt man Kräfteaddition. Eine Kräfteaddition kann man mithilfe von Kraftpfeilen darstellen (▷ B 1).
Dasselbe gilt natürlich auch für „vereinte" Schubkräfte.

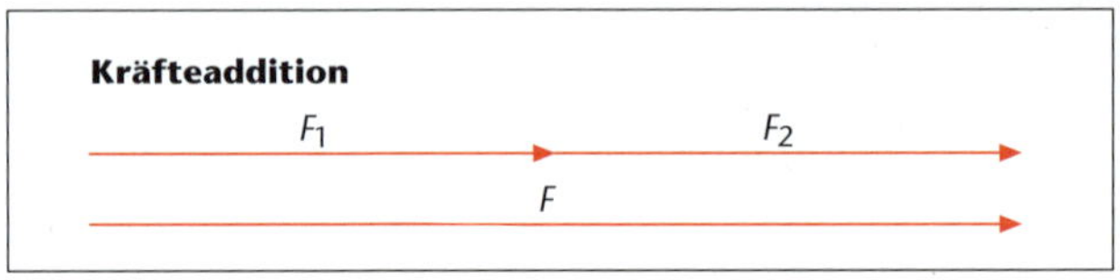

$$F = F_1 + F_2$$

1 Kräfteaddition beim Abschleppen

▶ Haben zwei Kräfte den gleichen Angriffspunkt und wirken sie in die gleiche Richtung, so ist die Gesamtkraft die Summe der Einzelkräfte:
$F = F_1 + F_2$

Der Stärkere siegt

Beim Tauziehen wirken die Kräfte der beiden Mannschaften in entgegengesetzte Richtungen (▷ B 2). Sind beide Mannschaften gleich stark, so bewegt sich das Seil nicht. Es herrscht ein Kräftegleichgewicht. Wirkt aber auf einer Seite eine größere Kraft, so zieht diese Mannschaft ihre Gegner zu sich. Zeichnet man dazu die Kraftpfeile und ermittelt die Gesamtkraft, muss man die Kräfte subtrahieren (▷ B 2). Wenn Kräftegleichgewicht herrscht, ist diese Differenz null. Sind die wirkenden Kräfte unterschiedlich groß, so wird die kleinere von der größeren Kraft subtrahiert. Die so errechnete Gesamtkraft wirkt in die Richtung der größeren Kraft.

▶ Haben zwei Kräfte den gleichen Angriffspunkt und wirken sie in entgegengesetzte Richtungen, so wird die kleinere von der größeren Kraft subtrahiert:
$F = F_1 - F_2$

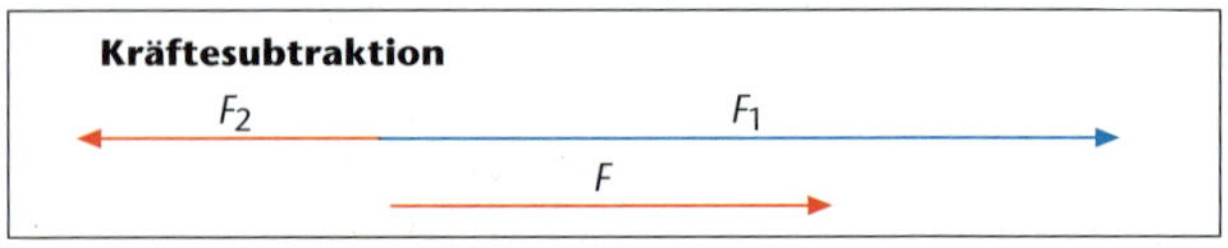

$$F = F_1 - F_2$$

2 Kräftesubtraktion beim Seilziehen

Zwei Kräfte mit verschiedenen Richtungen

Es kann vorkommen, dass zwei Kräfte den gleichen Angriffspunkt haben, aber in unterschiedliche Richtungen wirken. Das ist z. B. so, wenn ein großes Schiff von zwei Schleppern in den Hafen gezogen wird (▷ B 1). Wie kannst du die Kraft ermitteln, die insgesamt auf das Schiff wirkt?

Du zeichnest die Kraftpfeile für die Kräfte F_1 und F_2 mit dem gleichen Angriffspunkt. Nun konstruierst du zu jedem Kraftpfeil eine Parallele, sodass ein Parallelogramm entsteht (▷ B 1). Die Diagonale, beginnend am Angriffspunkt der Kräfte F_1 und F_2, ist die sich ergebende Kraft. Man bezeichnet sie als **resultierende Kraft** F_{res}. An diesem Kräfteparallelogramm siehst du, dass die resultierende Kraft immer kleiner ist als die Summe beider Einzelkräfte.

Haben zwei Kräfte den gleichen Angriffspunkt, wirken aber in verschiedene Richtungen, so ermittelt man die resultierende Kraft als Diagonale in einem Kräfteparallelogramm.

Auf den Winkel kommt es an

Wann üben die beiden Schlepper (▷ B 1) zusammen mehr Kraft auf das Schiff aus – wenn sie in großem Abstand oder nah nebeneinander her fahren? Anhand der Kräfteparallelogramme (▷ B 2) kann man erkennen, dass die resultierende Kraft kleiner wird, wenn der Winkel zwischen den Einzelkräften zunimmt.
Zieht einer der Schlepper mit einer größeren Zugkraft, ändert sich die Richtung der resultierenden Kraft (▷ B 3) und damit die Bewegungsrichtung des Schiffes.

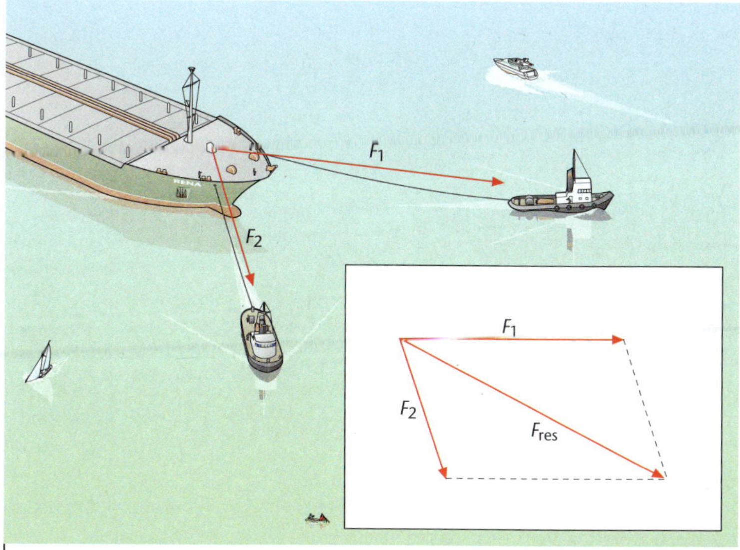

1 Wohin bewegt sich das Schiff?

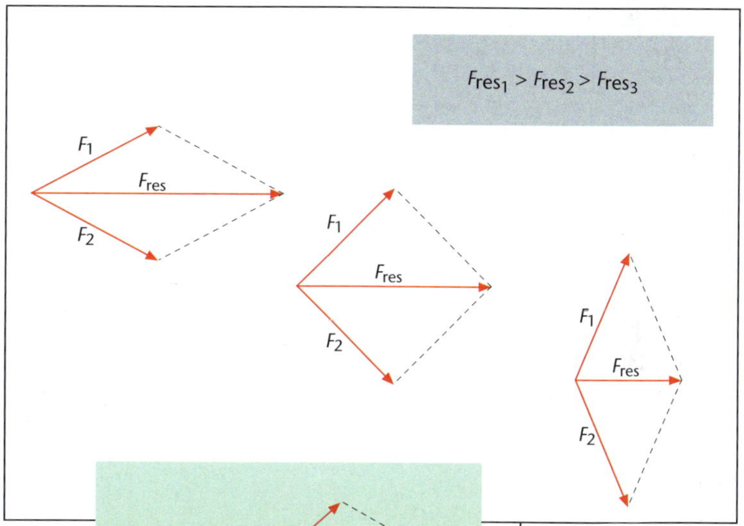

2 F_{res} für unterschiedliche Winkel

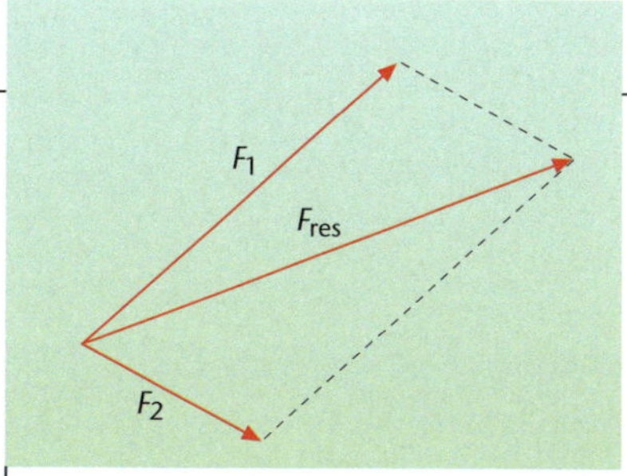

3 F_{res} für unterschiedlich große Einzelkräfte

Aufgabe

1 Du führst zwei Hunde aus und hast beide Leinen in einer Hand. Ein Hund zieht mit 80 N, der andere mit 50 N. Die Richtungen, in die die Hunde ziehen, schließen einen Winkel von 55 ° ein. Ermittle die Größe der resultierenden Kraft.

1 Läuferinnen im Startblock

Kräfte wirken im Doppelpack
Beim Sprint kommt es auf einen schnellen Start an (▷ B 1). Daher stößt sich die Läuferin kräftig von den Startblöcken ab. Sie übt auf die Startblöcke eine Kraft nach hinten aus. Gleichzeitig üben die Startblöcke auf die Läuferin eine gleich große Gegenkraft aus. Sie ist nach vorn gerichtet und beschleunigt die Läuferin.
Diese Gegenkraft, die bei jeder Kraftwirkung entsteht, wird auch **Rückstoßkraft** genannt.

Isaac Newton erkannte dieses **Wechselwirkungsprinzip**.
Er formulierte es kurz mit den lateinischen Worten:

actio = reactio

▶ Wirken zwei Körper aufeinander ein, treten immer zwei Kräfte auf – Kraft und Gegenkraft. Die Kräfte greifen an verschiedenen Körpern an, sind genau gleich groß und einander entgegen gerichtet.

Das Prinzip der Wechselwirkung zwischen zwei Körpern findest du z. B. auch beim Raketenantrieb. Das mit hoher Geschwindigkeit ausströmende Gas erzeugt einen Rückstoß, der die Rakete beschleunigt.

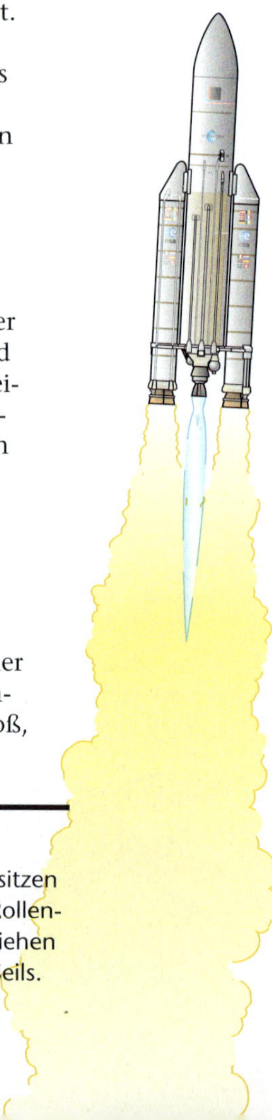

Aufgabe

1 Stell dir vor, zwei Schüler sitzen sich auf Bürostühlen mit Rollenfüßen gegenüber. Beide ziehen an den Enden desselben Seils. Erkläre, was passiert.

Werkstatt

Kräfte im Doppelpack

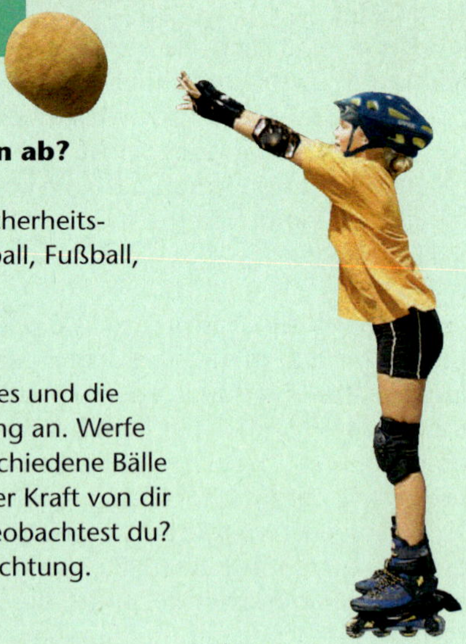

1 Zu Versuch 1

1 Wer stößt wen ab?

Material
Inline-Skates mit Sicherheitsausrüstung, Tennisball, Fußball, Medizinball

Versuchsanleitung
Lege die Inline-Skates und die Sicherheitsausrüstung an. Werfe aus dem Stand verschiedene Bälle mit unterschiedlicher Kraft von dir weg (▷ B 1). Was beobachtest du? Erkläre deine Beobachtung.

2 Die Luftballonrakete

Material
Luftballon, Trinkhalm, dünner Draht, Klebefilm

Versuchsanleitung
Fädele einen dünnen Draht durch einen Trinkhalm und spanne den Draht zwischen zwei Tischen oder Stühlen. Blase einen Luftballon auf, halte die Öffnung zu und klebe ihn mit dem Klebefilm an den Trinkhalm (▷ B 2). Lasse nun die Luft aus dem Ballon ausströmen. Was passiert? Erkläre.

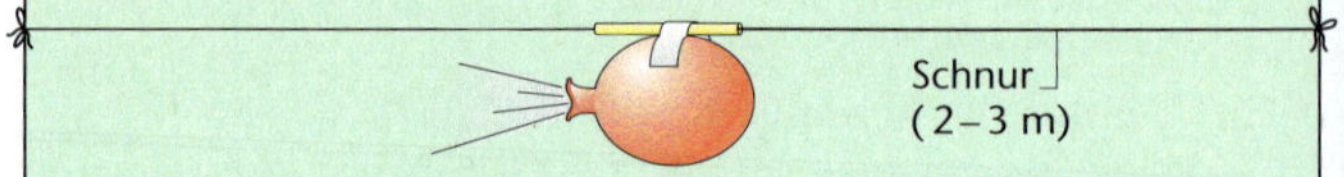

2 Luftballonrakete

3 Eine Wasserrakete

Material
Spritzflasche, Blitzventil für den Fahrradreifen, Luftpumpe, Wasser

Tipp: Führe den folgenden Versuch nur im Freien durch!

Versuchsanleitung
Schneide die Spitze einer Spritzflasche so weit ab, dass das Blitzventil hineinpasst und fest sitzt. Fülle etwas Wasser in die Flasche und pumpe dann so lange Luft hinein (▷ B 3), bis sich die Flasche vom Ventil löst. Wiederhole den Versuch mit verschiedenen Wassermengen.
Erkläre deine Beobachtungen.

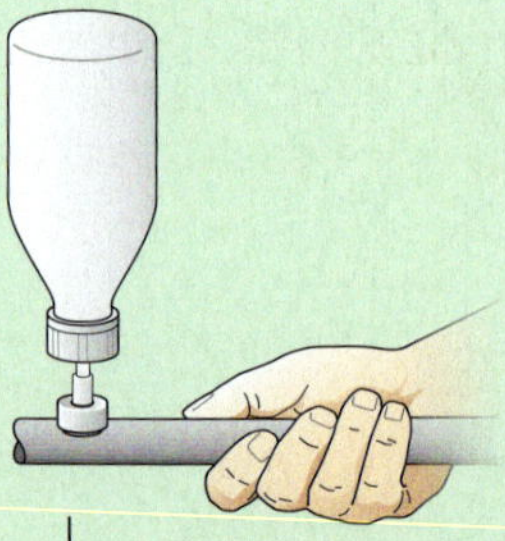

3 Aufbau der Wasserrakete

Versuch

1 Untersuche die Größe der verschiedenen Reibungskräfte. Nimm dazu einen Holzklotz und einen Federkraftmesser. und führe den Versuch wie in Bild 1 gezeigt durch. Was stellst du fest?

Umräumen leicht gemacht

Eine schwere Kiste soll verschoben werden (▷ B 2). Das ist sehr anstrengend und zwar nicht nur wegen der Masse der Kiste. Zwischen der Kiste und dem Fußboden treten **Reibungskräfte** auf. Diese wirken entgegen der Bewegungsrichtung. Sie hemmen oder verhindern die Bewegung. Diese Reibungskräfte müssen überwunden werden, damit sich die Kiste bewegen lässt.

Bei der Bewegung von Körpern entstehen Reibungskräfte. Sie wirken entgegengesetzt zur Bewegungsrichtung und hemmen die Bewegung des Körpers.

Es gibt verschiedene Reibungskräfte

In der Physik unterscheiden wir drei Arten von Reibungskräften. Die **Haftreibungskraft** tritt auf, wenn ein ruhender Körper in Bewegung versetzt werden soll (▷ B 2a).
Gleitet ein Körper über eine Oberfläche, so spricht man von Gleitreibung (▷ B 2b).

Die **Gleitreibungskraft** ist kleiner als die Haftreibungskraft. Noch kleiner ist die **Rollreibungskraft.** Sie tritt auf, wenn ein Körper auf Rädern oder Rollen bewegt wird (▷ B 2c).

Wir unterscheiden die Haftreibungskraft, die Gleitreibungskraft und die Rollreibungskraft. Für die Größe dieser Reibungskräfte gilt:

$$F_{\text{Haft}} > F_{\text{Gleit}} > F_{\text{Roll}}$$

Reibung – mal mehr und mal weniger

Dort, wo Reibungskräfte erwünscht sind, kann man sie vergrößern. Deshalb wird im Winter Splitt auf vereiste Flächen gestreut. Hallenturnschuhe haben immer Gummisohlen. Die Reibungskräfte zwischen Gummi und Bodenbelag sind sehr groß, sodass die Sportler nicht rutschen.

Ist die Reibung unerwünscht, muss sie möglichst gering gehalten werden. Darum werden rotierende Maschinenteile mit Ölen oder Fetten geschmiert. Auch beim Skilaufen ist der Sportler bestrebt, Reibung zwischen Ski und Schnee zu verringern.

Reibungskräfte kann man vergrößern, z. B. durch die Wahl geeigneter Materialien an den Reibungsflächen oder durch das Aufrauen von Oberflächen. Reibungskräfte kann man verringern durch Glätten oder Polieren der Oberflächen und durch Ölen und Fetten der Reibungsflächen.

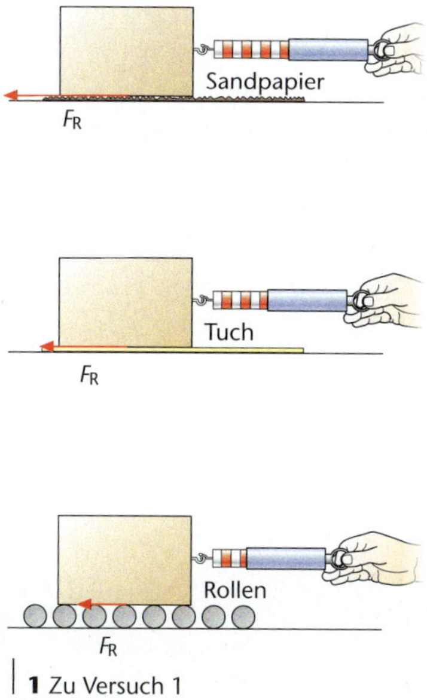

1 Zu Versuch 1

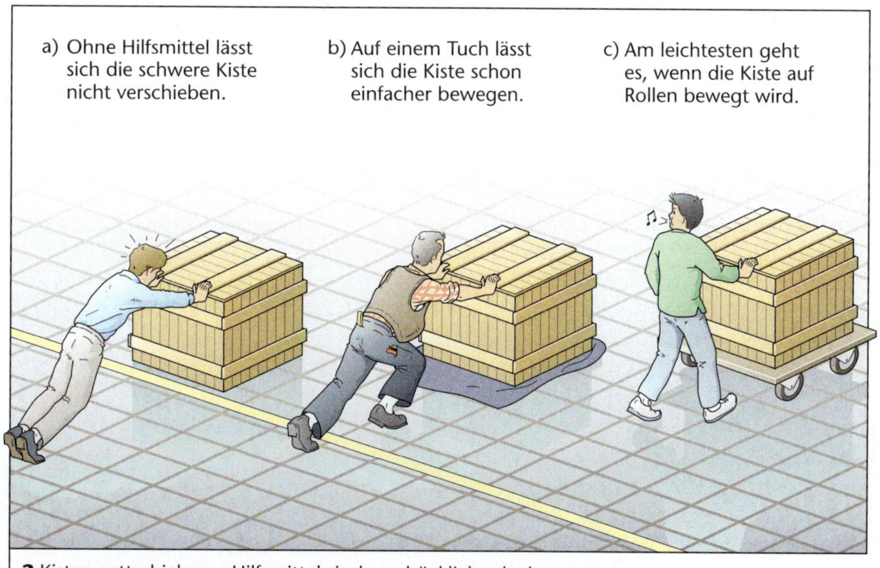

2 Kistenwettschieben – Hilfsmittel sind ausdrücklich erlaubt

Isaac Newton und der Apfel

Über den Physiker Isaac Newton wird folgende Geschichte erzählt: Als Zwanzigjähriger soll er im Garten seiner Eltern beobachtet haben, wie ein Apfel vom Baum fiel. Newton fragte sich, warum der Apfel nach unten und nicht in eine andere Richtung fällt.

Alle Körper ziehen sich gegenseitig an

Newton nahm zunächst an, dass die Erde eine Kraft besäße, die andere Körper anzieht. Später erkannte er, dass sich alle Körper gegenseitig anziehen. Er nannte diese Anziehungskraft **Gravitationskraft** (lat. gravis: schwer). Allerdings sind diese Kräfte sehr klein und Newton konnte sie nicht nachweisen.

Die Größe der Gravitationskraft wird an einem Beispiel deutlich. Betrachte Bild 1. Die Anziehungskraft zwischen zwei großen Schiffen, die im Abstand von 100 m aneinander vorbei fahren, ist nur etwa so groß wie die Anziehungskraft zwischen einer vollen Getränkekiste und der Erde.

1 Zwischen den Schiffen wirkt eine Anziehungskraft.

▶ Alle Körper ziehen sich gegenseitig an. Die Kraft, die zwischen ihnen wirkt, heißt Gravitationskraft.

Der Nachweis der Gravitationskraft

Der Nachweis der Gravitationskraft gelang erst über 100 Jahre später dem Chemiker und Physiker Henry Cavendish (1731–1810). Dazu brachte er zwei große Metallkugeln im Abstand von etwa 2 m zueinander an. An den Enden eines ähnlich langen Stabs befestigte er zwei wesentlich kleinere Kugeln. Der Stab wurde mit einer gewissen Auslenkung gegenüber den großen Kugeln an einem Draht aufgehängt (▷ B 3). Der Versuch zeigte, dass sich die kleinen Kugeln tatsächlich langsam auf die großen zu bewegten.

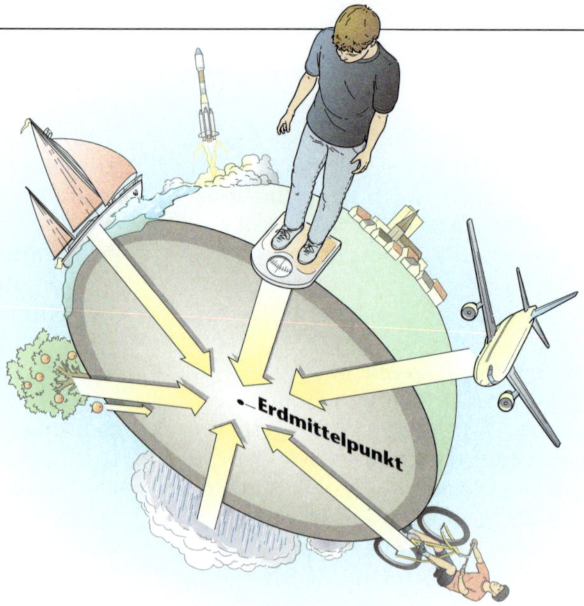

2 Die Gravitationskraft ist zum Erdmittelpunkt gerichtet

Die Gewichtskraft

Wie Newtons Apfel fällt jeder Körper, den man loslässt, nach unten. Er bewegt sich auf den Mittelpunkt der Erde zu (▷ B 2). Hindert man den Körper daran, herunterzufallen, drückt er auf die Unterlage, denn die Gravitationskraft wirkt weiterhin. Die Kraft, mit der ein Körper „drückt", bezeichnet man als **Gewichtskraft**.

▶ Die Gravitationskraft, die zwischen einem Körper und der Erde wirkt, wird als Gewichtskraft bezeichnet.

Das Gravitationsfeld

Die Gravitationskräfte, die zwischen zwei Körpern wirken, sind auch abhängig von der Entfernung der Körper zueinander. Sie werden mit zunehmendem Abstand geringer, verschwinden aber nie ganz. Den Bereich um einen Körper, in dem die Gravitationskraft wirkt, bezeichnet man als **Gravitationsfeld**.

4 Henry Cavendish

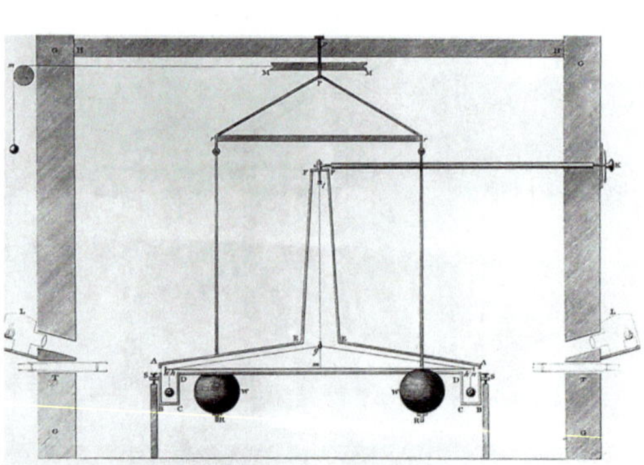

3 Gravitationswaage von Henry Cavendish

Sir Isaac Newton

Professor mit 27 Jahren

Isaac Newton (▷ B 1) wurde am 4. Januar 1643 in einem kleinen englischen Dorf in der Nähe von Lincolnshire geboren. Er besuchte das Gymnasium und studierte später am Trinity College, das zur Universität Cambridge gehörte (▷ B 4). Sein besonderes Interesse galt der Physik und der Mathematik. 1665 kehrte er in sein Heimatdorf zurück, da in Cambridge die Pest ausgebrochen war. Er studierte aber zu Hause weiter. Besonders intensiv beschäftigte er sich mit den Arbeiten des deutschen Astronomen Johannes Kepler (1571–1630), des italienischen Naturforschers Galileo Galilei (1564–1642) und des englischen Wissenschaftlers Robert Boyle (1627–1691). Im Jahre 1667 kam er nach Cambridge zurück und übernahm bald darauf mit nur 27 Jahren als Professor den Lehrstuhl für Mathematik und Naturwissenschaften.

1 Isaac Newton

Newton als Wissenschaftler

Newton machte bei seinen intensiven Forschungen viele neue und aufsehenerregende Entdeckungen. In der Mathematik entwickelte er eine neue Rechenmethode. Für seine Experimente mit Licht baute er ein neues Gerät, das Spiegelteleskop (▷ B 3). Er veröffentlichte seine Forschungsergebnisse und erlangte zunehmend Anerkennung bei seinen Kollegen. Newton studierte die Bewegung von Körpern und Planeten und die dabei wirkenden Kräfte. So entdeckte er u. a. auch die Gravitationskraft und stellte drei Bewegungsgesetze auf, die er physikalisch und mathematisch genau begründen konnte. Wir lernen sie noch heute so, wie er sie in seinem Buch „Principia" (Grundprinzipien) aufgeschrieben hat.

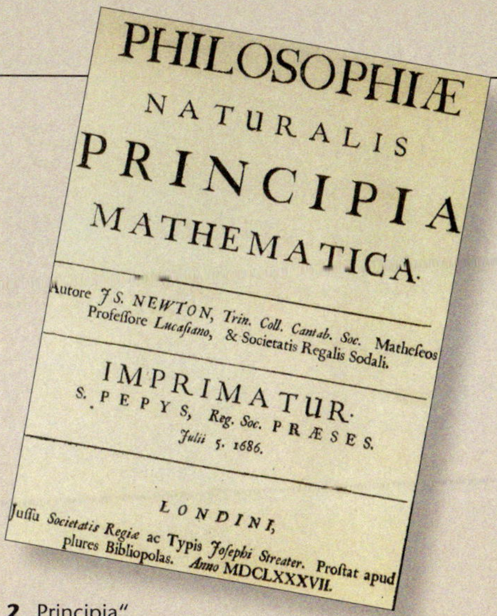

2 „Principia"

Sir Isaac

Nach seinem 50. Geburtstag lebte Newton sehr zurückgezogen und wandte sich mehr alchimistischen, religiösen und politischen Problemen zu. Er wurde ein sehr strenger Münzmeister an der Königlichen Münze und Präsident der Königlich Britischen Akademie der Naturwissenschaften, der „Royal Society".
1705 erhob die Königin Newton als ersten Wissenschaftler in den Adelsstand. Jetzt durfte er sich „Sir Isaac" nennen.

3 Spiegelteleskop

Mit zunehmendem Alter verschlechterte sich sein Gesundheitszustand zusehends und Sir Isaac Newton verstarb am 31. März 1727.

4 Trinity-College

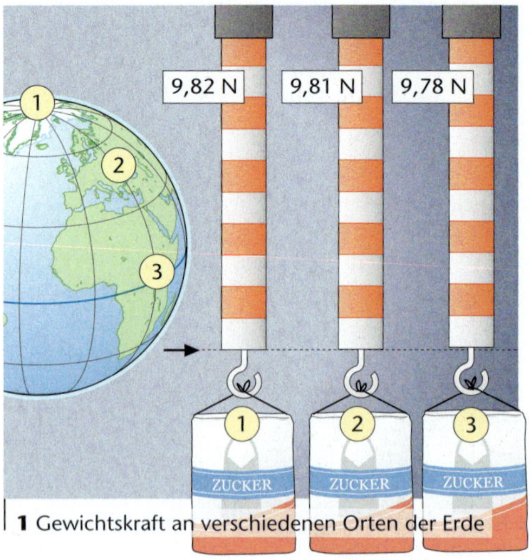

1 Gewichtskraft an verschiedenen Orten der Erde

Die Gewichtskraft auf der Erde

Misst man die Gewichtskraft einer 1-kg-Packung Zucker an verschiedenen Orten der Erde, erhält man ein erstaunliches Ergebnis: Die Gewichtskraft der Zuckertüte ist nicht überall gleich groß (▷ B 1). Die größte Kraft wirkt am Pol, die kleinste am Äquator.
Grund dafür ist, dass die Erde keine exakte Kugelform hat. Außerdem muss man berücksichtigen, dass die Gewichtskraft mit zunehmendem Abstand zum Erdmittelpunkt kleiner wird. Da die Erde an den Polen etwas abgeflacht ist, befindet man sich dort näher am Erdmittelpunkt als am Äquator.

Die Unterschiede in der Gewichtskraft sind recht klein. Deshalb rechnen wir für einen Körper mit 1 kg mit einem Näherungswert von 10 N.

Auf dem Mond ist alles leichter

Was würde ein Astronaut feststellen, wenn er die Zuckertüte und einen Kraftmesser mit zum Mond nähme? Seine Messung ergäbe eine Gewichtskraft von etwa 1,6 N (▷ B 2). Das ist 1/6 des Werts, den man auf der Erde misst.

Etwas bleibt überall gleich

Angenommen, der Astronaut nimmt anstelle des Kraftmessers eine Balkenwaage und einen Wägesatz mit zum Mond. Was würde ein Wägeversuch jetzt ergeben?
In diesem Fall würde der Astronaut beim Abwiegen keinen Unterschied zum Ergebnis auf der Erde feststellen.

Auf dem Mond haben sowohl der Zucker als auch die Wägestücke nur noch 1/6 der Gewichtskraft, die sie auf der Erde besitzen. Also bringen dort dieselben Wägestücke die Waage ins Gleichgewicht.
Die Eigenschaft eines Körpers, die unabhängig vom Ort der Messung gleich bleibt, ist die **Masse**. Das physikalische Formelzeichen der Masse ist m, ihre Einheit ist das Kilogramm (kg).

▶ Die Masse m ist eine unveränderliche Eigenschaft eines Körpers. Sie verursacht seine Gewichtskraft. Die Einheit der Masse ist das Kilogramm (kg).

Die Gewichtskraft auf anderen Himmelskörpern

Bild 2 zeigt, welche Gewichtskraft 1 kg Zucker auf verschiedenen Himmelskörpern erzeugen würde. Die Gewichtskraft der Zuckertüte ist umso größer, je größer die Masse des Himmelskörpers ist, auf dem sie gemessen wird.

▶ Die Gewichtskraft eines Körpers ist umso größer
- je mehr Masse er hat,
- je größer die Masse des Himmelskörpers ist, auf dem gemessen wird,
- je näher sich der Körper am Mittelpunkt des Himmelskörpers befindet.

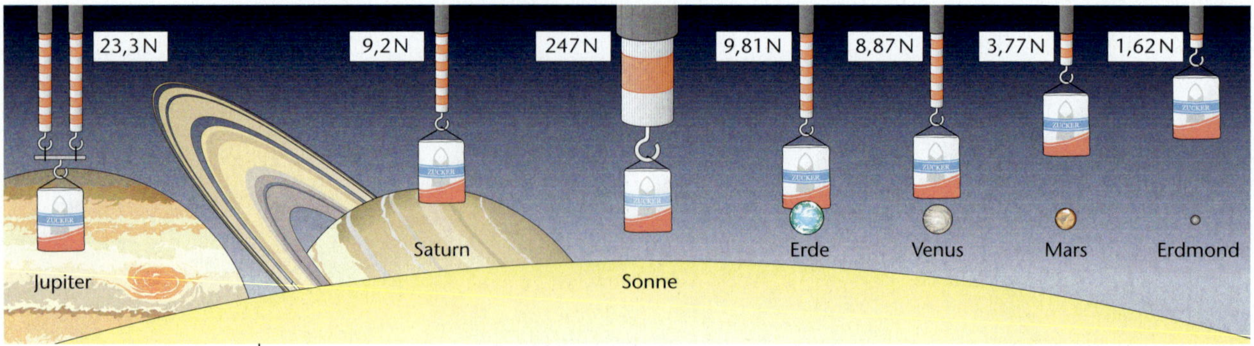

2 Gewichtskraft einer Tüte Zucker auf verschiedenen Himmelskörpern

Brennpunkt

Kräfte in der Natur

4 Vulkanausbruch

Kräfte im Inneren der Erde
Im Inneren der Erde wirken gewaltige Kräfte, die seit Milliarden von Jahren ganz langsame und meist unmerkliche Veränderungen des Erdaufbaus bewirken. Diese Veränderungen äußern sich z. B. durch Erdbeben: Sie entstehen, wenn die Platten der Erdkruste aneinander reiben.
An manchen Stellen gelangt zwischen den Platten flüssiges Gestein aus dem Erdinneren an die Oberfläche. Ein solcher Vulkanausbruch (▷ B 4) kann große Verwüstungen anrichten.

1 Flussbett

Kräfte des Wassers
Fließendes Wasser besitzt ausreichend große Kräfte, um ganz langsam auch hartes Gestein abzutragen. Täglich werden viele Kubikmeter Erde und Gestein in Bächen und Flüsse abtransportiert. Auf diese Weise hat das Wasser im Laufe von tausenden oder gar Millionen von Jahren tiefe Flusstäler in die Landschaft gegraben (▷ B 1). Auch die Küstenregionen sind der Kraft des Wassers ständig ausgesetzt. Die Wellen des Meeres bearbeiten das Ufer, sie tragen aber auch Sand heran.

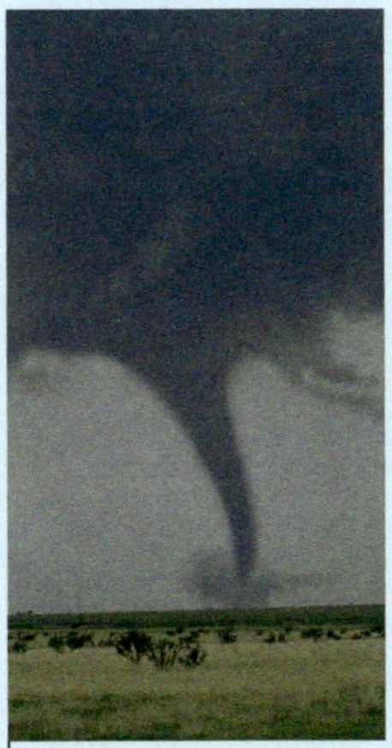

2 Tornado

Kräfte des Windes
In vielen Gegenden der Erde, vor allem in äquatornahen Bereichen, richten Taifune, Tornados und Hurrikans regelmäßig große Schäden an (▷ B 5). Aber auch bei uns entstehen gelegentlich Orkane, die Schornsteine zerstören, Häuser abdecken und Bäume entwurzeln.

Starke Tiere
Manche Tiere entwickeln verhältnismäßig große Kräfte. So kann der Hirschkäfer (▷ B 3) mehr als das 100-fache seines Körpergewichtes tragen. Wäre ein Mensch genau so kräftig, dann könnte er einen 7,5 t schweren LKW anheben.

5 Zerstörungen durch einen Tornado

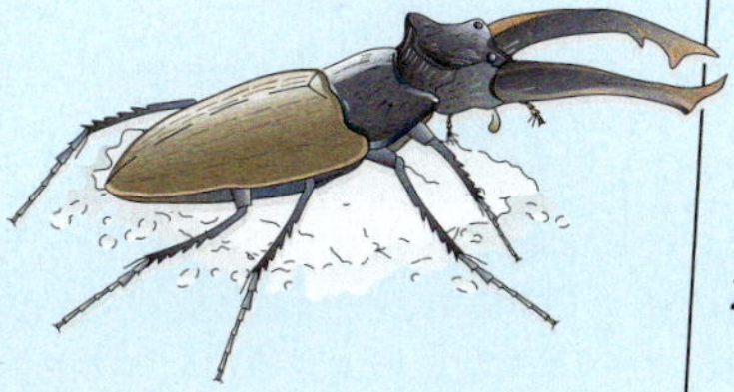

3 Hirschkäfer

Aufgaben

1 Erkundige dich, wann zuletzt in deiner Umgebung ein Orkan große Schäden angerichtet hat.

2 Sammle weitere Beispiele von Tieren und Pflanzen, die über bemerkenswerte Kräfte verfügen.

1 Seilziehen mit fester Rolle

2 Seilziehen mit loser Rolle

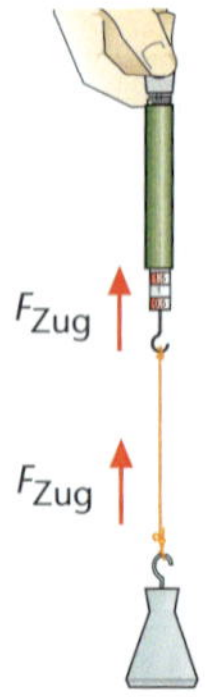

3 Das Seil verändert den Angriffspunkt der Kraft.

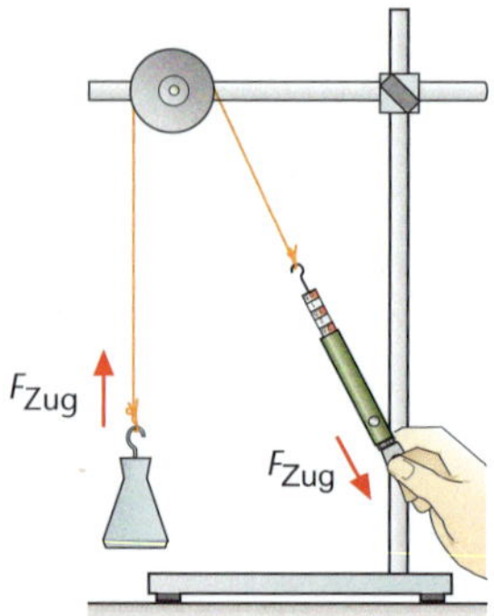

4 Die Rolle ändert die Richtung der Kraft.

Seilziehen mit einer Rolle

Firat hat ein Seil an einen Pfahl geknotet. An diesem Seil befestigt er eine Rolle, über die er ein zweites Seil legt. Nun zieht Matthias an einem Seilende, Firat zieht am anderen (▷ B 1). Matthias hat keine Chance. Firat zieht ihn immer weiter an den Pfahl heran.

Der Trick

Matthias überlegt sich, wie er seine Chancen verbessern könnte. Er verändert dazu die Anordnung. Matthias nimmt das am Pfahl befestigte Seil und legt die Rolle in eine Schlaufe des Seils. Das zweite Seil befestigt er an der Rolle und gibt es Firat in die Hand. Matthias selbst zieht am Ende des Seils, das am Pfahl festgemacht ist. Das Kräftemessen kann beginnen (▷ B 2). Dieses Mal ist es ein klarer Sieg für Matthias. Wie hat er das gemacht? Bei der Beantwortung dieser Frage können dir die Versuche 1 und 2 helfen.

Ein Experiment mit Seil und Rolle

Damit du den Körper in Versuch 1 anheben kannst, musst du am Seil ziehen (▷ B 5). Die dazu notwendige Zugkraft bestimmst du mit dem Federkraftmesser. Sie beträgt bei einer Gewichtskraft des Körpers von 10 N ebenfalls 10 N. Das Ergebnis ist wenig überraschend: Die Zugkraft entspricht der Gewichtskraft. Was ist dann aber die Funktion von Seil und Rolle?

Das Seil

Das Seil hat die Aufgabe Zugkräfte zu übertragen, sodass sie an einer anderen Stelle wirken können. Das Seil verlagert den Angriffspunkt der Kraft (▷ B 3).

▶ Ein Seil überträgt Zugkräfte. Größe und Richtung der Zugkraft bleiben gleich.

Die feste Rolle

Die Aufgabe der Rolle ist es, die Richtung der Kraft zu ändern (▷ B 4). Die Rolle wird als feste Rolle bezeichnet, weil sie mit dem Stativ verbunden ist und sie daher ihre Lage nicht ändert.

▶ Mit einer festen Rolle kann die Richtung der Kraft verändert werden.

▶ Rolle und Seil sind einfache Maschinen. Man kann mit ihnen Kräfte übertragen und die Kraftrichtung ändern.

Heben mit und ohne Rolle

Auf einer Baustelle sollen Dachziegel nach oben transportiert werden. Ein Arbeiter könnte mehrmals hintereinander je 10 Stück nach oben tragen. Er könnte aber auch eine feste Rolle verwenden und nacheinander jeweils 10 Stück nach oben ziehen. Was wäre vorteilhafter?
Trägt der Arbeiter die Ziegel, muss er zusätzlich seinen eigenen Körper mit nach oben bewegen. Verwendet er eine feste Rolle, so müssen nur die Ziegel angehoben werden. Das ist weniger anstrengend.

Der Arbeiter zieht am Seil nach unten, die Ziegel werden nach oben transportiert. Das Seil hat die Richtung der Kraft verändert.

Auf und ab

Wie weit muss das Seil in Versuch 1 nach unten gezogen werden, um den Körper um 10 cm anzuheben? Die Messung ergibt 10 cm. Hub- und Zugweg sind also gleich.

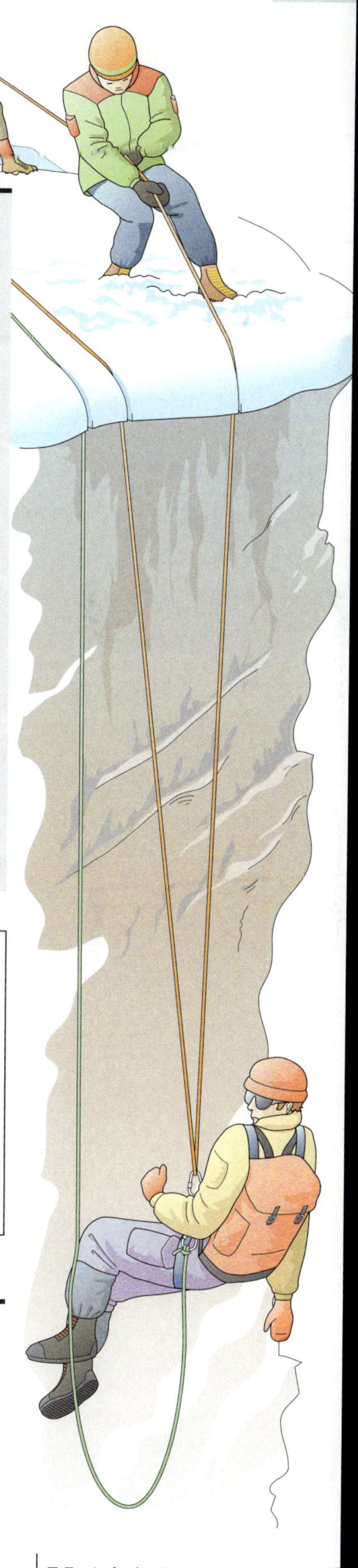

Bei einer festen Rolle sind der Hubweg und der Zugweg gleich lang.
$s_{Hub} = s_{Zug}$

Die lose Rolle
Eine Rolle wird als lose bezeichnet, wenn sie zusammen mit der Last hochgezogen wird (▷ B 6). Deshalb sollten lose Rollen möglichst leicht sein.

In Versuch 2 wird ein Körper mit der Gewichtskraft von 10 N angehoben. Mit einem Federkraftmesser kannst du die Zugkraft messen. Sie ist nur noch etwa halb so groß wie die Gewichtskraft des Körpers. Bei der losen Rolle verteilt sich die Gewichtskraft des Körpers auf zwei Seilstücke, deshalb brauchst du nur noch halb so viel Kraft zum Ziehen.

Eine lose Rolle ist eine einfache Maschine, bei der die Zugkraft nur halb so groß wie die Gewichtskraft der Last ist:

$$F_{Zug} = \frac{F_G}{2}$$

Dies gilt allerdings nur, wenn die Rollen reibungsfrei laufen und die Gewichtskräfte von Seil und Rolle vernachlässigt werden.

Ein langes Seil wird gebraucht
In Versuch 2 wird der Körper um 10 cm angehoben (▷ B 6). Du wirst feststellen, dass der Zugweg jetzt doppelt so lang ist, also 20 cm beträgt. Der Nachteil der losen Rolle besteht also darin, dass der Zugweg doppelt so lang ist wie der Hubweg.

Bei einer losen Rolle ist der Zugweg doppelt so lang wie der Hubweg:
$s_{Zug} = s_{Hub} \cdot 2$

Kannst du nun erklären, wieso Matthias den zweiten Wettkampf gegen Firat gewann?

Versuche

1 Befestige eine Rolle an einem Stativstab und lege ein Seil über die Rolle (▷ B 5). An einem Seilende wird ein Körper mit einer Gewichtskraft von 10 N befestigt. Am anderen Ende wird ein Federkraftmesser angebracht.
a) Bestimme mit dem Federkraftmesser, wie groß die Zugkraft ist.
b) Ziehe den Körper 10 cm nach oben. Wie weit muss das Seil nach unten gezogen werden?

2 Befestige ein Seilende an einem Stativstab (▷ B 6) und halte das andere Ende mit einem Federkraftmesser nach oben. In die Schlaufe des Seils wird eine Rolle gelegt, an der ein Körper mit einer Gewichtskraft von 10 N angehängt wird.
a) Bestimme mit dem Federkraftmesser, wie groß die Zugkraft ist.
b) Ziehe den Körper 10 cm nach oben. Wie weit muss das Seil nach oben gezogen werden?

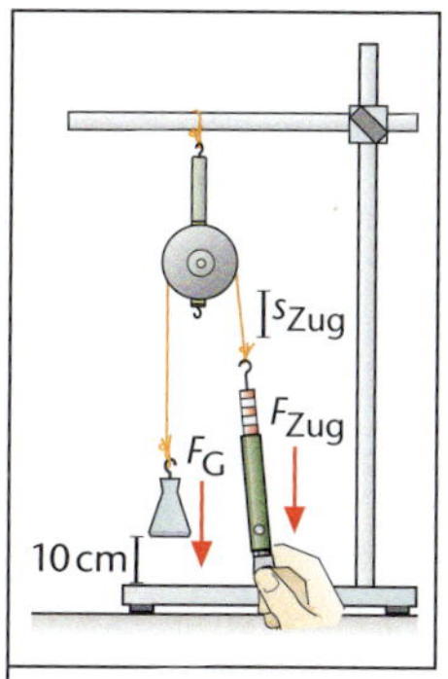

5 Zu Versuch 1

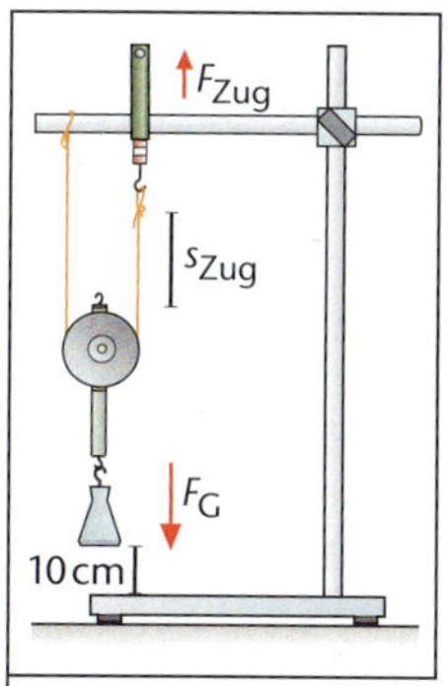

6 Zu Versuch 2

Aufgaben

1 Wie könnten Bauarbeiter eine lose Rolle nutzen, um z. B. Dachziegel nach oben zu transportieren? Fertige eine Skizze an.

2 Ein Körper mit einer Masse von 85 kg soll 15 m nach oben gehoben werden.
a) Verwende eine feste Rolle. Wie groß sind die Zugkraft und der Zugweg? (Vernachlässige die Gewichtskraft von Seil und Rolle sowie deren Reibung.)
b) Verwende eine lose Rolle. Wie groß sind jetzt die Zugkraft und der Zugweg?

3 Bergsteiger sichern sich mit Seilen und Karabinerhaken. Um einen Verletzten zu bergen, zieht man ihn nicht einfach am Seil nach oben. Sieh dir Bild 7 genau an und erkläre das Vorgehen der Bergsteiger.

7 Zu Aufgabe 3

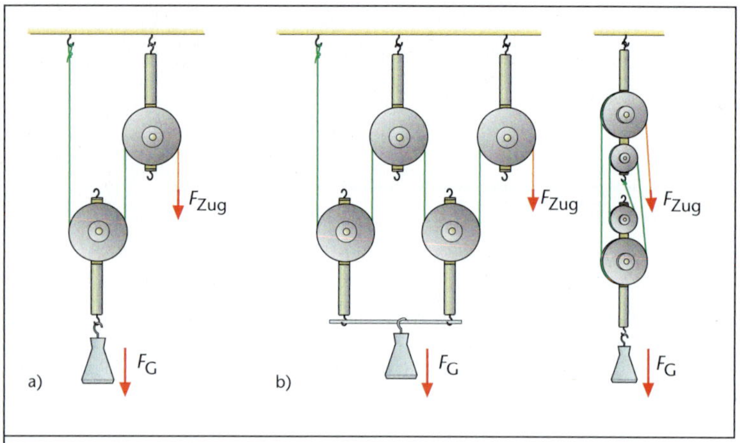

1 Lose und feste Rollen zusammen ergeben einen Flaschenzug.

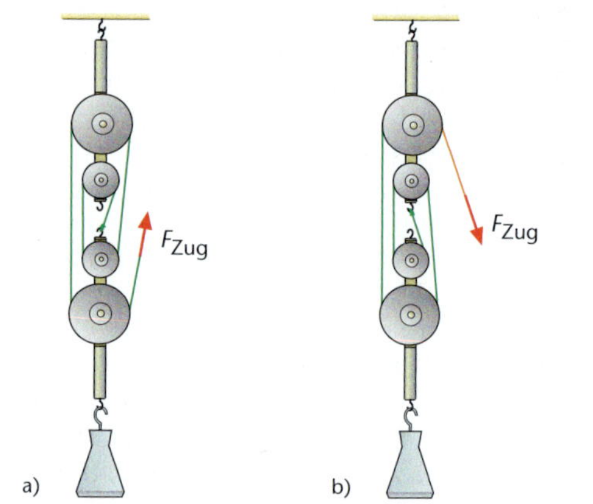

3 Verschiedene Zugkräfte bei gleicher Rollenanzahl

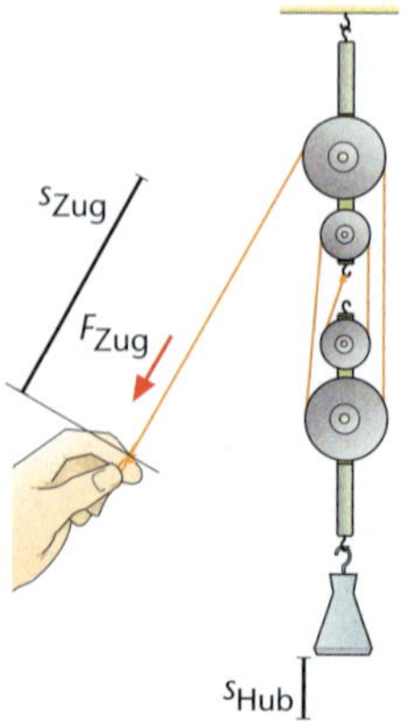

2 Bestimmung des Zugweges

Noch mehr Rollen

Wenn man eine feste und eine lose Rolle kombiniert, entsteht ein Flaschenzug. Oft werden sogar zwei, drei, vier oder mehr feste und lose Rollen verwendet (▷ B 1).

Noch weniger Zugkraft

Im Bild 1b siehst du einen Flaschenzug mit zwei festen Rollen, zwei losen Rollen und einer Last. Wie groß wird die Zugkraft sein? Die Last hat eine Masse von 800 g. Die Gewichtskraft beträgt somit 8 N. Die Zugkraft wird mit einem Federkraftmesser ermittelt. Sie beträgt 2 N, also nur noch ein Viertel der Gewichtskraft. Grund dafür ist die Seilführung.

Bei einem Flaschenzug kommt es auf die Anzahl der Seilstücke an, die die Last tragen. In diesem Experiment sind es vier tragende Seilstücke (in Bild 1 grün gekennzeichnet). Das letzte Seilstück trägt keine Last. Denn mit der letzten Rolle, einer festen Rolle, wurde nur die Kraftrichtung geändert. Es sind demnach vier Seilstücke, auf die die Last verteilt wird. Deshalb braucht man nur noch ein Viertel der Kraft aufzuwenden.

Im Bild 3 siehst du zwei Flaschenzüge. Beide bestehen aus zwei losen und zwei festen Rollen. Achte genau auf die Seilführung. Die tragenden Seilstücke sind wieder mit Farbe gekennzeichnet. Der Flaschenzug im Bild 3a verfügt über fünf tragende Seilstücke, weil die letzte Rolle eine lose Rolle ist und somit das letzte Seilstück die Last mitträgt. Der Flaschenzug im Bild 3b hat nur vier tragende Seilstücke, denn die letzte Rolle ist eine feste Rolle und so zählt das letzte Seilstück nicht mit zu den tragenden.

Verfügt der Flaschenzug über fünf tragende Seilstücke, dann ist die Zugkraft nur noch etwa ein Fünftel der Gewichtskraft der Last. Bei sechs tragenden Seilstücken beträgt die Zugkraft nur noch etwa ein Sechstel der Gewichtskraft usw.

▶ Bei einem Flaschenzug ist die Zugkraft der Quotient aus der Gewichtskraft der Last und der Anzahl der tragenden Seilstücke n.
$F_{Zug} = F_G : n$

Auch dies gilt nur, wenn die Gewichtskräfte von Seil und Rollen sowie die auftretenden Reibungskräfte unberücksichtigt bleiben.

Wie groß ist der Zugweg?

In einem Experiment kannst du messen, wie lang Hubweg und Zugweg bei einem Flaschenzug jeweils sind. Verwende zunächst einen Flaschenzug mit vier tragenden Seilstücken (▷ B 2).

Soll der Körper damit 10 cm hochgehoben werden, wirst du feststellen, dass der Zugweg 40 cm beträgt. Der Zugweg ist demnach viermal so lang wie der Hubweg. Bei einem Flaschenzug mit fünf tragenden Seilstücken ist der Zugweg fünfmal so lang wie der Hubweg usw. Der Nachteil eines Flaschenzuges ist also, dass der Zugweg sehr lang wird.

▶ Bei einem Flaschenzug ist die Länge des Zugweges gleich dem Produkt aus der Länge des Hubweges und der Anzahl der tragenden Seilstücke n.
$s_{Zug} = s_{Hub} \cdot n$

Was ist ein Hebel?
Jede Stange, die sich um einen festen Punkt drehen kann, bezeichnet man als **Hebel**. Hebel haben zwei Hebelarme und einen Drehpunkt. Je nach Anordnung der Hebelarme und des Drehpunktes werden ein- und zweiseitige Hebel unterschieden.

Der zweiseitige Hebel
Bei diesem Hebel befindet sich der Drehpunkt zwischen den zwei Hebelarmen. Das ist z. B. bei einer Balkenwaage wie in Bild 2 der Fall. Die Waage ist im Gleichgewicht, wenn auf beide Waagschalen die gleiche Gewichtskraft wirkt und die Waagschalen gleich weit vom Drehpunkt entfernt sind. Die Balkenwaage ist aber auch dann im Gleichgewicht, wenn eine Waagschale näher am Drehpunkt ist und auf dieser Waagschale zwei Wägestücke stehen. Am kürzeren Hebelarm wirkt dann die größere Kraft.

Bei einem zweiseitigen Hebel befindet sich der Drehpunkt zwischen den beiden Hebelarmen.

Eine harte Nuss ist zu knacken
Willst du die Schale einer Haselnuss aufbrechen (▷ B 4), reicht deine Muskelkraft allein nicht aus. Du brauchst ein Hilfsmittel, am besten einen Nussknacker (▷ B 1). Beim Nussknacker befindet sich der Drehpunkt vorne an der Spitze. Es gibt einen langen und einen kurzen Hebelarm. Beide liegen auf derselben Seite des Drehpunktes. Damit du die Schale mit möglichst wenig Kraft zerdrücken kannst, fasst du den Nussknacker möglichst weit hinten an. So nutzt du den langen Hebelarm. Nahe am Drehpunkt, wo sich die Nuss befindet, wirkt eine viel größere Kraft: Die Schale zerbricht.

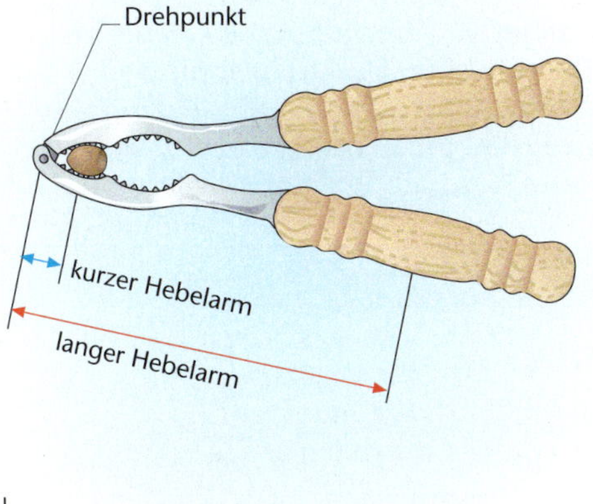

1 Der Nussknacker ist ein einseitiger Hebel.

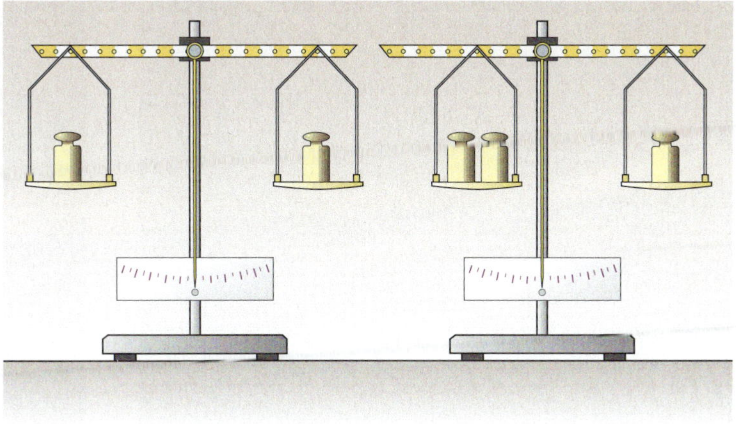

2 Zwei Möglichkeiten, eine Waage ins Gleichgewicht zu bringen

Der einseitige Hebel
Befinden sich die beiden Hebelarme auf derselben Seite des Drehpunktes, spricht man vom einseitigen Hebel. Das ist z. B. bei einer Schubkarre oder einer Pinzette der Fall (▷ B 3). Das besondere an der Pinzette ist, dass man hier die Kraft verkleinern will. Du fasst die Pinzette deshalb am kurzen Hebelarm an.

Bei einem einseitigen Hebel befinden sich beide Hebelarme auf derselben Seite des Drehpunktes.

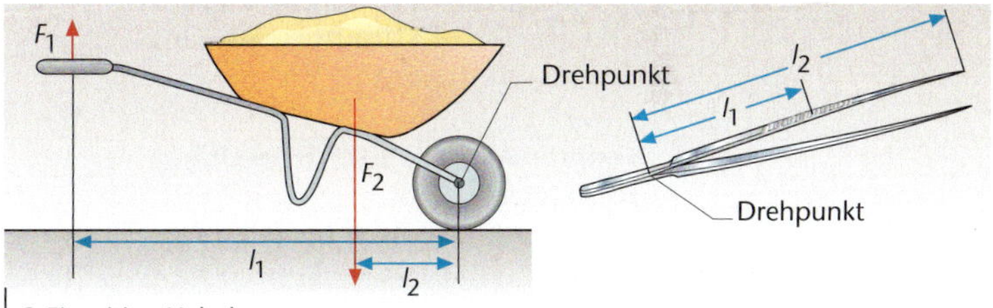

3 Einseitige Hebel

4 Gewusst wie!

1 So ist die Wippe nicht im Gleichgewicht.

2 So aber auch nicht!

Das Gleichgewicht auf der Wippe – eine schwierige Sache?

Mischa und Andrea sitzen auf einer Wippe. Mischa ist schwerer als Andrea. Wenn beide den gleichen Abstand zum Drehpunkt der Wippe haben, herrscht kein Gleichgewicht und Mischa wird nicht vom Boden abheben (▷B 1).
Also setzt sich Mischa näher zum Drehpunkt hin und Andrea weiter vom Drehpunkt weg. Das Ergebnis: Jetzt senkt sich die Wippe auf Andreas Seite und Mischa wird angehoben (▷B 2).
Wie lässt sich herausfinden, bei welchen Positionen der beiden die Wippe ins Gleichgewicht kommt (▷B 5)? Ein Versuch kann weiterhelfen (▷V 1).

Berechnung des Gleichgewichts am Hebel

Anhand der Bilder 6 bis 8 zu Versuch 1 kannst du die Zusammenhänge zwischen der Kraft, der Last, dem Kraftarm und dem Lastarm erkennen.

1. Bleiben Last und Lastarm gleich (▷V 1b), so gilt:
Je länger der Kraftarm ist, desto kleiner ist die aufzuwendende Kraft (▷B 8).
2. Bleiben Last und Kraftarm gleich (▷V 1c), so gilt:
Je länger der Lastarm ist, desto größer ist die aufzuwendende Kraft (▷B 9).

Die Tabelle (▷B 4) liefert noch einen genaueren Zusammenhang. Bilde einmal die Produkte aus Last und Lastarm sowie Kraft und Kraftarm für den Versuch 1b. Beispiel:
$F_1 \cdot l_1 = 1\,N \cdot 10\,cm = 10\,Ncm$
$F_2 \cdot l_2 = 0{,}5\,N \cdot 20\,cm = 10\,Ncm$
Beide Produkte sind gleich.

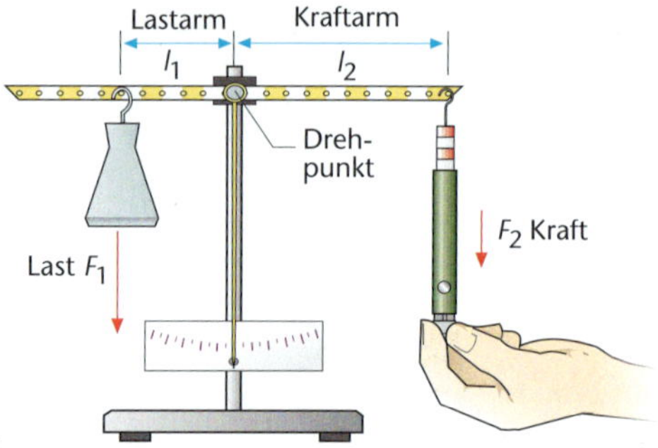

3 Versuch zum Hebelgesetz

Damit kannst du jetzt das **Hebelgesetz** formulieren:

Ein Hebel ist im Gleichgewicht, wenn das Produkt aus Last und Lastarm gleich dem Produkt aus Kraft und Kraftarm ist.
Last · Lastarm = Kraft · Kraftarm
$F_1 \cdot l_1 = F_2 \cdot l_2$

Die beiden Kräfte an den zwei Hebelarmen besitzen jeweils eine Drehwirkung. Betrachte Bild 3: Die Last am Lastarm dreht den Hebel gegen den Uhrzeigersinn. Die Kraft am Kraftarm dreht den Hebel im Uhrzeigersinn. Die Drehwirkung einer Kraft nennt man in der Physik **Drehmoment** (lat. momentum: Anlass). Bei allen Versuchen hast du den Kraftmesser senk-

l_1 in cm	F_1 in N	l_2 in cm	F_2 in N
10	1	5	
10	1	10	
10	1	20	0,5

4 Tabelle zu Versuch 1b

5 Endlich – die Wippe ist (fast) im Gleichgewicht.

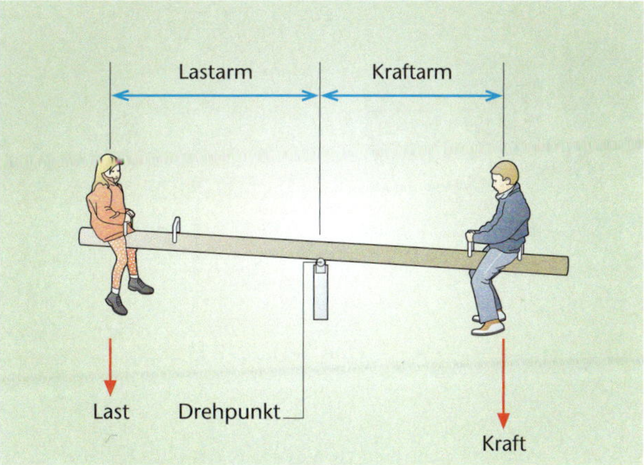

6 Die Wippe ist ein zweiseitiger Hebel.

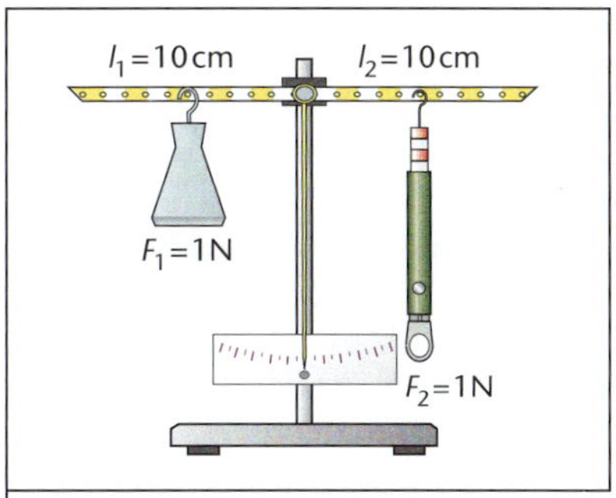

7 Eine größere Last erfordert eine größere Kraft (V1a).

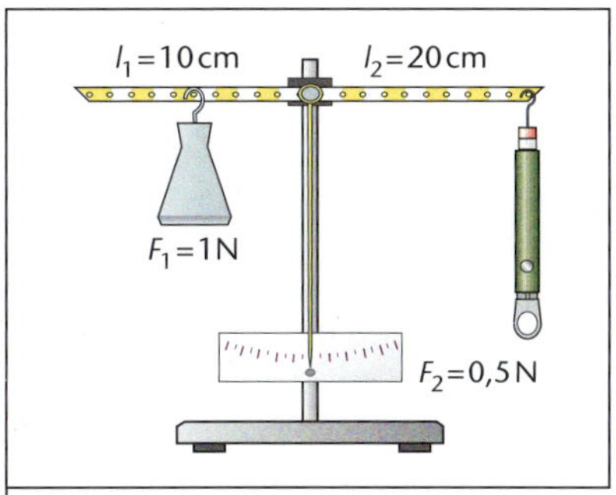

8 Ein längerer Kraftarm erfordert eine kleinere Kraft (V1b).

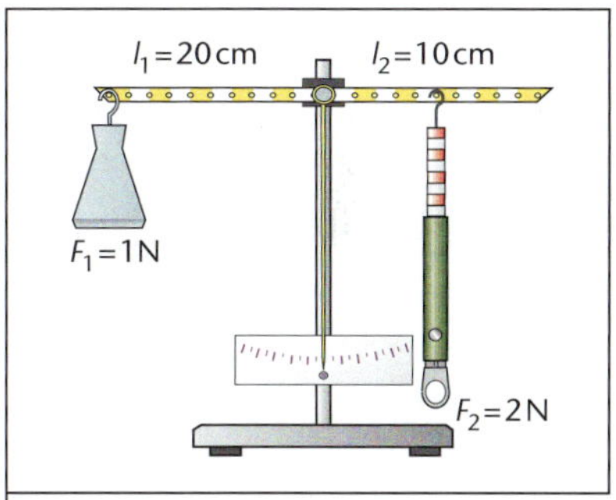

9 Ein längerer Lastarm erfordert eine größere Kraft (V1c).

recht nach unten gezogen. Das Hebelgesetz gilt nämlich nur, wenn die Kräfte und die Hebelarme senkrecht zueinander sind.

Mithilfe dieses Gesetzes kannst du berechnen, wohin sich die Kinder setzen müssen, damit die Wippe ins Gleichgewicht kommt (▷ B 10). Mischa hat eine Masse von 60 kg und Andrea eine von 40 kg. Mischa sitzt 1,5 m vom Drehpunkt entfernt.

Wohin muss sich Andrea setzen, wenn die Wippe ins Gleichgewicht kommen soll?

Gegeben: $F_1 = 400\,N$, $F_2 = 600\,N$, $l_2 = 1{,}5\,m$

Gesucht: l_1 Formel: $F_1 \cdot l_1 = F_2 \cdot l_2$

Rechnung:
$400\,N \cdot l_1 = 600\,N \cdot 1{,}5\,m$
$400\,N \cdot l_1 = 900\,N \cdot m$
$l_1 = \frac{900\,N \cdot m}{400\,N}$
$l_1 = 2{,}25\,m$

Andrea muss sich 2,25 m vom Drehpunkt entfernt auf die Wippe setzen.

10 Rechenbeispiel

Versuch

1 a) Hänge ein Massestück (eine Last) von 100 g (F_1 = 1 N) an den linken Hebelarm. Der Abstand zum Drehpunkt soll 10 cm betragen. Dieser Hebelarm wird Lastarm (l_1) genannt. Befestige den Federkraftmesser im Abstand von 20 cm am anderen Hebelarm. Dieser Hebelarm heißt Kraftarm (l_2). Miss die Kraft, die nötig ist, um den Hebel ins Gleichgewicht zu bringen (▷ B 3). Verändere nun die Last F_1. Wechsle das Massestück gegen ein 50-g-Stück und danach gegen ein 200-g-Stück aus.
b) Hänge das 100-g-Massestück wieder im Abstand von 10 cm an den Hebel. Verändere jetzt die Länge des Kraftarms l_2. Bestimme jeweils wieder die Kraft. Übertrage die Tabelle (▷ B 3) in dein Heft und trage alle Werte ein.
c) Jetzt bleiben die Last (1 N) und der Kraftarm (10 cm) gleich. Verändere den Lastarm l_1, indem du das Massestück in verschiedenen Abständen anbringst. Bestimme wieder die Kraft.

1 Gleich große Würfel aus verschiedenen Stoffen sind unterschiedlich schwer.

Versuche

1 Bestimme die Masse einiger Kubikzentimeter-Würfel und gib jeweils die Dichte der Stoffe an.

2 Bestimme von einem unregelmäßig geformten Gegenstand (z. B. einem Stein) die Masse und das Volumen durch Wasserverdrängung (▷ B 3). Berechne dann die Dichte des Stoffs.

3 Bestimme die Masse eines Messzylinders (25 ml) und fülle anschließend 10 ml Wasser ein. Berechne die Dichte von Wasser.

Ein Würfel mit der Kantenlänge von 1 cm hat ein Volumen von 1 cm³. Bestimmt man die Massen verschiedener Kubikzentimeter-Würfel, stellt man Unterschiede fest (▷ V 1; B 1). Ein Bleiwürfel ist schwerer als ein Aluminiumwürfel. Beide haben unterschiedlich große Massen, aber das gleiche Volumen. Die Eigenschaft, in der sich Aluminium und Blei unterscheiden, ist ihre **Dichte** ρ (sprich „rho“).
Die Dichte ist der Quotient aus der Masse und dem Volumen eines Stoffes. Sie ist eine messbare, charakteristische Stoffeigenschaft. Die Einheit der Dichte ist Gramm pro Kubikzentimeter (g/cm³).

Die Dichte ρ ist eine charakteristische, messbare Stoffeigenschaft.

$$\text{Dichte} = \frac{\text{Masse}}{\text{Volumen}}; \qquad \rho = \frac{m}{V}$$

Dichtebestimmung von Flüssigkeiten
An einem Messzylinder kann man das Volumen einer Flüssigkeitsmenge direkt ablesen. Dabei ist 1 ml Flüssigkeit gleich einem Volumen von 1 cm³. Durch Wiegen bestimmt man die Masse der Flüssigkeitsmenge und berechnet aus Masse und Volumen die Dichte des Stoffes (▷ V 3).

Dichtebestimmung von Feststoffen
In der Regel liegen die Stoffe nicht als Kubikzentimeter-Würfel vor. Es gibt Platten, eckige und runde Stangen oder ganz unregelmäßig geformte Körper.
Die Bestimmung der Masse ist auch bei unregelmäßigen Körpern einfach. Schwieriger ist es allerdings, ihr Volumen zu ermitteln. Hier kannst du z. B. die Methode der Wasserverdrängung einsetzen (▷ V 2; B 3). Dazu füllst du einen Standzylinder mit Wasser und liest das Volumen ab. Gib nun den zu untersuchenden Körper dazu und miss das Volumen erneut. Das gesuchte Volumen ergibt sich aus der Differenz der beiden Messwerte. Aus Masse und Volumen kannst du dann die Stoffdichte bestimmen.

Stoff	Dichte ρ in g/cm³
Holz	0,50 – 0,80
Wasser	1,00
Aluminium	2,70
Zink	7,14
Eisen	7,87
Kupfer	8,90
Blei	11,40
Gold	19,32

2 Dichte einiger Stoffe

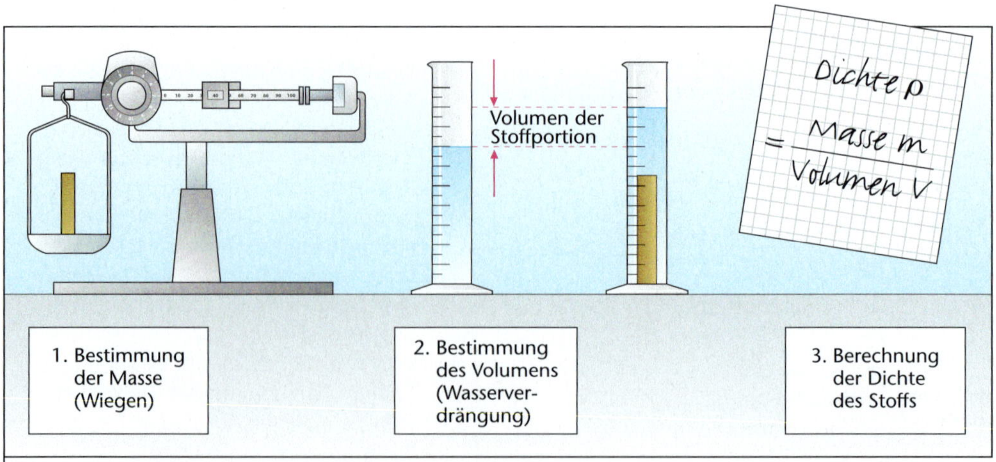

3 Bestimmung der Dichte von Feststoffen

Werkstatt

Wir bestimmen die Dichte

1 Wir bestimmen die Dichte von Kupfer

Material

Kupferwürfel (1 cm³), Waage, quadratische Kupfersäule (ca. 6 cm × 1 cm × 1 cm)

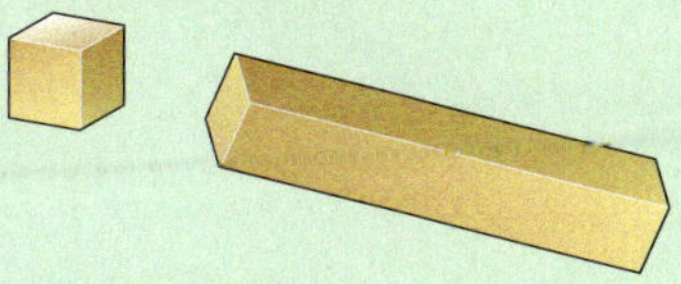

Versuchsanleitung

a) Wiege den Kupferwürfel (▷ B 1). Berechne die Dichte des Kupferwürfels, indem du die Masse des Würfels durch sein Volumen teilst.

b) Wiege danach die Kupfersäule. Berechne das Volumen und die Dichte der quadratischen Säule. Vergleiche die Dichte des Kupferwürfels mit der Dichte der Kupfersäule.

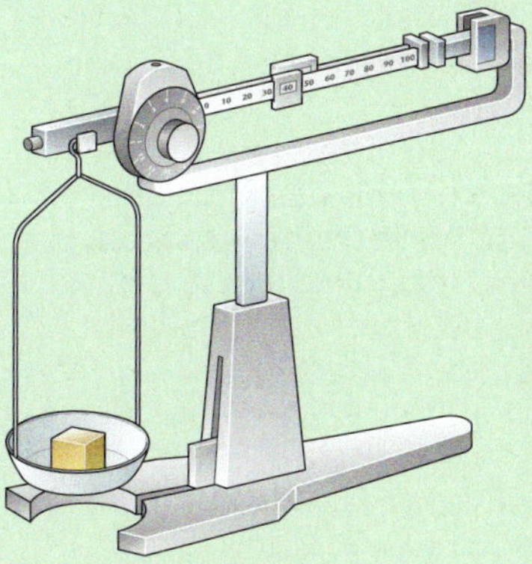

1 Bestimmung der Masse

2 Wir bestimmen die Dichte von Murmeln

Material

10 Glasmurmeln (Durchmesser ca. 1,4 cm), Waage, Messzylinder (50 ml), Wasser, Handtuch

Versuchsanleitung

a) Wiege drei Murmeln und notiere ihre Masse.

b) Bestimme danach das Volumen der 3 Murmeln. Fülle dazu 20 ml Wasser in den Messzylinder.

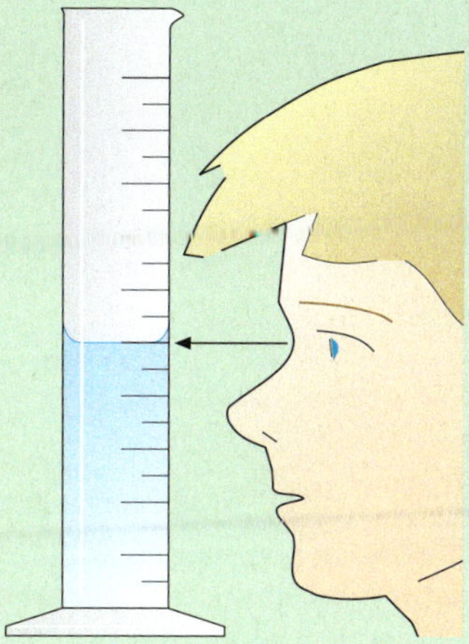

2 Ablesen des Wasserstandes

Um den Wasserstand richtig ablesen zu können, musst du den Messzylinder auf den Tisch stellen. Sieh nun waagerecht auf den Wasserrand. Entscheidend für die Wasserhöhe ist die tiefste Stelle des Wasserspiegels (▷ B 2).
Gib nun die 3 Murmeln in den mit Wasser gefüllten Messzylinder und lies den neuen Wasserstand ab. Das Volumen der 3 Murmeln entspricht der Differenz der beiden Volumina (▷ B 3).

c) Berechne aus der Masse und dem Volumen die Dichte der Glasmurmeln.

d) Trockne alle Murmeln mit dem Handtuch ab. Wiederhole den Versuch nun mit 5 und mit 10 Murmeln. Berechne aus den Messwerten jeweils ihre Dichte. Notiere und vergleiche die Ergebnisse der einzelnen Versuche.

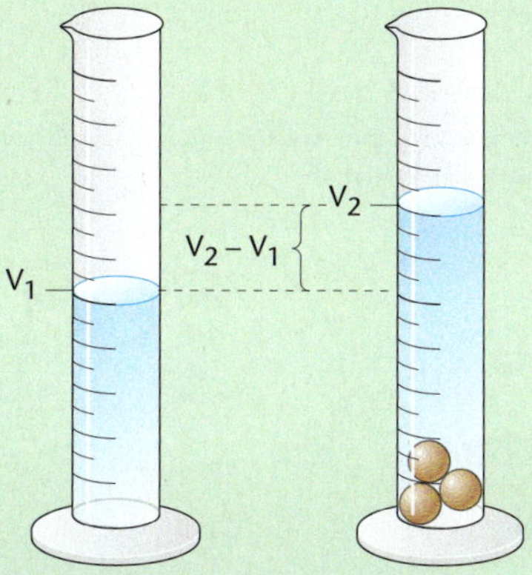

3 Volumenmessung durch Wasserverdrängung

3 Wir bestimmen die Dichte von Plastilin

Material

Etwa 15 g Plastilin (Knete), Waage, Messzylinder (50 ml), Wasser, Handtuch

Versuchsanleitung

Forme aus dem Plastilin einen großen und einen kleinen Körper. Achte darauf, dass die Körper in den Messzylinder passen. Bestimme ihre Masse und ihr Volumen wie in Versuch 2 angegeben. Berechne ihre Dichte aus den Messwerten und notiere die Ergebnisse.
Vergleiche die Dichtewerte.

Aufgabe

Erstelle ein Masse-Volumen-Diagramm: Zeichne dazu auf Millimeterpapier ein Koordinatensystem. Trage auf der Rechtsachse das Volumen V (1 cm ≙ 1 cm³) und auf der Hochachse die Masse m (1 cm ≙ 4 g) ab (▷ B 4).

Trage dann alle Messergebnisse der Versuche ein. Wähle für jeden Stoff eine bestimmte Farbe und verbinde die Messwerte gleicher Farbe mit einer Linie.
Welche Linien ergeben sich?
Wohin führen die Linien, wenn man sie nach unten verlängert?

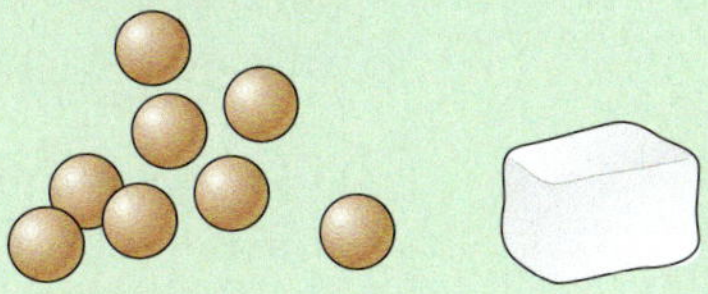

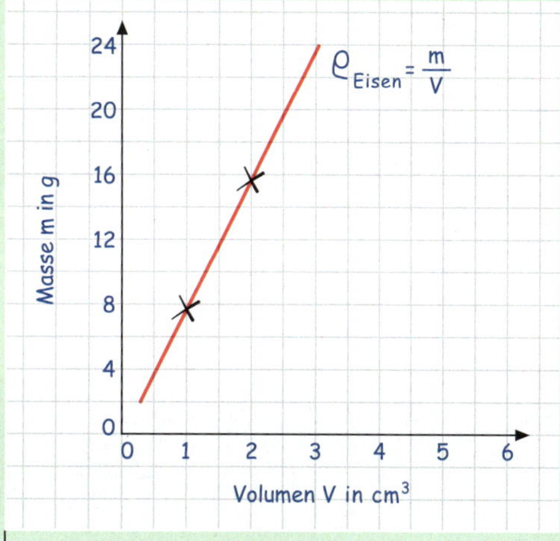

4 Masse-Volumen-Diagramm

1 Der Luftdruck im Reifen wird erhöht.

2 Der Taucher atmet Druckluft.

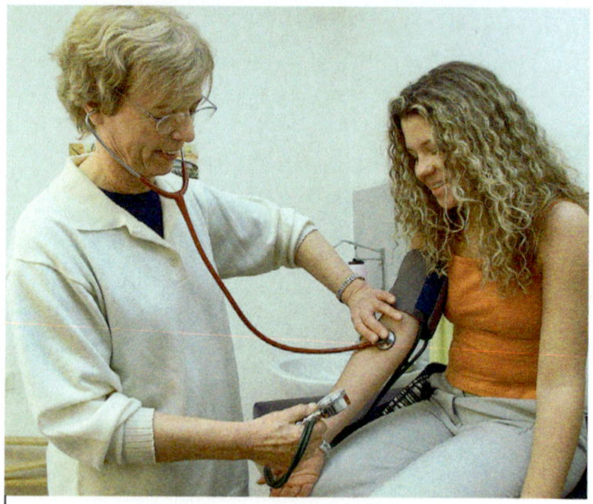
3 Der Blutdruck wird gemessen.

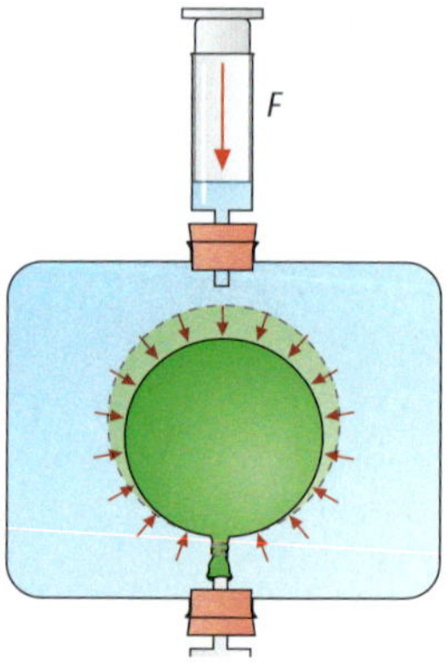

4 Ein Luftballon unter Druck

Ein besonderer Zustand

Sieh dir die Bilder 1, 2, 3 und 5 an. Alle dargestellten Situationen haben mit Druck zu tun: In Bild 1 wird der Luftdruck im Reifen erhöht, in Bild 5 geht es um den Wasserdruck, der Taucher in Bild 2 atmet Druckluft und in Bild 3 wird der Blutdruck gemessen.
Doch was ist eigentlich gemeint, wenn von Druck gesprochen wird?

Befindet sich eine Flüssigkeit in einem Gefäß, dann kann man versuchen sie zusammenzupressen. Dazu braucht man einen Kolben, der genau in die Öffnung des Gefäßes passt. Übt man eine Kraft auf den Kolben aus, dann wird ein aufgeblasener Luftballon im Inneren der Flüssigkeit kleiner (▷ B 4). Das zeigt, dass die Flüssigkeit von allen Seiten Kräfte auf die Luftballonoberfläche ausübt.

Es kommt bei dem Versuch mit dem Luftballon nicht darauf an, wo er sich innerhalb der Flüssigkeit befindet. Das Zusammenpressen der Flüssigkeit wirkt sich an allen Stellen aus. Diesen Zustand bezeichnet man als Druck p.

▶ Druck kennzeichnet den Zustand einer Flüssigkeit oder eines Gases, der durch das Zusammenpressen entsteht.

Die physikalische Größe Druck

In Bild 4 übt die Flüssigkeit eine Kraft auf die Oberfläche des Luftballons aus, dadurch wird er kleiner. Wird die Flüssigkeit stärker zusammengepresst, also der Druck erhöht, dann schrumpft der Ballon noch mehr. Ob der Druck groß oder klein ist, zeigt sich daher an der Größe des Ballons. Um die Stärke des Drucks zu berechnen, bildet man den Quotienten aus der Kraft und der Fläche, auf die die Kraft wirkt.

▶ $$\text{Druck} = \frac{\text{Kraft}}{\text{Fläche}}$$

$$p = \frac{F}{A}$$

Das Formelzeichen für den Druck ist p. Als Einheit wurde das Pascal (Pa) festgelegt. Sie wurde nach dem Physiker Blaise Pascal (1623–1662) benannt.

$1\,\text{Pa} = 1\,\text{N/m}^2$

Ist der Druck viel größer als 1 Pa, wird er in Hekto- oder Kilopascal angegeben:
1 hPa = 100 Pa
1 kPa = 1000 Pa
Beim Wetterdienst verwendet man für den Druck die Einheit 1 bar (1 bar = 100 000 Pa).

5 Wo bleibt das Wasser?

Gase unter Druck

Versuche einmal, die Luft in einer Luftpumpe zusammenzudrücken. Halte dazu das Ventil vorn zu und drücke den Kolben in den Zylinder. Du wirst merken, dass dir das bis etwa zur Hälfte des Zylinders gelingt. Das Volumen der Luft wird so verkleinert.

Das Volumen von Gasen, also auch das von Luft, lässt sich durch Zusammenpressen verkleinern. Man sagt, Gase sind komprimierbar.
Auf diese Weise ist es z. B. möglich, eine größere Menge Luft in der Pressluftflasche eines Tauchers zu transportieren. Die Luft steht dabei unter einem hohen Druck.
Auch in einen Ball wird Luft gepresst. Nur wenn der richtige Druck im Ball herrscht, lässt sich ordentlich mit ihm spielen.

Druck im Wasser

Fülle Wasser in einen Kolbenprober (▷ B 6) und versuche wie bei der Luftpumpe, den Kolben in den Zylinder zu drücken. Obwohl der Druck im Wasser steigt, ist es kaum möglich, das Wasser zusammenzupressen. Wasser und andere Flüssigkeiten sind fast nicht komprimierbar.
Das kannst du z. B. beobachten, wenn dir eine Ärztin eine Spritze gibt. Der Impfstoff wird nicht erst in der Spritze zusammengepresst, sondern sofort injiziert.
Die Bremsanlage im Auto funktioniert ebenfalls nach diesem Prinzip. Der Druck wird zwar erhöht, die Bremsflüssigkeit aber fast nicht komprimiert. Tritt man auf das Bremspedal, wird in der Bremsflüssigkeit ein großer Druck erzeugt. Dadurch werden die Bremsbeläge auf die Bremsscheiben gedrückt.

Gase sind komprimierbar. Flüssigkeiten sind fast nicht komprimierbar.

Auf und nicht im Schnee

Übt ein Körper z. B. durch seine Gewichtskraft einen Druck auf eine Unterlage aus, dann spricht man vom Auflagedruck. Bei einer weichen Unterlage ist das gut erkennbar, der Körper sinkt ein.
Im Schnee oder im Schlamm auf einer Baustelle will man das Einsinken vermeiden. Deshalb besitzen schwere Fahrzeuge breite Reifen oder Ketten. Die Gewichtskraft wird auf eine größere Fläche verteilt und der Auflagedruck nimmt ab.

Druck über und unter Wasser

Nicht nur feste Körper drücken mit ihrer Gewichtskraft auf eine Unterlage. Auch die Lufthülle der Erde hat eine Gewichtskraft, mit der sie auf die Erdoberfläche drückt. So beträgt die Gewichtskraft von $1\,m^3$ Luft immerhin 12,9 N. Stelle dir vor, wie schwer die Luftmassen sind, die insgesamt auf uns „lasten".
Durch ihre Gewichtskraft drückt die Lufthülle aber nicht nur auf den Erdboden. Auch die unteren Luftschichten werden von den oberen zusammengepresst. So entsteht in Bodennähe der Luftdruck. Er beträgt etwa 1 013 hPa. Wir bemerken den Druck der Luft normalerweise nicht, weil der Mensch an diesen Druck angepasst ist. Das ist im Wasser anders. Auch hier drücken die oberen Wasserschichten mit ihrer Gewichtskraft auf die unteren. Tauchst du im Wasser nach unten, spürst du schon in geringer Tiefe die Druckänderung.

Aufgaben

1 Erkläre die Funktionsweise einer Wasserspritzpistole.

2 Dunlop erfand 1889 den Luftreifen. Warum füllte er seinen Reifen mit Luft und nicht mit Wasser?

3 Es gibt verschiedene Möglichkeiten, den Druck in einem Luftballon zu erhöhen. Beschreibe zwei Möglichkeiten. Was passiert, wenn der Druck zu groß ist?

4 Warum wäre es lebensgefährlich, wenn sich in der Bremsanlage eines Autos neben der Bremsflüssigkeit noch Luft befinden würde?

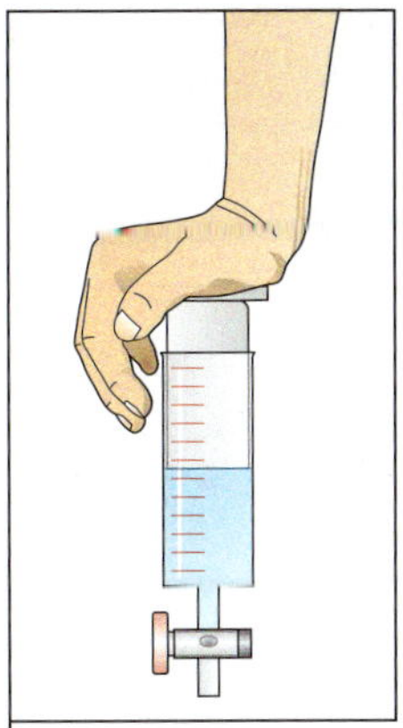

6 Wasser ist fast nicht komprimierbar.

1 Abtauchen in eine andere Welt

2 Das Tauchboot „Trieste" 1960

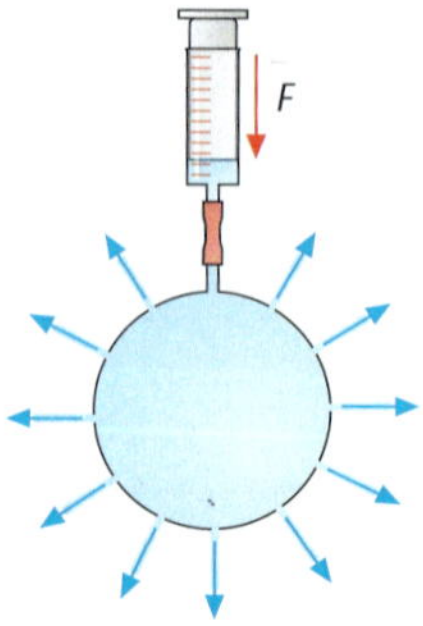

3 Es spritzt in alle Richtungen!

Beobachtungen beim Tauchen
Wenn du im Schwimmbad tauchst, wird mit zunehmender Tiefe das Wasser – und damit auch dein Körper – immer stärker zusammengedrückt. Das empfindliche Trommelfell im Ohr registriert dies, du empfindest einen „Druck auf den Ohren".

Das Experiment mit der Spritzkugel (▷ B 3) zeigt, dass der Druck in alle Richtungen gleich stark wirkt. Der Taucher spürt also einen Druck auf den ganzen Körper. Dieser Druck wird **Schweredruck** oder auch **hydrostatischer Druck** genannt.

Schweredruck in Flüssigkeiten
Betrachte 1 m^3 oder umgerechnet 1000 l Wasser (▷ B 4). Diese 1000 l haben eine Masse von 1000 kg, also eine Gewichtskraft von 10 000 N. Ohne Berücksichtigung des Luftdrucks bestimmt diese Gewichtskraft den Zustand des Wassers in einem Meter Tiefe. Der Druck aufgrund dieser Gewichtskraft beträgt 10 000 Pa. In zwei Metern Tiefe ist der Druck doppelt so groß, er beträgt 20 kPa. So nimmt im Wasser der Schweredruck mit jedem weiteren Meter um 10 kPa zu (▷ B 5).

Die Ursache des Schweredruckes in einer Flüssigkeit ist die Gewichtskraft der Flüssigkeit. Mit zunehmender Tiefe wird der Schweredruck immer größer.

Verschiedene Flüssigkeiten
Der Schweredruck ist auch von der jeweiligen Flüssigkeit abhängig. So ist z. B. ein Liter Quecksilber schwerer als ein Liter Wasser. Ein Liter Benzin dagegen ist leichter als die gleiche Menge Wasser.

Ein 12 cm dicker Stahlmantel!
Weil der Schweredruck mit zunehmender Tiefe immer größer wird, müssen U-Boote sehr stabil gebaut sein.
Als der Forscher Jacques Piccard im Januar 1960 im Marianengraben (östlich der Philippinen) bis in eine Tiefe von 10 916 Metern tauchte, war das nur mit einer speziellen Tauchkugel möglich (▷ B 2). Der Schweredruck in dieser Tiefe beträgt über 1 Million Pascal! Um diesem Druck standhalten zu können, besaß die „Trieste" eine 12 cm dicke Stahlwand und Panzerglasfenster.

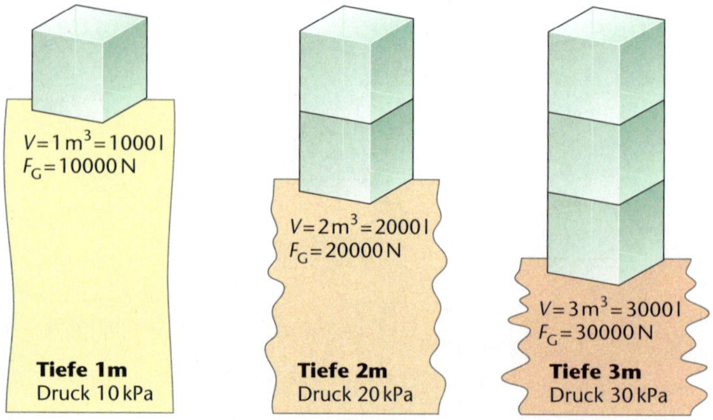

4 Je tiefer, desto größer der Schweredruck

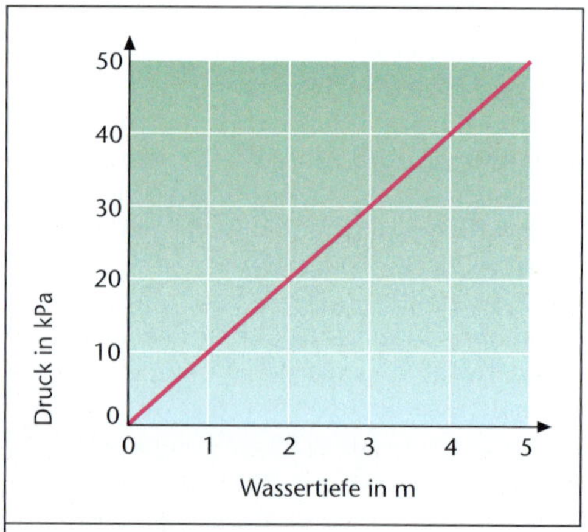

5 Tiefe-Druck-Diagramm

Wasser unter Druck

1 Eine einfache Drucksonde

Mit diesem Gerät kannst du den Schweredruck in verschiedenen Tiefen nachweisen.

Material
Luftballon, farbiges Wasser (z. B. mit Ostereierfarbe eingefärbt), Glasrohr oder Trinkhalm, Faden, 1-l-Milchflasche, Kochsalz

Versuchsanleitung
a) Fülle den Luftballon mit farbigem Wasser. Achte darauf, dass der gefüllte Luftballon noch durch die Flaschenöffnung passt. Stecke das Glasrohr (oder den Trinkhalm) in den Luftballon und binde den Ballon fest zu. Das ist unsere Drucksonde. Fülle die Milchflasche mit Wasser (▷ B 1). Tauche nun die Drucksonde langsam immer tiefer in die Milchflasche. Was beobachtest du im Glasrohr bzw. Trinkhalm? Erkläre deine Beobachtung!

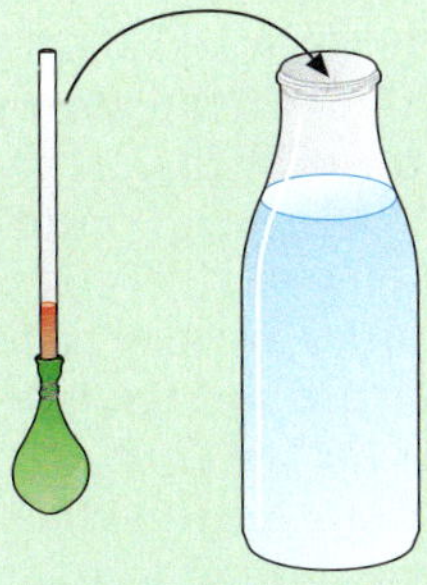

1 Drucksonde

b) Fülle nun etwa 6 Esslöffel Salz in die Milchflasche und rühre gut um, bis sich das Salz aufgelöst hat. So entsteht eine konzentrierte Salzlösung. Wiederhole den ersten Versuch. Beobachte und vergleiche! Gibt es Unterschiede? Begründe deine Aussage.
c) Wenn du ein langes Glasrohr (oder einen längeren Trinkhalm) und ein höheres Gefäß benutzt, kannst du den Schweredruck auch in größeren Tiefen nachweisen.
d) Was passiert, wenn du beim Eintauchen der Drucksonde die Öffnung des Glasrohrs (bzw. des Trinkhalms) zuhältst und erst dann öffnest, wenn die Sonde ganz tief im Wasser ist?

2 Achtung – es spritzt!

Material
Gefrierbeutel, Wasser, Nadel

Versuchsanleitung
Diesen Versuch solltest du über einem Waschbecken durchführen!

2 Eine rundherum nasse Angelegenheit

Fülle den Beutel mit Wasser und halte ihn oben zu. Es sollte kaum noch Luft im Beutel sein. Halte den Beutel im Waschbecken vollständig unter Wasser und stich mit einer Nadel an verschiedenen Stellen Löcher hinein. Hole nun den Beutel aus dem Wasser. Was beobachtest du (▷ B 2)?
Nach einer Weile lässt der „Zauber" nach. Wie erreichst du, dass es wieder richtig losgeht?

3 Eine präparierte Flasche

Material
1,5-l-Plastikflasche, Wasser, Nadel, die in einem Korken steckt, Kerze

Versuchsanleitung
a) Stich in die Flasche genau übereinander im Abstand von 5 bis 10 cm mehrere Löcher (▷ B 3). Beachte: Die Löcher dürfen nicht zu klein sein. Wenn du die Spitze der Nadel in einer Kerzenflamme heiß machst, geht es besser. Vorsicht, verbrenne dich nicht, fass immer am Korken an!

3 Der Schweredruck ist unten am größten.

b) Tauche die vorbereitete Flasche so in das mit Wasser gefüllte Waschbecken, dass sich die Flasche ebenfalls vollständig füllt.
c) Hole nun die Flasche aus dem Wasser. Was beobachtest du? Erkläre deine Beobachtung mit deinem Wissen über den Druck!
Zusatzaufgabe: Berechne den Schweredruck in der Flasche in verschiedenen Höhen!

4 Ein selbst gebauter Springbrunnen

Material
0,5-l-Plastikflasche, Wasser, Knete, langer Trinkhalm

Versuchsanleitung
Fülle die Plastikflasche etwa zu einem Drittel mit Wasser. Der Trinkhalm muss fast bis zum Flaschenboden reichen. Befestige ihn mit Knete im Flaschenhals (▷ B 4). Die Öffnung musst du dabei gut abdichten. Später darf keine Luft am Trinkhalm vorbei entweichen.
Drücke nun kräftig auf die Plastikflasche. Erkläre deine Beobachtung!

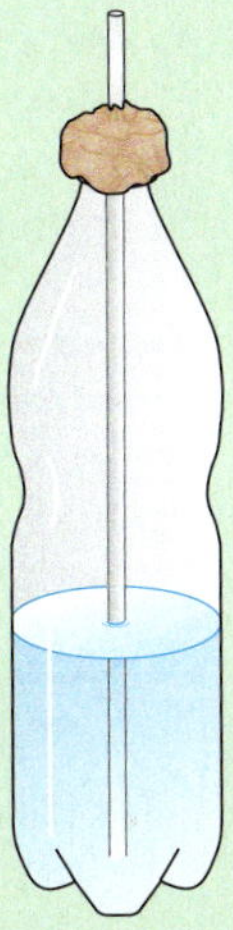

4 Ein Flasch

1 Hier wirken Auftriebskräfte.

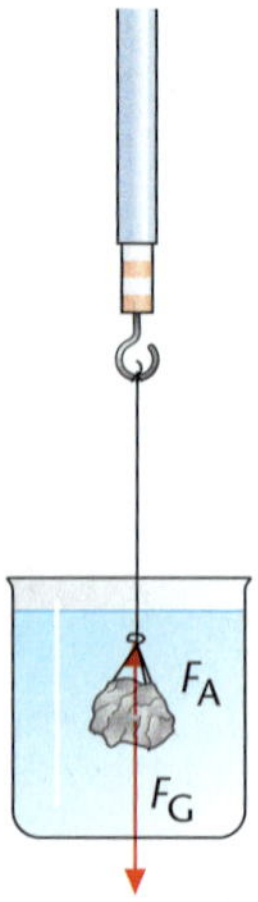

3 Die Auftriebskraft F_A wirkt nach oben.

Geheimnisvolle Kräfte

Sicher hast du im Schwimmbad auch schon einmal festgestellt, dass du dich im Wasser viel „leichter" fühlst (▷ B 1).
Du kannst die Kräfte messen, die auf einen Körper in der Luft und im Wasser wirken (▷ B 3). Dazu befestigst du einen Körper, z. B. einen Stein, an einem Kraftmesser und notierst die angezeigte Gewichtskraft. Tauchst du nun diesen Stein vollständig ins Wasser, zeigt der Kraftmesser weniger an. Es wirkt demnach im Wasser eine Kraft auf den Stein, die der Gewichtskraft entgegen gerichtet ist. Diese Kraft nennt man **Auftriebskraft F_A**.

▶ Auf jeden Körper im Wasser wirkt eine Auftriebskraft F_A. Sie ist immer nach oben gerichtet.

Erstaunliches

Nimm nun einen kleinen Bleiwürfel, der dieselbe Masse hat wie der Stein. Sein Volumen ist viel kleiner als das Volumen des Steins. Wenn du diesen Würfel ins Wasser tauchst, wirst du feststellen, dass die Auftriebskraft kleiner ist. Also hängt die Auftriebskraft nicht von der Gewichtskraft, sondern vom Volumen des eingetauchten Körpers ab. Dies entdeckte der Naturforscher ARCHIMEDES (287–212 v. Chr.).

Archimedes experimentierte

Um die Ursache der Auftriebskraft zu erforschen, führte ARCHIMEDES weitere Experimente durch. Dabei stellte er fest, dass die Auftriebskraft so groß ist wie die Gewichtskraft des Wassers, das ein Körper beim Eintauchen in ein Gefäß verdrängt. Diese Entdeckung heißt **archimedisches Gesetz**.

▶ Die Auftriebskraft, die auf einen Körper im Wasser wirkt, ist genauso groß wie die Gewichtskraft der vom Körper verdrängten Flüssigkeit.

Sinken – Schweben – Steigen – Schwimmen

Wenn ein Körper vollständig in Wasser eintaucht, dann wirken immer zwei Kräfte: Nach unten wirkt die Gewichtskraft F_G des Körpers, nach oben die Auftriebskraft F_A.
Ist die nach unten gerichtete Gewichtskraft größer, sinkt der Körper. Sind beide Kräfte gleich groß, so schwebt der Körper immer in der gleichen Tiefe. Ist dagegen die nach oben gerichtete Auftriebskraft größer, dann steigt der Körper. Er taucht aus dem Wasser auf, bis er so weit herausragt, dass die Auftriebskraft genauso groß ist wie die Gewichtskraft. Der Körper schwimmt (▷ B 2).

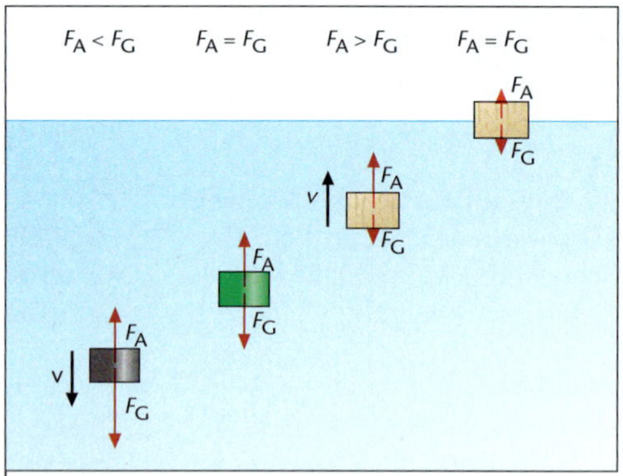

2 Sinken, schweben, steigen und schwimmen

Auftrieb und Dichte

Ob ein Würfel in Wasser sinkt, schwebt, steigt oder schwimmt, kann man auch an seiner Dichte feststellen. Würfel aus Stoffen, deren Dichte größer ist als die von Wasser, sinken ab. Ist die Dichte des Stoffes gleich der Dichte von Wasser, schwebt der Würfel, ist sie kleiner, steigt er auf.

Warum aber schwimmen dann Schiffe aus Eisen, obwohl die Dichte von Eisen fast 8-mal so groß wie die von Wasser ist?
Der Schiffskörper besteht nicht vollständig aus Eisen, sondern enthält mit Luft gefüllte Hohlräume. Dadurch wird das Volumen sehr groß und die mittlere Dichte des Schiffes kleiner als die Dichte des Wassers.

Aufgabe

1 Schlage die Dichten von Blei, Holz und Öl nach. Gib an, welcher dieser Stoffe in Wasser sinkt, schwebt, steigt oder schwimmt.

Versuch

1 a) Gib ein Ei in ein wassergefülltes Becherglas. Wie verhält sich das Ei? Gib nun portionsweise Salz ins Wasser und rühre jedesmal gut um. Schaffst du es, gerade so viel Salz zuzugeben, dass das Ei schwebt?
b) Was passiert, wenn du nun weiter Salz ins Wasser gibst? Beschreibe deine Beobachtung und versuche, sie zu erklären.

Sinken – Steigen – Schweben

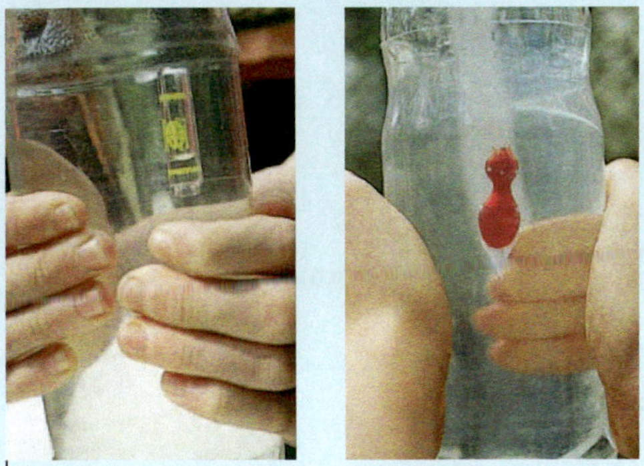

2 Cartesische Taucher

Fische sinken und steigen
Fische ändern ihr Volumen mithilfe der Schwimmblase (▷ B 1). Vergrößert sich die Schwimmblase, dann wird das Volumen des Fisches größer und es wirkt eine größere Auftriebskraft. Der Fisch steigt im Wasser nach oben. Lässt er Gas aus der Schwimmblase ab, verringert sich sein Volumen und der Fisch sinkt im Wasser nach unten.

U-Boote
Auch U-Boote können sinken, schweben und steigen. Im Gegensatz zu den Fischen ändert ein U-Boot zum Auf- und Abtauchen nicht sein Volumen, sondern seine Gewichtskraft.
An den ersten U-Booten waren Ballastkörper befestigt, die abgeworfen wurden, wenn das Boot aufsteigen sollte. Moderne U-Boote besitzen Ballastkammern (▷ B 3), die sich in der Außenwand des Bootes befinden. Soll das U-Boot abtauchen, wird Meerwasser in die Ballastkammern gelassen. Die Gewichtskraft des U-Bootes wird größer als die Auftriebskraft. Um Auftauchen zu können (also zu steigen), wird das Wasser mithilfe von Pressluft wieder aus den Ballastkammern herausgedrückt.

Der cartesische Taucher
Dieser Tauchkörper (▷ B 2) wurde nach dem französischen Forscher René Descartes benannt. Mit diesem Gerät kann man das Sinken, Schweben und Steigen gut demonstrieren.
In dem unten offenen Körper befindet sich Luft. Drückt man die wassergefüllte Flasche zusammen, wird auch die Luft im Körper auf ein kleineres Volumen zusammengepresst. Die Auftriebskraft nimmt ab während die Gewichtskraft gleich bleibt, sodass der cartesische Taucher sinkt.

Schwimmen im Luftmeer
Auch in Luft und anderen Gasen erfahren Körper eine Auftriebskraft. Dies nutzt man bei Ballons und Luftschiffen. Sie werden mit heißer Luft oder mit Gasen gefüllt, deren Dichte kleiner ist als die der umgebenden kühlen Luft.
Wie bei Schiffen, die im Meer kreuzen, ist auch bei Ballons und Luftschiffen die mittlere Dichte des gesamten Gefährts ausschlaggebend.
Während das Steigen und Sinken beim Heißluftballon über den Brenner gesteuert werden kann, erfolgt es bei manchen Luftschiffen über das Ablassen oder Nachfüllen des Füllgases.

1 Fische haben eine Schwimmblase.

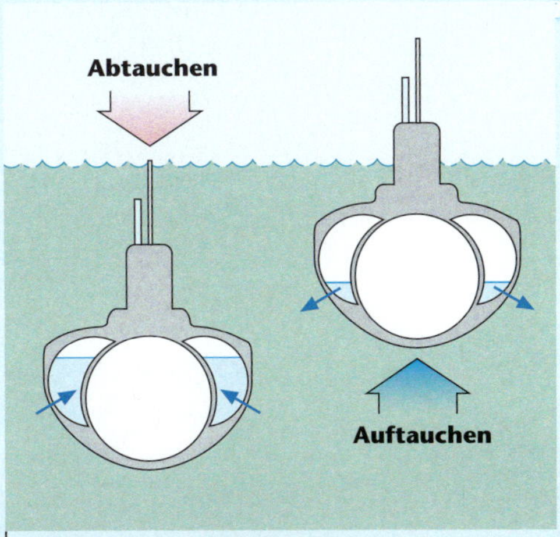

3 U-Boote haben Ballastkammern.

1 Ganz schön anstrengend!

Jetzt wird gearbeitet!

Bild 1 zeigt Marco in unterschiedlichen Situationen: Einmal mäht er den Rasen, dann macht er seine Hausaufgaben und schließlich steht er mit mehreren Getränkeflaschen im Arm an der Kasse an.
Mit all diesen Beispielen verbinden wir im Alltag das Wort Arbeit. Aus physikalischer Sicht ist das anders. Nur das Rasenmähen ist Arbeit, denn in der Physik hat der Arbeitsbegriff eine eigene Festlegung:

> Wird auf einen Körper eine Kraft ausgeübt und bewegt sich der Körper in Kraftrichtung, dann wird physikalische Arbeit verrichtet (▷ B 2).

Die Berechnung der Arbeit

Die physikalische Arbeit hat das Formelzeichen W (von engl. work: Arbeit). Um sie zu berechnen braucht man zwei physikalische Größen: Die Kraft F, die längs des Weges aufgewendet wird, und die zurückgelegte Strecke s.

> Die verrichtete Arbeit ist das Produkt aus der Kraft in Wegrichtung und dem zurückgelegten Weg.
> Arbeit = Kraft · Weg
> $W = F \cdot s$

Die Einheit der Arbeit

Die Einheit der Kraft ist das Newton und die Einheit des Wegs ist das Meter. Die Einheit der Arbeit ist daher das Produkt aus diesen beiden Einheiten, das Newtonmeter (Nm). Für das Newtonmeter wird auch die Einheit Joule (J) verwendet, benannt nach dem englischen Physiker JAMES PRESCOTT JOULE (1818–1889):
$1\,\text{Nm} = 1\,\text{J}$, $1000\,\text{J} = 1\,\text{kJ}$.

Wann wird keine physikalische Arbeit verrichtet?

1. Es wird kein Weg zurückgelegt: $s = 0\,\text{m}$.
Der Junge mit den Waren im Arm (▷ B 1) steht schon einige Zeit in der Kassenschlange. Die Anstrengung kann er in den Muskeln spüren. Dennoch verrichtet er beim bloßen Halten der Waren keine physikalische Arbeit. Wie kann das sein?
Das Halten der Waren erfordert zwar eine Kraft, aber es wird kein Weg zurückgelegt. Folglich gilt: $W = 0$.

2. Es wird keine Kraft ausgeübt: $F = 0\,\text{N}$.
Ein Gegenstand bewegt sich z. B. ohne Kraftaufwand durch das Weltall. Die verrichtete Arbeit an dem Gegenstand ist null, denn es wirkt keine Kraft.

2 Hier wird physikalische Arbeit verrichtet.

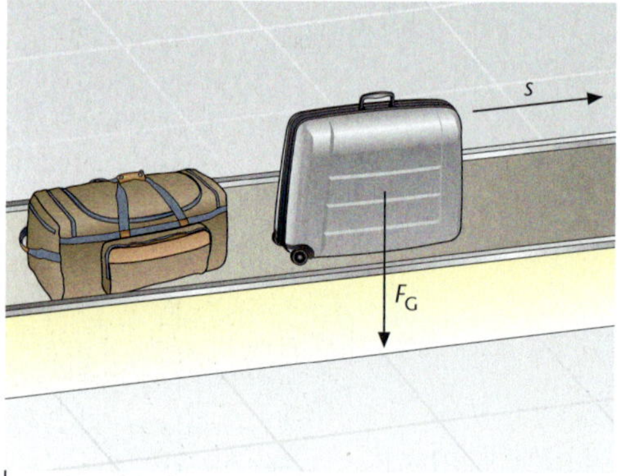

3 Die Gewichtskraft des Koffers wirkt nicht in seine Bewegungsrichtung.

3. Bei geistiger Arbeit, z. B. am Schreibtisch, sind die Bedingungen für physikalische Arbeit ebenfalls nicht erfüllt. Es wird deshalb keine Arbeit im Sinne der Physik verrichtet.

Die Kraft in Bewegungsrichtung entscheidet

Die Gewichtskraft des Koffers in Bild 3 ist für die Arbeit, die das Förderband verrichtet, nicht entscheidend. Denn diese Kraft wirkt nach unten, während sich das Band senkrecht dazu bewegt. In die Berechnung der Arbeit geht nur die Kraft ein, die in Bewegungsrichtung wirkt.

Hubarbeit

In Bild 4 will der Junge das Zeitungsbündel in den Kofferraum legen. Er muss eine Kraft aufwenden, um die Zeitungen hochzuheben. Diese Kraft nennen wir Hubkraft. Die Hubkraft ist genauso groß wie die Gewichtskraft der Zeitungen ($F_H = F_G$). Der Junge hat physikalische Arbeit verrichtet, man nennt sie Hubarbeit. Als Formelzeichen verwendet man W_H.

Wird ein Körper unter Kraftaufwand angehoben, verrichtet man Hubarbeit.

Berechnung der Hubarbeit

Es ist leicht zu verstehen, dass derjenige mehr Hubarbeit verrichtet hat, der die größere Hubkraft aufgebracht und die größere Strecke zurückgelegt hat.
Da die Größe der Hubkraft gleich der Gewichtskraft ($F_H = F_G$) ist, gilt:

Die verrichtete Hubarbeit ist das Produkt aus der Gewichtskraft und der Hubhöhe.
Hubarbeit = Gewichtskraft · Hubhöhe

$$W_H = F_G \cdot h$$

4 Hubarbeit

5 Damit das Flugzeug bewegt werden kann, ist die Reibung zu überwinden.

Reibungsarbeit

Damit der Schlitten (▷ B 6) über die Schneefläche gezogen oder das Flugzeug (▷ B 5) auf dem Rollfeld bewegt werden kann, ist eine Kraft erforderlich. Zwischen den Kufen und der Schneefläche bzw. den Reifen und der Rollbahn entsteht beim Bewegen des Körpers Reibung. Damit diese überwunden werden kann, ist die Zugkraft F_Z erforderlich. Da der Körper sich vorwärts bewegt, wird Arbeit verrichtet. Die Arbeit wird als Reibungsarbeit bezeichnet.

Versuch

1 Hebe deine Schulmappe vom Boden auf den Experimentiertisch.
Miss mit einem Federkraftmesser die notwendige Hubkraft und mit einem Metermaß den Höhenunterschied zwischen Boden und Experimentiertisch.
Berechne die verrichtete Hubarbeit.

6 Ein Beispiel für Reibungsarbeit

1 Das Spannen des Bogens ist Arbeit.

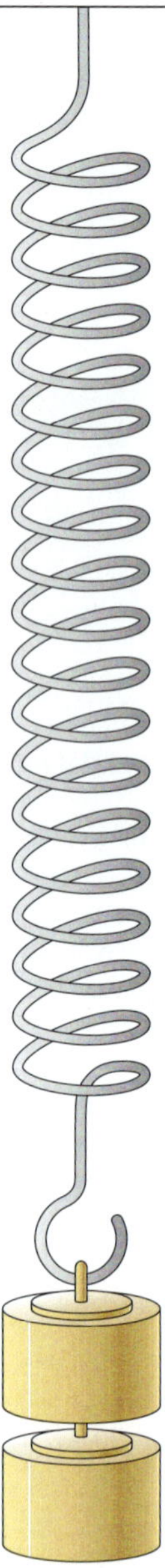

3 Die Feder zu dehnen erfordert Spannarbeit.

4 Verformungsarbeit bei einem Crashtest

Spannarbeit

Eine Feder wird durch das Anhängen von Wägestücken gedehnt (▷ B 3). Die angreifende Kraft spannt die Feder. Es wird Spannarbeit verrichtet.
Ebenso verrichtet die Sportschützin (▷ B 1) Spannarbeit, wenn sie die Sehne zu sich heranzieht.

Beschleunigungsarbeit

Um einen Körper zu beschleunigen, ist manchmal ein erheblicher Kraftaufwand erforderlich. Entlang des zurückgelegten Wegs wird der Körper immer schneller, die Geschwindigkeit nimmt zu. Es wird Arbeit verrichtet. Diese Form der Arbeit nennt man Beschleunigungsarbeit (▷ B 2).
Stelle dir vor, ein PKW und ein Transporter (▷ B 5) werden auf dieselbe Geschwindigkeit in derselben Zeit beschleunigt. Der Aufwand ist bei beiden unterschiedlich groß. Erkennst du die Ursache dafür? Der Transporter hat eine viel größere Masse als der PKW. Deshalb ist beim Transporter eine größere Kraft notwendig, damit die gleiche Beschleunigung erreicht wird.

Verformungsarbeit

Bevor ein neuer Autotyp die Betriebserlaubnis erhält, muss der Hersteller verschiedene Crashtests durchführen (▷ B 4). Dabei trifft der Wagen mit hoher Geschwindigkeit auf ein Hindernis. Das Blech verformt sich, es wird Verformungsarbeit verrichtet. Weitere Beispiele für Verformungsarbeit sind das Kneten von Teig oder das Schmieden von Eisen usw.

▶ In der Physik unterscheidet man verschiedene Arbeitsformen: Hubarbeit, Reibungsarbeit, Spannarbeit, Beschleunigungsarbeit und Verformungsarbeit.

Aufgabe

1 Welche Arbeitsform hast du jeweils verrichtet, wenn du
a) einen Schwamm zusammendrückst?
b) ein Papierflugzeug starten lässt?
c) ein Gummiband auseinander ziehst?
d) deine Schultasche auf den Tisch hebst?
e) einen Tisch an die Wand schiebst?
f) ein Blatt Papier zerknüllst?

2 Beschleunigungsarbeit beim Start

5 Gleiche Beschleunigung erfordert unterschiedliche Kräfte.

Berechnung der Hubarbeit
Die Gewichtheberin in Bild 1 leistet Hubarbeit. Die Masse des Gewichts beträgt 70 kg. Es wurde zwei Meter vom Boden angehoben.

Welche Hubarbeit verrichtet die Gewichtheberin?

Gegeben: $m = 70\ kg$, $F_G = 700\ N$, $s = 2\ m$

Gesucht: W_H

Lösung:
$W_H = F_G \cdot h$
$W_H = 700\ N \cdot 2\ m$
$W_H = 1400\ Nm$
$W_H = 1400\ J$
$W_H = 1{,}4\ kJ$

Die Gewichtheberin hat eine Hubarbeit von 1,4 kJ verrichtet.

1 Gewichtheben ist Hubarbeit.

Arbeitsersparnis mit dem Flaschenzug?
Mit einem Flaschenzug kann der Kraftaufwand zum Heben einer Last verringert werden. Muss man dann beim Heben der Last weniger Arbeit aufwenden?
Die Antwort lautet nein, denn man muss gleichzeitig einen längeren Seilweg in Kauf nehmen. Betrachte zur Verdeutlichung die Beispiele in Bild 2 und Bild 3. In beiden Fällen wird das Wägestück durch Verrichten von Hubarbeit um $h = 40\ cm$ angehoben. Man berechnet und vergleicht jeweils die geleistete Arbeit.
Bei dem Flaschenzug mit vier tragenden Seilstücken (▷ B 3) beträgt die Zugkraft $F_Z = 2{,}5\ N$.

Hubarbeit ohne Flaschenzug:

Gegeben: $m = 1\ kg$, $F_G = F_Z = 10\ N$, $s = 40\ cm$

Gesucht: W_H

Lösung:
$W_H = F_Z \cdot s$
$W_H = 10\ N \cdot 0{,}4\ m$
$W_H = 4\ J$

Hubarbeit mit Flaschenzug:

Gegeben: $F_Z = 2{,}5\ N$, $s = 160\ cm$

Gesucht: W_H

Lösung:
$W_H = F_Z \cdot s$
$W_H = 2{,}5\ N \cdot 1{,}6\ m$
$W_H = 4\ J$

Die Hubarbeit beträgt jeweils 4 J.

Um das Gewichtsstück um 40 cm anzuheben, muss allerdings das Seilende eine Strecke von 160 cm gezogen werden.
Es ist eine Hubarbeit von 4 J notwendig, damit das Wägestück mit dem Flaschenzug angehoben werden kann. Den gleichen Wert erhält man auch für das Anheben mithilfe der festen Rolle. Der Einsatz des Flaschenzugs vermindert also nicht die zu verrichtende Arbeit.

▶ Mit einem Flaschenzug kann man keine physikalische Arbeit einsparen. Die aufgewendete Kraft kann zwar verkleinert werden, aber dafür verlängert sich der Weg entsprechend.

Auch in anderen Bereichen der Mechanik kann man die Beobachtung machen, dass die zu verrichtende Arbeit gleich bleibt. Diese Erkenntnis wird deshalb als **Goldene Regel der Mechanik** bezeichnet.

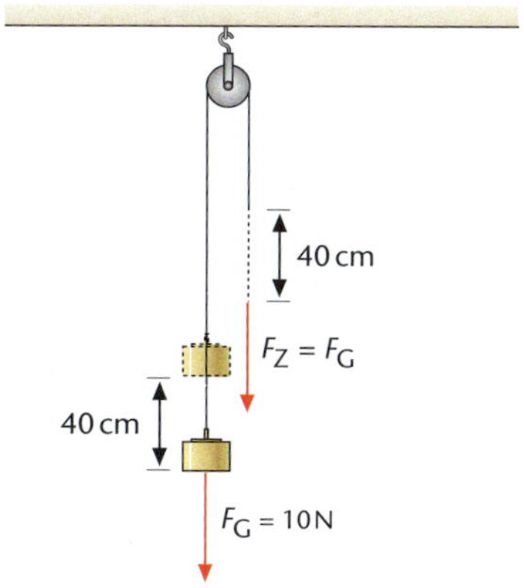

2 Feste Rolle

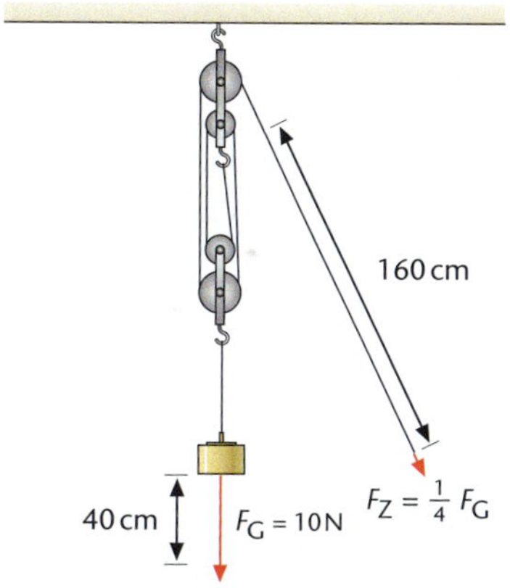

3 Flaschenzug

Die mechanische Leistung

Auf die Plätze, fertig, los!
Vural und Oliver fahren bei einem Fahrradwettrennen einen Berg hoch (▷ B 1). Der Höhenunterschied vom Start bis zum Ziel beträgt 100 m. Oliver fährt zuerst über die Ziellinie und erklärt sich zum Sieger. Vural protestiert energisch. Kannst du dir denken warum? Vural entgegnet Oliver: „Ich bin doch schwerer, also habe ich auch die größere Hubarbeit verrichtet!"
Oliver: „Das mag schon sein, ich habe aber trotzdem die größere Leistung vollbracht!" Was könnte Oliver damit meinen?

Wer von beiden leistet mehr?
Um eine Aussage über die Leistung zu machen, ist es notwendig, die Arbeit zu berechnen, die pro Sekunde verrichtet wird. (Sieh dir dazu die Rechnung in Bild 1 an.)

Höhenunterschied
100 m

benötigte Zeit
Vural: 625 s
Oliver: 520 s

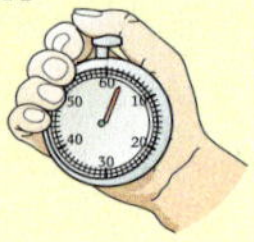

Gewicht
Vural: 70 kg
Oliver: 65 kg

▶ Die Leistung ist der Quotient aus Arbeit und der dafür benötigten Zeit.

$$\text{Leistung} = \frac{\text{Arbeit}}{\text{Zeit}}$$

$$P = \frac{W}{t}$$

Die Einheit der Leistung ist das Watt (W).

$$1\,\text{W} = 1\,\frac{\text{J}}{\text{s}}$$

Vural

Hubarbeit:
$W_H = F_H \cdot h$
$W_H = 700\,\text{N} \cdot 100\,\text{m}$
$W_H = 70\,\text{kJ}$
Leistung:
$\frac{70\,\text{kJ}}{625\,\text{s}} = 112\,\frac{\text{J}}{\text{s}}$

Vural leistet $112\,\frac{\text{J}}{\text{s}}$.

Oliver

Hubarbeit:
$W_H = F_H \cdot h$
$W_H = 650\,\text{N} \cdot 100\,\text{m}$
$W_H = 65\,\text{kJ}$
Leistung:
$\frac{65\,\text{kJ}}{520\,\text{s}} = 125\,\frac{\text{J}}{\text{s}}$

Oliver leistet $125\,\frac{\text{J}}{\text{s}}$.

1 Fahrradrennen am Berg

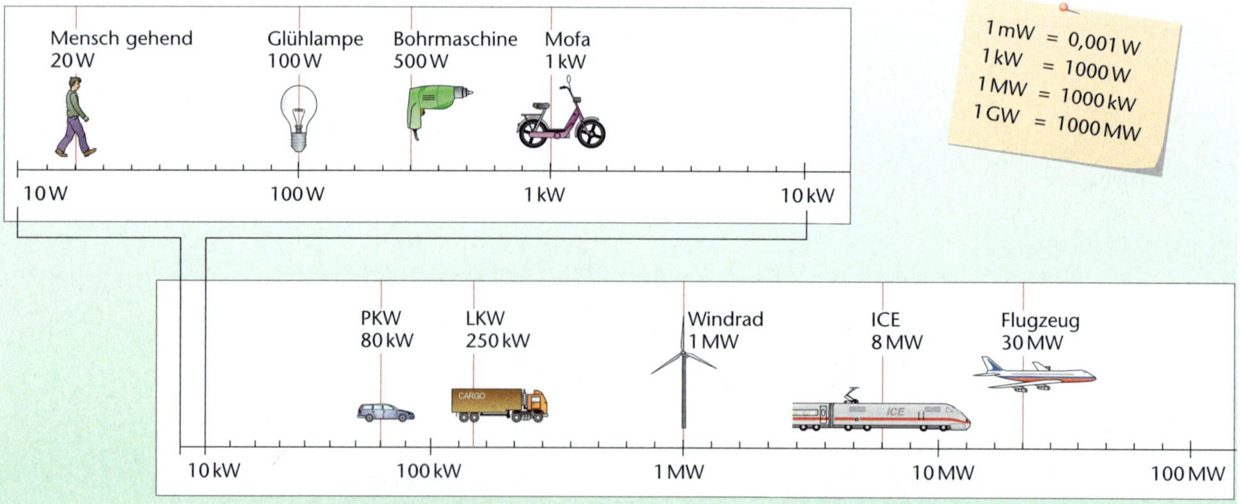

1 mW = 0,001 W
1 kW = 1000 W
1 MW = 1000 kW
1 GW = 1000 MW

2 Leistungen im Vergleich

Strategie

Mit kleinen Kärtchen zum großen Lernerfolg

Viele Leute schreiben kleine Zettelchen, wenn sie etwas nicht vergessen wollen. Für sie sind diese Notizen ihr „Hilfsgedächtnis". Vielleicht benutzt du beim Vokabellernen solche Kärtchen.

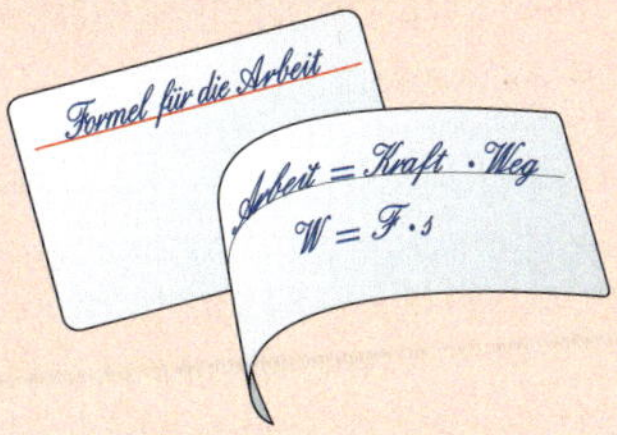

Deine Physik-Lernkartei
Du willst ein bestimmtes Stoffgebiet, z. B. „Arbeit und Leistung", lernen und wiederholen. Lies zuerst den Text in deinem Physikbuch. Suche die wichtigen Begriffe heraus und schreibe sie auf nicht zu kleine Kärtchen (mindestens 7 cm × 10 cm). Auf die Vorderseite kommt der Begriff, auf die Rückseite schreibst du die Definition oder einen Satz als Erklärung. Den ersten Lernerfolg hast du jetzt schon erreicht, indem du Definitionen und Erklärungen selbst formuliert hast.

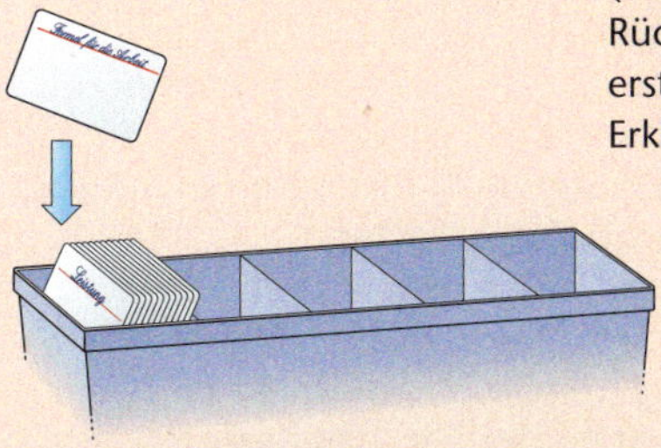

Allein lernen
Wenn du allein lernen willst, brauchst du noch einen Karteikasten, den du in fünf Fächer unterteilst.
Alle Kärtchen kommen in das vorderste Fach und wandern, wenn du die Erklärung auf der Rückseite richtig gewusst hast, ins 2. Fach.
Begriffe, die du nicht wusstest, bleiben im ersten Fach. Jeden Tag rutschen die Kärtchen bei richtiger Wiederholung ein Fach weiter nach hinten, bis du alle Begriffe gelernt hast.

Beim ersten Mal richtig beantwortet

Beim zweiten Mal immer noch gewusst

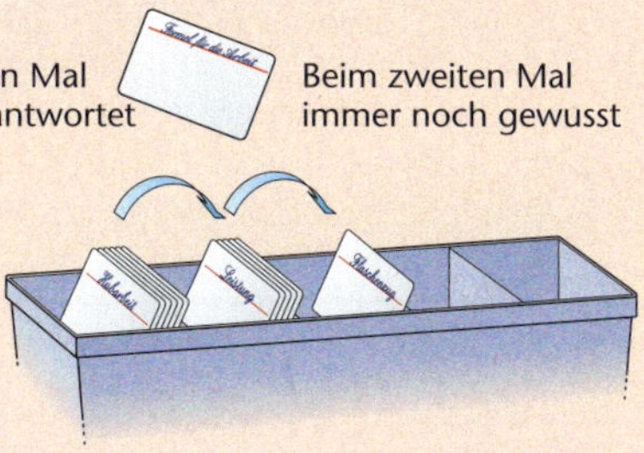

Beim dritten Mal falsch beantwortet, schade …

Meister aller Klassen!

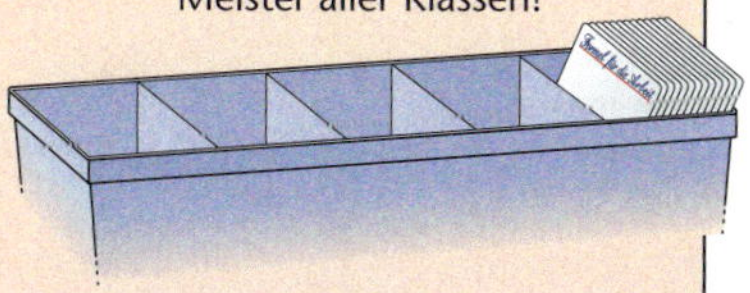

Zu zweit lernen
Ihr könnt mit den Kärtchen auch zu zweit lernen. Teilt die Kärtchen untereinander auf und fragt euch gegenseitig ab. Dabei könnt ihr euch den Begriff nennen oder die Erklärung auf der Rückseite.

Lernen in der Gruppe
Auch zu dritt oder zu viert könnt ihr mit der Kärtchenmethode lernen.
Teilt die Kärtchen untereinander auf. Der Erste legt eine Karte mit einem Begriff, z. B. „Hubarbeit", auf den Tisch. Der Nächste darf seinen Begriff nur anlegen, wenn er einen sinnvollen Satz mit beiden Begriffen bilden kann. Mit dem nächsten Begriff geht es genau so weiter.

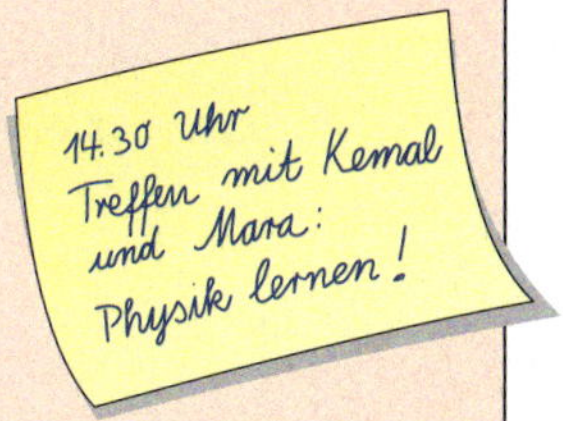

1 Auch ein Sportler braucht Energie.

2 Hier wird viel Energie benötigt.

Nichts geht ohne Energie

Damit ein Auto fahren kann, muss es Treibstoff im Tank haben. Ohne elektrischen Strom bleibt die Herdplatte in der Küche kalt, der Computer funktioniert nicht und die Glühlampe strahlt kein Licht ab. Im Zusammenhang mit diesen und anderen Beispielen wird oft das Wort **Energie** benutzt. Energie wird benötigt, damit eine Lampe leuchtet, eine Maschine arbeitet usw.

▶ Zum Heizen, Leuchten, Arbeiten usw. ist Energie notwendig.

Energieträger – Energieempfänger

Von einem Stück Kohle weißt du, dass es Energie gespeichert hat. Das kannst du zeigen, indem du die Kohle anzündest. Kohle ist ein Energieträger. Auch Schokolade enthält Energie und brennt deshalb (▷ B 3).

Beim Verbrennen geben die Kohle und die Schokolade Wärme ab. Diese Wärme kann z. B. Wasser erhitzen. Damit ist Energie von der Kohle bzw. der Schokolade an das Wasser übergegangen. Das Wasser ist der Energieempfänger (▷ B 4).

▶ Energieträger können ihre Energie auf Energieempfänger übertragen.

Energie und Arbeit

Ein Hochspringer geht an den Start. Er nimmt Anlauf und springt in die Höhe (▷ B 1). Über die Nahrung hat der Sportler Energie aufgenommen. Mithilfe dieser Energie verrichten seine Muskeln die Arbeit, die notwendig ist, um seinen Körper anzuheben.
Die im Treibstoff gespeicherte Energie kann dazu genutzt werden, ein Auto zu beschleunigen. Dabei wird Beschleunigungsarbeit verrichtet.
Die beiden Beispiele zeigen, dass mit Energie physikalische Arbeit verrichtet werden kann. Deshalb haben Energie und Arbeit die gleiche Einheit, das Joule (*J*).

▶ Hat ein Körper Energie, dann kann er physikalische Arbeit verrichten. Für die physikalische Größe Energie wird das Formelzeichen *E* verwendet.

Aufgabe

1 Woher nehmen diese Körper ihre Energie? Nenne die Energieträger: Heizkissen, Kerze, Taschenrechner, Glühwürmchen, Elektromotor, warmes Wasser der Heizungsanlage.

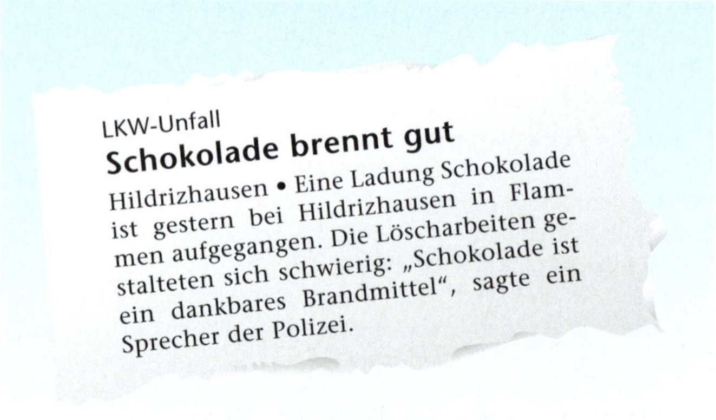

LKW-Unfall
Schokolade brennt gut
Hildrizhausen • Eine Ladung Schokolade ist gestern bei Hildrizhausen in Flammen aufgegangen. Die Löscharbeiten gestalteten sich schwierig: „Schokolade ist ein dankbares Brandmittel", sagte ein Sprecher der Polizei.

3 Energieträger Schokolade

4 Energie wird übertragen.

Sonnenenergie

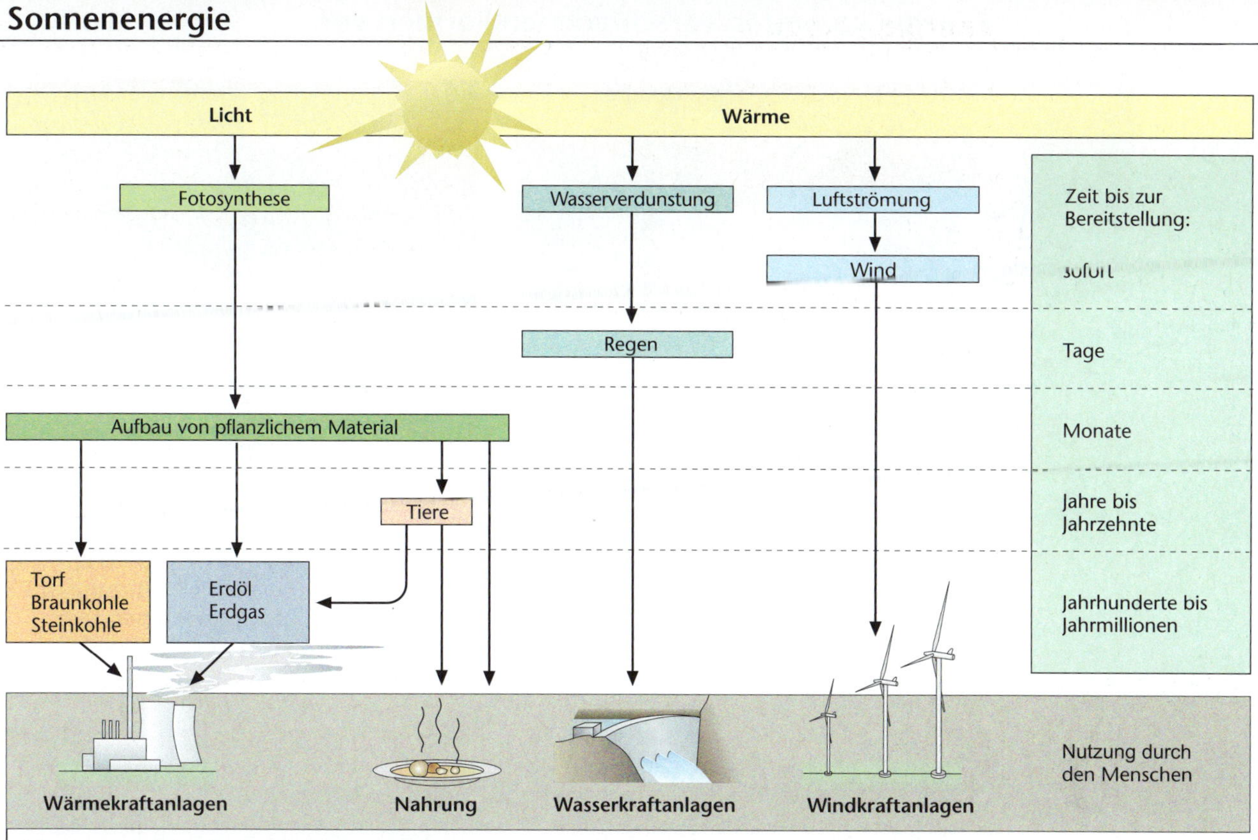

1 Sonnenenergie ist die Grundlage unserer Existenz.

Die Sonne als Energiequelle

Wenn wir das Wort Sonne hören, denken wir an Urlaub, Strand und Meer. Erst in zweiter Linie betrachten wir die Sonne als Energiequelle, ohne die kein Leben auf der Erde möglich ist.
Von den Pflanzen wird die Sonnenenergie zur Fotosynthese benötigt. Dabei produzieren sie Zucker, Stärke und Sauerstoff. Nur Pflanzen können die Sonnenenergie in Nahrung für Tiere und Menschen umwandeln. Somit erhalten Tiere und Menschen über die Nahrungsaufnahme Energie, die einst von der Sonne kam. Die Sonnenenergie ist somit die Grundlage für die Lebensprozesse der Pflanzen und Tiere.

Gespeicherte Sonnenenergie

Vor ca. 350 Millionen Jahren waren die Pflanzen aber auch noch Ausgangsstoff für einen anderen Prozess. Pflanzen starben ab und wurden von Wasser, Schlamm und Erde bedeckt. Kleinste Lebewesen wandelten das Pflanzenmaterial in Torf um. Mit zunehmendem Druck und steigender Temperatur entstand dann aus dem Torf zuerst Braunkohle und schließlich Steinkohle.
Meerestiere und Pflanzen bildeten vor 500 Millionen Jahren auch die Grundlage für Erdöl und Erdgas.
Die Ausgangsstoffe sanken zum Meeresboden und bildeten im Laufe der Zeit mehrere Schichten. Sie wurden von Sand und Ton zugedeckt. Unter Luftabschluss zersetzten Bakterien die Stoffe in fauligen Schlamm. Unter hohem Druck und hoher Temperatur entstanden im Laufe der Zeit Erdöl und Erdgas.
Somit ist die Entstehung von Kohle, Erdöl und Erdgas der Sonne zu verdanken.

Indirekte Nutzung der Sonnenenergie

Die Energie des Windes und des Wassers gehen ebenfalls auf die Sonne zurück. Aufgrund der Sonneneinstrahlung verdunstet Wasser und fällt schließlich als Niederschlag wieder auf die Erde. Die Energie des strömenden Wassers kann in Wasserkraftanlagen genutzt werden.
Die Sonne erwärmt Land- und Wasserflächen unterschiedlich stark, dadurch entstehen Winde. Windkraftanlagen nutzen diese Energie aus.

Bild 1 gibt dir einen Überblick über die beteiligten Prozesse.

Aufgabe

1 Erkläre in eigenen Worten die Zusammenhänge der Grafik (▷ B 1).

1 Einsatz von elektrischer Energie

2 Chemische Energie wird in Licht und Wärme umgewandelt.

Elektrische Energie

Eine Lampe, die an eine Batterie angeschlossen ist, gibt Licht und Wärme ab. Ein elektrisch betriebener Motor zieht eine Last nach oben (▷ B 1). Es wird Hubarbeit verrichtet. In beiden Fällen kommt die benötigte Energie von der Spannungsquelle. Der elektrische Strom transportiert die Energie von der Quelle zur Lampe bzw. zum Motor.
In der Lampe und im Motor, den Energieempfängern, gibt der elektrische Strom die elektrische Energie ab. Dort wird sie zum Arbeiten, Leuchten oder Heizen verwendet.

Chemische Energie

Verbrennt man Öl, Benzin, Gas (▷ B 2), Kohle, Holz usw., dann finden chemische Reaktionen statt. Dabei entstehen neue Stoffe. Bei diesen chemischen Reaktionen wird aber auch Wärme und Licht abgegeben, weshalb die neuen Stoffe weniger Energie haben als die Ausgangsstoffe.
Die Energie, die bei der Verbrennung umgewandelt wird, nennt man chemische Energie. Sie ist in den Ausgangsstoffen gespeichert.

Wärme

Bei den Beschreibungen zu elektrischer und chemischer Energie kam häufig das Wort **Wärme** vor. Wärme ist eine weitere Energieform. Man nennt sie auch thermische Energie (griech. thermos: warm).
Bei einer Dampfturbine (▷ B 3) z. B. wird Wärme dazu benutzt, elektrische Energie bereitzustellen. Dazu wird Wasser erhitzt. Der entstehende Wasserdampf steht unter hohem Druck. Er strömt gegen die Schaufeln der Dampfturbine und setzt sie in Bewegung. Die Turbine treibt einen Generator an, der vergleichbar einem Fahrraddynamo arbeitet und einen elektrischen Strom erzeugt.

▶ Es gibt verschiedene Energieformen: z. B. elektrische Energie, chemische Energie und thermische Energie.

3 Wärme treibt eine Dampfturbine an.

4 Ein Laufwasserkraftwerk

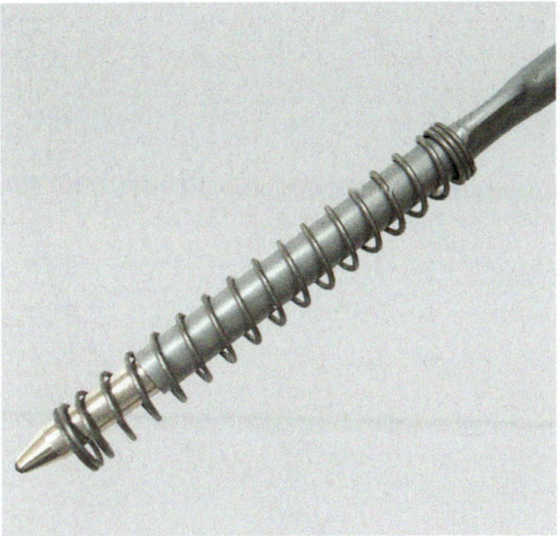

5 Kugelschreibermine mit Feder

6 Kuckucksuhr

7 Bei der Ramme kommt Höhenenergie zum Einsatz.

Höhenenergie

Früher kannte man keine Uhren, die mit Batterien angetrieben wurden. Bei Stand- oder Kuckucksuhren (▷ B 6) hat man Gewichte über eine Kette nach oben gezogen. Die Zahnräder der Uhr wurden dann durch die Gewichte angetrieben, die dabei langsam zu Boden sanken.
Durch das Anheben hat das Gewicht Energie gewonnen. Man nennt diese Energie Lage- oder Höhenenergie.

Sollen Bauwerke auf lockerem Untergrund gebaut werden, ist ein tief im Boden verankertes Fundament notwendig. Dazu werden Spundbohlen in den Boden gerammt. Dies geschieht mit Rammen (▷ B 7). Eine große Masse, der so genannte Freifallbär, wird an einem Gerüst nach oben gezogen und fällt dann auf die Spundbohle. Diese wird durch die Energie des Massestücks Stück für Stück in den Untergrund gerammt.
Um die Schlagkraft zu vergrößern, nutzte man früher unter hohem Druck stehenden Dampf. Wurde gleichzeitig die Schlagzahl erhöht, konnte ein schnellerer Arbeitsfortschritt erreicht werden.

Die Energie eines hochgehobenen Körpers heißt Höhenenergie.

Versuch

1 Hebe die Massestücke (▷ B 8) um ca. 30 cm an. Achte darauf, dass der Faden gespannt bleibt. Lasse die Massestücke los.
Formuliere deine Beobachtung.

Bewegungsenergie

In Bild 4 kannst du erkennen, dass dem Wasser kaum Fallhöhe zur Verfügung steht. Die Turbinen werden durch die Strömung des Wassers angetrieben. Das Wasser ist in Bewegung und hat Energie.

Die Energie eines bewegten Körpers heißt Bewegungsenergie.

Spannenergie

Die Energie einer gespannten Feder, z. B. bei einem Kugelschreiber (▷ B 5), nennt man Spannenergie. Sie ist eine weitere mechanische Energieform, die z. B. bei der Feder eines Kugelschreibers zur Anwendung kommt.

Die Energie einer gespannten Feder heißt Spannenergie.

Arbeit – Energie

Wird an einem Körper Arbeit verrichtet, so wird auf den Körper Energie übertragen. Mithilfe dieser Energie kann der Körper an einem anderen Körper Arbeit verrichten (▷ V 1).

Höhenenergie, Bewegungsenergie und Spannenergie werden auch als mechanische Energieformen bezeichnet.

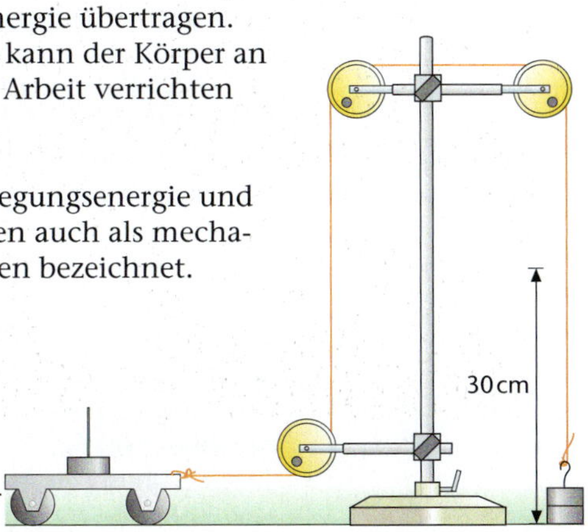

8 Zu Versuch 1

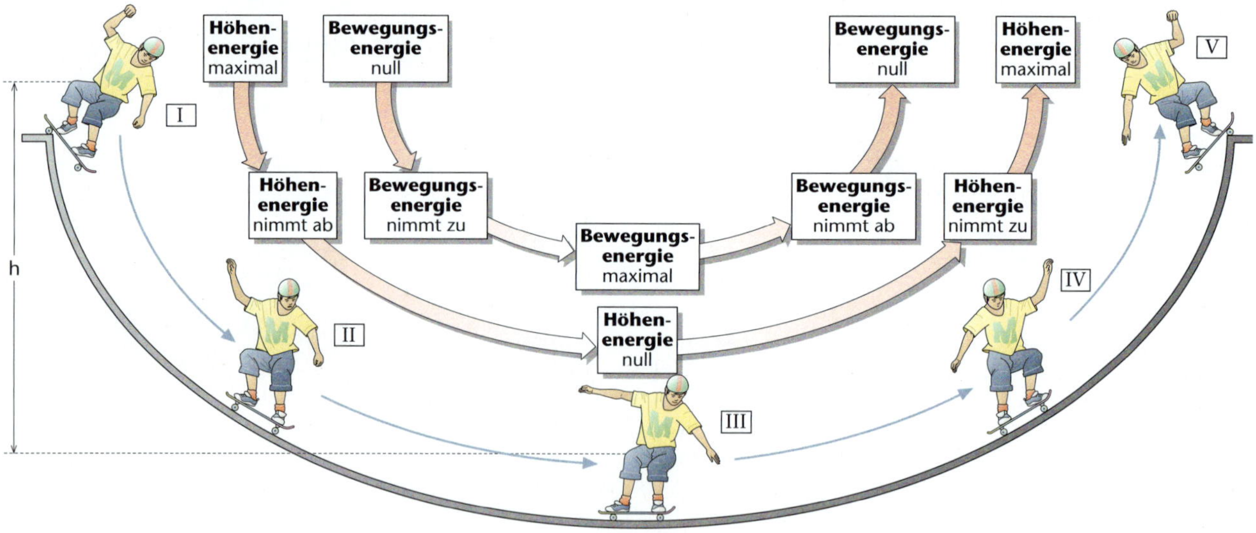

1 Energieumwandlung beim Skaten

Mit Schwung nach oben

Inlineskaten und Skateboardfahren auf der Halfpipe ist sehr beliebt (▷ B 1). Immer wieder skaten die Jugendlichen auf der Bahn hin und her und probieren die unterschiedlichsten Figuren aus.

Was hat das mit Energie zu tun?

Betrachte einen Skater auf seiner Bahn von links nach rechts. Er kommt beim ersten Lauf fast auf dieselbe Höhe.

An dem Vorgang sind zwei Energieformen beteiligt: Höhenenergie und Bewegungsenergie.

In Punkt I hat der Skater Höhenenergie. Rollt er in Richtung Punkt II, bewegt er sich nach unten. Somit nimmt auch seine Höhenenergie ab. Dafür nimmt aber seine Bewegungsenergie zu. Am tiefsten Punkt der Halfpipe (III) hat der Skater keine Höhenenergie mehr. Sie hat sich (fast) vollständig in Bewegungsenergie umgewandelt. Die Bewegungsenergie ist daher an diesem Punkt am größten. Rollt er weiter nach rechts, wandelt sich seine Bewegungsenergie wieder in Höhenenergie um. Insgesamt hat sich also Höhenenergie in Bewegungsenergie (von I nach III) und Bewegungsenergie wieder in Höhenenergie (von III nach V) umgewandelt.

▶ Energie kann von einer Form in eine andere umgewandelt werden.

Im Regen stehen

Kennst du die Situation? In beiden Händen hältst du Einkaufstaschen und plötzlich fängt es an zu regnen. Jetzt noch einen Schirm aufzuspannen wird schwierig. Ein Automatikschirm kann dir helfen. Ein Knopfdruck und er öffnet sich von selbst. Woher kommt die Energie zur Entfaltung des Schirmes?
Beim Zusammenklappen des Schirms musst du Spannarbeit an der Feder (▷ B 3) verrichten. Sie wird zusammengedrückt und speichert die Spannenergie.

Auf Knopfdruck gibt die Feder ihre Energie ab. Es werden Beschleunigungsarbeit, Reibungsarbeit am Schirmgestänge und Spannarbeit am Schirmstoff verrichtet.

Reibung, der reinste Spielverderber

Weil beim Fadenpendel (▷ V 1) die Reibung der Luft und vor allem die Reibung des Fadens am Finger mit im Spiel ist, wird die Auslenkung des Fadenpendels mit der Zeit immer kleiner. Bei der Umwandlung der Höhenenergie in Bewegungsenergie und umgekehrt wird ein Teil der Energie in Wärme umgewandelt. Diese Wärme wird an die Luft, den Finger und den

Versuch

1 Lasse an deinem Finger mithilfe eines Fadens ein Massestück pendeln (▷ B 2).
a) Lenke das Fadenpendel aus und beschreibe die Energieumwandlungen.
b) Nach wie vielen Schwingungen kommt das Pendel zur Ruhe?
c) Was ist aus der ursprünglichen Energie geworden, wenn das Massestück zur Ruhe gekommen ist?

2 Das Fadenpendel

Faden abgegeben und steht für eine weitere Energieumwandlung nicht mehr zur Verfügung.

Nutzenergie
Bei einer Glühlampe soll elektrische Energie in Licht umgewandelt werden. Tatsächlich wird jedoch der größte Anteil der elektrischen Energie (ca. 95 %) in Wärme umgewandelt. Daher ist bei der Glühlampe der Anteil der Energie, der genutzt wird (Nutzenergie), gegenüber der Energie, die nicht genutzt wird, sehr gering. Energiesparlampen schneiden besser ab. Bei gleicher Helligkeit erzeugen sie weniger Wärme.

Energieerhaltung
Weitere Untersuchungen zeigen, dass auch bei anderen Energieumwandlungen ein Teil der Energie in Wärme umgewandelt wird.

Bei Energieumwandlungen wird immer ein Teil der Energie in Wärme umgewandelt.

Außerdem hat man festgestellt, dass keine Energie verbraucht wird. Obwohl nur ein Teil der Energie genutzt werden kann, ist doch stets die gesamte Energie noch vorhanden. Die restliche ungenutzte Energie wurde lediglich in Formen umgewandelt, die wir nicht nutzen wollen oder können.

Bei Energieumwandlungsprozessen werden Energieformen ineinander umgewandelt. Dabei geht keine Energie verloren (Energieerhaltungssatz).

Eine Energieumwandlungskette
Die chemische Energie des Benzins wird dazu genutzt, den Wagen zu beschleunigen. Es wird Beschleunigungsarbeit und Reibungsarbeit verrichtet. Das Auto hat Bewegungsenergie.
Bremst das Auto ab, wird Reibungsarbeit an den Bremsscheiben verrichtet. Sie werden heiß. Die gespeicherte Wärme wird an die Umgebung abgeführt.
Dieser Vorgang kann in einer Umwandlungskette dargestellt werden (▷ B 4).

Energieumwandlung ist immer mit Verrichtung von Arbeit verbunden.

Energieentwertung
Beim Abbremsen eines Autos braucht man die Reibung. Die Bewegungsenergie des Fahrzeuges muss abgebaut werden. Die Bremsscheiben werden heiß und die Bewegungsenergie wird in Wärme umgewandelt. Sie wird an die Umgebung abgeführt. Ebenso wird bei der Verbrennung des Benzins der Motor heiß. Diese Wärme kann im Winter zum Heizen des Wageninneren benutzt werden. Anderenfalls wird sie über den Kühler an die Umgebung abgegeben.
Insgesamt wird so ein Teil der chemischen Energie des Benzins in Wärme umgewandelt, die für die Beschleunigung des Autos nicht mehr zur Verfügung steht. Man spricht deshalb von Energieentwertung. Ein Teil der ursprünglichen Energie geht in eine andere Form über und ist dadurch für die weitere Nutzung wertlos geworden.

Einsatz von Energie – Energieeinsparung
Heizungsanlagen von Häusern werden teilweise mit Öl betrieben. In einem ungedämmten Haus werden z. B. 5 000 Liter Heizöl pro Jahr verbraucht. Im Brenner wird chemische Energie in Wärme umgewandelt. Diese Wärme soll die Temperatur in den Zimmern erhöhen. Bei schlecht isolierten Häusern geht ein Teil der Wärme über die unzureichende Mauerwerkisolation, die Fenster und das Dach „verloren". Bei einem Passivhaus kann der Ölverbrauch auf ca. 2 000 Liter Heizöl und weniger sinken. Hier wird nur sehr wenig Wärme an die Umwelt abgegeben. Gegenüber dem ungedämmten Haus ergibt sich eine Einsparung von 3 000 Litern Heizöl.

3 Schirmfeder

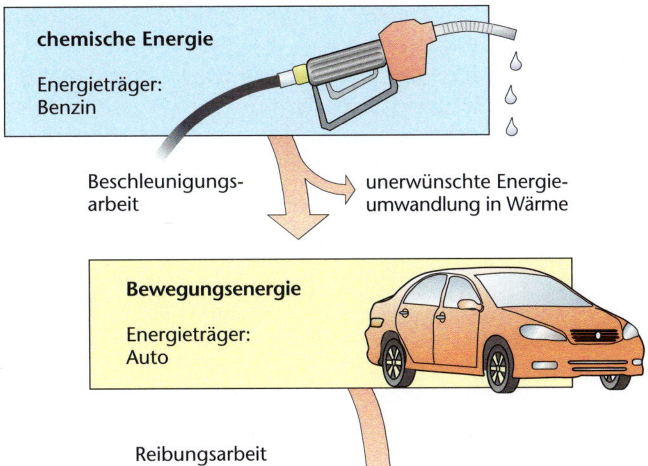

4 Energieumwandlung

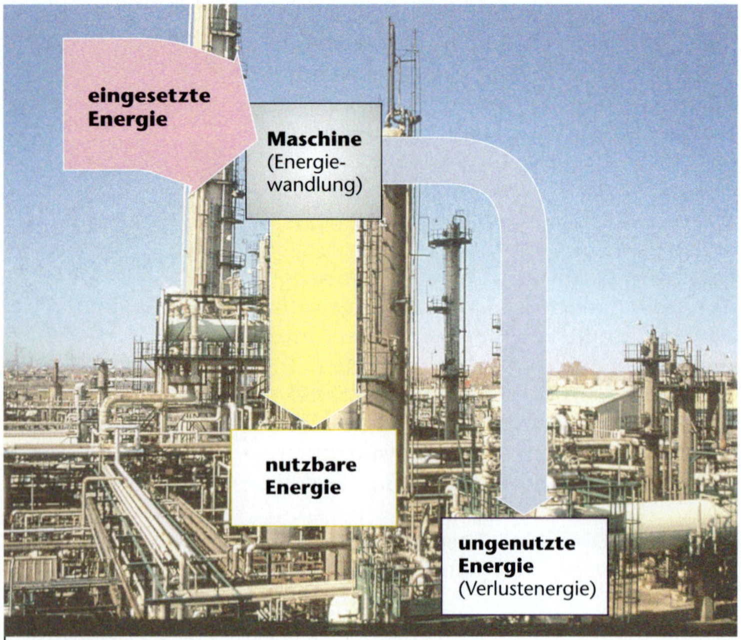

1 Die eingesetzte Energie kann nur teilweise in nutzbare Energie umgewandelt werden.

Der Wirkungsgrad

Ob beim Auto, in einem Kraftwerk, beim Betrieb einer elektrischen Glühlampe, beim Kochen mit Strom oder Gas – immer wird Energie genutzt. Der Umfang der Energienutzung ist aber in jedem Fall begrenzt, denn nur ein Teil der eingesetzten Energie E wird in Nutzenergie E_n umgewandelt. Ein erheblicher Teil wird z. B. als Wärme an die Umgebung abgegeben (▷ B 1). Häufig wird die ungenutzte Energie als Verlustenergie bezeichnet.

Zur Angabe, welcher Anteil der eingesetzten Energie in die gewünschte nutzbare Energie umgewandelt wird, dient der Wirkungsgrad. Er wird meist in Prozent angegeben und mit dem griechischen Buchstaben η (Eta) bezeichnet.

Aufgaben

1 Was bedeutet die Aussage: „Der Wirkungsgrad einer Leuchtstoffröhre beträgt 15 %.“

2 Erläutere, warum der Wirkungsgrad des Autos insgesamt bei 16 % liegt, der des Automotors aber bei 25 bis 35 %.

3 Einem Kraftwerk werden täglich 128 000 MJ chemische Energie in Form von Kohle zugeführt. Davon werden 46 500 MJ in elektrische Energie umgewandelt. Berechne den Wirkungsgrad.

Den Quotient aus nutzbarer Energie und eingesetzter Energie nennt man Wirkungsgrad η.

$$\text{Wirkungsgrad} = \frac{\text{nutzbare Energie}}{\text{eingesetzte Energie}}$$

$$\eta = \frac{E_n}{E}$$

Ein Wirkungsgrad von 25 % bedeutet, dass nur ein Viertel der zugeführten Energie in die gewünschte Form der Nutzenergie umgewandelt wird.

Der Automotor als Energiewandler

Beim Automotor ist die Energiebilanz sehr ungünstig. Ein großer Teil der Energie, die im Treibstoff (Benzin oder Dieselöl) enthalten ist, kann nicht zum Fahren genutzt werden. Mehr als zwei Drittel der Energie werden in Form von Wärme und Abgasen abgegeben. Der Wirkungsgrad beträgt bei Benzinmotoren etwa 25 bis 35 % (▷ B 2). Alte Autos hatten sogar nur Wirkungsgrade von 5 bis 10 %.

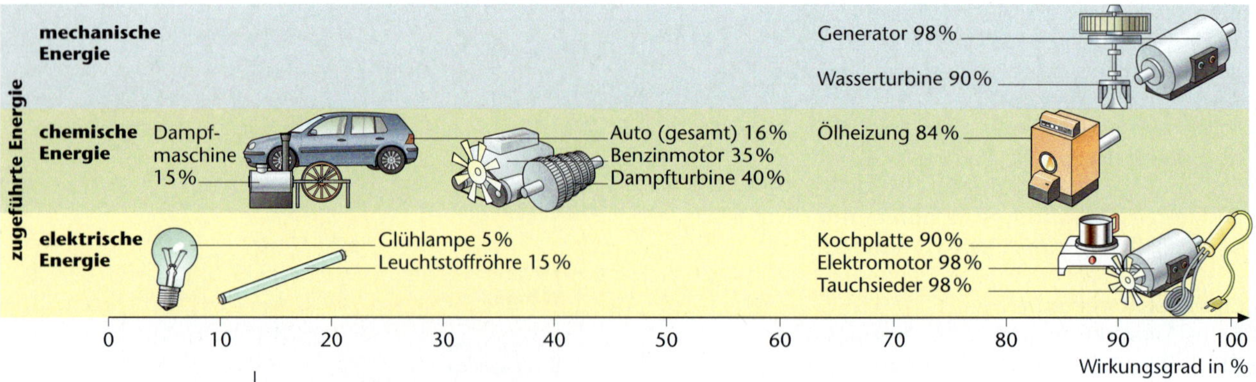

2 Verschiedene Wirkungsgrade

Texte kritisch lesen

Im Laufe deiner Schulzeit bist du schon routiniert im Lesen und Verstehen von Texten geworden. Auch außerhalb der Schule wirst du immer wieder mit Texten konfrontiert, die einen physikalischen Hintergrund haben. Diese Texte solltest du bewerten und zu ihnen Stellung beziehen können.

Ein erster Überblick
Verschaffe dir zuerst einen groben Überblick. „Überfliege" dazu den Text und halte dich nicht an Detailaussagen auf. Danach solltest du wissen, mit welchem Thema sich der Text befasst.

Wichtige Informationen
- Wer hat den Text verfasst (Fachautor oder Laie)?
- Wann und wo ist der Text erschienen (Fachzeitschrift oder Regenbogenpresse)?
- Was sagt der Text aus?

Schlüsselwörter
Nun musst du versuchen, Schlüsselwörter (zentrale Begriffe) zu klären und zu hinterfragen. Am Beispiel „Intelligente Technik gegen hohen Kraftstoffverbrauch" soll dir die Vorgehensweise verdeutlicht werden.

Die Überschrift benennt das Problem

Intelligente Technik gegen hohen Kraftstoffverbrauch

Reine Abzocke oder „Spritsparwunder"?

Kraftfahrzeuge machen uns mobil. Auf das Auto können oder wollen wir nicht mehr verzichten.
Je höher die Preise für Benzin und Dieselkraftstoff steigen, desto einfallsreicher werden die Menschen: „Power-Kabel" versprechen, den Wirkungsgrad des Motors zu erhöhen, „Ionisier-Magnete" dienen der elektrostatischen Aufladung des Kraftstoffs. Der „Kraftstoff-Aktivator" setzt, wenn er dem Kraftstoff zugegeben wird, nicht verwendete Energie frei. Und der „Power-Air-Booster" bläst zusätzlich Luft in die Zylinder und sorgt so angeblich für eine effektivere Verbrennung.
Eines haben all diese Geräte und Kraftstoffzusätze gemeinsam. Sie sollen den Kraftstoffverbrauch um bis zu 40 % senken.
Die Autofahrer und Kunden sind verunsichert. Aus diesem Grund führen unabhängige Prüfinstitute wissenschaftliche Untersuchungen mit diesen

Was versteht man unter dem Wirkungsgrad? Erkläre.

Führt zusätzlich eingeblasene Luft zu einer effektiveren Verbrennung? Informiere dich!

Suche im Internet nach Untersuchungen zur Wirksamkeit der Spritsparwunder.

„Spritsparwundern" durch. Ziel dieser Untersuchung ist die Beantwortung der Frage: „Sinkt mit diesem Zubehör der Kraftstoffverbrauch?" und „Lohnen sich die Anschaffungskosten?"
Nach einer Umfrage eines Meinungsforschungsinstituts würde ein hoher Prozentsatz von Autofahrern Geld für kraftstoffsparendes Zubehör ausgeben. Sind diese „Spritsparwunder" Erfindungen skrupelloser Abzocker oder genialer Tüftler?

Quelle: DAC Württemberg

Ist die Quelle seriös? Suche genauere Informationen über die Verfasser.

Deine Meinung ist gefragt!
Du hast den Text gelesen und wichtige Aussagen gefunden. Sicher bist du nicht mit allem einverstanden. Diskutiere mit deinen Mitschülerinnen und Mitschülern über das Thema.

Aufgabe

1 Suche Texte zu folgenden Themen:
– Gefahren durch Elektrosmog
– radioaktive Bestrahlung von Lebensmitteln.

Schlusspunkt

Kräfte, Arbeit, Leistung und Energie

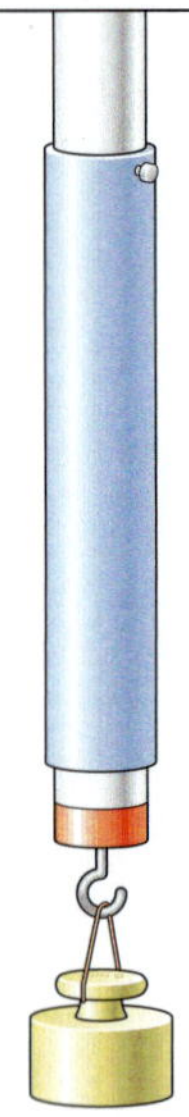

1 Kraftmesser

Die Kraft
Die Kraft gibt an, wie stark zwei Körper aufeinander einwirken.
Formelzeichen: F
Einheit: Newton (N)
Messgerät: Kraftmesser (▷ B 1)

Die Wirkung einer Kraft
Kräfte erkennt man an ihren Wirkungen. Kräfte können Körper beschleunigen, verzögern, deren Bewegungsrichtung ändern und sie können Körper plastisch oder elastisch verformen.

Der Kraftpfeil
Eine Kraft stellt man mit einem Kraftpfeil dar (▷ B 2). Die Pfeillänge gibt die Größe der Kraft an. Der Pfeilanfang kennzeichnet den Angriffspunkt der Kraft. Die Pfeilspitze zeigt die Richtung an, in die die Kraft wirkt.

Die Gewichtskraft
Die Gewichtskraft gibt an, wie stark ein Körper an einer Aufhängung in Richtung Erdmittelpunkt zieht oder auf eine Unterlage drückt. Sie ist ortsabhängig. Auf der Erde hat ein Körper mit einer Masse von 100 Gramm eine Gewichtskraft von etwa 1 Newton (▷ B 3).

Die Reibung
Wir unterscheiden drei Reibungsarten: die Haftreibung, die Gleitreibung und die Rollreibung. Die Haftreibungskraft ist die größte, die Rollreibungskraft die kleinste dieser drei Reibungskräfte.

2 Kraftpfeil

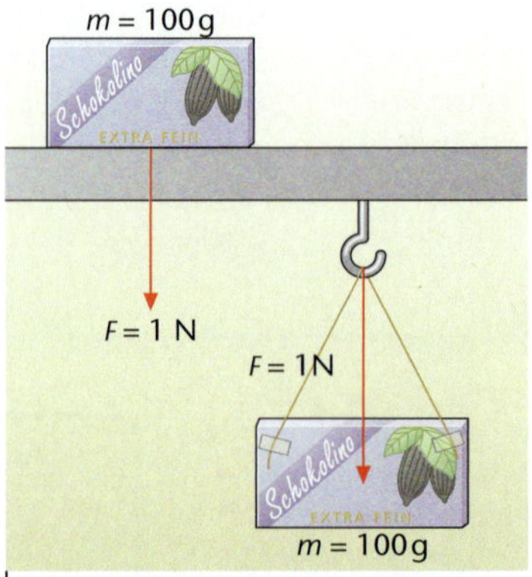

3 Die Gewichtskraft einer Tafel Schokolade

Das Wechselwirkungsprinzip
Der Physiker Sir Isaac Newton entdeckte das Wechselwirkungsprinzip: Wirken zwei Körper aufeinander, so treten immer zwei Kräfte auf, Kraft und Gegenkraft. Diese Kräfte sind einander entgegengerichtet, greifen an verschiedenen Körpern an und sind gleich groß.

Einfache Maschinen
Mit einfachen Maschinen kann man Kräfte übertragen, den Angriffspunkt der Kraft verändern, manchmal die Richtung der Kraft und meistens auch die Größe der Kraft verändern.

Feste Rolle
Bei Verwendung einer festen Rolle sind Zug- und Gewichtskraft gleich groß. Auch Zugweg und Hubweg sind gleich groß. Mit der festen Rolle kann die Richtung der Kraft verändert werden (▷ B 4).

Lose Rolle
Bei Verwendung einer losen Rolle ist die Zugkraft nur halb so groß wie die Gewichtskraft und der Zugweg ist doppelt so lang wie der Hubweg (▷ B 4).

Flaschenzug
Bei einem Flaschenzug ermittelt man die Anzahl der tragenden Seilstücke (n). Die Zugkraft ist so groß wie der Quotient aus der Hubkraft und der Anzahl der tragenden Seilstücke.
Der Zugweg ist das Produkt aus dem Hubweg und der Anzahl der tragenden Seilstücke (▷ B 4).

Hebel
Jeder Hebel besteht aus einem Drehpunkt und zwei Hebelarmen. Entsprechend der Lage des Drehpunktes und der Hebelarme unterscheiden wir einseitige und zweiseitige Hebel.

Die Dichte
Die Dichte ρ gibt an, welche Masse m (in g) 1 cm³ eines Stoffes hat.
Formelzeichen: ρ
Einheit: 1 g/cm³
Berechnung: Dichte = Masse : Volumen
$\rho = m : V$

Der Druck
Der Druck kennzeichnet den Zustand einer Flüssigkeit oder eines Gases, der durch das Zusammenpressen entsteht.
Formelzeichen: p
Einheit: 1 Pascal (1 Pa = 1 N/m²)
Berechnung: Druck = Kraft : Fläche
$p = F : A$

Der Auftrieb
Auf jeden Körper im Wasser wirkt eine Auftriebskraft. Sie ist immer nach oben gerichtet. Die Auftriebskraft ist genauso groß wie die Gewichtskraft der vom Körper verdrängten Flüssigkeit.

Die physikalische Arbeit
In der Physik spricht man von Arbeit, wenn ein Körper unter Kraftaufwand entlang eines Weges bewegt wird.
Formelzeichen: W
Einheit: 1 Joule (1 J)
Berechnung: Arbeit = Kraft · Weg,
$W = F \cdot s$

Arbeitsformen
Hubarbeit ist die Arbeit, die verrichtet wird, um einen Körper anzuheben (▷B 5). Reibungsarbeit, Spannarbeit, Beschleunigungsarbeit und Verformungsarbeit sind weitere Arbeitsformen.

Die Goldene Regel der Mechanik
Will man weniger Kraft aufwenden, muss man einen längeren Weg zurücklegen. Das Produkt aus Kraft und Weg bleibt konstant. Deshalb kann keine Arbeit gespart werden (▷B 6, B 7).

Die mechanische Leistung
Die Leistung gibt an, wie viel Arbeit in einer Sekunde verrichtet wird.
Formelzeichen: P
Einheit: 1 Watt (1 W)
Berechnung: Leistung = Arbeit : Zeit
$P = W : t$

Die Energie
Energie ist die Fähigkeit eines Körpers, physikalische Arbeit zu verrichten und Wärme abzugeben.
Formelzeichen: E
Einheit: 1 J

Energieträger – Energieempfänger
Ein Energieträger kann Energie auf

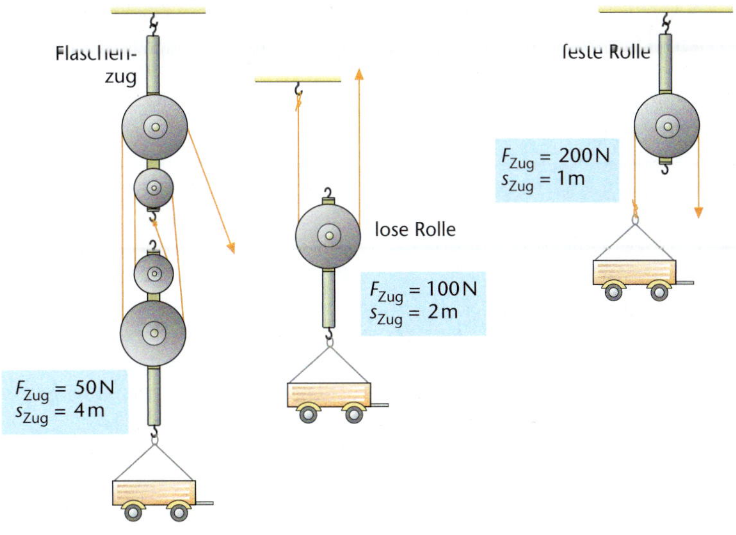

4 Vergleich der Wirkungsweisen verschiedener einfacher Maschinen

Energieformen
Es gibt verschiedene Energieformen: Höhenenergie, Bewegungsenergie, Spannenergie, Wärme, chemische Energie und elektrische Energie.

Energieerhaltungssatz
Bei Energieumwandlungsprozessen werden Energieformen ineinander umgewandelt. Dabei geht keine Energie verloren.

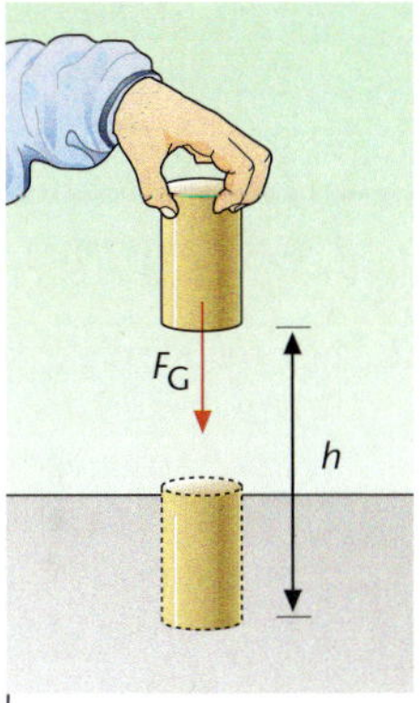

5 Hubarbeit $F_G \cdot h$

Der Wirkungsgrad
Der Wirkungsgrad gibt an, welcher Anteil der eingesetzten Energie in die gewünschte nutzbare Energie umgewandelt wird.
Formelzeichen: η (Eta)
Angabe meist in Prozent
Berechnung: Wirkungsgrad = nutzbare Energie : eingesetzte Energie
$\eta = E_n : E$

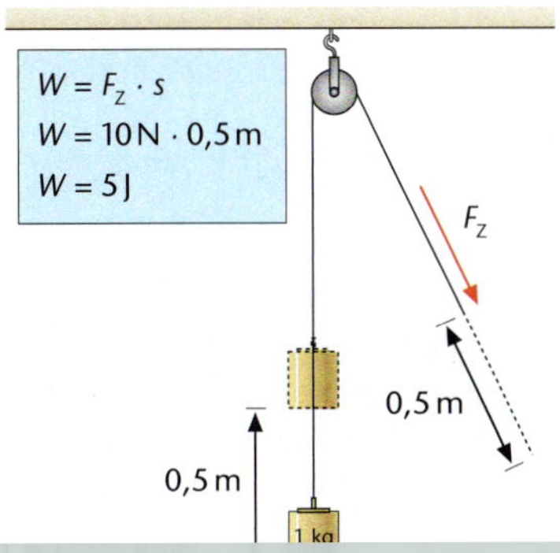

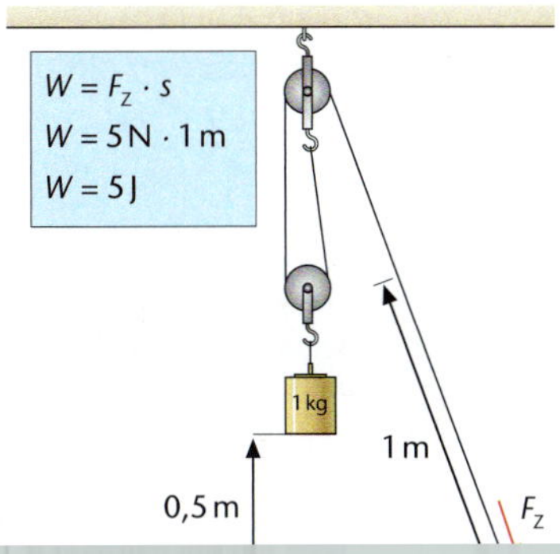

Aufgaben

1 Zu Aufgabe 8

1 Bei welchen Aussagen wird der Begriff Kraft nicht im physikalischen Sinne verwendet? Begründe.
a) „Cleany" hat eine besonders hohe Waschkraft.
b) Er schiebt das Auto mit seiner Muskelkraft.
c) Dieses Shampoo bringt Spannkraft ins Haar.
d) Durch die Brille erhöhte sich ihre Sehkraft.
e) Eine Hubkraft wirkt beim Hochheben eines Körpers.

2 Nenne Beispiele, bei denen Kräfte wirken und
a) der Körper verformt wird,
b) der Körper beschleunigt oder verzögert wird,
c) der Körper seine Bewegung und seine Form ändert.

3 Wie groß ist jeweils die Gewichtskraft von Körpern mit den folgenden Massen: 35 kg, 300 g, 4 t, 70 g, 6,5 kg?

4 Erkläre den Aufbau und die Wirkungsweise eines Kraftmessers.

5 Bestimme deine Gewichtskraft auf der Erde. Welche Gewichtskraft hättest du auf allen anderen Planeten?

6 Stell dir vor, von einem Stein werden die Masse und die Gewichtskraft auf der Erde und auf dem Mond bestimmt. Was würde man feststellen?

7 Sieh in einem Lexikon nach, wie dort der Begriff „Rückstoß" erklärt wird. Schreibe die Erklärung in Stichpunkten auf!

8 Warum fällt ein Fallschirmspringer immer auf die Erde und nie ins All (▷ B 1)?

9 Was ist Aquaplaning?

10 Welche Folgen haben das Ölen eines quietschenden Türscharniers und das Ölen einer quietschenden Bremse?

11 Eine Ölspur auf der Straße kann vor allem für Zweiradfahrzeuge sehr gefährlich sein! Warum? Wie kann man die Gefahr verringern?

12 Nenne anhand von je drei Beispielen aus der Natur oder Technik, wie Reibung vergrößert oder verringert werden kann (▷ B 2).

2 Zu Aufgabe 12

13 Eine feste Rolle nennt man auch Umlenkrolle. Warum?

14 Welche Gemeinsamkeiten und welche Unterschiede gibt es bei festen und losen Rollen?

15 Svenja meint: „Wenn ich bei einem Flaschenzug sehr viele Rollen verwende, brauche ich gar keine Kraft mehr aufwenden!" Hat sie recht?

16 Zeichne einen Flaschenzug mit 6 tragenden Seilstücken. Damit soll eine Kiste mit einer Gewichtskraft von 2400 N gehoben werden. Zeichne Kraftpfeile für die wirkenden Kräfte ein. Wähle selbst eine geeignete Länge für die Pfeile.

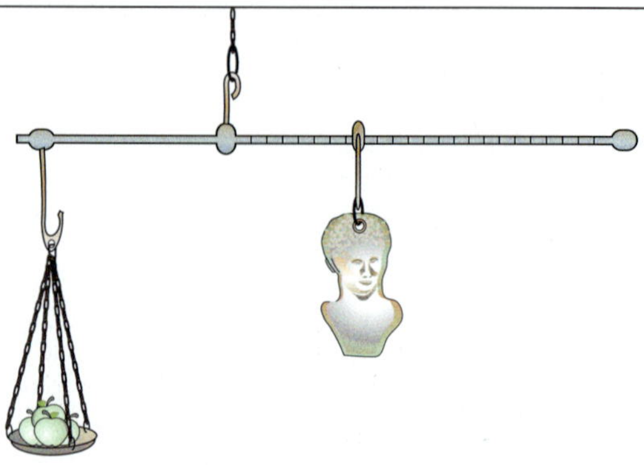

3 Zu Aufgabe 17

17 Das Bild 3 zeigt eine römische Waage. Sie hat einen sehr kurzen Hebelarm, an dem die Last hängt, und einen langen Hebelarm, an dem das Wägestück verschiebbar angebracht ist.
Wie konnte man auf dem Markt damit die Masse der Ware bestimmen?

18 Archimedes soll einmal gesagt haben: „Gib mir einen festen Punkt und ich hebe die Erde aus den Angeln." Was hat er damit gemeint?

19 Ramona ($m = 42$ kg) sitzt auf einer Wippe, 2 m vom Drehpunkt entfernt. Ihr Vater ($m = 84$ kg) kommt dazu.
a) Wo muss sich der Vater hinsetzen, damit die Wippe im Gleichgewicht ist?
b) Kann sich die Wippe so neigen, dass Ramona unten und der Vater oben sitzt? Begründe deine Entscheidung.

20 Wenn eine Schraube zu fest angezogen wurde, benutzt man zum Lösen ein Rohr, welches als Verlängerung über den Schraubenschlüssel gesteckt wird.
a) Welchen Vorteil bringt das?
b) Warum darf man ein solches Rohr nicht zum Festziehen der Schraube verwenden?

4 Zu Aufgabe 25b)

5 Zu Aufgabe 25c)

6 Zu Aufgabe 25e)

21 Ein Container mit einer Masse von 900 kg soll 26 Meter hoch auf ein Schiff gehoben werden.
a) Welche einfachen Maschinen könnten eingesetzt werden?
b) Berechne dafür die notwendigen Zugkräfte.
c) Berechne die jeweils nötige Seillänge, um den Container zu heben.
d) Welche Maschine ist am günstigsten?
e) Es soll ein Flaschenzug mit 12 Rollen eingesetzt werden. Welche Zugkraft muss man aufbringen? Wie viel Meter Seil werden benötigt?

22 Wie lautet die Goldene Regel der Mechanik? Erkläre anhand einer einfachen Maschine.

23 Für Taucher gilt die Regel: „40 Meter sind genug". Warum sollten sie nicht tiefer tauchen?

24 U-Boote können im Wasser genauso wie Fische sinken und steigen. Vergleiche deren „Technik" und finde Gemeinsamkeiten und Unterschiede dabei heraus.

25 In welchem Beispiel wird physikalische Arbeit verrichtet? Begründe deine Antwort und nenne die Form der Arbeit.
a) Ein Sportler zieht einen Expander auseinander.
b) Ein Kran hält eine Last.
c) Eine Rakete wird von der Erde aus in den Weltraum geschossen.
d) Eine Raumstation umkreist die Erde.
e) Peter hält Kisten in den Händen.
f) Ein Motor zieht einen Aufzug in die oberste Etage.
g) Damit sein Bruder nicht herein kann, hält Erkhan die Tür von innen zu.

26 Ein Auto mit einer Masse von 1300 kg wird mit einer Hebebühne 1,5 m angehoben. Welche Hubarbeit wurde verrichtet?

27 Nico und Maria sind 50 m hoch auf einen Aussichtsturm gestiegen. Nico hat eine Hubarbeit von 22,5 kJ verrichtet, Maria dagegen nur 20 kJ. Berechne die Masse der beiden.

28 Wie verändert sich die Arbeit, wenn …
a) … die Kraft und der Weg verdoppelt werden?
b) … die Kraft verdoppelt und der Weg halbiert wird?
c) … die Kraft verdreifacht und der Weg halbiert wird?

29 Ein Spielzeugauto zieht eine Last von 300 g in 2 Sekunden 80 cm hoch (▷ B 7). Berechne die Leistung. Warum wäre die Leistung, die man aus den technischen Daten berechnen könnte, größer?

30 Im Fitness-Studio hebt eine Sportlerin eine Masse von 50 kg um 60 cm nach oben. Dies schafft sie in 15 Sekunden 10-mal. Welche Leistung hat sie erbracht?

31 Nenne verschiedene Geräte, die elektrische Energie in eine andere Energieform umwandeln.

32 Du hast gelernt, dass keine Energie verloren gehen kann. Warum ist es trotzdem dringend notwendig, „Energie einzusparen"? Erkläre diese Aussage an einem Beispiel.

33 Verdeutliche am Beispiel eines startenden Flugzeuges den Zusammenhang zwischen Arbeit und Energie.

34 Warum beträgt der Wirkungsgrad nie 100 %?

7 Zu Aufgabe 29

Körper und Bewegung

Die ersten „Motorkutschen" fuhren mit einer Geschwindigkeit von etwa 20 km/h. Für die Menschen zu Beginn des 20. Jahrhunderts war das bereits ungeheuer schnell.

Heute sind für uns Geschwindigkeiten von 130 km/h selbstverständlich. Doch solche Geschwindigkeiten sind auch mit Gefahren verbunden. Denn beim Beschleunigen und Bremsen eines Fahrzeugs wirken große Kräfte auf die Insassen. Für besonders kritische Situationen sind deshalb Sicherheitssysteme vorhanden, wie z. B. der Airbag. Was sonst noch alles bei der Bewegung von Körpern berücksichtigt werden muss, erfährst du in diesem Kapitel.

Ein Auto benötigt Energie zum Fahren. Woher diese Energie stammt, wie sie umgewandelt und übertragen wird, ist ebenfalls Thema dieses Kapitels.

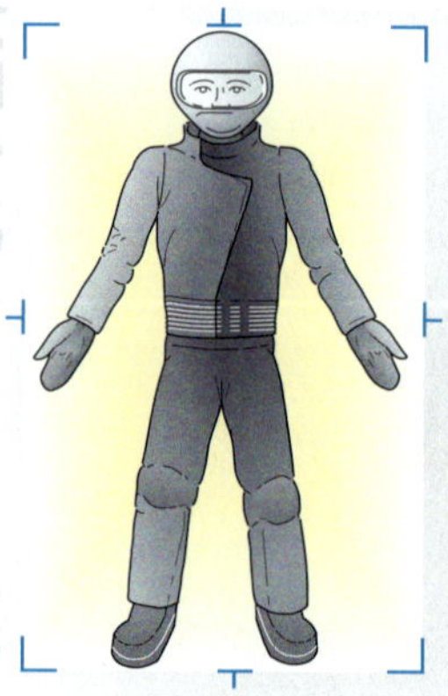

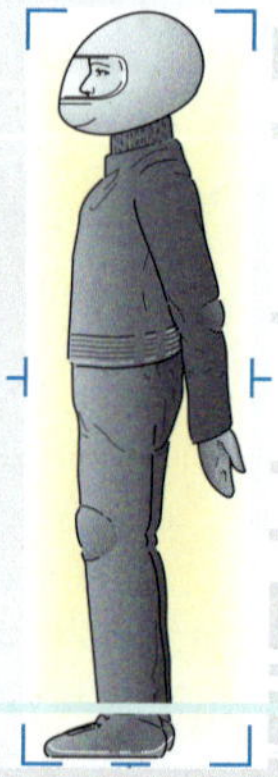

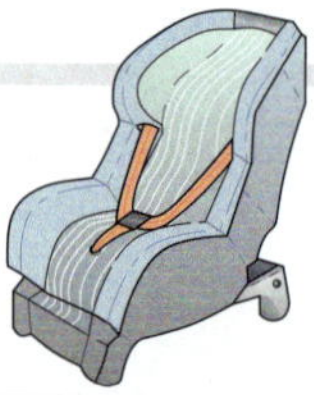

Safety
99 FH 03

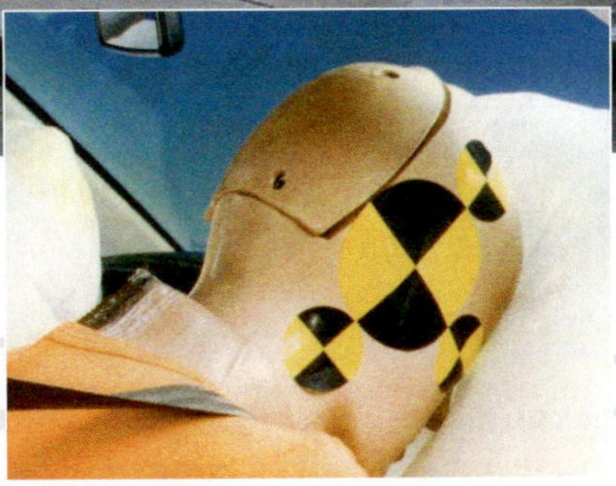

1 Radfahrer an einem autofreien Sonntag

Aufgabe

1 Unterscheide die Bewegungen der Radfahrerinnen und Radfahrer in Bild 1 nach ihrer Richtung. Beschreibe genau, welche Bewegungen ausgeführt werden.

Viele unterschiedliche Bewegungen
Betrachte die Radfahrerinnen und Radfahrer in Bild 1. Die einen fahren langsam, die anderen schnell. Kommen sie an eine Kreuzung, halten sie an. Danach werden sie wieder zügig losfahren.
Manche werden den kürzesten Weg nehmen, um an ihr Ziel zu gelangen, andere radeln auch mal einen Umweg. Aber es wird mit Sicherheit nicht immer nur geradeaus gehen.

Alle diese **Bewegungen** sind sehr unterschiedlich. Trotzdem reicht zu ihrer Beschreibung die Angabe von Fahrtrichtung und Geschwindigkeit.
In der Physik macht man sich diese Erkenntnis zunutze:

Die Bewegung eines Körpers wird durch die Angabe von Richtung und Geschwindigkeit beschrieben.

Die Richtung einer Bewegung
In welche Richtungen können die Radfahrerinnen und Radfahrer fahren? Es gibt gerade Strecken, Rechts- und Linkskurven, den Kreisverkehr usw.
Ändert eine Radfahrerin oder ein Radfahrer die Fahrtrichtung nicht, geht es immer geradeaus. In der Physik wird das als eine **geradlinige Bewegung** bezeichnet.

Bei einer geradlinigen Bewegung behält ein Körper die Richtung seiner Bewegung bei.

Radfahrerinnen oder Radfahrer, die sich im Kreisverkehr oder in einer Kurve befinden, ändern ihre Fahrtrichtung. Die zugehörige Bewegung wird Kurvenfahrt genannt. Wenn aus einer Kurvenfahrt eine Fahrt im Kreis wird, bezeichnet man die Bewegung als **Kreisbewegung**.

Ändert ein Körper die Richtung seiner Bewegung, so bewegt er sich entlang einer Kurve. Eine Bewegung im Kreis nennt man Kreisbewegung.

Die Geschwindigkeit einer Bewegung
Ein Bus im Stadtverkehr muss seine Geschwindigkeit ständig ändern. Schaltet die Ampel auf Grün, muss der Bus anfahren (▷ B 2, oben), d. h., er wird immer schneller. Der Bus führt eine **beschleunigte Bewegung** aus. Anschließend fährt er mit gleich bleibender Geschwindigkeit weiter (▷ B 2, Mitte).

2 Im Straßenverkehr muss immer wieder die Geschwindigkeit geändert werden.

In diesem Fall liegt eine **gleichförmige Bewegung** vor.

An der nächsten Haltestelle muss der Bus abbremsen (▷ B 2, unten). Er wird langsamer. Die Geschwindigkeit des Busses nimmt ab, bis er zum Stillstand kommt. Solche Bremsvorgänge bezeichnet man in der Physik als **verzögerte Bewegung**.

▶ Bei einer gleichförmigen Bewegung hat ein Körper immer die gleiche Geschwindigkeit.

▶ Wird ein Körper immer schneller, führt er eine beschleunigte Bewegung aus. Wird er immer langsamer, handelt es sich um eine verzögerte Bewegung.

Auf dem Nürburgring

Der Nürburgring ist eine Rennstrecke mit vielen Kurven und Engstellen. Die Piloten sind ständig gezwungen ihre Fahrweise zu ändern. Am Start kann man eine geradlinige, beschleunigte Bewegung der Formel-1-Rennwagen beobachten.

Vor der ersten Kurve müssen die Fahrer bremsen. Die Formel-1-Rennwagen führen eine verzögerte Bewegung aus. Danach wird die Richtung der Bewegung verändert – es folgt eine Kurvenfahrt. Nach der ersten Kurve kommt eine lange Gerade, auf der die Fahrer ihre Wagen wieder beschleunigen können. Sie erreichen auf diesem Streckenabschnitt Geschwindigkeiten von bis zu 260 km/h! Um sicher und gefahrlos durch die anschließende Kurve zu kommen, müssen die Formel-1-Rennwagen stark abgebremst werden. Sie führen also wieder eine verzögerte Bewegung aus. Eine gleichförmige Bewegung ist auf dem Nürburgring nur kurzzeitig auf längeren geraden Streckenabschnitten möglich.
Die Fahrt des Rennwagens auf der Rennstrecke setzt sich also aus verschiedenen Bewegungen zusammen.

1 Eine Sprinterin am Start

2 Carolin läuft, so schnell es geht.

Wer ist schneller?
Toni und Robert kommen nach Hause. Toni prahlt: „Stell dir vor, ich bin heute im Sportunterricht beim Sprint nur 8,2 Sekunden gelaufen! Hab ich mich angestrengt, um das zu schaffen. Und du langsame Schnecke brauchst ganze 11,2 Sekunden!"
Robert kann es nicht fassen, sein kleiner Bruder gibt ganz schön an. Er rechtfertigt sich: „Dafür bin ich immerhin 75 Meter gelaufen und du nur 50 Meter. Du holst mich noch lange nicht ein, kleines Brüderchen!"
Welcher der beiden ist wirklich schneller?

Die Geschwindigkeit
Um eine Aussage darüber zu machen, wie schnell ein Körper ist, gibt man seine Geschwindigkeit an. Wie die Größe Geschwindigkeit berechnet wird und wie damit die Frage beantwortet werden kann, ob Toni oder Robert schneller gelaufen ist, das erfährst du im Folgenden.

Ein 50-Meter-Lauf
So wie Toni wollen auch wir einen 50-Meter-Lauf durchführen. Dazu messen wir fünf Mal 10 Meter ab.
An der Strecke stellt sich alle 10 Meter eine Schülerin oder ein Schüler auf, um die Zeit zu messen.
Carolin ist Sportlerin und läuft unsere „50-Meter-Teststrecke" (▷B 2).
Folgende Messwerte ergeben sich:

Messpunkt	*s* in m	*t* in s
1	10	2,0
2	20	3,8
3	30	5,7
4	40	7,2
5	50	9,3

Die Auswertung der Messwerte
Sieh dir die Ergebnisse einmal genauer an. Je länger der Weg ist, den Carolin zurücklegt, desto mehr Zeit braucht sie dafür. Die ersten 10 Meter läuft sie in 2,0 Sekunden. Für 20 Meter, also die doppelte Strecke, werden 3,8 Sekunden gemessen. Das ist auch fast das Doppelte von 2,0 Sekunden. Für 30 Meter, die dreifache Strecke, benötigt Carolin 5,7 Sekunden. Das ist ungefähr die dreifache Zeit wie für die ersten 10 Meter. Es besteht also ein enger Zusammenhang zwischen Weg und Zeit.

Wer war schneller, Toni oder Carolin?
Da beide eine gleich lange Strecke gelaufen sind, ist der Vergleich einfach. Toni lief die 50 Meter in 8,2 Sekunden, Carolin brauchte für dieselbe Strecke 9,3 Sekunden. Toni ist schneller. Er ist also mit der größeren Geschwindigkeit gelaufen.

Wer war schneller, Toni oder Robert?
Toni und Robert sind unterschiedlich lange Strecken gelaufen. Deshalb ist der Vergleich hier nicht so einfach.
Du kannst aber nachrechnen, wie weit die beiden in jeweils einer Sekunde gelaufen sind.
Toni lief in 8,2 Sekunden 50 Meter. Also schaffte er in einer Sekunde etwa den achten Teil der Strecke. Du rechnest: $50:8{,}2 \approx 6$. Toni lief also ca. 6 Meter in einer Sekunde.
Robert lief in 11,2 Sekunden 75 Meter. Er legte in einer Sekunde etwa den elften Teil seiner Strecke zurück. Du rechnest: $75:11{,}2 \approx 7$. Robert lief also ca. 7 Meter in einer Sekunde.

Vergleichst du die Strecken, die jeder in einer Sekunde gelaufen ist, kannst du unsere Frage beantworten: Robert ist schneller gelaufen als Toni.

Die Berechnung der Geschwindigkeit
Du hast in unserem Beispiel eine Möglichkeit gefunden, auch bei verschieden langen Wegen abzuschätzen, wer die größere Geschwindigkeit erreicht hat.

Das Vorgehen aus unserem Beispiel lässt sich verallgemeinern. Um die Geschwindigkeit von bewegten Körpern zu vergleichen, betrachtet man immer den Weg, den ein Körper in einer Sekunde zurückgelegt hat.

Da bei einer gleichförmigen Bewegung die Geschwindigkeit des Körpers immer gleich ist, gilt: Je länger der Weg, den ein Körper in einer Sekunde zurücklegt, desto größer ist seine Geschwindigkeit.

Willst du die Geschwindigkeit genau berechnen, musst du den jeweils zurückgelegten Weg durch die dafür benötigte Zeit dividieren.

Bei einer gleichförmigen Bewegung ist die Geschwindigkeit der Quotient aus dem zurückgelegten Weg und der dafür benötigten Zeit.

Du kannst diese Aussage auch durch eine Formel beschreiben:

$$\text{Geschwindigkeit} = \frac{\text{Weg}}{\text{Zeit}}$$

$$v = \frac{s}{t}$$

Die Einheit der Geschwindigkeit
Du weißt nun, dass die Geschwindigkeit der Quotient aus Weg und Zeit ist. Die physikalische Größe Geschwindigkeit benötigt noch eine Einheit.
Entsprechend der Berechnung der Geschwindigkeit erhältst du die zugehörige Einheit als Quotient aus den Einheiten von Weg und Zeit:

$1\,\frac{\text{m}}{\text{s}}$ (lies: ein Meter pro Sekunde)

Häufig verwendet wird auch die Einheit

$1\,\frac{\text{km}}{\text{h}}$ (lies: ein Kilometer pro Stunde)

Du kannst diese Einheiten leicht ineinander umrechnen:

$$1\,\frac{\text{m}}{\text{s}} = \frac{3\,600\,\text{m}}{3\,600\,\text{s}} = \frac{3{,}6\,\text{km}}{1\,\text{h}} = 3{,}6\,\frac{\text{km}}{\text{h}}$$

und

$$1\,\frac{\text{km}}{\text{h}} = \frac{1\,000\,\text{m}}{3\,600\,\text{s}} = \frac{1\,\text{m}}{3{,}6\,\text{s}} = \frac{1}{3{,}6}\,\frac{\text{m}}{\text{s}}$$

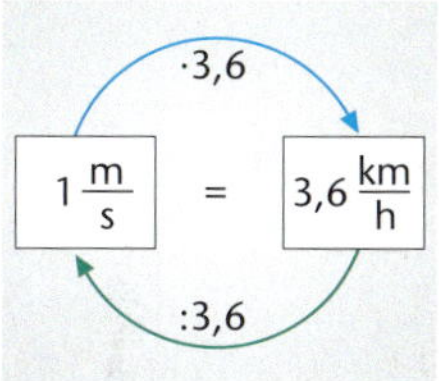

Bei den Olympischen Sommerspielen 2000 in Sidney fuhr der deutsche Radsportler Robert Bartko eine Strecke von 4000 Metern in 4 Minuten und 18 Sekunden.
Berechne seine Geschwindigkeit.

Gegeben: $s = 4000\,\text{m}$
$t = 4\,\text{min}\;18\,\text{s} = 258\,\text{s}$

Gesucht: v

Lösung: $v = \frac{s}{t}$

$v = \frac{4000\,\text{m}}{258\,\text{s}}$

$v \approx 15{,}5\,\frac{\text{m}}{\text{s}}$

Antwort:
Der Radsportler erreichte bei diesem Wettkampf eine Geschwindigkeit von 15,5 m/s bzw. 55,8 km/h.

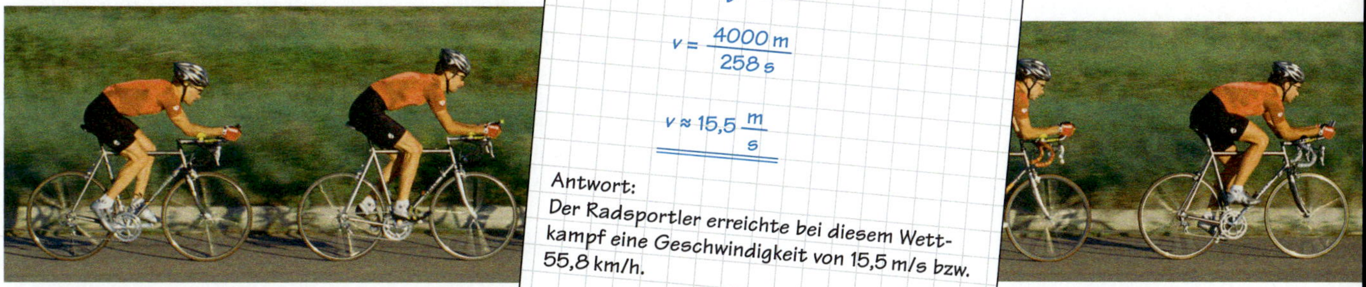

Aufgaben

1 Ein Motorrad durchfährt eine Teststrecke von 700 Metern in einer Zeit von 28 Sekunden. Berechne seine Geschwindigkeit.

2 Brieftauben können erstaunliche Geschwindigkeiten erreichen. Messungen zeigten, dass einzelne Tiere eine Strecke von 11 Kilometern in 500 Sekunden geflogen sind. Berechne die Geschwindigkeit der Tauben.

3 Kira setzt ein Papierschiffchen in das strömende Wasser eines Bachs. Das Schiffchen benötigt 1 Minute und 23 Sekunden für eine nahezu gerade Strecke von 150 Metern. Welche Fließgeschwindigkeit hat der Bach?

Hilfen beim Lösen physikalischer Aufgaben

Im Physik-Unterricht wirst du auf physikalische Aufgaben treffen, die du mithilfe einer Formel lösen musst. Manchmal sind die Aufgaben aber so gestellt, dass sich die zugehörige Formel nicht direkt anwenden lässt. Die folgenden Seiten zeigen dir, wie du dann vorgehen kannst.

Endlich Ferien!
Am ersten Ferientag, morgens um 6 Uhr, startet Familie Klingen aus Duisburg in den Urlaub. Ihr Ziel ist der Wörthersee in Kärnten (Österreich).

Mit welcher Durchschnittsgeschwindigkeit wurden die 424 km zwischen Duisburg und Stuttgart zurückgelegt?

Gegeben: $s = 424\,\text{km}$
$t = 4\,\text{h}$

Gesucht: v

Lösung: $v = \frac{s}{t}$

$v = \frac{424\,\text{km}}{4\,\text{h}}$

$v \approx 106\,\frac{\text{km}}{\text{h}}$

Die Durchschnittsgeschwindigkeit betrug 106 km/h.

Vater, Mutter und die beiden Kinder Christa und Michael fahren zunächst nur bis Stuttgart, wo die Großeltern wohnen.
Für die 424 km von Duisburg bis Stuttgart braucht Familie Klingen 4 Stunden.

Michael hat gerade in der Schule gelernt, wie man die Geschwindigkeit berechnet:

$$v = \frac{s}{t}$$

Er kann seinem Opa also erzählen: „Wir sind durchschnittlich 106 km/h schnell gefahren."

Ein Problem – mehrere Lösungswege
Am nächsten Tag fährt Familie Klingen von Stuttgart aus weiter nach Kärnten. Sie erreicht ihren Urlaubsort nach 7 Stunden. Michael erzählt seinem österreichischen Freund Toni: „Unterwegs gab es mehrere Staus, sodass wir durchschnittlich nur mit 98 km/h fahren konnten." Toni will nun berechnen, wie weit die Familie Klingen gefahren ist.

Auch Toni kennt aus der Schule die Formel zur Berechnung der Geschwindigkeit. Er kann sie aber nicht benutzen, denn die Geschwindigkeit ist bereits bekannt: $v = 98\,\text{km/h}$.
Gesucht ist aber die Länge der gefahrenen Strecke s. Wie kann Toni diese Aufgabe lösen? Du lernst jetzt einige Verfahren kennen, die du immer wieder zum Lösen ähnlicher Aufgaben benutzen kannst.

A. Die Tabelle
Die Fahrzeit beträgt 7 Stunden. Die Durchschnittsgeschwindigkeit betrug 98 km/h, d. h. pro Stunde hat das Auto eine Strecke von 98 km zurückgelegt. Das führt zu folgender Tabelle:

Fahrzeit	zurückgelegte Strecke
1 h	98 km
2 h	196 km
3 h	294 km
4 h	392 km
5 h	490 km
6 h	588 km
7 h	686 km

Lösung: Familie Klingen ist an diesem Tag eine Strecke von 686 km gefahren.

Du kannst dir sicher vorstellen, dass dieses Verfahren bei großen Zahlen umständlich ist, die Tabelle wird dann sehr lang. Die nächste Lösung kürzt den Weg ab.

B. Zweisatz / Dreisatz
Die Durchschnittsgeschwindigkeit beträgt 98 km/h. Das bedeutet, dass das Fahrzeug in einer Stunde eine Strecke von 98 km zurückgelegt hat.
In 7 Stunden fährt es demnach 7-mal so weit:

98 km x 7 = 686 km

Auch auf diesem Weg kommt man also zum richtigen Ergebnis: Die gefahrene Strecke ist 686 km lang.

C. Das Rechendreieck
Im Physik-Unterricht gibt es zum Lösen solcher Aufgaben ein sehr schönes Hilfsmittel, das Rechendreieck. Du schreibst dazu die bekannte Formel für die Geschwindigkeit in ein geteiltes Dreieck.

Übertrage in das Dreieck zuerst die rechte Seite der Formel (s/t). Der Trennstrich im Dreieck entspricht dabei dem Bruchstrich. Trage nun die Größe auf der linken Seite (v) in das verbleibende Feld ein.

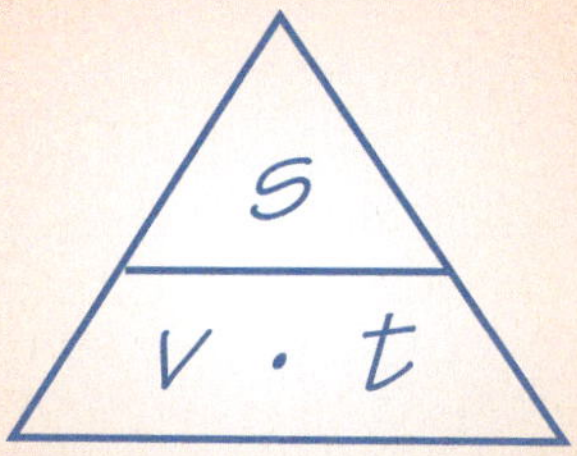

Im nächsten Schritt überlegst du dir, welche der drei Größen aus dem Dreieck gesucht ist. In unserem Beispiel ist es die Strecke s. Halte die gesuchte Größe im Dreieck zu.

Nun bleibt sichtbar, wie du rechnen musst:

$s = v \cdot t$
$s = 98\,km/h \cdot 7\,h$
$s = 686\,km$

Die zurückgelegte Strecke ist 686 km lang.
Mit dem Rechendreieck kannst du nicht nur s berechnen, sondern selbstverständlich auch t und v.

Beispiel-Aufgabe
Auf der Rückreise der Familie Klingen gibt es keine Staus. Deshalb liegt die Durchschnittsgeschwindigkeit bei 115 km/h.
Da der Umweg über Stuttgart entfällt, ist die Fahrstrecke nur 1035 km lang.

Wie lange hat die Familie Klingen für die Rückfahrt gebraucht?

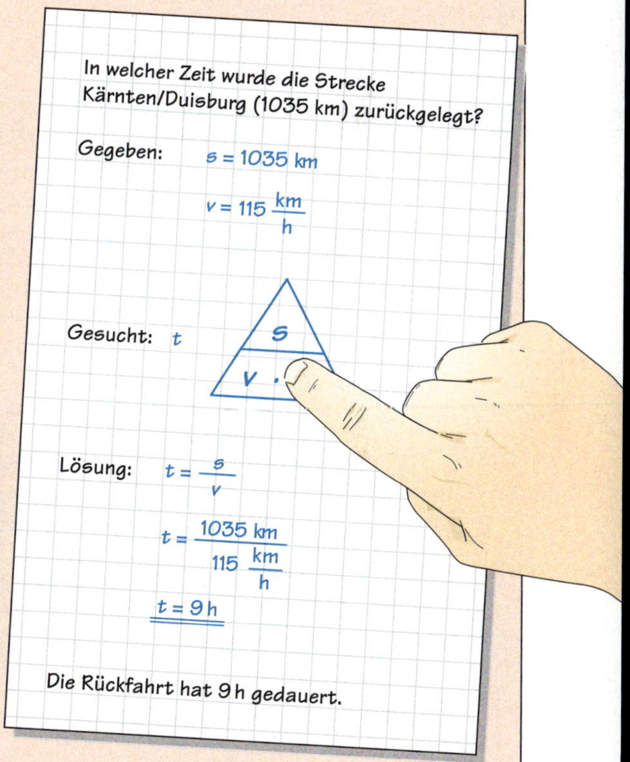

Brennpunkt

Geschwindigkeiten in Natur und Technik

1 Gepard und Gazelle

	Zeit	Geschwindigkeit
Marathon (Männer)		
1900 (40,260 km)	2:59:45 h	13,3 km/h
2000 (42,195 km)	2:10:11 h	19,4 km/h
800-m-Lauf (Frauen)		
1928	2:16,80 min	20,9 km/h
2000	1:56,15 min	24,8 km/h
3 000-m-Eisschnelllauf (Frauen) 2001	4:03,87 min	44,3 km/h
Ski-Abfahrtslauf (Männer) 1994	1:45,75 min	102,2 km/h

2 Sportliche Spitzenleistungen

Räuber und Beute

In der Tierwelt hängt das Überleben oft von der Schnelligkeit des einzelnen Tiers ab. Geparden müssen schnell sein, um erfolgreich jagen zu können (▷B 1). Aber Gazellen sind für Geparden nur schwer erreichbar, weil sie fast ebenso schnell und zudem sehr wendig sind.
Für Zugvögel ist es wichtig, in einer möglichst kurzen Zeit aus ihren Winterquartieren in Afrika ins Brutgebiet zu fliegen. Meistens sieht man einem Tier schon am Körperbau an, ob es schnell laufen, fliegen oder schwimmen kann. Es gibt Tiere, die ganz unglaubliche Geschwindigkeiten erreichen können. Ein Laufkäfer legt in einer Sekunde 20 Zentimeter zurück, das ist das Zwanzigfache seiner eigenen Körperlänge.

Schneller, höher, weiter

Bei vielen Sportarten geht es darum, wer der oder die Schnellste ist (▷B 2). Der Amerikaner Thomas Burke siegte im Jahr 1896 bei den ersten Olympischen Spielen der Neuzeit im 100-Meter-Lauf mit einer Zeit von 12,0 Sekunden. In Sydney im Jahr 2000 gewann Maurice Greene (USA) mit nur 9,87 Sekunden. Das entspricht einer Geschwindigkeit von etwa 36 km/h. Das sind 6 km/h mehr als vor 100 Jahren. Besonders hohe Geschwindigkeiten erreichen Wintersportler, beim Bobfahren liegt sie inzwischen bei ca. 140 km/h.

Wie schnell ist ein Regentropfen?

Bei Sprühregen bemerkst du nur ganz feine Wassertröpfchen, beim sommerlichen Landregen sind die Tropfen schon größer und auch schneller. Am schnellsten sind die Regentropfen bei Platzregen.

Sprühregen	ca. 0,5 m/s
Landregen	ca. 2 – 3 m/s
Platzregen	ca. 6 – 7 m/s

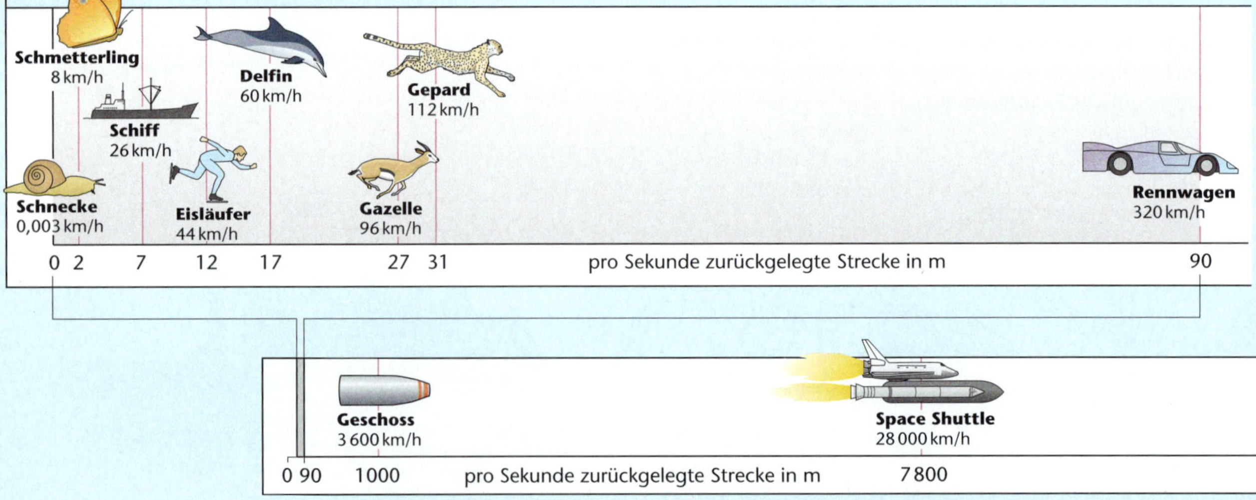

3 Welche Strecke wird in einer Sekunde bzw. Stunde zurückgelegt?

Windstärke	Windgeschwindigkeit	Bezeichnung
2	6 – 11 $\frac{km}{h}$	leichte Brise 
4	20 – 28 $\frac{km}{h}$	mäßiger Wind 
6	39 – 49 $\frac{km}{h}$	starker Wind 
8	62 – 74 $\frac{km}{h}$	stürmischer Wind 
10	89 – 102 $\frac{km}{h}$	schwerer Sturm 
12	über 118 $\frac{km}{h}$	Orkan 

4 Beaufort-Skala

Windstärken

Um Wind genau zu beschreiben, müssen seine Richtung und seine Stärke angegeben werden. Der britische Admiral SIR FRANCIS BEAUFORT (1774–1857) hat sich dazu 1805 eine Skala ausgedacht (▷ B 4). Dabei bedeutet die Stärke 0 absolute Windstille. Die höchste Stärke legte BEAUFORT mit 12 fest. Das ist dann schon ein Orkan.

„Und sie bewegt sich doch!"

Dieser Ausspruch soll von GALILEO GALILEI stammen. Unsere Erde bewegt sich tatsächlich immer. Sie dreht sich um sich selbst und um die Sonne. Mit einer Geschwindigkeit von etwa 108 000 km/h (▷ B 3) schafft sie es, sich auf ihrer Bahn in 365,25 Tagen um die Sonne zu bewegen. Fliegt ein Raumschiff um die Erde, bewegt es sich in einer Sekunde 8 km weit. Die bis jetzt größte bekannte Geschwindigkeit hat das Licht mit 300 000 km/s. Auch die Funksignale von den Nachrichtensatelliten haben Lichtgeschwindigkeit.

Geschwindigkeit in Knoten

Die Seefahrer benutzten früher ein Log (▷ B 5) – ein Brett, das an einer langen Leine hing. Die Leine war in regelmäßigen Abständen mit Knoten versehen. Wurde das Log über Bord des fahrenden Schiffes geworfen, blieb das Brett auf dem Wasser zurück und der Messende zählte nun die Knoten, die in einer bestimmten Zeit durch seine Hand liefen.

Auch heute noch wird die Geschwindigkeit von Schiffen in Knoten angegeben:

1 Knoten = 1 Seemeile pro Stunde
1 Seemeile (1 sm) = 1 852 Meter

Ein Fang- und Verarbeitungsschiff der Hochseefischer erreicht etwa 14 Knoten.

14 sm/h = 14 · 1 852 m/h = 25 928 m/h

Das sind 25,9 km/h.

5 Seefahrer mit Log

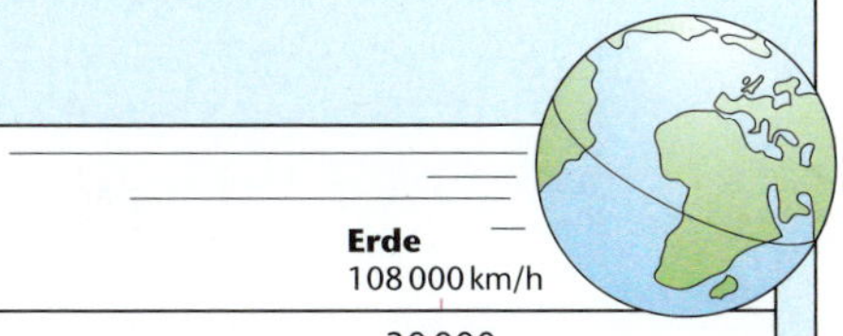

1 Gleichförmige Bewegung

2 Beschleunigte Bewegung

4 Verzögerte Bewegung

Das Zeit-Weg-Diagramm

Die Bewegung eines Körpers lässt sich auch zeichnerisch darstellen. Dazu trägt man die aufgenommenen Messwerte in ein Zeit-Weg-Diagramm ein.
Auf der waagerechten Achse des Diagramms wird die Zeit abgetragen, auf der senkrechten Achse trägt man den Weg ab. Nun werden die Punkte miteinander verbunden. Zeichnest du das Zeit-Weg-Diagramm einer gleichförmigen Bewegung, so erhältst du eine ansteigende Gerade (▷B3).

Bestimmung der Geschwindigkeit aus dem Diagramm

Das Motorrad hat eine größere Geschwindigkeit als der PKW. Die Gerade im Diagramm verläuft deshalb steiler. Mithilfe des Diagramms kannst du nun die Geschwindigkeit z. B. des Motorrads bestimmen. Suche dir dazu aus dem Diagramm einen Zeitpunkt heraus und lies den zurückgelegten Weg ab. Zur Zeit $t = 5{,}3$ Sekunden hat das Motorrad beispielsweise 100 Meter zurückgelegt. Aus den beiden Werten kannst du nun die Geschwindigkeit wie in Bild 5 gezeigt berechnen.

Momentan- und Durchschnittsgeschwindigkeit

Beim Autofahren ist es besonders wichtig, immer zu wissen wie schnell man ist. Der Tachometer gibt die **Momentangeschwindigkeit** des Fahrzeugs an, also die Geschwindigkeit, die es in einem bestimmten Moment hat.
Ein Fahrzeug fährt selbst auf der Autobahn nicht immer gleich schnell. Mal muss es z. B. wegen eines LKW bremsen, dann beschleunigt es wieder. Für eine solche zusammengesetzte Bewegung lässt sich nur eine durchschnittliche Geschwindigkeit berechnen. Sie ist gleich dem Quotienten des gesamten zurückgelegten Weges und der dafür benötigten Zeit. Man bezeichnet sie als **Durchschnittsgeschwindigkeit**. Mit dem Rechenbeispiel in Bild 5 bestimmst du ebenfalls die Durchschnittsgeschwindigkeit des Motorrads.

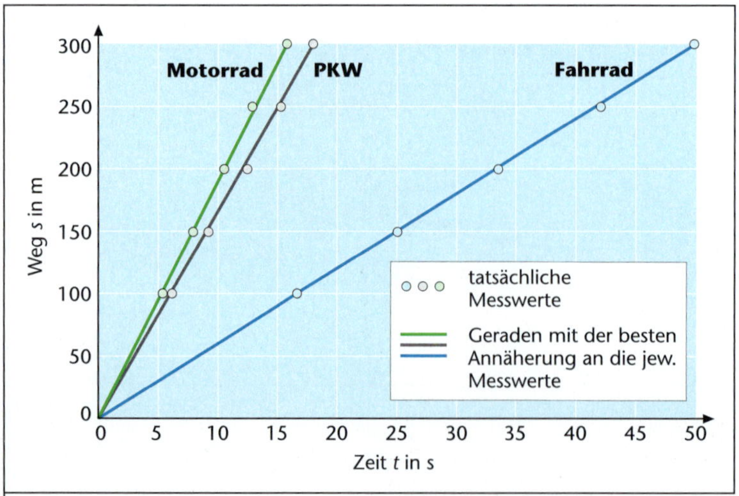

3 Zeit-Weg-Diagramm für eine gleichförmige Bewegung

Berechne die Durchschnittsgeschwindigkeit des Motorrads.

Gegeben: $s = 100\,m$
$t = 5{,}3\,s$

Gesucht: v

Lösung: $v = \frac{s}{t}$

$v = \frac{100\,m}{5{,}3\,s}$

$v \approx 18{,}9\,\frac{m}{s}$

Das Motorrad hat eine Durchschnittsgeschwindigkeit von 18,9 m/s bzw. 68,0 km/h.

5 Berechnung der Durchschnittsgeschwindigkeit

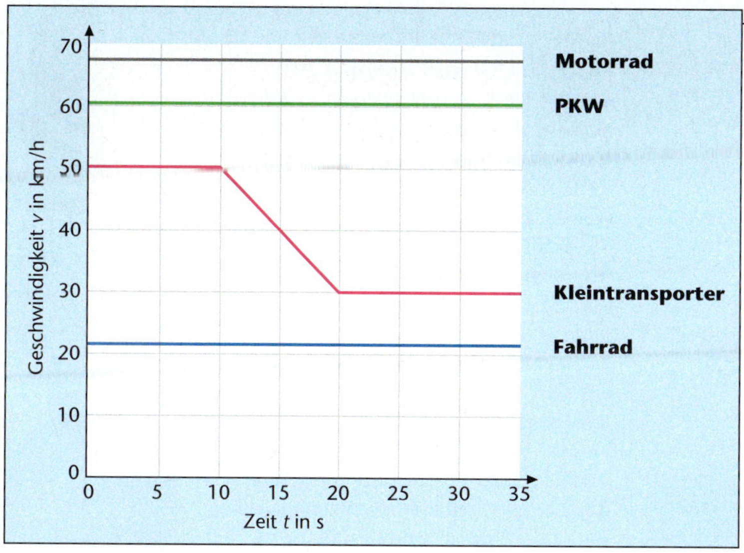

5 Zeit-Geschwindigkeit-Diagramm

6 Bremsender Kleintransporter

Zeit und Geschwindigkeit im Diagramm

So wie man den Zusammenhang von Weg und Zeit in einem Diagramm darstellen kann, ist es auch möglich, den Zusammenhang von Geschwindigkeit und Zeit darzustellen. Dann spricht man von einem Zeit-Geschwindigkeit-Diagramm (*t*-*v*-Diagramm). Auf der senkrechten Achse wird die Geschwindigkeit abgetragen (▷B5). Bei der gleichförmigen Bewegung ist die Geschwindigkeit immer gleich. Es entsteht im Diagramm also eine Gerade, die waagerecht verläuft.

Wenn sich die Geschwindigkeit ändert, spricht man von einer ungleichförmigen Bewegung. Das ist im Diagramm am Beispiel eines Kleintransporters dargestellt (▷B5). Er hat am Anfang eine konstante Geschwindigkeit. Nach 10 Sekunden beginnt der Bremsvorgang (▷B5). 5 Sekunden später hat der Kleintransporter nur noch eine Geschwindigkeit von 40 km/h. Nach weiteren 5 Sekunden hat das Fahrzeug eine Geschwindigkeit von 30 km/h. Jetzt endet der Bremsvorgang und das Fahrzeug fährt gleichförmig mit einer Geschwindigkeit von 30 km/h weiter.

▶ Das Zeit-Weg-Diagramm stellt den Zusammenhang zwischen den Größen Zeit und Weg dar.

▶ Das Zeit-Geschwindigkeit-Diagramm stellt den Zusammenhang zwischen den Größen Zeit und Geschwindigkeit dar.

Aufgaben

1 Der schnellste Orca-Wal wurde 1958 im östlichen Pazifik beobachtet. Er legte eine Strecke von 350 Metern in 22,7 s zurück. Berechne seine Geschwindigkeit und gib sie in zwei verschiedenen Einheiten an.

2 Der Geschwindigkeitsrekord bei Pferderennen liegt bei 69,62 km/h und wurde 1945 von dem Pferd „Big Racket" in Mexico City gelaufen.
a) Welche Strecke legte dieses Pferd in den gemessenen 20,8 s zurück?
b) Wie könnte das Zeit-Geschwindigkeit-Diagramm für ein Pferd bei einem Rennen aussehen?

3 Bei einem Langstreckenläufer wurden Zeit und Weg gemessen. Zeichne zu den Messwerten in der Tabelle (▷B7) das Zeit-Weg-Diagramm.

4 Im Bild 8 ist siehst du das *t*-*v*-Diagramm für einen ICE. Beschreibe den Bewegungsablauf mit eigenen Worten.

t in s	*s* in m
30	135
60	270
90	400
120	540
150	670

7 Zu Aufgabe 3

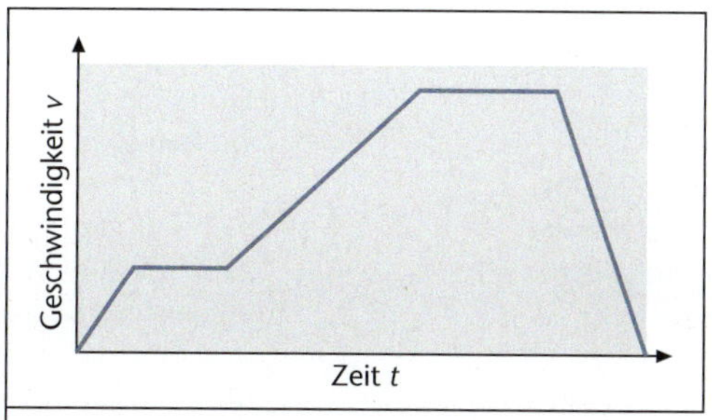

8 Zeit-Geschwindigkeit-Diagramm für einen ICE

Alles in Bewegung

Ein Zylinder und knapp 1 PS
Mit der Patentschrift Nr. 37435 ließ sich KARL BENZ ein „Fahrzeug mit Gasmotorenbetrieb" schützen. Am 3. Juli 1886 fuhr er mit seinem Patent-Motorwagen durch Mannheim.
1909 stellte der Amerikaner HENRY FORD bereits die ersten „Fließband-Autos" her. Den ersten deutschen „Volkswagen" konstruierte FERDINAND PORSCHE im Jahr 1934.

- Wie entwickelte sich die Technik weiter? Wählt eine Automarke aus und verfolgt deren Geschichte. Präsentiert das Ergebnis eurer Nachforschungen mithilfe eines Zeitstrahls, den ihr z.B. auf eine Tapetenrolle malt.

- Welche Geschwindigkeiten erreichte man damals, welche heute?

Vom „Gehen, Laufen, Flattern ..."
Es gibt viele Möglichkeiten, sich fortzubewegen: Man kann gehen, gleiten, rennen, humpeln... Wer findet die meisten Fortbewegungsarten heraus?

Schnelle Roller
Selbst Anfänger können mit Inline-Skates leicht eine Geschwindigkeit von 20 km/h erreichen. Daher ist es sehr wichtig, die Fahrtechniken sicher zu beherrschen. Vor allem das richtige Abbremsen verringert den Anhalteweg und vermindert das Verletzungsrisiko deutlich.

- Sind Skater schneller als Radfahrer? Begründet eure Überlegungen.

- Welche Fahrtechniken gibt es, und welche Sicherheitsmaßnahmen sind nötig, um Verletzungen zu vermeiden?

- In eurer Umgebung gibt es bestimmt einen Verein, in dem man Inline-Skating trainieren kann. Informiert euch und erstellt ein Plakat mit allem Wissenswerten zu dieser Sportart.

Bei Experten nachgefragt
Viele Autofahrer ärgern sich über die Geschwindigkeitskontrollen der Polizei. Doch Ärger und Missverständnisse lassen sich vermeiden, wenn man sich informiert. Du hast sicher eine Menge Fragen zum Thema „Geschwindigkeiten im Straßenverkehr".

- Organisiert ein Expertengespräch. Ladet einen Polizeibeamten dazu ein und befragt ihn.

- Findet heraus, warum Geschwindigkeitskontrollen nötig sind. Wo werden sie meistens durchgeführt?

- Informiert euch darüber, wie ein „Blitzer" funktioniert.

Bahn oder Auto?

Es gibt überzeugte Autofahrer, aber auch Menschen, die lieber mit der Bahn fahren.

- Was ist besser? Bildet zwei Gruppen und sucht für jedes Transportmittel jeweils Vor- und Nachteile. Führt eine Pro-Contra-Debatte über diese Frage!

Die schlaue Scheibe

LKW und Busse sind mit Fahrtenschreibern ausgerüstet. Weißt du warum?

- Notiere alle Informationen, die du auf dieser Scheibe ablesen kannst.

- Wäre es auch sinnvoll, jeden PKW mit einem Fahrtenschreiber auszurüsten? Was meinst du?

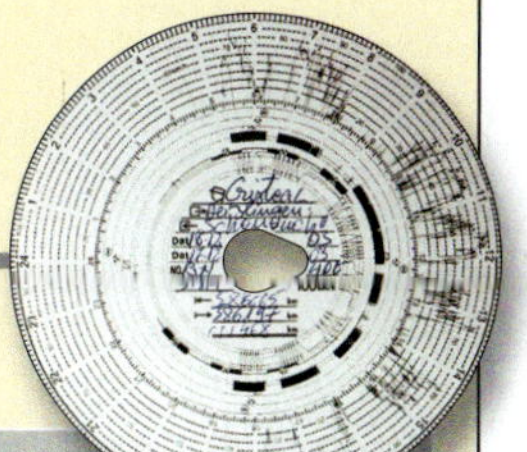

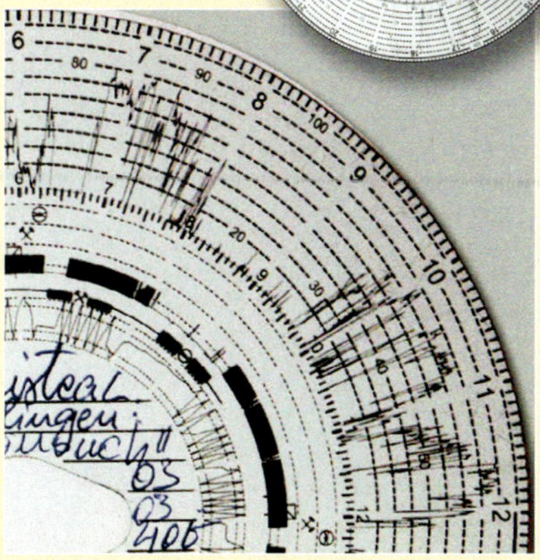

Käfer, Ente, Draht-Esel & Co.

Ob beim Einkauf, im Urlaub oder in der Freizeit – einen Alltag ohne Auto oder Fahrrad können wir uns kaum noch vorstellen. Stell dir vor, du müsstest alles zu Fuß erledigen.

- Heute gibt es viele Verkehrsmittel, an Land, auf dem Wasser oder auch in der Luft. Erstellt mithilfe der Mind-Mapping-Technik eine Übersicht über alle Verkehrsmittel und deren Geschwindigkeiten.

Ein lustiges Rennen

Es gilt, eine Strecke von 10 Metern auf alle möglichen Arten zu überwinden. Man könnte z. B. auf einem Bein hüpfen oder auf einem Skateboard sitzend rollen. Ihr habt bestimmt noch viele weitere Ideen.

- Berechnet für jeden Teilnehmer bzw. jedes Paar die durchschnittliche Geschwindigkeit.

Beschleunigung bei Fahrzeugen

In Autotests und Autoprospekten findest du manchmal die Angabe: „Von null auf hundert in 10 Sekunden". Das heißt, der Wagen beschleunigt aus dem Stand in 10 Sekunden auf eine Geschwindigkeit von 100 km/h.

Wird das Fahrzeug dabei gleichmäßig beschleunigt, nimmt die Geschwindigkeit in jeder Sekunde um 10 km/h zu. Der Wagen hat also nach 1 Sekunde eine Geschwindigkeit von 10 km/h erreicht, nach 2 Sekunden 20 km/h usw.

▶ Bei einer beschleunigten Bewegung ändert sich die Momentangeschwindigkeit.

Für die gleichmäßig beschleunigte Bewegung aus dem Stand gilt:

▶ Beschleunigung

$$= \frac{\text{Momentangeschwindigkeit}}{\text{Beschleunigungszeit}}$$

$$a = \frac{v}{t}$$

Die Einheit der Beschleunigung ist m/s^2 (lies: Meter pro Sekunde im Quadrat).

Das Rechenbeispiel in Bild 2 verdeutlicht die Zusammenhänge nochmals.

1 Beschleunigende Rennwagen

Nach 2 Sekunden beträgt die Geschwindigkeit $4\frac{m}{s}$. Wie groß ist die Beschleunigung?

Gegeben: $v = 4\frac{m}{s}$, $t = 2s$ Gesucht: a

Lösung: $a = \frac{v}{t}$

$a = \frac{4\frac{m}{s}}{2s}$

$a \quad 2\frac{m}{s^2}$

Die Beschleunigung beträgt $2 m/s^2$.

2 Berechnung der Beschleunigung

Bei einer Beschleunigung von $a = 2 m/s^2$ aus dem Stillstand ergibt sich nach 5 Sekunden eine Endgeschwindigkeit von:

$$v = 2\frac{m}{s^2} \cdot 5\,s$$

$$v = 10\frac{m}{s}.$$

Das Zeit-Geschwindigkeit-Diagramm

Die Momentangeschwindigkeit kannst du mit der Formel $v = a \cdot t$ berechnen.

In der Tabelle (▷B 3) sind für die Beschleunigung aus Bild 2 einige berechnete Momentangeschwindigkeiten dargestellt. Diese Werte werden in ein Zeit-Geschwindigkeit-Diagramm übertragen (▷B 4). Du erhältst eine ansteigende Gerade.

t in s	*v* in m/s
0	0
1	2
2	4
3	6
4	8

3 Momentangeschwindigkeiten

Das Zeit-Geschwindigkeit-Gesetz der gleichmäßig beschleunigten Bewegung lautet:

▶ Bei der gleichmäßig beschleunigten Bewegung ist die Geschwindigkeit das Produkt aus Beschleunigung und Zeit.

$$v = a \cdot t$$

Das Zeit-Weg-Diagramm

In Bild 7 lassen wir einen Gleiter auf einer Luftkissenbahn mehrmals aus dem Stand beschleunigen. Die Strecke, die der Gleiter zurücklegt, verlängern wir von Mal zu Mal jeweils um 0,1 m. Die benötigte Zeit für die einzelnen Strecken wird mit einer Stoppuhr gemessen und in einer Tabelle notiert (▷B 6).

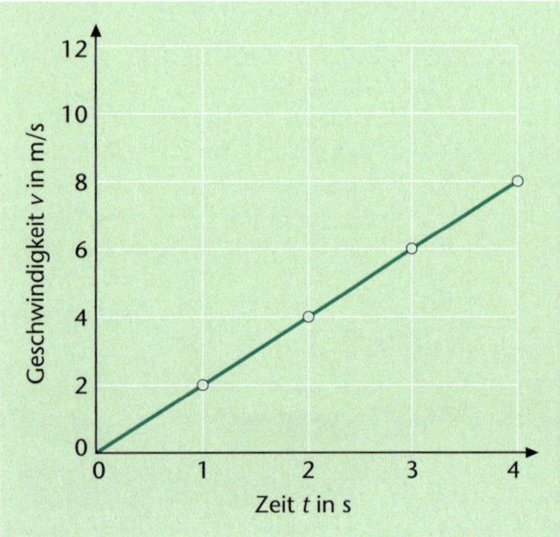

4 *t*-*v*-Diagramm

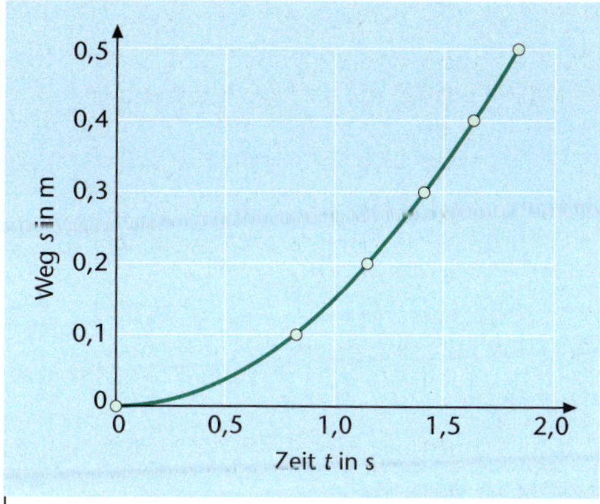

5 *t*-*s*-Diagramm

Die Werte aus der Tabelle übertragen wir in ein *t*-*s*-Diagramm. Die Verbindung der einzelnen Punkte ergibt eine Halbparabel (▷B 5).

s in m	*t* in s
0	0
0,1	0,82
0,2	1,15
0,3	1,41
0,4	1,63
0,5	1,83

6 Messwerte

Einfacher als anhand der Messwerte kann man aus der Parabelform folgenden Zusammenhang ablesen:
Bei einer gleichmäßig beschleunigten Bewegung ist nach der doppelten Zeit der zurückgelegte Weg viermal so groß, nach der dreifachen Zeit ist er neunmal so groß usw.

Aufgaben

1 Ein Auto wird mit $a = 3{,}5\,m/s^2$ beschleunigt.
a) Erstelle eine Zeit-Geschwindigkeit-Tabelle.
b) Zeichne anhand der Tabellenwerte aus Aufgabenteil a) ein Zeit-Geschwindigkeit-Diagramm.

2 Ein Fahrzeug hat eine Beschleunigung von $a = 2{,}75\,m/s^2$.
Berechne den jeweils aus dem Stillstand zurückgelegten Weg nach 2, 4 und 8 Sekunden.

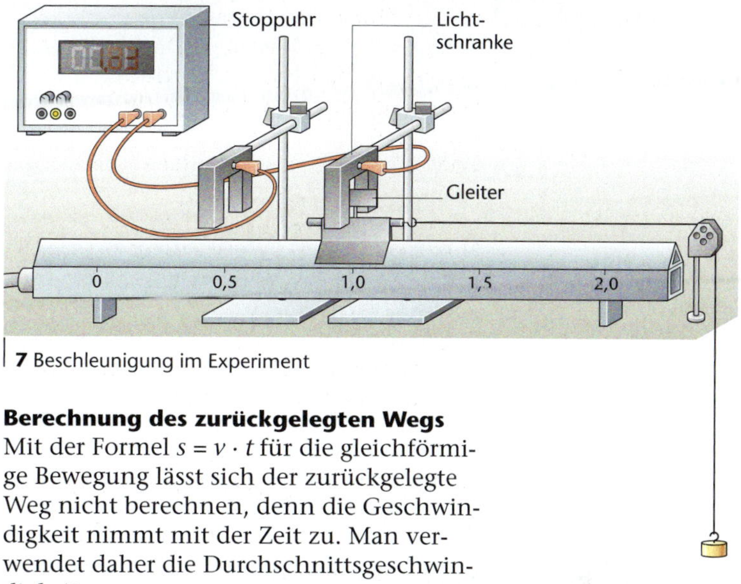

7 Beschleunigung im Experiment

Berechnung des zurückgelegten Wegs
Mit der Formel $s = v \cdot t$ für die gleichförmige Bewegung lässt sich der zurückgelegte Weg nicht berechnen, denn die Geschwindigkeit nimmt mit der Zeit zu. Man verwendet daher die Durchschnittsgeschwindigkeit v_D.

Die Durchschnittsgeschwindigkeit v_D erhält man, indem man die Anfangsgeschwindigkeit v_A und die Endgeschwindigkeit v_E addiert und durch zwei dividiert:

$$v_A = 0\,\frac{m}{s}$$

$$v_D = \frac{v_A + v_E}{2}$$

$$v_D = \frac{0 + v_E}{2}$$

Die Endgeschwindigkeit lässt sich mit $v_E = a \cdot t$ berechnen.

Um den zurückgelegten Weg bei der beschleunigten Bewegung zu berechnen, setzt man zunächst $v_E = a \cdot t$ in die Gleichung für v_D ein:

$$v_D = \frac{1}{2} \cdot a \cdot t$$

Setzt man diesen Term in die Gleichung $s = v \cdot t$ ein, so erhält man:

$$s = \frac{1}{2} \cdot a \cdot t^2$$

Das Zeit-Weg-Gesetz der gleichmäßig beschleunigten Bewegung lautet:

Bei einer gleichmäßig beschleunigten Bewegung ist der zurückgelegte Weg proportional zum Quadrat der Zeit.

$$s = \frac{1}{2} \cdot a \cdot t^2$$

v_A = Anfangsgeschwindigkeit

v_D = Durchschnittsgeschwindigkeit

v_E = Endgeschwindigkeit

1 Freier Fall beim Springen

Immer schneller!
Wenn du von der dritten Stufe einer Treppe nach unten springst, dann kannst du den Aufprall noch gut abfedern. Mit zunehmender Höhe wird dir das aber immer schwerer gelingen (▷B 1). Die Aufprallgeschwindigkeit wird immer größer.
Das kannst du auch an den unterschiedlichen Verformungen einer Knetkugel sehen, die aus unterschiedlichen Höhen nach unten fällt (▷V 1).

Die Fallbewegung eines Körpers aufgrund der Erdanziehung ist eine beschleunigte Bewegung. Sie wird als **freier Fall** bezeichnet.

▶ Wenn für die Fallbewegung eines Körpers nur seine Gewichtskraft verantwortlich ist, dann wird dies als freier Fall bezeichnet.

Freier Fall
Lässt du eine Eisenkugel los, so fällt sie aufgrund ihrer Gewichtskraft beschleunigt. Die Geschwindigkeit der Kugel wird immer größer.
Misst du in einem Fallversuch die Fallstrecke der Kugel und die dafür benötigte Zeit, dann erkennst du: Bei doppelter Fallzeit ist der Fallweg viermal so groß, bei dreifacher Fallzeit ist der Fallweg neunmal so groß usw. (▷V 2a).
Auch für den freien Fall gilt das Zeit-Weg-Gesetz der beschleunigten Bewegung:

$$s = \frac{1}{2} \cdot a \cdot t^2$$

Löst du die Gleichung nach a auf, dann erhältst du:

$$a = \frac{2 \cdot s}{t^2}$$

Wenn du die Wertepaare aus Bild 5 für die gemessenen Fallstrecken und die Fallzeiten in die Gleichung für a einsetzt, dann ergibt sich ein Wert von ungefähr 10. Dieser Wert wird Erdbeschleunigung genannt und mit dem Buchstaben g abgekürzt. Genauere Untersuchungen zeigen, dass dieser Wert ortsabhängig ist.

▶ Die Erdbeschleunigung beträgt etwa $10\,\text{m/s}^2$ und wird mit dem Buchstaben g abgekürzt.

Kaum zu glauben!
Von der gleichmäßig beschleunigten Bewegung kennst du das Geschwindigkeit-Zeit-Gesetz $v = a \cdot t$.
Wenn die Beschleunigung a durch die Erdbeschleunigung g ersetzt wird, erhältst du die Gleichung $v = g \cdot t$.
Das würde aber bedeuten, dass die Fallgeschwindigkeit eines Körpers nur von der Zeit abhängt und nicht, wie du vielleicht geglaubt hast, von seiner Masse.

Feder und Kugel auf gleicher Höhe
In einer Glasröhre (▷B 2) befinden sich eine Eisenkugel und eine Feder. Hältst du die Röhre senkrecht, dann fallen die Gegenstände nach unten. Die Kugel fällt voran und die Feder gleitet langsam hinterher. Die Beobachtung entspricht deiner Alltagserfahrung. Nach $v = g \cdot t$ müssten die Kugel und die Feder aber gleichzeitig am Boden der Röhre ankommen.
Die unterschiedlichen Fallzeiten haben ihre Ursache im Luftwiderstand. Die Feder wird von der Luft stärker abgebremst als die Kugel. Wird die Luft aus der Glasröhre abgepumpt und der Versuch wiederholt, fallen beide Gegenstände gleich schnell.

▶ Im luftleeren Raum fallen alle Körper gleich schnell.

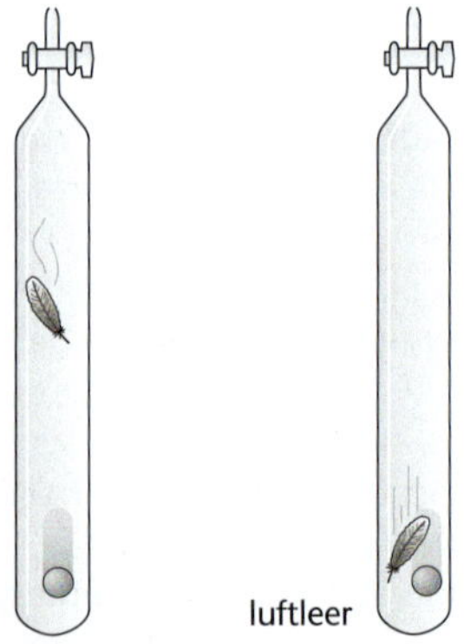

2 Fallröhren-Versuch

4 Fallschirmspringer

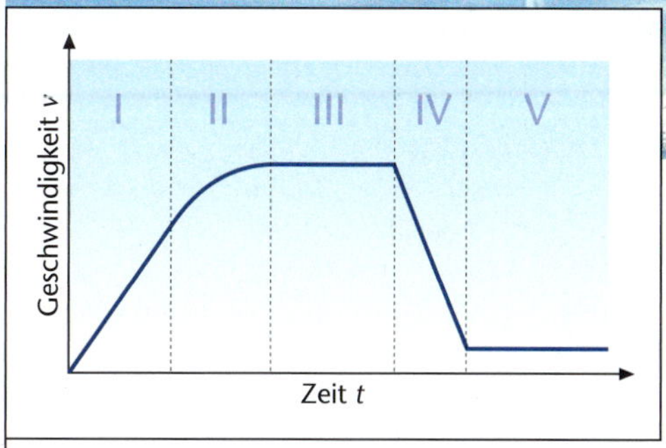

3 *t-v*-Diagramm für Fallschirmspringer

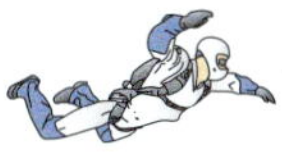

Runter kommen sie alle

Fallschirmspringer lassen sich im Flugzeug auf einige tausend Meter Höhe bringen und springen dann ab.

In den ersten Sekunden nimmt die Geschwindigkeit des Fallschirmspringers zu. Er wird beschleunigt (▷ B 3, Abschnitt I). Mit zunehmender Geschwindigkeit wird die Reibungskraft der Luft aber immer größer (▷ B 3, Abschnitt II). Nach einigen Sekunden ist diese Reibungskraft genauso groß wie die Gewichtskraft des Springers. Er fällt dann mit einer konstanten Geschwindigkeit von ungefähr 55 m/s, das sind rund 200 km/h, nach unten (▷ B 3, Abschnitt III). Beim Öffnen des Fallschirms wird der Springer plötzlich abgebremst (▷ B 3, Abschnitt IV). Anschließend gleitet er mit etwa 4 m/s zur Erde (▷ B 3, Abschnitt V).

Aufgaben

1 Warum erhöht sich die Geschwindigkeit des Fallschirmspringers bei geschlossenem Fallschirm nicht auf 450 km/h?

2 Eine Eisenkugel fällt auf der Erde und auf dem Mond aus 10 m Höhe zu Boden. Wo trifft die Kugel mit einer größeren Geschwindigkeit auf dem Boden auf? Begründe deine Antwort. Berücksichtige dabei die unterschiedlichen Bedingungen auf dem Mond und der Erde.

Versuche

1 Lasse eine Knetkugel aus unterschiedlichen Höhen zu Boden fallen. Vergleiche die Verformung der Knetkugel.

2 Untersuche den Zusammenhang zwischen Fallstrecke und Fallzeit einer Eisenkugel.
Baue den Versuch nach Bild 6 auf.
Die Eisenkugel wird von dem Elektromagneten gehalten. Wird der Schalter betätigt, dann fällt die Kugel nach unten und die Stoppuhr wird gestartet. Trifft die Kugel unten auf, wird die Uhr gestoppt.
a) Lies die Fallzeit an der Stoppuhr ab und miss die Fallstrecke. Trage die Werte in eine Tabelle ein.
Führe den Versuch für verschiedene Fallstrecken durch.
b) Zeichne ein Zeit-Weg-Diagramm für die gemessenen Werte. Berechne nach der Formel $a = 2 \cdot s/t^2$ für die entsprechenden Fallstrecken und Fallzeiten den Wert für die Beschleunigung a.
c) Welches Ergebnis kannst du formulieren?

Versuchsergebnisse für die Fallzeit

s in m	*t* in s	*g* in m/s²
0,20	0,20	10
0,40	0,29	9,51
0,60	0,35	9,80
0,80	0,40	10
1,00	0,45	9,88

5 Zu Versuch 2

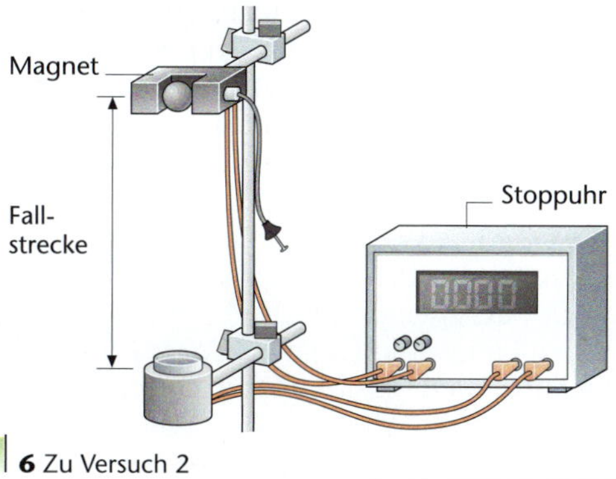

6 Zu Versuch 2

Werkstatt

Die Kugel rollt

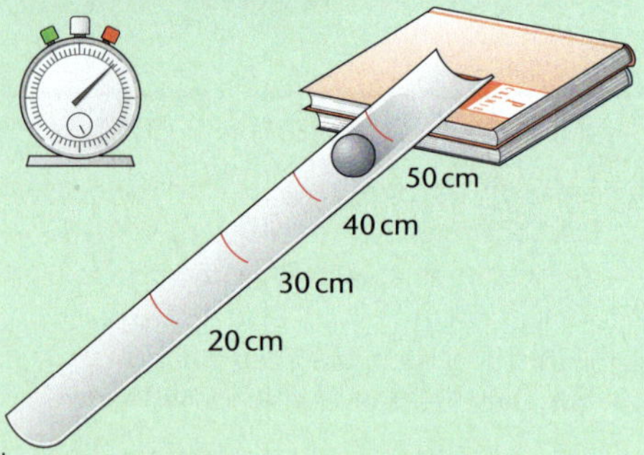

1 Versuchsaufbau

Eine Kugel, die eine schiefe Ebene hinab rollt (▷ B 1), führt eine gleichmäßig beschleunigte Bewegung aus.

Material
Stahlkugel (Ø 1 – 2 cm), Ablaufrinne (ca. 30 – 60 cm lang), Stoppuhr, Lineal, Unterlegmaterial (z. B. Bücher)

Versuchsaufbau
Trage mit einem Stift von einem Ende der Rinne Markierungen im Abstand von 20 cm, 30 cm, 40 cm, 50 cm und 60 cm ab. Unterlege das andere Ende der Rinne mit den Büchern, sodass es ca. 3 cm höher liegt.

Versuchsanleitung
Setze die Kugel bei den verschiedenen Markierungen in die Rinne. Beginne bei 20 cm. Eine Mitschülerin oder ein Mitschüler stoppt die Zeit bis zum Auftreffen der Kugel auf der Tischoberfläche.

Führe jeweils 10 Versuche durch und berechne die Durchschnittszeit. Wiederhole den Versuch dann mit den anderen Strecken.

Versuchsauswertung
Trage die Messwerte in ein Zeit-Weg-Diagramm ein.

Aufgaben
1. Variiere bei dem Versuch verschiedene Größen und miss die jeweiligen Zeiten.
Was stellst du fest?

2. Wie verhalten sich Strecke und Zeit mathematisch zueinander?

Brennpunkt

Der beschleunigte Mensch

Kennst du die Lügengeschichten des „Baron von Münchhausen“ (1720–1797)? Der Baron war Rittmeister in einem russischen Regiment und nahm an mehreren Feldzügen teil. Noch zu Lebzeiten erzählte er unglaubliche Geschichten über die Abenteuer, die er scheinbar erlebt hatte. Eine davon handelte von seinem Ritt auf einer fliegenden Kanonenkugel (▷ B 1).

1 Münchhausens Ritt auf der Kanonenkugel

2 Die menschliche Kanonenkugel

Was damals phantasievolle Prahlerei war, wurde Jahre später in abgeänderter Form Wirklichkeit.
Dem Zirkusartisten EMANUEL ZACCHINI gelang im Jahr 1940, beschleunigt von einer Kanone (▷ B 2), ein Flug über drei Riesenräder hinweg. Er legte dabei eine horizontale Strecke von 69 m zurück und landete dann in einem aufgespannten Netz.

Wo aber liegen die Grenzen der menschlichen Belastbarkeit für Beschleunigungen? Damit der Mensch den Weltraum erforschen kann, sind Flüge ins Weltall notwendig. Die bemannte internationale Raumstation ISS umkreist die Erde in einer Höhe von ungefähr 400 Kilometer mit einer Geschwindigkeit von ca. 28 000 km/h. Die Astronauten müssen auf diese Geschwindigkeit beschleunigt werden.

Aus Untersuchungen mit Tieren weiß man, dass lebende Organismen große Beschleunigungen unbeschadet überstehen können, wenn diese von kurzer Dauer sind.
Einen Start erleben die Astronauten (▷ B 3) so, als würde ein PKW innerhalb einer Sekunde aus dem Stillstand auf 106 km/h beschleunigen. Die Astronauten erfahren während dieser Beschleunigung die dreifache Gewichtskraft.
Piloten von Kampfflugzeugen müssen die achtfache Gewichtskraft aushalten.

3 Astronaut

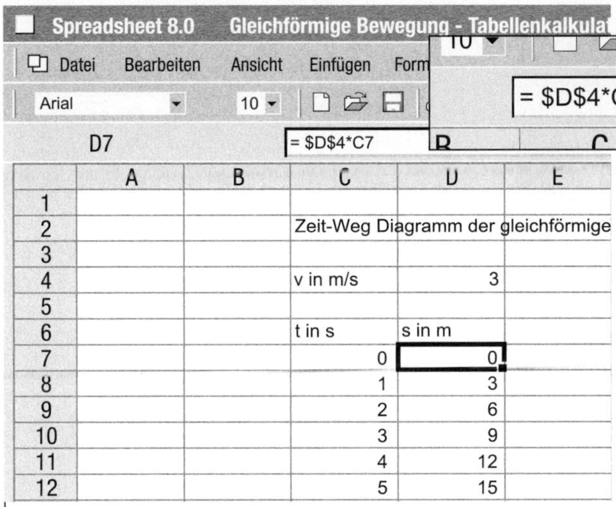

1 Tabellenkalkulation für eine gleichförmige Bewegung

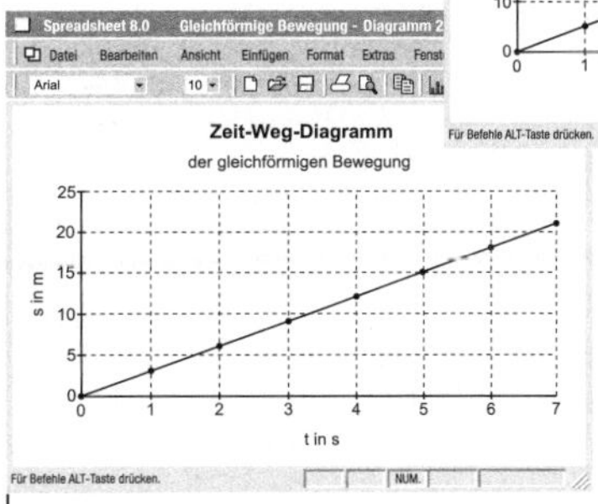

2 *t*-*s*-Diagramm

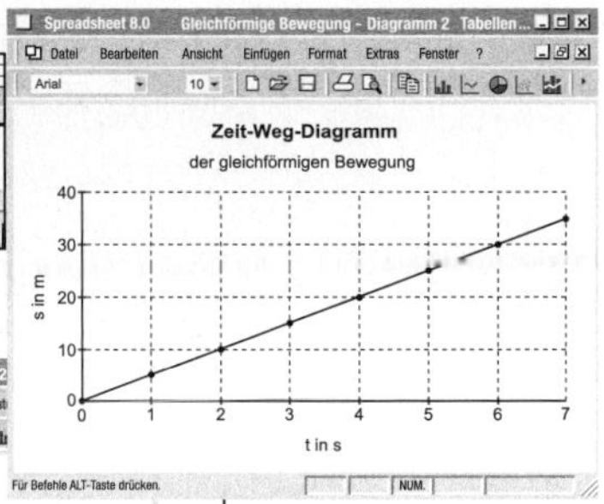

3 *t*-*s*-Diagramm für den geänderten Geschwindigkeitswert

Zeit-Weg-Diagramm der gleichförmigen Bewegung

Ein Fahrzeug bewegt sich mit einer Geschwindigkeit von 2 m/s. Der Computer soll für einige Zeitpunkte den zurückgelegten Weg $s = v \cdot t$ des Fahrzeugs berechnen und die Werte als Diagramm darstellen. Dazu benutzen wir ein **Tabellenkalkulationsprogramm**.

In ein Feld des Arbeitsbereiches (▷ B 1) geben wir den Wert für die Geschwindigkeit ohne Einheit ein.
In ein zweites Feld wird „*t* in s" eingetragen, das heißt Zeit in Sekunden, in das benachbarte Feld „*s* in m" für Strecke in Meter. Anschließend werden noch einige Zeitschritte unter das entsprechende Feld geschrieben.

Im Feld D7 wird die Berechnung für den zurückgelegten Weg angegeben. Da es sich um eine Berechnung handelt, muss mit dem Gleichheitszeichen „=" begonnen werden. Die Zeit steht in Feld C7 und die Geschwindigkeit im Feld D4. Da wir die Formel in die unteren Felder kopieren möchten, darf sich nur der Wert im Zeitfeld anpassen. Der Geschwindigkeitswert muss gleich bleiben. Du musst daher die Spalte D und die Zeile 4 mit einem Dollarzeichen versehen. Die Berechnungsformel im Feld D7 lautet: = \$D\$4 · C7. Jetzt kannst du die Formel in die anderen Felder übernehmen.

Um für diese Wertetabelle ein Diagramm zu erstellen, markierst du die Zeitwerte und klickst unter „Extras" den Menüpunkt „neues Diagramm erstellen" an. Wenn du als Diagrammart das Liniendiagramm wählst, erhältst du sofort ein Schaubild (▷ B 2). Veränderst du in Feld D4 den Wert für die Geschwindigkeit, so werden die Werte für die Strecke automatisch neu berechnet und das Diagramm wird entsprechend angepasst (▷ B 3).
Jetzt musst du nur noch die Achsen beschriften und dem Diagramm einen Titel geben.

Zeit-Weg-Diagramm der beschleunigten Bewegung

Auch hier ist die grafische Darstellung des Zeit-Weg-Gesetzes nicht sehr schwierig (▷ B 5). Bild 4 zeigt die Tabellenkalkulation für eine Beschleunigung von 2 m/s². Der zurückgelegte Weg wird mit der Formel $s = 1/2 \cdot a \cdot t^2$ berechnet. Die Formel in D7 muss also lauten: = 1/2 · \$D\$4 · C7 · C7.
Den Rest kannst du wie bereits beschrieben ausführen.

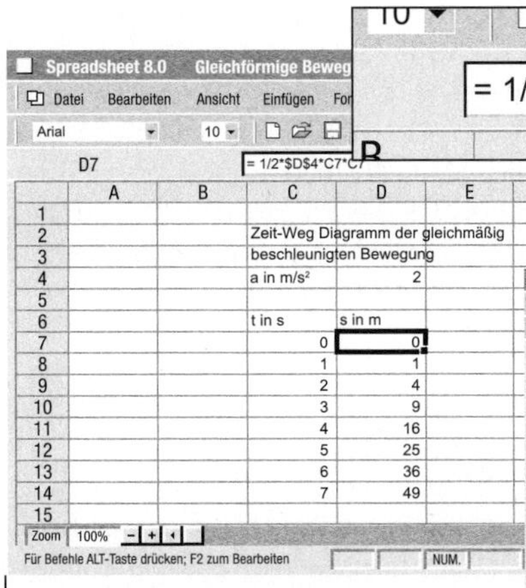

4 Beschleunigte Bewegung

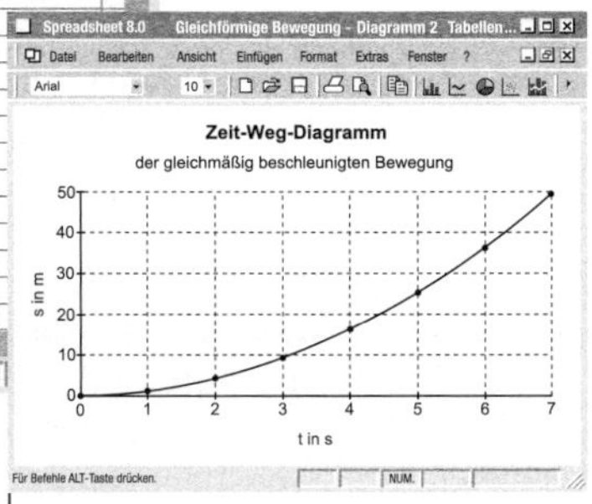

5 *t*-*s*-Diagramm

1 Bremsende PKW

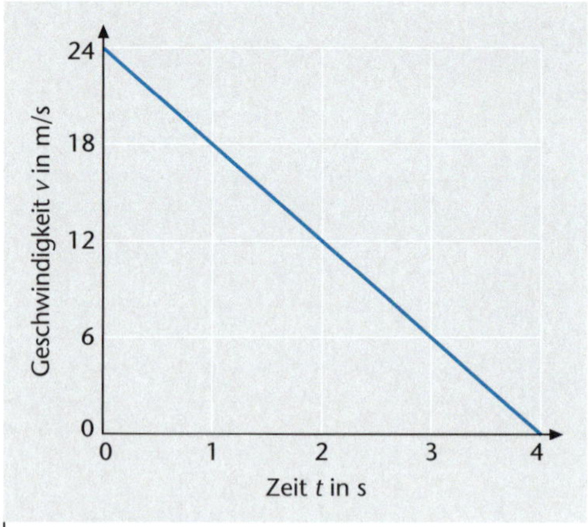

2 *t-v*-Diagramm einer gleichmäßig verzögerten Bewegung

Auf die Bremse treten

In der Stadt wird der Verkehr an vielen Kreuzungen durch Ampeln geregelt. Schaltet eine Ampel auf Rot, tritt der Fahrer auf die Bremse. Der Wagen wird langsamer (▷ B 1). In der Physik spricht man von einer verzögerten Bewegung.
Ist die Verzögerung gleichmäßig, dann nimmt die Geschwindigkeit in jeder Sekunde um den gleichen Betrag ab.

t = Zeit
s_B = Bremsweg
v_A = Anfangsgeschwindigkeit
a_B = Bremsverzögerung

Im Bild 2 ist das *t-v*-Diagramm einer gleichmäßig verzögerten Bewegung dargestellt. Das Fahrzeug hat eine Anfangsgeschwindigkeit von 24 m/s und kommt nach 4 Sekunden zum Stillstand. In jeder Sekunde nimmt die Geschwindigkeit also um 6 m/s ab.

Verzögerte Bewegung – rückwärts gesehen

Nimmst du einen Bremsvorgang mit einer Kamera auf und spielst die Aufnahme rückwärts ab, siehst du eine beschleunigte Bewegung. Liest du das Diagramm von rechts nach links, wird aus der gleichmäßig verzögerten Bewegung eine gleichmäßig beschleunigte Bewegung.

Die gleichmäßig verzögerte Bewegung ist die Umkehrung der gleichmäßig beschleunigten Bewegung.

Die Verzögerung a_B gibt an, wie stark ein Fahrzeug abgebremst wird. Für die gleichmäßig verzögerte Bewegung gelten die gleichen Formeln wie für die gleichmäßig beschleunigte Bewegung.

Wie lang ist der Bremsweg?

Für den Bremsweg spielt auch die Dauer des Bremsvorganges eine Rolle.
Es gilt die Formel:

$$t = \frac{v_A}{a_B}$$

v ist die Geschwindigkeit, die das Fahrzeug vor dem Bremsvorgang hat und a_B ist die Verzögerung.

Setzt man in die Formel $s = \frac{1}{2} \cdot a \cdot t^2$ für

t den Ausdruck $\frac{v_A}{a_B}$ ein, so erhält man

$$s_B = \frac{1}{2} \cdot a_B \cdot \left(\frac{v_A}{a_B}\right)^2$$

$$s_B = \frac{1}{2} \cdot a_B \cdot \frac{{v_A}^2}{{a_B}^2}$$

$$s_B = \frac{{v_A}^2}{2 \cdot a_B}$$

Betrachtest du die Formel zur Berechnung des Bremswegs, dann erkennst du, dass die Länge des Bremswegs von der Anfangsgeschwindigkeit und der Verzögerung abhängt.

Der Bremsweg einer gleichmäßig verzögerten Bewegung lässt sich mit folgender Formel berechnen:

$$s_B = \frac{{v_A}^2}{2 \cdot a_B}$$

Verschiedene Bremswege

In der Tabelle (▷ B 5) sind für einige Geschwindigkeiten die Bremswege auf trockenem Asphalt angegeben.
Die Werte aus der Tabelle in Bild 6 können in einem Geschwindigkeit-Weg-Diagramm dargestellt (▷ B 4) werden.

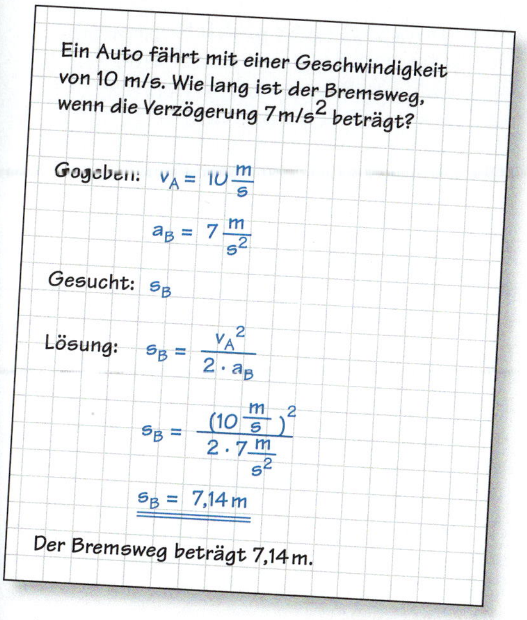

3 Berechnungsbeispiel zur verzögerten Bewegung

Die doppelte Ausgangsgeschwindigkeit ergibt bei konstanter Verzögerung den vierfachen Bremsweg, die dreifache Anfangsgeschwindigkeit den neunfachen Bremsweg usw.

Der Bremsweg ist proportional zum Quadrat der Geschwindigkeit.

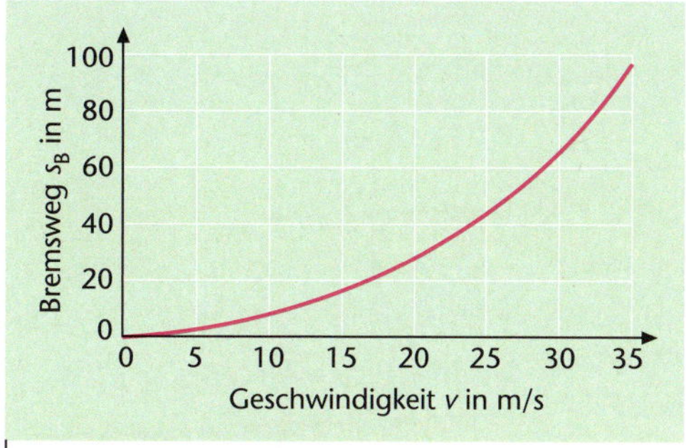

4 *v*-*s*-Diagramm einer gleichmäßig verzögerten Bewegung

v_A in m/s	s_B in m
10	7,14
15	16,07
20	28,57
25	44,64
30	64,29
35	87,5

5 Bremswege auf trockenem Asphalt

Brennpunkt

Sicherheitsabstand im Straßenverkehr

Punkte für zu kleinen Abstand

Viele Unfälle ließen sich vermeiden, wenn Autofahrer den Bremsweg ihres Fahrzeugs besser einschätzen könnten. Daher ist der Sicherheitsabstand zum vorausfahrenden Fahrzeug sehr wichtig. Er muss so groß sein, dass das Fahrzeug auch dann noch rechtzeitig zum Stillstand kommt, wenn der Vordermann plötzlich stark abbremst. Wer den Sicherheitsabstand nicht einhält, der riskiert ein Bußgeld und Punkte in der „Flensburger Kartei".

Die physikalische Formel für den Bremsweg ist viel zu schwierig, als dass sie im Straßenverkehr angewendet werden könnte. Deshalb kommen so genannte „Faustregeln" zur Anwendung.

1 Auffahrunfall

Faustregel für den Bremsweg

Die Faustregel für den Bremsweg lautet:

$$s_B = \frac{v^2}{100}$$

Ein Rechenbeispiel verdeutlicht diese Faustregel. Hat ein Fahrzeug eine Geschwindigkeit von 60 km/h, beträgt sein Bremsweg nach der Faustformel ungefähr:

$$s_B = \frac{60^2}{100} = 36\,m$$

Wie kann der Fahrer einen Abstand von 36 m abschätzen? Eine gute Orientierungshilfe bieten die Leitpfosten am Fahrbahnrand. Sie sind an Autobahnen im Abstand von 50 m und an Landstraßen im Abstand von 25 m aufgestellt.

Faustregel für den Sicherheitsabstand

„Halber Tacho" ist eine weitere leicht anwendbare Faustregel. Wer mit Tempo 120 km/h fährt muss einen Abstand von 60 Meter einhalten.

Beide Faustregeln sind nur grobe Abschätzungen, die weder Witterungs- und noch Straßenverhältnisse berücksichtigen.

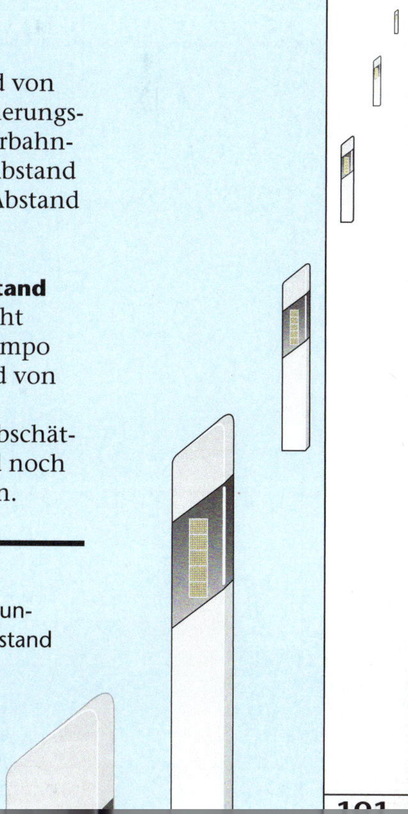

Aufgaben

1 Recherchiere, was mit der „2-Sekunden-Regel" für den Sicherheitsabstand gemeint ist.

2 Mit welcher Verzögerung wird in der Faustformel zur Abschätzung des Bremswegs „gerechnet"?

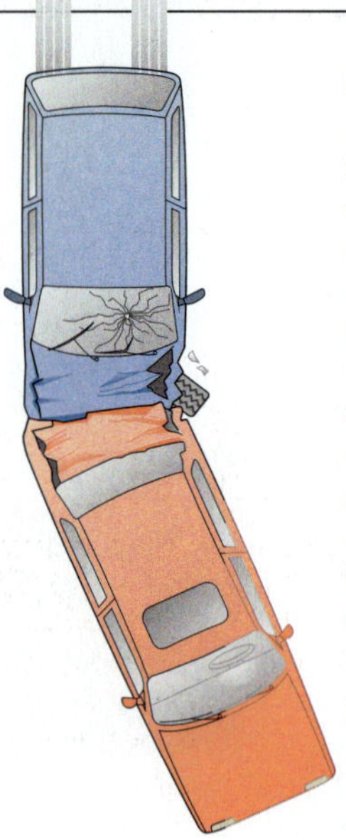

Hörgenuss mit schlimmen Folgen
„Auffahrunfall auf der A3 zwischen Frankfurt und Würzburg. Am letzten Wochenende ereignete sich auf der A3 zwischen den Anschlussstellen Hanau und Seligenstadt ein Auffahrunfall. An den beteiligten Fahrzeugen entstand erheblicher Sachschaden. Verursacht wurde der Unfall von einem Autofahrer, der nach Angaben der Polizei nur eine CD aus dem Handschuhfach holen wollte. Sein Abstand zum Vordermann habe ungefähr 50 bis 60 Meter betragen.“ So begann kürzlich ein Zeitungsbericht. Warum hat der Abstand zum Vordermann nicht ausgereicht als dieser plötzlich abbremste?

War der Fahrer bei einer Geschwindigkeit von 130 km/h nur 2 Sekunden lang abgelenkt, dann hat das Fahrzeug in dieser Zeit 72 m zurückgelegt, ohne dass der Fahrer auf die Gefahrensituation reagieren und bremsen konnte.

Anhalteweg ist nicht gleich Bremsweg
Der Anhalteweg gliedert sich in drei Teilwege auf: den Reaktionsweg, den Ansprechweg und den Bremsweg (▷B 2). Nach dem Erkennen der Gefahrensituation vergeht die so genannte „Schrecksekunde“. Diese Zeit beträgt in der Regel 0,7 Sekunden. Medikamente, Alkohol und andere Drogen, Stress, aber auch ein allzu fröhlicher Gemütszustand beim Fahren können die Reaktionszeit wesentlich erhöhen. Laute Musik z. B. kann die Reaktionszeit um 0,2 Sekunden verlängern. Wer unter dem Einfluss von Drogen am Steuer angetroffen wird, verliert seinen Führerschein.
Während der Reaktionszeit fährt das Auto mit gleich bleibender Geschwindigkeit weiter. Dann tritt der Fahrer auf die Bremse. Bevor jedoch die Bremswirkung eintritt, muss sich der Druck in den Bremsleitungen aufbauen. Diese Ansprechzeit beträgt ca. 0,3 Sekunden. Erst jetzt setzt

Welchen Anhalteweg hat ein PKW bei einer Geschwindigkeit von 130 km/h?

Die Reaktionszeit des Fahrers ist 0,7 Sekunden.

Die Ansprechzeit der Bremsen ist 0,3 Sekunden.

Bei trockenem Asphalt beträgt die Bremsverzögerung ca. $7\,m/s^2$

Gesucht: Anhalteweg s

s = (Reaktionsweg + Ansprechweg) + Bremsweg, mit (Reaktionsweg + Ansprechweg) = s_1 und Bremsweg = s_2

$$s = s_1 + s_2$$

Lösung: a) Bestimmung von s_1

$$s_1 = v \cdot t$$
$$s_1 = 36{,}1\,\frac{m}{s} \cdot (0{,}7 + 0{,}3)\,s$$
$$s_1 = 36{,}1\,m$$

b) Bestimmung von s_2

$$s_2 = \frac{v^2}{2 \cdot a_B}$$
$$s_2 = \frac{(36{,}1\,m)^2}{2 \cdot 7\,m/s^2}$$
$$s_2 \approx 93{,}1\,m$$

c) Bestimmung von s

$$s = s_1 + s_2$$
$$s = 129{,}2\,m$$

Antwort: Der Anhalteweg beträgt 129,2 m.

1 Beispielrechnung zum Anhalteweg

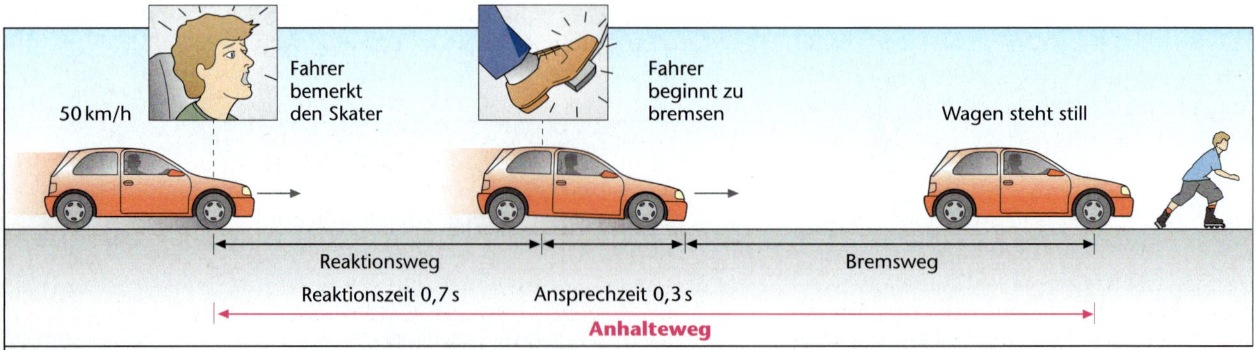

2 Anhalteweg

die Bremswirkung ein und der Wagen wird gleichmäßig verzögert. Bis zum Stillstand des Wagens legt er den Bremsweg zurück.

Anhalteweg =
Reaktionsweg + Ansprechweg + Bremsweg

Ein Beispiel zur Berechnung des Anhaltewegs siehst du in Bild 1.

Möglichst schnell langsam werden
Moderne Fahrzeuge besitzen **Scheibenbremsen** (▷ B 6). Bei der Scheibenbremse werden zwei Bremsbacken gegen die Seiten der Bremsscheibe gedrückt. Dadurch wird das Rad abgebremst. Die Reifen müssen diese Bremskraft auf die Straße übertragen. Wie gut ein Reifen auf der Straße haftet, hängt von verschiedenen Faktoren ab. Zum einen sind das Gummimischung, Profil und Luftdruck des Reifens. Aber auch die Fahrbahnbeschaffenheit hat einen entscheidenden Einfluss auf die Länge des Bremswegs. Je glatter die Fahrbahn ist, desto geringer ist die erreichbare Verzögerung.

Auf Granit- und Kopfsteinpflaster werden geringere Verzögerungswerte als auf Asphalt erreicht. Insbesondere eine nasse Fahrbahnoberfläche setzt die Verzögerung herab (▷ B 3). Der Bremsweg verlängert sich dann erheblich. Auch bei einer Fahrt auf Straßenbahnschienen und frischem Laub verringern sich die Verzögerungswerte.

Verzögerungswerte auf Asphalt in m/s^2	
trocken	ca. 8
nass	ca. 5
Schnee	ca. 2
Eis	ca. 1

3 Witterungseinfluss

Die Verzögerung hängt aber auch von der Bremsanlage eines Fahrzeuges ab. Ein Wagen mit technisch aufwendiger Bremsanlage kann auf trockenem Asphalt einen Verzögerungswert von ca. 11 m/s^2 erreichen.

Unter 7 °C sind Winterreifen ein Muss
Sommerreifen verlieren bereits ab einer Temperatur von unter 7 °C an Haftung. Deshalb ist es besonders in der kalten Jahreszeit wichtig, das Auto mit Winterreifen auszurüsten. Der Bremsweg auf verschneiten Fahrbahnen verkürzt sich dadurch deutlich (▷ B 4).

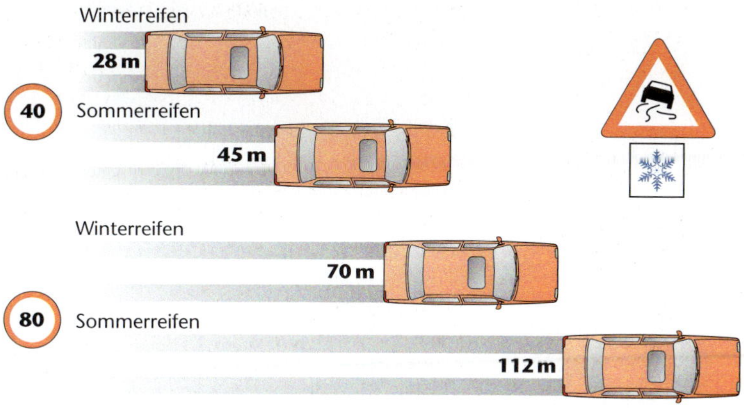

4 Unterschiedliche Bremswege von Sommer- und Winterreifen

Bremsverzögerung beim Fahrrad
Beim Fahrrad wird die Bremswirkung über die Felgenbremse (▷ B 5) oder die Rücktrittbremse erreicht. Es gibt aber auch schon Fahrräder, die über Scheibenbremsen verfügen. Fahrräder müssen mit zwei voneinander unabhängig wirkenden Bremsvorrichtungen ausgestattet sein. Auf trockener Fahrbahn muss eine mittlere Bremsverzögerung von 4 m/s^2 bei einer Ausgangsgeschwindigkeit von 20 km/h erreicht werden.

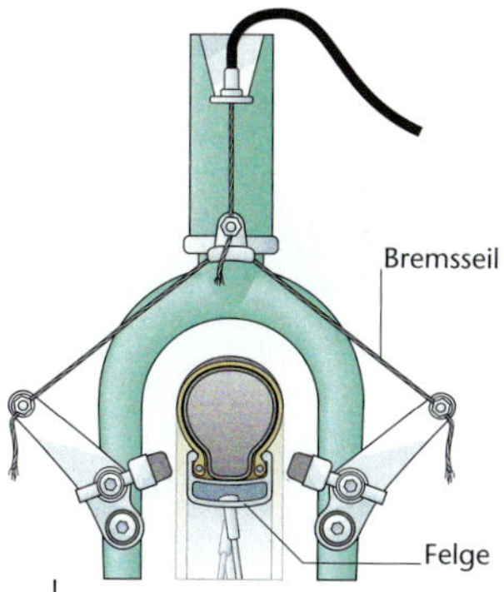

5 Felgenbremse

Züge
Züge mit ihrer großen Masse erreichen mit den Stahlrädern auf Schienen nur einen Verzögerungswert von ca. 0,5 bis 1,2 m/s^2.

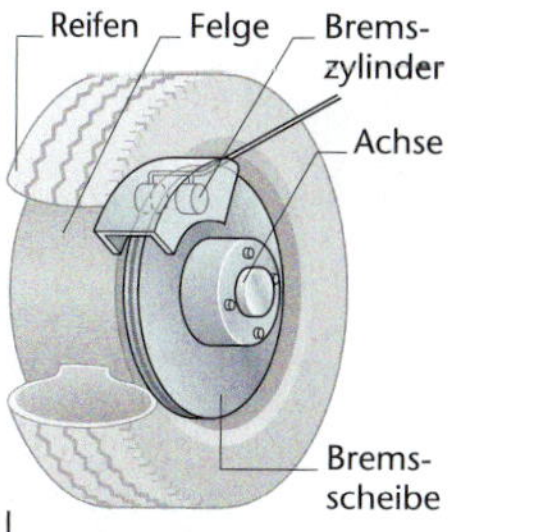

6 Scheibenbremse

Aufgaben

1 Nach der StVO darf man bei Nebel mit einer Sichtweite von 50 Meter nicht schneller als 50 km/h fahren.
Erkläre diese Vorgabe.

2 Bei einem Unfall wurde eine Radfahrerin von einem Auto angefahren. Der Sachverständige wies darauf hin, dass die Bremsspur erst 31 m hinter der Unfallstelle begann.
Mithilfe der Geschwindigkeit, die der Autofahrer im Augenblick der Kollision hatte (85 km/h), lässt sich die Reaktionszeit des Fahrers berechnen.
Welche Reaktionszeit hatte der Fahrer?

3 Welchen Bremsweg benötigt ein Zug, um ausgehend von einer Geschwindigkeit von 100 km/h zum Stehen zu kommen?

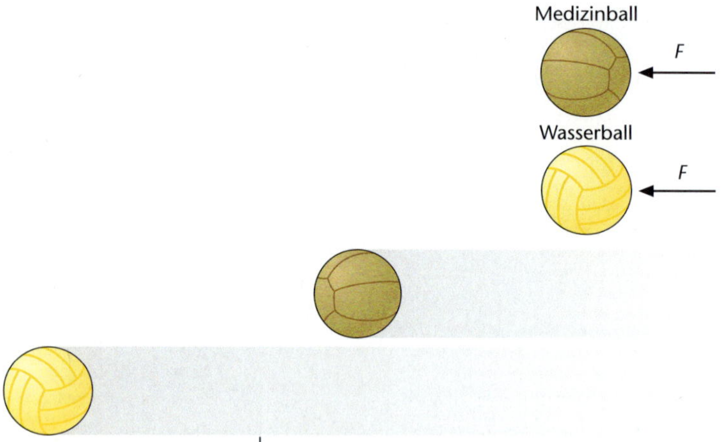

1 Trägheit im Versuch

Newtons Gesetze

Der englische Naturforscher Isaac Newton (1643–1727) war an vielen alltäglichen Phänomenen interessiert. Es wird berichtet, dass er einmal im Garten saß und beobachtete, wie ein Apfel vom Baum fiel. Er fragte sich: Warum fällt ein Körper immer nach unten? Welche Kräfte wirken dabei? Er untersuchte viele Beobachtungen mit einfachen Experimenten. Seine Ergebnisse veröffentlichte er 1687 in seinem Buch „Principia“. Darin beschreibt er u. a. drei grundlegende Gesetze der Mechanik, die man heute wegen ihrer großen Bedeutung die Grundgesetze der Mechanik nennt. Das erste Gesetz ist das **Wechselwirkungsprinzip**:

▶ Zu jeder Kraft gibt es eine Gegenkraft. Beide Kräfte sind gleich groß, greifen an verschiedenen Körpern an und sind entgegengesetzt gerichtet.

Körper sind träge

Stelle dir vor, ein Medizinball und ein Wasserball liegen nebeneinander (▷ B 1). Beide sind gleich groß, haben aber unterschiedliche Massen. Solange keine Kraft auf die Bälle wirkt, bleiben sie ruhig liegen. Werden sie angestoßen, bewegen sie sich.

▶ Ein Körper in Ruhe bewegt sich nur dann, wenn eine Kraft auf ihn wirkt.

Nun werden der Medizinball und der Wasserball in Bewegung versetzt. Welcher Ball bewegt sich bei gleicher Krafteinwirkung schneller? Ganz klar: der Wasserball. Der Ball mit der größeren Masse ist langsamer. Man sagt, er hat die größere Trägheit.

▶ Jeder Körper hat die Eigenschaft, sich einer Bewegungsänderung zu widersetzen. Diese Eigenschaft nennt man Trägheit.

▶ Je größer die Masse, desto träger ist der Körper.

Bewegte Körper

Auch wenn sich ein Körper gleichförmig bewegt, wird er diesen Bewegungszustand nicht „freiwillig“ ändern.
Was muss passieren, damit der Körper schneller oder langsamer wird? Auch dazu muss eine Kraft auf ihn einwirken. Um z. B. ein Auto abzubremsen, ist eine Bremskraft erforderlich. Sie wird durch das Bremspedal auf die Räder übertragen und bewirkt eine Verzögerung des Fahrzeugs. Beim Beschleunigen wirkt die Kraft des Motors auf die Räder.
Diesen Zusammenhang beschreibt das **Trägheitsgesetz**:

▶ Ein Körper verharrt in Ruhe oder bleibt in geradliniger, gleichförmiger Bewegung, solange keine Kraft auf ihn einwirkt.

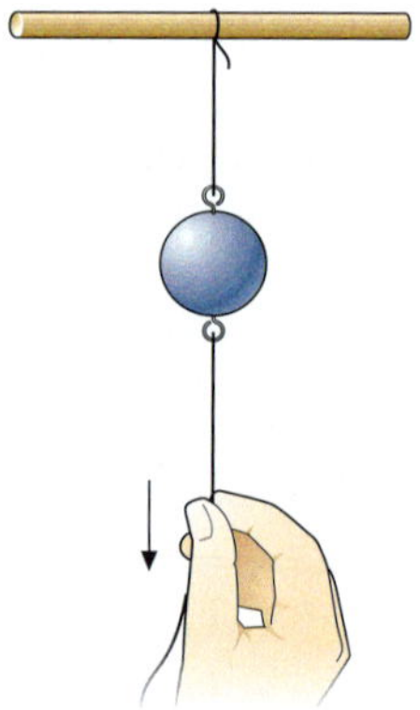

2 Zu Versuch 1

Versuch

1 Hänge eine Kugel an einem Faden auf. Befestige unten an der Kugel einen zweiten Faden (▷ B 2).
a) Ziehe nun vorsichtig an dem unteren Faden. Welcher Faden reißt – der obere oder der untere?

b) Ziehe nun ruckartig am unteren Faden. Welcher Faden reißt – der obere oder der untere?
Erkläre die unterschiedlichen Versuchsergebnisse.

Sicherheitssysteme

Aktive und passive Sicherheit
Unter den aktiven Sicherheitselementen eines Autos versteht man die Bestandteile des Fahrzeugs, mit denen das Fahren sicherer wird. Dazu gehören Scheinwerfer mit besserer Lichtausbeute, Bremssysteme, die elektronische Stabilitätshilfe usw.
Bei Unfällen vermindern passive Sicherheitselemente die Verletzungen der Fahrzeuginsassen. Dazu gehören die sichere Fahrgastzelle, Airbags, Sicherheitsgurte und Kopfstützen. Schutzanzüge und Sturzhelm mindern bei Motorradfahrern das Verletzungsrisiko.

Elektronische Stabilitätshilfe
Ein Computer wertet beim Fahren die Fahrzeuggeschwindigkeit, die Lenkradbewegung und die Querbeschleunigung des Fahrzeuges aus. Wird eine Schleudergefahr des Wagens erkannt, greift die elektronische Stabilitätshilfe ein. Eines oder mehrere Räder des Fahrzeugs werden blitzschnell abgebremst und bei Bedarf wird zusätzlich die Motorleistung gedrosselt. So soll ein instabiler Fahrzustand vermieden werden.

1 Mit ABS bleibt ein PKW lenkfähig

Antiblockiersystem (ABS)
Beim Druck auf das Bremspedal werden die Bremsbacken gegen die Bremsscheibe gedrückt und das Rad wird abgebremst. Bei Fahrzeugen ohne ABS kann es zum Blockieren der Räder kommen. Der Wagen bricht aus seiner Spur aus und ist nicht mehr lenkfähig. Egal welche Stellung die Räder haben, das Auto rutscht geradeaus.
Das ABS verfügt über Drehzahlsensoren in den Rädern. Diese erkennen eine Blockiergefahr. Ein Steuergerät gibt Befehl an die Stellventile, so viel Druck aus dem Bremskreis abzulassen, dass keine Blockiergefahr mehr besteht. Das Auto bleibt spurstabil und lenkfähig (▷ B 1).
Wer mit einem Antiblockiersystem bremst darf keine Wunder erwarten. Entgegen weit verbreiteter Meinung führt das ABS nicht zur Verringerung des Bremsweges.

2 Knautschzone

Knautschzonen
Autos verfügen über Knautschzonen, die sich bei einem Aufprall verformen und dabei Beschleunigungsenergie umwandeln.
Die Fahrgastzelle bleibt so stabil und bietet größtmöglichen Schutz für die Fahrzeuginsassen (▷ B 2).

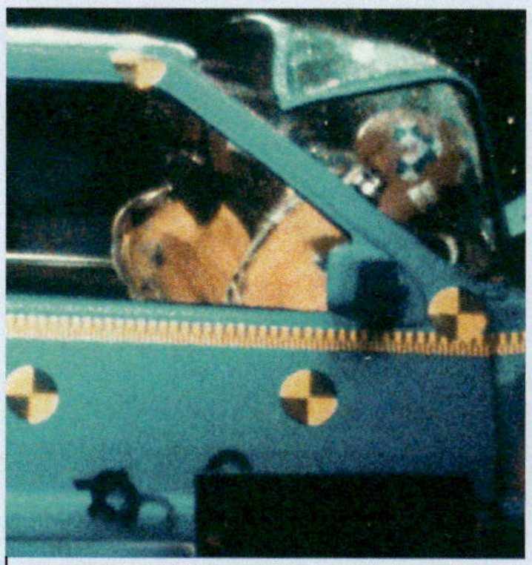

3 Aufprall ohne Sicherheitsgurt

Sicherheitsgurt mit Gurtstraffer
Fahrzeuginsassen, die nicht angegurtet sind, können bei Unfällen gegen die Windschutzscheibe geschleudert werden (▷ B 3). Tödliche Verletzungen sind dann oft die Folge. Der Gurtstraffer zieht bei einem Aufprall den Gurt an den Körper. Dadurch hat der Sicherheitsgurt eine größere Wirkung. Seit 1976 gilt in Deutschland die Anschnallpflicht.

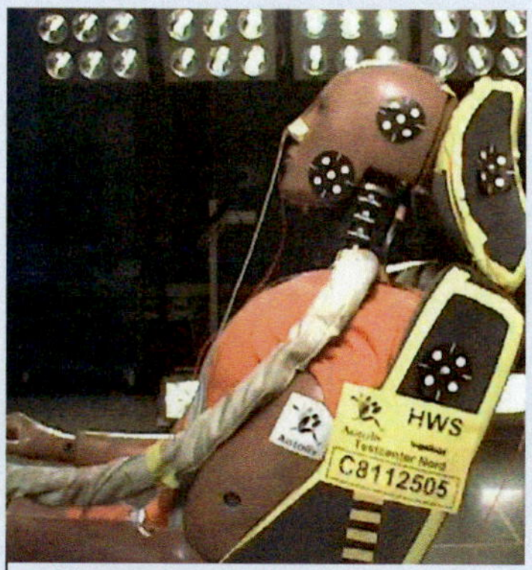

4 Kopfstützen

Kopfstützen
Kopfstützen sind nicht zum Anlehnen und Ausruhen da. Richtig eingestellt, sollen sie bei einem Auffahrunfall verhindern, dass der Kopf nach hinten geschleudert wird und Verletzungen an den Halswirbeln entstehen (▷ B 4).

5 Mehr Sicherheit mit Airbag

Airbag
Luftkissen im Armaturenbrett, in der äußeren Sitzlehnenseite und im Dachhimmel blasen sich bei einem Unfall in Bruchteilen von Sekunden auf und vermindern das Verletzungsrisiko (▷ B 5).

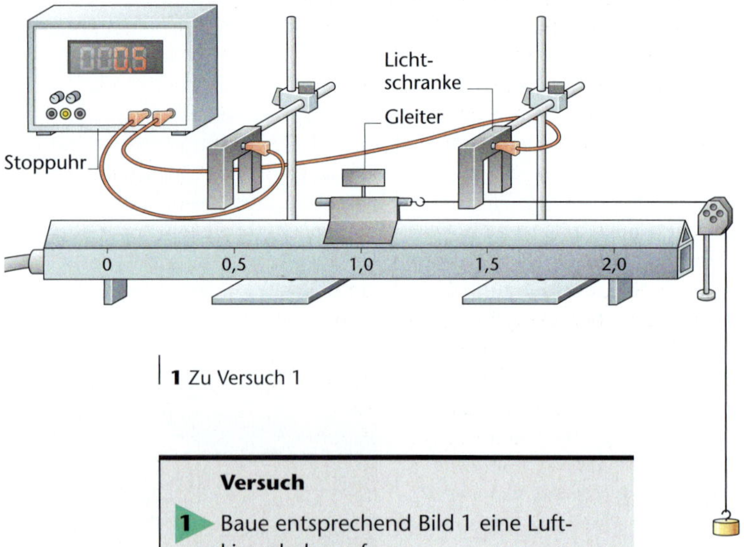

1 Zu Versuch 1

Versuch

1 Baue entsprechend Bild 1 eine Luftkissenbahn auf.
a) Miss eine Strecke von einem Meter ab. Erhöhe die am Faden wirkende Kraft um jeweils 0,05 N und miss die Zeit, in der der Gleiter den Weg zurücklegt. Berechne aus den Ergebnissen die Beschleunigung nach $a = 2s/t^2$.
b) Halte nun die wirkende Kraft konstant und erhöhe die Masse des Gleiters.
c) Protokolliere beide Messungen und formuliere zu jedem Experiment das Ergebnis.

Beschleunigung und Kraft

Das Trägheitsgesetz besagt, dass ein Körper seinen Bewegungszustand ändert, wenn eine Kraft auf ihn einwirkt.
Welche Größen bestimmen, wie groß die Kraft sein muss?
Ein Auto, das sehr schnell hohe Geschwindigkeiten erreicht, also eine große Beschleunigung hat, braucht einen starken Motor. Daher könnte man vermuten, dass die Beschleunigung umso größer ist, je größer die wirkende Kraft ist.

In Versuch 1a bleibt die Masse des Körpers immer gleich, aber die wirkende Kraft wird verändert. Um den Einfluss der Reibung so gering wie möglich zu halten, wird das Experiment mit einer Luftkissenbahn durchgeführt.
Der Gleiter auf dem Luftkissen hat eine Masse von 200 g. Am Gleiter ist ein Faden befestigt, der über eine Rolle geführt wird und an dessen Ende man Massestücke einhängt. Nun legt man eine Strecke von z. B. einem Meter fest und misst die Zeit, die der Körper benötigt, um diese Strecke zurückzulegen.
Aus den gemessenen Zeiten und der zurückgelegten Strecke kannst du die Beschleunigung berechnen (▷ B 2).

F	s	t	$a = 2s/t^2$
0,05 N	1 m	4,1 s	0,12 m/s²
0,10 N	1 m	2,8 s	0,26 m/s²
0,15 N	1 m	2,3 s	0,38 m/s²

2 Messergebnisse zu Versuch 1a

Die berechneten Werte werden zur Auswertung in einem Kraft-Beschleunigung-Diagramm dargestellt (▷ B 3). Du erkennst, dass bei zunehmender Kraft auch die Beschleunigung zunimmt. Die ansteigende Gerade im F-a-Diagramm zeigt, dass beide Größen zueinander proportional sind.

Je größer die Kraft ist, desto größer ist auch die Beschleunigung des Körpers.
Es gilt: $a \sim F$

Masse und Beschleunigung

Beobachtet man das Anfahren eines Autos einmal mit und einmal ohne Anhänger, dann kann man vermuten, dass bei größerer Masse des Autos die Beschleunigung kleiner ist.
In Versuch 1b wird dieser Zusammenhang untersucht. Dazu wird die Masse des Gleiters vergrößert, während man die Kraft, die den Körper beschleunigt, konstant hält ($F = 0{,}2$ N).
In Bild 4 siehst du die aufgenommenen Messwerte. Sie können in einem Masse-Beschleunigung-Diagramm dargestellt werden (▷ B 5).

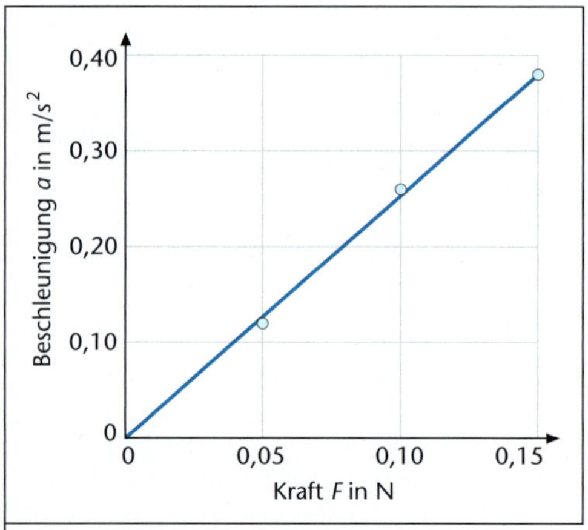

3 Kraft-Beschleunigung-Diagramm

Anhand der Messwerte erkennst du, dass bei einer Verdopplung der Masse die Beschleunigung halbiert wird. Das bedeutet, dass Masse und Beschleunigung umgekehrt proportional zueinander sind.
Das Diagramm ergibt keine Gerade, sondern eine abfallende Kurve.

Aufgrund der Zusammenhänge zwischen Beschleunigung, Kraft und Masse kann die Beschleunigung berechnet werden, indem man die Kraft durch die Masse dividiert.

Je größer die Masse des Körpers ist, desto kleiner ist die Beschleunigung.
Es gilt: $a \sim 1/m$

Die Beschleunigung ist der Quotient aus Kraft und Masse.

$$a = \frac{F}{m}$$

Newton'sches Grundgesetz
Newton formulierte diese Zusammenhänge zwischen Kraft, Masse und Beschleunigung in seinem dritten Gesetz, dem Newton'schen Grundgesetz:

Wirkt auf einen Körper eine Kraft, so wird er beschleunigt. Die Kraft ist das Produkt aus Masse und Beschleunigung: $F = m \cdot a$.

m	*s*	*t*	$a = 2s/t^2$
100 g	1 m	1,4 s	1,02 m/s²
200 g	1 m	2,0 s	0,50 m/s²
400 g	1 m	2,8 s	0,26 m/s²

4 Messwerte zu Versuch 1b

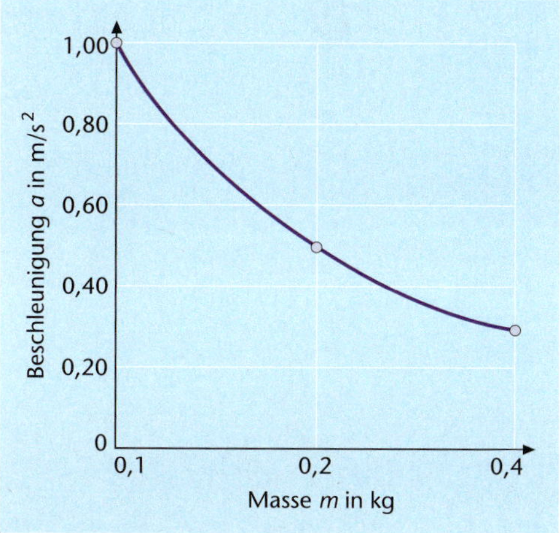

5 Masse-Beschleunigung-Diagramm

Die Einheit der Kraft
Die Einheit der Kraft ist das Newton. Eine Kraft von 1 Newton braucht man, um einen Körper mit der Masse 1 kg mit 1 m/s² zu beschleunigen. Die Einheit Newton setzt sich aus den Einheiten von Masse und Beschleunigung zusammen.

$$1\,\mathrm{N} = \frac{1\,\mathrm{kg} \cdot 1\,\mathrm{m}}{1\,\mathrm{s}^2}$$

Kleine Fahrschule
Gerade beim Überholen (▷ B 6) ist eine ausreichende Beschleunigung nötig. Je größer die Masse des Fahrzeugs ist, desto geringer ist seine Beschleunigung. Es ist also schon ein Unterschied, ob in einem PKW nur der Fahrer oder die ganze Familie sitzt. Im zweiten Falle kann das Auto weniger stark beschleunigen und braucht eine längere Überholstrecke.

6 Überholvorgang

Aufgaben

1 a) Ein PKW hat eine Masse von 1237 kg (einschl. 75 kg Fahrergewicht) und eine Beschleunigung von 2,2 m/s².
Mit welcher Kraft wird das Auto beschleunigt?

b) In dem Fahrzeug können noch vier weitere Personen mitfahren. Berechne die Kraft, die der Motor für die gleiche Beschleunigung aufbringen muss, wenn das Auto voll besetzt ist. Alle Insassen sollen eine Masse von 75 kg haben.

2 „Der Lack muss ab!", meinte der Motorsportchef. Beim Eifel-Grand-Prix 1934 wog der neue Mercedes Rennwagen exakt 1 kg zu viel! Der Lack wurde abgekratzt bis die Aluminiumschicht darunter sichtbar wurde. Jetzt stimmte die Masse und seitdem nennt man die Rennwagen „Silberpfeile". Warum gibt es auch heute noch Vorschriften für die Masse eines Rennwagens?

7 Silberpfeil

1 Energieumwandlung

Energieerhaltung
Energie kann nicht entstehen oder verschwinden. Man kann Energie aber übertragen oder sie von einer Form in eine andere umwandeln.
Woher nimmt ein Fahrzeug die Energie zum Fahren und was wird aus der Energie, wenn das Fahrzeug wieder stillsteht?

Energieumwandlungen
Die beim Beschleunigen eines Fahrzeugs verrichtete Arbeit nennt man Beschleunigungsarbeit (▷ B 1). Dafür benötigt das Fahrzeug Energie. Benzin- oder dieselbetriebene Fahrzeuge wandeln die chemische Energie des Kraftstoffs in kinetische Energie (Bewegungsenergie) um. Außerdem braucht ein Fahrzeug ständig chemische Energie, um mit konstanter Geschwindigkeit fahren zu können, denn zur Überwindung der Reibung wird Energie benötigt. Viele Autos sind heute so konstruiert, dass die Luftreibung beim Fahren möglichst gering ist. Das verringert den Kraftstoffverbrauch.

Energie beim Bremsen
Was passiert mit der kinetischen Energie beim Bremsen? Sobald der Fahrer des Autos auf das Bremspedal tritt, werden starke Reibungskräfte ausgeübt und das Fahrzeug kommt zum Stehen. An den Bremsscheiben und den Rädern entsteht Wärme (▷ B 2). Die kinetische Energie wird demnach in Wärme umgewandelt. Diese thermische Energie wird an die Umgebung abgegeben und ist für uns nicht mehr nutzbar.

Auf in die Berge
Wird chemische Energie des Treibstoffs dazu genutzt, mit dem Fahrzeug einen Berg hochzufahren, dann wird am Fahrzeug auch Hubarbeit verrichtet. Die chemische Energie wird in kinetische Energie und Höhenenergie umgewandelt.

Fährt man einen Berg hinunter, wird die Höhenenergie wieder in kinetische Energie umgewandelt. Vom Radfahren weißt du, dass man bergab schneller wird. Also muss man bremsen. Ein Teil der Höhenenergie wird dabei also in thermische Energie umgewandelt.

2 Glühende Bremsscheiben

Bei einem Auto wird chemische Energie in kinetische und thermische Energie sowie Höhenenergie umgewandelt.

Energie fallender Körper
Ein Turmspringer steht oben auf einem Sprungturm (▷ B 3). Beim Hinaufsteigen auf den Sprungturm hat der Springer Hubarbeit geleistet. Deshalb besitzt er jetzt Höhenenergie. Diese Energie wird beim Fallen in kinetische Energie umgewandelt. Auf halber Höhe hat der Sportler nur noch halb soviel Höhenenergie wie oben auf dem Turm. Die Hälfte der Höhenenergie wurde schon in kinetische Energie umgewandelt.
Beim Eintauchen ins Wasser besitzt der Turmspringer nur noch kinetische Energie, die Höhenenergie hat sich vollständig in kinetische Energie umgewandelt.

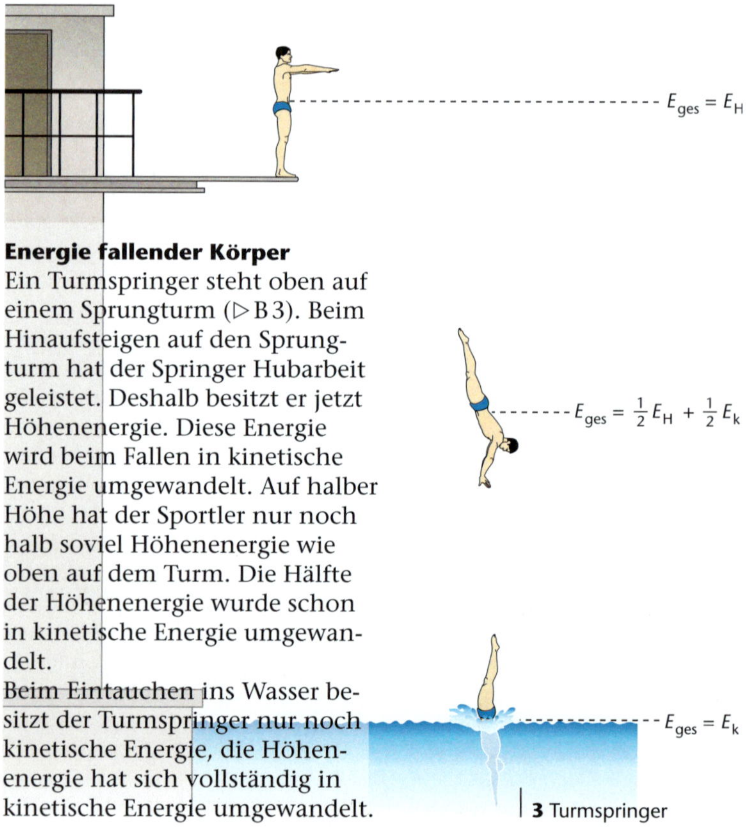

3 Turmspringer

Körper und Bewegung

Bewegungen

Betrachtet man die Geschwindigkeit bei verschiedenen Bewegungsabläufen, dann kann man drei Bewegungsarten unterscheiden: die gleichförmige Bewegung, die beschleunigte Bewegung und die verzögerte Bewegung.
Betrachtet man die Bewegungsrichtung, so unterscheidet man zwischen einer geradlinigen Bewegung, einer kreisförmigen Bewegung und einer Kurvenfahrt.

Die Geschwindigkeit

Die Geschwindigkeit gibt an, welchen Weg ein Körper in einer bestimmten Zeit zurücklegt.
Formelzeichen: v
Einheit: 1 m/s oder 1 km/h
Messgerät: Tachometer
Berechnung:
Geschwindigkeit = Weg : Zeit; $v = s : t$

Diagramme

Bewegungen kann man in Diagrammen grafisch darstellen.
Im Zeit-Weg-Diagramm (t-s-Diagramm) wird z. B. der Zusammenhang zwischen den Größen Zeit und Weg dargestellt (▷ B 1).

Der Anhalteweg

Der Anhalteweg (▷ B 2) eines Fahrzeugs setzt sich aus drei Teilstrecken zusammen: Anhalteweg = Reaktionsweg + Ansprechweg + Bremsweg

Trägheit

Jeder Körper hat die Eigenschaft, sich einer Bewegungsänderung zu widersetzen. Diese Eigenschaft nennt man Trägheit.
Je größer die Masse, desto träger ist der Körper.

Die Beschleunigung

Die Beschleunigung gibt an, in welcher Zeit sich die Momentangeschwindigkeit eines Körpers ändert.
Formelzeichen: a
Einheit: 1 m/s²
Berechnung:
Beschleunigung = Momentangeschwindigkeit : Beschleunigungszeit
$a = v : t$

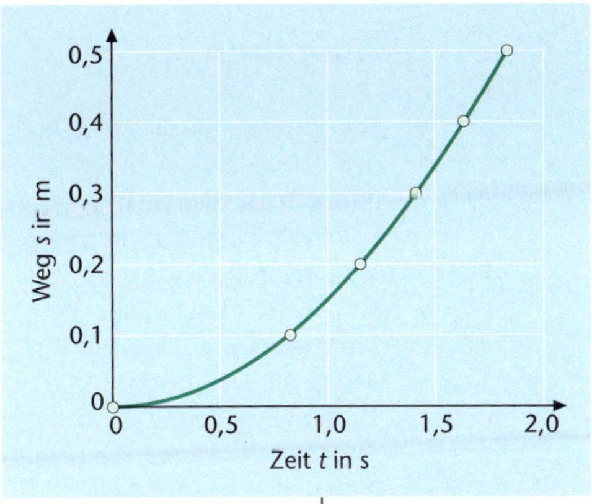

1 t-s-Diagramm der beschleunigten Bewegung

Gesetze für die gleichmäßig beschleunigte Bewegung

Zeit-Geschwindigkeit-Gesetz:
$v = a \cdot t$

Zeit-Weg-Gesetz:
$s = \frac{1}{2} \cdot a \cdot t^2$

Der freie Fall

Bei der Fallbewegung handelt es sich um eine beschleunigte Bewegung. Die Erdbeschleunigung beträgt in Deutschland etwa 10 m/s². Im luftleeren Raum fallen alle Gegenstände gleich schnell.

Die 3 Grundgesetze der Mechanik

Wechselwirkungsprinzip: Zu jeder Kraft gibt es eine Gegenkraft. Beide Kräfte sind gleich groß, aber einander entgegengerichtet. Die Kräfte greifen an verschiedenen Körpern an.
Trägheitsgesetz: Ein Körper verharrt in Ruhe oder bleibt in geradliniger, gleichförmiger Bewegung, solange keine Kraft ihn wirkt.
Newton'sches Grundgesetz: Wirkt auf einen Körper eine Kraft, so wird er beschleunigt.
Es gilt: $F = m \cdot a$

2 Anhalteweg

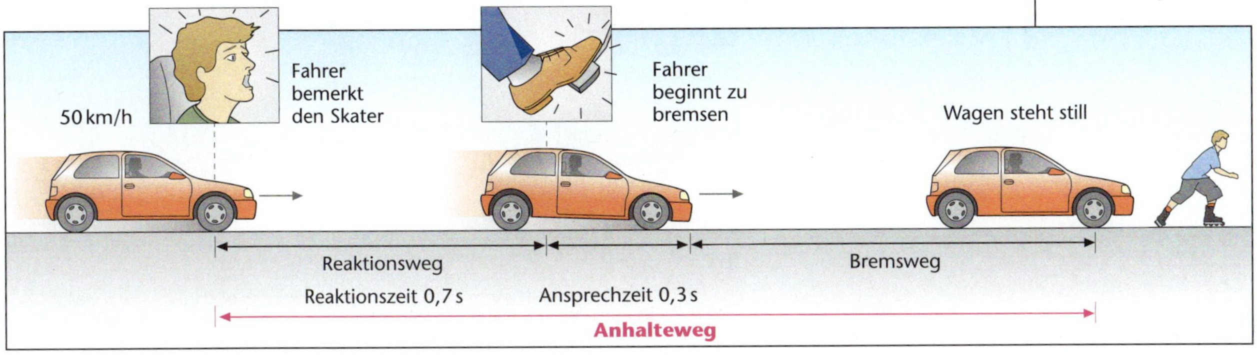

Aufgaben

1 Ein Flugzeug fliegt in 3 Stunden von Leipzig nach Alexandria. Die Strecke beträgt 2670 km. Berechne die Durchschnittsgeschwindigkeit.

2 Die Wuppertaler Schwebebahn (▷ B 1) benötigt für 13,3 km eine Fahrzeit von 30 Minuten. Berechne ihre Durchschnittsgeschwindigkeit.

1 Zu Aufgabe 2

3 Ein ICE fährt um 13.32 Uhr in Düsseldorf ab und kommt um 14.20 Uhr in Dortmund an. Die Fahrstrecke beträgt 79 km. Berechne die Durchschnittsgeschwindigkeit des ICE!

4 Ein Auto fährt mit einer Geschwindigkeit von 130 km/h auf der Autobahn. Sind die folgenden Aussagen richtig oder falsch?
a) Das Auto fährt etwa 36 Meter in einer Sekunde.
b) Das Auto fährt 65 Kilometer in 30 Minuten.
c) Das Auto fährt 320 Kilometer in 2 Stunden und 30 Minuten.
d) Das Auto fährt mehr als 2 Kilometer in einer Minute.

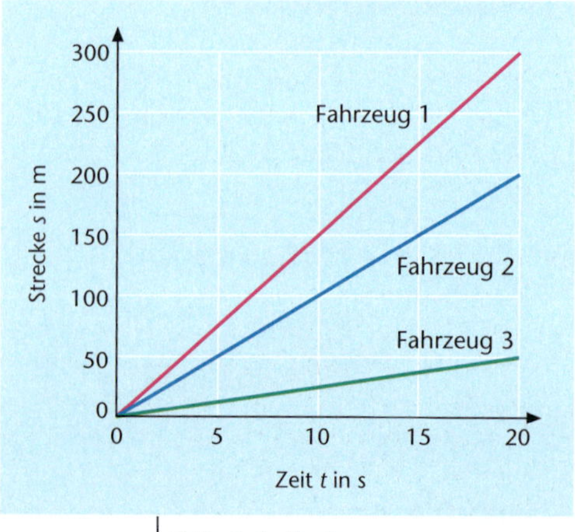

2 Zu Aufgabe 9

5 Die Australierin Cathy Freeman (▷ B 3) gewann bei den olympischen Sommerspielen in Sydney den 400-Meter-Lauf mit einer Zeit von 49,11 s. Die vier Läuferinnen von den Bahamas siegten bei der 4 x 100-Meter-Staffel mit einer Zeit von 41,95 s.
a) Berechne für Cathy Freeman und für die Staffel die Durchschnittsgeschwindigkeit.
b) Warum sind die Durchschnittsgeschwindigkeiten unterschiedlich groß?

3 Zu Aufgabe 5

6 Die „United States" (▷ B 4) gilt als das schnellste Passagierschiff. Es erreicht eine Geschwindigkeit von 36 Knoten. Mit einem Rennrad kann ein Sportler 19,9 m/s erreichen. Wer ist schneller?

4 Zu Aufgabe 6

7 In den USA darf ein Auto in der Nähe einer Schule nur 15 Meilen pro Stunde fahren (1 Meile = 1609,3 Meter). Wie viele km/h sind das?

8 Bereite zum Thema „Historische Entwicklung der Eisenbahn" ein Referat vor. Informiere dich auch über die Geschwindigkeiten der ersten und der heutigen Eisenbahnen.

9 Das Zeit-Weg-Diagramm in Bild 2 beschreibt die Bewegung von drei verschiedenen Fahrzeugen.
a) Lies im Diagramm ab, wie weit diese Fahrzeuge in 5 s, in 12 s und in 20 s gefahren sind.
b) Berechne die Geschwindigkeit jedes Fahrzeugs.

10 An verschiedenen Punkten einer Seilbahnstrecke wurden die Zeiten gemessen (▷ B 5), die die Kabine der Seilbahn bis dahin brauchte. Zeichne mithilfe dieser Messwerte ein Zeit-Weg-Diagramm und berechne die Geschwindigkeit der Seilbahn in Kilometer pro Stunde.

Weg in m	Zeit in s
75	25
100	33
225	75
450	150
650	217

5 Zu Aufgabe 10

11 Ein PKW fährt an und hat nach 5 Sekunden eine Geschwindigkeit von 42 km/h. Wie groß ist die durchschnittliche Beschleunigung?

12 Ein Fahrzeug hat eine Beschleunigung von 2,45 m/s².
a) Welche Geschwindigkeit hat es nach 8 Sekunden?
b) Welchen Weg hat es nach diesen 8 Sekunden zurückgelegt?

13 Ein Körper bewegt sich geradlinig. Es ergeben sich folgende Messwerte:

Zeit in s	Strecke in m
0	0
2	3
4	12
6	27
8	48

Um welche Bewegungsart könnte es sich handeln? Begründe deine Antwort auf drei Arten: mithilfe der Messwerte, aber ohne zu rechnen, mithilfe einer Formel und mit einer Zeichnung.

14 Bei einer Testfahrt wurden während der Startphase bei einem Fahrzeug folgende Werte gemessen:

Zeit in s	Geschwindigkeit in km/h
0	0
2	11
4	22
10	56
15	81
20	108

a) Zeichne mithilfe dieser Messwerte ein Zeit-Geschwindigkeit-Diagramm.
b) Berechne die Beschleunigung des Fahrzeugs.
c) Welchen Weg hat das Fahrzeug, vom Startpunkt aus gemessen, bei jeder Zeitmessung zurückgelegt?
d) Stelle mithilfe dieser errechneten Weglängen die Bewegung in einem Zeit-Weg-Diagramm dar.

15 Um die Tiefe eines Schachts näherungsweise zu bestimmen, lässt man einen kleinen Stein hinunterfallen. Die Fallzeit beträgt 2 Sekunden. Wie tief ist der Schacht ungefähr?

16 Ein Fahrzeug fährt mit einer Geschwindigkeit von 30 km/h durch eine Ortschaft. Plötzlich läuft 10 m vor dem Auto ein Kind auf die Straße.
a) Beschreibe den Anhalteweg mit den drei Teilwegen.
b) Wie groß sind Reaktionsweg und Ansprechweg zusammen, wenn dafür eine Zeit von 1,5 s angenommen wird?
c) Wie lang ist der Bremsweg des Autos bei einer Verzögerung von 5,4 m/s²?
d) Berechne den Anhalteweg für dieses Fahrzeug mit einer Geschwindigkeit von 50 km/h.

17 In Bild 7 siehst du das Zeit-Geschwindigkeit-Diagramm für die Fahrt einer Regionalbahn. Beschreibe den Bewegungsablauf der Bahn.

18 Bereite einen Vortrag zum Thema Anhalteweg vor. Überlege, wodurch der Anhalteweg eines Fahrzeugs beeinflusst wird. Welche Faustregeln gibt es für den Sicherheitsabstand und den Bremsweg?

6 Zu Aufgabe 21

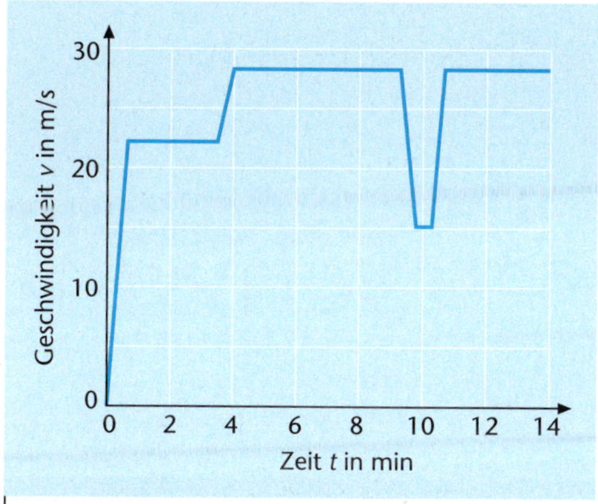

7 Zu Aufgabe 17

19 Beschreibe die Funktionsweise einer Wäscheschleuder (▷ B 8). Welche Kräfte wirken auf die Wäsche? Wo „landet" das Wasser?

8 Zu Aufgabe 19

20 Begründe, warum beim Abschleppen eines Fahrzeugs der Fahrer des vorderen Autos nicht ruckartig anfahren darf.

21 Ein LKW mit einer Masse von 1,5 Tonnen beschleunigt mit 3,9 m/s². Wie groß ist die beschleunigende Kraft?

22 Ein 900 kg schweres Fahrzeug wird mit einer Kraft von 7,5 kN beschleunigt. Wie groß ist die Beschleunigung?

23 In dem Prospekt für ein neues Fahrzeugmodell steht: „Beschleunigung von 0 auf 100 km/h in 10,9 Sekunden". Was bedeutet diese Angabe? Berechne die Beschleunigung für den PKW in m/s². Informiere dich über die Beschleunigungen anderer Fahrzeuge.

Schwingungen und Wellen

Jeder nimmt Geräusche anders wahr. Sicher kennst du Situationen, in denen dich das leiseste Flüstern stört, während dich bei anderer Gelegenheit selbst sehr laute Musik nicht aus der Ruhe bringt.

Kannst du dir vorstellen, dass dich das Ticken eines Weckers stört?
Die Besucher eines Hard-Rock-Konzertes stehen mit Vorliebe direkt vor den riesigen Lautsprechern und sind begeistert.
Betrachte die Bilder. Beschreibe Situationen, in denen du diese oder ähnliche Geräusche gerne hörst, und Situationen, in denen sie dich stören.

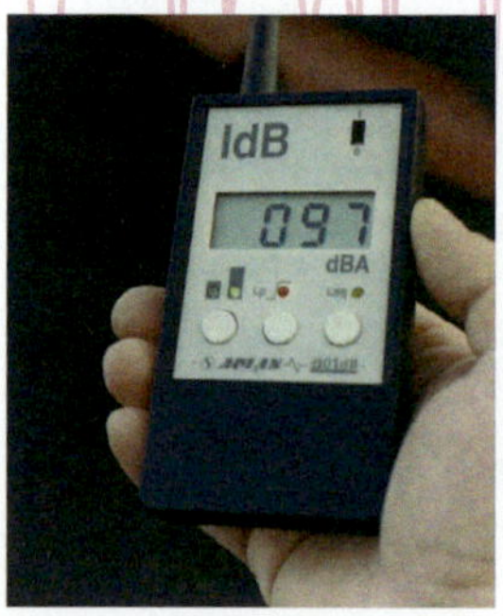

Schwingungen als Ursache des Schalls

Das Gehör ist ein wichtiges Sinnesorgan. Wir brauchen es zur Verständigung und Orientierung. Alles, was wir hören können, bezeichnet man als Schall. Was aber ist Schall und wie entsteht er?

1 Das s(chw)ingende Lineal

Material

Lineal (möglichst lang, stabil, z. B. Metalllineal)

Versuchsanleitung

a) Drücke ein Ende des Lineals fest auf eine Tischkante. Dabei soll ungefähr die Hälfte des Lineals überstehen. Zupfe nun am freien Ende des Lineals (▷ B1).
Notiere, was du hörst und siehst.
b) Ändere die Länge des überstehenden Teils und zupfe erneut am freien Ende des Lineals.
Was beobachtest du nun? Kannst du Unterschiede zum ersten Versuch feststellen?

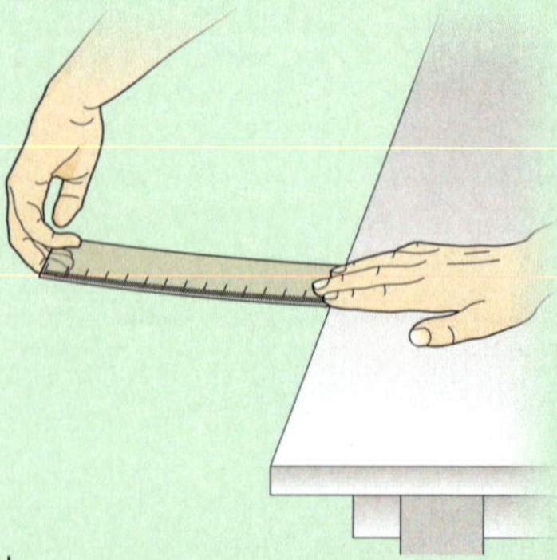

1 Anzupfen des Lineals

2 Schall „sichtbar" gemacht

Material

Weinglas, Trinkglas, Alufolie oder Papier, Bindfaden, Stimmgabel

Versuchsanleitung

a) Forme aus der Alufolie oder dem Papier eine kleine Kugel. Befestige sie an einem Stück Faden. Halte die Kugel so am Faden, dass sie den Rand des leeren Glases oder eine Zinke der Stimmgabel berührt.

2 Anschlagen des Glases

Schlage nun leicht gegen den Rand des Glases (▷ B 2) oder gegen die Stimmgabel.
Beobachte die Kugel. Was stellst du fest?
b) Fülle ein Glas mit Wasser. Schlage die Stimmgabel an und tauche sie sofort ins Wasser (▷ B 3). Was kannst du beobachten?

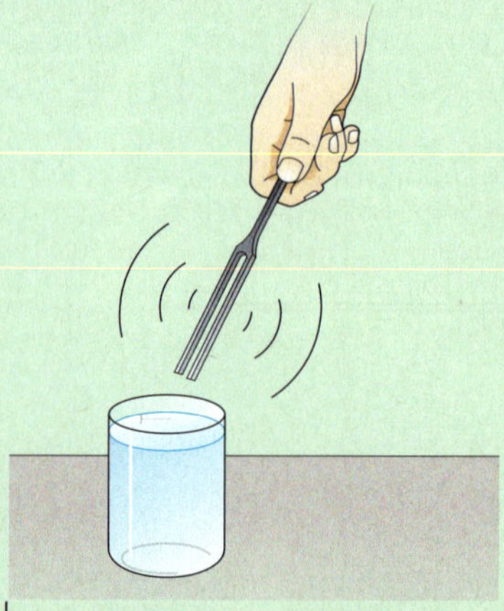

3 Eintauchen der Stimmgabel

c) Schlage die Stimmgabel fester an, sodass sie lauter ertönt, und tauche sie wieder ins Wasser. Was beobachtest du nun?

3 Zeichnen mit der Stimmgabel

Material

Glasscheibe, Kerze, Feuerzeug, 2 hölzerne Wäscheklammern, lange Stimmgabel mit Metallspitze, Papier

Versuchsanleitung

a) Zünde die Kerze an. Halte die Glasscheibe mit den beiden Holzklammern und bewege sie über der Flamme, bis sie mit einer Rußschicht bedeckt ist.
Lass die Scheibe zwischendurch immer wieder abkühlen, damit sie nicht zerspringt!
b) Lege nun die Scheibe mit der Rußschicht nach oben auf das Papier. Schlage die Stimmgabel an und ziehe die Metallspitze schnell über die berußte Scheibe (▷ B 4).

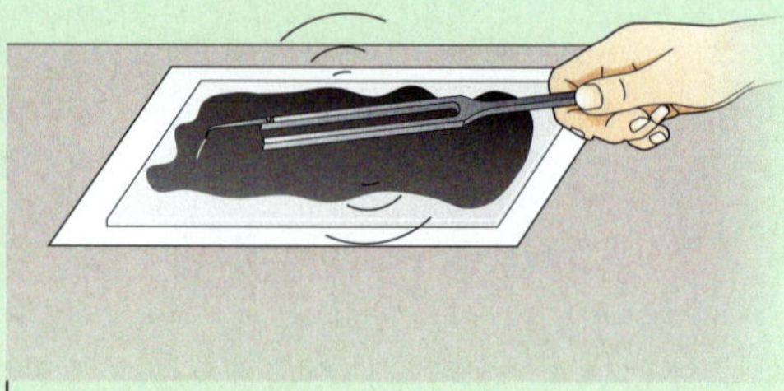

4 Die Stimmgabel erzeugt ein Muster.

Beschreibe das Muster, das die Metallspitze auf der berußten Glasscheibe erzeugt hat. Übertrage das Muster in dein Heft.

Aufgaben

1. Fasse die Ergebnisse der Versuche zusammen. Kannst du angeben, wie Schall entsteht? Wovon hängen Höhe und Lautstärke eines Tons ab?
2. Zähle weitere Körper auf, die Töne erzeugen. Gib jeweils an, wodurch der Ton erzeugt wird und wie Tonhöhe und Lautstärke verändert werden können.

Die Ursache des Schalls

1 Schallquellen

Schall und Schallquellen

Wenn du versehentlich mit einem dünnwandigen Glas irgendwo anstößt, hörst du einen Ton. Auch beim Anschlagen einer Stimmgabel wird ein Ton erzeugt. Fliegt eine Wespe an dir vorbei, hörst du ein Summen. Weil das Glas, die Stimmgabel und die Wespe Schall erzeugen, nennt man sie **Schallquellen**.
Durch Versuche kannst du nachweisen, dass sich das Glas und die Stimmgabel sehr schnell hin und her bewegen, wenn sie einen Ton erzeugen. Sie schwingen. Das Summen der Wespen entsteht durch eine Auf-und-ab-Bewegung ihrer Flügel. Diese Bewegungen sind so schnell, dass wir sie kaum sehen können.

▶ Gegenstände, die Schall erzeugen, bezeichnet man als **Schallquellen**. Eine Schallquelle erzeugt einen Ton, wenn sie schnell schwingt.

Hohe und tiefe Töne

Wenn du ein Lineal an verschiedenen Stellen einspannst und an seinem freien Ende zupfst, kannst du verschiedene Töne erzeugen. Die Höhe des Tones hängt davon ab, wie lang der schwingende Teil des Lineals ist (▷B 2).
Schwingt ein langes Stück des Lineals, kann man diese Bewegung meist sehen. Das Lineal schwingt langsam und erzeugt einen tiefen Ton.
Schwingt ein kurzes Stück des Lineals, kannst du die Schwingungen kaum noch verfolgen. Der hohe Ton ist jedoch gut zu hören.

▶ Schnelle Schwingungen führen zu einem hohen Ton, langsame Schwingungen zu einem tiefen Ton.

Laute und leise Töne

Um einen lauten Ton zu erzeugen, muss man die jeweilige Schallquelle stärker zum Schwingen bringen. Beim Lineal wird dazu das freie Ende weiter ausgelenkt.

▶ Je weiter eine Schallquelle ausschwingt, desto lauter ist der Ton.

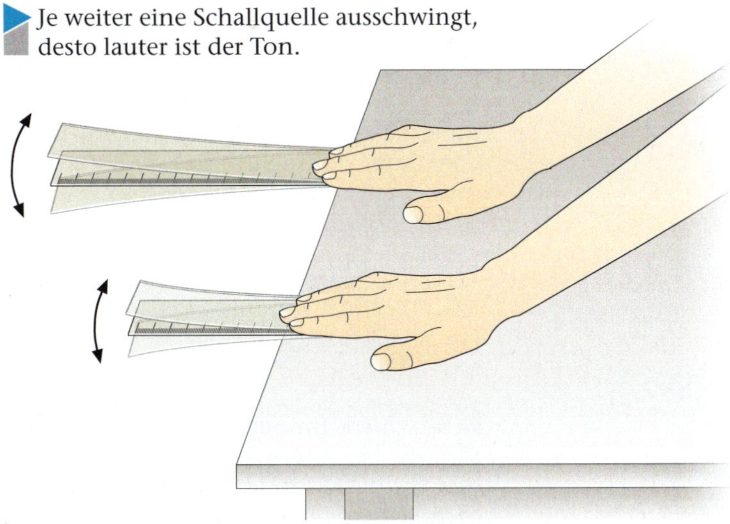

2 Die Länge des schwingenden Teils bestimmt die Tonhöhe.

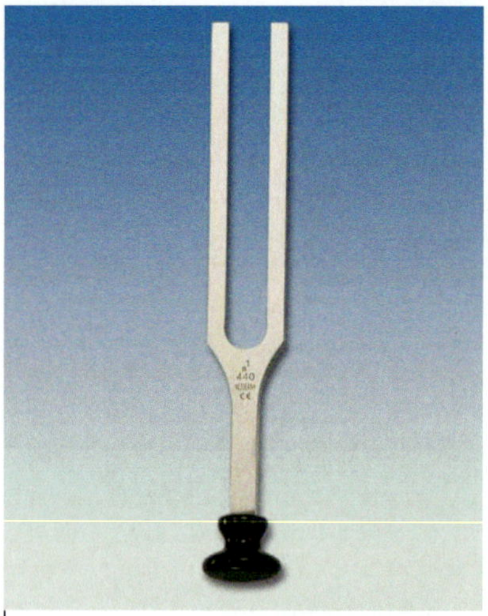

1 Eine Stimmgabel erzeugt einen Ton.

2 Die Schleifmaschine erzeugt Geräusche.

3 Eine Explosion erzeugt einen Knall.

Schall ganz unterschiedlich
Die Bilder 1 bis 3 zeigen dir verschiedene Möglichkeiten der Schallerzeugung. Was du dabei hörst, kannst du in **Ton** (▷ B 1), **Geräusch** (▷ B 2) und **Knall** (▷ B 3) unterscheiden.

Beim Schall unterscheidet man zwischen Geräusch, Ton und Knall.

Schall sichtbar gemacht
Um Schall sichtbar zu machen, wird häufig ein Oszilloskop benutzt (▷ B 4). Das vom Mikrofon aufgenommene Schallsignal wird auf dem Bildschirm des Oszilloskops angezeigt. Abhängig von der Art des Signals, das die Schallquelle erzeugt, sind auf dem Bildschirm unterschiedliche Anzeigen zu sehen.

Zerknüllst du vor dem Mikrofon ein Blatt Papier, hörst du ein Geräusch. Der Bildschirm zeigt eine unregelmäßige Linie (▷ B 4, oben).

Bringst du eine Papiertüte zum Zerplatzen, dann hörst du einen Knall. Der Bildschirm zeigt einen kurzen, heftigen Ausschlag (▷ B 4, Mitte).

Beim Anschlagen einer Stimmgabel hörst du einen Ton. Auf dem Bildschirm erscheint eine regelmäßige Wellenlinie (▷ B 4, unten).

Bei einem Ton schwingt die Schallquelle regelmäßig. Bei einem Geräusch schwingt sie unregelmäßig.
Bei einem Knall schwingt sie nur kurz, aber sehr heftig und unregelmäßig.

Die Tonhöhe
Auf fast allen Stimmgabeln findest du eine Zahl und die Abkürzung Hz. Schlage verschiedene Stimmgabeln an und ordne sie nach der Höhe des erzeugten Tons. Der Ton ist umso höher, je größer die Zahl auf der Stimmgabel ist (▷ B 5).

Die Frequenz
Die Zahl auf der Stimmgabel gibt an, wie oft sich die Stimmgabel in einer Sekunde hin und her bewegt. Diese Schwingungszahl pro Sekunde bezeichnet man als **Frequenz**, ihre Einheit ist **Hertz** (Hz). Die Angabe 256 Hz bedeutet also, dass sich diese Stimmgabel 256-mal in der Sekunde hin-

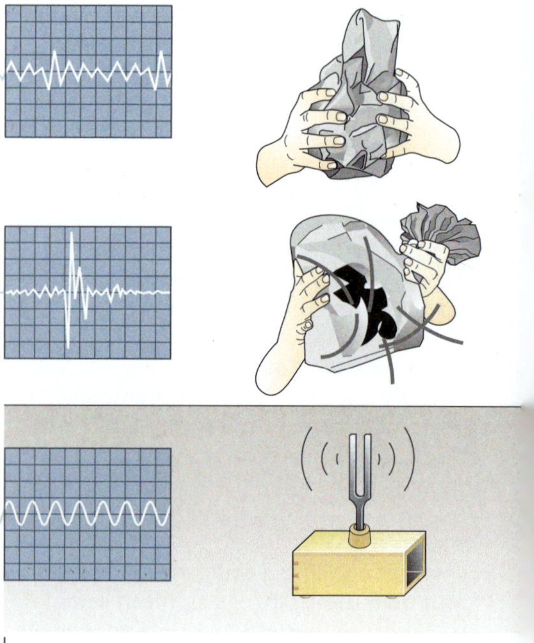

4 Versuchsaufbau zur Untersuchung des Schalls

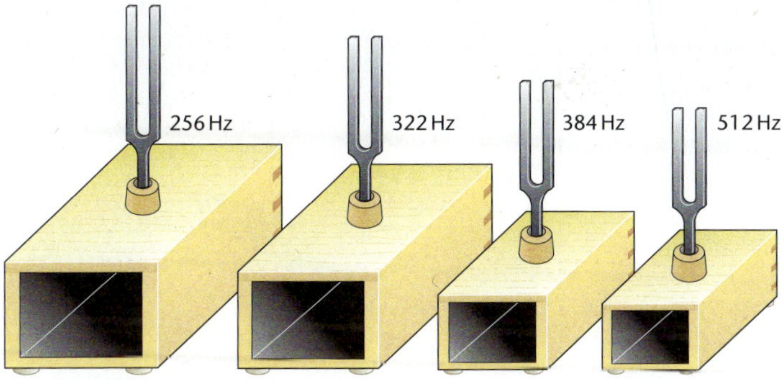

und herbewegt. Der Ton, den wir wahrnehmen, ist tief. Eine 512-Hz-Stimmgabel führt in jeder Sekunde 512 Schwingungen aus. Sie erzeugt einen höheren Ton.

Die Frequenz gibt die Zahl der Schwingungen eines Körpers in einer Sekunde an. Je größer die Frequenz ist, desto höher ist der Ton, der erzeugt wird.

Die Einheit der Frequenz ist nach dem Physiker HEINRICH HERTZ (1857–1894) benannt. Sehr hohe Frequenzen werden auch in der Einheit Kilohertz angegeben: 1000 Hz = 1 kHz.

Die Lautstärke

Das Oszilloskop zeigt uns auch die Lautstärke eines Tons an. Je stärker du die Stimmgabel anschlägst, desto lauter ertönt sie. Der Ausschlag auf dem Bildschirm nimmt mit der Lautstärke zu: Die Stimmgabel schlägt weiter aus. Der maximale Ausschlag wird als **Amplitude** bezeichnet.

Je größer die Amplitude ist, desto lauter ist der Ton.

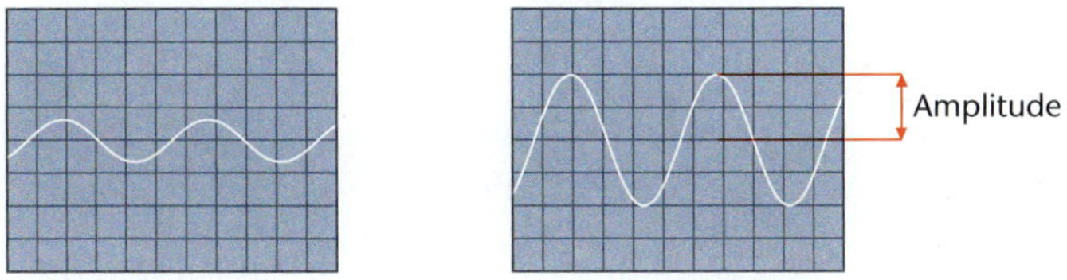

leise laut

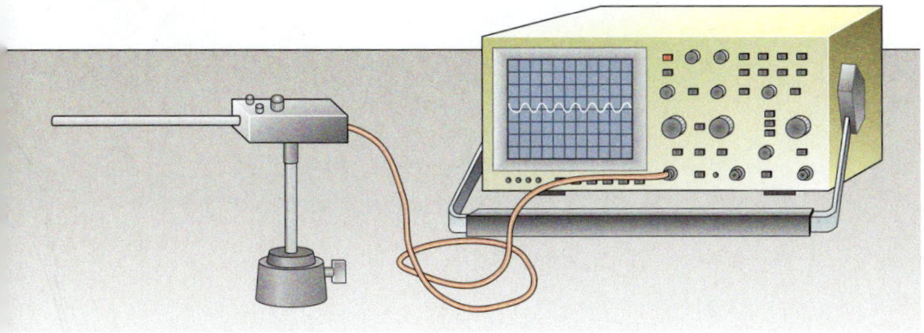

Werkstatt

Stimmgabeln

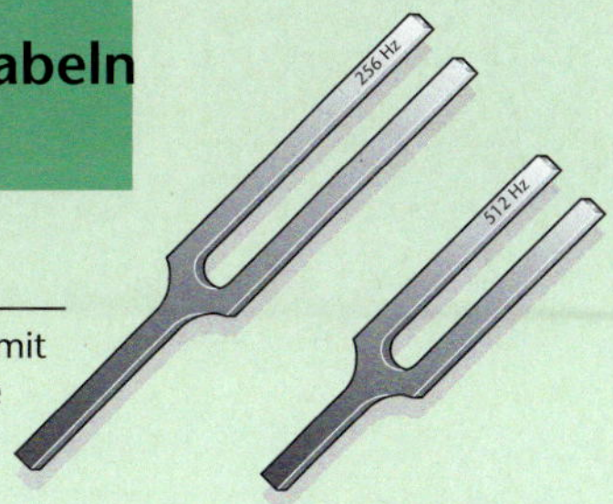

1 Stimmgabeln mit Frequenzangabe

Sieh dir einmal verschiedene Stimmgabeln an. Findest du dort ähnliche Angaben wie auf den beiden Stimmgabeln in Bild 1? Welche Bedeutung haben diese Zahlenwerte?

1 Die Gabel macht den Ton

Material

Verschiedene Stimmgabeln, Klöppel

Versuchsanleitung

Schlage die verschiedenen Stimmgabeln nacheinander mit dem Klöppel an. Ordne die Stimmgabeln nach der Höhe des Tons, den du jeweils hören kannst. Notiere die Zahlen, die auf den Stimmgabeln angegeben sind, nach derselben Reihenfolge. Was stellst du fest?

2 Schallbilder

Material

Verschiedene Stimmgabeln, Klöppel, Oszilloskop mit Mikrofon

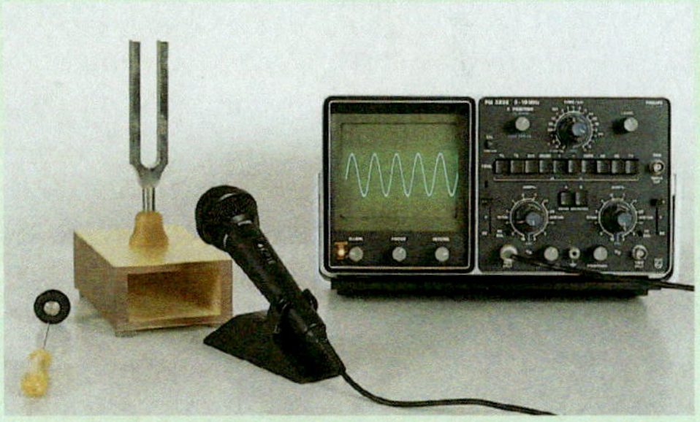

Versuchsanleitung

a) Schlage unterschiedliche Stimmgabeln an und zeichne den jeweiligen Ton mit dem Oszilloskop auf.
Zeichne die Bilder in dein Heft ab und beschreibe sie kurz. Notiere zu jedem Bild die Angaben auf der Stimmgabel.

b) Schlage eine Stimmgabel leicht an und zeichne den Ton mit einem Oszilloskop auf. Schlage nun dieselbe Stimmgabel stärker an. Zeichne beide Oszilloskopanzeigen in dein Heft. Beschreibe, wodurch sich die beiden Töne unterscheiden und wie das Oszilloskop den Unterschied sichtbar macht.

Werkstatt

Schallstärke – Lautstärke

1 Die Lautstärke wird untersucht

Material

Mindestens 2 baugleiche elektrische Klingeln

Versuchsanleitung

Drehe dich mit dem Rücken zur Klasse. Lasse eine Mitschülerin oder einen Mitschüler eine Klingel einschalten. Nach kurzer Zeit soll die zweite und eventuell noch eine weitere Kingel dazugeschaltet werden.
Stelle vor der Durchführung des Versuchs eine Vermutung darüber an, welchen Unterschied in der Lautstärke du wahrnehmen wirst. Vergleiche deine Vermutung mit dem Ergebnis des Versuchs. Was stellst du fest?

2 Die doppelte Lautstärke

Material

12 baugleiche Klingeln, Oszilloskop mit Mikrofon oder Schallpegelmessgerät

Versuchsanleitung

Lasst in eurem Klassenraum zuerst eine, dann zwei, drei, vier ... und schließlich alle 12 Klingeln gleichzeitig ertönen. Messt die Lautstärke mit dem Oszilloskop oder dem Schallpegelmessgerät (▷ B 2). Beobachtet die Anzeige genau. Wie viele Klingeln sind erforderlich, bis ihr die doppelte Lautstärke wahrnehmt? Was zeigt das Messgerät an?

3 Lautstärke und Frequenz

Material

Tonfrequenzgenerator mit Lautsprecher, Oszilloskop mit Mikrofon

Versuchsanleitung

Mit dem Tonfrequenzgenerator werden Töne von 200 Hz bis 2 000 Hz erzeugt (▷ B 1). Dabei soll die Amplitude gleich bleiben, die Schallstärke soll sich nicht ändern. Nehmt die verschiedenen Töne mit dem Mikrofon auf. Überprüft mithilfe des Oszilloskops jeweils die Amplitude.
Kannst du bei verschieden hohen Tönen Unterschiede in der Lautstärke feststellen? Wie laut nimmst du den 200-Hz-Ton im Vergleich zum 2 000-Hz-Ton wahr?

4 Spürbarer Lärm

Material

Schallpegelmessgerät, tragbarer CD-Spieler

Versuchsanleitung

Setze dich einige Minuten ruhig hin und miss dann deinen Puls. Setze nun den Kopfhörer des CD-Spielers auf und stelle die Musik laut. Miss nach wenigen Minuten erneut deinen Puls.
Hat sich der Wert zur vorherigen Messung geändert? Bestimme mit dem Schallpegelmessgerät die Lautstärke der Musik.

5 Erstellung einer Lärmkarte

Material

Schallpegelmessgerät, DIN-A3-Bogen Papier, Stifte

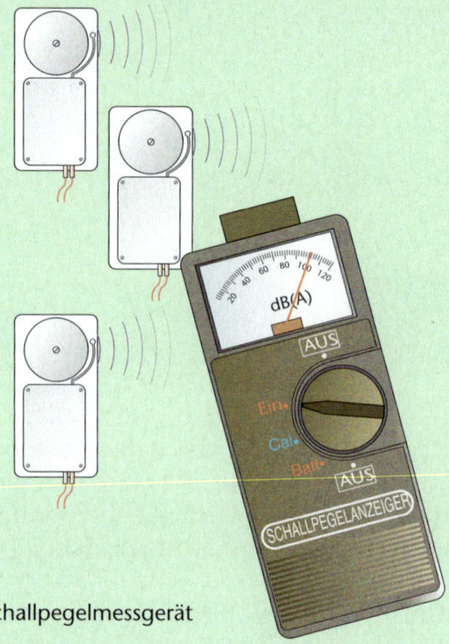

2 Schallpegelmessgerät

Versuchsanleitung

Erstellt mit dem Schallpegelmessgerät eine Lärmkarte eurer Schule. Markiert im Grundriss des Schulgeländes unterschiedlich laute Bereiche mit verschiedenen Farben.

6 Störfaktor Lärm

Material

Schallpegelmessgerät

Versuchsanleitung

Eure Klasse soll sich auf zwei Räume verteilen. Jede Gruppe bekommt Aufgaben, die sie innerhalb von fünf Minuten lösen soll. In einem Raum läuft sehr laute Musik, im anderen Raum arbeitet die Gruppe in Ruhe. Anschließend wechseln die Gruppen die Räume und bearbeiten die jeweils anderen Aufgaben. Kontrolliert anschließend die Ergebnisse und vergleicht die Zahl der Fehler.

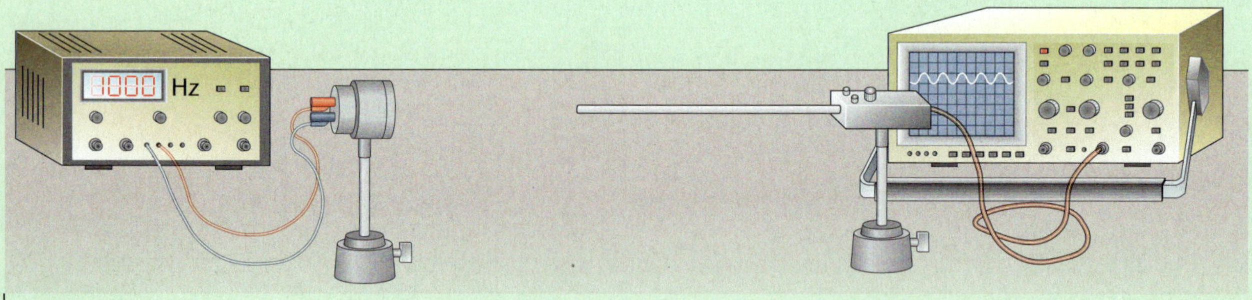

1 Zu Versuch 3

Gefühl contra Messung
Zwei Klingeln erzeugen doppelt so viel Schall wie eine. Allerdings nimmt unser Gehör zwei Klingeln im Vergleich zu einer nicht als doppelt so laut wahr (▷ B 1). Deshalb müssen wir zwischen der **Schallstärke** und dem, was wir hören – nämlich der **Lautstärke** – unterscheiden.

Erst bei 10 Klingeln nimmt das Gehör die doppelte Lautstärke wahr. Mithilfe eines Schallpegelmessgeräts (▷ B 2) kann man Versuche zum Lautstärkeempfinden durchführen. Dabei zeigt sich, dass wir bei 10-facher Schallstärke erst die doppelte Lautstärke wahrnehmen. Bei 100-facher Schallstärke wird die 4-fache Lautstärke wahrgenommen, bei 1000-facher Schallstärke dann die 8-fache Lautstärke usw.

▶ Die wahrgenommene Lautstärke nimmt viel langsamer zu als die tatsächliche Schallstärke.

Auf unsere Ohren bzw. unser Gehör wirkt allerdings die tatsächliche Schallstärke. Also: Vorsicht bei lauten Geräuschen oder Tönen!

Lautstärke und Frequenz
Wie laut unser Gehör einen Ton wahrnimmt, hängt auch von der Frequenz des Tons ab. Das zeigt sich, wenn man mit einem Tonfrequenzgenerator und einem Lautsprecher Töne von 100 Hz bis 2000 Hz erzeugt. Mit einem Mikrofon kann man diese Töne aufzeichnen und auf dem Oszilloskop anzeigen lassen. Erhöht man die Frequenz, scheint der Ton lauter zu werden, auch wenn die Amplitude auf dem Bildschirm unverändert bleibt. Die Zuhörer nehmen also trotz unveränderter Schallstärke einen lauteren Ton wahr.

1 Zwei Klingeln – doppelte Lautstärke?

▶ Unser Gehör nimmt unterschiedlich hohe Töne mit gleicher Schallstärke unterschiedlich laut wahr.

Die Maßeinheit der Lautstärke
Mit dem in Bild 2 gezeigten Messgerät wird die Lautstärke in **Dezibel (A)** gemessen. (A bedeutet, dass die Messskala an die menschliche Hörkurve angepasst wurde.)

▶ Die Lautstärke wird in der Einheit Dezibel gemessen:
1 Dezibel (A) = 1 dB(A)

Eine Zunahme der Lautstärke um 10 dB(A) entspricht einem Anstieg der Schallstärke auf das 10-fache, sie wird vom Gehör aber als doppelte Lautstärke wahrgenommen.

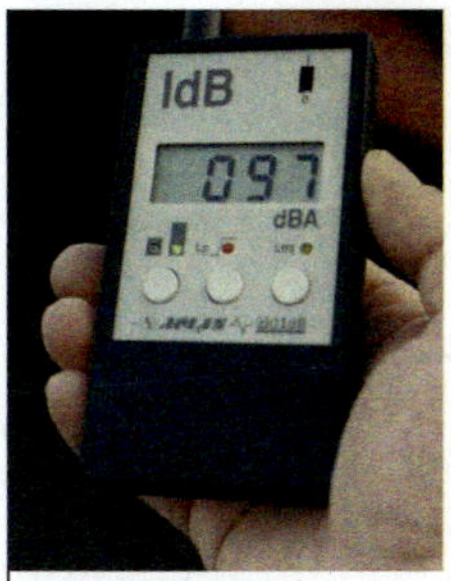

2 Schallpegelmessgerät

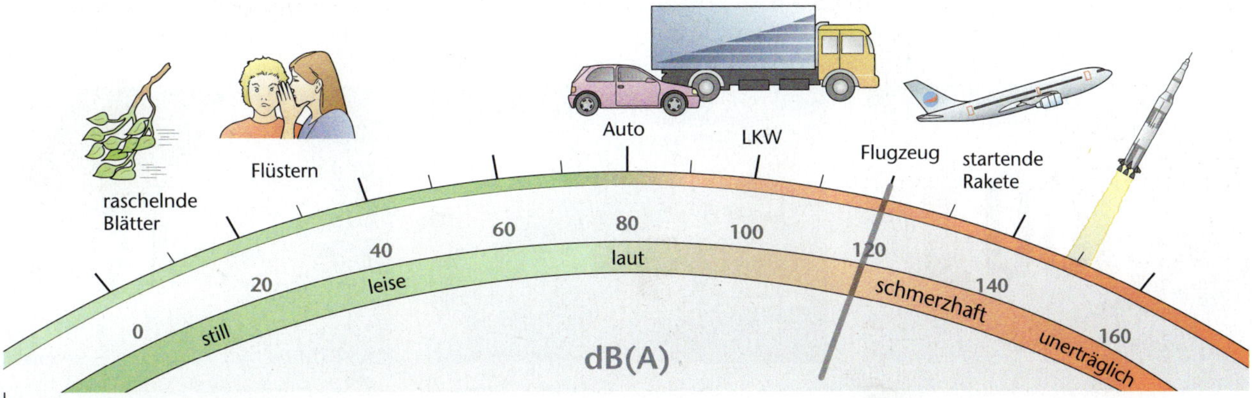

3 Beispiele für verschiedene Lautstärken

1 Diskomusik kann doppelt so laut sein wie ein Presslufthammer.

Musik von 100 dB(A) ist um 10 dB(A) lauter als ein Presslufthammer mit 90 dB(A) (▷ B 1). Auch wenn wir die Musik nur doppelt so laut wahrnehmen, wirkt auf unser Gehör doch die zehnfache Schallstärke.

Lärm kann schaden

Jede Art von Schall, der uns stört, bezeichnen wir als Lärm – egal, ob es sich um Musik oder Motorengeräusche handelt. Lärm kann mehr als störend sein, er kann unser Gehör schädigen. Diese Gefahr besteht z. B. für Jugendliche, die mit dem Diskman häufig sehr laute Musik hören. Bereits jeder vierte Jugendliche hat einen Hörschaden, der nicht mehr zu beheben ist.
Die dauerhafte Einwirkung von Lärm kann auch andere Krankheiten auslösen, z. B. Herz-Kreislauf-Erkrankungen. Deshalb ist es wichtig, sich vor Lärm zu schützen.

Lärmschutz im Straßenverkehr

Du hast sicher schon festgestellt, dass die Straßengeräusche im Winter bei Schneefall viel leiser sind. Der Schall, den z. B. die Autos erzeugen, dringt in die Hohlräume zwischen den Schneekristallen ein. Der Lärm, der sonst vom Straßenbelag reflektiert wird, wird vom Schnee verschluckt. Der Schall wird gedämpft.
Nach diesem Prinzip funktioniert auch die Schalldämpfung in der Auspuffanlage eines Autos: Bei Absorptionsschalldämpfern wird der Schall durch ein gelochtes Abgasrohr geleitet. Das Rohr ist von einem schalldämpfenden Material umgeben, in dem sich der Schall verliert.
Eine andere Lärmschutz-Maßnahme stellt die Schalldämmung dar. Hier wird die Ausbreitung des Schalls durch ein Trennelement gestört. Ein Beispiel dafür sind Schallschutzwände (▷ B 2) an stark befahrenen Straßen. Sie werfen einen Teil des Schalls in Richtung Straße zurück.

Lärmschutz beim Bau

In Gebäuden sorgen aufwändige Fußbodenkonstruktionen dafür, dass möglichst wenige Geräusche in angrenzende Räume geleitet werden. Kernstück dieser Konstruktion ist der schwimmende Estrich. Er hat mit den Mauern und der Betondecke keine feste Verbindung.

Aufgaben

1 Informiere dich über weitere Maßnahmen zum Lärmschutz. Wo kommen sie zur Anwendung?

2 Für die Lärmbelastung in Wohngebieten gibt es gesetzliche Höchstwerte: 50 dB(A) bei Tag, 35 dB(A) bei Nacht. Im Internet findest du Lärmkarten verschiedener Städte. Vergleiche die Messwerte mit den Grenzwerten.

2 Maßnahmen zum Schutz vor Straßenlärm

Geschwindigkeitsbegrenzung

Schallschutzwände

Moderne Fenster

Musikinstrumente selbst gebaut

Wir gründen eine Band
Die folgenden Musikinstrumente kannst du selbst mit einfachen Mitteln nachbauen.
Wenn deine Klassenkameraden auch Instrumente bauen, könnt ihr sie vielleicht sogar im Musikunterricht benutzen.

1 Bongos

Material
3 oder mehr unterschiedlich lange stabile Pappröhren (oder auch alte runde Kaffee- oder Plätzchendosen), mehrere Bögen „Elefantenhaut" (spezielles Papier, das im Bastel- oder Schreibwarengeschäft erhältlich ist), Schnur oder Kordel

Versuchsanleitung
Lege die Elefantenhaut kurz in lauwarmes Wasser. Wringe sie dann vorsichtig aus. Bespanne nun die Öffnungen der Röhren mit der Elefantenhaut und befestige die Haut mit einer Kordel.

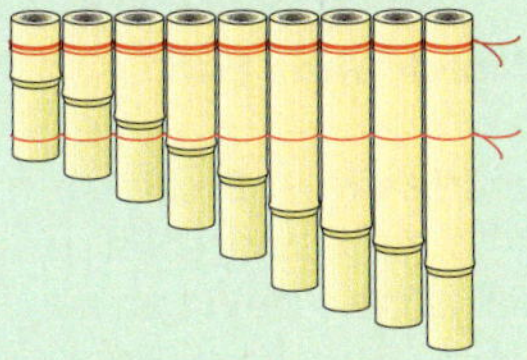

2 Panflöte

Material
8 unterschiedlich lange Stücke Plastikschlauch, Schilfrohr oder Ähnliches, ein dünnes Band oder Klebefilm

Versuchsanleitung
Binde oder klebe die 8 Flötenstücke (ca. 7 bis 15 cm Länge) der Größe nach aneinander. Bläst du über die Öffnungen hinweg, kannst du Töne erzeugen.

3 Flaschenorgel

Material
Mindestens 8 leere Flaschen der gleichen Sorte

Versuchsanleitung
Fülle die 8 Flaschen unterschiedlich hoch mit Wasser, sodass beim Dagegenschlagen eine Tonleiter zu hören ist. Du kannst auch über die Flaschenöffnungen hinwegpusten.

4 Zupfkiste

Material
Hölzerne Kiste (z. B. Zigarrenkiste) oder stabiler Pappkarton, unterschiedlich dicke Drähte, Gummibänder, Nylonschnur, Schere

Versuchsanleitung
Spanne über die Holzkiste unterschiedlich dicke Drähte, Gummibänder und Nylonschnüre und befestige sie sorgfältig. Durch Anzupfen kannst du Töne erzeugen.

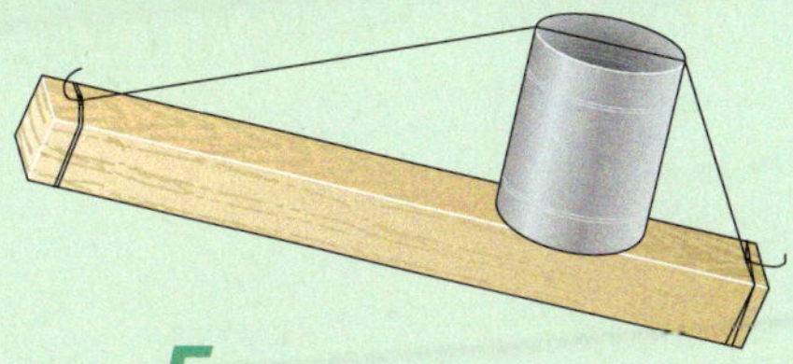

5 Bass

Material
Vierkantholz (ca. 1 m) oder Besenstiel, dünner Draht oder Nylonschnur, größere Konservendose oder Plastikeimer

Versuchsanleitung
Spanne den Draht so der Länge nach über das Vierkantholz, dass du die Konservendose gerade zwischen Holz und Draht einklemmen kannst. Zupfe nun den Draht an.

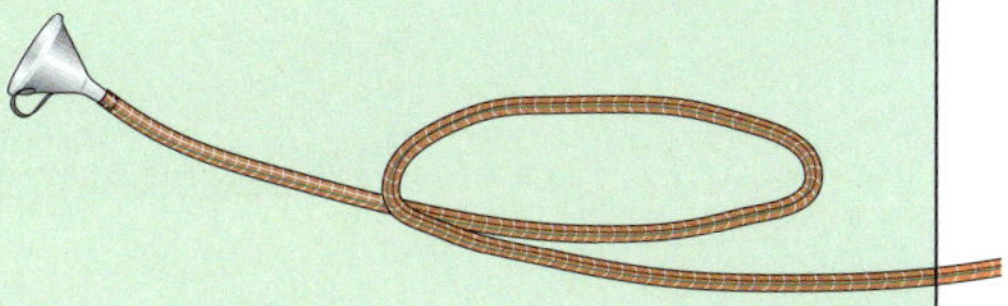

6 Gartenschlauchtrompete

Material
Gartenschlauch (ca. 1 m), Trichter

Versuchsanleitung
Baue die Schlauchtrompete, wie im Bild zu sehen. Blase wie bei einer Trompete in das Schlauchende, um Töne zu erzeugen.

1 Selbst gebaute Instrumente im Einsatz

Wie breitet sich Schall aus?
Wenn du das linke Tamburin in Bild 1 anschlägst und gleichzeitig die Kugel am rechten Tamburin beobachtest, dann stellst du fest, dass sich die Kugel bewegt.

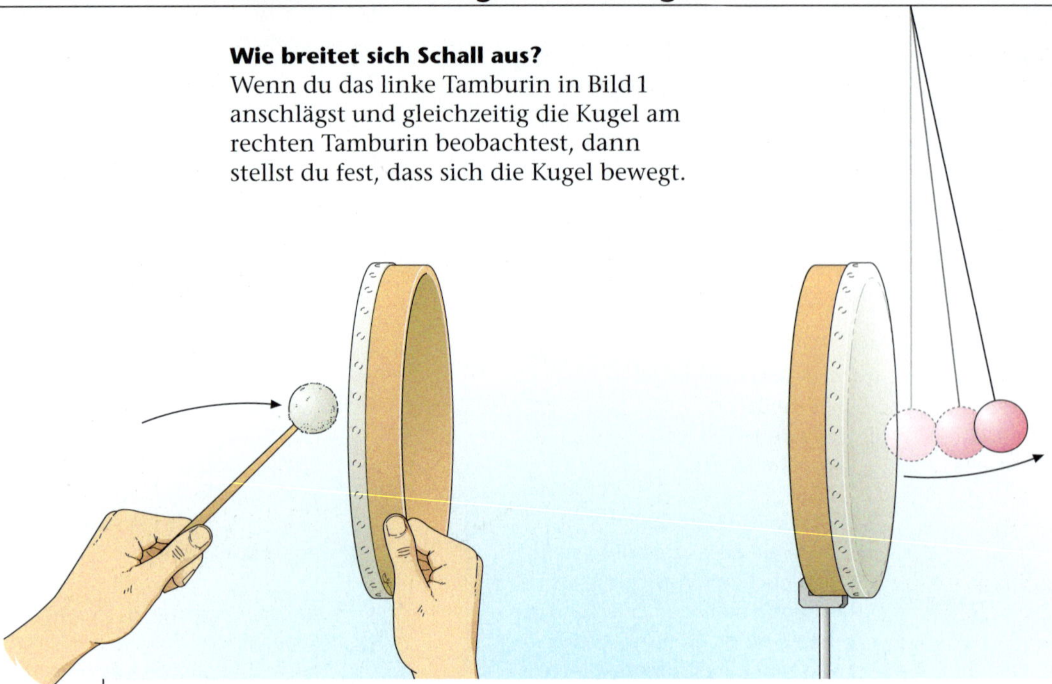

1 Wieso bewegt sich die aufgehängte Kugel?

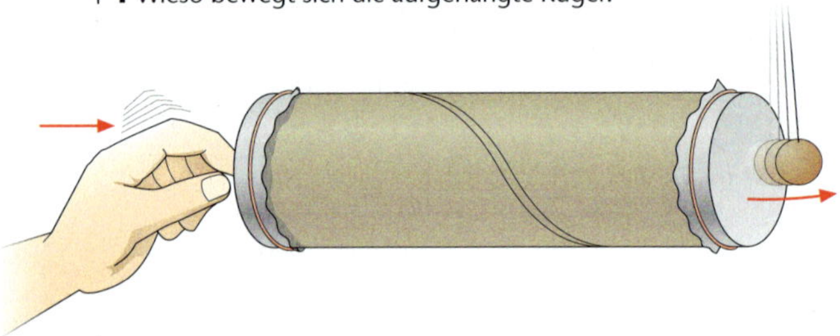

2 Der Schall setzt die Kugel in Bewegung.

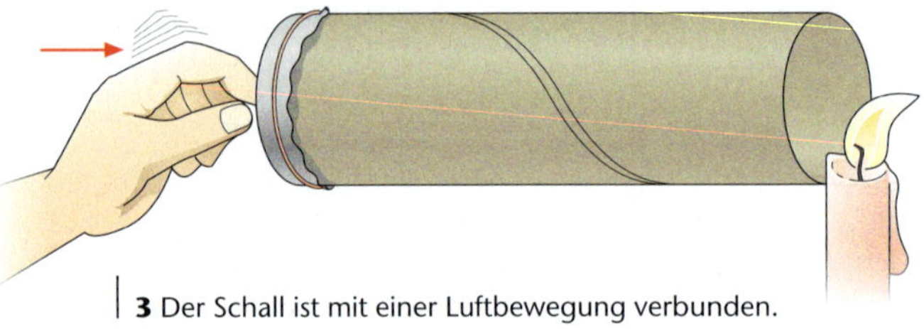

3 Der Schall ist mit einer Luftbewegung verbunden.

4 Ohne Luft ist kein Klingeln zu hören.

Bild 2 zeigt eine hohle Pappröhre, die an beiden Seiten mit einer dünnen Gummihaut verschlossen ist. Eine leichte Kugel, die an einem Faden befestigt ist, berührt die rechte Gummihaut. Schlägst du leicht mit einem Finger gegen die linke Gummihaut, dann kannst du sehen, dass sich die Kugel bewegt.
In Bild 3 wurde die rechte Gummihaut von der Röhre entfernt. Anstelle der Kugel wird eine brennende Kerze verwendet. Schlägst du erneut gegen die linke Gummihaut, dann flackert die Kerzenflamme hin und her.
Alle drei Versuche zeigen, dass sich der Schall durch die Luft ausbreitet.

Kann sich Schall auch ohne Luft ausbreiten?
Bei der Beantwortung dieser Frage kann euch ein Versuch in der Schule helfen. Schließt eine elektrische Klingel an eine Batterie an. Legt die Klingel auf eine Hartschaumunterlage unter eine Glasglocke. Aus dieser Glasglocke wird die Luft langsam abgepumpt. Was geschieht?
Je länger das Abpumpen der Luft dauert, desto leiser wird das Klingeln. Es fehlt die Luft zur Weiterleitung des Schalls. Schall kann sich also nicht alleine ausbreiten. Man sagt, Schall braucht einen **Schallträger**. In diesem Fall ist es die Luft.

Schall breitet sich in der Luft aus.
Luft ist ein Schallträger.

Feste und flüssige Schallträger

Lege dein Ohr wie in Bild 5 auf die Tischplatte und lasse deinen Tischnachbarn ganz leicht auf das andere Ende des Tisches klopfen.

Eine andere Möglichkeit besteht darin, das Ohr an einen Heizkörper zu halten (▷ B 6). Bitte ein Mädchen oder einen Jungen aus deiner Klasse, leicht gegen das andere Ende der Heizung zu klopfen. Auch in diesem Fall wirst du das Klopfen gut hören. Befinden sich mehrere Heizkörper in der Klasse, soll nun eine Mitschülerin oder ein Mitschüler an einen zweiten Heizkörper klopfen, während du dein Ohr weiterhin an den ersten hältst.

Legst du einen alten tickenden Wecker in einen wasserdichten Behälter (Plastikdose) und diesen in ein mit Wasser gefülltes Glas, so wirst du das Ticken hören, wenn du dein Ohr an das Glas hältst.

Die Versuche zeigen: Bei der Schallausbreitung ist Luft nicht der einzige Schallträger.

▶ Auch feste und flüssige Stoffe leiten den Schall weiter.

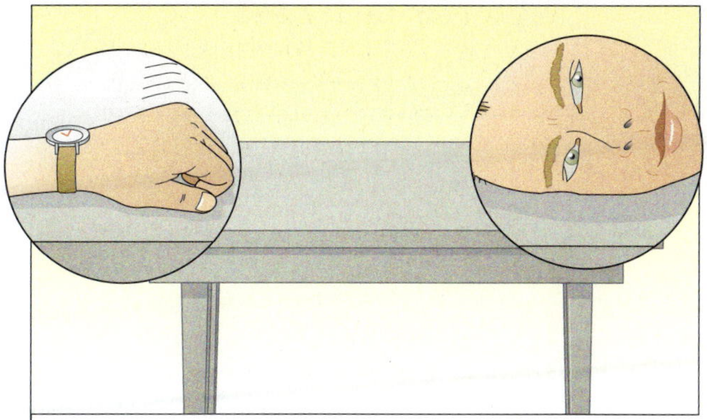

5 Klopfzeichen am Tisch

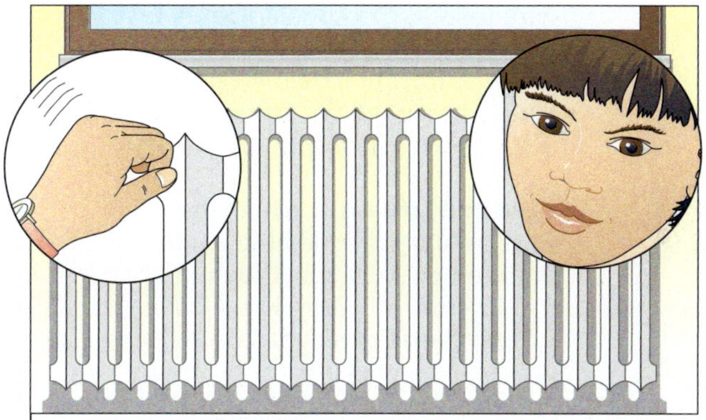

6 Klopfzeichen an der Heizung

Werkstatt

Wir bauen ein Fadentelefon

Hast du schon einmal versucht dich mit jemandem über ein Fadentelefon zu verständigen? Ob das wohl über eine längere Strecke funktioniert?

Material

2 leere Plastikbecher, 2 Büroklammern und ein langer Faden

Versuchsanleitung

Stich ein kleines Loch in die Mitte des Becherbodens. Ziehe ein Ende des Fadens von außen nach innen und befestige es dort mithilfe einer Büroklammer. Wenn nun ein Mitschüler das Gleiche am anderen Ende des Fadens macht, habt ihr ein Fadentelefon. Geht nun so weit auseinander, dass der Faden straff gespannt ist. Flüstere etwas in deinen Plastikbecher. Kann dein Partner das hören? Kannst du hören, was er sagt?

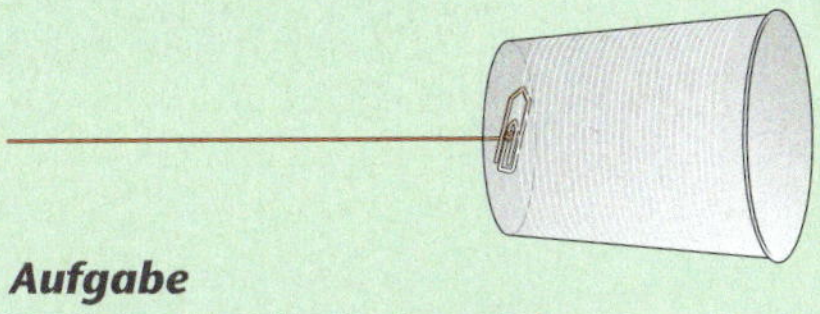

Aufgabe

Funktioniert das Fadentelefon auch, wenn ihr den Faden
- durch das Schlüsselloch einer Tür führt?
- um eine Ecke legt und er dabei die Wand berührt?
- durch einen dünnen Draht ersetzt?

Erkläre deine Beobachtungen.

1 Eine Metallschiene leitet den Schall.

Schall in der Schiene
Stellt man wie in Bild 1 eine tickende Uhr auf das eine Ende einer Metallschiene und legt ein Ohr an das andere Ende, dann wird man das Ticken der Uhr deutlich hören. Vielleicht hast du eine ähnliche Szene schon einmal in einem Western gesehen. Um zu hören, ob der Zug kommt, wird an den Gleisen gelauscht.

Gute und schlechte Schallleiter
Eisen ist ein guter Schallleiter. Damit ist gemeint, dass der Schall sich in Eisen besonders schnell ausbreitet. Genaue Messungen haben ergeben, dass der Schall in Eisen in einer Sekunde eine Strecke von etwa 5170 m zurücklegt.
Auch Glas leitet den Schall sehr gut. Der Schall ist in Glas fast so schnell wie in Eisen. Schlechter und langsamer breitet sich der Schall dagegen in Luft aus. Der Schall legt in der Luft nur etwa 340 m in einer Sekunde zurück.
Einige Meeresbewohner wie die Wale nutzen das Wasser als Schallleiter. Die Signale, die sich viermal so schnell ausbreiten wie in Luft, ermöglichen eine Verständigung über kilometerweite Entfernungen.

Schall legt in Luft in einer Sekunde etwa 340 m zurück. Man sagt: „Die Schallgeschwindigkeit in Luft beträgt 340 m/s."

Aufgabe

1 a) Schlage die Ausbreitungsgeschwindigkeit von Schall in unterschiedlichen Stoffen wie Gummi, Wasser, Glas, Mauerwerk etc. nach. Notiere die Werte in einer Tabelle.
b) Kannst du erklären, warum man bei einem Gewitter, das noch etwas entfernt ist, den Blitz immer vor dem Donner wahrnimmt?

Werkstatt

Wir messen die Schallgeschwindigkeit

Den folgenden Versuch müsst ihr zu zweit durchführen. Sucht euch einen Ort, an dem ihr eine etwa 340 m lange, gerade Strecke abstecken könnt (die Strecke sollte ruhig gelegen und nicht von Autos befahren sein).

Material
Stoppuhr, 2 Bretter

Versuchsanleitung
Einer von euch stellt sich mit den beiden Brettern am Anfang der Strecke auf. Der andere geht zum Ende. Achtet darauf, dass ihr euch gut sehen könnt.
Nun geht es los: Die Bretter werden zusammengeschlagen. Der Zeitnehmer startet die Stoppuhr, wenn er das Signal sieht und hält die Uhr an, wenn das Geräusch zu hören ist. Das Ergebnis ist die Zeit, die der Schall in Luft für eine Strecke von 340 m braucht.
Tipp: Um Messungenauigkeiten auszugleichen, solltet ihr den Versuch mehrmals durchführen. Notiert die Ergebnisse der einzelnen Messungen und berechnet dann den Mittelwert. Wenn ihr den Versuch z. B. fünfmal durchgeführt habt, müsst ihr die 5 Messwerte addieren und das Ergebnis durch 5 dividieren.

1 Messung der Schallgeschwindigkeit

Messung	gestoppte Zeit in s
1	1,3
2	1,1

Wettlauf zwischen Schall und Licht

Blitz und Donner
Bei einem Gewitter hast du bestimmt schon bemerkt, dass zuerst der Blitz zu sehen ist. Obwohl der Donner im gleichen Augenblick entsteht, hörst du ihn Sekunden später.

Schnelles Licht, langsamer Schall
Die Erklärung ist ganz einfach: Der Schall legt in der Luft etwa 340 m in einer Sekunde zurück. Das Licht breitet sich fast 1 000 000-mal schneller aus.
Der Schall benötigt also mehr Zeit, um zu deinem Ohr zu gelangen. Du hörst die Geräusche deshalb später.

Der 100-m-Lauf
Bei einem 100-m-Lauf gibt der Starter den Läufern das Signal „Achtung – fertig – los!" Es dauert etwa 0,3 Sekunden, bis der Ruf „Los!" beim Zeitnehmer am Ziel ankommt. Deshalb hat man sich darauf geeinigt, ein optisches Zeichen als Startzeichen zu wählen, z.B. eine Fahne, die bei „Los!" nach unten bewegt wird oder einen Pistolenschuss, bei dem nicht der Knall, sondern der Lichtblitz das Startzeichen für die Zeitnehmer ist. Bei euren Sportfesten werden vielleicht Starterklappen benutzt. Bei großen Sportveranstaltungen misst man die Zeit elektronisch.

Stelle dich beim nächsten 100-m- oder 75-m-Lauf an das Ziel und beobachte die Starterklappe. Wann hörst du den Knall des Zusammenschlagens?

Beim Feuerwerk
Bei einem Feuerwerk sieht man häufig das Zerbersten einer Rakete hoch am Himmel. Erst etwas später hören wir den zugehörigen Knall.

Aufgaben

1 Wie viele Meter legt der Schall in 5 s in Luft, in Wasser und in Glas zurück?

2 Bei einem Feuerwerk siehst du die Explosion einer Rakete am Himmel. Den Knall hörst du erst 2 Sekunden später.
Wie weit bist du vom Feuerwerk entfernt?

3 Zwischen Blitz und Donner vergehen 6 Sekunden. Wie weit ist das Gewitter entfernt?

1 Ein ungleiches Rennen zwischen Licht und Schall

Schall gelangt auf das Trommelfell
Schall breitet sich durch die Luft aus. Erst dadurch kann er zu unserem Ohr gelangen und dort aufgenommen werden.
Bild 1 zeigt am Beispiel des Tons einer Stimmgabel, wie der Schall durch den Gehörgang zum Trommelfell geleitet wird.

Was geschieht in unserem Ohr?
Das Mittelohr besteht aus mehreren luftgefüllten Räumen, deren zentraler Teil die Paukenhöhle ist. Das durch den Schall zum Schwingen angeregte Trommelfell überträgt diese Schwingungen auf die drei **Gehörknöchelchen** (▷B2), **Hammer**, **Amboss** und **Steigbügel.**

Der Steigbügel verschließt am anderen Ende eine kleine Öffnung in der Mittelohrwand, das ovale Fenster.

Die Anordnung der Gehörknöchelchen im Mittelohr und vor allem der Übergang von dem relativ großen Trommelfell zum kleineren ovalen Fenster führt zu einer Verstärkung der Schwingungen um das 20-Fache.

Im Innenohr
Der eigentliche Hörvorgang findet im Innenohr statt. Hier befindet sich die so genannte Hörschnecke. Ihren Namen hat sie von der Ähnlichkeit mit einem Schneckenhaus (▷B3). In der Hörschnecke werden die Schwingungen über die Hörsinneszellen in elektrische Signale umgewandelt und über den Hörnerv zum Gehirn weitergeleitet. Erst jetzt hören wir.

Trommelfell, Gehörknöchelchen, Hörschnecke und Hörnerv sind mit dafür verantwortlich, dass wir hören können.

1 Aufbau des Gehörs

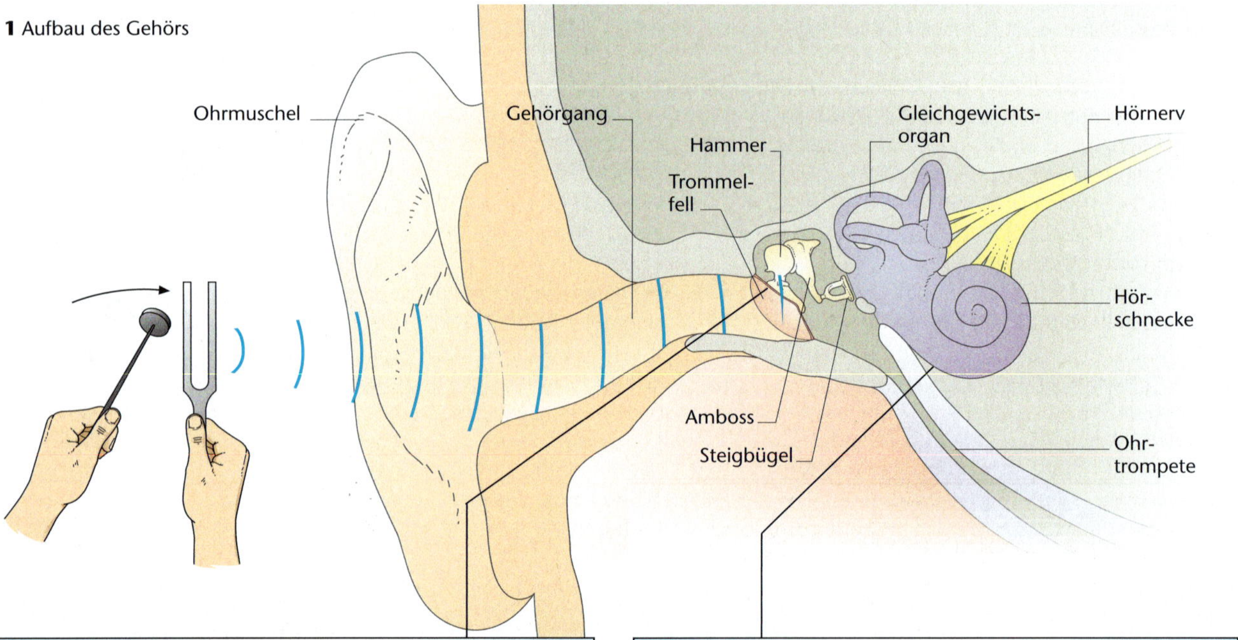

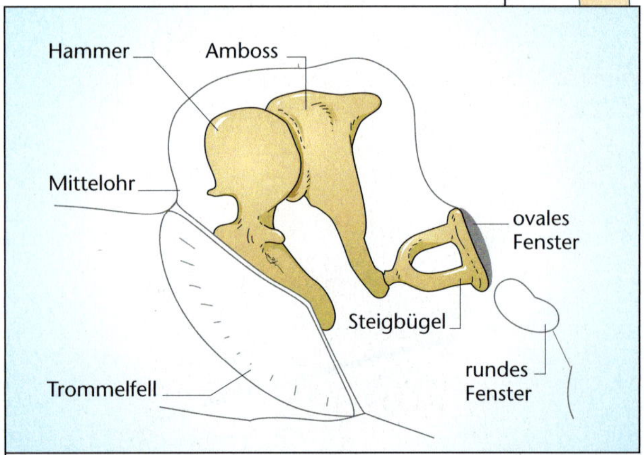

2 Paukenhöhle mit den Gehörknöchelchen

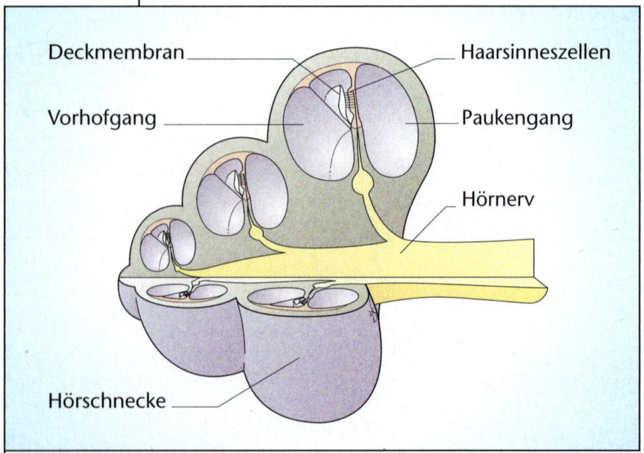

3 Hörschnecke im Schnitt

Unser Ohr

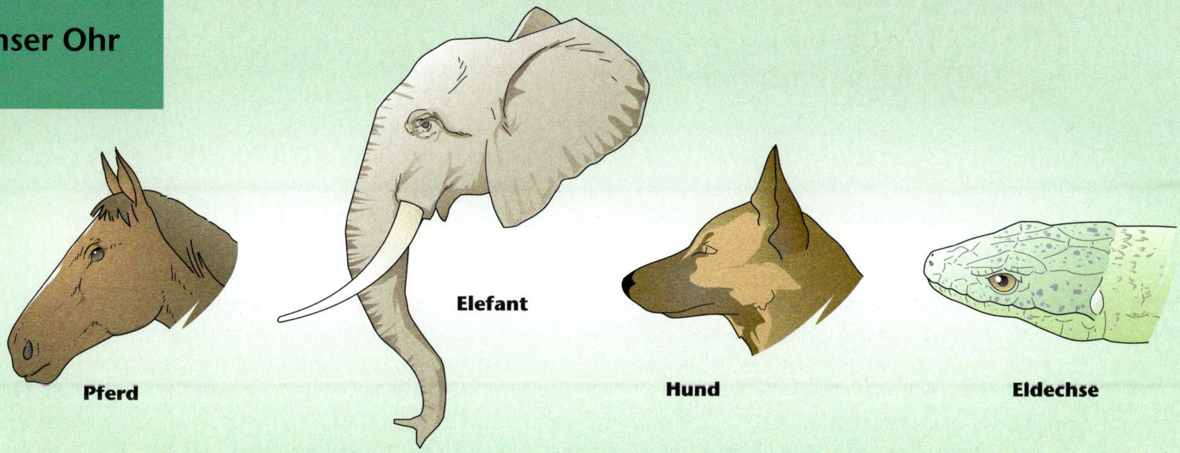

1 Die Ohren verschiedener Lebewesen im Vergleich. Erkennst du auch das Ohr der Eidechse?

1 Die Ohrmuschel

Versuchsanleitung

Bild 1 zeigt dir die Ohren verschiedener Tiere. Sieh dir nun das Ohr einer Mitschülerin oder eines Mitschülers an.

Was du sehen kannst, nennt man die Ohrmuschel. Zeichne die Ohrmuschel so genau wie möglich in dein Heft ab. Vergleiche das menschliche Ohr mit den Ohren in Bild 1. Beschreibe Unterschiede und Gemeinsamkeiten.

2 Haben große Ohren Vorteile?

Versuchsanleitung

Für das folgende Experiment muss es im Klassenraum ganz still sein!

a) Stelle dich mit dem Rücken zur Klasse. Bitte jemanden, dir etwas zuzuflüstern.

b) Drehe dich dann so, dass du seitlich zur Klasse stehst. Lasse dir erneut etwas zuflüstern.

c) Drehe dich nun zur Klasse und halte die Hände so hinter deine Ohren wie in Bild 2 dargestellt. Nun wird noch einmal geflüstert.

2 Zu Versuch 2

Aufgaben

1. Wie nimmst du das Flüstern jeweils wahr?

2. Welche Wirkung haben die Hände in Versuchsteil c)?

3 Aus welcher Richtung kommt der Schall?

Material

Plastik- oder Gummischlauch (Länge ca. 1 m), Bleistift

Versuchsanleitung

a) Verbinde deine Augen und stelle dich vor deine Klasse. Halte dir ein Ohr zu. Eine Mitschülerin oder ein Mitschüler soll dir nun etwas zuflüstern. Wer hat geflüstert? Wo sitzt er bzw. sie – rechts oder links hinter dir?

b) Wiederholt den Versuch. Halte dir dabei erst das andere Ohr zu und nimm anschließend beide Hände von den Ohren.

c) Nimm einen etwa 1 m langen Gummi- oder Plastikschlauch und markiere genau die Mitte. Halte nun die beiden Enden vorsichtig an beide Ohren.

Nun schlägt jemand leicht mit einem Bleistift an den Schlauch (▷ B 3). Kannst du sagen, ob eine Stelle links oder rechts der Mitte angeschlagen wurde?

Aufgabe

Erkläre die Ergebnisse des Versuchs.

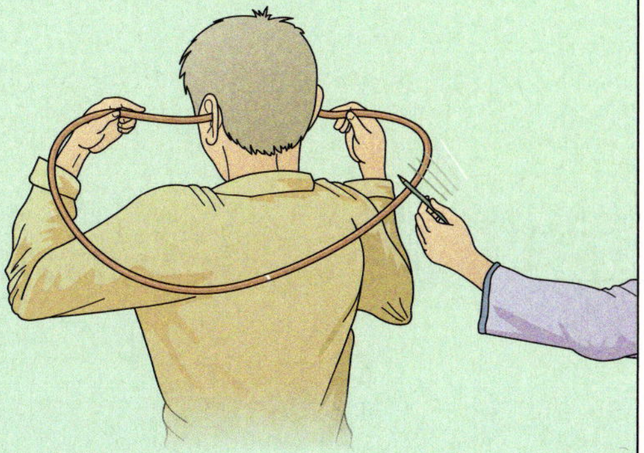

3 Zu Versuch 3

Tipp: Miss die Abstände zwischen den Ohren einiger Mitschülerinnen und Mitschüler aus (▷ B 4). Zu welchen Ergebnissen kommst du? Nun stell dir vor, der Schall kommt von rechts, von links, von vorne oder von hinten ...

4 Messung des Ohrenabstands

Strategie

Erstellen einer Computer-Präsentation

Immer häufiger wird zur Präsentation eines Referats oder Vortrags der Computer eingesetzt. Dabei kommt es darauf an, dass man sowohl mit dem Computer, als auch mit dem Präsentationsprogramm umgehen kann.
Damit die Präsentation gelingt, solltest du alle beteiligten Komponenten berücksichtigen. Dazu gehören:

- das Thema (Präsentationsziel),
- die technischen Hilfsmittel (PC, Beamer, Leinwand),
- die zur Verfügung stehende Zeit,
- die Teilnehmer,
- du selbst als Vortragende oder Vortragender.

A. Vorbereitung der Präsentation
Zuerst solltest du den Inhalt deiner Präsentation festlegen und eine grobe Gliederung anfertigen. Diese Gliederung bestimmt auch etwa die Anzahl der Seiten deiner Präsentation. Fertige zuerst schriftliche Notizen an. Jede gelungene Computer-Präsentation ist auf dem Papier entstanden.

B. Jetzt geht es los!
Installiere die Software so, dass du einen übersichtlichen Arbeitsplatz auf dem Bildschirm hast. Starte nun dein Präsentationsprogramm. Du kannst entweder mit einem Assistenten arbeiten, der dich bei der Erstellung der Präsentation begleitet, oder eine leere Präsentation öffnen. Im zweiten Fall kannst du im Handbuch nachschlagen, um alle Funktionen kennen zu lernen.
Meist kannst du zwischen verschiedenen Layouts wählen. Entscheide dich für eines und verwende es durchgängig, sonst wirkt deine Präsentation unruhig.

C. Die Seitengestaltung
Bei der Gestaltung deiner Seiten solltest du folgende Punkte beachten:

- Richte die Seite möglichst im Querformat ein.
- Beschrifte die Seiten nie ganz bis zum Rand.
- Beschränke den Textumfang – weniger ist oft mehr.
- Plane höchstens acht Wörter pro Zeile ein.
- Wähle als Schriftgröße mindestens 20 pt.
- Der Zeilenabstand sollte mindestens 1,5 Zeilen betragen.
- Verwende maximal drei verschiedene Schriftgrößen und -arten, sonst wird die Seite unübersichtlich.

D. Ein Wort zur Farbe
Gerade bei der Auswahl der Farbe für deine Seiten musst du vorsichtig sein: Rot wirkt z. B. aufregend, Grün beruhigend. Eine Seite mit weißem Hintergrund kann „leer" und etwas langweilig wirken.
Gestalte deine Präsentation nicht zu bunt, zwei bis drei Farben sind genug. Probiere einfach verschiedene Möglichkeiten aus und frage deine Mitschülerinnen und Mitschüler nach ihrer Meinung.

Falls du an die ganze Klasse ein Exemplar deiner Präsentation ausgeben willst, kannst du sie auch in schwarz-weiß ausdrucken bzw. kopieren. Damit sparst du Druckerfarbe.

E. Ein paar wichtige Regeln zu den Animationen
Viele Präsentationsprogramme bieten eine Reihe von Spezialeffekten an. Wenn du eine Präsentation vorführen willst, sollte allerdings der Inhalt im Vordergrund stehen.

Deine Zuhörer lesen von links nach rechts. Blende die einzelnen Textbausteine deshalb von links ein. Um einen Punkt besonders hervorzuheben, kannst du ihn von rechts einblenden – das weckt die Aufmerksamkeit.

Dasselbe Prinzip gilt für Klänge: Eine gelegentliche musikalische Einlage lässt das Publikum aufhorchen, anhaltende Hintergrundgeräusche können dagegen stören.

F. Vor Publikum
Deine Präsentation ist fertig, nun möchtest du sie vorführen. Dazu musst du das Tempo, in dem du die Seiten zeigst, richtig bemessen. Zu kurz eingeblendete Seiten kann dein Publikum nicht vollständig erfassen. Teste den zeitlichen Ablauf deshalb zunächst vor einem „Versuchspublikum". Du hast dann die Möglichkeit, die Präsentation automatisch ablaufen zu lassen und unter der Option „Einblendezeiten" die Dauer der Einblendung einzustellen. Du kannst die Präsentation aber auch selbst steuern: Dies ist entweder über die Tastatur oder mit der Maus möglich. Probiere aus, was dir angenehmer ist.

Schließlich solltest du dem Publikum Zeit lassen, sich die Spezialeffekte anzuschauen – sprich deshalb möglichst nicht in die Animationen hinein.

G. Doppelt genäht hält besser
Kontrolliere vor deiner Präsentation, ob der Computer und der Beamer funktionieren und ob alle Geräte richtig angeschlossen sind. Nichts ist ärgerlicher, als wenn deine Präsentation an technischen Problemen scheitert.

Wenn du ganz sicher gehen willst, drucke die Seiten deiner Präsentation vorher auf Folien aus. Ein Tageslichtprojektor ist schnell geholt. Dann kannst du deinen Vortrag auch auf diese Art halten.

Vergiss nicht: Das Wesentliche einer Computer-Präsentation sind der Inhalt und der Vortragende – nicht die Technik und die Effekte.

1 Den Ton einer Hundepfeife können Menschen nicht hören.

Versuch

1 Bittet euren Lehrer oder eure Lehrerin, sich auf den Platz eines Schülers zu setzen.
Ein Mädchen oder Junge der Klasse soll nun langsam am Regler des Tonfrequenzgenerators drehen. Je größer die Frequenz, desto höher der Ton. Jede Person im Raum, auch eure Lehrerin oder euer Lehrer schließt die Augen und hebt den Arm, sobald sie keinen Ton mehr hört.
a) Wer hört als erster keinen Ton mehr? Bei welcher Frequenz ist das der Fall?
b) Bei welcher Frequenz hört keiner der Anwesenden mehr einen Ton?

Schall, den wir nicht hören können
Du weißt, dass unser Gehör sehr leise und sehr laute Töne wahrnehmen kann. Sehr laute Töne empfinden wir schnell als Lärm. Wie sieht es aber bei sehr tiefen oder sehr hohen Tönen aus?

Vielleicht kennst du die speziellen Pfeifen, mit denen ein Hundebesitzer sein Tier ruft (▷B 1). Wir können den Ton dieser Hundepfeifen nicht hören. Zu leise kann er aber nicht sein, denn Hunde hören ihn sogar noch in großer Entfernung und kommen angelaufen.

Wer hat das beste Gehör?
Mit einem Tonfrequenzgenerator kann man sowohl ganz tiefe als auch sehr hohe Töne erzeugen. Mithilfe dieses Geräts könnt ihr den Versuch 1 durchführen. Er zeigt, dass Personen unterschiedlich gut hören.

Der Hörbereich des Menschen
Menschen können Töne hören, deren Frequenz zwischen 16 Hz und 16 000 Hz liegt. Kinder und Jugendliche mit gesundem Gehör nehmen auch noch höhere Töne mit Frequenzen bis zu 21 000 Hz wahr. Mit zunehmendem Alter nimmt die Leistungsfähigkeit des Gehörs ab, vor allem die Fähigkeit hohe Töne wahrzunehmen.

Töne, deren Frequenzen über 16 000 Hz liegen, nennt man Ultraschall (lat. ultra: jenseits). Töne mit Frequenzen unter 16 Hz nennt man Infraschall (lat. infra: unterhalb).

Die Hörbereiche von Tieren
Hunde haben einen anderen Hörbereich als wir Menschen. Deshalb können sie den sehr hohen Ton einer Hundepfeife hören, den der Hundebesitzer selbst nicht mehr wahrnimmt. Weitere Beispiele für Hörbereiche von Tieren zeigt Bild 2.

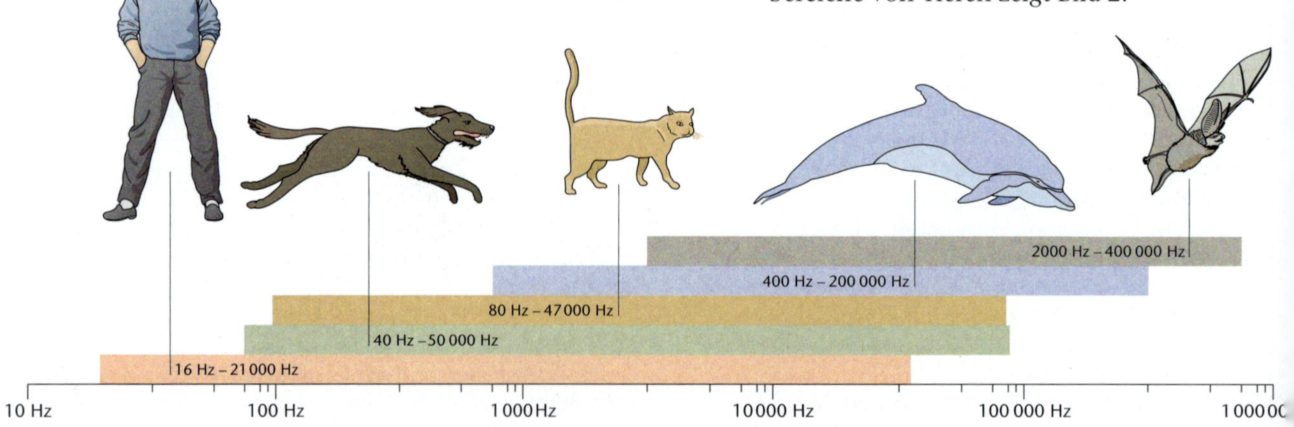

2 Die Hörbereiche des Menschen und einiger Tiere

Ultraschall – Infraschall

Sowohl in der Natur als auch in der Technik werden Ultraschall und Infraschall genutzt.
Einige der folgenden Anwendungen kennst du vielleicht aus eigener Erfahrung.

Reinigung mit Ultraschall
Bei einem Gerät zur Brillenreinigung wird durch eine Ultraschallquelle die Flüssigkeit in schnelle Schwingungen versetzt (▷B3). Dadurch werden auch die Schmutzteilchen auf der Brille zum Schwingen gebracht, sodass sie sich schließlich von der Oberfläche der Brille ablösen. Ähnlich funktionieren Reinigungsgeräte für Zahnspangen und Gebisse.
Was bei Brillen, Zahnspangen oder Gebissen in kleinen Becken klappt, funktioniert auch in riesigen Becken, die so groß sind, dass Schiffe hineinpassen. Mithilfe des Ultraschalls wird der Schiffsrumpf von Muscheln und Schmutz gereinigt.

Ultraschall in der Medizin
Begrenzungsflächen im Inneren von Körpern werfen den auftreffenden Schall zurück. Man sagt auch: „Der Schall wird reflektiert." Dieser reflektierte Schall (das Echo) der unterschiedlich tief liegenden Schichten wird aufgezeichnet und auf einem Bildschirm sichtbar gemacht.
So können werdende Mütter die Umrisse ihres ungeborenen Kindes schon lange vor der Geburt sehen (▷B1).

Der Zahnarzt kann mithilfe von Ultraschall Zahnstein schmerzlos entfernen.

Besonders geeignet ist der Ultraschall zur Behandlung von Gelenkerkrankungen, Muskelverkürzungen oder Sportverletzungen. Hier wird der Ultraschall für Massagen im Inneren des Körpers, zur Verbesserung der Durchblutung oder zur Schmerzstillung eingesetzt.

Festigkeitskontrollen
Was Einblicke in den menschlichen Körper ermöglicht, ist auch geeignet, das Innere anderer Dinge zu untersuchen, ohne sie zerstören zu müssen.
So ist der Ultraschall ein ausgezeichnetes Hilfsmittel, um große Brücken oder kleine Metallstücke auf ihre Festigkeit zu untersuchen. Sind im Inneren Risse oder andere Beschädigungen entstanden, so werfen diese Stellen den Schall zurück und der Techniker kann die Schäden von außen feststellen.

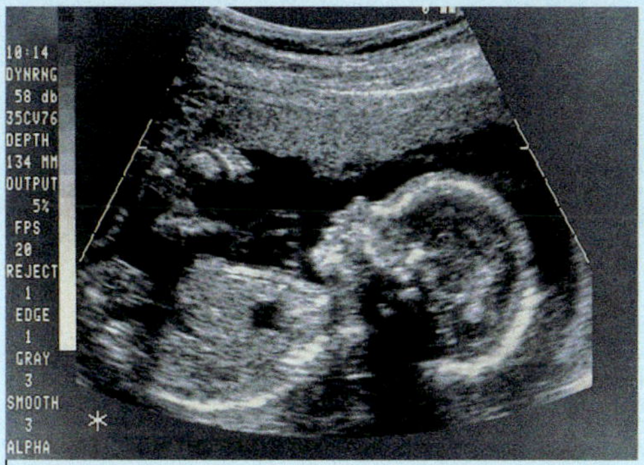

1 Ultraschallbild eines Kindes im Mutterleib

Infraschall
Das Gehör ist in der Lage, Luftdruckschwankungen im Infraschallbereich wahrzunehmen. Man empfindet Vibrationen oder einen Druck auf den Ohren. Dies kann z. B. bei den Geräuschen von Klimaanlagen oder Pumpen auftreten. Infraschall löst bei einigen Menschen Schwindelgefühl, Kopfweh oder Übelkeit aus.

3 Ein Ultraschallreinigungsgerät

Aus der Tierwelt
Delfine erzeugen im Nasengang Klicklaute im Ultraschallbereich. Mit einem Fettkissen in der Stirn, das man Melone nennt, bündeln sie den Schall. Der ausgesandte Schall wird als Echo zurückgeworfen und gelangt über das Innenohr zum Gehirn (▷B2). Delfine können auf diese Weise sogar dünne Drähte im Wasser orten.

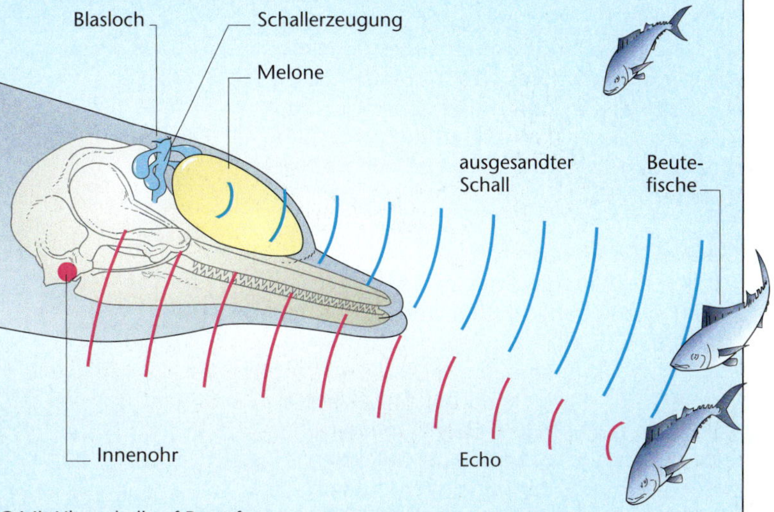

2 Mit Ultraschall auf Beutefang

Brennpunkt

Schall in Natur und Technik

Das Echolot
In der Schifffahrt nutzt man das Echo zur Bestimmung von Meerestiefen (▷ B 1). Das eingesetzte Gerät nennt man Echolot. Vereinfacht gesagt besteht es aus einem Schallsender (S), einem Schallempfänger (E) und einer Uhr, die die Zeit zwischen Aussendung und Empfang des Schalls misst. Angenommen, zwischen Aussendung des Schalls und Empfang des Echos vergeht eine viertel Sekunde. In Wasser legt der Schall in 1 Sekunde etwa 1 500 Meter zurück. In einer viertel Sekunde sind es dann 375 Meter, die der Schall zurücklegt. Der Schall muss den Weg vom Schiff zum Meeresboden und wieder zum Schiff zurücklegen. Also beträgt die Wassertiefe $375\,m : 2 = 187{,}5\,m$. Natürlich muss man die Entfernung nicht selbst berechnen, das übernimmt ein Computer.
Übrigens: Mit dem Echolot können auch Fischschwärme geortet werden.

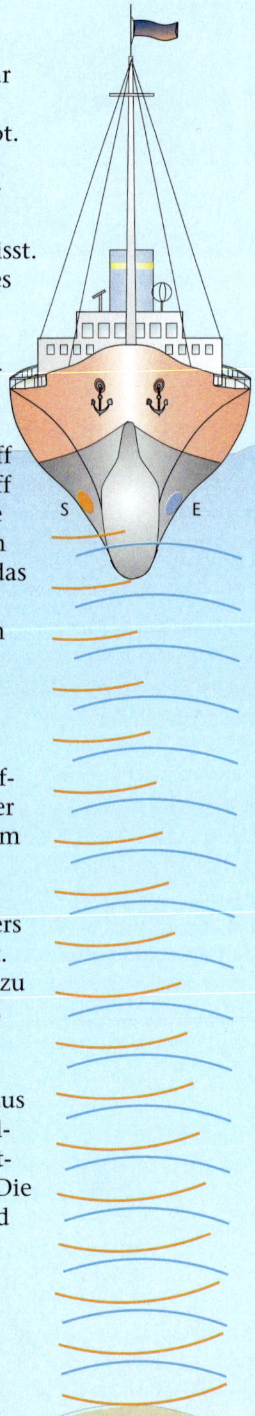

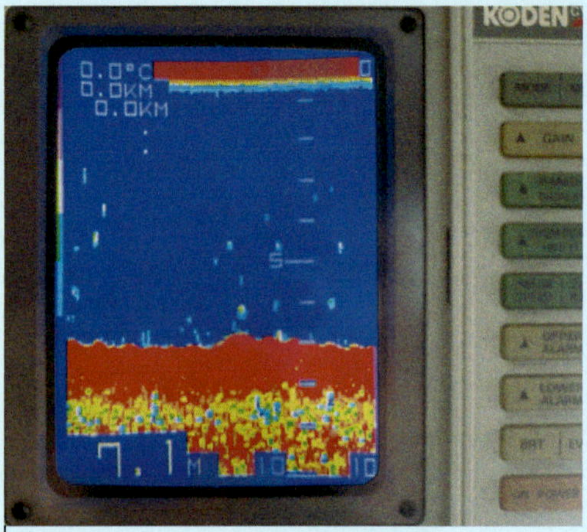

1 Das Echolot zeigt die Meerestiefe an.

Ein Echolot in der Natur
Die **Fledermaus** ist ein ungewöhnliches Tier. Sie kann nicht nur fliegen oder kopfüber in Dachgeschossen alter Häuser oder in Bäumen hängen. Sie arbeitet mit einem „natürlichen" Echolot.
Fledermäuse fressen für ihr Leben gerne Insekten. Sie können aber nicht besonders gut sehen, außerdem jagen sie bei Nacht. Um nun zum Beispiel einen Nachtfalter zu fangen, stößt die Fledermaus Schreie aus (▷ B 2).
Diese Schreie können wir nicht hören, denn die Frequenz des von der Fledermaus ausgesandten Schalls liegt im Ultraschallbereich. Trifft das Signal auf einen Nachtfalter, dann wird es von ihm reflektiert. Die Fledermaus nimmt dieses Echo wahr und erkennt daran, in welcher Richtung sich der Nachtfalter befindet und wie weit er entfernt ist.

Reflexion in Röhren
Steckst du auf das Ende eines langen Schlauchs einen Trichter und richtest diesen auf eine tickende Uhr, so kannst du das Ticken am anderen Ende des Schlauchs hören – und zwar auch dann, wenn der Schlauch gebogen ist. Der Schall wird an den Wänden des Schlauchs reflektiert. Nach diesem Prinzip funktionieren die von Ärzten benutzten Hörrohre und Stethoskope.

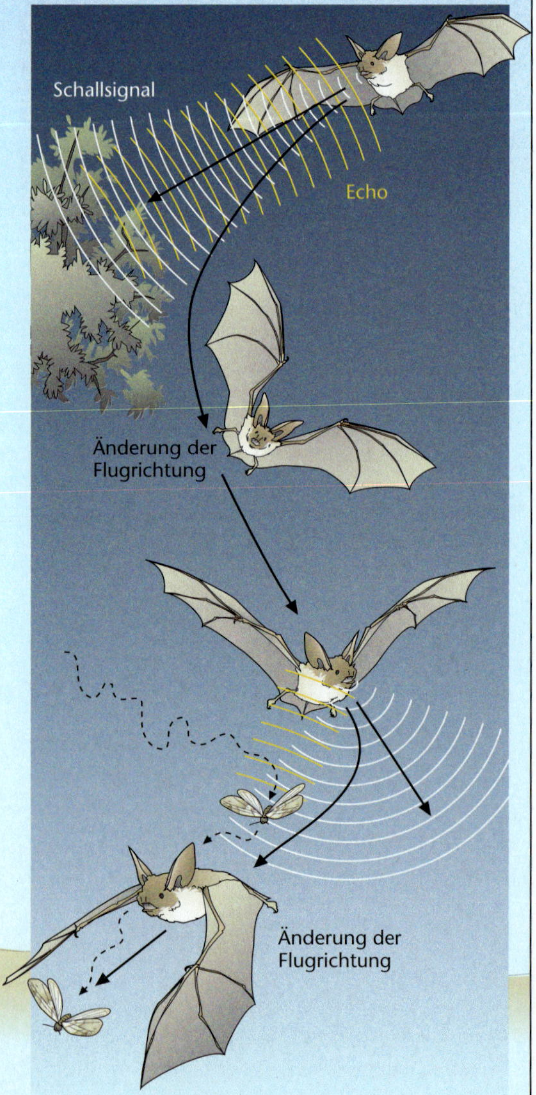

2 Das Echolot der Fledermaus

Stereophonie, Quadrophonie und Dolby® Surround

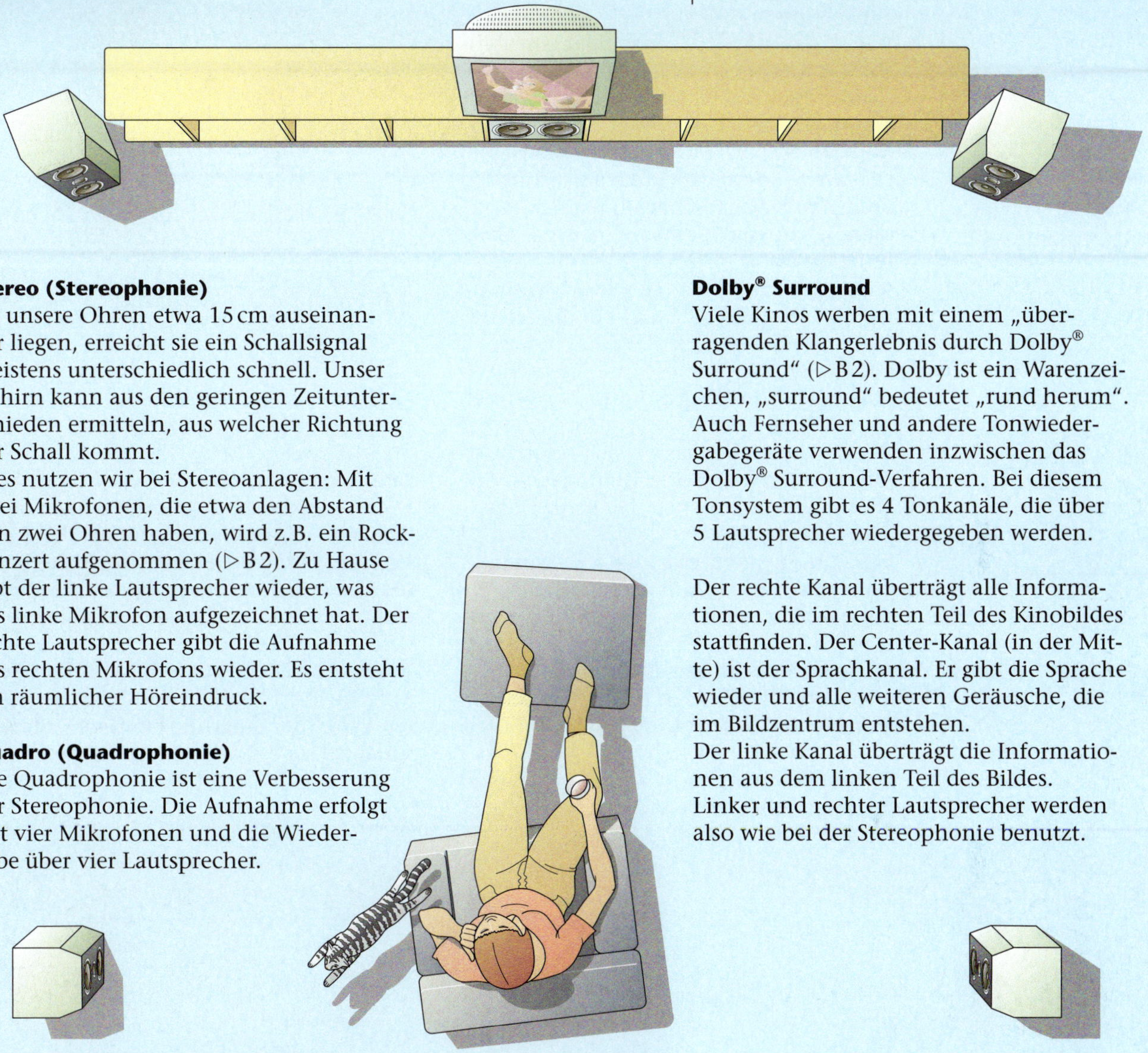

1 Dolby® Surround auch für das Heimkino

Stereo (Stereophonie)
Da unsere Ohren etwa 15 cm auseinander liegen, erreicht sie ein Schallsignal meistens unterschiedlich schnell. Unser Gehirn kann aus den geringen Zeitunterschieden ermitteln, aus welcher Richtung der Schall kommt.
Dies nutzen wir bei Stereoanlagen: Mit zwei Mikrofonen, die etwa den Abstand von zwei Ohren haben, wird z.B. ein Rockkonzert aufgenommen (▷ B 2). Zu Hause gibt der linke Lautsprecher wieder, was das linke Mikrofon aufgezeichnet hat. Der rechte Lautsprecher gibt die Aufnahme des rechten Mikrofons wieder. Es entsteht ein räumlicher Höreindruck.

Quadro (Quadrophonie)
Die Quadrophonie ist eine Verbesserung der Stereophonie. Die Aufnahme erfolgt mit vier Mikrofonen und die Wiedergabe über vier Lautsprecher.

2 Stereoaufnahme mithilfe von zwei Mikrofonen

Dolby® Surround
Viele Kinos werben mit einem „überragenden Klangerlebnis durch Dolby® Surround“ (▷ B 2). Dolby ist ein Warenzeichen, „surround“ bedeutet „rund herum“. Auch Fernseher und andere Tonwiedergabegeräte verwenden inzwischen das Dolby® Surround-Verfahren. Bei diesem Tonsystem gibt es 4 Tonkanäle, die über 5 Lautsprecher wiedergegeben werden.

Der rechte Kanal überträgt alle Informationen, die im rechten Teil des Kinobildes stattfinden. Der Center-Kanal (in der Mitte) ist der Sprachkanal. Er gibt die Sprache wieder und alle weiteren Geräusche, die im Bildzentrum entstehen.
Der linke Kanal überträgt die Informationen aus dem linken Teil des Bildes.
Linker und rechter Lautsprecher werden also wie bei der Stereophonie benutzt.

Der Surround-Kanal ist für den Raumklang zuständig. Er gibt die Umgebungsgeräusche und die Hintergrundeffekte wieder.
Schließlich werden noch bestimmte Frequenzen unterdrückt, sodass ein rauschfreies Klangerlebnis erreicht wird und der Zuhörer im Kino glaubt, mitten im Geschehen zu sitzen.
Man hört beispielsweise genau, aus welcher Richtung ein Zug herangefahren kommt, auch wenn er noch nicht im Bild zu sehen ist. Fliegt ein Flugzeug durch das Bild, hörst du es z. B. von rechts nach links fliegen.

Was ist Resonanz?

Marion behauptet, um zwei Stimmgabeln zum Klingen zu bringen müsse sie nur eine berühren (▷B 1).
Wie ist das möglich? Sie schlägt eine 440-Hz-Stimmgabel an und stellt sie neben die zweite Stimmgabel. Um zu zeigen, dass die zweite tatsächlich schwingt, hält sie die erste Stimmgabel an. Simon ist überrascht: Die zweite Stimmgabel tönt tatsächlich, ohne dass sie angeschlagen wurde.
Marion kann auch erklären, wie das Ganze funktioniert. Die Stimmgabel, die angeschlagen wird, schwingt. Die Schwingungen werden durch die Luft auf die zweite Stimmgabel übertragen, wodurch diese auch zu schwingen beginnt. Dieses Mitschwingen wird als **Resonanz** bezeichnet.

Die Schwingungen lassen sich nur dann übertragen, wenn beide Stimmgabeln die gleiche Frequenz haben. Du kannst das leicht überprüfen.
Wird die Frequenz einer 440-Hz-Stimmgabel durch einen Aufsatz verändert (▷B 3, Mitte), dann schwingt sie nicht mehr mit einer anderen 440-Hz-Stimmgabel mit. Auch auf eine Stimmgabel mit einer Frequenz von 1000 Hz lassen sich die Schwingungen nicht übertragen (▷B 3, unten).

▶ Von Resonanz spricht man, wenn ein Körper mit einem anderen bei der gleichen Frequenz mitschwingt.

1 Ein Experiment zur Resonanz

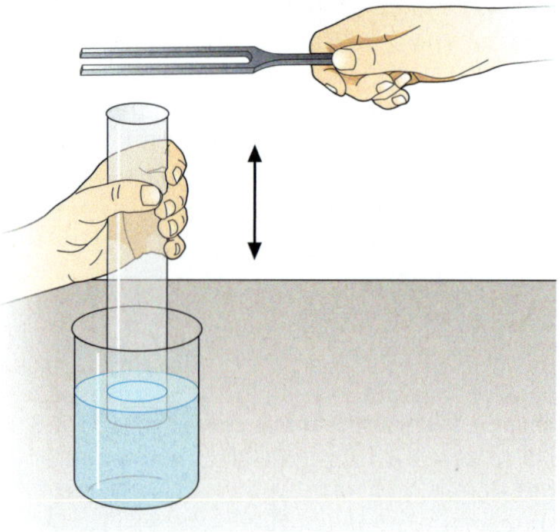

2 Resonanz bei einer Luftsäule

Schwingende Luft

Halte eine klingende Stimmgabel über ein Glasrohr, das in Wasser eintaucht (▷B 2). Verändere nun die Eintauchtiefe des Rohres. Du wirst feststellen, dass der Ton bei einer bestimmten Eintauchtiefe lauter wird.
Die Stimmgabel regt die Luft im Rohr zum Mitschwingen an. Bei einer ganz bestimmten Länge der Luftsäule kommt es zur Resonanz. Der Ton wird deutlich lauter.

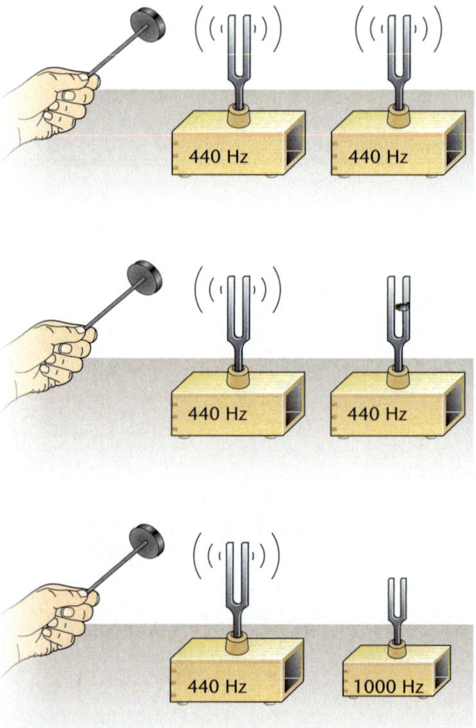

3 Resonanz tritt nur bei gleicher Frequenz auf.

4 Beim Schaukeln kommt es auf den richtigen Rhythmus an.

Resonanz und Eigenfrequenz
Wenn du beim Schaukeln hoch hinaus willst, lässt du dich am besten in einem bestimmten Rhythmus anstoßen (▷ B 4). Dieser Rhythmus wird durch die **Eigenfrequenz** der Schaukel bestimmt. Nur wenn der Rhythmus des Anstoßens mit der Eigenfrequenz der Schaukel übereinstimmt, schwingt sie besonders hoch.

Auch ein Pendel schwingt stärker, wenn du es immer zum richtigen Zeitpunkt anstößt. Versuchst du dasselbe mit verbundenen Augen, dann wird es schwierig: Da du die Eigenfrequenz nicht kennst, mit der das Pendel schwingt, weißt du auch nicht, in welchem Moment du das Pendel anstoßen musst, um die Schwingung zu verstärken.

Jeder Körper besitzt eine Eigenfrequenz. Das ist die „typische" Frequenz, mit der er schwingt, wenn er einmal angestoßen wurde. Bei Resonanz stimmen die Eigenfrequenz des schwingenden Körpers und die anregende Frequenz überein.

Bei Resonanz wird ein Körper zu einer Schwingung angeregt, deren Frequenz seiner Eigenfrequenz entspricht.

Erzwungenes Mitschwingen
Hältst du den Fuß einer schwingenden Stimmgabel an einen beliebigen Gegenstand, hörst du ihren Ton lauter. Der Ton klingt jedoch sehr schnell ab.

Dasselbe beobachtet man bei Stimmgabeln, die mit anderen Frequenzen schwingen: Jede Stimmgabel zwingt den Körper zum Mitschwingen.
Bei dieser Erscheinung handelt es sich nicht um Resonanz, denn die Gegenstände schwingen mit jeder beliebigen Frequenz mit. Man spricht von **erzwungenem Mitschwingen**.

Beim erzwungenen Mitschwingen wird ein Körper zu einer Schwingung angeregt, deren Frequenz nicht seiner Eigenfrequenz entspricht.

Werkstatt

Schwingungen

1 Resonanz

Material
Kleine Plastiktüte, Sand, Bindfaden, langes, stabiles Band

Versuchsanleitung
Befestige die mit etwa 100 g Sand gefüllte Plastiktüte mit dem Band an einer sicheren Aufhängemöglichkeit. Achte darauf, dass sie frei schwingen kann, ohne gegen ein Hindernis zu stoßen.

a) Setze dich vor das Pendel und versuche, es nur durch Dagegenpusten zum Schwingen zu bringen (▷ B 1).
Achte darauf, dass du das Pendel nicht berührst.

1 Wird sich das Pendel bewegen?

b) Wiederhole den Versuch mit verbundenen Augen. Ein Mitschüler beobachtet, was nun passiert. Beschreibt eure Beobachtungen!

2 Erzwungene Schwingungen

Material
Stimmgabel

Versuchsanleitung
Schlage eine Stimmgabel an.
Halte den Fuß der schwingenden Stimmgabel zuerst auf eine Tischplatte, dann an eine Tür und schließlich an die Tafel.
Was stellst du fest?

1 Schaukeln macht Spaß

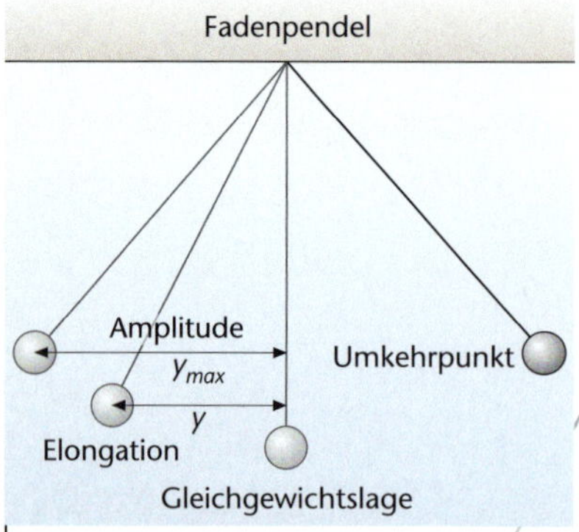

2 Zu Versuch 1

Versuche

1 Baue ein Fadenpendel (Fadenlänge ca. 80 cm) auf (▷ B 2).
a) Lenke das Pendel um 10 cm aus und lasse es schwingen. Miss die Dauer einer vollständigen Schwingung.
b) Lasse das Pendel 10-mal schwingen und miss die dafür benötigte Zeit. Berechne die Dauer einer Schwingung.
c) Vergleiche die gemessene und die berechnete Dauer einer Schwingung. Was stellst du fest?
d) Wiederhole den Versuch mit einem Federschwinger. Hänge dazu ein Massestück an einer Feder auf (achte darauf, dass du die Feder nicht überdehnst). Notiere die Ergebnisse deiner Versuche.

2 Ein so genanntes „Sekundenpendel" schwingt in einer Sekunde von einem Umkehrpunkt zum anderen. Baue ein Fadenpendel mit variabler Fadenlänge auf. Finde heraus, bei welcher Fadenlänge die Dauer einer vollständigen Schwingung T 2 s beträgt.

Hin und her, vor und zurück
Kinder schaukeln gerne, denn die Bewegungen auf und ab machen viel Spaß. Die Bewegung der Schaukel ist der des Fadenpendels aus Versuch 1 vergleichbar.

Zunächst ist das Pendel in Ruhe, es befindet sich in der **Gleichgewichtslage**. Wird es nun in eine Richtung ausgelenkt und losgelassen, beginnt das Pendel zu schwingen. Das Pendel bewegt sich dabei durch die Gleichgewichtslage und weiter bis zum **Umkehrpunkt**. Dort kommt es einen Moment zum Stillstand und setzt dann seine Bewegung in umgekehrter Richtung fort. Das Pendel schwingt zurück, bewegt sich erneut durch die Gleichgewichtslage und erreicht fast wieder den Punkt, an dem es seine Schwingung begonnen hat. Nun beginnt der Bewegungsablauf von vorn. Vorgänge, die sich in gleicher Weise regelmäßig wiederholen, bezeichnet man als **periodische Vorgänge**.

Bewegt sich ein Körper zeitlich periodisch zwischen zwei Umkehrpunkten um seine Gleichgewichtslage, dann spricht man von einer Schwingung.

Darstellung von Schwingungen
Eine Schwingung lässt sich durch verschiedene Größen beschreiben (▷ B 2). So bezeichnet man die Auslenkung aus der Gleichgewichtslage als Elongation y, ihr Maximalwert, also der Abstand zwischen Gleichgewichtslage und Umkehrpunkt, ist die Amplitude $y_{\max}$ der Schwingung.

Die Elongation y gibt den Abstand des Körpers zur Gleichgewichtslage an.

Die Amplitude $y_{\max}$ gibt den größten Abstand des Körpers zur Gleichgewichtslage an.

Eine vollständige Schwingung nennt man **Periode**. Die Zeit, die zur Ausführung einer Schwingung nötig ist, bezeichnet man als **Periodendauer *T***.

Eine einzelne Schwingung erfolgt oft so schnell, dass eine genaue Messung einer Periodendauer mit der Stoppuhr nicht möglich ist. In diesem Fall ist es besser, die Zeit zu messen, die der Körper für eine bestimmte Zahl n von Perioden benötigt. Der Quotient aus gemessener Zeit t und der Anzahl der Perioden ergibt dann die gesuchte Periodendauer T:

$$T = \frac{t}{n}$$

Die Periodendauer T gibt an, wie lange ein Körper für genau eine vollständige Schwingung benötigt.

Die Frequenz
Ist die Periodendauer sehr klein, schwingt der Körper sehr schnell. Die Anzahl der Schwingungen, die der Körper in einer Sekunde ausführt, wird durch die Frequenz f der Schwingung angegeben.
Die Frequenz ist der Kehrwert der Periodendauer T:

$$f = \frac{1}{T}$$

Sie wird in der Einheit Hz (Hertz) angegeben, benannt nach dem deutschen Physiker HEINRICH HERTZ (1857–1894).
Es gilt: 1 Hz = 1 1/s

Die Frequenz gibt die Zahl der Schwingungen eines Körpers in einer Sekunde an. Die Frequenz hat das Formelzeichen f und wird in der Einheit Hz angegeben.

Darstellung von Schwingungen
Schwingungen kann man auch zeichnerisch darstellen. Dazu wird ein sandgefüllter Becher mit einem kleinen Loch im Boden an zwei Fäden aufgehängt. Nun lenkt man den Becher aus und versetzt ihn in Schwingung. Zieht man nun ein feuchtes Blatt Papier senkrecht zur Schwingungsrichtung gleichmäßig unter dem Pendel hindurch (▷ B 3), dann entsteht eine wellenförmig verlaufende Kurve. Sie zeigt die sich ständig verändernde Lage der Körpers an. Ein ähnliches Bild ergibt sich, wenn man eine schwingende Stimmgabel über eine berußte Glasplatte zieht.

Zeit-Weg-Diagramm
Schwingungskurven lassen sich in ein Zeit-Weg-Diagramm (t-y-Diagramm) übertragen (▷ B 4). Auf der waagerechten Achse wird die Zeit in Sekunden abgetragen, auf der senkrechten Achse die Auslenkung (oder Elongation) y in cm. Die Gleichgewichtslage liegt auf der waagerechten Achse. Aus dem Diagramm kannst du nun die Elongation y zu einem beliebigen Zeitpunkt t ablesen und die Amplitude y_{max} der Schwingung sowie die Periodendauer T bestimmen (▷ B 4).

3 Eine Schwingung im zeitlichen Verlauf dargestellt

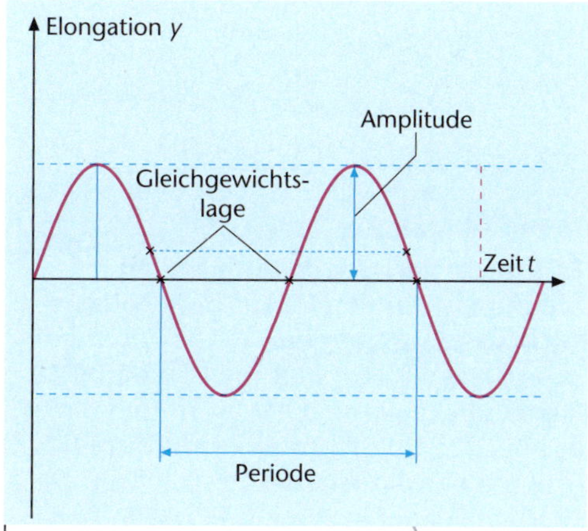

4 Kenngrößen einer Schwingung

Schwingungen kann man in einem t-y-Diagramm aufzeichnen. Daraus lassen sich die Elongation y, die Amplitude y_{max} und die Periodendauer T der Schwingung ablesen.

Aufgaben

1 Ein Fadenpendel führt in 20 s 35 Schwingungen aus. Berechne die Periodendauer und die Frequenz für dieses Fadenpendel.

2 Die Flügel einer Hummel schwingen mit einer Frequenz von 220 Hz. Eine Mücke bewegt ihre Flügel mit einer Frequenz von 800 Hz. Berechne jeweils die Periodendauer der Flügelschwingung.

3 Ein Federschwinger hat eine Periodendauer von 0,8 s.
a) Wie lange braucht der Federschwinger für 150 Perioden?
b) Wie groß ist die Frequenz der Schwingung?

4 Zeichne ein t-y-Diagramm in dein Heft. Die Kurve mit einer Amplitude von 6 cm soll die Zeitachse bei t = 0 s, 4 s, 8 s, 12 s und 16 s schneiden.
a) Bestimme die Periodendauer und die Frequenz der Schwingung.
b) Wie groß ist die Elongation bei t = 6 s?

5 Eine Schwingung hat eine Amplitude von 4,5 cm und eine Periodendauer von 6 s. Zeichne das zugehörige t-y-Diagramm. Berechne die Frequenz dieser Schwingung.

6 Eine Schwingung hat eine Frequenz von 0,8 Hz und eine Amplitude von 20 cm. Zeichne das zugehörige t-y-Diagramm.

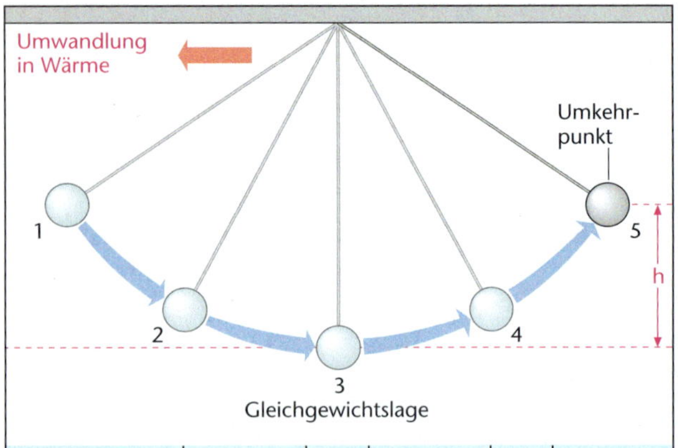

Lage des Körpers	1	2	3	4	5
Geschwindigkeit v	0 →		maximal →		0
Bewegungsenergie	0 →		maximal →		0
Höhe h	maximal →		0 →		maximal
Höhenenergie	maximal →		0 →		maximal

1 Energieumwandlung beim Fadenpendel

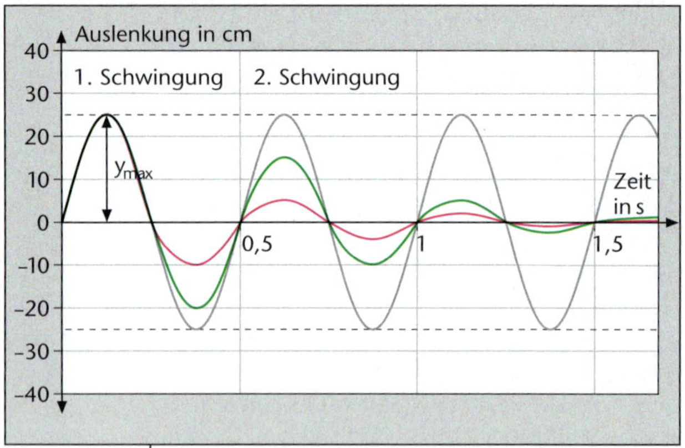

4 Ungedämpfte (grau), schwach gedämpfte (grün) und stark gedämpfte Schwingungen (rot)

2 Stoßdämpfer (oben im Bild)

3 Pendeluhr

Energie in verschiedenen Formen

Wenn man ein Pendel aus der Gleichgewichtslage auslenkt, um es in Schwingung zu versetzen, verrichtet man Hubarbeit daran. Die Energie, die dem Körper dabei zugeführt wird, ist im Ausgangspunkt 1 (▷ B 1) als Höhenenergie gespeichert. Da sich das Pendel in diesem Punkt in Ruhe befindet, ist seine Bewegungsenergie null. Lässt man das Pendel los, gewinnt es an Geschwindigkeit (▷ B 1). Die Höhenenergie wird in Bewegungsenergie umgewandelt, bis im tiefsten Punkt 3 – der Gleichgewichtslage – nur noch Bewegungsenergie vorhanden ist. Die Höhenenergie des Pendels ist in diesem Punkt null.

Das Pendel schwingt weiter zum Umkehrpunkt 5 und wird dabei wieder langsamer. Die Bewegungsenergie wandelt sich erneut in Höhenenergie um.

Im Umkehrpunkt 5 ist die Geschwindigkeit des Körpers null. Er besitzt dort keine Bewegungsenergie mehr, sondern nur noch Höhenenergie.

▶ Höhenenergie und Bewegungsenergie eines schwingenden Körpers werden während der Schwingung ständig ineinander umgewandelt.

▶ Schwingende Körper haben in den Umkehrpunkten maximale Höhenenergie, beim Durchqueren der Gleichgewichtslage maximale Bewegungsenergie.

Gedämpfte Schwingungen

Lässt man ein Fadenpendel schwingen, stellt man fest, dass es schon nach einer Periode den Ausgangspunkt der Schwingung nicht mehr erreicht. Die Amplitude wird mit der Zeit immer kleiner, bis der Körper ganz zur Ruhe kommt (▷ B 4). Ursachen dafür sind der Luftwiderstand des Körpers und die Reibung zwischen dem Faden und der Aufhängung. Man spricht von einer **gedämpften Schwingung**.

Bei einer gedämpften Schwingung wird ein Teil der Energie des Pendels in Wärme umgewandelt. Die Summe aus Höhen- und Bewegungsenergie des Pendels nimmt mit jeder Periode ab, daher schwingt das Pendel immer weniger hoch.

▶ Schwingungen, bei denen die Amplitude immer kleiner wird, nennt man gedämpfte Schwingungen.

Erwünschte Dämpfung

In einigen technischen Anwendungen ist es gewünscht, dass auftretende Schwingungen gedämpft werden.

So besitzt z. B. jedes Auto Stoßdämpfer, die ein Einschwingen der Räder verhindern sollen.

An Schwingtüren sind starke Federn angebracht, die die schwingende Tür schnell in die Ruhelage bringen.

Aufgabe

1 a) Suche fünf Beispiele für gedämpfte Schwingungen aus Natur oder Technik.
b) Welche Art von Schwingung führt das Pendel der Uhr in Bild 3 aus? Begründe deine Antwort.

Von der Beobachtung zum Gesetz

1 GALILEI war ein aufmerksamer Beobachter.

GALILEO GALILEI (1654–1642) war einer der ersten Naturwissenschaftler, der bei der Untersuchung von Naturphänomenen methodisch vorging. Fiel ihm eine interessante Erscheinung auf, so untersuchte er sie in einem Experiment. Auf diese Weise gelang es ihm immer wieder, wichtige physikalische Gesetze zu finden.

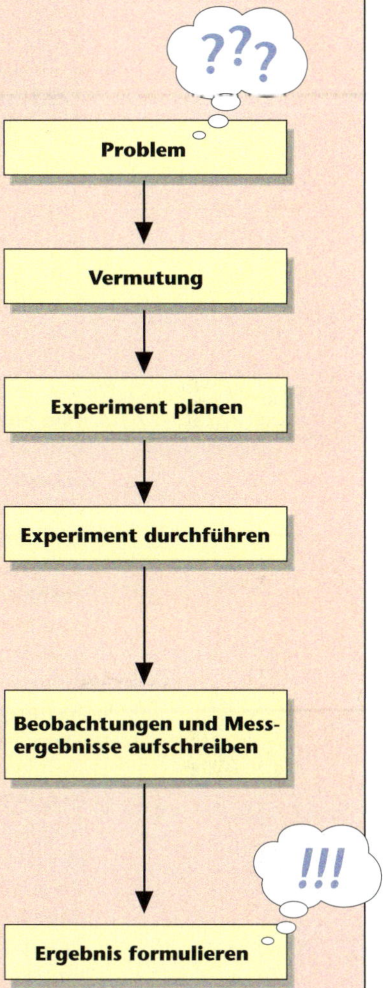

1. Beim Besuch einer Messe im Dom von Pisa beobachtete GALILEI z. B. die Bewegung eines Leuchters, der leicht hin- und herpendelte (▷ B 1). Die Bewegung schien regelmäßig zu sein. War sie es wirklich?

2. GALILEI vermutete, dass der Leuchter immer die gleiche Zeit für eine Schwingung benötigte.

3. Er plante daraufhin ein Experiment zur Frage, wie viel Zeit ein Pendel für eine Schwingung braucht und ob die Länge des Pendels Einfluss auf die Schwingungsdauer hat.

4. GALILEI baute aus einem Stativ, einer Schnur und einem Bleigewicht ein Pendel. Die Zeit soll er damals mithilfe seines Pulsschlages gemessen haben. Um herauszufinden, ob die Schwingungsdauer von der Pendellänge abhängig ist, veränderte er die Länge der Schnur.

5. Seine Messergebnisse hielt GALILEI in Protokollen fest. Um Fehler ausschließen zu können, führte er jedes Experiment mehrmals durch.
Nachdem er seine Experimente abgeschlossen hatte, wertete er die Messungen aus. Er verglich die Messergebnisse mit seiner Vermutung und formulierte anschließend das Ergebnis.

6. GALILEI stellte fest, dass bei konstanter Pendellänge die Schwingungsdauer immer gleich ist. Je größer die Fadenlänge des Pendels ist, desto länger braucht das Pendel für eine volle Schwingung.
Galilei war einer der ersten Wissenschaftler, der Ergebnisse auch mathematisch formulierte.

Aufgabe

1 GALILEI vermutete, dass die Schwingungsdauer auch von der Masse des Pendelkörpers abhängig sei.
Überprüfe mithilfe eines Experimentes diese Vermutung. Protokolliere deine Messergebnisse, vergleiche mit der Vermutung und formuliere ein Ergebnis.

2 So könnte das Experiment heute aussehen.

1 Wasserwellen

3 Modell zur Entstehung einer Welle

Mit Wellen hast du sicher schon Erfahrungen gemacht: Bei allen Tönen und Geräuschen, die du hörst, handelt es sich um Schallwellen. Und wenn du einen Stein in einen ruhigen See wirfst, entstehen ringförmige Wasserwellen.

Wie entstehen Wellen?
Eine Welle entsteht, wenn sich eine Schwingung ausbreiten kann. Bei Windstille ist die Oberfläche eines Sees spiegelglatt. Wirft man einen Stein hinein, werden die Wasserteilchen an der Stelle ausgelenkt, an der der Stein eintaucht, und beginnen zu schwingen. Weil benachbarte Wasserteilchen miteinander gekoppelt sind, wird diese Schwingung weitergeleitet.
Diese Schwingungsübertragung kann man mit zwei Fadenpendeln darstellen. Die beiden Pendel in Bild 2 sind durch einen Faden miteinander verbunden. Versetzt man ein Pendel in Schwingung, überträgt es diese auf das zweite Pendel. Die Amplitude des zweiten Pendels nimmt zu, während das erste langsam zur Ruhe kommt. Nun läuft der Vorgang in umgekehrter Richtung ab: das zweite Pendel überträgt die Schwingung wieder auf das erste.

Wellen – gekoppelte Schwingungen
Ähnliches kann man bei Kugeln beobachten, die durch Federn miteinander gekoppelt sind (▷ B 3). Wird eine Kugel zum Schwingen angeregt, leitet sie diese Schwingung über die Federn an die benachbarten Kugeln weiter – die Schwingung breitet sich als Welle aus.

Eine Schwingung, die sich im Raum ausbreitet, bezeichnet man als Welle. Vorraussetzung ist, dass die schwingungsfähigen Teilchen miteinander gekoppelt sind.

Querwellen
Aus vielen miteinander gekoppelten Trinkhalmen kannst du eine einfache Wellenmaschine herstellen (▷ B 6). Nach Anstoß des ersten Halms wird die Auslenkung auf den jeweils benachbarten übertragen, bis sie den letzten Trinkhalm erreicht. Die Schwingung läuft als Welle über das Band. Dabei kann man beobachten, dass die einzelnen Schwinger an ihrem Platz bleiben. Sie schwingen nur senkrecht zur Ausbreitungsrichtung der Welle. Dabei entstehen Wellenberge und Wellentäler. Eine solche Welle nennt man **Querwelle**.

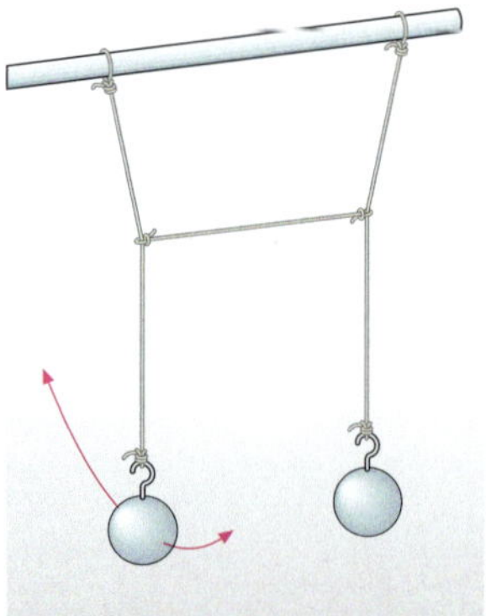

2 Zwei gekoppelte Pendel

4 Der Wind erzeugt im Sand ein Wellenmuster.

Regentropfen, die in eine Pfütze fallen erzeugen beispielsweise diese Wellenform.

Längswellen

Durch einen Schlag auf ein Tamburin beginnt die Membran des Instruments zu schwingen. Dadurch werden die Luftteilchen hinter der Membran angestoßen. In diesem Fall schwingen die Teilchen allerdings in der Ausbreitungsrichtung der Welle. Daher entstehen keine Wellenberge und -täler, sondern Verdichtungen und Verdünnungen, die sich in der Luft ausbreiten. Man spricht von **Längswellen**. Längswellen kann man mithilfe einer eingespannten Schraubenfeder oder mit Ringmagneten veranschaulichen (▷ B 7).

Bewegung – und doch kein Fortkommen

In Versuch 2 kannst du beobachten, wie sich eine Wasserwelle kreisförmig um ihren Entstehungsort ausbreitet. Die Wellenberge und -täler wandern nach außen. Das Korkstück auf der Wasseroberfläche schwingt dagegen nur auf und ab, ohne sich weiterzubewegen (▷ B 5). Das bedeutet, dass sich die einzelnen Wasserteilchen nicht mit der Welle mitbewegen, sondern nur ihre Energie an die benachbarten Teilchen weitergeben. Wenn sich eine Welle ausbreitet wird also kein Stoff weitertransportiert, sondern Energie übertragen.

Bei mechanischen Wellen wird mit den schwingenden Teilchen Energie übertragen, allerdings wird dabei kein Stoff weitertransportiert.

5 Wellen transportieren Energie, aber keinen Stoff.

Aufgaben

1 a) Welche Voraussetzungen müssen erfüllt sein, damit Wellen entstehen können?
b) Zeigt Bild 4 eine Welle im eigentlichen Sinne? Begründe.

2 Was versteht man unter Längs- und Querwellen? Nenne Beispiele.

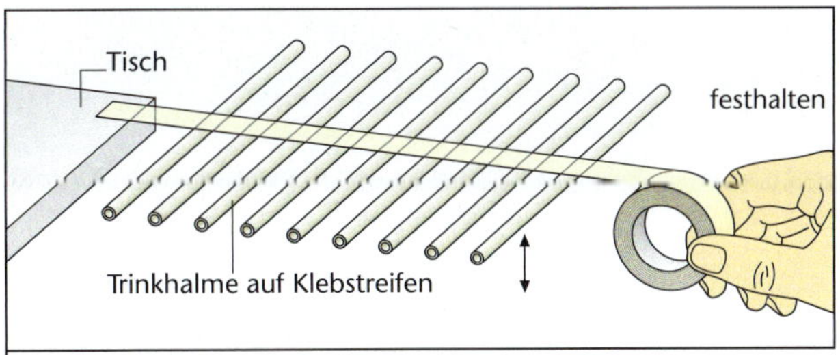

6 Querwellen

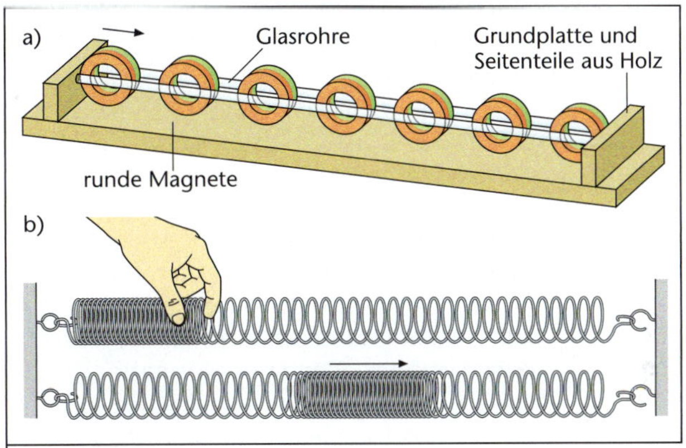

7 Längswellen

Versuche

1 Hänge mehrere Fadenpendel gleicher Länge auf. Kopple die Fadenpendel wie in Bild 2 und lenke nun das erste Pendel aus. Beobachte die gekoppelten Pendel. Erstelle ein Protokoll zu deinem Versuch.

2 Fülle eine breite Glaswanne zur Hälfte mit Wasser. Lege ein kleines Korkstück auf das Wasser und tupfe mehrmals mit dem Finger in die Mitte der Wasseroberfläche.
Beobachte die Ausbreitung der Wellen. Wie bewegt sich das Korkstück?

3 Befestige ein Sprungseil an einem Fenstergriff. Nimm das lose Ende und bewege es gleichmäßig auf und ab.

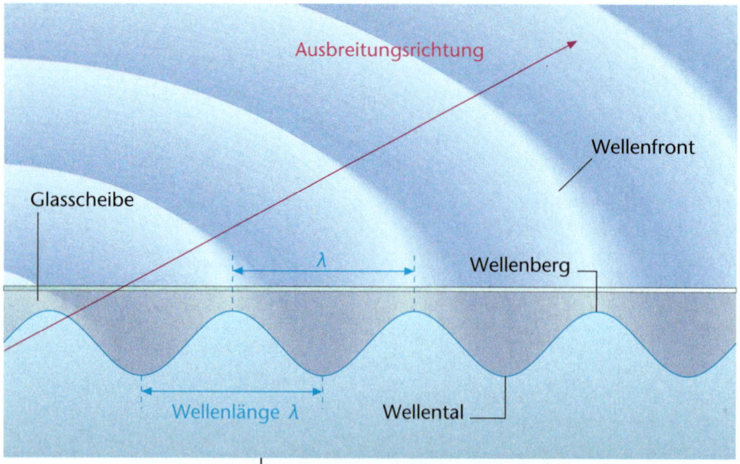

1 Momentaufnahme einer Wasserwelle

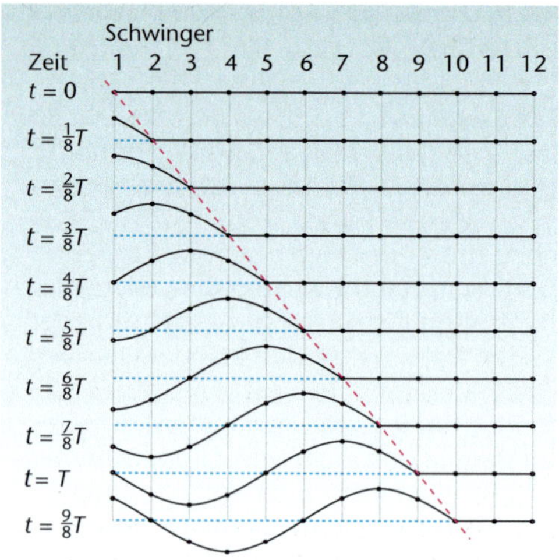

3 Zeitlicher Verlauf der Ausbreitung einer Welle (die Pendelkette ist in der Draufsicht dargestellt, nach oben ist die Elongation abgetragen)

Kenngrößen einer Welle
Wellen können ebenso wie Schwingungen durch Kenngrößen charakterisiert werden. Dazu gehören neben der Elongation y, der Amplitude y_{max} und der Frequenz f die Wellenlänge sowie die Ausbreitungsgeschwindigkeit der Welle (▷ B 1).

Als Wellenlänge bezeichnet man den Abstand zwischen zwei aufeinander folgenden gleichen Schwingungszuständen, also z. B. zwischen zwei Wellenbergen oder zwei Wellentälern. Das Formelzeichen für die Wellenlänge ist λ (griech. Buchstabe Lambda). Sie wird in der Einheit Meter (m) angegeben.

Die Ausbreitungsgeschwindigkeit gibt an, wie schnell sich eine Welle bewegt. Als Formelzeichen wird v verwendet, die Einheit der Ausbreitungsgeschwindigkeit ist Meter pro Sekunde (m/s).

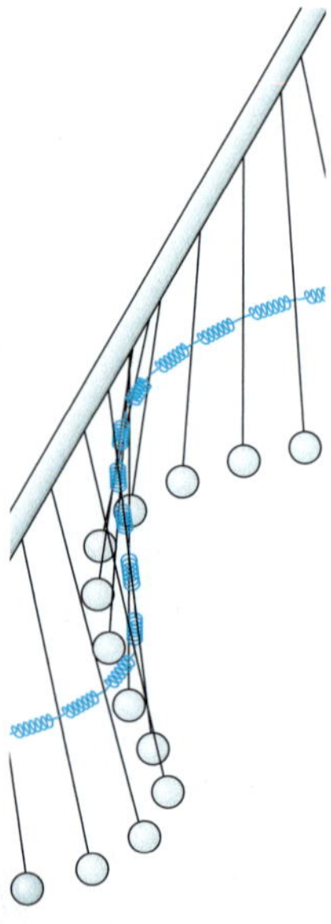

2 Pendelkette

Grafische Darstellung von Wellen
Bild 2 zeigt eine Anordnung von gekoppelten Pendeln.
Das erste Pendel wird senkrecht zur Pendelkette ausgelenkt. Da die Pendel miteinander verbunden sind, wird die Schwingung weitergeleitet. Es entsteht eine Welle. Bild 3 zeigt in der Draufsicht den Zustand der Pendelkette zu verschiedenen Zeitpunkten. Man erkennt die Elongationen der einzelnen Pendel. Sie liegen auf einer Wellenlinie, die sich mit der Zeit nach rechts bewegt.

Anhand der gestrichelten Linie kann man verfolgen, wie ein bestimmter Schwingungszustand in der Welle fortschreitet.

Die Momentaufnahme der schwingenden Teilchen
Die Momentbilder zeigen, wie sich der Schwingungszustand ausbreitet und die Pendel zeitlich versetzt um ihre Ruhelage schwingen. Im obersten Bild haben die Pendel 1, 5 und 9 dieselbe Elongation, alle anderen Pendel besitzen eine andere Auslenkung. Allerdings befinden sich nur die Pendel 1 und 9 im gleichen Schwingungszustand. Ihr Abstand entspricht der Wellenlänge λ.

Die Elongation der Pendel zu einem bestimmten Zeitpunkt wird in einem s-y-Diagramm dargestellt.

Die Bewegung eines schwingenden Teilchens
Beobachtet man die Bewegung eines einzelnen Pendels, erkennt man wie sich dessen Elongation mit der Zeit ändert. Das Pendel führt eine Schwingung um seine Gleichgewichtslage mit der Periodendauer T aus. Diese Bewegung lässt sich in einem t-y-Diagramm darstellen.

Eine solche Schwingung um ihre Gleichgewichtslage führen auch die Wasserteilchen bei einer Wasserwelle aus.

Um eine Welle vollständig darzustellen, sind zwei Diagramme notwendig:
das s-y-Diagramm für t = konstant
das t-y-Diagramm für s = konstant

Aufgaben

1 Vergleiche die Schwingungszustände der Pendel 1, 5 und 9 in Bild 3 zu den verschiedenen Zeitpunkten. Warum sind Pendel 1 und 9 immer im gleichen Schwingungszustand?

2 Benenne und erkläre die Kenngrößen einer Welle mit eigenen Worten.

3 Warum benötigt man zwei Diagramme, um eine Welle vollständig beschreiben zu können?

4 Welche Wellenlänge hat eine Wasserwelle der Frequenz 13 Hz, die sich mit einer Geschwindigkeit von 20 cm/s ausbreitet?

5 Was versteht man unter der Ausbreitungsgeschwindigkeit einer Welle und wie lässt sie sich berechnen?

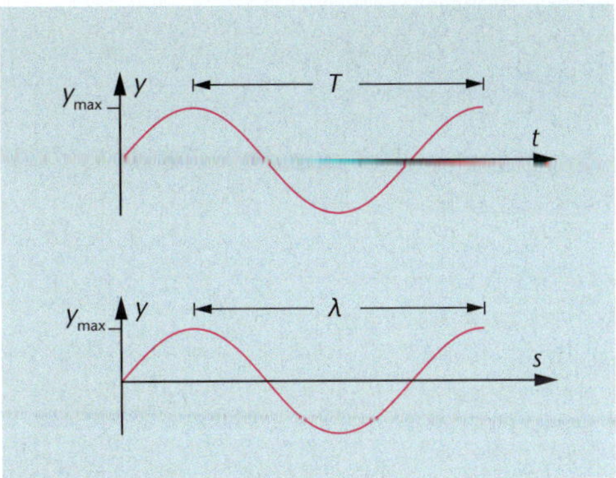

4 Mit einem *t-y-* und einem *s-y-*Diagramm lassen sich Wellen vollständig darstellen.

Die Ausbreitungsgeschwindigkeit

In der Zeit T, in der das Pendel 3 eine volle Schwingung ausgeführt hat, ist der Wellenberg um eine Wellenlänge λ weiter gewandert.
Wellen breiten sich in einem Stoff gleichmäßig aus. Zur Berechnung ihrer Geschwindigkeit kann daher die Formel $v = s/t$ verwendet werden.

Setzt man für den zurückgelegten Weg s die Wellenlänge λ ein und für die vergangene Zeit die Schwingungsdauer T, ergibt sich für die Ausbreitungsgeschwindigkeit:

$$v = \frac{\lambda}{T}$$

Berücksichtigt man außerdem, dass für die Frequenz der Schwingung $f = 1/T$ gilt, folgt daraus:

$$v = \lambda \cdot f$$

Diese Gleichung bezeichnet man auch als Grundgleichung der Wellenlehre.

Die Ausbreitungsgeschwindigkeit einer Welle ist das Produkt aus Wellenlänge und Frequenz.
Diesen Zusammenhang bezeichnet man als Grundgleichung der Wellenlehre.

Kenngröße	**Formelzeichen**	**Pendel**	**Welle**
Elongation	y	Auslenkung aus der Ruhelage	Auslenkung aus der Ruhelage
Amplitude	y_{max}	maximale Auslenkung	maximale Auslenkung eines Schwingers, Wellenberg, Wellental
Periodendauer	T	Dauer einer vollständigen Schwingung eines Schwingers	Zeit, in der ein Schwingungszustand um die Wellenlänge λ weiter gewandert ist
Frequenz	f	Anzahl der Schwingungen in einer Sekunde	
Wellenlänge	λ		Abstand zwischen zwei aufeinanderfolgenden gleichen Schwingungszuständen
Ausbreitungsgeschwindigkeit	v		Geschwindigkeit, mit der sich ein Schwingungszustand fortpflanzt

Brennpunkt

Tsunami

1 Auf der Suche nach Trinkwasser

2 Zerstörte Stadt

Katastrophe vom Meer
Wirbelstürme, Vulkanausbrüche, Erdbeben – in vielen Regionen der Erde müssen Menschen fast täglich mit derartigen Naturkatastrophen rechnen.
Spätestens seit dem 26. Dezember 2004 ist uns bewusst, dass auch Erdbeben am Grund des Meeres eine nicht zu unterschätzende Gefahr darstellen. An jenem Tag raste ein Tsunami auf die Küsten rund um den Indischen Ozean zu. Fast 300 000 Menschen starben, rund 10 Millionen wurden obdachlos, verloren Familienangehörige und ihre Existenzgrundlage.
Der Ursprung der Bezeichnung Tsunami liegt im Japanischen und bedeutet „Hafenwelle". Es heißt, dass vom Fischfang zurückkehrende japanische Fischer einer Riesenwelle, die ihren Hafen zerstört hatte, diesen Namen gaben.
Tsunamis werden fälschlicherweise oft als Flutwellen bezeichnet. Die Entstehung eines Tsunamis hat jedoch nichts mit Ebbe und Flut zu tun.

Die Geburt eines Tsunami
In der Fachwelt versteht man unter Tsunamis Wellen mit äußerst großer Wellenlänge, die durch eine plötzliche Verdrängung großer Wassermassen entstehen. Die Wasserverdrängung kann dabei durch Erdrutsche, Vulkanausbrüche oder auch einen Meteoriteneinschlag ausgelöst werden.
Die häufigste Ursache sind allerdings heftige Erdbeben auf dem Meeresgrund (Seebeben). Besonders gefährdet sind Gebiete, in denen die Erdplatten der Kontinente zusammenstoßen oder sich aneinander entlang bzw. übereinanderschieben. Wenn sich die Platten verhaken und verkanten, bauen sich im Gestein starke Spannungen auf. Werden diese zu groß, bricht das Gestein und setzt die gespeicherte Energie schlagartig frei. Diese ruckartige Bewegung der Gesteinsmassen löst ein Erdbeben aus.

Extrem starke Beben können den Meeresboden im Bereich des Epizentrums um mehrere Meter anheben oder absenken. Dadurch wird die gesamte darüber liegende Wassersäule in Bewegung versetzt. Diese Auslenkung von Wassermassen aus der Gleichgewichtslage verursacht eine Welle, die sich in alle Richtungen ausbreitet.

Rasend schnell und doch unauffällig
Typisch für einen Tsunami ist die riesige Wellenlänge – der Abstand zwischen zwei Wellenbergen kann mehr als 400 km betragen. Die Wellenhöhe ist dagegen auf offenem Meer gering, sie beträgt meist weniger als einen Meter.
Tsunamis können Geschwindigkeiten von bis zu 900 km/h erreichen – vergleichbar der Reisegeschwindigkeit eines großen Düsenflugzeugs. Die Geschwindigkeit hängt auch von der Wassertiefe ab. Je tiefer das Wasser ist, desto schneller breitet sich die Welle und damit die in ihr enthaltene Energie aus.
Dennoch nehmen Seeleute auf dem offenen Meer einen Tsunami kaum wahr, denn durch die sehr langen Wellen hebt und senkt sich der Meeresspiegel nur langsam und meist nur um wenige Dezimeter.

3 Entstehung eines Tsunami

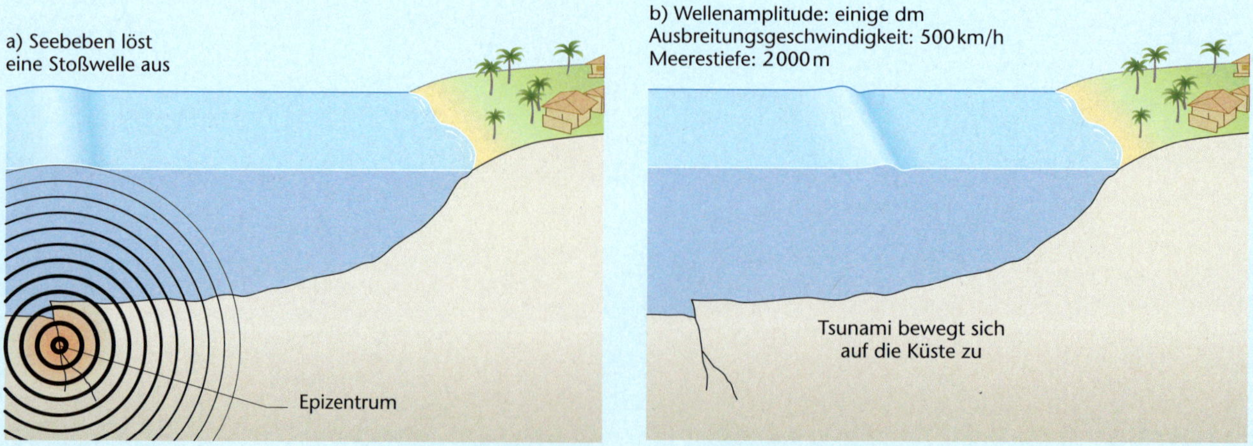

Das wahre Gesicht des Tsunamis

So kann sich ein Tsunami fast unbemerkt über Tausende von Kilometern ausbreiten – bis er plötzlich in Küstennähe auf den ansteigenden Meeresboden trifft. Zwar verringern sich Geschwindigkeit und Wellenlänge, dafür türmt sich die gebremste Welle bis zu 30 Meter hoch auf.
Die Wassermassen, die sich auf das Land schieben, vernichten dort alles, was ihnen im Weg steht.
Die Energie des Tsunamis stammt aus der Höhenenergie, die die Wassersäule durch die Anhebung des Erdbodens gewinnt. Sie wird wie beim Pendel in Bewegungsenergie und wieder zurück in Höhenenergie gewandelt. Diese Energie transportiert der Tsunami mit Geschwindigkeiten von bis zu 900 km/h über Tausende Kilometer. Erreicht die Welle ein Ufer, werden die Wellen aufgrund der abnehmenden Wassertiefe langsamer. Da der Energieerhaltungssatz gilt, türmen sich die Wellen höher auf. Experten schätzen, dass die Energie des Tsunami vom 26. 12. 2004 der Energie von 32 000 Hiroshima-Atombomben entsprach.

Tsunami-Alarm!

Je nachdem, was den Tsunami auslöst, erreicht die Küste zuerst ein Wellenberg oder ein Wellental. In letzterem Fall zieht sich das Meer zunächst zurück. Viele Menschen lassen sich von diesem ungewöhnlichen Schauspiel fesseln, anstatt sich in Sicherheit zu bringen. Wenn die Gefahr der heranrasenden Welle erkennbar wird, ist es für eine Flucht oft bereits zu spät. Nicht weniger gefährlich ist der starke Sog des Wassers, der alles kilometerweit ins Meer mitreißt, wenn sich die Welle wieder zurückzieht. Aber auch jetzt ist die Gefahr meist noch nicht vorüber: Innerhalb weniger Minuten bis Stunden kann sich die nächste Riesenwelle nähern.

Im Gegensatz zu den Menschen scheinen Tiere über ein natürliches Warnsystem zu verfügen. Überlebende erinnern sich an das seltsame Verhalten einiger Tiere vor der Katastrophe. Völlig unerwartet waren die Tiere weg von der Küste weit ins Landesinnere geflüchtet. Sie scheinen die drohende Gefahr gespürt zu haben.

Oft treten Tsunamis im Pazifik auf. Deshalb existiert in diesem Gebiet bereits seit Jahren ein Tsunami-Warnsystem. Die verheerende Katastrophe im Indischen Ozean im Dezember 2004 hat jedoch gezeigt, dass Tsunamis nicht nur im Pazifik vorkommen können. Die Gefahr besteht z. B. auch im Atlantik oder an den Küsten des Mittelmeers. Deshalb setzen sich viele Länder für ein weltweites Warnsystem ein, mit dessen Hilfe ein Tsunami rechtzeitig erkannt und seine Gefahr eingeschätzt werden kann.

4 Brechende Welle

Steckbrief

Daten des Tsunami vom 26. 12. 2004 im Indischen Ozean:

- Epizentrum: ca. 150 km vor der Küste Sumatras
- Stärke des Bebens: 9,0 auf der Richterskala. Der Meeresboden am Epizentrum hob sich um etwa 5 m
- Wellenlänge: 280 km
- Geschwindigkeit auf offenem Meer: ca. 850 km/h
- Amplitude auf offenem Meer (5 000 m Tiefe): 80 cm
- Amplitude an der Küste: 5 bis 30 m

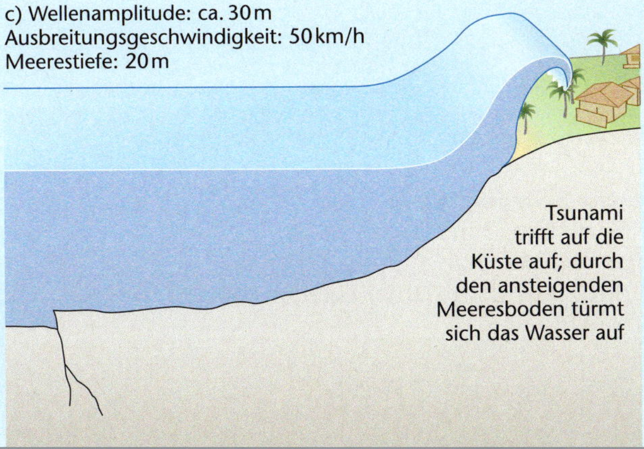

5 Ausbreitung des Tsunami

Schlusspunkt

Schwingungen und Wellen

Schallentstehung
Schall entsteht, wenn ein Körper schwingt (▷ B 1). Einen solchen Körper bezeichnet man als Schallquelle. Die Schwingungen einer Schallquelle kann man aufzeichnen (▷ B 2).

Schnelle Schwingungen eines Körpers führen zu hohen, langsame zu tiefen Tönen. Je weiter eine Schallquelle ausschwingt, desto lauter wird der Ton.

Schallarten
Beim Schall unterscheidet man zwischen einem Ton, einem Geräusch und einem Knall.

Die Frequenz
Bei einer Frequenz von 1 Hz (1 Hertz) erfolgt eine vollständige Schwingung pro Sekunde. Je höher die Frequenz ist, desto höher ist der Ton.
Schall ist für uns Menschen hörbar, wenn seine Frequenz zwischen etwa 16 Hz und 16 000 Hz liegt. Viele Tiere hören auch Töne in anderen Frequenzbereichen. Schall mit Frequenzen unter 16 Hz nennt man Infraschall. Bei Frequenzen von mehr als 16 000 Hz spricht man von Ultraschall.

Schallstärke und Lautstärke
Unser Gehör nimmt die Lautstärke eines Tones wahr. Auf unsere Ohren wirkt jedoch die Schallstärke ein. Bei 10-facher Schallstärke nehmen wir erst die doppelte Lautstärke wahr.

Messung der Lautstärke
Die Lautstärke wird in der Einheit Dezibel, dB(A), gemessen.

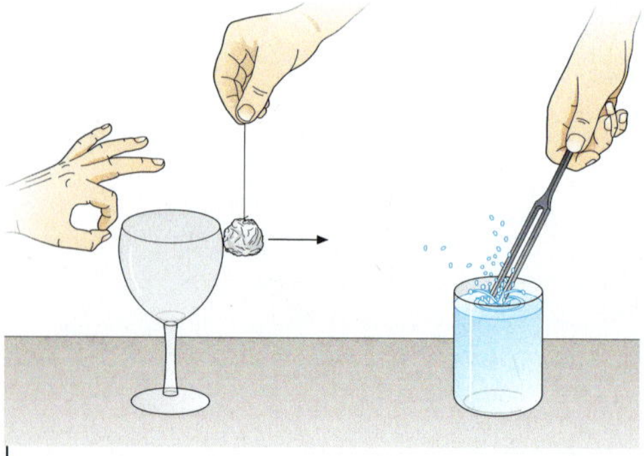

1 Nachweis der Schwingungen von Schallquellen

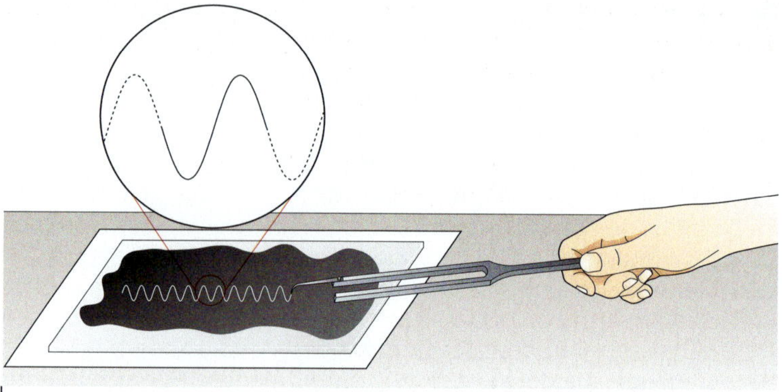

2 Aufzeichnung der Schwingungen einer Stimmgabel

Lärm kann krank machen
Lärm kann gefährlich werden. Daher ist es notwendig, sich vor Lärm zu schützen und selbst Lärm zu vermeiden.

Ausbreitung von Schall
Um sich ausbreiten zu können, benötigt der Schall einen Träger. Gase, feste Stoffe und Flüssigkeiten leiten den Schall. Es gibt gute und schlechte Schallträger.

Schallgeschwindigkeit
Der Schall breitet sich in verschiedenen Stoffen unterschiedlich schnell aus. Die Schallgeschwindigkeit in der Luft beträgt etwa 340 m/s. In guten Schallleitern wie Eisen erreicht der Schall eine Geschwindigkeit von 5 170 m/s.

Resonanz
Resonanz liegt vor, wenn ein Körper mit seiner Eigenfrequenz mit einer zweiten Schallquelle mitschwingt (▷ B 3).

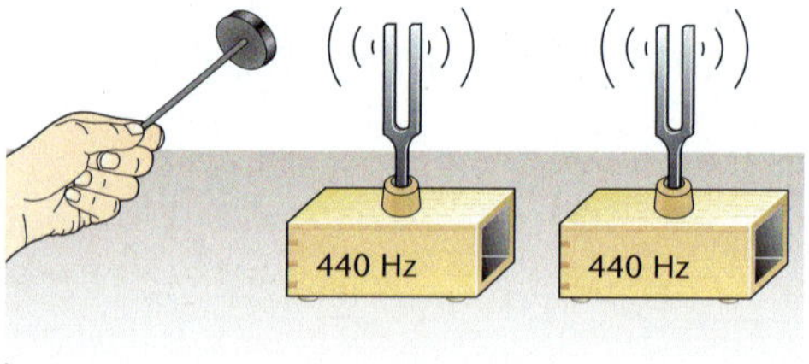

3 Resonanz bei zwei gleichen Stimmgabeln

Erzwungene Schwingungen
Beim erzwungenen Mitschwingen wird ein Körper zu einer Schwingung angeregt, deren Frequenz nicht seiner Eigenfrequenz entspricht.

Schwingungen
Bewegt sich ein Körper zeitlich periodisch zwischen zwei Umkehrpunkten um seine Gleichgewichtslage, so spricht man von einer Schwingung.

Schwingungen kann man in einem *t*-*y*-Diagramm darstellen.

Energieumwandlung bei einer Schwingung
Während des Schwingungsvorgangs werden Höhenenergie und Bewegungsenergie ständig ineinander umgewandelt (▷ B 4).

Gedämpfte Schwingungen
Wird bei einer Schwingung ein Teil der Energie des Pendels durch Reibung in Wärme umgewandelt, nimmt die Amplitude der Schwingung ab. Man spricht dann von einer gedämpften Schwingung.

Die Welle
Eine Welle entsteht, wenn sich eine Schwingung ausbreiten kann. Voraussetzung dafür ist, dass die schwingungsfähigen Teilchen miteinander gekoppelt sind und dass mindestens ein Teilchen ausgelenkt wird.
Bei einer Welle wird Energie von einem schwingungsfähigen Körper auf den nächsten übertragen. Dabei wird jedoch kein Stoff weitertransportiert.

Wellenarten
Je nach Schwingungsrichtung der Teilchen unterscheidet man zwei Wellenformen. Bei Längswellen schwingen die Teilchen in der Ausbreitungsrichtung der Welle, bei Querwellen schwingen sie senkrecht dazu.

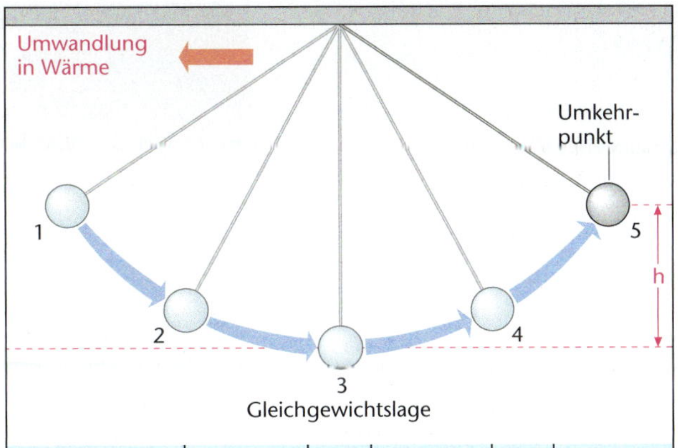

Lage des Körpers	1	2	3	4	5
Geschwindigkeit v	0	→	maximal	→	0
Bewegungsenergie	0	→	maximal	→	0
Höhe h	maximal	→	0	→	maximal
Höhenenergie	maximal	→	0	→	maximal

4 Energieumwandlung beim Fadenpendel

Beschreibung einer Welle
Zur vollständigen Beschreibung einer Welle benötigt man ein *t*-*y*-Diagramm sowie ein *s*-*y*-Diagramm.

Die Ausbreitungsgeschwindigkeit einer Welle gibt an, wie schnell sich ein Schwingungszustand fortbewegt. Es gilt:

$$v = \lambda / T = \lambda \cdot f$$

Kenngröße	Formelzeichen	Erklärung	Formel
Elongation	y	Auslenkung aus der Ruhelage	
Amplitude	y_{max}	Maximale Auslenkung	
Periodendauer	T	Dauer einer vollständigen Schwingung eines Schwingers	
Frequenz	f	Anzahl der Schwingungen in einer Sekunde	$f = 1/T$
Wellenlänge	λ	Abstand zwischen zwei aufeinanderfolgenden gleichen Schwingungszuständen	
Ausbreitungsgeschwindigkeit	v	Geschwindigkeit, mit der sich ein Schwingungszustand fortpflanzt	$v = \lambda \cdot f$

5 Kenngrößen einer Schwingung

Aufgaben

1 Eine Stimmgabel trägt die Aufschrift 1000 Hz. Wie unterscheidet sich ihr Ton von dem einer Stimmgabel mit 440 Hz?

2 Ein Oszilloskop zeichnet die in Bild 1 gezeigten Signale auf.
a) Was würdest du hören?
b) Vergleiche die Bilder miteinander und beschreibe die Unterschiede!

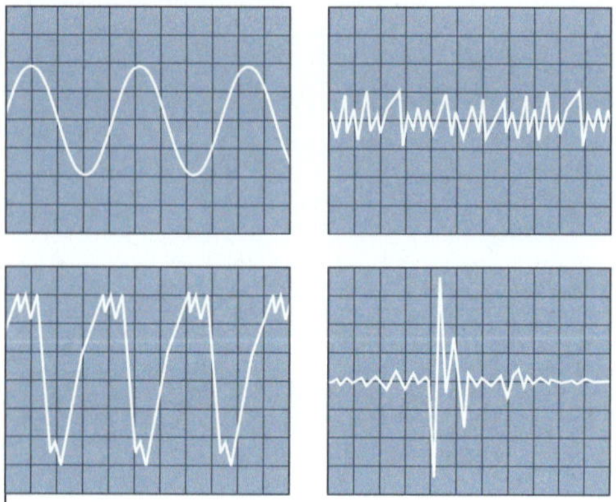

1 Schallaufzeichnungen

3 Warum kannst du Wespen, Mücken, Hummeln und Bienen fliegen hören, einen Schmetterling aber nicht?

4 Wie kannst du auf einer Gitarrensaite
a) tiefe und hohe Töne
b) laute und leise Töne
erzeugen?

5 Das Echolot eines Schiffes misst zwischen der Aussendung und dem Empfang eines Schallsignals einen Zeitunterschied von 850 ms.
Wie tief ist das Wasser unter dem Schiff, wenn sich Schall mit 1484 m/s in Wasser ausbreitet?

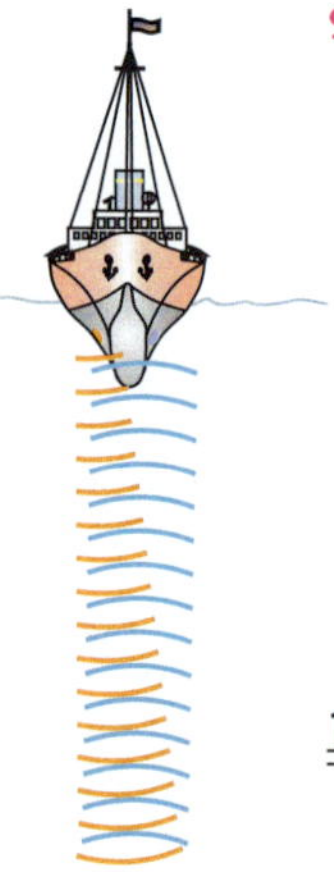

6 a) Die Astronauten, die auf der Mondoberfläche gelandet waren, konnten sich nicht wie auf der Erde unterhalten. Sie waren auf Funkgeräte angewiesen, auch wenn sie nicht weit voneinander entfernt standen. Warum wohl?

2 Ein Astronaut auf Mondoberfläche

b) Selbst eine Explosion wäre auf der Mondoberfläche nicht zu hören. Man könnte sie höchstens mit den Füßen und dem Körper spüren. Erkläre warum!

7 Weshalb können wir erkennen, aus welcher Richtung ein Ton kommt?

8 Bestimmt warst du schon einmal dabei, als ein Raum in einer Wohnung leer geräumt wurde, z. B. bei einem Umzug oder wenn ein Zimmer neu tapeziert oder gestrichen werden sollte.
Wie hört es sich an, wenn man sich in einem leeren Raum unterhält, verglichen mit einem Zimmer, in dem Möbel stehen, Teppiche liegen und Gardinen hängen? Erkläre den Unterschied.

9 Der Zoo in Duisburg wird durch eine stark befahrene Autobahn geteilt. Von einem Teil zum anderen gelangt man über die neu erbaute Zoobrücke.
Warum ist es Schulklassen und anderen Besuchergruppen verboten, im Gleichschritt über die Brücke zu gehen oder zu springen?

10 In manchen Wohnungen beginnen Gläser im Schrank zu klirren, wenn ein großer LKW oder eine Straßenbahn am Haus vorbeifährt.
Erkläre diese Erscheinung.

11 Hören ist lebenswichtig! Nenne Situationen, auf die diese Aussage zutrifft. Beurteile die Bedeutung des Hörens im Vergleich zu den anderen Wahrnehmungsarten. Diskutiert in der Gruppe eure Meinungen.

12 Du bist täglich Lärm ausgesetzt, der ganz unterschiedliche Quellen hat.
a) Beobachte einmal einen Tag lang, welche Lärmquellen dir begegnen: zu Hause, auf dem Schulweg, in der Schule, in der Freizeit usw. Schreibe sie auf.
b) Wie kann man sich gegen Lärm schützen?

13 Erkläre die Begriffe Ultraschall und Infraschall.

14 Welche Frequenzen kann ein Jugendlicher mit gesundem Gehör wahrnehmen?

15 Wie ändert sich der Hörbereich bei älteren Menschen?

16 Führe das in Bild 3 gezeigte Experiment durch. Als Material benötigst du: einen Löffel aus Metall, Bindfaden und einen Bleistift.
Drücke die beiden Enden des Bindfadens vorsichtig mit den Zeigefingern in deine Ohren. Beuge dich leicht nach vorne. Der Löffel muss frei hängen. Was hörst du, wenn eine zweite Person mit dem Bleistift gegen den Löffel schlägt?

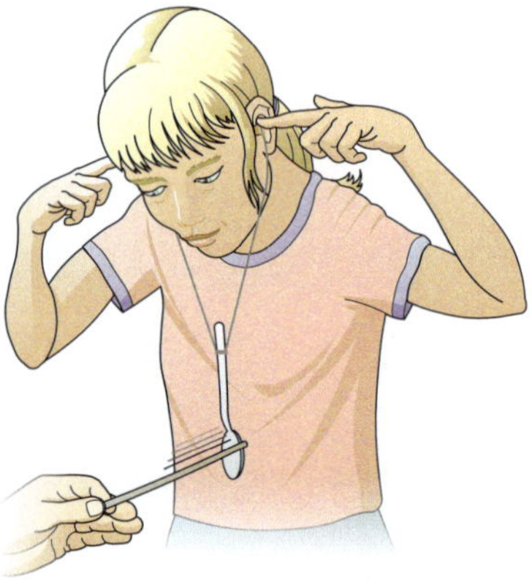

3 Zu Aufgabe 16

17 Ein Körper wird an einem Fadenpendel in Schwingung versetzt. Die Amplitude beträgt 5 cm. Der Körper führt 25 vollständige Schwingungen aus und benötigt dazu 20 s.
a) Berechne die Periodendauer und die Frequenz des schwingenden Körpers.
b) Stelle eine Periode dieser Schwingung in einem *t*-*y*-Diagramm dar.
c) Beschreibe die Energieumwandlungen während dieser Schwingungen.
d) Wie lange würde dieser Körper für 130 Schwingungen brauchen?

18 Bei einem Federschwinger beträgt die Periodendauer 0,4 s.
a) Berechne die Frequenz des Federschwingers.
b) Zeichne für diese Schwingung das *t*-*y*-Diagramm.

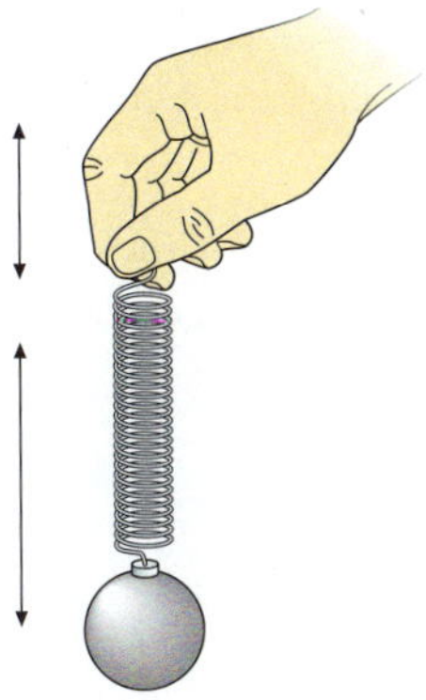

4 Federschwinger

19 In Bild 5 sind verschiedene Schwingungen dargestellt. Gib für jede Schwingung die Amplitude, die Periodendauer und die Frequenz an.

20 Welcher Unterschied besteht zwischen einer gedämpften und einer ungedämpften Schwingung? Wie sieht das jeweils zugehörige *t*-*y*-Diagramm aus?

21 Erstelle in einer Tabelle eine Übersicht über alle Kenngrößen einer Schwingung. Darin soll eingetragen sein: was

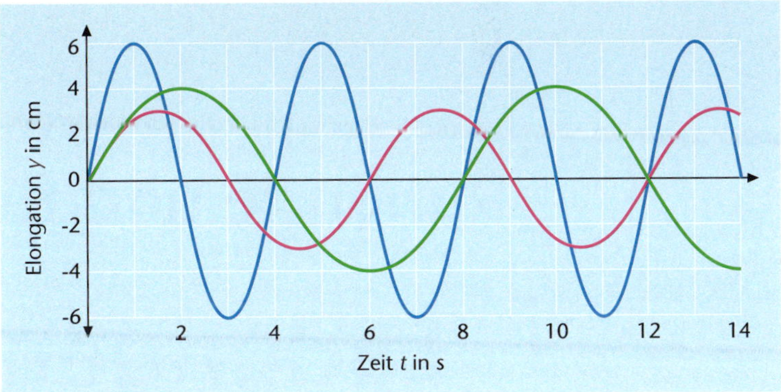

5 Zu Aufgabe 19

ihr Formelzeichen, ihre Einheit und evtl. die Gleichung für ihre Berechnung.

22 Erkläre den Unterschied zwischen einer Schwingung und einer Welle.

23 Zur Beschreibung einer Welle benötigt man zwei Diagramme.
a) Welche Diagramme sind notwendig?
b) Was beschreibt jedes Diagramm?
c) Worin besteht der Unterschied zwischen den beiden Diagrammen?

24 Beschreibe die Ausbreitung von Schallwellen.

25 Wie groß sind die Wellenlängen der Schallwellen, die an der menschlichen Hörgrenze liegen? (Untere Hörgrenze: 16 Hz, obere Hörgrenze: 21 000 Hz).

26 Durch ein Erdbeben in Chile wurde 1922 im Pazifik eine Flutwelle erzeugt, die sich mit 750 km/h ausbreitete und deren Periodendauer $T = 30$ min betrug. Welche Wellenlänge hatte diese Welle?

27 Einem Kind ist der Ball ins Wasser gefallen. Nun versucht es, den Ball ans Ufer zu bewegen, indem es Steine hinter den Ball wirft.
Hat das Kind damit Erfolg? Be-

1 Lege einen tickenden Wecker in ein Glasgefäß, das mit Watte ausgepolstert ist.
a) Wohin musst du dein Ohr halten, um das Ticken hören zu können? Begründe.
b) Stelle dich etwa 50 cm neben das Glas. Wie erreichst du, dass du das Ticken auch dort gut hörst? Gibt es mehrere Möglichkeiten?
c) Überprüfe deine Vermutungen durch Versuche. Erstelle jeweils ein Protokoll.
d) Erkläre die Versuchsergebnisse mithilfe einer Zeichnung.

2 Baue aus einem Stück Bindfaden und einem geeigneten Körper ein Fadenpendel und lasse es schwingen.
a) Miss die Periodendauer deines Fadenpendels.
b) Stelle eine Vermutung darüber an, von welchen Größen die Periodendauer abhängig ist. Begründe deine Vermutungen.
c) Überprüfe deine Vermutung durch ein Experiment. Beschreibe in einem Protokoll ganz genau, wie du dabei vorgehst.
d) Das Pendel soll nun auf dem Mond schwingen. Stelle eine Vermutung an, ob bei den Schwingungen dieselbe Periodendauer ermittelt wird. Begründe deine Meinung.

Ruhende und fließende elektrische Ladungen

Elektrische Energie ist für uns scheinbar überall und unbegrenzt verfügbar. Die nächste Steckdose ist meist nur ein paar Schritte entfernt. Dort lässt sich eine Vielzahl elektrischer Geräte mühelos anschließen und in Betrieb nehmen. Diese Möglichkeit hat unser Leben entscheidend verändert.

Kühlschränke, Fernseher, Waschmaschine, Bohrmaschine und die elektrische Beleuchtung sind aus unserem Alltag nicht mehr wegzudenken. Auch HiFi-Anlagen und Computer würden ohne elektrischen Strom nicht funktionieren.
In diesem Kapitel erfährst du, was Strom überhaupt ist, warum Strom durch elektrische Geräte fließt und was die Aufschriften auf den elektrischen Geräten bedeuten.

Viele Forscher haben die Elektrizität untersucht und dabei erstaunliche Gesetzmäßigkeiten herausgefunden. Ihre Erkenntnisse ermöglichen es uns heute, den elektrischen Strom in jedem seiner vielen Anwendungsbereiche ganz gezielt einzusetzen.
Die Kenntnis der Gesetzmäßigkeiten hilft uns außerdem, den Umgang mit elektrisch betriebenen Geräten sicher zu machen.
So können wir den elektrischen Strom im Alltag nutzen, ohne dass wir einen „Schlag" bekommen.

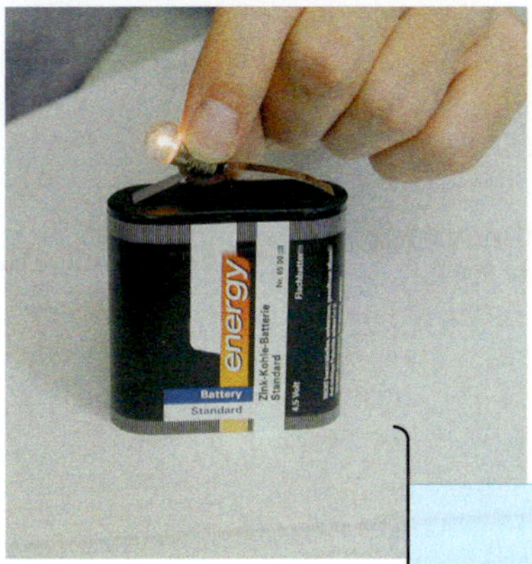
energy
Battery
Standard

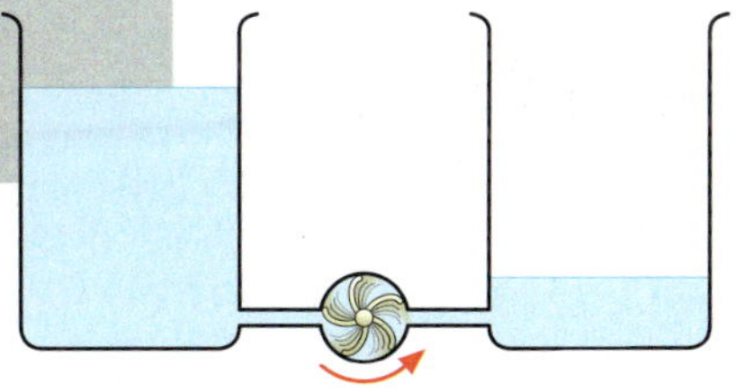

kWh
NWS Nr. 3 000 755

Allesschneider

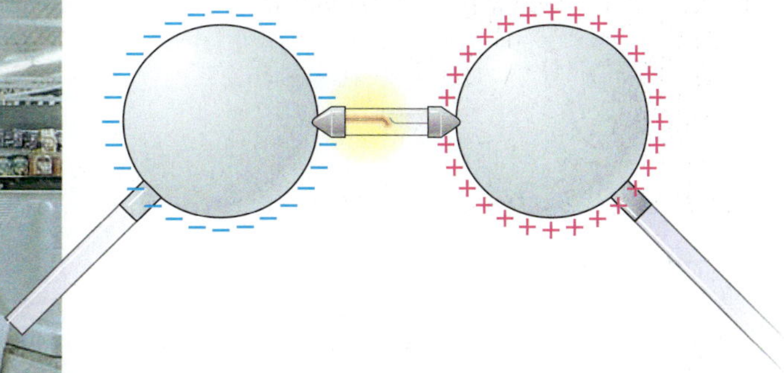

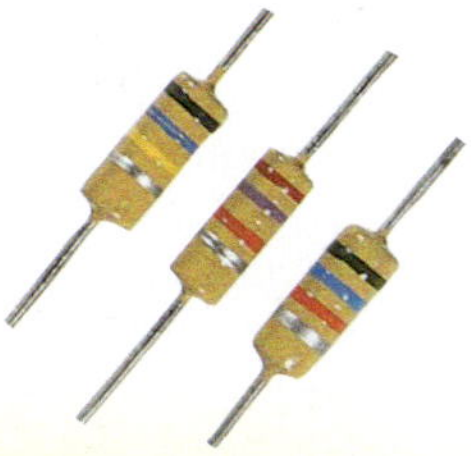

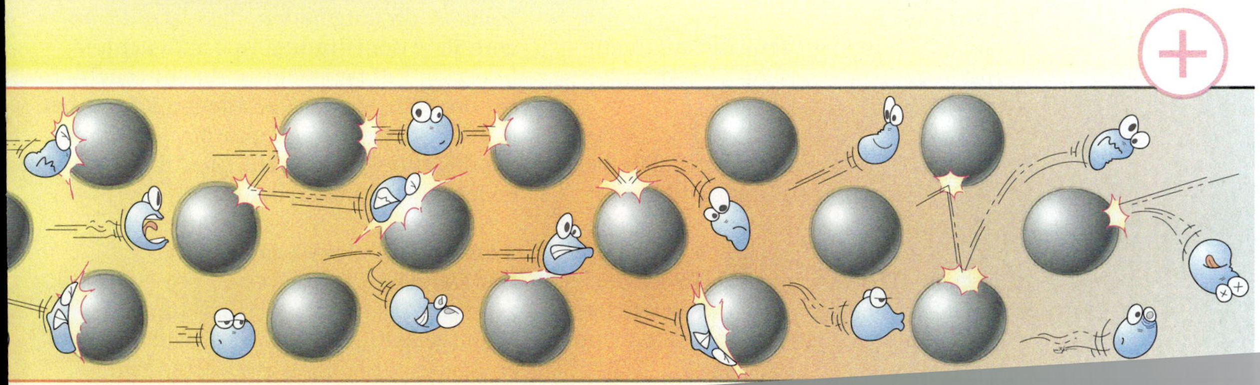

1 Die Folie zieht die Papierschnipsel an.

2 Haare werden von einem Luftballon angezogen.

Versuche

1 Schneide einen (doppellagigen) Streifen von einem Tiefkühlbeutel ab.
a) Ziehe die Folien auseinander, ohne dass sie einen anderen Gegenstand berühren. Was beobachtest du, wenn du eine der Folien in die Nähe von Papierschnipseln bringst (▷ B 1) oder an eine Glimmlampe hältst?
b) Ziehe die Folien erst auseinander und lege sie dann wieder genau aufeinander. Was passiert nun mit den Papierschnipseln?
c) Wiederhole a) und b) mit einem Kunststoffstab und einem Wolltuch. Reibe beide Gegenstände vorher kräftig aneinander.

2 Reibe einen Luftballon oder eine Folie an den Haaren einer Mitschülerin oder eines Mitschülers. Was musst du tun, damit die „Haare zu Berge stehen" (▷ B 2)?

3 Reibe verschiedene Kunststoffgegenstände (Lineal, Folien, Löffel, alte Filmnegative usw.) kräftig mit einem Fell oder Wolle. Halte eine Glimmlampe an die geriebenen Gegenstände. Achte speziell auf das Leuchten der Glimmlampe. Findest du Unterschiede?

Wodurch werden Körper elektrisch geladen?
Beim Aussteigen aus dem Auto erhältst du ab und zu einen elektrischen Schlag. Wenn du den Pullover ausziehst, knistert es manchmal.

Ein einfacher Versuch verrät dir die Ursache dafür: Wenn du zwei Folien aneinander reibst, laden sie sich elektrisch auf. Du merkst das daran, dass die Folien jetzt Haare, Papierschnipsel oder andere leichte Dinge anziehen.
Diese Anziehung tritt aber erst dann auf, wenn du die beiden Folien voneinander trennst (▷ B 1).

▶ Körper können elektrisch geladen werden, indem man sie aneinander reibt und anschließend trennt.

Bringst du die geladenen Körper wieder zusammen, wird der „elektrische Frieden" wieder hergestellt. Die beiden Folien sind dann ungeladen. Diesen ungeladenen Zustand bezeichnet man als elektrisch neutral.

Die Glimmlampe als Ladungsanzeiger
Berührst du eine der geladenen Folien mit einer Glimmlampe, blitzt diese kurz auf (▷ V 1). Mithilfe der Glimmlampe wurde die Folienstelle entladen – sie ist nun wieder elektrisch neutral. An anderen Stellen dieser Folie wirst du dasselbe beobachten.

Halte nun die Glimmlampe an die andere Folie. Ist dir aufgefallen, dass jetzt die andere Seite der Glimmlampe aufleuchtet? In einem Fall beobachtest du ein Leuchten auf der Seite, die den geladenen Körper berührt. Im anderen Fall glimmt die Lampe auf der anderen Seite auf. Sind die beiden Folien unterschiedlich geladen?

Zwei verschiedene Ladungen
Der Franzose CHARLES DU FAY (1698–1739) experimentierte viel mit Glas und Bernstein (versteinertem Harz). Dabei erkannte er, dass es tatsächlich zwei Arten von

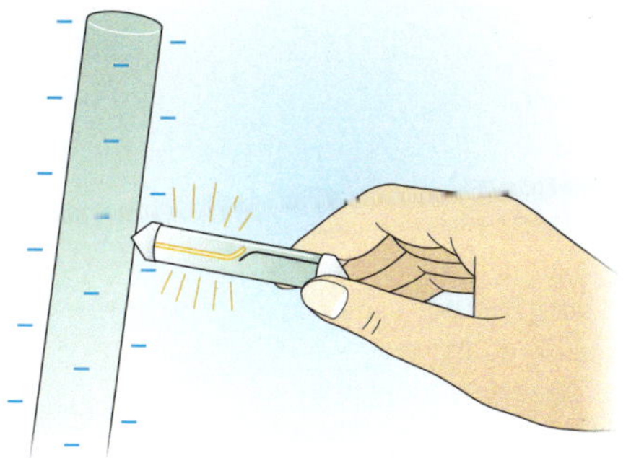

3 Ist ein Körper negativ geladen, dann leuchtet die Glimmlampe auf der Seite des Körpers auf.

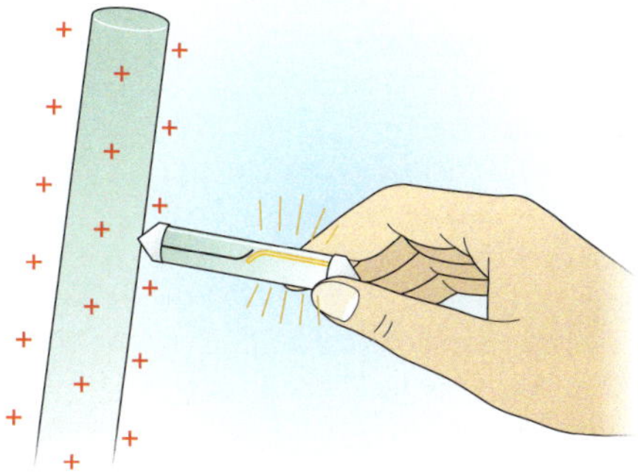

4 Ist ein Körper positiv geladen, dann leuchtet die Glimmlampe auf der Seite der Hand auf.

elektrischen Ladungen gibt. Er nannte die Ladungsarten „Glaselektrizität“ und „Harzelektrizität“.
Es gibt aber noch weitere Materialien, die sich wie Glas aufladen und andere, die sich wie Bernstein aufladen. Was früher „Glas-“ bzw. „Harzelektrizität“ genannt wurde, bezeichnet man heute als **positive** (+) bzw. **negative Ladung** (–).

Mithilfe der Glimmlampe kannst du die Ladungsarten unterscheiden (▷B3; B4). Wenn du zwei Körper aneinander reibst und dann trennst, ist einer der beiden Körper positiv geladen – die Glimmlampe leuchtet an der „Handseite“ auf. Der andere Körper ist negativ geladen – dort glimmt die Gegenseite auf.

Es gibt positive und negative Ladungen. Mit der Glimmlampe lassen sich die Ladungsarten unterscheiden.

Aufgabe

1 Erkläre, warum du manchmal einen „elektrischen Schlag“ bekommst, wenn du aus dem Auto aussteigst.

Werkstatt

Ladungserscheinungen

1 Trennung von Pfeffer und Zucker

Mit diesen Versuchen kannst du selbst elektrostatische Erscheinungen erforschen. Notiere zu jedem Versuch, was du beobachtet hast.

Tipp: Wiederhole die Versuche mehrmals, dann kannst du die Erscheinungen besser beobachten.

1 Pfeffer in der Zuckerdose?

Material

Kunststoffstab, Wolltuch oder Fell, Glasschale, Pfeffer, Zucker

Versuchsanleitung

Mische in einer Glasschale Zucker mit etwas Pfeffer. Reibe einen Kunststoffstab kräftig mit einem Wolltuch und nähere ihn langsam von oben der Mischung (▷B1).

2 Tanzende Papierschnipsel

Material

Glasscheibe, Wolltuch oder Fell, Blechboden einer Backform, zwei Bücher, Seidenpapier

Versuchsanleitung

Über dem Blechboden einer Backform befindet sich eine Glasscheibe, die von zwei Büchern gestützt wird. Schneide kleine Schnipsel aus Seidenpapier aus und lege sie auf den Blechboden. Reibe die Glasscheibe kräftig mit einem Wolltuch.

3 Der zuckende Zeigefinger

Material

Glasscheibe, Wolltuch oder Fell, Backblech, Glasschale, Glimmlampe

Versuchsanleitung

Diesen Versuch musst du zusammen mit einem Partner durchführen.
Auf einem Glas liegt ein Backblech (▷B2). Dein Partner hält die Spitze seines Zeigefingers ganz nah an den Rand des Blechs.

Reibe eine Folie mehrmals kräftig mit einem Wolltuch. Lege die Folie auf das Backblech und ziehe sie sofort darüber hinweg.

Wiederholt den Versuch. Berührt das Backblech dieses Mal nicht mit dem Finger, sondern mit einer Glimmlampe.

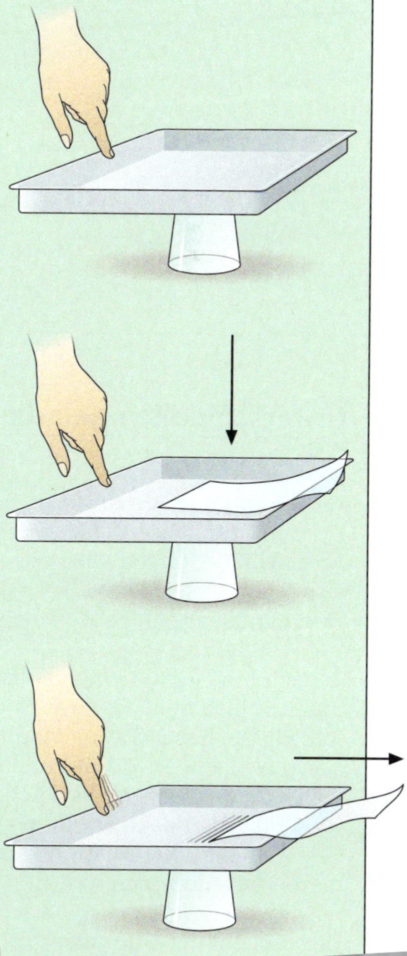

2 Zu Versuch 3

Kräfte zwischen geladenen Körpern

Tipp: Die Versuche gelingen bei trockenem Wetter in einem warmen Raum am besten. Verwende nur trockene Materialien.

1 Anziehung und Abstoßung

Material

4 Folienstücke (Postkartengröße), Klebestreifen, Nähgarn, Folienschreiber, Glimmlampe, Locher

Versuchsanleitung

Beschrifte die vier Folienstücke mit A, B, C und D. Loche jede Folie und knote ein Stück Nähgarn (etwa 30 cm lang) daran.

Hänge die Folien A und B z. B. an einem Türrahmen auf, indem du das Nähgarn mit einem Klebestreifen befestigst. Reibe nun die beiden Folien A und B kräftig aneinander. Lade anschließend die Folien C und D durch kräftiges Reiben auf.

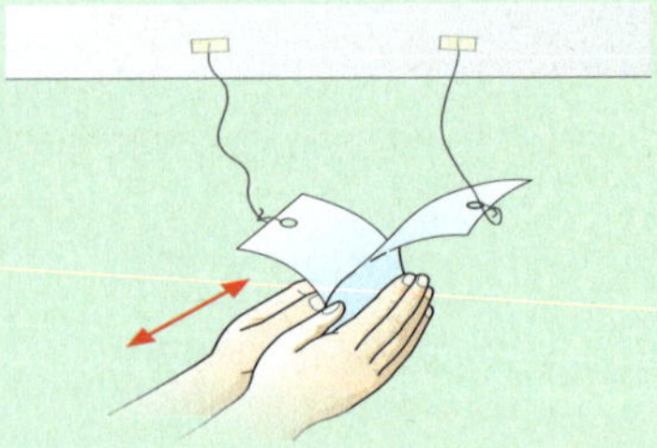

a) Nähere die Folie C erst der Folie A, dann der Folie B. Was kannst du beobachten?

b) Nähere die Folie D erst der Folie A, dann der Folie B. Welche Beobachtung machst du jetzt?

c) Halte zum Schluss eine Glimmlampe an alle Folienstücke. Notiere, welche Seite der Glimmlampe jeweils aufblitzt.

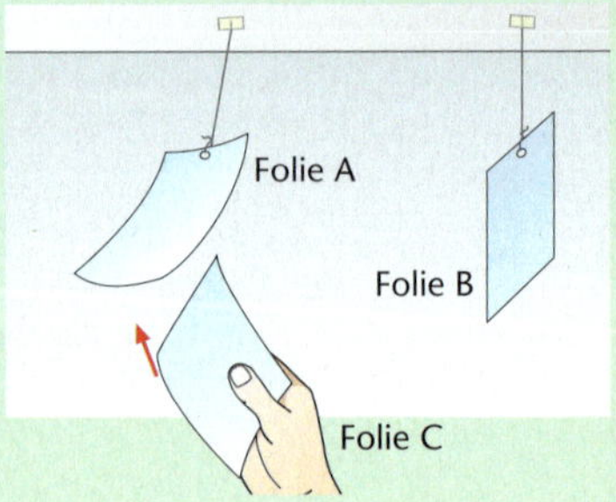

Aufgabe

Erstelle ein Versuchsprotokoll. Kannst du aus den Ergebnissen deiner Versuche ableiten, welche Folien positiv und welche negativ geladen sind? Begründe.

2 Ein Wasserstrahl auf Abwegen

Material

Luftballon

Versuchsanleitung

Lade einen Luftballon auf, indem du ihn an einem Wollpullover oder an Haaren reibst.
Bringe den Luftballon in die Nähe eines dünnen Wasserstrahls.
Was kannst du beobachten?

3 Der magische Finger

Material

2 Folienstücke (Postkartengröße), Klebeband, Nähgarn

Versuchsanleitung

Hänge ein Folienstück mithilfe des Nähgarns und eines Klebestreifens an einem Türrahmen auf.
Lade das Folienstück durch Reiben an der zweiten Folie auf.
Nähere dich der geladenen Folie mit einem Finger.

Aufgabe

Beschreibe deine Beobachtung und erkläre sie. Wiederhole den Versuch mit anderen ungeladenen Gegenständen.

Unterschiedlich geladene Körper

Anziehung und Abstoßung

Du weißt nun, dass es unterschiedliche Arten von Ladungen gibt. Wie aber verhalten sich zwei geladene Körper, wenn du sie einander annäherst?

Je nachdem, wie du einen Folienstreifen durch Reiben aufládst, machst du unterschiedliche Beobachtungen, obwohl du das gleiche Material verwendest:
Reibst du die Folie an der Tischkante, spreizen sich die Folienhälften (▷ B 1).
Reibst du die Folienhälften aneinander, haften sie zusammen (▷ B 2).

Der Test mit der Glimmlampe beweist: Im ersten Versuch ist die Folie positiv geladen, der Tisch negativ.
Knickst du die Folie, hängen sich also zwei positiv geladene Folienhälften gegenüber. Du kannst beobachten, dass sich die beiden gleichartig geladenen Folienhälften abstoßen.

Aufgaben

1 Frisch gewaschene Haare lassen sich mit einem Plastikkamm manchmal nur schlecht kämmen.
Begründe, warum das so ist.

2 Was kannst du über die Ladungen der beiden Luftballons in Bild 3 aussagen?

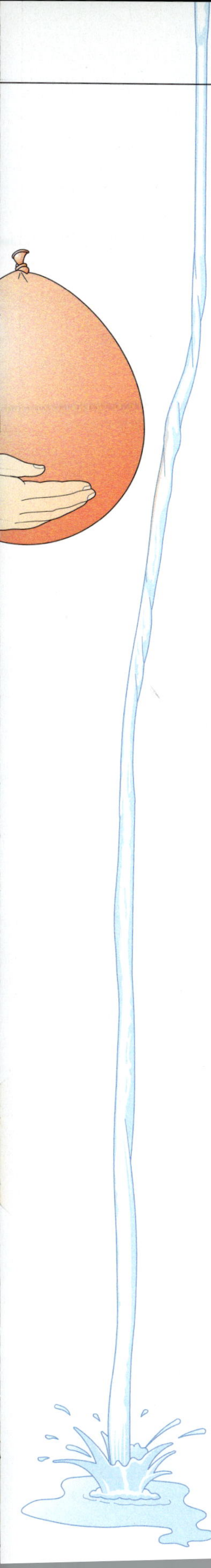

Versuche

1 a) Schneide einen Streifen von einem Müll- oder Tiefkühlbeutel ab und reibe ihn kräftig an der Tischkante. Greife den Streifen in der Mitte und hebe ihn vom Tisch ab (▷ B 1).
Was beobachtest du?
b) Knicke einen neuen Streifen in der Mitte und reibe beide Folienteile kräftig aneinander. Trenne die Hälften voneinander (▷ B 2). Verhalten sich die Folienteile wie im ersten Versuch?

2 Lade einen Luftballon auf, indem du ihn an einem Wollpullover oder an Haaren reibst. Halte den Luftballon anschließend an eine Wand. Was kannst du beobachten?
Lasse den geladenen Luftballon auch an deiner Hand „kleben".
Erkläre deine Beobachtungen.

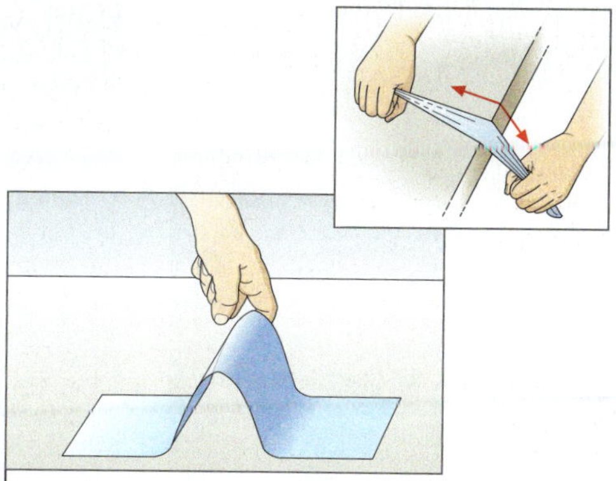

1 Zu Versuch 1 a

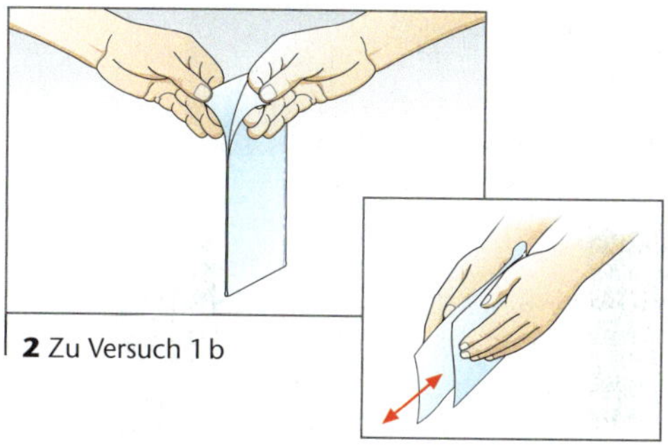

2 Zu Versuch 1 b

Gleichartig geladene Körper stoßen sich ab.

Im zweiten Versuch reibst du dagegen die beiden Hälften desselben Folienstreifens aneinander und trennst sie dann. Die beiden Folienhälften sind jetzt unterschiedlich geladen. Aus diesem Grund ziehen sie sich an und haften aneinander.

Verschiedenartig geladene Körper ziehen sich an.

Näherst du einen elektrisch geladenen Luftballon einer Wand, dann kannst du beobachten, dass der Luftballon an der Wand „kleben" bleibt (▷ V 2). Der Luftballon und die Wand ziehen sich gegenseitig an, obwohl nur der Ballon eine Ladung trägt. Eine anziehende Wirkung tritt also auch zwischen einem elektrisch geladenen Körper und einem ungeladenen Körper auf.

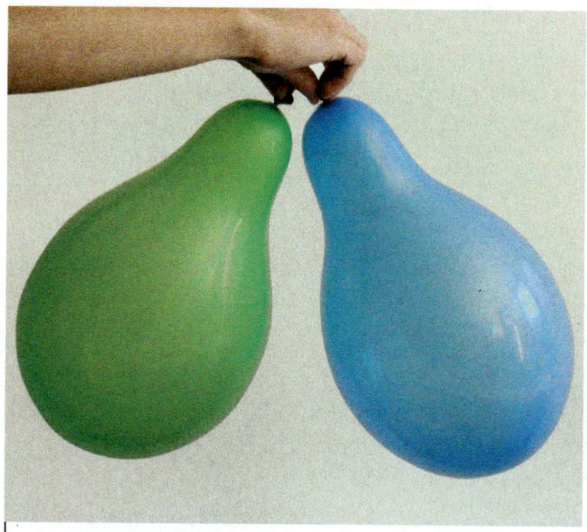

3 Die Luftballons stoßen sich ab

Geladene Körper ziehen ungeladene Körper an und umgekehrt (▷ B 4).

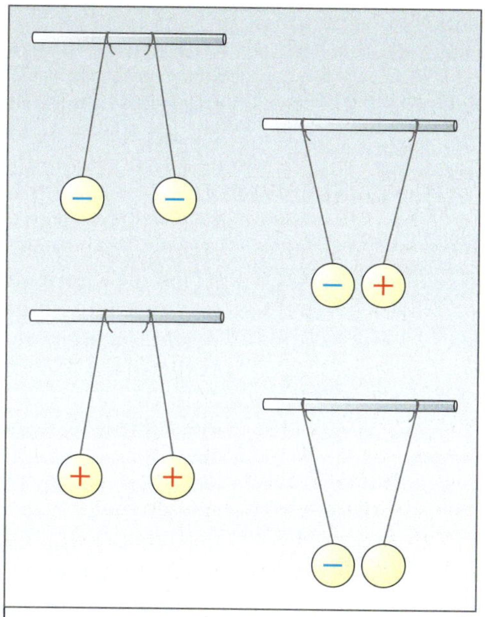

4 Anziehung und Abstoßung zwischen unterschied-

1 John Dalton

2 Joseph John Thomson

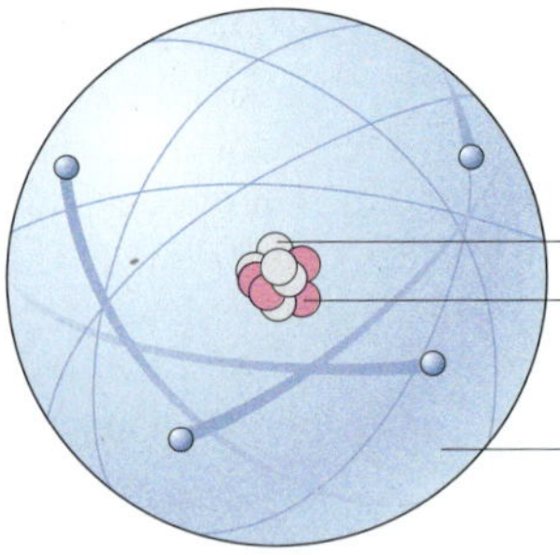

3 Vereinfachtes Kern-Hülle-Modell

Kleinste Teilchen

Stelle dir vor, du teilst einen Eisennagel. Eines der Bruchstücke teilst du wieder und wieder und wieder. Bald ist das Eisenstück so klein, dass du ein Mikroskop zu Hilfe nehmen musst. Du teilst das Eisenstückchen weiter und weiter.
Das Eisenstückchen kannst du aber nicht beliebig oft teilen, irgendwann erhältst du ein kleinstes Teilchen Eisen.
Dieses kleinste Teilchen Eisen ist so klein, dass man es nicht mehr sehen kann, auch nicht mit dem besten Mikroskop.
Ein solches kleinstes Teilchen hat einen Durchmesser von ca. 0,0000001 mm.

Erste Vorstellungen vom Atom

Schon um 400 v. Chr. waren die griechischen Naturgelehrten Leukipp und Demokrit der Meinung, dass alle Körper aus unteilbaren kleinsten Teilchen bestünden.

Weil ein einzelnes kleinstes Teilchen nicht mehr sichtbar gemacht werden kann, haben die Menschen Denkmodelle entworfen. Diese Modelle von den kleinsten Teilchen helfen, die Eigenschaften von Körpern zu erklären.

Das Dalton-Atommodell

1803, also über 2200 Jahre später, griff der Chemiker und Physiker John Dalton (1766–1844) (▷ B 1) das Modell der kleinsten Teilchen wieder auf. Nach Daltons Vorstellung haben die kleinsten Teilchen eines Stoffes alle die gleichen Eigenschaften. Das heißt z. B., alle Eisenatome haben gleiches Gewicht und gleiche Größe und sind auch sonst in allem gleich. Auch alle Schwefelatome haben gleiches Gewicht und gleiche Größe. Aber das Gewicht und die Größe von Schwefelatomen sind anders als das Gewicht und die Größe von Eisenatomen.

Woher kommen die Ladungen?

Mit der Entdeckung der Elektrizität suchten die Physiker nach Erklärungen für dieses Phänomen.
Man vermutete, dass die Elektrizität eng mit dem Aufbau der Atome verknüpft sei.

Der Physiker Joseph John Thomson (1856–1940) (▷ B 2) wies um 1897 ein neues Teilchen nach: das Elektron. Thomson stellte fest, dass die Elektronen aus den Atomen stammen und dass die Elektronen elektrisch negativ geladen sind.
Heute weiß man, dass alle Atome aus einem Atomkern und einer Atomhülle aufgebaut sind (▷ B 3).
Der Atomkern besteht aus den elektrisch positiv geladenen Protonen und den elektrisch neutralen Neutronen. Die Atomhülle wird aus den Elektronen gebildet, die sich um den Atomkern bewegen.
Die Ladungen von Elektronen und Protonen sind gleich groß. Weil Protonen und Elektronen jeweils die kleinstmögliche Ladung tragen, nennt man diese auch Elementarladung. Allerdings sind die Elektronen negativ und die Protonen positiv geladen.

Nach außen hin ist jedes Atom elektrisch neutral. Das bedeutet, dass es gleich viele Elektronen und Protonen besitzt. Die negative Ladung der Elektronen und die positive Ladung der Protonen gleichen sich aus.
Aus der Atomhülle können einzelne Elektronen entfernt werden. Umgekehrt ist es möglich, der Hülle Elektronen hinzuzufügen. Weil die positive Ladung fest im Kern sitzt, lädt sich das Atom durch das Entfernen bzw. Hinzufügen eines Elektrons positiv bzw. negativ auf.

Ladungsvorgänge
Reibt man einen Kunststoffstab mit einem Tuch, werden Elektronen übertragen (▷B4). Der Kunststoffstab lädt sich negativ auf, seine Atome haben Elektronen aufgenommen.
Das Tuch ist positiv geladen, seine Atome haben Elektronen abgegeben.

Berühren sich zwei Körper, die unterschiedlich geladen sind, so wandern die Elektronen vom negativ geladenen Körper zum positiv geladenen Körper.
Wenn gleich viele negative wie positive Ladungen vorhanden waren, sind nach der Ladungswanderung beide Körper neutral (▷B5).

Elektronen wandern von einem negativ geladenen Körper zu einem positiv geladenen Körper.

Berührt ein negativ geladener Körper einen ungeladenen, dann gehen so viele Elektronen auf den ungeladenen Körper über, bis beide Körper gleich stark negativ geladen sind (▷B6).

Elektronen wandern von einem negativ geladenen Körper zu einem neutralen Körper.

Auch ein positiv geladener Gegenstand gibt seine Ladung an einen neutralen Körper ab. Positive Ladungen können aber nicht wandern! Daher wandern die Elektronen des neutralen Körpers zum positiv geladenen Körper (▷B7). Der vorher neutrale Körper ist nun selbst positiv geladen.

Elektronen wandern von einem neutralen Körper zu einem positiv geladenen Körper.

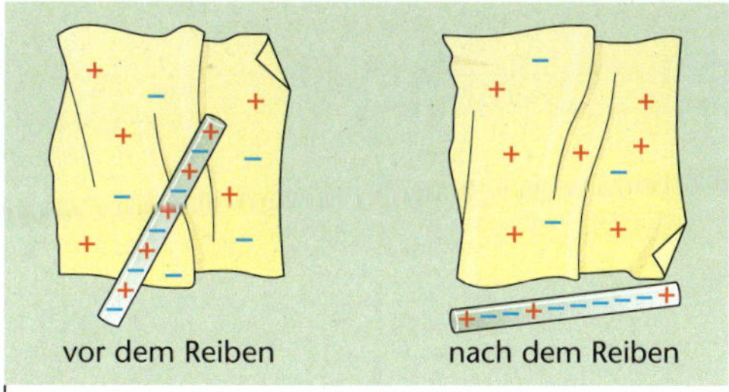

4 Der Übergang von Elektronen führt zur Aufladung.

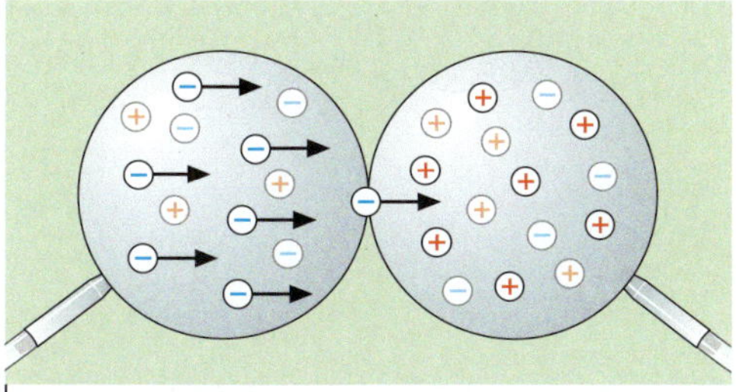
5 Elektronenübergang vom negativ zum positiv geladenen Körper

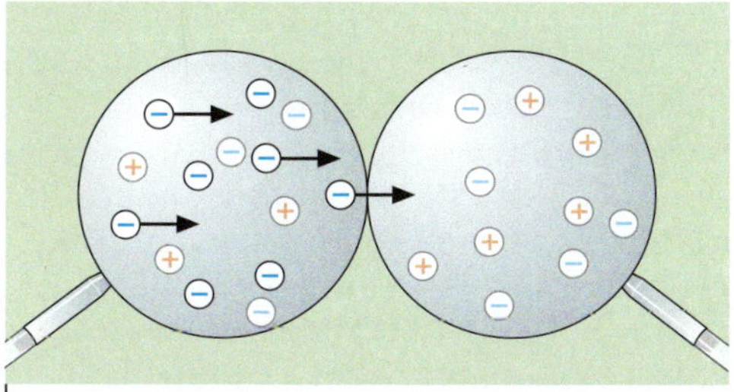
6 Elektronenübergang vom negativ geladenen zum neutralen Körper

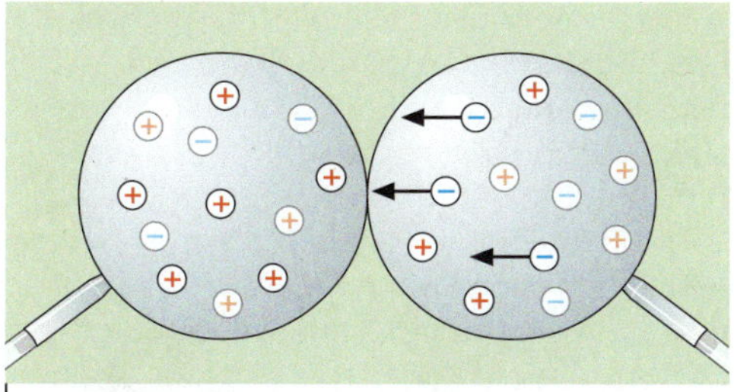
7 Elektronenübergang vom neutralen zum positiv geladenen Körper

Aufgaben

1 Wieso können positive Ladungen in festen Stoffen nicht wandern?

2 Sieh im Internet nach, in welchem Jahr und wofür Joseph John Thomson den Nobelpreis für Physik erhielt.

Elektrizität zwischen Himmel und Erde

1 Blitze sind elektrische Entladungen.

Gewitter – beeindruckende Naturereignisse

Erst ziehen dunkle Wolken auf, dann zucken plötzlich helle Blitze über den Himmel, die von lautem Krachen und Donnergrollen begleitet werden. Rund um die Erde toben Tag für Tag etwa 45 000 Gewitter und etwa 8 Millionen Blitze zucken über den Himmel.

Die Entstehung eines Gewitters

Gewitter entwickeln sich in riesigen Wolken, die sich bis in 10 km Höhe auftürmen können. Die Wolken bestehen vor allem aus Wassertröpfchen. In den oberen Schichten ist es aber so kalt, dass die Tröpfchen dort zu Hagelkörnern gefrieren. Weil sich innerhalb der Wolken Luft auf und ab bewegt, prallen die Wassertröpfchen und die Hagelkörner ständig aufeinander. Ähnlich wie zwei Körper, die aneinander gerieben werden, laden sich auch die Wassertröpfchen und die Hagelkörner dabei unterschiedlich auf.
Die Ladungen sind innerhalb der Wolken ungleichmäßig verteilt. Im oberen Bereich überwiegen die positiven Ladungen, im unteren Bereich die negativen.

2 Gewitter über einer Stadt

Ladungsausgleich durch den Blitz

Um den neutralen Zustand wieder herzustellen, müsste man die gegensätzlich geladenen Teilchen wieder zusammenbringen. Die Ladungsunterschiede können sich aber noch auf andere Weise ausgleichen und zwar durch eine Funkenentladung. Der Blitz ist eine solche Funkenentladung zwischen einem positiv und einem negativ geladenen Wolkenbereich (▷ B 1).

Ladungsunterschiede können nicht nur zwischen verschiedenen Wolkenschichten, sondern auch zwischen den Wolken und der Erdoberfläche entstehen.
Du kannst deshalb unterschiedliche Blitze beobachten. Die meisten Blitze verlaufen innerhalb der Wolken, ihre Länge beträgt meist zwischen 8 und 16 km.
Manchmal entlädt sich aber auch ein Blitz zur Erde. Dort schlagen Blitze bevorzugt in die höchsten Punkte, z. B. Bäume ein. Daran musst du denken, wenn du im Freien von einem Gewitter überrascht wirst.

Woher kommt der Donner?

Ein Blitz dauert nur Bruchteile von Sekunden. Durch die Funkenentladung wird die umgebende Luft auf 30 000 °C erhitzt, eine Temperatur, die fünfmal größer ist als die Oberflächentemperatur der Sonne. Die erhitzte Luft dehnt sich explosionsartig aus. Das hörst du als Donner.

Warum hörst du den Donner erst, nachdem du den Blitz gesehen hast? Das liegt daran, dass das Licht und der Schall unterschiedlich schnell sind: Das Licht legt in einer Sekunde eine Strecke von 300 000 km zurück – es könnte in dieser Zeit etwa siebeneinhalb Mal um die Erde laufen. Der Schall schafft in einer Sekunde nur etwa 330 m, also ein Drittel eines Kilometers. Mithilfe der Schallgeschwindigkeit kannst du auch abschätzen, wie weit ein Gewitter entfernt ist. Zähle, nachdem du den Blitz gesehen hast, die Sekunden bis zum Donner. Teilst du diese Zahl durch drei, dann weißt du, wie viele Kilometer das Gewitter etwa entfernt ist.

Aufgaben

1 Suche im Internet nach „Blitzkarten". Welche Informationen enthalten diese Karten? In welcher Region Deutschlands bzw. Europas gibt es gerade die meisten Gewitter?

2 Informiere dich, wie man sich bei einem bei Gewitter verhalten sollte. Erstelle eine Präsentation.

Das Elektroskop

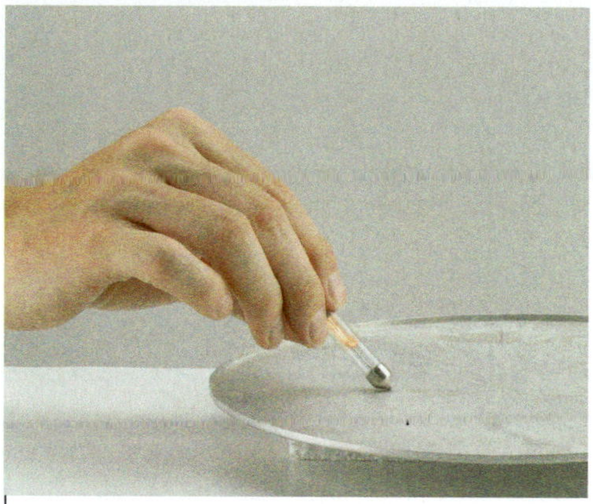

1 Zu Versuch 2

Auch Metalle speichern Ladungen
Metalle sind gute elektrische Leiter. In ihrem Inneren befinden sich Elektronen, die sich frei bewegen können.
Metalle können elektrische Ladungen nur speichern, wenn sie isoliert befestigt sind, z. B. an einem Kunststoffstab, ansonsten entlädt sich das Metall sofort (▷ V 1). Von einem geladenen Metallstück fließen bei einer Berührung alle Ladungen ab (▷ V 2): die Glimmlampe leuchtet nur einmal auf.

Metalle können Ladungen speichern, allerdings nur, wenn die Metalle isoliert befestigt sind.

Das Elektroskop
Bei einem Elektroskop nutzt man die Leitungsvorgänge in Metallen aus. Berührst du die obere Platte des Elektroskops z. B. mit einem negativ geladenen Körper, gehen Elektronen auf das Elektroskop über (▷ B 3).
Da sich gleichartige Ladungen gegenseitig abstoßen, verteilen sich die Elektronen über das gesamte Elektroskop. Der bewegliche Zeiger und der feste Teil des Elektroskops sind nun gleichartig geladen und stoßen sich ab – der Zeiger schlägt aus.

Aufgaben

1 Eine positiv geladene Kugel wird an ein Elektroskop gehalten. Beschreibe mithilfe der Elektronenwanderung, warum das Elektroskop ausschlägt.

2 Die Karosserie von Autos besteht aus Metall (Eisen). Warum fließen die Ladungen nicht ab, wenn man die Karosserie auflädt?

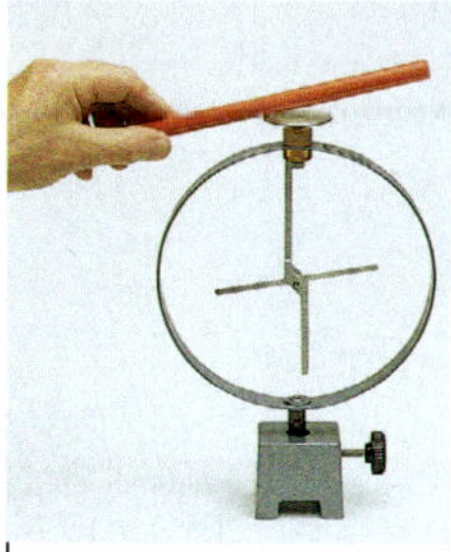

2 Elektroskop

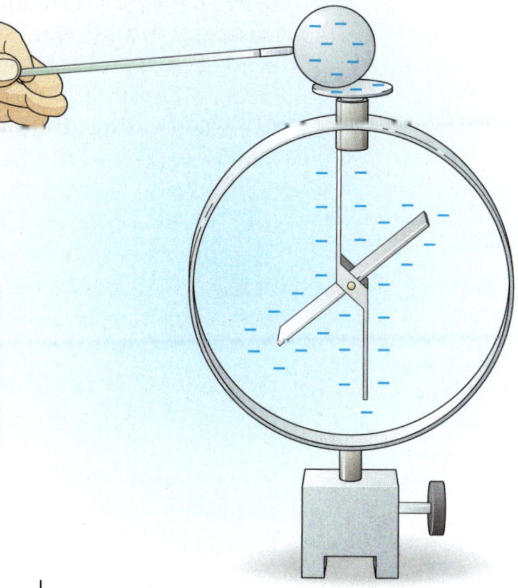

3 Zeigerausschlag aufgrund abstoßender Kräfte

Gleiches gilt bei einer Berührung mit einem positiv geladenen Gegenstand.

Ein Elektroskop zeigt an, ob ein Körper geladen oder ungeladen ist. Die Art der Ladung kann mit einem Elektroskop nicht festgestellt werden.

Versuche

1 Reibe eine Metallplatte an einem Stück Stoff oder an Papier. Halte die Platte an ein Elektroskop. Wiederhole den Versuch. Befestige die Platte zuvor aber an einem Kunststoffstab. Warum schlägt das Elektroskop jetzt aus?

2 Stelle ein Backblech auf eine nicht leitende Unterlage. Reibe es mit einer Folie. Halte eine Glimmlampe an verschiedene Stellen des Blechs (▷ B 1).

3 Lade einen Plastikstab elektrisch auf. Bringe den Stab in die Nähe von kleinen Papierschnipseln und kleinen Aluminiumschnipseln (▷ B 4). Erkläre das unterschiedliche Verhalten von Aluminium und Papier.

4 Lade zwei Folien durch Reiben aneinander auf. Halte zunächst die eine Folie an das Elektroskop und dann die andere.
Warum schlägt der Zeiger zunächst aus und geht dann wieder in die Ausgangsstellung zurück?

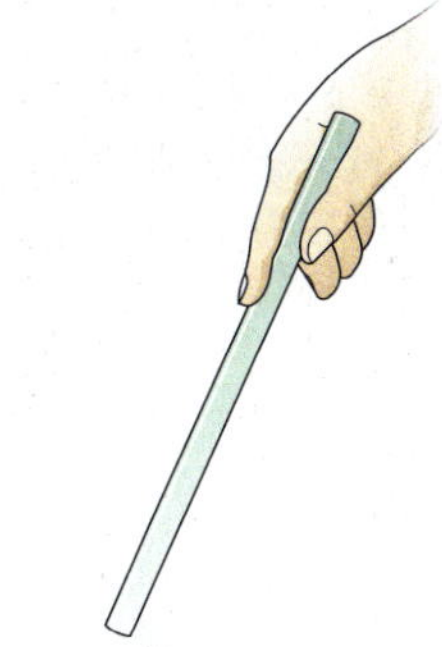

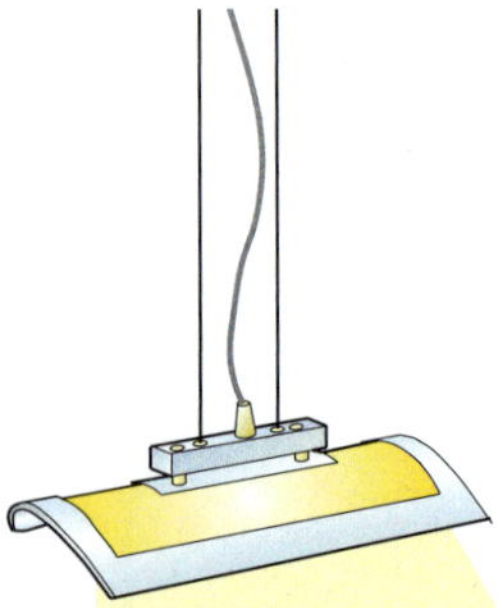

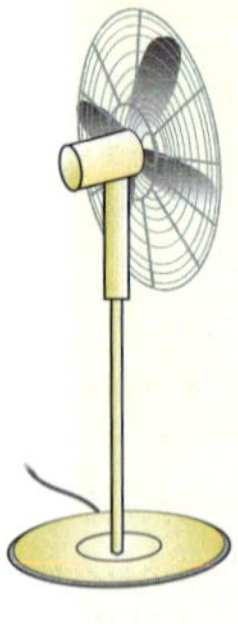

Ohne Energie läuft nichts

Stecker rein und los – so einfach kannst du elektrische Geräte einschalten. Doch was steckt eigentlich dahinter?
Alle elektrischen Geräte funktionieren nur dann, wenn sie an eine Spannungsquelle angeschlossen sind. Haushaltsgeräte werden an die Steckdose angeschlossen. Der „Strom aus der Steckdose“ ist jedoch lebensgefährlich. Du darfst keinesfalls damit experimentieren! Benutze deshalb nur ungefährliche Spannungsquellen, wie z. B. Batterien, Solarzellen oder einen Fahrraddynamo.

Wie werden elektrische Geräte angeschlossen?

Einen einfachen elektrischen Stromkreis kannst du schon mit einer Batterie und einer Lampe aufbauen (▷ B 1). Jede Batterie hat einen Pluspol (+) und einen Minuspol (–). Die Lampe leuchtet nur dann, wenn ein Pol der Batterie am Fußkontakt der Lampe und der andere Pol am Lampensockel angeschlossen ist.
Nicht nur an Lampen, sondern an jedem elektrischen Gerät findest du zwei Anschlussstellen. Diese müssen jeweils richtig mit den Polen einer Batterie oder einer anderen Quelle verbunden sein.

Der elektrische Stromkreis

Willst du eine Lampe nicht ständig festhalten, wenn du sie an die Batterie anschließt, dann benötigst du zusätzlich noch zwei Kabel und eine Lampenfassung. Anordnungen wie im Bild 1 werden als elektrische Schaltung bezeichnet. In der abgebildeten Schaltung führt die elektrisch leitende Verbindung von einem Batteriepol über das Kabel, dann durch die Lampe und von dort über das zweite Kabel zum anderen Batteriepol zurück. Man spricht von einem elektrischen Stromkreis.

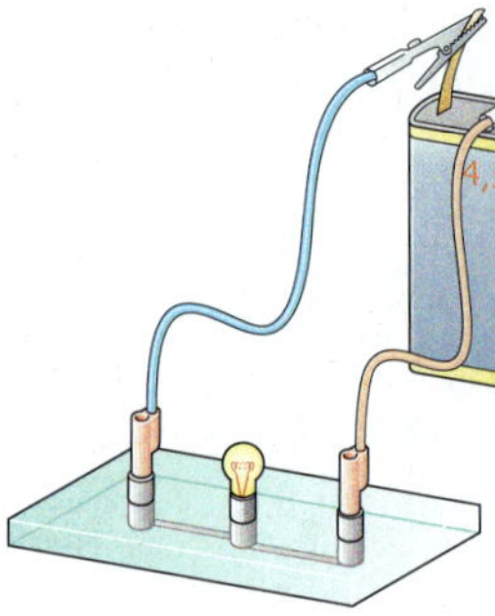

1 Geschlossener elektrischer Stromkreis

Ist der Stromkreis geschlossen, dann leuchtet die Lampe. Ist die Verbindung an irgendeiner Stelle unterbrochen, dann leuchtet die Lampe nicht.

▶ Ein elektrisches Gerät funktioniert nur, wenn die elektrische Verbindung mit der Spannungsquelle an keiner Stelle unterbrochen ist, also im Fall eines geschlossenen elektrischen Stromkreises.

Werkstatt

Elektrische Stromkreise

1 Wann leuchtet die Glühlampe?

Material
Lampe (z. B. 3,8 V), Batterie (z. B. 4,5 V)

Versuchsanleitung
a) Gelingt es dir, die Lampe ohne weitere Hilfsmittel zum Leuchten zu bringen?
b) Erstelle zu den Lösungen, die du gefunden hast, jeweils eine genaue Zeichnung. Beschreibe, wie du die Lampe an die Batterie anschließen musst, damit sie leuchtet.

2 Wann läuft der Motor?

Material
Solarzelle, Solarmotor, Kabel, starke Taschenlampe

Versuchsanleitung
a) Setze den Solarmotor mithilfe einer Solarzelle in Betrieb.
b) Zeichne die Versuchsanordnung in dein Heft und beschreibe dein Experiment. Notiere Besonderheiten.

3 Dynamo

Material
Lampe (z. B. 3,8 V), Fahrraddynamo, Kabel

Versuchsanleitung
a) Bringe mit dem Fahrraddynamo die Lampe zum Leuchten.
b) Skizziere den Versuchsaufbau und beschreibe, was du herausgefunden hast.

Aufgabe
Vergleiche die Ergebnisse der Versuche. Welche Bedingungen müssen erfüllt sein, damit ein elektrischer Stromkreis funktioniert?

1 Der Fluss – ein Strom aus Wasser

2 Durch Städte fließen Verkehrsströme.

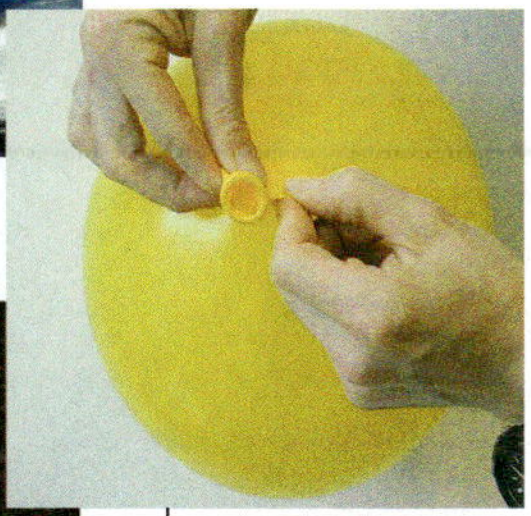

3 Aus dem Luftballon strömt Luft.

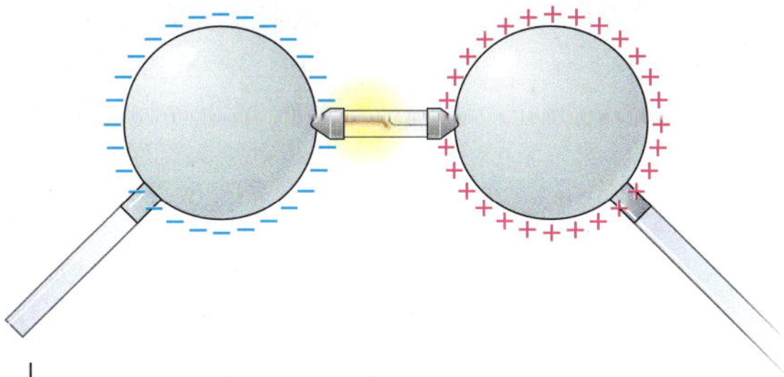

5 Ein elektrischer Strom gleicht Ladungsunterschiede aus.

Alles in die gleiche Richtung
Du kennst unterschiedliche Ströme (▷B 1–B 3). Ein großer Fluss wird als Strom bezeichnet, durch Städte fließen Verkehrsströme, aus dem Luftballon strömt Luft. All diese Ströme haben eine Gemeinsamkeit: Sie bestehen aus vielen Teilchen, die sich in eine gemeinsame Richtung bewegen.

Elektrischer Strom
Betrachte noch einmal das Beispiel des Luftballons: Im Inneren des Luftballons herrscht ein Druck, der größer als der äußere Luftdruck ist. Deshalb strömt so lange Luft aus dem Ballon, bis das Gleichgewicht zwischen innen und außen wieder hergestellt ist.

Auch zwischen zwei Körpern, die du elektrisch unterschiedlich auflädst, besteht ein Ungleichgewicht. Bild 5 zeigt eine Kugel, die positiv, und eine andere, die negativ geladen ist. Verbindest du beide über eine Glimmlampe, blitzt diese kurz auf – es fließt ein elektrischer Strom. Die elektrischen Ladungen fließen so lange, bis das elektrische Gleichgewicht wieder hergestellt ist und jede Kugel gleich viele positive wie negative Ladungen hat.

▶ Wenn sich elektrische Ladungen in eine Richtung bewegen, spricht man von einem elektrischen Strom.

Elektrischer Strom im Metalldraht
Ein Metalldraht besteht aus vielen Atomen, die jeweils eines ihrer Elektronen abgeben (▷B 4). Diese Elektronen sind frei beweglich, während die „Restatome" (Ionen) fest an ihre Plätze gebunden sind. Die Elektronen transportieren negative Ladungen. Schließt man einen Leiter an eine Batterie an, so wandern die Elektronen vom Minuspol zum Pluspol. Für jedes Elektron, das den Draht am Pluspol verlässt, wird am Minuspol wieder ein Elektron nachgeliefert (▷B 4).

▶ In Metallen ist der elektrische Strom ein Elektronenstrom. Die Elektronen transportieren negative elektrische Ladungen.

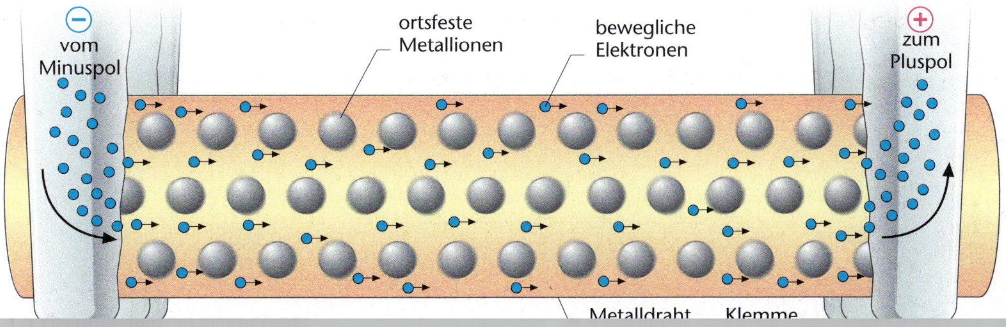

Ein schneller Plan für jede Schaltung

Mit einem Schaltplan kannst du übersichtlich darstellen, welche Bauteile in einer Schaltung verwendet werden und wie sie miteinander verbunden sind (▷B2). Um sich die Arbeit beim Zeichnen zu erleichtern, verwendet man für jedes Bauteil ein festgelegtes Schaltzeichen (▷B1).

Von der Schaltung zum Schaltplan

Beginne beim Zeichnen mit einem Pol der Energiequelle. Verfolge dann in Gedanken den Weg durch den Stromkreis von Bauteil zu Bauteil bis zum anderen Pol der Energiequelle. Zeichne erst dann parallel angeschlossene Bauteile dazu.

Wenn du eine Schaltung einem Schaltplan entsprechend aufbauen sollst, gehst du genauso vor. Beginne auch hier an einem Pol der Energiequelle.

Beachte beim Zeichnen:

- Kabel werden als gerade Linien gezeichnet.
- Bei Richtungsänderungen werden Kabel im rechten Winkel weitergezeichnet.
- Stellen, an denen Kabel miteinander verbunden sind, werden mit einem kleinen Punkt gekennzeichnet (▷B2).
- Bauteile werden nie in eine Ecke gezeichnet.

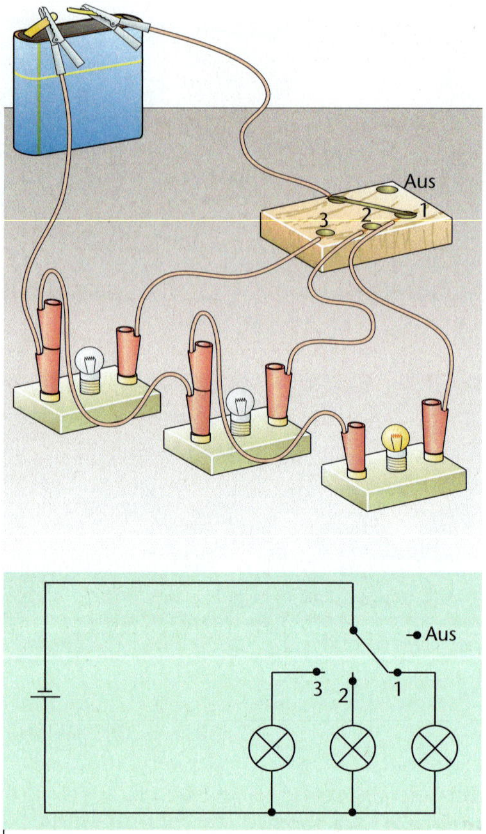

2 Schaltung und passender Schaltplan

Versuch

1 Baue einen Stromkreis aus einer Batterie und zwei geeigneten Lampen sowie einem Schalter. Wie viele Varianten findest du?
Beschreibe jeweils, wie deine Schaltung aufgebaut ist und zeichne den Schaltplan.

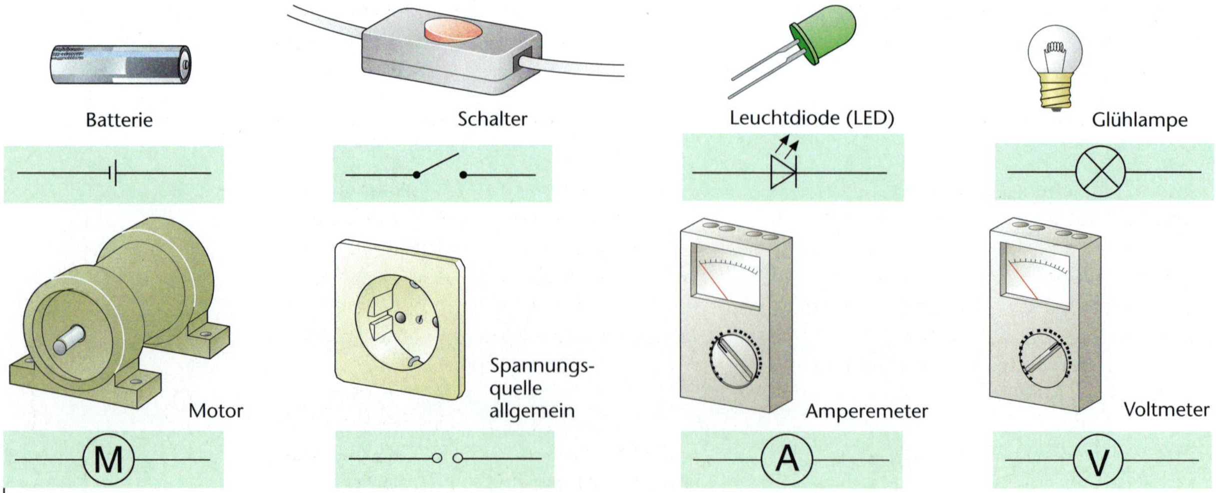

1 Verschiedene Geräte und die zugehörigen Schaltzeichen

Reihen- und Parallelschaltung von Lampen

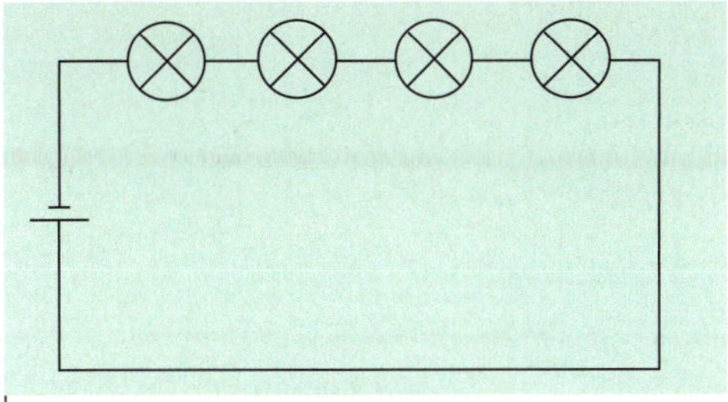

1 Schaltplan einer Reihenschaltung

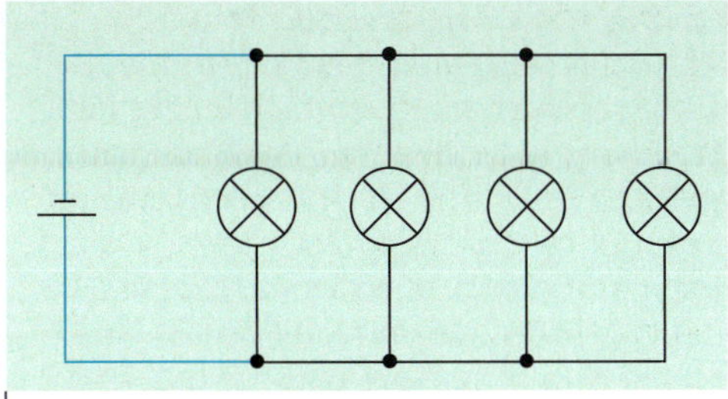

2 Schaltplan einer Parallelschaltung

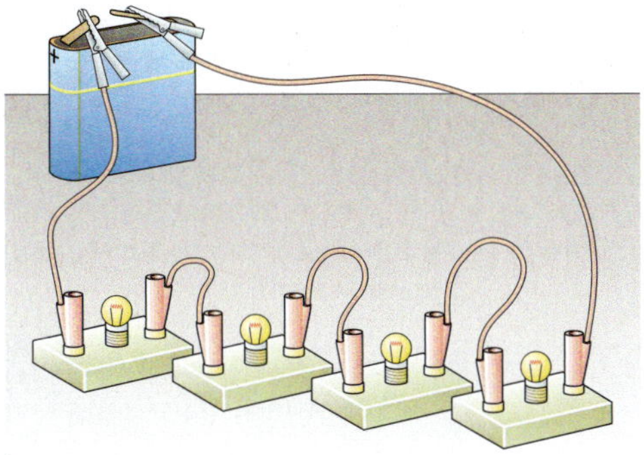

3 Reihenschaltung von Lampen

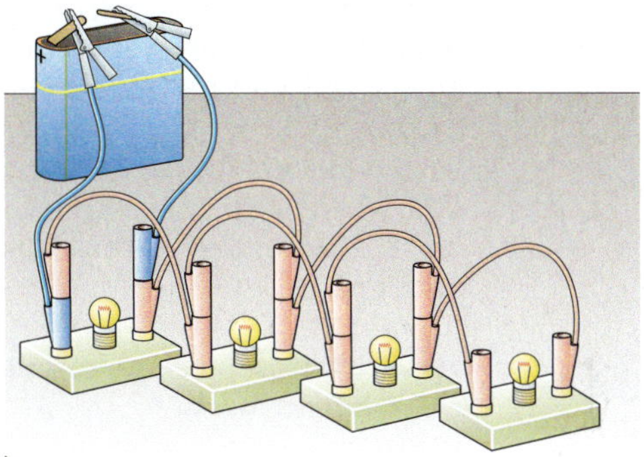

4 Parallelschaltung von Lampen

Eine einzige Energiequelle für mehrere Lampen

An einem Fahrrad, an einem Auto oder auch in deinem Zimmer leuchten oft mehrere Lampen gleichzeitig. Diese werden meistens von einer einzigen Energiequelle versorgt. Welche Möglichkeiten gibt es dafür?

Reihenschaltung

Im Bild 1 sind die Lampen in einer Reihe angeordnet. Der Stromkreis führt von der Batterie nacheinander durch jede Lampe und wieder zur Batterie zurück. Eine solche Schaltung wird als **Reihenschaltung** bezeichnet. Je mehr Lampen in Reihe geschaltet werden, desto schwächer leuchtet jede einzelne.

Ist eine der Lampen kaputt, dann leuchten auch die anderen nicht mehr, weil der gesamte Stromkreis unterbrochen ist.

Parallelschaltung

Du kannst auch jede Lampe einzeln mit der Batterie verbinden. Dann bildet jede Lampe mit der Batterie einen eigenen Stromkreis. Oftmals besitzen die Lampen eine gemeinsame Zuleitung (▷ B 2; B 4: blaue Leitung). Eine solche Anordnung wird **Parallelschaltung** genannt.

Die Parallelschaltung hat einen großen Vorteil: Ist eine der Lampen kaputt, so ist nur der betreffende Stromkreis unterbrochen – die anderen Lampen leuchten weiter.

Aufgabe

1 Betrachte die Schaltungen der Bilder 1 und 2. Dort sollen Schalter eingebaut werden.
Wo musst du sie einbauen, wenn ...
a) .... alle Lampen gleichzeitig ein- oder ausgeschaltet werden sollen?
b) .... jede Lampe einzeln geschaltet werden soll?

Zeichne die Schaltpläne zu a) und b) in dein Heft. Überprüfe deine Lösung im

Versuche

1 Schließe eine Lampe (3,8 V) an eine geeignete Batterie an. Schalte nacheinander weitere gleiche Lampen in Reihe hintereinander (▷ B 1, B3). Wie verändert sich die Helligkeit der Lampen? Schraube eine beliebige Lampe aus der Fassung. Was geschieht?

2 Wiederhole Versuch 1. Schalte jedoch die Lampen nicht in Reihe, sondern parallel zueinander (▷ B 2 und B 4).

Ein Bindfaden im Stromkreis

Als Jochen einen einfachen Stromkreis aufbauen will, hat er zunächst kein Kabel. Er nimmt deshalb einen Bindfaden anstelle eines Drahtes (▷ B 2 links). Warum leuchtet die Lampe nicht?
Jochen überprüft die Lampe, indem er das Gewinde und den Fußkontakt direkt an die Anschlüsse der Batterie hält (▷ B 2 rechts). Nun leuchtet die Lampe.

Anschließend holt sich Jochen zwei Kabel, über die er die Lampe mit der Spannungsquelle verbindet. Wiederum leuchtet die Lampe.
Sobald Jochen aber ein Kabel durch den Bindfaden ersetzt, bleibt die Lampe dunkel. Ein Bindfaden leitet den elektrischen Strom nicht.

Welche festen Stoffe leiten den elektrischen Strom?

Wenn du genauer untersuchen möchtest, welche Stoffe den elektrischen Strom leiten, musst du verschiedene Gegenstände in den Stromkreis schalten (▷ B 1; V 1).

Bei einigen Stoffen leuchtet die Glühlampe auf. Diese Stoffe leiten den elektrischen Strom. Zu den leitenden Stoffen gehören z. B. alle Metalle, aber auch Graphit. Diese Stoffe bezeichnet man als **elektrische Leiter**.

Bei anderen Stoffen hingegen leuchtet die Glühlampe nicht. Diese Stoffe leiten den elektrischen Strom nicht oder nur so schlecht, dass der Strom nicht ausreicht, um die Lampe leuchten zu lassen.
Zu den nicht leitenden Stoffen zählen z. B. Glas, Porzellan und Kalk. Diese Stoffe bezeichnet man als **Isolatoren** oder Nichtleiter.

Wenn du die Lampe durch ein empfindliches Strommessgerät ersetzt, kannst du auch bei Isolatoren manchmal einen geringen Stromfluss feststellen.

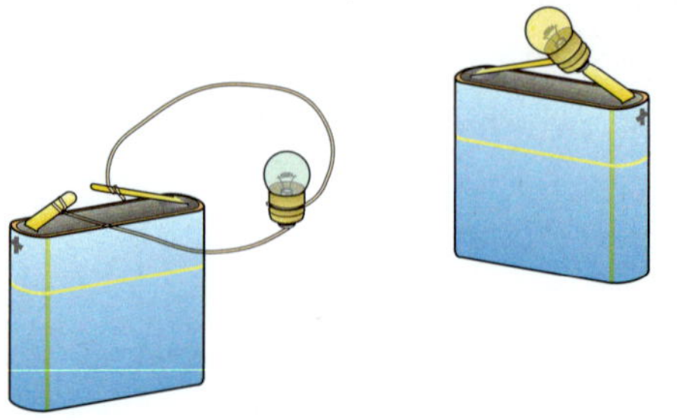

2 Mit einem Bindfaden leuchtet das Lämpchen nicht.

> Stoffe, die den elektrischen Strom gut leiten, werden als Leiter bezeichnet. Stoffe, die den elektrischen Strom nicht bzw. nur sehr schlecht leiten, werden Isolatoren (Nichtleiter) genannt.

Versuch

1 Baue einen Prüfstromkreis mit Batterie und Glühlampe (▷ B 1). Schalte verschiedene Gegenstände in den Stromkreis. Trage deine Beobachtungen in eine Tabelle ein (▷ B 3).

Aufgabe

1 Notiere, wo Leiter gebraucht werden und wo Isolatoren wichtig sind.
Welche Stoffe werden als Isolatoren eingesetzt?

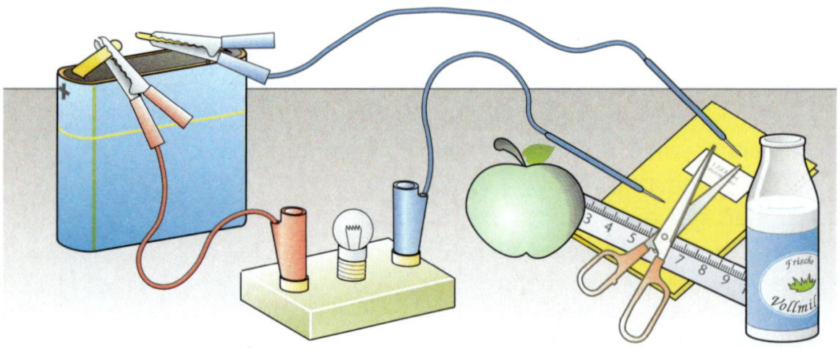

1 Zu Versuch 1

Gegenstand	Stoff	Lampe leuchtet
Heft	Papier	
Brille	Glas	
Bleistiftmine	Graphit	
Kreide	Kalk	
Nagel	Eisen	
Türklinke	Aluminium	

3 Tabelle zu Versuch 1

Strategie

Neues finden mit Experimenten

Mit Methode zu neuen Erkenntnissen

Naturwissenschaftlerinnen und Naturwissenschaftler gehen bei der Untersuchung von Naturphänomenen methodisch vor. Interessante Erscheinungen oder Probleme untersuchen sie häufig mit Experimenten. Auf diese Weise gelingt es ihnen immer wieder, wichtige physikalische Gesetze und neue Erkenntnisse zu gewinnen.

Ein Problem

Lisa führt im Physikunterricht einen Versuch durch. Dazu benötigt sie eine Taschenlampe. Als sie neue Batterien einsetzen will, fällt ein Kupferstreifen aus der Taschenlampe heraus. Zwischen den Stühlen, Bänken und Mappen kann sie den herausgefallenen Streifen nicht mehr finden. Der Stromkreis in der Taschenlampe lässt sich nicht mehr schließen. Was tun?

Vom Problem zur Frage

Lisas Problem ist sicher leicht zu lösen, z. B. mit einem Stück Metalldraht. Aber das Problem kann der Anlass sein, sich weitergehende Fragen zu stellen:

- Welcher „Stoff" kann in den Stromkreis eingebaut werden, damit er wieder funktioniert?
- Leiten alle Stoffe den elektrischen Strom?
- Leiten auch Flüssigkeiten den elektrischen Strom?
- Gibt es Unterschiede in der Leitfähigkeit?

Antworten auf diese Fragen findest du mithilfe eines Experiments.

Das Experiment

Ein Experiment so zu planen, dass es die gestellten Fragen tatsächlich beantwortet, ist oft einer der schwierigsten Schritte und braucht viel Zeit und Vorbereitung. Im vorliegenden Beispiel ist alles aber ein wenig einfacher:
Mit einer Lampe, einer Batterie und Kabeln

Dann suchst du verschiedene Materialien aus und schaltest sie in den Stromkreis. Die Lampe zeigt an, ob das Prüfstück den elektrischen Strom leitet oder nicht.
Die Ergebnisse notierst du in einer Tabelle. Als zusätzliches Nachweisinstrument für den elektrischen Strom kannst du auch ein Strommessgerät in den Stromkreis einbauen.

Antworten

Nach Abschluss der Messungen ist es wichtig sich die Ergebnisse genau anzuschauen, sie auszuwerten und soweit möglich, die Antworten zu den Fragen zu formulieren:

- Bei Metallen (Eisen, Kupfer, Messing ...) leuchtet die Lampe hell auf.
- Plastik, Holz, Glas leiten den elektrischen Strom nicht.
- Bei Flüssigkeiten zeigt sich ein erstaunliches Verhalten. Die Lampe leuchtet unterschiedlich hell auf und bei manchen Flüssigkeiten gar nicht.
- Die Leitfähigkeit von Essig und Salzwasser ist viel schlechter als die der Metalle.

Fortsetzung

Manche Experimente liefern nicht auf alle Fragen eine Antwort. Manchmal ergeben sich auch während der Durchführung des Experiments oder bei der Auswertung der Ergebnisse ganz neue Fragen. In jedem Fall ist das ein Anlass, ein neues Experiment zu planen und nach weiteren Antworten zu forschen.

Aufgabe

1 Leitet Wasser den elektrischen Strom? Untersuche das Problem experimentell. Ergeben sich in deinem Experiment weiterführende Fragen, die man untersuchen könnte?

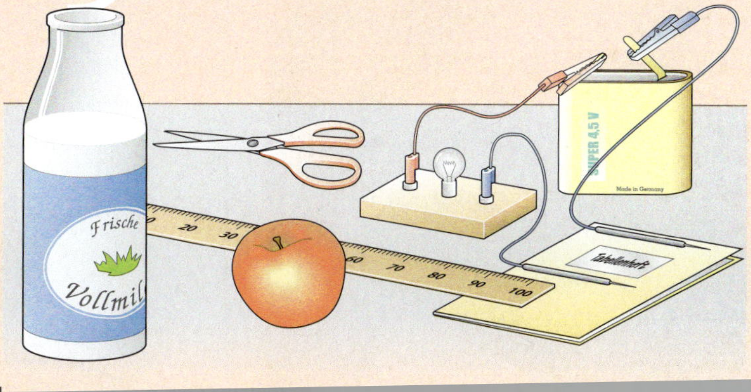

Der Stromkreis am Fahrrad
Bei einem Fahrrad ist der Dynamo die Quelle und z. B. der Scheinwerfer das elektrische Gerät. Wenn du den Stromkreis untersuchst, dann findest du manchmal nur eine einzige Leitung (▷ B 1). Trotzdem leuchtet die Lampe, wenn der Dynamo gedreht wird. Wie kann das sein?

Um den Stromkreis zu schließen nimmt man keinen weiteren Draht, sondern nutzt den Rahmen des Fahrrades als Stromleiter. Darum bildet beim Scheinwerfer und beim Dynamo das Gehäuse bzw. die Befestigung eine der beiden Anschlussstellen. Bei modernen Fahrrädern nimmt man auch für die Rückleitung des Stroms einen eigenen Draht.

Der Strom fließt auch beim Fahrrad im Kreis. Bei vielen Fahrrädern ist der Rahmen ein Teil des Stromkreises.

Rückleitung durch „Masse"
Bei einem Auto findest du ebenfalls nur jeweils eine Leitung z. B. zu den Lampen. Die Halterung ist so gebaut, dass der zweite Anschluss mit der Karosserie verbunden ist.

Ein Auto besitzt zwei verschiedene Spannungsquellen: Zum Starten wird die „Batterie" bzw. der Akkumulator benötigt. Wenn der Motor arbeitet, dann dreht sich die Lichtmaschine. Sie ist ein Generator, wie dein Fahrraddynamo, und stellt die Spannung für die Zündung, das Licht, die Scheibenwischer, das Radio, die Fensterheber, die Scheibenheizung und das Luftgebläse bereit.

Der Strom, der zu den verschiedenen Geräten fließt, wird über die Karosserie und nur eine einzige weitere Leitung zur Batterie zurückgeleitet. Diese Leitung ist deshalb besonders dick. Man nennt sie **„Massekabel"** (▷ B 2).

Die E-Loks der Bahn brauchen ebenfalls nur eine Zuleitung, die so genannte Oberleitung. Sie nutzen als Rückleitung zu ihrer Stromversorgung die Schienen (▷ B 3).

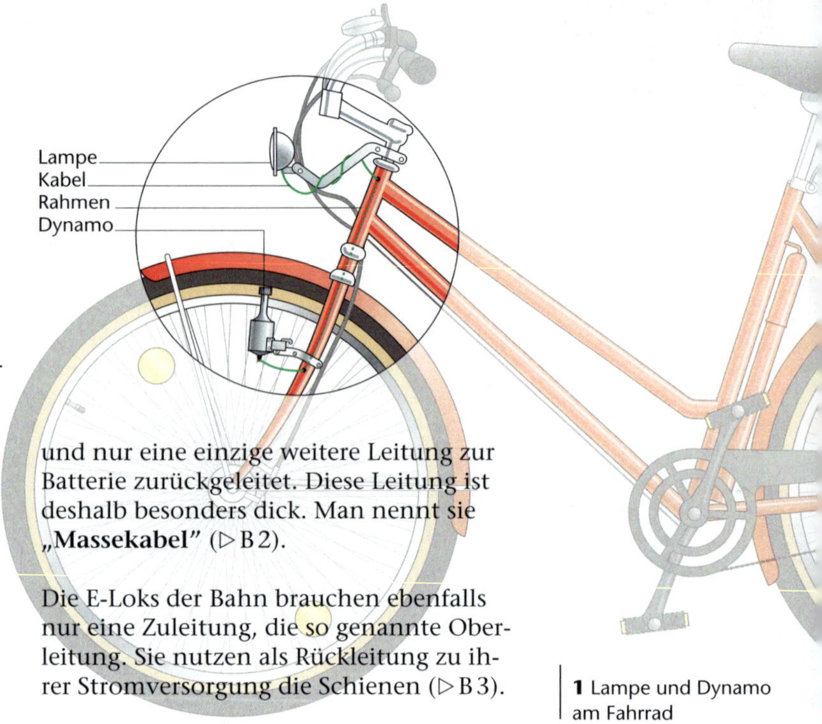

1 Lampe und Dynamo am Fahrrad

Versuch

1 a) Lege Lampe und Dynamo auf den Tisch. Verbinde sie mit nur einem Draht, wie du es beim Fahrrad siehst. Drehe den Dynamo. Leuchtet die Lampe?

b) Wiederhole den vorigen Versuch. Verbinde das Metall der Dynamohalterung mit der Halterung der Lampe. Drehe wieder das Rädchen.

c) Wiederhole den vorigen Versuch ohne den zweiten Draht. Sorge aber jetzt dafür, dass sich die Befestigungen von Lampe und Dynamo berühren. Leuchtet die Lampe?

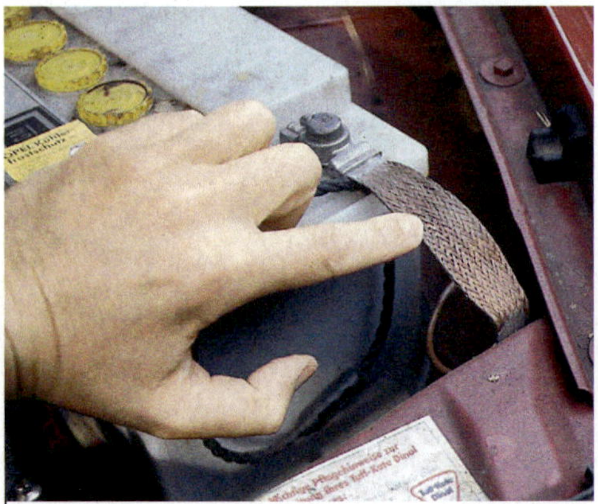
2 Das Massekabel bei einem PKW

3 Stromkreis der E-Lok

Strategie

Zu jedem Versuch ein Protokoll

Zur vollständigen Durchführung eines Versuchs gehört auch die Anfertigung eines schriftlichen Protokolls. Es dient dazu, alle Versuchsschritte so festzuhalten, dass man den Versuch problemlos wiederholen könnte.

Wie sollte ein Protokoll aufgebaut sein?
Ein Versuchsprotokoll sollte übersichtlich angelegt und klar gegliedert sein. Die Auswertung eines Versuches gelingt nur dann, wenn alle Beobachtungen und Messergebnisse genau festgehalten wurden. Unten siehst du ein Beispiel für ein Versuchsprotokoll, das die wichtigsten Elemente zeigt und kurz beschreibt.

Sicherheit und Entsorgung
Für die Arbeit mit einigen Chemikalien oder mit offenem Feuer oder bei Versuchen mit leicht zerbrechlichem Glas oder elektrischem Strom müssen bestimmte Sicherheitsmaßnahmen beachtet werden.
Bei manchen Versuchen bleiben Chemikalienreste übrig oder es geht Glas zu Bruch. Diese Abfälle müssen nach Anweisung durch die Lehrerin oder den Lehrer entsorgt werden.
Wenn Sicherheitsmaßnahmen und / oder Entsorgung bei deinem Versuch eine Rolle spielen, solltest du sie im Versuchsprotokoll erwähnen.

Thema des Versuchs
Gib immer das Thema des Versuchs an, du kannst es auch als Frage formulieren. Beschränke dich möglichst auf einen Satz.

Name und Datum
Auf jedes Protokoll gehören dein Name und das Datum.

Versuchsaufbau
Zeichne immer eine einfache Skizze des Versuchsaufbaus und beschrifte sie.

Material
Notiere in einer Materialliste alle benötigten Geräte, sonstige Hilfsmittel und gegebenenfalls die Chemikalien.

Versuchsanleitung
Beschreibe in kurzer, aber verständlicher Form, wie der Versuch Schritt für Schritt durchgeführt wird.

Beobachtungen
Notiere alle Einzelheiten, die du während des Versuchsablaufs beobachtest, insbesondere die Messergebnisse. Achte darauf, dass du hier nur deine Beobachtungen aufschreibst, sie aber noch nicht erklärst oder deutest.

Auswertung und Ergebnis
Aus der Beobachtung werden **allgemeine Aussagen** oder **Gesetzmäßigkeiten** formuliert. Es werden **Schlussfolgerungen** gezogen und in einem knappen **Merksatz** oder manchmal

Versuchsprotokoll

Datum: 27.2.2006

Name: Luna Strecker

Thema: Welche Stoffe leiten den elektrischen Strom?

Material:
Batterie, Lampe, Kabel, Gegenstände aus verschiedenen Stoffen

Versuchsaufbau:

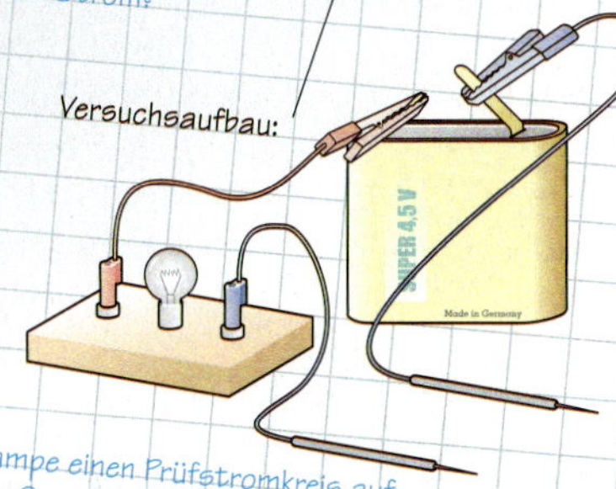

Versuchsanleitung:
Baue aus der Batterie, den Kabeln und der Lampe einen Prüfstromkreis auf. Schalte nun verschiedene Gegenstände in den Stromkreis und prüfe, ob die Lampe leuchtet. Notiere deine Beobachtungen in einer Tabelle.

Beobachtung:

Gegenstand/Stoff	Lampe leuchtet	Lampe leuchtet nicht
Schere/Metall	x	
Lineal/Kunststoff		x
Heft/Papier		x
Gabel/Metall	x	
Flasche/Glas		x

Auswertung und Ergebnis:
Schaltet man einen Gegenstand aus Metall in den Stromk...
Metalle sind elektrisch ...

1 Verschiedene Schalter

Schalterarten
Schalter können ganz unterschiedlich aussehen (▷ B 1), sie dienen aber alle demselben Zweck: Sie sollen einen Stromkreis unterbrechen oder schließen.
Manche Schalter muss man drücken, andere ziehen und wieder andere drehen. Zugschalter (z. B. an alten Stehlampen) werden mit einem Seil oder Faden betätigt.

Taster
Die Haustürglocke soll nur so lange läuten, wie jemand auf den Klingelknopf drückt. Dazu verwendet man einen Taster (▷ B 3). Wenn der Taster gedrückt wird, dann schließt das Kontaktstück aus Blech den Stromkreis und es läutet. Wenn man den Taster loslässt, dann federt das Kontaktstück zurück und der Stromkreis ist wieder unterbrochen. Ein solcher Taster heißt **Schließer** oder Ein-Taster.

Die Kühlschrankbeleuchtung wird ebenfalls durch einen Taster bedient. Diesen Taster nennt man auch **Öffner** oder Aus-Taster (▷ B 3). Er funktioniert aber anders als der Klingeltaster: Wenn man die Kühlschranktür schließt, dann wird der Taster gedrückt und der Stromkreis unterbrochen. Wenn man die Tür öffnet, dann wird der Taster losgelassen. Der Stromkreis wird geschlossen, das Licht im Kühlschrank leuchtet.

Taster unterbrechen oder schließen den Stromkreis solange sie gedrückt werden.

Ein-Aus-Schalter
Wenn du abends ein dunkles Zimmer betrittst, schaltest du das Licht am Lichtschalter ein. Wenn du das Zimmer verlässt, schaltest du das Licht aus. Der Lichtschalter kann kein Taster sein, da der Stromkreis dauerhaft geschlossen oder unterbrochen wird, nachdem du den Schalter betätig hast. Ein solcher Schalter heißt **Ein-Aus-Schalter** (▷ B 4). Jeder Ein-Aus-Schalter hat zwei Stellungen.

Ein-Aus-Schalter unterbrechen oder schließen den Stromkreis dauerhaft.

Wechselschalter
Lisa muss zum Arzt. Im Wartezimmer befinden sich zwei Leuchtschilder. Wenn ein Patient das Behandlungszimmer betreten soll, leuchtet „Bitte eintreten" auf, andernfalls leuchtet „Bitte warten". Wie funktioniert diese Schaltung?
Diese Schaltung enthält einen speziellen Schalter: den **Wechselschalter**. Mit einem Wechselschalter kannst du bestimmen, welcher von zwei Stromkreisen geschlossen wird.

Magnetschalter
Reedkontakte (▷ B 2) bestehen aus einem Glasröhrchen, in dem ein Eisenplättchen durch Magnetkraft an einen Kontakt gezogen wird. Reedkontakte reagieren sehr empfindlich. Sie schließen den Stromkreis bereits dann, wenn ein Magnet nur in die Nähe gehalten wird.

Einbruchsicherungen an Fenstern arbeiten mit Reedkontakten. Bei einem Fahrradtachometer ist ein Reedkontakt an der Speichengabel befestigt. Der Magnet sitzt an der Speiche.

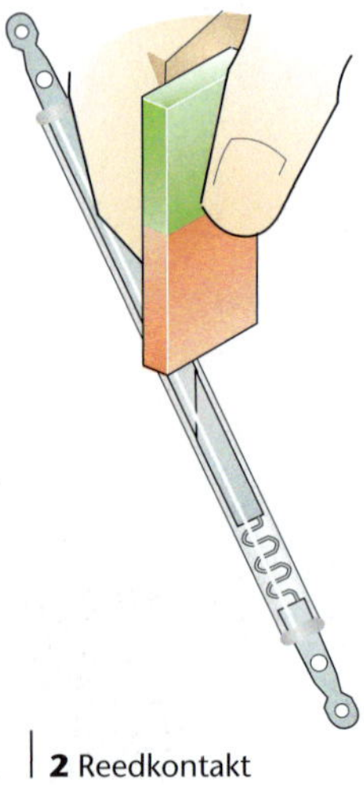

2 Reedkontakt

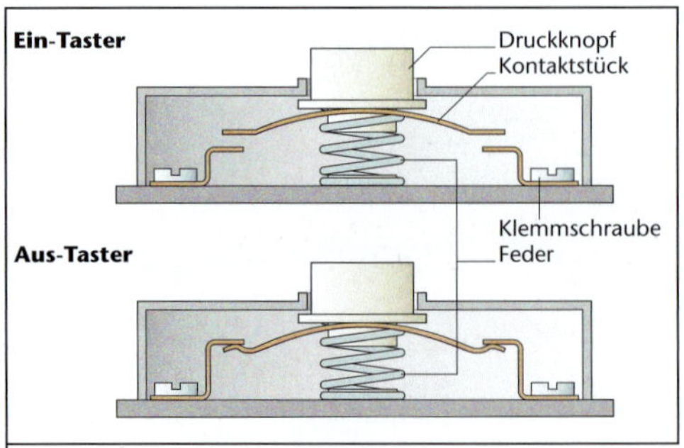

3 Taster

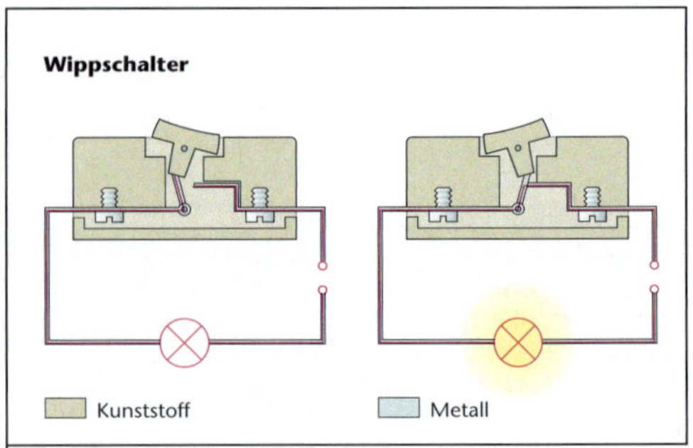

4 Beispiel für Ein-Aus-Schalter

Strategie

Wie erstelle ich ein Plakat?

Plakate kennst du als öffentlich angebrachte Werbung an Wänden oder Litfaß-Säulen. Die Werbefachleute setzen auf Plakaten geschickt Bild und Text ein, damit dir im Vorbeigehen die Werbebotschaft auffällt und in Erinnerung bleibt. So soll es auch mit Plakaten sein, die du für den Physikunterricht gestaltest. Hier ein paar Tipps:

A. Das Wichtigste zuerst – die Überschrift
Die Überschrift deines Plakates muss groß und deutlich geschrieben werden, damit man rasch erkennt, um welches Thema es geht. Benutze dazu z. B. die breite Seite deines Filzstiftes.

B. Ein Bild sagt mehr
Du findest bestimmt Bilder zu deinem Thema. Suche solche aus, die das Thema möglichst groß und deutlich abbilden. Setze Bilder aber sparsam ein. Das Plakat soll am Ende nicht aussehen wie ein Fotoalbum.

C. Fasse dich kürzer
Rede nicht lange um den heißen Brei. Schreibe nur wenig Text. Kurze Sätze lassen sich leicht lesen und prägen sich rasch ein.

D. Den Text gliedern
Unterteile das Thema in Abschnitte. Gleiche Inhalte werden dazu unter einer Zwischenüberschrift zusammengefasst.

E. Ordnung schaffen
Bilder und Texte sollten nicht wahllos durcheinandergewürfelt werden. Benutze Farben und Symbole, um den Platz auf deinem Plakat aufzuteilen und Inhalte zu ordnen. Eine gute optische Aufteilung fällt sofort ins Auge und verleitet zum Hinschauen.

F. Mit Zeichnungen erklären
Manche Dinge lassen sich weder mit Worten noch mit Fotos beschreiben. Für solche Fälle kannst du auch selbst etwas zeichnen, um dein Thema zu erklären.

G. Weniger ist mehr
Ein Plakat darf nicht zu voll und überladen sein. Es braucht auch leere Flächen. Versuche deshalb auch immer etwas freien Platz zu lassen.

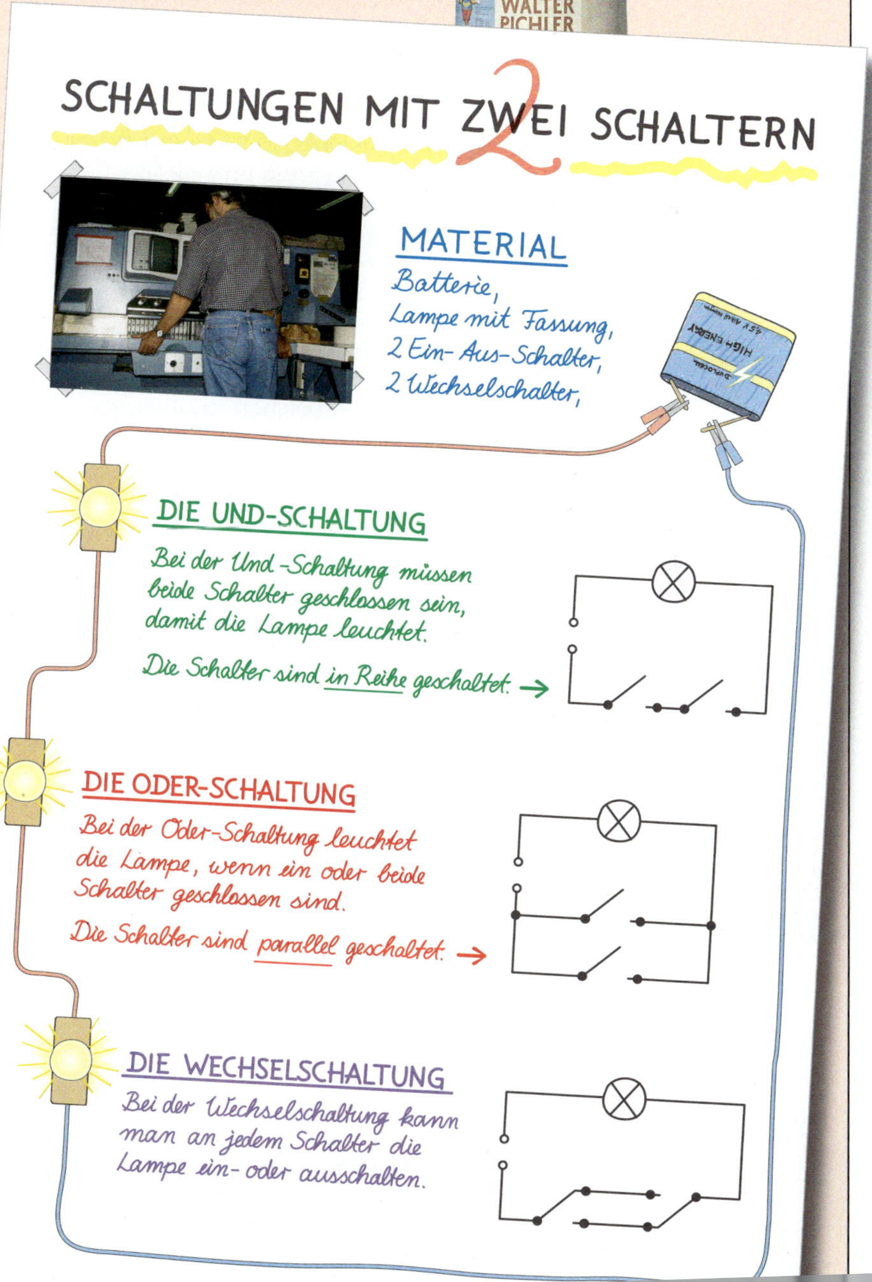

Versuch

1 a) Schließe einen geeigneten Motor an eine Solarzelle an. Führe der Solarzelle unterschiedlich viel Energie zu. Welche Auswirkung hat das auf die Geschwindigkeit des Motors?
b) Eine Lampe wird an einen Fahrraddynamo angeschlossen. Wodurch wird die Helligkeit beeinflusst?
Notiere deine Beobachtungen in einer Tabelle. Was hat der Versuch mit Energie zu tun? Werte die Ergebnisse aus den Versuchsteilen a) und b) unter diesem Aspekt aus.

Woher stammt die elektrische Energie?
Damit eine Lampe leuchten und ein Elektromotor sich drehen kann, benötigen sie Energie. Du kannst diese Energie leicht der Steckdose oder einer Batterie entnehmen. Doch woher stammt die entnommene elektrische Energie?
Es gibt mehrere Möglichkeiten. Im Elektrizitätswerk z. B. wird die Energie, die in Kohle, Erdgas usw. gespeichert ist, in elektrische Energie umgewandelt.
Solarzellen können erst dann elektrische Energie liefern, wenn sie dem Sonnenlicht ausgesetzt werden. Auch der Fahrraddynamo „erzeugt" keine elektrische Energie. Damit er Energie abgeben kann, muss sie ihm erst durch Bewegung (die Drehung des Rädchens) zugeführt werden.
In Akkus und in Batterien laufen chemische Vorgänge ab, bei denen elektrische Energie frei wird.

Elektrische Geräte sind Energiewandler
Im elektrischen Stromkreis wird die elektrische Energie, von z. B. einer Batterie, über die Kabel zu den elektrischen Geräten transportiert. Diese wandeln die Energie dann um: Der Wasserkocher gibt z. B. Wärme ab, der Glühdraht beginnt zu leuchten und ein Motor beginnt sich zu drehen.

Wenn elektrische Geräte arbeiten, dann wandeln sie elektrische Energie in andere Energieformen um.

Aufgaben

1 Welche Geräte im Haushalt arbeiten mit elektrischer Energie? Gibt es auch Geräte, die manuell betrieben werden? Fertige für jedes Gerät ein Energieschema an.

2 Beschreibe die Energieumwandlungsprozesse in Bild 1 und 2.

3 Man bezeichnet Batterien, Steckdosen usw. oft als Energiequellen. Was meinst du zu diesem Begriff?

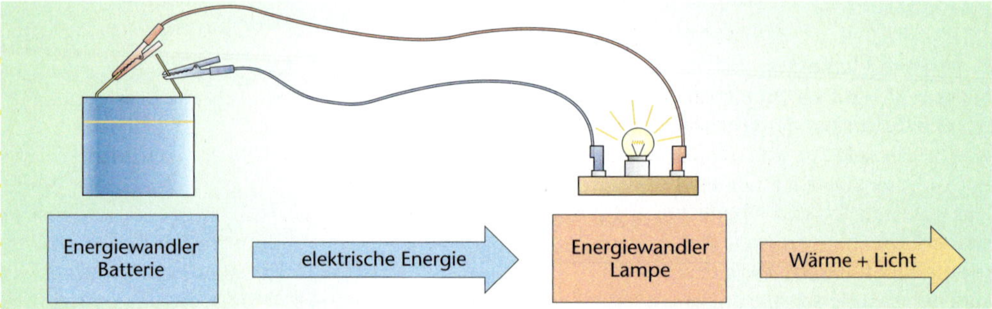

1 Energieumwandlung – von der Batterie zur Lampe

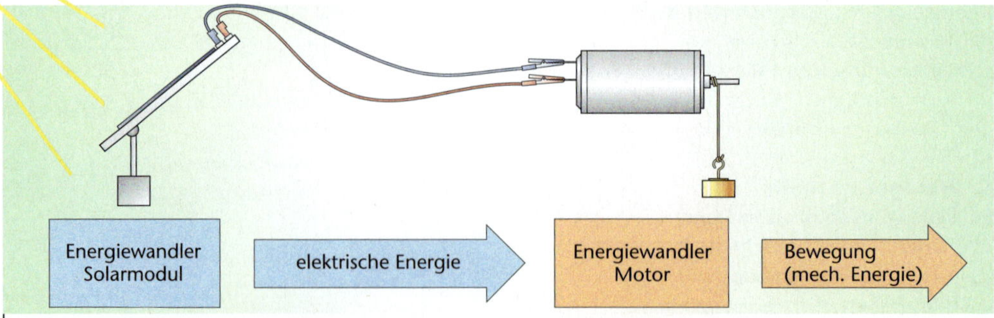

2 Energieumwandlung – von der Sonne zum Motor

Menschen haben keinen Stromsinn
Wenn du mit der Hand in die Nähe einer heißen Kochplatte kommst, dann spürst du die Wärme. Dein Temperatursinn warnt dich, sodass du dich nicht verbrennst. Wir Menschen haben aber keinen Sinn, der uns vor einem Stromschlag warnen könnte. Wir können den elektrischen Strom nur an seinen Wirkungen oder mithilfe von Geräten erkennen.

Eine spürbare Wirkung ist z. B. ein Stromschlag. Einen solchen Schlag hast du bestimmt auch schon einmal bekommen, als du über einen Teppich gegangen bist und anschließend ein Metallgeländer angefasst hast.
Was du da gefühlt hast, war jedoch nicht der Strom selbst, sondern das Zucken deiner Muskeln, die vom Strom angeregt wurden. Ein solcher Stromschlag ist ungefährlich. Du kannst dich höchstens erschrecken. Fließt jedoch ein stärkerer Strom durch den menschlichen Körper, kann es gefährlich werden. Weil der Herzschlag durch elektrische Signale gesteuert wird, kann ein Stromschlag das Herz aus dem Takt oder sogar zum Stillstand bringen (▷ B 2).

Vorsicht! Experimentiere niemals mit elektrischem Strom aus der Steckdose! Es besteht Lebensgefahr!

Versuche

1 Verbinde zwei Nägel mit einer Flachbatterie und einer Lampe. Tauche die Nägel in Wasser (▷ B 1). Achte darauf, dass sich die Nägel nicht berühren. Streue etwas Salz in das Wasser und rühre es um.
Was kannst du beobachten?

2 a) In einen Stromkreis mit einer Lampe wird ein dünner Draht eingefügt. Über den Draht wird ein Stück Papier gehängt. Weitere Lampen werden parallel zur schon vorhandenen Lampe angeschlossen. Wie viele Lampen können angeschlossen werden, bis das Papier zu brennen beginnt?

b) Versuch a) wird wiederholt, anstelle des Drahts wird aber nun ein Stromstärkemessgerät angeschlossen. Beschreibe deine Beobachtungen.

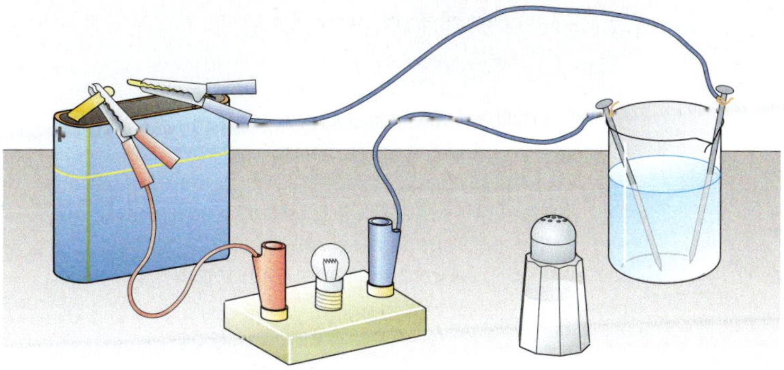

1 Aufbau der Schaltung zu Versuch 1

Wenn du selbst Versuche durchführen möchtest, dann verwendest du am besten nur Batterien.

Auch Wasser leitet den Strom
Diese Warnung kennst du sicher: „Elektrische Anlagen nicht mit nassen Händen anfassen! Lebensgefahr!"
Der Versuch 1 zeigt, dass auch Wasser Strom leiten kann. Wenn du Salz hinzugibst, nimmt der Stromfluss deutlich zu. Die Lampe leuchtet heller.
Auch wenn du kein Salz ins Wasser schüttest, es sind immer Stoffe im Wasser gelöst, die dafür sorgen, dass der Strom fließen kann. Deshalb ist die oben angeführte Warnung so wichtig.

Kurzschluss
Im Haushalt entstehen Kurzschlüsse, wenn sich die elektrischen Leitungen berühren. Dies kann z. B. passieren, wenn Stromleitungen angebohrt werden. Wenn der Metallbohrer eine Verbindung zwischen den Leitungen herstellt, löst er einen Kurzschluss aus. Der Strom fließt in einem solchen Fall direkt von einem Pol der Spannungsquelle zum anderen.

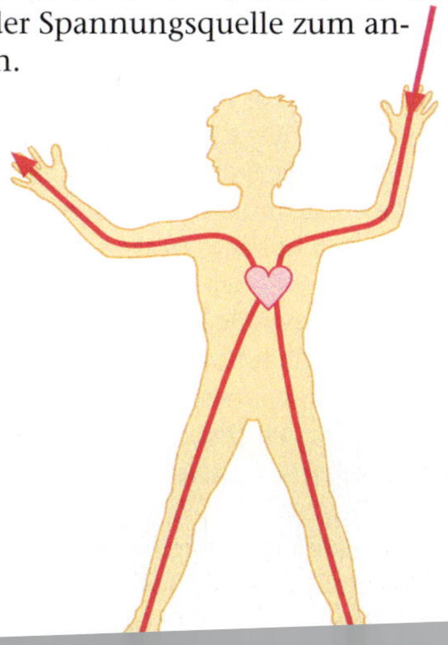

Ein Arbeitsblatt für die Klasse

Du sollst bis zur nächsten Woche für deine Mitschülerinnen und Mitschüler ein Arbeitsblatt über Glühlampen erstellen. Dazu hast du die entsprechenden Seiten im Schulbuch durchgelesen und noch weiteres Material im Internet gefunden.
Wie bekommst du nun eine sinnvolle Gliederung in diese Menge an Informationen?

A. Was ist wichtig?

Frage dich zuerst, was deine Klassenkameraden über Glühlampen unbedingt wissen sollten. Notiere die Begriffe, die du gefunden hast, auf kleine Kärtchen. Schreibe zu jedem Begriff ein oder zwei Stichworte.

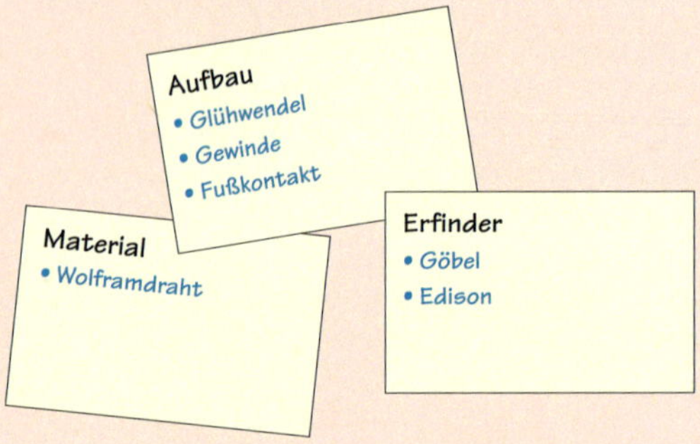

B. Interessant gestalten – gewusst wie!

Wenn du dir genügend Fragen überlegt hast, geht es an die Gestaltung deines Arbeitsblattes. Es sollte möglichst abwechslungsreich sein. Du weißt sicher, dass Menschen sich auf unterschiedliche Weise Dinge einprägen und lernen: Manche brauchen ein Bild zum Anschauen, andere lesen lieber einen Text.

Auf dieser Seite findest du viele Ideen, wie du dein Arbeitsblatt gestalten kannst. Sicher fallen dir noch weitere ein. Schau auch einmal in Rätselheften nach.

Du könntest zum Beispiel danach fragen, woher die Glühlampen ihren Namen haben.

Plane genügend Platz für die Antworten ein. Du kannst mit der Anzahl der Striche schon einen Hinweis darauf geben, wie viele Lösungen möglich sind.

Aber nur Fragen zu stellen, die sich auf den Text im Physik-Buch beziehen, ist nicht so spannend. Bemühe dich deshalb, Fragen zu entwickeln, die auf unterschiedliche Weise beantwortet werden können.

Auch ein Lückentext ist interessant, in den deine Mitschülerinnen und Mitschüler wichtige Begriffe eintragen können. Dabei kannst du die fehlenden Begriffe auf dem Arbeitsblatt bereits vorgeben oder auch nicht.

In einem Wortsuchspiel kannst du wichtige Begriffe verstecken. Vielleicht findest du ein entsprechendes Programm im Internet. Ansonsten kannst du die Tabellenfunktion deines Schreibprogramms benutzen. Gib noch an, wie die Begriffe im Wortsuchspiel verteilt sind: vorwärts, rückwärts, waagerecht, senkrecht oder diagonal.

Auf dein Arbeitsblatt darfst du auch etwas zeichnen, wenn du das kannst. Beziehe diese Zeichnung in deine Frage mit ein. Deine Mitschülerinnen und Mitschüler erinnern sich vielleicht später noch an diese Zeichnung und dann fallen ihnen die Begriffe dazu schneller wieder ein.

Bei den „Stimmt/stimmt nicht"-Fragen müssen sich deine Mitschülerinnen und Mitschüler entscheiden, welche der beiden angegebenen Antworten richtig ist. Formuliere die falsche Antwort nicht zu unwahrscheinlich, damit sie überlegen müssen.

Wenn du hinter die falschen und richtigen Antworten noch Buchstaben setzt, könnte sich am Schluss – wenn alle richtigen Antworten erkannt wurden – ein Lösungswort ergeben.

Wie wäre es mit einem Kreuzworträtsel? Auch dazu findest du im Internet entsprechende Programme.

Anstelle eines Kreuzworträtsels kannst du die Buchstaben wichtiger Begriffe auch durcheinander wirbeln. Deine Mitschülerinnen und Mitschüler müssen sie zu sinnvollen Wörtern ordnen. Lasse sie die Begriffe dann aber noch einmal mit eigenen Worten erklären.

Vielleicht findest du zum Schluss noch einen Spruch oder einen Comic. Dann lösen deine Mitschülerinnen und Mitschüler dein Arbeitsblatt sicher mit noch mehr Spaß.

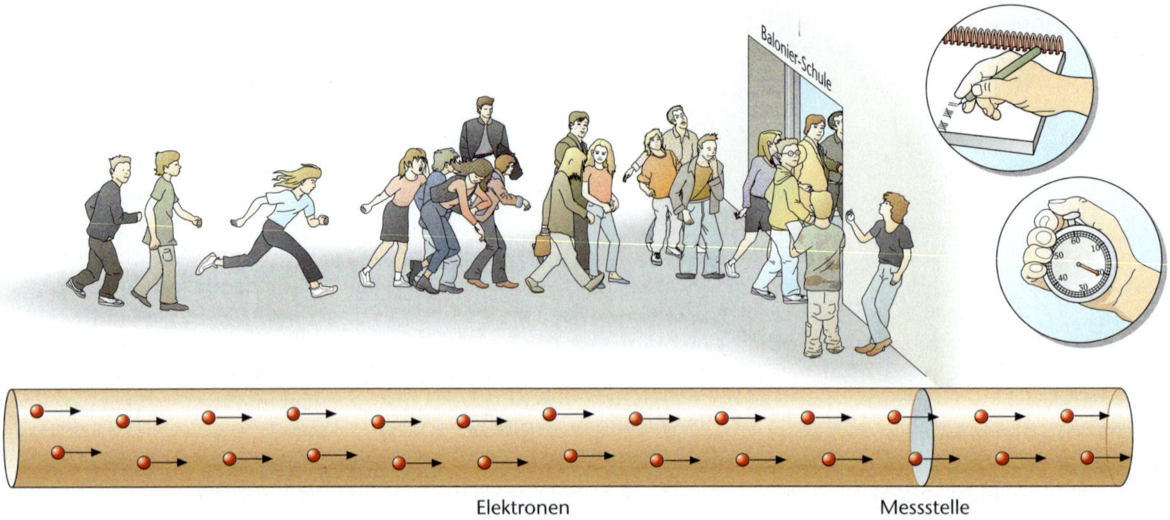

1 Messung der Stärke des Schülerstromes

Die „Schülerstromstärke"

Stefanie und Karsten wollen die Stärke des „Schülerstroms" bestimmen, der am Ende der Pause in das Schulgebäude strömt. Als Messstelle wählen sie den Eingang der Schule. Karsten zählt die Schülerinnen und Schüler, die das Gebäude betreten, Stefanie misst die Zeit (▷B 1).

Sie stellen fest, dass in 30 Sekunden 90 Personen das Gebäude betreten. Um daraus die Stärke des „Schülerstroms" zu berechnen, müssen sie nur die Anzahl der eintretenden Personen durch die dafür benötigte Zeit teilen.

Die „Schülerstromstärke" beträgt also drei Schüler pro Sekunde oder anders ausgedrückt: Durchschnittlich betreten in einer Sekunde drei Jugendliche das Schulgebäude.

Die elektrische Stromstärke

In festen Leitern transportieren Elektronen Ladungen. Um die elektrische Stromstärke angeben zu können, muss man die Anzahl der Elektronen messen, die in einer bestimmten Zeit an einer bestimmten Messstelle vorbeifließen. Als Formelzeichen für die Stromstärke wird *I* verwendet.

Die Einheit für die elektrische Stromstärke ist das Ampere, benannt nach dem französischen Physiker ANDRÉ MARIE AMPÈRE (1775–1836). Bei einer Stromstärke von einem Ampere (1 A) fließen pro Sekunde 6 000 000 000 000 000 000 (6 Trillionen) Elektronen an der Messstelle vorbei!

▶ Die elektrische Stromstärke gibt an, wie viele Ladungen in einer bestimmten Zeit an einem Messpunkt vorbeifließen.

▶ Für die Stromstärke wird das Formelzeichen *I* verwendet.
Die elektrische Stromstärke *I* misst man in der Einheit Ampere (A).

Eine kleinere Einheit ist z. B. 1 mA:
1 A = 1000 mA
1 mA = 0,001 A

2 Wird die Stromstärke zu groß, lässt sie sich nicht mehr durch einfaches Abzählen bestimmen.

1 Digitales Mehrfachmessgerät

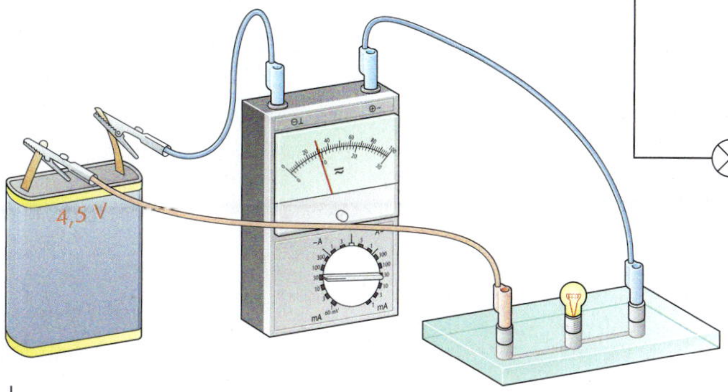

2 So wird das Amperemeter in den Stromkreis geschaltet.

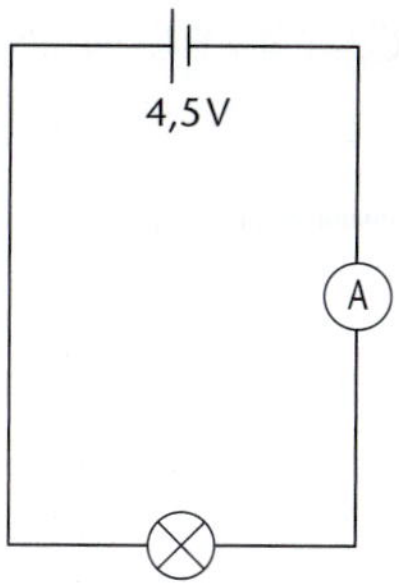

Das Stromstärkemessgerät

Das Messgerät zur Bestimmung der elektrischen Stromstärke heißt Amperemeter (▷ B 1). Amperemeter werden immer in Reihe in den Stromkreis geschaltet, damit der gesamte Strom durch das Messgerät hindurchfließt (▷ B 2).

Mit dem Amperemeter wird die Stromstärke gemessen. Das Messgerät wird in Reihe geschaltet.

Unterschiedliche Messbereiche

In vielen Schulen sind Zeigermessgeräte vorhanden. Sie werden auch als analoge Amperemeter bezeichnet. Zum genauen Ablesen unterschiedlich großer Stromstärken können verschiedene Messbereiche eingestellt werden.

So misst du die Stromstärke mit Zeigermessgerät:

1. Mit den meisten Messgeräten kannst du auch noch andere elektrische Größen messen. Stelle deshalb den Schalter am Messgerät auf A oder mA. Beachte dabei, ob du Gleichstrom oder Wechselstrom misst.
2. Du weißt vorher nicht, welche Messwerte zu erwarten sind. Beginne deshalb immer mit dem größten Messbereich.
3. Baue den Stromkreis mit Amperemeter und allen Bauteilen auf. Amperemeter werden immer in Reihe geschaltet. Achte auf die richtige Polung! (Im Bild 2 siehst du, dass der Pluspol der Spannungsquelle mit dem Plus-Anschluss des Amperemeters verbunden ist.)
4. Schließe den Stromkreis. Ist der Zeigerausschlag am Messgerät zu gering, dann darfst du den nächstkleineren Messbereich einstellen.

In Bild 4 zeigt beispielsweise das linke Amperemeter die Stromstärke 2000 mA an, das rechte dagegen, trotz gleicher Zeigerstellung, nur 2 mA.

Bei digitalen Messgeräten ist das Ablesen meist etwas einfacher, weil die Stromstärke mit Ziffern angezeigt wird (▷ B 1).

Versuch

1 Baue die Schaltung entsprechend Bild 2 auf. Miss die elektrische Stromstärke. Wiederhole den Versuch mit unterschiedlichen Lämpchen.

Aufgabe

1 Gib die folgenden Stromstärken an:
- in mA: 3 A, 0,15 A, 0,08 A
- in A: 1500 mA, 270 mA, 50 mA.

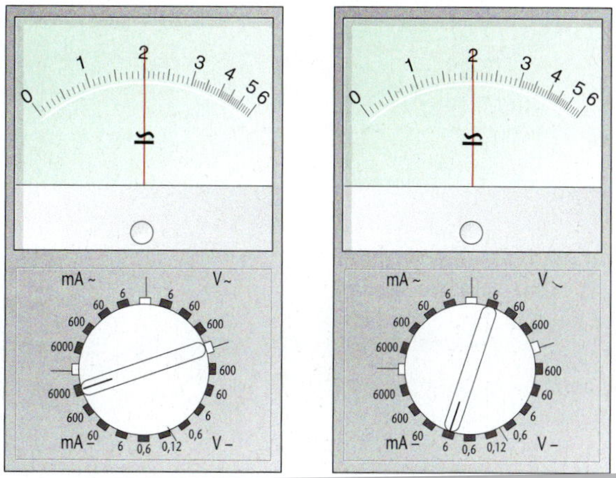

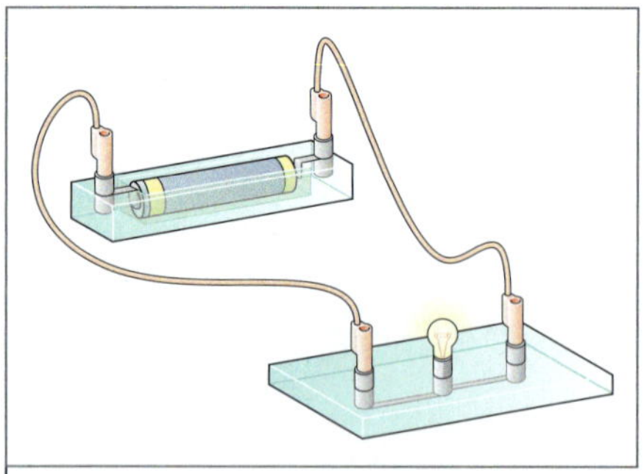

1 Versuchsaufbau zur Lichtwirkung

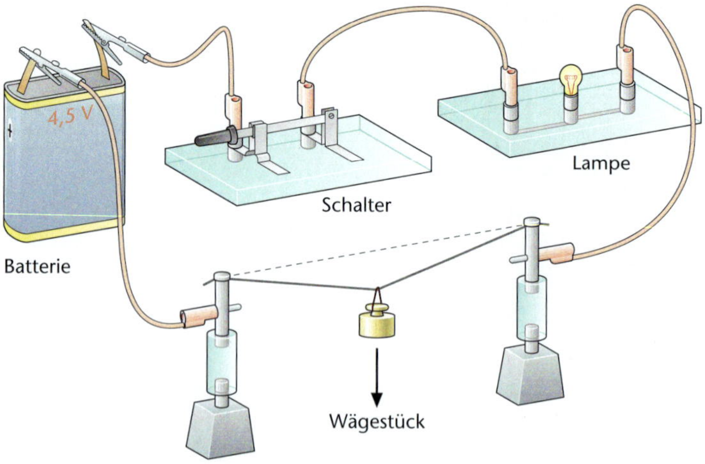

2 Versuchsaufbau zur Wärmewirkung

Eine Ursache – viele Wirkungen
Der elektrische Strom selbst ist für uns nicht sichtbar, allerdings können wir ihn an seinen Wirkungen erkennen.

In den Versuchen 1 bis 3 kannst du einige dieser Wirkungen experimentell untersuchen: die Licht- und Wärmewirkung sowie die magnetische Wirkung.

▶ Elektrischer Strom ist an seinen Wirkungen erkennbar. Beispiele sind die Licht- und Wärmewirkung sowie die magnetische Wirkung.

Anhand dieser Wirkungen lassen sich die Stromstärken vergleichen. Auch das kannst du in den Versuchen 1 bis 3 ausprobieren.

Dabei zeigt sich:
Je größer die elektrische Stromstärke ist,
- desto heller leuchtet eine Lampe (▷ V 1),
- desto stärker erwärmt sich ein Draht und desto stärker dehnt er sich dadurch aus (▷ V 2),
- desto stärker wird eine Kompassnadel in der Nähe des Strom führenden Leiters ausgelenkt (▷ V 3).

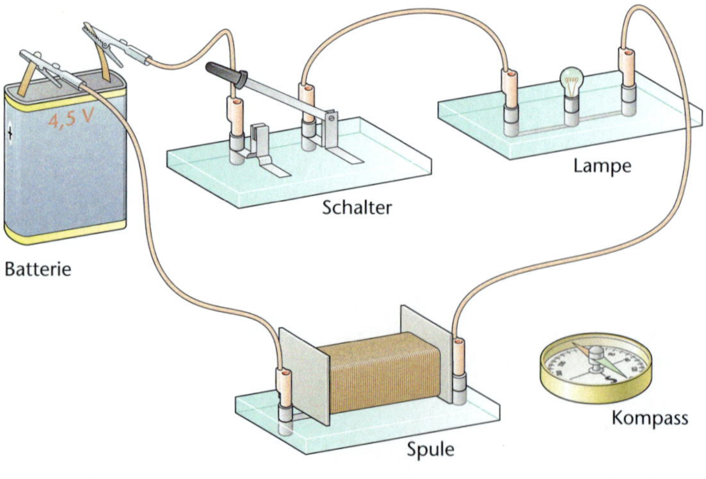

3 Versuchsaufbau zur magnetischen Wirkung

Versuche

1 Schließe eine geeignete Glühlampe nacheinander an unterschiedliche Batterien (z. B. 1,5 V oder 4,5 V usw.) an (▷ B 1). Kannst du auch ohne Messgerät unterschiedliche Stromstärken feststellen? Begründe.

2 Baue einen dünnen Kupferdraht (Ø ca. 0,2 mm) in einen Stromkreis mit einer Lampe ein (▷ B 2). Befestige ein kleines Wägestück am Draht. Schalte nacheinander verschiedene Lampen in den Stromkreis, verwende aber immer die gleiche Batterie. Bei welcher Lampe fließt der größte Strom? Wie wirkt sich das auf den Draht aus? Begründe.

3 Baue den Stromkreis aus Bild 3 auf. Ordne Spule und Kompass so an, dass die Kompassnadel bei geöffnetem Schalter senkrecht zur Spulenachse steht. Schließe den Schalter.
Ersetze auch hier die Lampe durch verschiedene andere Lampen. Was stellst du fest?

Ein Hitzdraht-amperemeter

2 Hitzdrahtamperemeter im Stromkreis

Material
Dünner Kupferdraht, 2 Holzbretter (ca. DIN A4 groß), 4 kleine Holzschrauben, etwas Blumendraht (steif), 1 Feder (z. B. aus einem Kugelschreiber), 1 Schraubendreher, 1 Zange, 1 feiner Stift

Für die Versuche benötigst du außerdem noch:
verschiedene Glühlampen, Glühlampenfassungen, 1 Batterie (4,5 V), Kabel, 4 Krokodilklemmen, 1 Schalter.

Aufbau
Drehe je eine kleine Schraube links und rechts außen in eines der beiden Holzbretter.
Wickle anschließend ein Ende des Kupferdrahts um die linke Schraube. Spanne den Kupferdraht zur rechten Schraube.

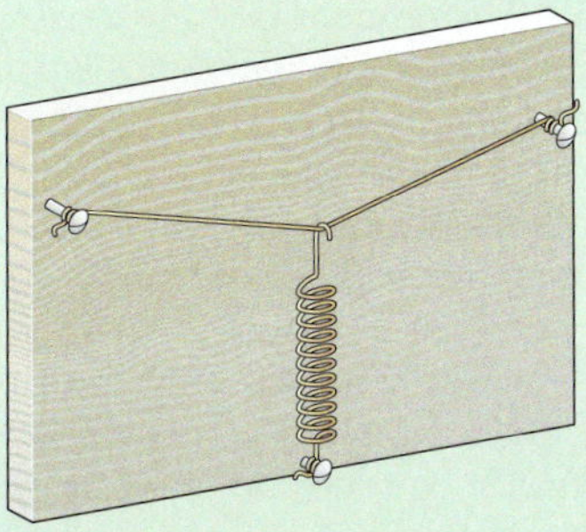

1 Befestigung von Draht und Feder

Hänge die Feder mittig in den Kupferdraht ein. Ziehe die Feder auseinander und befestige das freie Ende mit einer Schraube an der unteren Kante des Holzbretts.

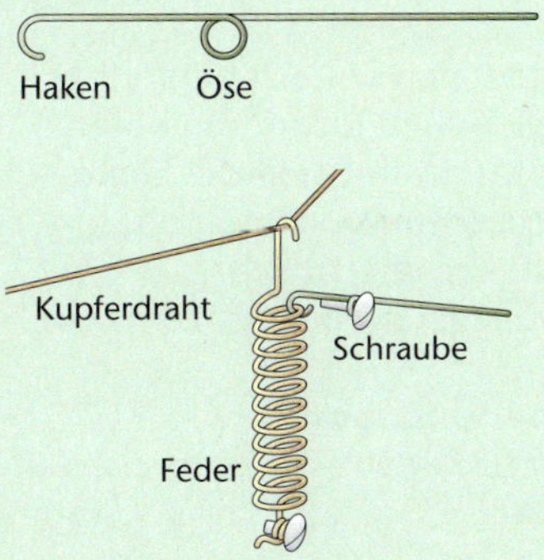

3 Herstellung und Befestigung des Zeigers

Forme den Blumendraht so wie in Bild 3 dargestellt zu einem Zeiger mit Haken und Öse. Hänge den Haken oben in die Feder ein. Befestige den Zeiger, indem du eine Schraube durch die Öse steckst und in das Holzbrett drehst. Befestige die Schraube so, dass der Zeiger sich gut bewegen lässt.

Klebe oder schraube das Holzbrett mittig auf das andere, sodass es stabil steht.

Markiere mit dem Stift die Nullstellung deines Messgerätes.

Funktionsweise
Mit deinem selbst gebauten Amperemeter kannst du nun kleinere Messungen qualitativ vornehmen.
Fließt ein Strom durch den Kupferdraht, wird er warm und dehnt sich aus.

Weil sich die gespannte Feder nun zusammenziehen kann, bewegt sich der Zeiger nach oben.
Je größer der Strom ist, der durch den Draht fließt, desto größer ist die Erwärmung und desto stärker dehnt sich der Draht.
Entsprechend höher wandert auch der Zeiger.

Versuche
Baue zunächst die Schaltung wie im Bild 2 gezeigt auf.
Schließe den Stromkreis und markiere mit dem Stift, wie weit der Zeiger ausschlägt.
Wiederhole den Versuch mit unterschiedlichen Glühlampen.

Die elektrische Spannung

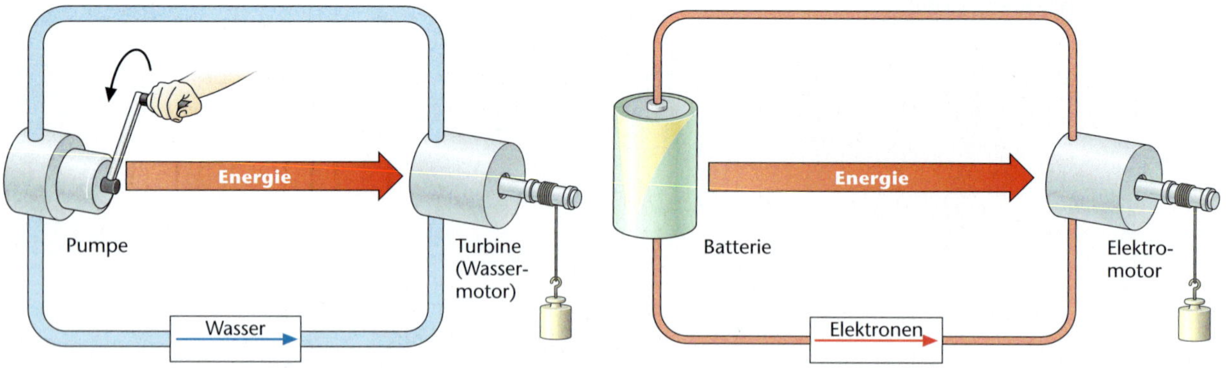

1 Das Wasserstrom-Modell hilft unsichtbare Vorgänge im elektrischen Stromkreis besser zu verstehen.

Was setzt Elektronen in Bewegung?
Du bist auf dem Zeltplatz und hast keine Batterien für deinen MP3-Player dabei. Dies ist ein Problem für dich, denn ohne Energieversorgung funktioniert kein Elektrogerät. Welche Aufgabe hat überhaupt eine Batterie oder ein Netzgerät in einem Stromkreis?

In festen elektrischen Leitern handelt es sich beim elektrischen Strom um einen Elektronenstrom. Damit sich die Elektronen bewegen, müssen sie angetrieben werden. Diese Aufgabe übernimmt z. B. eine Batterie, ein Netzgerät oder ein Dynamo.

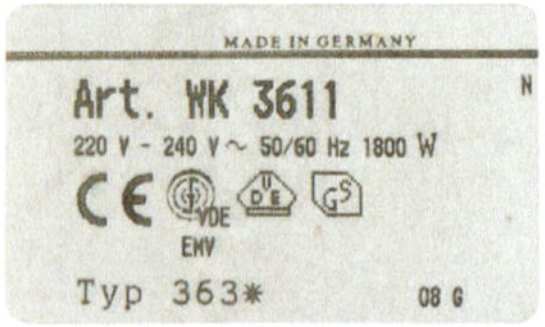

2 Typenschild

Die elektrische Spannung
Sicher hast du schon auf Batterien die Aufschrift 1,5 V oder 9 V gelesen. Das V steht für Volt.
Eine 9-Volt-Batterie treibt die Elektronen im Stromkreis stärker an als eine 1,5-Volt-Batterie. Deshalb leuchtet ein Lämpchen an einer 9-Volt-Batterie auch deutlich heller als das gleiche Lämpchen, das an eine 1,5-Volt-Batterie angeschlossen ist (▷V 1).

Angaben wie 1,5 V oder 9 V bezeichnen die Größe der elektrischen Spannung. Sie ist ein Maß dafür, wie stark eine Batterie (oder eine andere **Spannungsquelle**) die Elektronen antreiben kann.

Die elektrische Spannung wird in der Einheit Volt (V) gemessen. Sie ist nach dem italienischen Physiker ALESSANDRO VOLTA (1745–1827) benannt, der die erste Batterie baute. Größere Spannungen misst man in der Einheit Kilovolt (kV), kleinere in Millivolt (mV).

Elektrische Spannung ist die Voraussetzung dafür, dass ein elektrischer Strom fließt. Die Spannung gibt an, wie stark die Elektronen im Stromkreis angetrieben werden.
Formelzeichen: U
Einheit: Volt (V)
1 kV = 1000 V = 1 000 000 mV

Die Spannungsangabe ist wichtig
Elektrisches Gerät und Spannungsquelle müssen zusammenpassen. Deshalb befindet sich auf jedem elektrischen Gerät ein Aufdruck oder ein Typenschild (▷B 2), aus dem hervorgeht, mit welcher Spannung das Gerät betrieben werden soll.
Bei zu kleinen Spannungen arbeiten viele Elektrogeräte fehlerhaft oder gar nicht. Werden Geräte dagegen mit einer größeren als der angegebenen Spannung betrieben, gehen sie schnell kaputt.

Ein Modell für elektrische Spannung
Die Vorgänge in einem Stromkreis kannst du nicht sehen. Ein Modell hilft, diese besser zu verstehen.
Bild 1 vergleicht den elektrischen Stromkreis mit einem Wasserkreislauf. Im Wasserstrom-Modell treibt die Pumpe das Wasser in den Leitungen an. Die Pumpe entspricht der Spannungsquelle im elektrischen Stromkreis, die Turbine dem elektrischen Gerät.
In beiden Kreisläufen wird mit dem Strom Energie transportiert. Diese Energie kann genutzt werden, um z. B. ein Massestück anzuheben.
Kannst du anhand des Modells erklären, was hohe bzw. niedrige Spannung bedeutet?

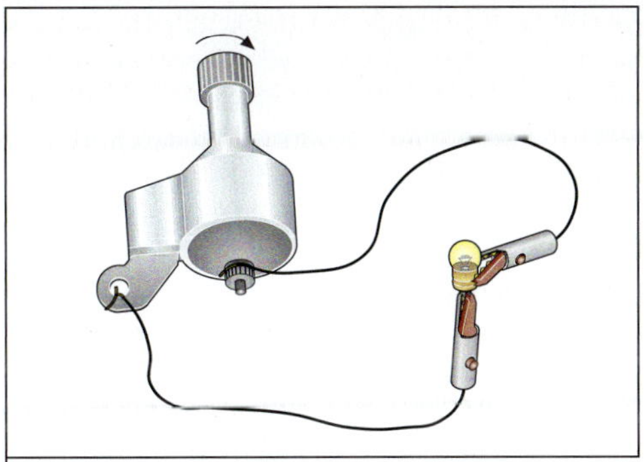

3 Ein Dynamo als Elektronenantrieb

Wie entsteht elektrische Spannung in einer Quelle?

In Spannungsquellen entsteht eine Spannung, wenn positive und negative Ladungen voneinander getrennt werden. Auf welche Weise dabei die Spannung erzeugt wird, kann sehr unterschiedlich sein. In Batterien laufen chemische Prozesse ab. Bei einem Fahrraddynamo muss dagegen an einem Rädchen gedreht werden, damit eine Spannung erzeugt wird (▷B 3).

Gleichspannung und Wechselspannung

Eine Batterie liefert Gleichspannung. In einem Stromkreis mit einer Gleichspannungsquelle fließt der Elektronenstrom immer in die gleiche Richtung, vom Minuspol zum Pluspol (Gleichstrom, ▷V 2).

Zum Betrieb von Haushaltsgeräten wird eine Wechselspannung benötigt.

In Wechselspannungsquellen werden Plus- und Minuspol ständig vertauscht. Dadurch fließen die Elektronen im Stromkreis kurzzeitig in die eine und dann in die andere Richtung (Wechselstrom). Zwischen den Anschlüssen der Steckdose erfolgt dieser Wechsel 100 Mal pro Sekunde.

Das Spannungsmessgerät

Mit einem Voltmeter misst du die Spannung, die an einer Batterie, einem Netzgerät oder einem Bauteil anliegt. Spannungsmessgeräte werden immer parallel zur Spannungsquelle oder zu dem Bauteil geschaltet, an dem die Spannung gemessen werden soll (▷B 4).

▶ Voltmeter werden immer parallel zu dem Bauteil geschaltet, an dem die Spannung gemessen werden soll.

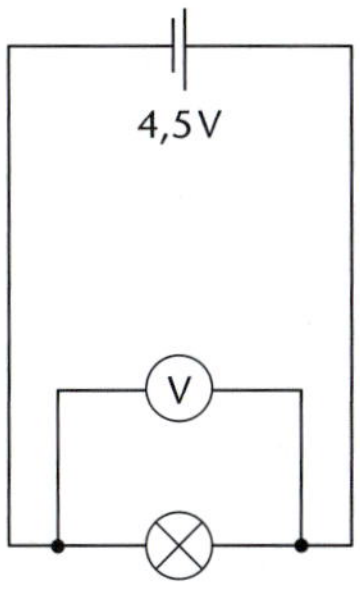

Mit den meisten Messgeräten kannst du nicht nur Gleichspannung und Gleichstrom, sondern auch Wechselspannung und Wechselstrom messen. Achte darauf, dass du immer die richtige Einstellung wählst.

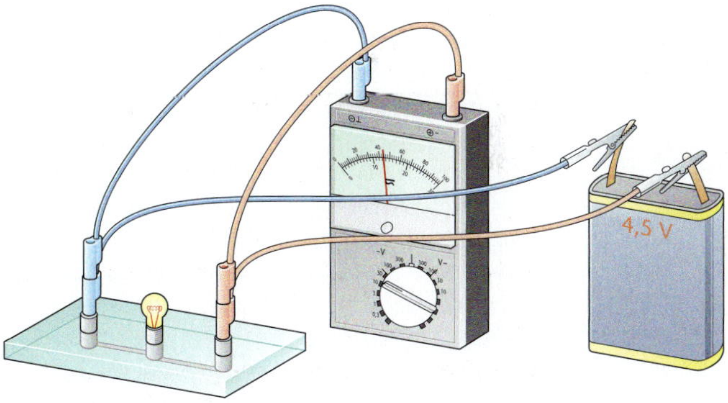

4 So wird das Voltmeter in den Stromkreis geschaltet.

Versuche

1 a) Baue einen einfachen Stromkreis mit einer Batterie und einem Glühlämpchen auf. Verwende als Spannungsquelle nacheinander unterschiedliche Batterien. Was stellst du fest?

b) Ersetze die Batterien durch einen Fahrraddynamo. Welchen Zusammenhang erkennst du zwischen dem Antrieb und der Helligkeit der Lampe?

2 a) Schließe ein 3,8-V-Glühlämpchen an eine geeignete Batterie an. Vertausche anschließend die Anschlüsse an der Batterie. Beobachte das Lämpchen.

b) Wiederhole den Versuch, benutze nun aber anstelle der Glühlampe einen Spielzeugmotor. Kannst du deine Beobachtungen erklären?

Aufgaben

1 Weshalb leuchtet eine Haushaltslampe nicht, wenn sie an eine Batterie angeschlossen wird?

2 Miss die elektrische Spannung an unterschiedlichen Batterien. Vergleiche deine Messwerte mit der Spannungsangabe auf der Batterie.

3 Verdeutliche Gleich- und Wechselspannung mithilfe des Wasserstrom-Modells.

4

Galvani und Volta – Erfinder der Batterie

1 Luigi Galvani

Die Froschschenkel des Herrn Galvani

Im 18. Jahrhundert gehörte es auf Jahrmärkten zu den Attraktionen, dass Künstler den Leuten elektrische Funken aus der Nase zogen oder ihre Haare zu Berge stehen ließen. Dass auch manche Fische (z. B. der Zitterrochen) starke elektrische Schläge austeilen können, war zu jener Zeit ebenfalls bekannt. Haben Lebewesen eine besondere Fähigkeit, Strom zu erzeugen? Diese Frage reizte damals viele Wissenschaftler.

Auch der italienische Arzt und Naturforscher Luigi Galvani (1737–1798) zeigte großes Interesse an solchen Vorgängen bei Tieren, deshalb führte er Experimente an Froschschenkeln durch (▷B 4). Mithilfe einer Elektrisiermaschine (▷B 2) erzeugte er in seinem Labor starke Funken, die die Muskeln der Tiere zucken ließen.

Im November 1789 machte Galvani jedoch eine merkwürdige Beobachtung: Auf seinem Balkon bewahrte er einige Froschschenkel für seine Experimente auf. Diese hatte er mit Messinghaken an das eiserne Geländer gehängt.
Dabei fiel ihm auf, dass die Froschschenkel jedes Mal heftig zuckten, wenn sie das Geländer berührten.

Verblüffend daran war: Dies geschah von ganz allein – kein Gewitter war in der Nähe und keine künstlichen Funken konnten die Ursache sein. Das Zucken der Muskeln zeigte ihm, dass tatsächlich Elektrizität im Spiel war. Woher aber kam diese Erscheinung?

Nach unzähligen Versuchen erkannte er schließlich die Zusammenhänge: Der Froschschenkel zuckte nur dann, wenn er den Messinghaken und das Eisengeländer gleichzeitig berührte. Galvani war nun fest davon überzeugt, dass die Tiere selbst Elektrizität erzeugen konnten, sobald sie zwei verschiedene Metalle berührten.

Zum damaligen Zeitpunkt war Galvani noch nicht bewusst, dass chemische Reaktionen die Ursache der elektrischen Ströme waren.

3 Alessandro Volta

Voltas Sandwich-Batterie

Der italienische Physiker Alessandro Volta (1745–1827) glaubte nicht so recht an Galvanis „tierische Elektrizität". Volta wusste, dass elektrische Entladungen Nerven reizen. Daher glaubte er, dass die Froschschenkel keine „Stromerzeuger", sondern „Stromanzeiger" waren.
Ursache der Elektrizität waren nach Voltas Meinung die unterschiedlichen Metalle. Um dies zu prüfen, verband er mit einem dünnen Draht eine Silbermünze und eine

2 Elektrisiermaschine

4 Messaufbau zu den Froschschenkelexperimenten

5 Die Voltasäule war die erste funktionierende Batterie.

6 Ein Element der Volta-Säule

Kupfermünze. Als er die Silbermünze auf seine Zunge legte und mit der anderen Münze die Zungenspitze berührte, entstand ein metallisch-säuerlicher Geschmack in seinem Mund. Die Münzmetalle und der Speichel erzeugten einen Strom, der die Geschmacksnerven reizte.

Im Jahr 1800 baute VOLTA seine erste Batterie: Dazu legte er eine Zinkscheibe, eine säuregetränkte Pappscheibe und eine Kupferscheibe aufeinander (▷B 6).
Die Spannung, die dabei entstand, war jedoch sehr gering. Indem er mehrere dieser Sandwich-Elemente übereinander stapelte, konnte er die Spannung erhöhen (▷B 5). Als er von der untersten Zinkscheibe einen Draht zur obersten Kupferscheibe führte, sprangen tatsächlich starke Funken über – VOLTAS Batterie funktionierte.

Aufgabe

1 Nach GALVANI sind viele technische Verfahren und Geräte benannt. Informiere dich über: Galvanisieren, Galvanometer, Galvanoplastik, Galvanotechnik. Was haben sie mit G...

Werkstatt

Eine Batterie für alle Fälle

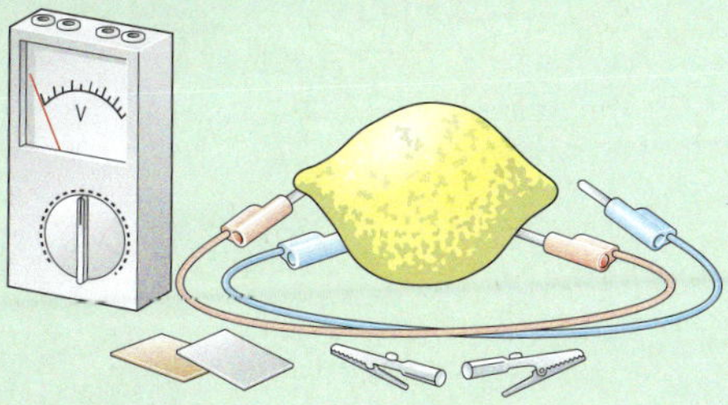

Auch du kannst nach GALVANIS und VOLTAS Vorbild experimentieren. Allerdings benutzt du dazu keine Froschschenkel, sondern eine Zitrone.

Material
Mehrere verschiedene Metallstücke (z. B. aus Zink und Kupfer), 1 Zitrone, mehrere Kabel, 1 Spannungsmessgerät

Versuchsanleitung
Stecke das Zinkplättchen und das Kupferplättchen in die Zitrone (▷B 1). Achte darauf, dass die Metallstücke tief genug und fest in der Frucht sitzen.
Verbinde nun das Zinkplättchen mit dem Minuspol und das Kupferplättchen mit dem Pluspol des Spannungsmessgeräts.
Welche Spannung liefert deine Zitronenbatterie?

Aufgabe
1. Führe den Versuch auch mit anderen Metallen durch.
2. Schalte mehrere deiner Batterien hintereinander und miss die Spannungen.

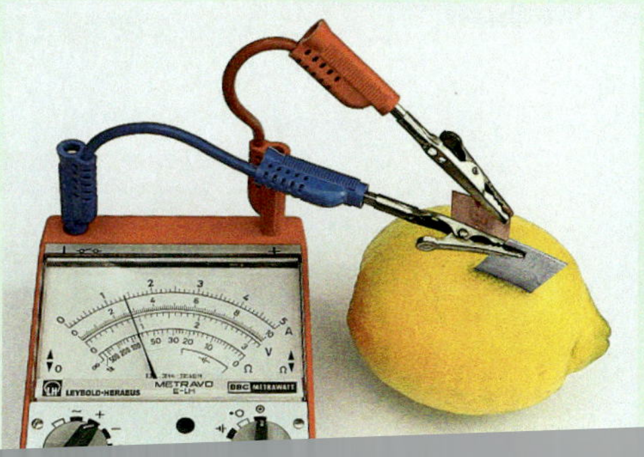

1 Großstädte benötigen viel elektrische Energie.

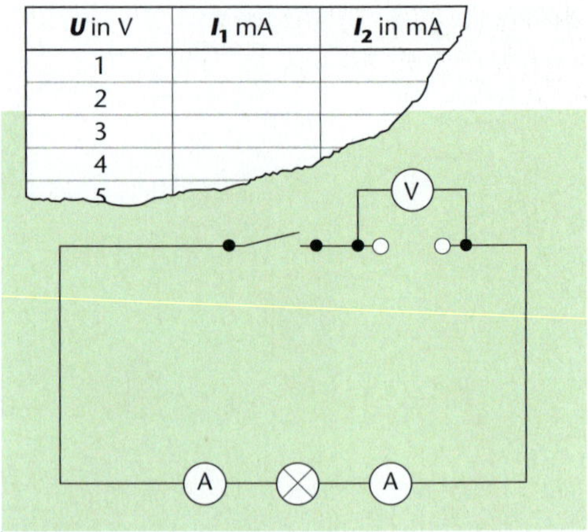

3 Schaltplan zu Versuch 1

Kann man Strom verbrauchen?
Immer wieder kannst du in Zeitungsartikeln lesen, dass elektrische Geräte zu viel Strom verbrauchen. Ist das wahr? Mit deinen Kenntnissen über den elektrischen Strom kannst du das überprüfen.

Um festzustellen, ob der Strom tatsächlich verbraucht werden kann, musst du die Stärke des elektrischen Stroms vor und hinter dem Elektrogerät vergleichen. Dafür benötigst du zwei Stromstärkemessgeräte. Ein Messgerät muss vor das Elektrogerät, eines hinter das Gerät geschaltet sein (▷V 1).

Sollte eine Lampe elektrischen Strom verbrauchen, müsste die Stromstärke hinter der Lampe geringer sein als vor der Lampe. Aber auch wenn du unterschiedliche Spannungen an den Stromkreis anlegst, misst du vor und hinter der Lampe immer den gleichen Stromstärkewert. Dieser Versuch zeigt: Elektrischer Strom wird nicht verbraucht!

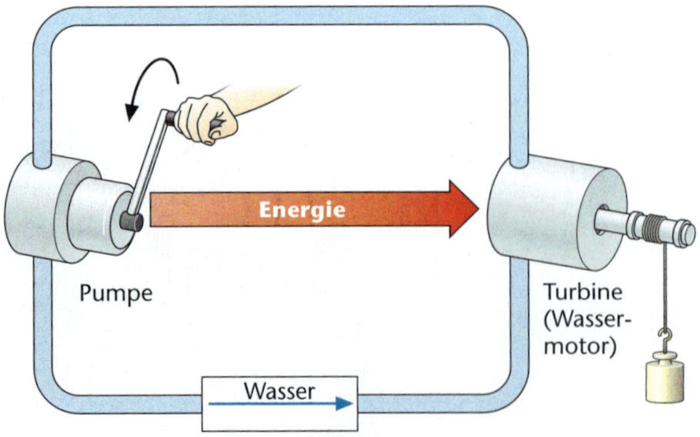

2 Das Wasserstrom-Modell eines Stromkreises

Versuch

1 Baue den Stromkreis aus Bild 3 auf. Stelle verschiedene Spannungen ein und miss die Stromstärken vor und hinter der Lampe. Wiederhole den Versuch mit anderen elektrischen Geräten.

Mit dem Wasserstrom-Modell aus Bild 2 kannst du dies auch erklären: Vor der Turbine befinden sich genauso viele Wasserteilchen wie hinter ihr. Die Wasserteilchen werden nicht verbraucht. Sie werden jedoch benötigt, damit die Turbine sich in Bewegung setzt. In ähnlicher Weise werden auch die Elektronen gebraucht, damit die Lampe leuchtet.

Was ist mit „Stromverbrauch" gemeint?
Die Spannungsquelle gibt den Elektronen Energie mit, die sie zum Elektrogerät transportieren. Dort wird die elektrische Energie in andere Energieformen (z. B. in der Lampe in Licht und Wärme) umgewandelt. Was fälschlicherweise als „Stromverbrauch" bezeichnet wird, ist also tatsächlich die Menge der umgewandelten Energie.

Der elektrische Strom transportiert Energie von der Spannungsquelle zum Gerät. Der Strom kann nicht verbraucht werden.

Aufgabe

1 Suche in Zeitungen Beispiele für den physikalisch falschen Ausdruck „Stromverbrauch". Stelle die Aussagen richtig.

Mit Puzzeln lernen

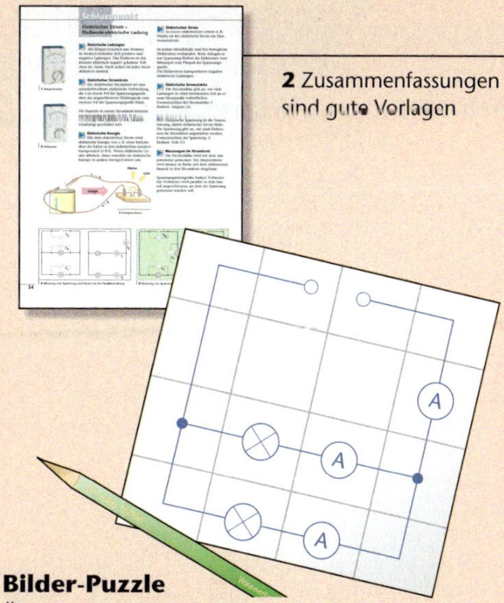

2 Zusammenfassungen sind gute Vorlagen

Stress ohne Ende

Jenny: „Ist dir eigentlich klar, dass wir am Freitag eine Physikarbeit schreiben?"
Sina: „Oje! Das habe ich ja total vergessen und ich habe überhaupt keine Zeit zum Lernen. Ich muss noch ein Deutschreferat schreiben, Englisch lernen, in den Klavierunterricht ..."
Jenny: „Das wirst du schon schaffen, es sind nur ein paar Seiten im Heft."
Sina: „Die Schaltungen und der viele Text, dass kann ich mir einfach nicht merken!"
Jenny: „Ich kenne zwei Methoden, die mir das Lernen erleichtern."

Text-Puzzle

Eine Möglichkeit einen Textinhalt zu lernen ist, einzelne Textbausteine wieder in ihre ursprüngliche Reihenfolge zu bringen. Versuchsbeschreibungen und Handlungsabläufe sind hierfür besonders gut geeignet.

Schreibe dazu einen Text aus dem Heft oder dem Buch (▷ B 2) handschriftlich oder mit dem Computer ab. Beginne nach jedem zusammenhängenden Textteil eine neue Zeile. Zerschneide den Text in kleine Streifen (▷ B 1). Damit du nicht schummeln kannst und die Teile mithilfe der Schnittkanten zusammenlegst, schneide jeden Streifen nochmals aus. Bringe nun die einzelnen Teile durcheinander und versuche, sie wieder in die richtige Reihenfolge zu legen. Findest du hier die richtige Reihenfolge?

Bilder-Puzzle

Ähnlich wie beim Textpuzzle musst du beim Bilderpuzzle die einzelnen Teile zu einem richtigen Bild zusammenfügen.

Schaltungen und Versuchsaufbauten eignen sich besonders gut für diese Lernmethode. Zeichne entsprechend dem Platzbedarf für deine Schaltung ein Quadrat, z. B. Kantenlänge 10 cm. Dieses Quadrat unterteilst du in kleinere Quadrate, z. B. mit einer Kantenlänge von 2 cm.

Zeichne deine Schaltung so in das große Quadrat ein, dass Schaltzeichen in die kleinen Quadrate fallen und elektrische Leitungen parallel zu einer Quadratseite verlaufen (▷ B 2).

Zerschneide das große Viereck in die vorgezeichneten kleineren (▷ B 3).

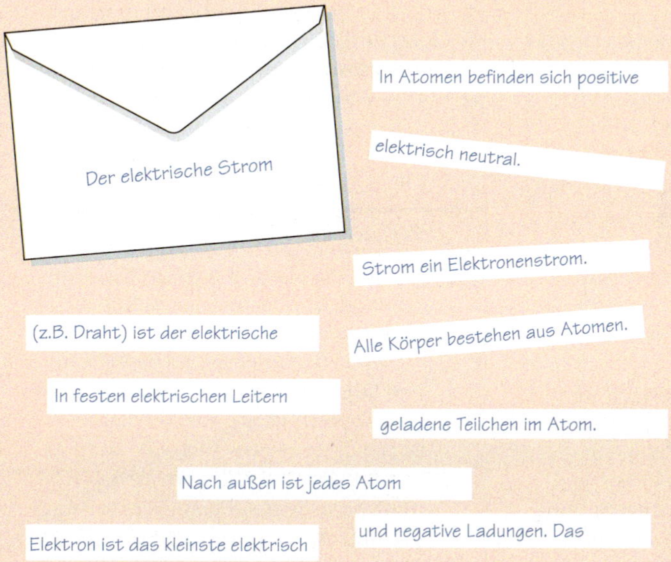

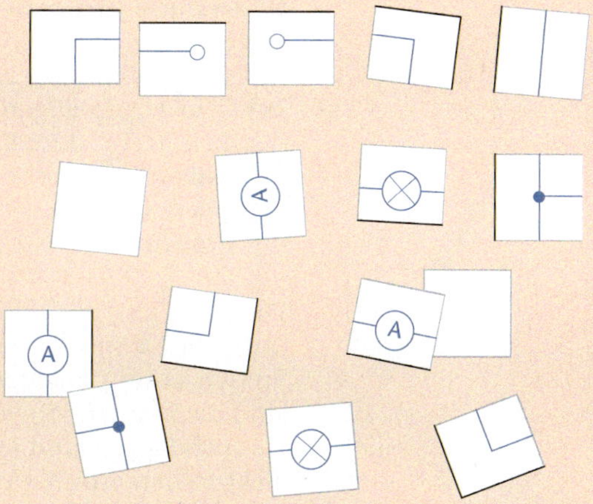

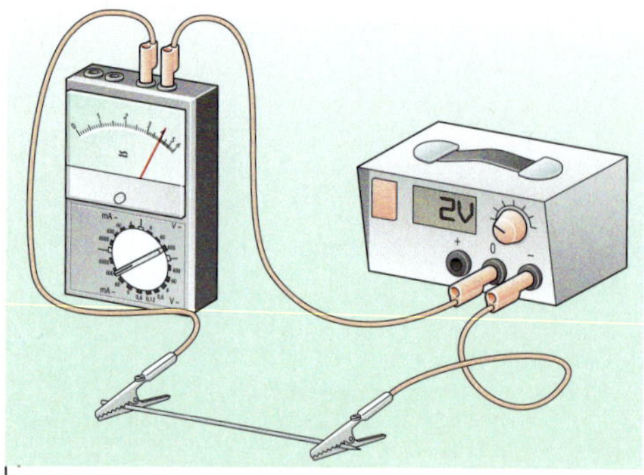

1 Stromkreis mit Bleistiftmine

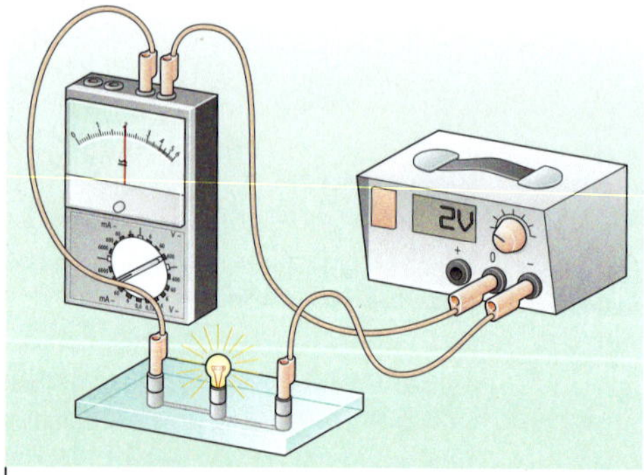

2 Stromkreis mit Lampe

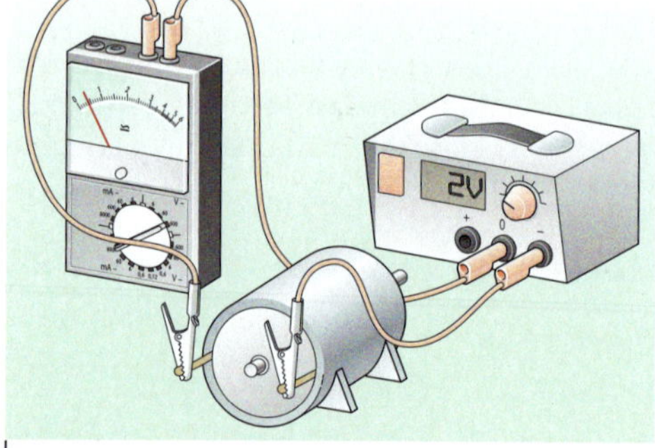

3 Stromkreis mit Motor

Widerstand gegen den Strom

Die Bauteile, die du in einen elektrischen Stromkreis einbaust, haben unterschiedliche elektrische Eigenschaften. Das wird deutlich, wenn du z. B. eine Lampe, einen Experimentiermotor oder eine Bleistiftmine in den Stromkreis einbaust und jeweils die Stromstärke misst (▷B 1–B 3, V1).

Du stellst fest, dass trotz gleicher Spannung die Stromstärken in den drei Stromkreisen unterschiedlich sind. Ursache sind die Bauteile: Sowohl Bleistiftmine, als auch Lampe und Motor hemmen den elektrischen Strom – sie setzen ihm einen Widerstand entgegen. Dieser kann je nach Bauteil sehr unterschiedlich sein. Da es sich um elektrische Vorgänge handelt, spricht man vom **elektrischen Widerstand**.

Bei gleicher Spannung kannst du den Widerstand der Bauteile anhand der Stromstärke vergleichen: Je stärker ein Bauteil den elektrischen Strom hemmt, desto kleiner ist die Stromstärke.

In unserem Versuch wurde die kleinste Stromstärke im Stromkreis mit dem Motor gemessen (▷B 3). Der Motor hat demzufolge den größten elektrischen Widerstand.

Nicht nur die Bauteile in unserem Versuch, sondern alle elektrischen Geräte – sogar die Leiterdrähte selbst – hemmen den Strom. Wie groß der Strom im Stromkreis ist, hängt aber nicht nur vom Widerstand ab, sondern auch vom Antrieb (der Spannung) im Stromkreis.

▶ Jeder Leiter und jedes elektrische Gerät behindert den elektrischen Strom. Diese Eigenschaft wird als „elektrischer Widerstand“ bezeichnet.

Du kannst die „Hemmfähigkeit“ der Bauteile genauer einschätzen, wenn du aus den Messwerten oder den Angaben auf dem Bauteil den **elektrischen Widerstandswert** *R* berechnest. Dazu musst du die Spannung *U* durch die zugehörige Stromstärke *I* dividieren. Bild 5 zeigt eine Beispielrechnung.

▶ Der elektrische Widerstandswert *R* gibt an, wie stark ein Bauteil den elektrischen Strom behindert.

$$\text{Elektrischer Widerstandswert} = \frac{\text{Spannung}}{\text{Stromstärke}}$$

$$R = \frac{U}{I}$$

Versuch

1 a) Baue die Schaltung wie in Bild 1 gezeigt auf. Stelle eine Spannung von 2 V ein. Miss die elektrische Stromstärke, wenn du verschiedene Bauteile in den Stromkreis einbaust. Lege eine Messwerttabelle an. Welches Bauteil ist der beste elektrische Leiter, welches hemmt den Stromfluss am stärksten?
b) Miss die Spannung am jedem Bauteil. Berechne und vergleiche die Widerstandswerte.

Die Einheit des elektrischen Widerstandswerts ist das Ohm, benannt nach GEORG SIMON OHM (1789–1854). Als Einheitenzeichen wurde der griechische Buchstabe Ω (Omega) gewählt.

Ein Leiter hat den elektrischen Widerstandswert 1 Ohm (1 Ω), wenn – bei einer Spannung von 1 Volt – die elektrische Stromstärke 1 Ampere gemessen wird.

$$1\,\text{Ohm}\,(\Omega) = \frac{1\,\text{Volt}\,(\text{V})}{1\,\text{Ampere}\,(\text{A})}$$

Wie wird der elektrische Strom in einem Draht gehemmt?

In jedem Metalldraht gibt es freie Elektronen, die sich ungeordnet im Draht bewegen (▷ B 4 oben). Wird eine Spannung angelegt, werden die freien, negativ geladenen Elektronen langsam durch den Draht zum Pluspol getrieben (▷ B 4 unten).

Weil sie aber dabei immer wieder mit den Metall-Ionen zusammenstoßen, werden die Elektronen in ihrer Bewegung behindert. Je mehr Zusammenstöße stattfinden, desto stärker wird der gesamte Elektronenstrom „abgebremst". Pro Sekunde bewegen sich dann weniger Elektronen an einer beliebigen Messstelle vorbei – die elektrische Stromstärke *I* wird kleiner.

Aber noch etwas geschieht durch die Zusammenstöße: Die Ionen beginnen heftiger zu schwingen. Nach außen hin macht sich das durch eine Erwärmung des Drahtes bemerkbar. Wo elektrischer Strom fließt, entsteht also auch Wärme.

Beispiel: Berechnung des elektrischen Widerstandswerts

Gegeben: $U = 6{,}2\,\text{V}$
$I = 300\,\text{mA}$
$(I = 0{,}30\,\text{A})$

Gesucht: R

Lösung: $R = \frac{U}{I}$

$R = \frac{6{,}2\,\text{V}}{0{,}30\,\text{A}}$

$R = 20{,}7\,\frac{\text{V}}{\text{A}}$

$R = 20{,}7\,\Omega$

Bei der Spannung 6,2 V hat das Lämpchen einen Widerstandswert von 20,7 Ω.

5 Berechnung des Widerstandswertes

6 Betriebsdaten auf einem Glühlämpchen

Aufgaben

1 In einen Stromkreis werden unterschiedliche Bauteile eingebaut. Wie kannst du die Widerstandseigenschaften der Bauteile vergleichen, wenn nicht die Spannung, sondern die Stromstärke unverändert bleiben soll? Plane einen Versuch.

2 Im angeschalteten Zustand fließt durch eine Kaffeemaschine ein Strom von 3,5 A. Wie groß ist ihr Widerstandswert?

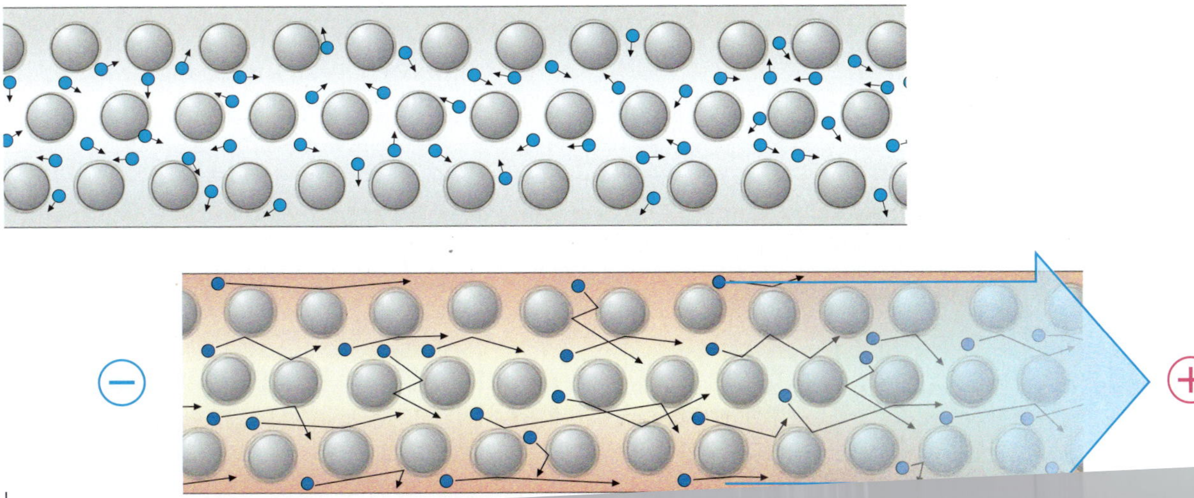

4 Was beim Anlegen ei...

Eine Gleichung – drei Möglichkeiten

Mithilfe der Gleichung

$$R = \frac{U}{I}$$

kannst du nicht nur den elektrischen Widerstandswert eines Bauteils berechnen, sondern – abhängig von den gegebenen Größen – auch die elektrische Stromstärke und die elektrische Spannung. Dazu musst du die Gleichung umformen.
Achte besonders auf die richtigen Einheiten: Spannung in Volt, Stromstärke in Ampere.

Berechnung der elektrischen Spannung

Der Kopfhörer für eine Stereoanlage hat einen elektrischen Widerstandswert von etwa 16 Ω. Die Stärke des Stromes, der durch den Stromkreis fließt, beträgt etwa 43 mA.
Welche Spannung liegt am Kopfhörer an? Die Antwort gibt dir die Beispielrechnung in Bild 1.

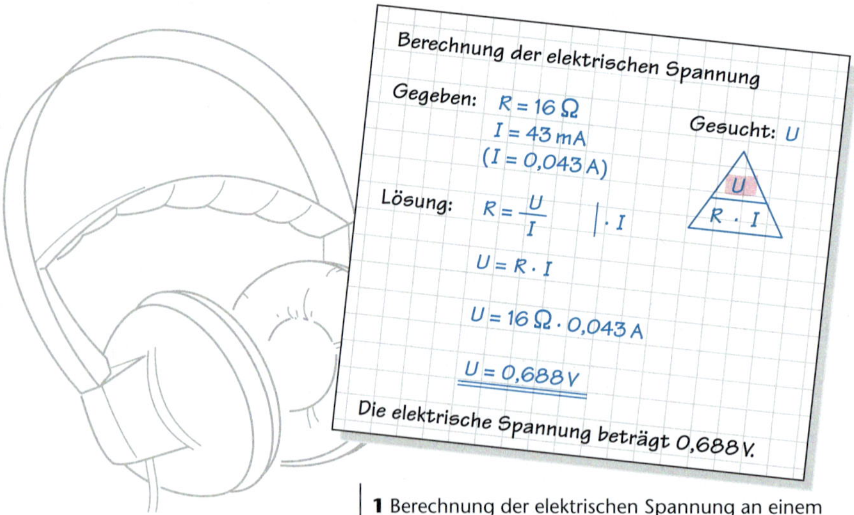

1 Berechnung der elektrischen Spannung an einem Kopfhörer

Kopfhörer Sound DX	
Widerstandswert	16 Ω
Stromstärke	43 mA
Frequenzgang	15 – 25 000 Hz
Masse	120 g
Garantie	2 Jahre

3 Herstellerangaben zu einem Kopfhörer

Berechnung der elektrischen Stromstärke

Ein Haartrockner mit einem Widerstandswert von 50 Ω wird an eine Steckdose (230 V) angeschlossen (▷ B 4). Die Größe des elektrischen Stromes, der durch den Stromkreis fließt, kannst du, wie in Bild 2 gezeigt, berechnen.

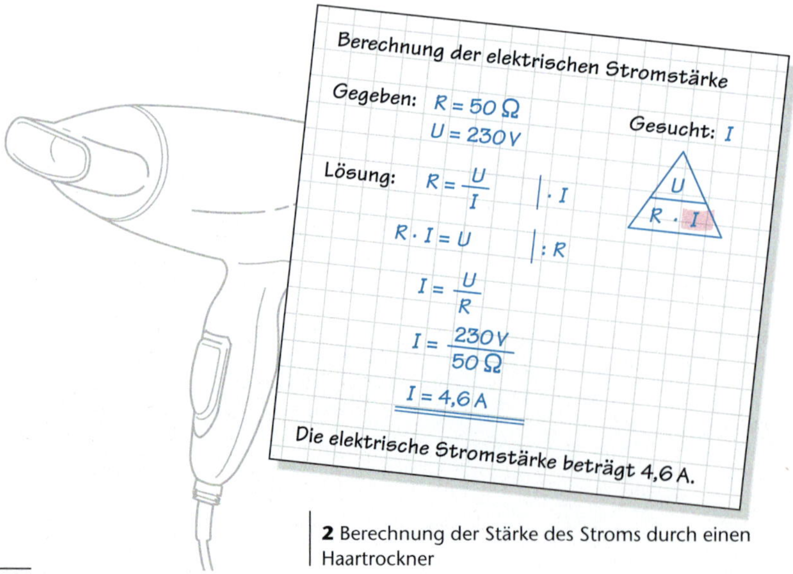

2 Berechnung der Stärke des Stroms durch einen Haartrockner

Haartrockner profiSTYLIST	
Betriebsspannung	230 V (AC)
Widerstandswert des Heizdrahts	50 Ω
Luftstrom pro Sekunde	27 l
Lautstärke	71 dB(A)
Garantie	2 Jahre

4 Betriebsdaten eines Haartrockners

Ein Wort mit mehreren Bedeutungen

Als elektrischen Widerstand bezeichnet man die **physikalische Eigenschaft** eines Leiters, den Strom zu hemmen. Häufig meint man damit aber auch den **Widerstandswert** *R*.

Bauteile, mit denen man die Stromstärke im Stromkreis regeln kann, werden ebenfalls als elektrische Widerstände bezeichnet. Dazu gehören z. B. **Festwiderstände**. Es gibt sie in verschiedenen Ausführungen (▷B 1). Jeder Festwiderstand hat einen bestimmten unveränderlichen Widerstandswert. Dieser Widerstandswert ist auf dem Bauteil durch eine Abfolge von Farbringen angegeben. Den Farbcode findest du z. B. in deiner Formelsammlung.

Aufgaben

1. Wie groß ist der elektrische Widerstandswert eines Toasters, durch den bei einer Spannung von 230 V ein Strom von 3 A fließt?
2. In manchen Ländern Südamerikas beträgt die Spannung an der Steckdose nur 110 V. Berechne die Größe des Stroms, der durch den Heizdraht eines Haartrockners (50 Ω) fließen würde.
3. In deinem Zimmer tauschst du eine Glühlampe gegen eine andere mit dem doppelten Widerstandswert aus. Welche Auswirkungen hat das?

1 Festwiderstände

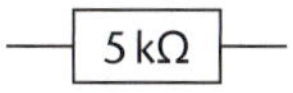

2 Symbol eines 5-kΩ-Festwiderstands

Zeitpunkt

Georg Simon Ohm

Doktorarbeit mit 22 Jahren

Am 16. März 1789 wurde GEORG SIMON OHM in Erlangen geboren. Sein Vater war Schlossermeister und weihte ihn schon als Kind in die Geheimnisse der Naturwissenschaften ein.

Nach seiner Schulausbildung studierte OHM einige Semester Mathematik und Physik an der Universität seiner Heimatstadt Erlangen. Allerdings musste er das Studium mehrmals unterbrechen, um sich das Geld für die teure Ausbildung zu verdienen. Deshalb unterrichtete OHM sechs Jahre an einer Schweizer Privatschule. Nach seiner Rückkehr schrieb er mit 22 Jahren seine Doktorarbeit „Über Licht und Farben".

Lehrer und Forscher

Später arbeitete OHM als Dozent an verschiedenen Universitäten. Danach wurde er Lehrer und betreute die physikalische Sammlung des Jesuiten-Kollegs in Köln. ... perimente zur Leitfähigkeit von Drähten fortzuführen.

Damals war das Experimentieren nicht so einfach wie heute. Batterien gab es noch keine zu kaufen – OHM musste sie selbst bauen. Auch seine Messgeräte entwickelte und baute er selbst (▷B 1).

Erst im Jahr 1821 gelang es OHM nachzuweisen, wie Spannung, Stromstärke und Drahtwiderstand zusammenhängen.

Zur damaligen Zeit erkannte kaum ein Wissenschaftler, dass die von OHM gefundene Gesetzmäßigkeit die Grundlage für die Funktion eines jeden Stromkreises ist.

GEORG SIMON OHM starb 1854 in München.

1 Von OHM entwickelte und gebaute Apparate

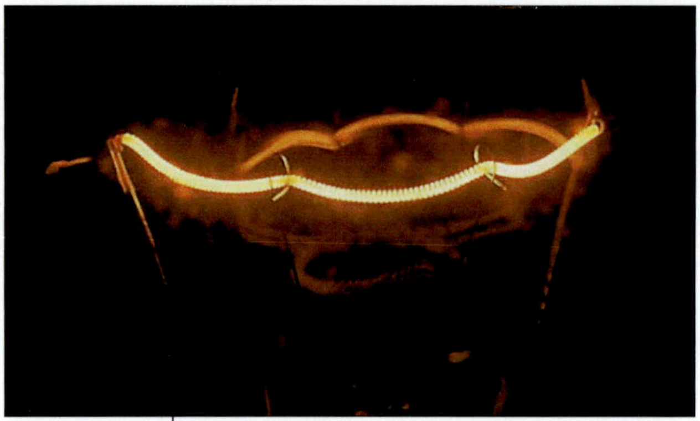

1 Glühende Wendel einer Glühlampe

Versuch

1 Baue die Schaltung nach Bild 5 auf. Lege eine Spannung von 2 V an.
a) Schalte gleich dicke (▷ B 2), aber unterschiedlich lange Konstantandrähte in den Stromkreis ein. Miss jeweils die Stromstärke.
Berechne die Widerstandswerte der Drahtstücke. Vergleiche die Ergebnisse.

b) Ermittle nun auf gleiche Weise die Widerstandswerte von Drahtstücken mit unterschiedlichen Querschnittsflächen. Lasse Länge und Material gleich, z. B. Konstantan mit 50 cm. (Tipp: Um einen dickeren Leiter mit zwei- oder dreifacher Querschnittsfläche zu erhalten, kannst du auch einfach zwei bzw. drei gleich dicke Konstantandrähte verzwirbeln, ▷ B 3.)

c) Bestimme die Widerstandswerte von Drähten aus Konstantan, Eisen und Chromnickel. Länge und Querschnittsfläche bleiben gleich (▷ B 4).

Warum Glühdrähte leuchten, Leitungsdrähte aber nicht

Drähte haben in Stromkreisen ganz unterschiedliche Aufgaben zu erfüllen. In Heizgeräten, im Haartrockner oder in Glühlampen (▷ B 1) werden Drähte eingesetzt, die durch den Strom erwärmt und sogar zum Glühen gebracht werden.
Bei Leitungsdrähten ist eine Erwärmung dagegen unerwünscht, sie sollen den Strom möglichst wenig behindern.
Wie muss nun solch ein Draht mit einem geringen Widerstandswert beschaffen sein – kurz und dick oder vielleicht lang und dünn?

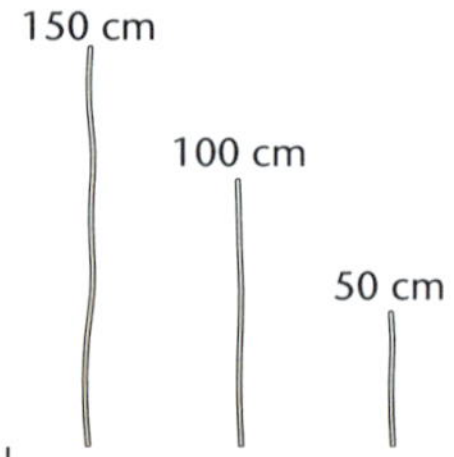

2 Zu Versuch 1a

Kurz oder lang?

Willst du untersuchen, wie die Drahtlänge den Widerstandswert beeinflusst, darfst du andere Drahtmerkmale (hier das Material und die Querschnittsfläche, ▷ V 1a) nicht verändern.

Versuch 1 zeigt, dass der lange Draht den elektrischen Strom viel schlechter leitet als der kurze Draht (▷ B 8). Das kannst du dir so erklären: Auf ihrem Weg durch den langen Draht stoßen die Elektronen insgesamt häufiger mit Ionen zusammen als bei einem kurzen Draht.

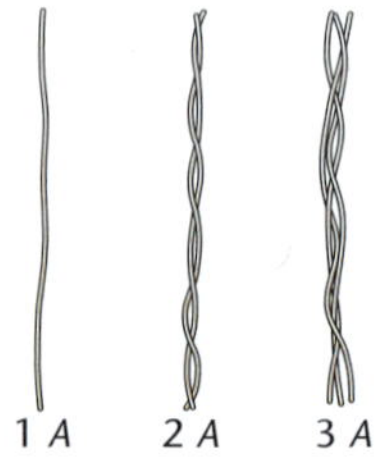

3 Zu Versuch 1b

> Bei gleichem Material und Drahtquerschnitt gilt:
> Je länger ein Leiterdraht ist, desto größer ist sein Widerstandswert *R*.

Bei doppelter Drahtlänge verdoppelt sich der Widerstandswert. Ist der Draht dreimal so lang, so ist auch sein Widerstandswert ungefähr dreimal so groß: Der Widerstandswert wächst also proportional mit der Drahtlänge ($R \sim l$).

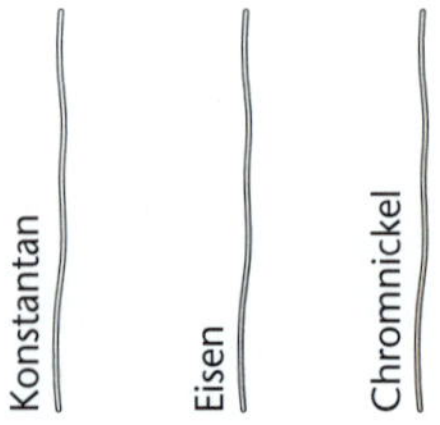

4 Zu Versuch 1c

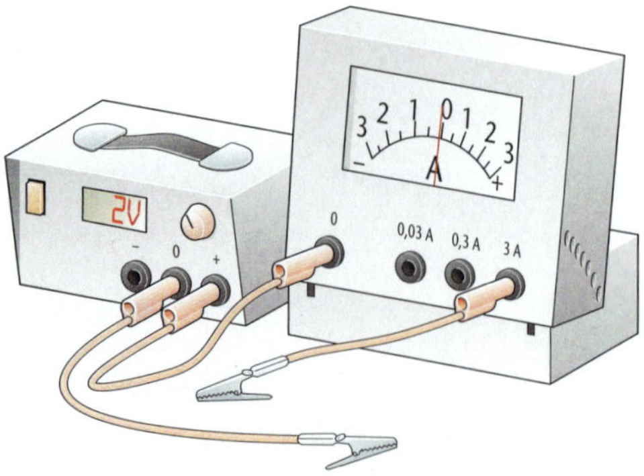

5 Zu Versuch 1

Dick oder dünn?

Der Widerstandswert eines Drahtes hängt nicht nur von seiner Länge, sondern auch von seiner Querschnittsfläche ab (▷ V 1b). Vergleiche die Messwerte in Bild 9:
Der Draht mit der kleinsten Querschnittsfläche weist den höchsten Widerstand auf. Die Elektronen werden also auf ihrem Weg durch einen „dünnen“ Draht stärker behindert als bei einem „dicken“ Draht.

> Bei gleicher Drahtlänge und gleichem Material gilt:
> Je größer die Querschnittsfläche des Drahtes ist, desto kleiner ist sein Widerstandswert.

Bei doppelter Querschnittsfläche ist der Widerstandswert nur noch halb so groß. Bei dreifacher Querschnittsfläche sinkt R auf ein Drittel des ursprünglichen Wertes. Hier gilt: Der Widerstandswert ist umgekehrt proportional zur Querschnittsfläche des Drahtes ($R \sim \frac{1}{A}$).

Material

Im Versuch 1c hat der Chromnickeldraht z. B. einen Widerstandswert von etwa 33,3 Ω, bei einem Eisendraht mit den gleichen Abmessungen beträgt er 4,5 Ω.

Jedes Material hat (unter sonst gleichen Bedingungen) einen charakteristischen Widerstandswert (▷ B 7). Zusammenfassend kannst du feststellen:

▶ Der Widerstandswert eines Drahtes hängt von der Länge, der Querschnittsfläche und dem Material ab.

Warum leuchtet der Glühdraht in der Lampe?

Die Zuleitungsdrähte einer Lampe bestehen meist aus Kupfer. Für den Glühdraht verwendet man dagegen Wolfram, weil dieses Material den elektrischen Strom wesentlich stärker behindert als Kupfer (▷ B 7).
Die beiden Drähte unterscheiden sich außerdem in ihren Querschnittsflächen.

Der Glühdraht wird viel dünner gefertigt, damit sein Widerstandswert noch größer wird.
Wenn Strom fließt, erwärmt sich der Glühdraht aufgrund seines hohen Widerstandswertes sehr stark. Die eng beieinander liegenden Windungen des Glühdrahtes heizen sich außerdem noch gegenseitig auf. Dadurch wird auf kleinstem Raum so viel Wärme konzentriert, dass die Glühtemperatur (etwa 2 600 °C) schnell erreicht ist.

Aufgabe

1 Wie ändert sich bei fester Spannung die Stromstärke, wenn ein 1 m langer Kupferdraht gegen einen Konstantandraht mit den gleichen Abmessungen ausgetauscht wird (▷ B 7)?

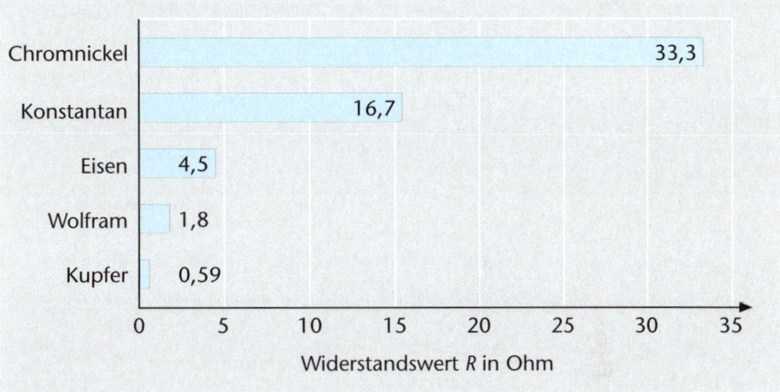

7 Widerstandswerte verschiedener Metalldrähte (l = 1 m, A = 0,03 mm²)

Drahtlänge (Durchmesser d jew. 0,2 mm)	**Stromstärke I** (bei konstanter Spannung U = 2 V)	**Widerstandswert R** (gerundet)
50 cm	240 mA	8,3 Ω
100 cm	120 mA	16,7 Ω
150 cm	80 mA	25,0 Ω

8 Abhängigkeit des Widerstandswertes von der Drahtlänge

Querschnittsfläche A (Drahtlänge jew. 50 cm)	**Stromstärke I** (bei konstanter Spannung U = 2 V)	**Widerstandswert R** (gerundet)
0,03 mm²	240 mA	8,3 Ω
0,06 mm²	480 mA	4,2 Ω
0,09 mm²	720 mA	2,8 Ω

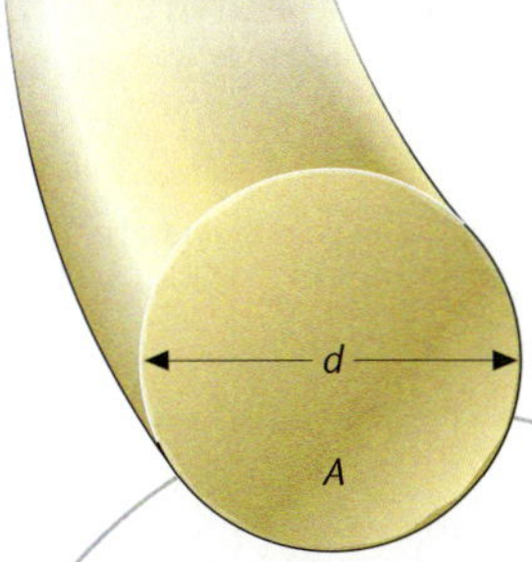

Ein Draht mit dem Durchmesser von d = 0,2 mm besitzt eine Querschnittsfläche von A = 0,03 mm².

Durchmesser d	**Querschnittsfläche A** (gerundet)
0,2 mm	0,03 mm²
0,3 mm	0,07 mm²
0,4 mm	0,13 mm²
0,5 mm	0,20 mm²

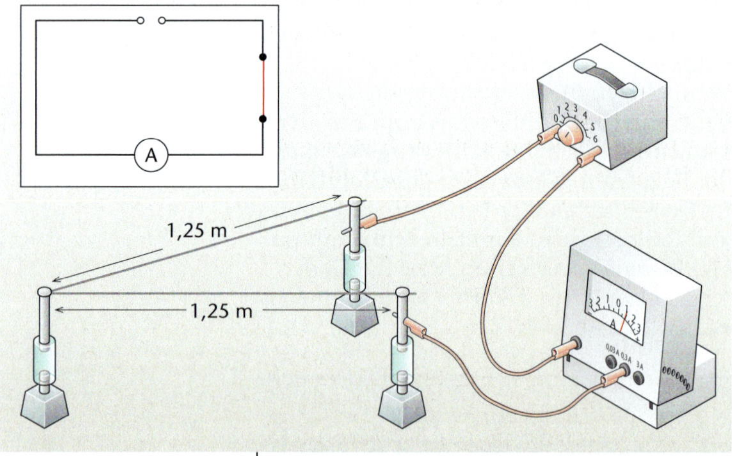

1 Strommessung an einem Konstantandraht

Versuche

1 Baue die Schaltung nach Bild 1 auf. Erhöhe am Konstantandraht die Spannung in 0,5-V-Schritten von 0 V auf 5 V. Miss die dazugehörige Stromstärke und trage die Messwerte in eine Tabelle ein.
Berechne die einzelnen Widerstandswerte und vergleiche sie.
Fertige ein *U-I*-Diagramm an (*x*-Achse: Spannung, *y*-Achse: Stromstärke).

2 Wiederhole den Versuch 1 mit einer Lampe.

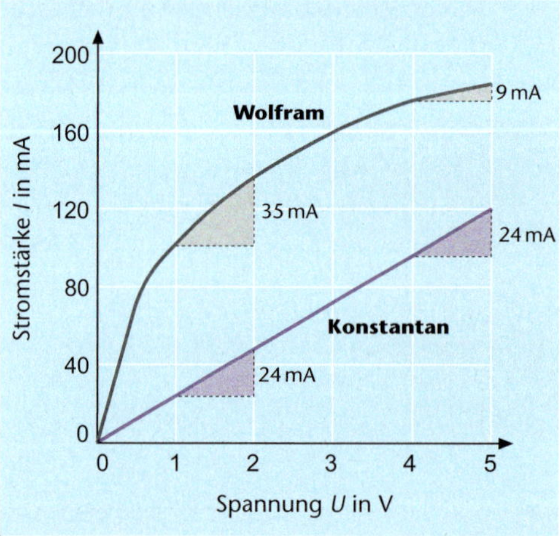

2 *U-I*-Kennlinien eines Wolframdrahtes und eines Konstantandrahtes

Spannung *U* in V	**Stromstärke** *I* in mA	**Widerstandswert** *R* in Ω
Konstantandraht *l* = 2,5 m/*d* = 0,2 mm		
1	24	41,7
2	48	41,7
3	72	41,7
4	96	41,7
5	120	41,7
Wolframdraht (Lämpchen 2,5 V/0,15 A)		
1	102	9,8
2	137	14,6
3	161	18,8
4	177	22,6
5	186	26,9

3 Messwerte zu den Versuchen 1 und 2

Der Konstantandraht im Test
Im Versuch 1 wird der Zusammenhang zwischen Stromstärke und Spannung an einem Konstantandraht untersucht. Konstantan ist eine Legierung, d. h. eine Mischung verschiedener Metalle (in diesem Fall Kupfer, Nickel, Eisen und Mangan).

Abgesehen von geringen Messfehlern sind die Messergebnisse (▷ B 3) eindeutig: Verdoppelt man die Spannung, verdoppelt sich auch die Stromstärke. Bei fünffacher Spannung misst du die fünffache Stromstärke usw.
Ganz gleich, von welchem Wert du ausgehst: Beim Konstantandraht ändern sich Spannung und Stromstärke im gleichen Verhältnis. Sie sind zueinander proportional ($U \sim I$).

Im Diagramm (▷ B 2) erkennst du die Proportionalität von *U* und *I* daran, dass die Messpunkte eine Geraden ergeben. Bis auf kleine Abweichungen steigt die Stromstärke pro 1-V-Schritt um 24 mA an.
Der Widerstandswert *R* des Konstantandrahtes bleibt konstant (▷ B 3). Daher hat diese Legierung ihren Namen.

Der Widerstandswert eines Konstantandrahtes bleibt immer gleich. *U* ist proportional zu *I*.

Doppelte Spannung – doppelte Stromstärke?
Auf Glühlampen findest du oft nähere Informationen über die elektrischen Eigenschaften des Glühdrahtes. Wird die Lampe in Bild 4 an eine Spannungsquelle mit 2,5 V angeschlossen, fließt ein elektrischer Strom von $I = 0{,}15$ A.

Kann man aus dieser Angabe schließen, dass bei doppelter Spannung auch der doppelte Strom fließt?

Der Lampendraht im Test
Im Versuch 2 wird der Glühdraht des Lämpchens getestet. Er besteht aus dem Metall Wolfram. Die Messungen (▷ B 3) zeigen Folgendes:
Stromstärke und Spannung sind nicht mehr proportional. Bei der doppelten bzw. dreifachen Spannung misst man nicht die doppelte bzw. dreifache Stromstärke.
Mit wachsender Spannung wird die Stromstärke zwar größer, aber sie steigt nicht gleichmäßig.

Im Diagramm (▷ B 2) wird der Unterschied zum Konstantandraht deutlich:
Wird die Spannung an der Lampe von 1 V auf 2 V erhöht, steigt die Stromstärke um 35 mA. Vergrößerst du die Spannung dagegen von 4 V auf 5 V, wächst sie nur noch um 9 mA. Die Messpunkte ergeben keine Gerade mehr.

Ähnliche Ergebnisse wirst du erhalten, wenn du den Versuch mit anderen Metalldrähten (Eisen, Kupfer usw.) wiederholst. Mit zunehmender Spannung wächst die Stromstärke immer langsamer, der Widerstandswert des Metalldrahtes wird also größer (▷ B 5).

Was passiert dabei im Metalldraht?
Wenn elektrischer Strom fließt, erwärmt sich der Draht. Steigt die Stromstärke an, dann nimmt auch die Temperatur des Drahtes zu. Die Metall-Ionen schwingen dann stärker und behindern die Elektronen auf ihrem Weg noch zusätzlich. Kurz gesagt: Je wärmer der Metalldraht, desto größer der Widerstandswert.

▶ Der Widerstandswert der meisten Metalle nimmt mit steigender Temperatur zu (*U* ist nicht proportional zu *I*).

Das Ohm'sche Gesetz
Den gleichen Zusammenhang erkennst du an den Messwerten für einen Eisendraht, die in Bild 5 durch die rote Kurve dargestellt sind. Stromstärke und Spannung sind nicht proportional. Der Widerstandswert des Eisendrahtes wird größer, weil sich der Draht erwärmt.

Wird der Eisendraht während des Versuchs jedoch gekühlt, liegen die Messwerte wieder auf einer Geraden, wie die blaue Kurve in Bild 5 zeigt. Weil die Temperatur des Eisendrahtes konstant gehalten wird, bleibt auch sein Widerstandswert unverändert. Stromstärke und Spannung sind jetzt proportional.

Der Physiker GEORG SIMON OHM entdeckte diese Zusammenhänge bereits vor etwa 200 Jahren. Aus diesem Grund wurde die Gesetzmäßigkeit nach ihm benannt.

▶ Wenn ein Leiter einen konstanten Widerstandswert besitzt, gilt für ihn das Ohm'sche Gesetz:
Spannung und Stromstärke sind proportional ($U \sim I$).

Aufgaben

1 Welche Stromstärke würde man in einem Konstantandraht (▷ B 2) bei einer Spannung von 10 V messen?

2 Was kannst du über die Widerstandswerte des Eisendrahtes in Bild 5 aussagen, wenn eine Spannung von 12 V angelegt wird?

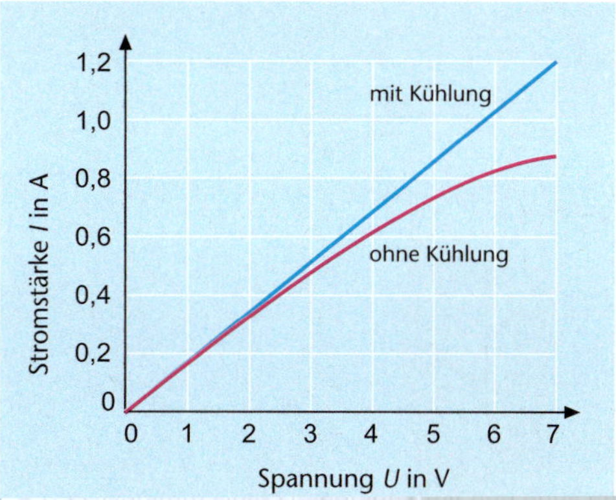

Die Stromstärke bei der Parallelschaltung

Versuch

1 Mit der Schaltung in Bild 1 kannst du die Stromstärke in den einzelnen Abschnitten der Parallelschaltung bestimmen. Miss die Gesamtstromstärke I_g sowie die beiden Teilstromstärken I_1 und I_2. Notiere die Messwerte in einer Tabelle. Kannst du eine Gesetzmäßigkeit formulieren?
Wie ändern sich deine Ergebnisse, wenn du an Stelle zweier gleicher Lämpchen zwei unterschiedliche verwendest?

1 Schaltplan zu Versuch 1

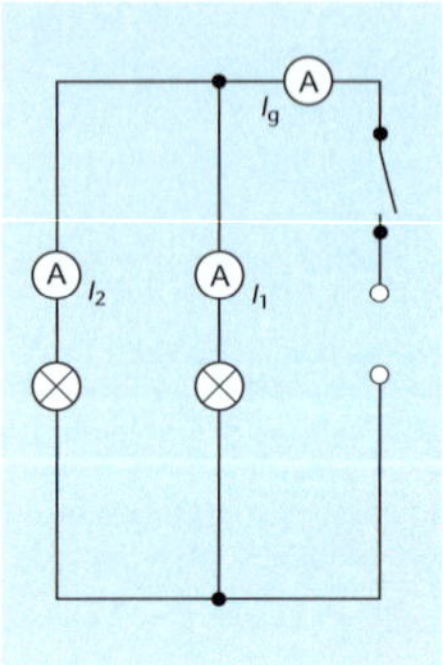

Die Stromstärke bei der Parallelschaltung

Sind elektrische Geräte parallel geschaltet, dann fließt der Strom zunächst durch eine gemeinsame Zuleitung bis zur Verzweigung. Dort teilt sich der Strom auf. Ein Teil fließt durch das Lämpchen 1, der andere durch das Lämpchen 2 (▷ B 4). Hinter den Lämpchen fließen die Ströme wieder zusammen und dann zurück zur Quelle.

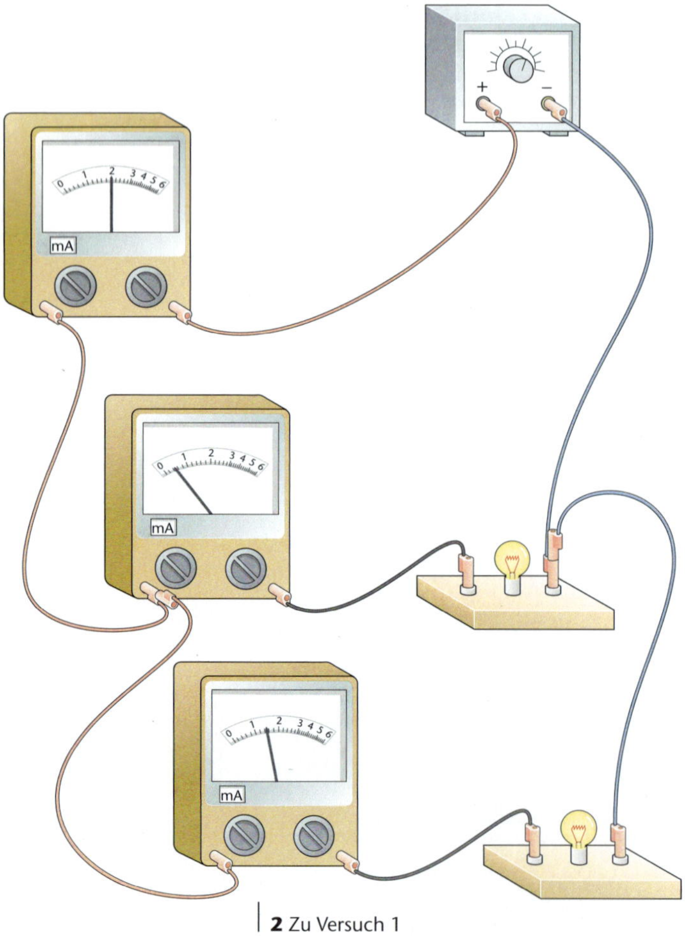

2 Zu Versuch 1

I_g in mA	I_1 in mA	I_2 in mA
80	40	40
200	160	40

3 Tabelle zu Versuch 1

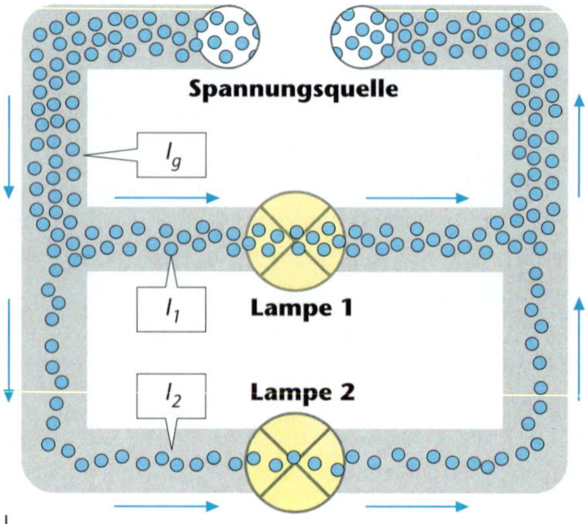

4 Fluss der Elektronen durch eine Parallelschaltung

Versuch 1 zeigt, wie sich die Gesamtstromstärke aufteilt: Durch jedes Lämpchen fließt ein bestimmter Strom. Die Teilströme addieren sich zum Gesamtstrom (▷ B 2).
Du kannst dir das etwa so vorstellen: Nach dem Pausenende strömen die Schülerinnen und Schüler in das Schulgebäude zurück. Vor den Türen teilt sich der Menschenstrom auf. Durch eine breite Tür können viele, durch eine schmale wenige Menschen eintreten. Hinter den Türen vereinigen sich beide Ströme wieder zu einem Gesamtstrom.

Bei der Parallelschaltung ist der Gesamtstrom genau so groß wie die Summe der Teilströme. Es gilt:
$I_g = I_1 + I_2 + I_3 + \ldots$

Die Mehrfachsteckdose

Auch bei der Mehrfachsteckdose sind alle Geräte parallel angeschlossen. Deshalb fließt durch jedes Gerät der Strom, den es benötigt. Diese Teilströme summieren sich zum Gesamtstrom, der in den Zu- und Ableitungen fließt.

Aufgabe

1 An eine Mehrfachsteckdose sind ein Computer (1 A), ein Monitor (750 mA), ein Drucker (0,12 A) und ein Scanner (0,15 A) angeschlossen. Berechne die Gesamtstromstärke.

Die Stromstärke bei der Reihenschaltung

Die Stromstärke bei der Reihenschaltung
Anders als bei der Parallelschaltung ist die Stromstärke bei der Reihenschaltung im gesamten Stromkreis gleich groß (▷B 1, B 2). Daher werden dich die Messergebnisse der Versuche 1 und 2 nicht überraschen: Alle Messgeräte zeigen die gleiche Stromstärke an. Die Elektronen wandern erst durch die eine und dann durch die andere Lampe (▷B 3).
Benutzt man zwei unterschiedliche Lampen, dann leuchten die beiden unterschiedlich hell, obwohl der gleiche Strom durch sie fließt. Die Fahrradlampe leuchtet in Versuch 2 nur schwach, da die Stromstärke zu klein ist. Damit sie hell leuchtet, müsste durch die Lampe ein großer Strom fließen.

Bei der Reihenschaltung von Lampen ist die Stromstärke überall im Stromkreis gleich groß.
$I_g = I_1 = I_2 = \ldots$

Versuche

1 Baue einen Stromkreis nach dem Schaltplan in Bild 1 auf. Benutze zwei gleiche Glühlampen (z. B. 6 V/50 mA). Welche Ergebnisse erwartest du? Miss die Gesamtstromstärke I_g sowie die Stromstärken I_1 und I_2. Stimmen die Ergebnisse mit deinen Vermutungen überein?

2 Wiederhole Versuch 1. Ersetze eine Glühlampe durch eine Fahrradlampe (z. B. 6 V/450 mA). Wie verändert sich das Versuchsergebnis im Vergleich zu Versuch 1? Setze anschließend die Fahrradlampe an die zweite Stelle und prüfe erneut.

3 Wiederhole die Versuche 1 und 2 auch mit einer Reihenschaltung von drei und noch mehr Lampen.

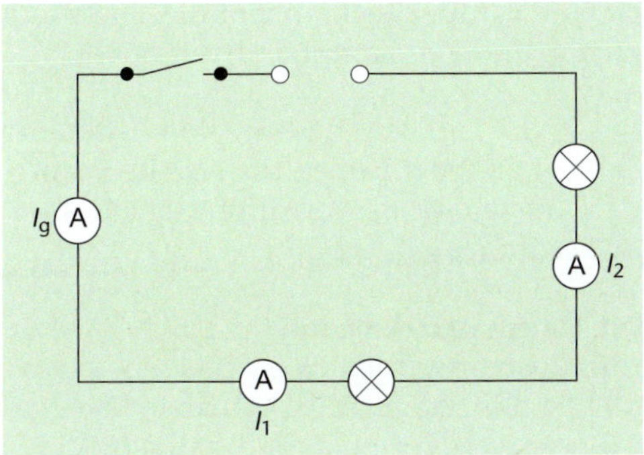

1 Schaltplan zu den Versuchen 1 und 2

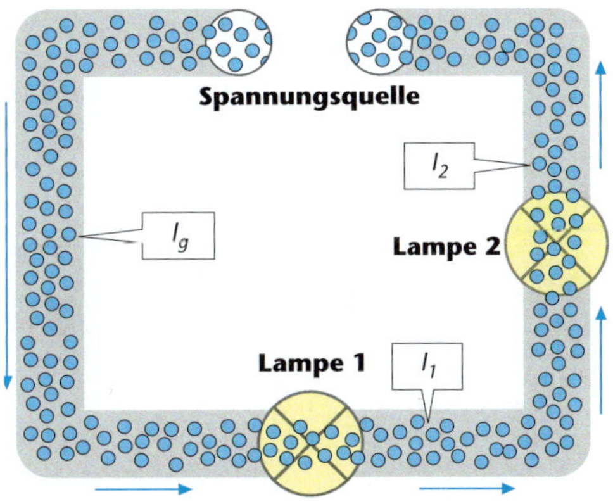

3 Fluss der Elektronen durch eine Reihenschaltung

I_g in mA	I_1 in mA	I_2 in mA
50	50	50

2 Tabelle zu Versuch 1

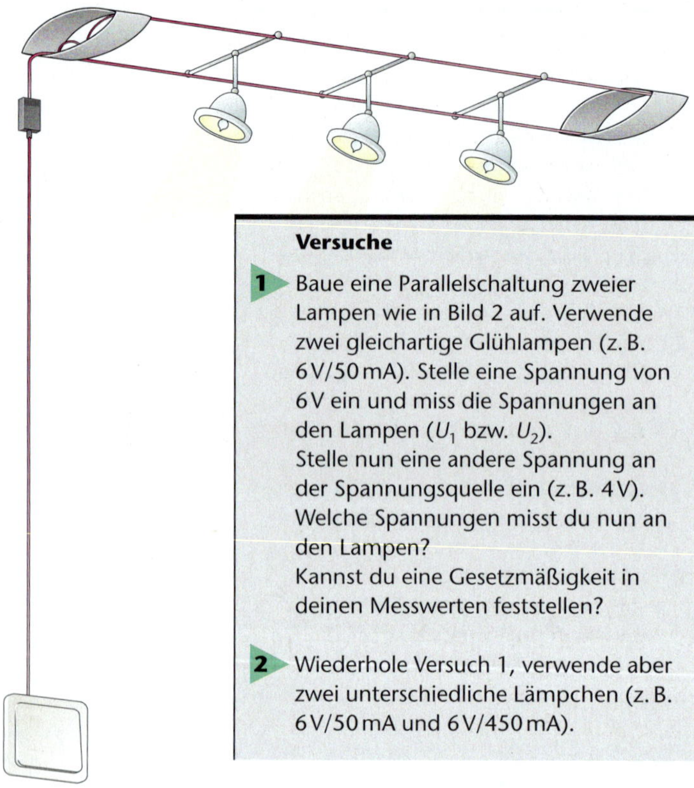

1 Lichtseilsysteme bestehen aus parallel geschalteten Lampen.

Versuche

1 Baue eine Parallelschaltung zweier Lampen wie in Bild 2 auf. Verwende zwei gleichartige Glühlampen (z. B. 6 V/50 mA). Stelle eine Spannung von 6 V ein und miss die Spannungen an den Lampen (U_1 bzw. U_2).
Stelle nun eine andere Spannung an der Spannungsquelle ein (z. B. 4 V). Welche Spannungen misst du nun an den Lampen?
Kannst du eine Gesetzmäßigkeit in deinen Messwerten feststellen?

2 Wiederhole Versuch 1, verwende aber zwei unterschiedliche Lämpchen (z. B. 6 V/50 mA und 6 V/450 mA).

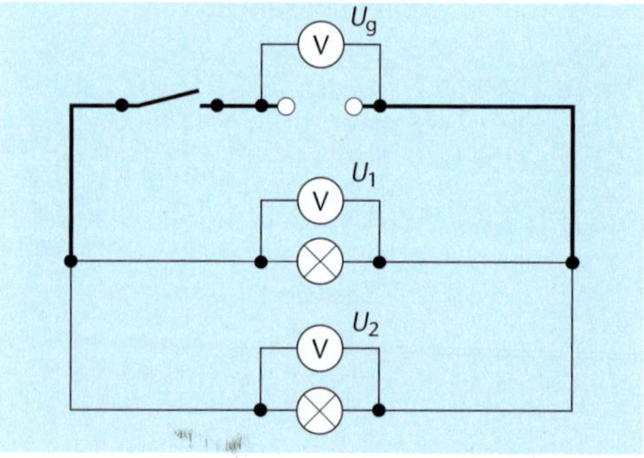

2 Schaltplan zu Versuch 1

U_g in V	U_1 in V	U_2 in V
6	6	6
4	4	4

3 Tabelle zu Versuch 1

Die Parallelschaltung

Als Carla das Licht in ihrem Zimmer einschaltet, leuchten nur zwei der drei Lampen ihres Deckenstrahlers. Carla überlegt, wieso die beiden Lampen weiter leuchten, obwohl die dritte defekt ist.
Max weiß, dass Lampen parallel geschaltet werden können (▷B 2). Bei der Parallelschaltung ist jede einzelne Lampe mit der Spannungsquelle verbunden, wobei alle Lampen ein Leiterstück (in Bild 2 dick gezeichnet) gemeinsam nutzen.
Ist eine Lampe defekt, bleibt der Stromkreis für die anderen Lampen trotzdem geschlossen und sie leuchten weiter.

Die Spannung bei der Parallelschaltung

Was aber passiert mit der Spannung an den Lampen, wenn eine Lampe ausfällt? Die Versuche 1 und 2 helfen dir bei der Erklärung: Bei einer Parallelschaltung liegt an jeder Lampe die gleiche Spannung wie an der Spannungsquelle an (▷B 3). Die Elektronen werden also an allen Lampen von der gleichen Spannung angetrieben. Ist eine Lampe defekt, bleibt die Spannung an den anderen Lampen unverändert.

Bei der Parallelschaltung von Lampen liegt an jeder Lampe die gleiche Spannung wie an der Spannungsquelle an.
Es gilt: $U_g = U_1 = U_2 = \ldots$

Die Haushaltsschaltung

Im Haushalt werden alle elektrischen Geräte parallel zueinander betrieben. Dies gewährleistet, dass an allen Geräten die für sie notwendige Netzspannung von 230 V anliegt.

Aufgabe

1 Entwirf eine Schaltung für drei parallel geschaltete Lampen, die jeweils einzeln ein- bzw. ausgeschaltet werden können.

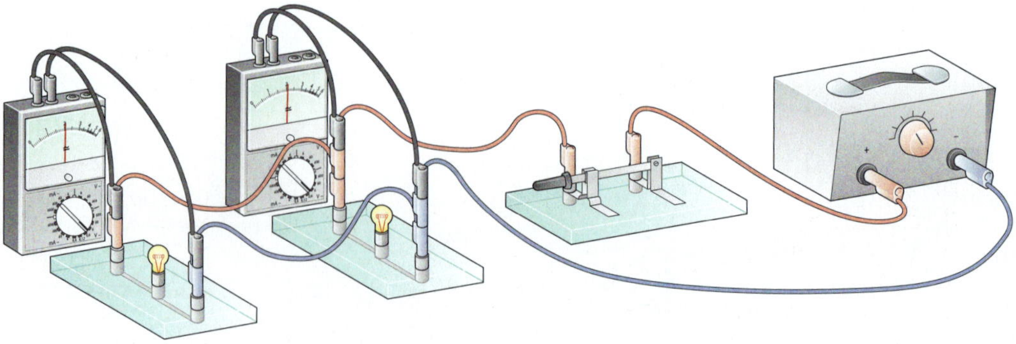

4 Versuchsaufbau zur Messung der Spannung an einer Parallelschaltung

Die Spannung bei der Reihenschaltung

Beim Auspacken der Weihnachtslichterkette fällt Max ein Lämpchen herunter und zerbricht. Als Max das Lämpchen ersetzen will, stellt er fest, dass auf dem Rand eine Spannung von 12 V angegeben ist. Spannungsquelle (230 V) und Lampe passen nicht zusammen. Wenn ein 12-V-Lämpchen direkt an die Haushaltsspannung von 230 V angeschlossen wird, dann geht es sofort kaputt.
Werden aber 20 Lämpchen zu je 12 V in Reihe geschaltet, kann die Lichterkette mit der Netzspannung betrieben werden. Durch jede Lampe werden die Elektronen dann mit einer Einzelspannung von ungefähr 12 V getrieben.

Schließt du zwei gleichartige Lämpchen in Reihe (▷ V 1), leuchten beide gleich hell. Die Spannung der Quelle verteilt sich je zur Hälfte auf beide Lampen (▷ B 3). Verwendest du zwei Lampen, die unterschiedliche Spannungen benötigen, durch die aber ein Strom gleicher Stärke fließen muss (▷ V 2b), verteilt sich die Spannung der Quelle ebenfalls. An den Lampen liegen nun aber unterschiedliche Spannungen an. Aber auch hier ergibt die Summe der Spannungen an Lampe 1 und Lampe 2 die Gesamtspannung.

Bei der Reihenschaltung von Lampen ist die Gesamtspannung so groß wie die Summe der Einzelspannungen.
Es gilt: $U_g = U_1 + U_2 + \ldots$

Aufgabe

1 In einer Lichterkette liegen 30 (40, 80) gleichartige Lämpchen in Reihe an der Netzspannung an. Welche Betriebsspannung entfällt auf jede Lampe?
Was würde passieren, wenn du eine Lampe durch eine andere mit größerer/kleinerer Spannung ersetzen würdest?

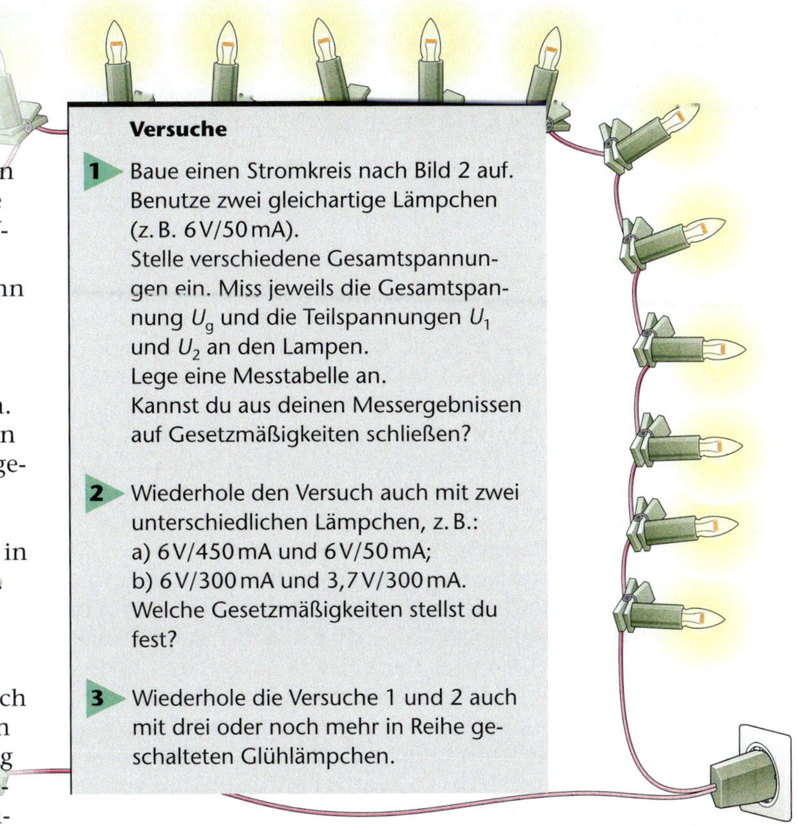

Versuche

1 Baue einen Stromkreis nach Bild 2 auf. Benutze zwei gleichartige Lämpchen (z. B. 6 V/50 mA).
Stelle verschiedene Gesamtspannungen ein. Miss jeweils die Gesamtspannung U_g und die Teilspannungen U_1 und U_2 an den Lampen.
Lege eine Messtabelle an.
Kannst du aus deinen Messergebnissen auf Gesetzmäßigkeiten schließen?

2 Wiederhole den Versuch auch mit zwei unterschiedlichen Lämpchen, z. B.:
a) 6 V/450 mA und 6 V/50 mA;
b) 6 V/300 mA und 3,7 V/300 mA.
Welche Gesetzmäßigkeiten stellst du fest?

3 Wiederhole die Versuche 1 und 2 auch mit drei oder noch mehr in Reihe geschalteten Glühlämpchen.

1 In einer Lichterkette sind viele Lampen in Reihe geschaltet.

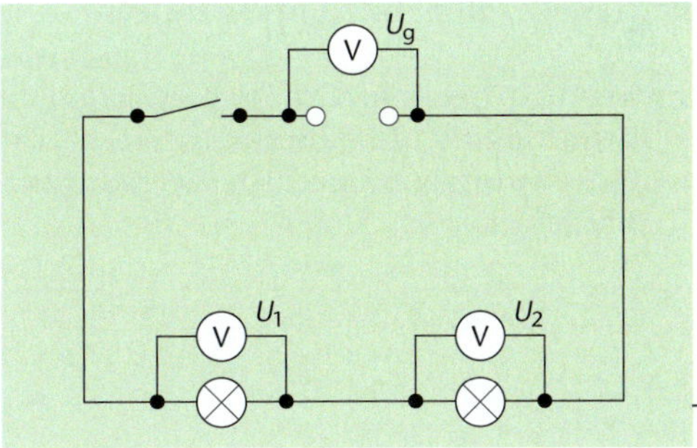

2 Schaltplan zu Versuch 1

U_g in V	U_1 in V	U_2 in V
4	2	2
6	3	3

3 Tabelle zu Versuch 1

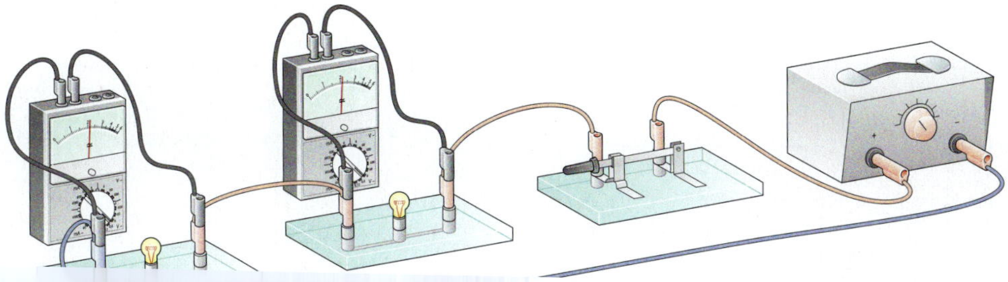

4 Versuchsaufbau zur

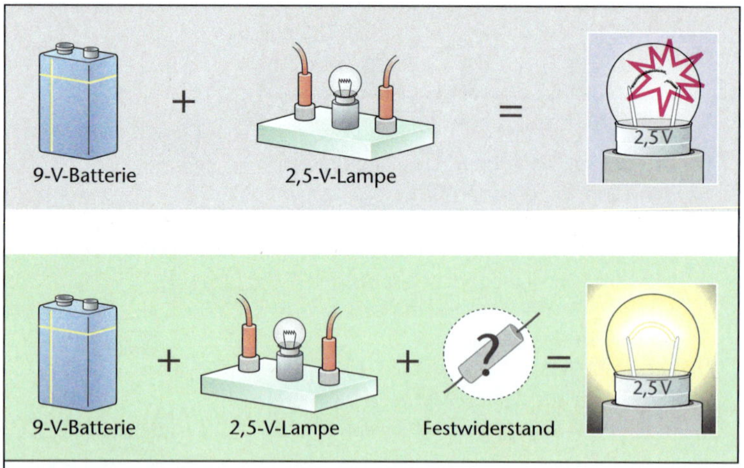

1 Lässt sich eine 2,5-V-Lampe mit einer 9-V-Batterie betreiben?

Versuch

1 a) Schalte erst ein, dann zwei und dann drei Festwiderstände (z. B. 10 Ω/50 Ω/90 Ω) in Reihe (▷ B 2). Lasse die Spannung gleich (5 V). Miss jedes Mal die Stromstärke im Stromkreis. Vergleiche die Stromstärken. Wie verändern die Bauteile den Gesamtwiderstand im Stromkreis?
b) Berechne aus den Messwerten den jeweiligen Gesamtwiderstandswert im Stromkreis. Vergleiche diese Ergebnisse mit den Widerstandswerten der verwendeten Bauteile.

Bauteile in einer Reihe – der Gesamtwiderstand ändert sich

Batterie und Lämpchen müssen zusammenpassen. Würdest du eine 2,5-V-Lampe an eine 9-V-Batterie anschließen (▷ B 1), würde im Stromkreis ein viel zu großer Strom fließen – die Lampe ginge kaputt. Inzwischen hast du gelernt, dass die Stromstärke durch die Bauteile im Stromkreis geregelt werden kann.
Kann z. B. ein zusätzlich eingebautes Widerstandsbauteil die Lampe schützen?

Im Versuch 1 werden unterschiedlich viele Festwiderstände in Reihe geschaltet, dann wird der Strom gemessen. Die Messungen (▷ B 3) zeigen:

Je mehr Bauteile hintereinander geschaltet werden, desto kleiner ist die elektrische Stromstärke. Folglich muss der Gesamtwiderstand im Stromkreis größer geworden sein. Weshalb ist das so?

Du weißt bereits, dass Länge, Querschnitt und Material den Widerstandswert eines Drahtes bestimmen.
Stelle dir die Bauteile einfach als solche Drähte vor. Reihe in Gedanken alle Drähte aneinander und verbinde sie fest zu einem einzigen Draht (▷ B 2).
Der Elektronenstrom wird durch jeden einzelnen Draht behindert. Müssen die Elektronen mehrere solcher Widerstände nacheinander überwinden, wird diese Behinderung immer größer.

2 Gesamtwiderstand einer Reihenschaltung von Widerständen

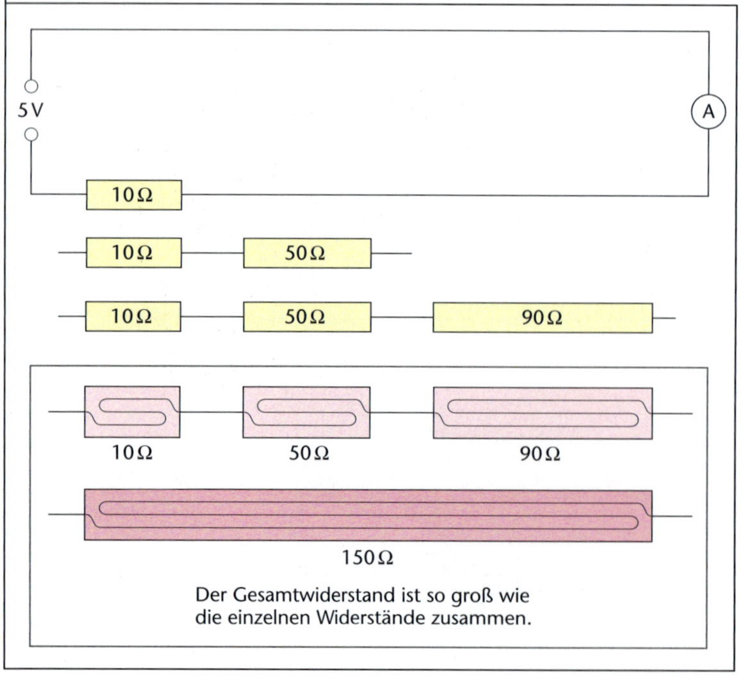

▶ Je mehr Bauteile in Reihe geschaltet werden, desto größer wird der Gesamtwiderstand im Stromkreis.

Der Gesamtwiderstandswert (R_g) ist dabei so groß wie die Summe der einzelnen Widerstandswerte der Bauteile (▷ V 1b, B 2).

▶ In einer Reihenschaltung gilt:
$R_g = R_1 + R_2 + R_3 + \ldots$

Bauteile (in Reihenschaltung)	**Stromstärke** I in mA (bei konstanter Spannung U = 5 V)	**Widerstandswert** R_{ges} in Ω (gerundet)
10 Ω	500,0	10
10 Ω + 50 Ω	83,3	60
10 Ω + 50 Ω + 90 Ω	33,3	150

3 Messwerte zu Versuch 1

Auf das richtige Bauteil kommt es an
Um die 2,5-V-Lampe mit einer 9-V-Batterie betreiben zu können (▷B 1), muss man also ein Widerstandsbauteil in Reihe zur Lampe schalten. Die Widerstandswerte beider Bauteile addieren sich dann. Bei richtiger Wahl des Widerstandsbauteils wird die Stromstärke auf den Wert begrenzt, der für die Lampe maximal zulässig ist ($I = 0{,}15\,A$).

Welchen Wert R_x muss dieses Widerstandsbauteil haben?
Nach den Gesetzen der Reihenschaltung sind der Strom durch das gesuchte Bauteil und die Lampe gleich groß ($I = 0{,}15\,A$). Die Spannung der Batterie (9 V) verteilt sich dagegen auf die einzelnen Bauteile. Da an der Lampe 2,5 V anliegen, beträgt die Spannung am Widerstandsbauteil 6,5 V (▷B 5).

Nun kennst du alle Größen, um den Widerstandswert des Bauteils wie in Bild 4 gezeigt zu berechnen.

Widerstände schützen Leuchtdioden
Nicht nur in Computern, auch in Modems und anderen Elektrogeräten findest du Leuchtdioden (▷B 6). Leuchtdioden arbeiten mit sehr niedrigen Betriebsspannungen. Eine rote Leuchtdiode darf z. B. höchstens mit einer Spannung von 1,6 V betrieben werden.

Würde man die Leuchtdiode direkt an das Netzteil des Computers (12 V) anschließen, so würde die Stromstärke auf einen unzulässig hohen Wert ansteigen – nach kurzer Zeit wäre die Leuchtdiode kaputt.

Aus diesem Grund darf die Leuchtdiode nur zusammen mit einem geeigneten Widerstandsbauteil betrieben werden, das mit der Leuchtdiode in Reihe geschaltet ist. Dadurch steigt der Gesamtwiderstand im Stromkreis – die Stromstärke wird begrenzt.

Widerstände schützen Menschen
Elektriker verwenden Spannungsprüfer, um Steckdosen (230 V) zu kontrollieren. Als Anzeige dient eine Glimmlampe, die mit einem „großen" Festwiderstand (mit einem Widerstandswert von etwa 500 000 Ω) in Reihe geschaltet ist.

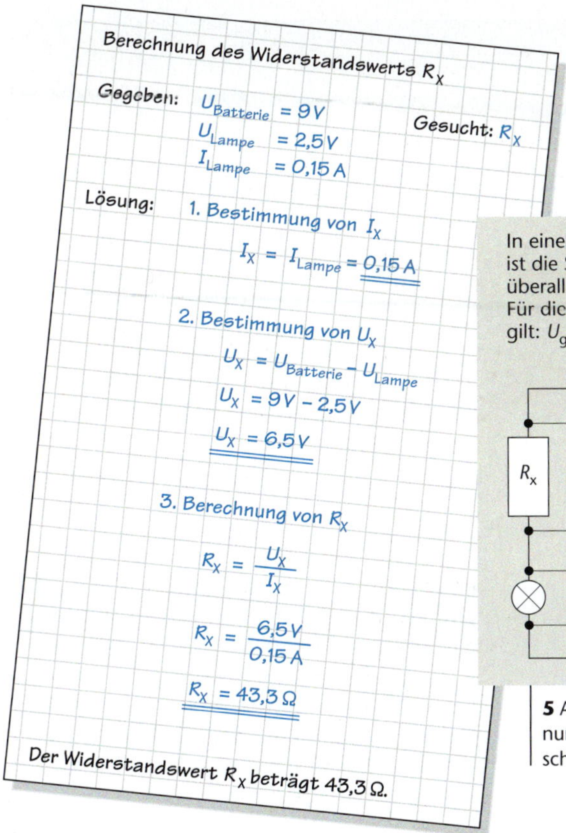

4 Berechnung des benötigten Widerstandswerts R_x

In einer Reihenschaltung ist die Stromstärke I überall gleich.
Für die Gesamtspannung gilt: $U_{ges} = U_1 + U_2$

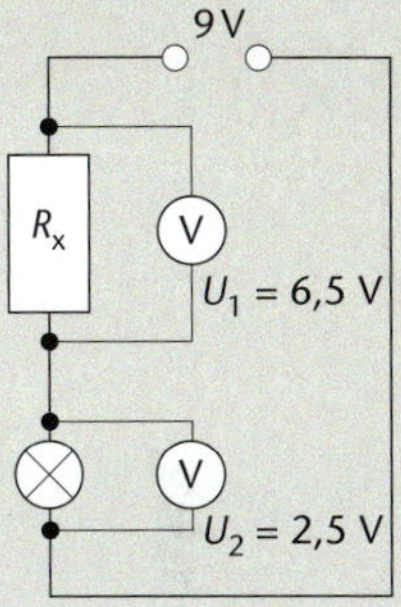

5 Aufteilung der Spannung an einer Reihenschaltung

Aufgabe

1 Berechne für die Schaltung aus Bild 5 den Gesamtwiderstandswert von Lämpchen und Widerstandsbauteil. Benutze die Angaben aus dem Text.

6 Leuchtdioden bei einem Mischpult

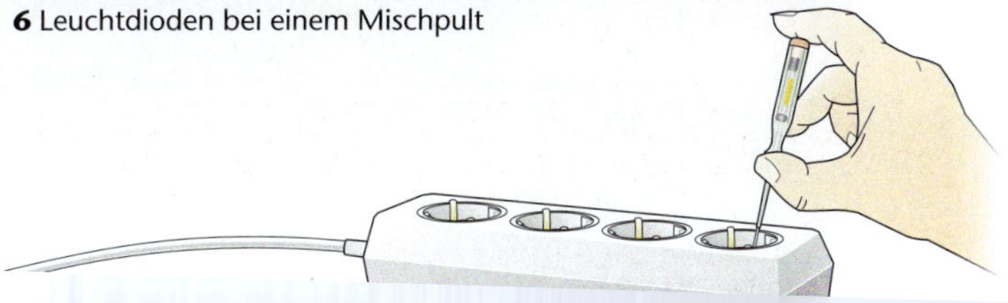

Der Widerstand bei der Parallelschaltung

1 Moderne Lichtseilsysteme

Versuch

1 a) Schalte erst ein, dann zwei bzw. drei Widerstandsbauteile (z. B. jeweils 10 Ω) parallel zueinander. Die Spannung der Quelle bleibt konstant 5 V (Schaltplan ▷ B 2). Miss jeweils die Gesamtstromstärke I_g. Wie verändern die drei Bauteile den Gesamtwiderstand im Stromkreis?
b) Berechne aus den Messwerten den jeweiligen Gesamtwiderstand im Stromkreis.

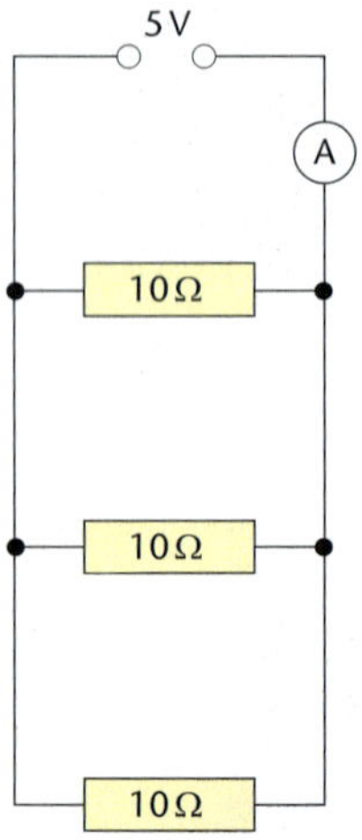

2 Schaltplan zu Versuch 1

Lampen in der Parallelschaltung

„Lichtseile" wie im Bild 1 findest du oft bei modernen Beleuchtungssystemen. Alle Lampen sind parallel geschaltet, deshalb liegt an jeder Lampe die Spannung vom Netzteil (12 V) an.
Wie groß die Gesamtstromstärke ist, wird durch die Widerstandswerte aller Lampen im Stromkreis bestimmt.

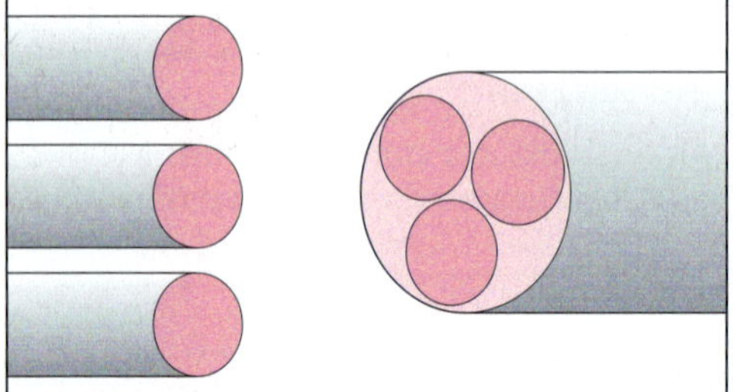

Die drei Drähte verhalten sich gemeinsam wie ein Draht mit einer großen Querschnittsfläche. Der Gesamtwiderstandswert ist kleiner als der Widerstandswert der einzelnen Bauteile.

3 Gesamtwiderstand parallel geschalteter Widerstände

Bauteile (in Parallelschaltung)	**Stromstärke** I in A (bei konstanter Spannung U = 5 V)	**Widerstandswert** R_g in Ω (gerundet)
10 Ω	0,5	10,0
10 Ω + 10 Ω	1,0	5
10 Ω + 10 Ω + 10 Ω	1,5	3,3

4 Messwerte zu Versuch 1

Die Stromstärke steigt

Der Versuch 1 zeigt was geschieht, wenn mehrere Bauteile parallel an eine Spannungsquelle angeschlossen werden.

An den Messwerten (▷ B 4) erkennst du: Mit jedem zusätzlichen Bauteil wird die Stromstärke im Stromkreis größer – der Gesamtwiderstand sinkt.
Somit hemmt ein einzelnes Bauteil den Strom stärker als mehrere parallel geschaltete Bauteile.

Das klingt scheinbar unlogisch. Vielleicht hilft es dir, wenn du dir die Bauteile wieder als Widerstandsdrähte vorstellst. Werden die Einzeldrähte zu einem einzigen Draht vereinigt (▷ B 3), bleibt die Länge zwar gleich, aber der Draht wird dicker. Je größer die Querschnittsfläche ist, desto einfacher kommen die Elektronen durch den Draht. Der Strom kann besser fließen – der Gesamtwiderstand wird kleiner.

Je mehr Bauteile parallel geschaltet werden, desto kleiner wird der Gesamtwiderstand im Stromkreis.

Parallelschaltung im Haushalt

Im Haushalt sind Bügeleisen, Radio usw. parallel an die Spannung von 230 V angeschlossen.
Schaltest du nun viele Geräte gleichzeitig ein, verringert sich sofort der Gesamtwiderstand im Stromkreis. Dadurch steigt aber die Stromstärke – manchmal auch auf unzulässig hohe Werte.

Um Gefahren zu vermeiden sind deshalb Sicherungen in den Stromkreis eingebaut. Sie unterbrechen den Stromkreis sofort, wenn die Stromstärke zu groß wird.

Berechnung des Gesamtwiderstandswertes

Um den Gesamtwiderstandswert von zwei parallel geschalteten Bauteilen zu berechnen, musst du die Gesetze der Parallelschaltung anwenden. Bild 5 zeigt dir, wie du vorgehst. Du erhältst als Ergebnis:

▶ In einer Parallelschaltung gilt:

$$\frac{1}{R_g} = \frac{1}{R_1} + \frac{1}{R_2}$$

Welchen Wert der Gesamtwiderstand annimmt, wenn du z. B. deinen Computer (230 Ω) und deine Schreibtischlampe (1322,5 Ω) einschaltest, erfährst du aus der Beispielrechnung (▷ B 5).

Aufgaben

1 Warum darf man zu einem Lichtseilsystem (▷ B 1) nicht beliebig viele Lampen zuschalten?

2 Sandra behauptet: Wenn ich ein Bauteil mit 30 Ω und eines mit 150 Ω parallel in den Stromkreis baue, ist der Gesamtwiderstandswert kleiner als jeder einzelne. Prüfe diese Behauptung rechnerisch.

3 Berechne die Stromstärke im Stromkreis, wenn a) nur der Computer (230 Ω), b) nur die Schreibtischlampe (1322,5 Ω) oder c) beide gleichzeitig in Betrieb sind.

Überlegung	mathematische Übersetzung
1. In einer Parallelschaltung gilt: Die Teilströme durch die Bauteile ergeben zusammen den Gesamtstrom im Stromkreis.	$I_g = I_1 + I_2$
2. Es gilt: $R = \frac{U}{I}$ Wenn du diese Gleichung nach I umformst, erhältst du: $I = \frac{U}{R}$ Damit kannst du I ersetzen.	$\frac{U_g}{R_g} = \frac{U_1}{R_1} + \frac{U_2}{R_2}$
3. In einer Parallelschaltung ist die Spannung an allen Bauteilen genauso groß wie an der Spannungsquelle. Es gilt: $U_s = U_g = U_1 = U_2$ Deshalb kannst du die Gleichung vereinfachen, wenn du für U jeweils den Wert der Spannungsquelle einsetzt und herauskürzt.	$\frac{U_s}{R_g} = \frac{U_s}{R_1} + \frac{U_s}{R_2}$
4. Mit dieser Gleichung kannst du jetzt den Gesamtwiderstandswert von zwei parallel geschalteten Bauteilen berechnen.	$\frac{1}{R_g} = \frac{1}{R_1} + \frac{1}{R_2}$
5. Die Formel lässt sich noch vereinfachen. Erweitere die rechte Seite der Gleichung auf den Hauptnenner und bilde den Kehrwert.	$\frac{1}{R_g} = \frac{R_1 + R_2}{R_1 \cdot R_2}$
6. Du erhältst eine weitere Gleichung, mit der sich der Gesamtwiderstandswert ebenfalls berechnen lässt.	$R_g = \frac{R_1 \cdot R_2}{R_1 + R_2}$

Berechnung des Gesamtwiderstandswertes R_g von Lampe und Computer

Gegeben: $R_{Comp.} = 230{,}0\ \Omega$

$R_{Lampe} = 1322{,}5\ \Omega$

Gesucht: R_g

Lösung:

$$R_g = \frac{R_{Comp.} \cdot R_{Lampe}}{R_{Comp.} + R_{Lampe}}$$

$$R_g = \frac{230{,}0\ \Omega \cdot 1322{,}5\ \Omega}{230{,}0\ \Omega + 1322{,}5\ \Omega}$$

$$R_g = \frac{304175\ \Omega \cdot \Omega}{1552{,}5\ \Omega}$$

$$R_g \approx 196\ \Omega$$

Der Widerstandswert R_g beider Geräte beträgt etwa 196 Ω.

5 Herleitung der Formel zur Berechnung des …

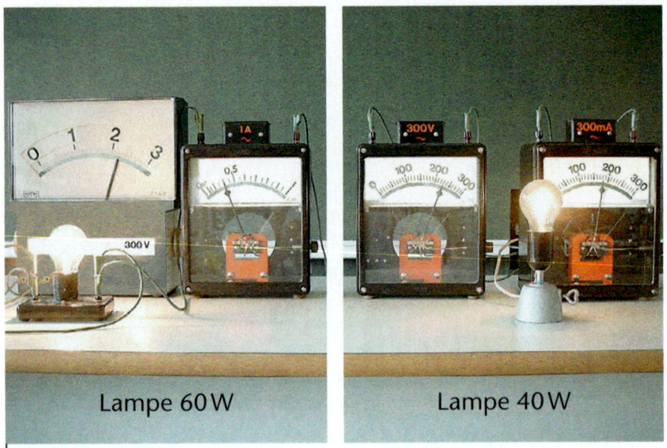

1 Die Spannungen sind gleich, die Ströme verschieden.

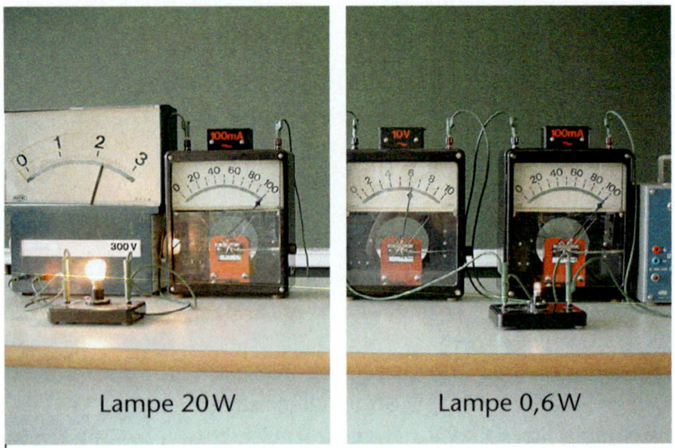

2 Die Ströme sind gleich groß, die Spannungen unterschiedlich.

Die elektrische Leistung

Als Tabeas Mutter die defekte Deckenlampe im Zimmer ihrer Tochter gegen eine neue austauscht, leuchtet die neue Lampe das Zimmer nicht so hell aus wie die alte Lampe. Sie schaut sich den Aufdruck auf der Lampe genauer an. Auf der alten Glühlampe steht „100 W“ auf der neuen „40 W“. Als die Mutter eine neue 100-W-Glühlampe in die Deckenlampe schraubt, wird das Zimmer so hell wie früher ausgeleuchtet. Die 40-W-Lampe hat eine geringere Leistung als die 100-W-Lampe. Du erkennst das daran, dass sie nicht so hell leuchtet wie eine 100-W-Glühlampe.
Je höher die Leistungsangabe auf der Glühlampe, desto heller leuchtet sie und desto größer ist der Strom, der bei gleicher Spannung durch sie hindurchfließt (▷ B 1).

Auch die Leistungen der Lampen im Bild 2 sind unterschiedlich, obwohl durch beide ein Strom gleicher Stärke fließt.
An der 25-W-Glühlampe liegt aber eine wesentlich größere Spannung an als an dem kleinen Experimentierlämpchen.
Die elektrische Leistung hängt also auch von der anliegenden Spannung ab.

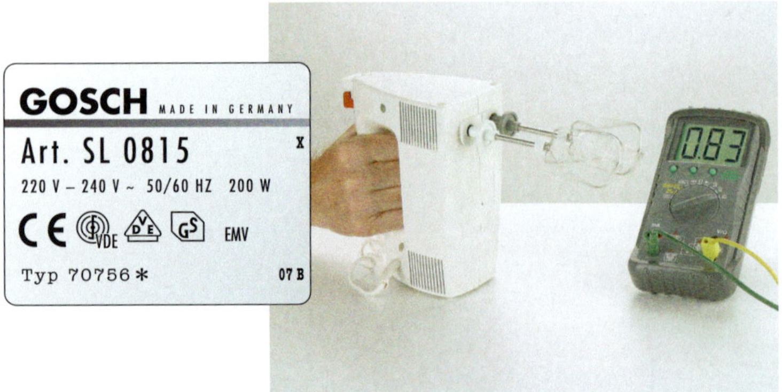

3 Messung der Stärke des Stroms durch einen Mixer

Die elektrische Leistung P hängt von der Spannung und der Stromstärke ab. Multiplizierst du Spannung und Stromstärke, erhältst du die Leistung der Glühlampe. Die elektrische Leistung wird in der Einheit Watt (W) angegeben.

▶ Die elektrische Leistung ist das Produkt aus Spannung und Stromstärke.
$P = U \cdot I$
Einheit: Watt (W)
$1\,\text{W} = 1\,\text{V} \cdot 1\,\text{A}$
$1000\,\text{W} = 1\,\text{kW}$

Die Einheit der Leistung ist nach dem schottischen Ingenieur James Watt (1736–1819) benannt.

Leistungsberechnungen

Welche Leistung hat die Lampe eines Fahrradrücklichts, durch die bei einer Spannung von 6 V ein Strom von 100 mA fließt? Die Beispielrechnung im Bild 4 liefert dir das Ergebnis.

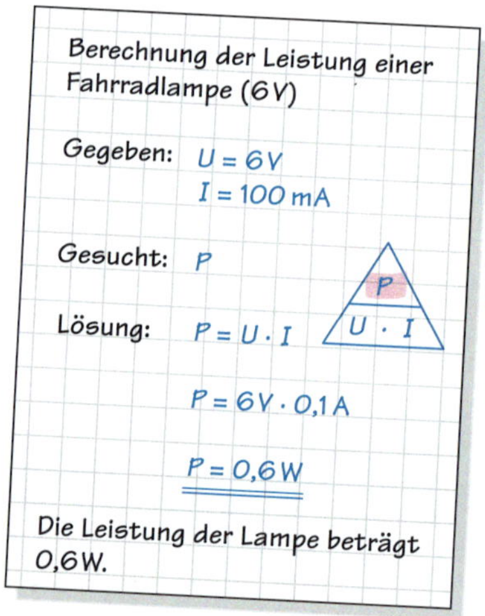

4 Berechnung der Leistung der Lampe

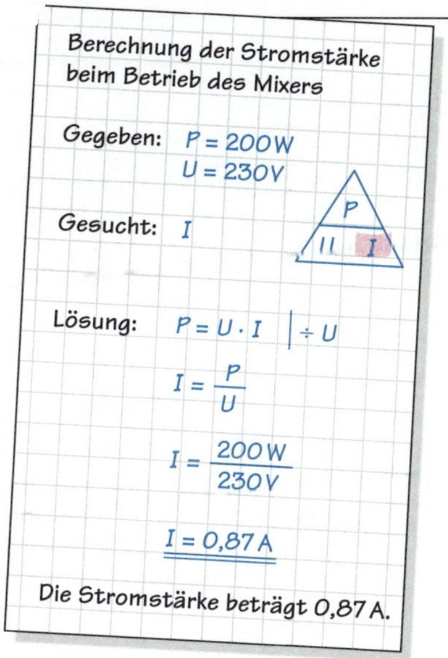

5 Berechnung des Stroms durch einen Mixer

Gerät	Spannung	Leistung
Taschenrechner	3 V	0,5 mW – 0,0005 W
Taschenlampe	3 V	0,9 W
Fahrradlampen	6 V	3 W
Rasierapparat	230 V	10 W
Autofernlicht	jew. 12 V	60 W
Farbfernseher	230 V	110 W
Haartrockner	30 V	600 W
Automotor-Anlasser	12 V	1000 W = 1,0 kW
Bügeleisen	230 V	1200 W = 1,2 kW
Waschmaschine	230 V	3500 W = 3,5 kW
Elektroherd, 4 Platten	230 V	7400 W = 7,4 kW
Elektrolokomotive	15 000 V	7000 kW
ICE, 2 Triebköpfe	15 000 V	9600 kW
Generator im Kraftwerk	27 000 V	700000 kW

6 Die elektrische Leistung verschiedener Geräte im Vergleich

Stromstärkeberechnungen

Auf allen elektrischen Haushaltsgeräten ist ein Typenschild angebracht (▷ B 3), auf dem neben der vorgeschriebenen Betriebsspannung die Leistung des Geräts angegeben wird.
Ist die Leistung eines elektrischen Geräts bekannt und kennt man die Spannung, mit der es betrieben wird, kann man die Stromstärke berechnen.
Für einen Mixer mit einer Leistung von 200 W, der an die Haushaltsspannung von 230 V angeschlossen ist, ermittelst du die Stromstärke wie in Bild 5 gezeigt.

Die Rechnung ergibt, dass beim Betrieb des Mixers ein Strom von etwa 870 mA fließt. Die errechnete Stromstärke stimmt in etwa mit der gemessenen Stromstärke (▷ B 3) überein.

Mechanische Leistung – elektrische Leistung

Die mechanische Leistung berechnet man mithilfe der Formel

$$P = \frac{W}{t}$$

Für elektrische und mechanische Leistungen gilt:

$$1\ \text{Watt}_{\text{mechanisch}} = 1\ \text{Watt}_{\text{elektrisch}}$$

Dies lässt sich am Beispiel eines Elektromotors verdeutlichen: Wenn ein Elektromotor eine Masse von 100 Gramm in 1 Sekunde um 1 Meter hebt und dabei eine Spannung von 1 Volt am Elektromotor anliegt, fließt (im Idealfall) ein Strom der Stärke 1 Ampere. Der Elektromotor nutzt elektrische Energie um mechanische Arbeit zu verrichten (▷ B 7). Im Idealfall wird mit 1 J eingesetzter Energie 1 J an mechanischer Arbeit geleistet. Die Leistung gibt die Stärke des Energieflusses, also die Energie pro Zeiteinheit an:

$$P = \frac{W}{t} = \frac{E}{t}$$

Dabei gilt:

$$1\,\text{W} = 1\,\text{V} \cdot 1\,\text{A} = 1\,\frac{\text{J}}{\text{s}}$$

Leistung: 60 W
Spannung: 230 V

Leistung: 3 W
Spannung: 230 V

Aufgabe

1 Berechne die Stromstärke für die abgebildeten Glühlampen.

Leistung: 40 W
Spannung: 230 V

Leistung: 25 W
Spannung: 230 V

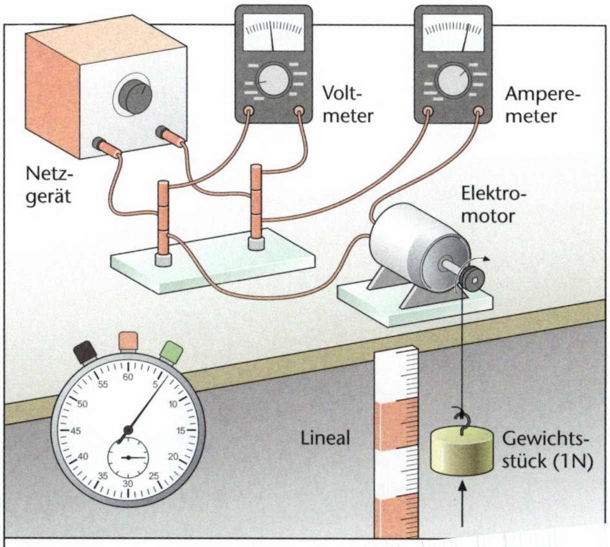

7 Der Elektromotor

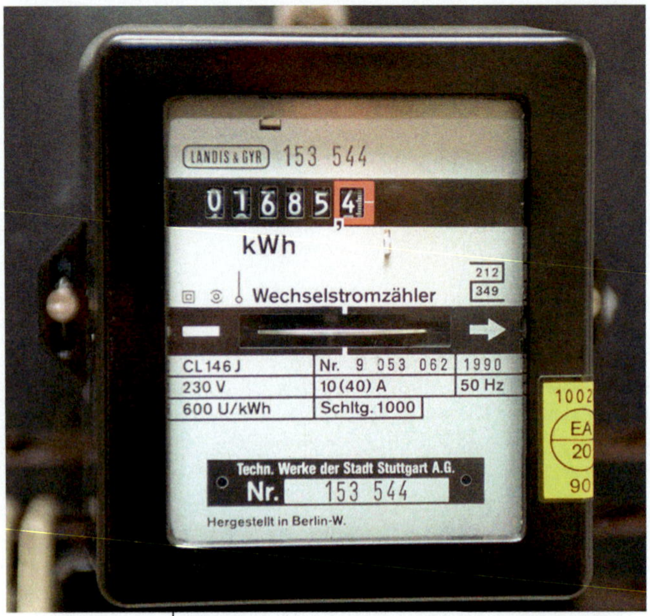

1 Der Stromzähler ist eigentlich ein Energiezähler.

Der elektrische Strom arbeitet für uns

Herr C. stöhnt über seine hohe Stromrechnung: „Im letzten Jahr haben wir zu viel Strom verbraucht. Jetzt muss ich auch noch Geld nachzahlen!" Mario erwidert: „Es ist nicht richtig, dass Strom verbraucht wird. Wir geben genauso viel Strom an das E-Werk ab, wie wir auch bezogen haben." Was bezahlen wir dann mit der Stromrechnung?

Viele elektrische Geräte helfen uns im Haushalt. Einige Beispiele:
- in einem Mixer werden Nahrungsmittel zerkleinert,
- mit einer Bohrmaschine bohren wir ein Loch in die Wand,
- mit einem Staubsauger wird der Teppich gereinigt,
- eine Lampe erhellt das dunkle Zimmer.

Wie viel elektrische Energie benötigt eine 60-W-Glühlampe, wenn sie 5 Minuten leuchtet?

Gegeben: $P = 60\,W$, $t = 300\,s$ Gesucht: E

Lösung: $E = P \cdot t$

$E = 60\,W \cdot 300\,s$

$E = 18000\,Ws = 18000\,J$

In 5 Minuten wurde eine elektrische Energie von 18000 Joule oder 18 Kilojoule umgesetzt.

2 Berechnung der Energie

Versuch

1 Schalte in deinem Haushalt möglichst viele Geräte aus und betrachte auf dem „Stromzähler" die Zählscheibe. Schalte nun einzelne Geräte (z. B. Föhn, Fernseher, Radio etc.) an und beobachte die Zählscheibe. Was stellst du fest?

In allen Fällen wird Arbeit verrichtet. Dafür wird elektrische Energie benötigt. Mit der Stromrechnung bezahlen wir die eingesetzte elektrische Energie, die uns über den elektrischen Strom als Energieträger geliefert wird.

Energie und Leistung

Die von den Elektrogeräten benötigte Energie stammt aus dem Versorgungsnetz. Die entnommene Energiemenge ist von der Leistung des Gerätes und der Betriebsdauer (also der Zeit) abhängig (▷ B 2):
- Je größer die Leistung eines elektrischen Geräts ist, desto mehr Energie wird pro Zeit benötigt.
- Je länger ein elektrisches Gerät in Betrieb ist, desto mehr Energie wird benötigt.

Die dem Versorgungsnetz entnommene elektrische Energie E ergibt sich aus dem Produkt der Leistung P und der Zeit t: $\boldsymbol{E = P \cdot t}$
Einheit: $1\,Ws = 1\,J$

Die Energieeinheit Kilowattstunde

Die Energieeinheiten Joule bzw. Wattsekunde sind für den elektrischen Alltag ungebräuchlich. Dauert z. B. der Waschvorgang einer Waschmaschine (3 500 W) eine Stunde (3 600 s), so wurde eine elektrische Energie von 12 600 000 Ws bezogen. Da die Zahlen sehr groß sind, hat man als Energieeinheit die Kilowattstunde (kWh) eingeführt. Die Waschmaschine hat also eine Energie von $3{,}5\,kW \cdot 1\,h = 3{,}5\,kWh$ umgesetzt. Es gilt:
$1\,kWh = 1000\,Wh = 3\,600\,000\,Ws$ und
$1\,Ws = 1\,J$

Die elektrische Energie kostet Geld

Die elektrische Energie, die jeder Haushalt benötigt, muss bezahlt werden. Deshalb befindet sich in jedem Haushalt ein verplombter Energiezähler (▷ B 1). Dieser Zähler misst, wie viel Energie dem Stromnetz entnommen wird. Im Prinzip ist der Zähler ein Elektromotor mit einem

enlv
Energie Leistungsverbund Rhein-Main

Empfänger Matthias Meier, Große Gasse 9, 66723 Breitenbuch

Kundennummer 25506/70870
bitte stets angeben

Rechnungsdatum 12.04.2006

Zähler-Nr.	Abrechnungszeitraum von	bis	Tage	Zählerstand alt	neu	Verbrauch kWh	Arbeitspreis ct/kWh	Arbeitsbetrag Euro	Grundbetrag Euro	Nettobetrag Euro
720021	03.04.2005	31.08.2005	151	7769	8830	1061	10,39	110,26	32,80	143,10
	01.09.2005	31.12.2005	122	8830	9803	973	10,67	103,77	26,42	130,29
	01.01.2006	04.04.2006	93	9803	10681	878	11,15	97,91	20,22	118,12

Netto-Rechnungsbetrag Euro	Umsatzsteuer 16 % Euro	Brutto-Rechnungsbetrag Euro	Jahres-Abschlagsbetrag Euro	Restbetrag Euro	neuer monatlicher Abschlagsbetrag Euro	fällig erstmals am
391,50	62,64	454,14	394,71	59,43	37,85	05.05.2006

3 Stromrechnung

Zählwerk. Schaltest du im Haushalt ein elektrisches Gerät ein, so dreht sich die silberfarbene Scheibe. Die sich drehende Scheibe bewegt das Zählwerk. Am Zähler kann man die dem Versorgungsnetz entnommene Energie in Kilowattstunden ablesen.
Bei Geräten mit einer großen Leistung (z. B. einer Waschmaschine) dreht sich die Scheibe schneller als bei Geräten mit geringer Leistung.

Aus der Stromrechnung (▷ B 3) kann man ebenfalls die dem Versorgungsnetz entnommene Energie ablesen. Pro Kilowattstunde muss man einen bestimmten Betrag bezahlen. Neben der Energie muss man auch noch einen Grundpreis z. B. für die Bereitstellung des Zählers und die Umsatzsteuer bezahlen.
Ein Vier-Personen-Haushalt benötigt im Jahr etwa 4800 kWh elektrische Energie.

Energiesparen

Die eingesetzte Energie wird oft nur unzureichend für den eigentlichen Zweck genutzt. Eine Leuchtstoffröhre gibt z. B. nur 15 % der aufgenommenen Energie als Licht ab. Bei Energiesparlampen ist die Energieausnutzung besser.
Aus diesem Grund leuchtet eine 7-W-Energiesparlampe etwa genauso hell wie eine 40-W-Lampe normaler Bauart, obwohl der Energieeinsatz deutlich geringer ist.

Nutzt man eine Waschmaschine richtig, kann man Energie und Geld sparen.
So sollte man die Maschine immer komplett füllen. Und Kochwäsche wird bei 60 °C meist genauso sauber wie bei 95 °C.

Energieberechnung ohne Leistungsangabe

Auf den kleinen Experimentierlampen sind meist keine Leistungsangaben aufgedruckt, sondern nur die zulässigen Höchstwerte für Spannung und Strom (z. B. 6 V / 50 mA). Die elektrische Energie, die in 30 s in Licht und Wärme umgewandelt wird, kannst du aus diesen Angaben trotzdem berechnen.
Wie du dabei vorgehen musst, siehst du in Bild 4.

Wie viel Energie benötigt ein Experimentierlämpchen (6 V, 50 mA) in 30 Sekunden?

Gegeben: $U = 6\,V$
$I = 50\,mA = 0{,}05\,A$
$t = 30\,s$

Gesucht: E

Lösung: Es gilt $E = P \cdot t$ und $P = U \cdot I$

P kann durch $U \cdot I$ ersetzt werden.

$E = U \cdot I \cdot t$

$E = 6\,V \cdot 0{,}05\,A \cdot 30\,s$

$E = 9\,V \cdot A \cdot s = 9\,J$

Das Experimentierlämpchen setzt 9 J um.

4 Berechnung der Energie ohne Leistungsangabe

Aufgabe

1 Gib die in Bild 3 angegebenen Verbrauchswert…

Die elektrische Leistung

1 Die Wattangabe

Auf vielen kleinen Lämpchen und Halogenlampen ist auf dem Sockel neben der Spannung auch noch die Leistung aufgedruckt. Du kannst überprüfen, ob diese Angaben stimmen.

Material
Spannungsquelle, Strommessgerät, Spannungsmessgerät, 3 Kabel, 2 Krokodilklemmen und Lampen (mit Fassung)

Versuchsanleitung
Baue den Stromkreis nach Bild 1 auf. Lege die auf der Lampe angegebene Spannung an und miss die Stromstärke. Erstelle eine Tabelle (▷ B 2) und notiere deine Messergebnisse. Berechne die elektrische Leistung und vergleiche sie mit der aufgedruckten Leistungsangabe.

2 Ein rätselhaftes Versuchsergebnis

Material
Spannungsquelle, Stromessgerät, Spannungsmessgerät, 6 Kabel und 2 Lampen mit Fassung (6 V/0,6 W und 6 V/2,4 W)

Versuchsanleitung
Baue die Schaltung nach Bild 3 auf. Lege anschließend eine Spannung von 6 Volt an. Beobachte die Helligkeit der Lampen. Lege eine Tabelle (▷ B 4) an und schreibe deine Beobachtung auf. Versuche die Beobachtungen zu erklären. Miss dazu die Stromstärke im Stromkreis und die an jeder Lampe anliegende Spannung. Berechne aus den Daten die Leistung der Lampe und vergleiche sie mit der aufgedruckten Leistungsangabe.

Aufgabe
Ergänze folgende Sätze:
An der Lampe mit der kleinsten Wattangabe liegt … an.
Sie hat den größten …
Ihre Leistung ist deshalb am …

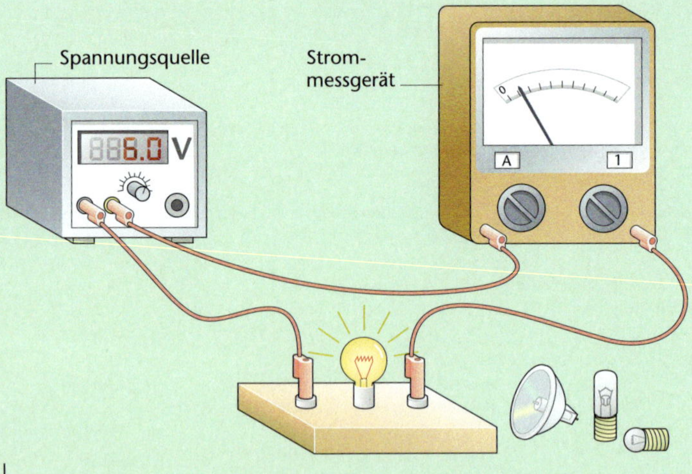

1 Zu Versuch 1

Lampe	angegebene Leistung	angelegte Spannung	gemessene Stromstärke	berechnete Leistung
6 V/0,6 W				
6 V/2,4 W				
6 V/3 W				
12 V/3 W				
12 V/10 W				
12 V/20 W				
12 V/30 W				

2 Überprüfung der Leistungsangabe von Lampen

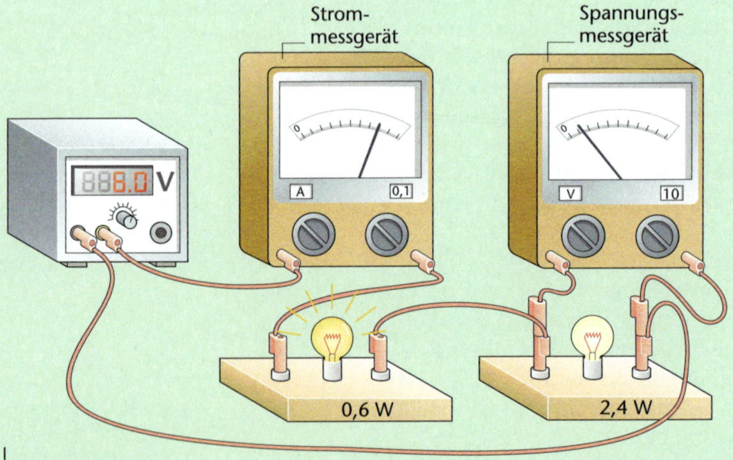

3 Zu Versuch 2

Lampe	Helligkeit der Lampe	Stromstärke	gemessene Spannung	berechnete Leistung
6 V/0,6 W				
6 V/2,4 W				

4 Zu Versuch 2

Versuche

1 a) In einen Stromkreis mit einer Lampe wird ein dünner Draht eingefügt. Über den Draht wird ein Stück Papier gehängt (▷B 1). Weitere Lampen werden parallel zur schon vorhandenen Lampe angeschlossen.
Wie viele Lampen können angeschlossen werden, bis das Papier durchbrennt?
b) Versuch a wird wiederholt, an Stelle des Drahts wird aber nun ein Strommessgerät angeschlossen. Erkläre deine Beobachtungen!

2 Ein Lämpchen wird an ein Netzgerät angeschlossen. In den Stromkreis ist ein Aluminiumstreifen gespannt. Warum schmilzt die Aluminiumfolie durch, wenn das Lämpchen mit einem Draht überbrückt wird (▷B 3)?

3 Öffne eine Schmelzsicherung. Was stellst du fest (▷B 2)?
Beschreibe, was sich im Inneren befindet!

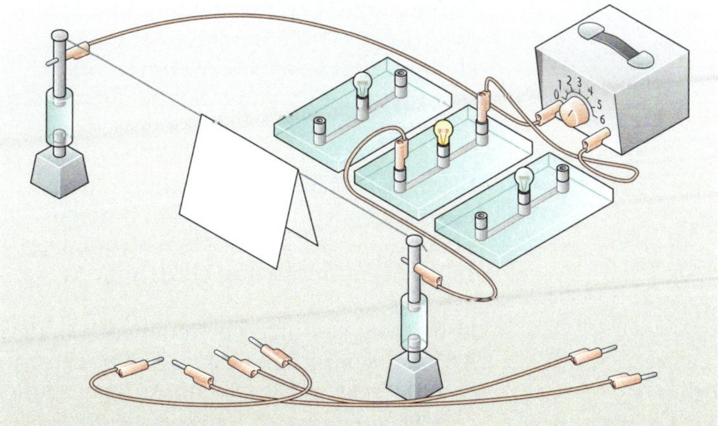

1 Aufbau der Schaltung zu Versuch 1

Überlastete Stromkreise
Tina föhnt sich in ihrem Zimmer die Haare und hört dabei Musik. Als ihr Vater dann noch in Tinas Zimmer den Staubsauger anschaltet, unterbricht die Sicherung den Stromkreis. Tinas Zimmer ist ohne Strom. Warum hat die Sicherung reagiert?
Die Versuche 1a und b zeigen, dass sich die Stromstärke in der gemeinsamen Leitung bei der Parallelschaltung mit jedem neu angeschlossenen Gerät erhöht. Dabei können die elektrischen Leitungen so heiß werden, dass ein Brand entsteht. Die elektrischen Leitungen sind überlastet.

Bei einer Überlastung fließt ein hoher Strom in der gemeinsamen Leitung der parallel geschalteten Geräte.

Kurzschluss
Im Haushalt entstehen Kurzschlüsse, wenn sich die elektrischen Leitungen berühren. Dies kann z. B. geschehen, wenn Stromleitungen angebohrt werden. Dann stellt der Metallbohrer einen Kontakt zwischen den Leitungen her und löst so den Kurzschluss aus. Der Strom fließt ungehindert von einem Pol der Spannungsquelle zum anderen (▷V 2), es fließt ein großer Strom.

Bei alten Leitungskabeln, die häufig gebogen werden, kann es auch vorkommen, dass die Isolierungen um die Kabel brechen und sich die Leitungen berühren.

Bei einem Kurzschluss fließt ein großer Strom ungehindert von einem Pol der Spannungsquelle zum anderen.

Die Sicherung
Sicherungen verhindern, dass bei einer Überlast oder einem Kurzschluss ein Brand entstehen kann. Sicherungen sind so konstruiert, dass sie bei einer bestimmten Stromstärke den Stromkreis unterbrechen.
Die einfachsten Sicherungen sind die Schmelzsicherungen (▷B 2). In ihrem Inneren befindet sich ein dünner Draht. Bei einem zu großen Stromfluss schmilzt der Draht durch, der Stromkreis ist unterbrochen.
An Stelle von Schmelzsicherungen werden im Haushalt häufig Sicherungsautomaten verwendet.

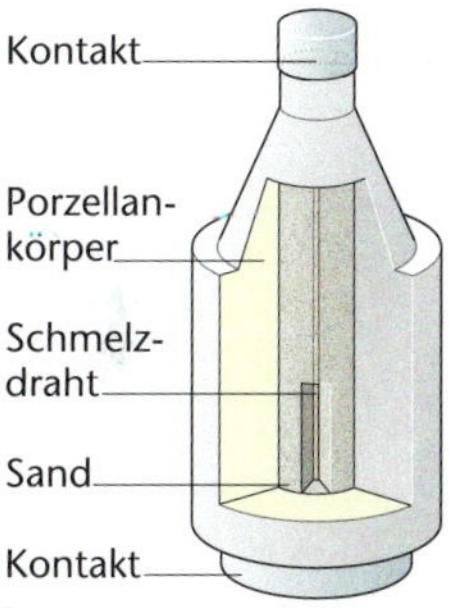

2 Schmelzsicherung

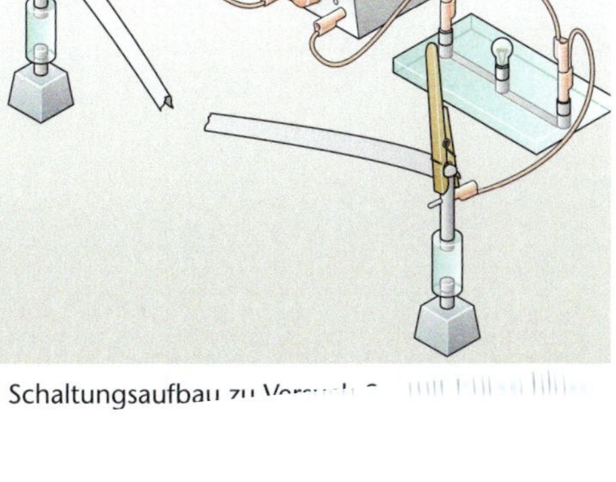

3 Schaltungsaufbau zu Versuch 2

Voraussetzungen für elektrischen Strom
Elektrische Geräte werden in allen Bereichen unseres Lebens verwendet. Damit sie funktionieren, muss elektrischer Strom fließen.

Wenn sich geladene Teilchen in eine gemeinsame Richtung bewegen, bezeichnet man dies als elektrischen Strom. Die Teilchen transportieren elektrische Ladungen.
Elektrische Ladungen befinden sich in den Atomen eines jeden Stoffes. Die positiven Ladungen befinden sich im Atomkern, die Elektronen in der Atomhülle tragen negative Ladungen.

Metalle wie Eisen, Kupfer usw. sind gute elektrische Leiter. Wenn du dir den Aufbau dieser Stoffe anschaust, dann findest du auch heraus, warum das so ist. Metalle haben nämlich eine Besonderheit:
Jedes Metall-Atom gibt ein Elektron aus seiner Hülle frei. Die **freien Elektronen** tragen negative Ladung und bewegen sich ungeordnet im Metall. Die „Restatome" sind positiv geladen und sind fest im Kristallgitter angeordnet. Geladene Atome (oder Moleküle) heißen Ionen.

Wenn du einen Stromkreis aufbaust, dann sind z. B. in den Kupferkabeln viele frei bewegliche Elektronen vorhanden – dabei fließt aber noch kein Strom. Erst dann, wenn die Elektronen durch die Spannungsquelle in eine einzige Richtung (zum Pluspol) getrieben werden, wird eine Lampe im Stromkreis leuchten (▷ B 1).

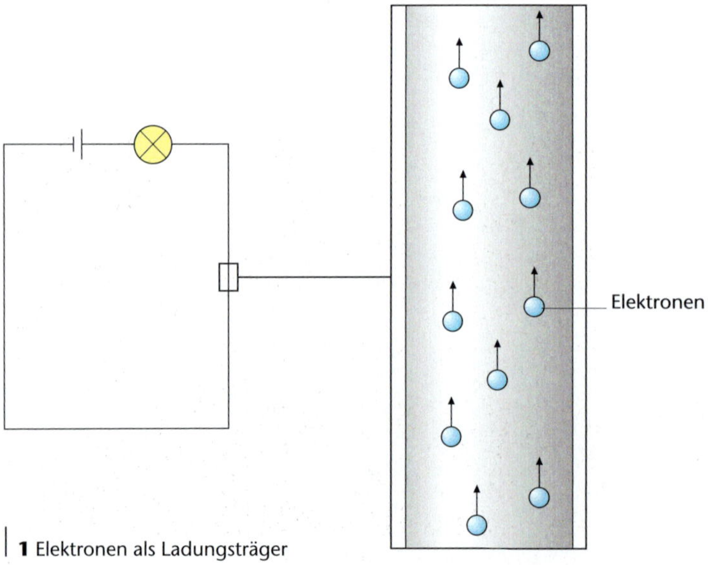

1 Elektronen als Ladungsträger

Kunststoffe und viele andere Materialien leiten den elektrischen Strom nicht, denn sie haben keine frei beweglichen Elektronen.

Damit elektrischer Strom fließt, müssen vorhanden sein:
- frei bewegliche Ladungsträger
- eine Spannungsquelle, die die Ladungsträger antreibt.

Elektrischer Strom in Flüssigkeiten
Auch Flüssigkeiten können elektrischen Strom leiten, wenn freie Ladungsträger vorhanden sind. In Flüssigkeiten erfolgt der Ladungstransport durch **frei bewegliche Ionen**.
Negativ geladene Ionen haben Elektronenüberschuss. Bei positiv geladenen Ionen fehlen Elektronen, es überwiegt die positive Kernladung.

Viele Stoffe bilden Ionen, wenn sie in Wasser gelöst werden. Das Prinzip wird am Beispiel von Kochsalz verständlich (▷ V 1): Im festen Zustand ist Kochsalz (Natriumchlorid) ein Isolator, d. h. alle Teilchen sitzen fest im Gitter (▷ B 3). Freie Ladungsträger gibt es keine.
Wird das Salz gelöst, dann wird die feste Verbindung zwischen den Teilchen aufgelöst. Die neutralen Moleküle spalten sich in positiv geladene Natrium-Ionen und negativ geladene Chlorid-Ionen. Diese Ionen sind nun frei beweglich.

Versuche

1 a) Baue einen Stromkreis so wie in Bild 2 auf. Gib etwas Speisesalz in eine Glasschale. Untersuche, ob Salz ein elektrischer Leiter ist.
b) Gib nun etwas Wasser zum Salz dazu. Was beobachtest du?
c) Wiederhole die Versuche 1a und 1b mit Zucker. Was stellst du fest?
d) Entferne das Lämpchen aus dem Stromkreis. Untersuche weitere Flüssigkeiten auf ihre Leitfähigkeit: Wasser, destilliertes Wasser, Zitronensaft, Öl, Spülmittel, Essig und Seifenlauge.

2 Fülle eine Kochsalzlösung in eine längliche schmale Schale. Gib ein Körnchen Kaliumpermanganat in die Mitte der Lösung. Lege eine Gleichspannung (6 V) an und beobachte die Färbung. Vertausche die Pole. Was passiert nun? Finde eine Erklärung.

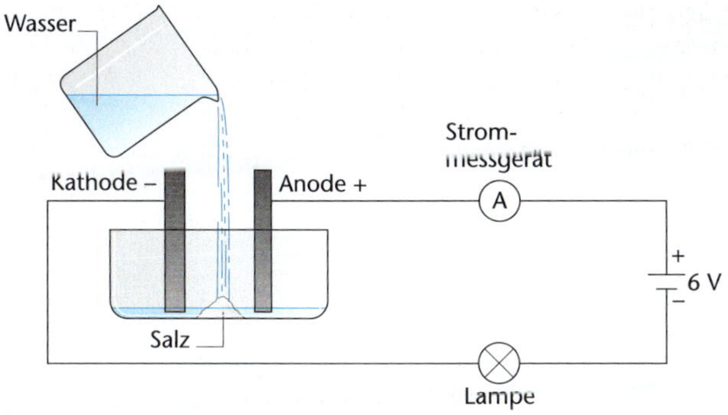

2 Zu Versuch 1

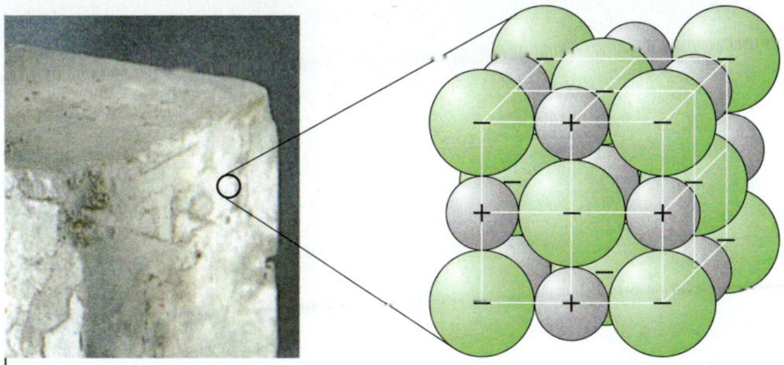

3 Natriumchlorid bildet ein Ionengitter

Wenn du eine Spannung an die Lösung anlegst, dann bewegen sich die freien Ionen in eine bestimmte Richtung (▷B2):
Die positiv geladenen Natrium-Ionen wandern zur negativ geladenen Elektrode, der Kathode. Die negativ geladenen Chlorid-Ionen wandern zur positiv geladenen Elektrode, der Anode.
Im Versuch 2 signalisiert dir die Lampe, dass Strom fließt.

Nicht nur Salzlösungen, sondern auch Säuren und Laugen leiten auf diese Weise elektrischen Strom.

▶ In Flüssigkeiten erfolgt der Ladungstransport durch freie positiv und negativ geladene Ionen.

Stofftransport durch elektrischen Strom
Eine Kupferchlorid-Lösung enthält zweifach positiv geladene Kupfer-Ionen und einfach negative geladene Chlorid-Ionen.

Beim Anlegen einer Spannung wandern die Kupfer-Ionen zur Kathode (–). Wenn sie dort ankommen, nehmen sie zwei Elektronen auf und verwandeln sich wieder in neutrale Moleküle zurück. Auf der Elektrode bildet sich ein dünner rot-brauner Kupferbelag (▷B4).

Jedes Chlorid-Ion gibt dagegen an der positiv geladenen Anode ein überschüssiges Elektron ab. Dabei entsteht neutrales Chlorgas, das in kleinen Gasbläschen entweicht.

▶ In Flüssigkeiten ist der Ladungstransport immer auch mit einem Stofftransport verbunden.

Diesen Vorgang nennt man **Elektrolyse**. Die Elektrolyse spielt z. B. bei der Herstellung und Reinigung von Metallen eine wichtige Rolle.
Auf diese Weise lassen sich aber auch Oberflächen veredeln (▷B5). Dies wird als **Galvanisieren** bezeichnet. Dabei wird ein Werkstück mit einer dünnen Schicht des jeweiligen Metalls überzogen. Das kann als Schutz dienen (z. B. gegen Rost), aber auch zur Verzierung (z. B. Vergolden von Schmuckstücken).

Aufgabe

1 Welche Stoffe entstehen an den Elektroden, wenn elektrischer Strom in einer Kochsalzlösung fließt? Wie kannst du das nachweisen?

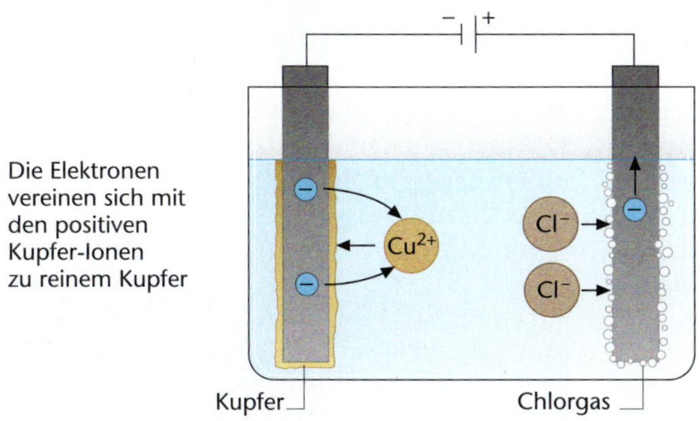

4 Ionen als Ladungsträger

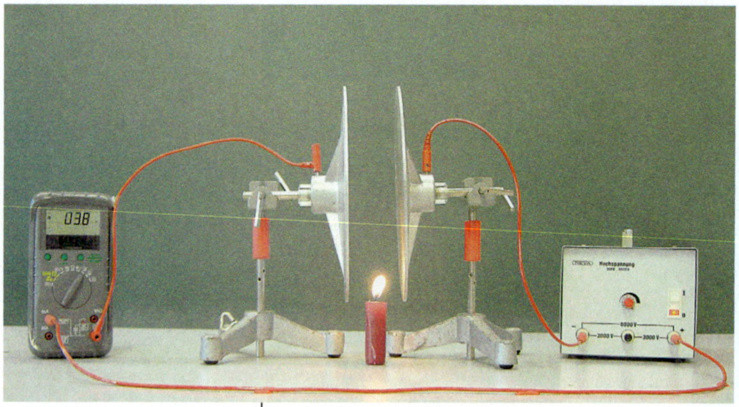

1 Die Kerzenflamme erzeugt freie Ladungsträger

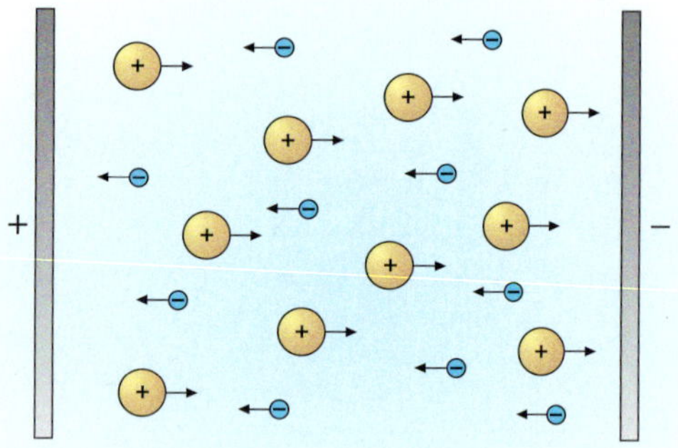

Gase – Leiter oder Nichtleiter?
Gase und Gasgemische (wie z. B. Luft) leiten unter normalen Bedingungen den elektrischen Strom nicht, sonst könnten beispielsweise Hochspannungsleitungen nicht frei durch die Luft geführt werden. Andererseits weißt du aber, dass bei einem Blitz sehr große Ströme durch die Luft fließen können. Unter welchen Bedingungen werden Gase leitfähig?

Gase bestehen aus elektrisch neutralen Molekülen. Sie haben großen Abstand voneinander und zwischen ihnen bestehen kaum noch Bindungskräfte.
Gase leiten nur dann elektrischen Strom, wenn in ihnen frei bewegliche Ladungsträger erzeugt werden. Durch verschiedene äußere Einflüsse können die neutralen Gasteilchen in Elektronen und Ionen aufgespaltet werden (Ionisation).

Ionisation durch Wärme
Luft ist ein guter Isolator. Sie enthält normalerweise keine freien Ladungsträger. Daher fließt zuerst auch kein Strom, wenn man, wie im Bild 1 gezeigt, zwischen zwei Metallplatten eine Hochspannung anlegt. Wird eine brennende Kerze zwischen die Platten gebracht, dann ändert sich die Situation: Es fließt ein Strom.
Das Gas der Kerzenflamme ist wegen der hohen Temperatur ionisiert. Es liegen frei bewegliche negativ geladene Elektronen und positiv geladene Ionen vor. Durch die Spannung werden die Ladungsträger beschleunigt: die Elektronen zur positiv geladenen Platte (Anode), die Ionen zur negativ geladenen Platte (Kathode). Zwischen den Platten fließen also gleichzeitig und entgegengesetzt ein Elektronen- und ein Ionenstrom (▷ B 1 rechts).

2 Geiger-Müller-Zählrohr

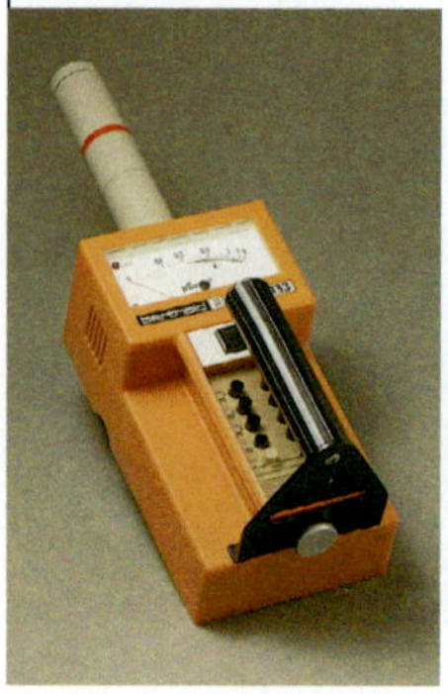

Ionisation durch Strahlung
Gase können auch durch Energie von radioaktiver Strahlung ionisiert werden. Das wird beispielsweise im Geiger-Müller-Zählrohr ausgenutzt (▷ B 2). Im eigentlichen Zählrohr befindet sich ein Gas, das durch auftreffende Strahlung ionisiert wird. Das Gas wird dadurch kurzzeitig leitend. Der entstehende Stromstoß wird elektronisch verstärkt und über einen Lautsprecher hörbar gemacht.

Ionisation durch Zusammenstöße
Durch die natürliche radioaktive Umgebungsstrahlung werden in der Luft ständig freie Ladungsträger (Ionen und Elektronen) erzeugt. Ihre Anzahl ist jedoch zu gering, um die Luft leitend zu machen.

Bei einem Gewitter entstehen sehr hohe Ladungsunterschiede (Spannung) zwischen Wolken und Erde (▷ B 4). Dadurch werden die wenigen freien Elektronen und Ionen so stark beschleunigt, dass sie bei Zusammenstößen mit den Teilchen der Luft diese ionisieren: Es entstehen zusätzliche positiv geladene Ionen und frei bewegliche Elektronen. Diese Ionen und Elektronen werden ebenfalls wieder beschleunigt und erzeugen dann beim Zusammenstoß mit Luftteilchen weitere Ladungsträger usw. Durch diese Stoßionisationen entstehen in sehr kurzer Zeit in einem lawinenartigen Prozess sehr viele freie Ladungsträger. Die Luft wird dadurch leitend und du siehst die Entladung als Blitz.

Durch Wärme, energiereiche Strahlung oder Stoßionisation können Gase ionisiert werden. Dabei entstehen freie Elektronen und Ionen.

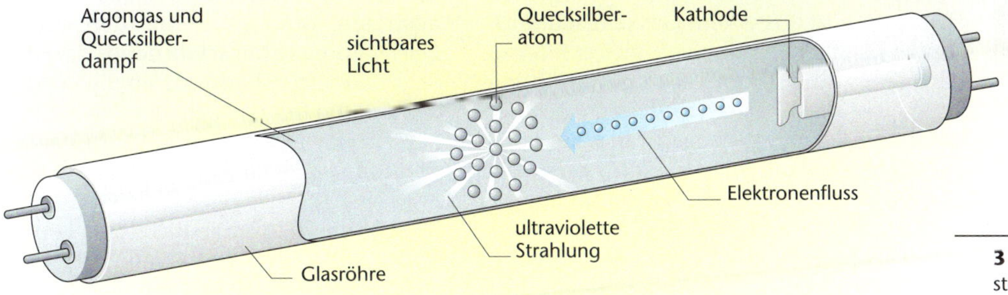

3 Aufbau einer Leuchtstoffröhre

Leuchtstoffröhre

Eine Leuchtstoffröhre besteht aus einem Glasrohr, an dessen Enden zwei Elektroden aus Metall eingeschmolzen sind. Im Innern befindet sich ein Gas bei niedrigem Druck. Oft ist das Gas eine Mischung aus Quecksilberdampf und Argon.
Bei einer Leuchtstoffröhre wird das Licht nicht durch hohe Temperaturen erzeugt (wie z. B. bei der Glühlampe), sondern durch den Stromfluss in Gasen.

Die Hochspannung an den Elektroden sorgt dafür, dass die Gasmoleküle ionisiert werden (▷B 3). Die Gas-Ionen und die freien Elektronen werden stark beschleunigt. Durch die hohe Geschwindigkeit haben sie so viel Energie, dass sie beim Zusammenprall mit neutralen Gasteilchen diese nicht nur ionisieren, sondern auch zum Leuchten anregen können. So gibt beispielsweise Quecksilber durch die Stoßanregung ultraviolettes Licht ab, das allerdings für den Menschen nicht sichtbar ist. Durch einen Leuchtstoff, der an der Innenseite der Röhre angebracht ist, wird die UV-Strahlung in sichtbares Licht umgewandelt (▷B 3).

Der Stromfluss in Gasen ist oft mit Leuchterscheinungen verbunden.

Leuchtende Gase am Himmel

Ein leuchtender Vorhang am Himmel – so beschreiben Beobachter dieses Naturschauspiel (▷B 5). Ursache ist die Sonne. Besonders bei starker Sonnenaktivität werden unzählige elektrisch geladene Teilchen Richtung Erde geschleudert. Wenn sie in die Erdatmosphäre eintreten, prallen sie auf Luftbestandteile wie Sauerstoff und Stickstoff und regen diese zum Leuchten an. Beim Zusammenprall mit Sauerstoff entsteht grünes Polarlicht. Treffen sie z. B. auf Stickstoff, sieht man rotes Licht. In den Polregionen kann man Polarlichter fast jede Nacht beobachten, in Deutschland eher selten.

Versuch

1 Knicke einen Folienstreifen in der Mitte und reibe die Hälften kräftig aneinander, bis sie sich abstoßen. Halte den Streifen nun vorsichtig über eine Kerzenflamme. Was geschieht dabei? Wie erklärst du deine Beobachtung?

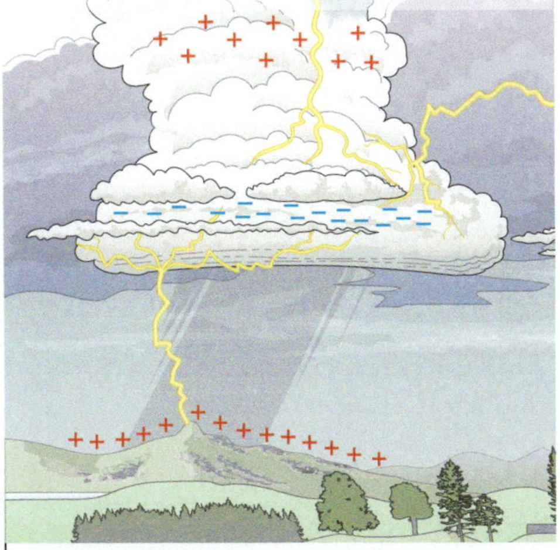

4 Ladungsunterschiede bei einem Gewitter

5 Polarlichter sind ein besonderes Naturschauspiel.

Was ist ein Vakuum?
Die Erde ist von einer Lufthülle umgeben. Diese besteht aus einem Gasgemisch und reicht bis in eine Höhe von vielen Kilometern. Aufgrund ihrer Gewichtskraft übt die Luft einen bestimmten Druck (Luftdruck) auf uns und auf alle Gegenstände aus. Nimm einmal einen Trinkhalm, verschließe ihn unten und sauge etwas Luft ab. Die Luft im Trinkhalm wird „dünner", d. h. die Anzahl der Gasmoleküle nimmt ab. Im Trinkhalm herrscht ein kleinerer Luftdruck als draußen.

Je mehr Luft bzw. Gas aus einem Behälter gepumpt wird, desto weniger Gasmoleküle sind im Gefäß und desto kleiner wird der Gasdruck. Ein Gas mit einem extrem kleinen Druck bezeichnet man als **Vakuum**. Ein Vakuum ist ein idealer Isolator, da es (fast) keine Gasteilchen und damit auch keine Ladungsträger enthält.

Um ein starkes Vakuum in z. B. einer verschlossenen Glasröhre zu erzeugen, wird die Luft bzw. das Gas mit speziellen Pumpen abgepumpt.

> Ein Vakuum ist ein Raum, in dem der Gasdruck deutlich niedriger als der normale Luftdruck ist, sodass fast keine Gasteilchen mehr vorhanden sind.

Leitungsvorgang im Vakuum
Bild 1 zeigt eine Glasröhre, aus der die Luft abgepumpt wurde. In ihrem Innern befindet sich ein Vakuum. Damit in diesem Vakuum ein elektrischer Strom fließen kann, müssen Ladungsträger eingebracht werden. Dafür gibt es zwei Möglichkeiten:

1. Wärme
In die Vakuumröhre wird ein Metalldraht (z. B. Wolframdraht) eingebaut und elektrisch zum Glühen gebracht. Dadurch erhalten einige Elektronen im Draht so viel kinetische Energie, dass sie aus dem Metall austreten können bzw. emittiert werden. Dieser Vorgang heißt **Glühemission** (▷ B 1). Legt man eine Spannung an die Röhre an, werden die frei beweglichen Elektronen zur Anode (+) beschleunigt – im Vakuum fließt Strom.

Weil es im Vakuum jedoch (fast) keine anderen Teilchen gibt, kommt es nur sehr selten zu Zusammenstößen. Die Elektronen erreichen äußerst hohe Geschwindigkeiten und damit sehr viel Energie. Durch Glühemission wird z. B. ein energiereicher Elektronenstrahl in der Fernsehbildröhre erzeugt.

2. Licht
Wird ein Metall mit Licht bestrahlt, können die Elektronen so viel Energie erhalten, dass sie aus dem Metall freigesetzt werden (▷ B 3). Man spricht von **Fotoemission**.
Fotozellen sind Sensoren, in denen auf diese Weise Lichtenergie in elektrische Energie umgewandelt wird. Die Fotozelle besteht aus einem Glasgefäß, in dem ein Vakuum herrscht. Im Innern des Gefäßes befindet sich die Kathode (–), die aus einem lichtempfindlichen Material besteht. Bei Lichteinfall werden Elektronen aus diesem Material freigesetzt und im Vakuum zur Anode (+) hin beschleunigt. Es fließt ein elektrischer Strom.

Mithilfe von Fotozellen können in vielen Bereichen völlig berührungslos Schaltvorgänge durch Licht ausgelöst werden. Beispiele dafür sind Alarmanlagen, Ampelanlagen und automatische Türöffner.

> In einem Vakuum werden freie Elektronen durch Glüh- oder Fotoemission erzeugt.

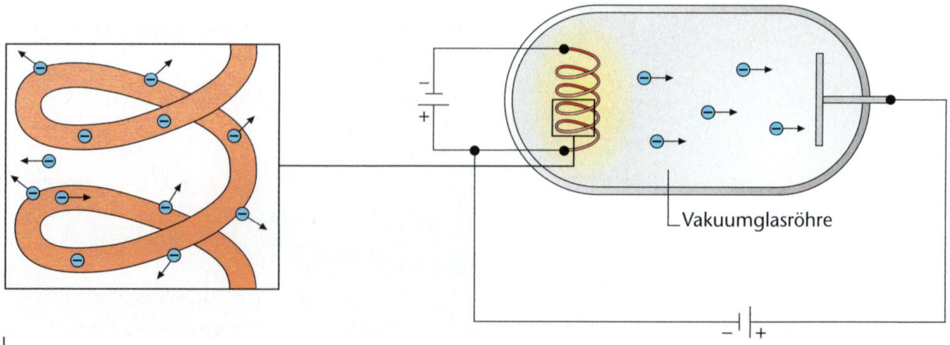

1 Freie Ladungsträger können durch Glühemission erzeugt werden.

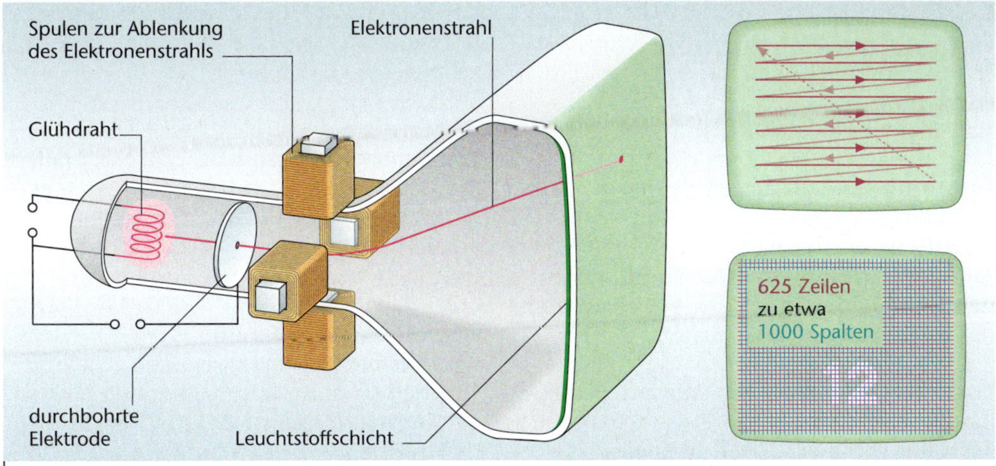

2 Aufbau einer Bildröhre (im Farbfernsehgerät sind drei Elektronenstrahlen beteiligt).

Schnelle Elektronenstrahlen im Fernseher

Ein Fernsehbild setzt sich aus über einer Million einzelner Bildpunkte zusammen. Bei vielen Fernsehgeräten werden die **Bildpunkte** durch Elektronenstrahlen in der **Bildröhre** erzeugt (▷ B 2).

Im Innern der Bildröhre herrscht Vakuum. Durch Glühemission erzeugte Elektronen werden zu einem dünnen Strahl gebündelt und durch das elektrische Feld zwischen Kathode (–) und Anode (+) beschleunigt. Die Steuerung dieses Elektronenstrahls erfolgt durch elektrische Signale.

Spezielle Spulensysteme lenken den Elektronenstrahl auf eine bestimmte Stelle des Leuchtschirms. Der Schirm ist mit verschiedenen Leuchtstoffen beschichtet. Wenn der Elektronenstrahl dort auftrifft, leuchtet diese Stelle in einer bestimmten Farbe auf.

Beim Farbfernsehgerät werden drei Elektronenstrahlen benötigt. Sie lassen auf dem Bildschirm jeweils grüne, blaue und rote Farbpunkte aufleuchten. Aus diesen Farbpunkten entstehen dann farbige Bilder.

Plasmabildschirme

Ein Plasmabildschirm (▷ B 4) arbeitet nach einem anderen Prinzip, ähnlich dem einer Leuchtstoffröhre. Im Innern des Geräts befindet sich eine große Anzahl winziger Kammern. Jede von ihnen enthält ein Edelgasgemisch bei geringem Druck. Wenn Spannung anliegt, wird das Edelgasgemisch ionisiert (ein ionisiertes Gas nennt man Plasma).
Das Plasma sendet UV-Licht aus, welches durch spezielle Leuchtschichten in sichtbares Licht umgewandelt wird. Je nach Leuchtstoff sendet die Kammer rotes, grünes oder blaues Licht aus.
Immer drei benachbarte Kammern (je eine für Rot, Grün und Blau) ergeben einen farbigen Bildpunkt.

4 Plasmabildschirme

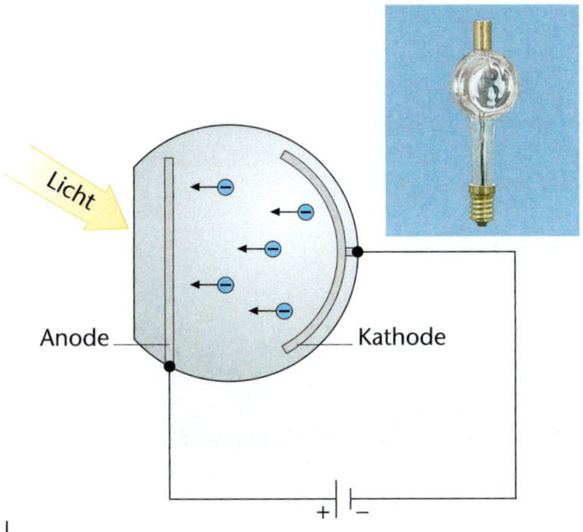

3 Fotoemission

Aufgaben

1 Vergleiche den Leitungsvorgang in Metallen, Flüssigkeiten, Gasen und Vakuum.

2 Das Gas in Leuchtstoffröhren hat einen geringen Druck. Was wird dadurch erreicht?

3 Was meinst du: Tritt beim Stromfluss in einem Vakuum eine Leuchterscheinung auf? Begründe deine Antwort.

Ruhende und fließende elektrische Ladungen

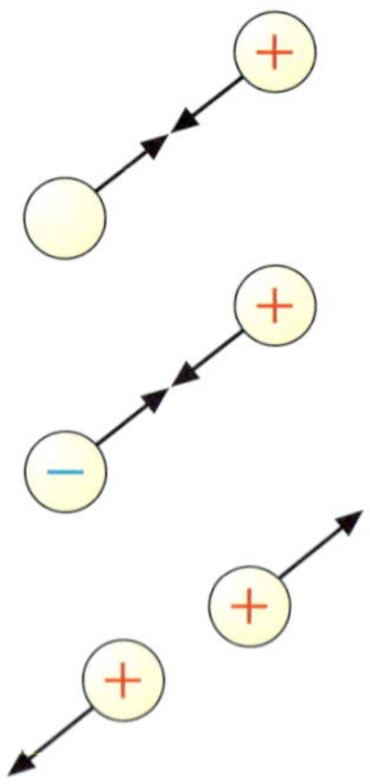

1 Elektrische Anziehung und Abstoßung

Elektrische Ladungen

Alle Körper bestehen aus Atomen. Die Atome enthalten positive und negative Ladungen. Das Elektron ist das kleinste elektrisch negativ geladene Teilchen im Atom. Nach außen sind Atome elektrisch neutral, d. h. die Anzahl der positiven und negativen Ladungen ist gleich.

Körper können elektrisch geladen werden, indem man sie beispielsweise aneinander reibt und anschließend voneinander trennt. Danach ist der eine Körper positiv, der andere negativ geladen (▷ B 2).

Zwischen Ladungen wirken elektrische Kräfte: Verschiedenartig geladene Körper ziehen sich an, gleichartig geladene Körper stoßen sich ab (▷ B 1).

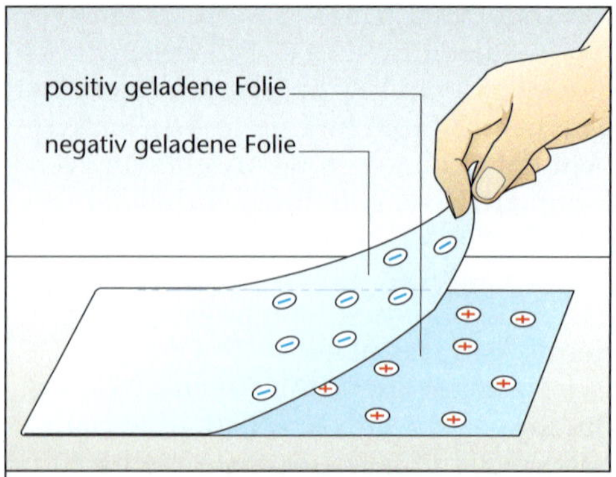

2 Zwei Körper werden elektrisch geladen.

Elektrischer Stromkreis

Ein elektrischer Stromkreis ist eine ununterbrochene elektrische Verbindung, die von einem Pol der Spannungsquelle über das angeschlossene Gerät zum zweiten Pol der Spannungsquelle führt (▷ B 3).

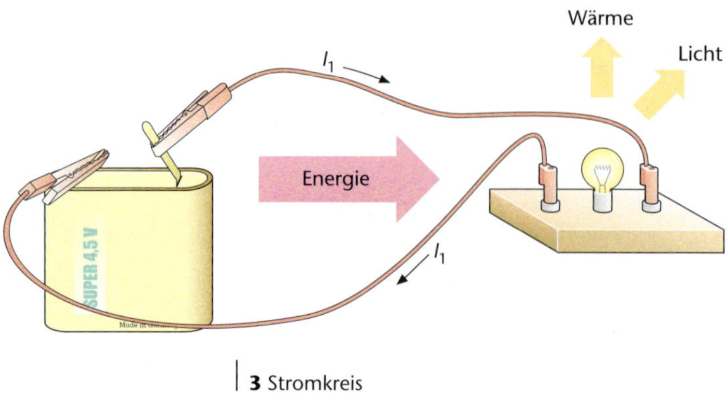

3 Stromkreis

Die Bauteile in einem Stromkreis können nacheinander in Reihe oder parallel geschaltet sein (▷ B 5, B 6).

Im Stromkreis wird elektrische Energie von der Spannungsquelle, z. B. einer Batterie, über Kabel zu den elektrischen Geräten transportiert. Wenn elektrische Geräte arbeiten, dann wandeln sie elektrische Energie in andere Energieformen um.

Elektrischer Strom

Wenn sich frei bewegliche geladene Teilchen (Ladungsträger) gerichtet bewegen, spricht man von elektrischem Strom. Ladungsträger können Ionen oder Elektronen sein.

In *Metallen* fließt ein Elektronenstrom.
In *Flüssigkeiten* erfolgt der Ladungstransport durch Ionen. Viele Stoffe bilden positiv und negativ geladene Ionen, wenn sie in Wasser gelöst werden.
In *Gasen* können sowohl Elektronen als auch Ionen als Ladungsträger dienen. Die Ladungsträger entstehen durch die Ionisierung neutraler Gasatome.
Im *Vakuum* werden Ladungsträger durch Glüh- und Fotoemission bereitgestellt. Dazu werden Metalle stark erhitzt bzw. mit Licht bestrahlt. Durch die zugeführte Energie können Elektronen aus der Metalloberfläche ins Vakuum übertreten.

Elektrische Stromstärke

Die Stromstärke gibt man an, wie viele Ladungen in einer bestimmten Zeit an einem Messpunkt vorbeifließen.
Formelzeichen: I
Einheit: Ampere (A)
Messgerät: Amperemeter
Ein Amperemeter wird in Reihe geschaltet.

Elektrische Spannung

Elektrische Spannung ist Voraussetzung, damit elektrischer Strom fließt. Die Spannung gibt an, wie stark die Elektronen im Stromkreis angetrieben werden.
Formelzeichen: U
Einheit: Volt (V)
Messgerät: Voltmeter
Ein Voltmeter wird parallel zu dem Bauteil angeschlossen, an dem die Spannung gemessen werden soll.

Elektrischer Widerstand

Jeder elektrische Leiter hemmt den elektrischen Strom. Diese Eigenschaft bezeichnet man als elektrischen Widerstand.

Wie stark ein Leiter (oder ein Bauteil) den Strom hemmt, kannst du mit dem elektrischen Widerstandswert berechnen (▷ B 4).
Formelzeichen: R
Einheit: Ohm (Ω)

$$1\,\Omega = \frac{1\,\text{V}}{1\,\text{A}}$$

$$\text{Elektrischer Widerstandswert} = \frac{\text{Spannung}}{\text{Stromstärke}}$$

$$R = \frac{U}{I}$$

Der Widerstandswert eines Metalldrahts hängt von seiner Länge, seiner Querschnittsfläche und vom verwendeten Material ab. Auch die Temperatur hat einen Einfluss: Je höher die Temperatur eines Metalldrahtes ist, desto größer ist sein Widerstandswert.

Das Ohm'sche Gesetz

Wenn ein Leiter einen konstanten Widerstandswert hat, gilt für ihn das Ohm'sche Gesetz:
Spannung und Stromstärke sind zueinander proportional ($U \sim I$).
(Für die meisten metallischen Leiter gilt das Gesetz nur, wenn seine Temperatur gleich bleibt.)

Energie – Arbeit – Leistung

Ein Elektrogerät nimmt elektrische Energie auf und kann damit Arbeit verrichten (▷ B 3).

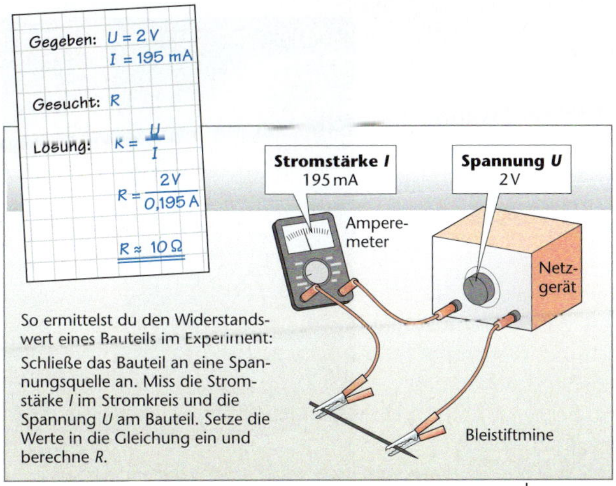

4 Bestimmung des Widerstandwerts aus U und I

Die aufgenommene elektrische Energie ist umso größer, je höher Spannung und Stromstärke sind und je länger das Elektrogerät betrieben wird.
Es gilt:
$E = U \cdot I \cdot t$
Einheit: Joule (J)
1 J = 1 VAs

Auf Elektrogeräten findest man oft Angaben zur elektrischen Leistung P. Sie gibt an, wie viel Energie in einer bestimmten Zeit aufgenommen wird.
Berechnung:
$P = U \cdot I$
Einheit: Watt (W)
1 W = 1 VA = 1 J/s

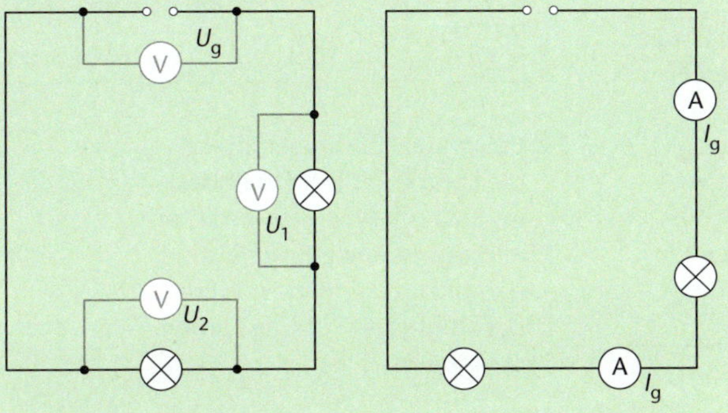

Durch alle Bauteile fließt der gleiche Strom. Die Stromstärke ist überall gleich groß.
$I_g = I_1 = I_2$

Die Spannung der Quelle teilt sich auf die in Reihe geschalteten Bauteile auf.
$U_{ges} = U_1 + U_2$

Jedes einzelne Bauteil hemmt den gesamten Strom. Insgesamt wird somit der Widerstand im Stromkreis größer.
$R_{ges} = R_1 + R_2$

5 Messung von Spannung und Strom bei der Reihenschaltung

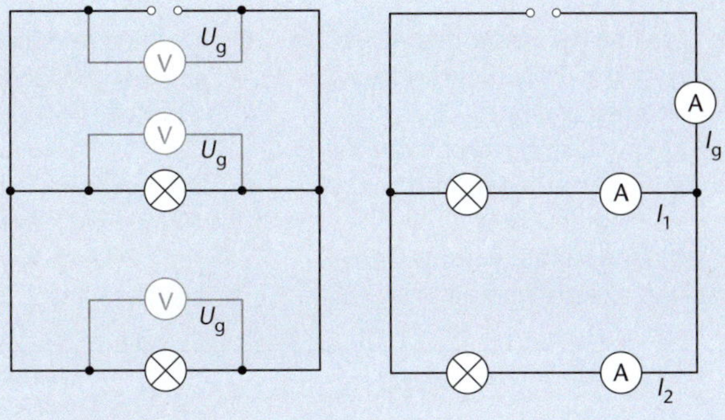

An jedem Bauteil liegt die gleiche Spannung an wie an der Spannungsquelle.
$U_g = U_1 = U_2$

Der Strom in der Zuleitung verteilt sich auf die Teilstromkreise.
$I_{ges} = I_1 + I_2$

Weil sich der Strom auf alle Bauteile verteilt, wird durch jedes Bauteil nur ein kleiner Teilstrom gehemmt. Daher sinkt der Gesamtwiderstand im Stromkreis.
$$\frac{1}{R_{ges}} = \frac{1}{R_1} + \frac{1}{R_2}$$

6 Messung von Spannung und Strom bei der Parallelschaltung

Aufgaben

1 Der Kamm im Bild 2 wurde elektrisch geladen. Warum wird der Wasserstrahl zum Stab hin abgelenkt? Teste selbst.

2 Wenn du einen Pullover aus bestimmten Materialien ausziehst, knistert es manchmal und anschließend stehen deine Haare zu Berge.
Erkläre diese Erscheinung.

3 Gibt es in ungeladenen Körpern elektrische Ladungen? Erkläre.

4 a) Im Bild 1 siehst du drei Lampen. Die Schaltung ist in der Kiste versteckt. Dabei gilt: Wird die Lampe A herausgedreht, leuchten noch die Lampen B und C. Dreht man die Lampe B heraus, leuchtet nur noch Lampe A. Welcher der Schaltpläne aus Bild 1 verbirgt sich in der Kiste?
b) Überlege dir eine Schaltung mit 4 Lampen, für die gilt: Dreht man Lampe A heraus, leuchtet keine Lampe. Dreht man Lampe D heraus, leuchten noch die Lampen A und B.

5 Welche der folgenden Aussagen ist richtig? Begründe deine Entscheidung.
a) Eine Lampe verbraucht immer etwas Strom, sonst würde sie nicht leuchten.
b) Eine Lampe verbraucht keinen elektrischen Strom.

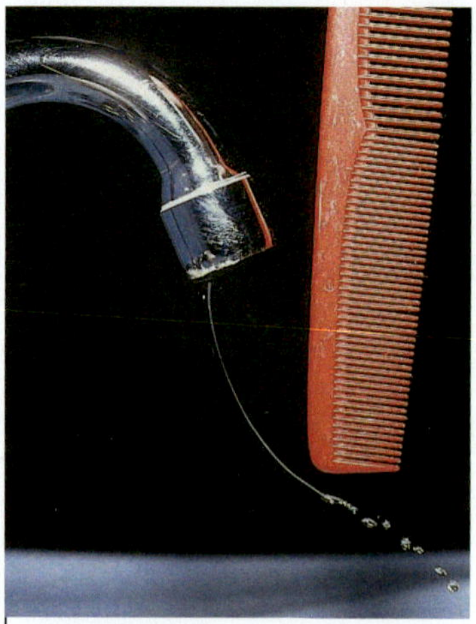

2 Zu Aufgabe 1

c) Vor der Lampe ist der Strom größer als nach der Lampe
d) In der Batterie ist Strom gespeichert.

6 Vergleiche den elektrischen Leitungsvorgang in Metallen, Flüssigkeiten und Gasen. Erläutere zu jedem ein Anwendungsbeispiel.

7 Bei einer Parallelschaltung zweier Lampen fließt ein Gesamtstrom der Stärke 420 mA. Durch eine der Lampen fließt ein Strom von 0,27A. Wie groß ist der Strom durch die andere Lampe?

8 Weshalb sind im Haushalt alle elektrischen Geräte parallel geschaltet?

9 Der Ausdruck „elektrischer Widerstand" kann verschiedene Bedeutungen haben. Erläutere sie.

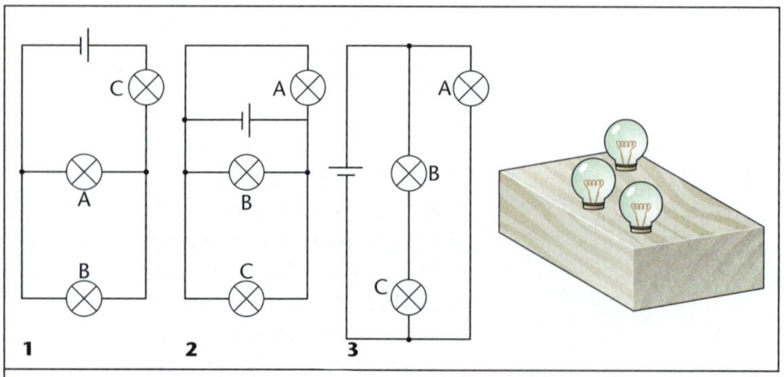

1 Zu Aufgabe 4

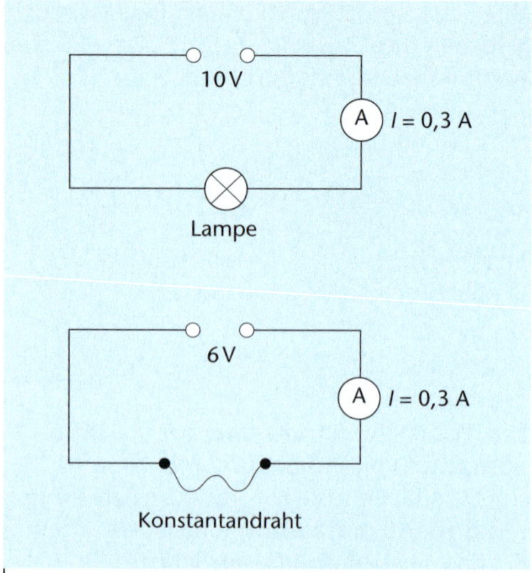

3 Zu Aufgabe 10

10 a) In welchem der in Bild 3 gezeigten Stromkreise wird der Strom am meisten gehemmt? Begründe deine Antwort.
b) Die Lampe wird gegen eine andere mit einem höheren Widerstandswert ausgetauscht. Wie verändert sich die Stromstärke in diesem Stromkreis?

11 Übertrage die Tabelle in dein Heft und berechne die fehlenden Größen.

U	20 V		12 V	230 V	
I	1,5 A	2 A	40 mA		9 mA
R		30 Ω		0,46 kΩ	3,5 kΩ

12 Bei deiner Taschenlampe ist die Lampe kaputt. Du findest im Schrank zwar eine neue, allerdings ist keine Beschriftung darauf zu erkennen. Wie findest du heraus, ob die Lampe geeignet ist?

13 Auf der Verpackung von Haushaltsglühlampen (▷ B 4) findest du Angaben zur elektrischen Leistung der Lampen. Berechne die Stromstärken und die Widerstandswerte der Glühdrähte. Vergleiche.

14 Viele Geräte enthalten Leuchtdioden. Ihr Widerstandswert beträgt etwa 100 Ω.

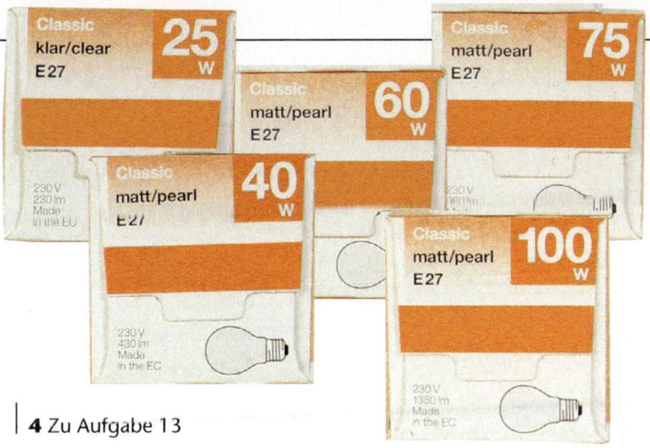

4 Zu Aufgabe 13

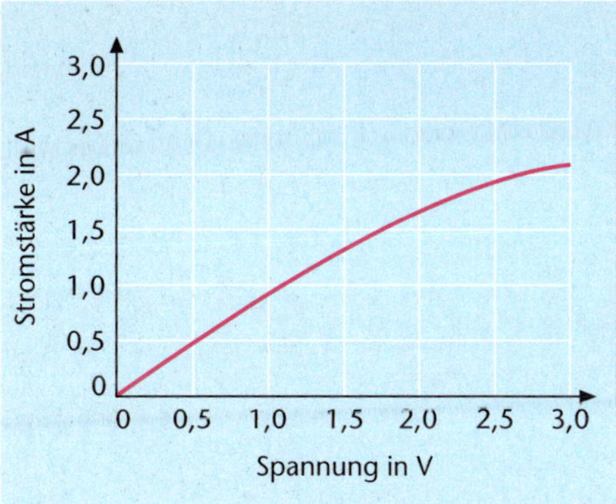

U in V	*I* in A
0	0
0,8	0,64
1,2	0,96
2,1	1,68
2,4	1,92
3	2,4

5 Diagramm und Messwerte zu Aufgabe 15

Leuchtdioden sind sehr empfindlich und vertragen nur geringe Stromstärken (ca. 20 mA). Darfst du sie direkt an eine 9-V-Batterie anschließen? Begründe. Wie könntest du das Problem lösen?

15 Für zwei Drähte wurden die Stromstärken bei verschiedenen Spannungen gemessen. Die Messwerte für den einen Draht zeigt die Tabelle, die Werte für den anderen Draht sind im Diagramm (▷ B 5) dargestellt.
a) Zeichne das Diagramm ab. Trage die Messwerte aus der Tabelle in das gleiche Diagramm ein.
b) Beschreibe und vergleiche mithilfe der Diagramme die elektrischen Eigenschaften der beiden Drähte.
c) Ein Draht besteht aus Kupfer, der andere aus Konstantan. Entscheide, welche Kurve zu welchem Draht gehört.
d) Vergleiche die Widerstandswerte der Drähte bei 0,5 V, 1,5 V und 2,5 V. Kannst du vorhersagen, welche Stromstärken bei 20 V zu erwarten sind? Erläutere deine Ergebnisse.

16 In einem Zimmer sind ein Radio (230 V/20 W) und eine Tischlampe (230 V/25 W) angeschaltet.
Berechne den Gesamtwiderstandswert der Geräte.

17 In den Schaltungen im Bild 6 wird stets das gleiche Lämpchen (6 V/0,4 A) verwendet.
a) Ordne die Schaltungen nach der Helligkeit der Glühlampen. Begründe deine Anordnung.
b) Berechne Gesamtwiderstandswert und Gesamtstromstärke in den Stromkreisen. Vergleiche und bewerte deine Ergebnisse.

18 Weshalb ist die Hauptleitung eines Hauses mit 16 A abgesichert, obwohl in den einzelnen Elektrogeräten viel geringere Ströme fließen?

19 Hast du schon einmal die Lichtblitze in einer Plasmalampe (▷ B 7) bestaunt? In der Lampe befindet sich ein Gas mit sehr geringem Druck. Zwischen der inneren und der äußeren Glaskugel liegt eine sehr hohe Spannung an. Wie kommt es zu den Leuchterscheinungen?

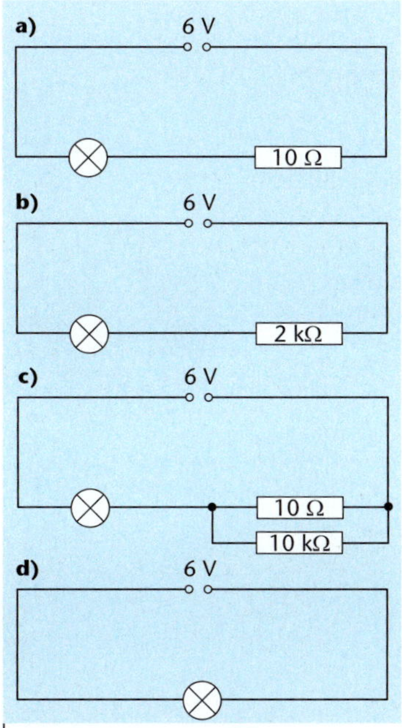

6 Schaltpläne zu Aufgabe 17

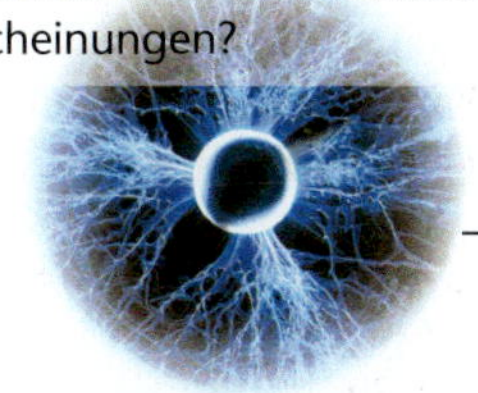

7 Zu Aufgabe 19

1 Um die elektrische Energie für die Fahrradbeleuchtung zu erhalten, muss der Dynamo mit Muskelkraft angetrieben werden.
a) Beschreibe die Energieumwandlungsprozesse vom Radfahrer bis zur Lampe mithilfe eines Energieschemas.
b) Wie könnte man die vom Dynamo abgegebene Energie pro Sekunde experimentell bestimmen? Plane einen Versuch.
c) Bei Fahrt auf ebener Strecke und ohne Dynamo-Betrieb führt ein Radfahrer mit den Pedalen etwa eine Umdrehung pro Sekunde aus. Die Kurbelarme, an denen die Pedale befestigt sind, haben eine Länge von 18 cm.
Wird der Dynamo in Betrieb gesetzt, muss man auf die Pedale eine größere Kraft übertragen, um die Frequenz von einer Umdrehung pro Sekunde beizubehalten. Wie groß ist die zusätzlich erforderliche Kraft bei einer Fahrradbeleuchtung mit einer elektrischen Leistung von $P = 3\,\text{W}$?

Magnetismus und Elektrizität

Elektrizität und Magnetismus sind schon mehr als 2500 Jahre bekannt. Dass zwischen ihnen eine Verbindung besteht, wurde aber erst vor zweihundert Jahren entdeckt.

Jeder kennt Magnete und sicher hast auch du schon welche benutzt. Magnete begegnen dir als nützliche Helfer überall im Alltag: als Türschließer, zum Anheften von Notizzetteln oder im Kompass. Sieh dich einmal in deinem Haushalt um.
Findest du noch weitere Beispiele?

In diesem Kapitel wirst du erfahren, wie du mit Magneten elektrischen Strom erzeugen kannst – und dass das Ganze auch umgekehrt funktioniert.

Die Verbindung von Magnetismus und Elektrizität ist Grundlage für eine moderne Energieversorgung, und sie ermöglicht den Bau von Generatoren und Elektromotoren.

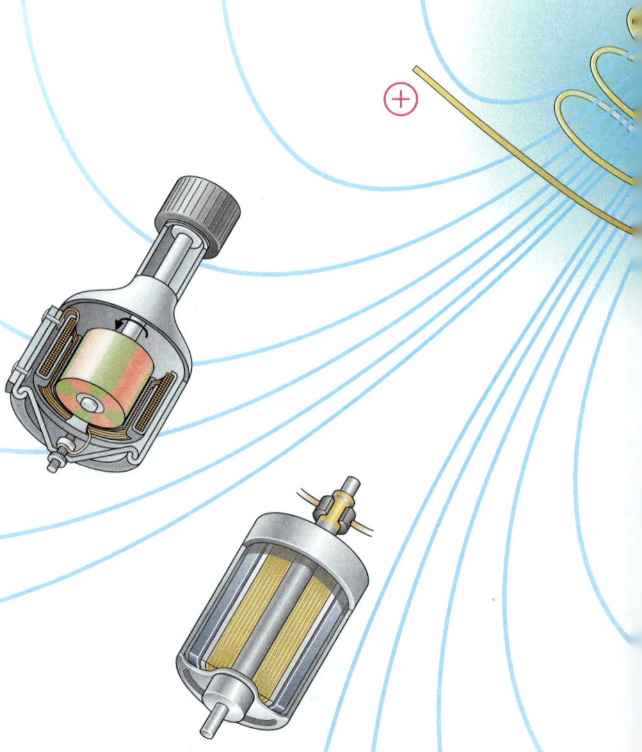

Aufgabe

1 Auch jedes Auto enthält Elektromotoren. Wusstest du, dass es in einem modernen PKW über 100 Elektromotoren gibt? Finde heraus, an welchen Stellen Elektromotoren im Auto eingebaut sind. (Die Mitarbeiter eines Autohauses können dir dabei sicherlich helfen).

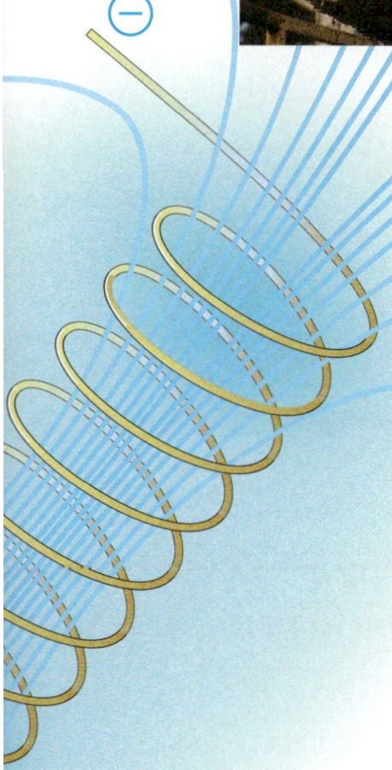

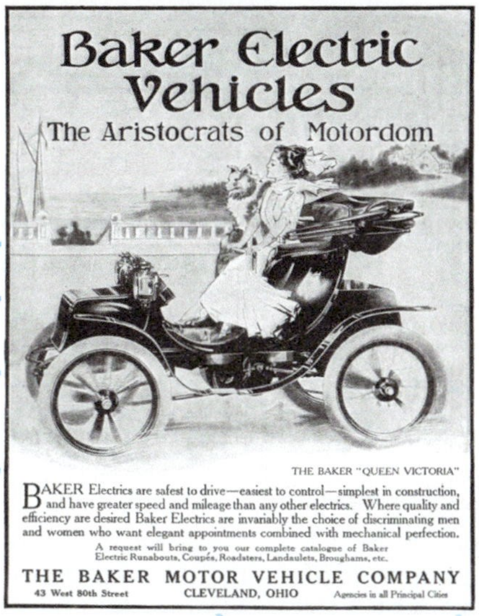

Baker Electric Vehicles
The Aristocrats of Motordom
THE BAKER "QUEEN VICTORIA"
BAKER Electrics are safest to drive—easiest to control—simplest in construction, and have greater speed and mileage than any other electrics. Where quality and efficiency are desired Baker Electrics are invariably the choice of discriminating men and women who want elegant appointments combined with mechanical perfection.
A request will bring to you our complete catalogue of Baker Electric Runabouts, Coupés, Roadsters, Landaulets, Broughams, etc.
THE BAKER MOTOR VEHICLE COMPANY
43 West 80th Street
CLEVELAND, OHIO
Agencies in all Principal Cities

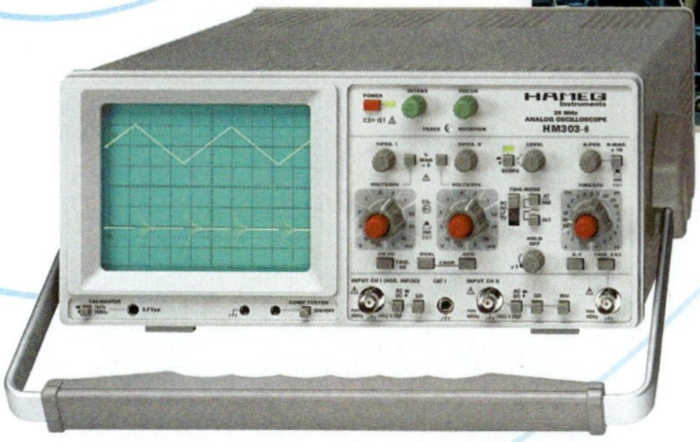

HAMEG
HM303-6

Geheimnisvolle Magnete

Nützliche Magnete

Magnete kennst du aus dem Alltag. Es gibt sie in ganz unterschiedlichen Formen.

- Sieh zu Hause nach, wo und wofür Magnete im Haushalt eingesetzt werden.
- Stell dir vor, es gäbe keine Magnete. Welche andere Lösung würdest du dann für die verschiedenen Anwendungen vorschlagen?

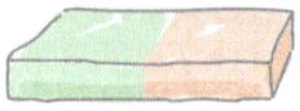

Magnetische Pole

Jeder Magnet hat zwei Pole. Bei einem Stabmagneten liegen die Pole im Bereich seiner Enden. Näherst du zwei Stabmagnete einander, wirst du verschiedene Wechselwirkungen feststellen: Die Magnete können sich anziehen oder abstoßen.

- Überlege, wie man herausfinden kann, welcher Pol eines Stabmagneten der Nord- und welcher der Südpol ist. Weise dies in einem Versuch nach.
- Bei manchen Magneten sind die Pole farbig markiert. Stelle fest, welche Bedeutung die

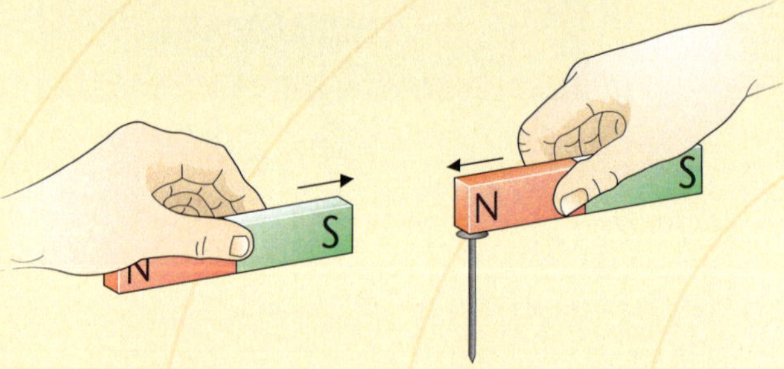

Wählerische Magnete

Manche Gegenstände werden vom Magneten angezogen, andere nicht.

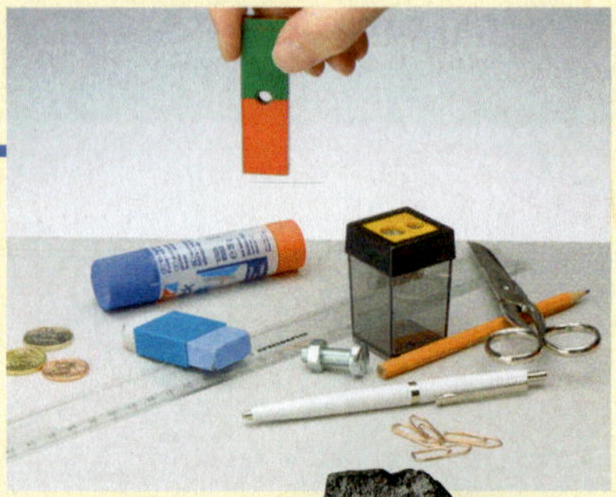

- Welche Eigenschaften eines Gegenstandes entscheiden darüber, ob er von einem Magneten angezogen wird oder nicht? Notiere deine Vermutungen.
- Überlege, wie du deine Vermutungen überprüfen kannst. Plant in der Gruppe einen Versuch dazu und führt ihn durch.
Erstellt auch ein Protokoll – ihr findet in diesem Buch eine Strategieseite, die euch dabei behilflich ist!

Magnetisieren und Entmagnetisieren

Mithilfe eines Magneten kannst du einen dünnen Eisendraht in einen Magneten verwandeln. Man spricht vom Magnetisieren.

- Magnetisiere mehrere Eisendrähte. Wie kannst du überprüfen, ob der Draht nun tatsächlich eine magnetische Wirkung besitzt?

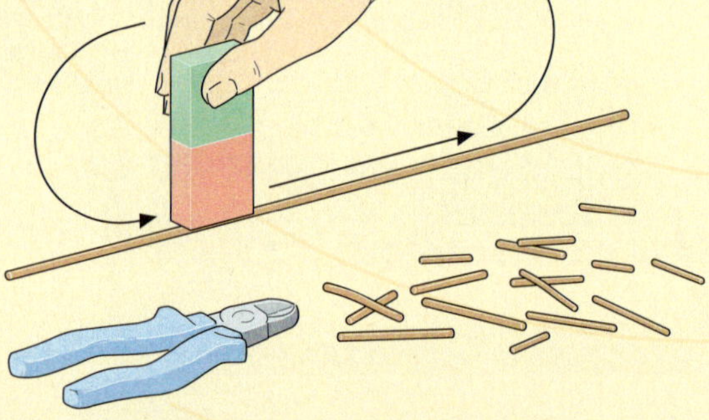

- Untersuche, wie man die magnetische Wirkung des Eisendrahtes wieder aufheben kann.

Farben auf den Magneten in eurer Physiksammlung haben.

- Finde die Gesetzmäßigkeiten zur Anziehung und Abstoßung heraus.

- Stelle die Ergebnisse aller Untersuchungen auf einem Plakat dar.

Schwebende Gegenstände

Transportmittel für eine oder mehrere Personen, die ohne Räder über den Boden schweben, kennt man aus Science-Fiction-Filmen. Allerdings ist mit dem Transrapid schon heute eine so genannte Magnetschwebebahn im Einsatz.

- Stelle eine Vermutung an, wie es mithilfe von Magneten möglich ist, Gegenstände schweben zu lassen.

- Informiere dich genauer über die Funktionsweise einer Magnetschwebebahn.

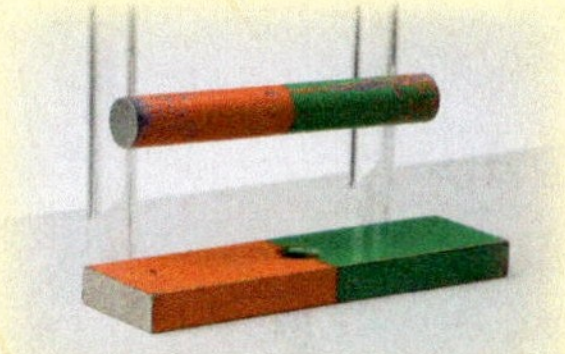

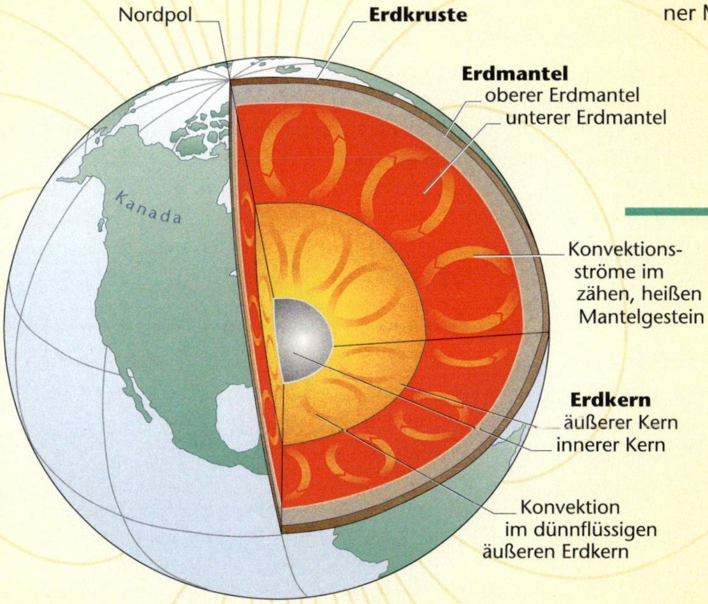

Erdmagnetismus

Die Erde ist aufgebaut aus der äußeren Erdkruste, dem Erdmantel und dem Erdkern.

Flüssiges Eisengestein im äußeren Erdkern umfließt den inneren Erdkern, der aus festem Eisen und Nickel besteht. Wissenschaftler sind sich einig, dass so das Magnetfeld der Erde entsteht.

- Die magnetischen Pole der Erde bleiben nicht ständig an einem Ort, sondern sie wandern. Schlage nach, welchen Weg die magnetischen Pole der Erde im letzten Jahrhundert zurückgelegt haben.

- Wissenschaftler haben herausgefunden, dass sich das Erdmagnetfeld vor etwa 750 000 Jahren umgepolt hat. Wie lässt sich das feststellen?

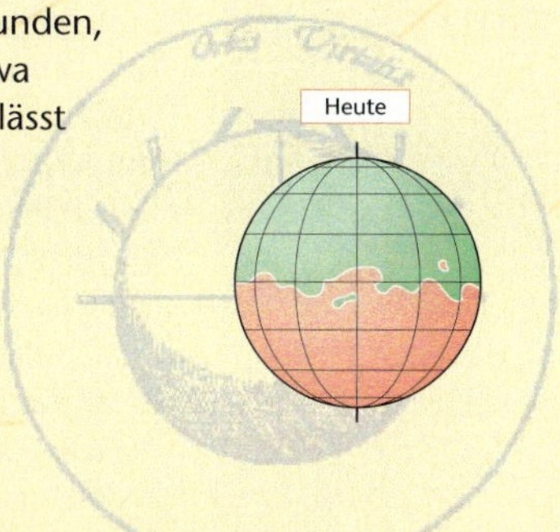

- PIERRE DE MARICOURT und WILLIAM GILBERT gehörten zu den ersten, die das Magnetfeld der Erde erforschten. Informiere dich über diese beiden Forscher und notiere ihre Lebensdaten!

WILLIAM GILBERT

- Baue dir einen Kompass. Beschreibe, wie du dazu vorgehst und erkläre die Funktionsweise des Geräts.

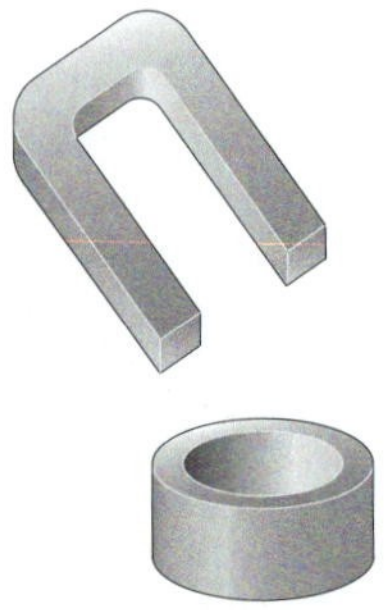

1 Magnete in unterschiedlichen Formen

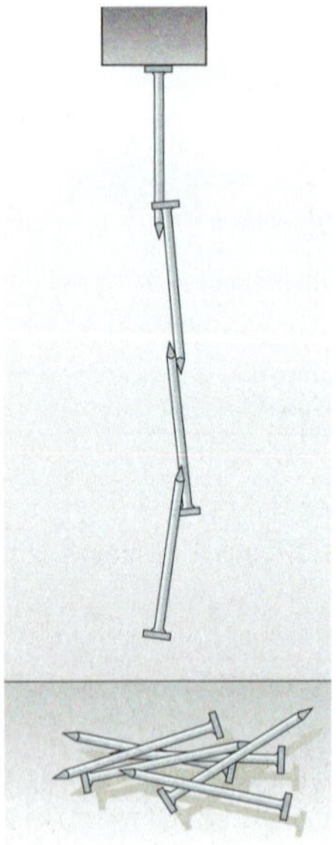

2 Eisennägel leiten die magnetischen Wirkung weiter.

3 Zu Versuch 1

Anziehung durch Magnete

Du hast bestimmt schon die Erfahrung gemacht, dass ein Magnet manche Gegenstände anzieht, andere dagegen nicht. Das hängt aber nicht vom verwendeten Gegenstand ab. Entscheidend ist der Stoff, aus dem der Gegenstand besteht. Gegenstände, die Eisen enthalten, werden von einem Magneten angezogen. Diese Eigenschaft haben neben Eisen auch noch die Stoffe Nickel und Cobalt.

Zwischen einem Magneten und Gegenständen, die Eisen, Nickel oder Cobalt enthalten, gibt es eine magnetische Anziehung.

Hältst du nun ein Stück Holz zwischen einen Magneten und einen Eisennagel, dann wird der Nagel trotzdem angezogen. Die magnetische Anziehung durchdringt manche Stoffe (▷ V 4).
Bringst du dagegen ein Stück Eisenblech zwischen Magneten und Eisennagel (die drei Gegenstände sollen sich dabei nicht berühren), dann schirmt das Eisenblech die magnetische Wirkung ab.

Berührt ein Magnet einen Gegenstand aus Eisen, dann wirkt die magnetische Kraft im Eisen weiter. Hängst du z. B. einen Nagel an einen Magneten, dann kannst du an das Ende einen weiteren Nagel anhängen (▷ B 2).

Die magnetische Wirkung durchdringt manche Stoffe. Sie lässt sich aber auch abschirmen oder weiterleiten.

Magnetpole

Jeder Magnet hat zwei **Pole**. Bei einem Stabmagneten befinden sie sich an seinen beiden Enden. Im Bereich der Pole ist die magnetische Kraft am größten (▷ B 3). In der Mitte eines Stabmagneten lässt sich keine Magnetwirkung feststellen.
Hängst du einen Magneten frei drehbar auf, so richtet er sich immer so aus, dass eine Seite nach Norden zeigt und die andere nach Süden (▷ V 2). Der Pol, der nach Norden zeigt heißt Nordpol des Magneten. Der Pol, der nach Süden zeigt, heißt Südpol. Bei einem Kompass nutzt man dieses Verhalten eines frei drehbaren Magneten, um sich zu orientieren.

Die magnetischen Polgesetze

Zwischen zwei Magneten können anziehende und abstoßende Kräfte auftreten. Der Nordpol des einen Magneten zieht den Südpol des anderen Magneten an und umgekehrt.
Nähert man jedoch den Nordpol des einen Magneten dem Nordpol des anderen Magneten, tritt eine abstoßende Kraft auf. Gleiches gilt auch für zwei Südpole.

Ungleichnamige Pole ziehen sich an. Gleichnamige Pole stoßen sich ab.

Magnetisieren – Entmagnetisieren

Du kannst Körper, die Eisen, Nickel oder Cobalt enthalten, zu einem (schwachen) Magneten machen, du kannst sie **magnetisieren.** Dazu musst du mit einem Pol eines Magneten mehrmals in gleicher Richtung über diesen Körper – z. B. einen Draht – streichen.
Einem magnetisierten Draht kann seine magnetische Wirkung wieder genommen werden. Der Eisendraht wird **entmagnetisiert**, wenn er Hitze oder starken Erschütterungen ausgesetzt wird. Auch unter dem Einfluss eines starken Dauermagneten kann der magnetisierte Eisendraht seine Magnetwirkung verlieren.

Versuche

1 Halte einen Stabmagneten in eine Kiste mit Eisennägeln. Wo wirkt die größte magnetische Kraft?

2 Lege einen Magneten auf eine frei drehbare Halterung oder hänge ihn frei drehbar auf. Was stellst du fest? Markiere eine Seite des Magneten, stoße den Magneten an und beobachte wieder.

3 Nähere zunächst den Nordpol und dann den Südpol eines Magneten einer Kompassnadel. Was stellst du fest?

4 Wirkt ein Magnet durch andere Stoffe hindurch? Um diese Frage zu untersuchen benötigst du einen Magneten, Nägel, Pappe, ein Backblech (oder eine dünne Eisenplatte), Aluminiumfolie, Holzplatte sowie noch andere Materialien, die du noch prüfen möchtest. Halte nacheinander die verschiedenen Materialien vor den Magneten und prüfe, in welcher Entfernung der Nagel noch angezogen wird.
Wirkt der Magnet durch alle Stoffe hindurch?

4 Drehbar gelagerte Magnete zeigen die Nord-Süd-Richtung an.

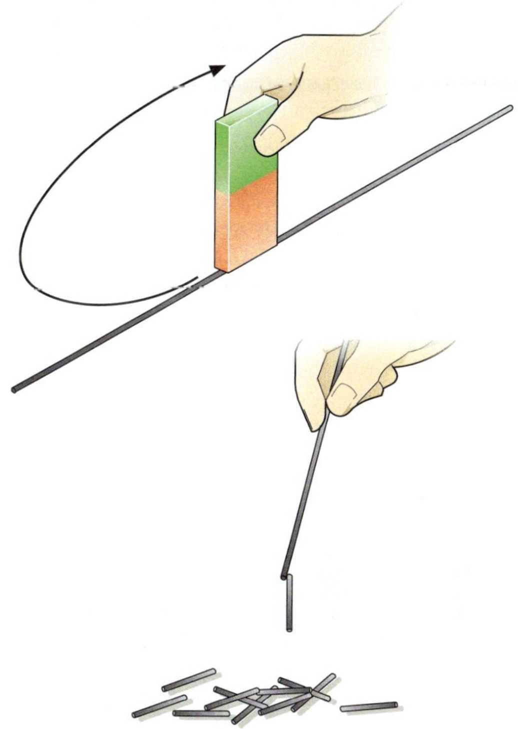

5 Ein magnetisierter Eisendraht kann Eisenstückchen anziehen.

Das Modell der Elementarmagnete
Wenn du einen Magneten in mehrere kleinere Stücke teilst, so bildet jedes Stück wieder einen vollständigen Magneten mit einem Nordpol und einem Südpol. Einen einzelnen Nordpol oder einen einzelnen Südpol kannst du nicht herstellen.

Um die Vorgänge beim Magnetisieren, Entmagnetisieren und Teilen von Magneten besser erklären zu können, verwendet man ein Modell: Stelle dir vor, dass du einen Magneten immer weiter in kleinere Magnete teilst. Irgendwann wird der Magnet so klein, dass du ihn nicht weiter teilen kannst. Diesen kleinsten Magneten bezeichnet man als **Elementarmagnet**. Elementarmagnete existieren nicht wirklich, sie sind nur eine Vorstellungshilfe.

Anwendungen des Modells
In einem unmagnetisierten Eisenstück sind die Elementarmagnete ungeordnet. Durch mehrfaches Überstreichen mit einem Pol eines Magneten richten sich die Elementarmagnete (fast) gleichmäßig in eine Richtung aus. Es bilden sich ein Nordpol und ein Südpol.

Teilst du einen Magneten, dann bleiben die Elementarmagnete in seinem Inneren geordnet. An der Bruchstelle entstehen

Lässt man ein magnetisiertes Eisenstück fallen oder setzt man es großer Hitze aus, so werden die Elementarmagnete darin wieder durcheinandergeschüttelt. Das Eisenstück wird entmagnetisiert.

6 Ein Draht wird durch Glühen entmagnetisiert

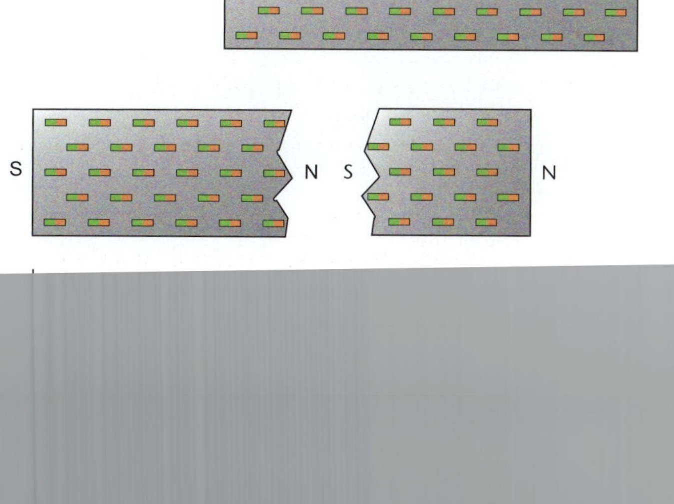

Das magnetische Feld

Wie wird die Magnetkraft übertragen?

Wenn du eine Büroklammer einem Magneten von verschiedenen Seiten näherst, spürst du die magnetische Wirkung rings um den Magneten (▷ V 1).
Je weiter du allerdings die Büroklammer vom Magneten entfernst, desto schwächer ist die Magnetkraft. Verwendest du anstelle der Büroklammer z. B. eine leichtere Kompassnadel, dann kannst du die magnetische Wirkung in noch größeren Entfernungen feststellen. Die Magnetkraft wird mit zunehmender Entfernung vom Magneten zwar schwächer, sie verschwindet aber niemals ganz.

Der Wirkungsbereich um einen Magneten wird als **magnetisches Feld** bezeichnet (▷ B 1). Das magnetische Feld ist nicht sichtbar, aber du kannst es an seiner Wirkung auf Gegenstände erkennen, die Eisen, Nickel oder Cobalt enthalten. Befindet sich ein solcher Gegenstand im Feld eines Magneten, wird er angezogen.

Jeder Magnet ist von einem magnetischen Feld umgeben. Das magnetische Feld ist der Raum um Magnete, in dem magnetische Kräfte wirken.

Winzlinge im Magnetfeld

Wie musst du dir das magnetische Feld vorstellen? Du kannst dir ein Bild davon machen, indem du winzige und sehr leichte Eisenfeilspäne in ein magnetisches Feld bringst.
Bild 2 zeigt dir Eisenspäne im Feld eines Stabmagneten. Unter dem Einfluss der Magnetkraft werden die Eisenspäne selbst zu kleinen magnetischen Nadeln, deshalb richten sie sich im magnetischen Feld aus. Jeder einzelne Eisenspan zeigt an, in welche Richtung die Magnetkraft genau an diesem Ort wirkt.
Bei genauer Betrachtung siehst du, dass die Eisenspäne wie bei einer Kette, einer nach dem anderen, im Bogen aneinandergereiht sind. Entlang dieser „Ketten“ wirkt die magnetische Kraft.

Eisenspäne und Büroklammern bewegen sich deshalb nicht in gerader Linie auf irgendeine Stelle des Magneten zu, sondern sie werden durch die Magnetkraft auf leicht gekrümmten Bahnen in Richtung eines Pols bewegt.

Magnetische Feldlinien

An jedem Ort in der Umgebung des Magneten wirkt die magnetische Kraft in eine bestimmte Richtung. Deshalb ordnen sich die Eisenfeilspäne hintereinander in Linien an, die von Pol zu Pol führen (▷ B 2). Zeichnest du gedanklich diese Linien nach, dann erhältst du **magnetische Feldlinien**. Mit ihrer Hilfe kannst du das Feld eines Magneten beschreiben oder auch zeichnen.
Am Verlauf der Feldlinien kannst du erkennen, wie das Magnetfeld um den Magneten aussieht und wo die Magnetkraft am stärksten ist.

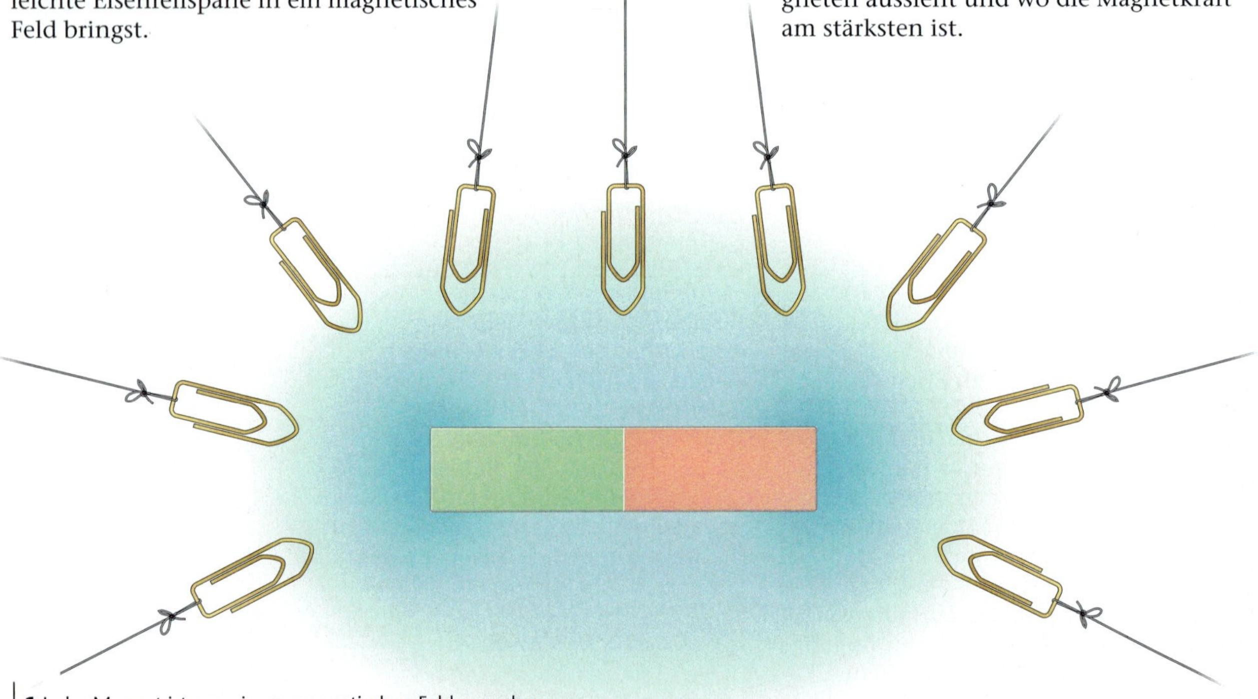

1 Jeder Magnet ist von einem magnetischen Feld umgeben.

Je größer die magnetische Kraft an einem Ort im Magnetfeld ist, desto enger liegen dort die Feldlinien beieinander. In der Nähe der Pole ist die Magnetkraft am größten. Demzufolge sind dort auch die Feldlinien am dichtesten.

Magnetische Feldlinien sind gedachte Linien und können mit Eisenfeilspänen sichtbar gemacht werden.

Versuch

1 a) Lege einen Stabmagneten auf ein Blatt Papier. Befestige eine Büroklammer an einem dünnen Faden und nähere sie dem Magneten langsam von verschiedenen Seiten. Wo beginnt die Magnetkraft zu wirken? Woran spürst du das? Markiere mit einem Stift den Bereich, in dem du die Magnetkraft spürst.

b) Überlege Möglichkeiten, wie du den Wirkungsbereich der Magnetkraft noch genauer bestimmen kannst.

Aufgabe

1 „Zwei Magnete können sich gegenseitig anziehen oder abstoßen." Wie könnte für jeden Fall das gemeinsame Feldlinienbild der Magnete aussehen?
Skizziere zunächst deine Vorstellung in dein Heft. Überprüfe danach deine Vermutung experimentell. Beschreibe und erläutere die Magnetfelder.

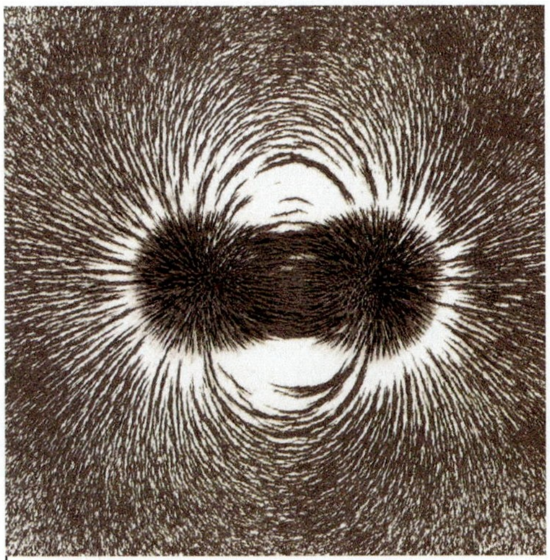

2 Eisenfeilspäne im Feld eines Stabmagneten

Das Magnetfeld wird erkundet

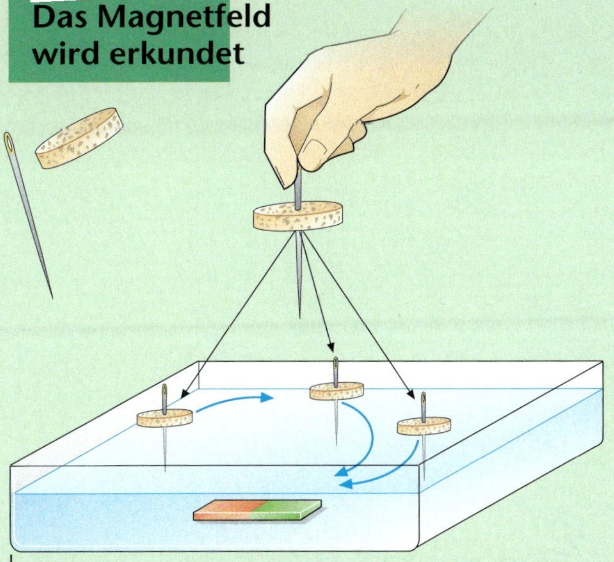

1 Die Bewegung einer magnetisierten Nadel

1 Wege zum Magnetpol

Material

Stabmagnet, große Wasserschale, Nähnadel, Korkscheibe

Versuchsanleitung

a) Lege den Stabmagneten in die Wasserschale (▷ B 1). Stecke die Nähnadel durch die Korkscheibe und setze sie an verschiedenen Stellen auf das Wasser.

b) Wiederhole den Versuch. Benutze aber nun eine Nähnadel, die du zuvor magnetisiert hast.

Aufgabe

Beobachte die Nadel und beschreibe den Weg, auf dem sie sich zu den Polen bewegt. Wann schwimmt die Nadel auf den Nordpol zu und wann auf den Südpol?

2 Das magnetische Feld wird sichtbar

Material

Stabmagnet, Glasschale, Speiseöl, Eisenfeilspäne

Versuchsanleitung

Fülle etwas Speiseöl in die Glasschale. Gib einige Eisenfeilspäne dazu und rühre gut um. Was geschieht, wenn du nun den Stabmagneten unter die Schale legst?

Aufgaben

Zeichne dein Bild ab und beschreibe das Magnetfeld. Experimentiere auch mit anderen

Die Erde – ein riesiger Magnet

Versuch

1 Hänge einen Stabmagneten an einen Faden und warte, bis er sich nicht mehr bewegt (▷ B 1).
Welcher Pol des Magneten zeigt nach Norden?

Du lebst auf einem großen Magneten
Seit hunderten von Jahren dient der Kompass zur Orientierung. Aber weshalb zeigt ein Kompass die Nord-Süd-Richtung an?

Im 13. Jahrhundert begannen viele Menschen, ernsthaft eine Antwort auf diese Frage zu suchen. Damals hatte der Gelehrte PIERRE DE MARICOURT die Idee, ein Modell der Erde anzufertigen. So experimentierte er mit einem Magneteisenstein, den er zu einer Kugel geschliffen hatte. Verblüfft erkannte er, dass sich kleine Eisenteilchen, die er auf die Kugel gestreut hatte, entlang bestimmter Linien ordneten und an zwei Stellen wieder sammelten. Dabei wurden die Eisenteilchen selbst magnetisch. Er verglich die Magnetkugel mit der Erde und überlegte: Der Magneteisenstein ist ein Stück aus der Erde. Könnte die Erde demzufolge ein riesiger Magnet sein, der seine Magnetkraft auf den Stein übertragen hatte?

Ungefähr 350 Jahre später bewies der Leibarzt von Königin ELIZABETH I., WILLIAM GILBERT (1544–1603), dass die Erde ein Magnetfeld besitzt.
Für seine Versuche benutzte er eine Magnetnadel, die in jede Richtung frei beweglich war. Zuerst konnte er zeigen, dass die Magnetkraft auch in der weiteren Umgebung von Magneten wirkt und dass sich die magnetischen Felder einer Magnetkugel und eines Stabmagneten ähneln. Dann übertrug er seine Erkenntnisse auf die Erde und tatsächlich: Genauso wie bei der Magnetkugel richtete sich GILBERTS Magnetnadel überall auf der Erde entlang von magnetischen Feldlinien aus.

Warum zeigt die Kompassnadel nach Norden?
Im Versuch 1 stellt sich der Stabmagnet unter dem Einfluss des Magnetfelds der Erde in Nord-Süd-Richtung ein (▷ B 1).
Das ist nichts Neues für dich.
Warum zeigt aber der Nordpol des Magneten nach Norden? Nach den magnetischen Gesetzen müsste doch der Nordpol des Magneten nach Süden weisen.

Um dieses scheinbare Missverständnis aufzuklären, musst du zwischen den geografischen Polen und den magnetischen Polen der Erde unterscheiden.

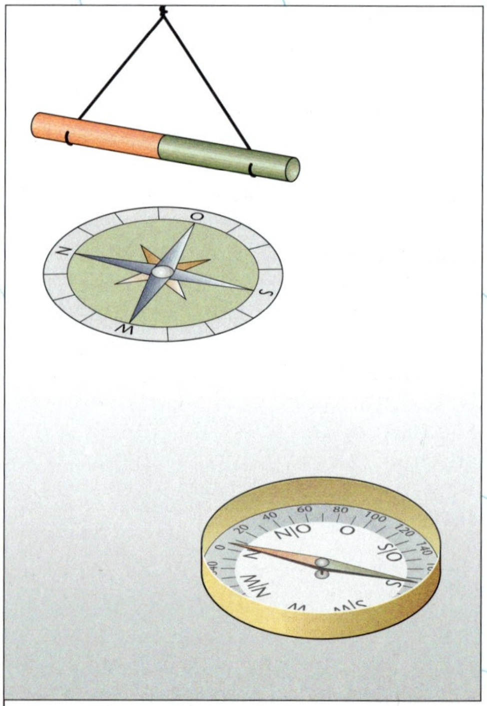

1 Der Nordpol des Magneten zeigt nach Norden.

Geografische Pole der Erde
Innerhalb von 24 Stunden dreht sich unsere Erdkugel einmal um die eigene Achse. Die „Drehachse“ kannst du dir als Stab vorstellen, der vom Nord- zum Südpol genau durch die Erdmitte führt. Die **geografischen Pole** befinden sich an den Orten, wo diese Achse an den Oberflächen austritt. Der geografische Nordpol liegt im Nordpolarmeer, der geografische Südpol in der Antarktis.

Magnetische Pole der Erde
Die Erde ist ein riesiger Magnet. Die Pole des **Erdmagneten** und die geografischen Pole liegen aber an völlig verschiedenen Orten.

Der Nordpol des Erdmagneten befindet sich auf der Südhalbkugel der Erde in der Antarktis. Die Entfernung zum geografische Südpol beträgt etwa 2 500 km.

Den magnetischen Südpol findest du dagegen auf der Nordhalbkugel der Erde in Nordkanada. Bis zum geografischen Nordpol sind es von dort aus noch etwa 1 300 km.

Jetzt kannst du erklären, warum die Kompassnadel nach Norden weist: Nach den magnetischen Gesetzen zeigt der Nordpol der Kompassnadel zum magnetischen Südpol der Erde, der in nördlicher Himmelsrichtung liegt.

Missweisung
Die Kompassnadel zeigt nicht genau in Nord-Süd-Richtung, sondern zu den magnetischen Polen. Diese Abweichung nennt man **magnetische Missweisung**.

Demnach müssen beispielsweise Seefahrer genau wissen, wie weit die Richtung der Kompassnadel vom Nordkurs abweicht, sonst verfehlen sie ihr Ziel. Deshalb wird der Winkel zwischen der geografischen Nordrichtung und der magnetischen Südrichtung gemessen. Der Wert kann anschließend am Kompass eingestellt werden, z. B. mit einer drehbaren Winkelskala (▷ B 2).

Aufgabe

1 Wo würdest du ankommen, wenn du der Kompassnadel folgen würdest? Sieh im Atlas nach, wo die magnetischen Pole und wo die geografischen Pole liegen.

2 Kompass mit drehbarer Skala zur Korrektur der Missweisung

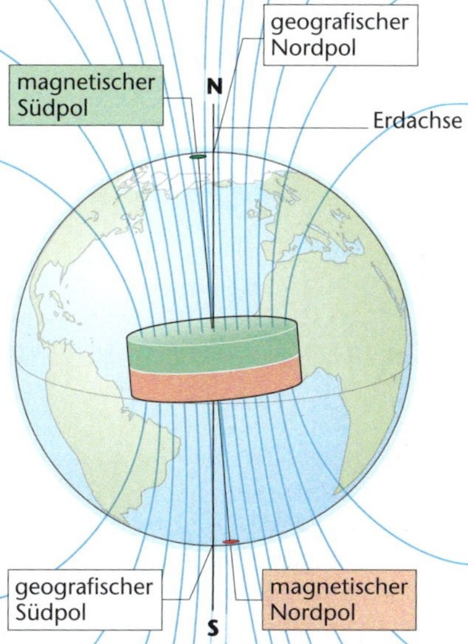

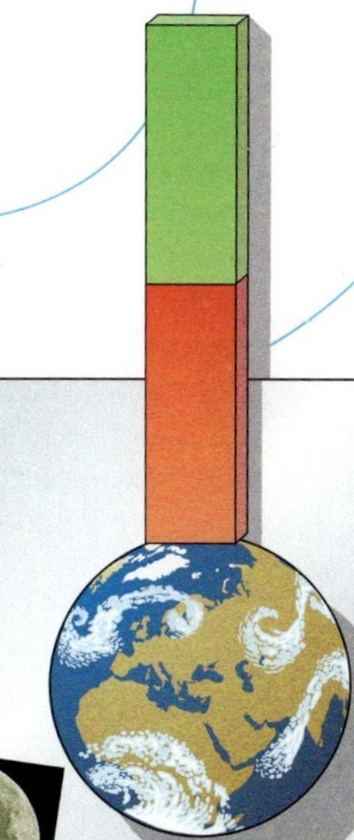

Wusstest du schon, dass ...
... das magnetische Feld eines kleinen Stabmagneten ungefähr zehnmal so stark wie das Magnetfeld der Erde ist?

... weder der Mond noch unsere unmittelbaren Nachbarplaneten Venus und Mars ein der Erde vergleichbares Magnetfeld haben?

... der Planet Jupiter von einem magnetischen Feld umgeben ist, das etwa 50 000-mal stärker als das Magnetfeld der Erde ist?

inden

Das Internet

Das Internet ist ein Zusammenschluss vieler Computer. Auf diese Weise ist eine Art riesige Bibliothek entstanden, in der vielfältige Informationen zu finden sind.

Um in das Internet zu gelangen, muss man sich über einen so genannten Provider telefonisch einwählen. Ein Provider ist eine Firma, die dir den Zugang zum Internet ermöglicht. In der Schule genügt es meistens, am Computer einen Browser (engl. browse: stöbern) zu starten, die telefonische Anwahl geschieht meist automatisch. Zu Hause sollten dir deine Eltern den Zugang zum Internet zeigen.

Mit einem Browser bewegst du dich im World Wide Web (Weltweites Netzwerk). In der Adresszeile kannst du sofort bekannte WWW-Adressen eingeben, z. B. **www.weltderphysik.de** oder **www.klett.de**.

Viele dieser Seiten sind Ausgangsseiten (Portale), die durch Verweise auf andere Seiten zeigen. Diese Verweise (so genannte Links) erkennst du daran, dass sie unterstrichen und meist farbig hervorgehoben sind. Zudem wird beim Überstreichen eines Links aus dem Mauszeiger eine Hand. Einige Links sind auch durch kleine Grafiken dargestellt. Wenn du einen Link anklickst, wechselst du zu der Seite, auf die der Link verweist. In der Adresszeile steht jetzt meist eine neue Adresse.

Suchen & Finden

Wenn du spezielle Informationen benötigst, musst du die Adresse kennen, unter der die Informationen zu finden sind. Nur in den wenigsten Fällen wirst du über Portale an die entsprechenden Informationen gelangen.

Effektiver ist es, eine Suchmaschine zu benutzen. Eine Suchmaschine kannst du dir wie ein riesiges Lexikon vorstellen. Nach Eingabe eines Begriffs erstellt die Suchmaschine eine Liste mit Seiten, die deinen Suchbegriff enthalten. Suchmaschinen sind z. B. zu finden unter:

www.altavista.de
www.fireball.de
www.google.de
www.lycos.de
www.yahoo.de

Wenn du in dem Feld „Suche nach" ein Stichwort eingibst und dann auf „Suche starten" klickst oder die Eingabetaste drückst, beginnt die Suchmaschine damit, passende Seiten zu suchen.
Als Ergebnis gibt die Suchmaschine eine Linkliste der Seiten zurück, die diesen Suchbegriff enthalten.

Wenn du z. B. Informationen über Magnete benötigst, musst du in der Suchzeile das Wort Magnet eingeben.
In den meisten Fällen erzielt die Suchmaschine jetzt aber nicht nur einen Treffer, sondern viele, vielleicht sogar Millionen. Dein Suchbegriff ist dann zu allgemein und die Information, die du eigentlich suchst, ist nur schwer zu finden.

Verfeinern der Suche
Alle Suchmaschinen erlauben es, die Suche zu verfeinern, indem man mehrere Schlagwörter in der Suchzeile einträgt. Zusätzlich sollte man direkt vor jedes Wort das Pluszeichen (+) setzen. Das Pluszeichen bedeutet, dass dieser Begriff im Ergebnis in jedem Fall enthalten sein muss. Suchst du z. B. nach den magnetischen Polen, könntest du als Suchbegriffe eingeben:

+Magnet +Pole

Begriffe ausschließen
Manchmal ist es auch sinnvoll, bestimmte Begriffe bei der Suche auszuschließen. In diesen Fällen musst du ein Minuszeichen (–) vor das Wort stellen. Suchst du z. B. nach den magnetischen Polgesetzen und möchtest du keine Informationen, die von einer Universität stammen, so gibst du ein:

+Magnet +Polgesetz –Universität

Textsuche
Angenommen, du willst ein Referat über WILLIAM GILBERT schreiben. Möglicherweise reicht hier die Suche mit

+William +Gilbert

nicht aus, da jetzt auch andere Vor- und Nachnamenkombinationen denkbar sind, wie z. B. Dokumente, in denen William Meier und Melissa Gilbert vorkommen. Muss in dem zu suchenden Dokument aber unbedingt der Text William Gilbert vorkommen, so sind beide Wörter zusammen in doppelte Anführungszeichen zu setzen, also:

„William Gilbert“

Jetzt erhältst du nur Verweise auf Dokumente, in denen genau dieser Text vorkommt.

1 Ob Internet oder Bibliothek: Man muss wissen, wie man Informationen findet.

Einstellen der Startadresse
Du siehst, nur wenn man geschickt im Internet sucht, findet man auch die richtigen Ergebnisse. Am besten ist es, wenn man den Browser so einstellt, dass er gleich als Startseite eine Suchmaschine aufruft. Eine neue Startseite stellst du im Browser über den Menüpunkt „Einstellungen“ oder „Optionen“ ein.

Kosten sparen
Auch wenn das Surfen im Internet immer preiswerter wird, es kostet dennoch Geld. Du kannst Kosten sparen, wenn du dir beim Surfen nicht alle Seiten genau durchliest. Dies kannst du später „offline“, also ohne Telefonverbindung nachholen. Dazu musst du nur den Browser im Dateimenü in den Offlinebetrieb schalten. Wenn du auch noch den Verlauf anwählst, kannst du die zuletzt besuchten Seiten direkt anwählen und eventuell auch ausdrucken.

Vorsicht
Da es keine Kontrolle gibt, kann jeder Informationen ins Internet stellen, auch wenn sie falsch sind. Daher ist die Verlässlichkeit der Informationen im Allgemeinen nicht so hoch wie z. B. bei einem Lexikon. Deshalb solltest du, wenn du im Internet Informationen suchst, die Angaben aus mehreren Treffern miteinander vergleichen. Es bietet sich auch an, nachzulesen, was in anderen Quellen (z. B. einem Lexikon) zu dem gesuchten Thema steht.

1 Hans Christian Oersted

Die „verrückte" Kompassnadel

Im Jahre 1820 experimentierte der dänische Physiker Hans Christian Oersted (1777–1851) mit einem Strom führenden Draht und einer Kompassnadel. Oersted wollte herausfinden, ob es einen Zusammenhang zwischen Elektrizität und Magnetismus gibt. Dazu untersuchte er die Auswirkung eines Strom führenden Drahtes auf eine Kompassnadel.
Oersteds Experiment kannst du in Versuch 1 selbst durchführen. Dabei beobachtest du Folgendes: Sobald Strom durch den Draht fließt, wird die Kompassnadel aus ihrer ursprünglichen Richtung abgelenkt (▷B 3).
Fließt der Strom in umgekehrter Richtung durch den Draht, dreht sich die Nadel in die andere Richtung (▷B 3).

▶ Eine Kompassnadel wird aus ihrer ursprünglichen Richtung abgelenkt, wenn sie sich in der Nähe eines Strom führenden Leiters befindet.

Die Ablenkung einer Kompassnadel erfordert ein Magnetfeld. Was ist die Ursache für dieses Feld in Versuch 1?
Du hast im Versuch beobachtet, dass sich die Nadel nur bei Stromfluss bewegt. Also muss der Strom die Ursache dafür sein, dass im Raum um den Draht eine Magnetkraft wirkt.
Sobald Strom durch den Kupferdraht fließt, baut sich um ihn herum ein Magnetfeld auf. Nach dem Ausschalten des Stromes verschwindet dieses Magnetfeld wieder. Die Kompassnadel pendelt in ihre Ausgangsposition zurück.

▶ Im Raum um einen stromdurchflossenen Leiter existiert ein Magnetfeld.

Stärkere Magnetfelder

Das Magnetfeld um einen stromdurchflossenen Leiter ist schwach. Wenn man aber den Draht verlängert und zu einer Spule aufwickelt, wird das entstehende Magnetfeld deutlich stärker.
Je mehr Windungen die Spule hat, desto stärker ist bei gleicher Stromstärke das Magnetfeld (▷V 3).

Wenn du die Stromstärke durch eine Spule erhöhst, vergrößert sich ebenfalls die magnetische Kraft auf die Kompassnadel (▷V 2c).

Befindet sich im Inneren einer Spule noch ein Eisenkern, verstärkt dieser bei gleicher Windungszahl und Stromstärke ebenfalls das entstehende Magnetfeld (▷V 2b).

▶ Das Magnetfeld um eine stromdurchflossene Spule lässt sich verstärken durch
- eine größere Windungszahl der Spule,
- die Verwendung eines Eisenkerns und
- eine höhere Stromstärke durch die Spule.

Der Elektromagnet

Eisennägel werden von einer Spule angezogen, sobald Strom durch ihre Windungen fließt (▷B 4). Eine anziehende Wirkung hast du auch schon zwischen einem Dauermagneten und Eisennägeln beobachtet. Die Strom führende Spule verhält sich wie ein Magnet. Wird der Stromfluss unterbrochen, fallen die Nägel ab.

▶ Eine Strom führende Spule ist ein Elektromagnet.

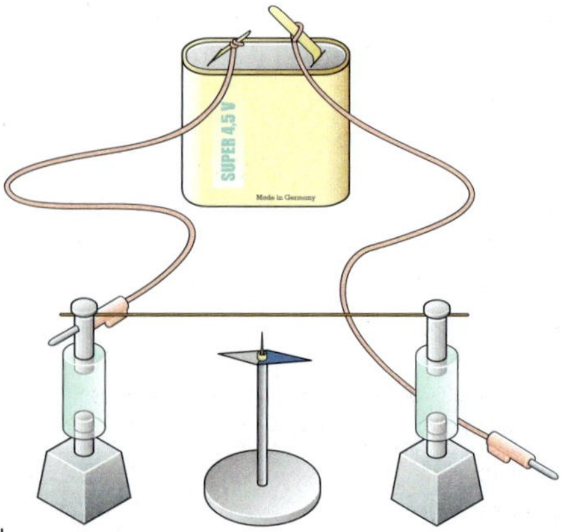

2 Zu Versuch 1

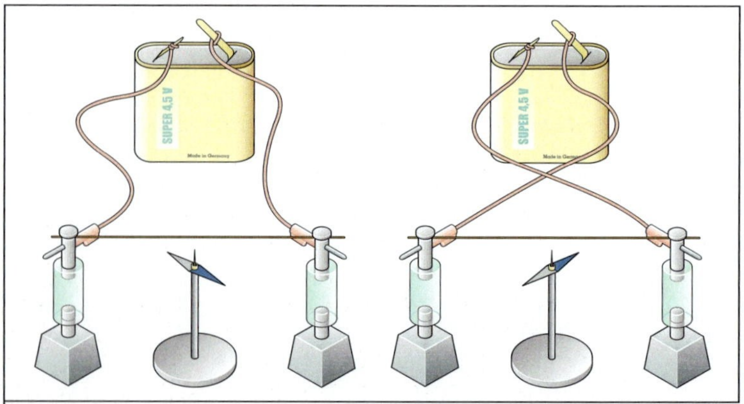

3 Ablenkung einer Kompassnadel bei verschiedenen Stromrichtungen.

4 Elektromagnet Spule

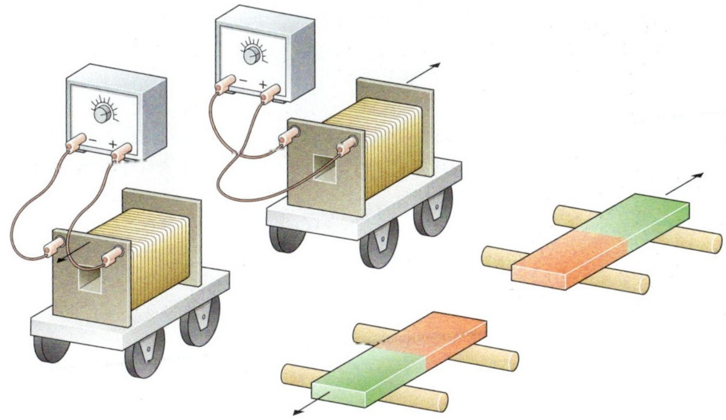

6 Elektromagnet und Dauermagnet im Vergleich

Magnete im Vergleich

In den meisten elektrischen Geräten und Maschinen sind Elektromagnete eingebaut. Sie sind meist leichter als Dauermagnete und bieten noch weitere Vorteile.

Es gibt aber auch Anwendungen, wie z. B. den Lautsprecher oder das Mikrofon, in denen Dauermagnete zum Einsatz kommen.

Aufgaben

1 a) Begründe die Reihenschaltung der Spulen in Versuch 3.
b) Wie lässt sich die Stärke eines Elektromagneten verringern?

2 Stelle die Eigenschaften von Dauer- und Elektromagneten (▷ B 6) in einer Tabelle gegenüber und versuche, das Ergebnis zu bewerten.

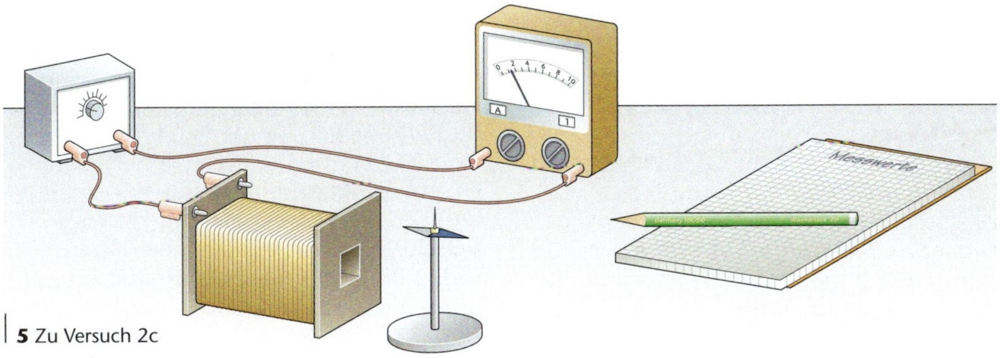

5 Zu Versuch 2c

Versuche

1 a) Spanne einen etwa 30 cm langen Kupferdraht in zwei Isolierstützen ein. Lasse eine Kompassnadel sich in Nord-Südrichtung einpendeln. Richte den Draht parallel zur Nadel aus (▷ B 2). Schließe den Draht an eine Gleichspannungsquelle (6 V) an. Beobachte!
b) Wiederhole V 1a mit veränderter Stromrichtung.

2 a) Schließe eine Spule mit 600 Windungen an eine Gleichspannungsquelle (6 V) an. Stelle in die Nähe der Spule eine Kompassnadel und schalte den Strom ein.
b) Wiederhole den Versuchsteil a) mit einem Eisenkern im Spuleninneren.
c) Schließe die Spule mit 600 Windungen in Reihe mit einem Strommesser an eine Gleichspannungsquelle an. Bringe eine Kompassnadel in Spulennähe. Beginne bei einer Spannung von 3 V erhöhe dann auf 6 V. Notiere die Stromstärken und die Stärke der Nadelbewegung.

3 Baue eine Reihenschaltung mit drei Spulen (300, 600 und 1200 Windungen) auf. Stelle vor jede Spule im gleichen Abstand eine Kompassnadel auf. Lege eine Spannung von 6 V an. Vergleiche die Ausschläge der Kompassnadeln.

4 Wickle ein Kabel mehrfach um einen großen Eisennagel (▷ B 4). Schließe den selbst gebauten Elektromagneten an eine 4,5-V-Batterie an und teste wie viele Eisennägel er anzieht.

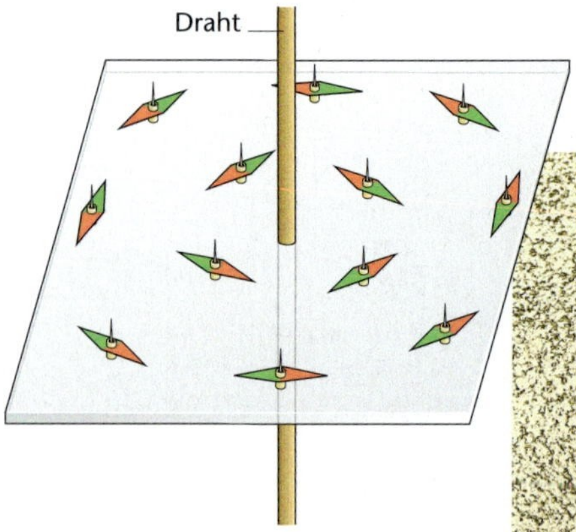

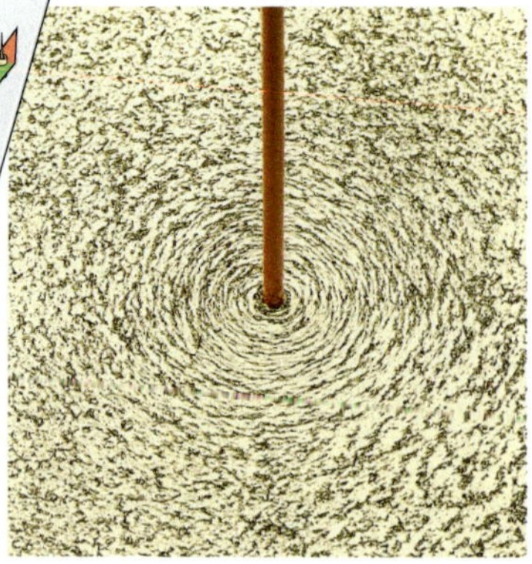

1 Magnetfeld eines geraden Leiters

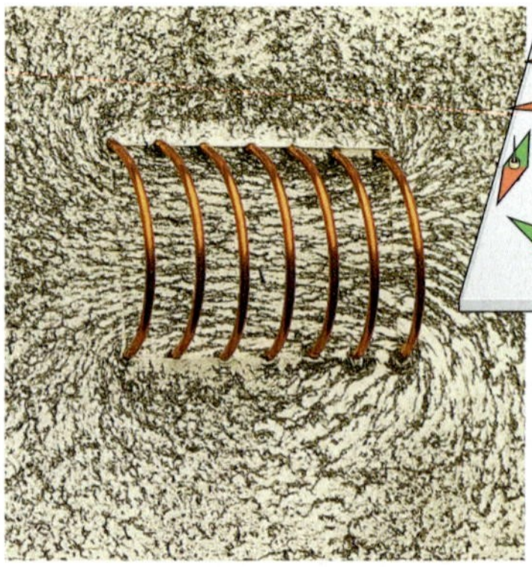

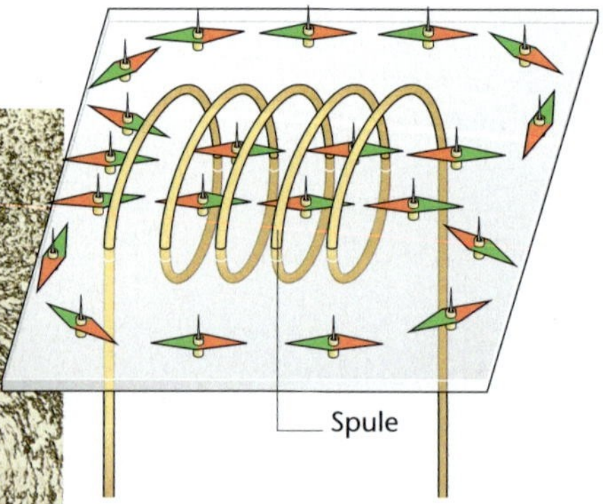

2 Magnetfeld einer Spule

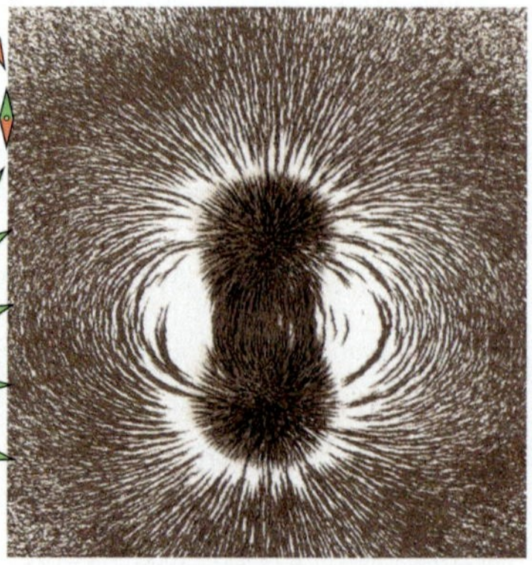

3 Magnetfeld eines Stabmagneten

Magnetfelder werden sichtbar gemacht
Du weißt bereits, dass sich Kompassnadeln und Eisenfeilspäne in Magnetfeldern ausrichten. Sie können daher als Hilfsmittel dienen, um den Magnetfeldern von stromdurchflossenen Drähten und Spulen auf die Spur zu kommen.

Bild 1 zeigt eine Plexiglasplatte, durch die ein elektrischer Leiter führt. Auf der Platte befinden sich zahlreiche Magnetnadeln. Nach Einschalten des Stromes durch den Draht richten sich alle Magnetnadeln rund um den Leiter aus. Wenn man die Nadeln in Gedanken miteinander verbindet, ergeben sich mehrere geschlossene Kreislinien.

Damit man die Kreise noch besser sieht, kann man Eisenfeilspäne benutzen. Die Späne richten sich um den Leiter herum aus. Deutlich ist die Struktur der magnetischen Feldlinien zu erkennen.

Aus diesen Versuchen kann man auf den Verlauf der Feldlinien schließen:

Die magnetischen Feldlinien um einen geraden stromdurchflossenen Leiter sind kreisförmig.

Magnetfelder um Spulen
Im Bild 2 siehst du, wie sich Kompassnadeln und Eisenfeilspäne in der Umgebung einer stromdurchflossenen Spule ausrichten. Die Struktur erinnert an ein Magnetfeld um einen Stabmagneten (▷ B 3). So hat die Spule ebenfalls einen magnetischen Nord- und Südpol.

Im Unterschied zum Stabmagneten können wir bei der Spule den Verlauf der Feldlinien im Inneren beobachten. Dort verlaufen die Feldlinien annähernd parallel (▷ B 2). In diesem Bereich hat das magnetische Feld überall die gleiche Stärke und die gleiche Richtung.

Das Magnetfeld um eine stromdurchflossene Spule ähnelt dem eines Stabmagneten. Bei einer stromdurchflossenen Spule sind die Magnetfeldlinien geschlossen.

Die elektrische Klingel
Wenn du eine elektrische Klingel betätigst, ertönt sie so lange, wie du den Taster gedrückt hältst.
Die Klingel enthält eine Spule und einen beweglichen Anker, dessen Verlängerung den Klöppel bildet. Der Anker ist über eine Blattfeder mit einer Kontaktschraube verbunden (▷B 1). Durch Drücken des Tasters wird der Stromkreis geschlossen. In der nun stromdurchflossenen Spule der Klingel baut sich ein Magnetfeld auf. Der Anker wird von der Spule angezogen, wodurch der Klöppel die Glocke anschlägt. Gleichzeitig hebt die Blattfeder vom Kontakt ab und unterbricht den elektrischen Stromkreis.

Da kein Strom mehr durch die Spule fließt, verschwindet das Magnetfeld. Der Anker bewegt sich zurück, wodurch die Blattfeder erneut mit der Kontaktschraube in Berührung kommt. Der Stromkreis schließt sich wieder. Nun beginnt der Vorgang von vorn und er wiederholt sich so lange, wie der Klingeltaster gedrückt bleibt. Dabei ertönt ein Dauerton.
Ein Summer in der Gegensprechanlage eines Hauses funktioniert nach dem gleichen Prinzip wie die elektrische Klingel.

Lautsprecher und Relais
In einem Lautsprecher arbeitet der Elektromagnet mit einem Dauermagneten zusammen. Den Lautsprecher erreichen Stromschwankungen. Sie führen dazu, dass der Elektromagnet in den Ringspalt eines Dauermagneten hineingezogen bzw. aus dem Ringspalt herausgestoßen wird (▷B 3). Mit der Spule ist eine Lautsprechermembran verbunden, die dabei bewegt wird und somit Töne erzeugt.

Mit einem Relais kann man durch einen schwachen Strom einen starken Strom ein- und ausschalten: Wird der Steuerstromkreis geschlossen, schließt der Elektromagnet den Arbeitsstromkreis am Kontakt (▷B 2). Der Motor beginnt zu laufen.

Der Sicherungsautomat
Sicherungsautomaten werden im Haushalt eingesetzt, um den Stromkreis zu unterbrechen, wenn ein zu großer Strom durch die Leitung fließt. Dieser Automat enthält einen Hebel, der bei Überschreiten einer bestimmten Stromstärke von einer Spule angezogen wird. So unterbricht er den Stromkreis.

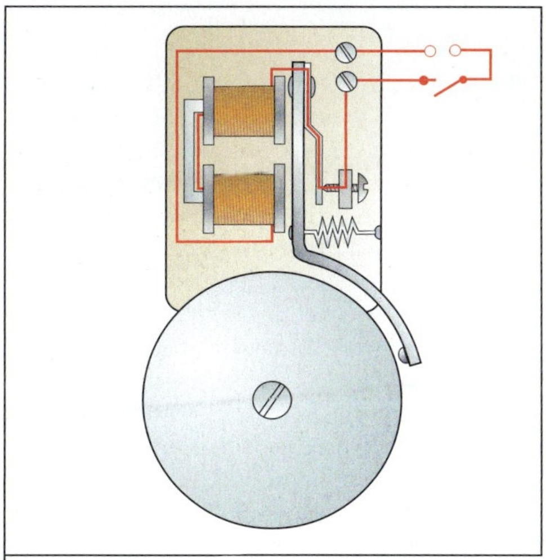
1 Eine Klingel enthält einen Elektromagneten.

Versuche

1 Lege an eine Spule mit 600 Windungen eine Gleichspannung von 6 V an. Halte einen Eisenkern so in die Spulenöffnung, dass der größte Teil herausragt. Was kannst du beim Einschalten des Stromes beobachten?

2 Baue selbst eine elektrische Klingel. Erstelle dazu zuerst einen Schaltplan.

Aufgabe

1 Eine Schaltung, wie sie der elektrischen Klingel zu Grunde liegt, nennt man auch „Selbstunterbrecher“. Erkläre diesen Namen.

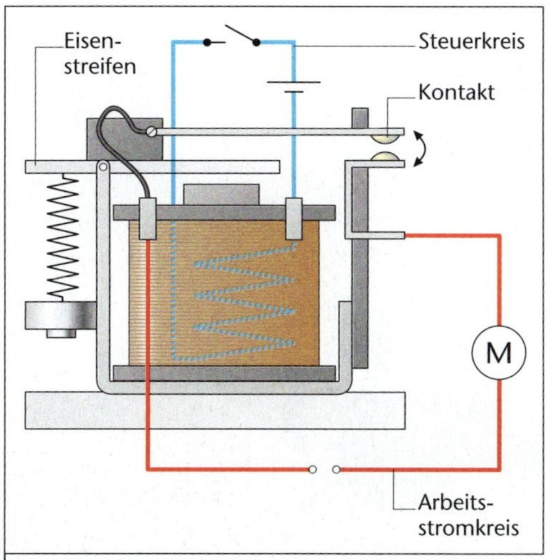

2 Funktionsweise eines Relais

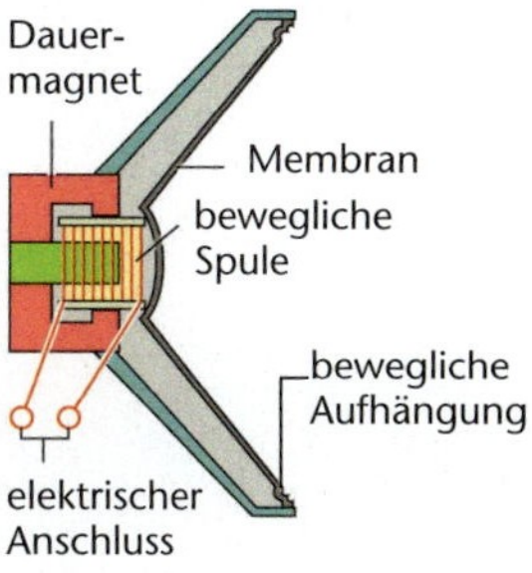

3 Aufbau eines Laut-

Versuch

1 a) Wickle einen Kupferdraht um einen Holzstab oder eine Pappröhre. Halte die so entstandene Spule zwischen die Pole eines Hufeisenmagneten. Schließe sie an eine Spannungsquelle an (▷B 2). Was kannst du beobachten?
b) Vertausche die Anschlüsse der Spule. Was beobachtest du jetzt?
Kannst du dir eine Möglichkeit vorstellen, wie man durch Vertauschen der Anschlüsse eine ganze Drehung der Spule erreichen könnte?

2 Zu Versuch 1

Elektromotoren überall
In keinem Lebensbereich können wir auf Elektromotoren verzichten. Keine Waschmaschine arbeitet ohne Elektromotor, ebenso wenig Maschinen in Industriebetrieben und selbst der Computer würde ohne Elektromotoren für die Festplatte und den Lüfter nicht funktionieren.

In einem offenen Elektromotor kannst du eine Spule erkennen, die auf einen Eisenkern gewickelt ist (▷B 1). Auch hierbei handelt es sich um einen Elektromagneten. Doch Magnete können sich nur anziehen oder abstoßen. Wie kann man erreichen, dass ein Elektromotor eine Drehbewegung erzeugt?

Ein „einfacher" Elektromotor?
In Versuch 1 hast du bereits den Vorläufer eines Elektromotors aufgebaut. Auch er enthält – wie jeder Elektromotor – einen feststehenden Magneten, der zum **Stator** des Motors gehört (lat. stare: stehen). Im Magnetfeld des Stators dreht sich eine Spule, die zum **Rotor** gehört (lat. rota: Rad).

Dieser „Motor" besitzt aber zwei große Nachteile:

1. Die Spule führt maximal eine halbe Umdrehung aus, denn dann stehen sich ungleichnamige Pole von Dauermagnet und Spule gegenüber. Da sich diese anziehen, dreht sich die Spule nicht weiter.

2. Wenn nach einer halben Umdrehung die Anschlüsse der Spule vertauscht würden, könnte sich die Spule weiter drehen. Durch die Umdrehungen wickeln sich jedoch die Anschlusskabel der Spule auf. Dadurch ist eine weitere Drehung bald unmöglich.

Ein Kommutator löst das Problem
Diese Nachteile werden vermieden, wenn man an der Rotorspule zusätzlich einen **Kommutator** anbringt (lat. commutare: vertauschen). Er besteht aus zwei Ringhälften, an die die Spule des Rotors angeschlossen ist (▷B 5). Auf die beiden Ringhälften drücken Schleifkontakte, die eine leitende Verbindung von der Rotorspule zur Spannungsquelle ermöglichen.

1 Ein Elektromotor

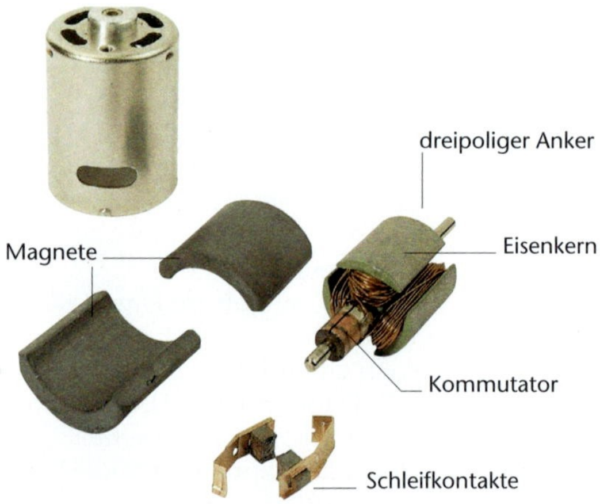

3 Geöffneter Elektromotor

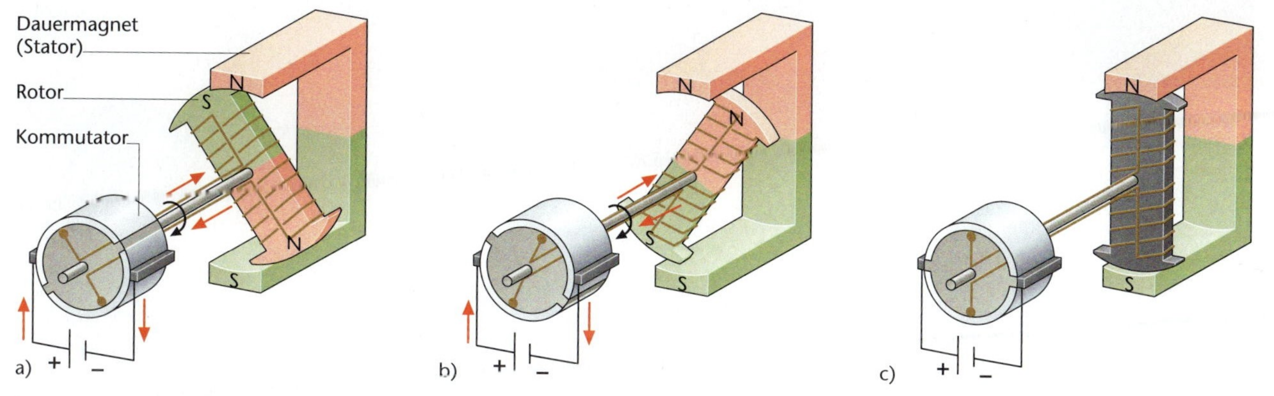

4 Elektromotor mit Kommutator

Dadurch gibt es keine Anschlusskabel mehr, die sich aufwickeln können.
Wie kommt es zu einer ständigen Drehung? Die Rotorspule dreht sich so weit, bis sich ungleichnamige Pole gegenüberstehen (▷ B 4a). Jetzt wechseln die Schleifkontakte auf die jeweils andere Ringhälfte (▷ B 4b). Dadurch ändert sich die Stromrichtung in der Rotorspule, und ihr Magnetfeld wird umgepolt. Nun stehen sich gleiche Pole gegenüber, die sich abstoßen, und der Rotor dreht sich weiter. Dieser Vorgang findet jede halbe Umdrehung statt: Der Rotor dreht sich ständig weiter.

▶ Durch den Kommutator werden die Magnetpole der Rotorspule nach jeder halben Umdrehung umgepolt. Dadurch wird eine ständige Drehung des Rotors erreicht.

Der Totpunkt wird vermieden
Wenn du den Elektromotor von Bild 4 mehrfach ein- und ausschaltest, wirst du noch einen Nachteil feststellen: Er läuft nicht jedesmal von selbst an und muss dann mit der Hand angeworfen werden. Der Rotor kann beim Ausschalten so stehen bleiben, dass sich die Pole der Rotorspule und des Stators genau gegenüberstehen. Der Rotor ist im **Totpunkt**, er erfährt keine Kraft, die ihn zur Drehung veranlasst (▷ B 4c).

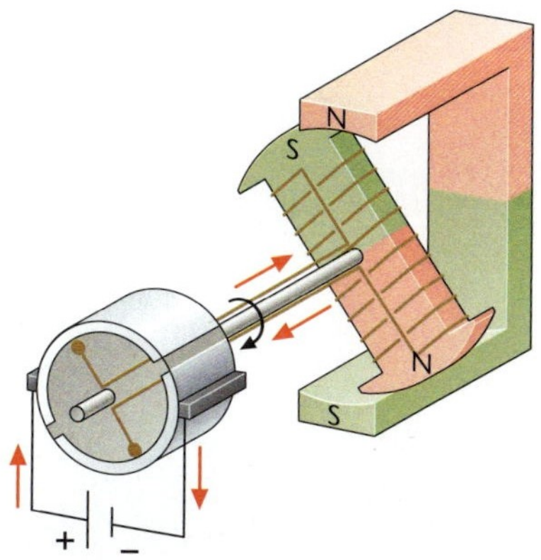

5 Der Kommutator

Diese „Anlaufschwierigkeit" lässt sich vermeiden, wenn man die Rotorspule in eine ungerade Anzahl von Spulenabschnitten aufteilt. Der einfachste Fall ist der **dreipolige Anker** (Anker wegen der Form des Eisenkerns). Bei ihm stehen mindestens zwei Spulen nicht direkt vor dem Stator, die dann für das Anlaufen des Motors sorgen (▷ B 1).

▶ Mit einem dreipoligen Anker als Rotor läuft der Elektromotor aus jeder Position sicher an.

Lexikon

Elektromotoren

Rotor
Der drehbare Teil eines Elektromotors.

Rotorspule
Die drehbare Spule im Elektromotor. Ihre Anschlüsse sind mit dem Kommutator verbunden.

Stator
Der feststehende Teil des Elektromotors. Er besteht aus dem Gehäuse des Motors und den feststehenden Magneten (Dauermagnete oder Elektromagnete).

Statorspulen
Fest angebrachte Elektromagnete im Stator des Motors.

Kommutator
Er vertauscht bei jeder Umdrehung des Rotors zweimal die Anschlüsse der Rotorspule. Dadurch sorgt der Kommutator für ein Umpolen des Magnetfeldes an der

Werkstatt

Ein einfacher Elektromotor

Mit einfachen Mitteln kannst du einen funktionsfähigen Elektromotor selbst bauen.
Dieser Motor besitzt keinen Kommutator wie du ihn kennst. Sein Rotor besteht lediglich aus einer Spule aus lackiertem Kupferdraht (▷ B 1). Die beiden Enden des Drahtes werden an einer Stelle abisoliert (▷ B 4). Es kann nur Strom durch den Rotor fließen, wenn die abisolierten Enden auf den Sicherheitsnadeln aufliegen und dadurch ein Kontakt zur Batterie besteht (▷ B 6). Dann dreht sich der Rotor durch die entstehenden Magnetkräfte.
Liegt die isolierte Schicht des Drahtes auf den Sicherheitsnadeln auf, fließt durch den Rotor zwar kein Strom mehr, er dreht sich aber aufgrund seiner Trägheit weiter, bis wieder Kontakt besteht.

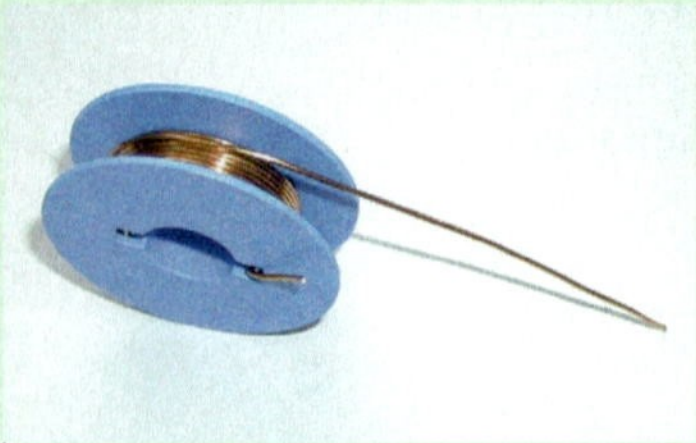

1 Lackierter Kupferdraht

Material
Lackierter Kupferdraht, Dicke ca. 1 mm (Länge ca. 1 m), Batteriehalterung und vier Rundbatterien, Holzbrett (Maße 10 cm · 15 cm), 2 Sicherheitsnadeln, starker Plattenmagnet (beachte: so genannte „Haftmagnete“ von einer Pinnwand eignen sich nicht!), Zange, Messer, evtl. Draht, Lötkolben und Klebstoff

Versuchsanleitung
a) Der Stator
Öffne die Sicherheitsnadeln und stecke sie mit ihrer spitzen Seite parallel zueinander in das Holzbrettchen (▷ B 2). Achte darauf, dass sich die Ösen der beiden Sicherheitsnadeln auf gleicher Höhe befinden.

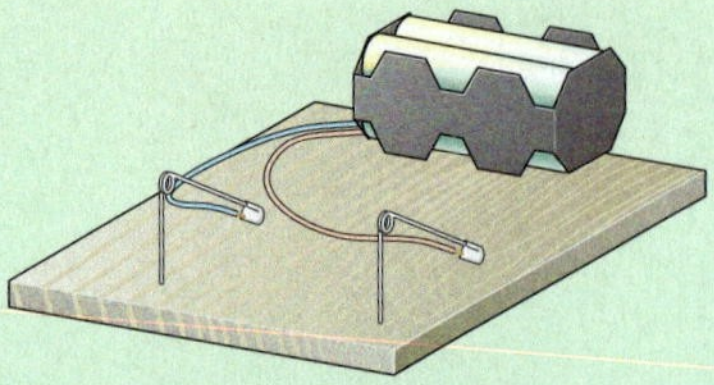

2 Aufbau des Stators

Schließe die Spannungsquelle an die Sicherheitsnadeln an.

b) Die Rotorspule
Wickle den Kupferdraht um einen runden Gegenstand (z. B. um einen Besenstiel) zu einer Spule auf. Sie soll etwa 10 Windungen besitzen (▷ B 3).

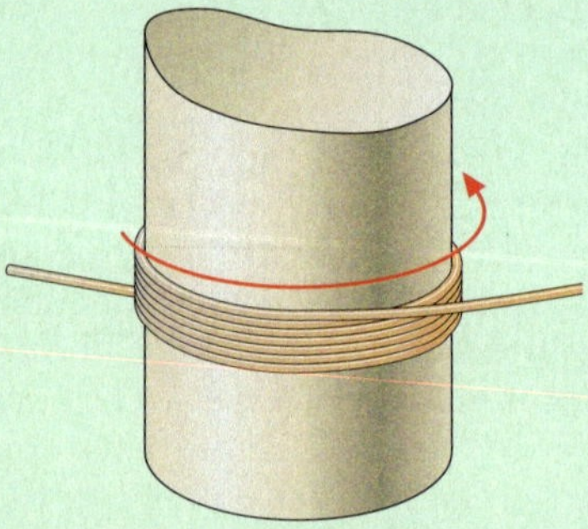

3 Herstellung der Spule

Wickle die Enden des Drahtes mehrfach um die Spule und lasse die Drahtenden einige Zentimeter überstehen (▷ B 4).

Beachte: Es ist sehr wichtig, dass die Spule rund läuft, wenn du sie um die Drahtenden drehst! Anschließend musst du jeweils

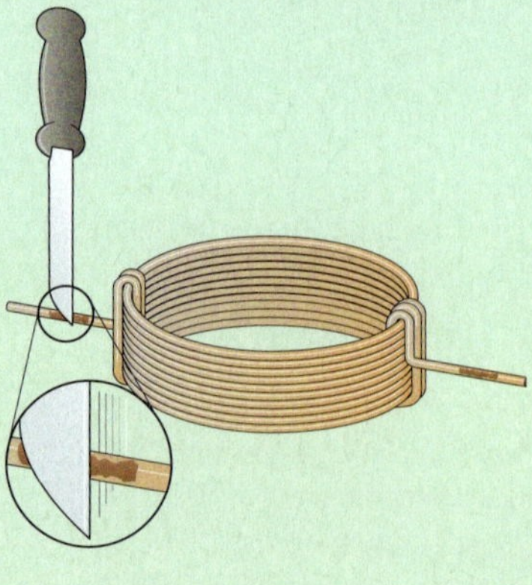

4 Ein Bereich auf einer Seite des Drahtes wird abisoliert.

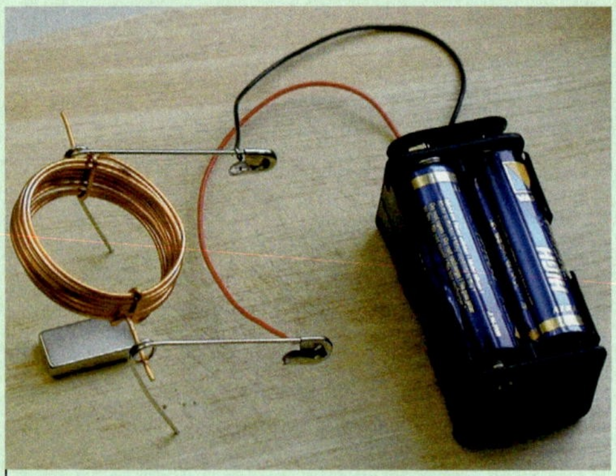

5 Der fertiggestellte Elektromotor

eine Stelle auf einer Seite der überstehenden Drahtenden abisolieren. Das gelingt am besten, wenn du ein scharfes Messer zu Hilfe nimmst (▷ B 4).
Achte darauf, dass du die Isolierung an den richtigen Stellen entfernst. Über diese Stellen muss der Kontakt zu den Ösen der Sicherheitsnadeln hergestellt werden.

c) Montage
Stecke die Enden der Rotorspule durch die Ösen der Sicherheitsnadeln. Befestige den Dauermagneten auf dem Holzbrettchen zwischen den beiden Sicherheitsnadeln (▷ B 6). Drehe dann den Rotor mit der Hand an.

Falls der Motor sich nicht sofort dreht, wirf ihn in der anderen Richtung an, vertausche die Pole des Dauermagneten oder ändere die Position des Magneten.
Viel Erfolg!

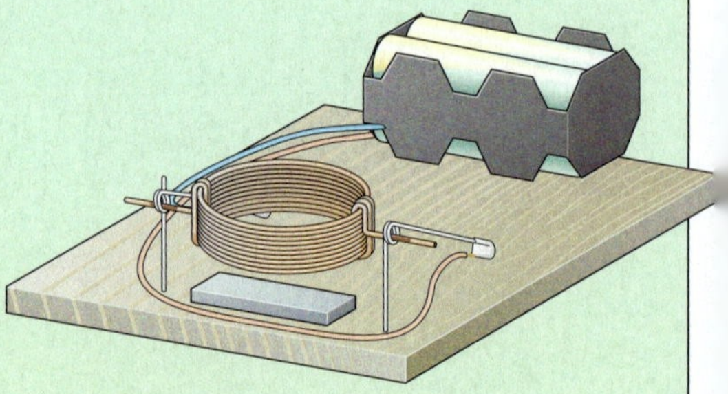

6 Der Dauermagnet wird unterhalb der Spule befestigt.

Hans Christian Oersted und Michael Faraday

Die Entdeckung des Elektromagnetismus durch Hans Christian Oersted

Lange Zeit suchte man eine Verbindung zwischen der Elektrizität und dem Magnetismus. Erst im April 1820 gelang es dem dänischen Physikprofessor Hans Christian Oersted (1777–1851), diesen Zusammenhang experimentell nachzuweisen. Er stellte eine Magnetnadel auf und spannte einen dünnen Platindraht so darüber, dass der Draht parallel zur Nadel ausgerichtet war. Dann schloss er eine selbst gebaute Batterie an und ließ Strom durch den Draht fließen (▷ B 2). Der Platindraht begann zu glühen, gleichzeitig wurde die Magnetnadel aus der Nord-Süd-Richtung abgelenkt.

Zunächst schloss Oersted irrtümlich daraus, dass die Magnetnadel durch das Glühen des Drahtes abgelenkt wurde. Für weitere Versuche setzte er Metalle ein, die bei der verwendeten Stromstärke nicht aufglühten.

Da auch bei all diesen Versuchen die Kompassnadel abgelenkt wurde, deutete Oersted die Versuchsbeobachtungen jetzt richtig: Der elektrische Strom ruft ein Magnetfeld hervor, das die Kompassnadel aus ihrer ursprünglichen Lage ablenkt.

Die Versuche von Michael Faraday

Der englische Physiker Michael Faraday (1791–1867, ▷ B 1) war überzeugt, dass sich Oersteds Entdeckung auch umkehren ließe: Wenn man durch Elektrizität Magnetismus erzeugen konnte, dann müsste es auch möglich sein, durch Magnetismus elektrischen Strom hervorzurufen.

2 Der Versuch von Hans Christian Oersted

Im Jahre 1831 konstruierte er einen Ring aus Eisen, auf den er zwei Spulen aufwickelte (▷ B 3). Die Spulen lagen einander gegenüber, waren aber nicht miteinander verbunden. Nun schloss er eine Spule an eine Batterie an, wodurch diese zu einem Elektromagneten wurde. Die zweite Spule verband er mit einem Messgerät für den elektrischen Strom.

Faradays Beobachtung fiel jedoch anders aus als erwartet. Nur im Moment des Einschaltens und des Ausschaltens ließ sich in der zweiten Spule ein Strom nachweisen. Faraday vermutete, dass nur bei der Änderung des Magnetfeldes elektrischer Strom erzeugt wurde.

Er führte weitere Versuche durch, die seine Vermutung bestätigten. Wenn sich das Magnetfeld an einer Spule änderte, konnte er einen elektrischen Strom nachweisen. Dabei war es egal, ob das Magnetfeld durch einen Dauermagneten oder einen Elektromagneten erzeugt wurde. Faraday nannte diese Erscheinung „Induktion“ (lat. inducere: hineinführen).

1 Michael Faraday

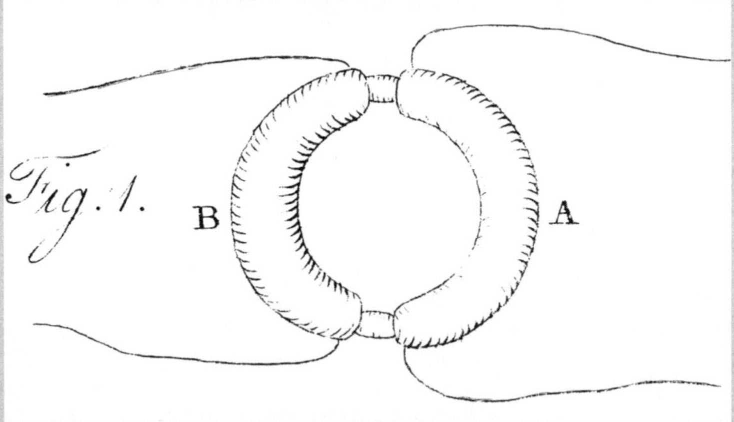

3 Der Versuch von Michael Faraday

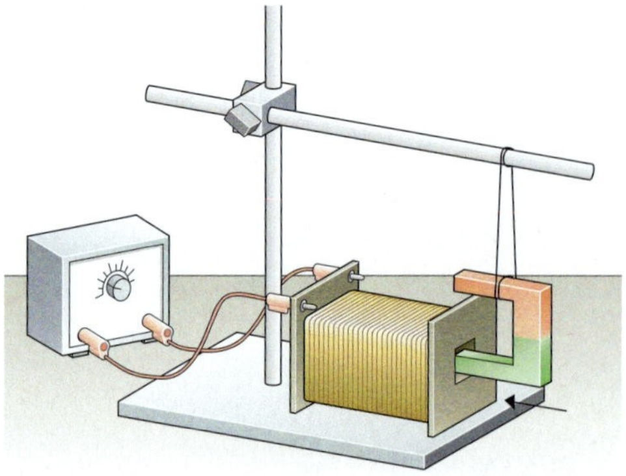

1 Eine stromdurchflossene Spule ist ein Elektromagnet.

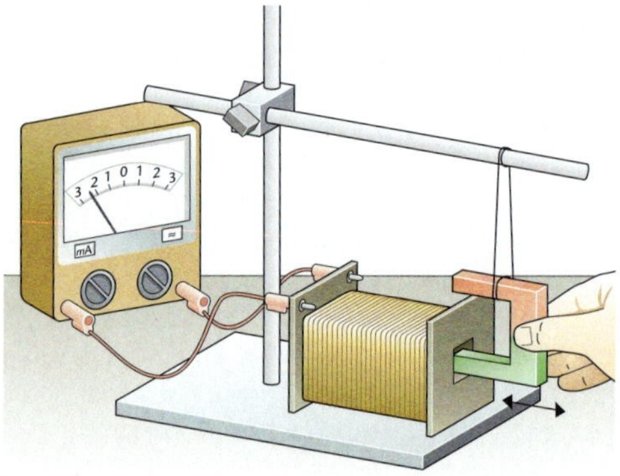

2 Experiment zur Induktion

> *„Gute magnetelektrische Maschinen, die billig starke Ströme erzeugen können, werden technisch außerordentlich wichtig werden und viele Industriebetriebe ganz umgestalten."*
>
> *WERNER VON SIEMENS, 1889*

Ein umkehrbares Experiment

Eine Spule wird zum Elektromagneten, wenn Strom durch ihre Windungen fließt. Diese Erfahrung hast du bereits in Experimenten gemacht.
Um die Strom führende Spule im Bild 1 hat sich ein Magnetfeld aufgebaut. Zwischen diesem und dem Magnetfeld des Dauermagneten wirken Kräfte. Der Magnet wird in die Spule gezogen.

Der englische Physiker MICHAEL FARADAY (1791–1867) fragte sich, ob man dieses Phänomen auch umkehren könnte. Ist es möglich, mithilfe von Magneten einen Stromfluss zu erzeugen? FARADAY stellte sich die Aufgabe: „Convert magnetism into electricity."

Strom mit Spule und Magnet

Im Bild 2 ist die Spule nicht mehr an die Spannungsquelle angeschlossen. Zwischen ihre Enden ist nur ein Amperemeter geschaltet. Der Magnet wird von Hand ausgelenkt, anschließend lässt man ihn in die Spule schwingen.

Während der Magnet sich bewegt kannst du am Amperemeter eine wechselnde Anzeige beobachten. Das bedeutet, dass durch den Spulendraht Strom fließt, obwohl die Spule mit keiner Spannungsquelle verbunden ist.
FARADAY konnte also zeigen, dass sich der Oersted-Versuch umkehren lässt.

Spannung wird induziert

Wenn ein Strom durch die Spule fließt, muss eine Spannung vorhanden sein. Der Nachweis lässt sich einfach erbringen, indem im Versuch (▷ B 2) das Amperemeter durch ein Voltmeter ersetzt wird. Der Zeigerausschlag weist die Spannung nach. Die Spannung entsteht aber nur, solange sich der Magnet bewegt.

Diesen Vorgang der Spannungserzeugung bezeichnet man als **elektromagnetische Induktion**.
Man sagt, in der Spule wird eine Spannung induziert. Die entstehende Spannung nennt man deshalb **Induktionsspannung U_{ind}**.

Voraussetzung für Induktion

Wird wie im Bild 3 der Stabmagnet auf die Spule zu bewegt, zeigt das Messgerät eine Spannung an (▷ V 1a). Die Richtung des Zeigerausschlages hängt vom verwendeten Magnetpol und von der Bewegungsrichtung ab (▷ V 1a; V 1b).

Auch wenn der Magnet ruht und die Spule bewegt wird, entsteht eine Induktionsspannung (▷ V 1c). Befinden sich allerdings Spule und Magnet in Ruhe oder werden beide miteinander in die gleiche Richtung bewegt, entsteht keine Induktionsspannung (▷ V 1a; V 1d).

> Nur wenn Spule und Dauermagnet gegeneinander bewegt werden, entsteht eine Spannung.

Was geschieht bei der Bewegung von Spule oder Dauermagnet?
Der Stabmagnet ist von einem konstanten Magnetfeld umgeben. Die Spule befindet sich im Einfluss dieses Magnetfeldes.

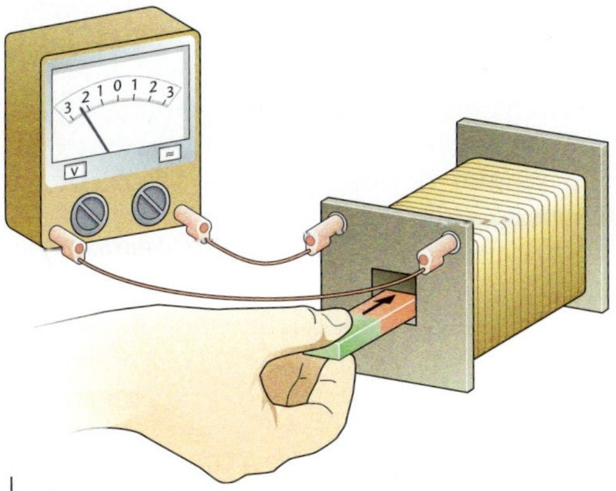

3 Zu Versuch 1a, b

Werden Stabmagnet und Spule aufeinander zu bewegt, dann nimmt die magnetische Wirkung des Stabmagneten auf die Spule zu. Sie befindet sich in einem stärker werdenden Magnetfeld.
Werden Magnet und Spule wieder voneinander entfernt, dann verringert sich seine magnetische Wirkung auf die Spule. Sie befindet sich in einem schwächer werdenden Magnetfeld. Werden Spule und Magnet miteinander bewegt (▷ V 1d), dann bleibt die magnetische Wirkung auf die Spule gleich.

Aus den Versuchen ergibt sich das Induktionsgesetz:

Solange sich in einer Spule das Magnetfeld ändert, wird in ihr eine Spannung induziert. Die entstehende Spannung heißt Induktionsspannung.

Sind beim Induktionsvorgang die beiden Enden der Spule leitend miteinander verbunden, dann fließt ein Strom. Er heißt **Induktionsstrom** I_{ind}.

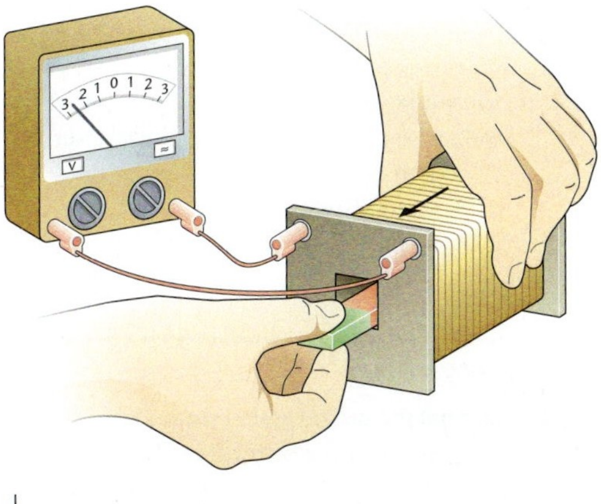

4 Zu Versuch 1c

Versuch

1 Baue einen Versuch nach Bild 3 auf. Verwende eine Spule mit 1200 Windungen und ein Spannungsmessgerät mit Zeigermittelpunktslage. Führe die folgenden Versuche durch und beobachte jeweils den Zeiger des Messgerätes. Notiere deine Beobachtungen!

a) Schiebe den Stabmagneten mit dem Nordpol in die Spule hinein (▷ B 3). Lasse ihn kurz in der Spule ruhen und ziehe ihn dann wieder heraus.

b) Wiederhole Versuchsteil a), benutze aber jetzt den Südpol des Stabmagneten.

c) Halte den Magneten fest und schiebe die Spule über den Magneten, zunächst über den Nord- dann über den Südpol (▷ B 4).

d) Bewege Spule und Magnet miteinander in die gleiche Richtung.

Aufgaben

1 Beschreibe den Vorgang der elektromagnetischen Induktion.

2 Tom will mit einer Spule und einem Magneten ein Lämpchen zum Leuchten bringen. Er nimmt eine Spule mit großer Windungszahl und legt einen starken Dauermagneten in ihr Inneres. Was meinst du dazu? Begründe deine Antwort.

3 Beschreibe, wie es in den Versuchen 1a), b) und c) zur Veränderung des magnetischen Feldes kommt.

4 Wenn sich eine Spule in einem veränderlichen Magnetfeld befindet, dann entsteht immer eine Induktionsspannung. Wann fließt dabei auch ein Induktionsstrom?

5 Welche Möglichkeiten gibt es, bei einem Induktionsversuch mit Spule und Magnet die Richtung des entstehenden Induktionsstromes umzukehren?

6 Warum konntest du in deinen Versuchen immer nur kurzzeitig eine Spannung entstehen lassen?

5 Spule mit 300 Windungen

Wie lässt sich die Induktionsspannung vergrößern?

1 Mehr Spannung ...

Elektrizität für alle?
Michael hat die Superidee: Er will mit Stabmagnet und Spule Induktionsspannungen erzeugen und damit Fernseher, Computer, Bohrmaschine usw. betreiben. Sein Problem ist nur: „Wie kann ich eine ausreichend große Spannung erzeugen?“

Es gibt mehrere Möglichkeiten, die Größe der Induktionsspannung zu beeinflussen. Im Bild 2 werden Spulen mit unterschiedlichen Windungszahlen verwendet. Bei der Spule mit der größten Windungszahl ist die erreichte Induktionsspannung am höchsten. Voraussetzung: Es wird immer der gleiche Magnet verwendet und er wird immer gleich schnell bewegt.

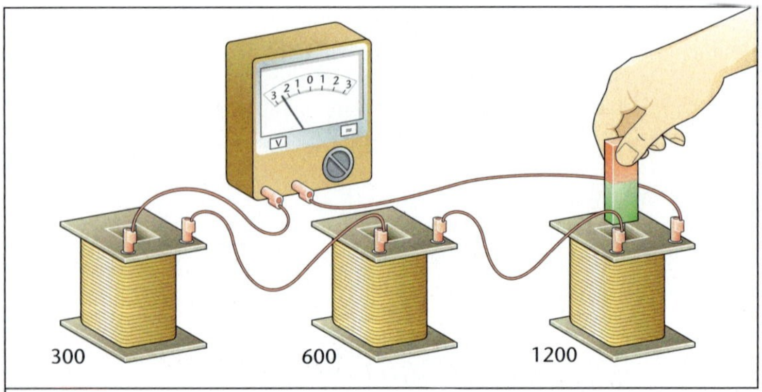

2 Induktionsspannung bei verschiedenen Windungszahlen

Wenn du einen Magneten mit stärkerer Magnetkraft benutzt, kannst du ebenfalls höhere Induktionsspannungen erzeugen. Du kannst auch die Spule oder den Magneten schneller bewegen, um die Induktionsspannung zu erhöhen.

In den Bildern 4 und 5 drehen sich gleiche Magneten über Spulen mit gleichen Windungszahlen. In der Spule mit dem Eisenkern entsteht eine höhere Induktionsspannung, weil der Eisenkern magnetisiert wurde.

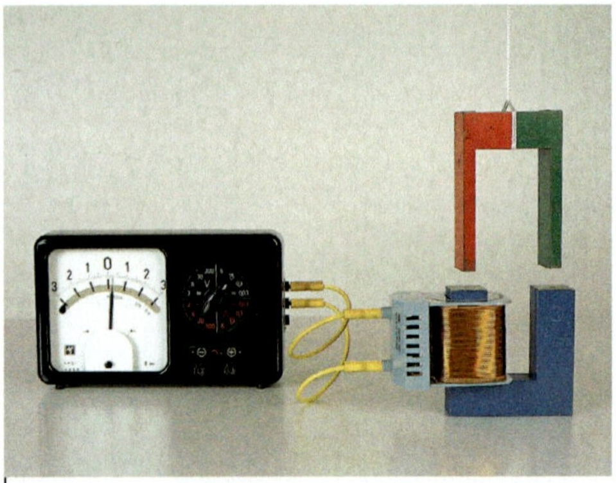

3 Ein Eisenkern erhöht die Induktionsspannung.

Die Induktionsspannung kann vergrößert werden durch
- eine größere Windungszahl der Spule,
- die Verwendung eines stärkeren Magneten,
- eine schnellere Bewegung von Magnet oder Spule und
- die Verwendung eines Eisenkerns.

Versuch

1 Überlege dir Versuche, mit denen du unterschiedlich hohe Induktionsspannungen erzeugen kannst. Experimentiere mit Spulen unterschiedlicher Windungszahlen, verschiedenen Magneten und Eisenkernen.
Protokolliere alle Versuche.

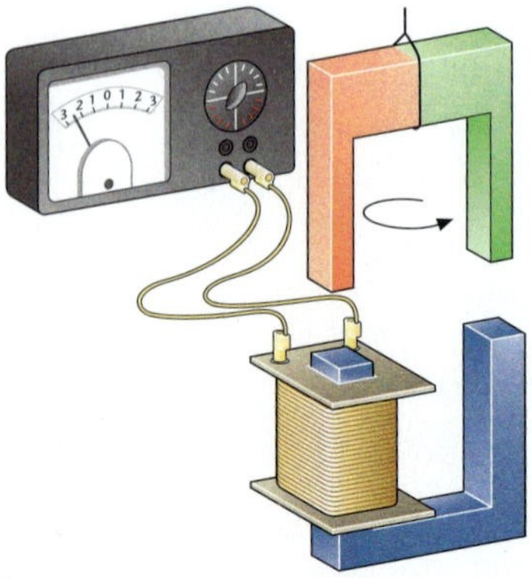

4 Induktionsspannung mit ...

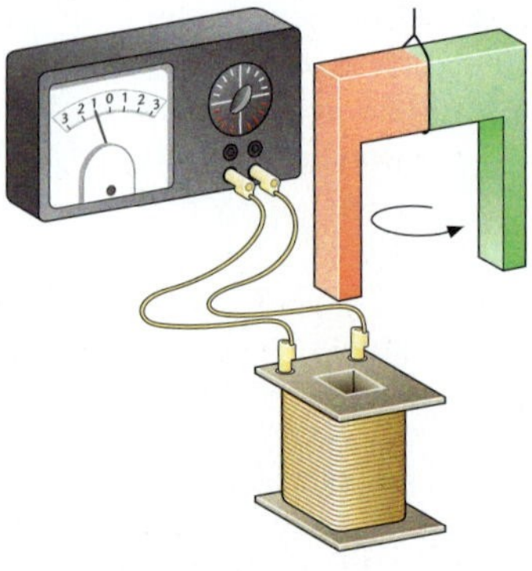

5 ... und ohne Eisenkern

Aufgaben

1 Formuliere zu Versuch 1 einen Merksatz als „je – desto“-Beziehung.

2 Begründe deine Ergebnisse aus Versuch 1.

Versuch

1 Zu Versuch 1

1 Faradays Versuch zur Induktion

Material

1 Schraube (Ø 6–8 mm, ca. 6 cm lang, Baumarkt), ca. 10 m Kupferlackdraht (Ø ca. 0,3 mm, Baumarkt oder Reparaturwerkstätten für Elektromotoren), 1 Flachbatterie 4,5 V (Elektrohandel, Baumarkt),1 rote Leuchtdiode (2 mA, sog. „low current" LED, erhältlich im Elektronik-Fachhandel oder -Versand), 1 Messer, evtl. Lötkolben

Versuchsanleitung

Wickle jeweils 5 m Kupferlackdraht auf die beiden Enden der Schraube, sodass zwei getrennte Spulen entstehen (▷ B 2). Achte darauf, dass die beiden Enden des Drahtes aus jeder Spule herausragen! Kratze mit dem Messer den Isolationslack von allen Drahtenden ab.

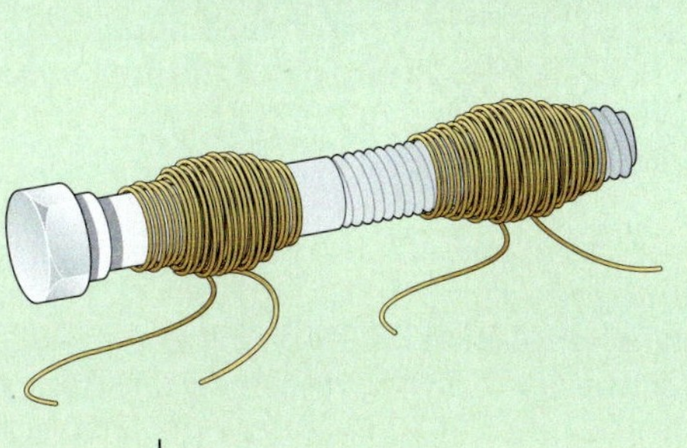

2 Die Induktionsspule

Verbinde dann die Leuchtdiode mit den beiden Anschlüssen einer Spule. Die Anschlüsse dürfen sich dabei nicht berühren!
Verbinde die beiden Drahten den der anderen Spule mit den Anschlüssen der Flachbatterie.

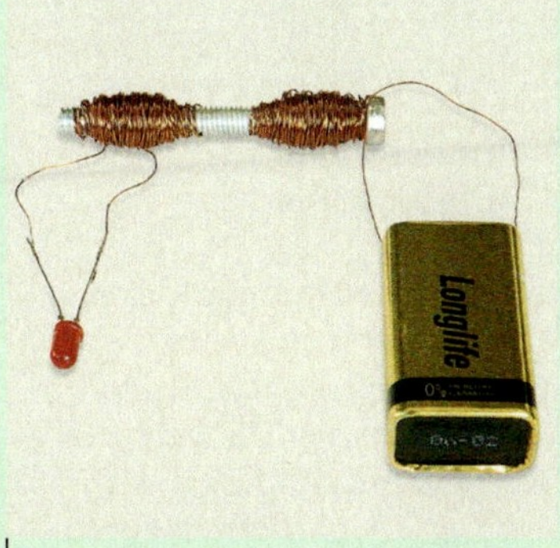

3 Anschluss der Leuchtdiode

Die Leuchtdiode blitzt nur in dem Moment kurz auf, wenn der Stromkreis unterbrochen oder geschlossen wird.
Falls der Versuch nicht funktioniert, vertausche die Anschlüsse an der Batterie.

2 Das „Schüttellicht"

Material

2 starke, runde Dauermagnete (Ø 6 mm, 20 mm lang, Elektronik-Fachhandel oder -Versand),
1 Hülle von einem einfachen Kugelschreiber (der Durchmesser der Hülle sollte überall gleich sein und muss etwas größer sein als der Durchmesser der Magnete),
1 Mikro-Glühlampe (1,2 V, 15 mA, Elektronik-Fachhandel oder -Versand), Kupferlackdraht (Ø 0,3 mm, ca. 70 m lang), 1 Messer, Klebstoff, evtl. Lötkolben

Versuchsanleitung

Wickle den Kupferdraht auf die Kugelschreiberhülle. Damit sich der Draht dabei nicht unbeabsichtigt verknotet, wickelst du ihn direkt von der Vorratsspule auf (▷ B 4). Achte darauf, dass die einzelnen Windungen möglichst dicht aneinander liegen.
Befestige die beiden Enden der so entstandenen Spule durch Klebeband oder Klebstoff, sonst ann sich der Draht wieder abwickeln. Entferne den Isolationslack an den Drahtenden und schließe die Mikro-Glühlampe an die Spule an.

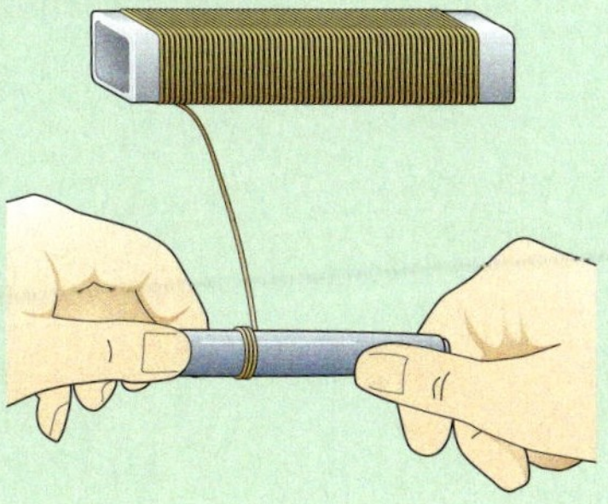

4 Der Draht wird aufgewickelt.

Stecke die beiden Dauermagnete (Nord- an Südpol) in die Kugelschreiberhülle (▷ B 5). Stecke nun die Kappe des Kugelschreibers wieder auf. Wenn du diese Anordnung sehr schnell schüttelst, dann glimmt die Lampe immer wieder kurz auf (▷ B 6).

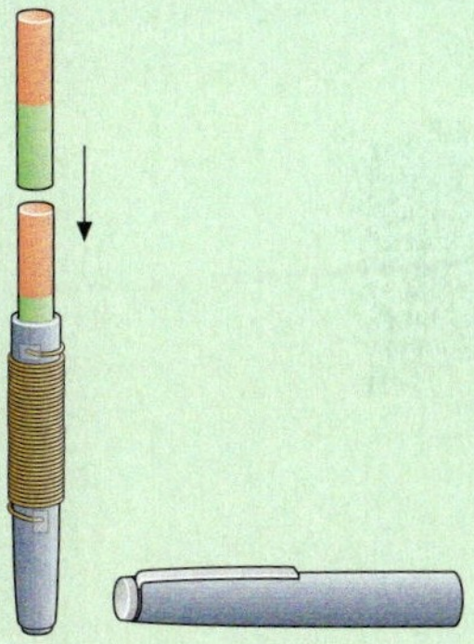

5 Magnete in der Kugelschreiberhülle

Du kannst diesen Effekt deutlicher erkennen, wenn es im Raum nicht zu hell ist.

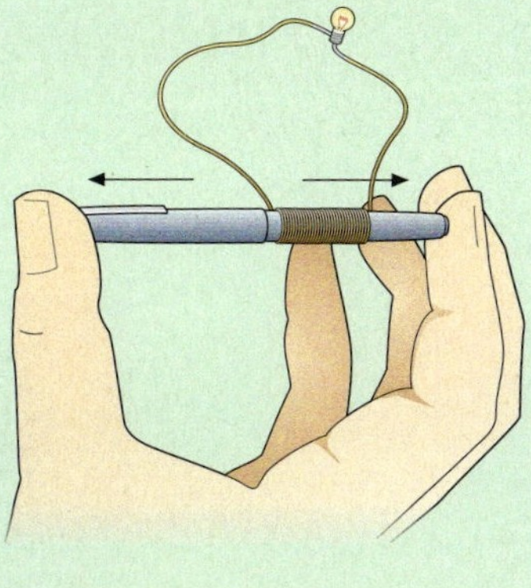

6 D

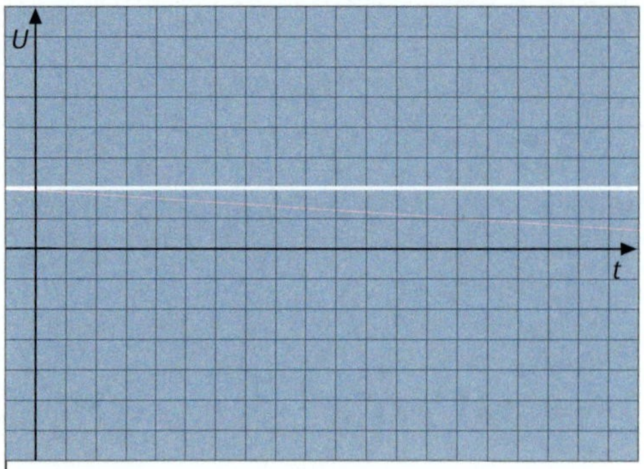

1 Gleichspannung am Oszilloskop

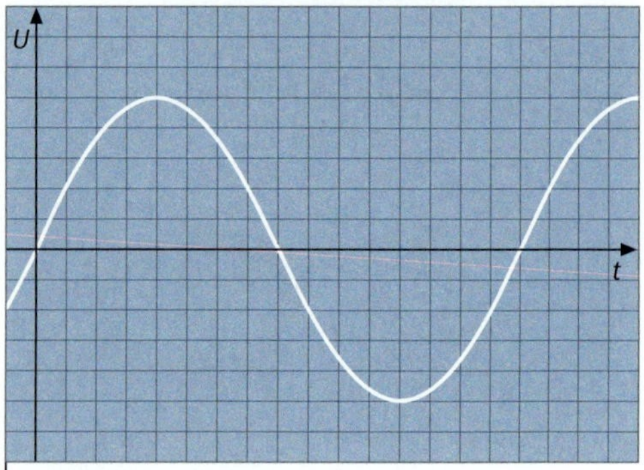

3 Wechselspannung am Oszilloskop

Induktionsspannung für längere Zeit
Bisher konntest du bei Induktionsvorgängen immer nur kurzzeitig Spannungen erzeugen. Wie könnte man die Versuchsbedingungen so abändern, dass die Induktionsspannung über einen längeren Zeitraum bestehen bleibt?

Wenn sich ein Magnet wie in Bild 2 gezeigt über einer Spule dreht, pendelt der Zeiger eines angeschlossenen Voltmeters ständig zwischen zwei Umkehrpunkten hin und her (▷ V 1a). Die Zeigerbewegung lässt erkennen, dass die entstehende Spannung fortlaufend ihre Polung wechselt.
In der Spule wird eine **Wechselspannung** induziert.

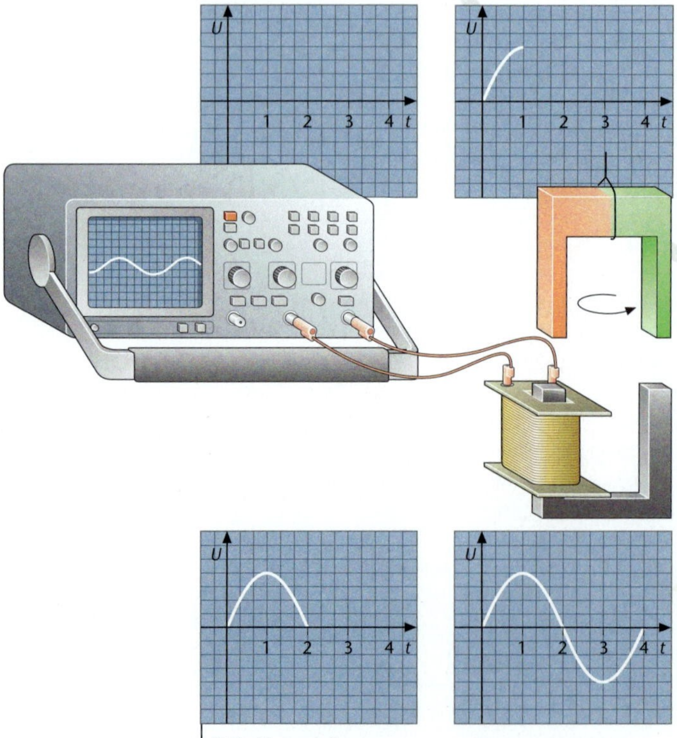

2 Zu Versuch 1

Bei einer Umdrehung des Magneten hat der Zeiger eine vollständige Hin- und Herbewegung ausgeführt (▷ V 1b).

Das Oszilloskop
Wenn man den zeitlichen Verlauf von Spannungen sichtbar machen will, verwendet man anstelle eines Messgerätes ein Oszilloskop (▷ B 2). Auf der senkrechten Achse des Bildschirmes (▷ B 1) wird die Spannung und auf der waagerechten die Zeit dargestellt.
Wird das Oszilloskop mit einer Gleichspannungsquelle verbunden, erscheint auf dem Bildschirm eine zur x- bzw. Zeitachse parallele Gerade. Das bedeutet: Die Spannung ist zu jedem Zeitpunkt gleich (▷ B 2).

Legt man aber eine Wechselspannung an das Oszilloskop, dann wird der Leuchtpunkt auch noch in y-Richtung, also nach oben und unten bewegt (▷ B 3).
Bild 2 zeigt die Bildschirmanzeige des Oszilloskops im Versuch mit dem drehenden Magneten für eine volle Drehung des Magneten. Zum Zeitpunkt 0 beträgt die Spannung 0 V. Sie steigt dann ständig an, und hat zum Zeitpunkt 1 ihren Maximalwert, die **Spitzenspannung**, erreicht. Dieser Maximalwert heißt **Amplitude**.

Anschließend wird die Spannung wieder kleiner und beträgt zum Zeitpunkt 2 wieder 0 V. Jetzt ändert sich die Polung. Danach wird der Betrag der Spannung wieder größer und erreicht im Zeitpunkt 3 erneut den Maximalwert.

Anschließend fällt der Betrag der Spannung wieder auf 0 V (Zeitpunkt 4). Danach wiederholt sich der Kurvenverlauf. Das Zeitintervall zwischen den Zeitpunkten 0 und 4 umschließt eine **Periode** der Wechselspannung.

Wenn sich eine physikalische Größe zeitlich periodisch ändert (▷B3), dann spricht man von einer **Schwingung**. Die **Frequenz** der Schwingung gibt an, wie viele Perioden sich in einer Sekunde wiederholen.
Bei fünfzig Wiederholungen pro Sekunde beträgt die Frequenz 50 Hz. Das ist die Frequenz der Wechselspannung, die an der Steckdose anliegt.

Spannung und Stromstärke
Wenn eine Wechselspannung induziert wird, dann fließt bei geschlossenem Stromkreis ein Wechselstrom. Stromstärke und Spannung ändern sich im gleichen Rhythmus.

6 V Gleich- und 6 V Wechselspannung
Mit einem Oszilloskop kann man Spannungen nicht nur sichtbar machen, man kann sie auch messen.

Ein Lämpchen wird einmal an 6 V Gleichspannung und einmal an eine Wechselspannung mit 6 V Spitzenspannung angeschlossen (▷V2). Trotz der gleichen Spannungswerte leuchten die Lämpchen unterschiedlich hell (▷B4; B5). Die Lampe an der Gleichspannung leuchtet heller. Das liegt daran, dass bei der Wechselspannung die Spitzenspannung (oder Amplitude) von 6 V nur kurzzeitig erreicht wird.

Wenn du die Wechselspannung in Versuch 2b so lange erhöhst, bis beide Lampen gleich hell leuchten, kannst du als Amplitude einen Wert von 8,4 V ablesen. Die Voltmeter zeigen aber im Gleich- und Wechselstromkreis 6 V an (▷V2c).

Um die gleiche Helligkeit beider Lämpchen zu erreichen, benötigt man also eine höhere Wechselspannung, da die Amplitude der Spannung nur kurzzeitig erreicht wird. Eine Wechselspannung mit 8,4 V Spitzenspannung entspricht einer Gleichspannung von 6 V. Diese Spannung wird **Effektivwert** genannt. Das Voltmeter zeigt den Effektivwert an. Gleiches gilt auch für die Stromstärke im Wechselstromkreis.

▶ Die Amplituden von Spannung und Stromstärke im Wechselstromkreis werden nur kurzzeitig erreicht. Die Messgeräte zeigen immer die Effektivwerte an.

In unserem Netz beträgt der Effektivwert der Spannung 230 V.

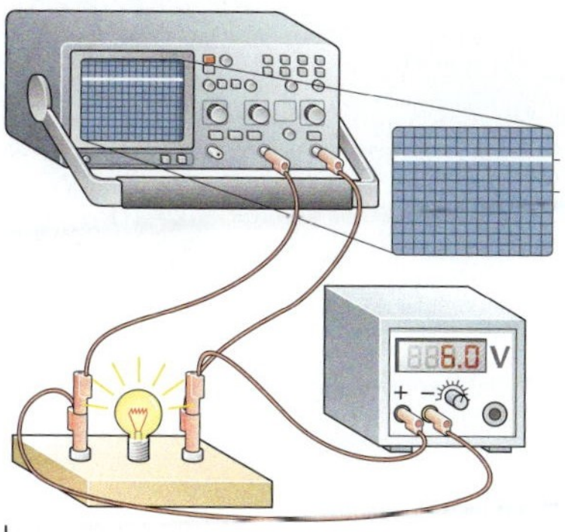

4 Lämpchen an Gleichspannung

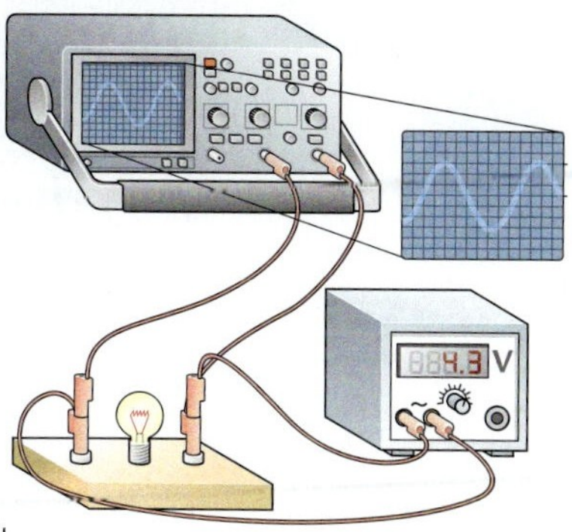

5 Lämpchen an Wechselspannung

Versuche

1 a) Verbinde eine Spule (1200 Windungen, Eisenkern) mit einem Voltmeter (Zeigermittelpunktslage). Lasse über der Spule einen Magneten rotieren.
b) Drehe den Magneten langsam mit deiner Hand, bis der Zeiger eine vollständige Hin- und Herbewegung ausgeführt hat. Um wie viel Grad hast du den Magneten gedreht?
c) Ersetze das Voltmeter durch ein Oszilloskop und wiederhole den Versuch (▷B2).

2 Zeichne für die folgenden Teilversuche die jeweiligen Schaltbilder ins Heft. Protokolliere die Bildschirmanzeigen und formuliere ein Ergebnis.
a) Lege eine Lampe an 6 V Gleichspannung, eine zweite, gleiche Lampe an eine Wechselspannung mit 6 V Spitzenspannung. Schließe an beide Lampen ein Oszilloskop an. Vergleiche die Bildschirmanzeigen und die Helligkeiten der Lampen (▷B4, B5).
b) Verwende eine regelbare Wechselspannungsquelle und stelle die Spannung so ein, dass beide Lampen gleich hell leuchten. Vergleiche die Bildschirmanzeigen.
c) Ersetze die Oszilloskope durch Voltmeter und miss die Spannungen.

Aufgaben

1 Wechselspannung und Wechselstrom werden als zeitabhängige Größen bezeichnet. Begründe!

2 Nenne Unterschiede zwischen Gleich- und Wechselspannung sowie Gleich- und Wechselstrom.

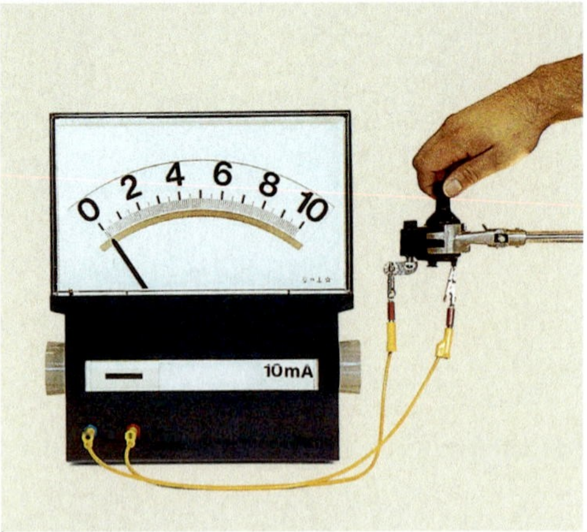

1 Zu Versuch 1

Versuch

1 a) Schließe ein Fahrradlämpchen an einen Fahrraddynamo an. Drehe das Antriebsrädchen mit der Hand an (▷ B 1). Was kannst du beobachten?
b) Schließe den Fahrraddynamo an ein Amperemeter mit Mittelpunktslage an. Drehe das Rädchen erst langsam, dann immer schneller. Was zeigt das Amperemeter an?

Ein Kleingenerator
Zur Versorgung der Fahrradbeleuchtung mit elektrischer Energie wird keine Batterie verwendet, sondern ein Dynamo. Die Aufgabe des Fahrraddynamos ist es, mechanische Energie in elektrische Energie umzuwandeln. Die mechanische Energie hat ihren Ursprung in der Antriebsarbeit, die der Radfahrer mithilfe seiner Muskelkraft leistet. Ein Teil dieser Energie wird für den Dynamo verwendet.
Da ein Fahrraddynamo elektrische Energie „erzeugt" wird er auch als **Generator** bezeichnet (lat. genesis: Erzeugung).
Große Generatoren zur Erzeugung elektrischer Energie werden in vielen Bereichen eingesetzt, insbesondere in Kraftwerken.

Wechselspannung durch Induktion
Betrachte den Aufbau eines einfachen Fahrraddynamos (▷ B 2; B 3). Ein starker Dauermagnet dreht sich im Inneren einer Spule, die auf einen Eisenkern gewickelt ist. Durch die Drehung des Dauermagneten ändert sich das Magnetfeld ständig. Dadurch wird in der Spule eine Wechselspannung induziert (▷ V 1b).

Ein Dynamo (Generator) erzeugt durch Induktion Wechselspannung. In einem Dynamo rotiert ein Magnet in einer Spule.

Aufgrund des Wechselstroms des Dynamos müsste eigentlich die Fahrradbeleuchtung ständig an- und ausgehen. Beim Fahren merkst du davon nichts. Das Antriebsrad des Dynamos dreht sich so schnell, dass die Helligkeitsänderungen der Beleuchtung nicht mehr wahrzunehmen sind.

Außerdem verwendet man in Dynamos Dauermagnete, die mehrere Nord- und Südpole besitzen (▷ B 3). Beim Drehen dieser Magnete ändert sich das Magnetfeld noch schneller und die Frequenz des Wechselstromes steigt.

2 Die Bestandteile eines Fahrraddynamos

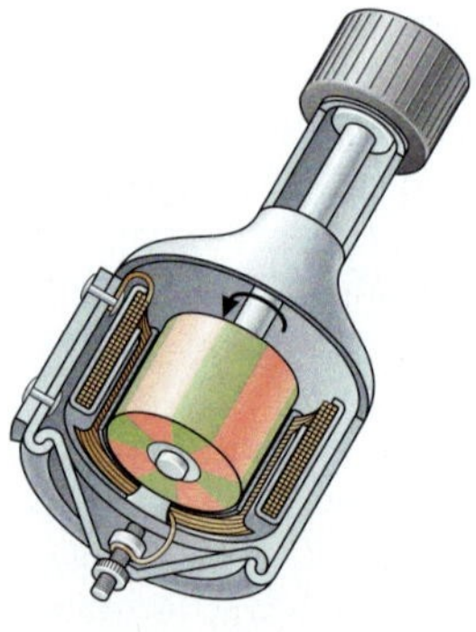

3 Der Aufbau eines Dynamos

Der „Mikrogenerator"

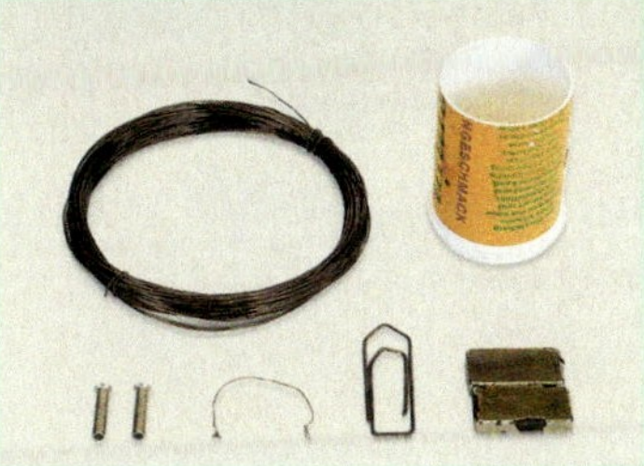

Material
1 Filmdose oder 1 Tablettenröhrchen (z. B. der untere Teil eines Röhrchens für Vitamintabletten), 2 sehr starke Dauermagnete, (20 mm · 10 mm · 4 mm), 1 Mikro-Glühlampe (1,2 V; 15 mA), ca. 50 m Kupferlackdraht (Ø 0,3 mm), 1 Büroklammer, 2 Adernendhülsen, Klebstoff, Klebeband, Messer, Zange, evtl. Lötkolben und Bohrmaschine

Hinweis
Mit diesem Mikrogenerator kannst du eine Glühlampe zum Leuchten bringen, allerdings müssen die beiden Dauermagnete eine große Magnetkraft besitzen. Die Magnete einer Pinnwand z. B. eignen sich für diesen Versuch nicht.
Bei sehr schneller Drehung besteht die Gefahr, dass die Mikro-Glühlampe durchbrennt. Sicherheitshalber kannst du auch eine „normale" Taschenlampen-Glühlampe (z. B. 4 V, 40 mA) anschließen. Dann musst du die Dauermagnete sehr schnell drehen!

Die Spule des Generators
Bohre genau durch die Mitte der Filmdose zwei Löcher mit einem Durchmesser von ca. 2 mm (▷ B 1). Durch diese Löcher steckst du von innen nach außen die beiden Adernendhülsen, die anschließend auf der Außenseite verklebt werden. Sie dienen später als Lager für den Rotor, es darf kein Klebstoff in die Hülsen eindringen. Du kannst auch auf die beiden Adernendhülsen verzichten, allerdings entsteht später beim Drehen ein erhöhter Reibungswiderstand.

Befestige das Ende des Kupferdrahtes mit dem Klebeband an der Filmdose und wickle die 50 m Draht um die Dose. Diese Länge entspricht ungefähr 400 Windungen. Du kannst dir diese Arbeit erleichtern, indem du den Draht direkt von der Vorratsspule abwickelst. Achte darauf, dass beide Enden des Drahtes aus der Spule herausragen!
Sichere das zweite Drahtende ebenfalls mit Klebeband oder Klebstoff (▷ B 2).

Der rotierende Magnet
Biege die Büroklammer zu einem möglichst geraden Draht auf. Stecke diesen Draht durch die Adernendhülsen der Filmdose und befestige die beiden Dauermagnete in der Dose am Draht (▷ B 3). Die Magnete halten schon durch ihre starke Magnetkraft recht sicher an dem Draht, durch einen Tropfen Klebstoff kannst du ein Verrutschen beim Drehen vollständig verhindern.
Die beiden Magnete müssen sich jetzt leicht in der Filmdose drehen lassen.

Der fertige Generator
Kratze von den beiden Drahtenden den Lack ab und schließe sie an die Glühlampe an. Wenn du den Draht mit den Magneten schnell drehst, leuchtet die Lampe auf (▷ B 4). Achtung: Drehe nicht zu schnell, sonst wird die Mikro-Glühlampe zerstört!

1 Die Filmdose wird in der Mitte durchbohrt.

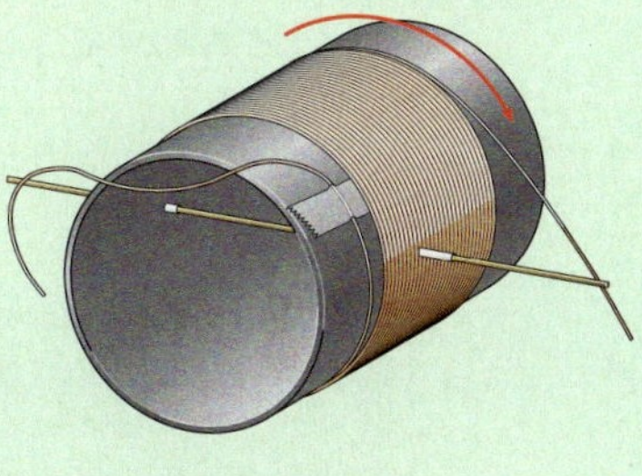

2 Die Spule wird gewickelt.

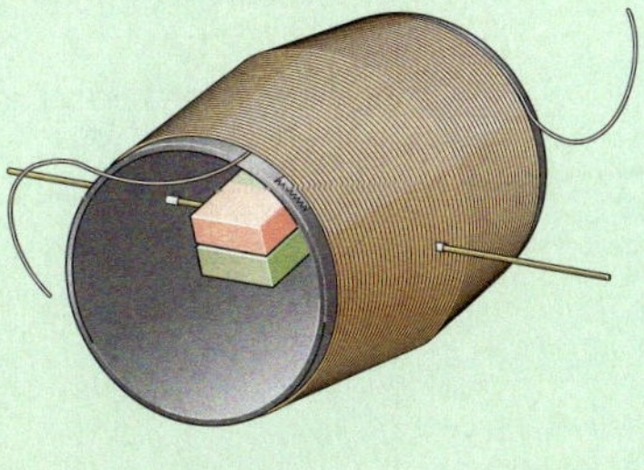

3 Befestigung der Dauermagnete an der Drehachse

4 Der fertige Generator

Generatoren

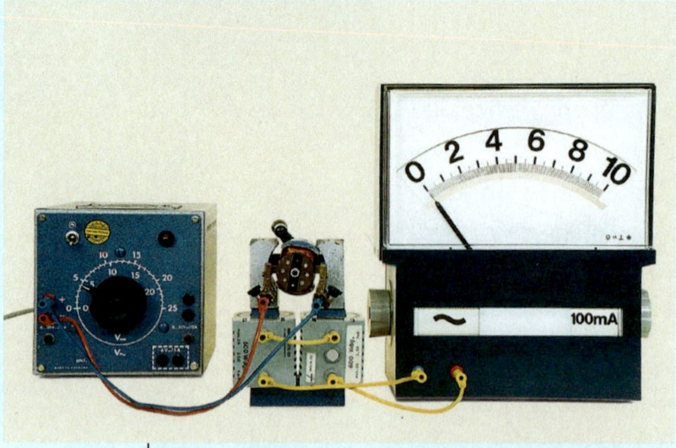

1 Der Magnet rotiert: ein Innenpolgenerator.

4 Notstromaggregat

Der Dynamo – ein Innenpolgenerator
Generatoren erzeugen Elektrizität mithilfe der Induktion. Bei einem Fahrraddynamo dreht sich ein Dauermagnet im Inneren einer feststehenden Spule. Die Spule ist vom veränderlichen Magnetfeld des Dauermagneten durchsetzt. Zwischen ihren Enden entsteht eine Wechselspannung. Generatoren, die nach diesem Prinzip arbeiten, nennt man **Innenpolgeneratoren**.

Generatoren für große Leistungen
Mit einem Dynamo kann man zwei kleine Glühlampen am Fahrrad zum Leuchten bringen. Zur Stromversorgung eines ganzen Hauses eignet er sich nicht. Das Magnetfeld des rotierenden Dauermagneten ist zu schwach, um einen großen Induktionsstrom zu erzeugen.
Ein Elektromagnet erzeugt ein stärkeres Magnetfeld. Ersetzt man den Dauermagneten eines Dynamos durch einen Elektromagneten (▷ V 1b), so lässt sich ein größerer Strom erzeugen. Generatoren, in denen sich ein starker Elektromagnet dreht,

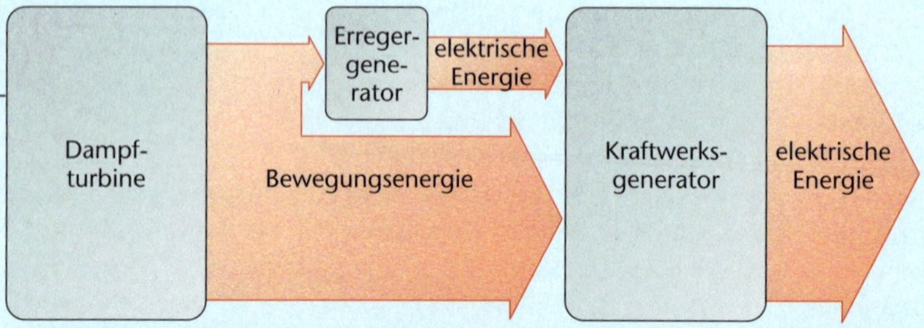

2 Der Erregergenerator versorgt den Kraftwerksgenerator mit elektrischer Energie.

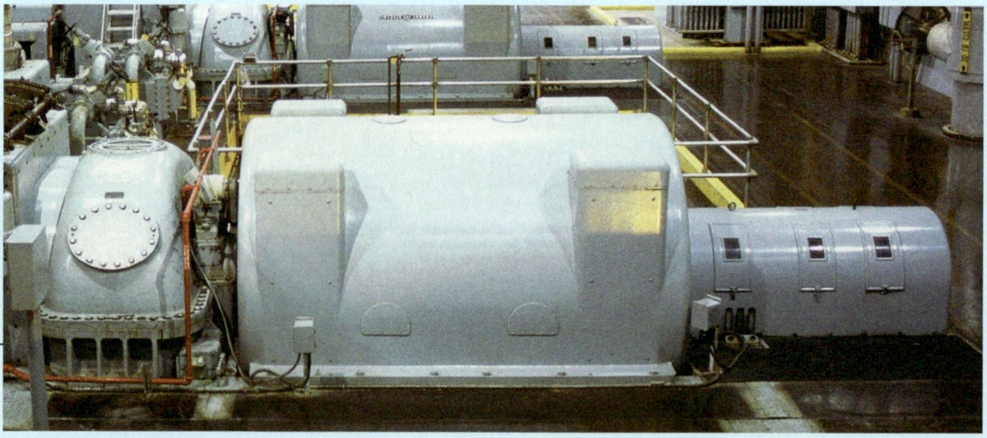

3 Kraftwerksgenerator

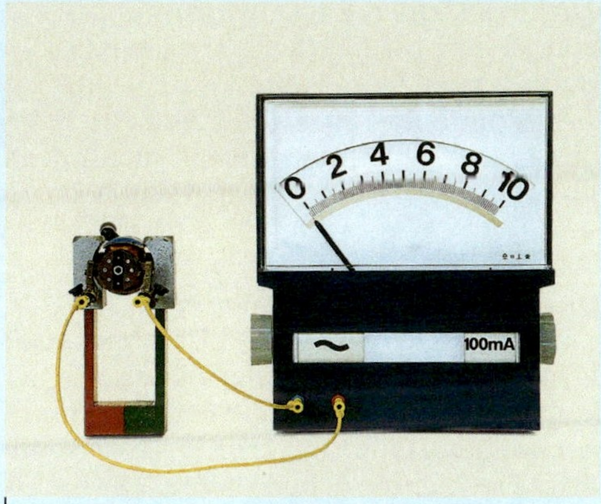

5 Der Magnet ist feststehend: ein Außenpolgenerator.

6 Turbine

werden sowohl in kleinen Notstromaggregaten (▷ B 4) als auch in den Kraftwerken eingesetzt, die eine ganze Stadt mit Strom versorgen können.

Woher beziehen diese Generatoren den Strom für den rotierenden Elektromagneten? Kraftwerksgeneratoren werden von großen Dampfturbinen angetrieben. An den Antrieb ist ein zusätzlicher „Erregergenerator" angekoppelt, der einen Teil der Bewegungsenergie der Turbine in elektrische Energie umwandelt (▷ B 2). Mithilfe dieser Energie wird das Magnetfeld des rotierenden Elektromagneten erzeugt. Die abgegebene elektrische Energie ist dabei um ein Vielfaches höher als die benötigte elektrische Energie.

Außenpolgeneratoren
Das Prinzip der Innenpol-Generatoren kann umgekehrt werden. Im Versuch 1b wird das Magnetfeld durch einen äußeren, feststehenden Hufeisenmagneten erzeugt. Der Induktionsstrom entsteht hierbei in der drehbaren Spule. Solche Geräte nennt man Außenpolgeneratoren.

Solche Außenpolgeneratoren erzeugen ebenfalls Wechselstrom. Bei jeder Umdrehung wird der Eisenkern der Spule einmal in der einen Richtung und einmal in der anderen Richtung magnetisiert. Folglich fließt auch der Strom für eine halbe Umdrehung in die eine und für die andere halbe Umdrehung in die andere Richtung.

Ein Außenpolgenerator lässt sich so umbauen, dass er Gleichstrom erzeugen kann. Wenn man nach einer halben Umdrehung die Stromrichtung „umkehrt", dann fließt der Strom immer in die gleiche Richtung.
Dies lässt sich durch einen Kommutator erreichen. Er vertauscht nach jeder halben Umdrehung die Anschlüsse der Spule. Wenn das gerade in dem Moment passiert, in dem auch der Wechselstrom seine Richtung ändert, dann entsteht anstelle eines Wechselstroms ein Gleichstrom.

Die Leistung von Außenpolgeneratoren lässt sich ebenfalls erhöhen, wenn anstelle des Dauermagneten ein Elektromagnet verwendet wird.

Versuch

1 a) An einem U-förmigen Eisenkern werden zwei Spulen angebracht, miteinander verbunden und an ein Amperemeter angeschlossen.
Auf den Eisenkern wird eine drehbare Spule gesteckt. Sie erhält ihren Strom von einem Netzgerät (▷ B 1).
Man dreht diese Spule und beobachtet das Amperemeter. Wenn die Spule schnell gedreht wird, kann man eine kleine Glühlampe zum Leuchten bringen.
b) Die feststehenden Spulen mit dem Eisenkern werden gegen einen Hufeisenmagneten ausgetauscht. Man verbindet die Anschlüsse der rotierenden Spule mit einem Amperemeter (▷ B 5) bzw. mit einer kleinen Glühlampe. Die Spule wird gedreht und das Amperemeter beobachtet.
c) Man verbindet die Anschlüsse des Amperemeters mit den Anschlüssen des Kommutators an der Spule. Die Spule wird gedreht und das Amperemeter beobachtet.

Von 230 V auf 3,6 V?
Viele elektrische Geräte dürfen nicht mit 230 V betrieben werden. Sie arbeiten mit anderen, meist geringeren Spannungen. So benötigt ein Handy beispielsweise nur eine Spannung von 3,6 V. Wie ist es möglich, dass man das Handy dennoch über das Ladegerät an die Netzspannung (230 V) anschließen kann?

Transformator
Viele Elektrogeräte werden über Transformatoren (Kurzform: Trafo) an die Netzspannung angeschlossen. Transformatoren wandeln die Netzspannung in die benötigte Betriebsspannung um. Ein Transformator wird zwischen Steckdose und Gerät geschaltet. Oft sind Trafos in das Gerät eingebaut wie es z. B. bei Ladegeräten (Notebook usw.) der Fall ist.

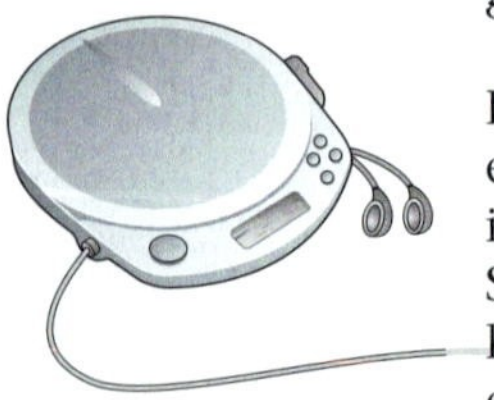

In den Bildern 1 und 4 erkennst du, wie ein Transformator prinzipiell aufgebaut ist: Ein Transformator besteht aus zwei Spulen, die auf einen gemeinsamen Eisenkern gewickelt sind. Jede Spule hat einen eigenen Stromkreis. In einem Ladegerät z. B. liegt eine Spule an 230 V Wechselspannung an, die zweite Spule ist mit dem Gerät verbunden.

Lebensgefahr!
Experimente mit dem Trafo können aufgrund der Entstehung hoher Induktionsspannungen gefährlich sein!

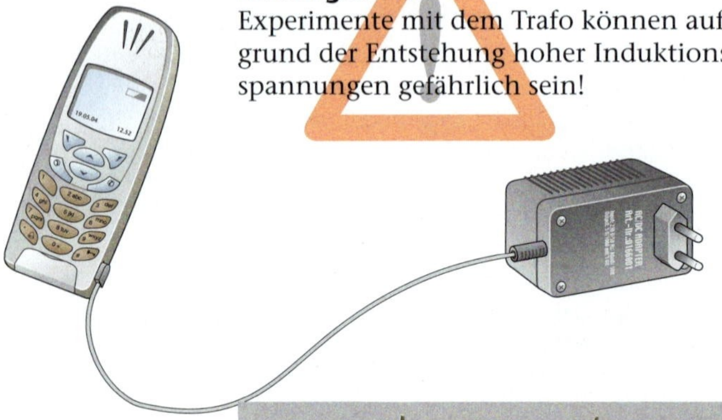

Auch bei kleinen Eingangsspannungen können lebensgefährliche Ausgangsspannungen entstehen. Führe Versuche mit Trafos nur nach Anweisung des Lehrers durch! Experimentiere niemals mit Trafos, die an die Netzspannung angeschlossen sind.

Drahtlose Energieübertragung
Zwischen den Spulen eines Trafos besteht keine leitende Verbindung. Wie also kommt elektrische Energie von der ersten zur zweiten Spule? In Versuch 1 kannst du diese Frage untersuchen (▷ V1a, 1b).

Versuch

1 a) Stelle zwei Spulen mit je 600 Windungen nebeneinander (▷ B 2). Verbinde die rechte Spule mit einem Lämpchen (3,8 V). Schließe die linke Spule an 4 V Wechselspannung an.
Was geschieht, wenn du langsam einen Eisenkern durch die Spulen schiebst?
b) Setze beide Spulen auf einen geschlossenen Eisenkern. Vergleiche die Beobachtungen und finde eine Erklärung.
c) Ersetze die rechte Spule durch Spulen mit unterschiedlichen Windungszahlen (300/150/100). Was stellst du fest?
Was schließt du aus deinen Beobachtungen für die Spannung an der rechten Spule?
d) Wie könntest du erreichen, dass das Lämpchen noch heller leuchtet? Plane einen Versuch. Lasse deinen Versuch vorher unbedingt vom Lehrer genehmigen.

1 Transformator

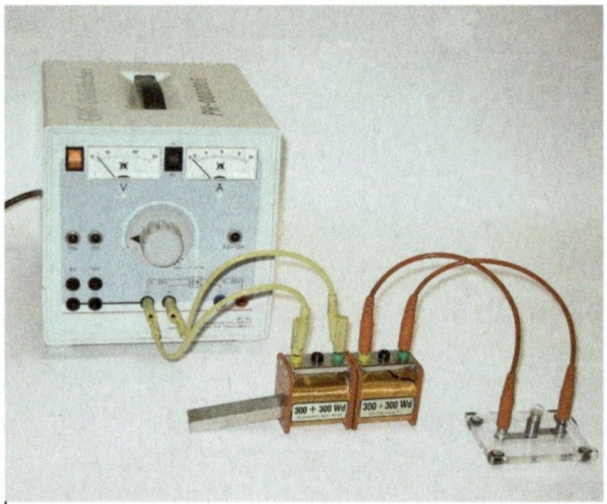

2 Zu Versuch 1

Das Prinzip ist bei allen Transformatoren gleich: Wenn du die Spule 1 an Wechselspannung anschließt, dann fließt durch ihre Windungen Wechselstrom. Es entsteht um diese Spule ein magnetisches Feld, das sich ebenfalls ständig ändert. Der gemeinsame Eisenkern verstärkt das magnetische Feld von Spule 1 und überträgt es auf Spule 2.
Durch die Magnetfeldänderungen wird in der zweiten Spule eine Wechselspannung induziert. Das Lämpchen leuchtet, die elektrische Energie wird durch elektromagnetische Induktion übertragen.

Die Spule, die das magnetische Wechselfeld erzeugt, wird **Primärspule** genannt (▷ B 4). In der zweiten Spule wird Spannung induziert. Sie heißt **Sekundärspule**.

> Ein Transformator besteht aus zwei Spulen, die auf einem geschlossenen Eisenkern sitzen.
> Durch elektromagnetische Induktion wird Energie vom Primär- auf den Sekundärkreis übertragen.

Trafos verändern Spannungen
Eine der Hauptaufgaben eines Trafos ist es, die Primärspannung an das Elektrogerät anzupassen. Wie wird im Trafo die Spannung verändert (▷ V 1c, V 1d)?

Bei genauer Betrachtung der Bilder 3 und 5 erkennst du, dass die Windungszahlen der Spulen unterschiedlich sind.
Die Sekundärspule in Bild 5 hat viel weniger Windungen als die Primärspule. Dadurch wird die Primärspannung (230 V) so herabgesetzt, dass das 3,8-V-Lämpchen ohne Gefahr an die Sekundärspule angeschlossen werden kann.

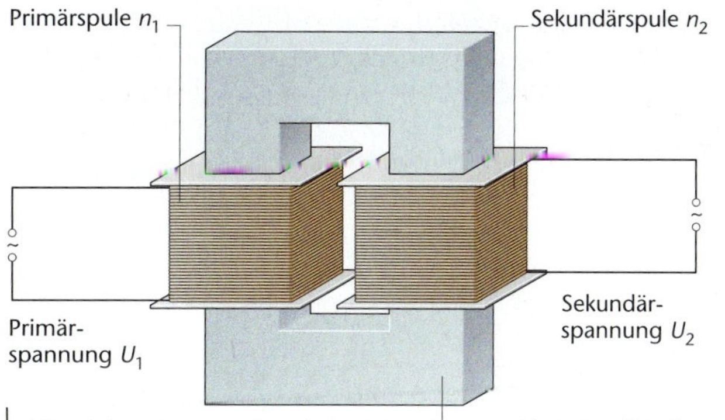

4 Bezeichnungen am Transformator

In Bild 3 ist der umgekehrte Fall dargestellt. Eine kleine Primärspannung wird so vergrößert, dass eine normale Haushaltsglühlampe betrieben werden kann. Auch hier liegt die Ursache in den Windungszahlen der Spulen. Weil die Sekundärspule mehr Windungen hat, ist an dieser Spule auch die Spannung größer.

> Mit Transformatoren können Spannungen vergrößert oder verkleinert werden.

Aufgaben

1 Was geschieht, wenn du den Transformator an eine Gleichspannung von 6 V anschließt? Plane einen Versuch, mit dem du deine Vermutung überprüfen kannst.

2 Warum wird die Primärspule oft auch als Feldspule bezeichnet? Finde einen anderen Begriff für Sekundärspule.

3 Wie könnte der Trafo im Ladegerät eines Handys aufgebaut sein? Skizziere den Trafo mit Anschlüssen und bezeichne die Teile. Erläutere, wie dieser Trafo funktionieren muss.

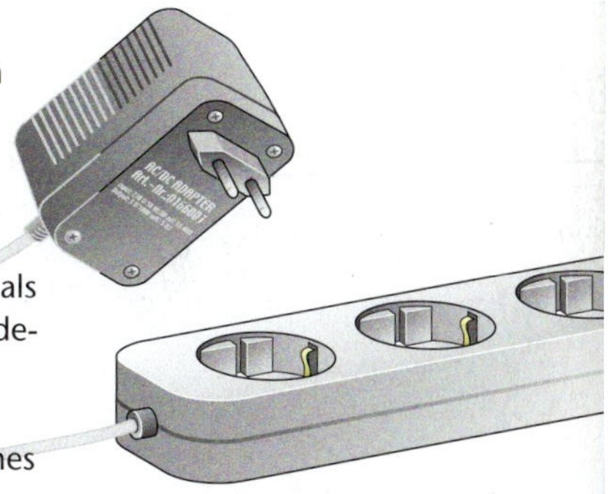

3 Vergrößern der Spannung

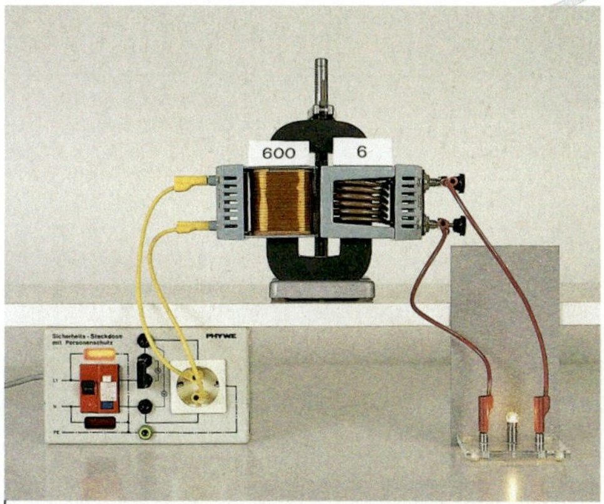

5 Verkleinern der Spannung

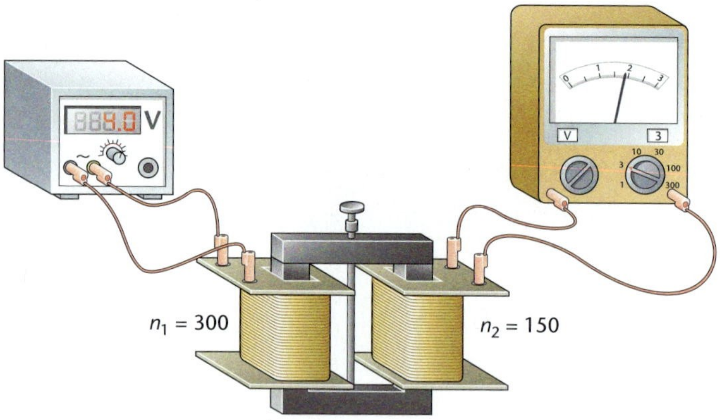

1 Zu Versuch 1

Auf die Spulenkombination kommt es an
Welche Sekundärspannung U_2 ein Trafo liefert, hängt nicht nur von der Primärspannung U_1 ab. Die Sekundärspannung wird auch von der Anzahl der Windungen in den beiden Spulen bestimmt. Durch eine geeignete Spulenkombination kann man mit einem Trafo die Spannung verkleinern oder vergrößern.

Welche Kombination für welchen Zweck?
Im Versuch 1 wird der Zusammenhang zwischen Windungszahl und Spannung bei einem unbelasteten Transformator genauer untersucht. Unbelastet bedeutet: Es ist kein elektrisches Gerät an die Sekundärspule angeschlossen. Dabei zeigt sich: Wenn Primär- und Sekundärspule gleiche Windungszahl haben, dann bleibt die Spannung (fast) gleich (▷ B 2).
Wenn die Sekundärspule z. B. halb so viele Windungen hat, dann ist auch die Spannung an dieser Spule halb so groß wie die Primärspannung (Verhältnis 2 : 1).
Bei z. B. doppelter bzw. dreifacher Windungszahl an der Sekundärspule entsteht etwa die doppelte bzw. die dreifache Sekundärspannung.

Primärkreis		**Sekundärkreis**			
U_1	n_1	n_2	U_2	$n_1 : n_2$	$U_1 : U_2$
4 V	300	600	7,8 V	300 : 600 (= 1 : 2)	4 : 7,8 (≈ 1 : 2)
		300	3,9 V	300 : 300 (= 1 : 1)	4 : 3,9 (≈ 1 : 1)
		150	1,9 V	300 : 150 (= 2 : 1)	4 : 1,9 (≈ 2 : 1)
		75	1 V	300 : 75 (= 4 : 1)	4 : 1,0 (≈ 4 : 1)
10 V	600	1000			
		600			
		75			

2 Tabelle zu Versuch 1

Bei einem unbelasteten Transformator gilt: Die Spannungen an den Spulen stehen im selben Verhältnis wie die entsprechenden Windungszahlen.

$$\frac{U_1}{U_2} = \frac{n_1}{n_2}$$

Damit kannst du schon vor den Versuchen die physikalischen Größen für jeden beliebigen Trafo berechnen. Ein Rechenbeispiel findest du in Bild 3.

Wie bei jedem elektrischen Gerät gibt es auch beim Trafo unerwünschte Energieumwandlungen (z. B. in Wärme). Außerdem gelangt das Magnetfeld der Primärspule nicht vollständig in die Sekundärspule und kann deshalb nicht voll wirksam werden. Deshalb ist die tatsächlich gemessene Spannung immer etwas kleiner als der berechnete Wert.

Transformatoren sorgen für Sicherheit
In vielen Fällen ist es aus Sicherheitsgründen notwendig, die Netzspannung herabzusetzen. Solche Niederspannungstransformatoren haben eine große Primär- und eine kleine Sekundärwindungszahl.

Der Umgang mit elektrischen Geräten kann gefährlich sein, wenn sie mit Feuchtigkeit in Berührung kommen. Deshalb sind Niederspannungstrafos beispielsweise im Rasierapparat oder auch in manchen elektrischen Zahnbürsten eingebaut (▷ B 5). In der Ladestation befindet sich die

Berechnung der Sekundärspannung U_2 in Bild 1.

Gegeben: $n_1 = 300$ $U_1 = 4\,V$
$n_2 = 150$

Gesucht: U_2

Lösung: $\frac{U_1}{U_2} = \frac{n_1}{n_2}$

$\frac{4\,V}{U_2} = \frac{300}{150}$

$U_2 = \frac{150}{300} \cdot 4\,V$

$U_2 = 2\,V$

Die Sekundärspannung U_2 beträgt 2 V.

3 Beispielrechnung

Primärspule (viele Windungen), die auf einem Eisenkern sitzt. Ein Teil des Eisenkerns ragt in den Zapfen, auf den du die Zahnbürste aufsetzt. Die Sekundärspule (wenige Windungen) ist im unteren Bereich der Zahnbürste.

Vorsicht Hochspannung!

In Bild 4 siehst du einen Hochspannungstrafo. Die Sekundärspule hat 46-mal mehr Windungen als die Primärspule. Dadurch steigt die Spannung von 230 V auf über 10 000 V. Bei dieser Spannung wird selbst die Luft zwischen den Elektroden leitend: Es entsteht ein Lichtbogen, der entlang der Elektroden nach oben steigt.
Auch zum Betrieb von Röntgengeräten reicht die Spannung an der Steckdose nicht aus. Die 230 V werden mittels eines Hochspannungstransformators auf mehrere tausend Volt erhöht.

Mit solchen gefährlichen Hochspannungen arbeitet auch die Bildröhre im Fernseher. Diese Hochspannung ist selbst dann vorhanden, wenn das Gerät abgeschaltet ist. Deshalb darfst du keinesfalls den Fernseher öffnen oder selbst Reparaturen vornehmen.
Auch im Auto findest du einen Hochspannungstrafo. Damit sich das Benzin-Luft-Gemisch entzündet, muss bei der Zündkerze ein Funke überspringen. Eine Spannung von etwa 15 000 V wird durch die Zündspule erreicht. Sie ist ein Hochspannungstrafo mit geringer Primär- und großer Sekundärwindungszahl.

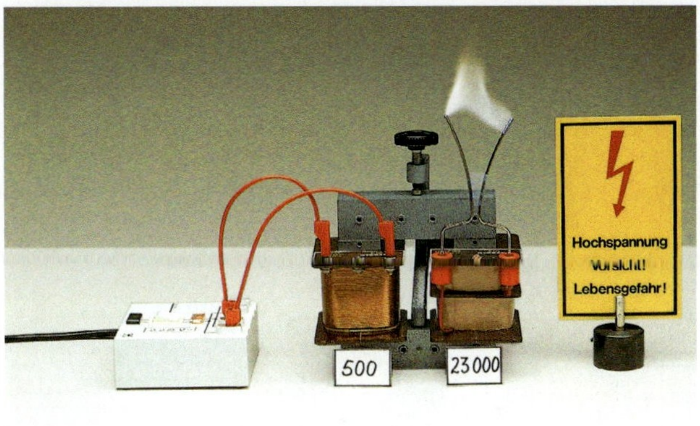

4 Ein Hochspannungstransformator

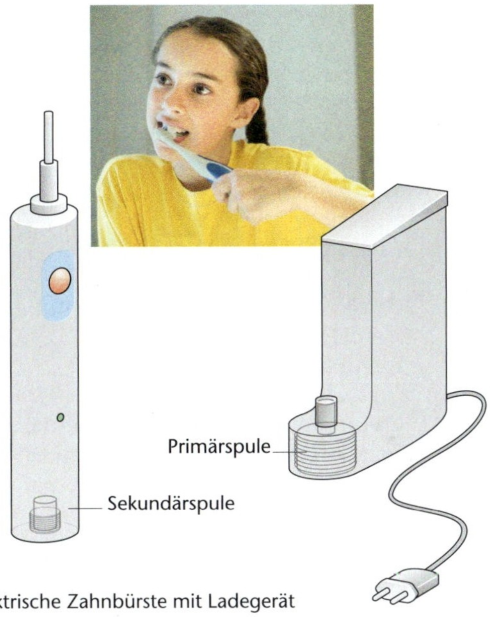

5 Elektrische Zahnbürste mit Ladegerät

Versuch

1 Baue den Transformator wie im Bild 1 auf. Miss Primär- und Sekundärspannung U_1 und U_2.
a) Ersetze die rechte Spule durch Spulen mit unterschiedlichen Windungszahlen (z. B. 600 / 300 / 150 / 75) und wiederhole die Messungen. Notiere die Messwerte in einer Tabelle.
b) Wiederhole den Versuch mit einer anderen Primärspannung. Achtung: Eine Primärspannung von 12 V darf nicht überschritten werden! Kannst du vor der Messung sagen, wie groß U_2 etwa sein wird? Vergleiche das Verhältnis der Spannungen ($U_1 : U_2$) mit dem der Windungszahlen ($n_1 : n_2$). Formuliere dein Versuchsergebnis in Worten und als Gleichung.

Aufgaben

1 a) Damit der Akku der Zahnbürste (▷ B 5) aufgeladen werden kann, musst du die Bürste auf das Ladegerät setzen. Beschreibe die Vorgänge im Trafo der Zahnbürste.
b) Warum wäre eine leitende Verbindung zwischen Primär- und Sekundärspule der Zahnbürste gefährlich?
c) Angenommen, bei der elektrischen Zahnbürste soll die Netzspannung von 230 V auf 4,6 V verringert werden. Du hast eine Primärspule mit 2000 Windungen. Welche Windungszahl muss die Sekundärspule haben? Zeichne den Trafo in der richtigen Anordnung.

2 Berechne die Spannung zwischen den Elektroden des Hochspannungstrafos in Bild 4.

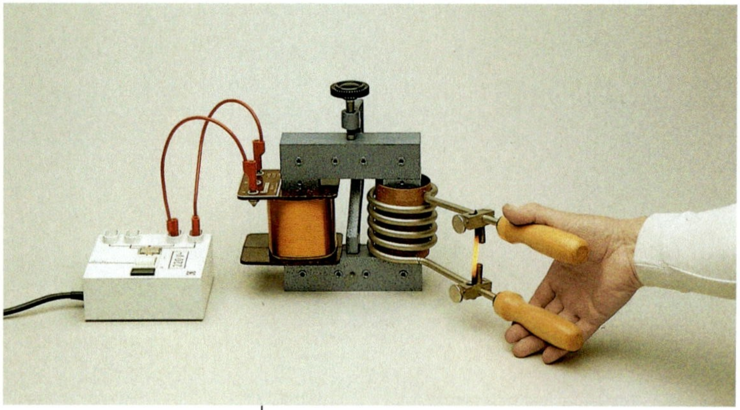

1 Ein Hochstromtransformator

Ein heißer Nagel
Der Transformator im Bild 1 ist an 230 V angeschlossen. Die Sekundärspule ist mit einem dicken Nagel verbunden. Die Windungszahlen von Primär- und Sekundärspule stehen im Verhältnis 100 : 1, demzufolge beträgt die Sekundärspannung nur etwas über 2 V.
Kein gefährlicher Versuch, meinst du? Das ist ein Irrtum, denn wie Bild 1 zeigt, geschieht etwas Erstaunliches, wenn der Trafo eingeschaltet wird: Der Nagel beginnt zu glühen und schmilzt durch.

Wodurch wird der Nagel – trotz der geringen Spannung – so stark erwärmt?
Ursache ist der elektrische Strom, der im Sekundärkreis und damit auch durch den Nagel fließt. Nur bei sehr hoher Stromstärke wird ein Leiter so stark erwärmt, dass er zu glühen beginnt. Doch woher kommt die große Stromstärke?

Die Primär- und die Sekundärstromstärke
Ein Transformator ändert nicht nur die Spannungen, sondern auch die Stromstärken. Die Stromstärken im Primär- und Sekundärkreis des Trafos werden durch die elektrischen Geräte beeinflusst, die an die Sekundärspule angeschlossen werden.
Bei geöffnetem Sekundärkreis fließt nur ein geringer Strom im Primärkreis (▷ V1a). Das ändert sich jedoch, wenn der Trafo belastet wird (d. h. an die Sekundärspule ist ein elektrisches Gerät angeschlossen). Dann fließen ein Sekundärstrom und ein (größerer) Primärstrom.
Im Versuch 1a kannst du das überprüfen. Wenn du verschiedene Lämpchen an die Sekundärspule des gleichen Trafos anschließt, wirst du aufgrund der unterschiedlichen Widerstandswerte jedes Mal andere Stromstärken messen.
Die Primärstromstärke stellt sich dabei auf die unterschiedlichen Belastungen ein: Je größer der Sekundärstrom, desto größer wird automatisch auch der Primärstrom.

Der Sekundärstrom bestimmt die Größe des Primärstroms.

Kleine Windungszahl – große Stromstärke?
Auch bei der Änderung der Stromstärke spielen die Windungszahlen eine entscheidende Rolle. Allerdings verhalten sich die Stromstärken genau umgekehrt wie die Windungszahlen: In der Spule mit der kleineren Windungszahl fließt immer der größere Strom (▷ V 1b).

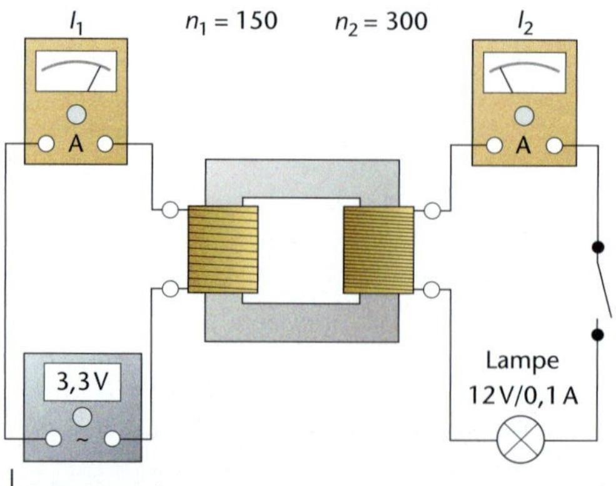

2 Zu Versuch 1

Versuch

1 a) Baue den Trafo wie in Bild 2 auf. Miss die Stromstärke I_0 im Primärkreis, wenn der Schalter geöffnet ist. Schließe nun den Schalter. Wie groß sind jetzt die Stromstärken im Primärkreis I_1 und im Sekundärkreis I_2?
Wiederhole den Versuch mit verschiedenen Bauteilen im Sekundärkreis. Wie verändern sich die Stromstärken?
b) Lass das Lämpchen im Sekundärkreis (▷ B 2) gleich. Verändere die Windungszahlen von Primär- und Sekundärspule und miss die Stromstärken (I_0, I_1, I_2). Trage alle Messwerte in eine Tabelle ein.
In welchem Verhältnis stehen die Windungszahlen? In welchem Verhältnis stehen die Stromstärken?
Tipp für die Auswertung: I_0 (Primärstrom bei offenem Sekundärkreis) trägt nicht zur Energieübertragung bei. Ziehe deshalb von der gemessenen Primärstromstärke I_1 den Wert I_0 ab.

Primärkreis					**Sekundärkreis**			**Verhältnis der**	
								Windungszahlen	**Stromstärken**
U_1	I_0 offener Sekundärkreis	I_1 geschlossener Sekundärkreis	I_1	n_1	U_2	n_2	I_2	$n_1 : n_2$	$I_1 : I_2$
3,3 V	130 mA	255 mA	125 mA	150	6,3 V	300	65 mA	150 : 300 (= 1 : 2)	125 : 65 (≈ 2 : 1)
	130 mA	430 mA	300 mA	150		600	76 mA	150 : 600 (= 1 : 4)	300 : 76 (≈ 4 : 1)
	16,3 mA	20,6 mA	4,3 mA	600		150	17,6 mA	600 : 150 (= 4 : 1)	4,3 : 17,6 (≈ 1 : 4)

3 Tabelle zu Versuch 1b

Die Messergebnisse (▷ B 3) offenbaren genauere Zusammenhänge: In der ersten Tabellenreihe erkennst du, dass die Primärspule halb so viele Windungen wie die Sekundärspule hat (Verhältnis 1 : 2). Dafür ist aber die Primärstromstärke I_1 fast doppelt so groß wie die Sekundärstromstärke I_2 (Verhältnis 2 : 1). Beim Windungszahlverhältnis 1 : 4 steigt die Primärstromstärke auf das Vierfache der Sekundärstromstärke. Vertauscht man dagegen die Spulen (Verhältnis 4 : 1), dann sinkt I_1 auf ein Viertel der Sekundärstromstärke.

Die Stromstärken beim belasteten Transformator verhalten sich umgekehrt wie die Windungszahlen.

$$\frac{I_1}{I_2} = \frac{n_2}{n_1}$$

Jetzt verstehst du auch, warum der Nagel im Bild 1 zu glühen beginnt:
Der Nagel hat einen sehr geringen Widerstandswert. Dadurch lässt er im Sekundärkreis eine sehr hohe Stromstärke (mehrere hundert Ampere) zu, die den Nagel zum Schmelzen bringt. Trotzdem wird dafür im Primärkreis nur eine wesentlich geringere Stromstärke benötigt, weil die Windungszahlen von Primär- und Sekundärspule ein Verhältnis von 100 : 1 haben.

Energie wird übertragen

Damit der Nagel (▷ B 1) glüht oder das Lämpchen (▷ B 2) leuchtet, ist Energie notwendig. Diese Energie wird über den Trafo vom Netz bezogen und dann vom Primär- auf den Sekundärkreis übertragen.
In der Beispielrechnung (▷ B 4) wird die elektrische Energie ermittelt, die der Primärkreis pro Sekunde vom Netz aufnimmt (Eingangsleistung). Die Rechnung rechts zeigt, wie viel Energie pro Sekunde vom Sekundärkreis (hier an das Lämpchen) abgegeben wird (Ausgangsleistung). Der Vergleich zeigt, dass Eingangs- und Ausgangsleistung fast gleich sind. Die Ausgangsleistung ist etwas kleiner, weil ein Teil der Energie im Trafo in Wärme umgewandelt wird.

Bei einem idealen Transformator ist die abgegebene elektrische Energie (Sekundärspule) genauso groß wie die aufgenommene elektrische Energie (Primärspule).

Aufgaben

1 Die Stromstärke im Primärkreis des Trafos in Bild 1 beträgt etwa 3 A. Wie groß ist die Stromstärke durch den Nagel? Wie groß ist sein Widerstandswert? Berechne die Eingangs- und die Ausgangsleistung.

2 Welcher Zusammenhang besteht zwischen den Spannungen und den Stromstärken bei einem Transformator? Formuliere in Worten und als Gleichung.

3 Welcher Unterschied besteht zwischen einem Hochspannungs- und einem Hochstromtrafo?

Vergleich von Eingangs- und Ausgangsleistung

Gegeben:

Primärspule
$I_1 = 0{,}125\,A$
$U_1 = 3{,}3\,V$

Sekundärspule
$I_2 = 0{,}065\,A$
$U_2 = 6{,}3\,V$

Lösung:

Eingangsleistung
$P_1 = U_1 \cdot I_1$
$P_1 = 3{,}3\,V \cdot 0{,}125\,A$
$P_1 = 0{,}4125\,W$

Ausgangsleistung
$P_2 = U_2 \cdot I_2$
$P_2 = 6{,}3\,V \cdot 0{,}065\,A$
$P_2 = 0{,}4035\,W$

$P_1 \approx P_2$

Die Eingangsleistung entspricht ungefähr der Ausgangsleistung.

4 Leistung beim Transformator

1 Induktionsschmelzofen

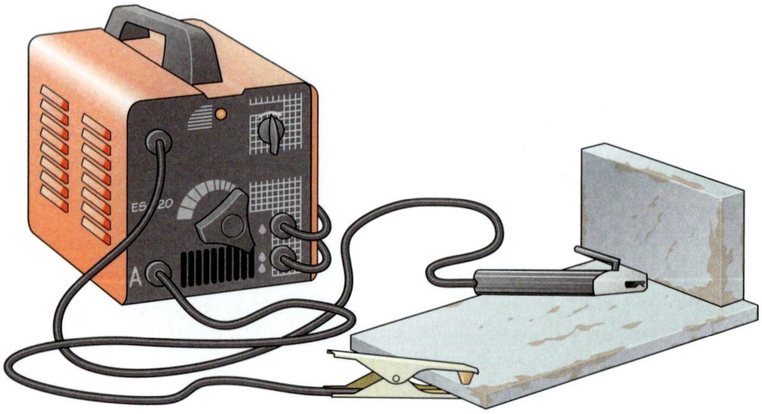

2 Ein Schweißtransformator

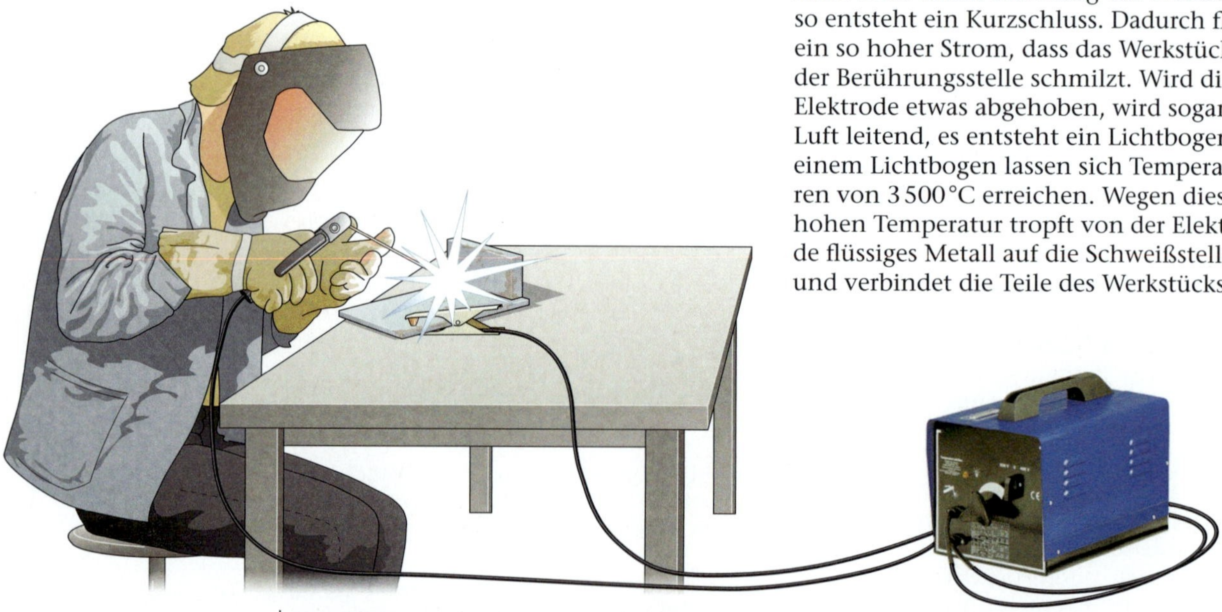

3 Elektroschweißen mithilfe eines Schweißtransformators

Induktionsschmelzen
Um Metalle zum Schmelzen zu bringen, sind sehr hohe Temperaturen erforderlich. Früher wurde das Metall in Hochöfen ausschließlich durch Verbrennen von Kohle oder Holz glühend gemacht.

Induktionsschmelzöfen sind heute eine gute Alternative – sie schützen Mensch und Umwelt. Kernstück des Ofens ist ein Transformator. Im Bild 1 siehst du das Bild eines geöffneten Induktionsschmelzofens. Der Induktionsschmelzofen funktioniert nach dem Prinzip eines Hochstromtransformators. Eine Primärspule mit sehr vielen Windungen wird mit einer Sekundärspule mit sehr wenigen Windungen kombiniert. Oft besteht die Sekundärspule nur aus einer einzigen Windung, die als Rinne geformt ist. Darin befindet sich das zu schmelzende Metall. Beim Einschalten fließt in der Sekundärspule ein sehr großer Strom. Die Sekundärwindung wird deshalb so heiß, dass das Metall schmilzt.

Elektrisches Schweißen
Um zwei Metallteile zu verschweißen, müssen die Kontaktstellen zum Glühen gebracht werden. Auch hier können die erforderlichen Temperaturen durch große Stromstärken in einem Schweißtrafo erreicht werden (▷B2).
Und so funktioniert es: Ein Pol der Sekundärspannung des Schweißtrafos wird mit dem Werkstück verbunden. Der andere Pol führt zur Schweißelektrode (▷B3). Berührt man damit kurzzeitig das Werkstück, so entsteht ein Kurzschluss. Dadurch fließt ein so hoher Strom, dass das Werkstück an der Berührungsstelle schmilzt. Wird die Elektrode etwas abgehoben, wird sogar die Luft leitend, es entsteht ein Lichtbogen. In einem Lichtbogen lassen sich Temperaturen von 3500 °C erreichen. Wegen dieser hohen Temperatur tropft von der Elektrode flüssiges Metall auf die Schweißstelle und verbindet die Teile des Werkstücks.

Kochen mit dem Trafo

Viele Küchenherde haben ein Glaskeramikfeld (▷B 4), unter der die Heizwicklungen liegen. Dabei erhitzen die glühenden Metalldrähte zunächst das Kochfeld und dann erst durch Wärmeleitung den Topf. Ein Teil der eingesetzten Energie wird ungenutzt an die Umgebung abgegeben.

Etwas energiesparender, aber vor allem schneller, arbeiten Induktionsherde (▷B 6). Bei einem Induktionsherd wird die Wärme direkt im Topfboden erzeugt. Die Energieübertragung funktioniert nach dem Trafoprinzip.

Unter der Glaskeramikplatte des Herdes befindet sich eine Spule, die von Wechselstrom durchflossen wird. Sie entspricht der Primärspule eines Trafos (▷B 5). Die Sekundärspule ist der Boden des Kochtopfs (Stahl). Du kannst ihn dir als Spule mit einer einzigen geschlossenen Windung vorstellen.

Wenn Strom durch die Primärspule unter der Glaskeramikplatte fließt, erzeugt er im Topfboden (der Sekundärspule) einen starken Strom. Die elektrische Energie wird direkt in Wärme im Topfboden umgewandelt.

Der große Vorteil besteht darin, dass das Kochfeld von Anfang an seine volle Wirkung entfaltet, denn es wird nicht zuerst die Glaskeramikplatte, sondern direkt der Topf aufgeheizt (▷B 6). Aus diesem Grund dauert es nur etwa 1 Minute, um einen halben Liter Wasser zum Sieden zu bringen. Die eingesetzte Energie wird beim Induktionsherd sehr effektiv genutzt. Steht kein Topf auf dem Herd, erfolgt auch keine Energieübertragung.

Aufgaben

1 Bei einem Induktionsschmelzofen hat die Primärspule 25 Windungen. Es fließt ein Strom von 1000 A. Wie groß ist der Strom der Sekundärspule (eine Windung)?

2 Welche Vorteile haben Induktionsherde gegenüber herkömmlichen Herden? Gibt es auch Nachteile?

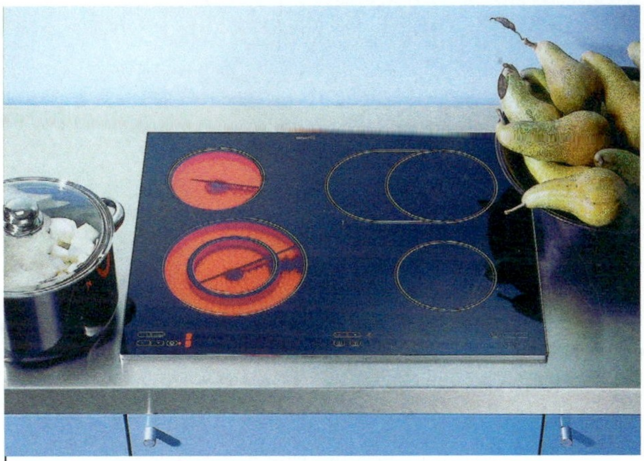

4 Ein Glaskeramikfeld mit Heizwicklungen

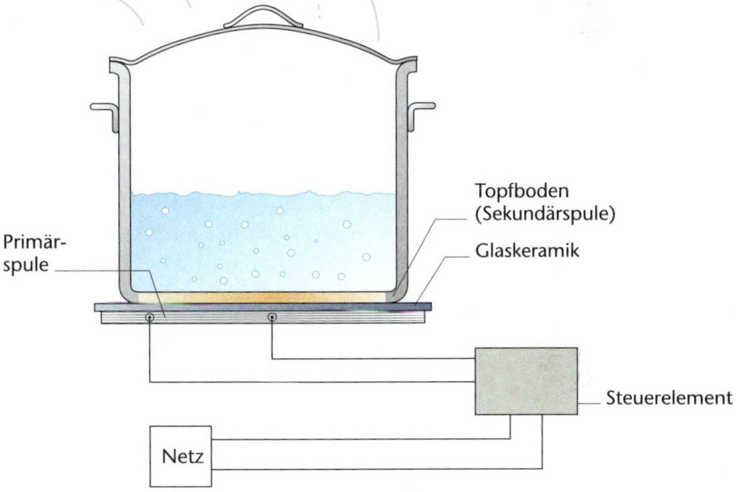

5 Schematischer Aufbau eines Induktionsherdes

6 Induktionsherd: Die Wärme wird direkt im Topf-

Die Übertragung der elektrischen Energie

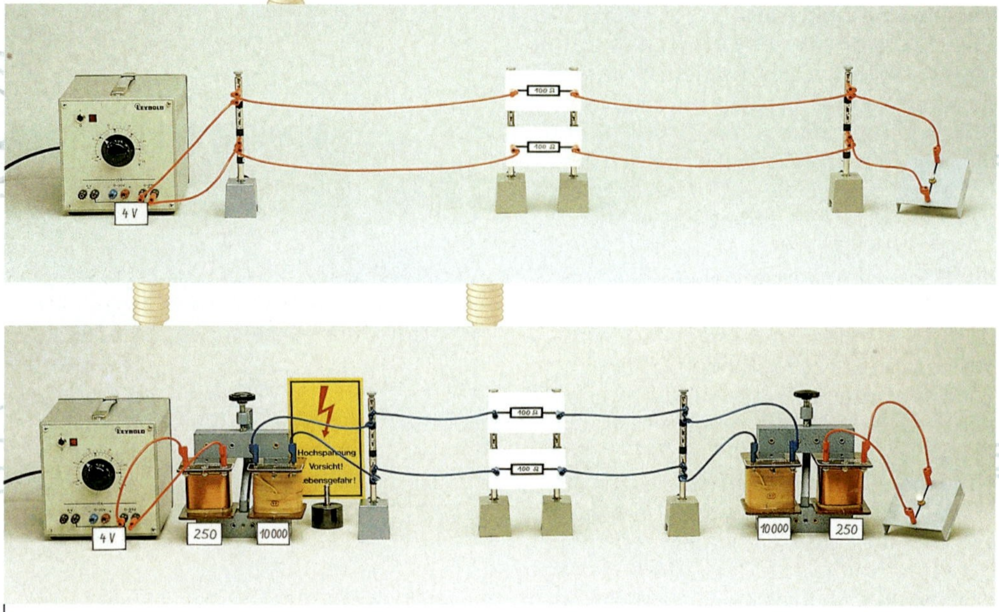

1 Modellversuch zur Fernleitung elektrischer Energie: Bei Hochspannung sind die Transportverluste gering.

Versuch

1 a) Eine Lampe (3,8 V / 0,07 A) wird über eine „Fernleitung" (je 100 Ω) an 4 V Wechselspannung angeschlossen (▷ B 1, oben).
b) In einer zweiten Schaltung wird die Ausgangsspannung zuerst hochtransformiert ($n_1 = 250 / n_2 = 10\,000$) und die Hochspannung an die „Fernleitung" angelegt. Vor der Lampe wird die Spannung im gleichen Verhältnis wieder heruntertransformiert (▷ B 1, unten). Vergleiche die Helligkeiten der Lampen.

Die Übertragung elektrischer Energie

Der Transport elektrischer Energie erfolgt normalerweise durch Drähte. Wegen des elektrischen Widerstands kommt es dabei zu einer Umwandlung von elektrischer Energie in nicht weiter nutzbare Wärme. Es erreicht also nur ein Teil der Energie den Empfänger.
In Versuch 1 wird der elektrische Widerstand von langen Drähten ersatzweise durch zwei 100-Ohm-Widerstände erreicht, die in Hin- und Rückleitung geschaltet sind (▷ B 1).
Der Versuchsteil 1a zeigt, dass aufgrund dieses Widerstandes zu wenig Energie an der Lampe ankommt: Sie leuchtet nicht. Da die Erwärmung der Drähte von der Stromstärke abhängt, ist es sinnvoll diese zu verkleinern. Damit trotzdem noch die gleiche Energie pro Zeit (Leistung) zum Empfänger gelangt, muss wegen $P = U \cdot I$ die Spannung erhöht werden.
In Versuchsteil 1b erfolgt die Verkleinerung der Stromstärke bei gleichzeitiger Vergrößerung der Spannung mithilfe eines Transformators. Vor dem Empfänger (dem Glühlämpchen) werden dann mit einem zweiten Transformator Spannung und Stromstärke wieder auf die ursprünglichen Werte gebracht. Das Leuchten des Lämpchens zeigt, dass jetzt ein größerer Teil der Energie beim Lämpchen ankommt.

Je kleiner die Stromstärke ist, desto weniger unerwünschte Wärme entsteht bei der Übertragung der elektrischen Energie.

Warum Hochspannungsleitungen?

Bei der Übertragung der elektrischen Energie von einem Kraftwerk zu den Haushalten treten die gleichen Erscheinungen wie in Versuch 1 auf. Bei hohen Stromstärken würde in den mehrere 100 km langen Leitungen viel Wärme entstehen. Deshalb versucht man, die Stromstärken in diesen Leitungen möglichst gering zu halten. Um die gleiche Leistung zu übertragen, muss aber die Spannung entsprechend groß sein. Und das ist der Grund, warum die elektrische Energie durch Hochspannung übertragen wird. Bei Spannungen von bis zu 380 000 V ist die Stromstärke so gering, dass auch in den langen Zuleitungen nur wenig Wärme entsteht.

Das Netz der Energieversorgung
Die Generatoren in den Kraftwerken erzeugen Spannungen von ca. 10000 bis 20000 V. Zur Übertragung der Energie sind diese Spannungen noch zu gering. Deshalb werden sie durch Transformatoren am Kraftwerk auf bis zu 380000 V erhöht und dann in das Verbundnetz eingespeist (▷B 2). Hoch- und Höchstspannungsleitungen (▷B 3 – B 5) verteilen den Strom landesweit und versorgen ganze Städte und Regionen mit Energie. Diese Leitungen sind – bildlich gesprochen – die Autobahnen der Energieversorgung.

Elektrische Geräte lassen sich mit der Hochspannung nicht betreiben, sie muss durch weitere Transformatoren wieder verringert werden. **Umspannwerke** übernehmen diese Aufgabe, sie setzen die Hochspannung auf Werte von 10000 oder 20000 V herab. Mit diesen Spannungen werden Industriebetriebe, Dörfer oder Stadtteile versorgt (▷B 2).
Für die Steckdose sind 10000 V immer noch viel zu hoch. Weitere Transformatoren erniedrigen die Spannung noch einmal auf die gewünschten 230 V bzw. 400 V (▷B 2).

Vom Kraftwerk zum Verbundnetz
In den Anfängen der Stromversorgung war nur ein Kraftwerk für die Versorgung eines einzelnen Bereiches zuständig. Jedes Kraftwerk musste ständig in Betrieb sein, auch wenn zu bestimmten Zeiten nur wenig elektrische Energie benötigt wurde. Bei der Reparatur eines Kraftwerkes hatten die Bewohner in seinem Bereich unter Umständen tagelang keinen elektrischen Strom. Ab 1920 entstanden deshalb die ersten Zusammenschlüsse der verschiedenen Stromerzeuger zu einem **Verbundnetz**. Bei einer Störung in einem Kraftwerk konnten die anderen Kraftwerke des Netzes die fehlende Leistung aufbringen. Bei geringem Strombedarf (z. B. in der Nacht) wurden einige Werke abgeschaltet. Die Stromerzeugung wurde durch das Verbundnetz sicherer und preisgünstiger.
Heute endet unser Verbundnetz nicht an den Landesgrenzen. Das deutsche Netz ist in ein System eingebettet, das die meisten europäischen Staaten miteinander verbindet. Kraftwerksausfälle und Netzstörungen werden sofort von den anderen Teilnehmern des Netzes ausgeglichen. Kannst du dich überhaupt noch an einen längeren Stromausfall erinnern?

3 Eine 380000-V-Höchstspannungsleitung

4 Eine oberirdische 10000-V-Leitung

5 Die 230-V/400-V-Versorgungsleitungen eines Hauses

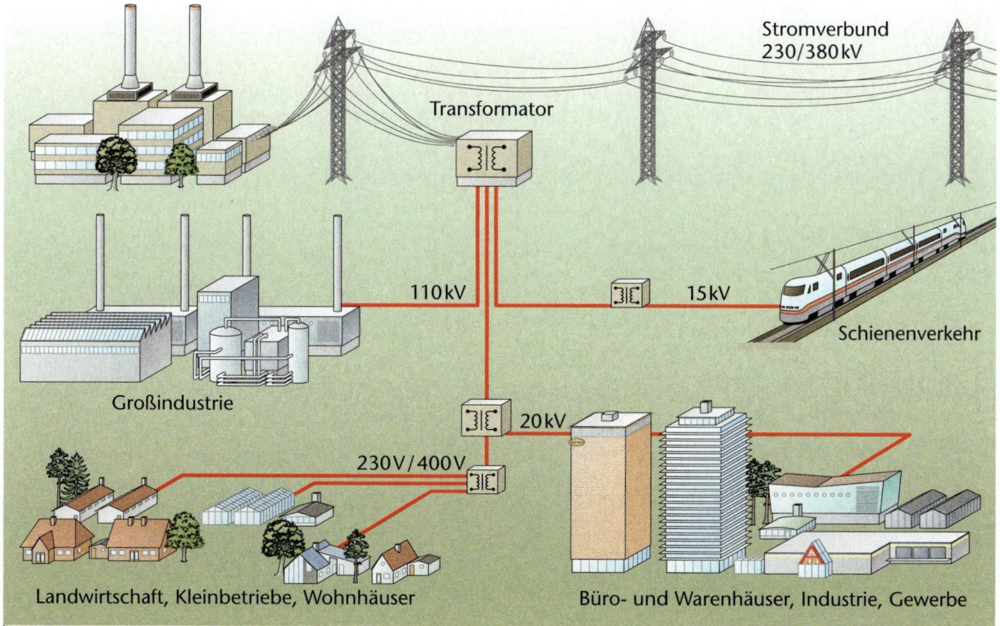

… Sendemast auf un… chule?

Die Finanzsituation deiner Stadt hat sich durch eine Verminderung der Steuereinnahmen dramatisch verschlechtert. Die Stadt versucht daher zu sparen und neue Einnahmequellen zu erschließen. Die Anfrage eines Mobilfunkbetreibers nach Errichtung eines Sendemastes auf einer Schule soll in einer Bürgerversammlung diskutiert werden. Das eingenommene Geld könnte zum Teil der Schule für neue zusätzliche Projekte zur Verfügung gestellt werden.

Diese für die Bewohner der Stadt und die Schüler der Schule sehr wichtige Versammlung muss von allen Teilnehmern besonders sorgfältig vorbereitet werden. Es gibt viele Argumente, die für die Errichtung der Anlage sprechen, aber auch solche dagegen.

In einem **Planspiel** sollen die Argumente erarbeitet, formuliert und in einer fiktiven Sitzung ausgetauscht und zur Abstimmung gebracht werden.

A. Festlegung und Verteilung der Rollen
Es wird festgelegt, welche Rollen zu besetzen sind. Es bieten sich z. B. folgende Rollen an:
- Bürgermeister,
- Stadträte,
- Vertreter des Mobilfunkbetreibers,
- sachkundige Bürger,
- Vertreter von Umweltschutzverbänden,
- Vertreter der Kirchen,
- Vertreter des Jugendgemeinderats,
- Vertreter der Schule.

Die Schülerinnen und Schüler, die keine Rolle erhalten, bilden in der Sitzung die interessierten Bürger. Es ist auch möglich, mehrere Sitzungen durchzuführen, bei denen die Rollen dann getauscht werden.

B. Vorbereitung der Sitzung
Alle Teilnehmer bereiten sich intensiv auf die entscheidende Sitzung vor. Das gilt auch für die interessierten Bürger, die auf der Sitzung kritische Fragen stellen und Anregungen geben sollen. Als Informations- und Vorbereitungsquellen können z. B. genutzt werden:
- fachkundige Personen, z. B. auch Lehrerinnen und Lehrer unterschiedlicher Fächer
- Tageszeitungen
- Firmenprospekte
- Internetseiten unterschiedlicher Firmen
- Politiker/Vertreter der Stadt

C. Durchführung der Sitzung
Jede Gruppe bzw. jeder Interessensvertreter kann zunächst einmal die Argumente für oder gegen den Sendemast vortragen. Dazu bestimmt jede Gruppe einen Gruppensprecher. In einem weiteren Schritt können die interessierten Bürger dann Fragen stellen. Es muss darauf geachtet werden, dass eine Person die Sitzung leitet und dass während der Sitzung ein Protokoll geschrieben wird.

D. Abstimmung
Nachdem alle Argumente ausgetauscht worden sind, soll in einer Abstimmung entschieden werden, ob die Anlage gebaut werden soll oder nicht. Vorher muss natürlich geklärt werden, wer überhaupt an der Abstimmung teilnehmen darf.

Schlusspunkt

Magnetismus und Elektrizität

Dauermagnete

Magnetpole: Jeder Magnet hat einen Nord- und einen Südpol. Im Bereich der Magnetpole ist die Magnetkraft am größten.
Polgesetze: Ungleichnamige Magnetpole ziehen sich an, gleichnamige Magnetpole stoßen sich ab.
Magnetfeld: Das Magnetfeld ist der Raum um einen Magneten, in dem magnetische Kräfte wirken. Magnetische Feldlinien sind ein Modell zur Veranschaulichung des magnetischen Feldes. Sie zeigen die Richtung der Magnetkraft und die Stärke des Magnetfeldes an und können mit Eisenfeilspänen sichtbar gemacht werden (▷B 3).

Magnetismus durch elektrischen Strom

Wenn Strom durch einen elektrischen Leiter fließt, entsteht ein magnetisches Feld um den Leiter (▷B 4).
Ein Elektromagnet ist ein Strom führender Draht, der zu einer Spule aufgewickelt wurde.

Das magnetische Feld einer stromdurchflossenen Spule lässt sich verstärken durch:
- eine größere Windungszahl der Spule
- die Verwendung eines Eisenkerns und
- eine höhere Stromstärke in der Spule.

Elektromotoren

Elektromotoren wandeln elektrische Energie in mechanische Energie um.
Bei einem einfachen Elektromotor dreht sich ein Elektromagnet (Rotor) im Magnetfeld eines feststehenden Magneten (Stator).
Der Kommutator vertauscht die Magnetpole des Rotors bei jeder Umdrehung zweimal. Dadurch wird aufgrund der magnetischen Kräfte zwischen Rotor und Stator eine ständige Drehbewegung möglich (▷B 2).

Elektromagnetische Induktion

Solange sich eine Spule in einem sich verändernden Magnetfeld befindet, wird in der Spule eine Spannung induziert (erzeugt). Diese Erscheinung nennt man elektromagnetische Induktion (▷B 1).
Befindet sich die Spule dabei in einem Stromkreis, fließt ein elektrischer Strom (Induktionsstrom).

Die entstehende Induktionsspannung kann vergrößert werden durch:
- eine größere Windungszahl der Spule,
- die Verwendung eines stärkeren Magneten und
- eine schnellere Magnetfeldänderung.

Generatoren

Generatoren wandeln mechanische Energie in elektrische Energie um.
Ein Fahrraddynamo ist ein einfaches Beispiel für einen **Innenpol-Generator**. Dabei dreht sich ein Magnet im Inneren einer feststehenden Spule. Generatoren für große Leistungen verwenden Elektromagnete anstelle der Dauermagnete.

Beim **Außenpol-Generator** dreht sich eine Spule im Magnetfeld eines feststehenden Magneten.
Außenpol-Generatoren erzeugen Wechselstrom, Außenpol-Generatoren mit Kommutator erzeugen Gleichstrom.

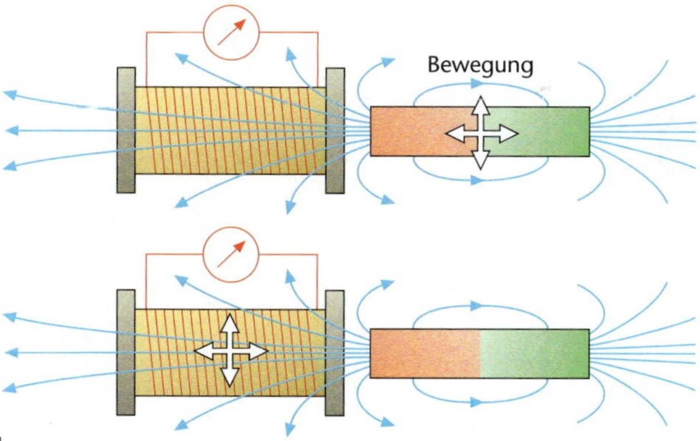

1 Elektromagnetische Induktion

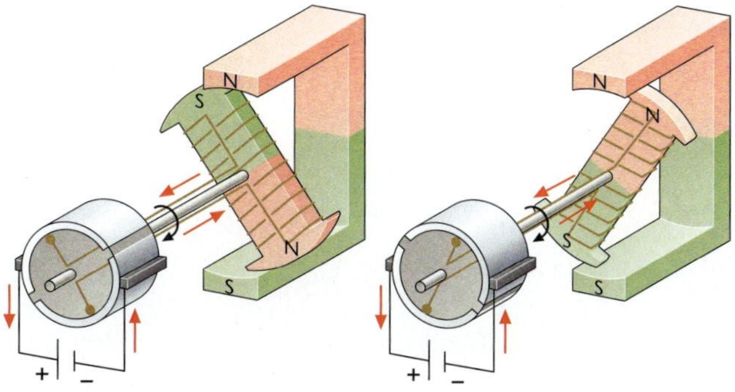

2 Der Kommutator ermöglicht die Drehung des Rotors

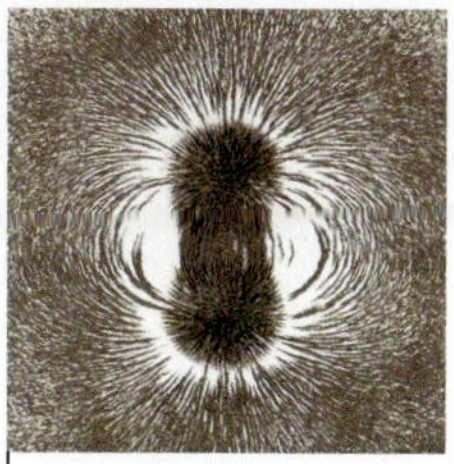
3 Magnetfeld um einen Stabmagneten

4 Magnetfeld um einen geraden Leiter

Aufgaben

1 Zwei Eisenstäbe sehen von außen völlig gleich aus (▷ B 1). Einer von beiden ist ein Magnet. Wie findest du ohne weitere Hilfsmittel heraus, welcher Stab der Magnet ist?

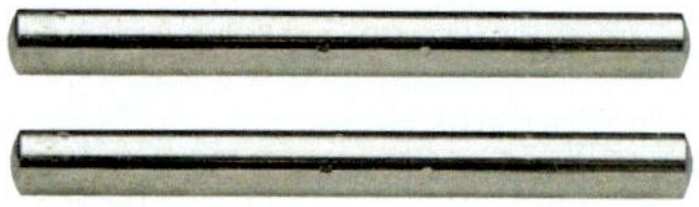

1 Zu Aufgabe 1

2 Erkläre die Funktionsweise eines Kompasses.

3 Sind die folgenden Aussagen richtig oder falsch? Begründe deine Antwort.
a) Wenn du einen Magneten teilst, hast du zwei Teile – einen Nord- und einen Südpol (▷ B 2).

2 Zu Aufgabe 3a

b) Susi Sorglos überlegt sich: „Ich magnetisiere einfach meine Buntstifte und hänge sie an meine magnetische Pinnwand (▷ B 3)."

3 Lassen sich Buntstifte magnetisieren?

c) Der Nordpol der Kompassnadel zeigt zum Südpol.

4 Beschreibe einen Versuch, durch den sich der Verlauf der Magnetfeldlinien um einen geraden, stromdurchflossenen Leiter herausfinden lässt.

5 a) Woraus besteht ein Elektromagnet? Erkläre, wie er funktioniert.
b) Welche Vorteile haben Elektromagnete gegenüber Dauermagneten?

6 a) Ein Eisenkern verstärkt das Magnetfeld einer Strom führenden Spule. Erkläre dies mithilfe der Modellvorstellung der Elementarmagnete.
b) Auf Schrottplätzen kommen oft sehr starke Elektromagnete zum Einsatz. Wie lassen sich solch starke Magnetfelder erzeugen?

7 Welche der folgenden Aussagen treffen für einen Dauermagneten bzw. für einen Elektromagneten zu?
a) Er besitzt einen Nord- und einen Südpol.
b) Er lässt sich mit einfachen Mitteln umpolen.
c) Durch starke Erschütterung kann die Magnetkraft verloren gehen.
d) Er zieht Gegenstände an, die Nickel enthalten.
e) Die Magnetkraft lässt sich verändern.
f) Die Magnetkraft lässt sich einfach ausschalten.

8 Gib Möglichkeiten der Bewegung zwischen einer Spule und einem Magneten an, bei der …
a) … eine Spannung induziert wird.
b) … keine Spannung induziert wird.
Begründe deine Aussagen.

9 In einer Spule soll eine möglichst hohe Spannung induziert werden. Wie kann das erreicht werden?

10 In einer Spule liegt ein sehr starker Dauermagnet. Wird damit auch eine besonders hohe Induktionsspannung erzeugt? Begründe.

11 a) Unter welchen Bedingungen fließt in einer Spule ein Induktionsstrom?
b) Die Richtung des Induktionsstroms soll umgekehrt werden. Welche Möglichkeiten gibt es? Überprüfe deine Aussagen experimentell.

12 Neben einer Spule steht ein Elektromagnet. Was kannst du über die Induktionsspannung aussagen, wenn …
a) … der Elektromagnet gerade angeschaltet wird?
b) … im Stromkreis des Elektromagneten ein konstanter Gleichstrom fließt?
c) … der Elektromagnet gerade ausgeschaltet wird?

13 Erläutere die Funktionsweise eines Elektromotors mithilfe einer „logischen Kette".
Beginne so:
1. Die Rotorspule wird an eine Spannungsquelle angeschlossen.
2. Die Rotorspule wird zum Elektromagneten.
3. usw.

14 Bild 4 zeigt dir verschiedene Stellungen des Rotors in einem Motor. In welche Richtung wird er sich jeweils drehen? Begründe.

15 a) Beschreibe den Aufbau eines Fahrraddynamos. Wird bei einem Fahrraddynamo Gleich- oder Wechselspannung erzeugt? Begründe deine Antwort.
b) Handelt es sich dabei um einen Innenpol- oder um einen Außenpolgenerator? Beschreibe dazu auch die Unterschiede zwischen beiden Generatorarten.
c) Könnte man den Dynamo auch als Motor benutzen? Begründe deine Meinung.

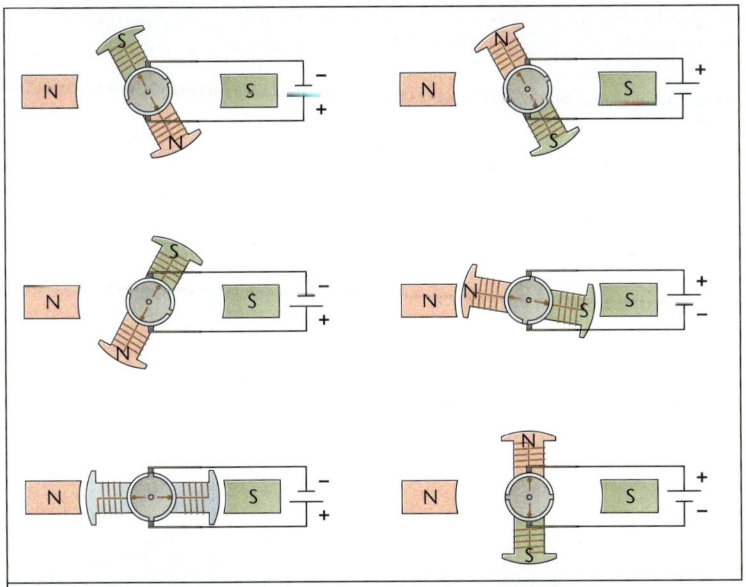

4 Zu Aufgabe 14

5 Weidezaun

23 Ein Weidezaungerät (▷ B 5) erzeugt sehr hohe Spannungen. Es wird aber nur mit einer handelsüblichen Batterie betrieben. Wie ist das möglich?

16 Beschreibe die Funktion eines Transformators mithilfe einer „logischen Kette". Beginne so:
1. Durch die Primärspule fließt ein Wechselstrom.
2. Dadurch wird ...
3. ...

17 „Feine Sache, so ein Trafo", meint Tim. „Mit Transformatoren kann ich ja Spannung und Stromstärke erhöhen. Damit löse ich alle Energieprobleme der Welt!" Nimm Stellung zu dieser Aussage!

18 Die Spulen eines Trafos haben 1500 (n_1) und 60 (n_2) Windungen.
a) Wie groß ist die Sekundärspannung, wenn der Trafo an 230 V angeschlossen wird?
b) Wie viele Windungen müsste die Primärspule haben, wenn die Sekundärspannung 10 V betragen soll?

19 Der Transformator in einem elektrischen Schweißgerät besitzt auf der Primärseite 540 Windungen und auf der Sekundärseite 36 Windungen. Es fließt ein Strom von 8 A durch die Primärspule. Wie hoch ist die Stromstärke auf

20 Weshalb steigt die Primärstromstärke, wenn man ein elektrisches Gerät an die Sekundärspule anschließt?

21 Mithilfe eines Trafos soll ein Lämpchen (15,3 V/1,2 A) an die Netzspannung angeschlossen werden.
Das Lämpchen soll möglichst hell leuchten, aber nicht zerstört werden. Für den Trafo hast du fünf Spulen mit 1200, 850, 750, 500 oder 50 Windungen zur Auswahl.
a) Aus welchen Spulen könnte man den Trafo bauen? Begründe.
b) Vergleiche die Eingangsleistung mit der Ausgangsleistung des Trafos.
c) In einem Lehrerversuch wurden die berechneten Werte überprüft. Dabei zeigte sich, dass die gemessene Primärstromstärke größer als der berechnete Wert war. Woran liegt das?

22 Warum wird elektrische Energie nicht bei einer Spannung von 230 V vom Kraftwerk bis in die Haushalte übertragen? Wie groß wäre dabei die Stromstärke in den Leitungen,

1 Wenn du einen Stromkreis aus einer Batterie, Kabeln, einem Taster und einem Summer aufbaust, dann kannst du den Summer durch Drücken auf den Taster ertönen lassen. Sobald du den Taster loslässt, verstummt der Summer.
Durch die Verwendung eines Relais (▷ B 5) kannst du erreichen, dass der Summer nicht nur bei gedrücktem Taster ertönt, sondern auch noch nach dem Loslassen. Eine solche Schaltung bezeichnet man als Speicherschaltung.
a) Entwirf einen Schaltplan für eine Schaltung mit den genannten Eigenschaften.
b) Für welchen Zweck könnte man eine solche Schaltung einsetzen?

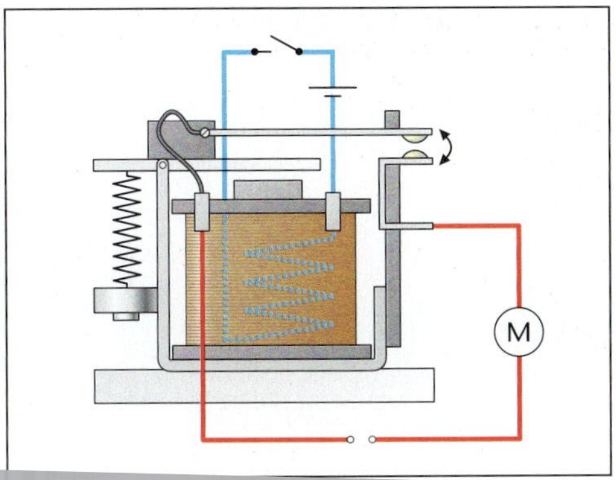

Messen, Steuern, Regeln

Ob im Auto, in der Waschmaschine oder im Backofen – es gibt heute kaum noch ein Gerät, in dem keine Steuerungs- oder Regelprozesse ablaufen.

Betrittst du eine Rolltreppe, läuft diese selbsttätig an. Ein Schalter in der Bodenplatte hat dein Gewicht registriert und setzt die Rolltreppe in Bewegung.

Das ABS (Anti-Blockier-System) eines Autos verhindert, dass bei einer Vollbremsung die Räder blockieren. Mithilfe der Sensoren des ABS-Systems wird die Bremsanlage geregelt. Die Sensoren messen, ob sich das Rad beim Bremsvorgang noch dreht. Blockiert es, wird die Bremse kurzzeitig freigegeben. So ist gewährleistet, dass sich das Auto bei einer Vollbremsung weiterhin lenken lässt. Mithilfe der ABS-Steuerung werden Daten gesammelt, gespeichert und ausgewertet.

In vielen Geräten findest du Sensoren, die auf bestimmte physikalische Größen reagieren. Einige reagieren auf die Temperatur, andere auf Druck oder auf die Lichtstärke.

In diesem Kapitel wirst du verschiedene Sensoren kennen lernen. Du erfährst dabei auch, wie die manchmal sehr schwachen Signale, die ein Sensor empfängt, verstärkt werden können.

Dauerheizen
Sparbetrieb
Heizen
Aus
Ein

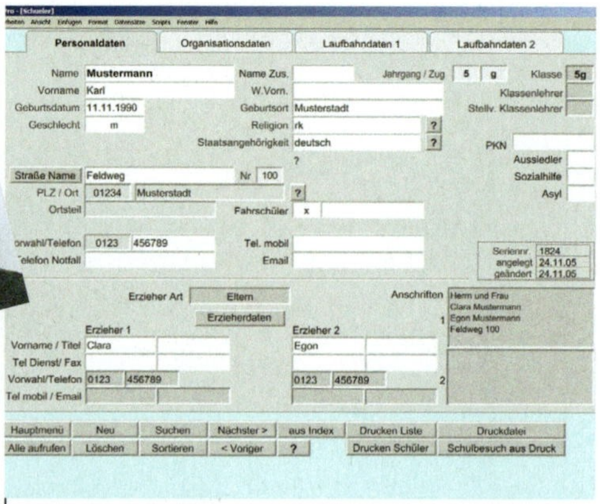

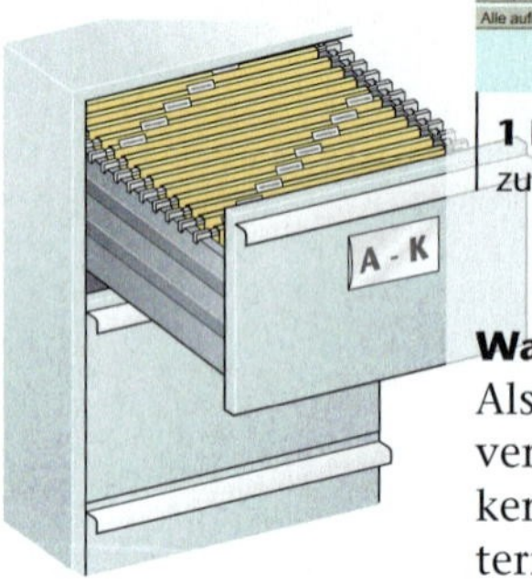

1 In der Schülerkartei finden sich Daten zu jedem Schüler

3 Eine aufwändige Möglichkeit, Daten zu speichern – der Lektriever

Was sind Daten?

Als Sarah sich im Sportunterricht am Fuß verletzt, ruft die Schulsekretärin den Krankenwagen. Außerdem muss sie Sarahs Eltern benachrichtigen und schlägt dazu in der Schülerkartei nach.
In dieser Kartei sind neben dem Namen und der Adresse auch die Telefonnummern vermerkt, unter denen man im Notfall die Eltern erreichen kann (▷ B1).

Die Eintragungen in der Schülerkartei bezeichnet man als Daten. Diese Daten sind das Rohmaterial, das noch weiter verarbeitet werden muss, damit man daraus Informationen gewinnen kann.

Auch in der Physik werden Daten gesammelt. Es werden z. B. Spannungen gemessen und Beobachtungen notiert. Ein Messwert allein enthält aber zunächst noch keine Informationen. Erst wenn du diesen Messwert mit anderen Daten vergleichst, gewinnst du Informationen.

2 Erst im Bezug zu anderen Daten werden Messwerte aussagekräftig

Hast du z. B. eine Raumtemperatur von 21 °C gemessen, so wirst du sie als angenehm empfinden. Wasser dieser Temperatur hingegen empfindest du als kühl.
Der Temperaturwert von 21 °C sagt noch nichts aus. Erst wenn du den Messwert in Beziehung zu anderen Daten setzt, gewinnst du daraus Informationen (▷ B2).

▶ Daten sind Werte, die man aus Befragungen, Statistiken, Beobachtungen, Messungen etc. gewinnt.

Datenspeicherung

Aber nicht nur in der Schule werden Daten über dich gesammelt. Auch das Einwohnermeldeamt verfügt über deine Adresse, dein Geburtsdatum etc.
Deinem Hausarzt liegen neben deiner Adresse Informationen zu deiner Krankengeschichte vor. Beim Arzt gibt Sarah ihre Krankenkassenkarte ab. Auf dieser Karte sind ebenfalls wichtige Daten von Sarah abgespeichert.

Vielleicht besitzt du eine eigene E-Mail-Adresse. Als du sie festgelegt hast, musstest du Daten zu deiner Person weitergeben. Außerdem musstest du ein Passwort angeben, damit nur du deine E-Mails lesen kannst.

Daten können auf verschiedenen Medien gespeichert werden. So nutzten die Menschen aus der Steinzeit Wände, Ägypter verwendeten Steintafeln, um darauf Daten festzuhalten.
Heutzutage dienen neben den Karteikarten auch Bücher, Filme, Festplatten, CDs und DVDs zur Speicherung von Daten.

Versuch

1 Unter einer Glasglocke, die mit einer Vakuumpumpe verbunden ist, wird ein geschlossener Stromkreis mit einer Klingel aufgebaut.
Anschließend pumpt man die Luft aus der Glocke.
Beschreibe deine Beobachtungen.

5 Bei der Übertragung akustischer Daten dient die Luft als Kanal.

Datenaustausch

Wenn du eine E-Mail an einen Freund verschickst, übermittelst du ihm Daten. Diesen Datenaustausch nennt man **Kommunikation**.
Für die Übermittlung von Daten benötigt man einen Sender, einen Empfänger und einen Kanal. Der Sender gibt die Daten aus, der Empfänger nimmt die Daten an. Ihre Übertragung erfolgt über den Kanal.

Versuch 1 zeigt, dass zur Übertragung von Tönen die Luft als Kanal benötigt wird (▷ B 5). Das Klingeln unter der Glasglocke kannst du nur hören, wenn die Glocke mit Luft gefüllt ist. Pumpt man die Luft aus der Glocke ab, vernimmst du das Klingeln nicht mehr.

Das Übertragen von Daten nennt man Kommunikation.
Ihr Grundprinzip lautet: Ein Sender schickt Daten über einen Kanal zu einem Empfänger.

Erfolgt die Kommunikation nur in eine Richtung vom Sender zum Empfänger, so spricht man von einer Ein-Wege-Kommunikation.

Kann der Empfänger Rückmeldungen an den Sender geben, so handelt es sich um eine Zwei-Wege-Kommunikation.

Datenwandler

Möchtest du über große Entfernungen hinweg kommunizieren, reicht der Kanal „Luft" häufig nicht aus, um deine Daten an den Empfänger zu übermitteln. Hier bietet sich das Telefon an. Damit kannst du über große Entfernungen hinweg Daten austauschen.
Die vom Sender ausgegebenen akustischen Daten werden zunächst von einem Mikrofon in elektrische Signale umgewandelt. Die Datenübertragung erfolgt über eine Leitung. Ein Lautsprecher wandelt die Signale wieder in Töne zurück, die der Empfänger hören kann (▷ B4). Mikrofon und Lautsprecher bezeichnet man als Wandler.

6 Mögliche Folgen der Ein-Wege-Kommunikation

Aufgaben

1 In welchen der folgenden Beispiele finden Ein-Wege- bzw. Zwei-Wege-Kommunikation statt?
Zeitung lesen, Radio hören, chatten, ein Referat halten …
Finde weitere Beispiele, wo Daten erfasst werden.

2 Indianer konnten über große Entfernungen kommunizieren. Wie war das möglich?

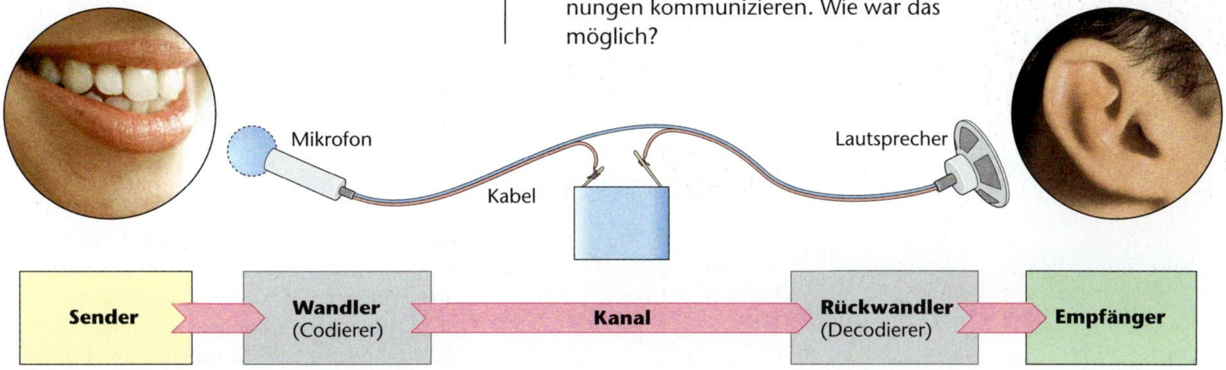

4 Um Daten über weite Entfernungen zu übertragen, werden diese häufig umgew

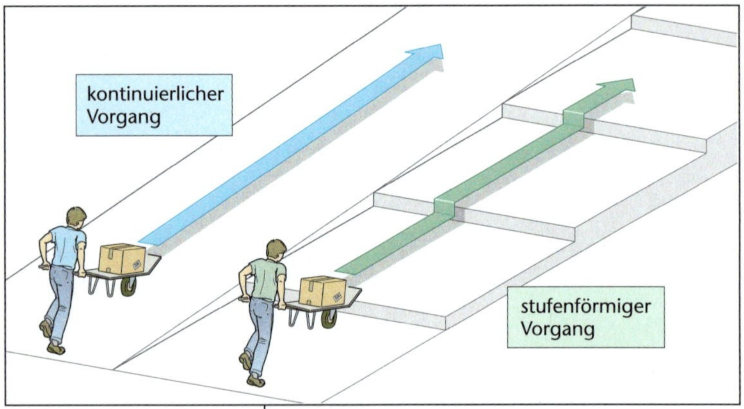

1 Zwei Möglichkeiten, eine Kiste bergauf zu transportieren

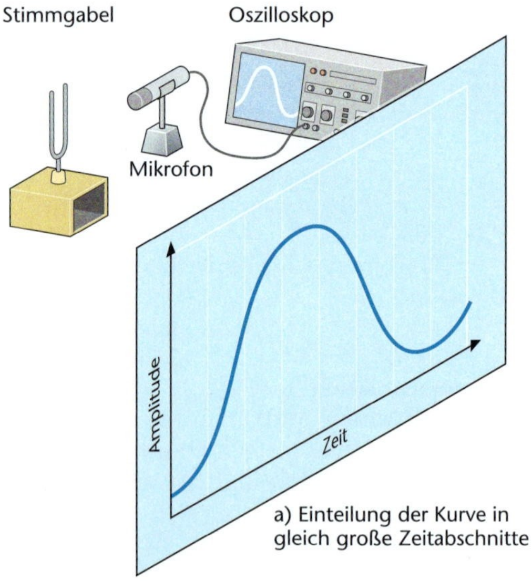

3 Digitalisierung eines analogen Signals

Kontinuierlich oder stufenweise

Um eine Kiste mithilfe einer Sackkarre zu einem höher gelegenen Punkt zu transportieren, stehen dir verschiedene Möglichkeiten zur Verfügung:
Du kannst die Kiste eine schiefe Ebene hinaufschieben (▷ B 1). Einen solchen kontinuierlichen Vorgang bezeichnet man auch als analogen Vorgang.
Du kannst die Kiste aber auch über eine Treppe nach oben befördern. Dann wird die Sackkarre Stufe um Stufe hinaufbewegt. Einen solchen schrittweise ablaufenden Vorgang bezeichnet man als digitalen Vorgang.

Nach den beschriebenen Prinzipien arbeiten auch analoge und digitale Messgeräte.

Kontinuierlich (stufenlos) ablaufende Vorgänge bezeichnet man als analoge Vorgänge, laufen sie stufenförmig ab, spricht man von digitalen Vorgängen.

Aus analog wird digital

Wenn du eine Stimmgabel anschlägst, hörst du einen Ton (▷ V 1, B 1). Am Oszilloskop wird eine kontinuierliche Kurve sichtbar (▷ B 3a).
Diese analoge Tondarstellung kann digitalisiert werden. Unterteilt man die Kurve in gleich große Zeitabstände, so kann man für jeden Zeitpunkt einen bestimmten (Spannungs-)Wert angeben. Diese Daten werden abgegriffen und als Zahl dargestellt (▷ B 3b). Die analoge Tonkurve wird in eine digitale Kurve umgewandelt. Wählt man die Zeitabschnitte klein genug, so kann man einen Unterschied zwischen einem analogen und einem digitalen Vorgang nicht mehr unterscheiden.

Geräte, die analoge Werte in digitale Werte umwandeln können nennt man **Analog-Digital-Wandler**.

2 Zu Versuch 2

Versuche

1 Ein Mikrofon wird an ein Oszilloskop angeschlossen. Vor dem Mikrofon stellt man eine Stimmgabel auf. Nun wird die Stimmgabel angeschlagen (▷ B 3).

2 Ein Potentiometer wird über einen Analog-Digital-Wandler an den Computer angeschlossen (▷ B 2). Beobachte die Anzeige auf dem Bildschirm, wenn der Widerstandswert am Potentiometer geändert wird.

b) Messung der Spannungswerte in jedem Zeitabschnitt und Übertragung in das Binärformat

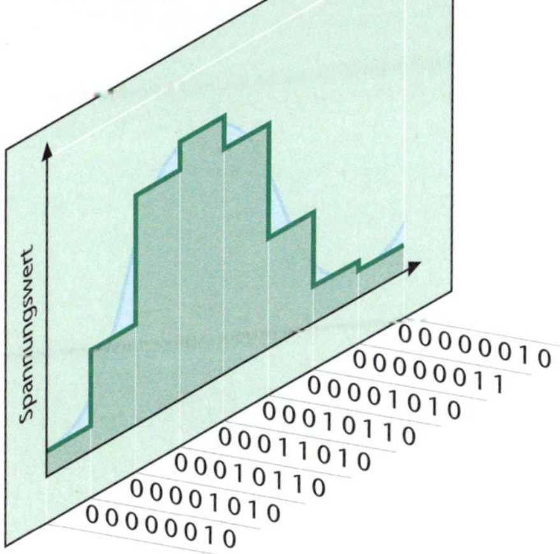

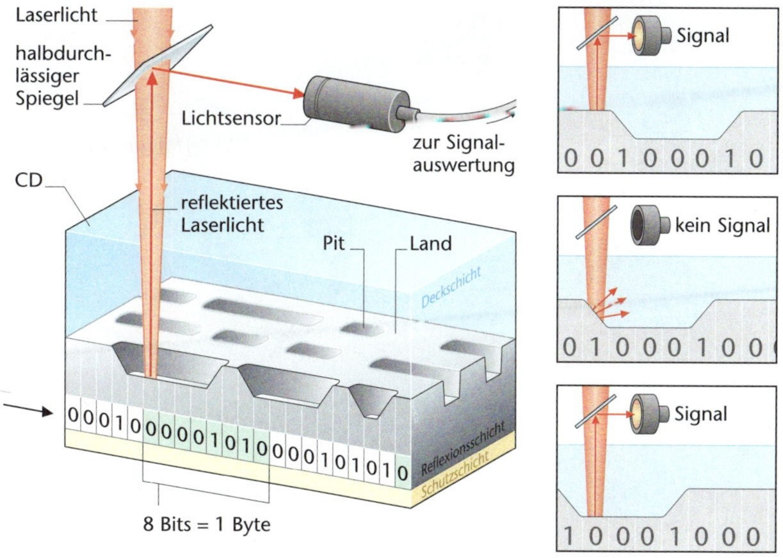

4 Auf einer CD sind Daten in digitaler Form gespeichert.

Die kleinste Datenmenge

Arne und Leon wohnen in gegenüberliegenden Häusern. Will der eine dem anderen mitteilen, dass er zu Hause ist, hängt er ein weißes Blatt Papier ins Fenster. So können sich die Jungen gegenseitig genau zwei Zustände übermitteln: „Ich bin zu Hause" bzw. „Ich bin nicht zu Hause".
Eine Information, die zwei Zustände umfasst, bezeichnet man als Bit. Ein Bit ist die kleinste übertragbare Datenmenge. Es hat stets zwei Zustände, z. B. ein oder aus, Papier vorhanden oder nicht vorhanden, schwarz oder weiß ...

Ein Bit ist die kleinste Datenmenge, die übertragen werden kann. Ein Bit kann genau zwei Zustände haben.

Das Binärformat

Auf einer CD sind z. B. Musikdaten digital gespeichert. Bei starker Vergrößerung erkennt man auf der Oberfläche eine Struktur (▷ B 4). Dabei handelt es sich um Vertiefungen (Pits) im Bereich von Mikrometern, die durch ebene Bereiche (Lands) getrennt sind (▷ B 5). Erkennt der Lesekopf beim Auslesen der CD einen Wechsel zwischen Pit und Land, registriert er dies als „1". Tritt kein Wechsel auf, registriert der Lesekopf eine „0" (▷ B 4, rechts).

Eine solche Darstellung nennt man **Binärformat**. Es besteht immer nur aus zwei Zuständen (bi = zwei).

5 Datenspuren auf einer CD

Das Binärformat kennt nur zwei Zustände, wie z. B. einen Wechsel oder keinen Wechsel zwischen Pit und Land.

Computer müssen viele Informationen verarbeiten: Buchstaben, Zahlen, Bilder, Musik usw. Deshalb werden alle Daten in ein Format gebracht, das der Computer interpretieren kann – das Binärsystem. Dabei werden nur die Ziffern 0 und 1 verwendet, durch deren Kombinationen Buchstaben, Zahlen usw. dargestellt werden können. Das Binärsystem ist für die Datenverarbeitung am Computer gut geeignet. Jede 0 bedeutet „Strom aus", jede 1 bedeutet „Strom ein". So werden Zahlen und Buchstaben als Abfolge von elektrischen Signalen dargestellt.
Allerdings wäre es unübersichtlich, nur mit Bits zu arbeiten. Daher fasst man 8 Bits zu einem Byte zusammen.
Mit einem Byte lassen sich insgesamt 256 (= 2^8) verschiedene Zust

Darstellung im Binärformat

15 = 00001111
B = 01000010
! = 00100001

Versuch

1 a) Entferne aus einem alten Telefon das Mikrofon und die Hörkapsel (Lautsprecher). Schalte Mikrofon und Lautsprecher in Reihe zu einer 4,5-V-Batterie. Halte die Hörkapsel an dein Ohr und lasse eine Mitschülerin bzw. einen Mitschüler in das Mikrofon sprechen.
b) Zeichne eine Schaltskizze für eine einfache Telefonanlage.

Das Telefon

Eines der wichtigsten Hilfsmittel zur Übertragung von Daten ist das Telefon.
Es besteht im Wesentlichen aus einem Mikrofon und einem Lautsprecher, die in Reihe geschaltet an eine Spannungsquelle angeschlossen sind (▷V1, B1).
Das Mikrofon wandelt die akustischen Signale in elektrische Signale um. Der Lautsprecher wandelt die elektrischen Signale wieder in Töne zurück.

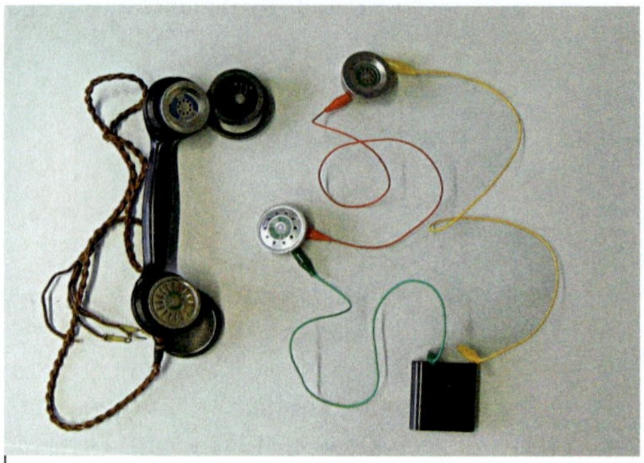

2 Zu Versuch 1

Das Mikrofon

Das Tauchspulenmikrofon beruht auf dem physikalischen Prinzip der Induktion. Bei dieser Art von Mikrofon ragt eine Spule, die fest mit einer Membran verbunden ist, in einen Magneten.
Sprichst du in das Mikrofon, beginnt die Membran zu schwingen und setzt dabei die Spule in Bewegung. Durch den Magneten wird in der Spule eine Spannung induziert, sodass ein Strom fließen kann.

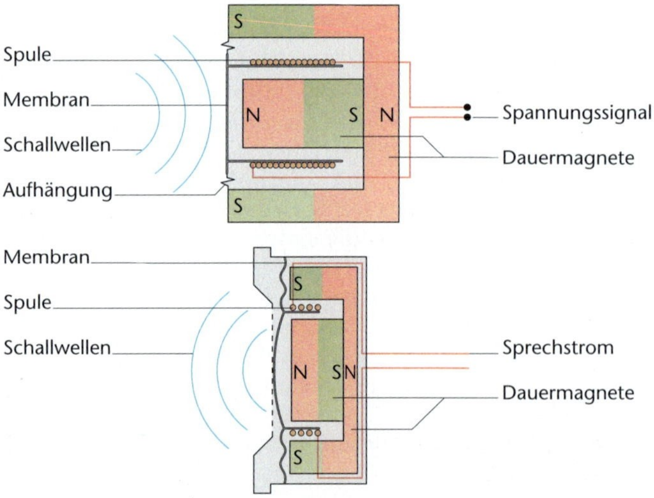

1 Funktionsweise eines Tauchspulenmikrofons (oben) und eines Lautsprechers (unten)

Der Lautsprecher

Der Lautsprecher ist im Prinzip die Umkehrung des Tauchspulenmikrofons. Wird die Stromstärke im Stromkreis geändert, ändert sich das Magnetfeld der Spule. Dies führt dazu, dass auf die Spule im Spalt des Magneten Kräfte wirken. Die Spule und die mit ihr verbundene Membran beginnen sich zu bewegen.

Wenn du in das Mikrofon sprichst, führen kleine Stromstärkeänderungen im Lautsprecher dazu, dass die Membran zu schwingen beginnt. Die elektrischen Signale werden in Töne zurückgewandelt.

▶ Mikrofon und Lautsprecher sind Datenwandler. Das Mikrofon wandelt Töne in elektrische Signale, der Lautsprecher elektrische Signale in Töne.

Mehrfache Datenwandlung

Manchmal werden elektrische Signale mehrfach gewandelt. Mit einem Handy kannst du drahtlos telefonieren. Damit dies möglich ist, werden mithilfe des Mikrofons die Sprachdaten zunächst in elektrische Signale umgewandelt. Diese werden anschließend in Funksignale umgesetzt, die ausgesendet werden können. Der Empfänger wandelt die empfangenen Funksignale zurück in akustische Signale.

Computerbegriffe

BASIC
BASIC ist eine Programmiersprache. Der Name steht für **B**eginners **A**ll-Purpose **S**ymbolic **I**nstruction **C**ode (symbolische Allzweck-Befehlssprache für Anfänger). BASIC wurde in den 60er Jahren erfunden und seitdem ständig weiterentwickelt.

Betriebssystem
Im Betriebssystem sind alle für den Betrieb des Computers grundlegenden Systemprogramme zusammengefasst. Das Betriebssystem sorgt dafür, dass angeschlossene Geräte wie Drucker, Tastatur etc. mit dem Computer verwendet werden können.

Bit
Ein Bit ist die kleinste Dateneinheit. Es kann die Zustände 0 oder 1 haben.

bps
Die Geschwindigkeit von Datenübertragungen gibt man in Bits pro Sekunde, abgekürzt bps, an.

Byte
8 Bits werden zu einem Byte zusammengefasst. Ein Byte kann 256 verschiedene Zustände haben. Ein Kilobyte (KByte bzw. KB) umfasst 1024 Byte, 1 Megabyte (MByte bzw. MB) 1024 KByte, also 1048576 Byte.

Chip
Dieser Computerbaustein aus Silicium steuert bestimmte elektrische Vorgänge im Computer.

Computer
Computer stammt vom lateinischen computare, „rechnen", ab. Heute sind unter diesem Begriff alle programmgesteuerten Rechnersysteme zusammengefasst.

DFÜ
DFÜ ist die Abkürzung für **D**aten**f**ern**ü**bertragung. Wenn du z. B. über das Internet Daten austauschen möchtest, sind verschiedene Computer über DFÜ miteinander verbunden.

DOS
DOS steht für **D**isk **O**peration **S**ystem (Disketten-Betriebssystem). DOS war eines der ersten Betriebssysteme für Computer.

DSL
Die Abkürzung steht für **D**igital **S**ubscriber **L**ine und bezeichnet verschiedene Verfahren, um Daten mit einer hohen Übertragungsrate über die Kupferleitungen des Telefonnetzes zu übermitteln.

EDV
Abkürzung für **e**lektronische **D**aten**v**erarbeitung

Festplatte
Die Festplatte ist ein magnetisches Speichermedium.

Formatierung
Damit Daten auf einem Speichermedium übertragen werden können, muss das Medium für den Gebrauch mit dem Computer vorbereitet werden. Diesen Vorgang bezeichnet man als Formatieren.

Grafikkarte
Eine Steckkarte im Computer, die die Kommunikation zwischen Bildschirm und Computer steuert.

Hardware
Unter diesem Begriff sind alle mechanischen und elektronischen Bauteile eines Computersystems zusammengefasst.

Mikroprozessor
Zentraler Baustein im Computer zur Steuerung und Verarbeitung von Daten

1 Modem

Modem
Gerät zur Übertragung von Daten über die Telefonleitung (▷B 1)

Netzwerk
In einem Netzwerk sind alle Computer zusammengefasst, die miteinander Daten austauschen können.

Pascal
Programmiersprache, die nach dem französischen Mathematiker BLAISE PASCAL (1623–1662) benannt wurde

Programm
Als Programm bezeichnet man eine Abfolge von Befehlen an den Computer. Programme erstellt man mithilfe einer Programmiersprache, die die Steueranweisungen in für den Computer verständliche Befehle übersetzt.

RAM
Es gibt in einem Computer zwei Speichertypen: das RAM und das ROM. RAM steht für **R**andom **A**ccess **M**emory. Es bezeichnet einen Speicher, aus dem Daten ausgelesen und in dem Daten abgelegt werden können.
Lädt man z. B. ein Programm oder einen Text, werden die Daten im RAM des Computers abgelegt. Mit dem Ausschalten des Computers gehen die Daten aus dem RAM verloren.

ROM
Abkürzung für **R**ead **O**nly **M**emory. Dieser Speicher kann nur ausgelesen werden.

Software
Alle Programme sind unter dem Begriff Software zusammengefasst (▷B 2).

Der Mensch speichert Daten

Wenn du ein Referat über ein physikalisches Thema schreiben sollst, informierst du dich sicher in deinem Physikbuch darüber. Vielleicht suchst du auch weitergehende Informationen in anderen Büchern, die du dir in der Bibliothek ausgeliehen hast. Ganz sicher findest du auch Informationen im Internet.
Die Informationen, die du für dein Referat benötigst, sind als Daten gespeichert. Durch z. B. das Ausleihen der Bücher transportierst du diese Daten.

Daten sind meist in Form von Bildern, Texten, Tönen oder Filmen auf Datenträgern gespeichert.
Eine einfache Datenspeicherung ist z. B. eine Höhlenmalerei. Die dort gezeigten Abbildungen enthalten Daten, die Rückschlüsse auf das Leben in früherer Zeit zulassen. Als Datenträger dienen die Felswände.

▶ Man speichert Daten, um sie später noch einmal verwenden oder sie anderen zur Verfügung stellen zu können.

1 Edisons Phonograph erlaubte es erstmals, Töne zu speichern.

Die Aufzeichnung und Wiedergabe von Tönen

Viele Menschen hören sehr gerne Musik. Wie die gesprochenen Nachrichten kann man sie überall über das Radio empfangen. Vielleicht besitzt auch du ein transportables Gerät, wie z. B. einen Discman oder einen MP3-Player, mit dem du an jedem Ort deine aktuellen Lieblingslieder abspielen kannst.
Thomas Alva Edison gelang es im Jahr 1877, den ersten funktionsfähigen Phonographen zu bauen (▷ B 1). Das Gerät bestand im Wesentlichen aus einer mit Stanniolpapier umwickelten Walze und einer Nadel, die auf das Papier drückte. Die Nadel war über eine Membran mit einem Schalltrichter verbunden. Sprach man in den Trichter hinein und drehte gleichzeitig die Walze, ritzte die Nadel das Stanniolpapier ein. Auf diese Weise ließen sich Schallschwingungen aufzeichnen.

Die Wiedergabe funktionierte genau umgekehrt: Bewegte sich die Nadel durch die Rille, versetzte sie die Membran des Trichters in Schwingungen – die aufgenommenen Töne wurden hörbar (▷ V 1, V 2).
Der Erfinder Emile Berliner stellte 1887 den Plattenphonographen vor. Bei diesem Gerät dienten (Schall-)Platten als Speicher. Nach diesem Prinzip funktionieren noch die heutigen Plattenspieler. Auf jeder Seite einer Langspielplatte sind etwa 30 Minuten Musik gespeichert.

2 Verschiedene Speichermedien

Die CD

Die Einführung der CD (Compact Disc) als Datenträger für Musikdaten verdrängte die Schallplatte fast vollständig. Bei der CD werden die Musikinformationen mithilfe eines Laserstrahls ausgelesen.
Die CD besteht aus einem dünnen Kunststoffträger, der einseitig mit einer Aluminiumschicht bedampft ist. Die Aluminiumschicht ist wiederum mit einer schützenden Lackschicht versehen.
Auf der unteren Seite der CD sind die Daten gespeichert, es handelt sich dabei um Vertiefungen in der Kunststoffschicht.
Im Gegensatz zur Schallplatte liegen die Daten auf der CD in digitaler Form vor.

Auf einer normalen Audio-CD lassen sich bis zu 74 Minuten Musik unterbringen, dies entspricht einer Datenmenge von 650 MByte. Es gibt auch CDs, die bis zu 800 MByte Daten (etwa 90 Minuten Musik) aufnehmen können.

Auf einer CD kann man nicht nur Musikdaten speichern. Auch für den Computer nutzt man dieses Medium zur Aufnahme von Daten aller Art. Fast alle Computerprogramme sind so umfangreich, dass sie nicht mehr auf eine Diskette passen. Stattdessen verwendet man eine CD.

DVD

DVD steht für die Abkürzung **D**igital **V**ersatile **D**isc und bedeutet übersetzt „digitale vielseitige Scheibe“.
Eine DVD ist ähnlich aufgebaut wie eine CD. Sie hat ebenfalls einen Durchmesser von ca. 12 cm, allerdings sind die Daten auf einer DVD erheblich dichter gespeichert. Jede Seite der DVD besitzt je zwei beschreibbare Schichten, sodass der Datenumfang einer DVD bis zu 17 GByte betragen kann. Diese Datenmenge entspricht bis zu 35 Stunden Musik oder bis zu 8 Stunden Video. DVD-Abspielgeräte und -Recorder ersetzen mittlerweile den Videorecorder.

Disketten und Festplatten

Disketten und Festplatten funktionieren nach dem gleichen Prinzip. Sie bestehen aus einer mit magnetisierbarem Material beschichten Scheibe. Eine Festplatte besitzt zudem einen Schreib-/Lesekopf. Der Schreib-/Lesekopf ist ein Elektromagnet. Schreibt man Daten auf eine Festplatte oder Diskette, so wird die Scheibe stellen-

Das Auslesen der Daten erfolgt auf umgekehrte Weise. Die magnetisierten Teilchen erzeugen im Schreib-/Lesekopf induktive Spannungsstöße. Der Kopf ist beweglich, sodass die Stellen, an denen sich die Daten befinden, innerhalb kürzester Zeit gefunden werden können. Eine Diskette fasst etwa 1,44 MByte an Daten.

Bei einer Festplatte sind mehrere Scheiben übereinander angebracht (▷B 3). Oberhalb und unterhalb jeder Scheibe sitzt ein beweglicher Schreib-/Lesekopf.
Je nach Größe und Anzahl der Scheiben kann eine Festplatte unterschiedliche Datenmengen speichern – eine Kapazität von 200 GByte ist heute keine Seltenheit mehr.

Versuche

1 Schlage eine Stimmgabel an, an der eine Schreibnadel befestigt ist, und ziehe sie über eine berußte Glasplatte.

2 Für diesen Versuch benötigst du eine Schallplatte, einen Drehteller, eine Nähnadel, ein etwa DIN A5 großes, steifes Stück Papier und Klebestreifen. Verwende für diesen Versuch keinesfalls eine wertvolle Schallplatte!
Befestige die Nadel (die Spitze zeigt nach außen) mithilfe der Klebstreifen am Papier (▷B 4). Lege die Schallplatte auf den Drehteller und lasse sie rotieren. Halte das Papier am Rand fest und setze die Nähnadel in die Rille der Schallplatte.

4 Zu Versuch 2

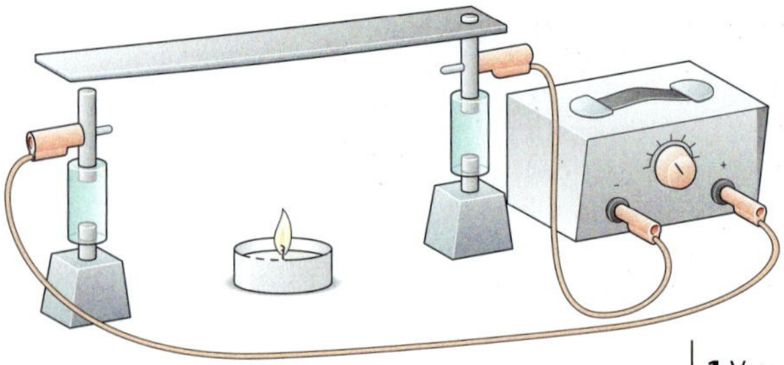

1 Versuchsaufbau zu Versuch 2

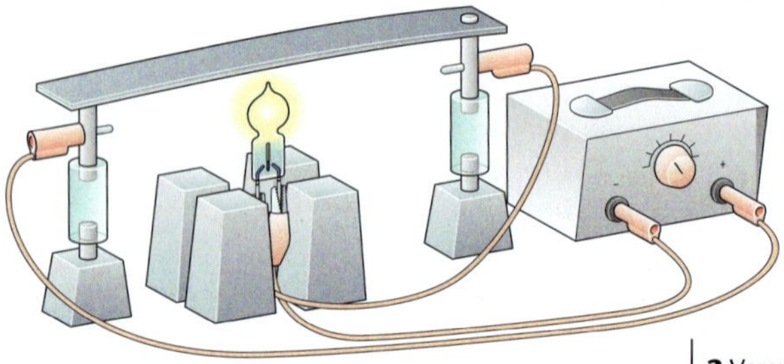

2 Versuchsaufbau zu Versuch 3

Versuche

1 a) Befestige einen Bimetallstreifen an einem Stativ. Stelle ein brennendes Teelicht unter den Streifen. Was beobachtest du?
Blase das Teelicht anschließend aus. Was kannst du jetzt feststellen?
b) Besprühe den Bimetallstreifen mit Kühlspray (Vorsicht, nicht in die Augen sprühen!). Beobachte und erkläre.

2 a) Spanne einen Bimetallstreifen so ein, dass er sich bei Erwärmung nach oben biegt (▷ B1). Baue einen Stromkreis so auf, dass er sich schließt, wenn das Bimetall erwärmt wird. Was geschieht, wenn du eine brennende Kerze unter den Bimetallstreifen stellst?
b) Verändere den Stromkreis so, dass der Stromkreis unterbrochen wird, wenn das Bimetall erwärmt wird.

3 Für diesen Versuch benötigst du einen Bimetallstreifen, der sich schon bei kleinen Temperaturunterschieden deutlich verbiegt, sowie eine Halogenlampe (z. B. 12 V, 10 W), die sehr viel Wärme erzeugt.
Schließe Lampe, Bimetall und Spannungsquelle in Reihe. Befestige den Bimetallstreifen in geringem Abstand über der Lampe. Der Stromkreis soll unterbrochen werden, wenn sich der Bimetallstreifen erwärmt. Beobachte und erkläre!

Das Bimetall
Bimetalle kennst du bereits aus der Wärmelehre. Ein Bimetall besteht aus zwei verschiedenen, fest miteinander verbundenen Metallen. Bei Erwärmung des Bimetalls dehnen sich die beiden Metalle unterschiedlich stark aus, das Bimetall verbiegt sich.
Ähnliches kannst du beim Abkühlen beobachten, hier ziehen sich die Metalle unterschiedlich stark zusammen, sodass sich das Bimetall ebenfalls verbiegt.

Messen mit dem Bimetall
Mit einem Bimetallthermometer kann man Temperaturwerte bestimmen (▷ B3). Das Bestimmen von Werten bezeichnet man als Messen.

Das Bimetall-Thermometer besteht aus einem spiralförmig gewickelten Bimetallstreifen, an dem ein Zeiger befestigt ist, und einer Temperaturskala.
Erhöht sich die Temperatur, verbiegt sich das Bimetall. Der Zeiger bewegt sich so lange, bis die Temperatur des Bimetalls mit der Umgebungstemperatur übereinstimmt.
Sinkt die Temperatur, ziehen sich die beiden Metalle unterschiedlich stark zusammen. Jetzt kannst du auf dem Thermometer eine niedrigere Temperatur ablesen.

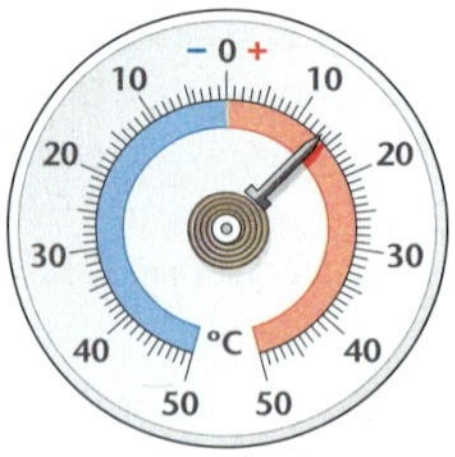

3 Bimetallthermometer

Beim Messen werden die Werte einer physikalischen Größe ermittelt.

4 Steuerstrecke am Beispiel eines Bimetallschalters

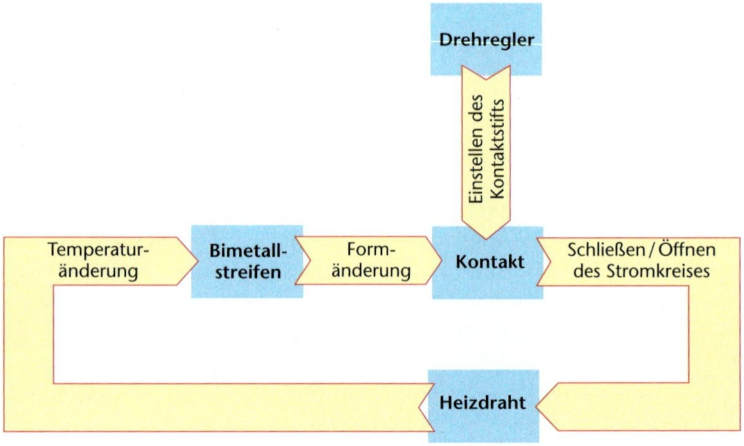

5 Regelkreis am Beispiel eines Bimetallschalters in einem Bügeleisen

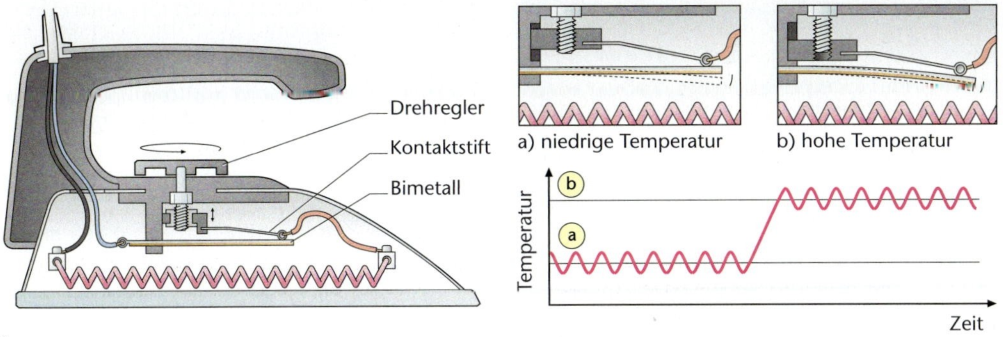

6 Temperaturregelung bei einem Bügeleisen

Steuern mit dem Bimetall

Mit einem Bimetall lässt sich ein Stromkreis auch ein- bzw. ausschalten (▷ V 2, ▷ B 4).
In Versuch 2a bewirkt eine Temperaturerhöhung, dass sich das Bimetall verbiegt und einen Kontakt schließt. Nun fließt Strom. Das Bimetall löst einen Schaltvorgang aus. Dies bezeichnet man als **Steuerung**.

Du kannst das Bimetall auch so in den Stromkreis bauen, dass es den Stromkreis unterbricht (▷ V 2b).

> Das Auslösen eines Schaltvorgangs mithilfe empfangener Daten bezeichnet man als Steuerung.

In vielen Geräten wird die Steuerung mithilfe festgelegter Programme ausgeführt. Dies ist z. B. der Fall, wenn du an einer Fußgängerampel den Anforderungsknopf betätigst.

Regeln mit dem Bimetall

Damit die Wäsche beim Bügeln nicht versengt, besitzt ein Bügeleisen eine Temperaturreglung. Sobald die eingestellte Temperatur erreicht ist, schaltet sich das Bügeleisen ab.

Der Temperaturregler ist mit einem Bimetall verbunden (▷ B 6). Über den Temperaturregler stellt man ein, wie weit sich das Bimetall biegen muss, bis es den Kontakt unterbricht.
Solange sich Bimetall und Kontaktstift berühren, ist der Stromkreis geschlossen, das Bügeleisen erwärmt sich. Ist die gewünschte Temperatur erreicht, hat sich das Bimetall so weit gebogen, dass es vom Kontaktstift abhebt. Der Stromkreis ist

Jetzt kühlt sich das Bügeleisen langsam ab. Mit sinkender Temperatur biegt sich das Bimetall zurück und kommt wieder mit dem Kontaktstift in Berührung. Der Stromkreis wird dadurch geschlossen, und das Bügeleisen erwärmt sich erneut.

Mit dem Bimetall lässt sich die Temperatur des Bügeleisens **regeln**. Die Erwärmung des Bügeleisens hat eine Rückwirkung auf das Bimetall (▷ B 5). Die Temperatur wird am Bimetall festgestellt und an einen gewünschten Wert angeglichen.

> Regeln ist ein Vorgang, bei dem empfangene Daten mit einem vorgegebenen Wert verglichen werden. Bei einer Abweichung werden die empfangenen Daten an die vorgegebenen Daten angeglichen.

7 Der Heizungsthermostat regelt die Temperatur.

Aufgaben

1 Finde weitere Beispiele für das Messen, Steuern und Regeln.

2 In alten Heizungsthermostaten wurden früher Bimetallschalter verwendet (▷ B 7).

1 Der Sonnenstand dient den Bienen zur Orientierung

Licht steuert viele Vorgänge

Der Lebensrhythmus vieler Lebewesen wird durch das Licht beeinflusst (▷ B 1). Viele Blüten öffnen sich mit der aufgehenden Sonne und schließen sich bei Einbruch der Dunkelheit wieder. Licht reguliert außerdem die Schlaf- und Wachzustände bei Mensch und Tier und steuert Wachstumsvorgänge.
Die Lichtverhältnisse beeinflussen auch unseren Alltag: Wird es dunkel, geht z. B. die Straßenbeleuchtung an und die Rollläden an den Fenstern schließen sich. Beim Fotografieren müssen die Belichtungszeiten eingestellt werden, damit das Bild nicht zu hell oder zu dunkel erscheint.

Man kann diese Abläufe von Hand steuern – indem man den Lichtschalter betätigt und den Rollladen herunterlässt. Immer häufiger werden solche Steuerungen aber von elektronischen Bauteilen übernommen.

Ein Widerstand reagiert auf Licht

Der Fotowiderstand ist ein solches lichtempfindliches Bauteil (▷ B 3). Oftmals findest du dafür auch die Bezeichnung LDR (engl.: light dependend resistor).
Der LDR besteht aus Cadmiumsulfid, dessen Widerstandswert durch das auftreffende Licht eingestellt wird.
Bei Dunkelheit ist der LDR praktisch ein Isolator. Je mehr Licht auf den Fotowiderstand trifft, desto besser leitet er den elektrischen Strom.

▶ Der Fotowiderstand (LDR) ist ein lichtabhängiger Widerstand. Je mehr Licht auf den LDR fällt, desto kleiner ist sein Widerstandswert.

Der LDR eignet sich für Anwendungen, bei denen ein Vorgang automatisch bei einer bestimmten Helligkeit eingeleitet werden soll. So wird beispielsweise der Einschaltzeitpunkt der Straßenbeleuchtung mit LDRs geregelt.

Wärme regelt den Widerstandswert

Bei den meisten Metallen wird der Widerstandswert größer, wenn die Temperatur des Metalls zunimmt. Sie werden auch als Kaltleiter bezeichnet, weil sie den elektrischen Strom bei niedriger Temperatur am besten leiten. Kaltleiter (▷ B 2) bezeichnet man auch als PTC-Widerstände (engl.: positive temperature coefficient). Kaltleiter dienen z. B. als Überlastungsschutz für Motoren in Türöffnern oder Rollladenhebern.

Es gibt jedoch auch Stoffe, bei denen sich der gegenteilige Effekt zeigt: Je höher die Temperatur ist, desto besser leiten sie den elektrischen Strom. Diese Eigenschaft besitzen Bauteile, die Heißleiter genannt werden (▷ B 2). Man bezeichnet sie auch als NTC-Widerstände (engl.: negative temperature coefficient). Heißleiter setzt man z. B. in Heizungsanlagen zur Steuerung ein.

▶ Kaltleiter (PTC-Widerstand) und Heißleiter (NTC-Widerstand) sind temperaturabhängige Widerstände.

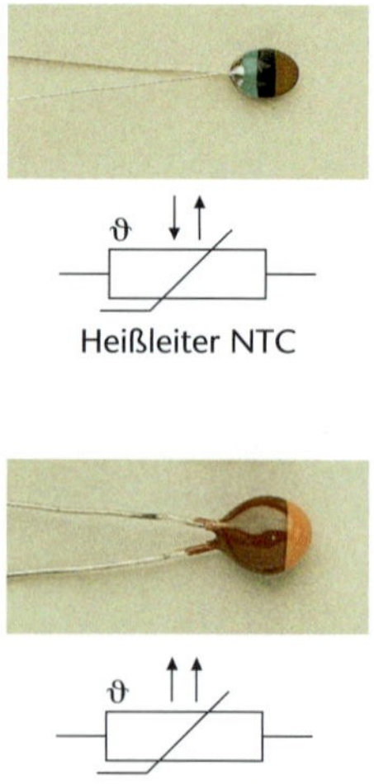

2 Heißleiter und Kaltleiter

3 Fotowiderstand

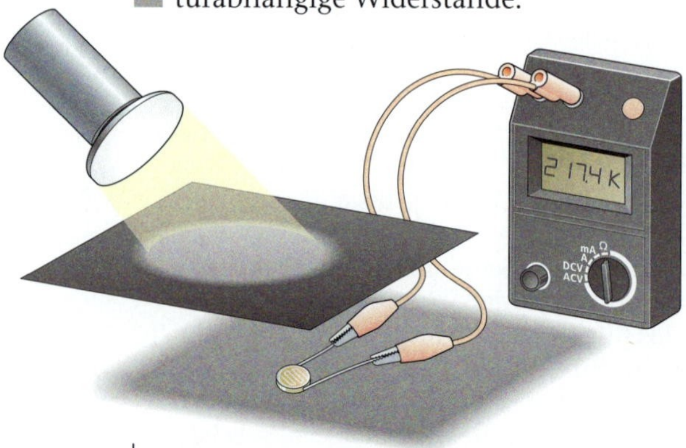

4 Der Widerstandswert hängt von der Helligkeit ab.

Werkstatt

Variable Widerstände im Test

Material

Fotowiderstand (LDR), Heißleiter (NTC, 10 kOhm), Kaltleiter (PTC), Widerstandsmessgerät, Kabel, starke Taschenlampe, Bechergläser, Thermometer, schwarze Pappe, Wasser

1 Lichtabhängiger Widerstand

Versuchsanleitung

Schließe einen Fotowiderstand an das Messgerät an. Richte das Licht der Taschenlampe auf den LDR. Halte die Pappe so über den Fotowiderstand, dass er völlig, zur Hälfte und gar nicht abgedeckt wird. Bestimme jeweils den Widerstandswert des Bauteils.

2 Temperaturabhängiger Widerstand

Versuchsanleitung

a) Fülle etwas kaltes Wasser in ein Becherglas und miss die Wassertemperatur. Schließe den Heißleiter an das Widerstandsmessgerät an, stecke ihn in ein Reagenzglas und stelle dieses ins Wasser. Bestimme nach einigen Minuten den Widerstandswert des Heißleiters (▷ B 1). Gieße nun nach und nach heißes Wasser ins Becherglas. Miss jeweils die Wassertemperatur und den Widerstandswert des Heißleiters.

b) Wiederhole den Versuch mit einem Kaltleiter.

Aufgabe

Trage die Messwerte zu den Versuchen in eine Tabelle ein und notiere deine Beobachtungen. Erstelle für den Heiß- und den Kaltleiter je ein Diagramm und formuliere ein Versuchsergebnis.

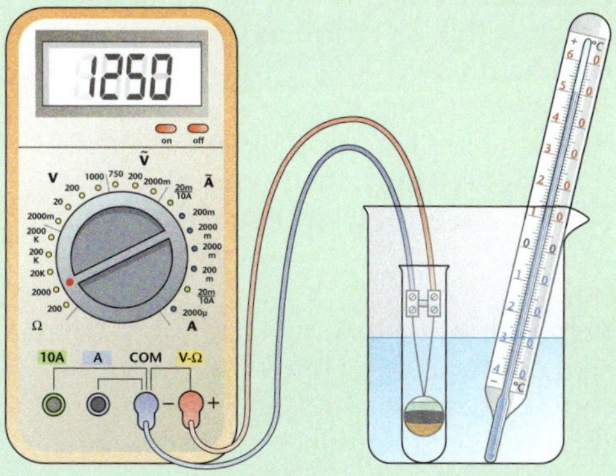

1 Zu Versuch 2

Brennpunkt

Lichtsensoren in der Natur

1 Sonnenblumen drehen sich mit der Sonne

Ausrichtung zur Sonne

Keine andere physikalische Größe beeinflusst die Lebensvorgänge in der Natur so sehr wie das Licht. Deshalb hat die Natur viele Lebewesen und Pflanzen mit „Lichtsensoren" ausgestattet.
Ein Musterbeispiel dafür sind die Sonnenblumen (▷ B 1). Sie wenden ihre Blütenköpfe stets zur Sonne und folgen ihrem Lauf während des Tages. Die Lichtsensoren in der Pflanze sorgen dafür, dass sie stets die maximale Sonneneinstrahlung für die Fotosynthese bekommt.

Lichtsensor Auge

Auch die Pupillen deiner Augen reagieren auf unterschiedliche Lichtverhältnisse: Ist es sehr hell, so ist die Pupille sehr klein. Ist es sehr dunkel, so hast du eine große Pupille.

Ohne Augen sehen?

Schlangensterne (▷ B 2) sind mit den Seesternen verwandte Meeresbewohner. Sie besitzen zwar keine Augen, können aber trotzdem Licht und Schatten wahrnehmen. Ihre „Lichtsensoren" sind über die Körperoberfläche verteilt: Schlangensterne sind mit Tausenden winziger Kalkspat-Kristalle bedeckt, die wie Linsen wirken und das Licht auf darunter liegende Nervenzellen lenken.

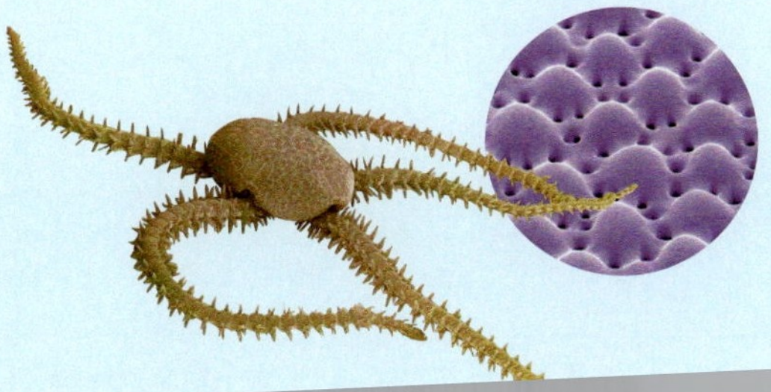

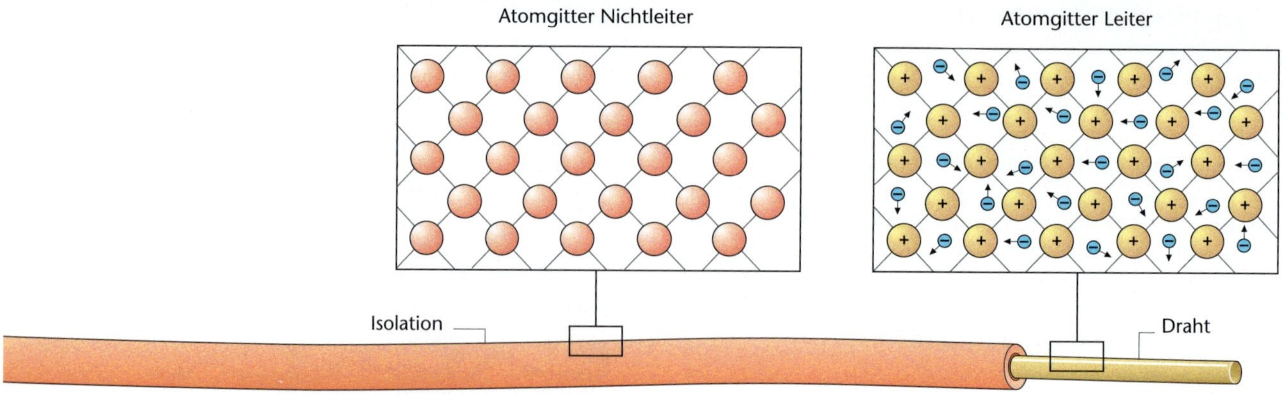

1 Nichtleiter und Leiter im Vergleich

Leiter und Nichtleiter
Metalle wie Eisen, Kupfer usw. sind bei Zimmertemperatur gute elektrische Leiter, weil sie viele frei bewegliche Elektronen haben.
Bei Kunststoffen, Glas und vielen anderen Materialien ist das nicht der Fall. Freie Ladungsträger sind hier kaum vorhanden (▷ B 1).

Manchmal Nichtleiter und manchmal Leiter
Manche Leuchtdioden, Solarzellen und andere elektronische Bauteile bestehen aus Silicium.

Silicium ist ein elektrischer **Halbleiter**. Bei Zimmertemperatur leiten Halbleiter-Stoffe den elektrischen Strom viel schlechter als Metalle. Die elektrische Leitfähigkeit von Halbleitern lässt sich jedoch durch Energiezufuhr (Wärme oder Licht) verbessern (▷ B 2).

So leitet beispielsweise ein Heißleiter bei sehr tiefen Temperaturen fast gar nicht. Mit steigender Temperatur wird der Heißleiter jedoch zunehmend leitfähiger. Beim Fotowiderstand (LDR) bewirkt Licht Ähnliches. Bei starker Beleuchtung leitet der LDR sehr gut, er hat einen kleinen Widerstand. Bei Dunkelheit ist der Widerstand groß.

▶ Bei Halbleitern nimmt die elektrische Leitfähigkeit zu, wenn sie erwärmt oder stärker beleuchtet werden.

Was bewirkt Energie im Halbleiter?
Den Halbleiter Silicium findest du in der 4. Hauptgruppe des Periodensystems. Wie man sich den Aufbau eines Siliciumkristalls vorstellt, zeigt Bild 2 oben: Ein Siliciumatom hat vier Außenelektronen. Jedes bildet mit einem Außenelektron des Nachbaratoms eine Elektronenpaarbindung.

Bei sehr tiefen Temperaturen oder bei Dunkelheit sind die Elektronen im Siliciumkristall fest gebunden. Der Kristall ist ein Nichtleiter.

▶ Halbleiter leiten bei tiefen Temperaturen oder Dunkelheit sehr schlecht, weil fast alle Elektronen fest gebunden sind.

Bei Erwärmung bzw. Beleuchtung ändert sich die Situation: Durch die Energiezufuhr werden einzelne Elektronen aus der Bindung „geschüttelt" und sind frei beweglich (▷ B 2 unten). Damit stehen sie für den Leitungsvorgang zur Verfügung.

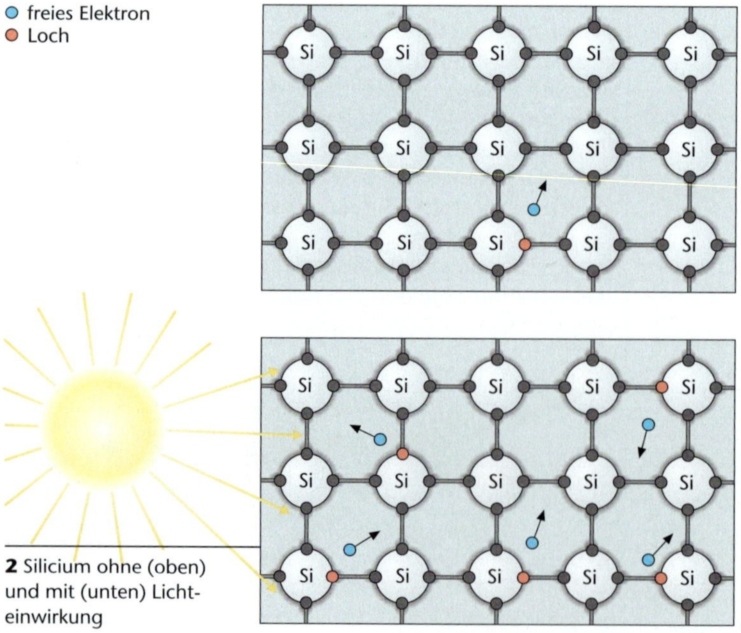

2 Silicium ohne (oben) und mit (unten) Lichteinwirkung

Bei Zimmertemperatur reicht die Energie aus, um einem von etwa einer Billion Atomen ein Elektron zu entreißen. Je mehr Energie zugeführt wird, desto mehr freie Elektronen entstehen und desto besser leitet der Halbleiter.

Jedes freigesetzte Elektron hinterlässt eine Elektronen-Fehlstelle im Atom. Eine solche Fehlstelle wird auch als **Loch** bezeichnet. Da die negative Ladung des freigesetzten Elektrons an dieser Stelle fehlt, kann man das Loch als positiv geladen betrachten.

Bei Energiezufuhr werden Elektronen freigesetzt. Jedes freigesetzte Elektron hinterlässt ein (positiv geladenes) Loch.

Versuch

1 Vergleiche die Leitfähigkeit eines Fotowiderstands bei unterschiedlichen Beleuchtungen mit der Leitfähigkeit eines Heißleiters bei unterschiedlichen Temperaturen.
Plane das Experiment und erstelle ein Versuchsprotokoll.

Brennpunkt

Silicium – so häufig wie Sand am Meer

Wusstest du, dass Silicium nach Sauerstoff der häufigste Bestandteil der Erdkruste ist?
Berge, Felsen, Steine, sogar manche Halbedelsteine enthalten Silicium. Allerdings kommt Silicium in der Natur nicht rein vor, sondern immer in Verbindung mit anderen Elementen. Am häufigsten ist die Verbindung mit Sauerstoff (Siliciumdioxid) – dies kennst du als Quarz oder in lockerer Form als Sand.

2 Siliciumdioxid in Form von Quarzkristallen und Sand.

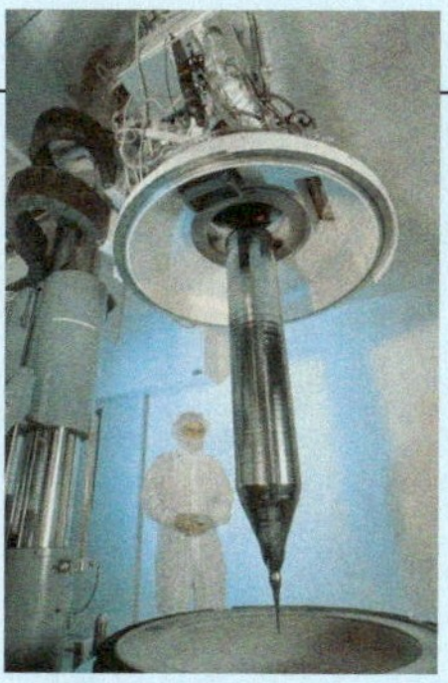

Silicium (nach dem lateinischen Wort „silex" für Kiesel):
- Halbleiter (Nichtmetall)
- dunkelgrau, glänzend
- hart, spröde
- entdeckt 1823 von dem schwedischen Chemiker J. J. BERZELIUS

Silicium ist der wichtigste Grundstoff in der Halbleitertechnik. Die elektrischen Eigenschaften des Siliciums ermöglichen es, winzige Mikrochips zu bauen. So passen auf einen heutigen Mikroprozessor etwa 40 Millionen Transistoren.

Für die Herstellung solcher Chips muss das Silicium allerdings in höchster Reinheit gewonnen werden, z. B. aus Sand. Dabei darf sich unter 100 Milliarden Atomen höchstens ein einziges „falsches" befinden.
Es gibt kein anderes Element auf der Welt, das in solcher Reinheit benötigt wird.

Aber auch in anderen Bereichen wird Silicium sehr vielseitig verwendet:
So ist beispielsweise Glas nichts anderes als geschmolzenes und wieder erstarrtes Siliciumdioxid.
Auch Silikon ist ein Siliciumprodukt. Es wird zum Abdichten von Fugen verwendet, aber auch in der Schönheitschirurgie eingesetzt.
Jeder Mensch benötigt eine ausreichende Siliciumversorgung. Silicium stärkt das Immunsystem und ist

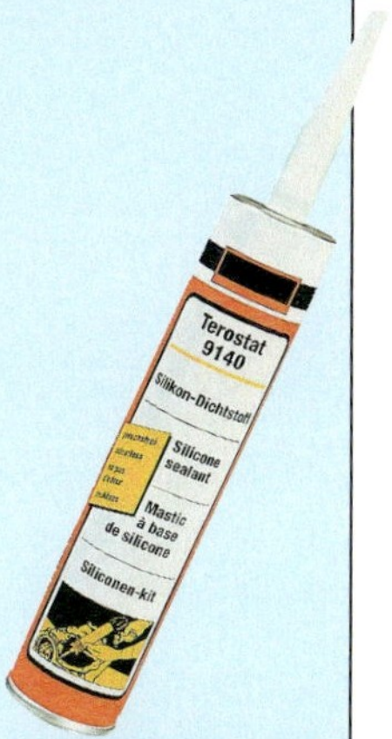

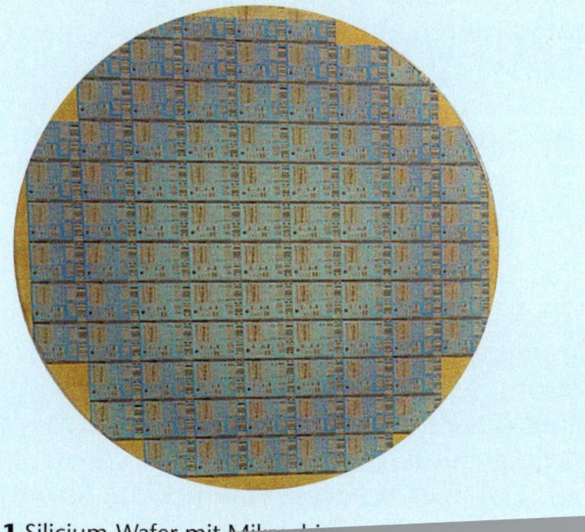

1 Silicium-Wafer mit

Elektrischer Strom in Halbleitern
Auch Fotowiderstände und Heißleiter bestehen aus Halbleitern. Wenn du beispielsweise einen Fotowiderstand aus Silicium beleuchtest, dann lösen sich im Siliciumkristall mehr und mehr Außenelektronen aus der Bindung. Dadurch entstehen Löcher.

Die Elektronen können sich zunächst frei im Siliciumkristall bewegen (▷B 1). Sobald jedoch eine Spannung angelegt wird, laufen im Halbleiter gleichzeitig zwei Vorgänge ab:

1. Die negativ geladenen Elektronen bewegen sich zum Pluspol (▷B 2). Dieser Vorgang wird als **Elektronenstrom** bezeichnet.

2. Die positiv geladenen Löcher können Elektronen aus einer Nachbarbindung „einfangen". Nun ist an der neuen Stelle ein Loch entstanden. Dieses Loch geht wieder auf „Elektronenfang" usw …

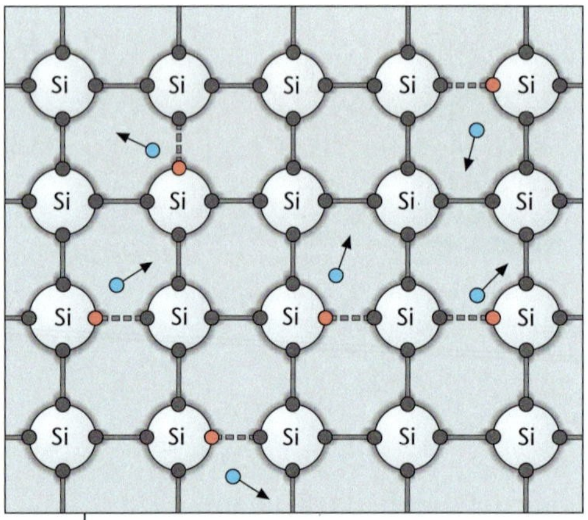

1 Siliciumkristall ohne Spannung

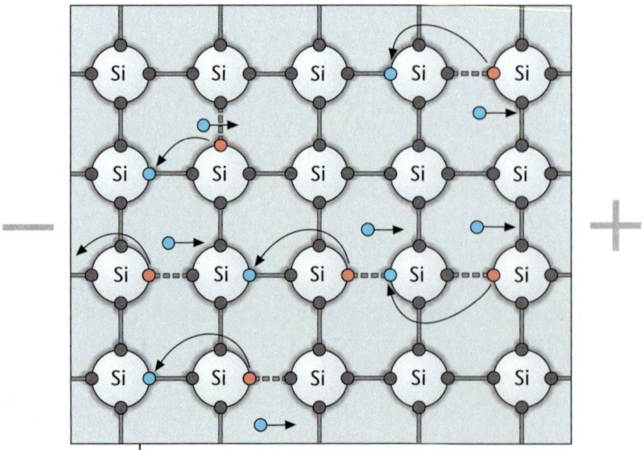

2 Siliciumkristall mit angelegter Spannung

3 Auch ein freier Platz kann wandern.

Dadurch scheint es, als ob die Löcher zum Minuspol wanderten. Dieser Strom wird als **Löcherstrom** bezeichnet.

Du kannst dir das wie beim Platzwechsel vorstellen, wenn irgendwo in der Mitte ein Platz frei geblieben ist.
Im Bild 3 ist dies anschaulich gemacht. Wenn jeder immer einen Platz weiter nach rechts springt, dann wandert der freie Platz (entspricht einem Loch) nach links.

▶ Wird eine Spannung an einen Halbleiter angelegt, dann fließt
- ein Elektronenstrom in Richtung Pluspol und
- gleichzeitig ein Löcherstrom in Richtung Minuspol.

Nützliche Fremdatome
Die Leitfähigkeit von Silicium wird nicht nur von Temperatur oder Licht beeinflusst. Ob Silicium gut oder schlecht leitet, hängt auch von seiner Reinheit ab. Erstaunlicherweise leitet Silicium sogar noch besser, wenn es verunreinigt ist. Diese Tatsache macht man sich zunutze und „schmuggelt" in das Silicium ganz gezielt Fremdatome ein. Diesen Vorgang nennt man **Dotieren** (lat. dotare: dazugeben).
Dabei wird etwa jedes Millionste Siliciumatom durch ein fremdes Atom (z. B. Arsen) ersetzt.

▶ Durch den Einbau von Fremdatomen (Dotieren) kann ein Halbleiter gezielt leitfähiger gemacht werden.

Die eingebauten Fremdatome haben entweder ein Außenelektron mehr oder ein Außenelektron weniger als ein Siliciumatom.
Auf diese Weise kann gesteuert werden, ob im Siliciumkristall hauptsächlich die freien Elektronen oder die Löcher den Strom bewirken sollen.

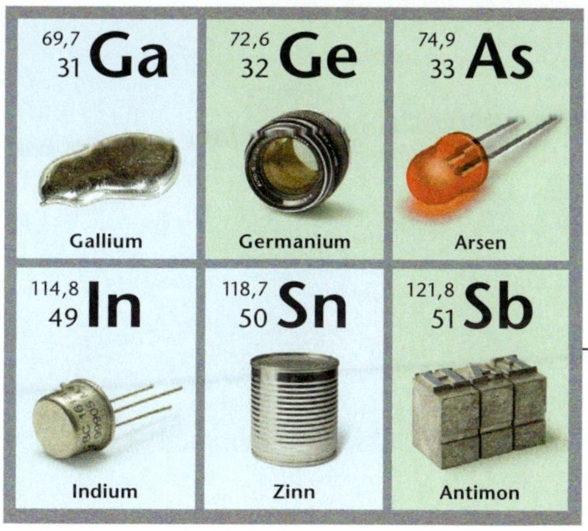

4 Ausschnitt aus dem Periodensystem

Mehr freie Elektronen für den Elektronenstrom
Arsen findest du in der 5. Hauptgruppe des Periodensystems (▷ B 4), es hat fünf Außenelektronen und damit eines mehr als Silicium.
Wird ein Arsenatom in einen Siliciumkristall eingebaut, werden vier Außenelektronen des Arsens fest gebunden (▷ B 6). Das fünfte bleibt übrig und steht für den Elektronenstrom zur Verfügung.
Den so entstandenen Kristall bezeichnet man als **n-dotiert**, weil in diesem Fall die freien Elektronen (mit negativer Ladung) in der Überzahl sind und den Strom bewirken.

▶ Ein n-dotierter Halbleiter besitzt aufgrund eines Überschusses an freien Elektronen eine bessere Leitfähigkeit.

Mehr Löcher für den Löcherstrom
Dotiert man dagegen Silicium mit Fremdatomen eines Elements aus der dritten Hauptgruppe (z. B. Indium), dann überwiegen danach die Löcher im Kristall.

Indiumatome haben nur drei Außenelektronen. Wird nun ein Indiumatom in einen Siliciumkristall eingebaut, dann geschieht Folgendes:
Drei Außenelektronen des Indiumatoms bilden mit drei Außenelektronen des Siliciumatoms eine feste Bindung (▷ B 5). Das vierte Außenelektron des Siliciums hat keinen Bindungspartner. Damit entsteht ein zusätzliches Loch. Dies ermöglicht einen erhöhten Löcherstrom.

Bei einem in dieser Weise dotierten Halbleiter sind die Löcher in der Überzahl. Er wird deshalb als **p-dotiert** bezeichnet.

▶ Ein p-dotierter Halbleiter besitzt aufgrund eines Überschusses an Löchern eine bessere Leitfähigkeit.

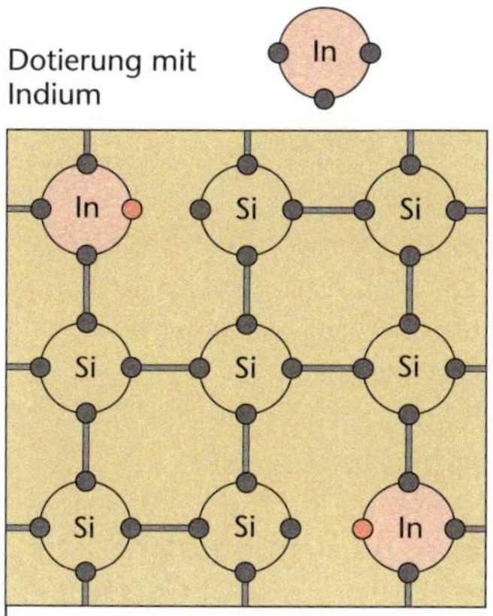

5 p-dotierter Halbleiter

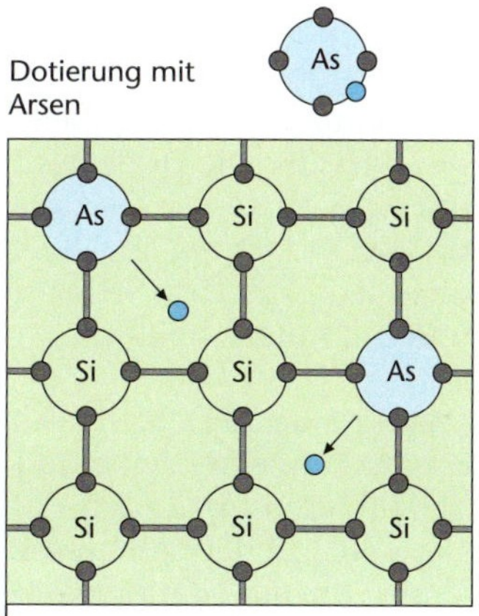

6 n-dotierter Halbleiter

Aufgaben

1 Vergleiche den Leitungsvorgang in Halbleitern und in Metallen.

2 Man kann Silicium auch mit Bor oder Phosphor dotieren. Erläutere jeweils anhand einer Skizze, welche

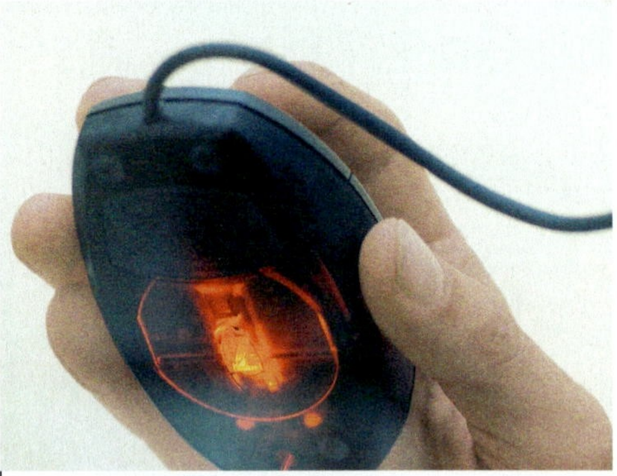

1 LED in einer Computermaus

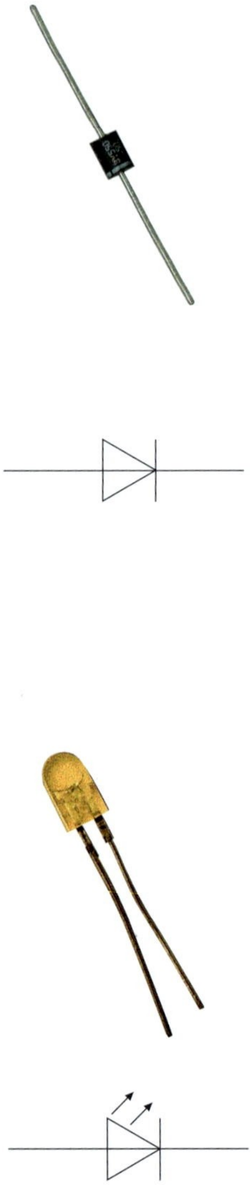

2 Dioden mit Schaltzeichen

Signale durch Leuchtdioden

Ob weiße Leuchtdioden in Lampen oder farbige Leuchtdioden in Displays (Anzeigefeldern) – in vielen Bereichen sind Leuchtdioden (LED: light emitting diode) nicht mehr wegzudenken.
An ihren Lichtsignalen kannst du erkennen, ob ein Gerät (z. B. ein Computer) in Betrieb ist oder gerade bestimmte Vorgänge darin ablaufen.

Auch in der Fernbedienung oder in optischen Computer-Mäusen sind LEDs enthalten (▷ B 1). Manche senden nicht sichtbares (infrarotes) Licht aus und übertragen damit Steuerbefehle zum Gerät.

Was sind Leuchtdioden?

Leuchtdioden sind Halbleiterbauteile mit einer Besonderheit: Wenn elektrischer Strom durch eine LED fließt, dann sendet sie Licht aus. Die Farbe des Lichts hängt nur vom verwendeten Halbleitermaterial und der Dotierung ab. Die Kunststoffhülle dient lediglich zum Schutz des Kristalls und zur Unterscheidung.

Wenn du die LED gegen das Licht hältst, erkennst du eine kleine und eine große Metallhalterung für den Halbleiterkristall. Die Seite mit der größeren Halterung erkennst du auch daran, dass sich dort der kürzere der beiden Anschlussdrähte (▷ B 3) befindet und der Kragen am Kunststoffgehäuse der Leuchtdiode etwas abgeflacht ist.

▶ Wenn elektrischer Strom durch eine Leuchtdiode fließt, dann sendet sie Licht aus.

Im unteren Teil von Bild 2 siehst du das Schaltzeichen einer Leuchtdiode. Der

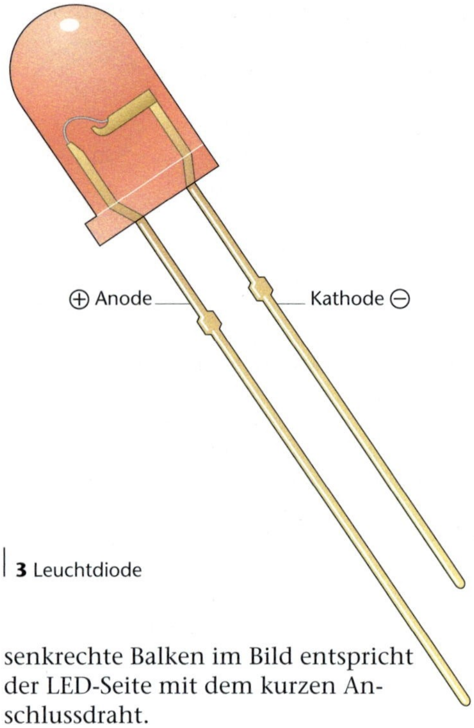

3 Leuchtdiode

senkrechte Balken im Bild entspricht der LED-Seite mit dem kurzen Anschlussdraht.

Einbahnstraßen für Elektronen

Eine LED sendet nur dann Licht aus, wenn sie richtig angeschlossen ist (▷ V 1). Dazu muss der kurze Draht mit dem Minuspol und der lange Draht mit dem Pluspol der Spannungsquelle verbunden sein.

Versuche

1 a) Schließe eine rote LED in Reihe mit einer Lampe (3,8 V / 0,07 A) an eine Batterie (4,5 V) an. Was beobachtest du?
b) Vertausche die Anschlüsse der Batterie. Welcher Batteriepol muss mit dem kurzen Bein verbunden sein, damit die LED leuchtet?
c) Baue zusätzlich ein Amperemeter in den Stromkreis ein. Miss die Stromstärke, wenn die LED erst so wie in Teil a) und dann wie in Teil b) angeschlossen wird.
d) Schließe die LED an eine Wechselspannungsquelle (2 V) an. Bewege die LED vorsichtig hin und her. Was beobachtest du?
e) Fasse die Ergebnisse der Teile a) bis d) zusammen.

2 Wiederhole die Versuche 1 a) bis c). Benutze anstelle der roten LED eine Universaldiode.

In diesem Fall fließen Elektronen durch den Halbleiter – die LED ist in Durchlassrichtung geschaltet (▷B4, links).
Wenn du die Anschlüsse vertauschst, dann ist der Weg für die Elektronen gesperrt. Es fließt kein Strom – die LED ist in Sperrrichtung geschaltet (▷B4, rechts).

Nicht alle Dioden leuchten
Es gibt auch Dioden, die kein Licht aussenden (▷B2, oben). Diese sind auf einer Seite mit einem Ring markiert. Der Ring entspricht dem Balken im Schaltzeichen. Auch nicht leuchtende Dioden lassen den Strom nur in eine Richtung fließen: Wenn der Minuspol der Spannungsquelle mit der „Ringseite" der Diode verbunden ist, dann ist die Diode in Durchlassrichtung geschaltet (▷V2). Bei umgekehrter Polung sperrt die Diode.

▶ Dioden sind Halbleiterbauteile, die den Strom nur in einer Richtung fließen lassen.

Durch falsche Polung können Halbleiterbauteile in elektronischen Geräten beschädigt werden. Deshalb sind oft Dioden eingebaut. Hier nutzt man ihre besondere Eigenschaft, bei falscher Polung den Stromfluss zu sperren.

Dioden brauchen Schutz
Bei kleinen Spannungen leitet eine Diode fast gar nicht. Hat die Spannung aber einen bestimmten Wert (bei Silicium-Dioden etwa 0,7 V) überschritten, dann steigt die Stromstärke plötzlich sehr stark an.

Bei zu hoher Stromstärke kann jedoch der Halbleiterkristall zerstört werden. Deshalb sind für alle Dioden Höchstspannungen angegeben.
Wie groß diese Höchstspannungen sind, hängt vom Diodentyp ab (▷B5). Willst du mit höheren Spannungen arbeiten, dann muss die Diode durch einen geeigneten Vorwiderstand geschützt werden.

Klein, aber oho!
Leuchtdioden sind klein, unempfindlich gegenüber Erschütterungen und benötigen nur eine geringe Betriebsspannung. Das sind jedoch nicht die einzigen Vorteile.
So ist beispielsweise ihr Wirkungsgrad schon heute größer als der von Glühlampen. Außerdem ist die Lebensdauer von LEDs mindestens 100-mal höher als die von Glühlampen. Damit übertreffen sie sogar Energiesparlampen.

Aufgaben

1 Erläutere Gemeinsamkeiten und Unterschiede von LEDs und nicht leuchtenden Dioden.

2 Erkläre die Beobachtung, die du in Versuch 1d) gemacht hast.

3 In Versuch 1 dient das Lämpchen als Anzeige, aber auch als Schutz der Leuchtdiode. Erläutere diese Aussage.

4 In vielen Bereichen sollen Glühlampen nach und nach durch Leuchtdioden ersetzt werden. Welche Vorteile bringt das?

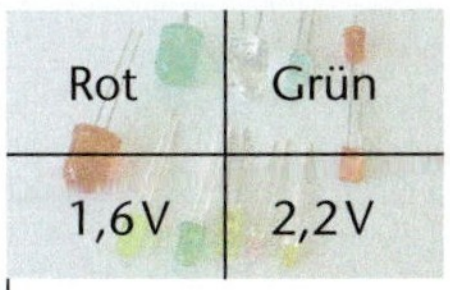

5 Zulässige Spannungen von roten und grünen LEDs.

4 Bei der Diode kommt es auf die Polung an.

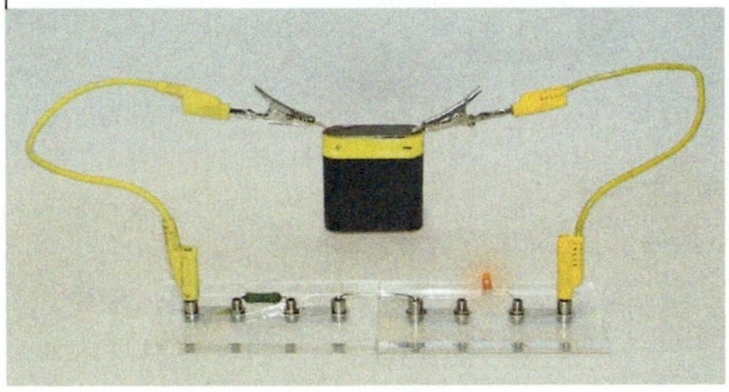

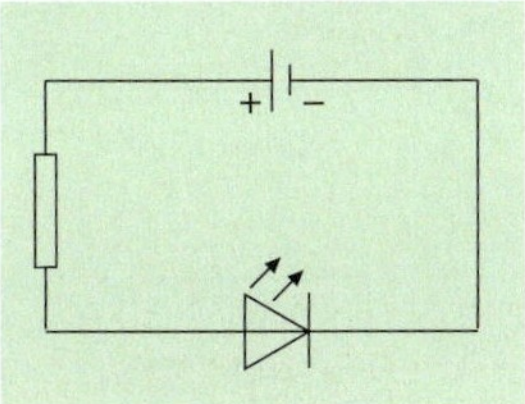

Durchlassrichtung – es fließt Strom.

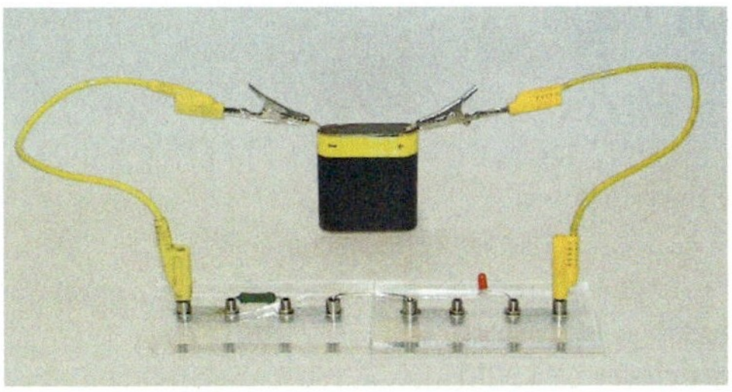

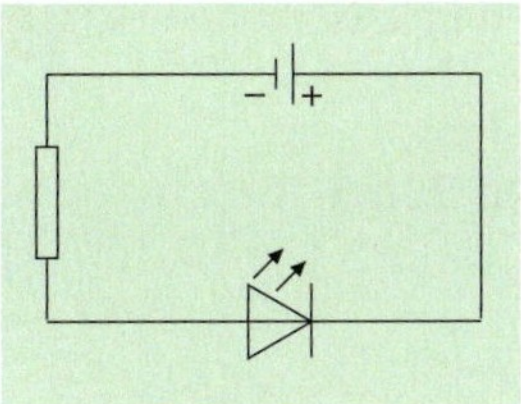

Sperrrichtung –

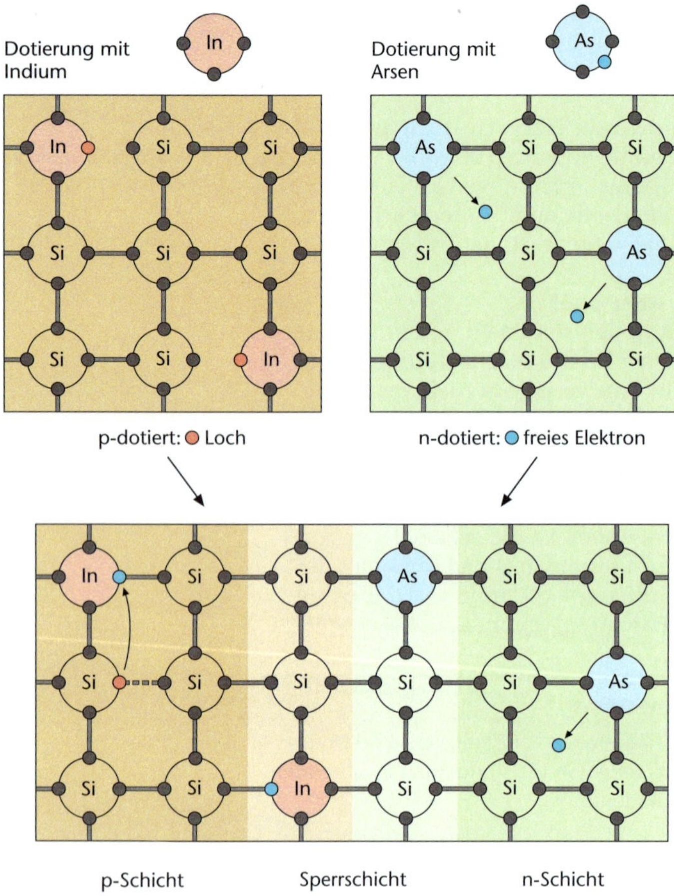

1 Aufbau einer Halbleiterdiode

Der Aufbau einer Diode
Jede Diode besteht aus einem Halbleiterkristall mit zwei unterschiedlich dotierten Bereichen (▷ B 1). Dabei hat ein Bereich mehr freie Elektronen (n-dotiert), der andere hat mehr Löcher (p-dotiert).
Im Schaltzeichen der Diode sind die dotierten Bereiche verdeutlicht: Der p-dotierte Kristall entspricht dem Pfeil, der n-dotierte Kristall entspricht dem Balken.

Dort, wo n- und p-Schicht zusammentreffen, werden einige freie Elektronen von den Löchern „eingefangen“. Dadurch entsteht ein schmaler Bereich, in dem es weder freie Elektronen noch unbesetzte Löcher gibt. Diese Schicht leitet nicht, deshalb wird sie auch als **Sperrschicht** bezeichnet (▷ B 1).

▶ Eine Diode besteht aus einem n-dotierten und einem p-dotierten Halbleiterkristall.

Was geschieht in Durchlassrichtung?
Eine Diode ist in Durchlassrichtung geschaltet, wenn der Pluspol der Spannungsquelle mit dem p-dotierten Bereich der Diode verbunden ist und der Minuspol am n-dotierten Bereich der Diode liegt.

In Bild 2, links, sind die Vorgänge in der Diode dargestellt. Unter dem Einfluss der Spannungsquelle werden die freien Elektronen aus der n-Schicht durch die Sperrschicht zum Pluspol getrieben. Gleichzeitig „wandern“ dadurch die positiv geladenen Löcher aus der p-Schicht zum Minuspol.

Was geschieht in Sperrrichtung?
Bei umgekehrter Polung ist die Diode in Sperrrichtung geschaltet. Der Pluspol der Spannungsquelle liegt am n-dotierten Bereich der Diode. In Bild 2, rechts, erkennst du, was dabei in der Diode abläuft.

Die Elektronen in der n-Schicht wandern zum Pluspol der Spannungsquelle – also weg von der Sperrschicht.
Mit den Löchern verhält es sich ähnlich: Die Elektronen, die vom Minuspol der Spannungsquelle kommen, besetzen die Löcher in der p-Schicht. Dadurch verlagern sich die Löcher zum Minuspol.
Also wird die Sperrschicht, in der keine freien Elektronen oder Löcher vorhanden sind, breiter. Die Diode sperrt.

▶ In einer Diode fließt Strom, wenn der Pluspol der Spannungsquelle am p-dotierten Bereich und der Minuspol am n-dotierten Bereich der Diode liegt.

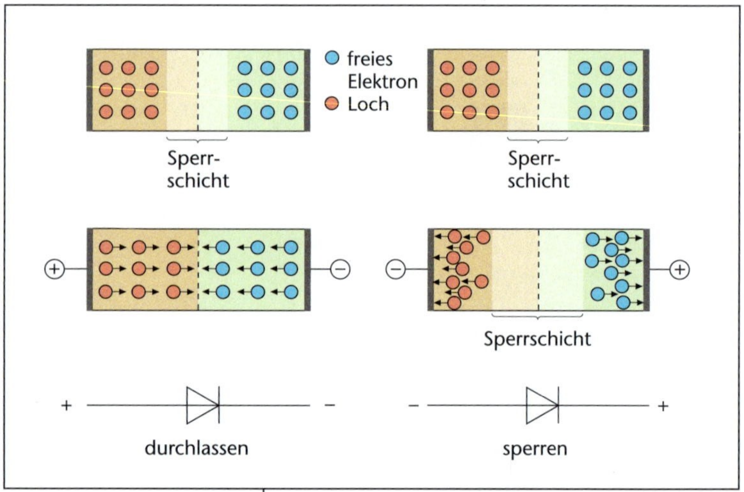

2 Durchlass- und Sperrrichtung einer Diode

1 Die Netzspannung ist Wechselspannung

Wechselspannung nicht erwünscht
An der Steckdose liegt Wechselspannung an. Schließt du ein Gerät an, dann fließt ein Wechselstrom, der in jeder Sekunde 100-mal die Polung wechselt.
Tragbare CD-Player, Handys und auch andere Geräte funktionieren aber oftmals nur mit Gleichstrom.
Mithilfe von Dioden lässt sich Wechselstrom in Gleichstrom umwandeln. Die Dioden sind in ein Netzgerät eingebaut, das außerdem die Spannung verkleinert.

Die Diode – ein Gleichrichter für Wechselstrom
Wenn du einen Gleichstrommotor mit Wechselstrom betreibst, dann läuft der Motor nicht wie gewünscht. Die Motorachse zittert nur hin und her, denn sie ändert ständig die Drehrichtung (▷ V 1a,b).

Damit sich der Motor gleichmäßig in eine Richtung dreht, muss er mit Gleichstrom betrieben werden. Dies erreichst du, indem du eine Diode in den Stromkreis einbaust. Die Diode lässt nur den Anteil des Wechselstroms in Durchlassrichtung durch, die andere Richtung sperrt sie. Dadurch hat der Strom durch den Motor immer die gleiche Richtung – es fließt ein pulsierender Gleichstrom (▷ B 2 unten, V 1c).

Dioden können Wechselstrom in Gleichstrom umwandeln.

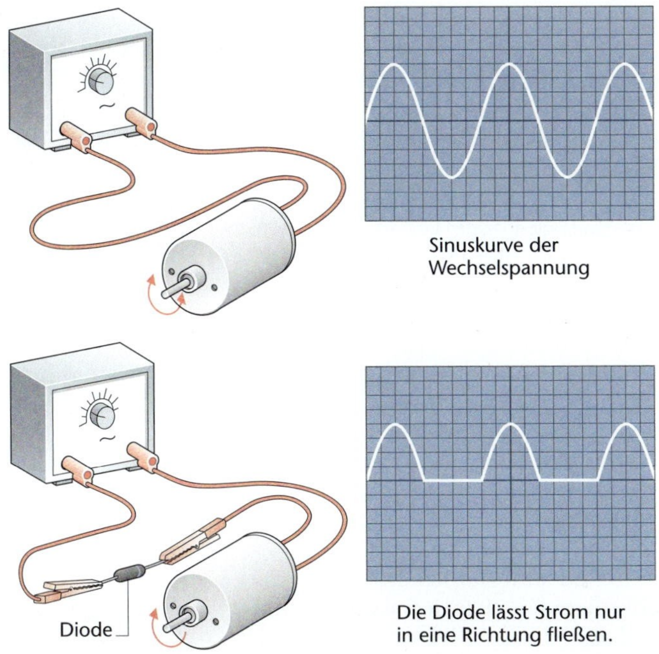

2 Eine Diode sorgt für Gleichstrom.

3 Auch eine Form von Wechsel- und Gleichstrom

Im Oszilloskopbild kannst du die beiden Stromarten vergleichen.
Wenn Wechselstrom durch den Motor fließt, dann ändert sich ständig die Stromrichtung. Das Oszilloskop in Bild 2 (oben) zeigt die typische Wellenlinie des Wechselstroms an.

In Bild 2 (unten) ist zusätzlich eine Diode in den Stromkreis eingebaut, also fließt Gleichstrom durch den Motor. Das ist mit dem Oszilloskop nachweisbar:
Du siehst nur noch die obere Halbwelle. Diese zeigt den Strom in Durchlassrichtung. Die untere Halbwelle der Wechselstromkurve ist abgeschnitten.

Versuch

1 a) Schließe einen Gleichstrommotor kurzzeitig an eine geeignete Batterie an. Vertausche danach die Polung. Beobachte dabei die Motorachse. Was stellst du fest?

b) Schließe den Motor an eine geeignete Wechselspannung an. Wie bewegt sich der Motor nun? Begründe.

c) Schalte nun zusätzlich eine Diode in Reihe mit dem Motor und wiederhole Versuch b). Beobachte und beschreibe die Unterschiede zu den vorher durchgeführten Versuchen.

Aufgabe

1 Was kannst du am Motor und auf dem Oszilloskopschirm beobachten, wenn du die Diode in Bild 2 umpolst?

Energielieferant Sonne

Die Sonne spendet Licht und Wärme. In jeder Sekunde wird von der Sonne unvorstellbar viel Energie in den Weltraum abgestrahlt. Ein Teil davon erreicht die Erde innerhalb von etwa 8 Minuten. In Deutschland empfängt 1 m² Erdboden je nach Lage ungefähr 1000 kWh pro Jahr. Damit könnte man theoretisch ein Bügeleisen etwa 1000 Stunden lang betreiben.

Das Sonnenlicht ist Voraussetzung für die Fotosynthese. Damit können Pflanzen Sonnenenergie in chemische Energie umwandeln und speichern. Ein Teil dieser Energie wurde im Laufe von Jahrtausenden in fossilen Brennstoffen (z. B. Holz, Kohle usw.) konserviert. Der Mensch gewinnt daraus durch Energieumwandlung z. B. elektrische Energie.
Unsere Reserven an fossilen Brennstoffen sind jedoch begrenzt – die Energievorräte der Sonne sind dagegen fast unerschöpflich.

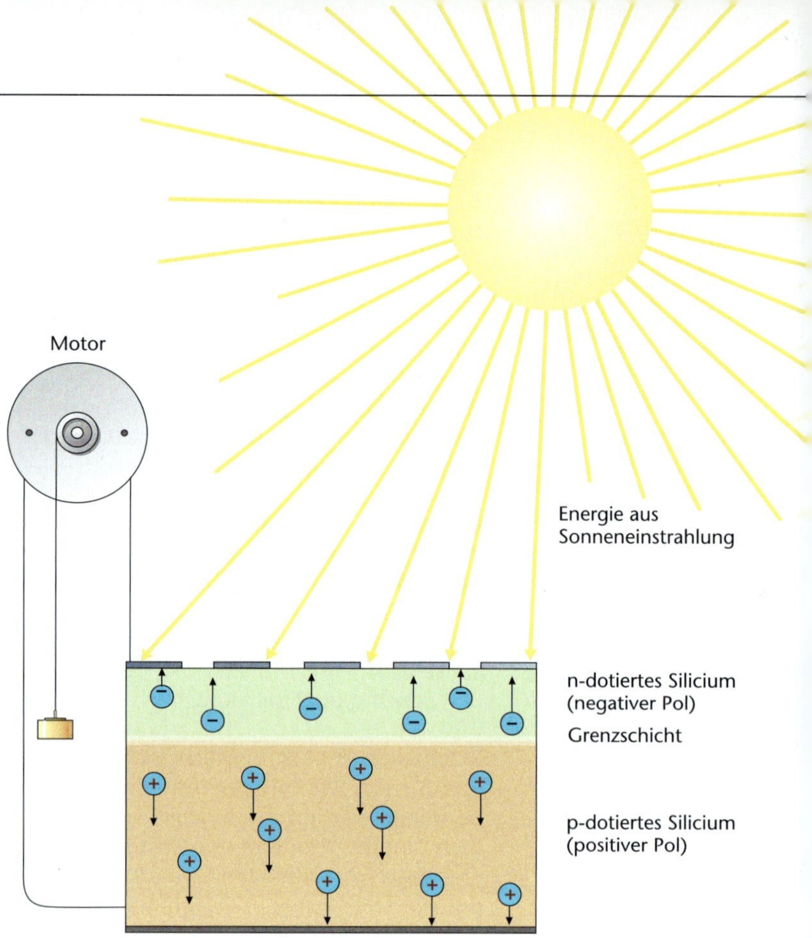

1 Prinzip einer Solarzelle

Versuche

1 a) Schließe einen Elektromotor an eine Solarzelle an. Halte die Solarzelle in die Sonne oder das Licht einer Lampe. Beobachte die Motorachse. Was geschieht, wenn du die Anschlüsse vertauschst?

b) Beleuchte eine Solarzelle mit einer hellen Lampe. Miss die Spannung und die Stromstärke, wenn die Solarzelle zu drei Viertel, zur Hälfte, zu einem Viertel bzw. nicht bedeckt ist. Notiere die Messwerte in einer Tabelle.
Welchen Einfluss hat die Größe der beleuchteten Zellenfläche auf die Spannung und die Stromstärke?

2 a) Schalte schrittweise mehrere Solarzellen in Reihe. Miss an den Endanschlüssen jeweils Spannung und Stromstärke. Trage die Messwerte in eine Tabelle ein.

b) Schalte nun nach und nach mehrere Solarzellen parallel zueinander. Bestimme wiederum die Spannung und die Stromstärke.
Was erreicht man mit der Reihenschaltung und was mit der Parallelschaltung von Solarzellen?

Solarzellen

Die Solarzelle (▷ B 2) ist ein Halbleiterbauteil, das Sonnenenergie nutzt. Solarzellen wandeln das Sonnenlicht direkt in elektrische Energie um.
Somit sind Solarzellen Stromerzeuger, die im Gegensatz zu Kraftwerken ohne bewegliche Teile auskommen.

Energieumwandlung in der Solarzelle

Du hast Leuchtdioden bereits genauer untersucht. Wenn elektrischer Strom durch eine LED fließt, dann sendet sie Licht aus.

In Solarzellen geschieht genau das Gegenteil: Hier wird Lichtenergie in elektrische Energie umgewandelt (▷ B 1). Sobald Licht auf die Solarzelle fällt, entsteht zwischen einer positiv und einer negativ geladenen Kontaktfläche eine Spannung. Wird der Stromkreis z. B. über einen Motor geschlossen (▷ V 1), dann fließt Gleichstrom.
Die elektrische Energie kann entweder direkt genutzt oder in einem Akku gespeichert werden.

2 Solarzelle

▶ Solarzellen sind Halbleiterbauteile, die Lichtenergie in elektrische Energie umwandeln.

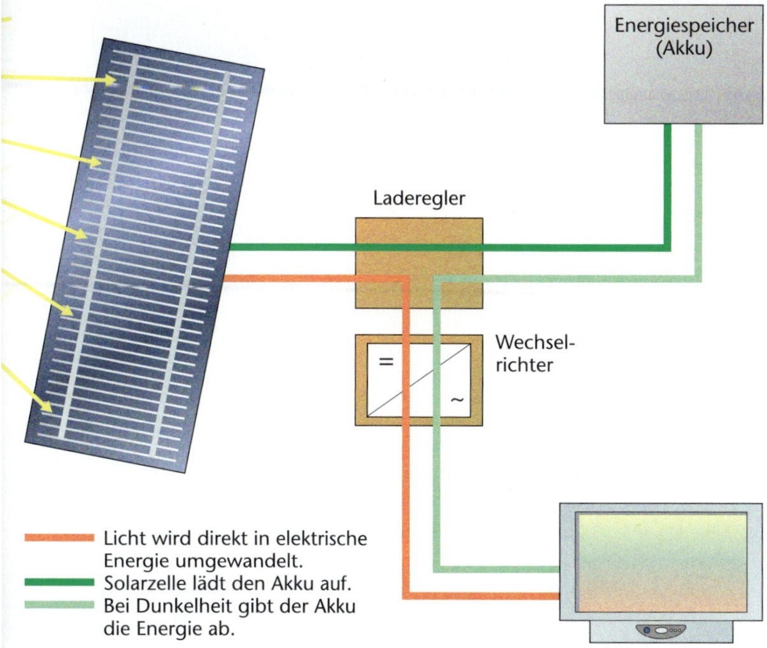

3 Prinzip der Versorgung eines Haushalts mit Solarenergie

Woraus bestehen Solarzellen?
Solarzellen bestehen aus einer 0,3 mm dünnen Siliciumscheibe, die von beiden Seiten unterschiedlich dotiert ist (▷ B 1).

Die vom Licht abgewandte Seite ist p-dotiert (Löcherüberschuss) und auf einer Kunststoffplatte befestigt. Die „Sonnenseite" ist n-dotiert (Elektronenüberschuss). Sie ist nur etwa 0,002 mm dick, damit das Licht möglichst ungehindert bis zur Grenzschicht durchdringen kann.
Das blaue Schimmern wird von einem speziellen Überzug aus Titanoxid verursacht. Er dient zum Schutz der Solarzelle und zur Verminderung von Reflexionsverlusten.
Auf der Vorder- und der Rückseite der Solarzelle befinden sich Metallkontakte, an denen die Spannung abgegriffen wird.

Wie wird aus Licht elektrische Energie?
Wenn Licht auf die p-n-Grenzschicht in der Solarzelle trifft, dann werden Elektronen aus den Bindungen herausgelöst. Es entstehen freie Elektronen und positiv geladene Löcher (▷ B 1).
Die Elektronen sammeln sich im n-Leiter, die Löcher im p-Leiter. Solange Licht einfällt, bleiben die positiven und negativen Ladungen voneinander getrennt, an den Anschlüssen der Solarzelle entsteht also eine Spannung. Wird der Stromkreis ge-

Von der Zelle zum Solarmodul
Die Größe der Spannung, die eine einzelne Solarzelle liefert, ist begrenzt. Die üblicherweise eingesetzten Solarzellen liefern etwa 0,5 V.
Bei stärkerer Beleuchtung steigt die Stromstärke, die Spannung ändert sich jedoch kaum. Auch die Größe der beleuchteten Fläche der Zelle hat fast keinen Einfluss auf die Spannung. Die Stromstärke steigt dagegen, je größer die beleuchtete Zellenfläche ist (▷ V1b).

Um höhere Spannungen bzw. Stromstärken bereitstellen zu können, werden mehrere Solarzellen zu größeren Einheiten (Modulen) miteinander verschaltet. Eine Reihenschaltung der Zellen bewirkt eine höhere Spannung (▷ V2a). Schaltet man die einzelnen Zellen parallel zueinander, dann steigt die Stromstärke (▷ V2b).

Solarmodule für den Hausgebrauch
Bei den meisten Solarmodulen sind Solarzellen in Reihe geschaltet und in einem Gehäuse montiert. Solch ein Modul liefert eine Gleichspannung von etwa 14 V bis 20 V. Damit können Akkus aufgeladen werden, die z. B. bei Dunkelheit die elektrische Energie wieder abgeben. Auch ein Parkscheinautomat kann mit einem Modul betrieben werden.
Für die Stromversorgung im Haushalt wird jedoch meist Wechselspannung benötigt. Mithilfe eines Wechselrichters wird der Solar-Gleichstrom in Wechselstrom umgewandelt (▷ B 3).

Aufgaben

1 Beschreibe die Energieumwandlungen im Versuch 1.

2 Weshalb kann man eine Solarzelle als Minikraftwerk bezeichnen?

Der Aufbau des Transistors

Transistoren (▷ B 2) bestehen aus drei Schichten von n- und p-leitenden Halbleitermaterialien (z. B. Silicium).
Beim npn-Transistor bestehen die Emitter- und die Kollektorschicht aus einem n-dotierten Halbleiter und die Basis aus einem p-dotierten Halbleiter. Beim pnp-Transistor ist es genau umgekehrt.
Die Basisschicht ist sehr dünn. Im Prinzip könnte man sich den Aufbau wie bei einem Stromkreis vorstellen, bei dem hintereinander eine Diode in Durchlass- und eine in Sperrrichtung geschaltet sind. Allerdings lässt sich das Verhalten eines Transistors nicht mit zwei Dioden verwirklichen. Dazu ist eine gemeinsame Halbleiterschicht notwendig.

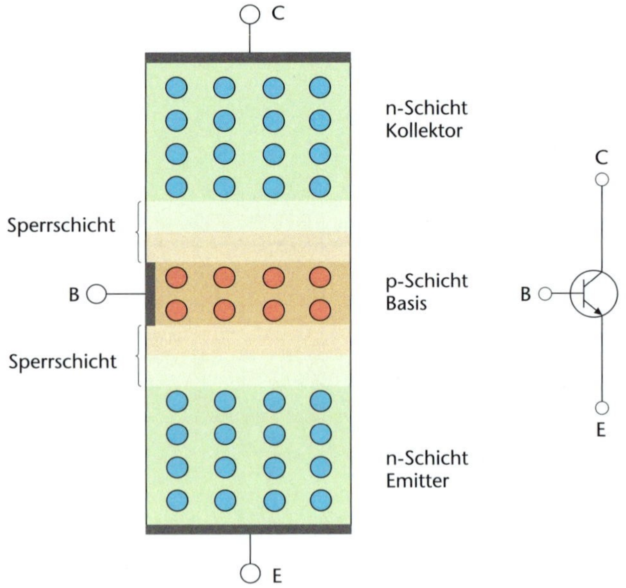

2 Ein npn-Transistor

Versuche

1 Bei welcher Basisspannung schaltet der Transistor?
Baue einen Schaltkreis wie in Bild 1 auf. Achte auf den korrekten Anschluss des Transistors.
Drehe das Potentiometer in die Nullstellung. Miss in 0,1-V-Schritten die Basis-Spannung U_{BE} zwischen Basis und Emitter des Transistors sowie den Basis-Strom I_B.
Ab welcher Basis-Spannung leuchtet die LED?

2 Baue den Stromkreis wie in Bild 3 auf. Drehe das Potentiometer in die Nullstellung. Miss in 10-µA-Schritten den Basis-Strom I_B und den Kollektor-Strom I_C.
Stelle das Ergebnis in einem I_B- I_C-Diagramm grafisch dar.
Berechne das Verhältnis (Verstärkungsfaktor) von I_C zu I_B.

Der Transistor sperrt

Legst du eine Spannung zwischen Emitter und Kollektor an, so leuchtet die Lampe nicht (▷ B 4). Was geschieht im Transistor?

Der np-Übergang zwischen Emitter und Basis leitet, der Transistor verhält sich hier wie eine Diode in Durchlassrichtung. Beim pn-Übergang zwischen Basis und Kollektor verhält sich der Transistor wie eine Diode in Sperrrichtung.
Die freien Elektronen der Kollektorschicht haben die Löcher in der Nähe der Grenzfläche gefüllt. Dadurch, dass an der Grenzschicht keine freien Elektronen und keine Löcher vorliegen, leitet das Silicium dort nicht. Es kann deshalb kein Strom durch den Transistor fließen.

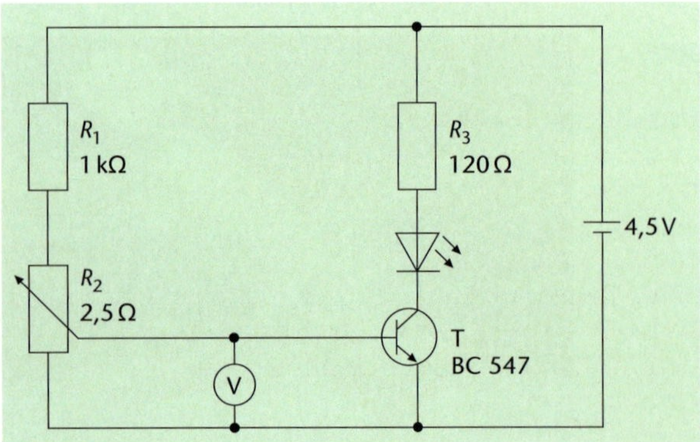

1 Zu Versuch 1

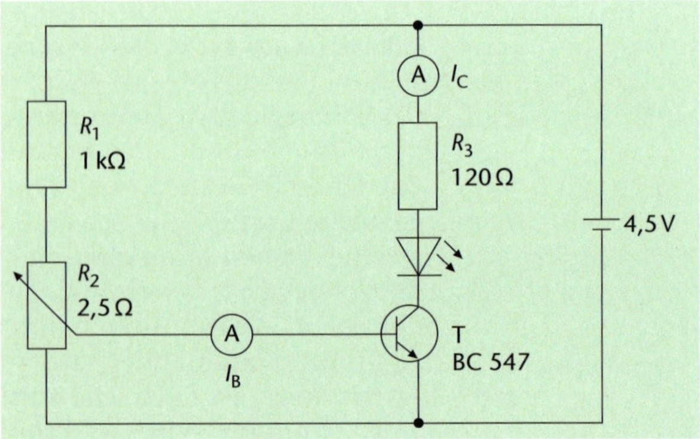

3 Zu Versuch 2

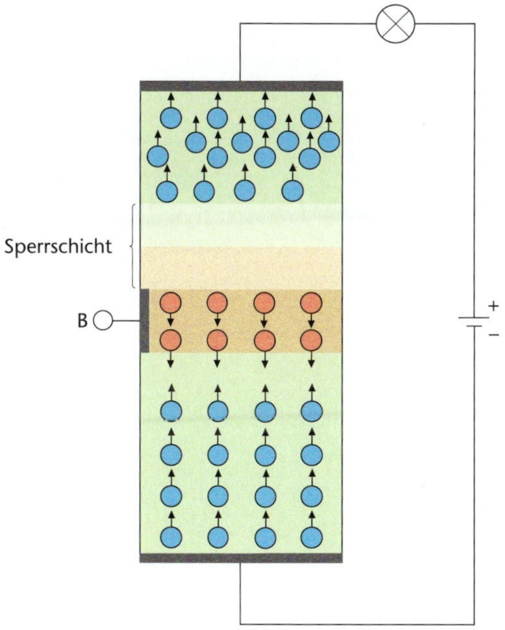

4 Der Transistor sperrt.

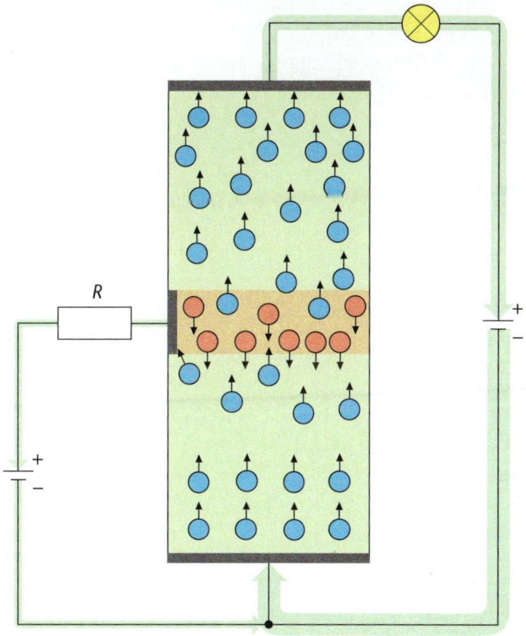

5 Der Transistor verstärkt.

Der Transistor schaltet

Wenn zwischen Basis und Emitter eine Spannung U_{BE} von etwa 0,6 V überschritten wird (▷ V 1), dann fließt auch ein Strom im Arbeitsstromkreis (▷ B 5, dicker Pfeil). Der Transistor wirkt wie ein Schalter, der den Arbeitsstrom ein- und ausschaltet. Die zum Schalten benötigte minimale Basis-Spannung nennt man auch **Schwellenspannung**.

Über den Emitter gelangen Elektronen in den Transistor. Ein kleiner Teil fließt über die Basis wieder ab. Dies führt zu einem Strom im Steuerstromkreis (▷ B 5, dünner Pfeil). Der Großteil der Elektronen erreicht aber nicht den Basisanschluss. Weil die Basisschicht sehr klein ist, gelangen die meisten Elektronen in die Kollektorschicht hinein (▷ B 5). Die Kollektorschicht besteht beim npn-Transistor aus n-dotiertem Halbleitermaterial, sodass die freien Elektronen weiter zum Pluspol fließen können. Der Transistor schaltet.

Unterhalb der Schwellenspannung kann durch einen Transistor kein Strom fließen. Der Transistor sperrt. Nach Überschreiten der Schwellenspannung zwischen Emitter und Basis fließt ein geringer Steuerstrom und ein großer Arbeitsstrom. Der Transistor schaltet.

Der Transistor verstärkt

Nach Überschreiten der Schwellenspannung fließt im Arbeitsstromkreis ein im Verhältnis zum Steuerstromkreis großer Strom (▷ V2).
Eine Vergrößerung der Steuerstromstärke hat auch eine Vergrößerung der Arbeitsstromstärke zur Folge, Steuerstromstärke und Arbeitsstromstärke sind proportional zueinander. Der Transistor verstärkt, indem er durch den kleinen Strom über die Basis einen um ein Vielfaches größeren Strom über den Kollektor regelt.

Das Verhältnis zwischen Kollektorstromstärke I_C und Basisstromstärke I_B bezeichnet man als Verstärkungsfaktor $\boldsymbol{V}$.

$$\boldsymbol{V} = \frac{I_C}{I_B}$$

Je nach verwendetem Transistortyp kann ein Basisstrom von wenigen Milliampere einen Kollektorstrom von mehreren Ampere regeln.

Ein kleiner Steuerstrom regelt einen großen Arbeitsstrom. Arbeitsstromstärke und Steuerstromstärke sind proportional zueinander.

Werkstatt

Eigene Versuche mit Transistoren

1 Materialien für die Versuche

Material für alle Versuche
- 2 Transistoren (z. B. BC 547, BC 550)
- 1 Widerstand 1,8 kΩ; 1 Widerstand 6,8 kΩ
- Batterie 4,5 V
- 2 Krokodilklemmen
- isolierte, verschiedenfarbige Kabel (Schaltdraht)
- Glühlampe, z. B. 3,8 V/70 mA
- Lampenfassung für die Glühlampe (Brückenfassung)
- Lüsterklemmen
- Holzplatte ca. 10 cm x 10 cm
- Schrauben, Schraubendreher, Abisolierzange, Zange

Vorbereitung

Befestige die Lüsterklemmen mittels der Schrauben auf der Holzplatte. Transistoren, Widerstände, Lampen, Kabel usw. können dann an den Lüsterklemmen angeschraubt werden.

Als Spannungsquelle eignet sich eine 4,5-V-Batterie. Diese erhältst du preiswert im Baumarkt. Alternativ kannst du auch ein Netzgerät verwenden.

Die Lüsterklemmleisten auf dem Aufbaubrett dienen zum Anschluss der elektrischen Bauteile. So kannst du auf einfache Weise die verschiedenen Schaltungen aufbauen und ausprobieren.

Achte beim Transistor auf den korrekten Anschluss von Emitter (E), Basis (B) und Kollektor (C). Ein falsches Anschließen des Transistors kann ihn beschädigen!
Wenn du auf den Transistor schaust und die abgeflachte Seite nach links zeigt, ist das untere Anschlussbeinchen der Kollektor, das mittlere die Basis und das obere der Emitter (▷ B 1). In dieser Lage muss der Transistor auch auf dem Aufbaubrett befestigt werden.

Die Glühlampenfassung kannst du auf das Aufbaubrett nageln. Du solltest jedoch vorher zwei Drahtstückchen an der Fassung anschließen.

1 Der Transistor schaltet

Versuchsanleitung

Baue zunächst den Versuch so wie in Bild 2 auf. Verwende einen Widerstand von 1,8 kΩ. Entferne mit der Abisolierzange die Isolierung an beiden Drahtenden. Halte die beiden Drahtenden mehrfach aneinander.
Sobald sich die beiden Drähte berühren, schaltet der Transistor, die Lampe leuchtet auf.

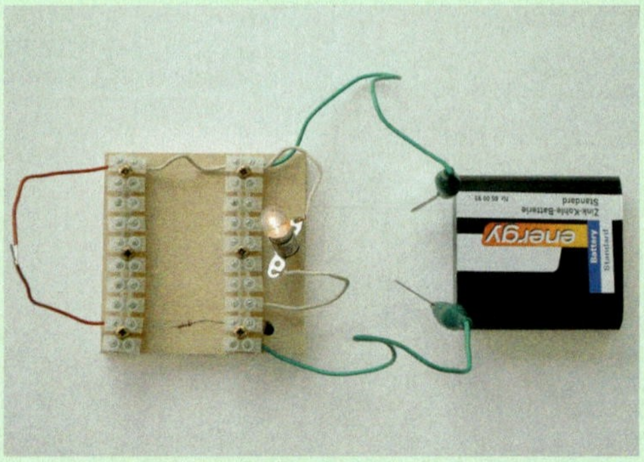

2 Zu Versuch 1

2 Eine Nicht-Schaltung – Die Alarmanlage

Sehr häufig benötigt man in der Technik Schaltungen, die ein Signal ausgeben, wenn ein Stromkreis unterbrochen wird. In Bild 3 siehst du eine solche Schaltung.

Versuchsanleitung

Baue die Schaltung so wie in Bild 3 auf.
Isoliere die losen Drahtstückchen an den Enden ab und lege sie aufeinander, sodass sie Kontakt haben.

Erklärung

Berühren sich die Drähte, so fließt ein Strom über den Widerstand vom Minuspol zum Pluspol der Batterie. Der Strom über die Basis des Transistors ist minimal. Der Transistor sperrt. Dies ändert sich, wenn sich die Drähte nicht mehr berühren. Jetzt fließt ein Strom über die Basis, der Transistor schaltet, die Lampe leuchtet. Der Widerstand dient als Vorwiderstand zur Strombegrenzung und schützt so den Transistor vor Beschädigung.

Wenn du ein sehr dünnes Kabel einsetzt und z. B. an einer Tür befestigst, kannst du diese Schaltung auch als einfache Alarmanlage verwenden. Wird der Draht zerrissen, leuchtet die Lampe auf.

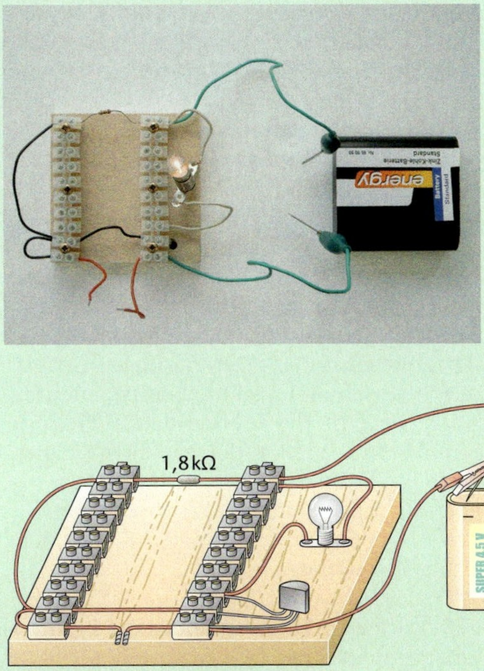

3 Zu Versuch 2

3 Die Darlington-Schaltung

Bei einer Transistorschaltung reicht manchmal der Stromfluss über die Basis nicht aus, einen genügend großen Arbeitsstrom über den Kollektor zu schalten.
In diesem Fall kann aber der Stromfluss mithilfe zweier Transistoren verstärkt werden (▷ B 4).
Diese mehrfache Verstärkung reicht z. B. aus, um einen Berührungssensor zu bauen.

Eine Mehrfachschaltung von Transistoren heißt Darlington-Schaltung.

Versuchsanleitung

Baue die Schaltung so wie in Bild 4 dargestellt auf. Achte auf den korrekten Anschluss der Transistoren. Berühre mit einem Finger die losen Drahtenden.

Erklärung

Der Arbeitsstromkreis des ersten Transistors T_1 befindet sich im Steuerstromkreis eines zweiten Transistors T_2.

Der Stromfluss über den Schutzwiderstand R_1 und deinen Finger steuert den Stromfluss durch den Transistor T_1. Die Stromstärke reicht aber nicht aus, um ein Lämpchen zu schalten. Deshalb wird der Emitter von T_1 mit der Basis von T_2 verbunden. Der Arbeitsstromkreis des Transistors T_1 befindet sich jetzt im Steuerstromkreis des Transistors T_2. Der verstärkte Steuerstrom bewirkt an T_2 einen großen Kollektorstrom, das Lämpchen leuchtet.

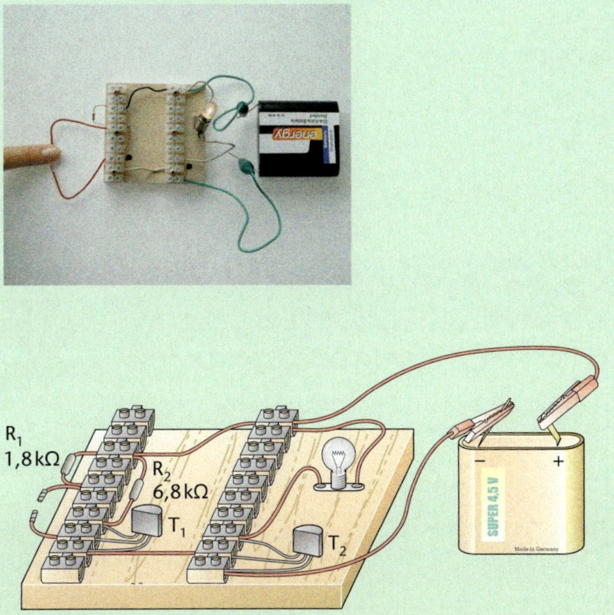

4 Zu Versuch 3

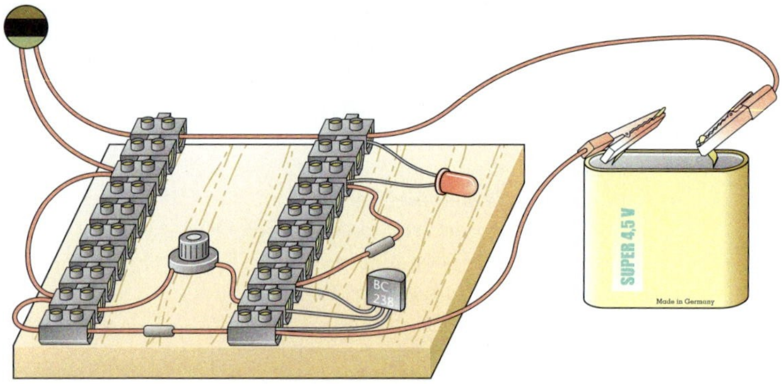

1 Schalten mit dem NTC-Widerstand

Steuern mit temperaturabhängigen Widerständen

Heißleiter und Kaltleiter verändern ihren Widerstandswert, wenn sie erwärmt oder abgekühlt werden. Allerdings werden sie selten allein in einen Stromkreis geschaltet, da der Stromfluss in den meisten Fällen nicht ausreicht, um ein elektrisches Gerät zu steuern.
Schaltet man jedoch zusätzlich einen Transistor in den Kreis, lassen sich durch geringe Steuerströme große Arbeitsströme schalten (▷V 1).

In Versuch 1 soll bei Erreichen einer bestimmten Temperatur eine Lampe eingeschaltet werden.
Bei Raumtemperatur leuchtet die Leuchtdiode nicht. Erwärmst du den Heißleiter, leuchtet das Lämpchen plötzlich auf. Mit dem Potentiometer kannst du festlegen, bei welcher Temperatur der Schaltvorgang erfolgen soll.

Bei Raumtemperatur fließt im Arbeitsstromkreis kein Strom, weil der Heißleiter einen hohen Widerstand hat und der Stromfluss über die Basis zu gering ist. Der Transistor sperrt.

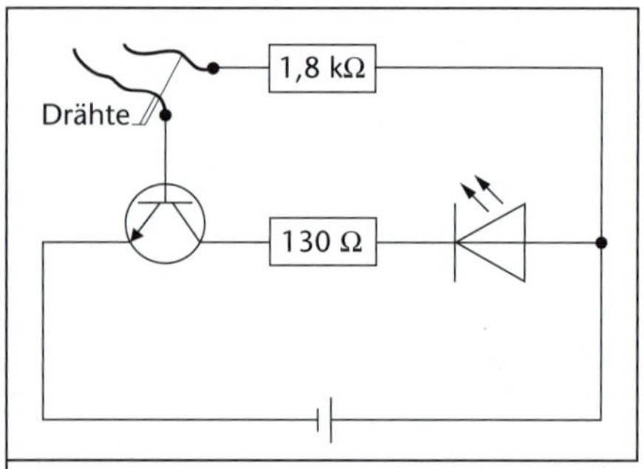

2 Schaltskizze für die Feuchtigkeitsanzeige

Aufgabe

1 Vertausche in der Schaltung aus Bild 1 Heißleiter und Widerstand.
Was bewirkt jetzt eine Erwärmung des NTC?

Versuche

1 Baue die Schaltung auf wie in Bild 1 gezeigt. Verändere den Widerstandswert des Potentiometers, sodass der Transistor sperrt (die Lampe darf nicht leuchten).
Erwärme den Heißleiter, indem du ihn in heißes Wasser tauchst, in die Sonne hältst oder ihn mit einem Föhn erwärmst. Du darfst ihn aber keinesfalls in eine offene Flamme halten. Hier sind die Temperaturen zu hoch, der Heißleiter würde zerstört!

2 Baue die Schaltung so wie in Bild 2 auf. Verbinde die beiden Prüfdrähte kurz und überprüfe, ob die Lampe aufleuchtet.
Fülle Wasser in ein Becherglas und halte die Prüfdrähte hinein.
Gib ein wenig Salz in das Becherglas. Beobachte die Lampe.

Dies ändert sich, wenn sich der Widerstandswert des Heißleiters durch Erwärmung verringert. Der Strom an der Basis des Transistors ist jetzt groß genug, damit der Transistor schaltet. Die Lampe leuchtet auf.

Eine Feuchtigkeitsanzeige

Mit der Schaltung aus Bild 2 kannst du feststellen, ob die Blumen auf deinem Fensterbrett gegossen werden müssen.

Hältst du die beiden Drahtenden aneinander, ist die Basis des Transistors über den Schutzwiderstand mit dem Pluspol der Batterie verbunden. Der Transistor steuert durch, er schaltet und die Lampe leuchtet. Auch wenn du die Drahtenden in größerem Abstand zueinander ins Wasser hältst, kann ein Strom fließen. Die im Wasser gelösten Salze machen Wasser zu einem Leiter. Der Stromfluss ist so groß, dass der Transistor schaltet.

Drückst du die Drahtenden in die Blumenerde, ohne dass sie sich berühren, sollte die Leuchtdiode bei ausreichend feuchter Erde aufleuchten.

Das Flip-Flop
In modernen Computern werden die Informationen in Speicherchips abgelegt (▷B 1). Diese Speicherchips enthalten miniaturisierte Ausführungen von Flip-Flop-Schaltungen (▷V 1, B 2).

Funktionsweise der Flip-Flop-Schaltung
Wenn du die Schaltung wie in Bild 2 beschrieben aufbaust, wird zunächst nur die grüne LED leuchten. Das bedeutet, dass der Transistor T_2 durchschaltet.

Beim Anlegen der Spannung sperren zunächst beide Transistoren. Es fließt sowohl durch die grüne als auch durch die rote LED ein kleiner Strom zur Basis der Transistoren. Der Stromfluss reicht aber zunächst nicht aus, um die LEDs leuchten zu lassen.
Der Strom durch die grüne LED_2 fließt über R_1 und R_4, der Strom durch die rote LED_1 fließt durch R_2 und R_3.
Der Widerstand R_2 ist kleiner als der Widerstand R_1. Deshalb ist der Steuerstrom für den Transistor T_2 größer als der Steuerstrom für T_1.
Der Transistor T_2 schaltet daher durch, die grüne LED_2 leuchtet. T_1 sperrt, die rote LED_1 leuchtet nicht.

Betätigst du nun kurz den Taster S_2, erlischt die grüne LED_2 und die rote leuchtet auf. Sobald du den Taster S_2 schließt, ist die Basis des Transistors T_2 direkt mit dem Minuspol verbunden. Der Transistor T_2 sperrt. Nun erhält der Transistor T_1 über R_1 einen Basisstrom und schaltet durch. Auch wenn du den Taster S_2 wieder öffnest, sperrt der Transistor T_2 weiterhin, denn T_1 leitet den Strom.

Soll die grüne Leuchtdiode wieder leuchten, musst du kurz den Taster S_1 betätigen. Dann erhält der Transistor T_1 keinen Basisstrom mehr, er sperrt und die rote LED_1 erlischt. Gleichzeitig schaltet der Transistor T_2, sodass die grüne LED_2 aufleuchtet.

Das Flip-Flop speichert Schaltzustände, je nachdem, ob der Taster S_1 oder S_2 gedrückt wurde. Weil beide Schaltzustände dauerhaft gespeichert werden, bezeichnet man diese Schaltung auch als bistabile Kippschaltung.

Mit einer bistabilen Kippschaltung (Flip-Flop-Schaltung) lassen sich Schaltzustände dauerhaft speichern.

Versuch

1 Baue die Schaltung nach Bild 2 auf. Unterbrich mehrfach die Spannungsversorgung.
Schließe den Taster S_2. Warum leuchtet jetzt die rote LED_1? Warum leuchtet die LED_1 weiter, wenn der Taster wieder losgelassen wird?
Schließe den Taster S_1. Warum leuchtet jetzt die grüne LED_2 wieder?

Anstelle eines Tasters kannst du auch einen anderen Sensor anschließen.
In Alarmanlagen, Taschenrechnern, Computern etc. werden Flip-Flop-Schaltungen als elektronisches Gedächtnis verwendet.

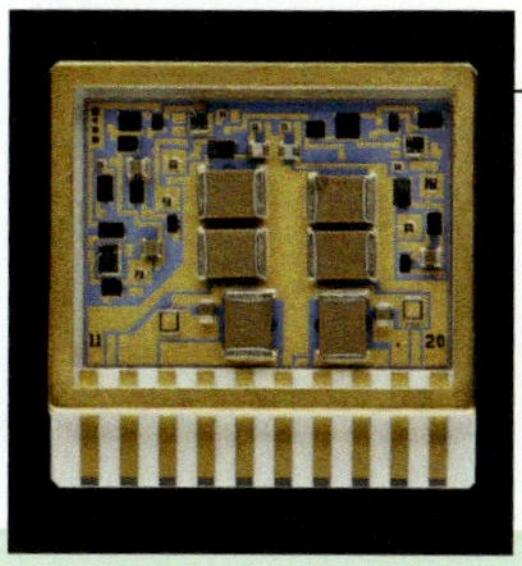

1 Speicherchip

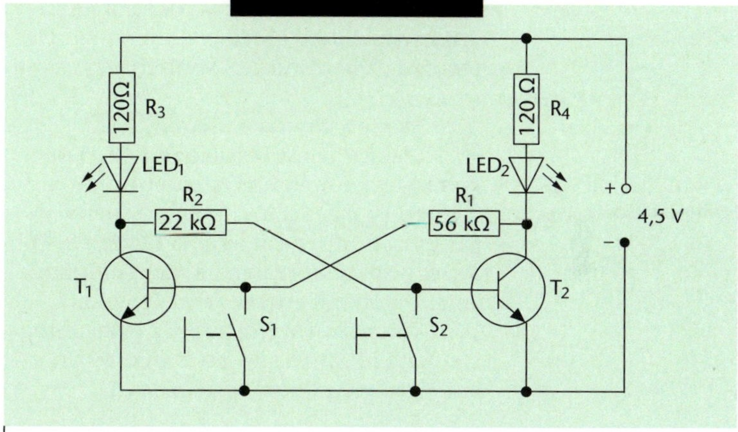

2 Schaltplan einer Flip-Flop-Schaltung (LED_1: rot; LED_2: grün)

3 Flip-Flop-Schaltung mit Glühlampen

Schlusspunkt

Messen, Steuern, Regeln

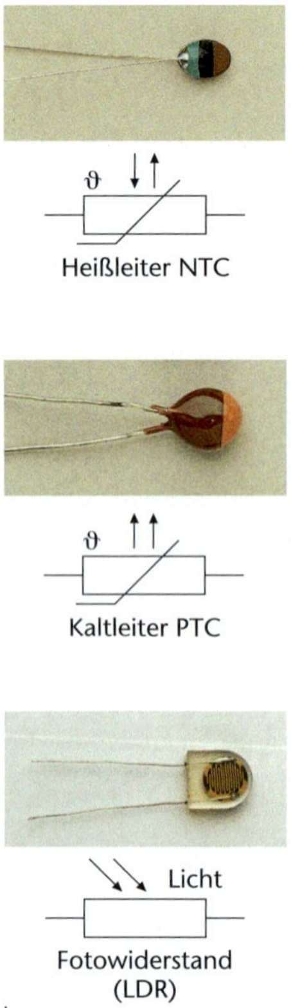

1 Heißleiter, Kaltleiter und Fotowiderstand

Daten

Daten sind Werte, die man aus Messungen, Beobachtungen usw. gewinnt. Setzt man diese Daten in Beziehung zu gespeicherten Daten, gewinnt man Informationen. Die kleinste Datenmenge ist das Bit. Es kann zwei Zustände haben, z. B. Strom an oder Strom aus. Acht Bit fasst man zu einem Byte zusammen.

Analog und digital

Ein Vorgang heißt analog, wenn er kontinuierlich abläuft. Wenn er schrittweise verläuft, nennt man ihn digital.

Mithilfe eines Analog-Digital-Wandlers können analoge in digitale Daten umgewandelt werden.

Datenspeicherung

Um Daten dauerhaft aufzubewahren, müssen sie gespeichert werden. Es gibt unterschiedlichen Medien, auf denen Daten gespeichert werden können.

Messen, Steuern, Regeln

Messen heißt Feststellen von Daten. Beim Messen werden Daten ermittelt. Steuern ist das Auslösen eines Schaltvorgangs mithilfe empfangener Daten. Regeln ist ein Vorgang, bei dem empfangene Daten mit einem vorgegebenen Wert verglichen werden. Bei Abweichung werden die empfangenen Daten an die vorgegebenen Daten angeglichen.

Temperaturabhängige Widerstände

NTC- und PTC-Widerstände (▷ B 1) sind temperaturabhängige Widerstände. Beim PTC-(positive temperature coefficient-)Widerstand steigt der Widerstandswert mit zunehmender Temperatur. Beim NTC-(negative temperature coefficient-)Widerstand sinkt der Widerstandswert mit steigender Temperatur.

Lichtempfindliche Widerstände

Der LDR ist ein lichtempfindlicher Widerstand, auch Fotowiderstand genannt. Je mehr Licht auf den Widerstand fällt, desto geringer ist sein Widerstandswert.

Leitungsvorgang in Halbleitern

Manche Dioden und Solarzellen bestehen aus dem Halbleitermaterial Silicium. Halbleiter sind bei sehr tiefen Temperaturen oder Dunkelheit schlechte elektrische Leiter, weil die Elektronen fest an die Atome gebunden sind.

Durch Energiezufuhr in Form von Wärme oder Licht können sich einige Elektronen aus der Bindung lösen. Jedes freigesetzte Elektron hinterlässt im Atom ein Loch, das sich scheinbar wie ein positiv geladenes Teilchen verhält. Beim Anlegen einer Spannung fließt im Halbleiter ein Elektronenstrom zum Pluspol und gleichzeitig ein Löcherstrom zum Minuspol (▷ B 2).

Dotieren

Durch Einbau von Fremdatomen (Dotieren) kann ein Halbleiter gezielt leitfähiger gemacht werden.
Werden Atome mit mehr Außenelektronen eingebaut, dann verstärkt man in Halbleitern die Elektronenleitung. Der Halbleiter ist n(egativ)-dotiert.
Durch Hinzufügen von Atomen mit weniger Außenelektronen verstärkt man die Löcherleitung. Der Halbleiter ist p(ositiv)-dotiert.

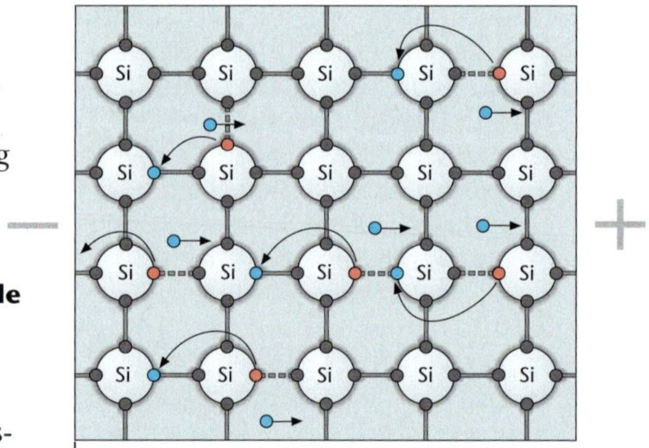

2 Siliciumkristall bei angelegter Spannung.

Halbleiterbauteile

Die Diode ist ein Halbleiterbauteil, das Strom nur in eine Richtung hindurchlässt.
Dioden können Wechselstrom in Gleichstrom umwandeln.
Jede Diode besteht aus einer n- und einer p-dotierten Halbleiterschicht. Je nach Polung kann eine Diode in Durchlass- oder in Sperrrichtung geschaltet sein (▷ B 3).

Leuchtdioden
Leuchtdioden bestehen aus dotiertem Halbleitermaterial. Wenn Strom durch eine Leuchtdiode fließt, dann sendet sie Licht aus. Elektrische Energie wird in Lichtenergie umgewandelt.

Solarzellen
Mithilfe von Solarzellen kann Lichtenergie in elektrische Energie umgewandelt werden.
Solarzellen bestehen aus einer dünnen Siliciumscheibe, die auf einer Seite p-dotiert und auf der anderen Seite n-dotiert ist. Solange Licht auftrifft, entsteht an den Anschlüssen der Solarzelle eine Gleichspannung.

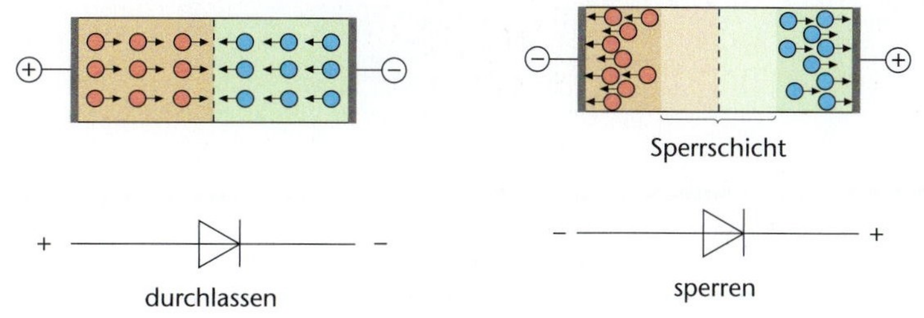

3 Durchlass- und Sperrrichtung einer Diode

Transistoren
Diese Bauteile werden als elektronische Schalter und Verstärker verwendet. Transistoren bestehen aus drei Schichten von n- und p-leitenden Halbleitermaterialien.

Aufgaben

1 Welche Daten können auf einer DVD gespeichert sein? Nenne Beispiele!

2 Welchen Datenmengen (in Megabyte) könnte man theoretisch auf einer Schallplatte, einer Kassette, einer Videokassette speichern?

3 a) Eine DIN-A4-Seite fasst etwa 4 000 Zeichen. Wie viele Textseiten könnte man auf den verschiedenen Datenträgern (▷ B 2) abspeichern?
b) Erstelle mithilfe eines Textverarbeitungsprogramms am Computer einen Text über eine DIN-A4-Seite und speichere ihn.
Vergleiche die Größe der Datei mit der Anzahl der getippten Buchstaben.

4 Der NTC-Widerstand ist ein Halbleiter-Bauelement. Erkläre, weshalb der Widerstand mit steigender Temperatur abnimmt.

5 Plane ein Experiment, mit dessen Hilfe du unterscheiden kannst, ob ein Stoff ein metallischer Leiter oder ein Halbleiter ist.

6 Die Höchstspannung für gelbe LEDs beträgt 2,2 V. Dabei fließt durch die LED ein Strom von 20 mA. Welchen Vorwiderstand musst du bei einer Spannung von 4,5 V (6 V, 9 V) vorschalten?

7 a) Im Bild 1 sind eine grüne und eine rote LED entgegengesetzt in den Stromkreis geschaltet. Welche Diode leuchtet?
b) Was würdest du beobachten, wenn die Batterie durch eine Wechselspannungsquelle ersetzt werden würde? Begründe deine Aussagen.

8 a) Weshalb kann man eine Solarzelle mit einer großflächigen Diode vergleichen?
b) Juliana meint: „Ohne Lichtzufuhr müsste sie dann auch wie jede andere Diode funktionieren." Plane ein Experiment, mit dem du überprüfen kannst, ob Juliana Recht hat.

9 Selbst bei maximaler Beleuchtung kann man mit einer einzelnen Solarzelle kein Radio betreiben. Du hast mehrere Solarzellen zur Verfügung. Wie könntest du sie zusammenschalten, damit eine Spannung von 4,5 V erreicht wird? Erstelle einen Schaltplan.

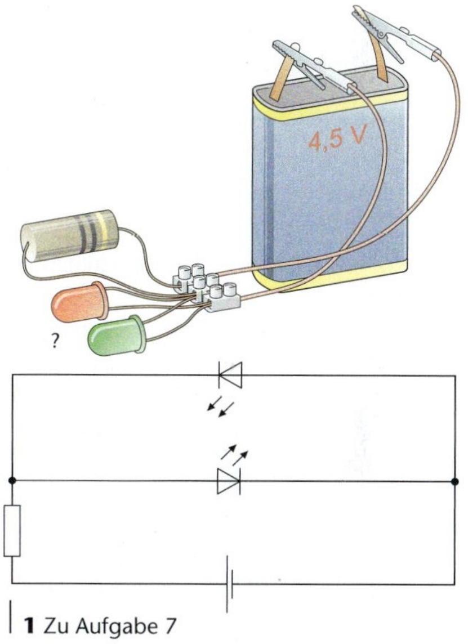

1 Zu Aufgabe 7

Datenträger	Speicherkapazität
Diskette	1,44 Megabyte
Festplatte	unterschiedliche Kapazitäten, z. B. 200 Gigabyte
Compact Disc	650 Megabyte
DVD *single-sided/ simple-layer	4,7 Gigabyte
DVD *single-sided/ double-layer	8,5 Gigabyte
DVD double-sided/ double-layer	17 Gigabyte

2 Zu Aufgabe 3

Radioaktivität und Kernenergie

Nur selten wird uns bewusst, dass wir ständig allen möglichen Strahlungen ausgesetzt sind: beim Fernsehen, beim Telefonieren mit Mobiltelefonen, beim Röntgen, beim Aufenthalt im Freien usw. Auch Strahlung aus radioaktiven Quellen umgibt uns tagtäglich.

Für viele Menschen ist das Wort Strahlung ein Reizwort. Insbesondere, wenn es um den Bereich Radioaktivität geht, sind die Meinungen sehr unterschiedlich.
Das folgende Kapitel soll über Radioaktivität und Kernenergie informieren. Dabei werden die Gefahren, aber auch die nutzbringenden Wirkungen, z. B. in der Medizin oder Technik, dargestellt.

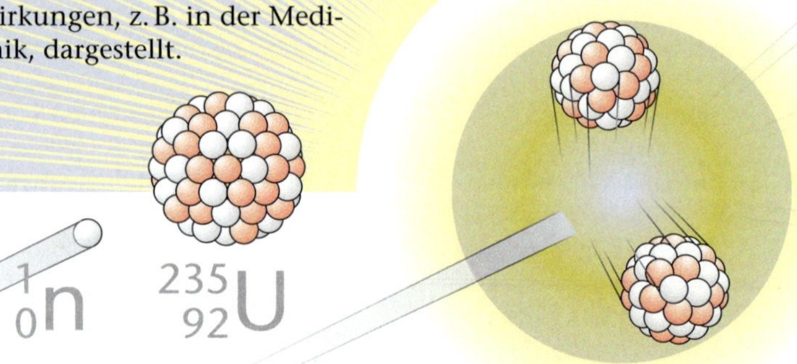

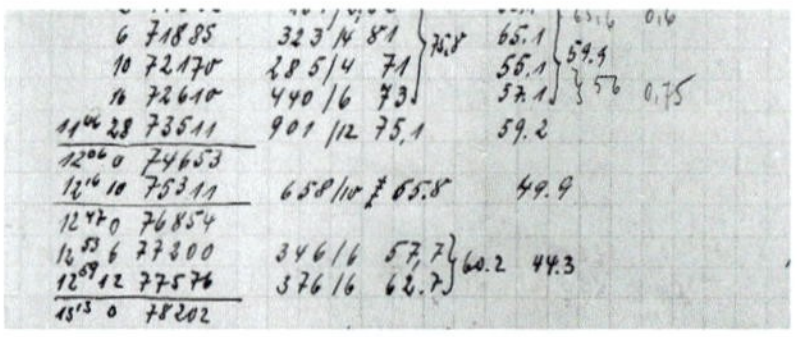

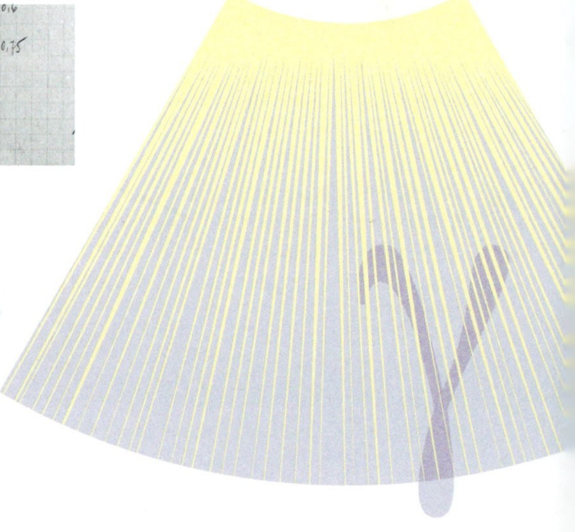

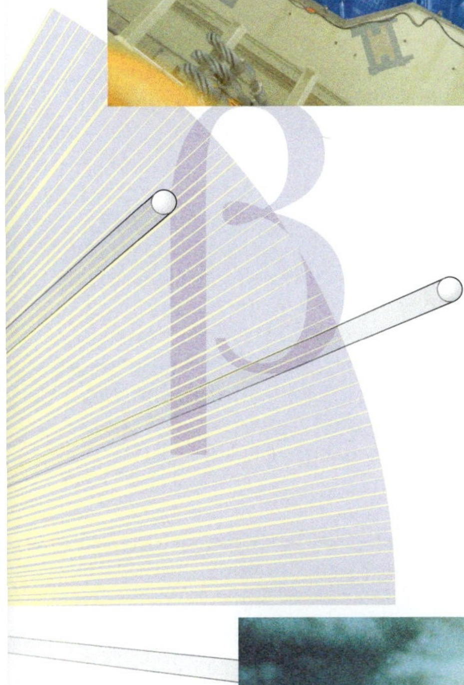

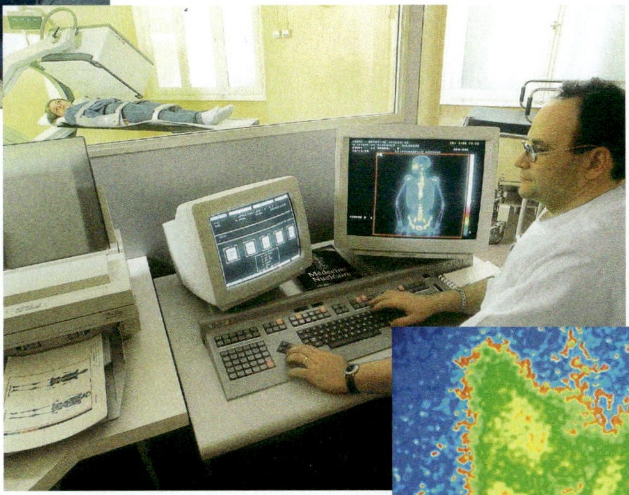

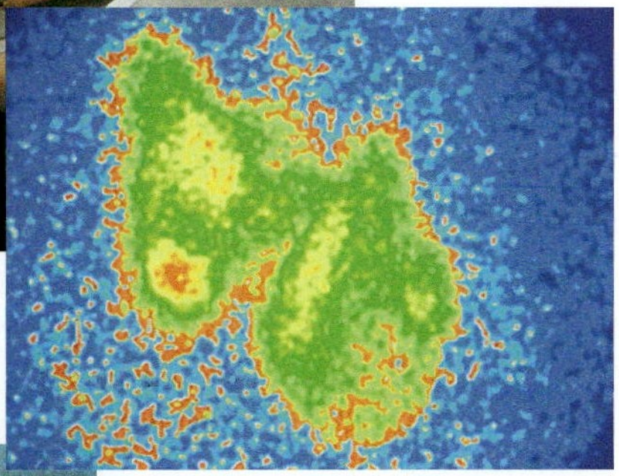

1 DEMOKRIT VON ABDERA

2 ERNEST RUTHERFORD

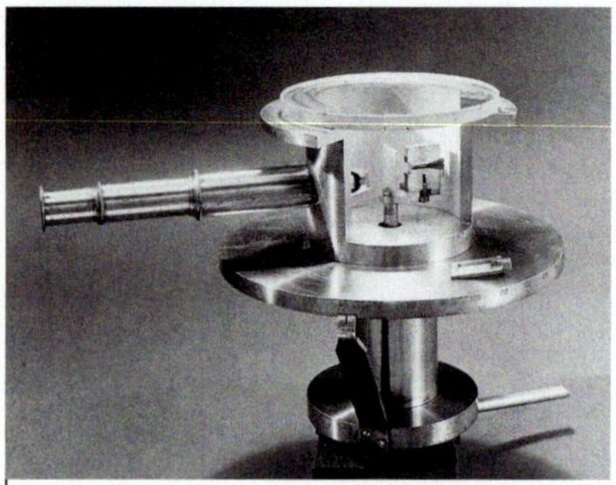

3 Apparatur zum Nachweis des Atomkerns

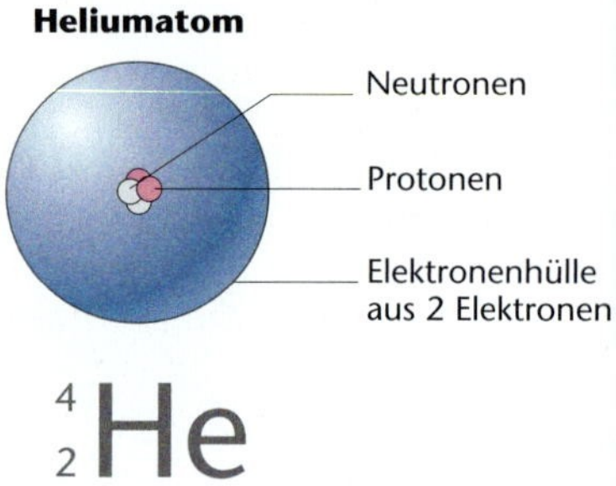

4 Aufbau des Heliumatoms

Die kleinsten Teilchen

Die beiden ersten Menschen, von denen man sicher weiß, dass sie eine regelrechte Atomtheorie entwickelten, waren die griechischen Naturphilosophen LEUKIPP (480–420 v. Chr.) und DEMOKRIT VON ABDERA (470–360 v. Chr).
Sie erklärten, dass jeder Stoff so lange in immer kleinere Stücke zerteilbar ist, bis man ihn auf seine kleinsten Teilchen zurückgeführt hat. Diese kleinsten, nicht weiter teilbaren Teilchen nannten sie Atome.

Die Entdeckung des Atomkerns

Erst über 2000 Jahre nach DEMOKRIT fand man heraus, dass Atome einen inneren Aufbau besitzen.
Im Jahr 1911 untersuchten der Physiker ERNEST RUTHERFORD (1871–1937) und seine Mitarbeiter HANS GEIGER (1882–1945) und ERNEST MARSDEN (1888–1970) die Durchlässigkeit von Metallfolien. Dazu ließen sie positiv geladene Teilchen auf eine Goldfolie treffen (▷ B 3). Die meisten dieser Teilchen durchquerten die Goldfolie ungehindert, so als wäre diese gar nicht vorhanden.
RUTHERFORD folgerte daraus, dass die Atome keine massiven Kugeln sein konnten. Nur einige wenige Teilchen wurden in dem Experiment aus ihrer Bahn abgelenkt, so als wären sie auf ein undurchdringbares Hindernis gestoßen. RUTHERFORD folgerte, dass dieser undurchdringbare Teil winzig klein sein musste, denn er wurde nur selten getroffen. RUTHERFORD hatte den Atomkern entdeckt. Weil die positiv geladenen Teilchen von diesem Kern abgestoßen wurden, kam er zu dem Ergebnis, dass der Atomkern ebenfalls positiv geladen sein musste. RUTHERFORD (1914): *„I supposed that the atom consisted of a positively charged nucleus of small dimensions in which practically all the mass of the atom was concentrated. The nucleus was supposed to be surrounded by a distribution of electrons to make the atom electrically neutral ...“*

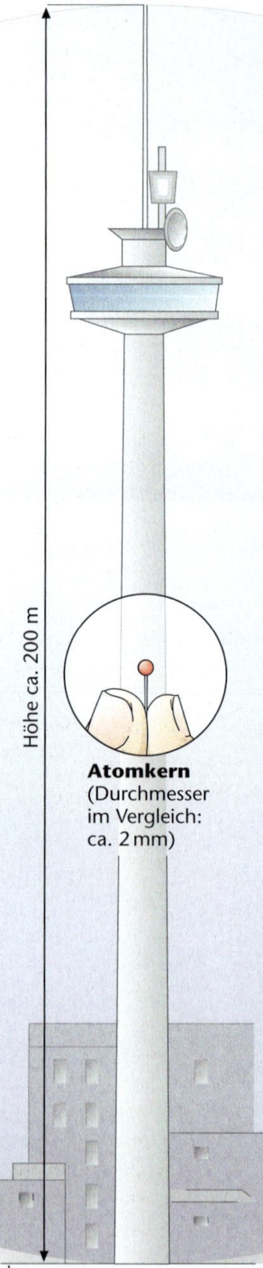

5 Größenvergleich zwischen Elektronenhülle und Atomkern

Atomkern und Atomhülle

Erst Jahre später konnte der Aufbau des Atoms weiter enträtselt werden. Man fand heraus, dass der **Atomkern** aus zwei Arten von Teilchen besteht: Protonen und Neutronen. Protonen sind elektrisch positiv geladen, Neutronen sind elektrisch neutral. Protonen und Neutronen nennt man auch Nukleonen (lat. nucleus: der Kern). Alle Nukleonen haben etwa die gleiche Masse.

Um den Kern herum bewegen sich negativ geladene Elektronen. Sie bilden die Atomhülle (▷ B 4). Die Masse eines Elektrons ist jedoch viel kleiner als die eines Protons.

Die Anzahl der Elektronen ist gleich der Anzahl der Protonen im Kern. Atome sind daher elektrisch neutral.

Die Kernladungszahl

Die Anzahl der Protonen im Kern nennt man Kernladungszahl Z.
Untersucht man die Atome der chemischen Elemente, so stellt man fest:

▶ Alle Atome eines Elementes haben die gleiche Kernladungszahl.

So haben beispielsweise alle Aluminiumatome 27 Protonen im Kern. Atome, deren Kern 31 Protonen besitzt, gehören zum Element Phosphor. Heute kennt man 112 Elemente. Sie alle unterscheiden sich in ihrer Kernladungszahl.

Periodensystem der Elemente
Die Elemente werden im Periodensystem angeordnet. Dabei werden sie von 1 bis 112 durchnummeriert.
Der Ordnungszahl im Periodensystem entspricht die Kernladungszahl Z.
Aluminium z. B. trägt die Ordnungszahl 27. Man findet Aluminium daher an der 27. Stelle im Periodensystem.

Der Ordnungszahl im Periodensystem entspricht die Kernladungszahl Z.

Die Nukleonen
Obwohl ein chemisches Element nur aus Atomen mit der gleichen Kernladungszahl besteht, hat man nachgewiesen, dass sich Atome eines Elementes in ihrer Masse unterscheiden können. Grund dafür ist eine unterschiedliche Anzahl von Neutronen im Kern.
So haben **alle** Wasserstoffatome ein Proton im Kern. Die Kernladungszahl von Wasserstoff ist Z = 1. Der Großteil der Wasserstoffatome hat kein Neutron. Es gibt aber auch Wasserstoffatome, die ein oder zwei Neutronen besitzen (▷ B 3). Die Neutronenzahl wird mit N bezeichnet.

Die Summe aus Kernladungszahl Z und Neutronenzahl N nennt man Nukleonenzahl A. Die Nukleonenzahl gibt also die Anzahl aller Kernteilchen (Nukleonen) an.

Isotope
Atome eines Elementes, die sich in ihrer Neutronenzahl unterscheiden, nennt man Isotope (griech. isos: gleich und topos: Stelle). Chemische Elemente sind stets Gemische aus unterschiedlichen Isotopen. Um die Zusammensetzung eines Elements anzugeben, wird eine besondere Schreibweise benutzt. Sie ist in Bild 1 gezeigt.

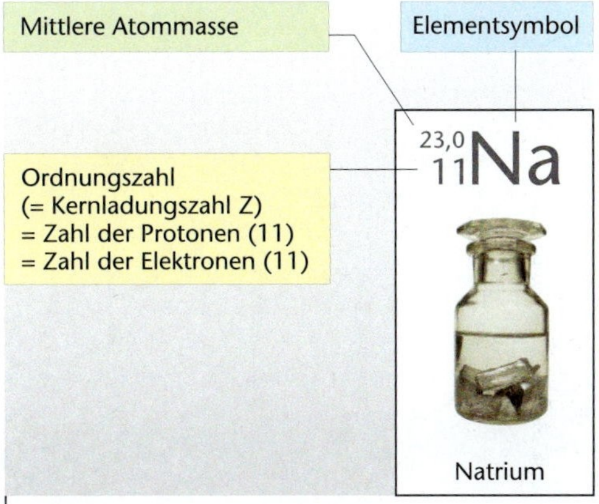

1 Angaben und was sie bedeuten

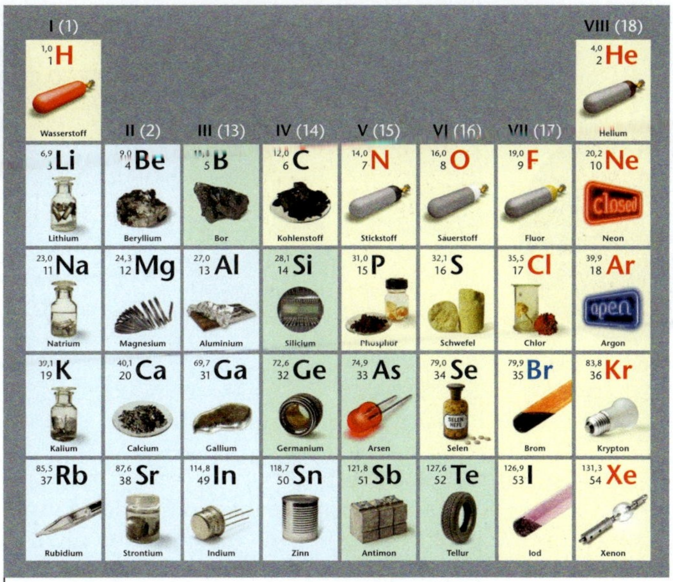

2 Die Hauptgruppen des Periodensystems der Elemente

Das Element Uran hat die Ordnungszahl 92. Alle Atome des Elements Uran enthalten 92 Protonen im Kern und 92 Elektronen in der Hülle.
Man kann jedoch nicht auf die Anzahl der Neutronen im Kern und damit auf die Nukleonenzahl schließen.
In den Uranvorräten, die in der Natur vorkommen, treten z. B. die Isotope

$^{235}_{92}U$ und $^{238}_{92}U$ auf.

Ein U-238-Atomkern enthält drei Neutronen mehr als ein U-235-Kern. Die Masse eines U-238-Atomkerns ist daher größer als die eines U-235-Kerns.
Im Periodensystem findet man den auf der Erde vorhandenen Durchschnittswert (mittlere Atommasse, ▷ B 1).

Ionen
Atome sind nach außen elektrisch neutral, weil die Anzahl der Elektronen mit der Protonenzahl übereinstimmt. Fehlen in der Hülle Elektronen, dann besitzt das „Restatom" mehr Protonen als Elektronen und ist deshalb positiv geladen. Solche Teilchen bezeichnet man als positiv geladene Ionen oder **Kationen**.
Es gibt auch negativ geladene Ionen, die **Anionen**. Sie entstehen, wenn ein Atom zusätzliche Elektronen in die Hülle aufnimmt. Die Anzahl der Elektronen ist dann größer als die der Protonen.

Ionen sind elektrisch positiv oder negativ geladene Teilchen.

3 Verschiedene Wasserstoffkerne (Proton: rot, Neutron: weiß)

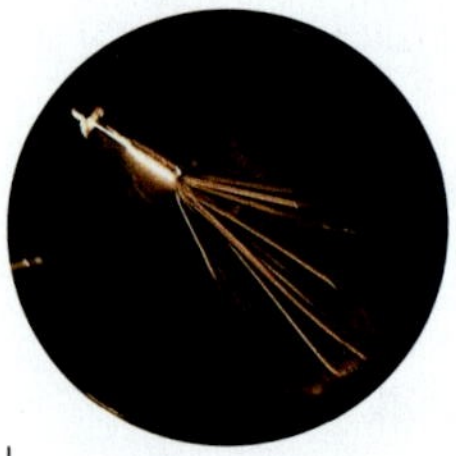

1 Nebelspuren eines radioaktiven Präparats

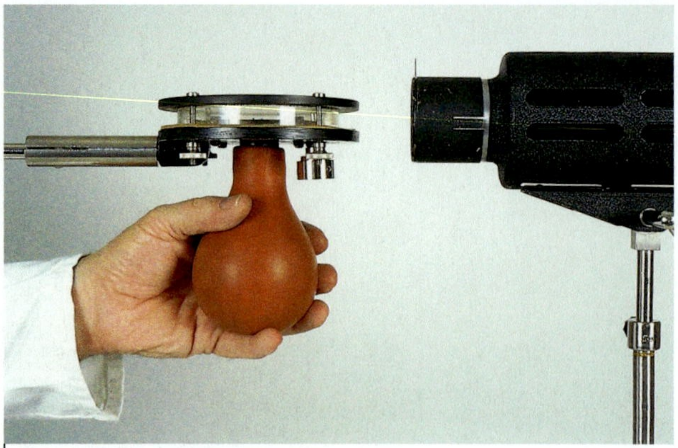

3 Nachweis mithilfe einer Nebelkammer

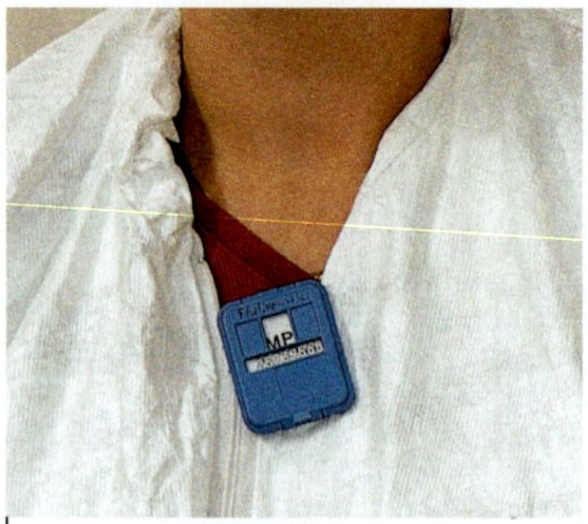

4 In strahlenbelasteter Umgebung muss ein Dosimeter getragen werden.

2 Zeichen für Radioaktivität

Der Nachweis
Strahlung aus radioaktiven Quellen kann man nicht hören, nicht sehen und nicht fühlen. Ein Nachweis der Strahlung gelingt nur durch die Wirkungen, die sie verursacht.

Filme werden belichtet
BECQUEREL entdeckte die Radioaktivität anhand einer Fotoplatte, die durch die Verpackung hindurch belichtet wurde. Auch heute nutzt man diese Wirkung z. B. bei Filmdosimetern (▷ B 4). Die Strahlung durchdringt Blech, Plastik und Papier und belichtet ein Stück Film. Nach der Entwicklung kann man erkennen, ob die Person, die das Dosimeter getragen hat, einer Strahlung ausgesetzt war.

Strahlung aus radioaktiven Quellen schwärzt Fotoplatten, Filme und Fotopapier.

Die Nebelkammer
Eine Nebelkammer (▷ B 3) besteht aus einem Glasgehäuse, in dem sich Luft befindet. Die Luft ist mit Wasserdampf gesättigt. In das Gehäuse wird ein radioaktives Präparat eingesetzt.

Ähnlich wie bei einem Flugzeug, hinter dem Kondensstreifen entstehen können, hinterlässt die vom Präparat ausgesandte Strahlung Nebelspuren (▷ B 1).

Strahlung aus radioaktiven Quellen hinterlässt in einer Nebelkammer Spuren.

Ionisierung
In Versuch 1 (▷ B 5) trifft die Strahlung des Radium-Präparats auf Luftmoleküle und „löst“ Elektronen aus ihnen heraus. Es entstehen positiv geladene Ionen und frei bewegliche Elektronen. Die Luft wird **ionisiert**.
Die negativ geladenen, frei beweglichen Elektronen werden zur positiven Elektrode hin beschleunigt. Sie stoßen auf ihrem Weg mit anderen Atomen zusammen, aus denen sie weitere Elektronen herauslösen. Dieser Vorgang heißt **Stoßionisation**. Der Rückgang des Zeigerausschlags am Elektroskop zeigt an, dass sich die Metallplatten entladen.

Strahlung aus radioaktiven Quellen kann Ionen erzeugen.

Versuch

1 Ein Kondensator aus zwei Metallplatten wird aufgeladen, indem man die Platten kurz mit den Polen einer Hochspannungsquelle in Verbindung bringt. Ein Elektroskop zeigt den Ladungszustand an. Zwischen den Platten befindet sich ein Radium-Präparat (▷ B 5). Die Zeitdauer der Entladung wird gemessen. Der Versuch wird ohne Präparat wiederholt.

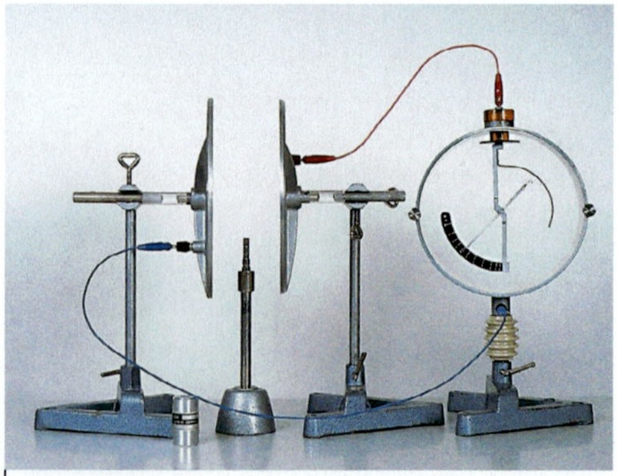

5 Zu Versuch 1

6 Hans Geiger

7 Walther Müller

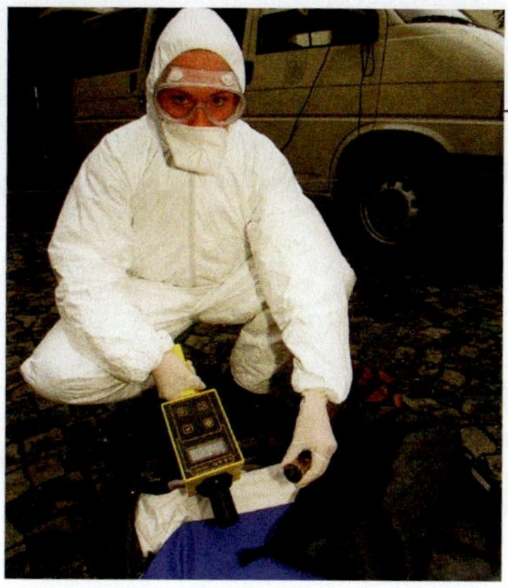

8 Strahlenmessung mit Geiger-Müller-Zählrohr

Das Geiger-Müller-Zählrohr

Die ersten Zählrohre wurden um 1930 von Hans Geiger (1882–1945) und seinem Assistenten Walther Müller (1905–1979) entwickelt. Nach seinen beiden Erfindern (▷ B 6, B 7) heißt es **Geiger-Müller-Zählrohr**. Im Alltag ist die Bezeichnung **Geigerzähler** gebräuchlich.

Der Hauptbestandteil des Geigerzählers ist ein mit Edelgas gefülltes Metallrohr, das Zählrohr (▷ B 9). Es ist vorne nur durch eine sehr dünne Folie verschlossen, sodass die Strahlung nahezu ungehindert eindringen kann.
In der Längsachse des Rohres befindet sich ein Metalldraht. Zwischen diesem Draht und dem Metallrohr liegt eine Spannung von 500 V an. Der Metalldraht ist mit dem positiven Pol verbunden, das Metallrohr mit dem negativen.
Die durch die Folie eindringende Strahlung ionisiert das Gas im Rohr, d. h. sie löst Elektronen aus der Hülle der Gasatome heraus. Diese Elektronen werden zum positiv geladenen Draht hin beschleunigt. Auf ihrem Weg erzeugen sie durch Stoßionisation neue freie Elektronen und Ionen, die weitere Atome ionisieren.

Die so ausgelöste Elektronenlawine erzeugt einen kurzen Stromstoß. Dieser wird elektronisch verstärkt und über einen Lautsprecher als akustisches Signal ausgegeben. Das Knacken, das man vernimmt, wird als Impuls bezeichnet.
Je mehr Impulse in einer bestimmten Zeit zu hören sind, desto stärker radioaktiv ist die Quelle.

▶ Mit dem Geiger-Müller-Zählrohr (kurz: Geigerzähler) kann man die Stärke einer radioaktiven Quelle bestimmen.

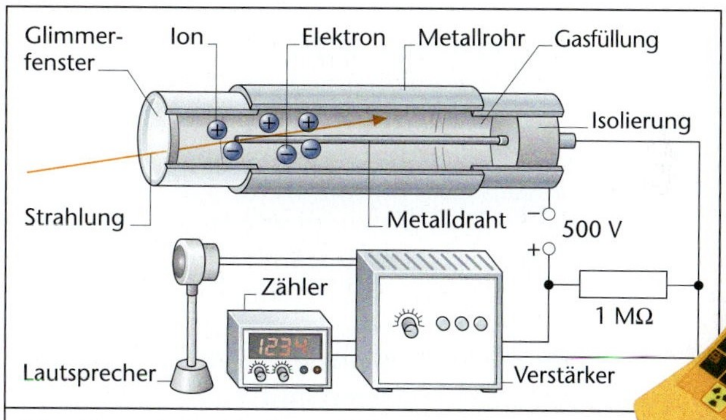

9 Funktionsprinzip des Geiger-Müller-Zählrohrs

10 Moderner Geigerzähler

Aufgaben

1 Erkundige dich, in welchen Bereichen regelmäßig Messungen der Radioaktivität vorgenommen werden (▷ B 11).

2 Welche Möglichkeiten gibt es, Radioaktivität nachzuweisen?

3 Erkläre den Vorgang der Stoßionisation beim Geiger-Müller-Zählrohr.

11 Zu Aufgabe 1

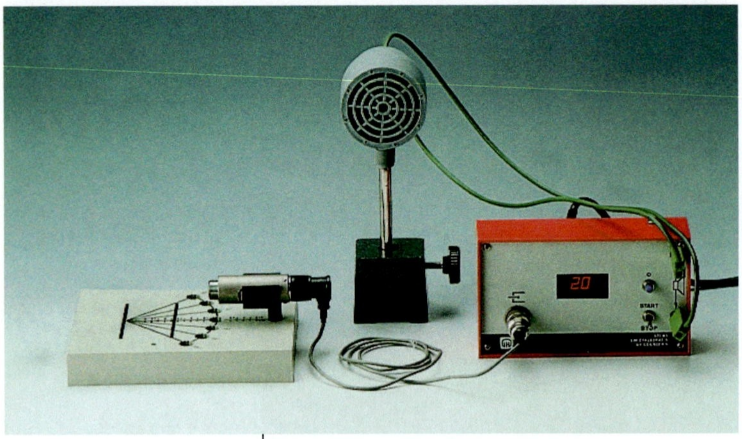

1 Messung des Nulleffekts

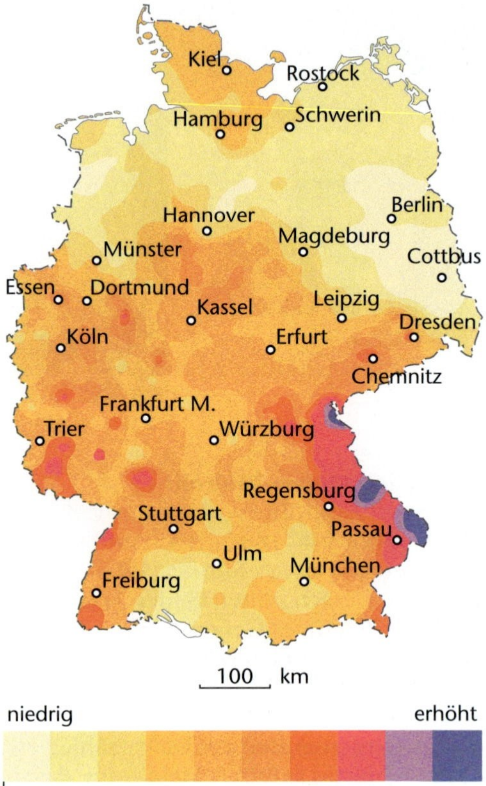

2 Radioaktive Belastung durch Umgebungsstrahlung

Radioaktivität in der Schule?
In einem Klassenraum wird ein Geigerzähler aufgestellt. Es befindet sich kein radioaktives Präparat in der Nähe (▷ B 1). Für jeweils eine Minute werden die Impulse gezählt. Es wird eine schwache Strahlung registriert, der wir ständig ausgesetzt sind: in diesem Fall z. B. 20 Impulse pro Minute.

Ein Zählrohr zeigt auch ohne radioaktives Präparat eine Strahlung an. Man spricht vom Nulleffekt.

Kosmische Strahlung (Höhenstrahlung)
Ein Teil der Strahlung, die den Nulleffekt ausmacht, kommt von der Sonne. Trifft diese Strahlung auf die Lufthülle der Erde, wird sie abgeschwächt. Nur ein Teil gelangt bis zur Erdoberfläche. In 1500 bis 2000 m Höhe ist sie doppelt so stark wie auf Höhe des Meeresspiegels. Bei einem Flug in 9000 bis 10000 m Höhe sind die Passagiere und Besatzungsmitglieder einer noch stärkeren Strahlung ausgesetzt.

Terrestrische Strahlung
Der größere Teil der Strahlung stammt von natürlichen radioaktiven Substanzen, die im Erdboden enthalten sind. Deshalb spricht man von terrestrischer Strahlung.

Der Gehalt an radioaktiven Stoffen hängt dabei stark von der Bodenart ab.

Wer im Schwarzwald auf Gesteinsböden mit hohen Uran- und Radium-Anteilen lebt, ist einer stärkeren Strahlung ausgesetzt als jemand, der auf dem kalkreichen Boden des Alpenvorlandes lebt (▷ B 2). Bestimmte Gesteine und Baustoffe geben mehr Strahlung ab als andere.
Hohe Radioaktivität registriert man beispielsweise bei Materialien wie Granit, Schlacken und Bimsstein, während Holz, Sand- oder Kalkstein nur in geringem Umfang radioaktiv strahlen (▷ B 3).

Kosmische und terrestrische Strahlung nennt man auch **Umgebungsstrahlung**.

3 Die Radioaktivität verschiedener Materialien ist unterschiedlich hoch.

t wird

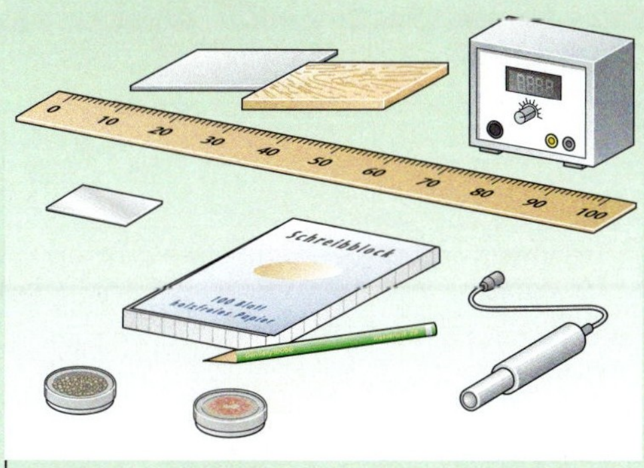

1 Versuchsmaterialien

Material

Ein Zählrohr mit hoher Nachweisempfindlichkeit, Glühstrumpf in Dose, Kaliumchlorid in Dose, Kunstdünger in Dose, Maßstab (100 cm), ein Block (100 Blatt), eine Aluminiumplatte, ein Holzbrettchen, eine kleine Glasscheibe

Nulleffekt

Zum Vergleich der folgenden Messergebnisse ist es nötig, zunächst die Nullrate zu bestimmen. Stelle das Zählrohr im Physikraum auf. Miss eine Minute lang die Impulse.
Notiere das Ergebnis.
Wiederhole die Messung mindestens fünf Mal und berechne den Mittelwert.
Dieser Wert ist die Nullrate.

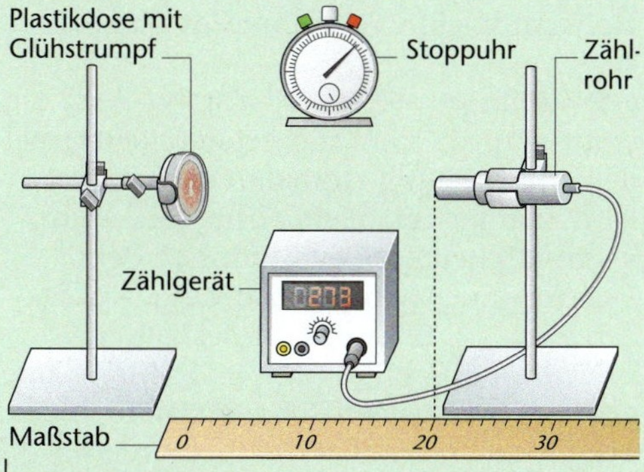

2 Versuchsaufbau

Glühstrümpfe

a) Bringe einen Glühstrumpf in seiner Verpackung oder in einer Plastikdose 20 cm vor dem Zählrohr an (▷ B 2).

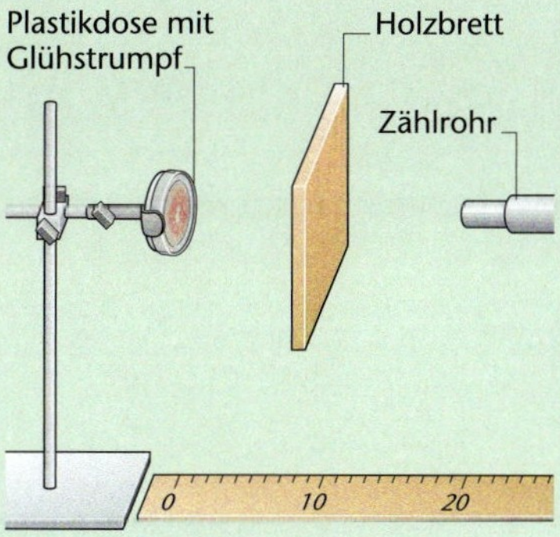

3 Abschirmung

b) Zähle die Impulse pro Minute.
c) Vergleiche das Messergebnis mit der zuvor gemessenen Nullrate.

Abstand halten

Wiederhole das Experiment und verändere dabei die Entfernung zwischen Zählrohr und Glühstrumpf (z. B. 15 cm, 10 cm, 5 cm, ...).

Notiere die Messergebnisse und stelle sie anschließend grafisch dar. Bild 4 zeigt ein Diagramm, das du in dein Heft übertragen kannst.
Formuliere das Ergebnis.

Abschirmung

Was geschieht, wenn du nacheinander ein einzelnes Blatt Papier, 100 Blatt Papier, eine Aluminiumplatte, ein Holzbrettchen (▷ B 3) und eine Glasscheibe zwischen den Glühstrumpf und das Zählrohr hältst? Miss und notiere die Ergebnisse.

5 Glühstrumpf

Verschiedene Materialien

Du kannst nun verschiedene Stoffe untersuchen (z. B. Kunstdünger, Kaliumchlorid oder andere) (▷ B 6). Frage deinen Lehrer oder deine Lehrerin, welche anderen Materialien in deiner Schule für diesen Versuch benutzt werden können.

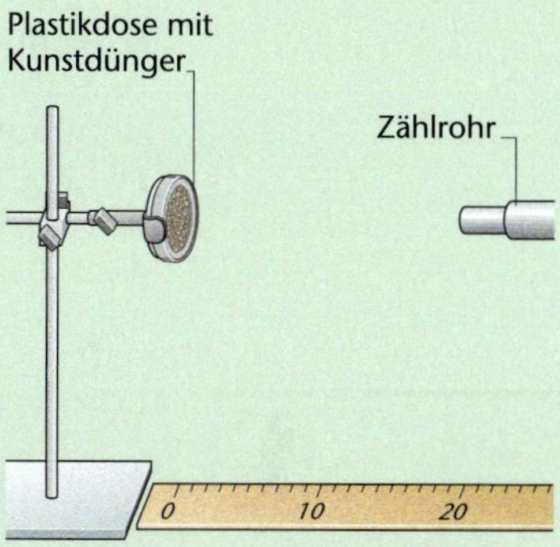

6 Strahlungsmessung bei Kunstdünger

Beachte, dass der Abstand zwischen Zählrohr und Präparat bei allen Messungen gleich ist und die Messzeit nicht verändert wird.

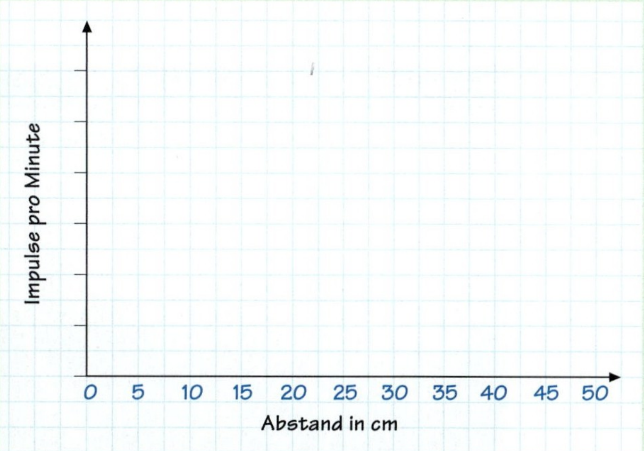

Drei Arten von Strahlung

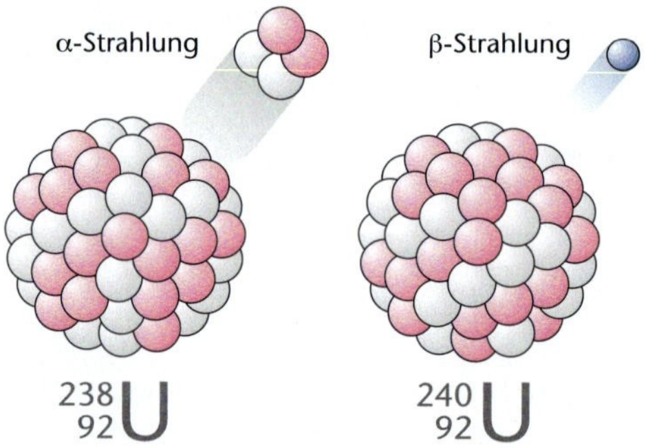

2 Beispiele für Uranisotope

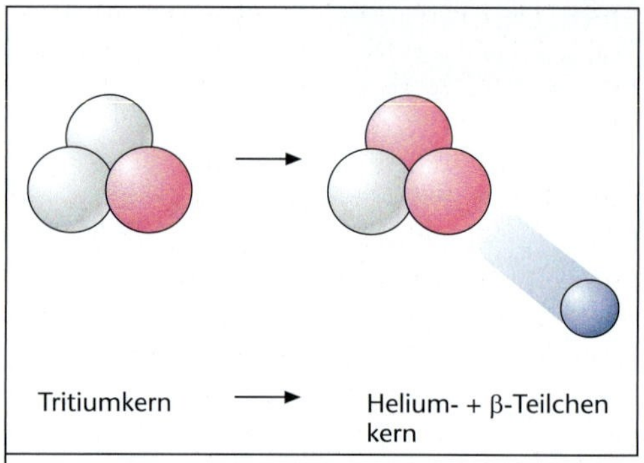

4 Umwandlung eines Neutrons in ein Proton und ein Elektron

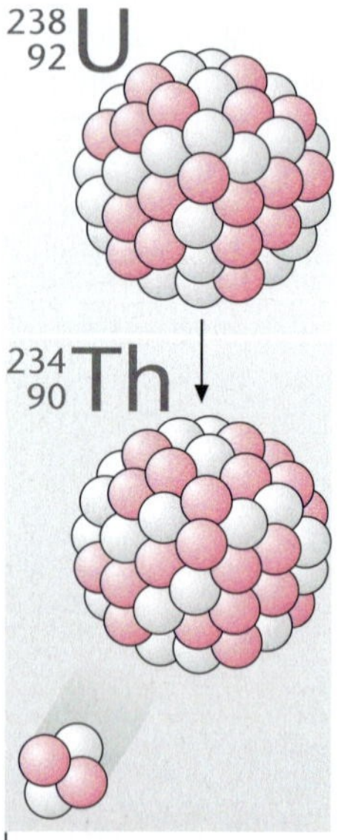

1 α-Strahlung

Der Ursprung der Strahlung
So wie viele Elemente hat auch Uran verschiedene Isotope. Einige von ihnen sind nicht stabil. Sie sind radioaktiv, d. h. ihre Atomkerne wandeln sich ohne äußeren Einfluss in andere Atomkerne um und geben dabei Strahlung ab. Man unterscheidet drei Arten von Strahlung.

α-Strahlung
α-Strahlung besteht aus Teilchen, die den Kern mit großer Geschwindigkeit verlassen (▷ B 2). Ein α-Teilchen besteht aus zwei Protonen und zwei Neutronen. Da auch der Kern eines Heliumatoms ($^{4}_{2}He$) aus zwei Protonen und zwei Neutronen besteht, kann man sagen: α-Strahlung besteht aus Heliumkernen.

α-Teilchen sind zweifach positiv geladen. Ihre Reichweite in Luft beträgt nur wenige Zentimeter und schon ein Blatt Papier kann α-Strahlung aufhalten.
Die Spuren der α-Strahlung lassen sich in der Nebelkammer sichtbar machen (▷ B 3).

▶ α-Strahlung besteht aus Heliumkernen, d. h. aus zwei Protonen und zwei Neutronen.

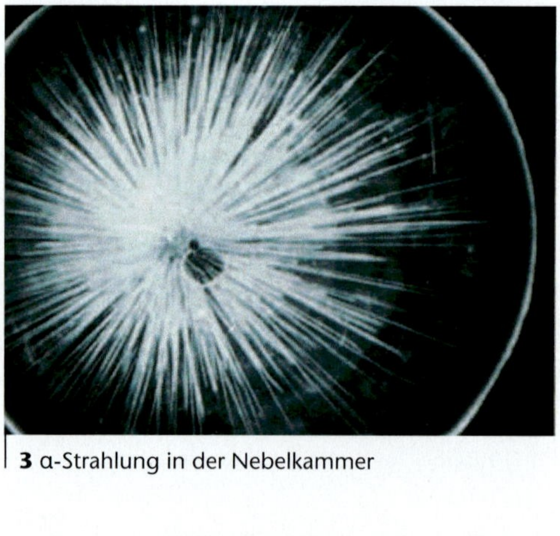

3 α-Strahlung in der Nebelkammer

β-Strahlung
Auch β-Strahlung besteht aus Teilchen, die den Kern mit sehr hoher Geschwindigkeit (annähernd Lichtgeschwindigkeit) verlassen. β-Teilchen sind Elektronen.
Das überrascht, denn bisher war von Elektronen nur im Zusammenhang mit der Atomhülle die Rede. Es ist jedoch möglich, dass sich im Kern eines radioaktiven Atoms spontan ein Neutron in ein Proton und ein Elektron umwandelt (▷ B 4).

Ein β-Teilchen (Elektron) hat eine verschwindend kleine Masse. Im Vergleich zu α-Teilchen erreichen die Elektronen auch eine höhere Geschwindigkeit. Dadurch haben sie eine größere Reichweite. In Luft kann β-Strahlung mehrere Meter weit reichen. Will man β-Strahlung abschirmen, reicht ein Blatt Papier nicht mehr aus. Man benötigt mindestens 100 Blatt Papier oder ein 4 bis 5 mm dickes Aluminiumblech.

▶ β-Strahlung besteht aus schnellen Elektronen, die bei der Umwandlung eines Neutrons in ein Proton entstehen.

γ-Strahlung
γ-Strahlung besteht nicht aus Teilchen. Bei der Umwandlung radioaktiver Elemente wird Energie frei, die in Form von elektromagnetischer Strahlung, ähnlich dem Licht oder der Röntgenstrahlung, abgegeben wird. γ-Strahlung tritt deshalb meist in Verbindung mit α- und β-Strahlung auf. γ-Strahlung ist elektrisch neutral. Ihre Reichweite in Luft beträgt mehrere Kilometer. γ-Strahlung kann nur durch sehr dicke Blei- oder Betonschichten abgeschirmt werden.

▶ Bei γ-Strahlung handelt es sich nicht um Teilchen, sondern um energiereiche elektromagnetische Strahlung.

α-,β- und γ-Strahlung im elektrischen Feld

Die Tabelle in Bild 2 stellt die Eigenschaften der drei Strahlungsarten gegenüber. Ein weiterer Unterschied wird deutlich, wenn man die radioaktive Strahlung eines Radiumpräparates durch ein starkes elektrisches Feld schickt (▷ B 1). Es kommt zu einer Aufspaltung der drei Strahlungsarten. Die γ-Strahlung bleibt unbeeinflusst, während α-und β-Strahlung in unterschiedliche Richtungen abgelenkt werden. Außerdem erfährt die β-Strahlung eine stärkere Ablenkung als die α-Strahlung, weil Elektronen eine kleinere Masse haben als Heliumkerne.

Radioaktiver Zerfall

Was geschieht mit dem Atomkern, wenn er α- oder β-Strahlung abgibt?
Der Kern gibt entweder Heliumkerne oder Elektronen ab. Man spricht bei dem Vorgang auch vom Kernzerfall. In beiden Fällen ändert sich die Anzahl der Protonen im Kern. Das bedeutet, dass der Atomkern eines anderen Elementes entsteht.

α-Zerfall

Sendet ein Uranatom beispielsweise ein α-Teilchen aus, so verlassen zwei Protonen und zwei Neutronen den Kern.
Von den ursprünglich 92 Protonen des Urankerns bleiben nur noch 90 übrig. Ein Kern mit 90 Protonen gehört zum Element Thorium. Von den insgesamt 238 Nukleonen (Kernteilchen) haben vier den Kern verlassen. So besitzt der entstandene Thoriumkern 234 Nukleonen.

β-Zerfall

Thorium-234 (90 Protonen) ist ein β-Strahler. Im Kern wandelt sich ein Neutron in ein Proton und ein Elektron um. Das Elektron verlässt den Kern. Der neue Kern (91 Protonen) hat nun ein zusätzliches Proton. Ein Kern mit 91 Protonen gehört zum Element Protactinium.

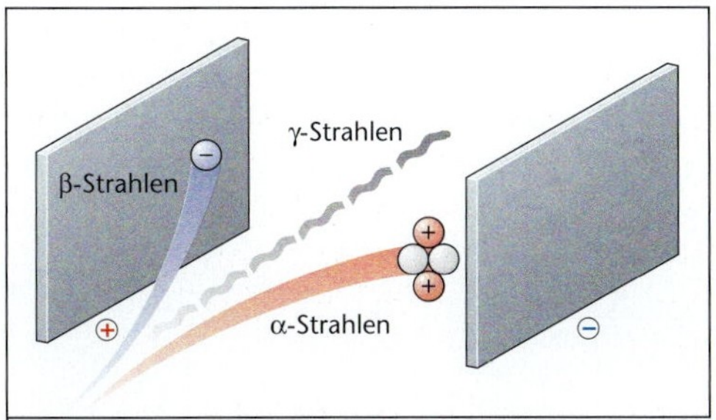

1 Einfluss eines elektrischen Feldes auf α-, β- und

Bezeichnung	α	β	γ
Art der Strahlung	**Heliumkerne** (Teilchen)	**Elektronen** (Teilchen)	**energiereiche elektromagnetische Wellen** (ähnlich der Röntgenstrahlung)
Ladung	zweifach positiv	negativ	neutral
Abschirmung	• 4–8 cm Luftschicht • 1 Blatt Papier	• mehrere Meter Luftschicht (je nach Strahler) • 100 Blatt Papier • 4–5 mm dickes Aluminiumblech	• meterdicke Betonwände • dicke Bleiwände

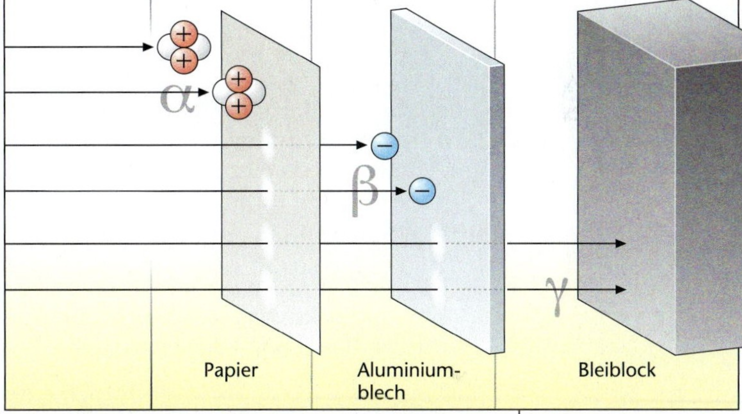

2 Die drei Strahlungsarten im Vergleich

Aufgaben

1 Warum werden α- und β-Strahlung in einem elektrischen Feld abgelenkt, γ-Strahlung dagegen nicht?

2 Ra-226 gibt ein α-Teilchen ab. Beschreibe ausführlich, was geschieht (▷ B 3).

3 Polonium-218 kann entweder ein α-oder β-Teilchen abgeben. Erläutere in beiden Fällen, welches Element entsteht (▷ B 3).

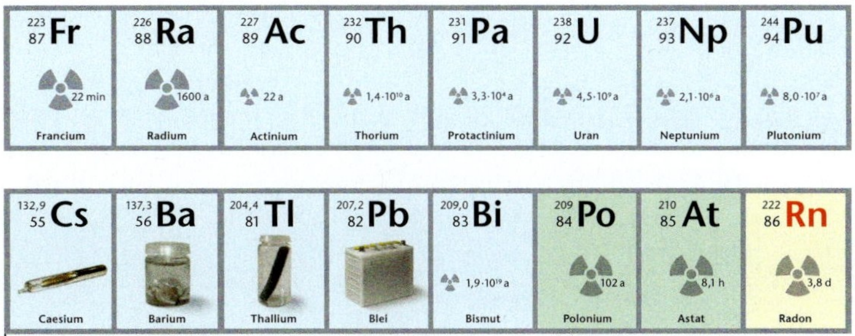

3 Zu den Aufgaben

Von der Hälfte die Hälfte

Radioaktive Elemente wandeln sich unter Aussendung von α-Strahlung oder β-Strahlung in einen anderen Stoff um. Wann ein einzelner Atomkern zerfällt, kann nicht vorausgesagt werden. Es kann in den nächsten Sekunden oder erst in vielen Jahren sein.

Betrachtet man aber eine große Anzahl von Atomen, dann zerfällt in gleichen Zeitabschnitten ungefähr immer der gleiche Prozentsatz der noch vorhandenen Atomkerne des Ausgangselements.

So wandeln sich in einer Zeitspanne von 1600 Jahren die Hälfte der Radiumatomkerne um. Durch Aussendung eines α-Teilchens werden sie zum Element Radon. Nach weiteren 1600 Jahren hat sich von den noch vorhandenen Radiumatomen wieder die Hälfte in Radon umgewandelt (▷B 2) usw.

1 Unaufhaltsamer Zerfall

Trägst du die Anzahl der Radiumatome und die Zeit in ein Koordinatensystem ein, erhältst du eine Zerfallskurve (▷B 3). Diese Kurve sieht für jedes radioaktive Element ähnlich aus.

Die Zeitspanne, in der jeweils die Hälfte eines radioaktiven Stoffes zerfallen ist, wird **Halbwertszeit** genannt.

Zeit	Anzahl der Radiumatome
0	1000
nach 1600 Jahren	500
nach 3200 Jahren	250
nach 4800 Jahren	125

2 Anzahl der Radiumatome

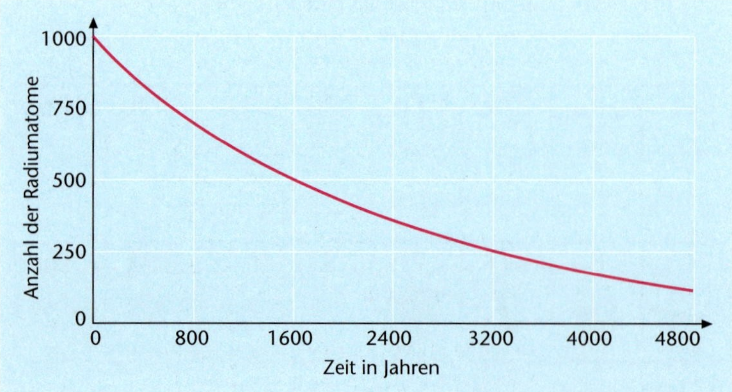

3 Zerfallskurve von Radium

Radioaktives Element	Halbwertszeit
Polonium-214	$1{,}64 \cdot 10^{-4}$ Sekunden
Bismut-214	19,9 Minuten
Radon-222	3,825 Tage
Radium-226	$1{,}6 \cdot 10^{3}$ Jahre
Plutonium-239	$2{,}411 \cdot 10^{4}$ Jahre
Thorium-232	$1{,}405 \cdot 10^{10}$ Jahre
Uran-235	$7{,}038 \cdot 10^{8}$ Jahre
Uran-238	$4{,}468 \cdot 10^{9}$ Jahre

4 Halbwertszeiten

Es gibt Isotope, bei denen die Hälfte der ursprünglichen Atome schon nach Bruchteilen von Sekunden zerfallen ist. Bei anderen dauert es unvorstellbar lange (▷B 4).

Aufgaben

1 Was sagt die Halbwertszeit über ein radioaktives Element aus?

2 Eine radioaktive Versuchsprobe enthält 24 000 000 Atome. Wie viele Atomkerne sind nach drei Halbwertszeiten zerfallen?

3 In einem Reagenzglas befindet sich eine radioaktive Flüssigkeit. Sie zerfällt mit einer unbekannten Halbwertszeit. Um diese Halbwertszeit experimentell zu bestimmen, misst man mit einem Zählgerät die Impulse im Abstand von jeweils 1 Minute. Für den Versuch ergeben sich die Messwerte in Bild 5.
a) Bestimme die Halbwertszeit dieses Stoffes.
b) Überprüfe dein Ergebnis für mehrere Messwerte aus der Tabelle.

Zeit in Minuten	Impulse pro Minute Nulleffekt abgezogen
1	990
2	700
3	495
4	350
5	248
6	175
7	124
8	88
9	62
10	44

5 Zu Aufgabe 3

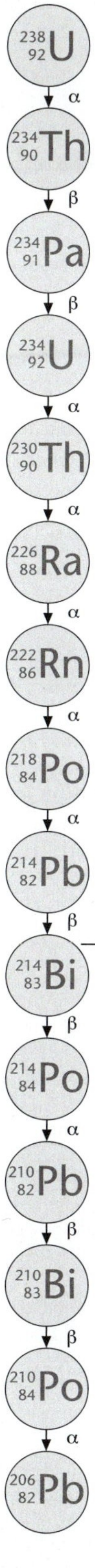

1 Die Zerfallsreihe für U-238

Zerfallsreihen

Bei der Umwandlung eines radioaktiven Elements entsteht in den meisten Fällen wieder ein Element, das radioaktiv ist. Aus diesem Element entsteht durch Kernumwandlung ein anderes radioaktives Element usw. Man erhält eine Zerfallsreihe.

In Bild 1 ist die Zerfallsreihe für das Uranisotop U-238 dargestellt. Die Atomkerne wandeln sich durch Aussendung von α-Strahlung in Thorium um. Thorium ist ein β-Strahler. Ein Neutron wandelt sich in ein Proton und ein Elektron um. Es entsteht Protactinium. Diese Zerfallsreihe setzt sich bis zum Blei fort. Pb-206 ist nicht mehr radioaktiv. Im Laufe von Milliarden von Jahren nehmen so die Uranvorräte der Erde ab und die Bleivorräte werden immer größer.

Insgesamt kennt man vier Zerfallsreihen: Th-232, U-235, U-238 und Np-237.

Die Np-237-Zerfallsreihe endet als einzige nicht bei Blei, sondern bei Bismut (Bi-209).

Altersbestimmung mithilfe radioaktiver Strahlung – die C-14-Methode

Lebende Pflanzen und Tiere nehmen ständig über die Luft und die Nahrung das radioaktive Kohlenstoffisotop C-14 auf. Stirbt ein Lebewesen, so nimmt es keinen Kohlenstoff mehr auf. Ab diesem Moment verringert sich durch radioaktiven Zerfall der Anteil an C-14-Atomen. In jedem Gramm kohlenstoffhaltiger lebender Materie zerfallen rund 16 radioaktive Kohlenstoffisotope pro Minute. Da die Halbwertszeit von C-14 bekannt ist, kann aus der Radioaktivität toter Materie auf das Alter geschlossen werden.

Die Halbwertszeit von C-14 beträgt 5 730 Jahre. Zerfallen in einem Gramm toter Materie nur noch 8 C-14-Atome pro Minute, dann ist die Substanz 5 730 Jahre alt. Sind es nur noch 4 Zerfälle pro Gramm und Minute, beträgt das Alter zwei Halbwertszeiten, das sind 11 460 Jahre.

Gold	Au	79
Quecksilber	Hg	80
Thallium	Tl	81
Blei	Pb	82
Bismut	Bi	83
Polonium	Po	84
Astat	At	85
Radon	Rn	86
Francium	Fr	87
Radium	Ra	88
Actinium	Ac	89
Thorium	Th	90
Protactinium	Pa	91
Uran	U	92

2 Zu Aufgabe 1

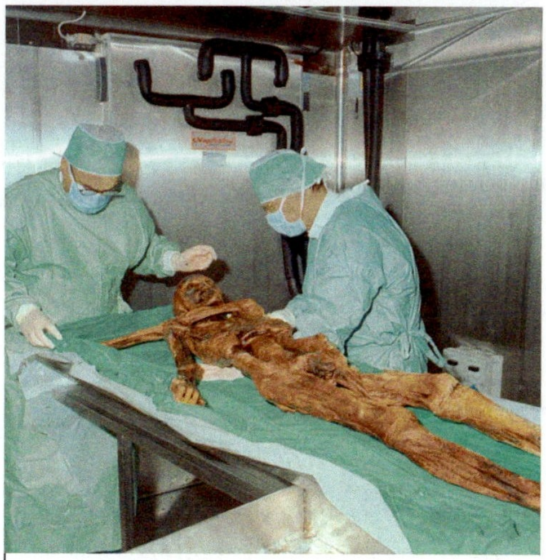

3 Bei mumifizierten Toten kann das Alter mit der C-14-Methode bestimmt werden

Aufgaben

1 Th-232 ist radioaktiv. Stelle die Zerfallsreihe für Thorium auf. Berechne unter Berücksichtigung des jeweiligen Zerfalls aus dem alten Element das neue. Verwende dazu die Tabelle in Bild 2. Thorium ist zu Beginn ein α-Strahler. Das neue Element wandelt sich durch Aussendung von β-Strahlung um. Das entstandene Element sendet β-Strahlung aus. Danach wandelt sich das Element durch Aussendung von α-Strahlung um. Das geschieht 4-mal hintereinander. Schließlich folgt ein β-Zerfall. Das neue Element sendet α-Strahlung aus. Das vorletzte Element wandelt sich unter Aussendung von β-Strahlung in ein nicht mehr radioaktives Element um.

2 In der Abbildung rechts siehst du eine Zerfallsreihe. Übertrage sie in dein Heft und fülle die Lücken aus.

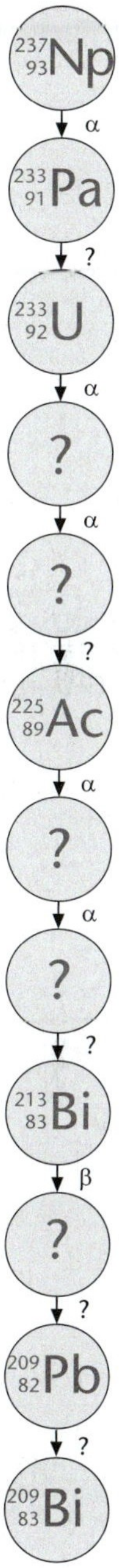

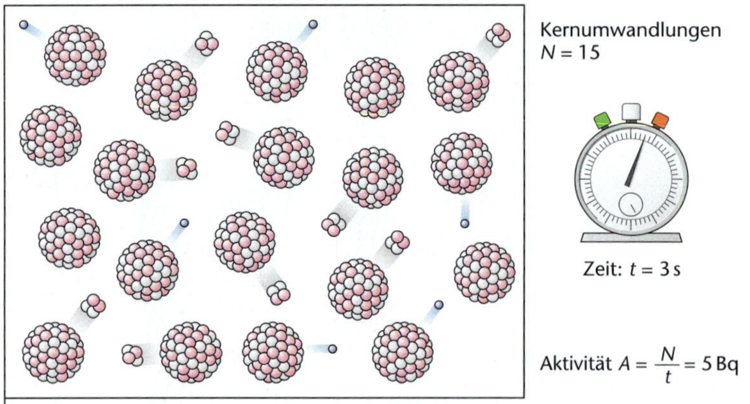

1 Die Aktivität gibt die Anzahl der Kernumwandlungen pro Zeiteinheit an.

Zerfallen in einer bestimmten Menge einer radioaktiven Substanz
15 Atomkerne in 3 Sekunden,
so beträgt die Aktivität:

$$\text{Aktivität } A = \frac{\text{Zahl der Kernumwandlungen}}{\text{Zeit}}$$

$$A = \frac{15}{3\,s}$$

$$A = 5\,Bq$$

Zerfallen in einer bestimmten Menge einer radioaktiven Substanz
80 Atomkerne in 40 Sekunden,
so beträgt die Aktivität:

$$\text{Aktivität } A = \frac{\text{Zahl der Kernumwandlungen}}{\text{Zeit}}$$

$$A = \frac{80}{40\,s}$$

$$A = 2\,Bq$$

3 Beispiel zur Aktivität

Aktivität

Verschiedene radioaktive Strahlungsquellen geben unterschiedlich viel Strahlung ab. Um festzustellen, wie stark eine radioaktive Substanz strahlt, hat man die Größe Aktivität festgelegt. Die Aktivität ist der Quotient aus der Anzahl der Kernumwandlungen und der gemessen Zeit. Zu Ehren des französischen Physikers Henri Becquerel (1852–1908) ist die Einheit der Aktivität das Becquerel (Bq).

$$\text{Aktivität} = \frac{\text{Kernumwandlungen}}{\text{Zeit}}$$

Das Formelzeichen für die Aktivität ist *A*.

Die Angabe der Aktivität eines Stoffes reicht für die Beurteilung der Schädlichkeit der Strahlung allerdings noch nicht aus.

Spezifische Aktivität

Bei der Angabe der Aktivität eines radioaktiv strahlenden Körpers bzw. Stoffes ist dessen Masse zu berücksichtigen. Es ist ein Unterschied, ob ein Tanklastwagen oder eine Tasse voll Milch eine Aktivität von 500 Bq aufweist (▷ B 2).
Wird die Aktivität auf die Masse bezogen, so wird dies als spezifische Aktivität bezeichnet.

$$\text{Spezifische Aktivität} = \frac{\text{Aktivität}}{\text{Masse}}$$

Die Einheit der spezifischen Aktivität ist Becquerel pro Kilogramm (Bq/kg), das zugehörige Formelzeichen *a*.
Bild 4 zeigt ein Beispiel für die Berechnung der spezifischen Aktivität.

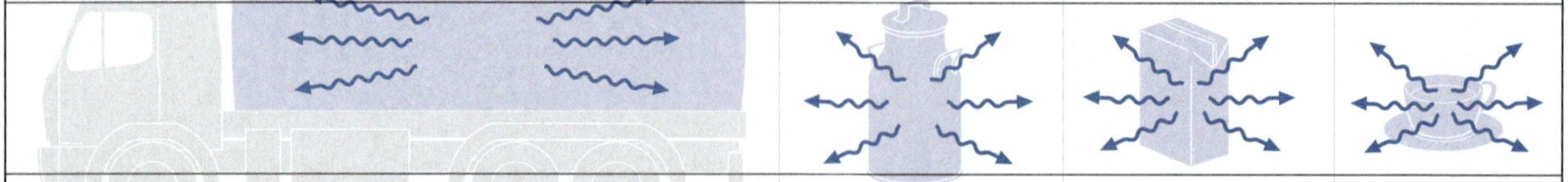

Masse	10 000 kg (Milch-Tankwagen)	**10 kg** (Milchkanne)	**1 kg** (Milchtüte)	**0,1 kg** (Tasse Milch)
Aktivität	$A = 500\,Bq$	$A = 500\,Bq$	$A = 500\,Bq$	$A = 500\,Bq$
Spezifische Aktivität: $a = \frac{\text{Aktivität } A \text{ in Bq}}{\text{Masse in kg}}$	$a = \frac{500\,Bq}{10\,000\,kg}$ $a = 0{,}05\,\frac{Bq}{kg}$	$a = \frac{500\,Bq}{10\,kg}$ $a = 50\,\frac{Bq}{kg}$	$a = \frac{500\,Bq}{1\,kg}$ $a = 500\,\frac{Bq}{kg}$	$a = \frac{500\,Bq}{0{,}1\,kg}$ $a = 5000\,\frac{Bq}{kg}$

2 Die spezifische Aktivität berücksichtigt die Masse der radioaktiven Substanz.

Ein Stoff mit der Masse m = 0,1 kg hat eine Aktivität A = 50 Bq.

Die spezifische Aktivität a beträgt:

$$\text{spezifische Aktivität } a = \frac{\text{Aktivität}}{\text{Masse}}$$

$$a = \frac{50\,\text{Bq}}{0{,}1\,\text{kg}}$$

$$a = 500\,\frac{\text{Bq}}{\text{kg}}$$

4 Spezifische Aktivität *a*

5 Reaktor in Tschernobyl

Geigerzähler beim Einkauf?

Seit dem Reaktorunfall 1986 in Tschernobyl (Ukraine) sind die Menschen verunsichert, was die radioaktive Belastung von Lebensmitteln betrifft. Immer wieder werden Lebensmittel auf Radioaktivität untersucht (▷ B 6). Eine aussagekräftige Angabe ist die Aktivität bezogen auf die Masse, also die spezifische Aktivität. Ferner muss das radioaktive Element, das für die Strahlung verantwortlich ist, genannt werden. Die Angabe: „Von der Milch sollten nicht mehr als 500 Becquerel ausgehen", ist daher nicht ausreichend.

Deutsches Mineralwasser kann eine spezifische Aktivität von bis zu 0,6 Becquerel pro Kilogramm aufweisen. Je nachdem, wie hoch der Urangehalt des Gesteins ist, kann das Mineralwasser über die Uranzerfallsreihe mit Ra-226 belastet sein. Pflanzliche und tierische Nahrungsmittel weisen ebenfalls eine gewisse Radioaktivität auf. Ursache ist die Aufnahme von belasteten Nährstoffen. Das durch den Reaktorunfall in Tschernobyl freigesetzte radioaktive

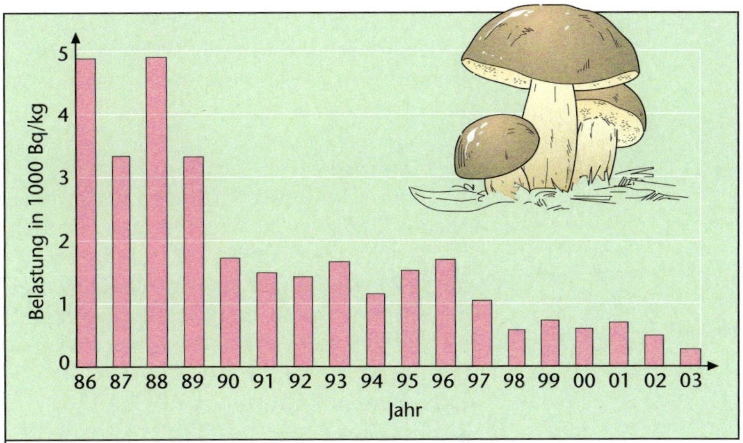

6 Cäsiumbelastung von Maronenröhrlingen (Umweltinstitut München e. V.)

Cäsium belastet auch weiterhin die oberen Bodenschichten. So können Pilze, Beeren und Wildfleisch in Teilen Mitteleuropas weiter erhöhte Strahlenwerte aufweisen.

▶ Über die Nahrungskette kommt es bei Tieren und Pflanzen zu einer Aufnahme radioaktiver Stoffe.

Aufgaben

1 Was wird durch die Anzahl der Kernumwandlungen pro Zeit angegeben?

2 Welche Einheit hat die Aktivität?

3 Ein radioaktiver Strahler hat eine Aktivität von 3000 Bq.
Wie viele Kernumwandlungen finden in 2 Minuten statt?

4 Ein Cäsium-137-Präparat hat eine Aktivität von 4 000 000 Bq. Welche spezifische Aktivität erhält man, wenn dieses Präparat in 1 Tonne Wasser gelöst wird?

5 „Im Wildfleisch wurden 2000 und mehr Becquerel nachgewiesen". Ist diese Angabe vollständig? Begründe deine Antwort.

6 Eine radioaktives Präparat hat eine spezifische Aktivität von 16 000 Bq/kg. 8 g dieses Präparates werden in 10 Liter (ca. 10 Kilogramm) Wasser gleichmäßig verteilt. Welche Aktivität hat das Wasser?

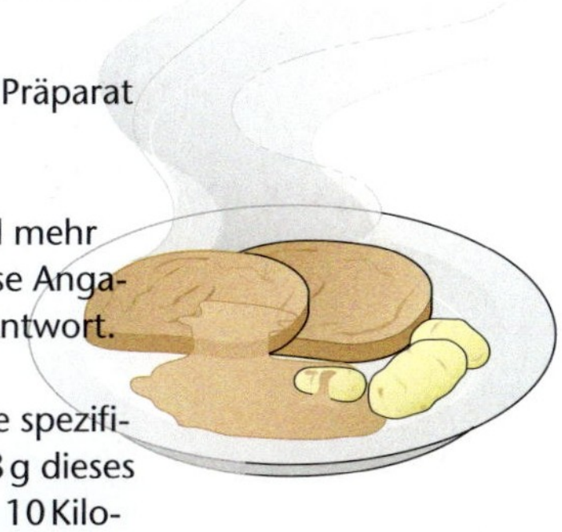

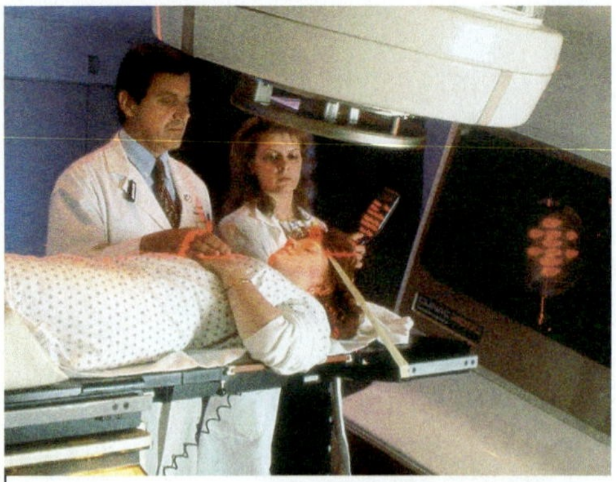

1 Vorbereitung einer Strahlentherapie

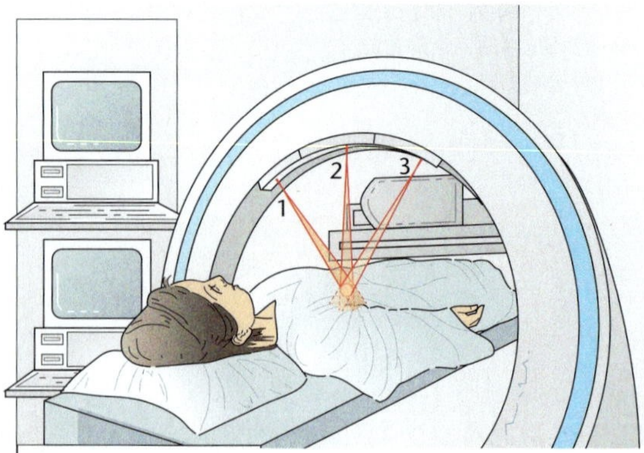

3 Bestrahlung eines Krebstumors

Kampf dem Krebs
Strahlung aus radioaktiven Quellen hat eine breite Anwendung in der Medizin (▷ B 1). Die drei Strahlungsarten werden in der Diagnostik und in der Therapie zahlreicher Krankheiten eingesetzt, besonders aber im Kampf gegen Krebs.

Die Diagnose
Ein weit verbreitetes Verfahren in der **Nuklearmedizin** ist die **Szintigrafie**. Hierbei wird ein schwach radioaktives Material mit möglichst kurzer Halbwertszeit in den Körper eingebracht. Man wählt Substanzen, die sich in bestimmten Organen ablagern. Die Aufzeichnung der vom Organ abgegebenen Strahlung ermöglicht die Aufzeichnung eines zweidimensionalen Bildes des Organs.

Bild 2 zeigt die Aufzeichnung einer Schilddrüsenszintigrafie. Hierbei werden z. B. die Radionuklide Iod-131 oder Iod-123 benutzt. Dem Patienten wird eine bestimmte Menge des radioaktiven Stoffes verabreicht. Innerhalb einiger Stunden wird es zum größten Teil durch die Schilddrüse aufgenommen.

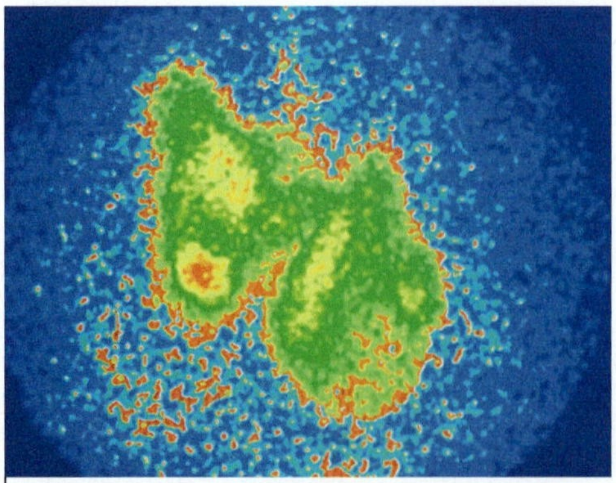

2 Szintigramm: Das Farbmuster hilft dem Arzt bei der Diagnose.

Das von der Schilddrüse aufgenomme radioaktive Iod sendet Strahlen aus. Diese werden mit einem Detektor aufgezeichnet. Das **Szintigramm** zeigt dem Arzt die Lage und die Größe der beiden Schilddrüsenlappen.
Bei Leberuntersuchungen wird Au-198 angewendet. Zur Untersuchung der Bauchspeicheldrüse eignet sich Se-75.

Strahlentherapie
Anhand der Szintigramme kann ein Arzt Rückschlüsse auf die Funktion eines Organs ziehen oder z. B. auch Tumore erkennen. Mit dem gleichen Verfahren wie bei der Szintigrafie kann z. B. auch ein Tumor der Schilddrüse therapiert werden. Radioaktives Jod wird fast ausschließlich in der Schilddrüse gespeichert. Die vom Jod ausgehende β-Strahlung hat im Körper nur eine geringe Reichweite und wirkt deshalb praktisch nur auf die Schilddrüse ein. Auf diese Weise kann ein Tumor lokal zerstört werden.
Auch die Bestrahlung von Krebstumoren von außen ist möglich. Bild 3 zeigt, wie krankes Gewebe im Körperinneren bestrahlt wird. Krebszellen sind empfindlicher gegen Strahlung als gesunde Zellen. Die gesunden Zellen sollen trotzdem möglichst wenig geschädigt werden. Deshalb bestrahlt man die Krebsgeschwulst aus unterschiedlichen Richtungen. Dabei dreht sich entweder der Strahler über dem Körper oder der Körper wird unter dem Strahler hinwegbewegt.

Entkeimung
Eine weitere Anwendung findet radioaktive Strahlung bei der Sterilisation (Entkeimung) medizinischer Instrumente oder Verbandsmaterialien. Durch eine hohe Strahlendosis werden Bakterien oder Viren abgetötet.

„Wir strahlen"
Der Mensch nimmt mit den Nahrungsmitteln, der Atemluft und dem Trinkwasser in geringen Mengen radioaktive Stoffe auf. Sie führen zur einer inneren Strahlenbelastung, auch **Eigenstrahlung** genannt.
Am Beispiel der α-Strahlung wird der Unterschied zwischen innerer und äußerer Strahlenbelastung deutlich. Trifft α-Strahlung von außen auf den Menschen, dringt sie nur in die oberen Hautschichten ein. In das Körperinnere dringt sie nicht vor. Eine Abschirmung mit Papier oder ein Abstand von ca. 10 cm zur Strahlungsquelle verhindert, dass die α-Strahlung die Haut trifft.
Wird der α-Strahler aber mit der Nahrung aufgenommen, fehlt die Abschirmung. Die Strahlung kann auf die inneren Organe einwirken. Aufgrund ihrer stark ionisierenden Wirkung kann α-Strahlung ernsthafte Krankheiten auslösen.

Nahrungskette – Belastungspfade
Pflanzen nehmen über die Blätter und den Boden Nährstoffe, Wasser und Luft auf. Damit können auch radioaktive Substanzen in die Pflanzen gelangen. Über die Nahrung werden diese Stoffe dem Menschen zugeführt (▷ B 1).
Von besondere Bedeutung ist der „Weide-Kuh-Milch-Pfad". Radioaktives Iod-131 gelangt über das Gras und die Kuh in die Milch. Da Kleinkinder relativ viel Milch trinken, erhalten sie einen besonders hohen Iod-131-Anteil. Iod lagert sich in der Schilddrüse ab. Eine mögliche Folge ist eine gestörte Hormonbildung.

Brennpunkt

Bestrahlung von Lebensmitteln

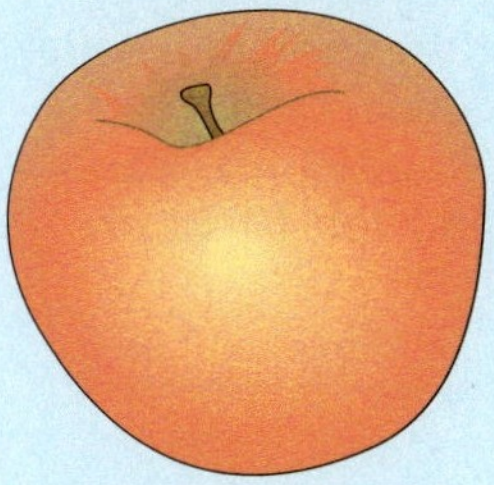

Übersetzungshilfe
Hast du schon einmal beim Einkaufen von Lebensmitteln auf die Zutaten und sonstigen Kennzeichnungen geachtet?
Wenn die Lebensmittel im Ausland gekauft worden sind, kann man die Angaben vielleicht nicht verstehen, weil man die Sprache nicht beherrscht.

Weißt du was damit gemeint ist, wenn auf einer spanischen Gemüseverpackung **„irradiado"** oder **„tratado con radiación ionizante"** steht? Auf einer französischen Geflügelpackung könnte vielleicht vermerkt sein **„traité par rayonnements"** oder **„traité par ionisation"**.
Auf einer deutschen Verpackung würde stehen **„bestrahlt"** oder **„mit ionisierenden Strahlen behandelt"**.

Die Bestrahlung von Lebensmitteln mit Strahlung aus radioaktiven Quellen ist gesetzlich geregelt. Nur getrocknete Gewürze dürfen in Deutschland bestrahlt werden. In ungefähr der Hälfte der EU-Mitgliedsstaaten ist es erlaubt, bestimmte Nahrungsmittel zu bestrahlen. Nach Deutschland dürfen auf diese Weise behandelte Waren nicht importiert werden.

Zum Einsatz kommen die Gammastrahler Cobalt-60 und Cäsium-137. Die bestrahlten Lebensmittel werden dabei selbst nicht radioaktiv.

Warum wird bestrahlt?
Bakterien, Schimmelpilze, Ungeziefer in Gewürzen oder Getreide, Salmonellen in Geflügel und Fisch werden mit der Bestrahlung abgetötet. Die Reifedauer von Obst und Gemüse wird hinausgezögert. Die Lagerzeiten können dadurch verlängert werden. Das kann allerdings zur Folge haben, dass die in den Produkten enthaltenen Vitamine zum Teil schon abgebaut sind, bevor sie beim Verbraucher zum Verzehr kommen.
Verkeimtes Flüssig-Ei kann nach einer Bestrahlung wieder in den Handel gebracht werden, weil Bakterien abgetötet wurden.

Schädlichkeit
Über die gesundheitsschädigenden Wirkungen bestrahlter Lebensmittel gehen die Meinungen auseinander. Langzeitwirkungen sind noch nicht ausgiebig erforscht worden.

Aufgabe

1 Recherchiere Argumente für und gegen die Bestrahlung von Lebensmitteln (nutze dazu z. B. das Internet etc.).

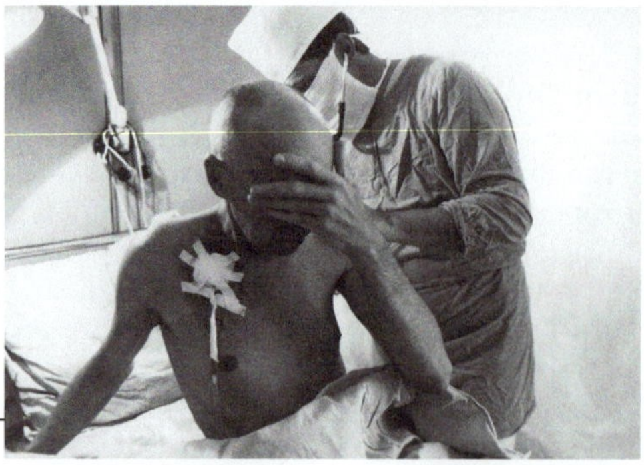

1 Strahlenopfer

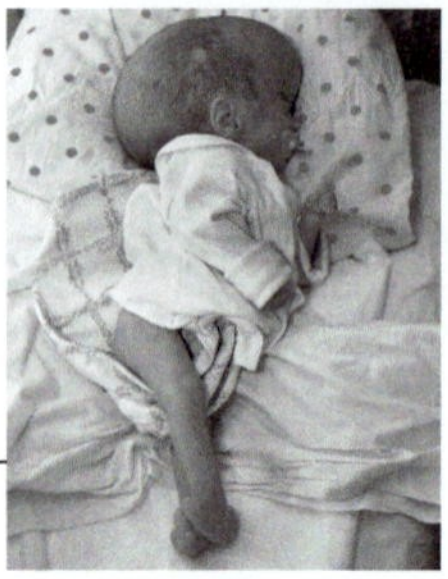

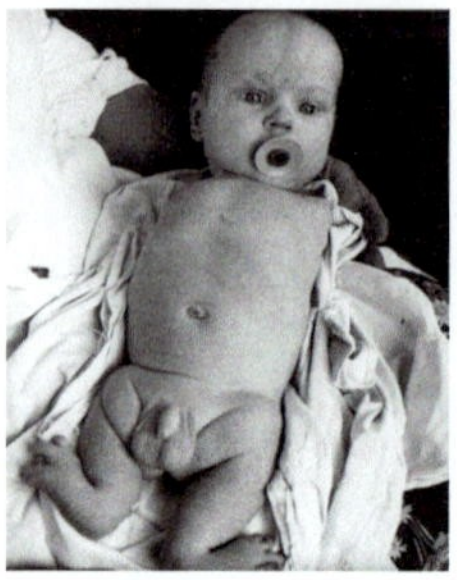

2 Strahlenopfer mit genetischen Schäden

Strahlenschäden
Beim Umgang mit radioaktiven Stoffen ist größte Sorgfalt angebracht, da sie eine schädigende Wirkung haben können. Trifft von diesen Stoffen ausgehende Strahlung auf lebende Zellen, so wird Energie auf die Moleküle der Zellen übertragen.

Da eine Zelle zum größten Teil aus Wasser besteht, werden sehr oft Wassermoleküle von der Strahlung getroffen. Dabei werden die Molekülstrukturen verändert. In der Folge sind Stoffwechselstörungen in der Zelle möglich.

Trifft Strahlung auf DNS-Moleküle, dann kann sich dies auf eine Körperzelle oder auf eine Keimzelle auswirken.
Bei Strahlenbelastung einer Körperzelle besteht die Gefahr, dass der Mechanismus zum Bau neuer Körperzellen gestört wird. Krankheiten können die Folge sein.

Früh- und Spätschäden durch Strahlung
Frühschäden bei einer Strahlenerkrankung können Übelkeit, Hautrötung, Erbrechen, Durchfall, Haarausfall und Geschwüre sein. Schwere Krankheiten wie Unfruchtbarkeit, Schädigung des Knochenmarks und Krebs sind ebenfalls mögliche Folgen. Da diese Krankheiten schon nach sehr kurzer Zeit, aber auch erst Jahre später auftreten können, ist eine Zuordnung zu einem bestimmten radioaktiven Bestrahlungsfall oft nicht mehr möglich.

Genetische Schäden
Die DNS ist der Träger der Erbinformationen. Wird die DNS durch die Einwirkung radioaktiver Strahlung geschädigt (▷ B 3), kann es zu Veränderung der Erbinformationen in den Chromosomen der Keimzelle kommen.
Solche Veränderungen der Erbinformationen werden in der Fachsprache der Biologen Mutation genannt. Diese genetischen Schäden werden vererbt und wirken sich deshalb bei nachfolgenden Generationen aus.

Strahlung aus radioaktiven Quellen kann lebende Zellen schädigen. Genetische Schädigungen werden an die nächsten Generationen weitergegeben.

Keine Abhärtung gegen Strahlung
Ob wir mit dem Handy telefonieren, Radio hören oder uns in der Sonne bräunen, immer sind wir von Strahlung umgeben. Dabei handelt es sich bei den genannten Beispielen um elektromagnetische Strahlung. Auch das sichtbare Licht, ultraviolette Strahlung und Infrarotstrahlung sind elektromagnetische Strahlung, ebenso die γ-Strahlung und die Röntgenstrahlung.

Gegen viele dieser Strahlungsarten musst du dich schützen. Gegen die ultraviolette Strahlung schützt du dich z. B. mit einer Sonnenbrille und Sonnencreme.
Auch gegen die Strahlung aus radioaktiven Quellen ist Schutz möglich. Gegen α-Strahlung helfen ein Mundschutz, Handschuhe oder ein Abstand von 10 cm zur Strahlungsquelle.

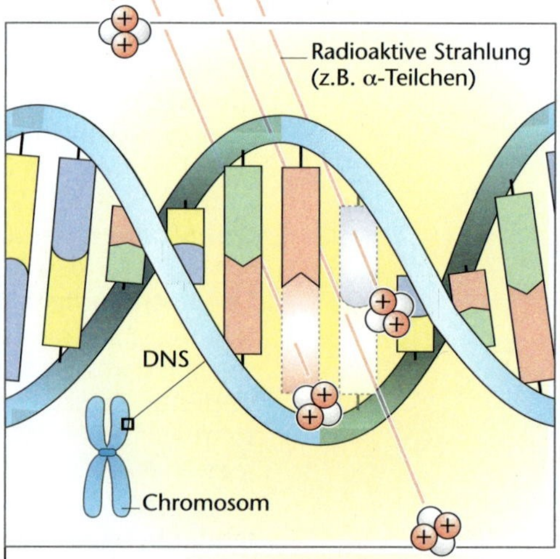

3 Besonders gefährdet – die Erbinformation der DNS

kurze Belastung (bez. auf jährl. Belastung)		Strahlenschäden
125- bis 250-fach		verändertes Blutbild, Schäden an Embryos
500-fach	Strahlenkrankheit	Übelkeit, Erbrechen, Haarausfall
1000-fach		Hautschäden
1500-fach		Blutungen, schwere Veränderungen im Blutbild
2000-fach		schwere Entzündungen, 50 % Todesfälle
ab 2500-fach		mehr als 90 % Todesfälle

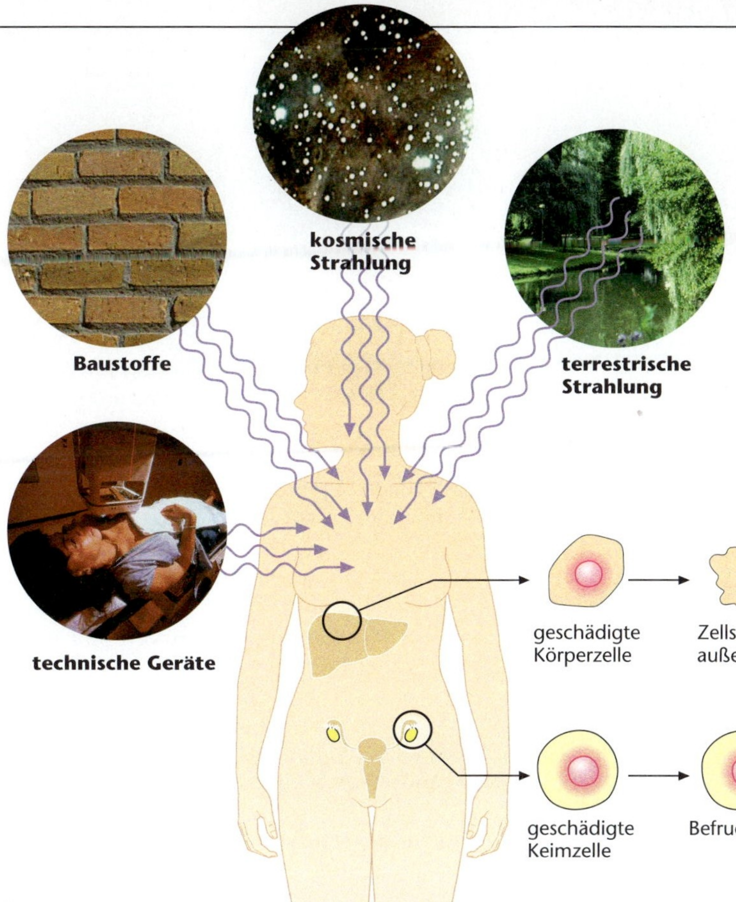

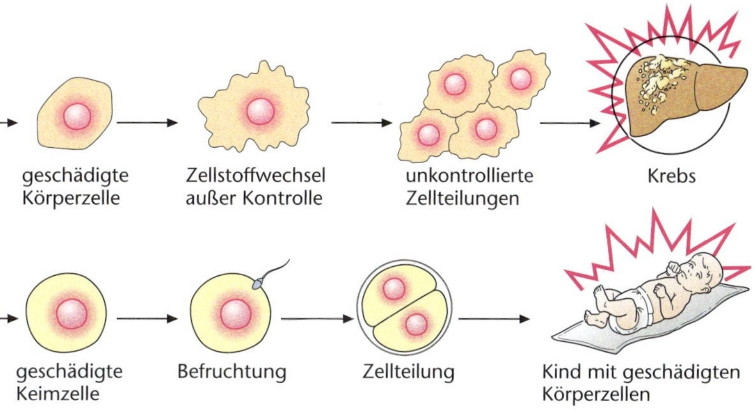

4 Alltägliche Strahlenbelastung

Um dich gegen die β-Strahlung wirkungsvoll zu schützen, benötigst du mindestens eine 4 mm dicke Aluminiumschicht oder einen Abstand von mindestens 10 Meter zur Strahlungsquelle.
Mit dicken Bleischichten kannst du dich gegen γ-Strahlung schützen.
Wenn es zu einer radioaktiven Bestrahlung kommt, dann sollte die Bestrahlungsdauer möglichst kurz sein.
Eine Abhärtung gegen α-, β- oder γ-Strahlung gibt es nicht. Man kann sich an diese Strahlungsarten auch nicht gewöhnen.

Strahlenbelastung – Strahlenschäden
Der Mensch ist ständig radioaktiver Strahlung ausgesetzt (▷ B 4). Diese Umgebungsstrahlung rührt von der Strahlung aus dem Weltall und der terrestrischen Strahlung her.
Die Strahlungsbelastung kann abhängig von den persönlichen Lebensgewohnheiten kleiner oder größer sein.

Nimmt man die natürliche durchschnittliche Strahlungsbelastung pro Jahr in der Bundesrepublik Deutschland als Bezugsgröße, so ergeben sich folgende Faktoren. Bei 30 Flugstunden in 10 km Höhe steigt die Strahlungsbelastung um den Faktor 1,04. Wohnt eine Person in Natursteinbauten, so kann sich die Strahlungsbelastung verdoppeln (Faktor 2).
Ist die Umgebungsstrahlung 80-mal größer als die natürliche durchschnittliche Strahlungsbelastung eines Bundesbürgers, dann gehen die Wissenschaftler heute davon aus, dass eine hohe Wahrscheinlichkeit besteht, an Krebs zu erkranken.
Ist eine Person in kurzer Zeit dem 400fachen der jährlichen natürlichen Strahlungsbelastung ausgesetzt, kommt es zu einer Strahlenkrankheit. Die Erkrankung beginnt mit Appetitlosigkeit, Kopfschmerzen, Übelkeit und Erbrechen. In den folgenden Tagen kann es zu inneren Blutungen, blutigen Durchfällen und Haarausfall kommen.

Aufgaben

1 Welche Wirkung kann radioaktive Bestrahlung auf Zellen haben?

2 Nenne Früh- und Spätschäden am menschlichen Körper aufgrund radioaktiver Bestrahlung.

3 Warum sind genetische Schäden besonders schwerwiegend?

Die Entdeckung der Radioaktivität

1 HENRI BECQUEREL

HENRI BECQUEREL

Die Eigenschaften von Atomen wurden überall auf der Welt von Wissenschaftlern genauer untersucht.
Allerdings sind die Atome so klein, dass man sie selbst unter den besten Mikroskopen nicht sichtbar machen konnte. Daher musste man sich damit begnügen, Stoffe zu untersuchen und daraus auf die Eigenschaften der Atome zu schließen.
Der französische Physiker ANTOINE HENRI BECQUEREL (1852–1908) untersuchte unter anderem Uransalze. Er legte ein Stück Uransalz auf eine unbelichtete Fotoplatte, die in schwarzes Papier eingewickelt war. Als BECQUEREL die Platte später entwickelte, zeigten sich die Umrisse des Uransalz-Brockens (▷B2). Die Platte war durch die Verpackung hindurch belichtet worden.

Radioaktive Strahlen

HENRI BECQUEREL hatte eine neue Art von Strahlung entdeckt. Sie wurde nicht durch technische Geräte erzeugt, sondern entstand im Uransalz. Diese Strahlung wurde später als radioaktive Strahlung bezeichnet.

2 Originalfotoplatte von BECQUEREL

MARIE und PIERRE CURIE

Die polnische Physikerin und Chemikerin MARIE SKLODOWSKA (1867–1934) war mit dem französischen Physiker PIERRE CURIE (1859–1906) verheiratet. Gemeinsam untersuchten sie die von BECQUEREL neu entdeckte radioaktive Strahlung.
MARIE CURIE vermutete, dass die Strahlen von den einzelnen Uran-Atomen ausgingen. Sie fand heraus, dass andere Elemente, die sie aus dem Uransalz abtrennen konnte, keine Strahlung aussandten.

3 Das Ehepaar PIERRE und MARIE CURIE

Für weitere Experimente beschaffte sich das Ehepaar CURIE große Mengen Pechblende, ein Uranerz. Auch bei diesem Stoff hatte man die neue Strahlung festgestellt. Bei ihren Versuchen machten das Ehepaar CURIE eine erstaunliche Entdeckung: Das reine Uran, das sie aus der Pechblende isoliert hatten, strahlte im Verhältnis weniger stark als der Rest des Erzes. Die Pechblende musste einen weiteren, stark strahlenden Bestandteil enthalten.

Die Entdeckung von Radium

PIERRE und MARIE CURIE arbeiteten mit den damals vorhandenen einfachen Mitteln, um diesen strahlenden Stoff aus der Pechblende zu isolieren. Erst nach Monaten gelang es ihnen, eine winzige Menge eines bis dahin unbekannten Stoffes aus der Pechblende abzutrennen.
Die Strahlung des geheimnisvollen Stoffes war so stark, dass im Dunkeln ein Leuchten sichtbar war (▷B5). Deshalb nannte MARIE CURIE den neu entdeckten Stoff Radium (lat. radium: das Strahlende).

Aufgaben

1 Erkundige dich, welche weiteren radioaktiven Stoffe PIERRE und MARIE CURIE entdeckt haben.

2 Fertige ein Referat über das Leben und die wissenschaftliche Arbeit von MARIE CURIE an.

4 Das Element Radium leuchtet.

Die Kernspaltung wird entdeckt

1 OTTO HAHN (Mitte) und FRITZ STRASSMANN (links)

Eine Entdeckung und ihre Folgen

Berlin 1938: Die beiden Chemiker OTTO HAHN (1879–1968) und FRITZ STRASSMANN (1902–1980) führten Versuche durch, in denen sie durch den Beschuss von Uranatomen mit Neutronen neue, massereichere Elemente erzeugen wollten.

Mit großem Erstaunen stellten sie bei ihren Experimenten fest, dass keine massereichen Atome entstanden. Stattdessen entstanden die Elemente Barium und Krypton mit kleineren Ordnungszahlen.

OTTO HAHN schickte die Ergebnisse an seine langjährige Kollegin, die Physikerin LISE MEITNER (1878–1968). Diese hatte als Jüdin kurz zuvor Deutschland verlassen und arbeitete nun in Schweden. Als sie die Ergebnisse erhielt, folgerte sie, dass es sich um eine Kernspaltung handeln musste. Die beschossenen Urankerne mussten in zwei Teile zerbrochen sein.
Sie berechnete auch die in diesem Prozess freigesetzte Energie.

Eine neue Energiequelle

Schnell erkannte man, dass man mit der Kernspaltung eine neue, große Energiequelle schaffen konnte. Jeder gespaltene Urankern liefert zwei bis drei neue Neutronen (▷B2), die wiederum zwei bis drei Urankerne spalten können. Es entstehen vier bis neun Neutronen, die wiederum Urankerne spalten können usw.
Diese Kettenreaktion zwischen den Urankernen läuft so schnell ab, dass in Sekundenbruchteilen ungeheure Energiemengen frei werden.

Die politischen Folgen

Die damaligen Kriegsgegner Deutschlands, vor allem Briten und Amerikaner, befürchteten, dass deutsche Wissenschaftler eine neue Waffe bauen könnten.
Daher begannen die USA, eine Atombombe zu entwickeln.
Der dänische Physiker NIELS BOHR, der Italiener ENRICO FERMI und der gebürtige Deutsche ROBERT OPPENHEIMER gehörten zu den führenden Wissenschaftlern in den USA. Gemeinsam mit anderen aus Europa geflohenen Wissenschaftlern gelang ihnen in einer einsamen Berglandschaft im US-Staat New Mexiko der Bau einer Test-Atombombe. Sie wurde am 16. Juli 1945 zur Explosion gebracht. Die Sprengkraft und die Hitze, die sie entwickelte, waren so gewaltig, dass Steine schmolzen und Beobachter noch in einer Entfernung von 20 km umgerissen wurden.
Die Amerikaner besaßen nun die mächtigste Waffe, die bis dahin erbaut worden war.

Am 6. August 1945 vernichtete die erste Atombombe die japanische Stadt Hiroshima. Die zweite Atombombe zerstörte drei Tage später den größten Teil der japanischen Stadt Nagasaki.
Mehrere hunderttausend Menschen kamen bei den Explosionen ums Leben. Noch mehr Menschen starben oder erkrankten an den Folgen der radioaktiven Strahlung. Schädigungen des Erbgutes führten in der Nachkommenschaft der Überlebenden zu erheblichen gesundheitlichen Schäden. Noch heute sterben Menschen an den Spätfolgen der beiden ersten Atombomben.

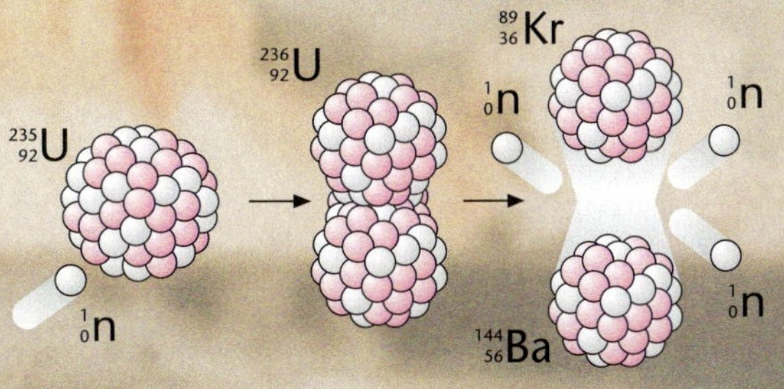

$$^{235}_{92}U + ^{1}_{0}n \rightarrow ^{236}_{92}U \rightarrow ^{89}_{36}Kr + ^{144}_{56}Ba + 3 \cdot ^{1}_{0}n + \text{Energie}$$

2 Kernspaltung von Uran-235

1 Labor einer Forschungseinrichtung mit einer Neutronenquelle

Neue Elemente

Nachdem 1932 der Engländer JAMES CHADWICK (1891–1974) das Neutron entdeckt hatte, erkannte der italienische Physiker ENRICO FERMI (1901–1954) schnell den Nutzen der Neutronen für den Beschuss von Atomkernen. Da Neutronen elektrisch neutral sind, dringen sie leicht in den Atomkern ein. α-Teilchen dagegen werden wegen ihrer zweifach positiven Ladung vom Kern abgestoßen. Sie sind daher als Beschussmaterial weniger geeignet. Wissenschaftler begannen Elemente (z. B. Uran) mit Neutronen zu beschießen. Bei einem solchen Beschuss kommt es zu Kernumwandlungen. Ein vom Urankern eingefangenes Neutron kann sich im Kern z. B. in ein Proton und ein Elektron umwandeln. Das Elektron verlässt den Kern. Es entsteht ein neues Element mit 93 Protonen, das schwerer ist als Uran. Es hat den Namen Neptunium.
Alle Elemente mit einer Protonenzahl die größer als 92 ist, werden Transurane genannt (▷B 2).

Uran	U	92
Neptunium	Np	93*
Plutonium	Pu	94
Americium	Am	95*
Curium	Cm	96*
Berkelium	Bk	97*
Californium	Cf	98*
Einsteinium	Es	99*
Fermium	Fm	100*
Mendelevium	Md	101*
Nobelium	No	102*
Lawrencium	Lw	103*
Kurtschatowium (Rutherfordium)	Ku (Rf)	104*
Hahnium (Dubnium, Nielsbohrium)	Ha (Db, Nb)	105*
Seaborgium	Sg	106*
Bohrium	Bh	107*
Hassium	Hs	108*
Meitnerium	Mt	109*

* Elemente, die ausschließlich künstlich erzeugt worden sind

2 Transurane

Kernspaltung

Auch OTTO HAHN, LISE MEITNER und FRITZ STRASSMANN versuchten neue Elemente zu erzeugen, deren Kerne schwerer als Urankerne sind.
Durch den Neutronenbeschuss von Uran erhielten die Wissenschaftler zu ihrem großen Erstaunen allerdings keine schwereren Elemente. Stattdessen fanden sie Elemente, die leichter waren. So konnten sie kleine Mengen Barium nachweisen. Barium hat nur 56 Protonen, ist also wesentlich leichter als Uran.
Sie vermuteten, dass der Urankern durch den Beschuss mit Neutronen zerplatzt war. Tatsächlich konnten sie kurze Zeit später das zweite Bruchstück nachweisen: Der Urankern (92 Protonen) war in Barium (56 Protonen) und Krypton (36 Protonen) gespalten worden.
Durch genauere Untersuchungen und Berechnungen fanden die Wissenschaftler heraus, dass lediglich das Uranisotop U-235 gespalten worden war, das nur zu einem sehr kleinen Prozentsatz im Natururan vorkommt.

Uran kommt in der Natur immer als Isotopengemisch vor: Uran-238 zu 99,275 %, Uran-235 zu 0,72 % und Uran-234 zu 0,005 %.

Spaltprodukte

Bei der Spaltung von Uran-235 entstehen verschiedene Spaltprodukte. Zusätzlich werden zwei oder drei Neutronen erzeugt (▷B 4). In Bild 5 siehst du weitere Spaltmöglichkeiten. Gleichzeitig wird eine große Menge an Energie frei, und zwar in Form von Bewegungsenergie der Spaltprodukte und der Neutronen sowie in Form von γ-Strahlung.

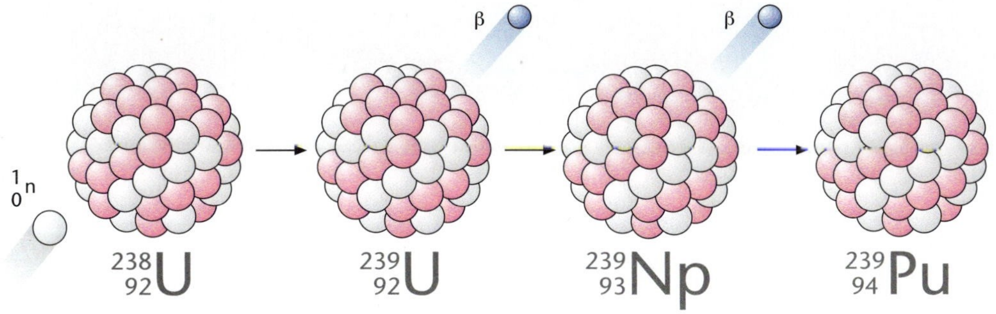

3 Kernumwandlung

Auf die Geschwindigkeit kommt es an

Uranisotope lassen sich mit Neutronen besonders leicht spalten. Allerdings eignen sich nicht alle Neutronen gleich gut als Spaltmaterial. Es kommt auf ihre die Geschwindigkeit an. Langsame Neutronen – mit einer Geschwindigkeit von etwa 2 km/s – eignen sich besonders gut zur Spaltung von Uranisotopen mit der Nukleonenzahl 235.
Uran-238 lässt sich nur mit sehr schnellen Neutronen (mindestens 20 000 km/s) spalten.

Mehr Energie und mehr Neutronen

Bei der Spaltung von Urankernen werden folgende Beobachtungen gemacht:
1. Uran-235 kann durch langsame Neutronen besonders gut gespalten werden.
2. Bei der Spaltung von Uran wird mehr Energie frei, als zum Beschuss mit Neutronen aufgewendet werden muss.
3. Für jede einzelne Uranspaltung wird nur ein Neutron gebraucht. Es werden aber zwei bis drei Neutronen frei. Diese Neutronen können weitere Spaltungen auslösen.

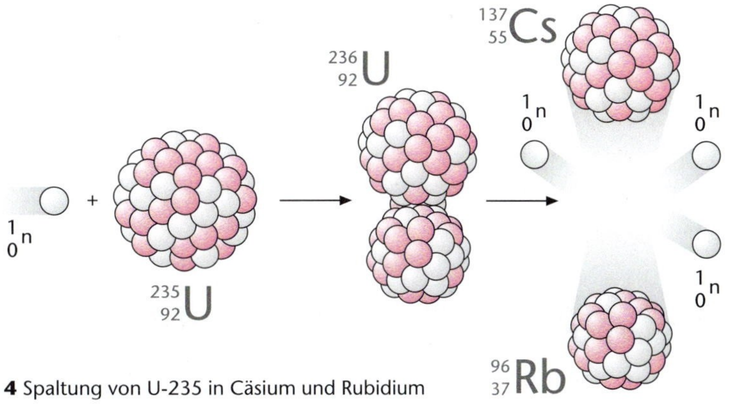

4 Spaltung von U-235 in Cäsium und Rubidium

$^{235}_{92}U + ^{1}_{0}n$	⟶	$^{147}_{60}Nd + ^{86}_{32}Ge + 3\,^{1}_{0}n$
$^{235}_{92}U + ^{1}_{0}n$	⟶	$^{89}_{36}Kr + ^{144}_{56}Ba + 3\,^{1}_{0}n$
$^{235}_{92}U + ^{1}_{0}n$	⟶	$^{85}_{34}Se + ^{148}_{58}Ce + 3\,^{1}_{0}n$
$^{235}_{92}U + ^{1}_{0}n$	⟶	$^{103}_{42}Mo + ^{131}_{50}Sn + 2\,^{1}_{0}n$
$^{235}_{92}U + ^{1}_{0}n$	⟶	$^{137}_{53}I + ^{96}_{39}Y + 3\,^{1}_{0}n$
$^{235}_{92}U + ^{1}_{0}n$	⟶	$^{137}_{55}Cs + ^{96}_{37}Rb + 3\,^{1}_{0}n$
$^{235}_{92}U + ^{1}_{0}n$	⟶	$^{90}_{36}Kr + ^{144}_{56}Ba + 2\,^{1}_{0}n$
$^{235}_{92}U + ^{1}_{0}n$	⟶	$^{135}_{52}Te + ^{98}_{40}Zr + 3\,^{1}_{0}n$
$^{235}_{92}U + ^{1}_{0}n$	⟶	$^{133}_{51}Sb + ^{101}_{41}Nb + 2\,^{1}_{0}n$
$^{235}_{92}U + ^{1}_{0}n$	⟶	$^{129}_{51}Sb + ^{104}_{41}Nb + 3\,^{1}_{0}n$

5 Spaltmöglichkeiten von U-235

Aufgaben

1 Rhodium kann sich durch Neutronenbeschuss in Palladium umwandeln. Vervollständige die Reaktionsgleichung. Verwende dabei das Periodensystem.

$$^{103}_{45}Rh + ^{1}_{0}n \longrightarrow ^{104}_{?}Pd + e^{-}$$

2 Uran-235 kann durch Neutronenbeschuss gespalten werden. Vervollständige die Reaktionsgleichungen. Verwende dabei das Periodensystem.

$$^{235}_{92}U + ^{1}_{0}n \longrightarrow ^{143}_{54}Xe + ^{90}_{?}\_\_ + 3 \cdot ^{1}_{0}n$$

$$^{235}_{92}U + ^{1}_{0}n \longrightarrow ^{147}_{57}La + ^{87}_{?}\_\_ + \_\_$$

6 Nur nicht zu schnell, sonst klappt die Spaltung nicht.

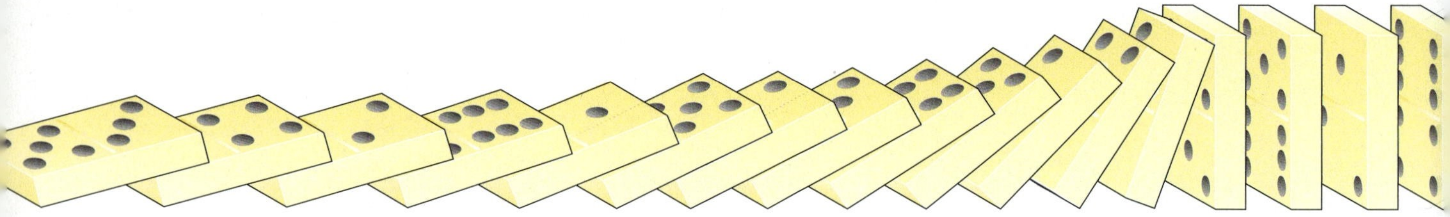

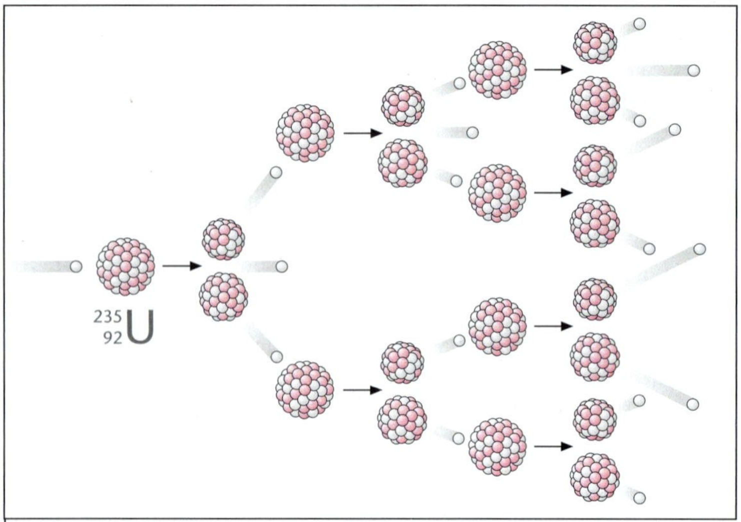

1 Unkontrollierte Kettenreaktion

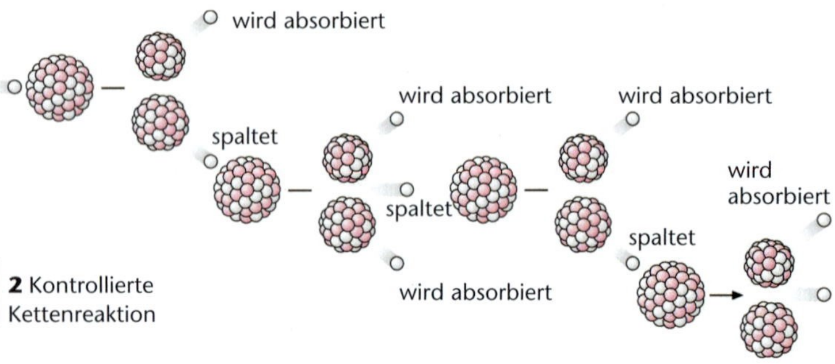

2 Kontrollierte Kettenreaktion

Kettenreaktion
Stelle dir eine Reihe von hintereinander aufgestellten Dominosteinen vor.

Wird der erste Stein in Richtung des nächsten Steines gekippt, fällt ein Stein nach dem anderen um. Eine Kettenreaktion ist in Gang gekommen.
Übertragen wir dieses Modell auf unsere Neutronen bei der Kernspaltung.

Kontrollierte Kettenreaktion
Für die kontrollierte Kettenreaktion kann das Domino-Modell als Anschauung dienen. Jedes Steinchen wirft immer nur ein anderes um. Man könnte sagen, das Umkippen der Steine geht ganz gleichmäßig und geregelt vor sich. Bei der kontrollierten Kettenreaktion funktioniert es ähnlich.
Bei jeder Uranspaltung werden im Durchschnitt zwei bis drei Neutronen frei. Für eine Spaltung wird aber nur ein Neutron benötigt. Die übrigen Neutronen muss man einfangen, damit es zu einer kontrollierten Kettenreaktion kommt (▷ B 2).

Unkontrollierte Kettenreaktion
Spaltet jedes der zwei bis drei Neutronen wieder einen Urankern, dann wächst die Zahl der Spaltungen schnell an (▷ B 1). In Bruchteilen von Sekunden wird so eine riesige Energiemenge freigesetzt. Das geschieht z. B. bei einer Atombombe.

Kritische Masse
Neutronen, die bei einer Uranspaltung freigesetzt werden, können einen Uranblock durch dessen Oberfläche verlassen (▷ B 3), bevor sie eine Spaltung verursachen. Verlassen mehr Neutronen das Uran als neue durch Spaltung hinzukommen, kommt keine Kettenreaktion zustande.

Ob eine Kettenreaktion möglich ist, hängt von der Form und der Masse des Uranblocks ab. Die Mindestmasse, ab der eine Kettenreaktion möglich ist, nennt man kritische Masse. Sie beträgt für reines Uran-235 in Kugelform ca. 50 kg. Eine Kugel mit dieser Masse hat einen Durchmesser von etwa 17 cm.

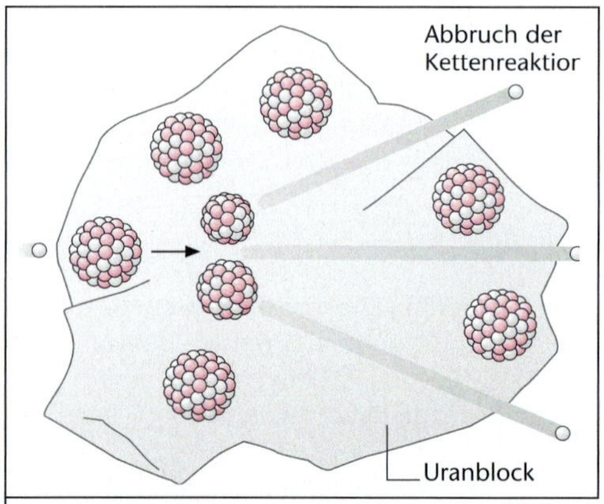

3 Hat der Uranblock die kritische Masse nicht erreicht, dann bricht die Kettenreaktion ab.

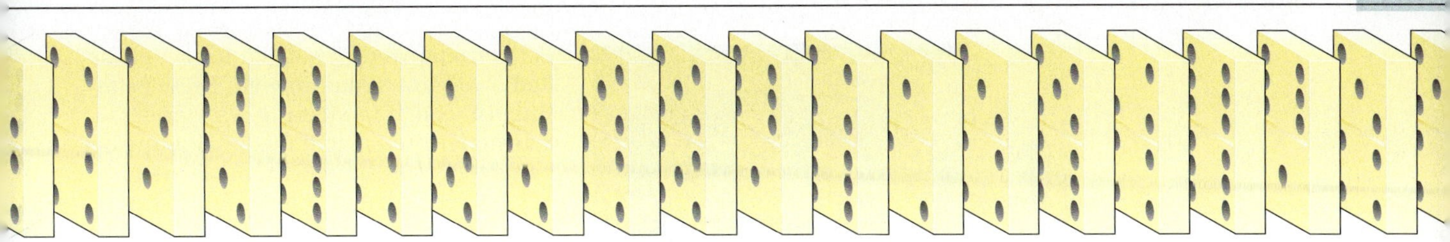

Keine Kettenreaktion im Natururan

Im Natururan kann es aus zwei Gründen zu keiner Kettenreaktion kommen. Zunächst muss ein Anfangsneutron für die erste Spaltung vorhanden sein. Dieses Neutron kann der Höhenstrahlung oder einem Spontanzerfall eines Urankerns, der sehr selten ist, entstammen.
Dieses Anfangsneutron muss jedoch die richtige Geschwindigkeit besitzen, um Uran-235 spalten zu können. Normalerweise ist die Geschwindigkeit aber zu groß.
Ein weiteres Problem sind die Uran-238-Kerne. Sie absorbieren freie Neutronen, bevor diese einen Uran-235-Kern spalten können (▷ B 5). Aufgrund der großen Zahl von Uran-238-Kernen ist die Wahrscheinlichkeit nämlich sehr gering, dass ein Neutron auf einen Uran-235-Kern trifft. So kommen auf einen U-235-Kern ca. 142 U-238-Kerne.

Freigesetzte Energie

Bei der Spaltung von 1 kg Uran-235 wird eine Energie von etwa 23 000 000 kWh freigesetzt. Das entspricht in etwa der Energie, die bei der Verbrennung von 2 600 t Steinkohle, 6 400 t Holz oder 2 200 000 l Heizöl frei wird.
Mit dieser Energiemenge könnte man 1 000 Einfamilienhäuser ein Jahr lang beheizen.

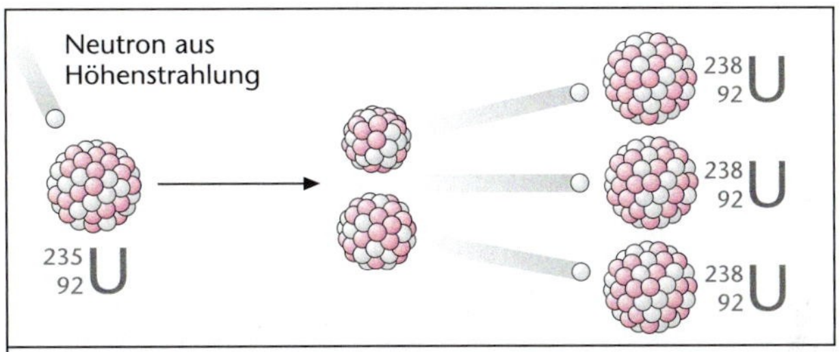

5 Kernspaltung mithilfe der Höhenstrahlung

Aufgaben

1 Mit welchen Neutronen lässt sich Uran-235 besonders gut spalten?

2 Warum kann im Natururan keine Kettenreaktion von selbst ablaufen?

3 Was versteht man unter der kritischen Masse?

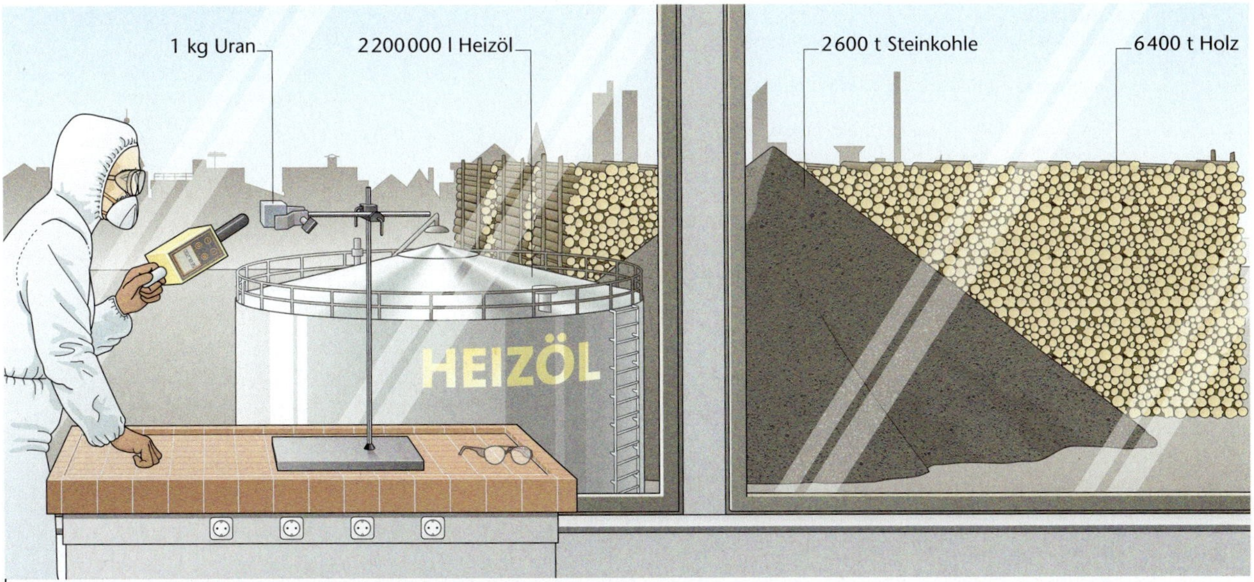

4 Um auf die Energie zu kommen, die bei der Spaltung von 1 kg U-235 frei wird, benötigt man große Mengen konventioneller Brennstoffe.

1 Kernkraftwerk

Vergleich von Wärmekraftwerken

In konventionellen Kraftwerken wird Wasser durch Verbrennen von Kohle, Öl oder Gas verdampft. In Kernkraftwerken erfolgt dies mithilfe der Kernspaltung. Die Herstellung des Wasserdampfs geschieht im Reaktorgebäude (▷ B 2).

Ein weiterer Unterschied zwischen einem Kernkraftwerk und einem konventionellen Kraftwerk ist die Art der Umweltbelastung.

Bei der Verbrennung fossiler Brennstoffe entstehen große Mengen Kohlenstoffdioxid. Dieses Gas wird von Wissenschaftlern für den Treibhauseffekt und somit für die Veränderung des Weltklimas verantwortlich gemacht. Zudem können bei der Verbrennung Schwefel- und Stickstoffverbindungen in die Luft entweichen. Diese Verbindungen tragen zur Entstehung von saurem Regen bei.

Bei Kernkraftwerken gelangt immer etwas Radioaktivität in die Umwelt. Diese Belastung ist jedoch sehr gering. Viel größere Schwierigkeiten macht die Beseitigung der benutzten radioaktiven Stoffe. Diese bleiben für sehr lange Zeit hoch radioaktiv.

Aufbau von Kernkraftwerken

Im Reaktorgebäude befindet sich das Reaktordruckgefäß. Es enthält die Brennelemente mit dem Kernbrennstoff, die in Wasser eintauchen. Im Druckbehälter wird durch Kernspaltungen Energie freigesetzt. Dadurch erhitzt sich das Wasser auf Temperaturen von über 300 °C. Der hohe Druck im Druckbehälter verhindert das Sieden des Wassers. Das heiße Wasser wird durch den Wärmetauscher geleitet und fließt von dort aus zurück in den Druckbehälter (Primärkreislauf).

Im Wärmetauscher überträgt das heiße Wasser einen Teil seiner Energie auf das Wasser in einem zweiten, unabhängigen Kreislauf (Sekundärkreislauf). Das Wasser im Wärmetauscher verdampft und treibt so eine Turbine an, die mit einem Generator gekoppelt ist. Dieser wandelt die mechanische Energie der Turbine in elektrische Energie um. Nachdem der Dampf Energie abgegeben hat, wird er an wassergekühlten Rohren vorbeigeleitet, kondensiert dort und gelangt zurück in den Wärmetauscher. Das dabei in den Rohren erwärmte Wasser wird in Kühltürmen wieder abgekühlt.

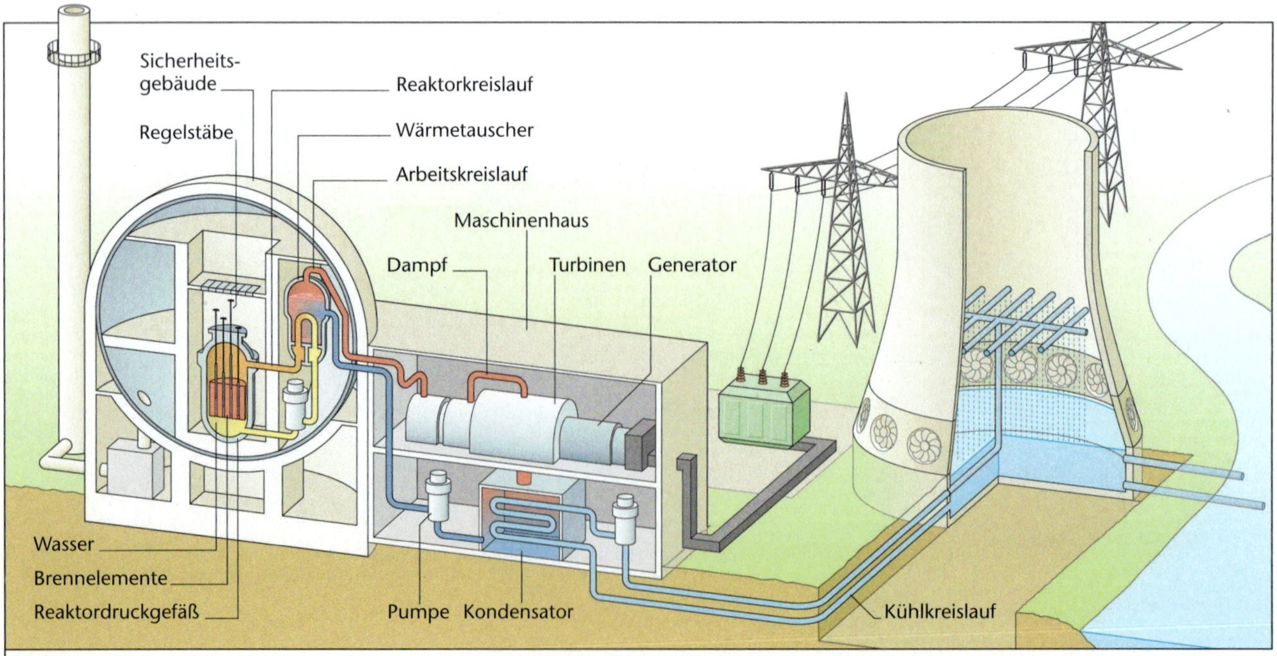

2 Aufbau eines Kernkraftwerks

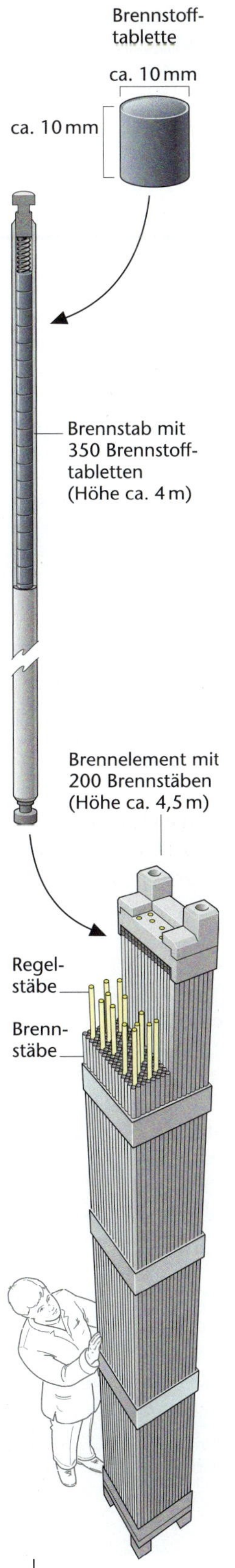

3 Aufbau eines Brennelements

4 Geöffneter Reaktorkern

Tabletten im Reaktordruckbehälter

Das Uran wird in Tablettenform gepresst. Diese Brennstofftabletten befinden sich in den **Brennstäben**. Ungefähr 200 Brennstäbe werden zu einem **Brennelement** zusammengefasst (▷B 3). Hunderte von Brennelementen bilden den Reaktorkern, der vom Reaktordruckgefäß umgeben ist.

Spaltvorgänge

Bei der Spaltung eines Uran-235-Kerns werden zwei bis drei Neutronen frei.
Weil U-238 Neutronen einfängt, muss die Trefferwahrscheinlichkeit zwischen einem Neutron und U-235 erhöht werden. Dies geschieht dadurch, dass der Anteil von U-235 von 0,7 % auf 2 bis 4 % erhöht wird. Man sagt, das Uran wird angereichert.

Gut moderiert

Da Uran-235 besonders gut von langsamen Neutronen gespalten wird, müssen die Neutronen abgebremst werden. Dies geschieht mit einer Bremssubstanz, dem so genannten **Moderator**. In vielen Reaktortypen handelt es sich um normales Wasser, das die Brennstäbe umgibt (▷B 5). Eine andere Möglichkeit ist Graphit. Die Brennstäbe müssen einen kleinen Durchmesser haben, damit die Neutronen den Brennstab verlassen können, bevor sie von Uran-238 absorbiert werden. Dann müssen sie im Wasser abgebremst werden, um schließlich wieder in einen Brennstab zu gelangen und weitere Spaltungen vorzunehmen.
Fehlt der Moderator, werden weniger Kernspaltungen ausgelöst. Der Reaktor setzt immer weniger Energie frei. Er „schaltet“ sich von selbst ab.

Regelstäbe

Damit die kontrollierte Kettenreaktion gesteuert werden kann, befinden sich zwischen den Brennstäben die Regelstäbe. Diese bestehen aus Bor oder Cadmium. Beide Stoffe haben die Eigenschaft, Neutronen einzufangen. Befinden sich die Regelstäbe zwischen den Brennstäben, kommt die Kettenreaktion zum Erliegen.

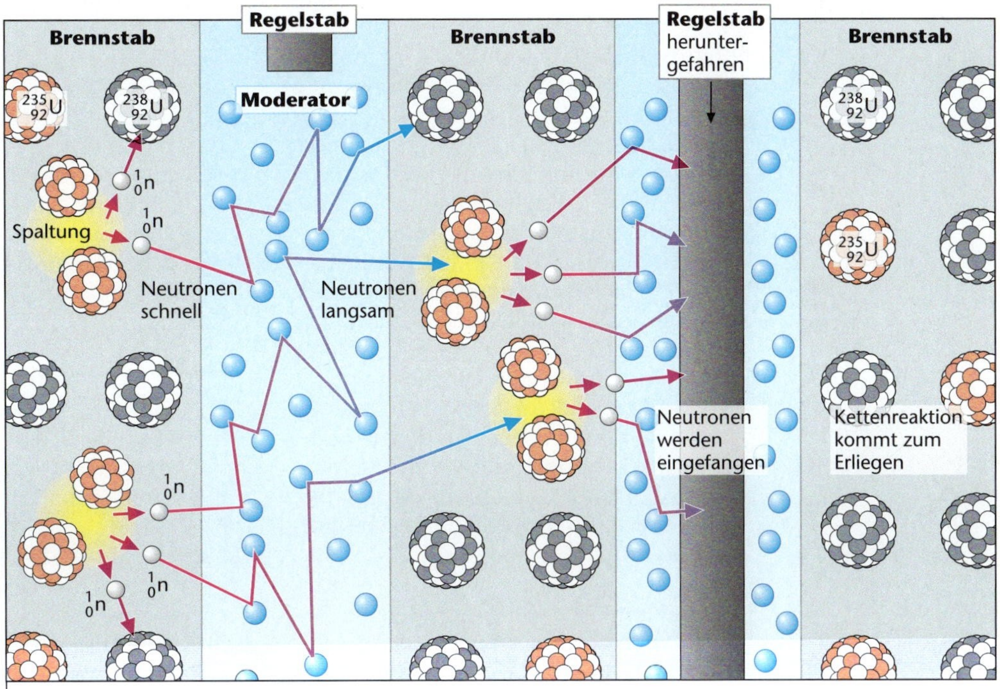

5 Der Moderator bremst die Neutronen ab, Regelstäbe steuern die Anzahl der Kernspaltungen.

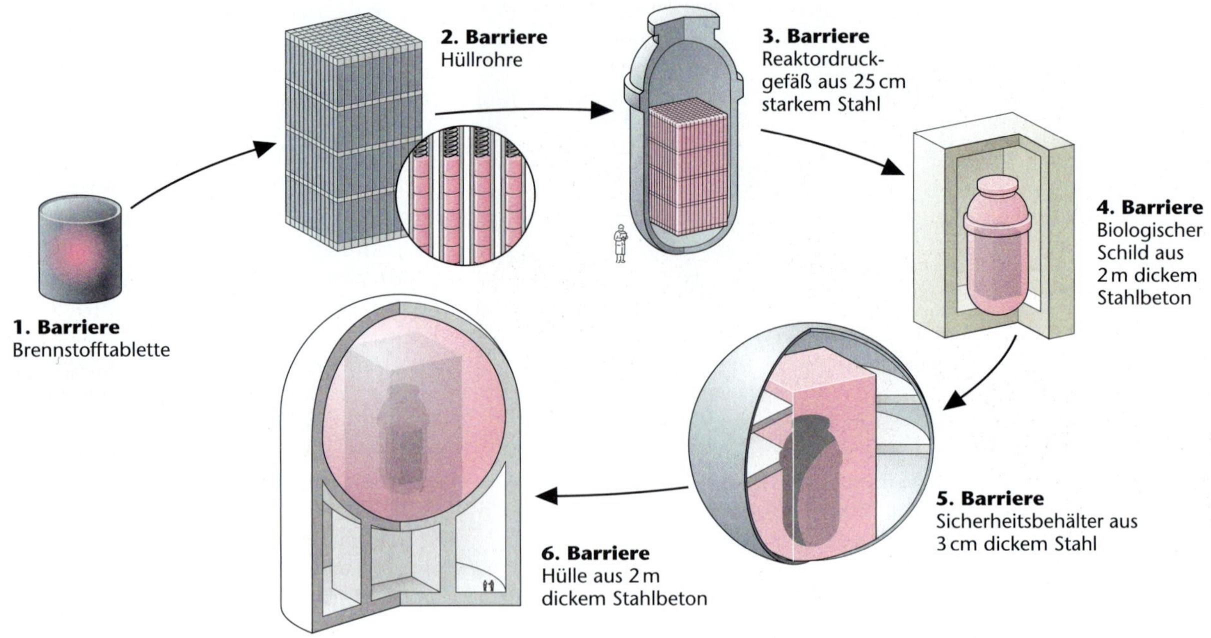

1 Sicherheitsbarrieren eines Kernkraftwerks

Sicherheitsbarrieren

Ein Kernkraftwerk muss so gesichert sein, dass im Normalbetrieb weder Strahlung noch radioaktive Stoffe in die Umwelt gelangen. Gleiches muss auch für den Fall eines Reaktorunfalls, eines technischen Defekts oder eines Bedienungsfehlers durch das Kraftwerkspersonal gelten. Sogar die Möglichkeit terroristischer bzw. kriegerischer Angriffe ist zu berücksichtigen.

Im Kernkraftwerk gibt es mehrere Sicherheitsbarrieren (▷ B 1). Die erste ist die Brennstofftablette selbst. Das Uranoxid als Kernbrennstoff ist so in Tablettenform gepresst, dass die Spaltprodukte eingeschlossen bleiben. Als zweite Barriere dient der Brennstab. In ihm sind die Brennstofftabletten gasdicht eingeschlossen. Spätestens das die Brennstäbe umspülende Wasser schirmt die α- und die β-Strahlung ab. Als dritte Sicherung dient das Reaktordruckgefäß. Es besteht aus bis zu 25 cm starkem Stahl und lässt nur sehr wenig γ-Strahlung hindurch. Umgeben werden das Reaktordruckgefäß und der Dampferzeuger von einer bis zu 2 m dicken Stahlbetonabschirmung (vierte Sicherheitsbarriere). Damit werden fast die gesamte Gammastrahlung sowie die frei werdenden Neutronen abgeschirmt.

Der gesamte kerntechnische Teil des Kraftwerks wird von einer Kugel aus 3 cm dickem Stahl umgeben. Diese fünfte Sicherheitsbarriere ist so dimensioniert, dass bei einem Störfall das verdampfende Kühlmittel aufgenommen werden kann.
Auch dieser Sicherheitsbehälter ist von einer 2 m dicken Stahlbetonhülle umgeben. Sie soll den Reaktor gegen Einwirkungen von außen sichern.

Die Freisetzung radioaktiver Stoffe und deren Strahlung wird durch eine mehrstufige Sicherheitsbarriere verhindert.

Doppelt hält besser

Alle wichtigen Systeme sind in einem Kernkraftwerk mehrfach vorhanden und arbeiten unabhängig voneinander.
Ein beträchtlicher Schaden entstünde durch den Bruch einer Hauptkühlleitung. Selbst im Fall der sofortigen Notabschaltung des Reaktors würde in den Brennstäben eine große Wärmemenge entstehen. Aus diesem Grund gibt es mehrere Notkühlsysteme mit ausreichenden Wasservorräten.

Aufgaben

1 Beschreibe die verschiedenen Sicherheitsbarrieren, die das Austreten radioaktiver Stoffe verhindern sollen.

2 Warum sind in einem Kernkraftwerk sicherheitstechnische Systeme mehrfach vorhanden?

3 Warum gibt es in einem Kernkraftwerk ein Notkühlsystem?

1 Zerstörtes Reaktorgebäude

2 Aufräumungsarbeiten

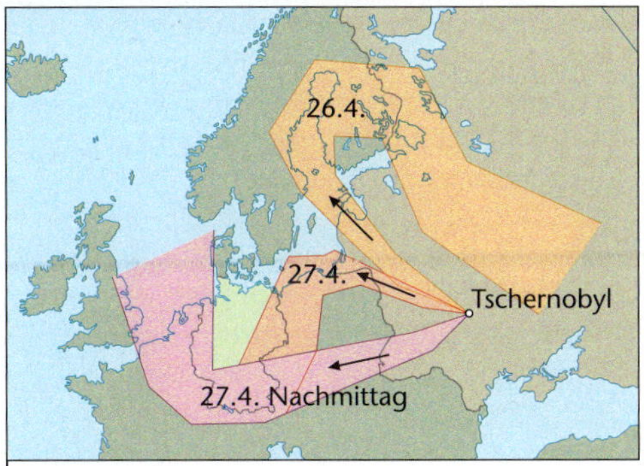

3 Verbreitung der Radioaktivität durch Luftströmungen

„Schickt alle Feuerwehren"

„Hallo Iwankowo, wir brauchen eure Hilfe in Pripjat (einem Vorort der ukrainischen Hauptstadt Kiew)! Hallo?"
„Ja, wir hören euch."
„Wir brauchen euch am Atomkraftwerk. Das Dach von Block 3 und 4 brennt."
„Okay. Wir sind schon unterwegs."
„Schickt alle Feuerwehren."

Das Unvorstellbare geschieht!

Am 26. April 1986 passiert in Tschernobyl der bislang schwerste Atomunfall im Bereich der zivilen Nutzung der Kernenergie. Der Reaktorkern des Blocks 4 heizt sich so stark auf, dass das Reaktorgebäude explodiert. Was war geschehen?

Der Reaktor sollte zur alljährlichen Überprüfung abgeschaltet werden. Beim Herunterfahren der Reaktorleistung wollte man noch testen, ob die Rotationsenergie des Generators ausreicht, um bei einem Stromausfall im Netz die Notkühlung so lange aufrecht zu erhalten, bis die Notstromaggregate angesprungen sind. Durch das Abschalten entsprechender Sicherheitseinrichtungen wurde die gewünschte Ausgangssituation hergestellt. Bei dem Experiment nahm plötzlich die Zahl der Kernspaltungen zu. Die Notabschaltung war außer Betrieb gesetzt worden. Die Temperatur stieg schlagartig an, die Brennstäbe schmolzen und das Wasser in den Druckröhren verdampfte. Eine Explosion zerstörte das Gebäude und sprengte das Dach weg. Da das Druckgefäß und der Sicherheitsbehälter fehlten, gelangten radioaktive Stoffe bis in eine Höhe von 2 km.

„Wir haben getan, was wir konnten"

Die kaum gegen die Strahlung geschützten Feuerwehrleute konnten die Brände nach einigen Stunden unter Kontrolle bringen. Sie durften nur kurze Zeit arbeiten, denn am Unglücksort herrschte eine sehr hohe Strahlung. Die radioaktive Belastung in einer Stunde war 4000-mal so groß wie die jährliche natürliche Strahlungsbelastung eines Bundesbürgers.

Evakuierung

Erst zwei Tage nach dem schrecklichen Unfall wurden alle Bewohner im näheren Umkreis des Reaktors evakuiert. Das zerstörte Kraftwerk wurde einbetoniert. Das Gebiet ist bis heute gesperrt und unbewohnbar, weil noch eine erhöhte Strahlenbelastung gemessen wird. Die Zahl der durch die Reaktorkatastrophe verursachten Todesfälle ist bis heute unbekannt.

Wind aus dem Osten

Mit dem Wind verteilten sich radioaktive Stoffe (vor allem J-131 und Cs-137) über ganz Europa (▷ B 3). Auch Teile der Bundesrepublik wurden verseucht. Gemüse auf den Feldern musste untergepflügt oder vernichtet werden. Bauern wurden angewiesen, die Kühe nicht mehr mit frischem Gras zu füttern.

Brennpunkt

Entsorung – Endlagerung – Wiederaufbereitung

2 Lagerung radioaktiver Stoffe in einem Salzbergwerk

Wohin mit radioaktiven Abfällen?

Wenn Brennelemente zwei bis drei Jahre im Reaktor waren, müssen sie ausgetauscht werden. Ein „ausgebranntes" Brennelement besteht zu etwa 1 % aus Uran-235, zu 94 % aus Uran-238, zu 4 % aus Spaltprodukten und zu 1% aus Plutonium und anderen Transuranen.

Für die Beseitigung, die so genannte Entsorgung, gibt es zwei Möglichkeiten:

- die Wiederaufarbeitung der abgebrannten Brennelemente, was zu einer Reduzierung der Abfälle führt oder
- die direkte Endlagerung.

Die Wiederaufarbeitung

Bei der Entnahme der Brennstäbe aus den Reaktoren ist die Radioaktivität immer noch sehr hoch. Aus diesem Grund müssen sie zunächst in großen, mit gekühltem Wasser gefüllten Becken gelagert werden. Diese Abklingbecken befinden sich direkt neben den Reaktoren (▷ B 1).

Erst nach einem Jahr sind die Brennelemente abgekühlt und ihre Aktivität ist auf weniger als ein Hundertstel des ursprünglichen Wertes abgeklungen. Jetzt ist der Transport zu einer Wiederaufarbeitungsanlage möglich. In Verträgen mit Frankreich und Großbritannien, die bis 2005 galten, wurde vereinbart, dass von diesen Ländern Brennelemente zur Wiederaufarbeitung angenommen werden. Für andere radioaktive Abfälle gilt dies jedoch nicht.

In der Wiederaufarbeitung werden die Stoffe aus den Brennstäben durch spezielle chemische Verfahren voneinander getrennt. Hierbei werden Uran und Plutonium als Kernbrennstoffe zurückgewonnen. Gleichzeitig fallen aber große Mengen anderer Spaltprodukte an, die hoch radioaktiv sind, lange Halbwertszeiten besitzen und nicht spaltbar sind. Das Problem, diesen Atommüll sicher zu lagern, ist bis heute noch nicht endgültig gelöst.

1 Abklingbecken für Brennelemente

Die Endlagerung

Alle radioaktiven Abfälle, nicht nur aus Kernkraftwerken, sondern auch aus Industrie, Medizin oder Technik, müssen ohne Gefahr für die Menschen und unsere Umwelt gelagert werden.

Als sicherste Methode für die **Endlagerung** gilt heute, die zunächst verfestigten Abfälle in großer Tiefe in ehemaligen Salzbergwerken unterzubringen (▷ B 2).

Forscher haben festgestellt, dass die Gesteine der Salzstöcke über lange Zeiten stabil sind und dass dort kein Wasser vorhanden ist. Damit fehlt ein Transportmittel für radioaktive Stoffe.

Ungelöste Probleme

Man untersucht schon seit mehreren Jahren, ob eine direkte Endlagerung von Brennstäben möglich ist. Dieses Verfahren ist jedoch sehr problematisch. Die Behälter müssten zur Abschirmung der Strahlung ummantelt werden. Dafür würden große Mengen wertvoller Rohstoffe benötigt.

Riesige Lagerkapazitäten wären nötig. Wo könnten diese sein? Welche Auswirkungen hätte die Restwärme auf die Umgebung der Lagerstätten und die Lagerbehälter?

Dies sind Fragen, die noch weiter untersucht werden müssen.

Sich mit einem Physikthema näher beschäftigen

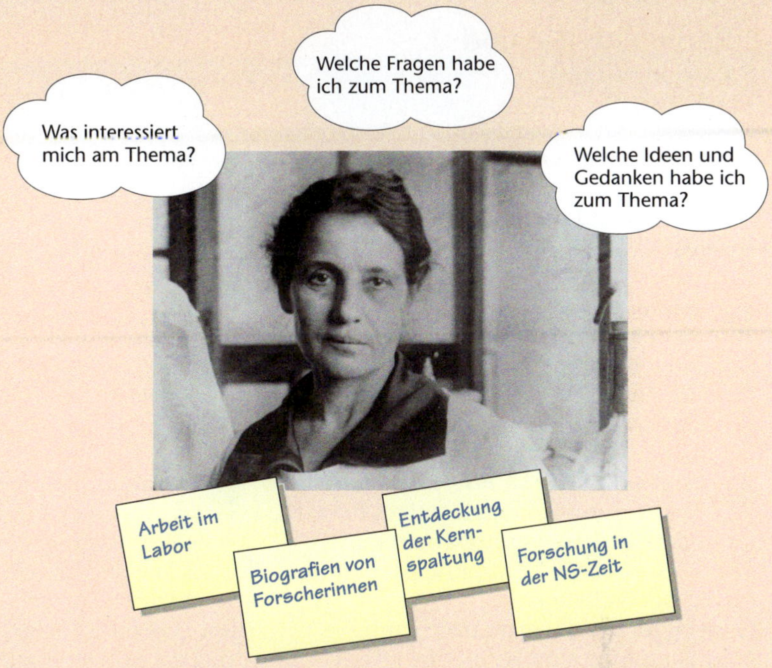

Eine Idee steht am Anfang
Einer der wichtigsten Meilensteine in der Geschichte der Physik war die Entdeckung der Kernspaltung. OTTO HAHN (1879–1968) hat für diese Entdeckung den Nobelpreis für Chemie erhalten. Seine langjährige Kollegin LISE MEITNER (1878–1968) wurde jedoch nicht berücksichtigt. Du empfindest das vielleicht als ungerecht und willst mehr über LISE MEITNER erfahren.
In einem Gespräch mit deiner Physiklehrerin vereinbarst du, dass du über LISE MEITNER und ihre wissenschaftliche Tätigkeit eine Hausarbeit schreiben wirst.

Wie kannst du vorgehen?
Bevor du mit der Arbeit beginnst, solltest du dir über das Thema klar werden. Deine Physiklehrerin oder dein Physiklehrer unterstützen dich dabei bestimmt gerne. Vielleicht musst du das Thema eingrenzen, wenn dir nicht so viel Zeit zur Verfügung steht.

Literaturarbeit oder ...
Bei einer reinen Literaturarbeit musst du zuerst schriftliche Informationen sammeln und aufbereiten. Die bekommst du aus Lexika, Wörterbüchern, Fachbüchern, Zeitschriften oder aus dem Internet. Belege deine Angaben anhand mehrerer Quellen.

... Forschungsarbeit?
Deine Facharbeit kann aber auch Versuche umfassen. Formuliere zuerst deine Fragen, plane Versuche dazu und stelle Vermutungen über Ergebnisse an. Führe die Versuche dann durch. Nur so kannst du deine Vermutungen überprüfen. Alle Ergebnisse musst du genau protokollieren und auswerten. Lass dich von deinem Physiklehrer oder deiner Physiklehrerin beraten.

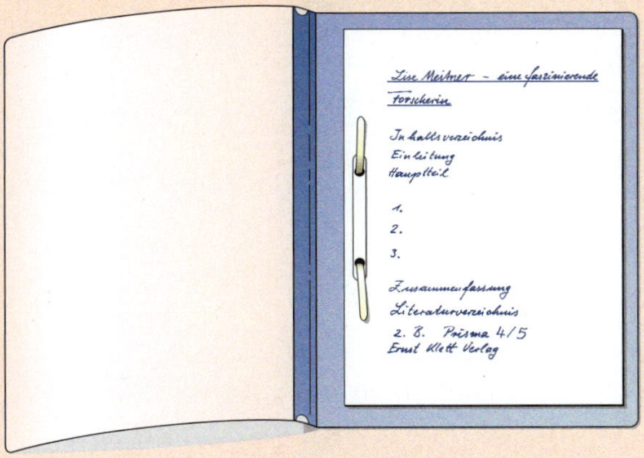

Inhalte ordnen – mit einer Gliederung
Formuliere nun eine Gliederung für deine Hausarbeit. Denke dabei an Einleitung, Hauptteil und Zusammenfassung. Dein geschriebener Text sollte verständlich und lebendig formuliert sein. Wende Fachbegriffe richtig an.

Auch das Äußere ist wichtig
- Lege eine ansprechende Mappe oder einen Ordner an.
- Damit deine Arbeit auf den ersten Blick interessant wirkt, solltest du das Deckblatt sorgfältig gestalten, z. B. mit einem aussagekräftigen Foto zum Thema.
- Verwende für das Inhalts- und Literaturverzeichnis je ein getrenntes Blatt.
- Schreibe mit dem PC oder mit leserlicher Handschrift.
- Lockere die Seiten mit Fotos oder eigenen Zeichnungen auf.
- Versieh deine Arbeit mit deinem Namen und deiner Unterschrift. Damit versicherst du, sie selbst erstellt zu haben.

Radioaktivität und Kernenergie

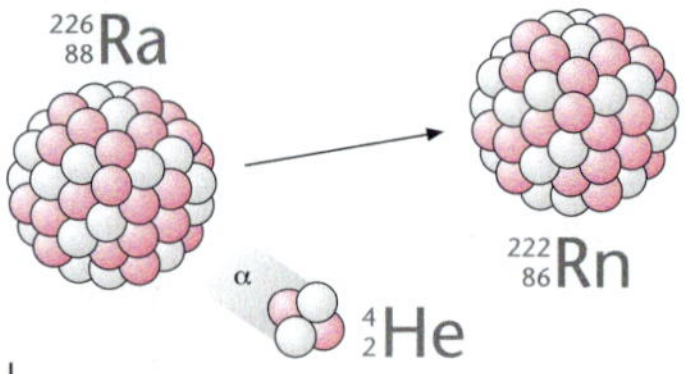

1 α-Strahlung

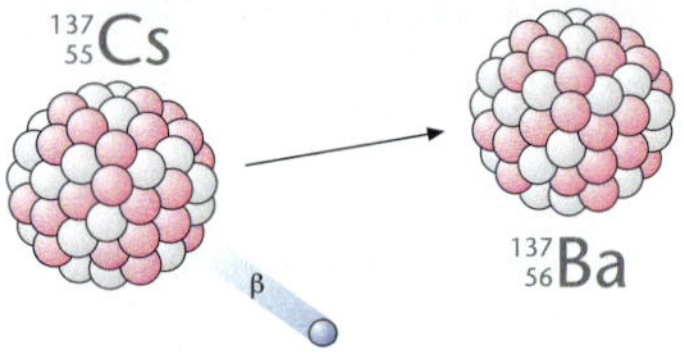

2 β-Strahlung

Die Entdeckung der Radioaktivität

Henri Becquerel entdeckte im Jahr 1896 eine Strahlung, die vom Uransalz ausging.

Nachweisverfahren

Man kann Strahlung aus radioaktiven Quellen z. B. mit dem Geiger-Müller-Zählrohr, in einer Nebelkammer oder durch Schwärzung von Fotopapier nachweisen.

Radioaktivität ist überall

Selbst wenn kein radioaktives Präparat in der Nähe ist, ermittelt man mit einem Zählrohr z. B. 20 Impulse pro Minute. Das ist der Nulleffekt.
Ursache für diese so genannte Umgebungsstrahlung sind kosmische und terrestrische Strahlenquellen.

α-, β-, γ- Strahlung

Man unterscheidet drei Arten von Strahlung, die bei der Umwandlung von Atomkernen entstehen:
α-Strahlung besteht aus Heliumkernen (▷ B 1), die den Kern eines radioaktiven Elementes mit großer Geschwindigkeit verlassen.

β-Strahlung besteht aus schnellen Elektronen (▷ B 2). Sie verlassen den Kern mit annähernd Lichtgeschwindigkeit. Ihre Reichweite in Luft ist größer als die von α-Strahlung.

Gibt ein Kern α- oder β-Strahlung ab, so kommt es zu einer Kernumwandlung.
γ- Strahlung besteht nicht aus Teilchen. Es handelt sich um elektromagnetische Strahlung, etwa wie Licht.

Halbwertszeit

Die Halbwertszeit ist die Zeit, in der die Hälfte der Atome eines radioaktiven Stoffes zerfallen ist.

Aktivität

$$\text{Aktivität} = \frac{\text{Kernumwandlungen}}{\text{Zeit}}$$

Die Einheit der Aktivität ist das Becquerel (1 Bq).

Strahlenschäden

α-, β-, und γ-Strahlung können lebende Zellen schädigen. Mögliche Folgen sind Frühschäden (z. B. Übelkeit, Hautrötung, Geschwüre), Spätschäden (wie z. B. Krebs) und genetische Schäden durch Veränderung der Erbinformationen. Genetische Schäden können an spätere Generationen weitergegeben werden.

Schutz vor Strahlenschäden:
- Abstand von der Strahlungsquelle
- kurze Bestrahlungszeiten
- Abschirmung gegen die Strahlungen

Kernspaltung und Kettenreaktion

Durch Beschuss mit einem Neutron wird z. B. ein Uran-235-Kern in zwei leichtere Spaltprodukte sowie zwei oder drei Neutronen zerlegt (▷ B 3). Gleichzeitig wird viel Energie frei.
Die Neutronen können weitere Spaltungen auslösen. Dadurch kann die Zahl der Kernspaltungen innerhalb kurzer Zeit lawinenartig ansteigen (Kettenreaktion).

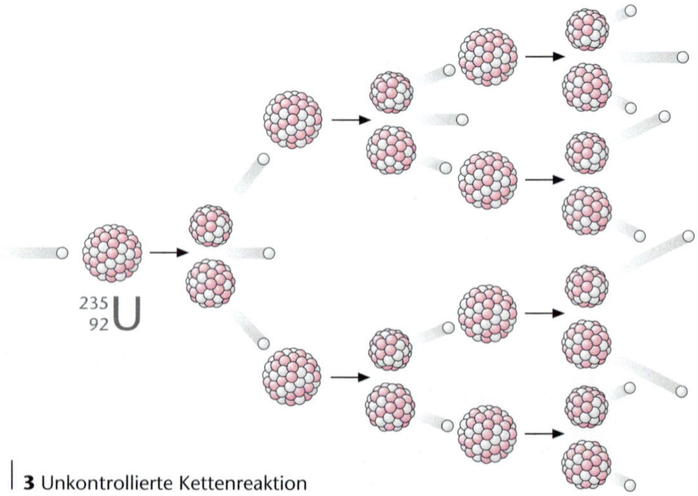

3 Unkontrollierte Kettenreaktion

Aufgaben

1 Was sagt die folgende Schreibweise über den Aufbau dieses Atoms aus?
$^{235}_{92}U$

2 Wer gilt als Entdecker der Radioaktivität? Wie und wann entdeckte er die neue Strahlung?

3 Nenne Möglichkeiten, wie man Strahlung von radioaktiven Stoffen nachweisen kann. Welche Eigenschaften werden bei den verschiedenen Nachweismethoden genutzt?

4 Beschreibe den Aufbau und die Funktion eines Geigerzählers anhand von Bild 1.

5 In einer Schule im Schwarzwald und in einer Schule in Duisburg wird gleichzeitig der Nulleffekt gemessen.
Die Schüler im Schwarzwald erhalten einen Messwert von 24 Impulsen pro Minute. Die Duisburger messen nur 17 Impulse pro Minute.
a) Erkläre, wie es zu diesem Unterschied kommen konnte.
b) Ist es möglich, dass bei einer erneuten Messung an den beiden Orten genau das gleiche Messergebnis erzielt wird? Begründe.

6 Was geschieht, wenn ein radioaktiver Kern α-Strahlung abgibt?

7 Was haben α- und β-Strahlung gemeinsam? Wodurch unterscheiden sie sich?

8 Ein Urankern U-238 gibt α-Strahlung ab. Welches Atom entsteht? Erkläre den Vorgang ausführlich.

9 Welche Strahlungsarten führen zu einer Elementumwandlung?

10 $^{239}_{94}Pu$ ist ein α-Strahler. Welches Element entsteht beim radioaktiven Zerfall?

11 Erkläre den Begriff Halbwertszeit anhand eines Beispiels aus der Tabelle in Bild 2.

12 a) Was versteht man unter der Aktivität eines radioaktiven Stoffes?
b) Ein Stoff hat eine Aktivität von 20 Bq. Was heißt das?

13 In einigen europäischen Ländern dürfen Lebensmittel mit Strahlung aus radioaktiven Quellen behandelt werden.
a) Welche Wirkungen erzielt man mit der Bestrahlung?
b) Warum ist diese Art der Bestrahlung nicht in allen Ländern zugelassen?

14 Auch der menschliche Körper gibt α-, β-, und γ-Strahlung ab.
a) Wie gelangen radioaktive Substanzen in den Körper?
b) Welche Organe des menschlichen Körpers sind vermehrt einer Bestrahlung ausgesetzt?
c) Welche Schäden kann radioaktive Strahlung beim Menschen hervorrufen?

15 a) Skizziere den Beginn einer unkontrollierten Kettenreaktion zwischen U-235-Kernen.
b) Beschreibe ausführlich den Ablauf.
c) Warum kann in Natururan keine Kettenreaktion ablaufen?

Radioaktives Element	Halbwertszeit
Polonium-214	$1{,}64 \cdot 10^{-4}$ Sekunden
Bismut-214	19,9 Minuten
Radon-222	3,825 Tage
Radium-226	$1{,}6 \cdot 10^{3}$ Jahre
Plutonium-234	$2{,}411 \cdot 10^{4}$ Jahre
Uran 235	$7{,}038 \cdot 10^{8}$ Jahre
Uran-238	$4{,}468 \cdot 10^{9}$ Jahre
Thorium-232	$1{,}405 \cdot 10^{10}$ Jahre

2 Zu Aufgabe 10

16 Warum müssen die Brennstäbe aus Kernkraftwerken regelmäßig gegen neue ausgetauscht werden?

17 Erkundige dich über die Entwicklung der Kernenergienutzung in Deutschland seit 1970. Welchen Anteil hatte die Kernenergie in den Jahren 1970, 1980, 1990, 2000 und heute am Gesamtenergiebedarf in Deutschland? Welche Entwicklung ist für die Zukunft zu erwarten?
Trage die Ergebnisse in ein Diagramm ein.

18 Nach wie vielen Jahren ist vom radioaktiven Isotop Cs-137 der 8. Teil noch nicht zerfallen? (Dieses Isotop wurde beim Reaktorunglück in Tschernobyl 1986 frei.) Die Halbwertszeit des Isotops beträgt 30,2 Jahre.

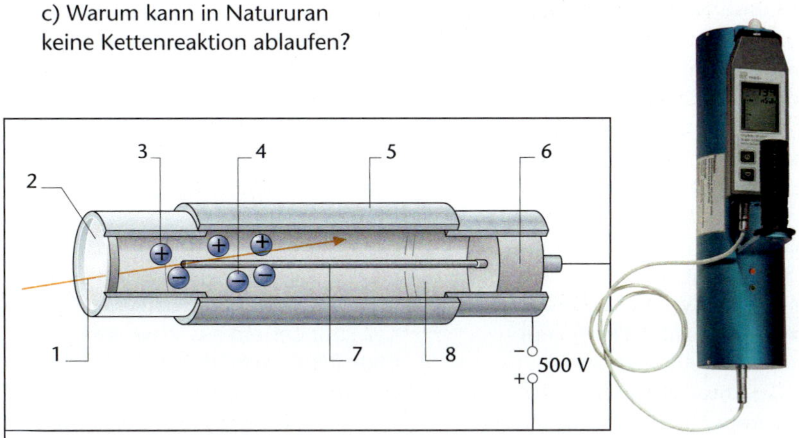

1 Geigerzähler, zu Aufgabe 4

Optik – Licht und Sehen

6 Hinter eine Glasscheibe, in der das Spiegelbild einer brennenden Kerze zu sehen ist, stellt der Zauberkünstler ein Glas, in dem sich eine gleich große Kerze befindet. Die Entfernung der brennenden Kerze von der Glasscheibe ist gleich der Entfernung zwischen der Kerze im Glas und der Scheibe.
Füllt der Zauberer nun Wasser in das Glas, scheint die Kerze darin noch weiter zu brennen. Tatsächlich sehen die Zuschauer aber nur das Spiegelbild der brennenden Kerze.

8 1 Ebener Spiegel
2 Einfallender Lichtstrahl
3 Reflektierter Lichtstrahl
4 Einfallslot
5 Einfallswinkel
6 Reflexionswinkel

10 **Ebene Spiegel:** Taschenspiegel, Garderobenspiegel, Spiegel im Periskop, Umlenkspiegel am Tageslichtprojektor, Spiegel in der Spiegelreflexkamera, Spiegel im Kaleidoskop

Hohlspiegel: Scheinwerfer, Reflektorspiegel unter der Halogenlampe des Tageslichtprojektors, Hohlspiegel des Spiegelteleskops, Hohlspiegel in Sonnenkraftwerken, Rasierspiegel, Kosmetikspiegel

Wölbspiegel: Rückspiegel am Auto, Spiegel in Kaufmärkten, Verkehrsspiegel an unübersichtlichen Straßeneinmündungen, Ein- oder Ausfahrten, glänzende Oberfläche einer Christbaumkugel

17 Ein einfaches Mikroskop enthält zwei Linsen. Die eine Linse befindet sich direkt über dem Gegenstand, der betrachtet werden soll. Man bezeichnet sie als Objektivlinse. Sie erzeugt ein Zwischenbild, das mit der zweiten Sammellinse, dem Okular, wie mit einer Lupe vergrößert betrachtet wird.
Die Gesamtvergrößerung eines Mikroskops ergibt sich durch Multiplikation der Vergrößerungen von Objektiv und Okular.

27 Dies kann man überprüfen, indem man Licht durch ein Prisma auf einen Schirm fallen lässt. Handelt es sich um Licht mit mehreren Farbanteilen, werden diese im Prisma unterschiedlich stark gebrochen. Auf dem Schirm werden die Farbanteile sichtbar. Reine Farben dagegen lassen sich durch ein Prisma nicht weiter zerlegen.

Warm oder kalt?

3 Wärmeübertragung kann durch Wärmeströmung, Wärmeleitung und Wärmestrahlung erfolgen.
Bei der Wärmeströmung wird Wärme zusammen mit einem Stoff transportiert. Das geschieht z. B. in der Warmwasserheizung oder in einer warmen Meeresströmung.
Bei der Wärmeleitung wird Wärme übertragen, ohne dass ein Stoff mitwandert. Das geschieht z. B., wenn ein Löffel, mit dem man in einer warmen Speise rührt, auch am Stiel heiß wird oder wenn Wärme von der heißen Herdplatte auf den Topfboden übergeht.
Wenn sich Wärme ohne einen Stoff ausbreitet, spricht man von Wärmestrahlung. Das geschieht z. B. zwischen Sonne und Erde.

6 Luft und Wasser sind in unserem Alltag die häufigsten Transportmittel im Zusammenhang mit der Wärmeströmung.

10 Weil sich zwischen Sonne und Erde die Wärme ohne einen Stoff ausbreitet, spricht man von Wärmestrahlung.

12 In einem Sonnenkollektor wird durchfließendes Wasser erwärmt. Dabei ist der Kollektor im Prinzip wie ein Treibhaus aufgebaut: Eine Glasscheibe lässt Sonnenlicht hindurch, verhindert aber, dass gleichzeitig Wärme durch Wärmestrahlung verloren geht. Der Kollektor besteht aus schwarzen Materialien, denn dunkle Flächen erwärmen sich stärker als helle.

13 Das Gehäuse besteht meist aus Kunststoff, denn Kunststoff ist ein schlechter Wärmeleiter. Die Luft zwischen Gehäuse und Glaskolben ist ebenfalls ein schlechter Wärmeleiter. Der doppelwandige und verspiegelte Glaskoben ist evakuiert: Die Verspiegelung verhindert Wärmestrahlung, das Vakuum unterbindet Wärmeleitung und Wärmeströmung.

Wärme – eine Energieform

3 Gegeben: $m = 3\,\text{kg}$
$Q = 200\,\text{kJ}$

$c_{\text{Blei}} = 0{,}129\,\frac{\text{kJ}}{\text{kg} \cdot \text{K}}$

Gesucht: ΔT

Lösung:

$$\Delta T = \frac{Q}{c \cdot m}$$

$$\Delta T = \frac{200\,\text{kJ}}{0{,}129\,\text{kJ/(kg} \cdot \text{K)} \cdot 3\,\text{kg}}$$

$$\Delta T = 517\,\text{K}$$

Die Temperatur der 3 kg Blei hat sich um 517 K erhöht.

8 Das Diagramm zeigt, wie 1 kg Eis geschmolzen wird. Anschließend wird das Wasser erwärmt.
Zum Schmelzen von 1 kg Eis ist eine Schmelzenergie von 336 kJ nötig. Bei 0 °C erfolgt der Übergang vom festen in den flüssigen Zustand (Wasser). Bei der weiteren Erwärmung von 0 °C auf 100 °C sind 4,2 kJ nötig, um das Wasser um 1 K zu erwärmen.

12

Primärenergieträger	Sekundärenergieträger	Nutzenergie
Steinkohle Braunkohle Erdwärme Wasserenergie Erdöl Holz Windenergie	Benzin Brikett elektrischer Strom	Licht Bewegung

Kräfte, Arbeit, Leistung und Energie

3 35 kg ⟶ 350 N
300 g ⟶ 3 N
4 t = 4 000 kg ⟶ 40 000 N
70 g ⟶ 0,7 N
6,5 kg ⟶ 65 N

15 Da lose Rollen mit nach oben gezogen werden, muss man deren Gewichtskraft beachten. Außerdem muss das Seil bei größeren Lasten auch stabiler sein, hat also auch mehr Gewichtskraft. Aufgrund der so steigenden Gewichts- und Reibungskräfte lohnt sich der Einsatz eines Flaschenzuges nur dann, wenn die Zugkraft gegenüber der Gewichtskraft der Last in sinnvollem Verhältnis steht. Aber den Fall, gar keine Zugkraft zu brauchen, wird es nicht geben.

29 Die Berechnung ergibt 1,2 W. Der Motor hat noch eine Verlustleistung. Es entsteht Wärme. Ferner könnten die ermittelten Werte, insbesondere die Zeit falsch sein.

30 Eine Sportlerin stemmt eine Masse von 50 kg um 60 cm nach oben. Sie verrichtet somit Hubarbeit. Diese Arbeit vollbringt sie in 15 Sekunden 10-mal.
Gegeben: $m = 50\,\text{kg}$
$s = 60\,\text{cm} = 0{,}6\,\text{m}$
$t = 15\,\text{s}$ (für 10-maliges Hochheben)
Gesucht: P
Zunächst muss die Hubarbeit berechnet werden. Um eine Masse von 50 kg hochzuheben, muss die Sportlerin eine Kraft von ca. 500 N aufwenden.

$W = F \cdot s$

$W = 500\,\text{N} \cdot 0{,}6\,\text{m}$

$W = 300\,\text{Nm}$

Da sie die Masse insgesamt 10-mal hochhebt, verrichtet die Sportlerin eine 10-mal größere Arbeit.

$W = 300\,\text{Nm} \cdot 10$

$W = 3\,000\,\text{Nm}$

Berechnung der Leistung:

$P = \frac{W}{t}$

$P = \frac{3\,000\,\text{Nm}}{15\,\text{s}}$

$P = 200\,\text{Nm/s}$
$P = 200\,\text{W}$

Die Sportlerin hat eine Leistung von 200 W erbracht.

Körper und Bewegung

3 Gegeben: Abfahrtszeit 13:32 Uhr, Ankunftszeit 14:20 Uhr

$t = 48\,\text{min} = 2880\,\text{s}$

$s = 79\,\text{km} = 79\,000\,\text{m}$

Gesucht: v

Lösung: $v = \frac{s}{t}$

$v = \frac{79\,000\,\text{m}}{2\,880\,\text{s}}$

$v = 27{,}43\,\text{m/s}$

$v = 98{,}75\,\text{km/h}$

Der ICE hat eine Durchschnittsgeschwindigkeit von 98,75 km/h.

13 In den ersten 2 s legt der Körper 3 m zurück.
In den nächsten 2 s legt der Körper 9 m zurück.
In den nächsten 2 s legt der Körper 15 m zurück.
Der Weg wird in der gleichen Zeit immer größer, also muss die Geschwindigkeit des Körpers größer werden. Es handelt sich um eine beschleunigte Bewegung.

$v = s/t = 3\,\text{m}/2\text{s} = 1{,}5\,\text{m/s}$
$v = 12\,\text{m}/4\,\text{s} = 3\,\text{m/s}$
$v = 27\,\text{m}/6\,\text{s} = 4{,}5\,\text{m/s}$
$v = 48\,\text{m}/8\,\text{s} = 6\,\text{m/s}$

Die Geschwindigkeit wird größer, es handelt sich um eine beschleunigte Bewegung.
Zeichnet man das s-t-Diagramm, so erhält man eine Parabel. Es handelt sich also um eine beschleunigte Bewegung.

15 Gegeben: $g = 9{,}81\,\frac{\text{m}}{\text{s}^2}$, $t = 2\,\text{s}$

Gesucht: s

Lösung: $s = \frac{1}{2} \cdot g \cdot t^2$

$s = \frac{1}{2} \cdot 9{,}81\,\frac{\text{m}}{\text{s}^2} \cdot (2\,\text{s})^2$

$s = 19{,}6\,\text{m}$

Antwort: Der Schacht ist 19,6 m tief.

Schwingungen und Wellen

7 Unsere Ohren sind ungefähr 15 cm voneinander entfernt. Steht eine Schallquelle genau in der Mitte vor, hinter oder über dir, dann kommt der Schall zur gleichen Zeit an beiden Ohren an.
Steht die Schallquelle schräg vor dir, dann kommt der Schall an einem Ohr schneller an. Der Zeitunterschied ist zwar sehr klein, trotzdem kann unser Gehirn ihn wahrnehmen und daraus berechnen, aus welcher Richtung der Schall kommt.

10 Der LKW oder die Straßenbahn bringt den Boden und das Haus zum Schwingen. Die Gläser im Schrank schwingen mit.
Das wird besonders deutlich hörbar, wenn die Eigenfrequenz der Gläser „getroffen" wird.

15 Mit zunehmendem Alter sinkt vor allem die Fähigkeit, höhere Töne wahrzunehmen. Aber auch leise Töne werden von älteren Menschen vielfach schlechter gehört.

22 Als Schwingung bezeichnet man die periodische Bewegung eines Körpers um seinen Gleichgewichtspunkt. Nach Ablauf einer Periode hat der Körper wieder denselben Schwingungszustand erreicht.
Von einer Welle spricht man, wenn sich eine Schwingung räumlich ausdehnt. Voraussetzung dafür ist, dass schwingungsfähige Körper miteinander gekoppelt sind und dass mindestens ein Körper ausgelenkt wird.

Ruhende und fließende elektrische Ladungen

4 Die in der Kiste versteckte Schaltung muss gleichzeitig zwei Bedingungen erfüllen:
1. Beim Herausdrehen von Lampe A leuchten die Lampen B und C.
2. Beim Herausdrehen von Lampe B leuchtet nur noch Lampe A.
Jetzt musst du für jede einzelne Schaltung überprüfen, ob tatsächlich beide Bedingungen gelten. Schau dir zunächst erst einmal an, wie die Bauteile geschaltet sind.

Zu Schaltskizze 1:
Die Lampen A und B sind parallel geschaltet, die Lampe C liegt in Reihenschaltung.

Wird A herausgedreht, liegen B und C in Reihe – dieser Stromkreis ist geschlossen, B und C leuchten. Die Bedingung 1 trifft somit zu.

Die zweite Bedingung funktioniert jedoch nicht. Wenn du Lampe B herausdrehst, leuchten noch A und C, denn nun liegen diese in Reihe.

Zu Schaltskizze 2:
Alle drei Lampen sind parallel geschaltet, jedes Lämpchen bildet somit mit der Batterie einen unabhängigen Stromkreis.

Deshalb trifft zwar Bedingung 1 zu, nicht aber die zweite Bedingung. In diesem Fall leuchten A und C.

Zu Schaltskizze 3:
Die Lampen B und C sind in Reihe geschaltet. Die Lampe A liegt zusätzlich noch parallel zu beiden.

Wird A herausgedreht, dann leuchten noch B und C, denn sie liegen in Reihe. Bedingung 1 stimmt also auch hier.

Wird Lampe B ausgedreht, dann ist der Stromkreis auch für C unterbrochen. Lampe A leuchtet weiter, da sie parallel geschaltet ist. Bedingung 2 trifft also nur auf Schaltskizze 3 zu.

11 Gerundete Werte:

U	20 V	60 V	20 V	230 V	31,5 V
I	1,5 A	2 A	40 mA	0,5 A	9 mA
R	13,3 Ω	30 Ω	500 Ω	0,46 kΩ	3,5 kΩ

16 Im Haushalt sind alle Elektrogeräte parallel geschaltet, damit sie mit gleicher Spannung (230 V~) betrieben werden können.
Zunächst werden die Widerstandswerte von Radio und Lampe berechnet. Beachte, dass du die Stromstärke in Ampere umrechnen musst.
Radio:

$$R = \frac{U}{I}$$

$$R = \frac{230\,\text{V}}{0{,}09\,\text{A}}$$

$$R \approx 2555{,}6\,\Omega$$

Lampe:

$$R = \frac{U}{I}$$

$$R = \frac{230\,\text{V}}{0{,}11\,\text{A}}$$

$$R \approx 2090{,}9\,\Omega$$

Jetzt berechnest du den Gesamtwiderstandswert von Lampe und Radio. Beide Geräte sind parallel geschaltet.

$$\frac{1}{R_{ges}} = \frac{1}{R_1} + \frac{1}{R_2}$$

$$R_{ges} = \frac{R_1 \cdot R_2}{R_1 + R_2}$$

$$R_{ges} = \frac{2555{,}6\,\Omega \cdot 2090{,}9\,\Omega}{R_1 + R_2}$$

$$R_{ges} = \frac{5\,343\,504{,}04\,\Omega^2}{4646{,}5\,\Omega}$$

$$R_{ges} \approx 1150\,\Omega$$

Antwort: Der Gesamtwiderstandswert beider Geräte beträgt 1150 Ω.

18 Im Haushalt liegt eine Parallelschaltung vor. Werden viele Elektrogeräte gleichzeitig angeschlossen, sinkt der Gesamtwiderstand. Dadurch steigt die Stromstärke an. Die Sicherungen gewährleisten, dass der Stromkreis bei zu hoher Stromstärke unterbrochen wird.

Magnetismus und Elektrizität

6 a) Modell der Elementarmagnete: Im unmagnetisierten Eisen liegen die Elementarmagnete völlig ungeordnet vor. Das Magnetfeld im Innern der stromdurchflossenen Spule durchsetzt auch den Eisenkern. Dadurch richten sich die Elementarmagnete im Eisen entsprechend dem Magnetfeld der Spule aus. Der Eisenkern wird selbst zum Magneten und verstärkt damit das Magnetfeld der Spule.
b) Entsprechend hohe Windungszahlen der Spule, Verwendung eines Drahtmaterials mit geringem Widerstandswert, Eisenkern, hohe Stromstärken durch die Spule

11 a) Ein Induktionsstrom fließt, wenn eine Spannung induziert wird und der Spulenstromkreis geschlossen ist.
b) Der Induktionsstrom kann z. B. die Richtung wechseln beim
- An- und Ausschalten eines Elektromagneten,
- Ein- und Ausführen eines Dauermagneten aus der Spule,
- Umkehrung der Magnetfeldpolung

20 Wenn man ein elektrisches Gerät an die Sekundärspule anschließt, gibt die Sekundärspule mehr elektrische Energie ab. Bei einem idealen Transformator ist die abgegebene elektrische Energie genau so groß wie die aufgenommene elektrische Energie. Deswegen muss die Primärspule auch mehr elektrische Energie aufnehmen. Da sich die angeschlossene Spannung an der Primärspule nicht ändern kann, steigt die Stromstärke an ($E = U \cdot I \cdot t$).

Messen, Steuern, Regeln

4 Die elektrische Leitfähigkeit eines NTC-Widerstands wird durch Zufuhr von Wärme verbessert. Bei tiefen Temperaturen sind alle Elektronen fest im Gitter gebunden, der Widerstandswert ist groß. Bei Energiezufuhr werden Elektronen aus ihren Bindungen gelöst. Auf diese Weise entstehen Elektronen und Löcher als frei bewegliche Ladungsträger. Je mehr Energie zugeführt wird, desto mehr freie Ladungsträger entstehen und desto höher ist auch die Leitfähigkeit des Heißleiters.

7 a) Es leuchtet nur die untere grüne LED, da sie in Durchlassrichtung geschaltet ist. Die rote LED wird in Sperrrichtung betrieben.

b) Beim Betrieb mit Wechselspannung würden die LEDs abwechselnd leuchten, da bei einer Stromrichtung die grüne LED, bei umgekehrter Stromrichtung die rote LED in Durchlassrichtung liegt. Aufgrund des schnellen Wechsels der Stromrichtung (Frequenz 50 Hz) nimmt man das abwechselnde Leuchten der LEDs als Flimmern wahr.

Radioaktivität und Kernenergie

6 α-Strahlung ist eine Teilchenstrahlung: Ein Kern gibt dabei einen Heliumkern ab (2 Protonen und 2 Neutronen), sodass 4 Nukleonen den Kern verlassen.
Dabei kommt es zu einer Elementumwandlung, denn die ursprüngliche Protonenzahl des Kerns vermindert sich um 2.

13 a) Schimmelpilze, Bakterien, Ungeziefer, Salmonellen u. a. in Lebensmitteln werden zerstört. Die Reifedauer von Obst und Gemüse kann verzögert werden. Die Haltbarkeit wird verlängert.

b) Es gibt noch keine Langzeituntersuchungen, die eventuelle gesundheitliche Nebenwirkungen ausschließen können.

16 Durch die Spaltung der U-235-Kerne verringert sich deren Konzentration ständig. Stattdessen entstehen zahlreiche Spaltprodukte in den Brennstäben, die nicht mehr für eine Kettenreaktion zu gebrauchen sind. Wird die Konzentration des spaltbaren Materials mit der Zeit zu gering, müssen die Stäbe ausgetauscht werden.

Eigenschaften verschiedener Stoffe

Feste Stoffe	Dichte bei 20 °C in g/cm³	spezifische Wärmekapazität in kJ/(kg · K)	Ausdehnung eines 1-m-Stabes bei Erwärmung um 10 K in mm	Schmelztemperatur in °C	Siedetemperatur in °C
Aluminium	2,70	0,896	0,238	660	2400
Beton	2,2–2,5	0,879	0,11		
Blei	11,35	0,129	0,294	327	1750
Kobalt	8,80	0,419	0,126	1493	2880
Eis (–4 °C)	0,92	2,090	0,37	0	100
Eisen	7,86	0,452	0,116	1535	2800
Glas	2,23	0,799	0,032	815	
Gold	19,30	0,129	0,142	1063	2660
Graphit	2,25	0,711	0,19	3800	4400
Kochsalz	2,16	0,854	0,48	808	1461
Kupfer	8,93	0,385	0,168	1083	2582
Platin	21,45	0,134	0,091	1769	4300
Plexiglas®	1,16	1,300	0,75	~110	
Porzellan	2,30	0,846	0,04	1670	
Silber	10,50	0,237	0,193	961	2180
Zinn	7,30	0,226	0,27	232	2680
Flüssigkeiten			Ausdehnung von 10 l bei 20 °C und Erwärmung um 1 K in ml		
Alkohol (Ethanol)	0,789	2,40	11,0	–114	78
Glycerin	1,260	2,39	5,0	18	291
Petroleum	0,847	2,14	9,6		150–280
Quecksilber	13,546	0,138	1,8	–39	357
Wasser	0,998	4,18	2,1	0	100
Gase	g/l				
Helium	0,179	5,23		–273	–269
Kohlenstoffdioxid	1,977	0,837		–78	–57
Kohlenstoffmonooxid	1,25	1,05		–204	–191
Luft	1,293	1,005		–213	–193

Größen und Einheiten

Größe	Zeichen	Einheit	Zeichen
Länge	s, l	Meter	1 m
Fläche	A	Quadratmeter	1 m²
Volumen	V	Kubikmeter	1 m³
Masse	m	Kilogramm	1 kg
Dichte	ρ		$1\frac{kg}{m^3}$; $1\frac{g}{cm^3}$
Zeit	t	Sekunde	1 s
Geschwindigkeit	v		$1\frac{m}{s}$; $1\frac{km}{h}$
Frequenz	f	Hertz	1 Hz
Kraft	F	Newton	1 N

Größe	Zeichen	Einheit	Zeichen
Arbeit	W	Joule, Wattsekunde	1 J, 1 Ws
Energie	E	Joule, Wattsekunde	1 J, 1 Ws
Leistung	P	Watt	1 W
Temperatur	ϑ	Grad Celsius	1 °C
	T	Kelvin	1 K
Ladung	Q	Coulomb	1 C
Stromstärke	I	Ampere	1 A
Spannung	U	Volt	1 V
Widerstand	R	Ohm	1 Ω

Umrechnung von Einheiten

Vorsilben für Vielfache und Teile von Einheiten

Vorsilbe	Bedeutung	Beispiel	
Atto a	10^{-18} = 0,000 000 000 000 000 001	1 aWs = 10^{-18} Ws	Grenze der Lichtempfindlichkeit des Auges
Femto f	10^{-15} = 0,000 000 000 000 001	1 fm = 10^{-15} m	Größe von Protonen und Neutronen
Pico p	10^{-12} = 0,000 000 000 001	1 pPa = 10^{-12} Pa	Luftdruck im technisch besten Vakuum
Nano n	10^{-9} = 0,000 000 001	1 nm = 10^{-9} m	Größe von Molekülen
Mikro µ	10^{-6} = 0,000 001	1 µg = 10^{-6} g	Masse eines größeren Staubkorns
Milli m	10^{-3} = 0,001	1 mV = 10^{-3} V	Spannung in den Nerven zur Reizleitung
Zenti c	10^{-2} = 0,01	1 cl = 10^{-2} l	Volumen von einem Kaffeelöffel Flüssigkeit
Dezi d	10^{-1} = 0,1	1 dm = 10^{-1} m	Handbreite
	10^{0} = 1	1 A	Stromstärke beim Fahrraddynamo
Deka da	10^{1} = 10	1 dam = 10 m	Breite einer Straße
Hekto h	10^{2} = 100	1 hl = 10^{2} l	Volumen eines größeren Koffers
Kilo k	10^{3} = 1000	1 kA = 10^{3} A	Stromstärke bei einer Elektrolokomotive
Mega M	10^{6} = 1 000 000	1 MHz = 10^{6} Hz	Frequenz elektrischer Schwingungen im Radio
Giga G	10^{9} = 1 000 000 000	1 GW = 10^{9} W	Leistung eines Kernkraftwerkes
Tera T	10^{12} = 1 000 000 000 000	1 TW = 10^{12} W	Leistung eines Gewitterblitzes
Peta P	10^{15} = 1 000 000 000 000 000	1 Pm = 10^{15} m	Weg, den das Licht in einem Monat zurücklegt
Exa E	10^{18} = 1 000 000 000 000 000 000	1 EHz = 10^{18} Hz	Frequenz von Röntgenstrahlen

Umrechnung von Krafteinheiten

	in N	in cN	in kN	in MN
1 N =	1	100	0,001	0,000 001
1 cN =	0,01	1	0,000 01	0,000 000 01
1 kN =	1000	100 000	1	0,001
1 MN =	1 000 000	100 000 000	1 000	1

Umrechnung von Einheiten für Arbeit, Wärme, Energie

	in J, Nm, Ws	in kJ	in kWh
1 J = 1 Nm = 1 Ws	1	0,001	0,000 000 278
1 kJ =	1 000	1	0,000 278
1 kWh =	3 600 000	3 600	1

Umrechnung von Geschwindigkeitseinheiten

	in $\frac{m}{s}$	in $\frac{km}{h}$
$1 \frac{m}{s}$ =	1	3,6
$1 \frac{km}{h}$ =	0,28	1

Umrechnung von Zeiteinheiten

	in s	in h	in d	in a	
1 s =	1	0,0003	–	–	
1 h =	3600	1	0,042	–	lat. hora, Stunde
1 d =	86 400	24	1	0,003	lat. dies, Tag
1 a =	31,5 Mio.	8760	365	1	lat. annus, Jahr

Einheiten für Spezialgebiete

1 Lichtjahr	Astronomie	= 9 460 000 000 000 km
1 Seemeile (sm)	Seefahrt	= 1852 m
1 Knoten (kn)	Luft- und Seefahrt	= 1,852 km/h
1 Registertonne (RT)	Seefahrt	= 2,83 m^3
1 Karat	Schmuck	= 0,2 g
1 Steinkohleneinheit (SKE)	Energiewirtschaft	= 8147 kWh
1 mm Quecksilbersäule (mm Hg)	Medizin	= 133 Pa
1 Ar (a)	Grundstücke	= 100 m^2
1 Hektar (ha) = 100 a		= 10 000 m^2

Englische (amerikanische) Einheiten

1 Zoll	inch	= 2,54 cm
1 Fuß = 12 inches	foot, Mz. feet	= 30,48 cm
1 Yard = 3 feet	yard	= 91,44 cm
1 Meile = 10760 yards	mile	= 1609 m
1 engl. Gallone	gallon	= 4,546 l
1 amerik. Gallone	gallon	= 3,785 l
1 engl. Fass = 35 gallons	barrel	= 159,11 l
1 amerik. Fass = 42 gallons	barrel	= 158,97 l
1 Unze	ounce	= 28,35 g
1 Pfund = 16 ounces	pound	= 453,6 g

U1.1 Getty Images (Taxi/ Jacques Copeau), München; **U1.2** Getty Images (Stone/Seth Joel), München; **U4.1** Avenue Images GmbH (Stockdisc Royalty Free Photos), Hamburg; **U4.2** Getty Images (Stone / Longview), München; **U4.3** Avenue Images GmbH (Getty Images/Photodisc/Vicky Kasala), Hamburg; **U4.4** Avenue Images GmbH (image100), Hamburg; **3.1** Mauritius (Phipp), Mittenwald; **4.1** Mauritius (Aourell), Mittenwald; **4.2** MEV, Augsburg; **5.1** Mauritius (A´Matrei), Mittenwald; **6.1** Motor-Presse International (Jooss), Stuttgart; **6.2** AKG, Berlin; **7.1** Klett Archiv, Stuttgart; **7.2** Klett-Archiv (Silberzahn), Stuttgart; **8.1** Klett-Archiv, Stuttgart; **8.2** FOCUS (SPL), Hamburg; **9.1** Action Press, Hamburg; **12.1** Superbild (Eric Bach), Unterhaching / München; **12.2** Mauritius (Phipp), Mittenwald; **13.2** MEV, Augsburg; **13.3** FOCUS (James Bell/SPL), Hamburg; **14.1** AKG, Berlin; **14.2**A Helga Lade (K. Röhrig), Frankfurt; **14.2**B Premium Stock Photography (Damm), Düsseldorf; **14.2**C Feldmann, Prof. Dr. Jochen, München; **14.2**D Mauritius (Raavenswaay), Mittenwald; **14.2**E Medenbach, Ulrike, Witten; **15.3** Mitsuhiko Imamori; **15.4** Okapia (NAS/Darwin Dale), Frankfurt; **15.5** Image Quest **3**-D (Y. Kito), Witney, Oxon; **15.6** Mauritius (AGE), Mittenwald; **16** Astrofoto (AAO), Sörth; **16.1** Getty Images (stone/Philip Temple), München; **16.2** Astrofoto (AAO), Sörth; **16.3** Klett-Archiv (Silberzahn), Stuttgart; **17.2** Imago Stock & People (Action Pictures), Berlin; **17.2** M.C. Escher's „Waterfall" (C) **2005** The M.C. Escher Company - Baarn - Hol; **19.1** Astrofoto (NASA), Sörth; **19.2** Mauritius (Thonig), Mittenwald; **19.4** Klett-Archiv, Stuttgart; **20.1** Volkswagen AG, Wolfsburg; **20.2** Osram, München; **21.4** FOCUS (Gerard Vandystadt), Hamburg; **22.1** Mauritius (van Ravenswaay), Mittenwald; **24.1** Mauritius (Stockphoto), Mittenwald; **24.2** Mauritius (Stock Image), Mittenwald; **24.3** Okapia (NAS/Nigel. J. Dennis), Frankfurt; **24.4** Werlein, Jens, Schwäbisch Gmünd; **25.1** IFA (BCI), Ottobrunn; **25.2** Action Press (Heuser), Hamburg; **25.3** Busch + Müller KG, Meinerzhagen; **27.1** AKG, Berlin; **27.2** AKG, Berlin; **27.3** AKG, Berlin; **28.4** www.bilderbox.com, Thening; **29.1** Ciprina, Heinz-Joachim, Dortmund; **30.1** Mauritius (Pascal), Mittenwald; **30.2** www.bilderbox.com, Thening; **30.3** Klett-Archiv (Zuckerfabrik digital), Stuttgart; **30.4** Niehoff, Ulrich, Bienenbüttel; **31.1** Niehoff, Ulrich, Bienenbüttel; **31.2** Ciprina, Heinz-Joachim, Dortmund; **32.1** Klett-Archiv (Silberzahn), Stuttgart; **33.1** Corbis (Craig Aurness), Düsseldorf; **33.2** Klett-Archiv (Silberzahn), Stuttgart; **33.4** Klett-Archiv (Silberzahn), Stuttgart; **34.2** Mauritius, Mittenwald; **35.1** FOCUS, Hamburg; **35.3** Mauritius (De Foy), Mittenwald; **36.1** Klett-Archiv (Zuckerfabrik digital), Stuttgart; **36.2** Corbis, Düsseldorf; **36.3** Dr. Christoph Bühler, Heidelberg; **36.4** Stockfood Photo Stock Agency, München; **38.1** Klett-Archiv (Zuckerfabrik digital), Stuttgart; **43.1** Klett-Archiv (Rolf Strecker), Stuttgart; **43.2** IMAGO (Schiffmann), Berlin; **44.1**A FOCUS, Hamburg; **44.1**B FOCUS, Hamburg; **44.1**C FOCUS, Hamburg; **44.1**D FOCUS, Hamburg; **45.1** Antje Hüttermann, Stuttgart; **46.1** Corbis (William Whitehurst), Düsseldorf; **46.3**A Maiworm, Michael, Sprockhövel; **46.3**B Maiworm, Michael, Sprockhövel; **47.6** Trendel, Georg, Unna; **47.7**A Swarovski AG (SFH Bildkommunikatio), **9495** Triesen; **47.7**B Swarovski AG, **9495** Triesen; **48.3** Okapia (John Cancalosi), Frankfurt; **49.5** Fröchtenicht, Eycke, Lüneburg; **49.7** WEDECO AG, Herford; **49.8** MEV (RF), Augsburg; **49.6**A Flir AG Infrarottechnik, Kriens; **49.6**B Flir AG Infrarottechnik, Kriens; **50.1** Okapia (Bob Glover), Frankfurt; **51.3** Okapia (Claude Cortier), Frankfurt; **52.1** Maiworm, Michael, Sprockhövel; **52.3** Klett-Archiv (Silberzahn), Stuttgart; **52.4** MEV, Augsburg; **52.5** MEV, Augsburg; **53.6** Maiworm, Michael, Sprockhövel; **55.6** Trendel, Georg, Unna; **57.7** Mauritius (AGE), Mittenwald; **57.8** Avenue Images GmbH (Comstock), Hamburg; **57.10** Corel Corporation, Unterschleissheim; **58.1** Visum (Gebhard Krewitt), Hamburg; **58.2** Mauritius (Aourell), Mittenwald; **59.1** Visum (Gebhard krewitt), Hamburg; **59.2** Klett-Archiv (Markus Hanselmann), Stuttgart; **60.1** plainpicture (V. Christmann), Hamburg; **60.3** petra-electric Peter Hohlfeld, Burgau; **64** Deutscher Wetterdienst/ Flugwetterw, Dresden; **64.1** Klett-Archiv, Stuttgart; **64.2** MEV, Augsburg; **64.3** Deutscher Wetterdienst/ Flugwetterw, Dresden; **65.1** Getty Images, München; **65.2** Rigips GmbH, Gelsenkirchen; **65.3** Fotofinder (plainpicture), Berlin; **65.4** ZEFA (Masterfile/Bria Sytn), Düsseldorf; **66.1** Klett-Archiv, Stuttgart; **67.4** Mauritius (poehlmann), Mittenwald; **68.1** Mauritius (Caroline), Mittenwald; **68.2** Fröchtenicht, Eycke, Lüneburg; **68.3** Fröchtenicht, Eycke, Lüneburg; **69.2** Helga Lade (Klaus Baier), Frankfurt; **70.5**A Mauritius (Auli), Mittenwald; **70.5**B Helga Lade (BAV), Frankfurt; **70.5**C Mauritius (Manus), Mittenwald; **70.5**D Bayerwald (Schnitt**0**), Neukirchen vorm Wald; **73.4**A BASF AG, Ludwigshafen; **75.1** Picture Press (Corbis/Richard Hamil), Hamburg; **75.2** Mauritius (Thonig), Mittenwald; **75.3** Picture Press (Corbis/Gallo Images/), Hamburg; **75.4** Ursula Eckert, Ottobrunn; **77.2** Photo Library International Ltd, Leeds; **77.1**A GW Sprinkler A/S, Glambsbjerg; **77.1**B GW Sprinkler A/S, Glambsbjerg; **77.1**C GW Sprinkler A/S, Glambsbjerg; **79.1** Okapia (Hans Reinhard), Frankfurt; **79.2** Okapia (Nils Reinhard), Frankfurt; **81.1** AKG, Berlin; **84.1** Wilh. Lambrecht GmbH, Göttingen; **84.2** Wilh. Lambrecht GmbH, Göttingen; **84.3** Hell, Klaus, Essen; **84.4** Hell, Klaus, Essen; **84.5** Picture-Alliance (Stefan Sauer), Frankfurt; **84.6** Mauritius (Lehn), Mittenwald; **86.1** Mauritius (Hubatka), Mittenwald; **86.2** Deutscher Wetterdienst, Offenbach; **86.1**B Picture-Alliance (ZB/ Wolfgang Kluge), Frankfurt; **86.3**A Bungarz, Ulrich, Köln; **87.5** Deutscher Wetterdienst/ Flugwetterw, Dresden; **90.1** MEV, Augsburg; **90.2** MEV, Augsburg; **91.1** Siemens AG, Erlangen; **91.2** Helga Lade (Ott), Frankfurt; **91.3** pictureservices RF (Pokorski), Mittenwald; **92.1** Nötzold, Ilse, Drensteinfurt; **92.3** Motor-Presse International, Stuttgart; **93.2** Interfoto (Karger-Decker), München; **93.3** Picture-Alliance (akg-images), Frankfurt; **95.1**A Corbis (Mark L Stephenson), Düsseldorf; **95.1**B Corbis (LELOUP VINCENT/CORBI), Düsseldorf; **96.1** Imago Stock & People (Engelhardt), Berlin; **98.1** Caro Fotoagentur (Oberhaeuser), Berlin; **99.1**A Mauritius (Auli), Mittenwald; **99.1**B Avenue Images GmbH (image **100**), Hamburg; **99.1**C Ingram Publishing, Tattenhall Chester; **99.1**D MEV, Augsburg; **99.2**A Klett-Archiv, Stuttgart; **99.2**B Stockfood Photo Stock Agency (Gerhard Bumann), München; **101.1** Klett-Archiv (Markus Hanselmann), Stuttgart; **102.1** Imago Stock & People (Thorsten Baering), Berlin; **103.1** Mediacolor's (Kaeslin), Zürich; **103.2** Oberammergau Tourismus, Oberammergau; **104.1** Visum (Norbert Eisele-Hein), Hamburg; **104.3** Picture-Alliance (dpa/ZB), Frankfurt; **105.1** MEV, Augsburg; **107.1** Corbis (Sally A. Morgan), Düsseldorf; **108.1** Mediacolor's (Peters), Zürich; **108.2** Joker (Ralf Gerard), Bonn; **110.1** Picture-Alliance (Wolfgang Kluge), Frankfurt; **112.1** Das Luftbild-Archiv, Kasseburg; **113.2** h-tec Wasserstoff-Energie-Syst. Gmb, Lübeck; **113.3** FOCUS (Craig Miller,Science), Hamburg; **114.2** Deutsches Museum, München; **114.3** AKG, Berlin; **115.5** Helga Lade (Chr.Gruene), Frankfurt; **115.4**A AKG, Berlin; **115.4**B BPK, Berlin; **116.2** New York Public Library; **116.3** Klett-Archiv, Stuttgart; **116.1**A Deutsches Museum, München; **116.2**A DeLaval International AB PO Box 39 Gustaf de Lavals **15** SE-**147 21** Sweden; **116.3**A Deutsches Museum, München; **117.2** DaimlerChrysler AG, Stuttgart; **118.1** MEV, Augsburg; **118.2**A Picture-Alliance (dpa / Panasia), Frankfurt; **119.1** YPS collection (Peter Neumann), Hamburg; **119.2** Mauritius (Pega), Mittenwald; **119.2** Mauritius (Pega), Mittenwald; **119.3** Deuter, Wolfgang, Willich; **119.3** Deuter, Wolfgang, Willich; **119.4** vario images (Chromorange), Bonn; **119.4** vario images (Chromorange), Bonn; **120.2** Keystone (Volkmar Schulz), Hamburg; **121.3** DaimlerChrysler, Stuttgart; **121.1**A Argus (Mike Schroeder), Hamburg; **121.1**B Corbis (Bob Daemmrich), Düsseldorf; **124.1** Corbis (© Lowell Georgia), Düsseldorf; **124.2** DaimlerChrysler, Stuttgart; **125.1** Corbis, Düsseldorf; **125.2** Mauritius (A´Matrei), Mittenwald; **125.3** BASF AG, Ludwigshafen; **126.2** Getty Images (Bongarts/Peter Schat), München; **127.5** Helga Lade (Kester), Frankfurt; **130.1** Mauritius (fact), Mittenwald; **132.1** Klett-Archiv (H. Fahrenhorst), Stuttgart; **132.1** Getty Images/Bongarts (A. Hassenstein), Hamburg; **134.1** Picture-Alliance, Frankfurt; **134.3** Deutsches Museum, München; **134.4** AKG, Berlin; **135.1** Deutsches Museum, München; **135.2** Unbekannter Lieferant, Stuttgart; **135.3** Deutsches Museum, München; **135.4** Unbekannter Lieferant, Stuttgart; **137.1** Corel Corporation, Unterschleissheim; **137.2** Corbis (RF), Düsseldorf; **137.4** MEV, Augsburg; **137.5** Corbis (Wichita Eagle Beacon), Düsseldorf; **138.1** Maiworm, Michael, Sprockhövel; **138.2** Maiworm, Michael, Sprockhövel; **142.1** Niehoff, Ulrich, Bienenbüttel; **142.2** Niehoff, Ulrich, Bienenbüttel; **143.4** Niehoff, Ulrich, Bienenbüttel; **146.1** Corbis (Lawrence Manning), Düsseldorf; **146.2** Corbis, Düsseldorf; **146.3** ullstein bild (ddp), Berlin; **148.1** Corbis (George Shelley), Düsseldorf; **148.2** Corbis (Bettmann), Düsseldorf; **150.1** Corbis (George Shelley), Düsseldorf; **151.2**A Fahrenhorst, Hartmut, Unna; **151.2**B Fahrenhorst, Hartmut, Unna; **152.1**A Niehoff, Ulrich, Bienenbüttel;

152.1B Niehoff, Ulrich, Bienenbüttel; **152.1**C Niehoff, Ulrich, Bienenbüttel; **153.5** DPA (MartynHayhow), Hamburg; **154.1** Sven Simon Fotoagentur, Essen; **154.2** AP (Eric Risberg), Frankfurt am Main; **154.5** Okapia (Gerhard Stief), Frankfurt; **155.1** Picture-Alliance (dpa / Kerim Okten), Frankfurt; **157.1** Klett-Archiv (Charlotte Willmer-Kl), Stuttgart; **158.1** Corbis (Steve Chenn), Düsseldorf; **158.2** Corbis (© Royalty-Free/CORBI), Düsseldorf; **160.1** Demag Cranes & Components, Wetter; **160.2** Klett-Archiv (Zuckerfabrik digital), Stuttgart; **160.3** ABB, Mannheim; **160.4** Corbis, Düsseldorf; **161.5** Klett-Archiv (Markus Hanselmann), Stuttgart; **161.6** Mauritius (Pele), Mittenwald; **161.7** Liebherr Holding GmbH, Biberach an der Riss; **163.4** Hugendubel, Haus des Schirmes, Donaueschingen; **164.1** Mauritius (AGE), Mittenwald; **165.1** IMAGO (Peter Widmann), Berlin; **168.1** Silvestris, Dießen; **168.2** Klett-Archiv (Zuckerfabrik digital), Stuttgart; **169.4** Fotosearch RF (PhotoDisc), Waukesha, WI; **169.5** Astrofoto, Sörth; **169.6** Mauritius (AGE), Mittenwald; **170.1** DaimlerChrysler, Stuttgart; **170.2** Deutscher Verkehrssicherheitsrat e., Bonn; **171.1** Motor-Presse International (Jooss), Stuttgart; **171.2** MEV, Augsburg; **171.3** DaimlerChrysler, Stuttgart; **171.4** Picture-Alliance (dpa / wolkswagen), Frankfurt; **171.5** ddp (Kai-Uwe Knoth), Berlin; **171.6** Deutscher Verkehrssicherheitsrat e., Bonn; **171.7** Imago Stock & People (David Heerde), Berlin; **171.8** Picture-Alliance (Jasper Juinen-Anp), Frankfurt; **173.1** Sporting Pictures, London; **173.2** Getty Images/Bongarts (Martin Rose), Hamburg; **173.3** Getty Images/Bongarts (Martin Rose), Hamburg; **173.4** Getty Images/Bongarts (Martin Rose), Hamburg; **174.1**A Getty Images/ Bongarts, Hamburg; **174.1**B Corbis (**2001**), Düsseldorf; **175.1** Corbis (Duomo), Düsseldorf; **176.1** Getty Images (Taxi/Denis Boissavy), München; **177.1** Klett-Archiv (Marion Barmeier), Stuttgart; **178.1** Corbis (Paul A. Souders), Düsseldorf; **180.1** Das Fotoarchiv (Jochen Tack), Essen; **180.2** Picture-Alliance (AFP / Rolf Haid), Frankfurt; **180.4** blickwinkel (M. Delpho), Witten; **181.8** Mauritius (E. Gebhardt), Mittenwald; **182.1** Corbis (Royalty-Free), Düsseldorf; **182.2** MEV, Augsburg; **182.3** DaimlerChrysler, Stuttgart; **182.4** Corbis (Bettmann), Düsseldorf; **182.5** Porsche AG, Stuttgart; **182.6** DaimlerChrysler, Stuttgart; **182.7** Klett-Archiv, Stuttgart; **183.1** Picture-Alliance (epa Keystone Sigi Tischler), Frankfurt; **183.2** Okapia (Emu), Frankfurt; **183.3** Photo Affairs, Deisslingen; **184.1** Picture-Alliance (ASA / Thomas Urner), Frankfurt; **187.3** Mauritius (nonstock), Mittenwald; **188.1** Picture-Alliance (akg-images), Frankfurt; **188.2** Picture-Alliance (akg-images), Frankfurt; **188.3** Astrofoto (NASA), Sörth; **190.1** Photo Affairs (Jürgen Bögelspacher), Deisslingen; **191.1** Argum (Wolfgang Nuerbauer), München; **195.1** DaimlerChrysler, Stuttgart; **195.2** Picture-Alliance (dpa / Wolfgang Weihs), Frankfurt; **195.3** Autoliv GmbH, Dachau; **195.4** Autoliv GmbH, Dachau; **195.5** Picture-Alliance (dpa / wolkswagen), Frankfurt; **197.7** DaimlerChrysler, Stuttgart; **198.2** Motor-Presse International, Stuttgart; **200.1** Helga Lade (KaKi), Frankfurt; **200.3** Corbis (**2001**), Düsseldorf; **200.4** MEV, Augsburg; **201.6** Argus (Thomas Raupach), Hamburg; **201.8** Niehoff, Ulrich, Bienenbüttel; **202.1** AKG (**1FK-3469-F1997-1**), Berlin; **202.2** Sinus Messtechnik GmbH, Übach-Palenberg; **203.1** Action Press (K. Schulz), Hamburg; **203.2** Corbis (Neal Preston), Düsseldorf; **205.1**A Action Press (O. Kirchhof), Hamburg; **205.1**B Action Press (Becker und Bredel), Hamburg; **205.1**C Okapia (Hans Reinhard), Frankfurt; **205.1**D Das Fotoarchiv (Jochen Tack), Essen; **205.1**E Action Press (Hans-Jürgen Jakubeit), Hamburg; **205.1**F Okapia (Paul Springett), Frankfurt; **206.1** Barthelmes, Tuttlingen; **206.2** Superbild (Bernd Ducke), Unterhaching / München; **206.3** Picture-Alliance (Markus Beck), Frankfurt; **207.2** Klett-Archiv, Stuttgart; **209.2** Sinus Messtechnik GmbH, Übach-Palenberg; **210.1**A Mauritius (Ridder), Mittenwald; **210.1**B Das Fotoarchiv (Jochen Tack), Essen; **210.2**A Mauritius (J. Müller), Mittenwald; **210.2**B Das Fotoarchiv (Rupert Oberhäuser), Essen; **210.2**C Das Fotoarchiv (Thomas Mayer), Essen; **215.2** Mauritius (age), Mittenwald; **221.1** Getty Images (Stone/UHB Trust), München; **222.1** YPScollection.de, Hamburg; **226.1** Avenue Images GmbH (Stockbyte), Hamburg; **228.2** Picture-Alliance (ASA / Daniel Roeseler), Frankfurt; **228.3** Erwin Sattler Großuhrenmanufaktur, Gräfelging; **229.1** Scala, Antella (Firenze); **230.1** Creativ Collection Verlag GmbH, Freiburg; **230.4** Corel Corporation, Unterschleissheim; **234** F.A.Z. Electronic Media GmbH, Frankfurt/M.; **234** Bilderberg (Stefan Enders), Hamburg; **234** Bilderberg (Dinodia), Hamburg; **234** AP (Michael Dwyer), Frankfurt am Main; **238.2** Mauritius (van Raavensway), Mittenwald; **240.1** Obi@Otto GmbH, Hamburg; **240.2** Klett-Archiv, Stuttgart; **241.1** Klett-Archiv (Ute Schuhmacher), Stuttgart; **241.2** NWS (Horst Rudel), Stuttgart; **241.3** Klett-Archiv (Silberzahn), Stuttgart; **242.1** Niehoff, Ulrich, Bienenbüttel; **242.2** Niehoff, Ulrich, Bienenbüttel; **243.1** Klett-Archiv (Zuckerfabrik digital), Stuttgart; **245.3** Klett-Archiv (Ute Schuhmacher), Stuttgart; **246.1** Inter Topics (Mansell), Hamburg; **246.2** Corbis (Bettmann), Düsseldorf; **248.2** Getty Images PhotoDisc, Hamburg; **249.1** Klett-Archiv (Zuckerfabrik digital), Stuttgart; **249.2** Klett-Archiv (Zuckerfabrik digital), Stuttgart; **251.1** Corbis, Düsseldorf; **251.2** Getty Images, München; **251.3** Klett-Archiv, Stuttgart; **256.2** Leupold, Johann, Wendisch-Evern; **259.1** Das Fotoarchiv (Thomas Mayer), Essen; **259.2** Leupold, Johann, Wendisch-Evern; **265.1** Phywe Systeme GmbH & Co. KG, Göttingen; **267.1** Ernst Klett Verlag (Ute Schuhmacher), Stuttgart; **268.2** Klett-Archiv, Stuttgart; **270.1** Deutsches Museum, München; **270.2** AKG, Berlin; **270.3** Corbis (Bettmann), Düsseldorf; **270.4** Deutsches Museum, München; **271.1** Klett-Archiv (Gunter Klar), Stuttgart; **271.5** Corbis (Archivo Iconografico), Düsseldorf; **272.1** Getty Images, München; **275.6** Klett-Archiv (Zuckerfabrik digital), Stuttgart; **277.1** Klett-Archiv (Zuckerfabrik digital), Stuttgart; **277.** Z1A AKG, Berlin; **277.**Z1B Deutsches Museum, München; **278.1** Harald Lange Naturbild, Bad Lausick; **281.4** Osram, München; **287.6** Picture-Alliance (Andreas Lander / dpa), Frankfurt; **288.1** Obi@Otto GmbH, Hamburg; **289.5** IKEA, Hofheim; **290.1** Ciprina, Heinz-Joachim, Dortmund; **290.2** Ciprina, Heinz-Joachim, Dortmund; **290.3** Klett-Archiv (Zuckerfabrik digital), Stuttgart; **291.1** Osram, München; **291.2** Osram, München; **291.3** Osram, München; **291.4** Osram, München; **292.1** Picture-Alliance (dpa / Bernd Weissbro), Frankfurt; **297.3** Klett-Archiv, Stuttgart; **297.5** Klett-Archiv, Stuttgart; **298.1** Méndez, Anke, Königsbronn; **298.2** Klett-Archiv (Zuckerfabrik digital), Stuttgart; **299.5** Mauritius (age), Mittenwald; **300.1** Pictor International Ltd., München; **301.3** Leybold Didactic, Hürth; **301.4** Picture-Alliance (dpa/Marcus Führer), Frankfurt; **304.2** Harald Lange Naturbild, Bad Lausick; **305.4** Klett-Archiv (Silberzahn), Stuttgart; **305.7** Mauritius (Lehn), Mittenwald; **306.1** Klett-Archiv, Stuttgart; **307.1** Informationszentrum Weißblech e.V., Düsseldorf; **307.2** Repro Verlag Solare Zukunft, Erlangen; **307.3** Superbild, Unterhaching / München; **307.4** HAMEG Instruments GmbH, Mainhausen; **308.1** Ernst Klett Verlag (Ute Schuhmacher), Stuttgart; **308.2** Klett-Archiv, Stuttgart; **308.3** Klett-Archiv, Stuttgart; **309.1** Transrapid GmbH & Co. KG, Berlin; **309.2** Klett-Archiv (Zuckerfabrik digital), Stuttgart; **309.3** Corbis (Bettmann), Düsseldorf; **310.2** Klett-Archiv (Zuckerfabrik digital), Stuttgart; **311.5** Ciprina, Heinz-Joachim, Dortmund; **313.4** Klett-Archiv, Stuttgart; **315.2** Silva Sweden AB, Sollentuna; **315.2**A Astrofoto (NASA), Sörth; **315.2**B Astrofoto (NASA), Sörth; **315.2**C Astrofoto (NASA), Sörth; **315.2**D Astrofoto (NASA), Sörth; **317.1** Corbis (Jose Luis Pelaez, In), Düsseldorf; **318.1** Pixtal, New York NY; **320.1** Klett-Archiv, Stuttgart; **320.2** Klett-Archiv, Stuttgart; **320.2** Klett-Archiv, Stuttgart; **320.3** Klett-Archiv, Stuttgart; **322.1** Elsner, Gert, Stuttgart; **322.2** Maiworm, Michael, Sprockhövel; **322.3** Klett-Archiv, Stuttgart; **324.1** Ernst Klett Verlag (Ute Schuhmacher), Stuttgart; **324.5** Ernst Klett Verlag (Ute Schuhmacher), Stuttgart; **325.1** Deutsches Museum, München; **325.2** Deutsches Museum, München; **325.3** Deutsches Museum, München; **326.1** Mauritius (Phototake), Mittenwald; **327.5** Phywe Systeme GmbH & Co. KG, Göttingen; **328.3** Matthias Müller, Böbingen; **329.1** Maiworm, Michael, Sprockhövel; **329.2** Leupold, Johann, Wendisch-Evern; **329.3** Maiworm, Michael, Sprockhövel; **332.1** Maiworm, Michael, Sprockhövel; **333.1** Maiworm, Michael, Sprockhövel; **333.2** Maiworm, Michael, Sprockhövel; **334.1** Maiworm, Michael, Sprockhövel; **334.3** Corbis (Jean Heguy), Düsseldorf; **334.4** Endress power products GmbH, Großbettlingen; **335.5** Maiworm, Michael, Sprockhövel; **335.6** Siemens AG, Erlangen; **336.1** Klett-Archiv, Stuttgart; **336.2** Méndez, Anke, Königsbronn; **337.3** Klett-Archiv, Stuttgart; **337.5** Klett-Archiv, Stuttgart; **339.4** Klett-Archiv, Stuttgart; **339.5** Avenue Images GmbH, Hamburg; **340.1** Klett-Archiv, Stuttgart; **342.1** ABB Process Industries GmbH, Frankfurt / Praunheim; **343.4** Miele, Gütersloh; **343.6** BSH Bosch u. Siemens Hausgeräte Gmb, München; **344.1**A Klett-Archiv, Stuttgart; **344.1**B Klett-Archiv, Stuttgart; **345.2** Creativ Collection Verlag GmbH, Freiburg; **345.3** RWE Net AG, Dortmund; **345.4** Photo Affairs, Deisslingen; **346.1** Peter Wirtz Fotografie, Dormagen; **347.1** Klett-Archiv, Stuttgart; **347.2** Klett-Archiv, Stuttgart; **348.1** Klett-Archiv, Stuttgart; **349.5** Klett-Archiv, Stuttgart; **349.6** Feldberglicht GmbH, Kronberg/ Ts.; **350.1** Lammel, Bernd, Berlin; **350.2** Getty Images (Eyewire), München; **351.1** Artur (Barbara Staubach), Köln; **351.2** Creativ Collection Verlag GmbH, Freiburg; **351.3** BBT Thermotechnik GmbH, Wernau; **351.3** FOCUS (Andrew Syred/ Scienc), Hamburg; **351.5** FOCUS (SPL), Hamburg; **352.1** Ciprina, Heinz-Joachim, Dortmund; **352.3** Kardex, Kronberg/Ts.; **352.1**A Klett-Archiv (Mara Vesely), Stuttgart; **352.2**A MEV, Augsburg; **352.2**B Klett-Archiv (Markus Hanselmann), Stuttgart; **353.4**A Inmagine (Dynamicgraphics RF), Houston TX; **353.4**B Corbis (RF BrandXPicture), Düsseldorf; **354.2** Ciprina, Heinz-Joachim, Dortmund; **355.5** FOCUS (Andrew Syred/ Scienc), Hamburg; **356.2** Ciprina, Heinz-Joachim, Dortmund; **356.1**A Getty Images (PhotoDisc), München; **356.1**B Mauritius (age), Mittenwald; **356.1**C Avenue Images GmbH (Stock Disc), Hamburg; **356.1**D Getty Images (PhotoDisc), München; **357.1** IFA (Bumann), Ottobrunn; **357.2** Klaus Lienert, Appenweier; **358.1**A AKG, Berlin; **358.1**B AKG (Erich Lessing), Berlin; **358.1**C Adpics AG, Wetzikon; **358.1**D Heinz Nixdorf MuseumsForum, Paderborn; **358.1**D Heinz Nixdorf MuseumsForum, Paderborn; **358.1**E AKG, Berlin; **358.2**A MEV, Augsburg; **358.2**B MEV, Augsburg; **358.2**C Matthias Balonier, Lützelbach; **361.6** www.bilderbox.com, Thening; **362.1** Argum (Falk Heller), München; **362.1** Argum (Falk Heller), München; **362.2** Klett-Archiv (Silberzahn), Stuttgart; **362.3** Klett-Archiv (Zuckerfabrik digital), Stuttgart; **363.2**A FOCUS (SPL), Hamburg; **363.2**B Focus (SPL), Hamburg; **365.1** IBM, Frankfurt; **365.2**A Unbekannter Lieferant; **365.2**B Transglobe Agency (Adolf Marents), Hamburg; **365.2**C Wacker Siltronic, Burghausen; **365.3**A Loctite European Group, München; **365.3**B mediXtra, Nürnberg / Airport; **368.1** Mauritius (age), Mittenwald; **368.2** Leupold, Johann, Wendisch-Evern; **369.5** Schlüter, Heinz (Heinz Schlüter), Flensburg; **369.4**A Méndez, Anke, Königsbronn; **369.4**B Méndez, Anke, Königsbronn; **371.1** Höllerer, Conrad, Stuttgart; **372.2** FOCUS (SPL), Hamburg; **373.4** Corbis (Denis Scott), Düsseldorf; **376.2** Ciprina, Heinz-Joachim, Dortmund; **377.3** Ciprina, Heinz-Joachim, Dortmund; **377.4** Ciprina, Heinz-Joachim, Dortmund; **379** Ciprina, Heinz-Joachim, Dortmund; **379.1** Fotosearch RF (PhotoDisc), Waukesha, WI; **380.1**A Klett-Archiv (Zuckerfabrik digital), Stuttgart; **380.1**B Klett-Archiv (Zuckerfabrik digital), Stuttgart; **382.1** Deutsches Museum, München; **382.3** Deutsches Museum, München; **382.2**A Deutsches Museum, München; **382.2**B AKG, Berlin; **382.4**A Interfoto (Archiv Friedrich), München; **382.4**B Deutsches Museum, München; **383.1** NWS (Schäfer), Stuttgart; **383.2** Superbild (RESO (g.e.i.e)), Unterhaching / München; **383.3** Action Press, Hamburg; **383.4** MEV, Augsburg; **383.5** Okapia (V.Steger/P.Arnold), Frankfurt; **383.6** Süddeutscher Verlag, München; **384.1** AKG, Berlin; **384.2** Deutsches Museum, München; **384.3** Deutsches Museum, München; **386.1** Klett-Archiv (Zuckerfabrik digital), Stuttgart; **386.3** Müller, Matthias, Böbingen an der Rems; **386.4** Bundesamt für Strahlenschutz, Salzgitter; **386.5** Matthias Müller, Böbingen; **387.6** Deutsches Museum, München; **387.7** Interfoto (Karger-Decker), München; **387.8** Picture-Alliance (dpa Fotoreport), Frankfurt; **387.10** Conrad Electronic GmbH, Hirschau; **387.10** FOCUS (Pascal Goetgheluck /), Hamburg; **388.1** Klett-Archiv, Stuttgart; **389.5** Marion Barmeier, Essen; **390.3** Klett-Archiv, Stuttgart; **393.3** Picture-Alliance (epa Ansa), Frankfurt; **395.5** Bonn-Sequenz, Bonn; **396.1** Okapia (E.Hildebrandt), Frankfurt; **396.2** Okapia (V.Steger/P.Arnold), Frankfurt; **398.1** Corbis (KOSTIN IGOR/CORBIS S), Düsseldorf; **398.2**A Picture-Alliance (dpa/Johann Haas), Frankfurt; **398.2**B Picture-Alliance (dpa), Frankfurt; **399.4**A FOCUS (Mark Richards), Hamburg; **399.4**B MEV, Augsburg; **399.4**C Getty Images (PhotoDisc), München; **399.4**D Corel Corporation, Unterschleissheim; **400.1** Deutsches Museum, München; **400.2** Deutsches Museum, München; **400.3** AKG, Berlin; **400.4** Deutsches Museum, München; **401.1** Deutsches Museum, München; **401.3** Corbis (Roger Ressmeyer), Düsseldorf; **402.1** Technische Universität, Garching; **406.1** blickwinkel (N. Lipka), Witten; **407.4** Informationskreis Kernenergie (Rainer Kiedrowski), Bonn; **409.1** Picture-Alliance (dpa), Frankfurt; **409.2** Greenpeace (Clive Shirley/Signum), Hamburg; **410.2** AP (ECKEHARD SCHULZ), Frankfurt am Main; **411.1** Deutsches Museum, München; **411.1** Picture-Alliance (dpa), Frankfurt; **413.1** Bundesamt für Strahlenschutz, Salzgitter

Alle weitern Fotos stammen von Werkstattfotografie Neumann und Zörlein, Stuttgart oder aus dem Archiv des Ernst Klett Verlags.

Nicht in allen Fällen war es möglich, den uns bekannten Rechteinhaber der Abbildungen ausfindig zu machen. Berechtigte Ansprüche werden selbstverständlich im Rahmen der üblichen Vereinbarungen abgegolten.